U0920775

安徽财政年鉴

（2014）

安徽省财政厅 编

全国百佳图书出版单位
APGTIME
时代出版
时代出版传媒股份有限公司
安徽人民出版社

图书在版编目(CIP)数据

安徽财政年鉴.2014 /安徽省财政厅编.—合肥:安徽人民出版社,2014.9

ISBN 978-7-212-07504-0

Ⅰ.①安… Ⅱ.①安… Ⅲ.①地方财政-安徽省-2014-年鉴
Ⅳ.①F812.754-54

中国版本图书馆 CIP 数据核字(2014)第 195164 号

安徽财政年鉴(2014)

安徽省财政厅 编

出 版 人:胡正义

责任编辑:汪双琴　　　　封面设计:万 勇 林丽君 李晓婷

出版发行:时代出版传媒股份有限公司　http://www.press-mart.com
安徽人民出版社　http://www.ahpeople.com
合肥市政务文化新区翡翠路 1118 号出版传媒广场八楼
邮编:230071
营销部电话:0551-63533258　0551-63533292(传真)

制　　版:安徽省财政厅印刷厂

印　　制:安徽省财政厅印刷厂

(如发现印装质量问题,影响阅读,请与印刷厂商联系调换)

开本:889×1194　1/16　内文印张:39.25　彩插印张:4.25　字数:1130 千

版次:2014 年 9 月第 1 版　2014 年 9 月第 1 次印刷

标准书号:ISBN 978-7-212-07504-0　定价:260.00 元

编辑说明

一、《安徽财政年鉴》是由安徽省财政厅主办，旨在及时记载全省财政发展轨迹，系统反映财政改革情况，全面展示财政精神风貌，大力弘扬财政文化的综合性文献资料年刊。

二、《安徽财政年鉴》2014卷详实记载了2013年全省各级财政部门深入贯彻落实党的十八大、十八届三中全会和省第九次党代会精神，坚持稳中求进的工作总基调，认真实施积极的财政政策，统筹稳增长、调结构、促改革、惠民生的工作概况和成绩。

三、本卷采取分类编辑法，全书主体内容按篇目、栏目、条目三个层次编排。篇目排在内扉页；栏目名称通栏排；条目标题加【】，为黑体字。部分内容为文章体或资料体，未按三个层次编排。

四、本卷根据2013年全省财政工作情况，共分财经文献、全省财政工作、市县（区）财政工作、财政工作大事、财经规章、财经调研、财经统计、财政机构人员等8个篇目。

五、本卷主体资料时限为2013年1月1日至12月31日，部分篇目资料时间适当上溯或下延。

六、本卷力求图文并茂，用文字和图片客观记载财政事业改革发展情况。全书共113万字，选登350多幅图片。

七、本卷在编纂过程中，受到了省财政厅党组的高度重视和精心指导，得到了厅各处室单位、各市县（区）财政部门的大力支持和广大联络员的热忱帮助，在此一并表示感谢。

八、由于时间紧迫、编纂水平有限，疏漏和不妥之处在所难免，敬请广大读者批评指正。

《安徽财政年鉴》编辑部

二〇一四年八月

《安徽财政年鉴》编辑委员会

《安徽财政年鉴》编辑部

主　　编　朱长才

副 主 编　叶翠青　鲍文前　朱克俊

编辑校对　万　勇　程丹润　汪文志　张深友　余卫民　刘　兴　刘曙红

排版设计　李　虹　李晓婷　林丽君

《安徽财政年鉴》联络员

尹立祥（厅办公室）
刘　海（厅综合处）
杨玉林（厅税政条法处）
周剑峰（厅预算处）
马　锐（厅国库处）
韩晓峰（厅政府债务管理办公室）
卓　帅（厅行政处）
陈　晋（厅政法处）
侯正华（厅教科文处）
贾振东（厅经济建设处）
刘建军（厅农业处）
陈中楼（厅社会保障处）
张　铭（厅企业处）
李红波（厅金融处）
余　禹（厅国际债务处）
姚　瑶（厅农村财政管理局）
童　兵（厅会计处）
王合武（厅行政事业国有资产管理处）
谢　勇（厅国有资本经营预算处）
汪永飞（厅监督检查局）
侯洪玮（厅政府采购处）
杨作华（厅农村综合改革处）
谢　峰（厅民生工程办公室）
张　飞（厅人事教育处）
刘　恒（厅机关党委）
项军宁（厅纪检监察室）
王亚栋（厅离退休工作处）
李志红（省信用担保集团）
陈　杰（省农业综合开发局）
张小龙（省非税收入征收管理局）
童　艳（厅国库支付中心）
田　飞（省财政信息中心）
李昌鹏（省财政投资评审中心）
李成名（省政府采购中心）
万　勇（省财政科学研究所）
王克法（省注册会计师管理处）
叶伐朋（省财政干部教育中心）
张家夺（省行政事业单位资产管理中心）
李　静（合肥市财政局）
乔　林（淮北市财政局）
邓　昊（亳州市财政局）
许　磊（宿州市财政局）
张永颜（蚌埠市财政局）
孙立宏（阜阳市财政局）
吴　波（淮南市财政局）
魏震生（滁州市财政局）
丁明虎（六安市财政局）
尹昌元（马鞍山市财政局）
尹　翔（芜湖市财政局）
程佳晨（宣城市财政局）
方　园（铜陵市财政局）
张　明（池州市财政局）
叶武乐（安庆市财政局）
凌巍然（黄山市财政局）
赵吉安（广德县财政局）
王烨红（宿松县财政局）

省领导充分肯定财政工作

2013年，省委省政府领导高度重视财政工作，全年批示肯定财政工作46次，并对进一步做好财政工作提出明确要求。

省委书记张宝顺对民生工程工作作出重要批示："我省民生工程实施以来，省财政厅抓得很实，实施民生工程成为我省保障改善民生工作的一大特色"

6月27日，省长王学军、常务副省长詹夏来等领导来财政厅调研指导工作

省人大审议批准财政报告

2013 年 1 月 22 日，省十二届人大一次会议在肥召开，会议审查和批准了安徽省 2012 年预算执行情况与 2013 年预算草案的报告，批准了 2013 年省级预算

2013 年省“两会”期间，省委书记、省人大常委会主任张宝顺，省人大常委会副主任、党组副书记臧世凯等领导视察预算查询室

2013 年 7 月 31 日，省财政厅厅长罗建国向省人大常委会作财政决算报告

2013 年 10 月 18 日，省人大常委会第二十次主任会议听取省财政厅关于全省财政支持现代农业综合开发示范区建设情况报告

学习贯彻

党的十八届三中全会精神

及时召开厅党组中心组会议学习传达党的十八届三中全会及省委会议精神

召开深化改革与完善公共财政专题学习会

邀请安徽行政学院教授作全面深化改革专题讲座

举办市县财政局长专题学习培训班

深入开展

党的群众路线教育实践活动

召开党的群众路线教育实践活动动员大会

前往渡江战役纪念馆接受红色教育

省财政厅厅长罗建国接受安徽群众网专访，交流财政厅教育实践活动开展情况

举办"倾听基层声音"报告会

党员干部公开承诺

召开党的群众路线教育实践活动总结大会

召开全省财政工作视频会议部署工作

圆满完成财政收支目标任务

召开"三公"经费支出分析会

召开预算分析布置会

召开非税电子化业务工作座谈会

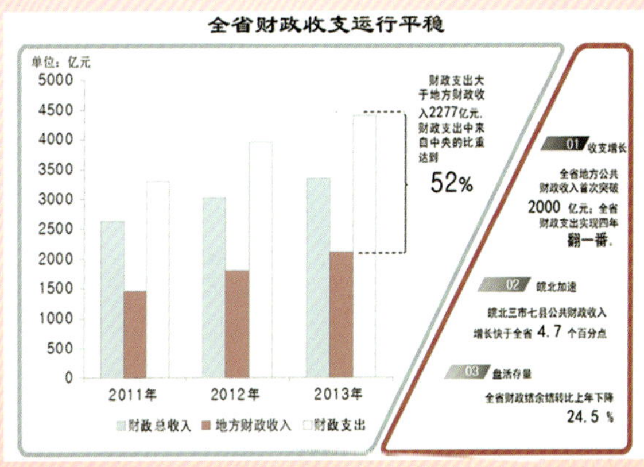

全省财政收支情况图

大力促进经济转型发展

召开加强担保体系建设促民营经济发展视频会

省财政厅厅长罗建国深入调研实体经济发展情况

部署开展财政涉企资金检查工作

支持企业转型升级发展

扎实推进民生工程建设

听取党代表、人大代表和政协委员对民生工程的意见建议

召开全省民生工程座谈会

启用安徽民生工程标志

实施“农村文化专项补助”项目

加快实施保障性安居工程

助力城乡统筹协调发展

推进新安江流域生态补偿试点

召开全省农村综合改革试点暨财政“三农”工作座谈会

支持美好乡村建设

部署开展全省涉农资金专项检查

加快实施一事一议财政奖补项目

推进财政改革创新

召开《安徽省财政监督条例》新闻发布会

扩大全省营业税改征增值税试点

首次实施省级预算公开评审

成立债务管理办公室，加强政府债务管理

推进县级公立医院综合改革

安徽省财政厅
Anhui Provincial Department of Finance
政府信息公开专栏

2012年安徽省财政厅部门决算

第一部分 部门概况

稳步推进财政预决算公开

加强财政系统建设

参加政风行风热线节目

开展市县财政部门帮联活动

开展结对共建活动

深入开展部门会商

加强精神文明建设

（年鉴编辑部供稿

合肥财政深化改革促发展

8月17日，省财政厅党组书记、厅长罗建国在合肥调研基层财政工作

4月18日，市人大常委会主任熊建辉率队视察合肥市国库集中收付工作

8月9日，市委常委、常务副市长韩冰组织召开全市财政预算执行分析暨财税工作座谈会

6月24日，合肥市召开财政支持经济发展四大产业政策宣传新闻发布会

7月15日，2014年市本级部门预算编制工作启动

9月25日，全面启动2013年市级预决算公开工作

合肥财政 转作风提效能

7月1日，召开党员代表大会圆满完成机关党委换届

局党组书记、局长吴利林带队赴市招管局开展会商工作

开展中层干部竞争上岗

市财政局开展2013年春训

参加市直机关歌咏比赛

巢湖市财政工作扎实推进

大力开展财政政策宣传

扎实做好政策性农业保险工作

加快实施“一事一议”奖补项目，图为建设中的程庙岗乡浮槎大道

支持农业示范区建设，图为黄麓现代农业示范区生态园项目新修渠道

推进美好乡村建设，图为烔炀镇中李村村民新居

组织干部职工参加“圆梦大湖名城 抒情创新高地”歌咏比赛

肥东财政全力支持幸福家园建设

加强全民健身工程建设，丰富群众业余生活，图为八斗镇大张村文化健身广场

完善村级公共服务中心配套设施建设，图为马湖乡小陶社区公共服务中心

加大古民居保护力度，建设宜居宜游宜业新长临古街

完善水利基础设施建设，图为牌坊中沟农业综合开发项目

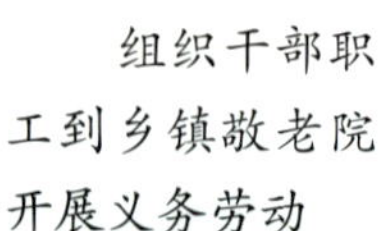

组织干部职工到乡镇敬老院开展义务劳动

发挥财政职能 构建和谐肥西

召开县乡财政工作调度会

开展预算项目支出公开评审

开展民生工程宣传

举办民生书画展

打造绚丽古埂公园

长丰财政 着力铺架为民服务桥梁

扎实开展“下基层、接地气、找问题、转作风”活动

加强财政干部警示教育

走访慰问离退休老干部

积极参与全国法制宣传日活动

开展民生工程宣传月政策进校园活动

定期开展乡镇财政财务集中互审工作

走上街头，维持文明交通

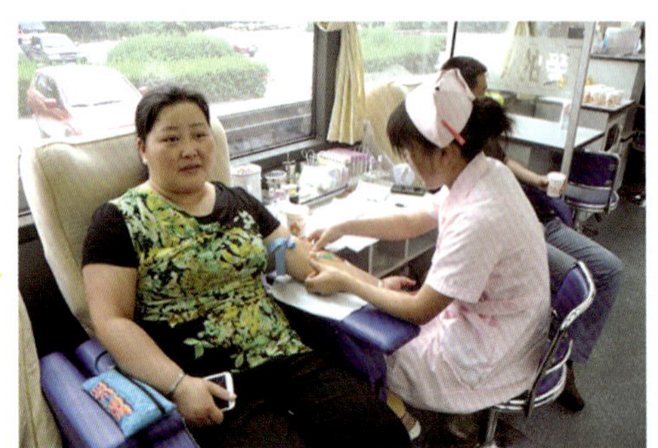

积极组织参加无偿献血活动

庐江县建设公共财政惠民生

整治后的冶山镇铺岗中心村古街

新建的马店村老少活动家园

除险加固后的堰洼水库

面貌一新的泥河镇沙溪幼儿园

（合肥市财政局供稿）

优环境 惠民生 促发展

——奋进中的淮北财政

开展民生工程政策下乡、温暖下乡活动

濉溪县留守儿童之家

濉溪县刘桥镇敬老院

淮北新火车站

淮北临涣工业园煤矸石电厂

濉溪五铺现代农场

相山区美好乡村郭王村村民活动广场

（淮北市财政局供稿

宿州市财政

坚持为民理财　构建和谐社会

财政部现代种业基金会来宿州市调研

召开全市民生工程暨惠民实事调度会

举办高校财务会计人员专题培训班

举办“中国梦　财政情”书画摄影作品展

开展“交通文明伴我行”志愿活动

埇桥区财政助力社会经济快速发展

实地查看民生工程建设进度

开展民生工程大走访

开展教育实践活动走访座谈

大力宣传民生工程政策

积极开展民生工程巡回演出

建成后的栏杆镇第四敬老院

建成后的西寺坡镇垃圾中转站

正在建设中的符离镇张窝水库

灵璧财政

关注三农　倾注民生

2013年，灵璧县财政完成公共预算收入6.78亿元，同比增长16.6%，支出33.34亿元，同比增长12.7%。全年农林水事务支出6.51亿元，同比增长24.8%；整合资金3.95亿元支持现代农业两区建设；投入4500万元支持农田基础设施建设；打卡发放财政补贴农民资金4.45亿元，惠及全县百万人民群众。实施33项民生工程共投入10.91亿元，有效解决人民群众出行、就医、上学、居住等最直接最现实的问题，切实维护好、实现好、发展好人民群众的根本利益。

省政协副秘书长杨玉华等领导来灵调研民生工程

召开全县财政系统工作会议

召开全县财政暨实施民生工程工作会议

开展政策性农业保险工作检查

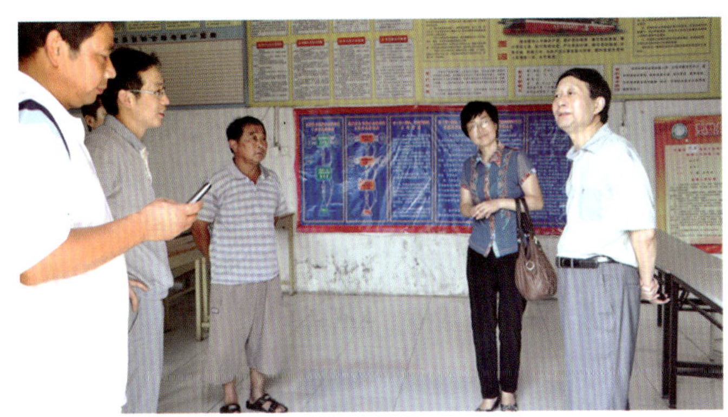

深入乡镇财政所开展调研

支持现代农业科技博览园建设

泗县财政工作展新颜

启动机关效能建设

举办行政事业单位会计人员培训

每月20日上线解答百姓热线问题

发放石油价格补贴

开展一事一议财政奖补政策知识竞赛

举办民生工程宣传月活动

推动萧县财政工作再上新水平

观看警示教育片

开展“秉公用权　匡正风气”主题教育活动

开设“道德讲堂”

开展义务植树活动

青年志愿者上街清除“牛皮癣”

砀山财政

强化队伍建设　提升工作活力

县财政局领导班子研究部署工作

召开2013年党支部换届选举大会

召开“点燃激情，提升效能”动员会

参加县直机关体育运动会

支持现代农业综合开发示范区建设

建设中的农业综合开发项目文家河护坡工程

（宿州市财政局供稿

蚌埠市财政攀高争优

省财政厅厅长罗建国来蚌指导农村综合改革工作

谋划重返全省第一方阵推进会

深入结对帮扶点调研工作

走访慰问基层群众

民生工程助学贫困大学生

积极参加市直机关长跑活动

（蚌埠市财政局供稿）

颍东区财政

立足新起点　争创新成绩

深入中心学校调研义务教育

积极开展廉政风险防控

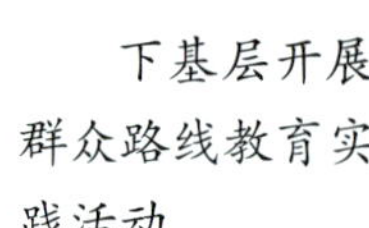

下基层开展群众路线教育实践活动

支持建设的正午镇田楼村新貌

组织参加区拔河比赛

太和县财政工作剪影

省财政厅副厅长孟照红考察太和县现代农业示范园

开展民生工程集中宣传活动

举办“创建学习型机关、争做知识型干部”业务知识讲座

组织“我爱财政这个家”演讲比赛

（阜阳市财政局供稿）

淮南市财政

创新“一费制”管理 优化经济发展环境

市政府召开一费制实施会议

2013年，淮南市对基本建设和投资项目以及涉企收费实施“一费制”征收管理，建设项目收费基本做到全覆盖。通过创新收缴方式，实现“一口受理、分类申报、一票缴清”，并突出政策导向，实行“一类一费”，就低确定执收标准。实行“一费制”后，收费更加公开、透明，建设项目按“一费制”政策标准缴纳费用总体下降24.5%。

市财政局巡查服务窗口

部署实施“一费制”征缴管理工作

与企业座谈了解情况

开展“一费制”宣传

淮南市民生工程文化惠民撷英

E时代学习

购买服务

假期乐园

尽显身手

鼓瑟齐鸣

设施完备

翩翩起舞

淮南市财政

全面整合涉农资金 支持美好乡村建设

潘集陈郢村容

2013年，淮南市财政切实履行牵头责任，积极协调市级20余家涉农单位，对2013年3大类40余项涉农资金在不改变资金用途和责任主体的前提下进行了整合。截至年底，县（区）整合各类涉农资金2.17亿元，用于全市首批83个美好乡村建设。

夏集镇王相行政村农民小区

凤台钱庙园林式休闲广场

谢家集周郢村新貌

潘集卢沟村景

淮南市财政

全面加强干部队伍建设

2013年，淮南市财政局进一步加强干部队伍建设，积极开展机关党建、文明创建和廉政文化建设活动，推动了机关党建、文明创建和廉政建设水平的提升。淮南市财政局被省纪委授予第四批全省廉政文化建设示范点称号。

召开七一表彰大会

召开共筑中国梦座谈会

组织干部职工参观《淮南子》与廉政文化书画展

开展演讲比赛

举办道德讲堂

开展"迎端午 包粽子"比赛

增强融资担保实力 提升为企服务水平

——淮南市融资担保公司工作剪影

2013年，淮南市融资担保有限公司共为745户中小微企业办理担保贷款22亿元，是上年同期的1.7倍，超额完成年度计划的10%。截至年底在保余额21亿元，累计担保额54亿元。

中国银监会来公司调研融资担保工作

荣获“安徽省十佳融资担保公司”称号

举办担保知识大讲堂活动

开展爱心捐赠活动

开展义务植树活动

八公山区财政 理财服务谱新篇

市人大督查组审阅区民生办基础资料

2013年，淮南市八公山区财政局切实把握财政工作重心，牢固树立“为民理财、促进发展，为民服务、促进和谐”的财政理念，积极深化改革，着力提高财政科学化、精细化管理水平，全面加强作风建设，财政各项工作迈上新台阶。

市、区财政支持美好乡村建设现场调度会

组织干部学习党的十八届三中全会精神

举办道德讲堂，弘扬中华美德

区财政局与凤台县财政局划转乡镇财政事务交接

潘集区民生工程惠及千家万户

开展民生工程宣传

走访群众征求对民生工程的意见

开展惠民生·送春联活动

高皇中学教师周转房(公租房)施工现场

竣工的古沟为老服务中心

2013年，潘集区坚持以保障和改善民生为重点，积极调整和优化支出结构，财力分配向民生倾斜。2013年，全区民生支出9.12亿元，比上年增加0.86亿元，增长6%，其中区配套资金6300万元。全面完成29项民生工程目标任务，投入4.23亿元，惠及群众45万多人。

凤台县财政支农成果丰硕

农民喜领农业保险赔付金

实施农业综合开发项目惠民工程

凤凰湖镇芮集美好乡村风貌

财政支持高标准农田建设

扶持县城北湖渔场精养渔塘发展

推进凤台县现代农业示范园区建设

（淮南市财政局供稿）

来安县财政 倾力保民生 保稳定 保发展

召开庆祝建党92周年座谈会

召开公务卡改革动员暨业务培训会

慰问汉河镇汉河村特困群众

验收一事一议项目

开展送戏下乡活动

开展民生工程政策宣传

（滁州市财政局供稿

练内功　强管理　夯基础

——打造六安财政新形象

省政务公开检查组来局检查指导工作

市依法行政检查组来局检查指导工作

推进全市国库集中支付改革

开展财政支农项目专家评审

召开审计整改见面会

举办全局职工政治业务学习会议

开创霍邱财政工作新局面

市财政局到霍邱县调研指导工作

全市乡镇财政监督现场会在霍邱召开

召开全县财政系统总结表彰暨业务培训会议

全面开展“三清”活动

开设“道德讲堂”

青年志愿者服务队赴凤阳县小岗村开展志愿服务

霍山县财政工作风貌

县委书记陈俊来县财政局调研

推进全县财政决算工作

扎实推进乡镇国库集中支付改革

深入乡村走访调研

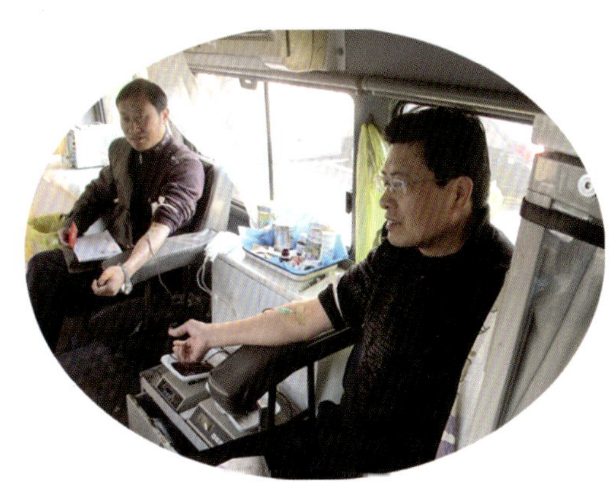

开展义务献血活动

开展综合治税，加强税收征管

迈步前进中的舒城县财政

六安市常务副市长王胜来舒调研民生工程

召开全县民生工程暨财税工作会议

推进全县财政系统效能建设

召开全县财政业务培训会

组织参加第22届海峡两岸珠心算通信比赛

开设道德讲堂

县财政局志愿者服务队清扫大街

（六安市财政局供稿）

马鞍山市财政工作再迈新台阶

积极推进开门办预算

开展百名干部职工“走亲戚”活动

发放“致农民一封公开信”

设置24小时自助图书馆，推进全市公共文化服务体系建设

对马鞍山日报社经费供给方式进行改革，实行“政府花钱买服务”

做好政策性农业保险勘察理赔工作

马鞍山博望区

提升财政综合实力 推动社会事业发展

召开民生工程会

召开财税分析会

开门办预算专家项目评审会现场

实施民生工程，提高妇女儿童健康水平，图为填写儿童入学检查预防接种证

加快保障房建设

财政现场勘查补贴农机具

阔步向前的当涂县财政

召开年度领导班子和领导干部述职述廉大会

组织学习党的十八大精神。

走访慰问离退休老干部

验收 2012 年乌溪镇中低产田改造项目

含山县财政

凝心聚力谋发展　奋力拼搏促跨越

迎接财政部财政资金监管检查

开展开门办预算项目评审

召开镇级国库集中支付改革座谈会

召开全县民生工程联络员会议

举办财政信息培训班

举办“迎七一”“中国梦·财政梦·我的梦”演讲比赛

朝气蓬勃的和县财政

省人大常委会副主任陈先森视察和县民生工程

集中开展“走亲戚”活动

参加“青春唱响中国梦”大型合唱活动

组织参观西梁山革命烈士纪念馆

举办“财政干部幸福观”演讲比赛

（马鞍山市财政局供稿）

跨越发展中的芜湖财政

市委领导调研财政工作

召开县区财政局长座谈会，谋划2014年财政工作

实行开门办预算，广泛听取意见

深入基层，将“双联系”工作落到实处

举行市民心声在线访谈活动

芜湖市列入全国新一轮第一批新能源汽车推广应用试点城市

芜湖市财政
将民生工程建在群众的心坎上

副市长胡锡萍调研菜市场改造工程

全市首张居民养老卡发放

开展城乡居民医疗保险宣传

建设公共自行车站点，方便居民出行

加快保障性安居工程建设

芜湖鸠江区财政

加大资金保障 提升群众福祉

推进社区公共管理服务平台建设，实现一站式服务

乡镇、街道文化站建成并免费对外开放

整合社区服务设施，卫生、文体活动房，星光老年之家等资源，建成11个社区日间照料中心

完成校舍加固3.5万平方米，重建校舍3.27万平方米，全区中小学教学条件明显改善

芜湖弋江区财政

加大财政支持 打造创新高地

举办民生工程义务宣传员培训会

召开民生工程资金监管会议

组织财政干部参加廉政警示教育

支持大学生创业园建设

发展中的高新区产业园

加快推进高新区中小企业创业园建设

芜湖三山区财政

统筹城乡协调快速发展

省重点民生工程项目——芜湖市三山区长寿中心建成

加大生态环境保护力度，图为建设中的三山区龙窝湖湿地公园

在政策引导和财政支持下，芜湖新联造船有限公司三山新厂区8万吨级巨轮下水

芜湖市三山区峨桥镇响水涧村美好乡村建设

支持企业做大做强，图为三山区企业奇瑞重工机械下线

推动重点工程项目建设，图为芜湖市三山区响水涧抽水蓄能电站上下水库

谱写无为财政工作新篇章

省财政厅厅长罗建国在双钱集团（无为项目区）视察“营改增”工作

投入使用的开城镇财政所

加快实施“一事一议”财政奖补项目

鹤毛乡下院中心村美好乡村建设项目

组织参加“民生杯”篮球赛

（芜湖市财政局供稿）

宁国市财政工作谱新篇

调研招商引资工作

深入企业走访宣传

慰问困难群众

民生宣传进村入户

财政所开展走访

积极参加经典诗歌诵读

积极开展党员进社区登记活动

旌德财政

做民生实事　增民生福祉

省财政厅厅长罗建国到白地镇财政分局调研

开展民生工程政策宣传

建设完工的旌德县救助站

建设完工的云乐乡公办幼儿园

建设美好乡村,图为大礼村一角

参加旌德县首届县直机关运动会

（宣城市财政局供稿）

铜陵市积极打造民生财政

2013年，铜陵市各级财政部门主动服务大局，着力于稳增长、调结构、促改革、惠民生，凝心聚力，开拓进取。全年实现财政收入130.1亿元，同比增长2.2%；财政支出首破“百亿”元大关，实现100.1亿元，同比增长4%。

省人大常委会副主任陈先森率队来铜视察民生工程实施和“十二五”规划中期评估情况

省财政厅厅长罗建国率队来铜调研指导节能减排工作

召开春训会议，加强干部队伍建设

开展民生工程项目建设检查

扎实推进民生工程项目建设，图为棚户区改造项目和新建的敬老院

（铜陵市财政局供稿

科学理财促发展 强化保障惠民生

——池州市财政局工作剪影

召开民生工程推进会

布置涉企资金检查

赴池州军分区开展慰问

举办“百善孝为先”专题讲座

助农资金惠“三农”

大力开展33项民生工程宣传

（池州市财政局供稿）

安庆市财政全力保障经济社会大发展

省财政厅厅长罗建国到安庆调研

市长魏晓明到市财政局调研

投入应急经费保畅通、保安全

支持枞阳乌金渡大桥改造

已建成的棚改项目青年新村

支持实施 S228 大枫至花山路面大中修工程

科学理财 服务发展

——潜山县财政工作稳步向前

召开全县财政系统工作会议暨培训会

开展全县财务大检查

开展全县行政事业单位财务人员培训

举办党建知识报告会

开展民生工程集中宣传月活动

开展走访慰问活动

望江县财政展风采

县长王进、常务副县长汪龙生等领导到财政局调研

开展文明创建活动

走访慰问困难企业

举办财政支农政策培训班

参加"反腐倡廉千人签名"活动

开展民生工程和财政"六五"普法宣传

（安庆市财政局供稿

黄山市财政

发挥职能作用 建设生态文明幸福城

开展财政道德讲堂活动

开展保护山川河流志愿服务活动

加快城市基础设施建设，图为通车后的齐云大道

推进新安江综合治理，图为照壁怀古

加快中心城区精品社区建设

举办"庆七一"篮球联谊赛

祁门县财政

全力稳增长 促改革 保民生

县委书记杨龙督查保障性住房建设

县长汪国际调研指导菜篮子民生工程

小路口镇开展民生工程知识竞赛活动

支持茶叶产业化扶贫示范基地建设

推进美好乡村建设，图为完工的太阳能污水处理设施项目

（黄山市财政局供

广德县财政

坚持城乡统筹发展 全力打造美丽乡村

省财政厅副巡视员李友兰调研饮水安全工程

实地查看农发项目建设情况

检查民生工程项目

开展结对共建村帮扶活动

配合制作"一事一议"电视剧《山里的那条路》，图为首映式现场

（广德县财政局供稿）

惠民生　促发展

——宿松县财政工作显成效

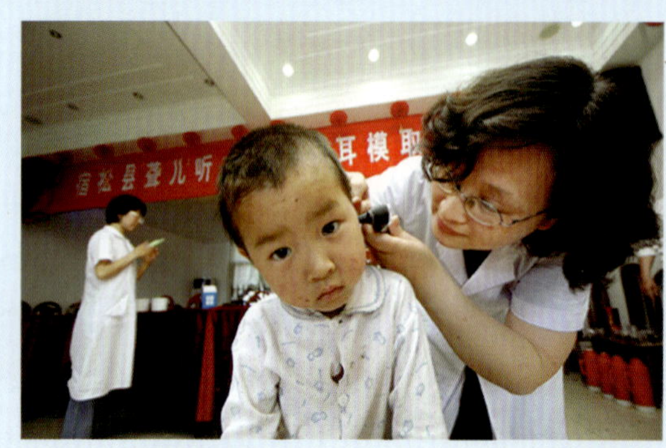

开展贫困残疾人植入人工耳蜗检查

建设河塌中学留守儿童之家

实施计划生育奖补

宿松县趾凤乡趾凤村危房改造后的新貌

推进美好乡村建设

支持洲头乡现代农业示范基地建设

目 录

财经文献篇

省委省政府重要财经文献

省人大重要财经文献

全省财政工作重要文献

全省财政工作篇

全省财政工作综述

财政专项工作概述

处室单位工作概述

学会团体工作概述

市县(区)财政工作篇

合肥市财政工作概况

淮北市财政工作概况

亳州市财政工作概况

宿州市财政工作概况

蚌埠市财政工作概况

阜阳市财政工作概况

淮南市财政工作概况

滁州市财政工作概况

六安市财政工作概况

马鞍山市财政工作概况

芜湖市财政工作概况

宣城市财政工作概况

铜陵市财政工作概况

池州市财政工作概况

安庆市财政工作概况

财政工作大事篇

财经规章篇

地方性法规

规范性文件

财经调研篇

财经论文及调研报告

财经统计篇

财政机构人员篇

全省财政系统职工统计

财经文献篇

省委省政府重要财经文献

中共安徽省委 安徽省人民政府贯彻《中共中央、国务院关于加快发展现代农业进一步增强农村发展活力的若干意见》的实施意见

皖发〔2013〕1号

为贯彻落实《中共中央、国务院关于加快发展现代农业进一步增强农村发展活力的若干意见》(中发〔2013〕1号)精神,结合我省实际,提出如下实施意见。

2013年全省农业农村工作的总体要求是:认真贯彻党的十八大精神,坚持"四化同步",围绕"保供增收惠民生、改革创新添活力",把美好乡村建设作为"三农"工作的总抓手,以粮食等重要农产品供给和农民增收为核心,以深化农村改革为动力,着力构建新型农业经营体系,加快现代农业发展,推动城乡发展一体化。重点推进1500个以上中心村、1万个左右自然村美好乡村建设,力争全省粮食产量稳定增长,农民人均纯收入增长13%以上,为打造"三个强省"、建设美好安徽提供有力支撑。

一、夯实现代农业基础,确保重要农产品有效供给

1.稳定发展粮食等重要农产品生产。继续开展粮食稳定增产行动,重点支持产粮大县,打造粮食生产"三大行动"核心示范区和万亩高产创建示范片。实施测土配方施肥等项目。加强重大病虫害监测预警与联防联控能力建设。推进畜禽水产品标准化规模养殖、养殖池塘标准化改造,强化动物疫病防控,规模养殖比重达到64%。实施蔬菜产业提升行动,新增设施蔬菜50万亩。发展名优茶,开发夏秋茶。大力发展水果、蚕桑、中药材、油茶、毛竹等特色农业,加快发展休闲农业和乡村旅游业。

2.强化农业物质技术装备。落实最严格的耕地保护制度。推进土地综合整治,建设高标准农田。实施农机化推进工程。推进大型灌区续建配套,加快灌排泵站更新改造,推进小型农田水利重点县建设,新实施300座小型水库除险加固。实施一批种业发展、食品加工等科技重点项目。强化农业技术集成配套。推进国家农村信息化示范省、农业物联网试点省工作,建设13个农业物联网示范县,打造国内重要的农产品电子商务平台,培育农民网商群体。

3.促进农产品市场流通。加快建设农产品标准化批发市场、生鲜物流配送中心、社区菜店、平价商店等。深入实施万村千乡市场工程、新网工程,加强粮油仓储物流设施建设。支持供销、邮政系统和商贸集团开展农产品流通。组织农超、农批、农校对接和会展直销,支持农民合作社进城开办农产品直销网点。落实鲜活农产品运输绿色通道政策。规范市场收费和零售供应交易收费,对符合条件的农产品批发市场、农贸市场免征城镇土地使用税和房产税,免征蔬菜、肉蛋等农产品流通环节增值税。

4.提升农产品质量安全水平。加快建设市县级

农产品综合质检中心(站),加强乡镇农产品质量安全监管能力建设。支持农产品批发市场食品安全检测室(站)建设,补助检验检测费用。开展农产品质量安全专项整治。建设一批农业标准化生产示范县(基地)和出口农产品质量安全示范区。支持发展无公害农产品、绿色食品、有机农产品和地理标志农产品。

二、创新农业生产经营体制机制,着力培育新型经营主体

5.稳定完善农村土地承包关系。按照依法自愿有偿原则,引导农村土地承包经营权有序流转。在确保不损害农民权益、不改变土地用途、不破坏农业综合生产能力的前提下,大力发展土地托管、租赁经营、股份合作等多种形式的适度规模经营,鼓励支持承包土地向专业大户、家庭农场、农民合作社流转。探索建立严格的工商企业租赁农户承包耕地(林地)准入和监管制度。加快农村土地承包经营权流转市场建设。

6.努力提高农户集约经营水平。尊重和保障农户生产经营的主体地位,引导农户开展集约化经营。研究制定扶持专业大户、家庭农场政策,探索建立现代农业产业联合体。实施新型农民培训民生工程,研究制定吸引青年务农的专门计划,加快培育新型职业农民。扩大务农创业贷款发放及财政贴息规模。

7.促进农民合作社持续健康发展。实施农民合作社553行动计划(到2015年,入社农户占全省总农户50%,培育各级示范社5000个以上,成员户比当地同类型农户增收30%左右)。县级以上政府将促进农民合作社发展的经费列入财政预算。涉农金融机构设立农民合作社贷款台账,对示范社开展联合授信。规范开展农民合作社信用合作,示范推广“统贷直放”、“统贷统还”等模式。合作社生产设施用地和附属设施用地按农用地管理。研究制定合作社联社登记管理办法。

8. 培育壮大龙头企业。深入实施农业产业化671转型倍增计划(全省培育60个年产值超50亿元的农业产业化示范区,其中超百亿元的20个;农产品加工业产值突破7000亿元,年递增20%左右;农业产业化带动农民人均增收1000元,年递增20%左右)。增加省级农业产业化专项资金。支持龙头企业改制上市、发行债券等。鼓励龙头企业采取保底收购、股份分红、利润返还等方式,与农户建立紧密型利益联结机制。鼓励和引导城市工商资本到农村发展适合企业化经营的种养业。引进一批大型企业总部落户我省,支持龙头企业“走出去”。办好上海、合肥农交会。

三、加强基层农技推广体系建设,推进农业社会化服务

9.大力推进农业公益性服务。落实“一衔接、两覆盖”政策,完成1136个乡镇农技推广机构条件建设任务。推进基层农技人员包村联户服务,强化绩效考核。加强农技人员培训。支持高校、科研院所建立农业试验示范基地,建立推广型教授(研究员)制度,鼓励科研教学人员深入基层从事农技推广服务。加强乡镇或小流域水利、基层林业公共服务、防汛抗旱和农田水利管护合作组织建设。建立健全村级农民技术员、动物防疫员、水管员队伍。加强农村气象服务。

10.大力发展农业经营性服务。支持经营性组织参与良种示范、农机作业、农田灌排、沼气维护、统防统治、产品营销、农资配送等服务。支持引导农民合作社、专业服务公司、专业技术协会、农民经纪人、涉农企业等参与公益性服务。从市场准入、税费减免、资金支持、人才引进等方面加大扶持力度,构建新型农业社会化服务体系。建设乡村综合服务中心和农技专家大院,实施科技特派员农村科技创业行动。

四、积极推进城乡公共资源均衡配置,大力推动城乡发展一体化

11.加强农村基础设施建设。坚持规划引领,启动首批中心村建设和自然村整治。发挥县级主体作用,统筹现代农业示范区与中心村建设,逐村逐片整体推进。推进农村电网改造升级工程,加快县乡道路和村路提标延伸,完成20万户以上农村危房改造,再解决400万农村人口饮水安全问题。探索建立村级公共设施村民自选自建自管自用和政府监管相结合的管理机制。实施扶贫开发“千村整推工程”,加快江淮分水岭地区综合治理开发,强化徽派等特色传统村落和民居保护。建立农村公共基础设施管护机制。

12.加快农村社会事业发展。推进农村中小学标准化建设。提高贫困地区和大别山革命老区农村学校、教学点教师生活补助标准。实施农村文化建设民生工程。完善城乡居民社会养老保险制度。健全农村三级医疗卫生服务网络，加强乡村医生队伍建设。提高新型农村合作医疗补助标准，推进支付方式改革。启动城乡居民大病保险试点。完善农村社会救助体系，建立救助标准调整机制。支持农村残疾人事业，发展公益慈善事业。加快农村社会养老服务体系建设。建立健全诚信计生利益导向机制。

13. 加快推进农业转移人口市民化。加快户籍制度改革，推行居住证制度，引导农业人口有序向城市和中心镇转移。加强农民工职业教育和技能培训，推进农民工创业园建设，鼓励和支持农民工有序转移就业、就地就近就业或回乡创业。推进进城农民平等享有劳动报酬、子女教育、医疗卫生、社会保障、住房租购等权益，努力实现城镇基本公共服务常住人口全覆盖。切实加强对农村留守儿童、留守妇女、留守老人的生产扶持、社会救助和人文关怀。

14. 大力建设农村生态文明。扎实推进千万亩森林增长工程建设。加强森林资源保护，提高生态公益林补偿标准，完善林木良种、造林、森林抚育等补贴政策。综合整治巢湖、淮河流域水环境，加强水资源保护和水土流失综合治理。支持发展农业循环经济，扎实推进农作物秸秆综合利用，加强农村面源污染防治。加快垃圾污水处理设施建设，实施农村连片环境整治。创建生态文明示范县、示范镇和示范村。

五、继续深化农村改革，增强农村发展活力

15. 开展农村土地确权登记。强化对农村耕地、林地等各类土地承包经营权的物权保护，5 年内基本完成农村土地承包经营权确权登记颁证工作。在 20 个县(市、区)的 200 个乡(镇)整乡(镇)推进土地承包经营权确权登记试点，其他县(市、区)确定 1 个乡(镇)实施整村推进。土地确权登记试点工作经费纳入财政预算。加快农村地籍调查，尽快完成集体土地所有权和建设用地使用权确权登记颁证。深化集体林权制度配套改革，启动国有林场改革试点。

16. 改革完善农村征地制度。完善征地补偿办法，合理确定补偿标准，严格征地程序，约束征地行为，提高农民在土地增值收益中的分配比例，补偿资金未落实的不得批准和实施征地。改革和完善农村宅基地制度，积极探索农户宅基地使用权流转办法。严格规范城乡建设用地增减挂钩试点，探索集体建设用地制度改革。按照“先保后征、应保尽保”的要求，强化被征地农民社会保障。

17. 创新农村集体“三资”管理。开展农村集体产权制度改革试点，组建社区股份合作社，完善集体经济组织管理决策机制和收益分配机制，落实农户集体收益分配权。建立农村集体产权交易市场，引导集体资产资源公开、公平和规范交易。鼓励农村集体经济组织盘活利用“三资”，发展壮大农村集体经济。建立健全农村集体“三资”委托代理服务体系。建设省级农村集体“三资”信息化管理平台，实现省市县乡联网运行。

18. 推进农村综合改革。扎实推进国家农村综合改革示范试点，在 20 个县(区)开展农业生产经营、农村金融服务、农村公共服务供给等制度改革试点。增加财政奖补资金，支持开展“一事一议”。健全村级组织运转和基本公共服务经费保障机制。推进公益性乡村债务清理化解工作。推进国家农村改革试验区和现代农业示范区建设，探索国有农场办社会职能改革。

六、切实加大农业投入，完善农业支持保护制度

19. 健全农业投入保障制度。按照总量持续增加、比例稳步提高的要求，构建“三农”投入稳定增长长效机制。强化农业补贴政策，完善主产区利益补偿、耕地保护补偿、生态补偿办法，提高农业效益和主产区财力水平。新增农业补贴向主产区和优势产区集中，向专业大户、家庭农场和农民合作社等倾斜。扩大农机具购置补贴规模，推进农机报废更新试点。完善农资综合补贴动态调整机制，推进种粮大户补贴试点。启动低毒低残留农药和高效缓释肥料使用补助试点。完善畜牧业生产扶持政策，支持发展肉羊肉牛。增加产粮(油)大县奖励资金，实施生猪调出大县奖励政策。增加农业综合开发资金投入，继续实施现代农业生产发展项目，开展现代农业示范区建设以奖代补。及时足额计提并管好用好从土地出让收益中提取的农田水利建设资金。推进涉农资金整合,提高使用效益。

20.改善农村金融服务。加快发展新型农村金融机构,新增15家农村商业银行。创新农村金融产品和服务,优先满足农户信贷需求,加大新型生产经营主体信贷支持。推进林权、土地承包经营权、农村集体建设用地使用权和农房、大型设备等抵质押创新。探索建立农业投资公司和农业担保公司。完善财政性存款与银行贷款挂钩激励办法,提高涉农贷款比例,提高农村合作金融机构、徽商银行、村镇银行小额贷款比例。扩大农业保险覆盖面,适当提高部分险种的保费补贴比例。启动森林保险,开展农作物制种、渔业、农机、农房保险保费补贴试点。

21.加强农产品市场调控。落实国家小麦、稻谷最低收购价政策,适时启动油菜籽、棉花、玉米等农产品临时收储。完善粮食等重要农产品市场监测预警机制,认真执行生猪市场价格调控预案,增加农产品应急储备品种,合理确定农资产品储备品种和规模,保障市场供应。

七、完善乡村治理机制,切实加强农村基层组织建设

22.强化农村基层党组织建设。健全以村党组织为核心的村级组织,加强农村社区和农民合作社党组织建设。实施村党组织带头人523工程(省级抓500个村,市级抓2000个村,县级抓3000个村,进行重点跟踪指导,着力打造一批在全省乃至全国具有一定影响力和示范带动作用的先进村、示范村,带动中间村晋档升级,促进后进村整顿转化)和农村党员干部素质提升工程,加强农村党风廉政建设。强化村干部“一定三有”政策,加强大学生村官培养使用。

23.加强农村基层民主管理。健全村党组织领导下的村民自治机制。完善村民会议、村民代表会议制度,建立健全村级民主监督机制。推进村务公开和乡镇信息公开。开展农村社区建设试点。加强农村信访工作,妥善处理农村社会各种矛盾纠纷。依法保障外出村民在本村、外来人口在居住村的民主权利和物质利益。完善减轻农民负担长效机制。

24.保障农村社会公共安全。加强农村学校、医院、警务消防、防灾减灾等设施建设,增强农村突发公共事件和自然灾害的应对处置能力。深入开展农村治安整治,完善立体化社会治安防控体系,落实在农村警务室连续工作一定年限人员的激励政策。

各级党委、政府要切实加强和改善对“三农”工作的领导,主要领导要亲自抓,在领导分工、机构设置、干部配备上落实重中之重的要求,将农民增收、粮食生产、“三农”投入、美好乡村建设等纳入考核内容。要切实转变工作作风,加强监督检查,开展强农惠农富农政策执行情况“回头看”,确保各项政策措施落到实处。

中共安徽省委 安徽省人民政府关于大力发展民营经济的意见

皖发〔2013〕7号

大力发展民营经济是实现我省经济总量争先进位、人均水平进入中等、居民收入赶上全国,确保与全国同步全面建成小康社会的重大战略举措。要全面贯彻落实党的十八大精神,全面贯彻落实中央发展民营经济的方针政策,进一步解放思想,开阔思路,彻底破除体制机制障碍,坚持工业化、信息化、城镇化、农业现代化同步发展,充分发挥我省发展潜力大、有利条件多的优势,充分激发各方面创造活力,奋力推进民营经济又好又快发展。

一、激发主体活力

1.扶持民营企业做强做大。大力实施强企工程,引导优质资源向优势民营企业集中,支持科技创新、管理创新、产品创新和商业模式创新,加强质量和品牌建设,增强核心竞争力,着力打造一批自主创新能力强、市场影响力大的骨干企业,培育一批行业领军型企业和企业家。对新进入全国民营企业500强企业,获得中国驰名商标和主导制订国际标准、国家标准、行业标准的企业,省政府予以通报表彰,并给予一次性奖励。

2.推动招商引资提质提速。把招商引资作为发展民营经济的重要途径,大力推动徽商“凤还巢”,深化与全国知名民营企业合作发展,鼓励省外境外企业家、战略投资者、技术和管理人才来皖投资兴业,广泛聚集发展资源。对总部或研发中心迁至我省的民营企业,按一事一议原则给予优惠政策;对徽商回皖投资,实行招商引资同等待遇。

3.掀起全民创业新高潮。采取激励措施,推动更多社会成员兴办经济实体,引导更多外出务工人员回乡创业,促进更多个体工商户转型升级为企业法人。完善和落实小额担保贷款、财政贴息等鼓励自主创业政策。个体工商户转为小型微型企业,以及创办并稳定经营的微型企业,可由当地政府给予一定比例的补贴。力争到2017年,万人拥有企业数、个体工商户数分别比2012年翻一番以上和增长50%以上,民营经济对经济发展的贡献率明显提高。

二、拓展发展空间

4.落实准入政策。全面落实国务院关于鼓励和引导民间投资健康发展的“新36条”和国家有关部委的42个实施细则,按照“非禁即准”的原则,全面放开投资领域,切实做到平等准入、放手发展。支持民营资本参与国有企业改制重组,参与农村合作金融机构改制、农村商业银行增资扩股、发起或参与设立村镇银行等,以及兴办非义务教育、医院和社会中介机构等。建立健全民营资本参与重大项目投资招标长效机制。

5.放宽经营条件。除一人有限责任公司外,允许注册资本货币“零首付”,可在法定期限内缴足注册资本。允许使用法律、法规和规章未禁止,尚未纳入国民经济行业分类的行业用语作为企业名称和经营范围表述用语。除法律、行政法规、国务院决定设置的企业登记注册前置许可外,一律不得设置其他前置许可。应当进行前置许可的,要简化环节、优化程序、提高效率。

6.提升创新能力。支持民营企业建立研发机构,对企业所得税年增长较快的民营企业,可由同级财政将其增量地方留成部分按一定比例奖补企业用于研发和技改;对土地单位面积产出率高、研发投入达到规定比例的民营企业,可由同级财政将企业年纳税增量地方留成部分按一定比例奖补企业用于研发和技改。支持民营科技企业加快发展。对民营企业研发机构在承担国家科技任务、人才引进等方面与公办研发机构实行一视同仁的支持政策。引导民营企业加大技术改造投入,将符合省政府关于加快做大做强主导产业要求的民营企业技术改造项目纳入全省重点技术改造项目,给予贷款贴息扶持。合芜蚌试验区和技术创新工程试点省专项资金、省创业投资引导基金直接参股基金对初创期科技型中小企业予以重点支持,各类科技计划项目对纳入省高新技术企业培育库的民营企业予以优先支持。

7.支持企业开拓市场。严禁在政府采购中通过设定附加条件等形式变相对民营企业设置门槛。支持符合条件的民营企业申请纳入国家推广企业、产品规格型号及销售网点目录。对照国家产品惠民政策,鼓励企业参与竞标。积极组织省内产需对接,促进中小微型企业与大企业建立稳定的协作配套关系。支持民营企业参加各类境内外交易会、展销会、博览会等,对其展位费等给予适当补助。积极支持民营企业“走出去”,开展对外合作,开拓国际市场。

三、加大财税支持

8.加强财政资金引导。从2013年起连续5年,省财政每年安排11亿元扶持民营经济发展专项资金,以转移支付方式直接安排到各县(市、区),用于充实县(市、区)担保公司国有资本金,支持工业、现代服务业固定资产投资贷款贴息、研发和担保贴费等,各市及各县(市、区)原则上各按省财政安排的资金等比例配套。对符合政府投资支持方向的民间投资项目,在中央投资项目、资金争取和省级政府性资金安排上,与其他项目一视同仁、同等待遇。

9.落实税收优惠政策。加大国家结构性减税等税收优惠政策的宣传、培训和落实力度,确保民营企业知晓各项政策,确保各项优惠政策及时落实到位,并将其纳入对地方政府和省有关部门考核内容。2015年底前,对微型企业月营业额未达到2万元、日(次)营业额未达到500元的,免征营业税;对经主管部门批准的民间投资兴办的学校、医院自用土地,免征城镇土地使用税;经省级机构认定的高新技术民营企业迁入我省的,3年有效期内不再重新认定,享受高新技术企业所得税优惠政策。对在我省新设的股权投资企业,其所得税省级分成部分奖励给企业。

四、改善金融服务

10. 持续扩大有效信贷。各类金融机构要加大对涉农、小型微型民营企业信贷支持力度,确保两类贷款的增速不低于全省各类贷款平均增速,增量不低于上年。鼓励金融机构扩大土地承包经营权、农房、大型农用生产设备、林权、水域滩涂使用权等抵押贷款,应收账款、仓单、存单、股权、知识产权等权利质押贷款。发展信用户联保体和信用户共同体,对其信用户发放信用贷款。禁止银行业金融机构在发放贷款时附加不合理的贷款条件,严禁对小型微型企业收取承诺费、资金管理费,严格限制收取财务顾问费、咨询费等费用。对随意抬高融资成本、存在不规范经营行为的金融机构在年度考核时实行“一票否决”,政府有关部门会同银监部门依据有关规定予以处罚。

11. 拓宽融资渠道。加强对拟上市或发债民营企业的筛选、培育和储备，引导企业依法合规经营,完善法人治理结构,提高财务透明度,帮助企业做好改制、辅导和上市或发债申报工作。对成功上市的企业,省和同级财政分别给予100万元的奖励;企业因上市而改制的,对改制当年应补缴和辅导期内(不超过3年)超改制前基数部分企业所得税,省和同级财政按地方留成给予等额奖励。对成功发行企业债、公司债、债务融资工具、中小企业私募债和中小企业集合信托计划的中小企业,省和同级财政按发行额度3%给予补助，最高不超过75万元。

五、加强用地保障

12. 有效保障企业用地需求。将民营企业用地纳入年度用地计划。民营企业投资符合国家产业发展方向、技术含量高、产业带动性强的大项目,优先统筹安排新增建设用地指标。各地要按产城一体、宜居宜业的原则,规划建设提升具有综合服务功能的城镇就业、农民工、大学生、留学生创业园等创业基地和科技孵化器、商贸集聚区、保障性住房,为各类投资者营造良好的生产生活条件。

13. 鼓励节约集约用地。对建设3层以上标准化生产性厂房的,在保证设施专用的前提下,由同级财政给予一定补助。对租用政府投资多层标准化厂房的小型微型企业,3年内给予租金优惠。

六、强化人才支撑

14. 缓解企业“用工难”。对职业中介机构为民营企业招用人员,按签订6个月以上用工证明和1年以上劳动合同人数,给予每人120 250元的职业介绍补贴；劳动者参加就业技能培训，给予200 1200元的培训补贴,并按规定建立动态调整机制。对民营企业新录用人员并与其签订6个月以上劳动合同,进行上岗前技能培训的,由当地政府给予不低于人均300元的补贴;对经岗位技能提升培训并取得中级工、高级工、技师、高级技师资格的,分别给予每人500元、1000元、2000元、3000元的补贴。支持和鼓励民营企业利用自有存量土地建设公共租赁住房用于员工公寓，纳入当地保障性安居工程建设计划,享受同等优惠政策。

15. 支持企业引进和培育人才。对民营企业引进省外“两院”院士、“千人计划”、“百人计划”、“万人计划”人员并签订3年以上合同(每年在我省实际工作时间6个月以上）的，分别给予100万元、50万元、20万元、20万元补助资金。对建立院士工作站、博士后科研工作站和技能大师工作室的民营企业，分别给予50万元、10万元、10万元的建站资助。加强民营企业家队伍建设,实施千名民营企业家培养计划，定期组织民营企业经营管理人员和创业者开展管理提升培训，重视培养乡土人才。将民营企业的各类人才纳入享受政府特殊津贴、省学术技术带头人及后备人选等优秀人才选拔培养范围。

七、优化发展环境

16. 切实减轻企业负担。各级党委、政府要切实保障企业除依法缴纳税费和依法接受监管外,不再承担其他社会负担。严禁任何机关、事业单位和各类协会、学会等社会团体向企业摊派费用,严禁违法违规审批、检查、评比,严禁违法指定中介机构让企业接受各种评审、评估、年检,严禁强行指定企业购买专用产品。在各级监察部门设立民营企业投诉服务电话,对加重企业负担、服务效能低下的单位和个人依法依规处理。

17. 依法保护合法私有财产。鼓励劳动者通过诚实劳动创造美好生活。民营企业和民营企业家的合法财产受法律保护，任何单位和个人不得侵占、破坏,未经法定程序,不得非法改变权属关系。

禁止滥用行政权力干预民营企业合法生产经营活动,不得非法查封、扣压、冻结企业财产。

18.营造良好舆论环境。广泛宣传发展民营经济的方针政策,大力倡导尊重创业、尊重劳动的风尚,营造重商、亲商、安商的良好氛围。大力宣传推介企业优质产品,提升产品的美誉度和市场占有率。引导广大民营企业和个体工商户自觉遵守法律法规,加强企业诚信体系建设,弘扬诚实守信精神,不断提高企业管理水平,认真履行社会责任。充分发挥新闻舆论监督作用,对侵犯民营企业及企业家合法权益和干扰合法经营活动的典型事例及时予以曝光。

八、加强督查考核

19.强化组织推动。各市、县(市、区)党委、政府要加强对发展民营经济工作的领导,按照中央和省委、省政府关于改进工作作风的要求,深入民营企业调查研究,千方百计解决制约民营经济发展的突出问题。建立健全合力扶持民营经济发展的工作协调机制,推动各项政策措施贯彻落实。加强民营企业党建工作,充分发挥党组织的作用,促进民营经济健康发展。省委、省政府每年以适当方式对国家和省委、省政府出台的政策规定落实情况进行督查,对政策不落实的部门和市、县(市、区)进行问责。

20.建立考核机制。建立健全民营经济统计监测制度。加强民营经济发展情况考核,每年对发展民营经济先进市、县(市、区)进行通报,每三年对发展民营经济先进市、县(市、区)和优秀民营企业、民营企业家进行表彰。

除民营企业外,其他民营经济组织均享受以上优惠政策。各市、县(市、区)和省直有关单位要依据本意见精神,结合实际,制定具体实施办法。

安徽省人民政府关于促进经济持续健康较快发展的意见

皖政〔2013〕5号

各市、县人民政府,省政府各部门、各直属机构:

今年是全面贯彻党的十八大精神的开局之年,做好经济社会发展各项工作意义重大。当前,国内外经济形势依然复杂严峻,不确定不稳定因素很多,实现今年全省经济社会发展目标面临不少风险挑战。各级各部门要全面贯彻落实党的十八大和中央及全省经济工作会议精神,以提高经济增长质量和效益为中心,坚持稳中求进,努力解决制约经济持续健康较快发展的突出问题,发挥好投资对经济增长的关键作用,增强消费对经济增长的基础作用,加快推进经济结构调整,着力优化发展环境,确保全面完成全年目标任务。为此,提出如下意见:

一、进一步加大企业帮扶力度

1.各地、各有关部门和领导干部要按照中央和省委关于改进工作作风的要求,深入企业调查研究,千方百计帮助企业排忧解难。继续采取“一企一策”办法,对困难较多的骨干企业实施帮扶。

2.各级财政支持企业发展的各类专项资金要尽快落实到企业。省财政预算安排的涉企专项资金,可直接明确到企业的,3月底前要完成下达或拨付;采取竞争性分配和申报评审方式安排的,4月底前下达完毕。

3.认真落实国家结构性减税政策,继续减轻企业负担。对营业税改征增值税后因新老税制转换税负增加的企业,落实好过渡期财政扶持政策。2013年,对土地使用税适用税额标准不作上调,纳税人缴纳土地使用税确有困难的,按权限报批后予以减免。行政事业性收费标准凡有上下限的,一律按下限收取。2013年,暂缓征收河道滩地临时占用补偿费、铁路护路联防费,由省市县财政分担。各项涉企产品质量监督检验收费在现行标准上降低10%,计量检定收费降低20%,建筑活动综合技术服务费、交通建设工程实验检测费降低10%,人才中心摊位费、建筑消防设施检测费降低20%。

4. 2013年,继续允许困难企业缓缴养老、医疗、失业、工伤、生育保险费,缓缴期限6个月;各统筹地区可适当降低参保企业失业和生育保险费率,一般降幅为30%;可使用失业保险结余基金支付困难企业稳定就业岗位补贴,补贴额不低于上年度当期基金收支结余额的30%;参保企业人均工资低于上年度全省在岗职工平均工资60%的,单位缴纳社会保险费基数可按企业实际工资总额核定。新认定的困难企业可从2013年1月1日起享受相关政策。

5. 2013年,对高等学校和中职学校组织当年毕业生在市、县(市、区)就业达到一定比例,并签订1年以上期限劳动合同的,经审核确认,由同级政府给予一次性补贴;对职业中介机构介绍技能型人才和职业院校、技工院校、高校毕业生在省内企业就业,签订6个月以上用工证明和1年以上劳动合同的,给予120—250元职业介绍补贴。劳动者参加就业技能培训,给予200—1200元培训补贴;企业新录用人员并与其签订6个月以上劳动合同,进行上岗前技能培训的,由当地政府给予不低于人均300元补贴;企业开展岗位技能提升培训,按职工培训后取得国家职业资格证书的人数,分别给予相应补贴。

6. 同等条件下优先采购本省产品。鼓励购买省产汽车、农机设备、重大装备、煤炭、钢铁等产品,具体办法由省财政厅会同省有关部门研定。

7. 从2013年起,支持在供电公司独立开户、单独计量、用电电压等级110千伏以上、符合国家产业政策和节能环保要求的大型工业用户,按国家有关规定,坚持自愿协商原则,向省内单机容量30万千瓦以上的火力发电企业直接购电。

二、持续扩大有效投入

8. 坚持以项目为支撑,全力推进调结构、增后劲的产业项目和打基础、管长远的基础设施项目建设,全年固定资产投资增长20%以上。深入实施“861”行动计划,全年开工建设1300个以上超亿元项目,推进1500个以上超亿元在建项目,建成400个以上超亿元项目,完成年度投资6000亿元以上。可提前启动一批“十二五”规划后两年项目。健全省重大项目推进机制,实施2013年省重大前期工作项目推进计划,力争一批重大项目尽快获得国家批准。对今年新上项目,缩短环评、能评、安评、雷评等时间,降低收费(降幅不低于30%),实现早开工、早投产、早见效。围绕主导产业、自主创新、“三农”、文化产业、社会事业、节能减排、生态环保、城镇基础设施、综合交通等,谋划储备一批重大项目。

9. 从2013年起连续5年,省财政每年安排11亿元扶持民营经济发展专项资金,以转移支付方式直接安排到各县(市、区),重点支持工业、现代服务业固定资产投资贷款贴息、研发补贴和担保贴费等,各市及各县(市、区)原则上各按省财政安排的资金等比例配套,具体办法另定。

10. 对供而未建闲置2年以上的项目用地依法进行清理和处置,清理出的土地优先保证急需用地的重点项目需求。对符合单独选址用地条件、省级立项的主导产业重大项目,省优先安排用地计划指标。为工业生产配套的信息服务、研发设计、创意产业以及仓储物流等投资项目用地,执行工业用地政策。

11. 省财政安排专项资金,支持县域规划编制。开展新型城镇化建设综合试点,加快农业转移人口市民化步伐。开工建设各类保障性住房40万套,年内基本建成25万套。继续实施房地产市场调控,落实好普通首套住房信贷和税收政策,促进房地产市场健康发展。

三、加快调整产业结构

12. 统筹运用各类省级产业发展专项资金,在不改变现有管理权限和管理渠道的前提下,集中用于培育和发展主导产业,支持战略性新兴产业集聚发展试点。支持建设20个左右省级现代服务业集聚区,区内生产性服务业企业,享受省级开发区工业企业同等优惠政策。

13. 支持企业加强科技创新、产品创新、品牌创新、产业组织创新、商业模式创新,省支持企业自主创新的优惠政策一律延长到2017年。实施国家新赋予合芜蚌综合试验区的完善研究开发费用加计扣除、提高职工教育经费税前扣除限额等税收试点政策。加快中科大先进技术研究院建设,率先落实重大政策试点。省对合芜蚌综合试验区专项资金、有关资助和奖励政策延长到2017年。发挥合芜蚌综合试验区政策先行先试的放大效应，其他市参照制定相关政策。有关政策延期具体实施办法由省财政厅会省科技厅另行制定。

14.2013年，对企业所得税年增长较快的企业，可由同级财政将其增量地方留成部分按一定比例奖补企业研发和技改；对土地单位面积产出率高、研发投入达到规定比例的企业，可由同级财政将企业年纳税增量地方留成部分按一定比例奖补企业研发和技改。具体办法由市、县(市、区)政府自行制定。

15.充分发挥文化产业创业投资基金作用，鼓励和引导社会资本投资文化产业。加快推进国家级文化和科技融合示范基地、动漫产业基地和数字出版基地建设。

16.每年安排一定比例的农业产业化专项资金，奖补引进的龙头企业。农业产业化龙头企业的农产品生产基地、农产品临时性收购场所、农林种养殖场和设施农业生产用地，视同农业用地。对龙头企业从事农产品加工用电，受电变压器容量315千伏安以上的，比照省级开发区内企业用电政策执行；从事种养业用电，受电变压器容量315千伏安以下的，执行农业生产用电政策。

四、大力促进市场消费

17.省有关部门要及时公布企业产品供应目录、企业互为市场产品供需目录、重点项目采购业主单位产品需求目录，促进省内产需对接。对照国家产品惠民政策，引导企业参与竞标。支持搭建品牌营销、推介、保护和信息等公共服务平台建设。对优先采购首台(套)省产装备的企业，给予一定补贴。组织省内企业到重点省区和国外进行产品推介，搭建产需合作对接平台。

18.支持发展电子商务、网络购物等新型流通业态，支持培育限上商贸企业发展。支持大型流通企业在中心镇建设乡镇商贸中心，在中心村建设直营连锁便民超市，合理规划建设一批农村商品配送中心，并在规划、用地、税收等方面优先给予支持。支持“放心肉、菜、便利店、早餐、家政”放心体系建设。

19.继续认真落实米袋子、菜篮子行政首长负责制，保障市场供应。着力增强市场调控能力，完善重要商品的储备体系建设。加强价格监测和市场监管，保持物价总水平基本稳定。落实完善社会保障和救助标准与物价上涨的联动机制。

五、继续扩大进出口

20.省财政统筹安排专项资金，继续对企业年度出口增量给予鼓励，对企业进口机电设备、关键零部件每美元奖励0.02元，对企业参加境外展会给予60%补贴，对企业出口信用保险保费给予50%补贴，对中小企业申请国际认证、专利、商标、品牌、标准等发生的费用给予30%奖励。2013年，对加工贸易进出口额10亿美元以上的企业给予鼓励，对加工贸易企业设立的国家(省)级企业工程(技术)研究中心、工程实验室等给予奖励，对进出口过亿美元企业（皖北地区和大别山片区进出口过3000万美元）给予支持。鼓励市县政府相向叠加外贸促进政策，积极探索新型贸易方式。

21.完善省级“走出去”财政和金融扶持政策，加大对“走出去”企业的孵化培育和支持力度，支持有条件的企业“走出去”开展海外投资并购和承包工程，建立生产研发基地和营销网络，参与国际竞标，带动贸易、技术、资源等合作。对承揽过亿美元的大项目给予财政贴息支持。

六、突出抓好招商引资

22.大力承接产业转移，提高招商引资质量和效率，对将总部或研发中心迁至我省的大中型企业，按一事一议原则给予优惠政策。实施境内自然人在皖江示范区和合芜蚌综合试验区投资设立中外合资、中外合作经营企业试点，促进外商投资合伙企业发展。深入挖掘与央企、知名民企和境外企业合作潜力。对徽商回皖投资，实行招商引资同等待遇。实施重大利用外资项目前期和履约推进协调机制。

23.推进具备条件的省级开发区扩区升级，积极创建国家级开发区、国家承接产业转移示范园区和国家综合保税区。加快江北江南集中区和中新苏滁、郑蒲港新区、南北“3+5”现代产业园建设，鼓励开展多种形式的园区合作共建。将现代产业园区全面纳入所在地城镇体系规划和土地利用总体规划，核定园区规划面积和四至范围。省对江北江南集中区和中新苏滁现代产业园、郑蒲港新区、南北“3+5”现代产业园的建设用地指标安排(在年度评估和集约用地的前提下),以及入园企业新增企业所得税、个人所得税省级分成部分全部补贴园区的政策,延长到2017年。

24.省财政对皖北三市七县(三市以及24个县、市、区),每年各补助2000万元用于工业园区基础设施建设或重大项目贷款贴息的政策,以及企业所得税省分成部分,以2009年为基数,增量全部留给地方使用的政策,延长到2017年;省财政对大别山革命老区11个县(区),每年各补助2000万元用于基础设施、现代农业、生态环保和库区移民建设的政策,延长到2017年。

七、着力改善金融服务

25.各地要将银行业金融机构中小微企业贷款发放额与财政性资金存放考核相挂钩,对银行业金融机构、融资性担保机构的中小微企业贷款损失和担保代偿损失,同级财政给予一定补偿。继续实施县域金融机构涉农贷款增量奖励、新型农村金融机构定向费用补贴和小额担保贷款贴息等政策。

26.对融资性担保机构开展的符合条件的小微企业担保贷款业务,省和同级财政对小微企业缴纳的担保费率1.5%以内部分给予全额贴费。对依法合规经营、年化年担保费率不高于同期贷款基准利率50%且放大倍数达到3倍以上的融资性担保机构,省和同级财政按其季末在保贷款平均余额增加额的0.5%,分别给予最高不超过150万元的奖励。

27.对改制成功、办理上市辅导备案登记并成功上市的中小企业,省和同级财政分别给予100万元的奖励;企业因上市而改制的,改制当年应补缴的企业所得税地方留成部分,省和同级财政给予等额奖励。皖北地区和大别山片区每培育1家在中小板或创业板上市的中小企业,省财政给予企业所在地政府100万元奖励。对成功发行企业债、公司债、债务融资工具、中小企业私募债和中小企业集合信托计划的中小企业,省和同级财政按发行额度3%,分别给予不超过75万元的补助。

28.对引进的总部或者地区总部性金融机构,注册资本超过10亿元的,省财政奖励500万元;注册资本5—10亿元的(不含5亿元),奖励300万元;注册资本1—5亿元的,奖励200万元。省级银行业金融机构在皖北三市和大别山片区新设的市级分行,以及政策性银行、国有商业银行、股份制银行、城市商业银行、农村银行、邮政储蓄银行在县域新设的分支行,省财政按每个30万元予以奖励。

29.支持新型农村金融机构发展,省和同级财政按新设机构实收货币资本的1%,分别给予最高不超过50万元奖励。对通过合并重组方式且注册资本超过3亿元(含)的市县融资性担保机构,省财政给予50万元奖励;对通过注资方式扩大注册资本规模的融资性担保机构,省财政按其新增注册资本的0.5%,给予最高不超过100万元奖励。小额贷款公司、融资性担保机构企业所得税前扣除,分别比照银行业金融机构相关政策执行。

30.加大对银行业金融机构考核力度,对新增存贷比高于上年和全省平均水平的金融机构,以及开发适合中小微企业、“三农”和个人创业的金融创新产品的金融机构给予一定奖励。对年度考核合格的县域小额贷款公司、融资性担保机构,同级财政按其实际缴库营业税的40%返还。对在我省新设的股权投资企业,其所得税省级分成部分奖励给企业。

安徽省人民政府关于进一步加强政府性债务管理的意见

皖政〔2013〕48号

各市、县人民政府,省政府各部门、各直属机构:

近年来,各级政府积极采取多种方式为经济社会发展举债融资,在加强基础设施建设,提高公共服务能力,改善民生等方面发挥了重要作用,但同时也出现了一些亟须高度关注的问题。为规范政府性债务管理,锁定风险,防范隐患,推动全省经济社会持续健康较快发展,根据国家有关法律法规和政策规定,结合我省实际,提出以下意见:

一、界定债务范围

1.强化风险意识。目前,我省部分地区政府性债务主要存在债务规模大、融资成本高、融资主体分散、债务资金使用效益较低、债务管理不透明不规范等问题,债务偿还压力较大,风险隐患较为突出。各级政府及有关部门一定要高度重视,牢固树立底线思维,加强债务管理,确保风险可控。

2.明晰政府性债务。凡政府直接或间接承担还款责任的债务,统一纳入政府性债务管理范围,包括地方各级政府部门、经费补助事业单位、政府融资平台公司、公用事业单位(简称举债单位)直接借入、拖欠或因提供担保、回购等信用支持形成的债务。举债单位通过信托、金融租赁、发行理财产品、委托贷款、回购、委托代建等方式形成的政府性债务,须纳入管理范围。

二、规范资金投向

3.支持公益性项目建设。除国家另有规定外,政府性债务要坚持为社会公共利益服务、不以盈利为目的,只能用于市政道路、公共交通等基础设施项目及公共卫生、基础科研、义务教育、保障性安居工程等政府投资公益性项目建设。

4.严禁改变资金用途。政府性债务应按规定用途使用,除国家另有规定外,不得用于竞争性项目,不得用于经常性支出,不得用于平衡预算,不得为招商引资企业垫付资金等。

三、核定债务规模

5.建立风险预警管控机制。要综合债务类别、债务期限等因素,科学运用债务率、偿债率、逾期债务率等指标,对市、县(市、区)政府性债务风险进行动态监测、评估和提示。逾期债务率超过30%,或债务率超过100%且下一年度偿债率超过20%的地区,原则上不得新增债务余额,同时要积极筹集资金偿还到期债务。省财政厅要及时对政府性债务风险预警提示。

6.降低融资平台公司债务风险。各级政府要加强融资平台公司运营风险、债务风险管控,及时掌握资产负债率、有效资产率、现金流覆盖率、融资成本率、财政性资金偿还率等,凡债务风险评价指标超过预警值的,地方政府应立即责成停止举债、及时还债。

7.动态管控债务规模。各级政府要根据未来10年分年度政府性债务应还本付息额、未来10年分年度预计可用于还本付息的资金,建立债务规模滚动控制模型,确定下一年度的债务总规模和可新增债务规模,审慎稳妥测算未来可用于还本付息的资金。

8.实行债务年度计划管理。各级政府要在确定的债务总规模内,编制政府性债务年度收支计划,全面反映上年末债务余额、可用债务资金余额,以及当年续建项目、新建项目、举债额度、需偿还的债务本息、债务支出用途等。未列入债务收支计划的项目,一律不得举借政府性债务。

四、控制融资成本

9.严格限定融资利率。依靠财政性资金偿债的建设项目,融资利率一般不得超过同期银行贷款基准利率的1.3倍。

10.审慎选择融资方式。政府性债务融资渠道主要为银行信贷、企业债券、中期票据、中央代理发行地方政府债券、国际金融组织和外国政府贷款等。除法律或国务院另有规定外,举债单位不得以委托单位建设并承担逐年回购责任方式(BT、BOT等)或委托代建承诺以地补偿等其他变相回购方式举借政府性债务。对符合法律或国务院规定可以举借政府性债务的公共租赁住房、公路等项目,确需采取代建制建设并由财政性资金逐年回购(BT、BOT等)的,必须根据项目建设规划、偿债能力等,合理确定建设规模,落实分年资金偿还计划。

11.规范公益性项目建设资金来源。除法律和国务院另有规定外,符合条件的融资平台公司因承担公益性项目建设举借需财政性资金偿还的债务,一般应向金融机构借款,如通过财务公司、信托公司、基金公司、金融租赁公司、保险公司、发行债券等直接或间接融资,融资利率一般不得超过同期银行贷款基准利率的1.3倍。未经有关监管部门依法批准,举债单位不得直接或间接吸收社会资金进行公益性项目建设,不得向机关事业单位职工或其他个人摊派集资或组织购买理财、信托产品等,不得公开宣传、引导社会公众参与政府融资平台公司项目融资。

五、优化债务结构

12.置换融资成本较高项目。各级政府要按项目类别、融资渠道、融资成本、还款计划和方式等,逐项梳理分析已形成的债务。对以委托单位建设并承担逐年回购责任方式(BT、BOT等)或其他变相回购方式,以及通过信托、金融租赁、财务公司等直接或间接融资形成的政府性债务,要通过压缩新上项目、调整在建项目融资方式等,置换融资成本较高项目,并通过调整预算支出结构、动用偿债准备金、安排部分土地出让收入等方式,逐步回购、还款或延长还款期限。

13.积极稳妥化解债务。对各级政府兴办的教育、医疗卫生机构建设等公益性项目形成的政府性债务,要在锁定债务的基础上,通过土地依法处置、安排事业收入、经营收入和加大财政支持力度等方式化解债务。

六、规范举债审批程序

14.实行融资平台公司名录管理。清理整合政府直接或间接投资设立并承担政府投资项目融资任务的融资平台公司,于2013年7月底前报省财政厅等部门备案,全面纳入监管范围。今后新成立、注销或变更融资平台公司,应及时报备。

15.严格债务举借程序。举债单位举借债务须向同级财政等部门提出申请,财政部门根据年度债务收支计划,会同相关部门提出初审意见,报同级政府审定,重大项目举债需报同级人大审批。同级财政部门对经政府审定或人大审批的债务出具审批卡,作为举债单位融资凭证。融资利率超过银行贷款基准利率1.3倍的举债项目,须报省财政厅等部门审批。

16.规范土地储备融资。土地储备机构融资须由同级财政、国土资源部门根据年度土地储备计划核定融资规模,经同级政府同意后,逐级报省财政厅、省国土资源厅按有关规定核发年度融资规模控制卡。

17.严禁违规担保。除经国务院批准的政府转贷债务外,各级政府及所属机关事业单位、社会团体,不得出具担保函、承诺函、安慰函等直接或变相担保协议,不得以机关事业单位及社会团体国有资产等为其他单位和企业融资进行抵押或质押,不得为其他单位或企业融资承诺承担偿还责任,不得为其他单位和企业的回购协议提供担保,不得从事其他违法违规担保承诺行为。

七、拓宽偿债资金来源

18.多渠道筹集偿债资金。需财政性资金偿还的政府性债务,要列入本级政府年度财政预算和部门预算,通过公共预算、土地出让收入、国有资产经营收益、其他政府资金等,多渠道安排专项偿债资金。土地出让收入盈余部分要优先用于偿债或留作偿债准备。建立健全政府偿债准备金制度,在每年财政预算中按照政府性债务规模的一定比例安排偿债准备金。

19.做实做优融资平台公司。清理整合政府资金、资产、资源,注入优质资源、经营性资产等,将融资平台公司资产负债率控制在60%以内,最高不得超过80%。政府办公楼、学校、医院、公园等公益性资产,不得作为资本注入融资平台公司。融资平台公司要加强运营管理,增强盈利能力,保障债务偿还。

20.合理利用土地资源。各级政府要通过开展土地整治,工矿废弃地复垦利用,荒坡地开发,以及闲置土地处置等,增加土地储备。要结合美好乡村建设、开发区建设和新型城镇化建设,用好用活土地储备资源。

八、建立信息报告制度

21.建立债务信息月报制度。凡有政府性债务余额的举债单位每月向同级财政部门报送政府性债务信息,政府融资平台公司每月向同级财政部门报送会计、债务报表。从2013年8月起,各地要按规定口径将债务信息报省财政厅。

22.建立政府综合财务报告年报制度。财务报告要真实完整地反映各级政府资产负债等情况,经同级政府审定后,报省财政厅备案。

23.及时沟通债务信息。各级财政、发展改革部门和银监、人行分支机构要加强政府性债务信息交流,建立定期对账和信息沟通机制,确保相关债务信息及时、全面、准确。

九、加强绩效考核评价

24.强化政府性债务绩效管理。科学合理设定资金投向、公益性项目占比、基础设施改善程度、社会事业发展成果等指标体系,加强对政府性债务效益考核。政府性债务管理纳入省政府对市政府目标管理绩效考核和县域分类考核。

25.实施政府性债务项目绩效评价。全面评价项目社会经济效益、功能作用以及债务资金使用等,形成绩效评价报告,并在一定范围内公开。市、县(市、区)政府要将年度政府性债务综合绩效评价报告报省财政厅备案。

十、落实管理责任

26.落实主管责任。各级政府是本级政府性债务管理的责任主体，政府主要负责人为政府性债务管理的第一责任人，分管负责人为直接责任人。要加强对政府性债务管理和风险控制的事前、事中、事后管理，特别要加强对土地开发、项目建设、债务计划、融资方式及成本、资金使用等重点环节的管控，切实防范和控制债务风险。

27.落实监管责任。财政部门是政府性债务管理牵头部门，会同有关部门提出债务规模控制意见，编制债务收支计划，建立风险预警管控机制，负责政府性债务统计等日常管理工作。发展改革部门会同有关部门负责政府性债务投资项目立项等管理。国土资源部门会同有关部门做好土地储备融资前置审查等工作。银监部门会同有关部门负责监管目录内政府融资平台的信贷管理等。各有关部门要认真履责、密切配合，将政府性债务管理工作落到实处。

28.强化责任追究。审计部门会同有关部门负责对政府性债务举借、使用、偿还等情况审计，并将政府性债务管理纳入对市、县(市、区)政府和有关部门主要负责人的经济责任审计范围。监察部门会同有关部门负责查处政府性债务举借、使用、偿还等过程中违规违法行为，严格实行责任追究，对触犯刑律的，移交司法机关依法处理。

29. 完善投融资管理体制。各级政府要建立“借、用、还”一体，决策、管理、执行、监督相分离的投融资管理体制。坚持规划先行、合理开发土地，有效衔接政府投融资与城市中长期规划。成立投融资管理委员会，作为投融资管理的决策机构，对投融资工作进行统一管理。

30.加强组织领导。各级政府要按照党的群众路线教育实践活动要求，树立大局意识和正确的政绩观，把债务管理工作作为加强政府作风建设的重要抓手和转变经济发展方式的重要途径，狠抓政府性债务风险管控，着力提高经济发展的质量和效益。

安徽省人民政府关于2013年实施33项民生工程的通知

皖政〔2013〕1号

各市、县人民政府，省政府各部门、各直属机构：

为深入贯彻落实党的十八大精神，切实保障和改善民生，省政府决定，2013年实施33项民生工程。现就有关事项通知如下：

一、继续实施21项民生工程

继续实施计生奖扶、城乡居民养老保险、城乡义务教育经费保障、新型农民培训、就业技能培训、乡镇公办幼儿园建设、廉租房与公租房保障、城乡医疗救助、重大传染病医疗救治、贫困残疾人康复、提高妇女儿童健康水平、农村饮水安全工程、政策性农业保险、农村沼气建设、病险水库除险加固、一事一议财政奖补、农村公路危桥改造、农村危房改造、农村清洁工程、广播电视“村村通”、公共文化服务信息化建设等21项民生工程，按《安徽省人民政府关于2012年实施33项民生工程的通知》(皖政〔2012〕1号)规定执行。

二、新增6项民生工程

(一)建设美好乡村公共服务体系奖补

从2013年开始，围绕“生态宜居村庄美、兴业富民生活美、文明和谐乡风美”总体目标，以村庄建设、环境整治、兴业富民、土地整治和管理创新“五大工程”为重点，每年重点培育建设1500个左右中心村，治理改造1万个左右自然村。2013年省财政投入奖补资金10亿元。

(二)生活无着人员社会救助

对生活无着的流浪、乞讨人员实施救助，保障其基本生活权益；加强流浪救助机构建设，提升管理水平和救助能力；开展孤儿基本生活保障，对散居、集中供养孤儿分别按每人每月600元、1000元标准补助生活费。2013年投入资金4.3亿元。

(三)基本公共卫生服务

实施城乡居民健康档案管理、健康教育、预防接种、0—6岁儿童健康管理、孕产妇健康管理、老年人健康管理、高血压患者和Ⅱ型糖尿病患者健康管理、重性精神疾病患者管理、传染病及突发公共卫生事件报告和处理及卫生监督协管等项目，促进城乡居民逐步享有均等化的基本公共卫生服务。2013年投入资金18.46亿元。

(四)县级公立医院药品零差率补助

取消县级公立医院药品加成收入，有效落实政府补助，合理调整医疗服务价格，使次均门诊、住院药品费用降到合理水平，减轻群众看病负担。2013年投入资金2.4亿元。

(五)公共文化场馆开放

免费开放全省图书馆、文化馆、美术馆、博物馆和文化站，扩大公共文化产品和服务供给，进一步满足公众精神文化需求。2013年投入资金1.25亿元。

(六)农村文化建设专项补助

实施文化信息共享工程村基层服务点、农家书屋、农村文艺演出、农村电影放映、农村体育活动运行补贴，进一步丰富农村居民文化生活。2013年投入资金1.55亿元。

三、提标扩面5项民生工程

(一)提高农村居民最低生活保障补助标准

2013年，将农村居民最低生活保障人均补差水平提高10%。

(二)落实贫困重度残疾人生活救助提标扩面政策

2013年，将一、二级贫困残疾人救助标准提高10%，由每人每年660元提高到726元。扩大政策覆盖面，将80220名三级贫困残疾人纳入保障范围，补助标准每人每年360元。

(三)提高新型农村合作医疗参合补助标准

2013年，根据国家统一部署提高新农合财政补助标准。

(四)提高城镇居民医疗保险参保补助标准

2013年，根据国家统一部署提高城镇居民医保财政补助标准。

(五)扩大高校、中职学校和普通高中家庭经济困难学生资助覆盖面

扩大资助范围，对公办中职学校全日制正式学籍一、二、三年级在校学生中所有农村(含县镇)学生、城市涉农专业学生和经济困难学生免学费。

四、扩充整合1项民生工程

扩充整合实施城乡养老服务体系建设。在实施原有五保户供养、农村五保机构建设的基础上，新增养老服务体系建设内容，合并为城乡养老服务体系建设项目。其中，五保户供养补助标准提高10%，由每人每年1540元增加到1700元。

五、退出6项民生工程

社会(儿童)福利中心、校舍安全工程、农村留守儿童之家、乡镇综合文化站、农家书屋等5项工程按期完成，家电下乡政策到期，2013年起退出民生工程。

六、工作要求

各级各部门要以党的十八大精神为指导，围绕主题主线，紧密结合实际，进一步拓展和提升民生工程，努力在学有所教、劳有所得、病有所医、老有所养、住有所居等方面取得新进展，使发展成果更多更公平地惠及全省人民。

(一)层层落实责任，科学高效调度

完善政府目标考核内容，逐步增加民生工程指标在综合性考核中的权重。继续将各部门组织实施民生工程情况纳入省政府效能建设考核体系，强化市县政府责任，推进工作重心下移，进一步完善党委政府统一领导、财政部门牵头协调、有关部门具体实施的推进机制。

(二)加强资金保障，提高资金效益

坚持公共财政和民生财政改革方向，进一步完善省级均衡性转移支付政策，建立健全县级基本财力保障机制。市县要优先安排、重点保障，确保民生工程配套资金落实到位。要厉行节约、科学管理，加强对民生工程资金使用情况的监管，不断提高资金使用效益。

(三)创新实施方式，推进分类管养

推进民生工程民主决策、民主管理、民主监督的制度化、长效化。按照各级政府事权和部门职责范围，进一步明确项目所在地政府、受益单位的管养主体责任。按照公益性、准公益性、市场化运行、个人经营等方式，探索分类管理，发挥市场、社会和个人的多重力量，推动建成项目健康长效运行。

(四)强化绩效评价，完善实施工作

各级各部门要加强民生工程预算绩效管理，

探索建立部门评价、群众评价和第三方评价“三位一体”的评价体系,科学衡量民生改善和公共服务实现状况。要采取有效措施,改进和完善民生工程实施工作,真正让人民群众感到满意,得到实惠。

安徽省人民政府关于深化农村综合改革示范试点工作的指导意见

皖政〔2013〕69 号

各市、县人民政府,省政府各部门、各直属机构:

近年来,我省农村改革不断深化,农村经济社会发展取得显著成就。随着新型工业化、信息化、城镇化和农业现代化的加速推进,农业和农村发展也面临不少新情况、新问题,制约发展的体制机制矛盾亟待解决。为进一步解放和发展农村生产力,更好地适应“三农”发展的新形势、新要求、新变化,省政府决定在全省 20 个县(区)开展农村综合改革示范试点工作,坚持从实际出发,充分尊重农民意愿和首创精神,按照统筹推进、重点突破,试点先行、分类指导,封闭运行、风险可控的原则,重点围绕市场主体培育、土地市场建设、集体“三资”管理、公共基础设施建管、信息和金融服务等 6 个方面开展改革试点,进一步激发市场主体活力,优化资源配置,促进农业和农村持续健康较快发展。根据党的十八大精神,按照《国务院农村综合改革工作小组关于开展农村综合改革示范试点工作的通知》(国农改〔2012〕12 号)要求,结合我省实际,现就做好农村综合改革示范试点工作提出以下意见:

一、加快发展新型农业经营主体

1. 构建新型农业经营体系。大力培育发展新型农业经营主体,逐步形成以家庭承包经营为基础,专业大户、家庭农场、农民合作社、农业产业化龙头企业为骨干,其他组织形式为补充的新型农业经营体系,力争到 2015 年,新型农业经营主体经营面积占承包耕地 50%以上,农业生产的集约化、专业化、组织化、社会化程度明显提高。

2. 着力培育专业大户和家庭农场。支持农村实用人才、农村致富带头人和外出务工返乡农民,通过土地流转等多种方式,扩大生产规模,逐步发展成专业大户。鼓励具备条件的农户成立家庭农场,支持引导大学毕业生、个体工商户、农村经纪人等从事现代农业开发,以技术和资金入股家庭农场。制定家庭农场认定登记办法,支持符合登记条件的家庭农场向工商部门申领营业执照,开展示范家庭农场创建活动。

3. 发展提升农民合作社。依托优势产业和特色产品,推进生产、加工、采购、销售、服务等各环节合作,组建各类合作社。加强制度建设,完善合作社章程,建立财务管理、盈余分配、教育培训等制度。以“建设规范化、生产标准化、经营品牌化、服务信息化、产品安全化”为主要内容,组织开展示范社创建活动。积极开展农民合作社联合社试点,鼓励农民合作社以法人身份按产业链、产品、品牌等组建联合社,着力打造一批大社强社。

4. 积极探索发展土地股份合作社。探索将土(林)地承包经营权、集体建设用地使用权作价入股,创建土地股份合作社。制定和完善土地股份合作社章程、经营管理制度、股权利益分配制度,建立完善法人治理机制等。建立土地股份合作社登记管理制度。

5. 培育壮大农业产业化龙头企业。支持龙头企业通过兼并、重组、收购、控股等方式组建大型企业集团。推动龙头企业与农户建立紧密型利益联结机制,采取保底收购、股份分红、利润返还等方式,使农户更多分享加工销售利益。支持合作社和农户入股或兴办龙头企业,引导龙头企业领办农民合作社,实现龙头企业与合作社深度融合。支持龙头企业开展技术创新和技术改造,加强品牌建设。

6. 强化政策扶持。将增量财政性扶持资金向新型农业经营主体倾斜。认真落实支持“三农”各项金融政策,积极开发适合新型农业经营主体需求的金融产品。积极稳妥发展农村资金互助社。加强农业保险服务,探索建立有利于新型农业经营主体发展的保险模式。新型农业经营主体生产设施用地、附属设施用地,按农业用地给予安排。新型农业经营主体从事种植业、养殖业等非大工业生产用电,执行农业生产电价标准。以新型农业经营主体为重点对象,统筹实施阳光工程等教育培训。支持鼓励新型农业经营主体从事农业社会化服务。

二、建立多元统一的农村土地市场

7. 深化农村土地确权登记发证工作。将集体土地所有权确定到每个具有所有权的农民集体,2015年底前实现农村集体所有的建设用地、农用地、未利用地和农村范围内的国有土地确权登记发证全覆盖。坚持依法依规、实事求是、尊重群众意愿、务实管用节约的原则,结合实际做好农村土地承包经营权确权登记发证工作,力争2015年底前完成确权登记发证任务。巩固完善林地确权登记发证工作成果。

8. 探索土地流转新机制。探索推进征地制度改革,制定集体建设用地使用权收益分配使用管理办法,依法征收农民集体所有土地,提高农民在土地增值收益中的分配比例,确保被征地农民生活水平有提高、长远生计有保障。允许集体建设用地通过出让、租赁、作价出资、转让、出租等方式依法进行流转,用于工业、商业、旅游和农民住宅小区建设等。建立健全土地承包经营权流转激励机制,引导土地向新型农业经营主体流转,对土地流转面积大、期限较长的项目各地可结合实际给予奖励,优先安排农业综合开发、农田基本建设、土地整治等项目。建立土地流转准入、风险评估和监督保障制度。鼓励农民以林权为资本与龙头企业合作经营。

9. 建立宅基地退出补偿激励机制。坚持自愿、有偿原则,探索建立符合农民合理需求的宅基地退出补偿激励机制。建立农民通过流转方式使用其他农村集体经济组织宅基地的制度。实施土地整治、城乡建设用地增减挂钩腾出的建设用地指标,可按有关规定有偿调剂使用;探索建立农村集体建设用地指标储备制度,盘活农村集体建设用地。

10. 建立完善土地市场交易规则。制定和完善土地流转交易管理办法,明确土地交易范围,健全土地交易规则和操作流程,规范交易信息披露,建立监督制约和责任追究机制。农村集体建设用地、宅基地、林地使用权、森林和林木所有权、土地承包经营权、建设用地指标、耕地占补平衡指标上市交易的,应当在评估的基础上进行,并在土地交易市场门户网站公开交易信息。

11. 建立完善土地交易平台。按照依法、平等、自愿、有偿的原则,依托国有建设用地交易市场,建立统一的城乡土地交易市场,为土地交易提供场所、发布信息、组织交易等服务。推进城乡统一的土地交易市场门户网站和交易平台建设,逐步实现申请、竞价报名、网上挂牌、在线竞拍、中标公示等全流程在线交易。农村集体建设用地、宅基地、林地使用权、森林和林木所有权、土地承包经营权、建设用地指标、耕地占补平衡指标的转让、出租、入股、抵押等,逐步纳入城乡统一的土地交易市场。

三、建立农村集体"三资"管理运营新机制

12. 进一步清理核实农村集体"三资"。清理核实农村集体资产资金资源(以下简称"三资"),摸清村(组)集体所有的"三资"存量、结构、分布和使用效益等情况,做到账实相符、账账相符、账款相符。召开村集体经济组织成员大会或成员代表会议,对清理核实结果进行审核确认,并及时张榜公示。

13. 构建农村集体"三资"新型经营实体。加强村级集体经济组织建设,创新农村集体"三资"经营管理主体,强化经营管理,发展新型集体经济。选择有条件的村,以经确权评估的集体资产资源、集体经营收益、各级政府美好乡村建设资金、整村推进的土地收益等作为资本金的主要来源,成立经济实体(公司),按照"集体所有、股权量化、统一经营、民主管理、规范运行、利益共享"的原则,经营农村集体资产。经济实体(公司)股东为全体村民,村"两委"为董事会,村党组织主要负责人或村委会主任为法定代表人,总经理可公开选聘,村务监督委员会为监事会。建立完善农村集体"三资"经营收益分配办法,保障农民集体收益分配权。

14. 加强农村集体"三资"管理的监督。建立健全农村集体"三资"登记报告、村级会计委托代理、农村集体财务预决算、收入管理、开支审批、资产台账和资源登记簿等制度,严格农村集体资产承包、租赁、处置和资源开发利用的民主管理程序。全面落实村务公开和财务公开制度,大力推进阳光村务工程。村务监督委员会负责对集体"三资"经营管理情况进行日常监督。加强农村集体"三资"的财务监督;定期对农村集体"三资"进行审计、对集体经济组织主要负责人进行经济责任审计。

四、建立农村公共基础设施建管新机制

15. 加强农村公共基础设施建设统筹规划。按照城乡发展一体化的要求,结合县域城镇体系规划、县域村庄布点规划、县域农田水利规划、县域交通规划和村庄建设规划等,科学规划农村公共基础设施。加强城镇与农村道路、水利、供电、供气、通讯、环保、商贸流通等基础设施的对接,促进城市基础设施向农村延伸。按照"阵地共建、资源共享"要求,整合相关资金和项目,统筹建设功能完善的村级公共服务设施。

16.创新农村公共基础设施建设管理体制。逐步推进村民自选、自建、自管、自用和政府监管服务改革。以事权划分村民自建范围,在村集体所有所管、利用集体建设用地建设、农民使用受益的公共设施建设领域,全面推行村民自主建设,加强政府服务和监管。对村民自建以外的项目,强化主管单位和项目主体的责任,认真落实项目法人责任制、招投标制、建设监理制和合同管理制,建立质量责任终身制,确保项目建设质量和投资效益。

17.创新农村公共基础设施管护机制。制定农村公共基础设施建后管护办法,规范管护农村公共基础设施。对纯公益性项目,由各级财政安排一定管护经费。对村民自建项目,由村委会负责建立健全工程运行和管护长效机制,通过分摊、公约或竞拍等方式,把管护责任落实到户。对村民自建以外的项目,按照"谁投资、谁所有、谁受益、谁负责"的原则,明确产权主体,落实管护责任。深化小型水利工程管理体制改革,坚持明确事权、改革产权、多元投入、建管结合的原则,落实管护主体和责任人,健全管护制度,可通过承包、租赁、拍卖、股份合作、委托管理等方式由当地农民、新型农业经营主体等市场主体经营,建立完善小型水利工程投资建设管护长效机制,着力解决农田水利"最后一公里"问题。

五、建立农村综合信息服务体系

18.建设统一的综合信息服务平台。依托安徽农网等现有信息平台,加快建设省级农村公共信息综合服务平台;依托电子政务、农产品电子商务、农机社会化服务、"三农"呼叫中心等专业信息平台,为"三农"发展提供公共服务、电子政务、电子商务、教育培训、农机服务等信息服务。

19.加强农村信息化网络体系建设。依托党员远程教育和文化信息资源工程村级站点,建设村级公共信息综合服务站。依托现有政务中心(为民服务中心),建立健全便民服务、电子政务服务系统,实现行政许可网上申报、审核。建立涉农"一卡通"服务平台,实现财政专网互联互通。

20.推进涉农信息资源整合和应用。逐步整合农业生产、防灾减灾、党务村务、教育文化、医疗卫生、社会保障、社会管理等涉农公共服务信息资源,实现农业公共信息资源的跨部门、跨地区、跨行业互联、互通、共享。健全农业信息收集和发布制度。有序开展大田作物和设施农业物联网应用,建立农业生产过程的监测与管理系统。

21.加强农村信息化人才队伍建设。遴选经验丰富的信息化专家,成立农村信息化专家组,指导和服务农村信息化体系建设。以大学生村官、"三支一扶"大学生、农村党员远程教育管理员为主体,兼顾种养大户、合作经济组织法人代表和农村经纪人,组建信息员队伍,引导、帮助农民掌握信息化技术、利用信息化资源。加强农村信息化人员教育培训。

六、加快推进农村金融综合改革

22.着力提升农村金融服务水平。坚持把农村金融改革与促进农业现代化相结合,大力推进农村金融创新,加强服务支撑体系建设,加快构建适应农村经济社会发展实际的多层次、广覆盖、低成本、可持续的农村金融服务体系,努力形成金融组织体系基本完善、社会融资总量显著增加、现代金融服务实现乡村全覆盖、金融生态环境明显改善的良好发展格局,确保"三农"贷款增速不低于当年各项贷款平均增速,贷款增量不低于上年水平。

23. 持续推进农村金融创新。推进金融组织创新,加快农村合作金融机构股份制改革,做大做强农村商业银行,加快发展村镇银行等新型金融机构,规范发展小额贷款公司、融资性担保公司、典当行等具有金融服务功能的机构。推进机制创新,扩大农业银行"三农"事业部试点,引导国有控股银行设立小企业专营机构,扩大县域银行分支机构的审批权限。推进产品创新,扩大抵(质)押物范围,支持金融机构开发符合"三农"特点的金融产品和服务。推进服务方式创新,在县级行政服务中心设立金融服务窗口,加快设立行政村金融服务室。

24.加快建立健全金融服务支撑体系。建立健全征信体系,建立信用信息服务平台、信用信息采集与更新维护机制、信用信息评价发布机制、信用成果运用机制。建立完善现代支付服务体系,加快农村支付基础设施建设,推广银行卡等非现金支付工具。建立完善农村保险服务体系,全面开展政策性农业保险,积极拓展农村商业保险业务。建立完善金融政策支持体系,金融监管部门对涉农贷款发放实行差别化监管政策。建立完善财税政策支持体系,对按规定发放的涉农信用贷款损失予以适当补偿。建立风险防控体系,保障金融安全。建立考评奖励体系,健全政府性资金存放与金融机构支持地方经济发展挂钩机制。建立完善金融知识教育培训体系。

七、强化改革工作保障

25.加强组织领导。各级政府要高度重视,建立完善工作机制,明确任务,细化措施,精心组织实施,扎实有效推进改革。要强化落实试点工作责任,各试点县(区)政府负主体责任,各市政府负责组织领导和工作指导,省政府有关部门负责业务指导和系统协调,省农村综合改革领导小组办公室加强协调调度,强化对试点工作的督查指导。

26.科学有序推进。坚持因地制宜,分类指导,统筹规划,有序推进,先行在涡阳县、颍泉区、临泉县、烈山区、埇桥区、怀远县、凤台县、庐江县、凤阳县、含山县、无为县、宣州区、青阳县、铜陵县、潜山县、金寨县、金安区、黟县、广德县、宿松县等20个县(区)开展改革试点。各试点县(区)要结合实际,认真制定改革试点实施方案,并于12月底前报送省农村综合改革领导小组办公室备案。鼓励非试点县(市、区)结合实际自主进行试点探索。

27.强化协调配合。省有关部门要密切配合,认真履行工作职责,加强对改革工作的督导,确保各项工作落到实处。省财政厅安排一定奖励资金,支持示范试点工作。

28.不断探索创新。各地各有关部门要加强调查研究,及时发现新情况、新问题,认真研究,切实加以解决。要勇于探索创新,创造性地开展工作,着力破除“三农”发展难题,持续放大改革示范效应。

中共安徽省委办公厅 安徽省人民政府办公厅关于进一步完善农村为民服务全程代理制的意见

皖办发〔2013〕19号

为深入贯彻落实党的十八大精神,践行党的宗旨和群众路线,进一步转变政府职能、改进工作作风、服务农民群众,促进全省农村为民服务全程代理工作规范化、制度化,经省委、省政府负责同志同意,现提出如下意见。

一、进一步明确服务范围和程序

1.拓展服务范围。各地要以群众需求为导向,以利民便民为目的,全面履行基层政府社会管理和公共服务职能,进一步增强农村基层组织服务功能,将服务范围向生产经营管理服务领域拓展延伸,有条件的地方要注重加强和改善农村金融服务。要结合实际,全面梳理各部门为民服务项目,当前应当提供且能够提供的与农民生产生活密切相关的各类事项,原则上都纳入农村为民服务全程代理范围,民政、财政、人力资源社会保障、国土资源、住房城乡建设、农业、林业、人口计生、卫生、文化广播等部门服务事项应当优先纳入全程代理服务范围。具体服务范围和项目由县级人民政府统一制定。为民服务全程代理项目原则上进入县级政务服务中心和乡镇为民服务中心,并在村级设立代办点,为农民提供“一站式”服务。进入县级和乡镇服务中心统一办理的项目,原单位不再受理群众办事申请。暂时不能进入县级和乡镇服务中心的项目,必须经县(市、区)政府批准,并在县级和乡镇服务中心公布办事单位、地点和联系方式,方便群众办事。

2.规范操作程序。按照利民、便民、公开、规范、效能的原则,全面规范操作程序,理顺操作节点,切实抓好受理、办理、回复服务,坚决杜绝门难进、脸难看、事难办等现象。受理环节:接受农民群众的办事申请,进行受理登记,确定承办人,明确办理时限。服务人员要主动服务,认真询问情况,倾听陈述,及时审核申请材料,材料齐全的当场受理,并出具书面受理凭据;材料不齐全的要按照一次性告知的要求,出具补充材料清单,待申请人补齐材料后再受理;对不属于受理范围的事项,应作出解释说明。办理环节:受理申请后,进入服务中心内部运行程序,由服务中心承办人员为申请人全程办理。承办人对所办事项直接负责,可以现场办结的事项当场办结,不能现场办结的在规定时限内办结。回复环节:申请事项办结后,服务中心应及时将办理结果通知申请人。对办理过程中按规定收取的费用,应出具合法的收费票据。

二、进一步落实工作责任

3.理顺管理体制。建立健全党委、政府统一领导,政府统筹安排,政务服务中心具体负责,相关部门各负其责的管理体制。省有关部门加强对农村为民服务全程代理工作的政策研究、工作指导和督促检查;县(市、区)政府及其相关部门具体负责农村为民服务全程代理工作;乡镇政府负责农村为民服务全程代理的日常管理等工作;村级组织在乡镇指导下开展代理服务工作。

4. 明确部门职责。省政务服务中心负责指导市、县(市、区)开展全省农村为民服务全程代理业务工作;省委组织部负责指导农村基层党组织建设;省委组织部、省人力资源和社会保障厅负责指导基层干部教育培训工作,提高干部服务水平;省纪委(省监察厅)负责指导农村基层党风廉政建设和干部作风建设;省编办负责指导市、县(市、区)进一步转变政府职能,加强基层为民服务职能;省民政厅负责指导村民自治和村务公开,提高村务管理水平;省其他有关部门结合各自职责,负责指导市、县(市、区)做好服务工作,明确服务流程,提高服务质量;省农村综合改革领导小组办公室(省财政厅)负责加强政策研究、经验总结和典型宣传推广等工作。

5. 落实县乡政府责任。将农村为民服务全程代理工作与促进农村产业发展、改善农村民生、加强农村社会管理、构建和谐社会有机结合起来。县(市、区)政府是农村为民服务全程代理工作的责任主体,应明确分管负责同志,负责制定完善为民服务全程代理制实施方案,安排部署县级政务服务中心做好为民服务全程代理各项工作,指导乡镇政府落实为民服务全程代理工作任务;县级政务服务中心指导乡镇为民服务中心开展工作,健全完善各项管理制度和办法,加强服务人员教育培训。乡镇党委或政府明确一位负责同志分管为民服务全程代理工作;乡镇为民服务中心负责办理、代理服务事项,指导村级开展工作。村级党组织或村委会主要负责人是村级代理工作第一责任人,负责全村代理服务工作。

三、进一步完善工作制度

6. 完善内部管理制度。进一步完善县、乡服务中心以及村级代办点管理制度,建立健全县、乡两级服务中心协调联动和工作对接制度,健全岗位责任制度和责任追究制度,严格落实效能建设规定,确保农村为民服务全程代理工作有章可循、有条不紊。

7. 完善政务公开制度。全面建立办事公开制度,凡进驻服务中心办理的事项,在服务中心公开办理主体、办理依据、办理条件、办理程序、办理时限、办事结果、收费依据、收费标准、岗位职责、工作纪律、监督渠道等,有条件的可在政府信息公开网站公布相关信息。

8. 完善部门责任制度。县级政务服务中心建立与相关部门的工作协调联系制度、情况通报反馈制度和服务绩效评价制度;组织、人力资源社会保障部门建立完善干部教育培训和考核制度;纪委、监察部门建立完善投诉、跟踪问效等制度;机构编制部门建立完善机构编制管理制度;财政部门建立完善经费保障制度,将乡镇、村为民服务全程代理所需经费纳入财政预算和村级组织运转经费保障范围;民政部门建立完善村民自治制度和村务公开制度;其他有关部门建立健全工作责任制度,强化部门和相关人员的责任。

9. 完善绩效考核制度。结合农村为民服务全程代理工作实际和特点,进一步完善以服务对象评价为主的绩效考核制度。县级政务服务中心定期组织考评,并将农民群众的满意率作为重点考评指标之一;会同乡镇为民服务中心严格规范工作人员的出勤、遵章守纪、业务办理等行为,对工作人员进行考评。各县(市、区)将实施为民服务全程代理工作纳入政府目标管理和效能建设考核范围,作为考核县(市、区)、乡镇党政领导、相关部门及工作人员年度岗位目标责任制的一项重要内容。

四、进一步创新服务方式

10. 整合各类服务资源。坚持"整合资源、集约节约"的原则,切实改变条块分割、资源分散、信息孤立、重复建设等现状,以安徽省农村综合信息服务平台为依托,对文化、科技、财政、农业、人口计生、卫生、国土资源、气象等部门为农民提供的多种服务资源进行整合,发挥集聚效应,建立集业务受理、流程跟踪、信息公开于一体的农村全程代理"一站式"业务系统,努力打造资源共享、互通互联的为民服务平台。

11. 精简下放审批权限。根据简政放权的要求,县级部门在其法定职权范围内,依据法律、法规、规章和国务院的有关规定,可以将本部门实施的审批事项委托乡镇办理,减少代理层级和工作程序,方便基层和群众办事。

12. 创新政府购买服务。因地制宜、积极稳妥地推进政府向社会力量购买服务,为农民群众提供优质、高效的公共服务。逐步将适合采取市场化方式提供、社会力量能够承担的公共服务事项,交由具备条件、信誉良好的社会组织、机构和企业等承担。积极培育和发展社会组织,支持社会组织向群众提供服务。

13. 构建网络服务平台。按照"一网多用、多网并用"的要求,充分运用现代信息网络技术,按照先行试点、总结完善、逐步推行的原则,实行农村为民服务全程代理网上申报、网上审核、网上办理,提高服务效率,降低运行成本。

五、进一步夯实基础工作

14.加强队伍建设。各地要挑选党性强、作风正、业务精、责任心强、热心为群众办事的干部从事农村为民服务全程代理工作。采取有效措施,保障代理服务人员相对稳定;完善激励约束机制,增强服务人员荣誉感和责任感,努力打造一支为民、务实、清廉、高效的服务队伍。

15.加强业务建设。各县(市、区)要结合实际制定《农村为民服务全程代理事项指导目录》,明确服务事项、操作规程等内容,并向社会公开。加强业务基础工作,建立健全群众办事登记台账和统计报告制度。加强与服务对象的联系,开展回访活动和群众满意度调查,认真听取群众意见和建议,不断改进工作方法,提高服务水平,让农民群众满意。

16.加强场所建设。各地要充分利用现有资源,加大政策和资金支持力度,加强以县级政务服务中心为龙头、乡镇为民服务中心为主体、村级代办点为基础的服务场所建设,建立健全县、乡、村三级为民服务全程代理网络。

安徽省人民政府办公厅关于进一步加强省级预算管理的意见

皖政办〔2013〕30号

省政府各部门、各直属机构:

《安徽省省级预算管理办法》(皖政办〔2012〕4号)实施以来,各部门严格执行,切实加强省级预算管理,取得了积极成效。为充分运用党的群众路线教育实践活动成果,按照"完整、规范、公开、透明"原则,进一步加强省级预算科学化、精细化管理,切实提高财政资金使用绩效,经省政府同意,现提出如下意见:

一、进一步加强预算约束。省直各部门、各单位要编细编实预算,尽可能将年度各项支出纳入年初预算。省直各部门、各单位原则上不向省财政厅或省政府提出预算追加申请,省财政一般不办理预算追加。

二、省直各部门、各单位在预算执行中因特殊情况,确需增加安排的支出,可在本年度部门或单位预算之内,经规定程序批准后通过调整结构予以解决。通过调整结构仍不能解决而必须追加的支出,由省有关部门、单位向省财政厅提出申请,其中,追加数额在500万元以上的,由省财政厅提出意见,经分管财政的副省长审核并报省长同意后,提交省政府常务会议研究决定。涉及应对重大应急事件的,按皖政办〔2012〕4号文件办理。

三、预算执行中,对省级预算安排、需要二次分配的专项资金,由相关主管部门会同省财政厅提出整体分配原则,报省政府常务会议研究审定后,由相关主管部门会同省财政厅集体研究并组织实施。其中面向全省分配、政策性强、连带作用大的重大专项资金,提交省政府常务会议研究决定。

四、全面清理整合专项资金,进一步提高财政资金使用绩效。创新资金使用方式,涉及扶持经济社会发展的专项资金,整合归并,聚焦使用,依据规则分配,尽可能采用贴息、担保、以奖代补、购买服务等方式,充分发挥财政资金杠杆作用,放大带动效应。

五、省财政厅要加强对专项资金二次分配的监督,督促有关部门和各地规范专项资金分配,严格资金管理,加快预算执行进度,及时将资金拨付相关单位和项目,并跟踪使用情况,适时进行绩效评价。

安徽省人民政府办公厅关于进一步规范涉企收费的通知

皖政办〔2013〕29号

各市、县人民政府,省政府各部门、各直属机构:

为减轻企业负担,着力优化发展环境,促进经济持续健康较快发展,根据国务院加快转变政府职能、深化行政体制改革的要求,经省政府同意,现就进一步规范涉企收费通知如下：

一、取消、调整、下放、缓征 28 项行政事业性收费

1. 取消铁路护路联防费和河道滩地临时占用补偿费。

2. 调整河道工程修建维护管理费和白蚁预防费。河道工程修建维护管理费按企事业单位和个体经营者实际缴纳的流转税（增值税、消费税、营业税）的 1%征收，并减半征收。白蚁预防费按南北地区不同地理环境，分标准征收，其中淮河以北地区减按 1 元 / 平方米征收。

3. 下放货物港务费到市级管理，收入全部缴入市国库。

4. 缓征机动车抵押登记费、采矿登记收费、船舶登记费、特种船舶和水上水下工程护航费、水土流失防治费、植物新品种保护权收费（农业）、国内植物检疫费、畜禽及畜禽产品检疫费、农药登记费、农药实验费、新兽药审批费、进口兽药注册登记审批及发证收费、《进口兽药许可证》审批费、《兽药典》和《兽药规范》及兽药专业标准收载品种生产审批费、已生产兽药品种注册登记费、渔业船舶登记或变更登记费、卫生监测费、植物新品种保护权收费（林业）、林权证工本费、林权勘测费、森林植物检疫费、贸促会证照费（货物原产地证明书费）、测绘产品质量监督检验费等行政事业性收费。

二、缓征 3 项政府性基金

5. 缓征散装水泥专项资金、新型墙体材料专项基金和大中型水库库区基金。

三、加强涉企收费监管

6. 建立经营性服务收费统计报告制度，对涉企经营性服务收费实行目录管理，每年由省物价局公布一次，不在目录内的一律不得强制收取，且不得高于目录收费标准征收。

7. 纳入行政审批前置环节的国家及省管涉企经营性服务收费标准，原则上一律下调 20%，有上下限的按下限执行。

8. 雷评、环评、地震安全性评估、消防检测等不得指定服务机构、人为设置限制门槛。

9. 鼓励根据当地经济发展状况和财力水平，对园区企业制定相关优惠政策，减征或免征涉企收费，探索实行一站式收费或一费制管理。

10. 各类学会、协会、研究会等不得强行要求企业入会、索要会费，不得向企业索要赞助、宣传费等，严禁向企业乱收费。经济和信息化部门要不定期对企业入会缴费情况进行摸底排查，民政部门年检时要将收费情况作为审查的重要内容，财政部门要加强票据源头管理，审计部门要对各类学会、协会、研究会等财务收支情况进行重点审计，监察部门要会同有关部门依法查处乱收费乱摊派行为。

11. 不再办理省级涉企行政事业性收费立项审批，并根据实际情况，动态开展清理涉企行政事业性收费，切实减轻企业负担。

12. 严格按照财政部、国家发展改革委《关于公布取消和免征一批行政事业性收费的通知》（财综〔2013〕67 号）要求，认真落实中央取消和免征收费的规定。

除国家和省另有规定外，上述取消、调整、下放、缓征等涉企收费事项一律从 2013 年 8 月 1 日起执行。

安徽省人民政府办公厅关于进一步规范和加强省级行政事业单位资产管理工作的意见

皖政办〔2013〕3 号

省政府各部门、各直属机构：

为贯彻落实《安徽省行政事业单位国有资产管理暂行办法》（省政府令第 214 号），巩固省级行政事业单位资产清理成果，完善监督管理体系，提高资产使用效益，经省政府同意，现就规范和加强省级行政事业单位资产管理工作提出以下意见：

一、充分认识规范和加强行政事业单位资产管理工作的重要意义

行政事业单位资产是国有资产的重要组成部分，是履行政府行政职责、保障各项事业发展的重要物质基础。加强资产管理工作，健全行政事业单位国有资产管理体制，是深化行政管理体制改革、完善公共财政体制的重要内容，是规范收入分配秩序、加强党风廉政建设的现实要求。省直各单位要深入贯彻落实省委、省政府关于加强行政事业单位资产管理工作的各项要求，充分认识加强资产管理工作的重要意义，牢固树立责任意识，认真履行管理职责，切实维护国有资产安全完整，促进资产保值增值。

要按照党的十八大提出的“完善各类国有资产管理体制”的要求，进一步确立“国家统一所有，政府分级监管，单位占有、使用”的管理体制。坚持所有权和使用权相分离的原则，财政部门对行政事业单位资产实行统一归口管理，主管部门负责本部门和所属单位资产的监督管理，行政事业单位负责本单位资产的日常管理，建立配置、使用、处置、收益全过程监管体系，行政事业单位所有资产必须全部纳入监管，努力构建“产权明晰、配置科学、使用高效、处置规范、收益统筹、监管有力”的行政事业单位国有资产管理新机制。

二、进一步加强行政事业单位国有资产配置管理

按照深化部门预算改革的要求，进一步推进资产管理与预算管理的有机结合，严把资产入口关。新增资产必须履行预算编制、申报审核、政府采购、登记入账的程序，确保所有资产定额配置、公开采购、有据可循、有档可查。各主管部门和财政部门对新增资产配置预算，必须按照精简节约、从严从紧的原则审核审批。大型专用资产配置必须事先进行财政评审，临时性任务按照租购结合、调剂使用、合理配置的原则配置资产，经批准的紧急采购按简化程序规范办理。

建立健全与公共财政要求相适应的行政事业单位资产配置标准体系。省财政厅、省管局要按照“先易后难、重点突破、逐步深入、梯次推进”原则，会同有关部门，研究制定《省级行政单位通用资产配置标准》，合理确定行政单位资产标准配备预算定额，促进行政单位通用资产占有均等化。其中，省级行政单位及省委、省政府直属事业单位(不含下属单位)办公用房、公务用车配置的审批，由省管局负责；其他资产配置事项，由省财政厅审批。要结合行业管理特点，探索制定行政事业单位专用资产配置标准，逐步完善资产配置标准体系，为编制部门预算和资产配置预算提供科学依据。

三、进一步加强行政事业单位国有资产使用管理

(一)实行房屋土地产权集中管理

对省级行政事业单位的房屋所有权证和国有土地使用证(以下简称“两证”)实行集中管理。在肥省本级党政群机关和省委、省政府直属事业单位及省委、省政府直接领导和管理的厅(局)级事业单位(不含下属单位)的“两证”由省管局集中管理，其他单位的“两证”由省财政厅集中管理；省以下垂直管理单位的“两证”由主管部门根据本意见精神制定具体管理办法。

省直各单位须在 2013 年 4 月 30 日前移交“两证”；“两证”不全的，在补办完成后 30 日内按规定移交。省纪检监察部门要加强对“两证”移交工作的监督。“两证”移交后，房屋和土地仍由原使用单位继续使用，基建债务仍由原产权单位继续承担。

省直各单位尚未办理“两证”的，要根据历史沿革、资金来源、使用现状，理清资产权属关系，于 2013 年 7 月 31 日前补办“两证”。办证工作由省级行政事业单位资产清理工作领导小组办公室牵头，省财政厅、省管局督促指导，省公安厅、省国土资源厅、省住房城乡建设厅等部门协调房产土地所在地办理相关手续。办证过程中各职能部门要严格把关，对借机变更资产权属、造成国有资产流失的，按有关规定追究单位负责人和具体经办人员责任。

(二)规范资产出租出借行为

行政事业单位国有资产应首先保证履行职能及事业发展需要，严格控制行政事业单位出租出借国有资产。

省级行政单位原则上不得出租出借办公用房或改变办公用房使用功能。剩余闲置的办公用房，由省政府在省直机关统筹调剂使用。对于未经批准擅自出租出借办公用房的，按违规违纪处理。

省级行政事业单位确需出租出借资产的，必须经批准后实行公开拍租。自 2013 年 5 月 1 日起，对已到期或尚未签订合同的资产出租，由省财政厅统一委托评估，统一组织拍租，使用统一合同文本，各单位继续负责合同签订和日常管理，出租合同期限一般不得超过5年。

尚未到期的合法的资产出租合同，原则上仍继续执行，但要于2013年4月30日前按统一合同文本重新签订，并将合同原件及相关附件报省财政厅备案，待合同到期后重新拍租。

所有出租出借行为(含未取得产权已出租的)都必须纳入监管。对2011年省级行政事业单位资产清理过程中未按要求将出租出借事项上报的，须于2013年3月31日前将出租出借情况说明及出租出借合同报省级资产清理领导小组办公室。逾期未报的，一经查出，一律视同违规违纪行为，违规的出租出借收入予以没收，并追究相关人员责任。

(三)加强对外投资风险控制

严格执行《行政单位财务规则》和《事业单位财务规则》中有关行政事业单位对外投资的各项规定，结合事业单位分类改革的要求，分类管理，分步实施，加强对外投资监管。所有行政单位、承担行政职能的事业单位以及公益一类事业单位一律不得对外投资；公益二类事业单位对外投资必须严格履行审批程序，原则上不得进行跨行业投资；从事生产经营活动的事业单位在转企或撤销前，要将对外投资事项报财政部门备案。分类改革到位前，事业单位所有对外投资行为均需报批。

主管部门要加强所属事业单位对外投资的审核把关，严格控制货币性资金对外投资，不得使用财政性拨款及结余资金对外投资。以非货币性资产对外投资的，必须委托具备相应资质的中介机构进行资产评估。各单位要加强对投资项目监督管理，每年上报投资经营收益情况，规范收益分配，建立约束机制，控制投资风险，维护国有资产安全完整。

(四)加大资产调剂整合力度

提高行政事业单位存量资产使用效益，积极引导和鼓励行政事业单位国有资产共享共用，逐步建立行政事业单位资产调剂整合工作机制。加强行政事业单位长期闲置、低效运转和超标准配置资产的调剂整合，对单位提出的资产配置申请，能通过调剂、租赁解决的不得重新购置。加强临时性任务购置资产的管理，对经批准设立的临时机构、召开的重大会议、举办的大型会展活动及同类型通信网络基础设施等资产配置，推行“公物仓”管理，杜绝重复采购、损失浪费等现象发生。

四、进一步规范行政事业单位国有资产处置行为

进一步加大对行政事业单位资产处置的监管力度，严把资产出口关。行政事业单位国有资产处置必须按照省政府第214号令的要求，严格履行审批程序，按规定的审批权限处置，未经审批，任何部门和单位不得擅自处置国有资产。省级行政单位及省委、省政府直属事业单位(不含下属单位)国有资产处置，经省管局审核后，报省财政厅审批。

行政事业单位处置国有资产，应遵循公开、公平、公正的原则，采取招投标、拍卖、协议转让等方式处置。2013年3月1日起，省级行政事业单位土地、房屋、单位原值20万元以上、批量原值50万元以上的资产出售必须实行集中处置，由省财政厅统一组织，委托经公开招标方式确定的评估机构评估，采用公开拍卖等市场化竞价交易方式进行，确保资产处置公开透明。任何单位不得随意将资产对外捐赠，采用无偿转让、报废等其他资产处置方式的，按照省级行政事业单位国有资产处置管理规定履行报批手续，处置结果限期上报。

未经审核批准，房产、国土资源和公安机关车管等部门不得办理相关国有资产的注销、过户、变更登记等手续。

五、进一步强化行政事业单位国有资产收益管理

行政事业单位国有资产处置收入、出租出借收入、对外投资收益等资产收益要纳入部门预算，严格实行“收支两条线”管理。任何单位不得截留、坐支资产收益，更不得以“账外账”等方式隐匿资产收益，私设“小金库”。

加强省级行政事业单位资产出租出借、资产处置、对外投资等资产收益的动态监管，加大监缴力度，规范用途，防止国有资产流失。省级行政事业单位的资产收益，一律直接缴入省政府非税收入汇缴结算户，确保各项资产收益应收尽收、及时上缴。行政事业单位资产收益原则上用于单位固定资产更新改造和新增资产配置，财政部门可调剂部分收益，统筹安排使用。

六、进一步加大行政事业单位国有资产监管力度

加强省级行政事业单位国有资产管理责任重大、任务艰巨,各职能部门要密切配合、分工协作、履职尽责、形成合力,进一步提升监管能力和监管水平。省直各单位要统一思想,转变观念,夯实管理基础,创新管理方式,切实担负起保障国有资产安全规范运行的责任。

省财政厅作为省政府负责行政事业单位国有资产管理的职能部门,要加强对省级行政事业单位国有资产的综合管理和监督检查,进一步完善省级行政事业单位资产管理制度,规范国有资产配置、产权登记、资产使用、资产处置、收益监缴、信息统计和监督考核行为,积极探索建立行政事业单位国有资产绩效评价体系。

省管局要配合省财政厅,进一步完善省级行政事业单位资产管理具体办法,做好办公用房的配置审批和公务用车的编制管理、配备使用管理、集中处置工作,抓紧实施省级行政事业单位房屋产权证和国有土地使用权证的集中统一管理,认真把好资产处置审核关。

省纪检监察、审计等部门要加强对省级行政事业单位资产管理的监督检查,加大对违纪、违法案件的查处力度。凡2011年省级行政事业单位资产清理中发现的资产漏登漏报、账实不符、出租出借混乱、收益流失等问题,有关单位要在2013年3月31日前限期整改,并将整改情况报省级行政事业单位资产清理工作领导小组办公室备案。对违反行政事业单位资产管理制度,擅自处置国有资产,隐匿、坐支、挪用国有资产收益及造成国有资产浪费、流失的,按有关规定追究单位主要责任人和相关人员责任。

安徽省人民政府办公厅关于进一步加强融资性担保体系建设支持小微企业发展的意见

皖政办〔2013〕38号

各市、县人民政府,省政府各部门、各直属机构:

为认真贯彻落实国务院办公厅《关于金融支持小微企业发展的意见》(国办发〔2013〕87号),进一步加快融资性担保体系建设,切实解决小微企业融资难融资贵问题,经省政府同意,现提出如下意见:

一、高度重视融资性担保体系建设

小微企业在稳增长、调结构、扩就业、促创新、惠民生等方面具有不可替代的重要作用。近年来,我省小微企业蓬勃发展,但融资难仍然是制约小微企业发展的突出问题。融资性担保是小微企业增信融资的重要手段,是市场经济条件下地方政府扶持小微企业发展的重要抓手。加快建立完善融资性担保体系、充分发挥融资性担保机构的功能作用,必将有力地提升小微企业融资能力,促进全省小微企业持续健康较快发展,为安徽经济调结构转方式注入强劲动力。

二、做大做强融资性担保机构

各级政府要集中力量,整合资源,聚焦支持,规范管理,持续加大投入,扶持融资性担保机构尽快做大做强。从2013年起连续5年,省财政每年安排11亿元资金,各市、县(市、区)等额配套,用于充实县(市、区)符合条件的融资性担保机构国有资本金。对政府出资的融资性担保机构,由同级财政行政主管部门代表政府履行出资人职责。省财政安排专项资金,充实省信用担保集团国有资本金,用于参股管理健全、运作规范、放大倍数较高的县(市、区)融资性担保机构,省信用担保集团按股权份额享有相应权益并承担相应风险责任。积极支持市、县(市、区)融资性担保机构重组联合,做大做强做优。鼓励社会资本参股国有融资性担保机构;规范发展民营融资性担保机构,促进各类融资性担保机构协调发展,努力形成功能完善、布局合理、覆盖城乡、多层次差别化的融资性担保体系。（省财政厅牵头，省政府金融办、省经济和信息化委、省工商局、省信用担保集团等配合）

三、建立健全多层次的再担保体系

省信用担保集团要强化再担保功能，大力发展再担保业务，对符合条件的市、县（市、区）国有及国有控股融资性担保机构，积极提供承担连带责任的比例再担保，为商业性融资性担保机构提供一般保证责任再担保，进一步增强分担风险、增加信用的能力，提升融资性担保机构与银行业金融机构合作水平，不断提高再担保覆盖率。鼓励各地建立“担保＋保险”等多种方式的风险分散机制。鼓励融资性担保机构之间开展联保、分保、反担保等多种方式合作。（省财政厅、省政府金融办、省信用担保集团按职责分工负责）

四、提升经营管理水平

省信用担保集团以股权或业务为纽带，引领融资性担保机构提升经营管理水平。推动融资性担保机构完善法人治理结构，构建决策、执行、监督相互分离、相互制衡的公司治理机制。推动融资性担保机构建立健全规章制度，加强内控机制建设，规范业务流程，提高服务水平。分层分类培训融资性担保机构经营管理人员。加强行业交流，促进行业自律。（省政府金融办牵头，省财政厅、省信用担保集团等配合）

五、放大担保倍数

各级政府要按照效率优先原则，合理安排担保资源投向，引导融资性担保机构通过改善经营管理、深化银担合作等途径提高担保资源使用效率。力争到2017年，全省融资性担保机构平均放大倍数达到5倍以上，其中省、市国有及国有控股融资性担保机构放大倍数达到7倍以上，县（市、区）国有及国有控股融资性担保机构放大倍数达到5倍以上，确保全省融资性担保在保余额增幅不低于当年小微企业贷款增幅，增量高于上年同期水平，确保小微企业申请担保获得率与服务覆盖率明显提升。（省政府金融办牵头，安徽银监局、省财政厅、省经济和信息化委、省国资委、省信用担保集团等配合）

六、加快构建信用体系

积极搭建小微企业综合信息共享平台，以人民银行征信系统为基础，依据《征信业管理条例》等精神，整合注册登记、生产经营、人才及技术、纳税缴费、劳动用工、用水用电、节能环保等信息资源，加快建立小微企业信用征集体系。加快建立小微企业外部信用评级发布制度和信息通报制度，引导银行业金融机构注重用好人才、技术等“软信息”。建立针对小微企业的信用评审机制。建立融资性担保机构及其高管人员信用记录，加快开展融资性担保机构信用评级工作。（省发展改革委、人行合肥中心支行牵头，省经济和信息化委、省财政厅、省工商局、省政府金融办等配合）

七、推进信息系统建设

加快全省融资性担保行业信息管理系统建设，力争2013年底前上线试运行，分批次将符合条件的融资性担保机构信息全部接入人民银行征信系统。促进融资性担保机构建立综合业务信息系统，力争2014年底前，全省所有融资性担保机构实现业务流程信息化管理。完善再担保信息体系建设，推动信息对接，确保信息资源共享。依托监管信息平台，通过信息化手段加强非现场监管，实现监管的及时性、科学性、有效性。（省政府金融办牵头，省财政厅、人行合肥中心支行、省信用担保集团等配合）

八、深化银担合作

引导银行业金融机构积极运用信用评级和监管评价结果，促进银担合作，对运作规范、信用良好、资本实力和风险控制能力强的融资性担保机构承保的小微企业贷款给予利率优惠，降低保证金存放比例，逐步取消保证金制度。国有及国有控股融资性担保机构不得向客户收取保证金。探索建立银担合作风险分担机制，推进农村合作金融机构和徽商银行等地方金融机构与融资性担保机构开展风险分担试点，根据合作情况按比例承担风险；鼓励其他银行业金融机构积极跟进，逐步在全省全面推开。各级政府要将银担风险分担机制与财政性资金存款及金融机构考核激励挂钩。（省政府金融办牵头，安徽银监局、省财政厅、省农信社、徽商银行等配合）

九、服务实体经济发展

全省融资性担保机构要坚持为实体经济融资服务，全力支持结构调整和产业转型升级，积极为符合产业政策、有市场发展前景的小微企业提供融资担保，不得为商业性房地产等提供融资性担保。促进融资性担保机构创新担保方式，增强为科技创新型企业服务的能力。鼓励融资性担保机构与风险投资基金、创业投资基金等机构合作，不断拓宽小微企业直接融资渠道。鼓励融资性担保机构在小微企业集聚区设立分支机构，延伸服务网络。通过降低服务成本、争取合作银行支持等多种途径，切实降低小微企业融资成本。国有及国有控股融资性担保机构要本着以支定收、保本运行的原则，合理确定担保费率，年化担保费率原则上不超过1.5%。(省政府金融办牵头，省发展改革委、省经济和信息化委、省财政厅、省信用担保集团等配合)

十、加强担保绩效考核

省政府定期考核市、县(市、区)政府担保扶持政策落实情况，考核结果作为扶持资金分配依据。各级政府建立以担保再担保业务规模、担保资金放大倍数、担保费率、代偿损失率等为主要指标的绩效考核评价体系，定期考核国有及国有控股融资性担保机构，考核评价结果与融资性担保机构负责人薪酬挂钩。省财政厅进一步完善省信用担保集团考核评价办法，提高再担保业务规模等指标权重。省信用担保集团牵头建立再担保体系成员评价机制，形成定期评价、动态调整的机制，作为体系成员准入退出和再担保合作方式设定的参考依据。(省政府金融办、省财政厅牵头，省经济和信息化委、省信用担保集团等配合)

十一、加大政策扶持力度

建立省、市、县(市、区)三级小微企业担保风险补偿基金，对加入省再担保体系实行比例再担保的融资性担保机构发生的小微企业担保代偿损失，省财政给予省再担保机构分担部分的20%风险补偿，市、县(市、区)财政给予本级融资性担保机构分担部分的20%风险补偿。2013—2017年期间，对依法合规经营、年化担保费率不高于同期基准利率25%且放大倍数达到4倍以上的融资性担保机构，省和同级财政按其全年平均在保贷款余额增加额的0.5%，分别给予最高不超过150万元的奖励。国土资源、房产、工商等部门要为融资性担保机构办理抵质押手续提供支持，对代偿、清偿办理过户等手续费减半收取。适度提高对小微企业担保贷款不良率的容忍度。(省财政厅牵头，省国土资源厅、省住房城乡建设厅、省工商局、省政府金融办等配合)

十二、强化风险防控

各市、县(市、区)政府要认真履行风险防范第一责任人职责，切实加强监管能力建设。加强行业监管，严厉打击挪用抽逃资本金以及非法集资等行为。加强财务监管，确保国有资产安全高效运行。依法加强对融资性担保债权的保护。(省政府金融办牵头，省经济和信息化委、省公安厅、省财政厅、省工商局等配合)

省人大重要财经文献

在安徽省十二届人大三次会议闭幕会上的讲话

安徽省委书记、省人大常委会主任 张宝顺

各位代表,同志们:

安徽省十二届人大三次会议，经过全体代表和与会同志的共同努力,圆满完成了各项议程,即将胜利闭幕。这是一次民主团结、求真务实的大会,是一次推进改革、致力发展的大会,是一次凝聚共识、风清气正的大会。

会议期间,代表们牢记使命,不负重托,认真履职,体现了高度的政治责任感,展示了良好的精神风貌。会议审议通过的省政府工作报告等各项报告,凝聚着全体代表的智慧,代表了全省人民的意愿,是做好我省今年工作的重要指导性文件。会议的圆满成功，必将极大地鼓舞和激励全省人民以更加昂扬的斗志、更加务实的作风,积极投身我省改革开放和社会主义现代化建设的伟大实践!

各位代表、同志们!

回首2013年,我们充满奋斗的豪情和收获的喜悦。面对错综复杂的宏观环境,全省上下牢牢把握稳中求进工作总基调,统筹稳增长、调结构、促改革、惠民生,经济社会发展稳中有进、稳中向好。今天的安徽,已经迈上了新的发展平台,正朝着全面建成小康社会目标阔步前进。

2014年是全面深化改革的开局之年，也是实现“十二五”规划目标任务的关键一年。我们要认真贯彻落实党的十八大、十八届三中全会和习近平总书记系列重要讲话精神，以全面深化改革为根本动力,以转方式调结构为主攻方向,以推进自主创新和发展民营经济为重要驱动,奋发有为,开拓进取,扎实工作,全面完成本次会议确定的目标任务,推动经济社会持续健康较快发展。

改革是今年的主题词,是时代的最强音。我们要深入贯彻十八届三中全会精神，以更加坚定的信心、攻坚克难的勇气,全面深化改革,充分释放改革的巨大红利。要坚持在大局下行动,加强系统谋划,深入调查研究,明确实施方案,正确、准确、有序、协调推进各项改革。要坚持胆子要大、步子要稳,敢于担当、立说立行,从群众最期盼最急迫的领域改起,从最有条件达成共识的地方做起,推动重点领域和关键环节改革取得实质性进展。要坚持把促进社会公平正义、增进人民福祉作为出发点和落脚点,冲破思想观念的束缚,突破利益固化的藩篱,创新体制机制,激活各类要素,不断增创发展新优势。

发展是第一要务，是解决一切问题的“金钥匙”。当前,安徽正处于大有可为的黄金发展期,但宏观形势依然复杂严峻,我们既要坚定必胜信心,积极抢抓机遇，也要增强忧患意识，树立底线思维,做好充分的思想准备、工作准备,牢牢把握发展主动权。要坚持稳中求进工作总基调，始终把“建设创新安徽、推动转型升级”作为核心战略,大力提升自主创新能力,切实加快经济结构调整,统筹推进区域协调发展和城乡一体发展，着力提高发展的质量和效益。要充分发挥投资、消费、出口“三驾马车”的拉动作用,千方百计扩大有效需求,大力发展民营经济,着力优化创业环境,不断夯实经济稳定增长的根基。要突出抓好生态强省建设,以更大的决心、更有力的举措加强资源节约和环境保护,让江淮大地天长蓝、水长清、人民生活更美好。

改善民生是我们的崇高使命,是一切工作的根本目的。要把人民对美好生活的向往作为不懈追求,带着责任、怀着感情做好民生工作,不断增进人民福祉。要围绕群众所思所盼,大力实施民生工程,深入推进扶贫开发,扎实开展美好乡村建设,加快完善社会保障体系,让改革发展成果更多更公平地惠及全省人民。要围绕群众所忧所虑,着力解决群众反映强烈的征地拆迁、教育医疗、社会保障、环境保护等突出问题,让人民群众切实感受到公平正义、生活得更加幸福安康。

改进作风是事业发展的需要,是人民群众的期待。我们要巩固和扩大作风建设成果,深入贯彻中央八项规定,乘势而上、乘胜前进,不断把作风建设引向深入。要大力弘扬求真务实之风,以功成不必在我的境界真抓实干,以攻坚克难、奋发有为的斗志开拓进取,努力创造经得起实践、人民和历史检验的业绩。要扎实开展群众路线教育实践活动,聚焦反对“四风”,坚持问题导向,着力解决反映强烈的突出问题,确保取得人民群众满意的效果,以为民务实清廉的党风政风树形象、聚民心、促发展。

各位代表、同志们!

人民代表大会制度是我国的根本政治制度,是社会主义民主政治的重要实现形式。我们要坚持党的领导、人民当家作主、依法治国有机统一,坚持人民主体地位,坚定不移走中国特色社会主义政治发展道路。要适应国家治理体系和治理能力现代化新要求,大力弘扬法治精神,推动科学立法、严格执法、公正司法、全民守法,积极营造公开公平公正的法治环境,加快建设法治安徽。

人大代表作为国家权力机关的组成人员,使命光荣、责任重大。要切实增强政治意识、代表意识、法治意识、纪律意识,珍惜党和人民的信任,担负起宪法和法律赋予的职责。各位代表即将返回各自的工作岗位,希望大家带头学习宣传会议精神,带头贯彻落实各项任务,争当民主法治的践行者、人民群众的贴心人、干事创业的领头雁。

各位代表,同志们,全面深化改革、建设美好安徽,是全省人民的殷切期盼,是时代赋予我们的神圣使命。让我们紧密团结在以习近平同志为总书记的党中央周围,高举中国特色社会主义伟大旗帜,万众一心、锐意进取,共同谱写兴皖富民大业的新篇章,奋力夺取全面建成小康社会的新胜利!

2014年安徽省政府工作报告

——2014年2月9日在安徽省第十二届人民代表大会第三次会议上

安徽省人民政府省长 王学军

各位代表:

现在,我代表省人民政府,向大会报告政府工作,请予审议,并请省政协委员和其他列席人员提出意见。

一、美好安徽建设迈出坚实步伐

2013年,全省各族人民在党中央、国务院和中共安徽省委的坚强领导下,认真贯彻落实党的十八大和十八届二中、三中全会精神,坚持稳中求进的工作总基调,统筹稳增长、调结构、促改革、惠民生,攻坚克难,开拓奋进,保持了经济社会稳定健康较快发展。全省生产总值19038.9亿元,增长10.4%;财政收入3365.1亿元,增长11.2%,其中地方财政收入2075.1亿元,增长15.8%;固定资产投资18251.1亿元,增长21.2%;社会消费品零售总额6481.4亿元,增长14%;进出口总额456.3亿美元,增长16.2%;城镇居民人均可支配收入23114元,增长9.9%,农民人均纯收入8098元,增长13.1%;居民消费价格涨幅2.4%;城镇新增就业67.5万人,城镇登记失业率3.4%。省十二届人大一次会议确定的主要目标任务圆满完成,实现了本届政府的良好开局。

一年来,主要做了以下工作:

第一,持续加强实体经济,夯实稳定经济增长基础。面对经济下行的严峻形势,我们科学研判,精准施策,及时出台促进经济持续健康较快发展、大力发展民营经济、金融支持经济结构调整和转型升级等一系列政策。认真落实国家结构性减税政策,全面清理涉企收费,减免缓抵各项税费400亿元。省财政安排31亿元专项资金充实融资性担保机构国有资本金,加强对中小微企业的融资服务。这些举措有力地提振了市场信心,稳定了企业发展。全年规模以上工业增加值8559.6亿元,增长13.7%,实现利润1758.8亿元,增长16.9%,新增规模以上工业企业2700户;民营经济占生产总值比重达57%,提高1个百分点,新增民营企业5万户。

第二,大力实施创新驱动,加快转变经济发展方式。启动创新型省份建设,扩大合芜蚌试验区企业股权和分红激励政策试点,加强智力引进和科技成果转化,进一步完善产学研结合的创新体系。新增授权发明专利4241件,增长38.3%,新认定高新技术企业441家、国家级企业技术中心8个,中科大先进技术研究院一期工程建成使用。加快发展战略性新兴产业,新型显示、机器人产业区域集聚发展试点获国家批准,合肥京东方8.5代线建成投产,新能源汽车推广使用量居全国首位,实现战略性新兴产业产值6863.4亿元,增长23.4%。加快传统产业改造升级,继续淘汰落后产能,实施亿元以上重点技改项目1100项,铜陵有色“双闪”、安庆石化炼化一体化等项目建成投产。加快发展服务业,出台加快流通产业改革发展意见,推进服务业综合改革试点,物流、金融、信息服务、文化创意等现代服务业保持两位数增长,旅游总收入3010亿元,增长15%。加快重大基础设施建设,新桥国际机场、九华山机场、马鞍山长江公路大桥、宿淮铁路建成运营,商合杭客运专线获得立项批复,新增高速公路311公里、一级公路783公里、铁路营业里程271公里。加快推进生态建设和环境保护,加强以大气、水为重点的污染防治和城乡环境综合整治,节能减排目标任务全面完成,新建24台火电机组和37套水泥脱硝设施,新增污水处理配套管网1400公里,新增造林304万亩,建成城市绿道430公里。池州市荣获“中国人居环境奖”。全面推进项目建设提质提效,建立经济工作项目化、项目工作责任化的机制,健全节约集约用地制度,严把项目准入关,投资质量和效益持续提高。

第三,加大统筹力度,促进区域城乡协调发展。进一步融入国家区域发展总体战略,合肥经济圈与皖江城市带聚合发展步伐加快。编制实施省主体功能区规划。落实和完善支持皖北、大别山区发展政策,南北合作共建园区取得实质性进展,抓金寨促全省扶贫开发“5+1”工程全面实施。皖南国际文化旅游示范区建设扎实推进。积极探索四化同步、产城一体的新路径,确立了以强化产业支撑保障就业、以完善公共服务保障安居、以有序推进农业转移人口市民化保障城镇化健康发展的工作思路,与国家开发银行开展合作,在33个省级以上开发区开展新型城镇化综合试点。加快建设美好乡村,启动全国首批美丽乡村建设试点省工作,586个重点示范村基本建成,完成20.4万户农村危房改造、246个乡镇农村清洁工程等重点任务,水电供区农网改造基本完成。

第四,突出培育新型经营主体,加快发展现代农业。落实强农惠农富农政策,发放涉农补贴223.5亿元,增长14.3%。加强农产品高产创建,战胜低温冻害、高温干旱和禽流感疫情等多重灾害,粮食生产实现“十连丰”,总产达655.9亿斤,畜禽规模养殖比重达64%。全面实施培育家庭农场、促进农民合作社健康发展、扶持龙头企业等政策,全年注册登记家庭农场7305个,新增农民合作社12519个、省级农业龙头企业36家,农产品加工业产值7221亿元。启动20个县(区)农村综合改革示范试点。全省耕地流转率达32%。扶贫开发工作取得新成效,全年减少扶贫对象80万人。加强淮河干支流、长江支流、中小河流治理,蚌埠至浮山段行蓄洪等工程开工建设,小型水利工程建设管理体制改革初见成效,农田水利“最后一公里”建管机制逐步完善。

第五,推进改革开放,进一步激发市场活力。深化行政审批制度改革,衔接落实国务院取消下放的行政审批事项,实际减少41项省级行政审批事项,推进行政审批流程再造,省级行政审批事项办理时限缩短47%。完成省级食品药品监管机构改革,启动省以下工商、质监行政体制和食品药品监管体制改革。深化国有企业改革,省属企业主业整体改制上市稳步推进。新增“营改增”试点企业

3.8万户。深化农村金融综合改革,新开业农村商业银行15家、村镇银行12家,徽商银行在香港成功上市,省股权交易市场设立运行,149家企业进场挂牌或托管。新增本外币贷款2859.2亿元,增长17.2%,直接融资额1078.2亿元,增长16%。巩固基层医药卫生体制改革成果,在全国率先全面推进县级公立医院改革,实现县级医院药品集中招标采购和零差率销售,启动大病保险试点。着力提高招商引资质量和开放型经济水平,深化与央企、全国知名民企合作,亿元以上省外投资项目实际到位资金6796.7亿元,增长28.6%,实际吸收外商直接投资106.9亿美元,增长23.7%,新增淮南、六安、宁国、桐城4个国家级经济技术开发区,7个一类口岸一次性通过世界卫生组织考核验收。

第六,坚持民生优先,全面发展文化和社会事业。加大民生投入,全年民生支出3487亿元,增长9.9%。全面完成33项民生工程建设任务,支出605.6亿元,增长7.1%。完善就业服务体系,实施新一轮援企稳岗政策,发放稳定就业岗位等补贴49亿元,加强以创业带动就业,保持了就业形势稳定。推进社会保障扩面提标,城镇居民医保、新农合补助标准均提高40元,实现城镇基本医保省内异地就医即时结算,企业退休人员养老金实现九连增,城乡低保标准分别提高11.8%和18.4%,困难群体社会救助制度实现城乡全覆盖,老民师、老村干反映的突出问题得到妥善解决。开工建设各类保障性住房41.78万套,基本建成32.04万套。进一步完善公共文化服务体系,省滨湖文化艺术中心开工建设,图书馆和文化馆(站)全部免费开放,完成9500个自然村广播电视村村通建设,群众文化辅导员队伍逐步壮大,获全国性重要文艺奖项138个,文物和非遗保护成效显著,新闻出版、广播影视、参事文史、档案、地方志工作得到加强。努力办好人民满意的教育,全面完成学前教育三年行动计划,持续推进义务教育均衡发展,启动高等教育质量提升工程,健全家庭困难学生资助体系,义务教育学校标准化覆盖率达60.9%,高校学科专业结构调整优化,省部共建高水平大学取得积极进展,发放家庭经济困难学生补助金20.3亿元,99.4万名农村学生享受到免费营养餐。全民健身活动深入推进,我省在第十二届全运会上取得较好成绩。人口自然增长率7.3‰。第三次经济普查有序推进。民族宗教、外事侨务、港澳台、妇女儿童、老龄、残疾人、红十字等事业得到加强,援疆援藏、气象、地震、防灾减灾工作扎实推进。

第七,创新社会治理,促进社会和谐稳定。推进社区管理体制改革,新增直接登记的社会组织517个。深入开展领导干部接访下访,认真解决群众反映强烈的突出问题,信访形势继续稳定向好。推进"六五"普法,加大人民调解力度,办理法律援助案件6.1万件。积极化解行政争议,办理行政复议案件8251件。严厉打击制售"三无"食品和假劣药品行为。深入开展安全生产大检查,推进"打非治违"和隐患治理,安全生产形势总体稳定。大力开展治安突出问题整治行动,强化网络安全防范,严厉打击各类违法犯罪活动。加强应急管理体系建设,有效处置各类突发事件。基本完成废止劳教制度工作。全民国防教育、国防动员、人民防空和双拥优抚安置工作进一步加强,驻皖部队和民兵预备役人员在地方经济社会发展中作出了重要贡献。

第八,坚持依法行政,不断提升政府工作水平。认真学习贯彻习近平总书记系列重要讲话精神,努力把中央关于发展的新思想、新理念、新要求贯穿于政府工作中。推进依法行政,自觉接受人大监督,依法执行人大决议决定,办理人大代表建议756件。主动接受政协民主监督,办理政协委员提案912件。深入开展党的群众路线教育实践活动,严格执行中央八项规定和加强作风建设各项要求,认真解决形式主义、官僚主义、享乐主义和奢靡之风方面存在的突出问题,思想、作风、能力和制度建设取得积极成效。坚持求真务实,把察实情、出实招、办实事、求实效作为行为准则,完善省政府工作规则,省政府发文、会议和检查评比量均减少30%以上。强化重点领域和关键环节的行政监察,全面开展政府性债务等重要资金、项目审计,严格落实国务院"约法三章",省级行政机关一般性支出压减5%,勤政廉政建设进一步加强。

各位代表!

过去的一年,我们战胜各种困难,赢得了经济社会发展稳中有进、稳中向好的良好局面,主要经济指标增幅位居全国前列,成绩来之不易。这是党中央、国务院和中共安徽省委正确领导的结果，是全省各族人民团结奋斗、开拓进取的结果，是历届班子坚持不懈、奋发努力打下良好基础的结果。在此，我代表省人民政府，向广大工人、农民、知识分子、干部、离退休老同志，向驻皖解放军指战员、武警官兵和政法干警，向各民主党派、各人民团体和各界人士，向关心、支持安徽发展的中央各部门、兄弟省市区和海内外友好人士，向在我省创业的投资者、建设者，表示衷心的感谢！

回顾过去的一年，我们也清醒地认识到经济社会发展中还存在不少困难和问题。发展不足、发展不优、发展不平衡的矛盾仍然突出；产业结构不合理，战略性新兴产业总量不大，部分传统行业产能利用率低、竞争力不强，服务业发展较慢，农业基础依然薄弱，城镇化质量不高；一些企业生产经营困难，部分市县政府负债较重；生态环境承载压力加大，雾霾天气增多，征地拆迁、安全生产、食品药品安全等方面还存在不少问题，城乡居民收入持续较快增长难度加大，部分群众生活困难；政府工作还有诸多缺点和不足，职能转变还不到位，干预过多和监管不到位的问题并存，形式主义、官僚主义、享乐主义和奢靡之风仍不同程度存在，一些领域消极腐败现象依然存在。对此，我们一定高度重视，找准根源，切实解决，绝不辜负全省人民的希望和重托。

二、以改革创新精神推动经济社会持续健康较快发展

2014年是全面贯彻落实党的十八届三中全会精神、全面深化改革的第一年，是推动经济社会持续健康较快发展、完成“十二五”规划目标任务的关键一年。做好今年政府工作，任务艰巨，意义重大。

当前，全球经济格局深度调整，我国经济进入增长速度换挡期、结构调整阵痛期、前期刺激政策消化期，我省发展的外部环境发生着深刻而复杂的变化，但总体上看，仍处于可以大有作为的重要战略机遇期，经济持续向好的基本面没有变，发展的空间和潜力很大，特别是十八届三中全会开启了新一轮改革开放的历史征程，必将在江淮大地释放出巨大的发展红利。我们必须坚定信心，积极作为，以改革开放的新思路、转型升级的新举措，赢得经济社会发展的新成果。

今年工作的总体要求是：高举中国特色社会主义伟大旗帜，全面贯彻落实党的十八大、十八届二中、三中全会和中央经济工作会议精神，坚持稳中求进工作总基调，以全面深化改革为根本动力，以转方式调结构为主攻方向，以推进自主创新和发展民营经济为重要驱动，着力激发市场活力，着力保障和改善民生，着力提高经济发展质量和效益，促进经济持续健康较快发展、社会和谐稳定。

经济社会发展主要预期目标是：全省生产总值增长9.5%，财政收入增长10%左右，城镇新增就业63万人，城镇登记失业率控制在4.5%以内，城镇居民人均可支配收入增长与经济增长基本同步，农民人均纯收入增长10%以上，居民消费价格涨幅控制在3.5%左右，节能减排完成年度目标任务。

重点做好十个方面工作：

（一）推进重要领域和关键环节改革

全面落实中央改革总体部署，紧紧围绕使市场在资源配置中起决定性作用和更好发挥政府作用，着力在重要领域和关键环节改革上取得实质进展。

深化国有企业改革。分类推进不同功能的国有企业改革，大力发展各类资本交叉持股、相互融合的混合所有制经济。对竞争性领域的国有企业，鼓励引进战略投资者，鼓励引入优先股等模式，加大整合重组力度。积极推进国有企业整体上市或主业资产整体上市。对提供公益性产品或服务的国有企业，加大国有资本投入，促其发挥更大作用。以管资本为主加强国有资产监管，改革国有资本授权经营体制。

深化农村综合改革。加快构建新型农业经营体系，有序开展农村土地承包经营权确权登记颁证，完成20个示范试点县确权登记颁证工作。坚持依法、自愿、有偿，推动土地承包经营权向新型农业经营主体流转。稳妥探索承包土地的经营权抵押贷款试点。创新农村公共基础设施建设和管理机制，深化小型水利工程管理体制机制改革。推进集体林权制度配套改革和国有林场改革。积极开展供销合作社综合改革试点。

深化财税体制改革。改进预算管理制度，实现

县级以上部门预算公开。完善转移支付制度,逐步取消竞争性领域专项和地方配套,健全一般性转移支付体系。建立省市县事权和支出责任相适应的制度。加强财政资金绩效管理,采取贴息、担保、后奖补等方式,竞争性安排财政支持企业发展资金。认真落实结构性减税政策,继续做好"营改增"扩围试点,清理规范区域税收优惠政策,推进正税清费。把政府性债务纳入全口径预算管理,严格举债程序,强化责任追究,做好债务风险防控和化解工作。

深化金融体制改革。扩大农村金融综合改革试点,全面完成83家农村合作金融机构改制为农村商业银行,实现村镇银行县域全覆盖,建立和完善现代农村金融服务体系。完善担保体系,合理放大担保倍数。积极发展消费金融公司、财务公司、金融租赁公司等非银行金融机构,规范发展小额贷款公司。推动更多企业进入主板、中小企业板和创业板及"新三板"上市融资,发展省股权交易市场,鼓励企业通过债券市场融资。创新保险资金运用方式。加快社会信用体系建设,优化金融生态,防范金融风险。

深化行政体制改革。以政府职能转变为核心,深化行政审批制度改革。承接落实好国务院取消下放的审批事项,建立行政审批事项目录清单制度并向社会公开。坚持与国务院机构改革和职能转变相衔接,稳步推进大部门制改革,完成省级以下工商、质监、食品药品行政管理体制调整改革。加快事业单位分类改革,加大政府购买公共服务力度。分级建立集中统一的公共资源交易平台。

深化社会事业改革。统筹城乡义务教育资源均衡配置,创新教师管理机制,推进中小学教师、校长轮岗交流,创新高校人才培养机制,以职业教育招生考试制度改革为切入点,有序推进高考制度改革。完善文化管理体制,健全现代文化市场体系,构建现代公共文化服务体系,提高文化开放水平。建立更加公平可持续的社会保障制度,整合城乡居民基本养老、基本医疗保险制度,健全住房保障和供应体系。完善基层医疗卫生机构补偿和运行机制,巩固完善县级公立医院综合改革,继续推进城市公立医院改革试点。实施"单独两孩"生育政策。

(二)促进经济稳定增长

继续实施和完善稳定经济增长政策,扩大有效需求,增强企业活力,巩固经济稳定向好势头。

继续扩大有效投入。发挥投资在稳定经济增长中的关键作用,深入推进项目建设提质提效,促进投资稳定增长和结构优化。提升"861"行动计划,实施一批具有全局性、基础性、战略性影响的重大项目,推进一批技术改造重点项目,大力实施新一轮治淮和淮水北调工程,加快高等级公路、快速客运铁路、城市轨道交通建设,稳步推进民航机场建设。全年新开工超亿元项目1600个以上,建成超亿元项目500个以上。

加快发展民营经济。民营经济是我省经济增长的最大潜力和持续动力。坚持权利平等、机会平等、规则平等,废除各种不合理规定和隐性壁垒,全面落实支持非公有制经济健康发展的政策措施。支持民间资本参与经营性基础设施和公益事业项目建设,制定民营企业进入特许经营领域具体办法,推进工商注册制度便利化。加强中小企业公共服务体系和市场化服务平台建设,加大科技创新、人才引进的服务支持力度,突出解决好融资难、用工难、用地难等问题,推动民营经济不断壮大规模、提升水平。

努力促进消费增长。增强居民消费能力,合理调整收入分配,健全工资稳定增长机制,多渠道增加城乡居民收入。培育消费热点,加快发展健康消费、养老消费、旅游消费、文化和体育消费,积极促进信息消费,实施"宽带安徽"和"信息惠民"工程。推进城市商业集聚区、15分钟便民消费圈建设,进一步完善农村流通体系,整顿和规范市场秩序,营造良好的消费环境。

(三)大力推进产业转型升级

深入实施创新驱动战略,以做大做强主导产业为主攻方向,促进产业结构调整优化、转型升级。

进一步增强科技创新能力。继续发挥合芜蚌试验区引领作用,全面推进创新型省份建设。加强企业创新能力建设,鼓励企业建立具有产品设计、技术研发和系统集成能力的工程化平台,加强省级以上重点实验室、工程(技术)研究中心建设,启动科技"小巨人"企业扶持计划。健全产学研协同创新机制，鼓励发展企业主导、市场导向的产业技术创新联盟。围绕产业链部署创新链，组织实施100项重大科技攻关项目，支持各市首位产业企业创新能力建设。健全人才引进市场化机制，加大企业股权和分红激励政策实施力度，启动创新创业科技团队扶持计划和技能人才振兴计划。完善知识产权运用和保护长效机制，激发全社会创新创造活力。

进一步培育具有核心竞争力的主导产业。大力发展电子信息、智能装备、新材料、新能源、生物医药等战略性新兴产业，实施新型显示、机器人产业区域集聚发展试点。支持企业运用新技术新模式改造传统产业，加快产业和产品结构转型升级。推进工业化信息化深度融合，重点建设90个新型工业化产业示范基地。加强质量和品牌建设。做好钢铁、水泥、平板玻璃、船舶等行业化解产能过剩工作。

进一步加快发展服务业。提升商贸流通和现代物流产业，启动现代流通综合试点，加快区域性商贸中心、配送中心和商贸物流园区、电子商务产业园区建设，积极培育航空、航运服务和临港经济。大力发展研发设计、文化创意、服务外包等产业。出台加快养老服务业发展的意见，健全服务体系，推进医养结合。深入实施服务业综合改革试点，引导服务业集聚发展，推动商业模式和业态创新，促进旅游与文化科技生态融合发展、传统商业与电子商务融合发展。

(四)稳步推进新型城镇化

坚持以人为本、优化布局、生态文明、传承文化，积极稳妥推进新型城镇化。

有序推进农业转移人口市民化。加快推行居住证制度，稳步实施户籍制度改革，逐步把符合条件的农业转移人口转为城镇居民。把进城落户农民纳入城镇住房和社会保障体系，落实城乡养老保险制度统筹衔接办法，稳步推进城镇基本公共服务常住人口全覆盖。

大力提高城镇规划建设和管理水平。开展省域、跨市域城镇体系规划修编，合理确定城市边界，科学引领城镇布局。以开发区产城一体化试点为抓手，统筹生产、生活、生态功能，加强地下空间规划和综合利用，提升城市综合承载力。加快旧城改造，开展县城规划建设管理水平提质达标行动，推进棚户区、城中村和老旧管网改造，实施一批绿化亮化工程，提高中小城市品质。加强城市生态保护和文化传承，保持城市历史记忆，大力发展地域特色鲜明、彰显徽风皖韵的美丽城镇。

积极推进区域协调发展。支持合肥打造“大湖名城、创新高地”，加快建设环巢湖生态文明示范区和合肥航空港经济示范区，推动合肥经济圈一体化进程。积极对接长江经济带建设，推进皖江城市带联动发展和跨江发展，逐步形成新的城市组团。深入落实和完善支持皖北发展各项政策，加快建设皖北“四化”协调发展先行区，着力构建淮河生态经济带，编制实施南北结对合作五年规划，推动实施一批综合交通、生态环境治理等重大项目，进一步提高中心城市能级，培育支撑安徽崛起新的增长极。深入推进大别山连片特困地区和皖北地区扶贫开发，实施大别山革命老区振兴发展规划，加大资源开发、生态保护、金融保障、园区建设等政策支持力度，提高基本公共服务水平，增强贫困地区内生发展动力。充分利用皖南国际文化旅游示范区战略平台，积极推进黄山现代国际旅游城市、池州国际生态休闲城市等核心区建设，进一步打造世界一流旅游目的地品牌。

(五)加快推进农业现代化

坚持稳定政策、改革创新、持续发展，落实支持保护制度，加快向农业输入现代生产要素和经营模式，促进农业稳定增产农民持续增收。

稳定粮食等重要农产品供给。认真落实国家粮食安全战略，继续实施新增粮食生产能力规划，深入开展粮食生产“三大行动”，建设一批粮食高产高效示范区。加强粮食仓储设施建设，扩大收储能力。健全“菜篮子”市长负责制考核激励机制，大力发展畜牧水产标准化、规模化健康养殖，积极发展蔬菜、茶叶等区域特色农产品。推进农业科技创新，新建20个省级现代农业示范区、50个农产品标准化基地。大力发展生态友好型农业，推动保护性耕作。加强大中型灌区续建和水闸加固，改造提升小型水利设施，建成748万亩高标准基本农田。保障农产品质量安全，净化产地环境，提高我省农产品“绿色竞争力”。

大力培育新型农业经营主体。加大对家庭农

场的定向扶持,重点支持种养大户成立家庭农场。促进农民合作社持续健康发展,积极发展股份合作、土地合作等新型合作。按照基地型、集团化、链条式思路,做大做强龙头企业,打造现代农业产业联合体,推动农产品加工精深化、品牌化、集群化发展。加快培育新型职业农民。

加快建设美好乡村。深入开展全国首批美丽乡村试点工作,完善村庄布点规划和中心村规划,加快村庄垃圾污水处理、绿化、道路硬化、改水改厕等工程建设,启动第二批710个中心村建设。以“三线三边”为重点,推进城乡环境综合整治。突出兴业富民,吸引社会资本投入乡村建设和产业发展,壮大农村集体经济。

(六)不断提高对外开放水平

坚持对内对外开放相互促进、引进来和走出去更好结合,加快培育参与国际国内合作竞争新优势,拓展开放发展新境界。

提高招商引资质量和水平。统筹引资、引技和引智,推进精准招商和产业链招商,引导外商投资新兴产业、新兴业态,培育和发展总部经济。创新招商方式,坚决摒弃拼资源、拼土地、拼优惠政策的做法,坚决防止引进落后产能。加快开发园区转型升级,充分赋予管理自主权,提升产业承接的规模、质量和集中度。继续深化与央企、全国知名民企合作,加强区域经济合作。

加快外贸转型升级。大力培育外贸经营主体和出口增长源,创新加工贸易模式,积极培育服务贸易、技术贸易,做好先进设备、紧缺资源进口。积极对接上海自贸区建设,推进长三角区域通关一体化,加快跨境贸易电子商务服务平台建设,规划建设口岸经济区,加快合肥综合保税区建设,支持有条件的市申报设立海关特殊监管区,支持有条件的园(港)区争取自贸区试点。

大力推进企业走出去。深化对外投资审批制度改革,鼓励企业通过绿地投资、并购投资等方式到境外开展投资合作,承揽工程和劳务合作项目。积极引导有条件的企业开展品牌、技术等跨国经营,推进一批骨干企业建设境外经贸园区,实现集群式发展。建立企业跨国经营激励机制,加快培育本土跨国公司。

(七)积极推动文化繁荣发展

文化是美好安徽建设的重要基石。以激发文化创造活力为中心环节,全面推进文化改革创新、繁荣发展,着力打造文化强省。

提高社会文明程度。广泛开展中国特色社会主义和中国梦宣传教育活动,积极培育和践行社会主义核心价值观,大力推进公民道德建设工程。深入开展精神文明创建活动,做好第四批全国文明城市、文明村镇、文明单位创建工作。加强省情教育,凝聚全省人民热爱安徽、发展安徽的精神力量。发挥主流媒体阵地作用,弘扬主旋律,传播正能量,大力褒扬感动中国的安徽“好人”,营造昂扬向上、和谐奋进的社会氛围。

加快构建现代公共文化服务体系。增加基本公共文化产品供给,加快市县图书馆、文化馆、博物馆建设。深入实施文化惠民工程,推进乡镇综合性文化服务中心、农民文化乐园建设,提高农村电影放映质量,开展送戏进万村,启动广播电视户户通工程,完成9000个自然村广播电视村村通。广泛开展群众性文化活动,加强群众文化辅导员队伍建设。加强文化遗产保护、传承和利用,推进第一次可移动文物普查和大运河安徽段申遗保护,做好参事文史、档案和地方志工作。大力发展哲学社会科学,繁荣文学艺术。

健全现代文化市场体系。积极支持出版、发行、广播影视、演艺等产业发展,进一步提升“文化皖军”品牌。发展新兴文化业态,加快国家级文化和科技融合示范、动漫、数字出版基地建设,打造一批文化产业示范园区和特色文化街区。实施文艺精品工程,扩大地方文化对外传播和交流,提升安徽文化影响力。

(八)进一步改善生态环境

生态优势就是竞争优势,绿水青山就是金山银山。正确处理发展经济与保护生态环境的关系,大力推进生态强省建设,让江淮大地天长蓝、水长清、人民生活更美好。

加强污染综合防治。空气质量问题群众越来越关切,必须以壮士断腕的决心推进大气污染防治。省政府已出台大气污染防治行动计划实施方案和重污染天气应急预案,与各市签订防治目标责任书。全面加强工业废气、机动车尾气、燃煤锅炉、秸秆焚烧、城市扬尘等治理,建设重污染天气监测预警系统,完成30万千瓦以上燃煤机组脱硝设施建设,日产4000吨以上水泥熟料生产线脱硝比例达100%,机动车环保标志核发率达80%以上。加强重点流域重污染河流综合整治,基本完成淮河、巢湖流域污水处理厂提标改造,新建一批污水处理厂并正常运行。新增污水处理配套管网1500公里,新增城市生活垃圾无害化日处理能力6760吨。

推进资源节约集约利用。强化节能目标责任制,加强合同能源管理,推进重点领域和重点单位节能管理,积极发展风能、太阳能、地热能、生物质能等清洁能源。实行最严格的耕地保护制度,大力推进节约集约用地,进一步清理违法违规、供而未用和闲置低效用地。推进节约用水,合理开发利用矿产资源。大力发展循环经济,提高资源产出率和综合利用效率。

建立和创新生态文明制度。落实主体功能区规划,划定并严守生态保护红线,建立资源环境承载能力预警机制。改革生态环保管理体制,执行落实国家《千岛湖及新安江上游流域水资源与生态环境保护综合规划》,完善生态补偿机制。建立生态环境损害责任终身追究和赔偿制度。加大对林地、水系、湿地、风景名胜区及生态脆弱地区的保护和修复力度,健全采煤塌陷区综合治理机制,加强集中式饮用水水源地环境综合整治,推进土壤污染治理,治理水土流失面积350平方公里。大力提升城乡绿化水平,深入推进千万亩森林增长工程,完成新造林214万亩。

(九)着力保障和改善民生

按照守住底线、突出重点、完善制度、引导舆论的思路,进一步加强社会事业和完善基本公共服务,织好保障民生安全网。

推进教育优先发展。启动第二期学前教育三年行动计划,推进县域内义务教育资源均衡配置,完成2291所义务教育学校标准化建设任务,改善贫困地区义务教育薄弱学校基本办学条件。推动普通高中多样化发展。深入实施高等教育质量提升工程,推动高校改革人才培养模式,促进内涵式发展,提升协同创新能力。加强职业教育资源市级统筹,提高技能人才培养水平。实施“江淮名师”、“江淮好校长”培养工程。推进教育信息化,加快“三通两平台”建设。

做好就业和社会保障工作。实施更加积极的就业政策,推进高校毕业生就业促进计划和青年创业计划,加强农村转移劳动力、城镇就业困难人员等重点群体就业工作,动态消除“零就业”家庭。在化解产能过剩和企业兼并重组中,妥善安置好职工。强化就业和创业培训,完善城乡均等的公共就业创业服务体系,构建劳动者终身职业培训体系。完善社会保险关系转移接续政策,提高各项社会保险统筹层次,实现大病保险全覆盖,城镇居民医保、新农合补助标准每人提高40元,企业退休人员养老金提高10%。完善社会救助体系,继续提高城乡低保标准、五保供养标准、重点优抚对象抚恤标准。完善社会救助和保障标准与物价上涨挂钩的补贴联动机制,及时足额发放价格临时补贴。推进廉租房、公租房并轨运行,完善建设、分配、管理、退出机制,开工建设保障性安居工程46万套,基本建成27万套。

统筹发展各项社会事业。以县级公立医院为重点,加强基层医疗卫生服务能力建设,促进区域协同医疗服务。落实免疫规划、妇幼保健、重大疾病防控和慢性病干预措施,加强卫生应急监测和应急准备。探索建立中医药服务分类补偿机制。加快构建全民健身服务体系,办好省第十三届运动会等赛会。稳定低生育水平,人口自然增长率控制在8.5‰以内。加快发展妇女儿童和老龄事业,完善农村留守妇女、儿童、老人关爱帮扶体系,推动建立困境儿童分类保障制度。大力发展福利慈善事业。进一步加强民族宗教、援疆援藏等工作。

巩固完善民生工程。坚持尽力而为量力而行,多做雪中送炭的事情。投入686.3亿元,继续实施33项民生工程,其中新增就业促进、山区库区农房保险、大病保险、小农水设施改造提升等项目,提高农村五保户供养及敬老院建设、贫困残疾人救助等项目补助标准。完善民生工程考核办法,加强绩效评价,切实把民生工程办成群众满意的民心工程。

(十)持续促进社会和谐稳定

着力维护人民根本利益,最大限度增加和谐因素,增强社会发展活力,进一步提高社会治理水平,确保人民安居乐业、社会安定有序。

创新社会治理。健全重大决策社会稳定风险评估机制、化解矛盾纠纷综合机制和基层维稳应急处置机制,实行网上受理信访制度,建立涉法涉诉信访依法终结制度,完善人民调解、行政调解、司法调解联动工作体系,扩大法律援助覆盖面,健全基层综合服务管理平台,及时反映和协调各方面各层次利益诉求,有效预防和化解社会矛盾,让人民群众切实感受到公平正义就在身边。加快实施政社分开,激发社会组织活力,全面推进社区管理体制改革,城市社区服务设施覆盖率达90%。

加强公共安全防控。增强安全发展意识,进一步落实企业主体责任、部门监管责任和基层属地管理责任,加强重点行业和领域安全隐患整治,严格执行车辆超限超载治理条例,坚决遏制重特大安全事故发生。强化食品药品安全监管,加强基层监管网络建设,健全食品原产地可追溯制度,严厉打击假冒伪劣、非法生产销售、非法添加等行为。强化应急平台和应急专业队伍建设,加强气象、地震、防灾减灾工作,整合应急资源,提高应急保障能力。推进立体化、数字化社会治安防控体系建设,加大依法管理网络力度,加强特殊人群教育管理,依法严密防范、严厉打击各类违法犯罪活动,提升人民群众的安全感、幸福感。

支持驻皖人民解放军和武警部队现代化建设,加强国防动员、后备力量、国防教育和人民防空工作,推进军民融合深度发展,做好双拥优抚安置工作,巩固发展军政军民团结大好局面。

三、进一步加强政府自身建设

做好改革发展各项工作,需要进一步加强政府自身建设,全面提升工作水平,不断增强政府的公信力和执行力。

要加快建设法治政府。切实维护宪法法律权威,全面推进依法行政,用法治思维和法治方式履行政府职能。自觉接受同级人大及其常委会监督,依法执行人大决议决定,重大决策出台前向人大报告,认真办理人大代表建议。主动接受政协民主监督,认真办理政协委员提案,广泛听取各民主党派、工商联和无党派人士意见。高度重视社会公众和新闻舆论监督,充分发挥工会、共青团、妇联等人民团体的重要作用。完善政府立法工作机制,提高立法质量。完善行政执法程序,规范执法自由裁量权,强化监督和行政问责,切实解决群众反映强烈的执法不严、执法不公等问题。健全行政复议案件审理机制,纠正违法或不当行政行为。坚持科学民主依法决策,完善规范性文件、重大决策合法性审查机制,强化改革决策与立法决策的结合,把公众参与、专家论证、风险评估、集体讨论决定作为必经程序,加强政策执行的跟踪反馈和责任追究。推进政务服务标准化建设,加强政府信息公开平台和机制建设,及时主动公开涉及公众利益的信息,让群众看得到、听得懂、信得过、能监督。

要加快建设服务政府。坚持把群众路线作为根本工作路线,巩固第一批党的群众路线教育实践活动成果,进一步强化宗旨意识,健全深入了解民情、充分反映民意、广泛集中民智的工作机制,建立省政府负责同志深入基层联系服务群众制度,推动各级政府工作人员深入基层察民情、接地气,使群众路线落地稳、扎根深,使群众观点植根于思想中、落实到行动上。正确处理政府与市场、与社会的关系,建立政府及其工作部门权力清单制度,积极推行“负面清单”管理模式,坚决用政府权力的减法换取市场活力、社会活力的加法。加强政府公共服务、市场监管、社会治理、环境保护等职责,维护社会公平正义。完善发展成果考核评价体系,纠正单纯以经济增长速度评定政绩的偏向,加大质量效益、资源节约、生态环保、科技创新、安全生产等指标权重,更加重视劳动就业、居民收入、社会保障、人民健康状况。严格政府绩效管理,持续推进机关效能建设,加大治庸治懒治散力度,不断提升行政效率和质量。

要加快建设责任政府。责任重于泰山,事业任重道远,要夙夜在公,埋头苦干,敢于担当,善作善成。牢固树立进取意识,把握时代新特征,顺应群众新期待,增强自我革新的勇气,敢于啃硬骨头,敢于涉险滩,以更大决心冲破思想观念的桎梏、突破利益固化的藩篱,寻求改革共识的最大公约数,汇聚加快发展的强大正能量。牢固树立机遇意识,善于把握有利条件、化解不利因素,善于观大势、谋大事,善于运用底线思维,争取战略主动,不断培育安徽发展的新优势。牢固树立责任意识,以对人民、对党、对历史高度负责的精神,始终把维护和发展人民群众的根本利益作为最高追求,把加快安徽发展作为第一责任，以抓铁有痕、踏石留印的劲头，埋头苦干抓落实，一张好的蓝图绘到底。

要加快建设廉洁政府。廉洁是政府公信力的基石。政府工作人员要克己奉公，廉政勤政，努力做到干部清正、政府清廉、政治清明。健全改进作风常态化制度，坚持不懈纠正“四风”，进一步落实中央八项规定和省委三十条要求，认真执行党政机关厉行节约反对浪费条例以及公务接待管理等制度，严控“三公”经费支出、政府性楼堂馆所建设和财政供养人员编制，认真清理超标准使用公务用车和办公用房，进一步减少会议、文件。坚持以“零容忍”的态度惩治腐败，严格执行政治纪律、组织纪律、财经纪律，全面落实党风廉政建设责任制，深入推进廉政风险防控管理，加强行政监察和审计监督，扩大经济责任审计覆盖面，着力强化对权力运行的制约和监督。坚持以深化改革推进廉政建设，用制度管权管事管人，完善财政性建设资金使用、政府投资项目公示等制度，形成不易腐的保障机制、不能腐的防范机制、不敢腐的惩戒机制，不断以政风建设的新成效取信于民。

各位代表！

幸福生活需要合力创造，美好未来源自不懈奋斗。让我们高举中国特色社会主义伟大旗帜，紧密团结在以习近平同志为总书记的党中央周围，在中共安徽省委的坚强领导下，励精图治，锐意进取，为全面建成小康社会，建设经济繁荣、生态良好、社会和谐、人民幸福的美好安徽而努力奋斗！

关于安徽省2012年财政决算的报告

——2013年7月31日在安徽省第十二届人民代表大会常务委员会第四次会议上

省财政厅厅长　罗建国

主任、副主任、秘书长、各位委员：

省十二届人大一次会议审查批准了《关于安徽省2012年预算执行情况和2013年预算草案的报告》。现在，2012年安徽省财政决算已经汇编完成。根据《预算法》等法律法规和省人大常委会的安排，受省人民政府委托，我向省十二届人大常委会第四次会议报告2012年全省财政决算情况，请予审查。

2012年，在省委、省政府的正确领导和省人大的依法监督下，全省各级财政部门，深入贯彻落实科学发展观，牢牢把握稳中求进的工作总基调，认真落实积极的财政政策，有力地推动了全省经济社会持续健康较快发展，圆满完成省十一届人大五次会议批准的预算任务，全省财政决算情况较好。

一、2012年公共财政收支决算情况

2012年，全省财政收入完成3026亿元，为预算的101.2%，比上年增长14.9%(下同)。其中：地方财政收入完成1792.7亿元，为预算的111.3%，增长22.5%。加：中央补助收入2095.2亿元，上年滚存结余115.2亿元，调入资金67.5亿元，调入预算稳定调节基金51.8亿元，地方政府债券收入111亿元，接受援助收入1.1亿元，预算总收入4234.5亿元。

2012年，全省财政支出完成3961亿元，为预算的114.9%，增长19.9%。加：上解中央支出21.6亿元，安排预算稳定调节基金46.6亿元，调出资金1亿元，地方政府债券还本77亿元，支出合计4107.2亿元。收支相抵，滚存结余127.3亿元，其中：结转下年支出105.1亿元，净结余22.2亿元。

2012年，省级地方财政收入完成186.3亿元，为预算的102.1%，加：中央补助收入2095.2亿元，上年滚存结余55.6亿元，调入资金26.8亿元，市县上解省收入81亿元，调入预算稳定调节基金20亿元，地方政府债券收入111亿元，接受援助收入1.1亿元，省级预算总收入2577亿元。

2012年，省级财政支出完成588.6亿元，为预算的119.7%，加：上解中央支出21.6亿元，补助市县支出1802.1亿元，债券转贷支出55.5亿元，安排预算稳定调节基金5.4亿元，地方政府债券还本等44.3亿元，支出合计2517.5亿元。收支相抵，滚存结余59.5亿元，其中：结转下年支出46.4亿元，净结余13.1亿元。

省级财政收支决算数和上年决算相比，分别下降2.4%和1.3%，主要是江北、江南两个集中区因管理体制调整，2012年的财政收支不在省级反映。

二、2012年税收返还及转移支付决算情况

2012年,中央对我省税收返还171.6亿元,增加1.4亿元;省级对下税收返还81.7亿元,增加0.8亿元。

2012年,中央对我省转移支付1923.5亿元,增加279.1亿元,增长17%。其中:一般性转移支付1088.8亿元,增加166.4亿元,增长18%;专项转移支付834.7亿元,增加112.7亿元,增长15.6%。一般性转移支付中均衡性转移支付422.9亿元,增加44.9亿元,增长11.9%。

2012年,省对市县转移支付1720.4亿元,增加313亿元,增长22%。其中:一般性转移支付813.3亿元,增长19.5%;专项转移支付907.1亿元,增长24.8%。一般性转移支付中,新增安排均衡性转移支付30亿元。

上述财政收支决算数,与今年1月份向省人代会报告的2012年预算执行数比较,财政收入没有变化,财政支出由3958亿元增加到3961亿元,全省滚存结余增加7.5亿元,主要是决算整理期以及同财政部办理结算,中央财政增加了对我省补助。

三、2012年政府性基金收支决算情况

2012年,全省政府性基金收入1302.1亿元,下降14.2%。其中:国有土地使用权出让收入1104.4亿元,下降18%。加:上年结余235.9亿元,中央补助收入37亿元,调入资金1.6亿元,全省政府性基金总收入1576.7亿元。全省政府性基金支出1291.6亿元,上解中央0.8亿元,结余284.3亿元。

2012年,省级政府性基金收入58.2亿元,增长25.3%。加:上年结余37.4亿元,中央补助收入37亿元,调入资金1亿元,省级政府性基金总收入133.6亿元。省级政府性基金支出16.1亿元,上解中央0.8亿元,补助下级支出75.2亿元,结余41.5亿元。

需要说明的是,按照财政部等有关部门统一部署,从2014年起,开始正式编制上年度国有资本经营收支决算和社会保险基金收支决算。因此,2012年财政收支决算草案尚未包括国有资本经营收支决算和社会保险基金收支决算。

四、2012年预算执行效果

总的来看,2012年全省财政运行情况较好,积极的财政政策得到认真落实,收支规模不断增加,财政改革稳步推进,资金使用绩效不断提高,有力地服务了全省改革发展稳定大局。

一是财政收支平稳运行。面对经济下行压力,在积极落实结构性减税政策的同时,依法加强收支管理,全省财政收支持续稳定增长。财政收入增势总体平稳。全省财政收入月均入库252.2亿元,一季度、上半年、前三季度、全年收入增幅分别为17.6%、14.8%、13.8%和14.9%。全省地方财政收入中税收收入占72.8%,由于税收收入增长趋缓,非税收入占比相应提高2.9个百分点,但非税收入占比在中部六省最低。重点支出得到有效保障。全省教育、医疗卫生、住房保障、社会保障和就业等与民生直接相关的支出大幅增长,经济强省、文化强省和生态强省建设得到持续加强。支出进度保持全国前列,预算执行的及时性、均衡性和有效性进一步增强。

二是促进经济持续健康较快发展。紧紧围绕一系列稳增长决策部署,积极发挥财政调控作用,着力强化经济运行调节。促进实体经济发展。全面落实促进经济平稳较快发展30条意见,减免缓抵各项税费350亿元,拨付直接支持企业发展的各类专项资金90.5亿元,争取财政部代理发行地方政府债券111亿元,省信用担保集团完成担保再担保562亿元,安排专项资金引导金融机构新增小微企业和涉农贷款1500多亿元。促进经济转型发展。重点支持战略性新兴产业、省主导产业和各市首位产业发展,加快企业技术改造和开发区转型升级,支持现代服务业加快发展。拨付生态环境建设、节能减排和资源枯竭城市转型发展资金71亿元,新安江流域水环境补偿试点工作顺利实施。促进区域协调发展。支持皖江示范区、皖北三市七县、大别山革命老区发展财政政策全部落实到位,省对其各类转移支付资金分别达到862.7亿元、625.4亿元、170.4亿元,皖北地区和县域经济继续保持较快发展势头。促进城乡统筹发展。认真落实强农惠农富农各项政策,继续加大"三农"投入,全省"三农"支出增幅高于财政支出增幅0.9个百分点,农业基础设施水平不断提升,粮食生产"三

大行动”稳步推进，村级公益事业建设持续加强，农村综合改革示范试点顺利启动，有力地促进城乡一体化发展。

*三是改善民生取得实效。*进一步加大民生投入力度，全省民生支出增幅高于财政支出增幅1.3个百分点，全省财政支出80%用于保障和改善民生。民生工程顺利实施。拨付33项民生工程资金565.2亿元，增长20.8%。加大管养经费投入，实现项目建后管养制度全覆盖。稳步实施收入倍增规划，全省城乡居民收入实现较快增长。美好乡村建设加速推进。贯彻落实省委省政府决策部署，整合资金77.5亿元推进1710个中心村建设，开展2300个村庄整治试点，完成20万户农村危房改造。社会事业加快发展。全面完成国家下达教育支出占公共财政支出达到15%的任务，城镇新增就业69.5万人，城乡居民社会养老保险实现制度全覆盖，企业职工基本养老、城乡居民最低生活保障、五保对象供养的财政补助标准不断提高，74个县(市、区)启动县级公立医院改革，各类保障性住房建设超额完成国家下达任务。

*四是财政管理不断加强。*重视财政基础管理，构建会商共建机制，强化财政财务和省市县财政一体化建设，不断提高理财水平。落实人大决议。按照省第十一届人大五次会议及省人大常委会有关决议要求，依法加强财政收支管理，提高财政运行质量。自觉接受人大监督，在制定政策、调研督查等工作中主动征求人大代表意见和建议，全年办结人大代表建议168件。省级制订出台175项制度，进一步规范了财政管理。深化财政改革。顺利推进“营改增”试点，当年减轻企业税负6.5亿元。新增省对下均衡性转移支付30亿元，建立县级基本财力保障机制，促进基本公共服务均等化。省级绩效评价覆盖财政资金721.9亿元，对28个专项资金实行竞争性分配。改革省级财政专户资金存放商业银行管理模式，建立引导和撬动银行信贷资金的激励机制。推进民主理财。全面建立会商机制，把财政政策送到单位、把财政支持送到单位、把管理服务送到单位。开展“民生工程、民主决策、民主管理、民主监督”项目征集活动，推进城乡基层党组织结对共建向处室单位延伸，“阳光”财政建设稳步推进。

在看到成绩的同时，我们也清醒地认识到，预算管理中还存在收支矛盾日益突出、预算绩效管理需要加强、一些地方政府性债务潜在风险不容忽视等问题。省审计厅对省本级2012年度预算执行和其他财政收支的审计结果表明，省级预算执行情况总体较好，但还存在一些问题，需要深入研究解决。主要是：省级公共财政预算和政府性基金预算部分项目编制不细化，国有资本经营预算覆盖范围不完整，省级部门预算编制不够完善，支出预算执行不够严格，非税收入征缴管理规定执行不到位，少数部门和单位财务管理不规范、资产管理制度不健全，等等。对此，省政府高度重视，认真研究部署审计整改工作，要求省财政厅会同省级预算部门把整改作为推进改革的“催化剂”，倒逼预算管理、审批制度、决策机制等方面的改革和创新。按照立查立改的要求，省政府办公厅出台了《关于进一步规范和加强省级行政事业单位资产管理工作的意见》，修订印发了《安徽省省级预算管理办法》、《安徽省省级财政结转结余资金管理办法》等。省财政厅制定了《关于进一步严格财政专项资金管理责任的通知》、《关于进一步加强和改进省级预算绩效管理的通知》、《关于进一步加强省级国库集中支付现金使用管理的通知》等，进一步完善预算管理体制机制。

主任、副主任、秘书长、各位委员：

今年以来，全省经济社会发展运行总体良好，但面临的环境仍然错综复杂。受经济增长趋于平缓，实施结构性减税等一系列因素影响，财政收入增幅在逐步回落，而支出刚性压力不减，财政收支矛盾十分突出。1—6月份，全省财政总收入累计完成1760.6亿元，同比增长10.8%，其中，地方财政收入完成1107.6亿元，同比增长20.1%。全省财政支出完成1941.7亿元，同比增长10.4%。汇总的全省地方财政收入预算数比年初确定的收入计划2062亿元少139亿元，完成全年地方财政收入预算目标任务压力较大。

下一步，我们将按照省委、省政府的部署和省十二届人大一次会议的有关决定、决议以及本次会议提出的要求，紧紧围绕稳增长、调结构、促改革、惠民生，积极做好“增收”和“节支”两篇文章，发挥财政职能作用，促进经济持续健康发展和社会和谐定。同时,加快建立公开、透明、规范、完整的预算体制,切实加强财政规范化、科学化和信息化管理,进一步提高预算管理水平和财政资金使用效益。重点做好以下工作:

一是加强收入征管。认真落实积极的财政政策,稳步推进"营改增"改革,全面落实省政府促进经济持续健康较快发展30条意见,培育更多的纳税主体,夯实税源财源基础。依法加强税收收入征管,做到依法征收、应收尽收,防止税源流失。严格规范非税收入管理,坚决遏制收"过头税(费)"和向企业违规收取税费等行为,提高财政收入质量,确保完成预算目标任务。

二是严格支出管理。牢固树立过紧日子的思想,全面贯彻中央八项规定、国务院"约法三章"和省委省政府三十条的各项要求。严控"三公"经费等一般性支出,对省直机关一般性支出统一压减5%,重点压减办公楼和业务用房建设及修缮支出、会议费、办公设备购置费、差旅费、车辆购置和运行经费、公务接待费、因公出国(境)经费等;加强会议、培训、活动等经费管理,集中财力支持实体经济发展。按照守住底线、突出重点、完善制度、引导舆论的要求,补足短板、健全机制,保障好教育、科技、医疗卫生、社会保障等各项重点支出需求。

三是激活财政存量资金。按照党中央、国务院和省委、省政府关于政府职能转变的要求,积极发挥市场在资源配置中的基础性作用,合理划分省与市县事权与支出责任。全面清理省级现有的财政专项资金,对一次性项目、已到期项目、中央明令禁止的楼堂馆所建设类项目、可交由市场和社会承办的项目等进行清理取消;对零碎、散乱、交叉的项目进行归并,对使用方向雷同、政策目标相近的专项转移支付予以整合,最大限度形成财政资金的使用合力。扩大省对市县一般性转移支付,并按因素法实行公式化分配,增强市县政府自主安排的空间。健全预算执行管理机制,进一步硬化预算约束,加快执行进度,严格财政结转结余资金和财政专户资金管理,减少财政资金沉淀。

四是防范政府性债务风险。树立底线思维,强化风险意识,进一步加强政府性债务管理。按照支持发展、规范管理、锁定债务、防范风险的原则,省政府已出台进一步加强政府性债务管理的意见,从界定债务范围、规范资金投向、核定债务规模、控制融资成本、优化债务结构、规范举债审批程序、拓宽偿债资金来源、建立信息报告制度、加强绩效考核评价、落实管理责任等方面,严格政府性债务监管,确保不出现系统性和区域性债务风险。

五是推进财政绩效管理。加强政府全口径预决算管理,科学编制2014年财政预算。探索实施"开门办预算",提高预算决策的民主性和透明度。创新财政支出方式,鼓励政府购买服务。对现有财政政策和项目实施效果实行"回头看",重点抓好财政建设性资金和涉企资金绩效评价,发挥财政资金引导作用,强化企业税收贡献导向。加强财政监督管理,配合做好《安徽省财政监督条例》立法工作。扎实推进预决算信息公开,主动接受社会监督。坚持节约和集约并重,规范管理保基本,集中财力办大事,不断提高财政资金使用绩效。

关于安徽省2013年以来预算执行情况的报告

——2013年9月25日在安徽省第十二届人民代表大会常务委员会第五次会议上

省财政厅厅长　罗建国

主任、副主任、秘书长、各位委员:

我受省人民政府委托,向省人大常委会报告今年以来预算执行情况,请予审议。

一、全省财政收支基本情况

面对复杂严峻的宏观环境,在省委的正确领导下,全省各级各部门深入贯彻稳中求进的工作总基调,认真实施积极的财政政策,充分发挥财政职能作用,财政运行继续保持较好发展态势,有力促进了全省经济社会持续健康较快发展。

(一)收入情况

1—8月,全省财政总收入完成2278.4亿元,同比增长10.3%,为预算的66.9%(下同)。其中,全省地方财政收入完成1430.6亿元,增长18.8%,为预算的74.4%。

分收入级次看,省级财政总收入完成159.7亿元,增长 10.3%,为预算的 76.8%。16 个市财政总收入完成 2118.7 亿元，增长 10.3%，为预算的 66.2%。其中,76 个县（市、区）财政总收入完成 822.8 亿元,增长 12.2%。

分收入项目看,税收收入完成 1860.5 亿元,增长 7%,其中,增值税 521 亿元,增长 2.8%;消费税 149.2 亿元,下降 3.8%;营业税 340.3 亿元,增长 9.8%;企业所得税 352.6 亿元,下降 3.2%;个人所得税 74.9 亿元,增长 17%。非税收入完成 417.8 亿元,增长 28.6%。税收收入增幅下降,主要受两个方面影响:一是经济整体下行,企业效益下滑,导致与经济运行密切相关的税收相应减少；二是实施结构性减税政策，这是各级各部门落实积极财政政策、主动作为的结果。非税收入增长较快,主要是各级各部门依法加强非税征管，进一步规范资产管理,非即期收入和国有资源(资产)类收入增加较多。

分区域看,9 个市财政总收入超过 100 亿元,32 个县(市、区)财政总收入超过 10 亿元。皖江示范区、合芜蚌试验区、合肥经济圈和皖北三市七县财政总收入，分别增长 11%、10.4%、7.6%和 14.9%,76 个县(市、区)财政总收入增长快于全省 1.9 个百分点,皖北地区和县域经济继续保持较快发展势头。

(二)支出情况

1—8 月，全省财政支出完成 2521.5 亿元,增长 8.8%,为预算的 69.2%。

分支出级次看，省级财政支出完成 337.3 亿元,下降 18.6%,为预算的 52.4%,主要是受公路海事部门体制下划等因素影响。16 个市财政支出完成 2184.2 亿元,增长 14.8%,为预算的 72.8%。其中,76 个县(市、区)财政支出完成 1325.8 亿元,增长 17.4%。

分支出科目看,全省 22 个支出大类中,有 9 个支出大类实现较快增长。其中,一般公共服务支出 264.2 亿元，增长 14.2%；公共安全支出 91.5 亿元，增长 14.9%；科学技术支出 60.2 亿元，增长 21.9%；社会保障和就业支出 373.9 亿元，增长 12.6%;医疗卫生支出 186.1 亿元,增长 9.2%;城乡社区事务支出 323.3 亿元,增长 30.9%;农林水事务支出 272.6 亿元,增长 15.7%。

分支出进度看,1—8 月,全省财政支出进度居全国第 8 位。农业、科技、社会保障和就业、医疗卫生、住房保障等民生直接相关支出超序时进度,经济强省、文化强省和生态强省建设等支出得到有效保障。76 个县(市、区)新增支出占全省财政支出增量的 95.1%,财政支出继续向基层倾斜。

总的来看,今年以来,全省经济社会发展总体平稳,财政收支均超序时进度,财政运行保持了好于全国、领先中部的态势,地方财政收入增幅高于全国平均水平 6 个百分点,位居全国第四、中部第二,总量位居全国第十一、中部第二。上述成绩的取得,主要是省委正确领导、科学施策的结果,是省人大依法监督、有力支持的结果,是各级各部门齐心协力、攻坚克难、主动作为的结果。但与此同时,经济运行面临的环境仍然错综复杂,财政收支还存在非常突出的问题和矛盾。一是财政收入增幅逐步回落,低增长将进入常态。1—8 月,全省财政总收入和地方财政收入分别较上年回落 2.7 个百分点和 2.5 个百分点。二是税收收入增幅回落,非税收入占比提高,各级政府可用财力增加有限。三是部分大类支出进度较慢,文化体育与传媒、节能环保等支出未完成序时进度，主要原因是中央资金集中下达、二次分配尚未完成,预算执行管理机制还需进一步健全等。四是财政支出刚性压力不减,收支矛盾日益尖锐,各级各部门都面临增收节支的巨大压力。全年判断,财政增收虽面临经济下行和结构性减税的双重压力，但省十二届人大一次会议确定的全省财政总收入计划增长 10%以上,地方财政收入增长 15%以上的目标,经过各级各部门的共同努力,有望如期实现。

二、今年以来预算执行主要成效

(一)促进经济平稳增长。优化要素投入,强化政策组合,聚焦财政资源稳增长,促进经济持续健康发展。一是增加有效投入。争取财政部代理发行地方政府债券 152 亿元,增长 37%,位列全国第五位。拨付公路、水运、民航、水利等基础设施建设资金 121.8 亿元。利用亚行、世行和外国政府贷款 3.4 亿美元。统筹使用 22.4 亿元,撬动金融资源服务实体经济发展,1—8 月,累计新增小微企业贷款余额 621.8 亿元,新增涉农贷款余额 824.2 亿元。省担保集团完成担保再担保 434.2 亿元，支持全省 5.5 万户中小企业融资发展。二是拉动消费增长。统筹中央和省内贸发展促进各项资金,支持促进消费转型升级、农村流通体系建设。开展财政支持外经贸政策“回头看”,兑现外经贸促进政策资金2.2亿元,重点培育外向型等实体企业。三是扶持实体经济。省财政拨付涉企资金260.3亿元,预算安排和中央追加的基本拨付完毕。进一步改进自主创新和战略性新兴产业发展资金分配模式,提高资金使用绩效。进一步规范涉企收费,在国家取消和免征33项行政事业性收费的基础上,自8月1日起,进一步取消、调整、下放和缓征28项行政事业性收费和缓征3项政府性基金,预计全年全省减免缓抵各项税费超过350亿元。大力支持民营经济发展,省财政从2013年起连续5年,每年安排11亿元专项扶持资金。今年已拉动市、县(市、区)配套资金25亿元,完成担保贷款227.2亿元,同比增加53.5亿元。四是促进区域发展。拨付26.7亿元,支持皖江示范区、皖北三市七县、大别山革命老区和“3+5”现代产业园区建设。安排40亿元,撬动开行融资贷款,在9市23县启动新型城镇化建设试点。五是建设生态文明。从2013年起连续5年,省财政每年安排5亿元支持千万亩森林增长工程。全省财政投入28.8亿元,完成造林315.5万亩。拨付节能家电推广和节能工业产品补贴资金7.7亿元,拨付3.5亿元支持农村环境综合治理、重金属污染防治和水环境治理等,拨付19.2亿元支持生态功能区建设和资源枯竭城市转型。

(二)保障民生持续改善。调整优化财政支出结构,持续加大民生投入,全面落实各项惠民政策,切实把党委、政府的承诺落到实处。一是精心实施民生工程。全省民生支出2021.9亿元,增长9.2%,占全省财政支出80.2%。其中,拨付民生工程资金554.5亿元,完成年初计划91.7%。邀请57名基层人大代表、政协委员作为民生工程特邀监督员。推进民生工程绩效评价,做到绩效目标全覆盖、评价监督全过程、评价结果全应用。建立健全建后管养长效机制,投入管养经费9.6亿元,增长25%。二是落实强农惠农富农政策。全省农林水事务支出272.6亿元,增长15.7%。通过“一卡通”发放惠农补贴164.2亿元,增长11.9%。省财政拨付24.3亿元推进农田水利建设,争取中央财政现代农业生产发展资金8.3亿元,推动小麦、茶叶、生猪、油茶等优势主导产业发展。统筹安排财政专项扶贫资金9.6亿元,重点支持大别山片区、皖北等地区扶贫开发。三是推进美好乡村建设。省财政拨付专项资金10亿元,带动各市县财政配套27.6亿元,整合涉农资金63亿元,引导社会资金22.5亿元,全力推进美好乡村建设。拨付奖励资金2亿元,在20个县(区)推进农村综合改革示范试点。拨付一事一议财政奖补资金19.1亿元,实施项目1.8万个,成功争取将我省列入全国首批美丽乡村建设试点省范围。四是大力发展社会事业。全省教育支出361.9亿元,推动教育优先发展。省财政安排专项资金1.5亿元支持文化强省建设。拨付就业资金12亿元,支持做好高校毕业生等群体就业工作。进一步调整养老金、城乡低保、农村五保等标准。拨付110.7亿元,加快保障性安居工程建设。投入8.2亿元,支持基层医改和县级公立医院综合改革。

(三)财政改革步伐加快。按照政府职能转变的要求,加强财政宏观调控作用,激活财政管理机制活力,进一步释放财政改革红利。一是“营改增”改革试点稳步推进。全面启动大型企业主辅分离工作,将营改增试点由“1+6”拓展为“1+7”,424户广播影视业试点纳税人完成税制转换。截至7月底,全省营改增试点纳税企业5.8万户,累计减轻企业负担28亿元;发放财政补贴资金8.8亿元,确保试点企业税负只减不增。二是预算管理改革不断深化。提前编制2014年省级部门预算,启动实施“开门办预算”,进一步提高预算编制的科学性和透明度。省政府出台进一步加强省级预算管理意见,明确省直部门一般不申请预算追加,省财政一般不办理预算追加,同时规范专项资金的二次分配,进一步增强预算约束力。三是资金管理改革取得实效。严格财政专项资金管理责任,将适合地方管理的财政项目和资金审批权下放属地管理。对现有财政涉农、涉企、涉事资金的分配和政策运用进行“回头看”,出台财政涉企资金和建设性投资绩效管理暂行办法,发挥财政资金“酵母”作用和财政政策杠杆效应。四是政府性债务管理制度初步建立。省政府出台《关于进一步加强政府性债务管理的意见》,明确界定债务范围,控制融资成本,规范举债审批程序等10个方面30条具体措施，构建了政府债务管理的新机制。

（四）勤俭节约过紧日子。全面贯彻中央八项规定、国务院“约法三章”和省委省政府三十条规定的各项要求，严格支出管理，降低行政成本。1—8月，全省“三公”经费较上年减少38576万元，下降13.9%。对行政机关一般性支出统一压减5%，重点压减办公楼和业务用房建设及修缮支出、会议费、办公设备购置费、差旅费、车辆购置和运行经费、公务接待费、因公出国（境）经费等。出台省级会展招商活动经费管理暂行办法，加强会议、培训、活动等经费管理，完善各类财政管理制度113项，减少资金损失浪费和跑冒滴漏，集中财力支持民生改善和实体经济发展。

三、下一步财政工作安排

我们将紧紧围绕稳增长、调结构、促改革、惠民生，以提高质量和效益为中心，坚持宏观政策要稳、微观政策要活、社会政策要托底，稳中求进，进中求优，积极做好“增收”和“节支”两篇文章，灵活运用财政政策，奋力推进财政改革，全力促进经济持续健康发展和社会和谐稳定。重点做好以下工作：

（一）坚持稳增长调结构，保持经济持续健康较快发展。强化项目带动意识，加大资金支持和政策激励，以有效投入促优质产出，不断壮大实体经济，打造安徽经济升级版。一是扩大有效需求。加大政府公共投资规模，鼓励扩大民间投资，支持重大基础设施和重点项目建设；围绕重点企业、重点产品做好产销衔接，促进信息产业、健康服务业消费，鼓励扩大进出口规模，拉动市场需求。二是促进产业转型升级。调整结构集中财力，大幅增加民营经济专项扶持资金，通过做大做强担保体系，推进银担合作，进一步支持中小微企业发展。发挥财政资金引导作用，支持新型显示、工业机器人等新兴产业集群试点，加快传统产业改造升级和现代服务业发展。三是发展现代农业。推进现代农业综合开发示范区建设，提升农业综合生产能力。加快构建以龙头企业为核心、合作社为纽带、家庭农场为基础的新型农业经营体系，培育新型农业经营主体。四是促进区域协调发展。按照产城一体要求，加大对城镇规划引导的支持力度，加快推进新型城镇化建设综合试点。积极落实各项区域财税政策，加强对现行区域政策的调整和优化，不断增强区域发展的协调性。

（二）坚持守底线惠民生，积极促进社会和谐稳定。把保障改善民生作为公共财政的优先方向，继续调整优化财政支出结构，全面落实各项民生保障政策。一是提升民生工程质量。进一步加强目标管理和责任落实，扎实做好33项民生工程。广泛征集民意，加强绩效评估，选准选精2014年民生工程项目，实现民生工程提质提效。二是促进社会事业发展。落实促进就业财税政策，推动创业带就业。坚持加大投入和加强管理并重，办人民群众满意的教育。巩固城乡居民社会养老保险制度全覆盖成果，提高社会保险统筹层次。完善以低保为核心的社会救助体系，提高优抚对象等人员抚恤和生活补助标准。加大保障性安居工程建设力度，加快棚户区改造。完善政策措施，继续推进县级公立医院综合改革。三是推进美好乡村建设。结合基本公共服务体系三年行动计划和基础设施等建设，整体推进美好乡村建设。加快构建以财政资金为引导，各方面广泛参与的多元化、多层次、多渠道的资金投入机制。进一步加大投入，完善村级组织运转经费保障机制。四是支持社会管理创新。鼓励政府花钱购买服务，创新方式支持社区综合管理体制改革，促进社会办学办医养老等社会事业发展。加强食品和药品安全管理，支持企业安全生产，完善公共安全和应急体系，推进平安安徽建设。

（三）坚持创机制增活力，着力深化财税体制改革。深入贯彻中央和省里各项改革部署，创新财政体制机制，激发市县、市场和社会创新发展活力。一是深化财政体制改革。紧盯中央财税改革动向，加强省以下财政体制改革研究和谋划。全面深化预算制度改革，构建完整、规范、公开、透明的预算体制。进一步完善县级基本财力保障机制，提高县级政府基本公共服务保障水平。发挥财税改革对整体改革的支撑作用，积极支持其他重点领域和关键环节的改革。二是推进税费制度改革。提前谋划在邮电通讯业和铁路运输业开展营改增试点准备工作，做实“营改增”基数。推进结构性减税，落实小微企业税费政策。密切关注中央税收政策变化，做好消费税、个人住房房产税等改革工作，完善地方税收收入体系。三是强化政府性债务风险管控。贯彻落实省政府加强政府性债务管理意见，充分利用全省债务审计成果，研究制定政府性债务审批管理、融资平台名录管理等6个配套文件，加快推进政府性债务管理信息化建设，探索编制政府性债务收支计划，加强债务风险动态监测，努力防范财政金融风险。

（四）坚持强管理重绩效，不断提高预算管理水平。坚持集约和节约并重，盘活财政存量资金，创新资金使用方式，不断提高财政资金使用绩效。一是科学编制2014年预算。准确研判经济发展形势，合理测算财政收支规模和目标。全面清理整合省级专项资金，最大限度形成财政资金的使用合力。优化省对下专项转移支付结构，扩大一般性转移支付规模和比例。推进预算全口径管理，提高预算编制的完整性。二是创新财政资金使用方式。建立财政对企业、社会的政策资金绩效评估制度，财政对企业的支持与税收贡献、就业带动和新增可用财力挂钩。将财政资金存放比例与商业银行支持经济发展贡献率挂钩，提升财政对金融资源的引导作用。三是加强财政管理制度建设。扎实推进党的群众路线教育实践活动，以开展五个专项行动和建立五类重点制度工作为抓手，加快构建财政管理的长效机制。推进与基层党组织结对共建，深入基层广泛征求意见，将会商制度由横向部门拓展到纵向市县，健全财政服务部门和基层的工作机制。四是强化财政监督管理。进一步下放财政资金项目审批权，明确各级财政监督职责。加强对专项资金二次分配的监督，提升财政监督实效。建立嵌入业务流程的财政支出监督机制，配合做好《安徽省财政监督条例》立法工作。

（五）坚持增收节支并重，确保完成全年预算目标任务。牢固树立过紧日子思想，按照省十二届人大一次会议批准的预算计划，以提高质量和效益为中心，依法加强预算收支管理，做到精细治税，开源节流。一是加强收入征管，提高收入质量。认真落实积极的财政政策，培育更多的纳税主体，夯实税源财源基础。坚持实事求是、依法征收、应收尽收，坚决制止和纠正擅自出台减免税政策，坚决遏制向企业违规收取税费等行为，坚决不收“过头税”。规范非税收入管理，严禁虚收空转和体外循环，违规增加或减少收入。二是加快支出进度，提高资金绩效。把加快财政支出进度作为盘活财政资金的重要抓手，提高预算执行效率，确保财政资金尽快落实到项目和单位；进一步健全预算执行管理机制，努力减少年终结转结余资金规模。按照“花钱要有效，用钱要负责”要求，加大绩效评价结果运用力度，构建绩效管理的倒逼机制。按照中央和省里有关要求，加强厉行节约反对浪费的财政制度建设，严控“三公”经费等一般性支出，腾出更多的资金用于保障改善民生、促进经济发展。

关于安徽省2013年预算执行情况和2014年预算草案的报告

——2014年2月9日在安徽省第十二届人民代表大会第三次会议上

省财政厅厅长 罗建国

各位代表：

受省人民政府委托，现将安徽省2013年预算执行情况和2014年预算草案提请大会审议，并请省政协委员和其他列席人员提出意见。

一、2013年预算执行情况

2013年，全省上下深入贯彻落实党的十八大和省委九次党代会精神，坚持稳中求进的工作总基调，认真实施积极的财政政策，统筹稳增长、调结构、促改革、惠民生，圆满完成省十二届人大一次会议确定的目标任务。

2013年，全省公共财政总收入3365.1亿元，比上年(下同)增加339亿元，增长11.2%。地方公共财政收入2075.1亿元，增长15.8%。加：中央税收返还及补助收入2153亿元，上年结余收入127亿元，调入资金53亿元，调入预算稳定调节基金19.9亿元，地方政府债券收入152亿元，接受其他地区援助收入1亿元，预算总收入4581亿元。全省公共财政支出4352亿元，比上年增加391亿元，增长9.9%。加：上解中央支出25亿元，安排预算稳定调节基金45亿元，调出资金1亿元，地方政府债券还本62亿元，支出合计4485亿元。收支相抵，年终结余96亿元，其中：结转下年90亿元，净结余6亿元。

省级地方公共财政收入215亿元，增长15.3%。加：中央税收返还及补助收入2153亿元，上年结余收入59亿元，调入资金2亿元，市县上解省收入80亿元，调入预算稳定调节基金6亿元，地方政府债券收入152亿元，接受其他地区援助收入1亿元，预算总收入2668亿元。省级公共财政支出597亿元，增长1.3%。加：上解中央支出25亿元，安排预算稳定调节基金23亿元，调出资金1亿元，补助市县支出1843亿元，地方政府债券还本13亿元，债券转贷支出123亿元，支出合计2625亿元。收支相抵，年终结余43亿元，其中：结转下年41亿元，净结余2亿元。

省级政府性基金预算收入59亿元，加上年结余、中央补助收入等100亿元，预算总收入159亿元；预算支出10亿元，加补助市县支出102亿元，结转下年47亿元，预算总支出159亿元。

省级国有资本经营预算收入5.2亿元，加上年结余收入0.1亿元，预算总收入5.3亿元；预算支出4.9亿元，结转下年0.4亿元，预算总支出5.3亿元。

省级社会保险基金预算收入107亿元，加上年结余收入77亿元，预算总收入184亿元；预算支出93亿元，结转下年91亿元，预算总支出184亿元。

2013年，预算执行主要有三个特点。第一，厉行节约压缩一般。全面贯彻中央八项规定、国务院“约法三章”和省委三十条要求，牢固树立过紧日子思想，省级行政机关一般性支出压减5%，严格“三公”经费管理，有序推动节约型政府建设。省级“三公”经费支出5.5亿元，较上年下降7.4%。第二，调整结构保证重点。紧紧围绕省委、省政府决策部署，坚持有保有压、突出重点，统筹预算年度之间平衡，统筹省与市县分配关系，集中有限财力，新增安排20亿元加强融资性担保体系建设支持中小微企业，新增25亿元省对下均衡性转移支付，推动城乡统筹，促进民生改善，保持经济社会稳定健康较快发展。第三，依法理财促进规范。积极落实结构性减税政策，减免缓抵各项税费400亿元；依法加强收入征管，提升财政收入质量。提前预算编制，完善预算供给，严控预算追加，硬化预算约束，努力构建财政管理长效机制。

（一）实现财政平稳运行。2013年，全省公共财政收入增长平稳有序，增速与经济发展基本同步。地方公共财政收入突破2000亿元，居全国第14位、中部第3位。其中税收占73.3%，比上年提高0.5个百分点。重点支出保障有力。继续优化支出结构，教育、科技、社保、卫生、农林水、交通等重点支出增支355亿元，占全省支出增量的90.9%。区域财政协调发展。13个市公共财政收入超100亿元，52个县（市、区）公共财政收入超10亿元。皖江示范区公共财政收入增长11.7%，继续发挥支撑引领作用；皖北三市七县公共财政收入增长15.9%，高于全省平均增幅4.7个百分点。

（二）促进经济稳定向好。持续加大实体经济支持力度，夯实经济增长基础。加大投入带动需求。争取财政部代理发行地方政府债券152亿元，协议利用亚行、世行和外国政府贷款8.4亿美元，拨付公路、水运、水利等基础设施项目建设资金158.1亿元。争取中央财政农机具购置补贴资金11亿元，统筹安排万村千乡、农产品流通体系建设资金1.4亿元、内外贸发展促进资金3.5亿元，促进城乡市场繁荣。减税清费支持实体。“营改增”实施范围扩大至广播影视业，试点企业户数由试点之初的3.1万户增加到6.9万户，当年为企业减税32.7亿元；拨付财政补贴资金16.1亿元，确保试点企业税负不增加。全年取消、调整、下放、免征和缓征71项行政事业性收费，缓征3项政府性基金，下调20项行政事业性收费标准。精准施策有力引导。在原有11亿元的基础上，增加安排20亿元民营经济发展专项资金，带动市县配套27亿元，充实融资性担保机构国有资本金；投入15亿元，引导和撬动金融资源服务实体经济。成功争取纳入国家战略性新兴产业区域集聚发展试点，统筹安排8亿元支持省市战略性新兴产业和主导产业发展。统筹安排1亿元，支持企业淘汰落后产能。

（三）统筹发展力度加大。加大对城乡区域发展投入力度，增强经济社会发展活力。支持区域协调发展。安排40亿元与国开行合作，支持推进新型城镇化建设。拨付皖江示范区专项资金425.5亿元，分别拨付皖北三市七县、大别山革命老区专项资金248.3亿元和70.4亿元；向南北合作共建园区注入资金7.2亿元,带动社会投入96亿元。支持美好乡村建设。全省财政安排美好乡村建设专项资金38.4亿元,整合涉农资金102.9亿元,引导社会资金80亿元。成功争取列入全国首批美丽乡村建设试点省。推进20个县(区)农村综合改革示范试点。支持农业转型升级。统筹安排6.5亿元支持农民合作社、龙头企业、家庭农场发展,培育新型农业经营主体；统筹安排6.2亿元支持54个现代农业示范区建设,5.3亿元支持小麦、茶叶、生猪和油茶等优势主导产业发展;统筹安排20亿元支持粮食等大宗农产品增产,32亿元支持农田水利基础设施建设、防汛抗旱。支持生态环境保护。统筹安排15.4亿元,支持千万亩森林增长工程、退耕还林、森林生态效益补偿以及林木良种补贴试点。安排9.5亿元支持新安江生态补偿试点、水污染防治和湖泊综合治理。拨付生态功能区和资源枯竭城市转移支付22亿元,使用国家清洁发展机制基金0.7亿元，统筹安排23.4亿元做好节能产品推广和全社会节能，争取将铜陵市列为国家节能减排综合试点市,合肥市、芜湖市纳入节能与新能源汽车试点市,生态强省建设稳步推进。

(四)保障民生持续改善。2013年,全省民生支出3487亿元，增长9.9%，占全省财政支出的80.1%。提升民生工程绩效。民生工程投入资金605.6亿元,增长7.1%。出台民生工程绩效评价和特邀监督员等制度,对新型农民培训、农村饮水安全工程等8个项目进行第三方评估。23个工程类项目全部制定建后管养办法，投入管养经费14.2亿元。公开征集民生工程项目,选准选精2014年民生工程。加快社会事业发展。投入731.5亿元,推动各项教育事业发展。投入530亿元,完善就业和社会保障体系,稳步提高保障标准。投入359.9亿元,支持医药卫生体制改革继续深化。统筹116.2亿元,推进保障性安居工程建设。投入25.1亿元,实施一事一议财政奖补项目1.8万个。提高群众生活水平。投入26.8亿元,重点支持农民工、高校毕业生、困难群体就业创业，新增就业67.5万人。“一卡通”发放惠农补贴223.5亿元,增长14.3%,人均受益605元。争取中央扶贫资金13亿元、省级安排9.2亿元,支持大别山等地区扶贫开发。

(五)理财水平稳步提升。以“为民理财促发展、务实清廉惠民生”为主题,深入开展党的群众路线教育实践活动,不断加强和改进财政管理。硬化预算约束。省政府出台进一步加强省级预算管理意见,规范预算追加和专项资金的二次分配。提前编制2014年省级部门预算，实施“开门办预算”,邀请人大代表、政协委员及有关专家对23.6亿元重点项目进行评审，提高预算编制的科学性和透明度。扩大绩效评价范围,省级部门自评项目142个，财政重点评价项目46个，涉及财政资金645.6亿元。推进预算信息公开,42家省级一级预算单位公开部门预决算及“三公”经费预算。严格资金监管。完善结转结余资金管理机制,盘活政府各类资金、资产、资源。对财政涉农、涉企、涉事资金分配和政策运用进行“回头看”,出台财政涉企资金和财政性建设资金评价暂行办法。严格资金管理责任，将适合市县管理的财政项目和资金审批权下放属地管理。强化债务管理。省政府印发《关于进一步加强政府性债务管理的意见》，明确界定债务范围,控制融资成本,规范举债审批程序等10个方面30条具体措施。及时制定政府性债务审批、融资平台公司名录、土地储备融资管理等6个配套办法,构建政府性债务管理新机制。完善财政制度。落实省委五个专项行动和建立五类重点制度要求,制定201项规章制度,财政管理制度更加完备。提请省人大审议通过《安徽省财政监督条例》,成为我省财政一部重要地方法规,推动财政监督步入法制化轨道。

与此同时,我们也清醒地认识到,财政运行和管理中还存在一些问题。财政收入中低速增长与支出刚性矛盾加剧，盘活财政存量资金还需加大力度;预算的完整性、规范化、透明度还不够,制度建设还需完善；事权与支出责任相适应的财政制度尚未建立,省以下财政分配关系有待优化;部分市县政府性债务增长较快,财政风险不容忽视;财政支出越位缺位并存、资金使用绩效不高等现象依然存在，财政预算管理改革还需深入推进,等等。我们将高度重视这些问题，继续采取有效措施,努力加以解决。

二、2014年省级预算安排

2014年，全省财政经济发展面临的环境依然错综复杂，收支矛盾更加突出。从财政收入看，财政收入中低速增长常态化趋势已经明朗，推进税制改革、实施支持小微企业发展的税收优惠政策、继续清理收费和政府性基金，都将减少财政收入。从财政支出看，支持全面深化改革和保障改善各项民生事业发展都需要增加投入。全省各级都面临巨大的收支平衡压力。根据市县预算汇编及经济增长预期目标、财税政策变化情况，全省公共财政收入预期增长10%左右，达到3700亿元。其中：地方公共财政收入预期增长10%左右，达到2290亿元。

2014年省级预算编制的指导思想：认真贯彻党的十八届三中全会和中央、全省经济工作会议精神，继续实施积极的财政政策，促进经济持续健康较快发展和社会和谐稳定；全面深化财税改革，发挥财税改革在整体改革中的基础性和支撑性作用；优化财政支出结构，盘活财政存量，用好财政增量，提高财政资金使用绩效；牢固树立过紧日子的思想，从严控制"三公"经费等一般性支出，强化厉行节约，严肃财经纪律；推进预算公开透明，硬化支出预算约束，加强地方政府性债务管理，完善预算管理制度，为打造"三个强省"、建设美好安徽提供财力支撑。

2014年省级预算安排的基本原则：依法理财，规范财政预算行为。严格遵循预算有关法规规定，规范编制预算，严格预算执行，推进预算公开。厉行节约，强化预算刚性约束。认真落实中央八项规定和党政机关厉行节约反对浪费条例，大力压缩一般性支出。统筹兼顾，坚持预算动态平衡。探索建立跨年度预算平衡机制，统筹年度之间财力安排，确保财政收支动态平衡。深化改革，健全预算分配制度。围绕使市场在资源配置中起决定性作用和更好发挥政府作用，改进资源配置方式，完善预算分配决策机制。创新机制，提高预算管理绩效。大力推进"开门办预算"，推进政府购买服务，健全预算绩效评价机制，提高预算管理效益和效率。

2014年省级预算安排的总体思路：一是以深化改革为导向，统筹推进，重点提升。按照全面深化财税体制改革的总体部署，继续深化省级预算编制改革，建设全面规范、公开透明的预算制度，清理整合规范省级专项转移支付，增加省对下一般性转移支付规模。二是以优化结构为重点，促进转型，支撑发展。围绕增强经济支撑保障能力，加大统筹力度，合理分配资金，集中财力办大事，着力支持扩大消费需求和非公经济发展，促进产业结构调整，支持农业稳定发展，有效保障改善民生，积极推动新型城镇化和生态文明建设。三是以提高绩效为目标，厉行节约，科学管理。坚持勤俭节约，推进阳光理财，既"过紧日子"，又"会过日子"。强化投入产出理念，发挥财政资金杠杆作用，突出项目资金绩效，进一步提高财政管理科学化、规范化和信息化水平。

按照全口径预算管理要求，2014年省级预算继续按公共财政预算、政府性基金预算、国有资本经营预算、社会保险基金预算等四项预算编制。省级地方公共财政收入预算199.7亿元，安排支出484.4亿元；政府性基金本年收入预算56亿元，本年安排支出57.5亿元；国有资本经营本年收入预算6.7亿元，本年安排支出7.2亿元；社会保险基金本年收入预算127.1亿元，本年安排支出103.5亿元。具体如下：

（一）公共财政预算

省级地方收入预算安排情况。省级地方预算收入199.7亿元，比上年执行数下降7%，主要是部分行政事业性收费项目取消，非税收入预算减少。其中：营业税21.6亿元，企业所得税88.6亿元，个人所得税18.7亿元，耕地占用税11.5亿元，城市维护建设税等2亿元；国有资源（资产）有偿使用收入4.4亿元，行政事业性收费收入15.2亿元，罚没收入3.1亿元，专项收入33.2亿元，其他收入1.4亿元。

省级支出预算安排情况。根据现行财政体制，2014年省级预算可用财力为580亿元。扣除补助市县并改列一般性转移支付的项目95.6亿元，省级支出相应安排484.4亿元。与上年相比，省级预算支出同比增长7.3%。其中：基本支出预算146.5亿元，增加9.5亿元，增长6.9%；项目支出预算337.9亿元，增加23.3亿元，增长7.4%。在支出安排上，重点向环境保护及生态治理倾斜，向铁路、公路等基础设施建设倾斜，向棚户区改造、养老、助残等民生社保领域倾斜，向科技创新能力提升倾斜。

省级地方预算收入199.7亿元,加中央税收返还及补助收入1688.5亿元,市县上解省收入81.8亿元,调入预算稳定调节基金15亿元,上年净结余收入1.6亿元,省级预算总收入1986.6亿元。省级预算支出484.4亿元,减省级预算提前下达市县转移支付12.2亿元,加中央提前下达转移支付列入省级预算245.5亿元,省级预算支出合计717.7亿元。加上解中央支出27.1亿元,补助市县支出1241.8亿元,省级预算总支出1986.6亿元。

(二)政府性基金预算。2014年,省级政府性基金共13项,比上年减少3项,本年收入预算安排56亿元。加上年结余收入47.2亿元,收入合计安排103.2亿元。根据政府性基金以收定支、专款专用的要求,支出安排103.2亿元。其中,本年支出57.5亿元,按规定主要用于水利工程建设、土地复垦、民生工程项目等;结转下年45.7亿元。

(三)国有资本经营预算。按照人大审议意见,2014年,扩大国有资本经营预算实施范围,纳入企业比上年增加1户,合计33户。同时,将省属国有独资企业原执行5%、10%国有资本收益收取比例,分别提高5个百分点至10%、15%。

2014年,省级国有资本经营收入预算6.7亿元,与上年执行数相比,增加1.4亿元,增长26.8%。其中:利润收入4.1亿元,增加1.5亿元;股利、股息收入2.6亿元,减少0.1亿元。加省人大批准纳入本年使用的上年超收收入0.5亿元,2014年省级国有资本经营收入预算合计安排7.2亿元。支出相应安排7.2亿元。其中:资本性支出4.4亿元,主要用于交通基础设施建设等公共民生项目;费用性支出2.8亿元,主要用于支持企业深化改革、分离“企业办社会”职能及支付企业离退休人员费用等社会保障支出。

(四)社会保险基金预算。2014年,省级社会保险基金本年收入预算安排127.1亿元,与上年执行数相比,增加26.9亿元,增长26.8%。加上年结余收入91.3亿元,收入合计安排218.4亿元。支出安排218.4亿元,其中,本年支出103.5亿元,结转下年114.9亿元。

三、2014年财政主要工作

为圆满完成全年预算,深化财税体制改革,将重点做好六个方面工作:

(一)坚持稳中求进,提升经济发展质量和效益。将实施积极的财政政策同全面深化改革紧密结合起来,努力巩固经济稳定向好势头。

扩大有效需求。优化政府投资结构,争取更多中央财政资金,支持保障性安居工程、城镇基础设施、“三农”、交通等重大基础设施,以及生态、节能、环保等重点领域项目建设。实施鼓励信息、健康、养老和文化服务业消费的财税政策,支持流通体系建设,发展网络消费,支持企业“走出去”,扩大市场需求。

激发市场活力。加快推进竞争性领域国有企业改革,鼓励发展混合所有制经济。用好民营经济专项扶持资金,做大做强融资性担保体系。清理规范区域税收优惠政策,优化市场竞争环境。支持开发园区、自贸园区(港)建设,促进各类市场要素在更大范围、更宽领域的高效配置。

促进产业转型。发挥财政资金引导作用,支持各地主导产业发展,加快培育核心产业的竞争优势。围绕化解产能过剩,加大传统优势产业改造升级和优化重组。支持现代服务业发展,加快产业结构调整步伐。

推动创新发展。创新投入方式,聚合政策资金,提升科技创新能力,推进创新型省份建设试点。积极运用贴息、风险投资、后补助等方式,创新科研资金管理机制。支持技术开发类科研机构转企改革,推进产学研成果加速转化。用足股权激励政策,强化创新人才支撑。

(二)坚持统筹协调,促进城乡一体发展。深化农村改革,加快现代农业发展和美好乡村建设,推进城乡一体化发展。

推进现代农业发展。围绕粮食安全和食品安全,增加“三农”支出,健全财政支农政策体系。支持构建新型农业经营体系,推动多种形式规模经营。支持农业科技发展,提升农业现代化水平。加快实施小型水利设施改造提升工程,改善农业基础设施条件,提升农业综合生产能力。加大农业安全生产投入,发展生态友好型农业,推进农业“休养生息”。

推进新型城镇化建设。按照四化同步、产城一体的要求,强化规划引导,优化城镇空间和布局。

稳步推进城镇基本公共服务常住人口全覆盖，建立财政转移支付同农业转移人口市民化挂钩机制，推进农业转移人口市民化。推进新型城镇化建设综合试点，加快棚户区和城中村改造。积极探索城镇基础设施建设公私合作模式，建立多元可持续的资金保障机制。

推进战略平台建设。抓住长江经济带建设机遇，按照我省主体功能区要求，积极落实各项区域财政政策，加大对皖江示范区、皖北“四化”协调发展先行区、大别山革命老区、皖南国家文化旅游示范区等重大战略平台的支持力度，推进城市组团的联动发展，形成多极支撑的区域发展格局。

推进美好乡村建设。加快构建以财政资金为引导的多元化、多层次、多渠道资金投入机制。重视教育扶贫和基本公共服务保障，改革财政扶贫资金管理机制。突出“三线三边”，推进农村环境综合整治。突出兴业富民，引导工商资本，促进村级集体经济保值增值。

推进农村综合改革。建立农村公共服务运行维护机制和新型农业社会化服务体系，支持开展农村承包土地确权登记颁证工作，推进农村金融综合改革，加强农村集体“三资”管理。进一步加大投入，完善村级组织运转经费保障机制。

（三）坚持改善民生，增进广大群众福祉。按照保基本、补短板、兜底线、可持续的要求，完善财政投入机制，有效保障和改善民生。

优化提升民生工程。坚持急事先办，保障困难群体、弱势群体和特殊群体，提高民生工程的针对性和有效性。继续实施33项民生工程，按考核类和督导类，加强民生工程绩效管理。树立市场化理念，采取公办民营等方式，降低运行维护成本。推进《安徽民生工程保障和管理条例》立法工作。

夯实强化社会保障。完善不同教育类型的财政支持政策，推进教育优先发展。适应产业转型升级和产能过剩化解新形势，重点支持高校毕业生就业创业和农村劳动力转移就业。提高社会保险统筹层次，完善养老保险制度，企业退休人员基本养老金提高10%，提高大病医疗保险覆盖率。完善社会救助和保障标准与物价上涨挂钩的联动机制。支持深化医药卫生体制改革，提高城镇居民医保、新农合补助标准。创新公共文化运行机制，深化文化惠民工程。大力发展普惠金融，提升民生金融服务水平。

强力建设生态文明。强化企业减排治污的主体责任，运用财政奖补、贴息等方式，建立健全生态保护和环境治理的激励约束机制。推进大气污染防治，加强秸秆综合利用和禁烧治理。继续完善新安江生态补偿机制，建立大别山区水环境生态补偿机制。加大专项资金整合力度，支持千万亩森林增长工程，对山水林田湖进行综合支持和立体保护。加大重点生态功能区、农产品主产区转移支付力度。

支持社会治理创新。创新方式支持社区综合管理体制改革，促进社会办学办医办养老等社会事业发展。创新预算供给模式，促进资金向优质公共服务资源流动。加强食品药品安全管理，完善公共安全和应急体系，推进平安安徽建设。

（四）坚持深化改革，完善财税体制机制。发挥财税改革在整体改革中的基础性和支撑性作用，激发市县、市场和社会创新发展活力。

改进预算管理制度。全省县级以上政府部门预算决算及“三公”经费信息全面公开，扩大预算公开评审覆盖面。清理规范重点支出同财政收支增幅或生产总值挂钩的事项。建立跨年度预算平衡机制。扩大国有资本经营预算覆盖范围。开展权责发生制的政府综合财务报告试点。

深化财政体制改革。通过加大奖补资金支持力度、完善省以下财政体制、健全激励约束机制等方式，完善县级基本财力保障机制。推进部门内部、跨部门、跨区域等专项转移支付整合，逐步取消竞争性领域项目。下放财政资金项目审批权，明确各级财政支出责任和管理责任。

抓好税收制度改革。积极做好铁路运输、邮政等行业“营改增”试点扩围工作。认真落实小微企业税收优惠政策。密切关注并积极推进煤炭资源税从价计征改革，按照中央统一部署，稳步推进房产税改革和消费税改革。

（五）坚持防范风险，加强政府性债务管理。坚持“修明渠、堵暗道”，加强债务风险防控，发挥政府性债务服务发展的积极作用。

健全管理制度。着手编制2014年政府性债务收支计划。研究制定政府融资平台管理暂行办法，出台政府性债务风险预警监测办法，建立政府性债务风险预警机制。加强政府性债务管理信息化建设,夯实债务管理基础。

提升融资能力。努力争取财政部代理发行的地方政府债券额度，探索建立以政府债券为主体的举债融资机制。优化政府融资平台,降低融资成本。积极争取世行、亚行和外国政府贷款,抓住城市基础设施、住宅政策性金融机构政策机遇,筹集更多发展资金。

加强考核监督。细化政府性债务考核举措,强化各级政府管理责任。有针对性开展地方政府性债务管理和土地融资管理专项监督检查。加大政府性债务审计力度。

(六)坚持绩效引领,提高财政管理水平。巩固和发展群众路线教育实践活动成果，坚持服务群众和服务发展并重,坚持省级和市县互动,以作风建设的新成效促进财政管理水平的新提升。

勤俭节约过紧日子。按照中央和省里有关要求,加强财政制度建设,贯彻落实中央《党政机关厉行节约反对浪费条例》,严格控制公务经费支出总额,严控“三公”经费等一般性支出,降低行政运行成本。

依法加强收支管理。坚持实事求是、依法征收,不收“过头税”。规范非税收入管理,加强行政事业单位资产资源管理,强化国有资产收入监管。均衡预算执行,严格预算追加,规范资金分配。完善财税库银联系协调工作机制。

推进政府购买服务。制定全省政府购买服务指导性目录,建立健全规范化流程。建立预算管理制度,规范购买服务行为。加强与事业单位分类改革衔接,积极培育社会组织,加快政府职能转变。

严肃财经纪律。健全资金分配管理制度,建立财政对企业、社会事业政策绩效评估机制。推进财政涉企资金项目信息系统建设,严格执行《安徽省财政监督条例》,维护财经秩序。

各位代表！今年全省财政改革发展任务艰巨而光荣。我们将在省委的正确领导和省人大依法监督下,以提高质量和效益为中心,稳中求进,改革创新,扎实工作,努力完成各项财政目标任务,为全面深化改革,打造“三个强省”,建设美好安徽贡献力量!

全省财政工作重要文献

在全省财政工作视频会议上的讲话

省财政厅厅长　罗建国

（2014 年 1 月 20 日，根据录音整理）

这次全省财政工作视频会议主要任务是：深入贯彻党的十八届三中全会和中央经济工作会议、中央城镇化工作会议精神，认真落实全国财政工作会议和全省经济工作暨城镇化工作会议要求，总结 2013 年财政工作，部署 2014 年工作任务。刚才，传达了全国财政工作会议精神，学习了王学军省长对财政工作的要求，各级财政部门和省直预算单位财务部门要认真组织学习，领会精神实质，抓好贯彻落实。这里，我就 2013 年工作完成情况和做好 2014 年工作，讲几点意见，供同志们参考。

一、积极作为，成效明显

2013 年，是不平凡的一年。在省委、省政府的坚强领导下，全省各级财政财务部门，认真贯彻落实党的十八大和十八届三中全会精神，认真实施积极的财政政策，保持财政运行良好态势，全省财政总收入完成 3365 亿元，增长 11.2%，其中地方财政收入完成 2075 亿元，增长 15.8%，税收收入占比提升，非税收入占比较上年下降 0.5 个百分点，全省财政支出完成 4352 亿元，增长 9.9%，圆满完成全年财政预算目标任务，财政工作取得了令人鼓舞的成绩。

*一是服务转型发展迈出新步伐。*突出支持实体经济发展，促进民营经济发展、小微企业发展，在财力非常紧张的情况下，安排 31 亿元专项资金充实担保机构国有资本金，支持 107 家担保机构，重点支持县级担保做大做强，搭建实体企业向银行融资的“桥”和“船”。进一步推进结构性减税，取消行政事业性收费，全年减免缓抵各项税费 400 亿元。积极调整财政分配方式，集中财力支持皖江示范区、合芜蚌试验区、皖北“四化”同步、大别山片区等重大战略平台建设，支持创新驱动发展，促进经济结构调整和发展方式转变。

*二是保障改善民生再上新水平。*虽然财力紧张，但是民生投入不减，2013 年全省民生支出 3487 亿元，增长 9.9%，增幅与财政支出增幅保持同步，占全省财政支出的比重达 80.1%，较 2012 年提高 0.3 个百分点，支出增量占全省财政支出增量的 80.4%，高于 2012 年的 80.1%。省政府确定的民生工程，以及全省的美好乡村建设，都得到了较好的保障。财政支出更多地向“三农”倾斜、向基层倾斜、向困难群体倾斜，促进了强农惠农富农政策的有效落实，推动了城乡基本公共服务均等化，有力加快了各项社会事业发展。

*三是深化重点改革实现新突破。*稳步实施“营改增”改革试点，实现了结构性减税，促进了企业转型升级和经济发展。完善省以下财政管理体制，坚持财力下移，全省超过一半的支出增量倾向基层。组织开展涉农资金、涉企资金专项检查，建立财政涉企项目资金管理信息系统，严格实行省级财政专户资金存放商业银行竞争性分配改革，省

市县乡四级国库集中支付制度改革、省市县三级非税收入收缴管理改革、公务卡管理制度改革实现全覆盖。支持县级公立医院改革,推进新型城镇化综合试点,在20个县(区)推动农村综合改革示范试点。

四是加强绩效管理取得新进展。进一步推进"预算一年、一年预算"目标的实现,2013年省级预算追加在上年下降60.5%的基础上,又同比下降63%。省直机关带头压缩"三公"经费,一般性支出统一压减5%,各级财政遵照执行,压缩的资金全部用于改善民生。平稳推进预算信息公开,省直有关单位非常支持,统一步调,效果很好。积极推进"开门办预算",推行预算公开评审,引入专家评审机制。加强政府性债务管理,在全国率先以省政府名义印发《关于进一步加强政府性债务管理的意见》,制定6个配套办法,防范潜在财政风险。拟定《安徽省财政监督条例》,经省人大审议通过,加快财政监督工作转型。

五是改进工作作风带来新气象。实行省市县财政预算部门会商和乡镇财政资金监管帮联制度,支持基层财政部门开展工作,努力送政策、送管理、送制度、送服务到财务部门。深入开展与基层党组织的结对共建,务实推进"结对到中心村、帮扶到困难户、联系到财政所",进一步在深入基层、联系群众中发现政策取向、完善工作举措、密切干群关系。健全与省直预算单位会商机制,财政厅机关、厅属单位在2012年会商639次的基础上,2013年上门会商1598次。深入开展党的群众路线教育实践活动,开展五个专项行动和建立五类重点制度工作,全年财政厅制定完善201项管理制度,建立财政反腐倡廉建设联络员机制和行风巡查工作机制,促进财政政风行风建设。

回顾过去的一年,取得的成绩令人振奋,积累的经验弥足珍贵。我们深切地体会到:做好财政工作,必须坚持实事求是和改革创新,容不得半点水分和虚假,不断地开展"回头看",总结经验,查找薄弱,创新方式,完善制度,通过改革解决财政发展中的矛盾和问题;必须坚持科学谋划和主动作为,始终居安思危、未雨绸缪,加强财政政策分析和形势趋势研判,主动谋划、主动买单,灵活运用财政政策,用好用活财政资金;必须坚持提升质量和注重效益,将绩效观念和绩效要求渗透到财政管理的各个环节和财政工作的方方面面,做到财政工作管理重质量、财政资金政策讲效益;必须坚持锤炼作风和服务协调,不断创新服务方式方法,为基层群众服务、为事业发展服务、为预算单位服务,在优化服务中转变作风、在转变作风中实干进取;必须坚持凝心聚力和同步一体,牢固树立"一盘棋"思想,推动财政系统一体化、财政财务一体化,积极形成系统联动、内外协同的工作合力。

过去的一年,我们能够取得来之不易的成绩,是省委、省政府高度重视、正确领导的结果,是财政部精心指导、大力支持的结果,得益于各级党委政府对财政工作的重视、领导和关心,得益于省直部门党组特别是主要领导和分管财务的领导对财政财务工作的关心、理解和支持,凝聚着广大财政财务干部的汗水、智慧和辛劳。在此,我代表财政厅党组向一年以来关心支持财政事业发展的各级人大、政协以及社会各界表示衷心的感谢,向奋战在财政财务战线上的同志们致以崇高的敬意!

在看到成绩的同时,我们也要清醒地认识到,财政事业发展仍然存在不少困难和问题,主要体现在:我省财政收支规模在全国居中、人均水平靠后,按照常住人口计算2012年居全国第27位,财政保障还不充分;"重分配、轻管理,重支出、轻绩效"的思想还一定程度存在;预算编制还存在不科学不完整,预算执行还存在约束性不强,预算业务的改革创新性还有待加强,预算监督还存在滞后弱化,财政政策、项目、资金的重叠分散、碎片化,以及在财政政策的制定和实施,财政资金的分配、支付和管理中存在支出结构固化僵化;政府资产资源的管理,财政项目的申报审批等方面,还存在不到位、不规范;财政财务管理方式有待进一步改进,财政财务信息化建设、队伍建设等方面仍需进一步强化,现代财政制度建设任重道远,财政系统、财政财务之间的深入沟通交流还不够。对此,我们要高度重视,认真研究,着力解决。

二、科学研判,提振信心

2014年财政财务工作,是挑战与机遇并存、压力与动力同在。一方面,要看到宏观形势的复杂严峻。从全国来看,经济运行存在较大下行压力,经济潜在增长率趋降。从我省来看,企业生产经营困难,有效投入增长乏力,新的消费增长点还不多,外贸出口面临很大压力,经济稳中回升基础还不牢固。从财政来看,财政收入中低速增长常态化趋势已经明朗,财政支出的刚性不减,财政收支矛盾更加突出。另一方面,要看到理财环境的不断改善。十八届三中全会把财政职能定位提到前所未有的高度。中央的八项规定、“约法三章”、“六项禁令”、《党政机关厉行节约反对浪费条例》,省委的三十项规定,省纪委的“十个严禁”,以及正在开展的群众路线教育实践活动,为规范理财、严格财政资金管理提供了重要机遇和条件。省委、省人大、省政府、省政协高度重视财政工作,为财政财务部门提供了重要的政治环境。我们一定要科学、全面、辩证地看待当前面临的财政经济形势,进一步强化进取意识、机遇意识和责任意识,进一步增强思想自觉和行动自觉。

一是牢固树立为民当家理财理念。在思想认识上深化。认真贯彻党的群众路线,在为民理财中践行宗旨,在遵守党章中为民理财,不断增强党性修养、宗旨意识和群众观念。在原则立场上坚守。在预算分配、政策制定、制度执行上,敢于坚持原则,讲规矩、讲程序,防止和杜绝权力寻租,至微至显、善做善成。在业务工作上践行。正确处理好发展经济和改善民生的关系,既尽力而为又量力而行,着力支持帮助解决人民群众切身利益的急事、难事。在服务方式上跟进。加强调查研究,深化城乡基层党组织结对共建,向基层实践学习、拜干部群众为师、为人民和基层服务。

二是牢固树立全面深化改革理念。坚持问题导向。以亟待解决的重要问题为提领,深入开展“回头看”,把每一项工作的问题梳理出来,分析原因,完善政策,创新举措,建章立制。遵循市场规则。正确认识和准确定位财政与市场的关系,重点保障经济社会发展中关乎基础、前沿、底线和市场失灵的领域,积极补齐短板,在此基础上,能放给市场的放给市场,积极引导社会资本,推进公共服务提供主体多元化。树立底线思维。把握好控制线,强化财政定力,做好风险评估,正确、准确、有序、协调地推进财政自身改革和服务其他领域改革。

三是牢固树立现代财政制度理念。明确工作目标,建立完整、规范、透明、高效的现代政府预算管理制度。改进年度预算控制方式,建立跨年度预算平衡机制,清理规范重点支出挂钩机制,完善转移支付制度,建立政府性债务管理体系。明确制度趋向,建设有利于科学发展、社会公平、市场统一的税收制度体系。继续做好“营改增”扩围试点,全面清理规范财税优惠政策,大力整顿“税收洼地”。明确支出责任,健全财力与事权相匹配的财政体制。合理划分省市县事权和支出责任,通过转移支付等手段调节上下级政府、不同地区之间的财力分配,努力实现事权和支出责任相适应。

四是牢固树立财政质量效益理念。注重投入产出效益。建立财政分类政策扶持与资金支持绩效评估机制,坚持对企业的支持与税收贡献、就业带动和新增可用财力挂钩,对社会事业的支持与效率优先和公共效益最大化挂钩。注重预算创新。进一步加强公共财政预算、政府性基金预算、国有资本经营预算和社会保险基金预算的统筹衔接,建立健全定位清晰、分工明确、合理统筹的政府预算体系。注重财政绩效。探索实施第三方评估机制,积极推进全口径预算资金绩效评价,提高部门重点项目评价质量,推动部门绩效自评工作开展,建立绩效评价结果和预算安排有机结合机制。注重财政监督。加大财政监督检查力度,创新财政监督方式,构建覆盖所有政府性资金和财政运行全过程的监督运行机制。

五是牢固树立全局统筹持续理念。提升财政财务全局站位。善于跳出财政看财政、跳出财政抓财政、跳出财政管理财政。坚持统筹兼顾。统筹财政财务的联动性,统筹省、市、县财政的积极性,进一步做好“过紧日子”和“会过日子”的文章,把预算做细做实、做紧做深。有效防控风险。时刻牢记风险控制意识,加强政府性债务管理,建立权责发生制政府综合财务报告制度,深入推进和进一步创新财政风险防控工作,着力构建预防、监控、处置长效机制,确保财政资金政策安全。

三、改革创新,锐意进取

各级财政部门要切实增强责任感和使命感,以聚焦问题为导向,以深化改革为动力,以科学发展为要务,以保障民生为根本,认真实施积极的财政政策,奋力巩固经济社会稳中向好发展态势,不断提高财政财务工作水平。

一是遵循市场对财政资源配置的改革。要健全财政定位机制。清理规范税收优惠政策,减少直至取消竞争性领域的专项资金。支持深化行政审批制度改革和政府机构改革，建立财政负面清单，加快推进事业单位分类改革，推动事业单位去行政化、行业协会商会与行政机关脱钩，积极引导社会资本兴办教育、文化、卫生等社会事业，形成多元发展的格局。要创新财政预算机制。积极构建科学完整、公开透明的预算体制以及推动市场经济发展、维护市场统一、促进社会公平的财政分配体系，引入竞争性分配机制，将涉及扶持经济社会发展的专项资金，进行同方向、同领域、同类别系统整合，实行客观因素法分配，积极支持实体经济、民营及小微企业发展，采用担保、贴息、后补助等方式，放大财政资金杠杆效应。要完善财政配置机制。积极盘活财政存量，包括财政资金存量、财政资产存量、财政供给人员存量。积极推进公共部门与私营部门合作(PPP 模式)，引导私营企业和个人投资基础设施、公共事业等领域，促进资源有效配置。要强化财政绩效机制。加强涉企、涉农、涉事及建设性资金分配管理，强化民生工程项目绩效评价，实行分类管理；加快推进财政涉企项目资金管理信息系统建设，防止企业多头申报、重复支持。今年省级设立大气环保、秸秆焚烧专项资金以及大气污染治理奖补资金，市县也要安排专项资金并创新资金使用方式，强化企业主体责任，健全激励约束机制，更好发挥市场机制作用。

二是坚持财政保障改善民生机制改革。要完善财政民生投入体制机制。把维护群众利益放在第一位，保障和改善民生的投入不能减少，保持投入适度增长，进一步优化财政支出结构，保证民生重点项目资金。要支持社会体制机制创新。优化教育科技投入机制，完善经济社会发展与就业创业联动机制，改进收入分配制度，完善多层次、全覆盖、相衔接的社会保障体系。按照政府主导、分类指导、区别对待、因地制宜、分级负责、预算管理、人事分离、动态调整的原则，在公共服务领域，改革财政政策资金传统供给模式，推动财政政策向基本公共服务领域倾斜，促进财政资金向优质公共服务资源流动。要建立健全政府向社会力量购买服务机制。凡属事务性管理服务，原则上都要进入竞争机制，通过合同、委托等方式向社会购买，在既有财政预算中科学统筹安排。坚持与转变政府职能相结合、与事业单位分类改革相结合、与预算编制相结合、与预算执行相结合、与政府采购相结合，认真研究完善政府采购、预算科目、会计处理等具体政策，培育和发展社会服务组织，发挥社会代理机构作用，实现“费随事转”，做到“花钱养事”。

三是深化国有资本经营预算管理改革。要做大国有资本经营预算规模。探索编制中长期国有资本经营预算，并根据行业分类逐步提高国有资本收益上缴比例。积极拓宽民营资本投资领域，引导国有资本逐步退出一般性竞争性领域，既搞活民营资本投资，发挥民营经济作用，又通过一般性竞争领域的部分国有资本变现和国有股减持，实现部分国有资本的有序有效退出，保证国有资本经营预算收入的稳定增长。要规范国有资本经营预算支出范围。完善和规范国有资本经营预算的支出范围，划转部分国有资本充实社会保障基金，用于反哺国有企业改革当中的民生保障，更多地用于解决国计民生的、公共领域的支出，让人民群众共享国企改革红利。要创新国有资本经营预算管理方式。盘活国有资产存量，积极支持国有企业改制重组、资源整合和科技创新，支持股权多元化改革。支持和培育混合所有制经济发展，引导民营资本积极参与国有企业改革，提高国有资本放大功能，支持国有资产保值增值，增强国有企业持续发展活力。

四是创新农村集体“三资”管理改革。要做好清理核实。支持实施清理核实农村集体所有的资金、资产、资源的存量、结构和分布，将投向村里的财政资金形成的资产计入集体合作经济组织，归全体村民所有。要建立健全制度。建立健全农村集体“三资”登记管理、村级会计委托代理等制度，严格农村集体资产承包、租赁、处置和资源开发利用的民主管理程序，落实村务公开和财务公开制度，完善农村集体“三资”管理长效机制。要构建新型经营实体。支持引导和鼓励村集体盘活村级集体“三资”，激活存量，优化增量。支持探索家庭经营、集体经营、合作经营、企业经营等多种经营方式，引入市场机制，鼓励金融下乡，采取股份、联营、租赁等形式，促进村级集体经济保值增值、做大做强，助力美好乡村建设，支持人居环境和生态修复保护，持续强农惠农富农。要加强监督管理。加强集体经营管理核算和财务监督，健全村民议事制度，强化村务监督委员会对集体“三资”经营管理情况的日常监督，定期开展农村集体“三资”审计、集体经济组织主要负责人经济责任审计。这里要强调的是，县乡财政干部尤其是乡镇财政干部，处在“三农”工作一线，工作任务重、责任大、困难多、长年累月、十分辛苦，是“三农”财政资金监管和政策落实的主力军，承担着重要的、直接的监管责任。省市县财政部门将全力支持帮助他们为财政资金、财政政策站好岗、放好哨，发挥好一线监管、一线服务的作用。财政所是财政工作的网底，我们要继续支持和加强财政所建设，积极探索运用购买服务方式，加强财政所人员流动，关心乡镇财政干部的成长，为财政事业筑牢根基。

*五是明晰财政分级支出责任改革。*要合理划分事权。科学客观地界定政府与市场边界、省市县政府本级事务及共同事务，从严控制上级委托下级政府事务，委托事务需要有资金保障。一方面克服上面当下面家，杜绝上面请客、下面买单；另一方面也要克服下面随意请客，指望上面帮助买单。要调整支出责任。在明晰事权的基础上，在现有财力格局总体不变的情况下，规范省市县支出责任。积极下放财政资金项目审批权，强化省级指导监管责任和市县分配、管理责任。省级对市县更多的通过均衡性转移支付和一般性转移支付方式给予支持。财政算账要考虑常住人口，县级财政要抓紧建立常住人口统计制度。要着力县级基本财力保障机制建设。县级财政要认真分析县级基本财力保障机制的结构、形态、管理的水平及管理的效益，建立绩效评价、绩效管理、激励约束的机制；市级财政要履行更直接的责任，在控人、控编、提效上下功夫。

*六是加强预算管理制度改革。*要健全完善制度体系。进一步深化部门预算制度、国库管理制度、政府采购制度、政府非税收入管理制度、财政绩效管理制度、财政监督制度改革。要完善预算编制与预算执行相结合的机制。3 月份启动编制 2015 年部门预算，严格预算追加，努力在全省实现“预算一年、一年预算”。继续实行预算公开评审，推进“开门办预算”，扩大项目选择和资金覆盖面，提高预算编制的科学性和透明度。要健全完善政府预算体系。进一步明确公共财政预算、政府性基金预算、国有资本经营预算、社会保险基金预算的支出范围和重点，加强统筹协调，避免交叉重复。加快建立将政府性基金中应统筹使用的资金调入公共财政预算的机制。加强社会保险基金预算管理，把社保基金专户进一步规范好、资金余额进一步调度好、保值增值进一步测算好，在精算平衡的基础上研究社会保险基金预算的可持续问题。加大对政府性基金预算、国有资本经营预算与公共财政预算的统筹力度。要盘活财政存量资金。完善政府资产资源配置机制，变闲置资产为流动资源，把资产资源变成现金和资本流，激活政府各类资源要素。严格预算结转结余资金管理，减少预算资金沉淀。加强专户结余资金管理，实现财政资金的统一调度和统筹使用。规范暂付款、暂存款的管理，全面清理对外借款，严禁违规对外借款。加强国库资金管理，建立库底目标余额管理制度，加强国库现金流量预测，稳步推进省级国库现金管理。要推进财政预算公开。规范财政运行，财政项目和财政资金要做到公开透明。积极稳妥地推进财政预算决算公开，完善省级预算信息公开机制，进一步规范公开内容和公开范围，从 2014 年起，所有部门、单位都要公开“三公”经费，除涉密部门外，所有政府部门和单位都要公开部门预决算，部门预算要公开到基本支出和项目支出，部门决算要按经济分类公开；市县财政要按照总体部署，把握节点，做好准备，保证在 2014 年实现县级以上政府全面完成财政预决算、部门预决算、“三公”经费预决算公开工作，加快建设阳光财政。

*七是推进财政节约型建设改革。*要严格制度约束。认真落实《党政机关厉行节约反对浪费条例》，管理使用好财政资金，贯彻执行好财政政策。科学合理制定预算单位费用开支标准和经费预算综合定额，并建立动态调整机制。要加强监督检查。认真落实《安徽省财政监督条例》，积极履行财政监督责任，建立健全“三公经费”管理和“小金库”治理长效机制。自觉接受人大、政协、审计和社会监督，积极征求人大代表、政协委员意见，净化理财环境，提高财政绩效。要抓好审计整改。重视审计结果运用，压实审计整改责任，主要负责同志要督促责任主体和涉及的相关部门，及时研究制定针对性措施，分析好、利用好审计数据，举一反三，以点到面，努力使有限的财政资金发挥最大的使用效益。

*八是强化财政风险防范改革。*要平衡年度预

算。改进年度预算控制方式,收入预算从任务改为预期,对外淡化考核,对内抓好调度,促进税收依法征管,提高财政收入质量。探索编制三年滚动预算,加强财政对经济“逆周期”调节,建立跨年度中期预算平衡机制,增强财政政策的前瞻性和财政预算的可持续性。要加强债务管理。试点编制政府性债务收支计划,为政府性债务分门别类纳入预算管理奠定基础。规范举债审批,降低融资成本。加强政府融资平台管理,清理整合、做大做优政府融资平台公司,拓宽政府融资渠道,探索运用PPP公私合作模式支持经济建设,建立健全以政府债券为主体的举债融资机制。加强信息化建设,以2012年12月底和2013年6月底审计数据为基础,夯实管理基础,开展政府性债务风险预警监测,积极化解存量债务,防范和化解财政风险。加强政府性债务管理的考核监督,将政府性债务管理纳入省政府对市政府目标管理绩效考核和县域分类考核,有针对性的开展监督检查,加强机构人员建设,推进政府性债务管理规范化、制度化。要不断改进作风。财政厅要进一步巩固群众路线教育实践活动成果,建立健全作风建设长效机制。市县财政部门要按照党委政府要求,精心组织开展教育实践活动,系统排查“四风”问题,剖析原因,深入整改,做到矛盾就地化解、问题就地解决。要强化队伍管理。深入推进财政系统一体化、财政财务一体化。各级财政部门要认真落实好帮联制度,健全会商工作机制,充分依靠和服务财务、关心和支持财务、引导和带动财务。财务部门要用心用情用意地宣传财政、理解财政、维护财政,主动与财政保持一致,把钱用在刀刃上,多做打基础、利长远、建机制、求实效的事情。要保持清正廉洁。按照习近平总书记强调的“公款姓公,一分一厘都不能乱用;公权为民,一丝一毫都不能私用”的指示要求,切实做到理财不爱钱、服务不谋私。时刻绷紧党风廉政这根弦,不仅要管好自己,还要管好自己的家属;市县财政局长在管好自身的同时,还要抓好财政干部队伍的廉政建设,引导财政财务干部时刻保持居安思危、清正廉洁,始终以平和淡定的心态做好财政财务工作,维护财政财务部门“为民、务实、清廉”的良好形象。

同志们,做好今年财政工作,任务艰巨,使命光荣。让我们在省委、省政府的坚强领导下,凝聚全省财政系统和财务部门广大干部的智慧和力量,忠诚履职,为民理财,深化改革,服务发展,为建设美好安徽作出新的贡献!春节将至,在此,我代表财政厅党组,向参加会议的全体同志,并通过你们,向战斗在各级财政财务战线上的同志们拜年,衷心祝愿大家在新的一年里身体健康,阖家欢乐,工作顺利,万事如意!

在2014年省级部门预算编制工作会议上的讲话

省财政厅厅长　罗建国

(2013年6月21日,根据录音整理)

尊敬的立权主任、克柱厅长,各位领导、同志们:

今天,我们在这里召开2014年省级部门预算编制工作会议。非常感谢参加会议的各位同志,特别是省直预算单位分管财务的负责同志以及财务处室的主要负责同志,在百忙之中参加这次会议,充分体现了大家对财政财务工作的重视、关心和支持。这次会议,主要有三个议题:一是学习贯彻十八大以来省委、省政府对财政财务工作的部署要求,特别是学军省长对做好2014年预算编制工作的重要批示精神;二是总结交流省直和市县在预算管理、预算编制工作中的好经验、好做法,举一反三,相互启迪;三是布置安排2014年预算编制工作,开展业务培训。今天的会议,既是财政财务部门学习贯彻落实省委、省政府对财政财务工作要求的会议,也是财政财务部门进行业务会商交流的会议。

刚才,会议表彰了2012年度预算管理先进单位。获得表彰的单位,值得我们学习、值得我们祝贺;没有获得表彰的单位,同样做出了努力、做出了贡献,也应该给予肯定和表扬。去年以来,省级预算管理水平进一步提升,体现在预算编制、预算执行、预算监督上。总体感受有四个方面:一是人大监督很给力。人大监督进一步具体,力度进一步加大,这既是监督我们的工作,也是帮助我们宣传、推动工作。二是审计监督很支持。审计不仅仅是对财政厅的审计,而是对全省财政财务部门、行政事业单位的审计。审计更加具体,更加突出针对性。审计出来的问题,也更具时效性,便于我们及时整改落实,并做到举一反三。三是财政财务很融合。在财政财务工作的融合方面进一步加强。省直预算单位主要负责同志、分管财务的负责同志,对财政财务工作,充分理解,主动支持,帮助出主意、想办法,有的工作我们没有做好,大家不仅能理解,还帮助我们宣传,这些我体会是比较深的。去年,财政厅政风行风、效能建设考核取得较好成绩,得益于大家的关心支持,得益于我们的互动融合。四是理财环境进一步改善。政治理财环境、社会理财环境、内部理财环境、外部理财环境进一步改善,预算单位财务部门地位进一步提升。关于2014年预算编制工作,刚才,立权主任、克柱厅长分别作了很好的讲话,提出了明确的要求,全省各级财政部门以及省直预算单位财务部门要认真学习领会,结合工作实际,抓好贯彻落实。下面,我就学习贯彻学军省长的重要批示精神,谈几点意见,供同志们在工作中参考。

一、学习贯彻学军省长重要批示精神

2014年预算编制工作起步较早,2月份省人代会批复2013年预算以后,4月份就开始启动编制2014年预算。6月份召开预算编制布置会,与往年相比,时间提前了2个月。明年,准备2月份省人代会批复预算后,就启动编制下年预算,4月份召开预算编制布置会,着力改变"追加一年、一年追加",实现"预算一年、一年预算"。按照省委、省政府和财政部的要求,结合2013年预算执行情况,我们制定了2014年预算编制方案。6月14日,学军省长和夏来常务副省长专门听取了汇报,学军省长对做好预算编制工作和财政工作,提出了非常具体明确的要求。6月20日,学军省长专门作出重要批示:2014年省级预算编制方案,贯彻了深化经济体制改革,保障和改善民生,推动科学发展的方针政策,落实了省委省政府关于财政工作的部署。希望财政厅认真组织实施,努力提高预算编制水平,为全省经济持续健康较快发展作出新的贡献。面对日益突出的财政收支矛盾,各级各部门必须牢固树立"过紧日子"的思想,更加自觉、毫不动摇地做好"增收"和"节支"两篇文章,用科学发展实现增收,用有效管控实现节支。要采取更加有效严厉的措施,规范财政管理,堵塞"跑冒滴漏",真正把钱用在刀刃上,提高财政资金使用效率。要不断深化财税体制改革,加快建立公开、透明、规范、完整的预算体制,形成强有力的预算约束机制,管好用活财政资金。省与市县要划分事权,明确责任,分级负责,建立机制,常态管理。要切实减少合并专项转移支付项目,增加一般性转移支付规模和比例。省直各部门都要按照转变政府职能要求,简政放权,下决心减少省级财政资金项目审批事项。今天的会议,之所以非常重要,就是要传达学习好学军省长对2014年省级预算编制及做好财政工作的重要批示精神,并切实抓好贯彻落实。

*第一,要在统一认识中贯彻。*学军省长对预算编制及财政工作的重要批示精神,贯穿了财政工作、财务工作、财政政策制定、财政资金管理以及财政财务监管的方方面面,很全面和具体,很有针对性和指导性。学军省长的重要批示与"十八大"对财政工作的要求,特别是与中央八项规定以及当前中央对财政工作的一系列指导思想一脉相承。我们一定要深刻领会、全面把握,切实用学军省长的重要批示精神来统一思想,坚定我们知难而进的工作信念,凝聚我们攻坚克难的工作力量。

*第二,要在细化任务中贯彻。*学军省长的重要批示精神,体现的不仅仅是对2014年省级预算编制工作的要求,也是对全省财政工作的要求,对今后一个时期财政财务工作的要求,以及对财政财务部门进一步贯彻落实十八大精神的要求。省长要求的这些工作,有的是财政厅做的,有的是财政厅会同省直预算单位做的,有的是财政厅会同市县财政部门甚至是会同市县政府做的,还有的是省直预算单位财务部门要细化落实到业务处室、业务单位做的。对此,省直预算单位财务部门要对照本单位事业发展的特点和现状,统筹细化任务,及时向党组和分管负责同志汇报,深入研究推进,切实把学军省长的重要批示精神落到实处。各市及广德县、宿松县财政局也要吃透精神,细化任务,把学军省长的重要批示精神落实到市县的每一个预算单位以及乡镇财政所。

*第三,要在创新举措中贯彻。*现在,省直预算单位财务部门,在本单位党组的领导下,不断推进制度创新、严格规范管理。财政财务工作就是这样,不能人而化之,一定要具体抓、抓具体、抓落实,细化到每一个岗位、每一个部门、每一个人。最

近,学军省长在市县和省直部门调研,财务部门要以此为契机,认真梳理工作,看看财务在本单位事业发展中承担着什么角色,哪些工作做得还可以,哪些工作做得还不到位,哪些工作是自身的努力,哪些工作是体制机制的问题,在此基础上,形成有情况、有分析、有建议的材料,报送本单位党组,发挥好参谋助手作用。特别是一些系统性较强的厅局,一些民生任务、事业发展任务较重的财务处长,更要在第一时间向本单位的主要负责同志汇报工作。汇报工作,是建言献策,是敢于担当,也是工作作风的重要体现。省直预算单位财务处长要和本单位的党组书记搭建“直通车”,各市财政局长要和本地党委政府的主要负责同志搭建“直通车”,及时汇报好财政财务工作的工作思路、存在问题和意见建议。只有这样,才能争取到更多的理解和支持,把握工作主动性,才能创造性地推动财政财务工作,才能真正把学军省长的重要批示精神贯彻好、落实好。

*第四,要在落实责任中贯彻。*贯彻学军省长的重要批示精神,财政厅是第一责任人,财政财务部门是主要责任人。省直预算单位财务部门和市县财政部门一定要切实增强责任意识,既要有超前谋划,又要有阶段性安排,既要体现在总体全局工作中,又要体现在块面和专项重点工作中,做到层层分解责任,层层落实责任,各项工作都要做到“落地有声、见事有人”。

二、深化预算改革

预算改革是财政改革的重要内容,包括预算管理机制改革、财务改革、政策改革、项目改革和资金改革。当前,财政形势非常严峻,可以说是机遇条件与挑战困难并存。机遇和条件总是发展的、前进的,总是大于挑战和困难的,这是主流,对此我们要有清晰地认识。但与此同时,必须要做到居安思危,充分发挥主观能动性,深化预算管理改革,切实通过改革来发扬成绩,巩固经验,克服困难,推动发展。

*第一,要在严峻态势中倒逼改革。*预算编制工作、财政财务工作,与全省财政经济形势密切相关,不可能独善其身。俗话说,大河有水小河满,就是这个道理。近年来,财政收支规模不断迈上新台阶,收支总规模在全国居中,位次每年都在前进,这对安徽来说是很不容易的。2012 年,收入规模居全国第 14 位,财政支出规模居全国第 11 位。但是,人均财政收入、人均财政支出水平都是靠后的,说明我省仍然不宽裕。今年,财政收支形势将更加严峻。1—5 月份,中央财政收入仅增长 0.1%,预计全年中央财政收入可能完不成任务。我省人代会确定的财政收入增长目标是 10%,与经济发展保持同步,地方财政收入增长目标是 15%。现在,国有企业普遍困难,受能源价格持续下滑影响,一些地方的收入空间非常小,全省财政增收压力非常大。同时,改革的任务很重,医疗改革、社保改革必须要推进,民生工程必须要保障。刚性支出只增不减,财政收支矛盾十分突出。实践证明,面对严峻形势,必须倒逼改革。要通过改革来加强收入和支出管理,规范会展、节庆等经费使用,增强预算的约束性,集中财力办大事。要认真落实结构性减税政策,深入推进“营改增”改革试点,8 月 1 日“营改增”改革将全面推进,尽管会进一步影响财政收入,但推动了实体经济发展,促进了产业转型升级,带动了服务业发展,最终将优化财源结构,夯实财源基础。

*第二,要在转变职能中顺势改革。*从中央转变政府职能工作会议到省政府廉政工作会议,特别是学军省长重要批示,要求都非常明确,突出强调要减少行政审批。对于省直预算部门单位特别是一些系统性较强的部门,如何顺势改革就成为当前迫切需要解决的问题。现在,很多审批在政务中心办理,但财政资金、财政项目的审批是省直预算单位会同财政厅办理的。千万不能政务中心那边在“净化”,我们这边在“扩大”,要克服资金撒胡椒面和责任不清,一定要坚持谁审批谁负责。对此,财政厅要坚持从自身做起,积极顺势改革,强化财政资金、财政项目审批的公开和程序。省直预算单位财务部门也要积极研究,从而尽可能减少财政项目审批和财政资金审批,精心谋划、指导督查好自查工作。

*第三,要在服务科学发展中锐意改革。*财政财务部门不仅要服务科学发展,自身也要发展。要做好政策“回头看”。现在,财政形势这么严峻,财政资金这么紧张,只有通过“回头看”,不断调整政策,政策效应才有持久生命力,才能在不同阶段支持不同重点。政策“回头看”非常正常,并不是对过去政策的否定,而是体现与时俱进的要求。在预算

编制过程中,也涉及“回头看”。支持社会事业发展,也应不断地改革创新,注重公共综合效益,注重群众意愿和基层实际,更多地探索“花钱买服务”。要不断支持推进国有企业改革。目前,省属国有企业39家,总资产达到13000亿元,负债9800亿元,所有者权益近4000亿元,市里国有企业很少,县里国有企业基本没有。面对这么庞大的国有资产,一定要从科学永续的角度、从改革创新的角度,加快股权多元化,盘活资产,激活存量,形成鲶鱼效益,激发国有企业活力。这些都需要财政政策、财政项目来支持,需要财政财务管理来推动。要支持民营经济发展。现在民营企业在乎的是政府提供平等的发展环境、支持政策,包括人才政策平等、税收政策平等。财政财务部门责任重大,一定要积极探索,锐意改革,为民营企业营造更加公平公正的发展环境,为全省科学发展增添更多动力和活力。

第四,要在规范管理中主动改革。去年以来,省直财政财务部门不断地推动规范管理。现在,财政厅将党组中心组学习延伸到全厅干部职工,将财政系统视频会议覆盖到乡镇财政所,将相关财政业务会议辐射到省直预算单位财务部门,目的就是要第一时间传达学习贯彻中央、省委省政府重要会议及重要文件精神,第一时间让大家知道财政厅党组工作落实的指导思想、工作思路和工作态度,从而更快更好地凝聚共识、汇聚智慧,推动各项财政财务重点工作的有效落实。这是我们在规范管理的实践过程中,主动摸索、主动改革的结果。今后,一定要继续以预算为中心,以财政财务为两翼,以财政财务的多层多级扁平化来规范管理、推动改革、促进发展。

三、提升预算科学性

过去,2、3月份才批预算,但从1月份开始就追加预算,一直追加到12月份。去年,实行上半年不追加预算,除了比较特殊的防汛、抗旱以及应急资金外,其他一律不予追加,效果很好。今后,要进一步巩固完善,着力改变“追加一年、一年追加”,实现“预算一年、一年预算”。

第一,要强管理。要减少预算追加。近年来,经过大家共同努力,财政的综合实力不断壮大、制度机制不断健全、管理水平不断提升,部门的预算基本上能够保证部门的基本需求,预算追加明显减少。从明年开始,2月份编制预算,尽可能把预算安排的更加科学合理,力争做到基本不追加。改变“追加一年、一年追加”,实现“预算一年、一年预算”,这是财政财务管理的必然趋势,也是人大、审计一直以来的要求。要减少年终结余。去年省政府决定,结转结余资金全部收回,各部门非常理解支持,今年要进一步加强结转结余资金管理。要科学编制预算。公共财政预算、政府性基金预算、国有资本经营预算和社保基金预算“四大预算”编制,目前都还没有做到位,即使做得比较好的公共预算也还有较大提升空间。比如非税收入,行政事业性资产,特别是经营性资产方面,也还有许多薄弱环节。全省行政事业性资产3300亿元,其中省直资产1200亿元,省直流动资产近500亿元。流动资产可以形成现金流,这是在体外循环,必须加强管理。要科学管理债务。只有把债务管理好,才能对加强基础设施建设、提高综合承载能力、促进社会事业发展起到重要作用。目前,债务风险隐患不容忽视,一定要按照锁定风险、防范隐患的要求,界定债务范围,限制资金投向,核定债务规模,控制融资成本,优化债务结构,规范举债审批程序,拓宽偿债资金来源,建立信息报告制度,加强绩效考核评价,落实监管责任,强化责任追究,规范各级政府性债务管理。

第二,要保基本。就是要强化基本保障。现在分灶吃饭,主要体现在基本支出上。作为省财政来讲,要保障省级的基本支出,做到有序的保障、有标准的保障,对于省直预算单位基本的、合理的支出,财政将尽可能予以保障,并适应要求不断提高保障水平;对于公检法等一些特殊且合理的支出,财政也予以充分考虑。在省对市县倾斜方面,现在省级财力经过科学配置,已经由占全省财力的20%下降到15%,下降这5个点,已经更多的让利到市县,下一步将进一步优化省级支出结构,继续对基层特别是大别山区等困难地区的民生领域方面,加大资金倾斜力度。同时,按照学军省长的要求,对于涉及个人的合规收入,财政将全力予以保障,这也是重要的民生。

第三,要控“三公”。去年12月份以来,我省“三公”经费总体控制较好。今年年初,省政府对节庆进行清理,现在仅保留21项。出国经费也是这样,各部门主动压减预算。在大家共同努力下,省本级“三公”经费下降23%,其中公务接待经费下降31%,出国经费下降27%,会议经费下降23%。今年8月份,省级要公开2012年度部门决算以及“三公”经费预算情况,省直各部门一定要高度重视,加强会展、节庆、研讨会、论坛等活动经费管理,严控“三公”经费等一般性支出,建立“三公”经费统计报表制度,并在2014年预算中明确“三公”经费的具体项目,为积极稳妥地做好“三公”经费公开工作打下坚实基础。

第四,要调结构。目前,省级专项资金项目繁多,比较分散。仅涉农资金,有140项,涉及省直20个部门。直接的涉企资金,省级有37项。最近,财政厅先后召开全省涉农、涉企资金检查工作会议,目的就是要严格财政专项资金管理。各级财政部门和省直预算单位财务部门一定要认真做好财政涉农、涉企、涉事、民生资金等“回头看”工作,优化省对市县转移支付结构,梳理、清理、减少专项转移支付,增加一般性转移支付,进一步下放财政资金项目审批权,扩大市县政府项目安排和资金使用的自主权。

第五,要提绩效。财政资金都是老百姓的血汗钱,必须讲求绩效、严格问效。对民生等公共服务支出要注重公平和实际效果,看老百姓是否欢迎、基层是否拥护。对企业资金要突出税收贡献度,如果给企业奖励或补贴,最后形成不了相应的税收,甚至带来污染,这就会给转型发展带来障碍,给老百姓利益带来损害,给土地资源带来浪费闲置,给政府带来新增债务,这些都是要问责的。作为财政财务部门,一定要有清醒的绩效指标意识,加强财政资金绩效评价,用好用活财政资金,发挥财政政策应有效应。这也是贯彻中央八项规定,落实“为民、务实、清廉”党的群众路线主题教育实践活动的要求,是转变财政财务工作作风的重要体现,必须抓紧抓实抓好。

四、狠抓工作落实

我们要倍加珍惜和巩固发展当前团结协作、奋发有为的财政财务工作形势,始终坚持同向同心同行,拧成一股绳、劲往一处使,齐心协力把党委政府的决策部署落到实处,把人民群众的期盼要求变成现实。

第一,要在保证与党委政府同向中落实。财政部门是党委政府的重要职能部门,要自觉带头贯彻党委政府的决策部署,特别是各级财政部门的主要负责同志和班子成员要与党委政府保持高度一致,时刻牢记财政资金是纳税人的钱,手中的权力是党委政府和人民群众赋予的,为党委政府当好家、为人民群众理好财。省直预算单位财务部门是代表本单位党组,落实省委省政府对财政财务工作要求的,要从党委政府的高度,从政治大局的高度,把财政财务工作、预算编制工作,与本单位中心工作紧密结合起来,做到积极而为、量力而行、科学施策,实现良性互动,这样才能把党委政府作出的决策、出台的政策,科学有效地落实到财政财务工作中,始终保证财政财务工作的正确方向。

第二,要在强化财政财务同心中落实。财政财务之间,既有娘家关系,也有婆家关系。财政是财务的娘家,财务在预算单位,就好比在婆家生活,娘家、婆家一家亲,都身处党委政府领导的大家庭中。财政财务同心,就是要把婆家、娘家当成一家,财务部门把财政的事当成财务的事,财政部门把财务的事当成财政的事。财政厅要多为省直预算单位财务部门着想,把财务作为直接沟通者、直接联系者、直接依靠者,积极听取意见建议,主动会商研究问题,充分信任、全力支持预算单位的党组、主要负责同志、分管财务的负责同志、财务处长,服务和支持省直预算单位的中心工作。同时,省直预算单位财务部门也要把好关口,坚持原则,换位思考,主动与财政保持一致,把钱用在刀刃上,多做打基础、利长远、建机制、求实效的事情。

第三,要在保持财政系统同行中落实。牢固树立财政系统“一盘棋”思想,坚持省厅做示范、机关帮基层、省里带市县、市县联乡镇。市县财政和省级财政都是地方财政,千万不能你做你的,我做我的,一定要把财政系统这股绳拧紧,共同把安徽财政事业发展好。市县财政部门要及时了解、学习、传达省委省政府和财政部对财政工作的部署要求,以及财政厅党组的具体工作安排,当务之急是各市财政局长回去以后,要迅速把学军省长的重要批示精神以及本次会议精神,向市委市政府主要负责同志汇报,传达到市及所辖县乡的财政干部,结合实际抓紧组织学习贯彻。要适应新形势、新任务、新要求,不断地“回头看”。最近,财政厅按照学军省长在省长办公会议上的指示要求,组织各处室单位对各项财政工作回头看,效果很好,总结了经验,发现了问题,探寻了路径,为进一步强化举措、完善政策、落实责任,奠定了坚实基础。各市财政部门要抓好自身"回头看",同时指导所辖县乡财政部门开展好"回头看",不断提高财政政策资金使用效应。

第四,要在坚持客观实际中落实。对财政财务部门来讲,客观实际很重要的一点就是责任主体。最近,学军省长多次强调责任主体,要求明晰事情到底谁负责、谁负多大责。各级财政财务部门一定要明确投入的责任、管理的责任、问效的责任,不能把所有事权都揽在自己身上,要做到权责相宜。财政财务工作千头万绪,就像火球一样,抱在自己身上,肯定会发烧;火球来了,一定要科学、有力、有效的传递出去,让接到火球的感觉烫手、知道如何接力传递,这样才会成为接力赛,才能形成正能量。要积极争取党委政府和预算单位对财政财务工作的理解支持,自觉把财政财务工作放到全局工作中去谋划、去推进。要克服工作的畏难情绪,坚持实事求是,尊重客观实际、体现阶段要求,明确责任主体,切实做到"花钱要有效、用钱要负责"。

做好 2014 年预算编制工作,任务艰巨,使命光荣。让我们在省委、省政府的坚强领导下,进一步凝聚财政财务的力量以及财政系统的力量,不断推动财政财务工作再上新台阶,圆满完成今年各项财政工作任务!

全省财政工作篇

全省财政工作综述

全省财政工作综述

2013年，安徽省各级财政部门深入贯彻稳中求进的总基调，认真实施积极的财政政策，按照省委、省政府的部署要求，积极支持和服务稳增长、调结构、惠民生、促改革，全省财政总收入完成3365亿元，增长11.2%。其中，地方财政收入完成2075亿元，增长15.8%，总量、增幅分别居中部第3、第4位，税收收入占比73.3%，比上年提高0.5个百分点，居中部第2位。全省财政支出完成4352亿元，增长9.9%，总量、增幅分别居中部第3、第5位，圆满完成财政收支目标和各项工作任务，有力促进经济社会持续健康较快发展。

【发挥财政调控作用，服务经济转型发展】面对外部环境复杂多变、经济发展困难增多的严峻形势，省委、省政府及时出台促进经济持续健康较快发展新30条意见和扶持民营经济发展20条意见，财政部门积极响应，迅速行动，细化措施，狠抓落实。认真实施结构性减税政策，在国家减免行政事业性收费的基础上，自主取消、调整、下放和缓征28项行政事业性收费，缓征3项政府性基金，全年减免缓抵各项税费400亿元。省级安排31亿元，拉动市、县(市区)配套28亿元，充实107个担保机构国有资本金，加强对民营经济和中小微企业的融资服务。支持创新驱动发展，省级安排17.6亿元，支持战略性新兴产业、省主导产业和各市首位产业发展，推动国家技术创新工程试点省建设，加快企业技术创新及农业产业化龙头企业发展；51家企业实施股权和分红激励试点，超额完成“十二五”目标任务。协调区域经济发展，安排32.4亿元支持皖江示范区、合芜蚌试验区、皖北“四化同步”、大别山片区等重大战略平台建设，皖江示范区、合芜蚌试验区和皖北三市七县财政收入分别增长11.7%、11.4%和15.9%。

【精心实施民生工程，着力保障改善民生】省委、省政府高度重视保障改善民生工作，在财政收支矛盾十分突出的情况下，坚持将财力向民生倾斜，民生方面的投入力度不断加大，全年全省民生支出3487亿元，增长9.9%，占全省财政支出的80.1%，支出增量占全省财政支出增量的80.4%；精心组织实施33项民生工程和城乡居民收入倍增规划，拨付民生工程资金605.6亿元，增长7.1%。建立健全民生工程绩效和建后管养长效机制，邀请57名人大代表、政协委员作为民生工程特邀监督员，全省各级财政投入管养经费14.2亿元，带动社会投入2.3亿元。开展2014年民生工程项目公开征集工作，累计征集意见3500条，推动开门办民生。把建设美好乡村作为最大的民生工程，加强政策接续和资金衔接，全省各级财政安排专项资金38.4亿元，整合涉农资金102.9亿元，引导社会资金80亿元，支持美好乡村建设。

【加大财政支持力度，深化重点领域改革】稳步实施营改增改革试点，巩固“1+6”行业营改增试点成果，顺利推进营改增扩围，试点户数由试点之初的3.1万户增加到6.9万户，全年财政兑现扶持资金17.2亿元，试点以来累计为企业减税42.4亿元，实现了结构性减税，促进了企业转型升级和经济发展。完善省以下财政管理体制，新增省对下均衡性转移支付25亿元，健全县级基本财力保障机制。省级开展财政专项资金清理，组织全省涉农资金、涉企资金专项检查,进一步下放财政资金项目审批权,强化省级的监管责任和市县的分配、管理责任;开展政府资金管理"回头看",严格实行省级财政专户资金存放商业银行竞争性分配改革,省市县乡四级国库集中支付制度改革、省市县三级非税收入收缴管理改革、公务卡管理制度改革实现全覆盖。发挥财政政策、资金引导作用,省级安排9亿元支持基层医改和县级公立医院综合改革,全省74个县(市、区)所辖148所县级公立医院所有药品实行零差率销售。积极推进新型城镇化综合试点,成功争取将我省列入全国首批美丽乡村建设试点省范围,在农村税费改革和农村综合改革的基础上,选择20个县(区)开展加快发展新型农业经营主体、建立多元统一的农村土地市场、建立农村集体"三资"管理运营新机制、建立农村公共基础设施建管新机制、建立农村综合信息服务体系、加快推进农村金融综合改革等6项内容的农村综合改革示范试点。

【加强预算绩效管理,提高资金使用效益】当年4月份开始启动编制2014年预算,6月份召开预算编制布置会议,时间与往年相比提前2个月。坚持年度内一般不追加预算,当年预算追加在上年下降60.5%的基础上,又同比下降63%,进一步推进"预算一年、一年预算"的实现。积极推进"开门办预算",推行预算公开评审,引入专家评审机制,对15个省直预算部门的16个重点支出项目进行公开评审试点。严控"三公"经费等一般性支出,严格控制财政供养人员管理,对行政机关一般性支出统一压减5%,全部用于保障和改善民生。深入推进财政资金绩效评价工作,全年省级评价项目达188个,涉及财政资金645.6亿元。积极推进预算信息公开,42家省级一级预算单位公开"三公"经费预算信息。加强地方政府性债务管理,省政府制定《关于进一步加强政府性债务管理的意见》,批准财政厅专门成立政府债务管理办公室,研究制定6个配套办法,开展债务预警分析,完善信息系统管理,着力防范潜在财政风险。省人大审议通过《安徽省财政监督条例》,2014年3月1日正式实施,建立健全财政大监督机制,加快财政监督工作转型。

【开展教育实践活动,不断改进工作作风】以"为民理财促发展、务实清廉惠民生"为主题,深入开展党的群众路线教育实践活动。精心组织学习教育,开展学习贯彻十八大精神"党章与财政作风、宗旨与财政民生、发展与财政调控、改革与财政体制、制度与财政管理、质量与财政绩效"6个专题研讨。扎实开展与基层党组织的结对共建,全厅38个处室单位选择42个国家和省扶贫工作重点县(市、区)所辖村,务实推进"结对到中心村、帮扶到困难户、联系到财政所",进村带乡挂县开展调研走访。积极开展与省直预算单位的工作会商,围绕预算编制、预算执行、预算管理、预算监督等,换位思考、主动上门会商,在上年会商639次基础上,当年上门会商1598次。实行省市县财政预算部门会商和乡镇财政资金监管帮联制度,努力做到送政策、送管理、送制度、送服务到预算单位,受到预算单位普遍欢迎。坚持边学边改、边查边改、边改边建,严格执行中央八项规定、省委三十条规定,组织财政工作"回头看",认真开展五个专项行动和建立五类重点制度工作,牵头制定了《关于建立"三公"经费监管长效机制的通知》、《关于进一步加强防治"小金库"长效机制建设的通知》、《关于进一步建立健全涉农资金监管长效机制的通知》、《完善农村为民服务全程代理的意见》等制度,全年制定完善201项管理制度。建立财政反腐倡廉建设联络员机制和行风巡查工作机制,结合财政政策管理、资金拨付使用和管理运行情况,对5个处室单位5个市10个县(区)财政政风行风进行巡查,促进财政系统政风行风建设一体化,保持财政工作清正、财政干部清廉、财政作风清明。

(厅办公室供稿 尹立祥)

财政专项工作概述

深入学习党的十八大和十八届三中全会精神

党的十八大和十八届三中全会召开之后，省财政厅落实省委有关部署，及时组织党员干部认真学习，并与学习贯彻习近平总书记一系列重要讲话精神结合起来，与深入开展党的群众路线教育实践活动结合起来，迅速掀起学习贯彻全会精神的热潮。

【及时传达学习】召开专题会议传达学习省委常委扩大会议精神，研究财政厅贯彻党的十八届三中全会精神学习计划。召开党组中心组专题学习会议，传达学习习近平总书记在党的十八届三中全会上的重要讲话精神，以及十八届三中全会公报、《中共中央关于全面深化改革若干问题的决定》、《深入学习宣传习近平总书记系列讲话精神参考提纲》，以及张宝顺书记在省委常委扩大会议上的重要讲话精神，并讨论通过《省财政厅学习贯彻党的十八届三中全会精神初步安排》。

【组织专题授课辅导】召开学习党的十八届三中全会精神专题辅导报告会，采取党组中心组理论学习(扩大)会议的方式，邀请省政府参事、安徽行政学院、安徽经济管理学院教授王效昭同志进行专题授课辅导，以《全面深化改革 谱写历史新篇章》为题开展专题宣讲，围绕如何“全、透、实”地学习领会贯彻党的十八届三中全会精神，深刻解读全面深化改革重大理论创新的新思想新观点和具体部署要求，阐述了在深化经济体制改革中如何使市场在资源配置中起决定性作用，并紧密联系安徽实际，就加快安徽经济发展、转变经济发展方式等问题进行重点讲解。

【举办市县财政局长专题培训班】举办2013年市县财政局长专题培训班，采用专题讲座与分组讨论相结合的培训方式，讲座内容紧密围绕学习贯彻十八届三中全会精神，力求体现中央全面深化改革的新要求和省委省政府推进财政改革发展的战略部署，设置了十八届三中全会之财政体制改革精神解读和财政预算管理、财政国库管理、财政支持经济发展、财政支持“三农”、财政民生工作、财政监督与风险防控、财政机关建设等七个财政业务专题，涵盖了财政工作的方方面面。分组讨论围绕十八届三中全会精神、财政改革发展面临的新形势、学习体会及下一步工作打算等内容展开，参训同志高度重视、认真思考、主动参与、深度沟通。

【开展专题学习研讨】围绕学习贯彻党的十八大精神，紧密联系干部思想实际和财政工作实际，确定了“党章与财政作风、宗旨与财政民生、发展与财政调控、改革与公共财政、制度与财政管理、质量与财政绩效”等六个研讨专题；围绕落实党的十八届三中全会《决定》和省委贯彻《决定》的实施意见，紧扣省委、省政府对财政工作的部署，结合2014年度党组中心组理论学习安排，积极开展“研讨式”专题学习，设置“改革与财经纪律、改革与财政作风、改革与财政预算、改革与财政民生、改革与实体经济财源建设、改革与财政三农、改革与财政债务融资、改革与现代财政制度”等八个研讨专题，采取党组中心组理论学习扩大会议形式，研讨范围覆盖全厅党员干部，厅党组书记作主题讲话，相关厅领导作中心发言，处室单位代表作重点发言,推动学思结合、学研结合、学用结合,着力提高财政党员干部的理论思维能力、综合决策能力和驾驭全局能力。

（厅机关党委供稿　刘恒）

深入开展党的群众路线教育实践活动

第一批教育实践活动开展以来，按照中央部署和省委、省政府要求,安徽省财政厅党组高度重视,坚持从严务实,注重领导带头,强化督查落实,力求规定动作做到位、自选动作有特色,扎实做好学习教育、听取意见、查摆问题、开展批评、整改落实、建章立制环节工作,不断改进和提升财政工作作风,着力保持财政工作清正、财政干部清廉、财政作风清明。

【领导带头,示范引领】坚持打铁自身硬、正人先正己,以“一把手”带动班子成员、以党组带动处室单位支部、以领导干部带动一般干部,切实以率先垂范的实际行动推动形成一级带着一级干、一级做给一级看的工作格局。带头部署推进。第一时间成立领导小组及其办公室，精心制定教育实践活动实施方案,邀请人大代表、政协委员、省直预算单位财务负责同志以及企业、社区和基层财政干部代表座谈,开门迎谏、开门纳谏,提高实施方案的针对性和可操作性。在组织推进过程中,领导小组先后36次专题研究部署教育实践活动工作,成立9个督导小组,全程督查指导活动,推动活动有序有力有效开展。带头学习思考。把学习中央和省委关于开展教育实践活动的要求精神与学习十八大以来习近平总书记一系列重要讲话精神结合起来，与深入学习贯彻党的十八大和十八届三中全会精神结合起来,开展“党章与财政作风、宗旨与财政民生、发展与财政调控、改革与公共财政、制度与财政管理、质量与财政绩效”等六个专题研讨,武装思想、凝聚共识、指导实践。组织厅级干部集中一周时间自学,撰写心得体会;组织副处级以上干部集中3天以上时间自学,召开厅级干部、处级干部学习交流会议，引导和带动财政干部紧密联系思想实际改造主观世界，进一步增强为民理财的意识,进一步提振改进作风的决心。带头查摆剖析。班子成员确定教育实践活动联系点,带头深入基层走访调研，广泛听取意见建议。注重增强“回头看”意识,组织在财政厅、全省财政系统、省直预算单位财务部门,广泛开展财政财务工作“回头看”，并结合厅领导班子专题民主生活会活动,认真开展批评与自我批评,深入查找“四风”方面存在的突出问题。班子成员认真撰写个人对照检查材料,带头剖析存在“四风”问题的实质及根源。财政厅领导班子和班子成员的对照检查材料,经省委活动办审核全部一次性通过。带头公开承诺。在党组会议集体学习时，厅党组书记明确提出要带头保持共产党员的先进性和纯洁性，带头保持坚定的信念,带头用心工作、提质提效。厅党组从“秉公用权、依法理财,支持发展、改善民生,厉行节约、反对浪费,求真务实、开拓创新,规范管理、服务至上,勤政廉政、清正清明”等方面,公开发布“六项承诺”,明确提出以更高的标准、更实的举措改进作风。在厅党组的带动下,处室单位党支部分别作出公开承诺,加强作风建设,接受群众监督。带头整改落实。始终坚持把活动的三个环节衔接起来、互相贯通,不等待、不观望,做到能改的马上就改,小有小改、大有大改。针对查找出来的问题,带头制定整改任务书,明确整改目标任务、重点措施、责任主体和整改时限,带头落实整改措施,带头建章立制。注重把教育实践活动与财政中心工作、在手工作紧密结合起来，统筹安排时间和精力,带头做好协调推进的文章,努力以活动开展指导工作推进、以财政业绩体现活动成效。

【结合实际,找准问题】坚持把开门办活动贯穿始终,围绕为民务实清廉的要求,紧密联系思想实际、工作实际、干部实际,通过群众提、自己找、上级点、互相帮,努力把最真实的意见征集上来、把最突出的问题查找出来。态度诚恳找问题。一方面,注重解决“不敢提”的问题。真心诚意鼓励基层及部门提意见,欢迎干部及群众挑毛病。在召开座谈会时,要求不汇报工作,提倡不说场面上的话和赞扬的话,直截了当提问题;在个别谈话时,打消谈话对象顾虑,鼓励说“大实话”和“心里话”。另一方面,注重解决“不愿提”的问题。把提意见作为一项“硬任务”布置下去,走访老干部和厅属单位,发函至16个市及2个省直管县财政局主要负责同志和厅属38个处室单位主要负责同志征求意见建议。广开门路找问题。坚持既开机关的门、又开社会的门，既找思想上的问题、又找行为上的问题，重点通过五个方面渠道找准问题。一是在学习教育中找准问题。通过开展“财政干部幸福观”研讨、举办“文明创建”讲座、观看廉政教育录像、赴渡江战役纪念馆接受红色教育、召开“倾听基层声音”报告会等形式，认真查找在宗旨意识、群众观念等方面的差距。二是在调研座谈中找准问题。厅班子成员牵头开展财政重点课题调研，围绕财政稳增长、调结构、惠民生、促改革、强管理、转作风等方面，召开不同类型的座谈会，着力把党员干部群众反映强烈的突出问题找准找实。三是在结对共建中找准问题。深化“五级书记大走访”活动，扎实开展与基层党组织的结对共建，全厅38个处室单位选择42个国家和省扶贫工作重点县(市、区)所辖村，务实推进“结对到中心村、帮扶到困难户、联系到财政所”，广泛征求市县财政部门、“两代表一委员”、基层干部群众对财政政策、民生工程、美好乡村建设、财政作风建设等方面的意见建议。四是在部门会商中找准问题。坚持“请进来”与“走出去”相结合，积极开展与省直预算单位的工作会商，全年全厅上门会商1598次，进一步征求预算单位和服务对象对预算编制、预算执行、预算管理、预算监督等财政财务工作的意见建议。五是在广泛征集中找准问题。在厅机关一楼大厅设立意见箱和留言簿，向省直预算单位、市县财政部门发放调查问卷，并借助厅门户网站、省政务中心财政窗口、省广播电台政风行风热线和民生栏目等平台，开展“科学理财献计策”征集活动，征求社会各界的意见建议。聚焦“四风”找问题。在财政厅教育实践活动动员会议上，厅党组书记逐一列举“四风”问题在财政工作中的具体表现，确立对照检查的参照系，要求全厅党员干部把自己摆进去，客观真实地给自己打分，防止以工作问题代替“四风”问题、以笼统的班子问题代替个人存在的问题、以客观原因的分析代替主观因素的剖析、以机关内部意见代替基层群众意见。活动开展以来，财政厅领导班子和个人征求各类意见建议868条，归并整理后共368条。

【立说立行，边查边改】紧扣解决问题这个核心，按照省委的统一部署，以开展五个专项行动和建立五类重点制度工作为抓手，把整改落实和建章立制贯穿始终，严把预算约束关、资金使用关、风险防控关和政风行风关，坚决反对“四风”，推动教育实践活动与财政工作“两结合、两促进、两提高”。在解决突出问题上出实招，深入开展五个专项行动。一是开展正风肃纪集中治理行动。对机关党员干部及其子女亲属违规经商办企业、精简会议活动和文件简报、减少考核评比等10个问题进行专项清理检查，完成省直15家单位“三公”经费支出情况专项检查，牵头开展清理“小金库”专项检查。二是开展党员干部走访基层行动。巩固和深化财政厅班子成员带头大走访活动，结合基层党组织结对共建工作，组织机关干部进村入户，广泛“结穷亲”，深入“接地气”。三是开展机关效能提升行动。从简政放权、再造流程、提质提效、强化问责、优化环境五个方面着手，以开展服务受理零推诿、服务方式零距离、服务质量零差错、服务结果零投诉“四零”服务竞赛活动为抓手，进一步加强机关效能建设。四是开展纠正损害群众利益行动。在省级全面开展财政专项资金清理工作，加强非税收入征管检查，组织全省开展涉企、涉农资金专项检查，提高财政资金使用效益，维护群众合法权益。五是开展美好乡村建设推进行动。加强涉农资金整合，强化财政资金监管，积极开展绩效考评，支持定点帮建活动，加快建设农民幸福生活的美好家园。在健全长效机制上早谋划，着手建立五类重点制度。在深入基层联系群众方面，牵头起草《完善农村为民服务全程代理制意见》，以省委办公厅、省政府办公厅名义联合印发。在崇尚勤俭厉行节约方面，修订《省级接待经费管理暂行办法》、《省直机关差旅费管理办法》，出台《关于建立“三公”经费监管长效机制的通知》、《省级会展招商活动经费管理暂行办法》、《省级节庆、研讨会、论坛活动经费管理暂行办法》以及《省直机关会议、培训、活动经费管理办法》。在深化改革防范风险方面，会同相关单位制定《关于进一步加强防治“小金库”长效机制建设的通知》、《关于进一步建立健全涉农资金监管长效机制的通知》等制度，出台财政涉企资金和财政性建设资金绩效评价暂行办法，并在全国率先以省政府名义印发《关于进一步加强政府性债务管理的意见》，研究制定6个配套办法,着力防范潜在财政风险。在积极完善内部约束机制方面,研究制定财政厅联系群众、调查研究、学习型机关建设、机关党建工作、节约型机关建设、服务型机关建设以及治理和防范领导班子软、懒、散、奢现象等“七项制度”,引导财政干部践行公开承诺、居安思危、严格自律。在形成工作合力上抓统筹,推动财政目标任务完成。助力实体经济发展,省财政安排 31 亿元,充实融资性担保机构国有资本金,缓解小微企业融资难。全面落实小微企业税收优惠等结构性减税政策,全年全省减免缓抵各项税费 400 亿元。倾力保障改善民生,行政机关一般性支出压减 5%全部用于民生,民生投入占全省财政支出的 80.1%,33 项民生工程任务圆满完成。积极整合涉农资金 102.9 亿元,支持美好乡村建设。深化重点领域改革,稳步实施营改增改革试点,累计为企业减税 42.4 亿元。进一步下放财政资金项目审批权,将适合地方管理的财政项目和资金审批权下放属地管理。支持全省 148 家县级公立医院改革,积极推进新型城镇化综合试点,成功争取将我省列入国家首批美丽乡村建设试点省范围,在 20 个县(区)推动农村综合改革示范试点。提升财政管理绩效,4 月份开始启动编制 2014 年预算,与往年相比,时间提前 2 个月。2013 年省级预算追加在上年下降 60.5%的基础上,又同比下降 63%,预算的刚性约束进一步增强,进一步推进“预算一年、一年预算”目标的实现。拟定《安徽省财政监督条例》,经省人大审议通过,于 2014 年 3 月 1 日实施,加快财政监督工作转型。

(厅办公室供稿 尹立祥)

积极推进政府向社会力量购买服务

为进一步改进政府提供公共服务方式,按照国务院办公厅《关于政府向社会力量购买服务的指导意见》和省政府办公厅《关于政府向社会力量购买服务的实施意见》部署要求,全省各级财政部门积极履行职责,建立健全工作机制,认真研究制定实施意见,稳步推进政府购买服务各项工作。

【完善政府购买服务政策】研究制定本省政府向社会力量购买服务的实施意见,明确政府购买服务的原则、主体、范围、购买方式、资金安排、操作流程等,推开本省政府购买服务工作。提出政府购买服务的总体要求,明确政府购买服务“三步走”的目标。围绕扎实推进政府公共服务职能转变、着力建立健全政府购买服务机制、大力培育和发展社会力量等三大方面,提出 10 项重点工作任务。同时要求强化政府购买服务工作的领导,提出深入推进政府购买服务三点工作机制。研究制定《安徽省政府向社会力量购买服务指导目录》,要求各地、各单位根据《指导目录》,结合政府职能转变、财政预算安排、社会公众需求等情况,在充分论证和广泛征求意见的基础上,制定购买服务的具体实施目录,明确服务的种类、性质、内容和具体实施项目;强调政府购买服务目录实行动态调整机制,各地、各单位要根据经济社会发展情况,及时调整完善政府购买服务目录。

【稳步推进政府购买服务】省级积极实践,印发出台《省级社会养老服务发展经费管理暂行办法》,对社会力量新建、扩建养老服务机构给予一次性床位补助;对社会力量举办的规模集中、具有示范性的养老服务机构和社区养老服务设施,给予贴息或专项补助。出台《安徽省政府购买村医医疗卫生服务补助资金管理暂行办法》,采取政府购买村医医疗卫生服务方式,推进基本公共卫生发展,对村医执行基本药物零差率销售,按每 1000 个农业户籍人口补助村卫生室 5000 元的标准给予补助;村医提供基本公共卫生服务,按当年国家基本公共卫生服务经费补助标准的 40%给予补助。推行公务用车“三定”,通过招投标方式选聘社会中介机构协助财政监督检查,根据考评付费,有效节约行政成本,提高财政资金使用效益。据统计,全年省级服务类政府采购规模达 8.8 亿元,占全部政府采购总额近 20%。

【积极谋划政府购买服务发展】指导各地、各单位根据《指导目录》,制定购买服务的具体实施目录,明确服务的种类、性质、内容和具体实施项目,及时将具体实施目录、组织实施方案等情况向社会公示。坚持“费随事转”的原则,推动事业单位和主管部门理顺关系和去行政化,实现由“养人”向“办事”转变。结合 2014 年度省级部门预算,遴选条件成熟适合政府购买服务的项目,与部门衔接沟通确定后，先行先试。督促和指导部门建立健全预算绩效管理制度，强化部门支出责任和项目绩效考评。研究制定政府购买服务的政府采购、预算管理、购买机制等管理办法，规范政府购买服务行为。

（厅综合处供稿　刘海）

积极推进营改增试点工作

2013 年，按照国务院统一部署和财政部、国家税务总局的安排，在省委、省政府的正确领导下，全省各级财政、国税、地税部门共同努力，其他相关部门密切配合，全省营改增试点工作平稳推进，社会反映良好，进展情况好于预期。

【试点企业户数】在试点政策的利好效应影响之下，试点户数大幅增加，除吸引新办户加入改革试点中之外，扩围的广播影视业纳税户及一些上线时的漏列户同时纳入试点范围。截至当年底，全省共有营改增试点纳税人 69116 户，与上线之初的 31147 户相比，增加 121.9%。其中，一般纳税人 8816 户，增加 156.9%；小规模纳税人 60300 户，增加 117.6%。

【税负变化情况】全省营改增试点共入库税款 63.2 亿元，全年合计为企业减税 32.7 亿元。一是小规模纳税人税负下降明显。现代服务业小规模纳税人由原来按 5%征收营业税改为按 3%征收增值税，税负直接下降约 40%。交通运输业小规模纳税人虽然由原来按 3%征收营业税改为按 3%征收增值税，但增值税为价外税，换算为实际负担率为 2.91%，企业实际税负略有下降。二是现代服务业一般纳税人整体税负有较大程度下降，税收增减相抵后，减轻企业税负 13.3 亿元。三是交通运输业一般纳税人税负增加趋于平稳。试点以来，交通运输业一般纳税人税负增减相抵后，企业税负增加 16.2 亿元。由于本省及时对交通运输业税负增加企业进行了财政扶持，再加上试点运行一段时间后，企业转换经营观念，及时主动取得增值税进项抵扣发票，本省交通运输业试点企业税负增加可控，试点运行平稳。

【企业开票情况】全省共开具增值税专用发票 106.3 万份，开票税额 59.9 亿元。

【财政扶持情况】严格执行试点过渡性财政扶持政策，全年兑现财政扶持资金 16.1 亿元。自 2012 年 10 月 1 日上线以来至当年底，全省共有 2165 户企业申请财政扶持，其中，一般纳税人 2157 户（含交通运输业 1844 户），共申请财政扶持资金 17.3 亿元。市县财政经过审核，累计拨付扶持资金 17.2 亿元。

【主辅分离情况】利用营改增消除重复征税，有利于企业细化分工、科学管理、做强主业、做大辅业的作用，大力推进企业主辅分离。截至当年底，全省通过新设独立法人、单独核算、服务外包等形式，新设经营实体 15800 多户，实现营改增增值税 8 亿多元。其中全省 245 户大型企业的主辅分离，按照分级负责，重点帮扶的原则，分离出经营实体 750 多户，实现营改增增值税 3.81 亿元。省属 25 户大型企业全部推行了主辅分离，实现营改增增值税 1.94 亿元。

【试点扩围情况】12 月 4 日召开的国务院常务会议研究决定，从 2014 年 1 月 1 日起，将铁路运输和邮政服务业纳入营改增试点。经积极准备，本省 615 户铁路运输和邮政业试点纳税人于 2014 年 1 月 1 日成功上线，其中：一般纳税人 153 户，小规模纳税人 462 户。

【改革试点成效】一是促进企业专业分工和协作，不断提升竞争力。部分大型企业将现代服务业从原有主体企业中分离或将服务产业外包，使产业链加以延伸和拉长，各个环节的分工也更加精细化、专业化，不仅提升了企业自身的运营能力和水平，同时也推动了制造业与服务业的深度融合发展。对于制造业而言，由于外购运输劳务、研发技术等服务的增值税进项税额增加可以抵扣，一些生产制造企业向外分离研发设计等业务的意愿愈来愈强，故在一定程度上带动了现代服务业发展，实现了国家增税、地方增收、企业增效的多赢局面。二是企业优化经营和管理方式，逐步适应新税制。在政府部门的宣传引导下，一些企业对因试点带来税负的暂时增加，能结合试点后的销售规模、利润水平、创新能力、内部管理水平、企业竞争力等多种因素来综合分析，从长远考虑做好选择，逐步适应新税制，不断加快转变发展方式，使企业做大做强。三是试点企业减税明显，下游企业普遍受益。营改增有效减轻了试点企业，特别是小微企业和现代服务业企业的税收负担。同时,由于抵扣链条的打通,下游企业抵扣税额增加较大,切实降低了税收负担。除直接为全省企业减税13.3亿元(其中,一般纳税人减税10.1亿元,小规模纳税人减税3.2亿元)外,本省试点纳税人开给非试点纳税人可抵扣增值税发票及省外试点纳税人开给本省可抵扣增值税发票,合计可为本省原增值税纳税人多增加抵扣19.4亿元,共为全省企业减税32.7亿元。四是试点政策引导作用突出,推动本省服务业发展。通过打通上下游产业链增值税抵扣链条,消除了重复征税,拓展了试点企业的市场空间,同时,较多外地业务向安徽转移,使试点企业的合同订单明显增加。自营改增试点以来,全省现代服务业户数由试点之初的16129户增加到目前的47118户,增长192.13%;开票税额由2946.91万元,增加到25861.8万元,增长近7.78倍。据测算,近98%的试点服务业纳税人获得减税实惠,累计获得直接减税13.32亿元。

(厅税政条法处供稿　杨玉林)

加快推进预算信息公开

2013年,省财政根据中央和省统一部署,积极推进预算信息公开,在加强制度建设,完善政府预决算公开,扎实推进部门预决算及“三公”经费信息公开等方面做了大量工作,取得了较好成效。

【**稳步推进省级预算信息公开**】在认真做好政府预决算公开的基础上,稳步推进部门预决算及“三公”经费信息公开。省政府办公厅印发《安徽省省级部门预决算及“三公”经费信息公开的工作方案》,决定从2013年起,除涉密部门外,省政府42家部门、单位,公开部门预决算及“三公”经费信息。按照省政府工作方案,精心安排,专门指导,邀请部分人大代表、政协委员、专家学者和媒体代表座谈,征询意见建议,规范公开要求。将推进预算信息公开作为日常会商的重要内容,主动宣传、讲解政策。会同省政务公开办和省委宣传部,召集省内主流媒体,召开新闻媒体吹风会,通报公开工作情况,发布新闻宣传通稿,为公开工作平稳推进营造良好舆论氛围。当年,省级财政预决算,以及除涉密部门外的省政府42家部门、单位部门预决算和“三公”经费预算全面公开,社会舆情反映整体正面积极。

【**精心指导市县预算信息公开**】加强对市县的政策指导,省财政厅在下发《关于进一步推进财政预算信息公开的指导意见》、《关于进一步做好预算信息公开工作的通知》、《关于深入推进基层财政专项支出预算公开的意见》和《关于进一步推进预算信息公开工作的意见》等系列文件的基础上,制定印发《关于推进市县预决算公开工作的通知》,进一步明确市县预算信息公开具体时限、范围和口径等。选择合肥、铜陵、六安、滁州4市和所辖28个县(区)公开“三公”经费预算,要求全省县级以上政府政府预决算、部门预决算以及“三公”经费预决算于2014年全面公开。当年实际执行中,全省16个市和91%的县(区)公开财政预决算;12个市和54个县(区)公开部门预算;7个市和28个县(区)公开“三公”经费预算。在清华大学公共管理学院《2013年中国市级政府财政透明度研究报告》对我国289个城市财政透明度综合评价后给出的城市透明度排名中,本省在排名前30位的城市中占据5个席位,仅次于广东省的10个席位。

(厅预算处供稿　贾成亮)

全面推进公务卡制度改革

按照财政部统一部署,安徽省2007年下半年启动公务卡制度改革,2012年全面推开,实现省市县乡四级全覆盖。2013年,省财政厅新一届党组高度重视公务卡制度改革工作,将其作为全省反腐倡廉重要举措,全力加以推进。截至当年底,全省共办理公务卡297163张,其中省本级办理72137张,累计公务卡支付19.57万笔,金额2.63亿元,同比增长89.2%。省级预算单位累计提取现金0.23亿元,较上年下降95.5%,不少单位做到了现金“零提取”。

【**加强组织保障**】将公务卡制度改革列入年初全省财政工作计划、党风廉政建设工作计划,厅党组多次听取改革进展情况汇报,专门召开厅长办公会议,传达学习全国财政国库管理制度改革推进会议精神，厅领导分别在全省财政工作会、预算执行分析会、党风廉政建设电视电话会议等场合反复强调，要求全省各级财政部门加快推进实施，并带头执行公务卡有关规定。

【加强政策设计】具体可概括为“一个定位”和“三个对接”，即“一个定位”是指将公务卡定位于“个人银行信用卡”，“三个对接”是指“与银行信用卡交易平台对接，与现行预算单位财务管理和公务支出报销制度对接，与国库支付系统对接”。对经预算单位财务审核同意报销的刷卡信息，由单位财务人员从银行数据库下载到国库支付系统，自动生成授权支付凭证，实现消费、报销、还款全过程无现金操作。财政部门可以及时查询预算单位公务卡消费的明细信息，提高公务支出财政资金使用的透明度，弥补财政对现金监控的空白。

【加强制度建设】2007年改革初期，安徽省财政厅与中国人民银行合肥中心支行制定出台《省级预算单位公务卡使用管理暂行办法》，共六章46条，涵盖公务卡日常管理、支付管理、财务报销、管理职责等。2012年，全省各级财政部门结合当地实际，分别制定《公务卡强制结算目录》。省级预算单位公务卡强制结算目录规定，省直行政事业单位工作人员在支付差旅费、办公费等17项公务支出时，必须“刷卡”消费。随着改革推进，为规范预算单位从零余额账户大额提取现金问题，省及部分市县制定有关制度，省财政厅《关于进一步加强省级国库集中支付现金使用管理的通知》规定，凡纳入国库集中支付的财政性资金，原则上一律实行直接支付和公务卡结算。基本支出（不含人员经费）现金提取额，不得超过全年预算安排的基本支出总额的10%。2月份，为深入贯彻落实中央八项规定和中纪委十八届二次全会精神，充分发挥国库集中支付在加强廉政建设、源头防治腐败的重要作用，切实提高财政资金使用效益，省财政厅印发《关于进一步从严控制现金提取的通知》，严格现金提取申报审批制度。预算单位确需使用现金的，按照源头控制、严格审核的原则，通过财政一体化管理信息系统办理现金使用申报审批手续。

【加强宣传培训】2012年3月，省财政厅分11批对预算单位进行公务卡制度改革专题培训，培训人数近千人。各市县财政部门也分别结合当地改革进行相应培训，有的专门印制成册发给预算单位财务人员参阅。同时，通过安徽日报、中国财经报、中安在线等不同媒体专门报道本省公务卡制度改革进展及成效，营造改革氛围，形成广泛共识。

【加强监督检查】在全面推进阶段，多次召开代理银行、预算单位公务卡制度改革会商会议，跟踪了解改革进展情况，要求代理银行打破常规，建立公务卡办理绿色通道，实行办卡限时制，并每天向财政部门报送公务卡办理进度。2月份，根据预算单位反映的公务卡执行中代理银行服务不到位问题，专门召开代理银行会议，要求代理银行拿出限期整改方案，并印发各预算单位监督执行。同时，在省级定期开展集中支付专项监督检查，按月通报现金使用、公务卡使用情况（包括用公务卡结算的差旅费、公务接待费、会议费、劳务费等）以及其他事项。督促市县完善改革方案，加快改革进度，确保改革务实推进。

（厅国库处供稿　马锐）

加强政府性债务管理

2013年，省委、省政府高度重视政府性债务管理工作，省委书记张宝顺、省长王学军多次提出要严密防范地方政府债务风险，牢固树立底线思维，强化风险意识，切实抓好政府性债务管理，确保不发生区域性的金融和财政风险；常务副省长詹夏来亲自指导省财政厅研究政府债务管理工作，有力有序有效地开展各项工作。

【组建政府性债务管理专门机构】省长王学军6月在省财政厅调研时明确提出由省财政厅牵头负责地方政府性债务管理工作，并成立政府性债务管理专门机构。根据省机构编制委员会批复意见，省财政厅迅速组建成立机构，7月正式挂牌开展相关工作。根据安徽省机构编制委员会办公室《关于设立省财政厅政府债务管理办公室的批复》（皖编办〔2013〕71号），厅政府债务管理办公室的主要职责是：负责拟定政府性债务及融资平台公司债务管理的政策措施，评估、预警和监控各级政府债务风险状况；编制全省和省级年度政府债务收支计划，承担政府性债务的预算管理和政府融资平台的监督管理工作；指导、考核省以下地方政府性债务管理工作等。

【建立健全政府性债务管理制度】以省政府名义印发《关于进一步加强政府性债务管理的意见》(皖政〔2013〕48号),针对市、县政府在投融资过程中存在的突出问题,“对着病根开药方”,从界定债务边界和投向、加强风险管控、核定债务规模、规范举债审批程序、控制融资成本等十个方面,进一步加强政府性债务管理。围绕文件的贯彻执行,制定出台政府性债务审批管理、政府融资平台公司名录管理、核定土地储备融资规模、加强政府性债务统计、政府融资平台公司月报、界定政府性债务有关指标统计口径等配套办法。

【积极配合债务审计并抓好审计整改】全力做好对接、沟通和服务保障工作。针对债务审计中发现的问题,联合省发改委、省教育厅、省监察厅、省审计厅印发《关于进一步加强省属高校和大中专学校举债融资管理的通知》,切实加强院校债务管理;制定省级公立医院债务管理办法和加强基层医疗卫生机构债务管理等文件,规范卫生医疗机构举债行为。

【加强土地储备融资管理】认真审核地方土地储备融资需求支持发展,会同省国土厅对六笔共计26.2亿元土地储备融资申请进行前置审核,经认定,对其中四笔共计12.6亿元符合条件的土地储备融资申请予以审核通过,核减13.6亿元融资规模。

【加快实施政府性债务管理信息化建设】组织人员开发完善“地方政府性债务管理系统安徽专版”和“安徽省政府债务决策分析系统”,灵活运用图表等工具,直观反映我省地方政府性债务状况,加强债务数据分析,动态反映地方政府性债务变化情况,主动服务领导决策。组织开展地方政府性债务年报工作,严格按照政府性债务审计结果,补充、更正存量债务数据,夯实债务数据基础。

(厅债务办供稿 韩晓峰)

加强“三公”经费支出管理

2013年以来,全省各级财政部门认真贯彻落实中央“八项规定”和国务院“约法三章”,以及省委省政府《关于改进工作作风、密切联系群众的规定》,牢固树立过紧日子思想,强化“三公”经费管理和制度建设,全年“三公”经费支出大幅下降,公款消费得到有效控制,奢侈浪费之风得到明显遏制。全年全省“三公”经费支出比上年减少86534万元,下降15.2%。其中:省级比上年减少4413万元,下降7.4%;市县级比上年减少82120万元,下降16.2%。

【加强领导,强化厉行节约意识】中央出台关于改进作风、密切联系群众的八项规定以来,各级各部门领导高度重视“三公”经费支出管理工作,把思想行动统一到中央、省委省政府的部署上来,带头执行中央八项规定、省委三十项规定和加强“三公”经费管理的各项规章制度,牢固树立过紧日子思想,进一步规范因公出国(境)活动、严格公务接待、加强公车管理,带头厉行勤俭节约、反对铺张浪费,全省各级党政机关节约节俭意识进一步增强。

【完善制度,规范“三公”经费运行】认真研究制定加强“三公”经费管理制度,规范“三公”经费支出标准,切实做到经费运行有据可依。修订完善《安徽省省直因公出国(境)经费管理办法》,按照“总量控制、预算安排、部门管理、信息公开”原则,会同省外办、省纪委、省审计厅联合审核确定省直机关因公出国(境)计划,依据计划及出国(境)经费开支标准安排经费,将经费纳入部门预算管理,加强预算约束,强化部门责任。研究制定《安徽省省级接待经费管理暂行办法》,在全国率先研究制定公务接待经费管理办法,严格接待标准和经费开支渠道,规范公务接待各个环节,进一步加强省级接待经费管理。新华社、人民日报等主流媒体对安徽省的做法进行了宣传报道,得到社会各界好评。完善公务用车管理制度,认真贯彻落实省委办公厅、省政府办公厅《安徽省省级干部公务用车配备使用管理实施办法》、《安徽省省党政机关公务用车配备使用管理实施办法》的要求,加强对公务用车编制、预算、购置、保险、大修、加油、处置各个环节的管理,公务用车实行编制管理,购置及运行维护费纳入部门预算;对超标超编公务用车统一处置;建立公务用车保险、大修、加油定点管理制度,通过政府采购确定定点供应商,经费统一支付,最大限度节约公务用车运行费。

【信息公开,确保“三公”经费透明】为全面实行“三公”经费信息公开，省财政厅印发《关于建立“三公”经费支出统计报表制度的通知》，按月统计分析全省“三公”经费支出情况，对发现的问题，及时督促整改，确保“三公”经费阳光透明。当年8月，按照统一口径、统一时间、统一方式公布了省直42家部门、单位“三公”经费预决算，接受社会各界监督。

【监督检查，加强“三公”经费预警】会同省纪委、省审计厅等有关部门，先后三次对省直单位“三公”经费支出情况开展专项检查。9月份，结合群众路线教育实践活动，深入开展“正风肃纪”集中治理行动，对“三公”经费预算执行增长较快、超序时进度的省直单位进行督查，通过加强过程管理，建立预警机制，确保“三公”经费只减不增。

（厅行政处供稿　卓帅）

推进新型城镇化建设

2013年，为贯彻落实中央城镇化会议关于要求加快推进新型城镇化建设的精神，省财政完善现行政策，建立完善多元可持续资金保障机制，加大对城镇公共服务的投入力度，配合推进各项改革，全面支持全省新型城镇化建设。

【深入推进新型城镇化综合试点】针对城镇化特别是公益性基础设施建设，省政府与国开行签订战略性合作协议，以开发区产城一体化为突破口，协议在8年内运用政策性贷款1008亿元，在33个市县开发区开展新型城镇化综合试点。新型城镇化综合试点建设资金由省、市（县）、开行贷款组成，其中，市级按照2∶2∶6的比例每年投入10亿元；县级按照1∶1∶3的比例每年投入5亿元。当年省财政安排资金40亿元，支持新型城镇化综合试点。

【全面启动棚户区改造国开行项目融资】根据省领导要求，按照盘活资源、统借统还的思路，省财政厅会同省住房城乡建设厅拟定《安徽省棚户区改造融资管理办法》，依托省投资集团，组建棚户区改造省级融资平台，受市县自愿委托，集中向国家开发银行申请中长期贷款支持棚户区改造。预期省级及有关市共同争取国家开发银行融资总量不低于400亿元，其中：软贷款不低于50亿元，项目贷款不低于350亿元。

【努力提高城镇化发展质量】按照规划引领，支持城镇绿色发展和产城一体发展。一是支持规划融合。按照城市总体规划、土地利用规划、国民经济发展规划等“多规融合”的要求，支持规划修编完善。二是支持城镇绿色发展。继续安排专项资金，以公共建筑、保障性住房和绿色生态城区为重点，支持绿色建筑规模化应用；支持城市绿道建设，提升园林绿化水平；支持大气污染防治，促进城镇生态环境保护；支持徽派建筑等历史文化遗存保护，建设具有浓郁徽风皖韵的新型城镇。三是支持产城一体发展。按产城一体的要求，支持主导产业和中小企业发展。继续统筹合芜蚌综合试验区、国家技术创新工程试点省、战略性新兴产业等专项资金，积极争取中央新能源汽车、节能减排、科技创新等专项资金，集中支持省主导产业和各市首位产业发展，扶持大企业做强。继续发挥财政担保再担保作用，着力解决中小企业融资难问题，支持小企业做活。

【支持公共服务完善和社会保障】按照省委、省政府要求，加快完善以人为本的劳动就业、教育、医疗卫生、社会保障和保障性住房五项公共政策，完善公共服务和社会保障，努力解决城市内部二元结构问题，促进新型城镇化健康发展。同时，配合支持户籍制度改革、土地节约集约利用等。

（厅经建处供稿　贾振东）

支持新型农业生产经营主体发展

2013年，省财政厅出台《关于支持农民合作组织发展促进农业生产经营体制创新的意见》，将支持农民合作组织发展作为财政支农工作的重要内容。

【大力增加省级财政预算安排】全年省财政预算安排省农委部门农民合作组织发展专项资金3000万元，较上年增加1800万元，增长150%，是增长速度最快的财政支农项目之一。

【积极争取中央财政创新试点】经过积极争取，当年本省被财政部列为全国首批财政支持农民专业合作组织创新试点省，争取试点资金5000万元。在亳州等10个市择优选择了91个发展基础好、带动能力强、管理规范的省级示范社开展试点,当年,试点取得初步成效。

【加大资金项目整合力度】扶贫开发、现代农业、农业综合开发、“菜篮子”、特色产业发展、畜牧产业发展等财政支农项目，凡适合交由新型经营主体承担的项目，均坚持向合作社、家庭农场倾斜，全年直接用于支持新型经营主体发展的资金超过3亿元。

(厅农业处供稿　刘建军)

支持医药卫生体制改革

自2009年新一轮医药卫生体制改革启动以来,全省各级财政部门围绕中心、服务大局,转变思想观念,加大投入力度,全力支持医药卫生体制改革深入推进。

【突出公益性,健全卫生保障体系】财政部门坚持公益性导向,着力健全卫生保障体系,扎实做好医改工作。一是明确公益属性。坚持“把基本医疗卫生制度作为公共产品向全民提供”理念,在厘清基本和非基本的基础上，全力落实基本和重大公共卫生服务项目,保障城乡公共卫生服务产品均等供给。积极拓展基本医疗公共产品，按照公益性发展方向，将全省1432个乡镇卫生院、202个社区卫生服务机构纳入预算管理范围，全省基层医疗卫生机构编内在职人员5.4万人、离退休2.95万人的人员工资全部得到预算保障;健全基本医疗保障体系,扩大医保报销项目,提高医保报销比例,当年全省参合农民住院实际补偿比近60%(县外、县级、乡镇卫生院住院实际补偿比分别达到52.7%、68.3%、82.1%),城镇职工医保、城镇居民医保住院实际补偿比分别为73%、54.4%;建立城乡基本药物供给保障制度，药品全部实行零差率销售,2010—2013年,全省基层综合改革投入约120亿元,支持在基层率先全面建立国家基本药物制度。二是坚持供需兼顾。根据医疗卫生服务发展规律,确定供需兼顾、需方为主的投入导向。在供方方面,全面履行政府办医职责,加强城乡医疗卫生机构基本建设、设备购置、人员经费等方面的投入。在需方方面,逐步提高城镇居民医保和新农合财政补助标准,当年财政补助标准为280元/人；完善城镇职工基本医保制度,健全城乡医疗救助制度,建立城乡大病保险制度。三是着力强基固本,在县级,按照“日常运行靠服务、发展建设靠政府”原则,在履行保障责任的同时,着力“放权”经营,提升医院自我管理、自主经营的法人能力;在乡镇,提出“经常性收支差额由财政供给”原则,通过财政“兜底”保障最大限度释放基层新体制机制的制度优势。在村级,在推动建立村医准入退出制度的基础上,按照财政零差率补助(农村户籍人口5元/人)、基本公共卫生服务补助(承担40%的基本公共服务任务,约12元/人)、设立一般诊疗费(6元/人次,其中医保基金承担5元)、日常运行保障(3600元/年/村,水电费等执行相关优惠政策)、建立养老保险制度等渠道,通过国库集中支付、打卡发放等方式,保障待遇及时足额兑现,提高村医队伍积极性。

【突出重点,做好经费保障工作】围绕“弱财政撬动大医改”目标,加大投入,注重盘活存量,做大增量。在全省总财力十分有限的情况下,坚持科学理财,积极调整支出结构,打足预算,不留缺口,千方百计加大投入，保障医改各项任务资金需求。2009—2013年,全省医疗卫生支出1304.8亿元,占同期全省财政支出的8.05%,比同期全国医疗卫生支出占全国财政支出的比重高出2.4个百分点;同期,医疗卫生支出年均增长24.5%,高出全国医疗卫生支出年均增幅2.8个百分点。围绕医改的基层医疗卫生服务体系建设、基本医疗保障体系建设、基本公共卫生服务均等化、基本药物制度、公立医院改革等五项重点任务,坚持突出重点,保障医改重点任务落实。2009-2013年，全省医改五项投入达930亿元，为全省医改深入推进奠定物质基础。此外,投入基层债务化解补助资金8.8亿元,按时完成基层债务的剥离化解任务。

【突出机制,完善医改各项制度】优化机制,在政府购买服务、总额预算管理、基层服务机制等方面下功夫,为新体制提供机制支撑。推动基本公共卫生服务项目深入实施,着力推动建立政府购买服务机制,通过明确任务数量、管理要求、发放服务券、签订服务合同、信息化认证等方式,将基本公共卫生服务分解至乡镇卫生院及村卫生室、社区卫生服务中心(站),政府通过量化性的绩效考核,结算基本公共卫生服务经费,变“养人办事”为“办事不养人”,花钱买个好机制。认真总结按病种、人头、床日等医保付费方式改革经验的基础上,推动城镇职工、城镇居民、新农合等医保基金支付总额预算管理，根据各定点医疗机构近年来的服务数量、质量等基础数据，测算当年医保基金支付总额，并按照“先预拨、后结算”的办法，再根据考核结果结算医保基金。这样，不仅推动医疗机构有效保障服务数量、质量，同时倒逼医疗机构规范医疗服务行为，加强医院内部管理，注重服务成本核算，提高医疗服务效益。探索基层医疗卫生服务长效保障机制，2007—2011 五年间，将基层医疗卫生服务体系建设纳入民生工程，省级累计投资 16 亿元，完成 1230 个乡镇卫生院、1.59 万个村卫生室、413 个社区卫生服务中心、1587 社区卫生服务站的标准化建设，完善基础设施，配置必要的医疗设备。同时，注重民生工程建设类项目后续管养，要求各地建立医疗责任险和卫生室维护基金，明确管护责任主体，建立医疗卫生服务体系的长效管养机制。

【突出绩效，提高资金使用效益】注重管理，强化监管，保障安全，发挥效益。推动实施公立医院和基层医疗卫生机构新的财务制度和会计制度，规范财务会计行为；在基层医改和县级医院改革中，全面建立医疗机构预算管理制度，科学核定收支，合理编制预算，规范预算调整，强化预算执行，实现使用有计划，管理有约束，拨付有程序，监督有依据。在基层医改中制定财政补偿、公共卫生、购买村医服务、国库集中支付等一系列资金管理制度；在县级医改中制定县级公立医院运行补偿办法、资产运营管理绩效考核办法，明确资金用途、管理环节、使用方式、责任分担等，确保资金到哪、管理跟进到哪。建立绩效考核制度，将财政补助资金与绩效考核挂钩，奖优罚劣。在基本公共卫生经费(2013 年筹资标准为每常住人口 30 元)中，通过逐步搭建信息化服务平台，推动基本公共服务项目服务“一卡通”，实时监控医疗机构任务落实情况，据实结算财政补助资金，及时发布服务信息，引导病人理性选择服务机构；在基层化债资金分配中，综合考虑债务数、卫生投入、人均财力等指标，按照因素系数法实行以奖代补；在中医等重大卫生专项资金中，出台竞争性分配管理办法，通过项目申报、专家评审等方式择优选择，并经过合同管理、绩效考核后结算财政补助资金。

(厅社保处供稿　陈中楼)

大力支持民营经济发展

为贯彻落实省委省政府大力发展民营经济的决策部署，2013 年，省财政筹集安排民营经济发展专项扶持资金 31 亿元，其中：11 亿元补助 107 个县区，全部用于充实县域国有及国有控股融资性担保机构资本金；20 亿元通过省担保集团按照参股不控股的原则对县域融资性担保机构进行注资参股。拉动市县配套资金 27.53 亿元，其中：市级配套 12.24 亿元、县级配套 15.29 亿元。全省民营经济发展专项扶持资金总规模达到 58.53 亿元。

【增强融资性担保机构实力】芜湖县及马鞍山市所属当涂县、雨山区、花山区、博望区以本次注资参股为契机，新设 5 家担保机构，全省国有及国有控股融资性担保机构达到 136 家。截至当年底，注资担保机构资产总额、注册资本、净资产分别为 231 亿元、150 亿元、177 亿元，较上年同期分别增长 55%、43%、51%。实现业务收入、利润总额、上缴税收分别为 14 亿元、6 亿元、2 亿元，较上年同期分别增长 55%、63%、42%。

【进一步放大资金乘数效应】截至当年底，注资担保机构担保贷款余额达 530.6 亿元，较上年同期增长 19.7%；共向 2.04 万户企业提供担保贷款，贷款笔数 2.59 万笔。据对获得担保机构支持的 8902 户企业抽样统计，全年实现销售收入 573.6 亿元，同比增长 20.1%，税收贡献 11.2 亿元，同比增长 20.5%，新增就业 9.3 万人。

【扩大中小微企业受益面】注资担保机构为中小微企业担保贷款余额 490.3 亿元，占当年担保贷款余额的 92.4%。平均担保费率为 1.59%(其中：省政府 38 号文下发后，注资担保机构新增担保贷款担保费率均低于 1.5%)，低于全国 3%担保费率水平，较上年全省 2%的平均担保费率下降 0.41 个百分点。抽查的 8902 户企业平均担保贷款 531 万元，担保贷款额度在 800 万元以下的有 6822 户，占比 76%，300 万元以下 4145 户，占比 46%，反映出资金担保主要支持中小微企业的鲜明特色。

【释放支持民营经济发展政策效应】截至当年底，全省民营企业、个体工商户分别达到 35.38 万户、167.83 万户，同比分别增长 16.45%、10.22%，注册资本金分别为 11749.56 亿元和 994.38 亿元，同比分别增长 26.22%和 37.75%；全省民营经济完成增加值 10843 亿元，占全省 GDP 的 57%，对 GDP 增长贡献率达 59.1%。银担合作支持民营经济发展的积极性、主动性进一步增强，财政资金支持民营经济发展的效果持续显现和释放。

（厅企业处供稿 关勇）

深化农村综合改革示范试点

2012 年，国务院农村综合改革工作小组下发《关于开展农村综合改革示范试点工作的通知》，开始启动农村综合改革示范试点，本省被列入国家首批试点省之一。省政府出台关于深化农村综合改革示范试点工作的指导意见，决定在涡阳县等 20 个县(区)开展农村综合改革示范试点工作。2013 年，在省委、省政府的正确领导下，各示范试点县(区)高度重视，精心组织实施，省直有关部门密切配合，加强指导，采取一系列有效措施，全力推进示范试点工作。

【制定改革方案】在上年制定出台《安徽省农村综合改革示范试点方案》，明确本省农村综合改革示范试点的主要内容是“五个创新”，即创新农业生产经营方式、创新农业社会化服务体系、创新村级公共服务运行维护机制、创新农村公共财政管理体系、创新村级集体经济发展长效机制的基础上，为进一步深化农村综合改革示范试点工作，省政府领导多次召开协调会，研究制定关于进一步深化农村综合改革的指导意见。同时，广泛征求省农委、省国土资源厅等 22 个单位、16 个市和 20 个试点县(区)的意见以及有关专家学者的意见建议，形成《关于深化农村综合改革示范试点工作的指导意见(送审稿)》。10 月 17 日，省政府召开第 13 次常务会议，审议通过《关于深化农村综合改革示范试点工作的指导意见》，同意以省政府的名义印发执行。10 月底，省政府印发《安徽省人民政府关于深化农村综合改革示范试点工作的指导意见》，明确改革的主要内容为加快发展新型农业经营主体、建立多元统一的农村土地市场、建立农村集体“三资”管理运营新机制、建立农村公共基础设施建管新机制、建立农村综合信息服务体系、加快推进农村金融综合改革等 6 个方面内容。

【确定试点范围】为贯彻落实省委、省政府全面推进美好乡村建设的战略部署，突出示范试点的代表性，于上年选择工作基础较好的颍泉区等 20 个县(区)开展示范试点工作。同时，鼓励非试点县结合实际积极开展试点，积累经验，探索路子。为深化农村综合改革示范试点，结合国家美丽乡村建设试点和全省美好乡村建设实际，省政府对农村综合改革示范试点县(区)进行了部分调整，调出 5 个县(区)，调入 5 个县(区)，仍然保持在 20 个县(区)进行试点。

【选定改革重点项目】为增强示范试点的针对性和可操作性，结合农民群众和基层干部对农村改革发展的需求，根据国务院综改办要求，从打基础、管长远的体制机制建设角度，将培育发展新型农业经营主体、农村土地承包经营权确权登记颁证、构建农村集体“三资”管理运营新机制、建立农村土地流转服务新机制、建立农村公共服务运行维护机制、建立新型农业社会化服务体系、建立新型农村金融服务体系等作为改革试点的重点项目，进行重点突破。

【明确部门职责分工】根据示范试点工作需要，省农村综合改革领导小组及时调整完善省农村综合改革领导小组，加强对农村综合改革示范试点工作的领导，明确各部门任务和职责等。同时，根据部门职责分工，将示范试点 6 个方面 24 项具体工作分解落实到省农委、省发改委、省财政厅等 8 个部门牵头负责，省农村综合改革领导小组办公室负责牵头协调等日常工作，形成分工合作，合力推进示范试点工作的有效机制。

【安排落实奖励资金】结合美好乡村建设，2012—2013 年，共安排落实农村综合改革示范试点奖励资金 5.16 亿元，支持 20 个示范试点县(区)做好农村综合改革项目和美好乡村建设。

【加强宣传交流】通过安徽日报、安徽先锋网、安徽农村综合改革工作简报等多种形式，从财政支持农村综合改革示范试点工作的角度积极宣传有关政策措施，营造良好氛围。同时，开展调查研究，跟踪了解试点县(区)工作进展情况。加强试点县(区)之间的工作交流，促进各试点县(区)之间的交流互动。总结试点县(区)的经验做法，推广基层的好经验、好做法，为全省面上改革取得突破性进展积累经验。

【加强制度建设】制定下发《安徽省农村综合改革示范试点奖励资金管理暂行办法》、《安徽省农村综合改革示范试点考核评价试行办法》等制度办法,同时,建立示范试点工作联络员制度,规范和指导试点县(区)开展工作。

【成效初步显现】在国务院农村综合改革工作小组支持指导和省委、省政府高度重视下,示范试点工作深入推进,取得了初步成效。一是培育发展了新型农业经营主体。截至当年底,全省农民合作社达3.9万家,农产品加工龙头企业4822家,家庭农场4501家,各类专业大户15万多户。二是促进了农村土地承包经营权流转。截至当年底,全省土地流转面积2619.4万亩,其中耕地1784.4万亩,约占全省耕地总面积的28.7%;水面206.4万亩,约占养殖面积的25.0%;山场面积628.6万亩,约占10.2%。流转形式有转包、转让、互换、租赁、入股等几种类型,流转载体主要是种植大户、农民合作社、龙头企业、家庭农场等新型农业经营主体。同时,为进一步促进土地承包经营权流转,本省在金安区、潜山县、涡阳县、含山县、黟县开展土地确权登记发证试点。三是推进了农村金融综合改革。自上年以来,选择在金寨县和凤台县开展农村金融综合改革。其中,金寨县在县内设立江淮、徽银两家村镇银行,同时完善全县金融网点布局,县内银行业金融机构物理网点达67个、自助银行达8个、ATM机10台,POS机905台,布设存款机7台,发放银行卡71.2万张,基本形成以国有商业银行和地方法人金融机构为主体,政策性银行、新型农村金融机构、非银行金融机构为补充的金融组织服务格局。同时,完成15.7万户农户信用信息采集,录入系统13.6万户,占比87%,搭建了农村信用信息使用平台,基本满足各涉农金融机构正常查询使用。凤台县按照"有需求、好操作、能推广、可持续"原则,扎实推进县域农村信用体系建设,当年建立起覆盖率达88.57%的信用信息数据库;在全县乡镇、村(社区)建立185家普通金融服务室、10家高标准金融服务室;创新开设8个粮食库点、30个商业供销及农业生产服务点、10个金融服务网点等"粮食银行",收存粮食近3万吨、覆盖农户1300户,开展投资贷粮业务价值240万元,与11家省级龙头企业签订贷粮意向协议。四是探索建立了农村集体"三资"管理运营新机制。全面推进"阳光村务工程",把农村集体"三资"清理作为重要内容,共清理核实集体资金47.2亿元,集体固定资产298.1亿元,集体经营性资源1824.8万亩,基本摸清了农村集体"三资"底数。2012年,省委办公厅、省政府办公厅出台《安徽省农村集体资金资产资源管理若干规定(试行)》(皖办发〔2011〕23号),进一步规范和提升我省农村"三资"管理水平。同时,选择在黄山、安庆、宣城、马鞍山等地探索开展农村集体经济组织产权制度改革试点,以"资源资产化、资产资本化、资本股份化"为方向,实行农村集体资产折股量化,每个成员参与股权分配。当年完成改革任务的试点村数达50个。五是创新了农村公共基础设施建管机制。省政府办公厅于上年下发《关于开展农村公共建设管理体制改革试点有关问题的通知》,选择全椒县、金寨县、南陵县等3县开展农村公共建设管理体制改革试点,推行村民自选、自建、自管、自用和政府监管服务机制,规定凡村集体所有所管、利用集体建设用地、农民使用受益的公共设施建设,原则上实行村民自建自管。六是加强了农业综合信息服务体系建设。开展农业物联网试点,本省于上年被列为国家农业物联网试点省,启动首批13个试验示范县和50个示范点建设,截至当年,全省小麦"四情"监测系统(一期)、省农业生产指挥调度平台以及全椒县、长丰县、黄山区农业物联网项目已经建成,并且谋划建设农产品电子商务平台。同时,配合安徽农业大学,积极开展新型农业推广模式信息化远程服务系统建设,在全省选择5个农业推广综合试验站和9个示范试点县(区),基本建成新型农业推广模式远程培训系统、新型农业推广模式远程互动咨询服务系统、安徽省精准施肥服务平台和耕地质量监测预警服务平台。

(厅综改处供稿　杨作华)

深入实施33项民生工程

2013年,在省委、省政府的坚强领导下,全省上下克服经济下行、财政收入放缓压力,持续加大资金投入,狠抓惠民政策落实,33项民生工程组织实施工作进展顺利,各项目标任务全面完成,取得显著成效。全省累计投入民生工程资金605.6亿元,完成年初计划的100.1%,比上年增加40.4亿元,增长7.1%,惠及6000多万人民群众,人均受益近1000元。其中:中央和省级投入526.7亿元,占比达87%,市县配套分担比例逐年下降。全省各级财政累计投入管养经费14.2亿元,带动社会投入2.3亿元。涉农民生工程项目累计投入480.7亿元,占比79.4%,增长10.7%。直接发放或补助到人资金430.5亿元,工程类项目投入资金175.1亿元。社情民意调查结果显示,全省群众对民生工程满意度达到85.5%,比上年提高0.3个百分点。

【突出责任管理】年初,省政府出台《关于2013年实施33项民生工程的通知》,连续五年用1号文件部署民生工程。省民生办认真履行牵头职责,在1月底前完成与各市签订民生工程目标责任书工作,及时印发民生工程工作要点、实施方案、资金筹措办法等政策文件。通过召开省、市、县、乡财政四级视频会议,专题部署民生工程工作。

【突出资金保障】省财政坚持把保障和改善民生作为财政工作的出发点和落脚点,在减收增支的压力下,千方百计保民生,将更多财力向民生倾斜,全省民生支出3487亿元,占全省财政支出的80.1%。各级财政部门打足预算,优先安排拨付民生工程资金,确保配套资金刚性到位。

【突出项目实施】会同省直有关部门提前下达工程类项目计划,有8个项目投资计划在3月底前下达。每月收集、汇总、研究、分析民生工程进展情况,定期召开民生工程调度会、座谈会,推动民生工程实施。开展民生工程"回头看",定期通报民生工程进展。赴合肥市、蚌埠市、宣城市等20多个市县调研,主动上门与省人社厅、省农委、省统计局、省残联等部门单位会商,研究解决问题,推动任务完成。

【突出建后管养】制定出台所有23个民生工程工程类项目建后管养办法,实现了管理制度全覆盖。督促各市、县(市、区)将工程类项目建后管养作为民生工程工作的重要内容,健全管养制度,落实管养责任,加大管养力度。收集推广各地建后管养、政府购买服务典型经验做法,全省各市、县(区)累计安排民生工程管养经费14.2亿元,带动社会投入2.3亿元。"民生工程建后管养建章立制,大力推进基本公共服务均等化"入选2013年安徽十大新闻备选条目。

【突出制度建设】健全完善民生工程政府主导、财政补助、市县负责、群众参与的运行机制。出台关于进一步健全完善民生工程长效机制的通知、进一步加强民生工程绩效评价的通知、关于建立民生工程建后管养工作机制的通知、关于建立民生工程特邀监督员制度的通知、关于在全省推广应用民生工程形象标识的通知等五项工作制度,全力推进落实。

【突出绩效评价】出台33项民生工程绩效目标和绩效评价办法,完成对农村饮水安全工程、病险水库除险加固工程、新型农民培训、就业技能培训、乡镇公办幼儿园建设、公共文化服务信息化建设、农村文化建设专项补助、政策性农业保险共8个项目第三方绩效评估。提请省人大、省政协开展巡视评估活动,8月和11月,省人大常委会沈卫国、陈先森副主任,省政协赵韩、李修松副主席率队,对淮北、六安、马鞍山、铜陵、安庆、黄山等市民生工程进行了视察巡视。会同省统计局社情民意调查中心研究制定《2013年民生工程社情民意调查方案》,完成了对2013年民生工程知晓度、满意度的调查工作。

【突出项目选择】从当年6月开始,面向省人大政协、厅处室单位、市县(区)财政局、民生工程特邀监督员、结对共建村等,征集2014年民生工程项目意见,12月上旬开展2014年民生工程项目公开征集,在《安徽日报》、省财政厅网站开设民生工程问卷调查专栏,累计收集民生工程意见建议3500余条。在12月19日省政府第17次常务会议上,王学军省长强调,2014年民生工程项目建议方案,是与各方面充分沟通、多次协调的基础上形成的,反映了当前民生的基本需求。

【突出宣传引导】在《人民日报》、新华社、人民网、《中国财经报》、《安徽日报》、安徽广播电视台等主流媒体宣传报道民生工程65次,编发《安徽财政信息(民生工程和收入倍增专辑)》12期,在省广播电台开通《民生财政》专栏,每周一期,累计播出51期。加强省财政厅网站《安徽民生工程》专题网页建设,精心维护,每日更新,全年发布信息907条。推广应用"安徽民生工程"形象化标识,明确建设管理责任单位、公开监督电话、宣传民生工程,接受群众监督。

(厅民生办供稿　谢峰)

全面实施居民收入倍增规划

2013 年,在省委、省政府的坚强领导下,全省各级各部门多管齐下、多措并举,保持了经济持续稳定健康较快发展的良好态势,全省城乡居民收入总体上保持稳步增长,增幅高于全国平均水平。城镇居民人均可支配收入 23114 元、同比增长 9.9%,农民人均纯收入 8098 元、同比增长 13.1%。城镇居民家庭人均总收入 25006 元,其中城镇居民人均工资性收入 15535 元,同比增长 4.9%,经营性收入 2559 元,同比增长 18.7%,财产性收入 833 元,同比增长 51.6%,转移性收入 6079 元,同比增长 1.2%。农民人均工资性收入 3734 元,同比增长 15.1%,经营性收入 3681 元,同比增长 12.7%,财产性收入 114 元,同比增长 1.6%,转移性收入 569 元,同比增长 5.5%。按照居民收入倍增规划要求,"十二五"期间城乡居民收入年均增速应分别达到 14.5%和 14.9%,当年全省城镇居民人均可支配收入应达到 23700 元,实际达到 23114 元、同比增长 9.9%,未实现规划任务;2013 年全省农民人均纯收入应达到 8017 元,实际达到 8098 元、同比增长 13.1%,完成规划任务。

【促进全省经济持续健康较快增长】面对错综复杂的国内外形势,全省人民在省委省政府的坚强领导下,深入贯彻落实党的十八大和十八届三中全会精神,坚持稳中求进工作总基调,以提高经济发展质量和效益为中心,统筹稳增长、调结构、促改革、惠民生,努力化解经济运行中的突出矛盾,保持了经济持续稳定健康较快发展的良好态势。全省生产总值 19038.9 亿元,按可比价格计算,比上年增长 10.4%,连续 10 年保持两位数增长,增幅居全国第十一、中部第一。全省人均 GDP 达 31684 元(折合为 5116 美元),相当于全国平均水平的比例由上年的 74.9%提高到 75.6%。农业生产基本稳定,实现"十连增";工业生产较快增长。全年规模以上工业增加值 8559.6 亿元,增长 13.7%,增幅位居全国第一;服务业增长贡献提升。全年服务业对经济增长的贡献率为 30%,比上年提高 0.1 个百分点;民营经济发展势头良好。全年民营经济增加值 10843 亿元,增长 10.7%,质量效益稳步提高,为居民收入稳中有增奠定基础。

【认真实施积极就业创业政策】全省城镇新增就业 67.5 万人,失业人员再就业 25.87 万人,就业困难人员再就业 10.7 万人,分别完成年度目标任务的 112.5%、107.8%和 177%;城镇登记失业率为 3.42%,比去年同期低 0.28 个百分点。高校毕业生就业率预期将达 95.5%,略高于去年。实施离校未就业高校毕业生就业促进计划,为 9366 名家庭就业困难毕业生发放求职补贴 468.3 万元,开发基层公益性岗位招聘 4345 名毕业生,组织 12000 名毕业生参加就业见习。开展省级创业型城市创建工作绩效评估,制定《安徽省高校毕业生、退役士兵创业引导资金管理暂行办法》,筹措 1.3 亿元为高校毕业生、退役士兵创业提供信用、担保贷款支持。积极推进小额担保贷款工作,规范贷款操作和贴息资金管理,预计全年新发放贷款 60 亿元;扩大创业孵化基地规模,引导支持社会力量参与创业孵化,认定民营创业孵化基地 10 多个。继续推进已建创业孵化基地管理服务,新认定省级农民工创业园 50 个、省级大学生创业孵化基地 18 个。

【大力发展现代农业】省财政进一步加大现代农业投入力度,着力激发全省现代农业发展内生动力,促进农民增收。全年省财政安排示范区建设资金 2.3 亿元,整合其他项目资金 5 亿元,已建成 54 个省级现代农业示范区。用于支持新型经营主体发展的资金达到 3 亿元,截至当年底,全省农民专业合作社达到 4 万家、家庭农场 7000 多家、专业大户 15 万个。安排 1.6 亿元实施新型农民培训民生工程,开展各类培训 40 余万人次。安排农业产业化专项资金 4.2 亿元,农产品加工值突破 7200 亿元。

【加大财政投入保障改善民生】基本公共服务水平不断提升,社会保障体系更加完善。城乡居民社会养老保险制度实现全覆盖,全年累计发放基础养老金 5.39 亿元。企业职工基本养老金月人均标准达到 1659 元,人均增加 153 元。五保对象供养财政补助标准每人每年提高到 1992/3552 元(集中/分散),城乡低保和农村五保供养全部实现年均增长 10%以上的年度目标任务。新农合和城镇居民基本医疗保险财政人均补助标准统一提高到 280 元。"新农合"政策范围内住院医疗费用支付比例达到77%,居民医保政策范围内住院医疗费用支付比例达到70.56%,人均基本公共卫生服务补助标准提高到30元。2013年全省民生支出3487亿元,增长9.9%,占全省财政支出的80.1%。全省累计投入民生工程资金605.6亿元,完成年初计划的100.1%,比上年增加40.4亿元,增长7.1%,惠及6000多万人民群众,人均受益近1000元。

(厅民生办供稿　谢峰)

深入开展城乡基层党组织结对共建

2013年,省财政厅进一步深化城乡基层党组织结对共建工作,作为党的群众路线教育实践活动的重要内容,抓机关、带系统,全面推进结对共建工作,有效提升了主动服务、为民理财的良好风貌,取得明显成效。省财政厅结对共建工作的经验做法被省直工委评选为"机关党建十大创新品牌"。

【创新思路,制定结对共建工作方案】在认真梳理总结上年结对共建工作的基础上,结合党建和财政工作实际,进一步创新思路,认真谋划制定结对共建工作方案。采取一个厅直党支部与一两个村级党组织结对共建的"1+1"或"1+2"模式,严格按照不选择城关镇所辖村、不是2012年度共建村所在的乡镇、与市县财政局结对共建的村不重复、属于全省美好乡村建设第一批中心村等四个基本条件选择共建对象,确定厅直39个党支部与省内贫困县(区)的42个美好乡村建设中心村进行结对共建。厅领导班子成员均选择一个结对共建村作为美好乡村建设联系点。采取"结对到中心村、帮扶到困难户、联系到财政所"三位一体的结对共建方式,通过走村挂县带乡,进一步推动省、县、乡三级财政工作整体互动。坚持将结对共建与学习宣传贯彻党的十八大精神相结合、与推动美好乡村建设相结合、与推进财政工作相结合、与转变财政作风相结合。同时,按照党的群众路线教育实践活动的总体安排,力求做到在结对共建中学习教育,在结对共建中走访调研,在结对共建中听取意见,在结对共建中查摆问题,在结对共建中建章立制,努力实现结对共建和教育实践活动"两促进、两提高"。

【精心组织,建立健全工作推进机制】厅党组及时制定印发《关于进一步深化城乡基层党组织结对共建工作的通知》,积极开展工作交流,推动工作落实,形成领导带头、全员参与、全面推进结对共建的各项工作机制。各党支部深入结对村,实地调查研究,在充分掌握结对村情况的基础上,结合单位工作特点,与结对村两委班子共同商讨,进一步细化任务,落实责任,研究制定结对共建工作具体计划和举措。加强工作联络,明确厅机关党委为结对共建工作牵头单位,确定厅直各党支部书记为第一责任人,明确"四级"联络员(厅机关党委、厅直党支部、县级财政局、村级党组织),具体负责结对共建工作联系、协调及材料报送等具体工作。建立健全结对共建工作年度记录,印发工作记录簿,建立各项工作台账,健全工作档案。健全分析报告制度,厅机关党委牵头,各党支部定期梳理结对共建工作开展情况,厅党组认真听取统计汇总分析情况报告,及时提出阶段性要求。

【互帮互建,实现党员干部共管共育】厅直各党支部与结对共建村党组织,紧密结合学习宣传贯彻党的十八大精神、中国梦、财政幸福观等主题教育活动开展,扎实开展一系列组织活动,互帮互建,相得益彰,实现党员干部共管共育。各党支部深入结对村,与村两委班子召开联席会议159次,共同探讨加强城乡基层党组织建设、党员干部作风建设等问题,帮助结对共建村理清经济和社会发展思路。结合处室单位支部和共建村的实际情况,共同组织开展教育实践活动,与结对共建村党组织共同过组织生活102次,财政党员干部参加468人次,进一步增强了共建双方党员干部的宗旨意识和强化实现中国梦、财政梦的责任意识。选派4名党员到共建村所在乡镇财政所挂职,深入基层,贴近群众,锤炼党性、转变作风、服务群众。

【帮扶解困,改善群众生产生活条件】厅直各党支部把帮助解决困难群众和弱势群体实际问题、多为群众办实事办好事作为结对共建的出发点和落脚点,进一步密切了党群干群关系,树立了财政干部"为民、务实、清廉"的良好形象。各党支部派党员干部代表深入结对共建村,走访慰问困难党员群众447人,支付慰问金(或物品)共计

38.6万元，帮助他们解决生产和生活中的实际困难和问题。组织开展学雷锋、“党群心连心，服务手拉手”等各类志愿服务活动，共组织送医送药、科技讲座、便民服务等各种为民志愿服务活动75次，财政部门参加418人次，体现关爱他人、关爱社会、关爱自然的价值取向，推动志愿服务活动常态化。充分尊重当地群众意愿，积极筹集落实资金，帮助共建村建设公益基础设施83项，将大大改善村民的生产和生活条件。充分发挥部门优势，注重由“输血型”帮扶向“造血型”帮扶转变，支持结对共建村立足当地特色，通过发展种养殖合作社、实施生态农业等方式，壮大集体经济，实现农民创业致富。

【上下同步，推动惠民政策落实问效】把在结对共建中听取意见作为教育实践活动听取意见重要渠道之一，广纳基层干部群众意见建议，切实强化厅机关与市县财政局、乡镇财政所的工作对接，着重发挥乡镇财政所的桥梁纽带作用，推动财政惠民政策在一线的落实问效。厅领导带头深入分管处室或所在支部联系的结对共建村走访调研，征求市县财政部门、“两代表一委员”、基层干部群众等对财政政策、民生工程、美好乡村建设、财政作风建设等方面的意见和建议。全厅开展走访调研活动156次，征求对财政工作的意见和建议400多条。积极宣讲党的十八大精神、美好乡村建设和财政惠民等政策293次，不断加强对各项惠民政策执行情况调研督查，确保相关政策落实到位，推动当地经济社会发展。针对走访调研活动中反映的问题和征求到的意见建议，能解决的马上解决，能吸纳的充分吸纳，能转化为政策措施的及时制定完善，使群众的所思所盼转化为惠民利民实实在在的举措，让人民群众得到看得见、摸得着的实惠。

（厅机关党委供稿　刘恒）

加强会商帮联工作

2013年，省财政厅把开展会商作为转变理财思路、改进工作作风、提升管理效能的重要抓手，精心组织，扎实推进，全面建立会商工作机制，全年会商1598次，受到服务对象和人民群众的好评。

【坚持制度引领，建立会商机制】省财政厅新一届党组成立后，立即提升会商工作站位，厅党组会、厅长办公会多次研究会商议题，将会商工作摆上重要议事日程，要求厅机关率先建立健全会商机制，变被动理财为主动上门服务，以会商促进全省财政系统和部门单位财政财务管理的良性互动。先后印发《安徽省财政厅会商工作暂行办法》、《关于建立财政财务会商机制的通知》、《关于建立会商定期通报制度的通知》等文件，各支出处室也分别印发了《关于建立财务会商机制的通知》。在党的群众路线教育实践活动中，又出台《关于完善会商定期通报制度的通知》，为全面持续做好会商工作提供了制度保证。

【坚持领导带头，落实主体责任】针对财政管理改革中的重点难点问题，各级财政部门的领导亲自出面会商解决，有关处室(局)单位切实抓好工作落实。省财政厅党组和厅领导班子根据各自职责分工，主动带领相关处室单位前去部门单位会商，并督促会商机制落实。对于一些重大事项、难点事项，厅领导带队进行多次会商，各处室负责同志也积极跟进，有力地推动了会商工作的开展。省财政厅各处室(局)、单位的主要负责同志和部门单位财务处的主要负责同志为会商工作的第一责任人，形成主要负责同志亲自抓，分管领导具体抓的良好局面，将财政工作和会商工作融为一体，相得益彰。不断加强对会商制度执行情况的日常督查，强化对会商结果的跟踪反馈，做到月初有计划，月内有会商，对会商事宜形成会商纪要，财政和部门单位合力抓好落实，定期通报和反馈会商情况，促进会商工作制度化、规范化、常态化开展。

【坚持系统帮联，促进系统联动】为使全省财政系统和厅机关同步开展会商工作，实行会商帮联制度，印发《关于建立财政预算部门会商工作帮联制度的通知》，采取厅领导及相关处室督促、帮助、指导等办法，分片包干，帮助市县(区)财政局开展好财政预算部门会商工作，进一步推进全省财政系统会商工作制度化、规范化和常态化深入开展。在省财政厅的示范引导和部署要求下，各市县财政部门高度重视，及时跟进，纷纷出台会商工作制度，加强组织领导，全面加强会商工作。截至当年底，市县财政部门月会商达万余次。

【坚持全面会商,取得明显成效】通过会商帮联、上下会商、内外会商和全面会商,作风建设和财政工作都取得了良好成效。一是进一步促进了财政工作作风的转变。通过主动上门开展工作会商,把财政政策、财政管理和财政服务送到部门单位,变被动服务为主动服务,体现了全心全意为人民服务的宗旨,践行了党的群众路线,体现了为民务实清廉的良好作风。二是进一步提升了财政部门的良好形象。在会商工作中,广大财政干部上门服务,平等协商,公派正道,依据政策解决预算单位和人民群众的困难,切实提升了财政服务质量,提升了政风行风和效能的建设水平,提升了财政部门良好形象。三是进一步提升了部门单位财务管理能力。通过会商,主动把财政政策和财政财务业务送到部门单位,增强了部门单位在财政政策制定、财政资金分配和监督管理等方面的能力,增强了财政政策和制度的执行力,切实提升了财政财务管理水平。四是进一步促进了财政事业的发展。会商工作的开展,宣传了财政政策,促进财政资金公平、合理和高效运转,促进了财政资金监督关口前移,推动了财政科学化精细化管理,促进了财政事业的发展。五是进一步提升了财政服务安徽发展的水平。通过会商,对财政政策法规制定和“三重一大”等重大事项的调查研究、集中商议、分析研判,提出科学合理的措施建议,为省委、省政府和部门单位决策提供了参考依据,体现了财政围绕中心、服务大局、为民理财、保障民生的理念,促进了经济社会平稳较快发展和美好安徽建设。

(厅监察室供稿　项军宁)

全面推进美好乡村建设

2013年,是美好乡村建设开局之年。财政厅作为省美好乡村建设资金整合指导组牵头单位,负责美好乡村建设的资金保障工作。厅党组高度重视美好乡村建设工作,积极落实省委省政府决策部署和省领导指示精神,主动谋划思路,细化工作举措,扎实推进落实,全力做好美好乡村建设资金保障工作。

【创新思路,落实专项资金】按照张宝顺书记关于切实加大投入力度、充分发挥各级财政投入主导和先导作用的指示精神,积极调整和创新理财思路,及时召开专题会议,研究部署财政服务和支持美好乡村建设工作,落实省级10亿元美好乡村建设专项资金;指导帮助市县财政部门采取开源节流、优化支出结构、增加专项预算安排等方式,按照市级不少于5000万元、县级不少于1000万元的要求,在年度财政预算中足额安排美好乡村建设专项资金。2013年,全省各级财政预算共安排美好乡村建设专项资金38.4亿元,其中省级10亿元、市级11亿元、县级17.4亿元。

【创新路径,整合涉农资金】主动向财政部汇报,加强沟通联系,争取中央财力支持,提高资金保障能力。主动与国务院农村综合改革办公室沟通,及时掌握农村综合改革试点政策动向,积极争取纳入国家首批美丽乡村建设试点。及时召开资金整合指导组专题会议,研究谋划资金整合工作思路,制定资金整合方案和推进措施,坚持以预算为源头、以规划为核心、以县级为主体,省市县三级联动同步推进涉农资金整合。主动会同省直相关部门,全面梳理排查现有涉农项目。研究制定3大类43项涉农资金整合指导目录,2013年省财政围绕整合指导目录共下达涉农项目资金180.6亿元,其中:中央财政资金131.5亿元,省级财政资金49.1亿元,支持各地整合资金推进美好乡村建设。指导帮助各地围绕美好乡村建设规划,制定涉农资金整合总体计划,编制分村建设资金预算,实施项目统一申报、资金统筹安排,集中财力支持美好乡村建设。全年全省实际整合涉农资金102.9亿元支持美好乡村建设。

【创新方式,引导社会资金】制定印发《财政引导社会资金参与美好乡村建设意见》,明确引导社会资金的原则、路径和方法,积极构建以财政资金为引导、以农民投资投劳为主体、社会资本广泛参与的多元化、多层次、多渠道的美好乡村建设投入机制。指导帮助各地围绕美好乡村建设“三大目标”和“五大工程”,创新财政支农投入与管理方式,发挥农民主体作用、市场配置资源决定性作用、财政政策导向作用和财政资金“四两拨千斤”的撬动作用,积极引导农民、金融、产业等社会资本参与美好乡村建设。全年全省共引导社会资金80亿元投入美好乡村建设。

【创新机制，管理财政资金】及时制定《整合涉农资金支持美好乡村建设意见》、《美好乡村建设专项资金使用管理办法》等政策制度，积极会同省直相关部门，制定20项涉农资金整合制度办法，构建了“资金分配规范、适用范围明晰、管理监督严格、职责效能统一”的管理制度体系。建立美好乡村建设厅领导联系工作制度，深入开展结对共建和定点帮建工作，全厅38个处室单位与42个村党支部开展结对共建，对各地美好乡村建设财政服务保障工作进行帮助指导。先后组织开展财政支持美好乡村建设资金专项检查和专项资金督查工作，全面梳理存在问题，找准对策方法，督促整改完善。发挥乡镇财政所一线监管资金的职能，加强日常监督检查，及时发现问题、及时督促整改。指导帮助各地加强资金全程监管，资金分配坚持“三结合、一公开”，即与美好乡村建设任务相结合、与中心村规划相结合、与绩效评价相结合，资金分配和项目安排实行公开公示；资金管理坚持“三专、两制”，即对美好乡村建设资金实行专人管理、专账核算、专款专用和县级报账制、国库集中支付制；资金使用实行绩效评价，建立激励约束机制，评价结果与下年度资金安排挂钩，确保资金分配科学、管理规范、使用高效、群众满意。

【强化基础，提升工作绩效】利用全省财政系统反腐倡廉暨财政业务培训视频会、全省农村综合改革试点暨财政“三农”工作座谈会、市县财政局长培训班及乡镇财政所长培训班等契机，讲解财政支持美好乡村建设政策制度，推介先进经验，部署工作，提出要求，增强全省财政干部的大局意识、责任意识和服务意识，提高干部队伍执行政策、推进工作的能力水平。收集整理美好乡村建设领导讲话、政策制度、典型经验做法，编印《安徽财政支持支持美好乡村建设工作手册》，供各地学习借鉴。主动与涉农部门沟通会商，密切厅相关处室配合，加强市县财政联系指导，着力构建外部会商、内部协调、系统联动的工作推进机制，形成合力。建立财政支持美好乡村建设资金统计和信息报送制度，及时掌握各地财政支持美好乡村建设工作动态和经验做法，准确、全面掌握各地财政支持美好乡村建设情况，增强工作前瞻性、针对性和有效性。在财政门户网站“财政支持美好乡村建设”宣传专栏上，及时发布政策制度、工作部署，推广经验做法，宣传工作成效。积极配合《安徽财会》开展财政支持美好乡村建设专栏宣传，及时宣传各地先进经验。主动配合新华社安徽分社、安徽日报、安徽电视台等媒体，开展财政支持美好乡村建设新闻采访和专题宣传，人民日报、农民日报、中国财经报等媒体先后14次报道安徽财政统筹资金支持美好乡村建设，营造了良好工作氛围。

（省农发局供稿　陈杰）

处室单位工作概述

财政政务工作概述

2013年,办公室紧紧围绕中心、团结奋进,在学习中提升能力、在继承中发扬传统,积极参与政务,努力办好事务,认真理好财务,全力做好服务,较好完成了各项工作任务。办公室集体和各岗位人员获得荣誉表彰20余次。

【努力改进文风,服务政务运转】一是多学习、多积累。组织全体人员加强日常学习和专题学习,强化理论武装,增强知识储备。密切关注宏观经济形势、国家政策走向以及省委省政府的部署要求,领会领导思想,转变思维方式,提高写作站位。二是早谋划、早落实。定期摸排文字任务,群策群力,集思广益,强化"头脑风暴",分工协作撰写,增强整体合力。主动调整工作节奏,自觉加班加点,整理各类文稿,力求出手快、质量高。紧贴厅党组工作思路,将厅党组理财理念和工作举措贯穿于综合文稿中,及时呈报省领导参阅,多篇综合报告得到省领导批示肯定。三是勤实践、勤总结。注重日常文稿撰写过程总结,深入学习领会领导修改意见,分析得失,总结经验,丰富积累。紧扣财政经济形势,顺应改革发展要求,加强调查研究,梳理现行政策,提出对策建议,形成多篇调研成果。

【抓好信息宣传,服务中心工作】一是办好财政信息。深化全员办信息理念,主动点题、主动约稿,拓展信息报送渠道。举办全省财政信息工作培训班,提升信息工作水平。全年编印财政信息1016篇,财政部、省委、省政府采用323条,采用率达32%。二是做好财政宣传。年初制定工作要点,每月明确宣传重点,按照厅党组的要求,召开新闻宣传专题会和全省财政宣传座谈会,分析形势,部署任务,明确要求。加强与主流新闻媒体良性互动,规范程序,把握节奏,认真、细致、全面开展财政新闻宣传,在中央和省各主流新闻媒体上组织宣传报道600余篇(次)。三是建好门户网站。完善信息公开平台,拓展财政宣传载体,着力将财政厅门户网站打造成财政系统宣传的主阵地。全年财政厅网站发布信息近5000条,答复公众咨询3500余件,办复信息公开申请20余件。同时,积极协同共建财政部门户网站,全年报送信息近2500条。

【做好综合协调,服务效能提升】一是抓好效能建设。密切跟踪省委省政府效能建设决策部署,及时出台《关于进一步推进机关效能建设工作若干意见》,推动全厅效能建设同节奏、齐步走。修订完善效能建设绩效考评办法,开展效能建设"回头看",组织"四零"服务竞赛活动,通过指标量化检验考核服务成效。二是抓好政务协调。坚持服从大局、注重团结、讲究方法,主动与处室单位会商,强化与有关部门协调,齐心协力做好办文办事各项工作。三是抓好督查督办。年初下发财政工作安排、分解重点工作任务,年中和年末跟踪督查落实。实行催办登记制度、督查报告制度和办文办事限时制度,积极处理省委省政府督办件、限时文和厅领导批示事项,认真办理人大代表建议和政协委员提案,按时办结建议提案421件,办件量居省直部门第一位。四是抓好信访管理。建立健全领导干部接访、值班制度,积极稳妥处理来信来访,接待群众来访64批次、184人,妥善处理人民来信66件。五是抓好财政窗口服务。严格落实限时办结制、AB岗工作制、岗位责任制等效能建设制度要求,认真执行项目办理“八公开”材料规定,进一步梳理行政审批和便民服务项目,设计制作财政窗口“便民服务卡”,确保项目办理规范、高效。全年办理各类行政审批和公共服务项目38万多件。

【强化基础管理,服务机关运行】一是规范公文管理。加强安徽财政综合办公网站建设,完善电子公文管理,公文收发、流转、文印、交换等环节实现标准化操作。二是规范财务管理。牢固树立过“紧日子”思想,带头厉行节约、反对浪费。制定公务考察、接待、公务用车等财务管理办法,严格压减“三公经费”等一般性支出,有效降低行政成本,厅机关运行经费较上年下降18%。加强厅属单位财务监管,系统开展财务分析,科学编制部门预算。三是规范档案保密。加强档案标准化管理,全年收集档案7426件,提供档案查询6000余件(卷)次。加强涉密人员教育培训,修订完善保密制度,认真开展保密普查,建立保密管理信息数据库。四是规范事务管理。认真做好会务服务、办公用品配置等工作,完善车队管理,制定绩效考核办法,实行单车成本核算,利用购买服务方式招聘驾驶员。

【加强队伍管理,服务作风转变】一是抓教育实践。积极主动做好厅教育实践活动三个环节的综合保障服务,牵头制定《安徽省财政厅服务型机关建设制度》、《安徽省财政厅节约型机关管理制度》和《安徽省财政厅调查研究工作制度》等制度。办公室班子带头践行“五项公开承诺”,组织开展12次学习教育、讨论交流活动,召开民主生活会,开展批评与自我批评,向全室党员、处室单位、市县办公室等服务对象征集四个方面27条意见,剖析原因,深入整改。二是抓结对共建。先后5次赴寿县窑口乡真武村,深入农户体验生活,向基层学习、为群众服务,召开3次联席会议,走访慰问老党员、困难群众8户,多方争取资金建成灌溉站项目,解决6个村民组生产用水难问题。三是抓文明创建。加强办公室文化建设,积极参加厅青年工作座谈、“我心中的幸福观”专题研讨等活动,总结经验得失,畅谈理想信念,相互激励奋进。在“青春助力中国梦”青年工作征文活动中,3名同志的作品入选;在全省财政系统“财政干部幸福观”主题征文活动中,3名同志的作品获奖。四是抓风险防控。积极参加警示教育活动和廉政知识测试,增强全员廉政意识。开展廉政风险防控“回头看”,梳理工作流程,排查权力事项,制定防范措施,确保办公室工作有力有序有效开展。

(厅办公室供稿 尹立祥)

财政综合管理工作概述

2013年,财政综合部门紧紧围绕全省财政改革与发展中心工作,突出工作重点,凝聚自身合力,注重绩效创新,践行党的群众路线,圆满完成各项工作任务。

【完善收入分配制度】按照中央有关政策精神,结合本省规范津贴补贴工作实际,稳步推进省直机关津贴补贴“同城同待遇”,拟定省直机关与合肥市“同城同待遇”实施方案,以省政府名义上报国务院审批。积极配合财政部驻安徽专员办做好上缴中央津贴补贴调节基金申报核查工作,结合本省规范工作实际,提出调整合肥等4市调控线的建议报省政府同意,并核定合肥等4市2012年应缴省津贴补贴调节基金。指导市县做好津贴补贴工作,督促有关市县按要求和规定及时兑现2012年度津贴补贴政策。

【研究制定收入分配和政府购买服务改革政策】按照国家有关文件要求,研究制定本省落实国务院收入分配制度改革意见及重点工作分工建议,并上报省政府审议。会同省财政厅社保处,代省政府草拟《安徽省贯彻落实国务院关于政府向社会力量购买服务的实施意见》,以省政府办公厅名义印发。

【支持做好事业单位分类改革相关工作】分析省编办提出的9条分类原则对财政支出可能产生影响,测算经营类事业单位转企改革所需成本,梳理相关政策规定,提出有关政策建议。配合省人社厅完成69个主管部门所属527个事业单位的绩效工资总量和水平核定工作。牵头制定分类改革中财政有关政策、转企改制若干规定、资产管理实施意见等三个配套文件,配合省编办起草《关于分类推进事业单位改革的实施意见》。配合省编办研究全省事业单位分类具体办法,全程参与省属单位分类约谈工作,与省直主管部门就分类问题逐一沟通和对接。

【深化非税收入管理制度改革】按照财政部要求，开展行政事业性收费和政府性基金项目专项清理，提出清理审核意见。开展民营企业各类收费负担情况专题调查，了解民营企业收费负担情况以及行政事业性收费、经营服务性收费、协会(商会)会费与赞助摊派等对民营企业收费负担的影响，提出区别各类收费情况、分类治理的政策建议。落实国家取消、免征33项中央设立的行政事业性收费和10项我省设立的行政事业性收费政策；下调20项行政事业性收费标准，缓征机动车抵押登记费、国内植物检疫费等2项收费。按照省政府要求，取消、调整、下放、缓征28项行政事业性收费，缓征3项政府性基金。配合有关部门制定《幼儿园收费管理实施细则》、《普通高等学校学分制收费管理办法》，核定幼儿园收费、机动车驾驶许可考试收费、机动车安全技术检测收费、教师资格考试收费、有关高校学费等收费标准，规范收费标准管理。组织开展全省非税收入征收管理情况专项检查，总结经验，梳理分析问题，提出对策建议，对突出问题发文督促整改。出台《安徽省财政厅关于进一步加强政府非税收入征管工作的意见》，规范非税收入征管工作。

【规范财政票据管理】推进财政票据电子化改革，16个市级财政部门票据电子化管理系统与省厅全部联网，实现省与市的数据上传、印制计划报送、票据发放和缴销等功能。按财政部要求，开展资金往来结算票据管理使用情况专题调研，形成书面报告上报财政部。落实财政部工作要求，组织各级财政部门开展非税收入票据发放情况全面清理，配合省国税局完成本省国税系统未使用的行政性收费专用收据核销工作。精简票据种类，结合海事部门体制下划，取消交通海事部门4种非税收入专用收据，改用财政票据通用票据。启用新版车辆通行费收据，规范票据印制发放管理。印发《关于安徽省医疗收费票据使用管理有关问题的通知》，要求自2014年4月1日起全省统一启用新版医疗收费票据。

【落实政府性基金各项制度】认真做好从土地出让收益中计提农田水利建设资金清算工作，完善土地出让收支情况统计报表体系，分析和掌握全省土地出让及土地出让收支情况。针对非税收入征管重点检查中发现的淮北市部分地区收取土地整理费和代垫土地出让金等问题，发文要求淮北市进行整改。按财政部要求，会同社保处开展残疾人就业保障金征收使用管理情况调查，提出进一步完善残保金征收、使用和管理的政策意见。及时公布2012年政府性基金项目目录，转发分布式光伏发电自发自用电量免征政府性基金、废弃电器电子产品处理基金、营改增试点中文化事业建设费征收管理等办法通知。

【加强住房保障资金管理】对淮北、宿州等32个市县(区)2012年公共租赁住房建设和资金拨付使用情况开展实地抽查。及时分配下拨中央和省级财政补助资金69.9亿元，其中廉租住房保障专项补助资金4.4亿元，公共租赁住房专项补助资金65.5亿元，增强市县财政保障能力。选取芜湖、滁州市开展公共租赁住房财政预算绩效评价工作试点，指导两市财政部门制定绩效评价方案，开展公共租赁住房绩效评价。认真做好住房改革相关工作，组织实施2012年度省直驻肥财政供给单位住房货币化补贴申报、审核和兑付工作，委托会计师事务所对省直住房公积金管理分中心2012年财务状况进行专项审计，配合省住建厅开展2012年度全省住房公积金管理机构业务考核以及住房公积金廉政风险防控专项检查。开展淮南、滁州、六安、芜湖等4个试点城市住房公积金贷款支持保障房建设试点实施情况调研，形成《关于住房公积金贷款支持保障房建设试点的调研报告》。

【强化彩票财政监督管理】全省全年筹集彩票公益金27亿元，全力支持社会公益事业发展。进一步深化彩票机构财务收支预算管理，业务费实行省级统管，基本支出和项目支出安排、预算编制和执行、省中心和分中心资金拨付按规定进行统一规范。委托会计师事务所对2012年全省彩票公益金筹集、分配及省本级彩票公益金使用情况实施审计，并发文要求省民政厅及福彩中心、省体育局及体彩中心逐项整改。督促省民政厅、省体育局向社会公布全省福利彩票公益金、体育彩票公益金项目资金使用情况，接受社会监督。会同省民政厅研究出台《安徽省农村幸福院项目申报评审办法》，明确项目申报、评审程序，研究制定《安徽省农村幸福院项目申报书规范文本》，规范本省农村幸福院项目管理。审核汇总上报全省2012年彩票公益金支持乡村学校少年宫、未成年人校外活动场所建设项目实施和资金使用情况。会同省文明办、省教育厅等部门申报2013年乡村少年宫建设项目、青少年校外活动示范性综合实践基地项目，加强项目申报情况审查，对部分市项目申报情况进行实地核查。争取中央专项彩票公益金1.8亿元，及时分配下达各市县，支持129个未成年校外活动场所、224所乡村学校少年宫、2个示范性综合实践基地建设，推进本省未成年人校外活动场所建设和管理，促进未成年人综合素质全面提高。及时拨付中央专项彩票公益金4674万元，用于补助各地1558个农村幸福院设施修缮和设备用品配备。会同省文明办开展全省乡村少年宫项目专项检查，抽查部分青少年校外活动场所经费使用管理和运转情况，进一步强化中央彩票公益金使用管理。

【认真开展教育实践活动】制定教育实践活动工作计划，开展"四个一"活动，开展多种形式的学习、研讨，采取多种形式听取意见和建议，提高学习教育的实效性。召开专题组织生活会，认真对照检查"四风"方面存在的突出问题及产生根源，制定整改措施，认真进行整改。围绕财政综合重点工作，注重见效，边查边改，圆满完成"五个专项行动建立五类重点制度"中涉及的工作任务。

【做好结对共建工作】与结对共建村召开联席会议3次，共同过组织生活2次。开展走访调研3次，宣讲民生工程等各项财政惠民政策5次，征求对财政工作的意见和建议3条，提升基层群众对财政惠民政策的知晓度、支持度。组织慰问帮扶困难党员、困难群众9人，关心困难群众和老党员的家庭生活情况，支付慰问金4500元。积极落实帮扶资金30万元，支持村老年活动中心建设，支持村级养老服务体系建设，改善居民生活条件。利用彩票公益金支持马仁完全小学乡村少年宫建设20万元、仙坊村农村幸福院项目3万元，支持社会公益金事业建设，丰富农村留守儿童课余生活。

（厅综合处供稿　刘海）

财政税政条法工作概述

2013年，税政条法处紧紧围绕财政中心和重点工作，认真履责，积极发挥财税政策对经济社会发展引导作用，依法行政依法理财，注重队伍建设，较好完成了各项工作任务。

【推进营业税改征增值税改革试点】稳步推进"1+6"行业营改增试点工作，全省营改增试点企业6.9万户，比试点上线时增加3.8万户，全年减轻企业税收负担32.72亿元，兑现财政扶持资金16.1亿元。自2012年10月1日上线至2013年底，全省共有2165户企业申请财政扶持，其中，一般纳税人2157户（含交通运输业1844户），共申请财政扶持资金17.3亿元，市县财政部门累计审核拨付扶持资金17.2亿元。全省广播影视业营改增试点于8月1日成功上线运行，共有424户广播影视业试点纳税人顺利完成税制转换，其中，一般纳税人91户，小规模纳税人333户。牵头组织铁路运输和邮政业营改增试点行业调研摸底，开展改革影响对企业税负和财政收入影响测算，提前完成试点户数税务部门之间的移交，完善征管信息系统，共有615户（其中一般纳税人153户）铁路运输和邮政业企业纳入改革试点范围。抓住营改增试点机遇，利用营改增消除重复征税，大力推进企业主辅分离。全省245户大型企业按照分级负责，重点帮扶的原则实施主辅分离，分离经营实体750多户，实现营改增增值税3.81亿元。其中，省属25户大型企业全部推行主辅分离，实现营改增增值税1.94亿元。深入推进企业纳税方式改革，制定出台有关增值税总分机构汇总纳税办法，解决安徽广电信息网络股份有限公司、滁州滁宁石化有限公司等多家企业增值税汇总计算及缴纳方式的问题。

【充分发挥财税政策引导作用】积极与科技、税务部门配合，认真做好本省高新技术企业认定工作。全年共推荐1029家企业申请高新技术企业认定或复审，其中申报新认定企业800家，申报复审企业229家。截至年底，第一批262家认定企业和90家复审企业通过认定，第二批250家认定企业和70家复审企业完成备案审查。严审高新技术企业认定标准，取消大昌矿业集团高新技术企业资格，对会计师事务所参与高新技术企业认定资格进行严格把关。认真落实高新技术企业税收优惠政策，全省高新技术企业全年减免所得税额33.47亿元，比上年增长10.35%。会同省国税、地税、民政等部门，加强对各类社会团体和民间组织捐赠税前扣除资格认定工作，新认定安徽省体育事业发展基金会等22家基金会和社会团体为具有公益性捐赠税前扣除资格的单位;认定安徽省安装和机械设备协会等9家企业为具有非营利性组织免税资格,进一步鼓励企业投身公益捐助,推动公益事业发展。会同省地税局对公共交通车船税执行情况开展调研,并经省政府同意,下发《关于公共交通车船免征车船税问题的公告》,明确公共交通车船免征车船税应同时具备的条件和办理免税手续的程序,推动城乡公共交通体系加快发展。积极争取国家税收优惠政策,合芜蚌试验区获得正式享有北京中关村、武汉东湖、上海张江国家自主创新示范区同等的三项税收试点政策;对本省宣纸生产企业实行按17%的税率征收增值税后,对其增值税实际税负超过3%的部分实行即征即退政策。

【做实税政基础工作】按照财政部统一部署,组织市县财政部门开展2012年度税式支出测算工作,对需要本省完成测算的186项税收优惠政策进行梳理,圆满完成任务。开展2012年度企业所得税税源调查(年报)和重点企业快报(季报)调查工作,完成税源调查户数1729户,超出财政部要求的样本数529户。选取8个市的28家代表性企业作为重点企业,将企业的重要财务指标每季度以快报形式报送财政部。严格税收政策执行,对省里各项拟出台的涉及税收政策的文件,严格审核,在充分利用国家税收政策的同时,杜绝随意出台减免税、先征后返等税收优惠政策行为。认真传达国家税收政策,2013年单独或者会同其他部门制定和转发上级部门税政类文件63件、关税政策文件13件,提高税收政策的时效性和执行效果,保证各项税收和关税政策全面贯彻落实。

【加强税政工作理论研究】紧抓前沿课题研究,开展《营业税改征增值税试点扩围问题研究》等相关课题研究,按时完成研究任务。会同省国税局深入基层实地调研,结合本省实际,出台《关于扩大农产品增值税进项税额核定扣除试点有关问题的公告》,为本省农产品增值税进项税抵扣作进一步探索。会同省地税局,开展对芜湖、马鞍山两市经营性房地产模拟评税工作调研,并将两市模拟评税的具体情况报送财政部,为房产税改革提供翔实的数据支持。按照财政部《关于开展企业税费负担调研活动的通知》要求,会同企业行业主管部门、税务部门和各市财政部门,就本省企业税费负担情况开展调研,形成《安徽省财政厅关于安徽省企业税负情况的分析报告》,得到省有关领导批示和肯定。

【推动本省社会经济发展】根据国务院常务会议《关于大力实施促进中部地区崛起战略的若干意见》中提出的“支持中部地区具备条件的地方设立海关特殊监管区域”精神,结合合肥市提出申报合肥综合保税区、马鞍山市申请设立综合保税区、安庆市、蚌埠市申请设立保税物流中心的相关要求,根据省政府有关会议精神,积极与财政部关税司沟通协调,全力支持申报工作,积极做好前期准备工作。按照财政部下发的《关于离岛旅客免税购物政策申请不予受理的通知》要求,对省政府转来的处理征求意见,就有关政策背景及财政部关税司有关要求向省政府作出说明,建议省政府严格落实财政部相关文件要求,将文件转发至各市及省管县,严格遵照执行。

【积极扶持本省企业发展】对合肥鑫晟光电科技有限公司建设的8.5代薄膜晶体管液晶显示器件(TFT-LCD)项目出现的资金紧张局面,专文向财政部申请给予相关进口设备免征关税,并报请省政府向财政部请求给予企业分期缴纳进口环节增值税的政策优惠。经财政部、海关总署同意,免征合肥鑫晟光电科技有限公司2012—2015年进口关税约15.07亿元,同时允许企业将30亿元的进口环节增值税分6年缴纳。利用年度关税税则、税目调整渠道,按照财政部关税司产业调整方向,先后选取多个利于本省企业提升国际竞争力的税目、税率调整建议向财政部专文报送,本省于上一年度向国务院关税税则委员会提出调整机械增压器进口税率、掩膜板关税税率和增列发光二极管税则税目三项税率、税目调整建议被国务院关税税则委员会采纳,自当年开始执行。

【扎实做好地方关税基础工作】积极完成重点产品国际竞争力调查,做好2013年关税政策调整意见征集工作,2012年本省重点产品国际竞争力调查工作获得财政部通报表彰。召开全省各市关税政策暨2013年重点产品国际竞争力调查培训会议,组织专人对各市上报数据进行审核,共上报财政部669户企业调查数据,户数总量在全国位居第二位。在认真研究省内企业发展的基础上,利用重点产品国际竞争力调查数据筛选省内出口产量较大的精细化工行业,多次深入企业进行调研,针对国际贸易现状和西方发达国家贸易保护倾向及应采取的相向对策，撰写《REACH法规下我国精细化工业应对和发展思路浅析》一文，作为本省重点产品国际竞争力调查调研报告上报财政部。

【大力推进法治财政建设】围绕转型发展、自主创新、区域经济发展等重大战略部署和预算管理、财政监督等社会热点问题，科学制定立法规划，及时制定与财政经济社会发展相适应的制度文件，省财政厅全年制定各类财政制度文件共203件。主动做好地方财政立法工作，加强与省人大法工委、财经委和省政府法制办的沟通联系，积极承办和参与相关财政立法工作，提请省政府办公厅印发《安徽省省级部门预决算及"三公"经费信息公开工作方案》等规范性文件；《安徽省财政监督条例》经省人大常委会审议通过，于2014年3月1日起施行。规范规范性文件制定工作，进一步健全规范性文件制定程序制度、会签制度、前置审查制度等各项制度。全年共会签规范性文件72件，提出合理化建议103条；向省政府法制办报送前置审查规范性文件《安徽省省级行政事业单位国有资产使用管理暂行办法》等4件。

【积极做好财政"六五"普法工作】组成三个调研组，赴芜湖、马鞍山、宿松等地开展财政"六五"普法中期调研工作，总结财政普法工作经验。坚持多种形式开展普法活动，采取集中培训与个人自学相结合形式，以会议部署、集中培训、知识竞赛、组织考试为抓手，把财税法律法规纳入学习培训范围之内。据不完全统计，全年全省共举办"全省营改增扩大试点及培训视频会议"等各类会议、培训班近30期，培训财政干部近万人次。开展"全省财政依法行政依法理财知识测试"，全省近万名财政干部职工参加测试，平均成绩95分以上，取得良好效果。

【夯实财政法制工作基础】建立财政法制联络员制度，从省财政厅各处室单位选出一名熟悉法律法规、业务精通、作风扎实的同志作为法治财政建设工作联络员，配合做好法治财政建设工作。依法办好财政行政复议案件，认真处理南京渥丹医疗器械有限公司诉芜湖市财政局行政复议案件，积极与申请人、被申请人沟通，并圆满办结。落实依法行政依法理财责任制，按照一把手负总责和分管领导各尽其责的要求，继续实行厅领导与厅机关各处室单位主要负责人签订依法行政依法理财责任书，从财政立法、决策、执法、政务公开、监督等13个方面构建财政工作责、权有机统一制度，切实落实责任制。

【加强干部队伍建设】扎实开展教育实践活动，按照不同环节要求，加强查摆问题，加强问题整改落实。认真学习中央、省、厅领导教育实践活动重要讲话精神，积极做好教育实践各种专题学习活动，坚持党支部"三会一课"制度，加强政治理论和宏观经济理论学习，不断提高处室同志的理论水平。多次赴潜山县官庄镇官庄村开展结对共建活动，认真研究制定结对共建方案，确定把修建乡村公路作为结对共建项目，合理使用35万项目建设资金，并发动农民自愿筹资筹劳，放大资金投入，乡村公路项目按期修建完成，1000多村民受益。认真开展廉政建设，加强理想信念教育，参与参观蜀山监狱等廉政教育活动，精心拍摄财政"六五"普法视频，创作财政普法漫画，并在财政部网站对外发布。

(厅税政条法处供稿　杨玉林)

预算管理工作概述

2013年，预算处以"拉升标杆、谋深谋细、规范管理、转变作风"为重点，紧盯目标、细化措施、真抓实干，抓好预算编制、执行、绩效管理，完善财税体制机制，有效完成各项目标任务。

【着力提质增效】按时保质保量完成财政部部署的各项工作，派员参与财政部有关资金分配测算等工作，争取中央财政资金大幅增长。全年争取地方政府债券规模152亿元，居全国第5位；争取均衡性转移支付资金466.7亿元，总量和增量继续保持全国第3位；争取县级基本财力保障机制转移支付69亿元，居全国第7位；争取重点生态功能区、革命老区、资源枯竭城市等转移支付均实现大幅度增长。依法加强税收征管，严格非税收入管理，关注市县非税收入占比变化，提出合理化建议，促使市县提高财政收入质量。全省财政收入全年完成3365.1亿元，增长11.2%；地方财政收入中非税收入占比26.7%，同比下降0.5个百分点。全年省级部门绩效自评项目142个，财政重点绩效评价项目46个,共涉及财政资金645.6亿元。在财政部对2012年度县级财政支出管理绩效考评中,本省居全国第3。完成财政预算决算报告、预算执行报告等起草工作,得到省人大财经委、预算工委多次表扬。全年完成向省委、省政府主要领导汇报材料6篇，累计向省政府提供各类素材20余篇。分税源、行业、市县测算2014年财政收入盘子,多次向领导报告省级财力状况和支出需求,编制2013—2015三年滚动财力。

【着力改革创新】出台《关于调整省对合肥马鞍山芜湖三市所辖县财政体制的通知》。2月份批复2013年预算,4月份启动2014年预算编制工作,6月份召开预算编制布置会，时间较往年大为提前,并启动编制三年滚动预算。按照正本清源、足额保障的原则,规范"三公"经费和会议费、车辆运行维护费定额管理，适当提高各类单位综合定额标准,统一规范非税收入预算管理政策。推行开门办预算。协商确定16个公开评审项目,组建人大代表、政协委员等各类专家组成评审组。经评审,取消2个项目,削减12个项目预算。积极开展专项资金清理工作,改变现行专项资金设置模式。经清理,省级共取消96个项目,整合归并1456个项目,创新支持方式13个项目,改列一般性转移支付4个项目,使省级专项资金结构大为优化。

【着力制度建设】以省政府办公厅名义印发《关于进一步加强省级预算管理的意见》,明确原则上不办理预算追加，对面向全省的大额专项资金二次分配,提交省政府常务会议研究决定,进一步硬化预算约束。全年预算追加比上年下降63%。制订《关于加强预算执行管理激活财政存量资金的通知》、《关于进一步加强地方财政结余结转资金管理的通知》等,全年共收回结余结转资金29亿元,有效缓解了收支矛盾。制订《省与市县财政结算管理暂行办法》,填补制度建设空白。代省政府起草《关于进一步加强政府性债务管理的意见》,健全政府性管理机制。研究草拟《关于严格财政专项资金管理责任的通知》，推进项目和资金属地管理。在充分调研、广泛论证的基础上,报请省政府出台预算信息公开工作方案,统一公开范围、口径和时限,开展模拟公开和风险评估,召开新闻媒体座谈会,争取媒体和社会的理解支持,圆满完成预决算公开工作。

【着力优化服务】统筹兼顾省与市县偿债压力,分配市县债券资金额度123亿元;新增安排省对下均衡性转移支付25亿元。年初下达皖江、皖北和大别山革命老区等专项资金，及时下达出口退税、市县企业所得税超基数补助。研究制定处室帮联工作方案，指导合肥市财政局率先出台市级落实帮联工作的实施意见。切实履行审计服务牵头责任,抓好审计资料审批报送等工作。狠抓信息库、指标管理、工资统发等基础数据工作,制作数据模板,在及时向省、厅领导提供数据的同时,积极回应处室日常数据查询，及时提供处室需要的财政收支、法定增长等数据和资料。逐条审核处室来文会签,拟定厅政策协调小组方案,明确责任范围和工作流程,共同做好政策制定工作。数次赴金寨县花石乡千坪村开展调研,召开联席会议,实地走访群众,有针对性地制定帮扶措施。根据厅党组安排,选派一位同志在乡财政所锻炼学习,形成两篇调研报告。在邀请专家对村庄规划提出建设性意见的基础上,支持村里高山蔬菜、天麻种植两个专业合作社发展,启动村公共服务中心建设,支部结对共建工作取得了实实在在的成效。

（厅预算处供稿　万卫国）

财政国库管理工作概述

2013年,国库处以强化各项管理工作为基础,以进一步深化国库集中支付制度改革为抓手,以保障财政国库资金"安全、规范、高效"运行为根本,以健全完善基础牢固、功能健全、体系完备、技术先进的现代国库制度为目标，扎实开展各项工作,不断提升国库管理水平。

【推进国库集中支付制度改革】按照"纵向到底、横向到边"的工作要求,深入推进国库集中支付改革，省市县乡四级财政全部实现国库集中支付制度改革。

【推进公务卡管理制度改革】公务卡制度实现省市县乡四级政府全覆盖。加强公务卡系统建设,完善财政一体化系统公务卡模板功能。扩大公务卡制度改革覆盖范围，加快推动乡镇公务卡制度改革。进一步深化公务卡使用与管理,下发《关于进一步加强公务卡使用与管理的通知》。强化现金管理，严格执行关于进一步从严控制现金提取的通知要求，充分发挥国库集中支付在加强廉政建设，源头预防腐败的积极作用。

【加快预算执行动态监控系统建设】加快推动市县预算执行动态监控系统建设，全省16个市、76个县(区)动态监控系统全部成功上线运行

【开展省级集中支付电子化试点】开展国库集中支付电子化管理改革试点，全面梳理业务流程、组织专家论证评审、及时开展系统改造、分期推进单位试点，推进省级国库集中支付电子化管理改革发展，基本实现电子化支付运行“上线早、范围广、运行稳”的政策目标。

【做好财政决算汇编】认真贯彻“真实、准确、全面、及时”的八字方针，严把政策审核和数据质量关，统筹协调，全面完成全省财政总决算和部门决算编审工作。决算数据利用得到充分发挥，全年为省级及各处室提供决算数据查询30次。在财政部2012年决算评比中，本省财政总决算和部门决算连续三年双双荣获一等奖。

【推动省级部门决算公开】及时印发《安徽省财政厅关于做好2012年省级部门决算公开的通知》，明确决算公开内容和时间。当年9月20日前，省级42个公开单位均按照要求，通过门户网站和政府信息公开网站公开了2012年部门决算，社会反映良好。

【开展政府综合财务报告试点试编工作】成立试编工作领导小组，建立试编工作制度，及时制定实施方案，明确试编工作实施步骤，责任分工和工作要求，确保试编工作有章可循，有序开展。组织集中汇编，及时召开省本级及合肥、滁州等试点市县汇编工作会议，认真撰写财务报告分析材料，按时上报财政部。

【按时偿还国债转贷本息】积极做好公益性国债转贷项目转拨款的核对、计算、申请、落实工作，印发《安徽省财政厅关于2013年国债转贷资金还本付息的通知》，督促市县按时偿还债务。

【做好地方政府债券发行工作】及时报送本省发行账户等相关信息，在省人大批复调整预算后，第一时间向财政部报送本省2013年度债券发行计划。本省地方政府债券3年期和5年期共152亿元于6月14日成功发行。做好地方政府债券还本付息工作，按时偿还本省地方政府债券利息9.1亿元，偿还2010年地方债到期本金62亿元。

【清理省级预算单位基本存款账户】按照统一规范的原则，对省级行政单位基本存款账户资金清理界定，实行账户统设、资金统管、集中支付、分户核算，积极与人民银行沟通协调，及时办理“省级国库支付中心往来资金户”开设工作。基本存款账户资金划转工作于当年按时完成。规范资金使用，单位分账户资金一律实行财政直接支付，专项结余按预算管理规定使用。

【推进财政专户资金存放商业银行改革】及时转发财政部财政专户管理办法，积极推广财政专户资金存放商业银行改革成果。指导市县进行财政专户资金存放商业银行管理改革，把加强管理和技术支撑有机结合起来，确保财政专户资金安全高效、运行和保值增值。改革以来，共配存收支总户资金5次共计120亿元，到期利息收入1.6亿元，新增收益1.3亿元。

【全面开展财政对外借款清查和部门决算核查】及时下发文件布置相关工作，要求各市在规定时间内上报对外借款情况，汇总核查，逐笔分析，对填报有误的返回重报。及时开展专项检查，结合检查中发现的问题，责成相关市县边查边改，纠正对外借款中的不规范行为。督促各市建立完善借款回收保证机制和责任追究机制，认真清理核查中发现的问题。组织人员对全省6个市20个单位2012年部门决算账表一致性进行核查，进一步推动提高部门决算编报水平，规范单位财务管理。

（厅国库处供稿　马锐）

政府性债务管理工作概述

2013年7月22日，政府债务管理办公室组建成立。在厅党组坚强领导下，政府债务办紧紧围绕“加强债务管理、服务跨越发展”主题，着力构建债务管理的体制机制，深入开展党的群众路线教育实践活动，各项工作取得了初步成效。

【健全管理制度，推动工作开展】2013年6月省长王学军在省财政厅调研时明确提出由省财政厅牵头负责地方政府性债务管理工作，并成立政府性债务管理专门机构。根据省机构编制委员会

批复意见,省财政厅迅速组建成立机构,2013 年 7 月正式挂牌,开展相关工作。建立健全政府性债务管理制度,以省政府名义印发《关于进一步加强政府性债务管理的意见》(皖政〔2013〕48 号),进一步加强政府性债务管理。围绕文件的贯彻执行,制定出台政府性债务审批管理、政府融资平台公司名录管理、核定土地储备融资规模、加强政府性债务统计、政府融资平台公司月报、界定政府性债务有关指标统计口径等配套办法,初步形成以省政府 48 号文件为主,6 个配套文件为辅的“1+6”政府性债务管理制度体系。

【发挥职能作用,促进经济发展】依法加强地方政府债券管理。认真做好债券资金承贷、分配和使用管理等工作,2013 年争取财政部代理发行本省地方政府债券 152 亿元,代理发行额度居全国第 5 位。对市县债券资金分配,坚持根据公益性项目的配套资金需求,统筹考虑各地偿债压力,进行规范化分配。认真审核地方土地储备融资需求支持发展。会同省国土厅对六笔共计 26.2 亿元土地储备融资申请进行前置审核,经认定,对其中四笔共计 12.6 亿元符合条件的土地储备融资申请予以审核通过,核减 13.6 亿元融资规模。

【抓好审计整改,夯实管理基础】积极配合债务审计抓好审计整改,全力做好对接、沟通和服务保障工作,针对债务审计中发现的问题,联合省发改委、省教育厅、省监察厅、省审计厅印发《关于进一步加强省属高校和大中专学校举债融资管理的通知》,切实加强院校债务管理;制定省级公立医院债务管理办法和加强基层医疗卫生机构债务管理等文件,规范卫生医疗机构举债行为。加快实施政府性债务管理信息化建设,组织人员开发完善“地方政府性债务管理系统安徽专版”和“安徽省政府债务决策分析系统”,灵活运用图表等工具,直观反映本省地方政府性债务状况,加强债务数据分析,动态反映地方政府性债务变化情况,主动服务领导决策。组织开展地方政府性债务年报工作,严格按照政府性债务审计结果,补充、更正存量债务数据,夯实债务数据基础。

【加强调研宣传,增强工作主动】为确保省政府 48 号文件 6 个配套办法切实可行,组成调研组分赴蚌埠、芜湖、马鞍山、亳州市及其所属部分县区开展专项调研,征求市县意见和建议,修改完善配套办法。赴阜阳市和颍东区开展土地储备融资专题调研,通过调阅相关会计资料凭证、召开座谈会、项目施工现场实地查看等方式,详细了解有关情况,为规范土地储备融资、做好土地储备融资规模控制卡审核发放积累第一手资料和经验,进一步加强土地储备与融资管理,规范审核发放土地储备融资规模控制卡。

【健全岗责体系,规范内部管理】制定工作规则,从领导职责、正确履职、效能管理、办事程序、廉政建设等 16 个方面作出详细规定。明确职责分工,制定每位同志的岗位工作内容、应负责任和 AB 岗关系,确保各项工作见事有人、落地有声。规范权力运行。认真查找岗位职责、业务流程和制度建设等方面存在或潜在的风险点,综合评定风险等级,绘制债务审批管理、地方政府债券额度分配等 5 项工作风险防控流程图,分别制定防范措施,进一步强化对权力运行的监督制约。加强支部建设,扎实开展党的群众路线教育实践活动,坚持强化学习,组织开展学习讲坛。积极开展会商、结对共建和帮联工作,提高党员政治自觉、思想自觉和理论自觉,加强党务、业务知识储备,提升业务水平,凝聚智慧合力。

(厅债务办供稿　韩晓峰)

行政财政财务管理工作概述

2013 年,行政处认真贯彻落实中央厉行节约精神,牢固树立过紧日子思想,进一步转变工作思路,改进工作作风,加快建立健全以公务支出管理为重点的制度体系,着力构建行政财务管理长效机制。

【打造行政财务管理升级版】抓住贯彻中央厉行节约要求的重大机遇,及时转变工作思路,大力推进行政财务管理转型升级。强化节俭意识、市场意识、事权意识和绩效意识,勤俭办一切事业,进一步厘清政府与社会、政府与市场的边界,积极推进政府购买服务,推动建立事权和支出责任相适应的制度,强化预算部门的支出责任,拓展结果应用渠道,不断提高财政资金使用效益。

【建立健全厉行节约反对浪费制度体系】全面梳理现行公务支出和公款消费制度,全年出台管理制度11个。中央《党政机关厉行节约反对浪费条例》出台后，及时梳理本省贯彻《条例》配套制度33项并汇编成册，第一时间发放至各省直单位。完善差旅费管理制度、公务接待经费管理制度、会议培训活动经费管理制度等，本省成为全国首个研究制定接待经费管理办法的省份，新华社等主流媒体对此进行了宣传报道。着力完善财政资金管理制度，会同省妇联联合制定《安徽省妇女创业扶持专项资金管理办法》，会同省旅游局修订旅游包机、专列、游轮补助资金管理办法，制定《安徽省旅游发展资金竞争性分配暂行办法》。

【严格控制省级“三公”经费】坚持压缩“三公”经费与严格控制一般性支出相结合，2013年，省级“三公”经费支出40770万元，同比下降31.4%。建立“三公”经费支出统计报表制度，按季统计分析并通报全省“三公”经费支出情况。配合预算处推动“三公”经费信息公开，当年8月，42家省政府组成部门全部向社会公开2013年“三公”经费预算信息。会同省纪委、省审计厅等部门，先后三次开展“三公”经费预算执行专项检查，加强“三公”经费管理过程管控。出台《关于建立三公经费监管长效机制的通知》，构建全方位、规范性、常态化的“三公”经费监管长效机制。

【推动部门预算科学化精细化管理】从预算编制、预算执行、预算监督等方面入手，切实化解财政精细化管理与部门快捷高效办事的矛盾。科学合理编制预算，坚持从严从紧、保障重点、不留硬缺口的原则，认真审核部门预算，大力压缩一般性支出，将节约的资金用在民生等重点支出方面。创新财政资金使用方式，提高财政资金使用效益，全年预算执行率超过99%，圆满完成部门预算支出任务。落实财政支付方式改革。配合做好基本账户管理工作。推行专项资金竞争性分配。积极开展绩效评价，开展质监检测中心绩效评价工作。开展首批“百人计划”补助资金绩效评价。建立综合考评机制，建立以结果为导向的预算安排激励机制。

【提升处室整体工作效能】按照省委和厅教育实践活动办的要求，统筹有序推进教育实践活动各环节工作。与颍上县耿棚镇耿棚村党支部开展结对共建，为耿棚村修建利民路，向贫困老党员捐助慰问金，培养党员干部与基层群众的感情。推进工作会商，全年会商交流181次，在换位思考、主动服务的同时，进一步强化“三公”经费管理等制度执行，加强财务制度建设，提升预算管理水平。开展系统帮联，实行省市县财政预算部门会商和乡镇财政资金监管帮联制度，多次赴对口帮联的马鞍山市，传达厅党组精神，送政策、送管理、送制度、送服务，督促指导马鞍山市做好会商和乡镇财政资金监管工作。积极开展课题研究，完成《探索推进我省政府购买服务的研究与思考》等三项课题。

（厅行政处供稿　卓帅）

政法财政财务管理工作概述

2013年，按照厅党组统一部署，政法处认真学习贯彻党的十八大和十八届二中、三中全会精神，提升效能，转变作风，强化预算执行，规范财务管理，较好地完成了各项工作任务。

【改革全省高速公路交警经费管理体制】研究拟定《关于改革完善我省高速交警经费管理体制等有关问题的通知》，并报经省政府同意印发。按照“收支下划、人岗统一、人财对应、适当补助”的原则，立足省级财政投入不减少、部门调控规模不减少、地方既得利益不减少，改革完善高速交警经费管理体制机制。改革后，高速公路交警经费体制实行分级管理、分级负责，同级财政保障为主、上级补助为辅的高速交警经费管理模式。

【积极探索政府购买辅警服务】会同省公安厅成立招录辅警领导小组，研究制定机场公安分局辅警招录条件、标准、程序等，安排专项经费90万元，集中统一向保安公司购买辅警服务，由保安公司与辅警签订劳务关系并以劳务派遣方式提供服务。当年招录的30名公安辅警全部上岗履职。

【推进法院购买辅助审判力量服务】根据省领导批示要求，会同省法院、省编办制定下发《关于政府向社会购买审判辅助服务的指导意见》，按照以事定费、公开择优的原则，率先建立以“流程规范、政府采购、合同约束、全程监管”为主要内容的政府购买辅助审判力量服务机制。

【积极推进绩效评价工作】指导部门制定绩效评价目标、指标体系和考核办法，推动省级政法部门开展了资金绩效自评工作，按期完成2012年政法转移支付资金绩效评价工作。本省政法经费保障绩效评价工作走在全国前列,2013 年获得财政部奖励。

【探索实行项目论证制度】对省公安厅申报的 2013 年 5 个信息化建设项目组织召开专家评审论证会,进行项目评审论证。通过评审论证,确定可上项目两个,即人像比对服务平台升级、视频图像信息整合与全警视频作战平台二期项目;建议完善实施方案项目三个,即数据中心一期及声纹数据库项目、平安江淮网四期和监督信息化二期项目。

【推进项目投资评审】委托省财政投资评审中心先后对合肥新桥机场台湾居民签注点筹备项目和祁门县地税局综合办税服务中心装饰工程项目进行投资评审,核减率分别为 37%和 41.4%。

【完善政法经费保障体制】优化政法转移支付资金结构,突出向基层倾斜,政法转移支付资金 75%用于县级,提高基层政法部门保障水平。统筹安排资金,及时下达中央和省政法转移支付资金,按照集中财力办大事的原则,采取项目共建共享,重点支持政法部门科技信息化。截至当年底,本省技侦、网侦、图侦系统建设等均处于全国中上水平。按照党的十八届三中全会要求,推动省以下地方法院、检察院人财物统一管理。加强调查研究,提前谋划应对,结合本省实际,提出省以下地方法院、检察院经费管理建议方案。开展全省政法经费和装备统计报表审查汇总工作,组织市县集中统一汇审,按时保质完成工作任务,得到财政部充分肯定。

【加强部门预算管理】实行预算执行责任落实机制,明确处内经办人员是联系部门预算执行第一责任人,强化预算执行日常督促和调度。建立预算执行报告及通报制度,实行预算执行情况月报、旬报制度,并建立预算执行情况适时通报制度。实行预算执行约谈制度,根据联系部门预算执行情况,实行分类推进办法,采取“三级约谈”制度。

【加强制度管理】加强财务规章制度修订完善工作,会同省公安厅研究制定《公安机关装备资产管理办法》,会同省司法厅修订《安徽省法律援助经费管理办法》、转发《财政部司法部关于进一步加强社区矫正经费保障工作意见》,会同省委政法委、省司法厅研究制定《关于进一步加强人民调解工作经费保障的意见》。督促省级政法等部门建立和完善内部财务规章制度,加强内部财务管理。

【开展执法执勤车辆核编工作】牵头执法执勤车辆编制核定管理工作,重点对全省司法行政系统、监狱系统和劳教系统执法执勤用车编制重新进行核定。当年全面完成 11 个系统执法执勤车辆核编工作。

【做好社会管理综合治理联系点工作】赴省财政厅社会管理综合治理联系点郎溪县调研督查社会管理综合治理工作。深入郎溪县看守所、建平中心派出所、凌笪乡司法所、县法院进行实地调研,并召开座谈会,听取当地综治工作情况介绍,征求对财政工作的意见和建议。

【积极开展相关课题调研】组织开展社会治安辅助力量专题调研,并形成《社会治安辅助力量有关情况的汇报》。针对本省监企分离改革现状,紧密结合工作实际,并通过广泛调研,完成《关于安徽省监企分离改革有关问题研究》。

【扎实开展党的群众路线教育实践活动】按照厅党组统一部署,认真贯彻落实党的群众路线教育实践活动精神,紧扣学习教育和听取意见、查摆问题和开展批评、整改落实和建章立制三个环节,通过走访服务对象、召开座谈会、走访基层等多种形式,共征集意见和建议 25 条,召开各类专题座谈会 6 次,处级干部带头撰写心得体会十余篇,提出 9 项整改措施,落实整改责任,圆满完成各项工作任务。

【进一步完善部门会商制度常态化机制】继续主动加强与省政法、执法等部门以及厅内部之间的沟通交流,切实改进工作作风。当年与联系的 17 个一级预算单位全部进行了会商,累计达 153 次,做到一般会商有记录,重要会商有纪要。

【推进城乡结对共建活动】按照“结对到中心村,帮扶到困难户,联系到财政所”的要求,帮助固镇县濉河村解决实际问题。支持共建村修建村庄道路、建设太阳能路灯、疏通下水道、建设村小学信息化等。截至当年底,村庄道路修建、太阳能路灯建设、下水道疏通工程全部完工,村小学信息化建设有序推进。

【认真开展帮联工作】制定《政法处帮联工作方案》,通过帮联,实现池州市及所辖县区财政预算部门会商和乡镇财政资金监管工作全覆盖、常态化。

【加强党风廉政建设】落实廉政风险防控责任，协调联系部门做好全厅党员干部到蜀山监狱开展警示教育活动，筑牢思想防线，增强党员干部防腐拒变能力。

（厅政法处供稿 陈晋）

教科文财政财务管理工作概述

2013 年，教科文处紧紧围绕财政中心工作和教科文事业改革发展需要，坚持立足全局、改革创新、改进作风，进一步加大投入力度，创新体制机制，突出工作重点，强化资金管理，推进廉政建设，大力促进教科文领域基本公共服务均等化，推动财政教科文工作迈上新台阶。

【健全预算执行监控机制】研究设计项目预算执行进度控制表和政府采购预算执行进度控制表，并印发各省直教科文部门，全面反映各部门全年项目预算月度执行计划。

【建立预算执行催办制度】专门设计预算执行催办单，于每月初，将截至上月底的预算执行情况与年初制定的控制表计划进行对比，对年初计划落实不力的部门，发放催办单。催办单实行“按月发送、三次催办”的制度，用黄、蓝、白三种颜色的纸张来打印，区别催办等级。

【加强预算管理强化监督检查】针对纳入专户管理的非税收入长期存在“两张皮”的问题，制定资金使用明细表，预算单位需填列全年预算和申请单笔资金的经济科目，并与预算批复保持一致，进一步提高预算执行的硬性约束。对 21 个部门本级和人口基金会开展预算管理和财务管理监督检查工作，进一步督促部门加强财政财务管理，规范资金运行规程，提高财政资金的运行效率。

【完善审批程序严格支付管理】严格要求部门加大财政直接支付力度，减少授权支付，确需授权支付的仅限于公务卡支出，当年下半年基本实现现金零提取的目标。加大对经济科目的把关，在细化资金时，要求部门同时提出经济科目细化方案，并严格要求部门按经济科目执行。强化部门政府采购意识，要求凡属政府采购的项目，必须履行政府采购程序，否则不予支付。积极配合厅支付中心，加大审核力度，避免一级主管部门将资金随意支付到下属单位或市县，加强对资金监管和跟踪问效。

【强化部门绩效评价自评工作】对归口联系的 22 个部门安排 29 项绩效评价项目，涉及资金 9.4 亿元。为保障此项工作顺利推进，加强与部门的会商研究，提高绩效评价的质量和水平，督促部门按时完成相关任务。

【全面加强教科文事业单位财务管理】深入贯彻《事业单位财务规则》及高校、中小学、科学、文化、体育、计生、广电、文物等行业事业单位财务制度，加强培训，强化高校财务管理的制度规范，重点指导省直教科文部门和市县财政部门全面开展新制度的学习培训工作、督促教科文事业单位制定内部财务管理办法，全面提升教科文事业单位财务管理水平。分别开展文化强省资金管理培训、中小学财务规则培训、省属高校财务培训等。

【积极推进 2014 年预算编制工作】主动上门与部门会商清理专项资金，省直教科文部门年初预算项目总数减少 192 个。有序推进 2014 年部门预算编制工作，以专项资金清理后的项目为基础，严格审核收入、支出内容、支出经济科目、资金增减等重点内容，按照盘活存量资金、上下级政府合理分工、正确处理市场与政府关系等原则，严格把关。

【不断加大财政教育投入】坚持将教育作为公共财政保障的重要领域，切实做到财政资金优先保障教育、公共资源优先满足教育。全年省教育厅预算拨款安排支出总额为 47.8 亿元，较上年净增 10 亿元，增长 26.5%。其中，项目支出 15.8 亿元，较上年增加 3.2 亿元，增长 25.5%。省属本科高校生均预算拨款经费 59.2 亿元。

【支持义务教育均衡发展】累计下达 2013 年义务教育经费保障机制资金 49 亿元，全面免除义务教育阶段学杂费，向农村学生提供免费教科书，向贫困寄宿生发放生活补助，特教学校公用经费标准提高 5 倍。

【做好困难学生资助工作】下达资助体系资金 18.4 亿元，高等教育国家奖学金制度、国家励志奖学金制度；高等教育、中职、普通高中国家助学金制度和校内贫困学生资助制度；中职学校家庭经济困难学生和涉农专业学生免学费制度等各项政策全部落实到位。

【支持学前教育普及发展】下达中央、省级资金5.4亿元，支持乡镇公办中心幼儿园民生工程、利用农村闲置校舍改建幼儿园、农村小学增设附属幼儿园。下达学前教育综合奖补资金11950万元，扶持民办幼儿园发展，鼓励城市多渠道多形式办园和妥善解决进城务工人员随迁子女入园。争取中央专项资金600万元，实施幼儿教师国家级培训计划。下达学前教育幼儿资助奖补资金2360万元，支持幼儿教育资助体系建设。

【促进薄弱地区和学校均衡发展】下达中央专项资金80680万元，省级配套资金8118万元，支持农村义务教育薄弱学校改造计划实施；下达中央专项资金79430万元，支持实施农村义务教育薄弱学校改造计划—食堂建设计划；下达中央专项资金21837万元，支持实施农村义务教育阶段学校教师特设岗位计划；下达中央补助资金13280万元，支持普通高中学校改善条件；下达中央补助资金58488万元，支持实施农村义务教育学生营养改善计划；下达中央专项资金11850万元，支持实施部分特殊地区义务教育学校改善办学条件项目；下达1490万元支持实施“三区”教师计划；统筹安排资金5亿元，支持山区、库区以及集中连片特困区等困难地区改善乡村教师待遇以及信息化建设。

【积极实施本科高校能力提升计划和振兴计划】贯彻落实国家和省“中长期教育改革和发展规划纲要”精神，打牢高校发展基础，振兴本省高等教育。不断调整本科高校生均拨款经费支出结构，安排专项经费30亿元，启动以“六项能力提升计划”为主要内容的“支持本科高校能力提升计划”。安排专项经费5亿元，支持以“建设高水平高校建设”为主要内容的“高等教育振兴计划”。

【合芜蚌区域政策取得重大突破】经积极争取，合芜蚌综合试验区与中关村、武汉东湖、上海张江三个自主创新示范区同获“研究开发费用加计扣除、提高职工教育费税前扣除限额、技术人员股权激励分期缴纳个人所得税”三项税收试点政策，此举进一步提高了本省的创新层次，加大了对本省科技型企业的支持力度，提高了招商引资的吸引力。

【加大自主创新专项资金投入保障】省财政继续加大对自主创新工作的扶持力度，积极筹措安排7亿元专项资金，较上年增加1亿元，并督促试验区三市安排15亿元配套资金。其中，省级安排的7亿元资金，由省级统筹使用1.42亿元，支持人才、专利、平台等建设；安排市县5.58亿元，支持99个自主创新项目。坚持保障重点，围绕省主导产业和各市首位产业，重点支持共性技术攻关、成果引进转化和能力建设。

【扩大创业投资引导基金融资效应】继续加大创业(风险)投资引导基金的扶持力度，吸引社会资本支持本省科技型企业发展。截至当年10月底，基金总规模达8亿元，引导设立了18只创业投资基金，资金总规模达57.3亿元，省财政资金放大效应达7.2倍；累计共投资126个项目，总投资额达42.6亿元。其中，省引导基金直接参股运行9只基金，决策投资共计40个项目10.6亿元，在涉及的34家企业中，有31家安徽省内企业，其中有25家为省内早期创新型企业，投资额为6.7亿元，占总投资63%。

【积极开展自主创新资金绩效考评工作】当年1月份和5月份，先后赴合肥、芜湖、蚌埠、宣城、淮南等五市50家项目单位，对合芜蚌自主创新专项资金和创业(风险)投资引导基金开展绩效评价工作。其中，合芜蚌自主创新专项资金，按照2008—2010年和2011年两个时间段分别开展绩效评价工作。

【积极开展财政服务科技创新调研】组织财政服务科技创新专题调研组，赴合肥、芜湖、蚌埠、滁州、马鞍山、宁国市开展现场调研，听取企业、高校院所的意见，并对2008—2011年，合肥、芜湖、蚌埠三市26家企业31个自主创新重大项目进行了重点剖析，涉及资金43.6亿元。

【支持公共文化服务信息化建设】以文化信息资源共享工程网络设施为基础，依托各级公共图书馆、乡镇、街道文化站、社区文化活动室，推动实施公共电子阅览室建设工程。全年统筹中央和省级专项资金2123万元，完成500个乡镇、20个街道、39个社区建设任务。

【支持农村文化建设】整合农村文艺演出活动、农村电影放映、农家书屋运行等农村公共文化活动，投入超过1.5亿元，支持实施农村文化建设专项补助，每村补助1万元，覆盖全省15539个行政村。

【支持公共文化场馆免费开放】全年投入1.89

亿元资金,推动全省 100 个图书馆、120 个文化馆、7 个美术馆、1269 个乡镇综合文化文化站、113 个博物馆免费开放,推进 18 个博物馆改善陈列水平。

【支持文化强省战略实施】安排省级文化强省建设专项资金 1.45 亿元,集中财力,重点支持品牌打造、结构调整、区域协调等三个方面。其中,支持列入全省重点打造计划的演艺、影视、展会、园区等 38 个文化品牌项目建设;统筹兼顾省市县协调发展,提升对市县项目支持力度,推进各级文化产业发展,提升全省文化整体实力;安排皖南国际文化旅游示范区、皖北地区资金、大别山革命老区资金 3845 万元。

【积极争取中央文化专项资金支持】主动与财政部沟通协调,全年共争取中央财政资金 8.7 亿元,比上年增长 30%,其中,争取中央文化产业发展专项资金 1.23 亿元,增长 34.7%;争取国家重点文物保护专项补助资金 2.76 亿元,增长 147.9%;争取中央农村文化建设奖励资金 5900 万元。

【探索省级文物资金信息化管理】省财政厅会同省文物局,依托"国家重点文物保护专项补助经费申报系统",延伸开发"安徽省文物保护单位综合管理系统",集历年经费、经费申报、统计分析等功能,综合反映省级文物专项资金支持方向,加强专项资金动态监管,提高资金使用效益。

【财政计生投入大幅增加】大幅增加财政资金投入,全力保障全省人口计生工作有序开展。当年省人口计生委预算拨款安排支出总额为 3.3 亿元,较上年增加 5638.6 万元,增长 20.5%。

【全面实施计划生育家庭奖扶制度】提高农村计划生育家庭奖励扶助标准,对农村只有一个子女或两个女孩的计划生育家庭,按人年均不低于 920 元标准发放奖励扶助金,并将"半边户"(即一方为农村居民,一方为城镇居民的夫妇)纳入奖扶范围。全年资助奖扶对象 17.8 万人次,共安排省级以上财政资金 15558 万元,其中省财政资金 7344 万元。

【认真实施计划生育家庭特扶制度】认真实施上年制定的计划生育家庭特别扶助新标准,全年资助特扶对象 1.9 万人次,共安排省级以上财政资金 3870 万元,其中省财政资金 2144 万元。

【深入推进长效节育一次性奖励试点工作】认真执行本省在皖北、沿淮和大别山革命老区共 35 个县实施的长效节育奖励制度,全年资助奖励对象 1.2 万人次,共安排财政资金 4904 万元,其中省财政资金 3678 万元。

【积极支持免费孕前优生健康检查试点】免费孕前优生健康检查试点工作在全省范围推广,全年资助检查对象 34.8 万对,共安排财政资金 7521 万元,其中省财政资金 3342 万元。

【稳步提高独生子女保健费标准】认真实施 2011 年出台的《安徽省人口与计划生育条例》关于独生子女保健费提高到每户每月不低于 20 元的规定,全年省财政安排独生子女保健费 6800 万元,较 2011 年提高 2730 万元。

【着力转变处室工作作风】加强学习研讨,召开专题组织生活会,开展谈心谈话活动 5 次,通过上门会商、座谈会、下基层、系统 QQ 群发等形式,广泛征求意见建议。认真开展合肥市三十五中西藏班学生保障问题、教育信息化、老民师扶持政策等调研,做好转制科研院所离退休干部对转制过程中问题解释工作。改革财政资金扶持方式,探索后补助的科技、文化资金扶持方式。认真梳理各项财政专项资金制度,制定中职免学费、中职助学金细则、计生免费孕前健康检查等多项制度性文件,及时修改完善处内制度规程,全面加强管理,提升效能。

(厅教科文处供稿　侯正华)

经济建设财政财务管理工作概述

2013 年,经建处围绕大局,全力谋发展、促改革、惠民生,在加强政府投资、优化产业结构、完善粮食政策、推进节能减排、构建交通体系、加强制度建设等方面工作成效明显。全年累计支出 639 亿元,年底结转资金 4.7 亿元,较上年压缩 32.5%;承担各类国家级试点示范 9 项,争取中央资金 19.05 亿元。

【加大中央预算内投资争取力度】积极应对经济下行压力,通过政府投资手段有效拉动经济增长,争取中央预算内投资 160.2 亿元。逐步优化投资结构,重点支持农业、保障性住房、节能环保、文教卫等领域基础设施建设。

【实施建设类民生工程项目建设】全年安排拨付资金35.6亿元,重点实施廉租住房、农村清洁工程、农村危房改造、农村饮水安全工程、病险水库除险加固、农村危桥改造等6项工程类民生工程。强化绩效管理,分类别制定民生工程资金使用绩效评价办法,组织实施2项重点项目绩效评价、4项一般项目绩效评价。

【加大水利基础设施投入】安排拨付重点水利工程资金73.1亿元,推进综合治淮工程、淮水北调、长江干支流治理、中小河流治理、大型灌区续建改造等。强化投资管理控制和重大项目竣工决算审查,建立绩效考核机制。财政部、水利部委托吉林省投资评审中心对本省中小河流治理绩效考评项目给予优秀等次。

【加强新型城镇化理论政策研究】开展专题调研,组成专题组先后赴40多个市县,对试点地区80个融资平台、74个开发区进行全面调查摸底,摸清各地融资需求。

【落实新型城镇化试点建设资金】积极探索试点融资方案,省财政及时拨付9个市23个县40亿元资金,全面启动试点工作。国开行首批贷款顺利发放,重点支持保障房、土地收储、道路等项目建设。

【完善城镇功能设施建设】省财政安排专项资金8000万元,支持绿色建筑规模化应用、城市绿道、徽派建筑及小城镇基础设施建设。争取中央补助资金9.4亿元,集中支持全省2400公里污水管网建设。

【创新棚户区改造融资方式】深入研究棚户区改造财政政策和资金支持措施,牵头拟定棚户区改造融资管理办法,探索成立融资管理理事会,组建棚户区改造省级融资平台,多渠道筹集建设资金。

【推进高标准基本农田建设】省财政从新增建设土地有偿使用费中统筹安排40.06亿元,对基础设施条件较好、集中连片的基本农田建设安排奖补,用于田间道路土地平整和农田水利工程建设。

【完善种粮农民补贴政策】继续完善对种粮农民粮食补贴发放工作,全年拨付对种粮农民粮食补贴资金72.22亿元。争取中央试点补助资金16976万元,进一步规范补贴试点资金使用方式,重点向5000亩以上的单个种粮大户倾斜,充分发挥试点资金的示范引导作用和规模效应。

【开展国有粮食仓库建设和维修改造】安排资金2.88亿元,新建地方国有及国有控股粮食购销企业粮食仓库70座、维修改造694座。

【消化粮食政策性挂账】消化新增粮食政策性挂账(二轮挂账)3.5亿元,剩余3.1亿元预定下年全部消化完毕。全年省财政共支付粮食政策性挂账利息补贴5.8亿元。

【完善粮食财务管理】安排省级粮(油)储备、轮换等费用、利息补贴27300万元。启动全省国有粮食购销企业购置烘干设备补贴工作,安排补贴资金2212万元。安排技改贴息资金2000万元,继续支持粮食加工龙头企业发展。

【培育和发展战略性新兴产业】积极争取本省新型显示和机器人两个战略性新兴产业集聚试点列入国家首批六个试点范围,中央财政当年预拨资金3亿元。继续安排省级战略性新兴产业引导资金5亿元,以贷款贴息的方式支持战略性新兴产业、省主导产业和各市首位产业发展。

【积极争取节能减排试点示范】争取铜陵列入国家10个节能减排综合试点市范围,中央财政当年预拨资金2亿元。争取合肥、芜湖两市列为国家新一轮新能源汽车试点28个试点城市范围,中央财政对两市新能源汽车充电基础设施给予综合奖补。加快城市矿产、园区循环化改造试点建设工作,两项试点累计争取中央资金2.79亿元,当年预拨资金1.84亿元。

【加快淘汰落后产能】争取中央财政奖励资金9598万元,支持全省工业企业、煤炭企业及电力企业淘汰落后生产设备。完善资金管理办法,资金切块到市,由各市统筹用于支持区域内淘汰落后产业工作,压实市级责任。安排4680万元,顺利关闭21家烟花爆竹生产企业,推动安全生产工作。

【积极推广节能产品】组织省内节能家电、节能汽车、节能电机等生产企业申报国家节能产品惠民工程推广目录,全年争取补贴资金23.1亿元,惠及广大企业和消费者,从终端领域推进节能产业发展。

【支持区域经济发展】安排10.3亿元,支持皖江示范园区投融资平台建设。落实对皖北和大别山地区扶持政策,安排7.6亿元支持皖北三市七县和大别山区11个县区基础设施建设,从下年开始,将定远、明光纳入皖北三市七县政策范围。支持“南北共建”合作,注入资金7.2亿元,支持园区投融资平台建设,从下年开始,对四个县级合作园区省级投入每年再增加2000万元。

【提高国土资源发展保障能力】省财政安排国土资源类资金46.4亿元,支持全省国土资源事业发展。强化制度建设,提出土地节约集约利用政策激励措施。积极争取国家矿产资源节约利用示范基地建设、矿山地质环境治理示范工程等试点资金6亿元,支持铜陵有色、马钢等省属矿山企业发展、合肥环巢湖地区矿山地质环境治理。安排地质勘查基金、公益性地质勘查等地质找矿资金6.2亿元,支持重点成矿带勘查研究。安排省级地质灾害防治、矿山地质环境治理等资金2亿元,进一步消除灾害隐患,改善矿区生态环境。

【深入推进新安江流域生态补偿工作】继续安排生态补偿试点资金5亿元,切块安排给黄山市和绩溪县,重点支持农村面源、工业点源、城镇污水处理、河道治理等污染治理项目,实现新安江上下流域互利共赢、共同发展。

【积极争取太平湖生态环境保护国家试点】本省太平湖被纳入全国15个重点支持湖泊之一,获得中央财政补助资金支持。

【继续开展农村环境连片整治】争取全国农村环境连片整治示范省中央财政补助资金3亿元,对全省26个县(区)及43个村采取“以奖促治”方式给予补助,重点用于农村饮用水水源地保护、农村生活污水、垃圾处理和畜禽养殖污染治理等项目。

【做好淮河巢湖流域水污染防治】安排淮河、巢湖流域水污染防治资金4.25亿元,重点用于区域水环境综合整治、饮用水水源地环境保护、工业污染防治和畜禽养殖污染防治项目。

【探索开展大气污染防治】积极支持大气污染防治工作,参与制定《安徽省大气污染防治行动计划实施方案》和《安徽省大气污染防治资金管理办法》,积极落实省级大气污染防治专项资金,对资金筹集渠道、使用范围、分配方式等做出规定,建立奖惩机制、问责机制,规范资金使用。

【积极支持交通管理体制改革】全面推进公路管理体制下划改革,积极支持地方海事管理体制下划改革,主动会同省交通运输厅,测算核对各市下划收入基数、支出基数和人员基数,研究制定预算收支和人员资产管理转划方案,指导各市做好非税收入征缴划转、国库集中支付等基础管理工作,全力保障改革的平稳顺利进行。完善油价补贴资金发放工作,拨付资金17.10亿元,重点支持城市公交、城市出租车、农村客运和水路客运四大领域。

【同步推进建设投资模式改革】国省干线和农村公路建设实行“省市共建、市县为主”,市县负责项目审批、项目建设和资金筹措,省级按规定标准给予定额补助。通过改革,实现了权力、责任、财力的整体下划,调动了市县积极性,把省级部门从具体项目的审批中解放出来。

【积极支持交通融资平台建设】省财政安排国省干线公路建设补助资金15亿元,并从地方债中安排30亿元,全部作为市级交通融资平台资本金注入,提高平台公司融资能力。省财政将安排的高速公路和水运基础设施建设项目资金投入改为资本金支持,安排资金10亿元,对本省两大高速公司、省港航集团进行注资,提高公司的融资能力,推进高速公路和水运设施建设。

【主动化解省级公路债务】锁定二级公路省级债务,多渠道筹集省级偿债资金26.07亿元,其中:中央12.07亿元,省级14亿元。通过合理调度资金,优化还款时间,进一步节约利息成本。

【积极做好对口援建工作】及时拨付援疆资金26600万元、援藏资金8900万元,提前预拨2014年援疆资金5000万元、追加安排援疆工作经费130万元,较好地支持了本省的对口援建工作。

【巩固提高处室基础工作】扎实开展群众路线教育活动,积极开展会商工作,全年会商167次,其中厅领导带队会商23次,会商对象覆盖所有联系部门及业务相关部门(单位),实际解决80多个具体问题。认真开展结对共建和结对帮联工作,全年调研座谈、走访慰问15次。切实加强制度建设,全年制定修订各类制度办法23项,其中,制定的《省级财政性建设资金绩效评价暂行办法》列为全省五项重点制度建设范围。认真做好审计检查工作,全年累计接待各类审计、检查6次,积极落实审计意见,收回审计发现问题资金6000余万元。围绕财政经建系统特点,结合处室新老年龄结构,积极孕育“崇尚学习、勇于奉献、不断创新、注重实效”的处室文化。

(厅经建处供稿　贾振东)

农业财政财务管理工作概述

2013年,全省农业财政工作贯彻落实中央、省委两个1号文件、中央和全省农村工作会议、全省财政工作会议精神，以开展党的群众路线教育实践活动为契机,按照“保供增收惠民生、改革创新添活力”要求,不断提高财政支农工作水平和支农资金使用效益。

【建立财政支农稳定增长机制】按照总量持续增加、比例稳步提高的要求,稳步增加省级财政投入。当年省级预算安排“三农”方面项目支出127.8亿元,占省级项目支出31.9%,比上年增长12%。积极争取中央财政支持，共争取中央财政支农资金80.3亿元，较上年增加4.3亿元，增长5.7%,其中,农机购置补贴、现代农业、造林补贴、防汛资金、中央水利建设基金、财政扶贫等多项资金增幅均在15%以上。积极引导社会资金投入,据不完全统计,在财政贴息、奖补、担保等资金引导下,仅投入省级现代农业示范区、农业产业化示范区、植树造林和农田水利方面的社会资金就达420.8亿元,比上年增长28%,实现了历史新突破。

【促进农业丰产丰收】积极筹措资金5.38亿元,支持农业防灾减灾,促进农业稳产丰产。其中,安排禽流感防控资金5000余万元,积极应对禽流感疫情,促进本省家禽业平稳发展;安排抗旱资金1亿元,对抗旱机具购置、提水用油、用电和组织抗旱服务给予补助;安排防汛资金1.1亿元,支持小型水利基础设施建设及皖南重点地区防汛救灾工作。及时下发《安徽省财政厅关于切实做好支持秋季粮食生产的紧急通知》,要求各地切实加大对秋季粮食生产的财政投入力度,优化支农项目布局,加快资金调度。会同水利厅、省农机局印发《安徽省2013年抗旱机具设备购置补贴方案》，进一步提升抗旱防灾能力。会同省农委制定《安徽省〈中央财政农业生产防灾救灾资金管理办法〉实施细则》,进一步确保资金使用做到公开、透明。

【促进农业发展方式转变】深入推进现代农业生产发展,重点围绕小麦、茶叶、生猪和油茶等四大优势主导产业，精心组织实施本省现代农业生产发展项目。在财政部组织开展的2012年度现代农业生产发展项目资金绩效考评中，本省位列全国第4,被评为优秀等次,获财政部通报表彰。针对部分地区小型水利工程建设滞后,工程老化失修、管护不到位等突出问题，全省各级财政积极创新资金支持方式,支持实施“5588”小型水利改造提升工程,从当年起五年内安排资金160.5亿元,对八类重点小型水利工程给予奖补，发挥财政资金四两拨千斤的杠杆作用，鼓励和引导民间资金多元投入,加快补齐小型农田水利建设短板。

【支持新型农业生产经营主体发展】率先在全国开展财政支持农业生产全程社会化服务试点工作,争取中央财政试点资金6500万元,选择濉溪、霍邱、凤台、庐江、埇桥区、龙亢农场等6个县(区、场)开展试点。按照“政府引导,市场运作、全程服务,农民受益”原则,各地财政部门结合自身实际,积极探索支持农业生产全程社会化服务试点新方式、新途径,努力提高资金使用效益。积极探索合作社创新试点，争取中央财政试点资金5000万元,按照“试点任务到市、资金切块到市、管理责任在市、绩效考评在省”方式,在全省10个试点市择优选择91个“发展基础好、管理较规范、带动能力强”的合作社,支持创新试点。在财政扶持上创新机制,采取奖补资金、贷款贴息、保费补贴、转作资产量化、资金互助、搭建融资平台、组建基金等,引导金融资本和社会资本投入，支持引导合作组织开展横向、纵向联合发展,推进土地流转、股份合作、土地托管等多种形式经营,促进发展壮大。抓住财政部设立农业产业发展基金的机遇，争取国家农业产业发展基金率先对全省农业产业化龙头企业的扶持。

【加大扶贫开发支持力度】突出财政扶贫资金支持重点。在支持区域上,坚持将大别山片区和皖北集中连片特困地区作为财政扶贫的主战场和重点区域,给予重点支持;在支持方向上,重点支持扶贫对象改善基本生产生活条件，提升自我发展能力;在支持重点上,大力支持千村整推工程、产业化扶贫和雨露计划，实现到县财政扶贫资金的70%投入重点村,到县财政扶贫资金的10%投入“雨露计划”。做好重点县帮扶工作。全力做好抓金寨促进全省扶贫开发，积极主动做好帮扶金寨日常工作事务，加强协调，推进落实。扎实做好帮扶萧县扶贫开发工作，研究落实有关帮扶事项，积极协调有关部门，在财政政策、资金和项目等方面尽力给予支持。继续支持岳西县贫困村互助资金试点工作，会同省扶贫办专程赴岳西县开展实地调研，并形成《关于岳西县财政扶贫互助资金运行发展情况的调研报告》上报省领导。进一步落实国家和省扶贫开发方针政策，不断强化扶贫资金管理，创新财政扶贫资金管理使用机制，认真组织实施全省财政扶贫资金绩效考评工作，坚持把绩效考评结果与扶贫资金安排挂钩。扎实做好财政部、国务院扶贫办组织的省级扶贫资金绩效考评工作，当年本省绩效考评成绩位列全国第 5 名，荣获财政部、国务院扶贫办绩效考评 A 级先进单位称号，并获得 2300 万元中央财政扶贫资金奖励。

【提高财政支农资金使用效益】创新支农项目立项方式，按照“自愿申报、初步评审、公开陈述、现场评审、综合评审”步骤，以公开竞争立项方式，在全省 38 个申报县（区）中，公开遴选 19 个县（区）作为第五批小农水重点县。整合财政扶贫、农业综合开发、水土保持重点建设工程补助、林业贷款财政贴息等资金，积极支持包括油茶在内的木本油料产业发展。鼓励市场主体通过承包、租赁、转让、股份合作等形式参与油茶基地建设，引进和培育一批新型油茶产业发展主体，形成了以龙头企业、专业合作组织为主导，以种植大户为骨干的油茶产业发展格局。全年各级财政累计投入油茶产业发展资金 1.49 亿元，安排贴息资金 3280 万元，引导金融机构贷款规模达 8.47 亿元，有效拓宽油茶产业融资渠道，为本省油茶产业发展提供了有力支撑。深入推进支农项目绩效评价工作，委托会计师事务所、评审中心、监督局等第三方机构，对现代农业、小农水重点县、支农资金整合县、林业科技推广、财政专项扶贫、茶产业资金、油茶产业等资金数额较大、社会影响较广的支农项目开展重点评价，建立健全以资金使用结果为导向的支农资金分配管理机制。财政部、水利部对 2012 年小型农田水利重点县建设省级绩效考评情况进行通报，本省 2012 年度小农水重点县绩效考评获得全国优秀等次。

【加强财政支农宣传】积极向上级部门宣传，赢得工作支持。先后通过农业司《财政支农与新农村建设动态》，宣传本省“小农水重点县实行竞争立项”、“现代农业项目实施成效显著”、“开展小农水工程管理改革创新试点”、“部署开展财政支农重点项目检查”等工作。向政府领导宣传，提供决策依据。开展财政支持农业产业化龙头企业发展与绩效调研，全面梳理本省支持龙头企业发展的政策措施，深入查找财政支持龙头企业发展绩效中存在的问题及原因，并有针对性地提出改进措施。调研报告报送省、厅领导供决策参考。向人大领导宣传，主动接受监督。专程赴省人大农工委，汇报 2013 年省级财政支农预算和重点支农工作安排情况，重点介绍省财政积极加大财政支农投入、有效保障省委省政府“三农”重点工作任务、深化财政资金管理改革等内容。

【提升农业财政服务和管理水平】深入开展城乡基层党组织结对共建活动，制定活动方案，细化共建措施，多次深入鲁阁村开展结对共建活动，进村入户慰问困难群众，认真听取基层群众对农业财政工作和建设美好乡村的意见和建议，在结对共建活动中互学互助，合力推动美好乡村建设。切实加强与省直农口部门和市县财政部门会商，先后与省直农口部门开展会商 29 次，专程赴宣城市财政局开展加快财政收支进度工作帮联，召开座谈会，与市、县财政局主要负责同志共商加快支出进度措施。认真开展党风廉政建设“回头看”，按照“一岗双责”的要求，切实将党风廉政建设及风险防控工作与农业财政业务工作同布置、同推进、同落实，制定和实施一系列的工作措施，确保了干部和资金“双安全”。开展系列廉政警示教育和渡江战役纪念馆红色教育专题讨论，进一步增强党员的党性意识、宗旨意识、群众意识和服务意识。

（厅农业处供稿　刘建军）

社会保障财政财务管理工作概述

2013 年，社会保障处深入开展党的群众路线教育实践活动，以“提质量、促创新、转作风”为抓手，以“制度健全、政策整合、体制理顺、机制创新、绩效提升”为重点，主动作为，务实进取，顺利完成各项工作目标任务，全年共争取中央财政转移支付资金 417.1 亿元,较上年增加 62.8 亿元,增长 17.7%。

【大力支持民营经济就业创业】面对经济下行压力,深入开展调研,广泛征求意见,研究制定促进就业创业服务民营经济发展的意见,在不增加就业资金总量的前提下,积极做好存量调整文章,大力支持创办民营经济实体,鼓励民营经济扩大就业容量,不断推动民营经济发展与促进就业创业的良性互动。

【强力推进社保基金保值增值】全面推行绩效考核评价,及时采取跟进措施,大力推进全省社保基金保值增值工作。全年全省社保基金当期利息收益达 37 亿元以上,较上年净增 7 亿元,当期收益率 3.66%,高出本省 CPI1.29 个百分点。其中省本级社保基金当期利息收益 12.2 亿元,较上年净增 4.9 亿元,总体收益率 4.06%。

【统筹资金切断部门利益】多次主动上门开展部门会商,争取部门理解和支持,按照公共财政管理的要求,统筹使用各类资金资源,大力推行资金标准化定额分配,按照标准定额、因素分配方式,全面规范省级残保金、福彩金等资金的补助分配及使用管理,推进资金分配标准化、资金使用科学化、资金管理精细化。

【扎实推进医药卫生改革】深入开展财政支持医改工作回头看,建立健全基层综合医改和县级公立医院改革各项管理制度和考核制度,不断加强县级公立医院国有资产运营管理,稳步推进城乡居民大病保险试点,积极保障村医待遇,实行专户管理、国库支付、打卡发放。在全国率先出台省级公立医院债务管理办法,切实防范公立医院债务风险。

【注重绩效考评结果运用】研究制定社保专项资金绩效分配办法,建立“多干多补、少干少补、不干不补”的激励奖惩分配机制。进一步细化绩效考核指标,继续开展就业、城乡低保等专项资金使用绩效考评。组织中介机构开展综合考评,把资金使用绩效考评结果与专项资金分配相挂钩。

【大力引导社会力量参与养老服务】制定并实施城乡养老服务体系建设方案,统筹使用预算内资金和政府性基金,采取一次性建设补助、运营补贴、贷款贴息引导社会力量参与,及时在媒体公示申报情况,合理配置各类资金资源,大力支持社会办养老服务机构建设。当年,社会力量共参与 147 个养老机构建设,累计新增养老床位近 2 万张,撬动社会资本投入 2 亿元。在中部地区率先建立养老机构综合责任保险制度,有效防范养老机构入住老人的意外风险。

【积极推进竞争性分配】针对就业技能培训、医学临床重点专科建设等社保资金专业性较强的特点,改变以往主要以直补为主的分配方式,积极会同部门采用市场化竞争性分配,择优分配资金,评审结果在厅门户网站及有关媒体上公示,推动建立科学合理、公正公平的财政资金分配机制。全年省级就业技能培训机构实训设备补助资金竞争性分配 5350 万元,撬动培训机构自身投入 13233 万元。

【创新就业资金支持方式】针对初始创业阶段高校毕业生及退役士兵缺乏担保抵押导致贷款难的突出问题,通过设立风险补偿金方式,积极引导担保机构和银行对初始创业阶段高校毕业生和退役士兵提供免担保、免抵押信用贷款,对创业发展阶段实行资产抵押放大模式的贷款融资服务,切实解决其融资贷款难等瓶颈问题。

【搭建四方共建平台】积极开展党的群众路线教育实践活动,社保处党支部与社保司党支部、包河区财政局党总支、曙光社区党委等签订了为期三年的“四方共建共学”协议,不断丰富系统间沟通方式,积极拓宽联动载体,直接搭建中央机关与地方党建工作的互助互学平台,建立基层社保民情直通车,积极推动中央机关与地方党建工作携手共进。

【全面推行甘特图工作法】运用工程项目管理理念,将年度 27 项重点工作进行细化部署,以“甘特图”形式将任务步骤、开始时间、预计工期等信息直观展示,并安排专人按旬统计、按月调度,有力保障了各项工作的有序推进、高质量完成。

【注重系统工作联动】建立财政社保系统重点和亮点工作通报制度,及时通报 2012 年度各地经验做法和创新举措,鼓励先进、鞭策后进、推动跟进。结合年初财政社保工作要点、当前社会热点、社保工作难点,将 2013 年重点工作细化分解到各市,明确规定动作和自选动作。总结吸纳各地有益做法,积极宣传并向在全省范围内推广。

【深入开展调查研究】发扬省直机关百个书香

处室的好传统、好做法，积极适应财政社保事业发展新形势、新变化和新要求，开展9项前瞻性课题研究，并分别在《中国财政》、《经济研究参考》、《中国社会报》、《中国社会组织》、《社保财务理论与实践》等报刊上发表。同时，围绕重点工作任务、重大改革创新等省领导关注事项，深入开展政府向社会力量购买服务、皖北地区发展、社保体系建设等专题调研，得到了省领导及厅领导的充分肯定。

【切实防范寻租风险】认真贯彻全省财政反腐倡廉建设会议精神，及时梳理财政社保业务工作6个方面的寻租领域和可能，确定15个关键项目和18个防范节点，健全社保资金管理制度，强化公开公示，规范社保政策执行及资金分配等方面的程序，创新内部权力约束和相互制衡机制，规避权力运行风险。

（厅社保处供稿　陈中楼）

企业财政财务管理工作概述

2013年，企业处积极发挥职能作用，创新资金支持方式，强化涉企资金管理，突出财政资金“酵母”作用，统筹中央和省级资金74.1亿元（中央级20.8亿元，省级53.3亿元），大力发展民营经济，支持实体经济发展，推动内外贸协调发展，着力优化发展环境，助力全省经济持续健康较快发展。

【促进民营经济发展】全面贯彻落实省委、省政府和厅党组加快民营经济发展的各项决策部署。加大资金投入，从当年起连续5年，省财政每年安排11亿元建立民营经济发展专项资金，用于充实县（市、区）担保机构国有资本金，各市及县（市、区）等比例配套，做大做强担保机构。年中，省财政通过压缩一般性支出、优化调整支出结构、减少会展支出等多种渠道，再筹措20亿元资金用于强化县域担保机构建设，并创新支持方式，通过省担保集团按照参股不控股的原则对全省符合条件的县域融资性担保机构进行注资参股，着力健全全省担保再担保体系，助力民营经济发展。创新分配方式，通过增加各地特别是县域国有担保机构的资本金，强化全省担保体系建设，解决民营经济发展中金融资本与产业资本对接的“船”与“桥”问题，最大限度放大财政资金效益。制定出台11亿元民营经济发展专项资金分配管理办法，根据各县（市、区）人均财力状况，同时考虑地区差别，按照因素法，通过一般性转移支付切块下达到各地，支持各地设立民营经济发展专项基金，力求做到科学分配，阳光操作，规范管理。考虑地方财力，对困难的地方，像皖北地区、大别山区等，给予倾斜。省财政厅、省担保集团强化组织领导，制定注资参股具体实施方案，采取一系列工作措施，切实加快推进参股县域担保机构各项工作，20亿元注资参股资金于当年11月中旬基本拨付到位。注重绩效评价，制定绩效评价办法，科学设定绩效目标，从支出合规性、管理效率性和使用效益性方面，对全省107个县市区资金的使用绩效进行中期评估和年度评价，并将绩效结果作为下一年度资金分配的重要依据，切实提高资金使用效益。强化政策宣传，参加省政府网站在线访谈、省广播电台政风行风热线等节目，全面解读财政支持民营经济发展政策。在《安徽财会》、财政厅门户网站上开辟专栏，大力宣传支持民营经济发展政策及成效，为民营企业发展营造良好舆论氛围。

【推动经济持续健康较快发展】通过加快涉企资金支出进度、落实结构性减税政策、减免缓征收行政事业性收费和基金、落实社会保障和促进就业政策、优先采购本省产品、延长合芜蚌综合试验区相关政策、促进内贸发展、继续扩大进出口等措施，着力增加有效投入、扩大消费需求、推进经济结构调整，促进本省经济持续健康较快发展。通过年初预算、地方债等安排资金，大力支持重点企业发展。省财政筹集10亿元增加省投资集团公司国家资本金，返还税收2亿元，支持其扩大融资规模，加快本省铁路建设。继续拨付1.7亿元，以研发补助的方式，支持奇瑞汽车公司、江淮汽车集团公司和星马汽车集团公司自主研发和创新。配合有关部门做好重点帮扶企业认定工作，新认定1329户重点帮扶企业，实行社保费缓降等扶持政策，切实减轻企业负担。

【促进实体经济发展】推动企业技术改造，安排企业技术改造专项资金1.2亿元，扶持全省438个企业技术改造项目，带动社会投资245.5亿元，有力地支持了企业技术改造和设备更新。扶持中小企业发展，安排专项资金6000万元，支持全省“专、精、特、新”和成长型中小企业发展。加强财政金融结合,整合资金设立中小企业风险准备金,为产业集群专业镇中小企业、特色产业基地和中小进出口企业提供贷款担保,缓解其融资难。积极争取国家政策资金,会同省经信委,积极争取国家中小企业发展专项资金 5088 万元,支持全省 99 户企业。积极组织本省担保机构申报 2013 年国家中小企业信用担保资金,争取国家资金 1.06 亿元,居全国第三位。创新特色产业基地管理方式,按照各地特色产业基地发展现状,将国家统筹安排的 9541 万元资金全部切块到地方,由地方具体分配,充分调动地方积极性和主动性,有力支持本省特色产业中小企业加快发展。支持军民结合产业发展,拨付省级军民结合产业发展资金 2000 万元,支持省直及 13 个市公共安全、民用船舶、民爆物品等 73 个军民结合高技术产业项目发展。促进煤炭安全生产,安排煤炭安全生产专项资金 6284 万元,支持煤矿瓦斯治理新技术应用,推广应用安全高效开采、矿井通风、瓦斯抽采、煤与瓦斯突出防治、水患治理、应急救援等技术与装备,有力地保障了人民群众的生命财产安生。支持非煤矿山安全隐患治理,安排非煤矿山安全技改专项经费 2000 万元,专项用于全省非煤矿山尾矿库重大安全隐患技术改造治理、地下矿山隐患治理以及露天矿山治理等,提升非煤矿山安全生产系数,改善非煤矿山地区的生态环境。

【引导企业转型发展】安排节能与资源综合利用专项资金 6500 万元,较上年增加 500 万元,支持推进以节能降耗和提高资源综合利用等为主要目标的企业节能、节水、清洁生产、新能源以及可再生能源产品开发、资源综合利用等设备更新和技术改造项目建设。安排小煤矿整顿关闭省级财政补助资金 4050 万元,涉及 15 个小煤矿,引导年产 9 万吨以下的小煤矿综合技改,有序退出,整治小煤矿开采安全隐患,促进煤炭安全生产。争取关闭小企业中央财政补助资金 20896 万元,支持"五小"企业关闭退出,为发展腾出空间。争取国家工业能源管理中心建设示范资金、清洁生产示范资金以及工业转型升级公共服务平台资金 8215 万元,支持企业实现用能管理、优化调度和智能控制一体化,增加生态效率,提升平台服务能力。会同省科技厅积极组织申报国家科技型中小企业技术创新基金项目,共争取国家科技型中小企业技术创新基金项目 1.49 亿元,同时,省财政拨付资金 5000 万元,与国家资金配套使用,共同推进科技型中小企业加快发展。推动企业技术创新和重大装备制造业发展,安排企业技术创新专项资金 2500 万元和重大装备制造业发展专项资金 1500 万元,突出新技术、新材料、新工艺和新产品研发和应用,推动重大装备制造技术改造和首台(套)重大装备研发使用。

【规范涉企资金管理】开展全省涉企资金专项检查,6 月初专门召开动员大会,制定工作方案,布置相关工作。检查工作从 6 月中旬开始至 9 月底结束,重点检查 2010—2012 年各级财政预算安排用于扶持企业发展的各项资金的使用管理情况。制定《省级财政涉企专项资金绩效管理暂行办法》,进一步强化涉企专项资金绩效管理,促进财政绩效管理与预算编制、执行的有机结合,提高财政资金投入产出效果。积极清理涉企收费,会同省物价局、省经信委、省监察厅对本省涉企收费情况进行全面梳理、分析和研究,联合提请省政府出台《关于进一步规范涉企收费的通知》,在国家减免 33 项行政事业性收费的基础上,从 8 月 1 日起自主取消、调整、下放和缓征 28 项行政事业性收费和 3 项政府性基金,每年减轻企业负担约 8 亿元,并且对经营性服务收费和学会、协会、研究会等收费实行严格管理。至此,本省省级制定涉企收费项目全部取消或下放,整体收费项目数及标准低于周边省份。

【扎实推进企业股权和分红激励试点】经积极争取,财政部和国税总局联合下文,同意将合芜蚌自主创新综合试验区的股权奖励个人所得税、企业研发费用加计扣除和职工教育经费税前扣除试点政策延长至 2014 年底,在相关政策上执行与中关村等三家自主创新示范区同等待遇。召开全省企业股权和分红激励试点工作会议,总结前一阶段全省企业股权和分红激励试点工作经验。省协调小组办公室分赴合肥、芜湖、蚌埠三市,对三项税收政策落实情况进行督查调研,加强对三市的工作指导,继续加大宣传和培训力度。截至当年底,全省累计完成 69 户企业试点,提前完成"十二五"目标。

【保持外经贸平稳增长】针对异常严峻的外贸形势,在上年七大政策体系的基础上,根据省政府的决策部署，按照“稳政策、强管理、提效益、促增长”的总体思路，经与省商务厅多轮会商研究并报经省政府批准，进一步修订完善外贸促进政策体系，继续实行出口增量鼓励、进口补贴、开拓国际市场、出口信用险保费补贴、外向型企业培育、外贸公共服务平台及基地建设以及企业孵化等综合服务七大方面。统筹安排中央和省级资金7亿元，其中：中央资金4.1亿元，省级预算安排2.9亿元，及时拨付到位，支持本省外贸、外经、外资稳步发展。积极帮助外向型企业融资，共办理9个批次，实际向292家企业发放贷款10.6亿元。截至当年底，尚在使用专项担保贷款企业307家、贷款余额11.4亿元。会同省直有关部门，在充分调研会商基础上，拟定促进本省口岸进出口物流发展的有关政策建议，进行详细测算后上报省政府办公厅。强化会展经费管理，按照节俭、高效、保障原则，从严从紧控制会展经费，当年的经常性会展经费将较上年明显下降。

【扩大内需促进消费】积极支持内贸及商贸流通业发展，会同商务部门下发《关于下达2013年内贸发展促进政策的通知》，加大政策整合力度，明确政策支持重点、方向，注重政策引导作用。统筹安排资金3.35亿元，其中：中央资金2.5亿元，省级预算安排8500万元，支持培育商贸流通主体，促进消费转型升级，支持城市便民消费，推动农村流通体系建设，加强市场监管和应急调控等体系建设。修改完善《安徽省省级储备肉管理办法》，在严格管理的同时，增加中期评估；制定《安徽省内贸发展项目验收管理办法》，加强市场体系建设项目和万村千乡工程的验收管理；草拟《安徽省促进服务业发展专项资金实施细则》，进一步加强资金管理，提高资金使用效益。全力配合财政部驻天津专员办做好家电下乡补贴清算及政策落实情况专项核查工作，清算工作基本结束，为执行四年的家电下乡政策划上圆满句号。积极开展全省摩托车下乡清算工作，认真算好账，确保准确完整，不留尾巴。组织完成2012年全省老旧汽车报废更新补贴资金清算工作。

【改善民生强化移民资金管理】制定完善报账制管理办法，对全省大中型水库移民后期扶持项目资金报账制责任主体、报账程序、票据使用、档案管理进行明确，并对村民自主建设自备材料报账、管理费用、预付款比例及质量保证金予以规范，确保库区资金科学化、精细化管理，切实提高资金使用效益。积极配合省发改委开展本省大中型水库移民避险解困试点工作，拟定舒城、金寨、太湖、定远县等9县区大中型水库移民避险解困试点工作方案。及时拨付下达全年移民直补资金4.98亿元，下达项目资金2.16亿元，并下达第二批项目预算控制数3.16亿元，安排应急资金0.2亿元，着力改善库区和移民安置区广大移民的生产生活条件。

【夯实基础服务事业发展】继续巩固上年月报企业扩面成果，月报户数达6641户，并强化月报数据的分析利用。圆满完成2012年度全省企业财务会计决算工作，建立部门、企业间交流协作机制，聘请专业人才讲解企业财务报表专业知识和使用报表软件操作技能，及时对有关人员进行业务培训，报表数据的完整性、规范性和真实性不断提高。本省2012年企业决算工作荣获财政部通报表彰。强化联系部门财务管理，根据厅统一部署，进一步规范联系部门的基本户管理，基本户结余资金按要求转入国库支付中心统一管理，大力清理整合财政专项资金，配合部门积极做好“三公”经费公开工作。积极做好2014年预算编制工作，参加预算编制布置培训会，加强学习，督促部门编细编实预算。积极参与淮北矿业集团宿州市内学校移交工作，参加省政府协调会，针对移交中存在的分歧，积极协调有关单位，提出合理化建议，会同相关部门共同推进学校移交。制定出台《企业处改进工作作风、密切联系群众具体规定》，要求全处人员严格遵守，切实改进工作作风，提升工作效率。坚持会商制度，与经信、商务、国资、国防工办等部门单位举行100多次不同形式的会商，涉及财政财务管理的方方面面，并形成会商纪要，取得良好效果。加强廉政建设，经常开展谈心活动，着力完善内部机制，形成以制度管人、管事、管钱的格局。扎实开展结对共建，对阜南县黄岗镇黄岗村从扶持中小企业发展、支持柳编特色产业发展、加强移民小区公共设施建设、改善村民基本生活水平及提升基层党组织整体能力等方面予以支持。深入开展群众路线教育活动，完成规定动作，选准自选动作，整理归纳反馈25条整改意见，处室队伍凝聚力、战斗力、向心力显著提高，群众路线观念进一步巩固。

（厅企业处供稿 张铭）

地方财政金融监管及外国政府贷款管理工作概述

2013年，金融处在厅党组的坚强领导下，坚持以十八大精神为指导，以群众路线教育实践活动为契机，围绕全省财政中心大局，开拓进取，务实创新，各项工作再创佳绩。

【研究支持经济发展新举措】针对财政金融工作发展的新情况、新问题，深入开展调查研究，形成《财政引导金融支持实体经济发展思考》、《关于进一步完善担保再担保体系建设支持中小微企业发展的报告》、《关于全省政策性农业保险试点工作“回头看”情况的报告》、《关于森林和育肥猪保险试点工作情况调研的报告》、《关于金寨县农村金融综合改革有关情况的报告》等多篇专题调研报告，为领导决策、制定完善政策提供重要参考依据。其中，《关于进一步完善担保再担保体系建设支持中小微企业发展的报告》得到厅领导的充分肯定，并据此牵头起草并以省政府办名义印发《关于进一步加强融资担保体系建设支持小微企业发展的意见》。会同有关部门制定《安徽省人民政府关于促进经济持续健康发展的意见》，提出6条政策措施，有效引导金融支持经济发展。

【力促金融服务实体经济发展】着力引导金融服务“三农”发展，组织县(市)财政部门认真做好304家县域金融机构涉农贷款增量奖励的申报和审核工作，对207家县域金融机构奖励2亿元，对38家村镇银行等农村金融机构给予定向费用补贴1.3亿元，对担保放大倍数3倍以上、年化综合担保费率低于2%的34家县域融资性担保机构给予担保费补助0.4亿元，有效降低中小企业融资成本。着力引导金融服务中小企业发展，落实银行机构服务小微企业奖补政策，兑现资金3570万元，引导16个市辖区121家银行机构持续扩大小微企业贷款投放规模。实施中小企业上市和债务融资奖补政策，兑现资金4140万元，支持36家中小企业拓宽融资渠道，缓解融资压力。省财政拨付省担保集团皖北三市五县产业园区省级配套资金7.5亿元，进一步提升园区融资发展能力。着力支持民贸民品经济发展，结合本省实际，研究制定《安徽省民族特需商品生产贷款贴息管理实施细则》。拨付12家民品生产企业贴息资金750万元，引导承贷银行提供流动资金贷款6.05亿元，有力支持和促进本省民品生产企业健康发展。协助做好地方政府债务管理工作。及时对全省纳入银监会名单制管理的地方政府融资平台情况进行统计汇总、摸清家底，会同调研形成《关于政府性债务和政府融资平台情况的汇报》，参与《安徽省关于进一步加强政府性债务管理的意见》起草。全年累计偿还农基会清理整顿中央专项借款3672万元，争取财政部和中国人民银行减免利息167.36万元；收回皖西南国际农发基金贷款2224.6万元。切实履行储蓄国债发行监管职责，全年发行储蓄国债 82.79亿元，较上年增加34.71亿元，增幅达72%，为支持国家经济建设做出了积极贡献。

【深入推进地方金融改革发展】积极推进农村合作金融机构改革，研究制定尚未达到组建条件农村信用社支持措施，报省政府决策参考。兑现奖补资金140万元，支持7家农村信用社成功改制，全省已开业和组建中的农村银行数已达77家，占全部农村合作金融机构的92.77%。积极推进农村金融综合改革，支持将农村金融综合改革纳入本省深化农村综合改革试点工作整体推进，参与制订《安徽省人民政府关于深化农村综合改革试点工作指导意见》。拨付金寨县农村金融综合改革专项资金1000万元，连同市县配套资金2000万元，一并用于农村金融综合改革。调研指导凤台县农村金融综合改革，支持激活县域资金、支持做大财政担保、支持粮食银行改革，促进县域经济发展。积极支持地方金融体系建设，从当年起连续5年，每年安排11亿元民营经济发展专项资金，同时要求各地分别给予等额配套，充实县域融资性担保机构的国有资本金。拨付省信用担保集团20亿元国有资本金，对80家县域担保机构参股，当年全省新增融资性担保机构8家，总数达到378家，注册资本465.7亿元，在保余额1343亿元，有力支持了全省经济健康较快发展。兑现奖补资金1350万元，支持银行机构在县域新设分支行45个。兑现奖补资金300万元，引导设立新型农村金融机构和涉农担保机构 8 家。推动徽商银行成功赴港上市,成为国内首批、中部地区首家登陆 H 股的城市商业银行,募集资金净额达 80.32 亿元。参与推动省股权托管交易中心顺利揭牌运营，到当年底已累计挂牌和托管中小企业 151 家。

【大力支持民生金融发展】推进农业保险提标扩面规范发展,截至当年底,省财政累计拨付保费补助资金 13.5 亿元，支持全省承保农作物 1.05 亿亩、牲畜 200.6 万头、森林 3093.4 万亩,为 1978.4 万次农户提供 463.6 亿元的风险保障;经办机构累计赔付 12.6 亿元（已决),653.9 万次农户从中收益,有效减轻了投保农户的因灾损失,有力地支持了农业生产恢复发展。拨付省级补助资金 1119 万元，支持 59 个市县开展的 28 个品种特色农业保险。研究出台育肥猪和森林保险实施意见，选择部分地区先行开展育肥猪和森林保险试点。认真做好绩效评价工作,得到财政部金融司充分肯定，并决定继续将本省纳入全国保费补贴绩效评价试点工作十省份之一。推进小额担保贷款规范有序开展,不断调整、充实、完善小额担保贷款政策体系,全力推动小额担保贷款工作。全年新增小额担保贷款 61.3 亿元,较上年同期增加 10.2 亿元,同比增长 19.9%,完成年初目标任务 204%,直接支持 8.7 万人次创业，有力促进了弱势群体的创业和再就业。精心做好救助基金设立前期准备工作,加强政策研究,起草《安徽省道路交通事故社会救助基金设立方案（征求意见稿)》，形成《安徽省道路交通事故社会救助基金管理试行办法（代拟稿)》，为适时启动此项工作打下坚实基础。

【着力加强地方金融财务资产监管】扎实做好财务资产监管基础工作,做好省属 12 家国有金融企业财务登记，督促指导市县财政部门做好本级财务登记工作。认真做好全省 450 余家金融机构财务决算和季报收集、审核、汇总分析及运用工作,全面掌握全省金融机构运行情况。做好地方金融机构国有资产产权登记、保值增值等工作;加强对国有金融资产产权交易所监管，全面掌握省内非上市金融企业国有资产转让情况。建立健全财务监管制度,研究制定《安徽省省属金融企业负责人职务消费管理实施办法（暂行)》，转发财政部《国有金融企业年金管理办法》,适时对《安徽省融资性担保公司代偿损失核销管理暂行办法》进行修订,进一步加强了地方金融企业财务监管。认真做好绩效评价工作，组织和指导各地开展国有金融企业绩效评价工作,做好数据的收集、审核和确认工作；将评价结果与金融企业高管负责人薪酬核定相挂钩，切实提高绩效评价工作的公信力和影响力。组织实施省属金融机构负责人薪酬核定工作,督促和指导徽商银行、省联社和担保集团积极配合做好薪酬核定工作。开展省担保集团绩效考评，科学核定并批复担保集团负责人薪酬和薪酬总额。依法履行对担保集团的出资人职责,研究下达省担保集团 2013 年度主要目标任务,引导担保集团积极主动完成省政府交予的各项任务。

【积极利用外国政府贷款】加大外国政府贷款争取力度，在全国贷款国别和额度大幅度下降的不利情况下,积极开辟贷款资金新渠道,充分挖掘美口行、德促和法开署等国外官方援助机构贷款的潜力,努力稳定贷款规模,贷款申请再创佳绩。全年获财政部新批外贷项目 11 个,贷款金额 1.41 亿美元,完成年初计划的 117.5%,所占份额继续保持全国前列。积极规范外国政府贷款管理,研究制订《安徽省外国政府贷款项目采购公司招标管理规定》,确保招标工作公平、公正、公开。组织开发安徽省外国政府贷款管理软件，实现本省对外贷项目的全流程、全方位的实时管理和监督。积极配合专员办、审计厅监督检查,确保外贷项目规范运行。积极防范外国政府贷款风险,协调解决金寨县“黑字还流”日元贷款、阜阳市鑫科贤利用中德财政信贷等项目还款问题,确保及时对外还款。全年累计偿还国外贷款本息 1.08 亿美元,无项目还款违约。将外贷纳入政府性债务统一管理,对当年申报的外贷项目一律纳入政府债务收支计划，建立债务风险预警机制,对债务超警戒线的市县,采取风险提示和限制债务规模等措施。

【不断增强队伍素质和工作效能】强化学习教育,及时组织学习传达中央、省委省政府和厅内重要文件精神,统一思想,提高认识,着力提升全处干部职工政治坚定性、敏锐性。加强财政金融系统干部队伍业务学习培训，不断增强干部业务素质和能力。改进工作作风,制定《金融处贯彻〈关于改进工作作风 密切联系群众的若干规定〉实施方案》,修订《省级财政金融专项资金审核管理暂行办法》,完善《金融处工作规则》,切实把权力关在制度的笼子里。认真贯彻落实有关规定,切实改进工作作风,提高工作效能,推进厉行节约、反对奢侈浪费。扎实开展结对共建工作,多次赴二铺村开展党建联席会议、调研走访、慰问特困党员群众等活动,积极帮助二铺村排忧解难,帮扶的二铺村美好乡村下水道管网基础设施建设已竣工并通过验收。深入开展党的群众教育路线实践活动,将学习教育活动与处室效能建设有机结合,科学制定实施方案,合理安排学践活动,建立健全规章制度,狠抓整改落实,确保群众路线教育实践活动扎实推进。

(厅金融处供稿　李红波)

国际金融组织及国家开发银行贷款管理工作概述

2013年,国际债务管理处积极开展群众路线教育实践活动,认真学习贯彻落实党的十八届三中全会精神,精心谋划全省国际债务管理工作,深化与国际金融组织的合作,积极争取国际金融组织和清洁发展机制基金贷款,努力扩大有效投入,不断创新工作方式,提高资金使用绩效,积极为本省的发展与改革引资、引智,取得了阶段性成绩。

【大力引进世行、亚行贷(赠)款资金】向财政部积极申请,力争本省项目列入贷款规划。加强对市县和省项目主管部门的业务指导,提高项目评估、准备的质量和效率。及时帮助项目单位解决项目准备过程中遇到的问题,促进项目尽早进入谈判阶段。认真牵头组织贷款谈判签约工作,截至当年底,顺利完成5个贷款项目的谈判或协议生效工作,共计协议利用世行、亚行贷款资金7亿美元。帮助省政府发展研究中心争取亚行40万美元技术援助赠款开展安徽省区域协调平衡发展战略与政策研究,为淮南市争取亚行50万美元技术援助赠款开展"加强淮南城市防洪管理"课题研究。当年,世行、亚行对中国提供贷款约各为15亿美元,本省实际提取世行、亚行贷款资金9700万美元,争取份额刷新历史成绩,扩大了本省有效投入,支持了交通、城建、环保和农村发展等我省经济社会重点领域的发展。

【积极做好国际金融组织贷款项目前期准备工作】本省进行项目前期准备工作的项目包括马鞍山慈湖河流域水环境治理、皖江示范区综合交通基础设施、淮南水系综合治理、淮南采煤塌陷区综合治理、黄山新农村建设示范和宣城承接东部产业转移基地基础设施示范等,利用世行、亚行贷款规模达8亿美元。积极配合有关部门做好列入规划的新项目的前期论证和准备工作,参与世行、亚行考察团在皖期间各项考察、调研和会商活动,确保项目前期准备工作的顺利进行。当年,在财政部国际司牵头下,积极组织省内有关单位分别就世行贷款马鞍山慈湖河流域水环境治理项目、世行贷款宣城承接东部产业转移基地基础设施示范项目、亚行贷款淮南市城市水系综合治理工程项目、世行贷款黄山市新农村建设示范项目和亚行贷款安徽省综合交通基础设施项目与世行、亚行进行贷款谈判,顺利草签《贷款协定》、《项目协议》及《谈判备忘录》。5月,省政府与财政部签订"亚行贷款巢湖流域水环境综合治理项目"《转贷协议》,协议利用亚行贷款2.5亿美元,省财政厅和省巢湖管理局在合肥联合召开项目启动会,部署下一步工作和省与市(县)之间《转贷协议》的签署工作,同时对亚行贷款的提款报账程序、项目会计核算办法以及财务管理办法进行了讲解。10月,省政府与财政部签订"世行贷款安徽马鞍山慈湖河流域水环境治理项目"《转贷协议》,协议利用世行贷款1亿美元。11月,省政府与财政部签订"世行贷款安徽宣城承接东部地区产业转移基地基础设施示范项目"《转贷协议》,协议利用世行贷款1.5亿美元。

【加强对在建项目的指导和监督检查】在项目日常管理过程中,坚持以资金、财务、债务管理为主线,积极参与项目全过程管理,努力推进管理科学化、精细化。主动加强与项目主管部门和发展改革部门的协调合作,切实按照财政部38号令和《安徽省国际金融组织贷款投资项目管理规程》要求,共同做好项目管理工作。根据项目实施的不同阶段采取相应措施,对刚启动的项目,做好落实配套资金、编制招标文件、做好培训等准备工作;对已进入支付高峰期的项目,着重抓好合同进度和提款报账,及时审查并报出提款申请,及时下拨项目配套资金，不断加快项目报账提款速度和资金支付进度；对即将完工的项目，着重抓好余款的使用和项目竣工验收、完工报告的编制和项目档案的管理工作。截至当年底，本省利用国际金融组织贷款项目已达65个，协议利用国际金融组织贷款约34.5亿美元。

【加强债务管理】针对本省处于国际金融组织贷款还贷高峰期，收贷任务十分艰巨的状况，不断加大贷款回收力度，主动争取项目单位的理解和合作，采取把还款和新项目申报挂钩，还款和奖励挂钩等措施，千方百计回收资金按时归还财政部。全年归还财政部到期债务折合人民币4.84亿元，向项目市县和单位回收债务折合人民币3.8亿元，本省对财政部所有到期债务全部结清，避免、因拖欠债务而财政部可能采取的预算扣款、加罚违约金等处罚措施，维护了本省信誉，为本省不断争取新项目提供了重要保障。进一步提高国际金融组织贷款管理信息化水平，运用财政部开发的“政府外债统计监测预警管理系统”，对全省所有国际金融组织贷款债务历史数据进行全面整理和核对，并派专人赴财政部国际司协助完善数据录入工作。

【推进项目绩效评价工作】按照财政部要求，认真开展绩效评价工作，通过客观、科学地评价项目的实施绩效，逐步建立和完善国际金融组织贷款项目监测与评价体系，提高项目实施效果。当年3月，财政部国际司在全国范围组织实施国际金融组织贷款项目绩效评价工作，涉及本省世行贷款蚌埠市防洪生态环境治理项目和亚行贷款安徽公路发展项目，通过与有关部门、单位密切配合，顺利完成此项工作。

【认真开展世行在华项目案例编写征集工作】财政部与世行合作，以世行在华贷(赠)款项目为主要对象，组织编写100个高质量的中国实践案例，将本省5个项目纳入案例编写建议清单。省财政厅高度重视此项工作，精心挑选合适项目，与有关单位合作，认真组织部署案例编写工作，提出高标准、高质量完成编写工作任务的要求，克服项目跨度时间长、原项目管理人员工作变动、资料收集困难等因素，通过反复研讨和修改完善，较好地完成了案例初稿的编写工作。

【积极开展清洁发展机制基金委托贷款业务工作】积极接受中国清洁发展机制基金管理中心对本省工作的帮助和指导，建立起与基金管理中心的工作联系。根据财政部印发《地方财政开展清洁发展委托贷款管理暂行办法》规定，结合本省实际，积极申报清洁基金支持的项目，共计向财政部申请清洁发展委托贷款项目4个，其中1个项目当年获得清洁发展优惠贷款6500万元。

【认真开展“结对共建”活动】贯彻落实厅党组《关于进一步深化城乡基层党组织结对共建工作的通知》精神，积极与舒城县高峰乡普明村开展结对共建活动，结合处室工作特点，完善处室结对共建方案，为下一步更好开展结对共建工作打好基础。结合建党92周年，走访慰问普明村6户困难党员，选择三户困难户作为帮扶对象。

（厅国际债务处供稿　余禹）

农村财政管理工作概述

2013年，按照全省财政工作总体目标和部署，农村局紧紧围绕推进县乡财政一体化管理，坚持夯实基层基础，以提高乡镇财政资金监管工作绩效为重点，认真落实惠农补贴政策，着力加强乡镇财政建设，全面完成各项工作任务。

【提升惠农补贴资金管理水平】统一全省惠农补贴资金管理发放软件，升级改造29个县区的《惠农直达网络版》软件，全面运行“一卡通”网络版管理系统。完善省厅惠农补贴资金数据平台，完善农户基础信息，正确率达到98%。加强网络建设和系统维护，从乡镇到省厅惠农补贴资金网络全面贯通，资金发放质量和效率大大提高。制定出台《安徽省惠农补贴资金绩效评价办法（试行）》，内容覆盖政策落实、资金管理、管理制度、信息建设、监督检查、基础工作和为民服务7大类47项，细化量化单项内容评价标准，全程评价惠农补贴管理和发放工作绩效，努力提高科学化规范化管理水平。当年全省累计通过“一卡通”打卡发放各项惠农补贴资金223.5亿元，比上年同期增加27.9亿元、增长14.3%。损害农民利益的问题大幅降低，当年反映惠农补贴资金来信来电8件，比上年减少9件。

【开展全省涉农资金检查工作】成立全省涉农

资金检查协调小组，制定检查工作方案，确立工作目标，明确职责分工，层层分解任务，进行动员部署和业务培训。全面开展检查，县级检查乡镇面、各市检查县级面达100%，市县深入3931个行政村、34272户农户、4545个涉农项目实施单位；省级8个检查组深入 16个市、35个县区、55个乡镇、90个行政村、134户农户、75个项目实施单位。全面梳理和检查2010—2012年财政“三农”资金使用情况，摸清了涉农资金底数，查处了一些问题和隐患，维护了农民利益和基层稳定。深入分析涉农资金使用管理中存在带有根本性和长远性的问题，研究解决问题的体制机制性措施，从明确工作职责、健全基础数据、加强制度建设、加大监督力度、完善查处机制等方面，进一步推进涉农资金监管长效机制建设。

【推进财政资金县乡一体化监管】当年5月，财政部组织开展2012年度乡镇财政资金监管工作检查，本省以全面建立乡镇财政资金监管工作机制为重点，坚持县乡互动，从制度设计、机制运转、平台建设和绩效管理，加大工作推进力度，圆满完成财政部检查，检查组对安徽省工作给予充分肯定。推广应用资金监管平台，及时对监管软件的内容、操作流程等反复论证、补充和完善，以乡镇财政项目资金监管为主要模块，同时将单位预算资金、“一卡通”发放资金、村级资金整合纳入管理，监管内容更全面、流程更规范、效果更明显，截至当年底，共51个县(市、区)建立了资金监管平台。根据预算绩效管理要求，并参照财政部以奖代补的做法，广泛征求意见、多次讨论修改，制定下发《安徽省乡镇财政资金监管工作绩效评价办法》，明确五个方面的评价内容，注重量化县级财政部门的监管责任，加大乡镇财政资金监管的信息通达、公开公示、抽查巡查等关键环节的分值比重，采取日常核查与年度考核、定量与定性相结合的方法，对各地资金监管工作进行评价，实行以奖代补政策，推动各地工作开展。在组织抽查验收2012年创建规范化乡镇财政所省级先进单位的基础上，重点检查27个创建示范县推进县乡财政一体化管理、乡镇财政资金监管等情况，并根据检查结果下达通报。深入市县调研，督促各地制定一系列部门职责、操作流程等制度性文件，初步建立起资金监管协调运转机制。按照省财政厅统一部署，牵头做好乡镇财政资金监管帮联工作，明确帮联内容，实行工作月报，编印《工作手册》和帮联工作重点，加强对乡镇财政资金特别是涉农资金监管工作的指导、督促和检查，重点督查乡镇财政资金的信息通达和抽查巡查工作开展情况，集中时间推进乡镇财政资金监管工作全覆盖、常态化。农村局深入滁州市实施帮联，推动市县建立预算部门会商和乡镇财政资金监管工作的长效机制。

【夯实乡镇财政管理基础工作】加强档案管理，制定下发《安徽省乡镇财政档案管理制度》，明确管理职责、立卷归档、保管利用、鉴定销毁等各项要求，大力推进乡镇财政档案管理达标升级。全省306个乡镇财政所(分局)达到省一级或二级标准。重视信息化建设，与预算处、国库处、信息中心共同完成《乡镇财政信息化建设与应用课题研究》。为加强课题成果的应用，选择基础较好的无为县开展试点工作，建立县乡财政信息共享平台、推进县级财政平台一体化系统向乡镇延伸，着力以信息化技术提高乡镇财政管理水平。推动机构队伍建设，支持各地在提升机构级别、充实年轻干部、提高队伍素质等方面，进一步加强乡镇财政机构和队伍建设，全省设立乡镇财政分局306个，全省乡镇财政干部参加各类培训19544人次。

【调研农村集体“三资”管理】收集整理有关文件资料，结合深入无为、南陵、铜陵等县区了解农村集体“三资”管理现状和运行情况，基本摸清全省“三资”委托代理服务中心机构设置、人员编制等情况。走访省农委经管站，进一步了解全省农村集体“三资”管理现状和网络监管平台建设情况，为深入开展全省农村集体“三资”管理提出意见建议。

(厅农村局供稿　姚瑶)

会计管理工作概述

2013年，会计处深入贯彻落实党的十八大和十八届二中、三中全会精神，紧紧围绕财政中心工作，努力服务经济社会发展大局，积极开展党的群众路线教育实践活动，切实改进工作作风，突出制度落实和服务转型，统筹兼顾、开拓创新，在会计管理工作的各个领域取得了新的成绩。

【推进会计准则制度贯彻实施】结合《事业单

位会计准则》、《事业单位会计制度》等新准则制度学习、宣传和业务培训，会同教科文处等处室单位举办省直财务人员业务培训班，编印发放《会计管理制度选编》、《事业单位会计制度》等资料800余册，培训财会人员400余人次。全力推进行政事业单位内部控制规范宣传培训和贯彻实施，印发《安徽省贯彻实施〈行政事业单位内部控制规范〉工作方案》，组织召开全省行政事业内部控制规范实施动员视频会，会同干教中心两次为省直机关和16市财政部门举办3期内控业务培训班，累计参学人数320多人。联合省国资委相关处室，做好《企业产品成本核算制度（试行）》制度实施培训，34家省属企业共100多位财务人员参加培训。积极扩大企业会计准则通用分类标准（XBRL）实施范围，确定徽商、江淮汽车等五家单位为今年通用分类标准试点企业，联合省国资委组织XBRL现场校验并顺利通过财政部验收。选取全省30家非上市大中型企业，配合财政部完成准则执行情况等企业年报分析调研重点课题。

【创新会计人才培养管理】加大高级会计人才的选拔培养力度，会同人社厅出台《安徽省正高级会计师专业技术资格评审标准条件（试行）》，在省属大型企业、全省各类会计中介服务机构、合芜蚌人才特区的企事业单位中启动开展正高级会计师专业技术资格评审试点工作。开展总会计师素质提升工程，印发《关于实施全省大中型企事业单位总会计师素质提升工程的通知》，分两类五批，共组织省市大中型企业和事业单位总会计师或会计骨干人才共240人参加培训。继续抓好会计领军人才培养选拔工作，在积极做好第一批、第二批会计领军学员培养工作基础上，增设考核环节，加强用人单位在选拔过程中参与权，确保高质量完成全省第三批会计领军人才选拔工作。

【促进中介机构行业健康发展】联合省工商、税务等四部门下发《关于规范全省代理记账机构管理的通知》，进一步理顺代理记账机构设立审批、资格审查、信息报备工作流程，引导、鼓励代理记账机构做精做专、促进代理记账行业持续健康发展，财政部会计司对此项工作予以充分肯定，财政部《会计管理动态》、《中国会计报》等媒体进行了全面报道。根据财政部统一部署，首次组织全省代理记账机构基本信息核查，摸清“家底”，对已在工商部门注销的代理记账机构及时撤回行政许可。2012年，全省代理记账机构450家，营业收入为5056.43万元。进一步规范会计师事务所管理工作，细化《会计师事务所日常管理工作规程》，配合省财政监督局开展事务所执业质量检查工作，协同厅内相关处室向省物价部门协调会计师事务所审计收费事宜。截止2012年底，全省会计师事务所245家。其中有限责任会计师事务所86家，合伙制会计师事务所137家，省内分所2家，外省分所20家。

【提升会计管理服务基层、服务群众水平】努力加强和改进基层会计管理工作，印发《安徽省财政厅关于加强和改进基层会计管理工作实施方案的通知》，着力激发基层会计工作活力。扎实做好会计专业技术资格考试工作，针对财政部首次在全国范围内进行初级无纸化考试试点，建立人社、保密、无线电、公安等部门联动机制，落实安全保密措施，强化督查巡视指导，狠抓考风考纪管理，圆满完成初级会计专业技术资格无纸化考试改革工作，得到全国会计考办安徽巡视组的充分肯定。当年全省会计专业技术资格考试报名考生89824名，其中：初级65592人、中级23118人、高级1090人。贯彻落实《会计从业资格管理实施办法》，及时修订出台本省实施办法，顺利实施会计从业资格无纸化考试，首次实行现场亮分，确保证考试严肃公正。当年全省从业资格无纸化考试报名考生达历史最高的17.3万人，出考人数127341人，合格人数47924人，合格率37.6%。不断优化会计人员管理信息系统服务功能，确保会计人员管理和考试系统安全，开发“会计管理动态”等模块，及时高效发布各类会计信息和地方会计管理工作动态。强化会计人员继续教育服务，引入竞争机制，规范培训市场，全年全省会计人员参加网上学习人数达104896人，占参加继续教育总人数214581人的48.88%。

【加强会计管理队伍建设】注重制度建设，全年制订完善现有会计管理制度15项，其中：会计人才培养方面3项、会计考试类6项、会计中介机构方面2项、基础管理类4项。注重调查研究，工作重心下移，从加强村级财务核算、完善农村财会人员队伍、强化村级财务监督等几个方面，组织村级财务管理工作调研，形成专题报告，为加强基层会计管理工作提供基础资料。注重宣传交流,建立基层会计宣传联络员制度、信息报送制度和季度通报制度。全年全系统在各类媒体上宣传信息314条。注重沟通、服务,主动会商省直相关部门及市县基层会计管理机构140余家,会商累计达39次,征求意见达80余条,与省气象局协作成功举办全省气象系统首届财会知识竞赛;优化服务流程,将省直会计人员调转工作移交至窗口办理,积极提供助学、导学和咨询服务,耐心细致答复厅网站网友问题,全年共答复2423条,占厅网站网友留言总量的96.8%。

(厅会计处供稿　童兵)

行政事业单位
国有资产管理工作概述

2013年,资产处突出以抓贯彻落实《安徽省人民政府办公厅关于进一步规范和加强省级行政事业单位资产管理工作的意见》(皖政办〔2013〕3号)为工作重点,狠抓制度创新,推进产权集中管理、资产集中处置、房产统一拍租、两证集中管理,积极构建资产管理新机制。

【完善配套管理制度,推进《意见》贯彻落实】根据皖政办〔2013〕3号文件精神,认真研究制定贯彻落实的具体办法。本着按照轻重缓急、稳步推进的原则,及时梳理出资产配置、使用、处置、收益管理等各环节的工作重点,并对工作任务进行细化分解,落实到人。制定下发《关于省级行政事业单位房产出租实行公开拍租的通知》、《关于加强省级行政事业单位资产集中处置管理工作的通知》、《省级行政事业单位资产使用管理暂行办法》以及《关于进一步加强全省行政事业单位国有资产管理的意见》等9项制度。为明晰职责分工,落实工作责任,制定《关于进一步明确行政事业单位资产管理内部有关工作程序的通知》,为加强资产管理提供有力制度支撑。

【严格资产配置标准,完善资产配置预算管理】明确通用办公设备家具配置标准。为严格资产配置管理,切实降低机关运行成本,研究起草《省级行政单位通用办公设备家具配置标准》,报省政府同意后,会同省管局联合印发。该《标准》明确了11类通用办公设备和9类通用办公家具的价格上限、最高数量和最低使用年限标准,为编审资产配置预算、促进资产管理与预算管理相结合提供了依据。细化资产配置预算编审程序。主动加强与相关处室联系,结合近几年资产配置预算编审工作实践,从新增资产配置预算报表内容、部门预算编报软件修改等方面提出建议。加强2014年省级部门预算中资产配置预算的编制工作,要求凡部门使用财政性资金购置房屋建筑物、土地、通用设备、专用设备、家具、车辆的,都应编制新增资产配置预算。通过强化新增资产配置与预算编制的衔接,推动资产配置标准的贯彻执行,促进资产管理与预算管理相结合,提高预算编制的规范性和科学性。

【推进权证集中管理,夯实资产管理基础】完善资产清理数据。在2011年资产清理工作基础上,及时组织对省直单位2011年至2012年房屋、土地以及出租出借变动情况进行清查,重点核实各单位国有房屋、土地使用管理情况,为顺利推进产权集中管理和公开拍租工作奠定了基础。集中收缴房屋土地权证。会同资产管理中心于3月初启动省直单位房屋和土地权证收缴工作,督促省直有关单位按期移交“两证”。及时出台《省级行政事业单位“两证”集中管理暂行办法》,为规范权证集中后的借阅、使用及日常管理提供依据。开展资产出租情况专项核查。会同监督局、资产管理中心,组织对220家省级行政单位、参公管理事业单位和主管部门所属机关服务中心或后勤服务机构的资产出租等情况进行全面核查,重点核查资产出租、收益上缴、合同备案、权证移交等情况,进一步摸清了省直单位资产出租等方面存在的问题。通过落实整改措施,全面强化产权集中管理、房屋公开招租、收益统一管理等工作基础,促进了皖政办〔2013〕3号文件的贯彻落实。

【推进房产公开拍租,规范资产集中处置管理】完善资产有偿使用审批程序。严格控制行政事业单位出租出借国有资产,统一国有房屋租赁合同文本,细化房产公开拍租流程,强化对选聘评估、拍卖等中介机构的监督,促进房产拍租工作的公开、透明和高效。全年共办理下达省直单位资产出租批复10份,涉及10家省直单位54处房产,出租房产面10.57万㎡,全年完成8家主管部门51处房产的公开拍租业务,涉及房产总面积10.33万㎡。从已成功拍租房产统计数据来看，原合同租金累计557.25万元/年,实际成交租金累计976.14万元/年,较原合同租金收益增长75.2%。严把资产处置审核关。督促省直单位严格按规定程序报批资产处置,先后赴省农委、省广播电视台等单位实地核实处置事项,认真做好资产处置的审核批复工作。全年共审核办理省直单位的资产处置申请90笔,资产账面原值合计22365.28万元，其中纳入省资产管理中心集中处置的资产处置40笔,涉及43家省直单位,账面原值8421.87万元。推进资产集中处置。进一步明确纳入省财政集中处置资产的范围、处置流程等，对经批准出售和报废的重大资产,由省资产管理中心统一委托评估,通过产权交易机构,采取招投标、拍卖等方式公开处置,确保资产处置的规范高效、公开透明。全年共完成38家省直单位账面原值合计5612.65万元的资产集中处置,其中:报废资产账面原值4648.49万元,报废资产残值收入60.53万元；出售资产账面原值964.16万元，出售资产评估价值615.78万元,资产出售收入768.3万元,溢价率达24.8%,资产集中处置成效初显。

【强化作风和干部队伍建设，营造良好工作氛围】组织对合肥、芜湖等地资产资金集中管理工作调研。会同资产管理中心多次赴省产权交易中心、合肥招投标中心实地了解资产转让、房产竞价拍租等工作流程,先后牵头起草三份调研报告,为领导决策提供重要参考。围绕皖政办〔2013〕3号文件的贯彻落实情况,开展形式多样的宣传,不断扩大资产管理工作的影响度。主动到省直单位开展政策宣讲和业务培训,促进了资产管理各项政策的贯彻执行,全面提升了资产管理队伍的业务水平。在全国事业单位资产管理培训班上,财政部专门安排本省就资产集中统一管理作大会经验交流发言,得到与会代表的一致肯定。扎实开展党的群众路线教育实践活动和城乡基层党组织结对共建工作,严格落实中央八项规定、省委三十条和厅党组三十条要求,贯彻执行效能建设“八项制度”,深入推动效能建设向核心职能和重点工作延伸,进一步增强效能意识、强化责任落实、提升工作绩效,深入开展“四零”服务竞赛活动，积极赴部门单位开展工作会商,进一步提升服务基层、服务群众的水平。

（厅资产处供稿　王合武）

国有资本经营预算管理工作概述

2013年,国有资本经营预算处坚持围绕中心、服务大局,积极发挥国资预算管理职能,圆满完成各项工作任务。

【严格国有资本经营预算执行管理】严格国有资本经营预算收支管理。根据省人大审议结果,及时将2013年省级国有资本经营预算批复相关单位,明确收入和支出目标,硬化预算约束,强化管理责任。积极做好资本收益收缴工作。依据国有资本收益收取办法规定和企业年度财务决算资料，认真审核省属企业应交国有资本收益，并及时下达收益收缴通知，督促预算单位及时收缴所监管企业的国有资本收益,做到应收尽收。全年累计收缴26户省属企业国有资本收益52877.2万元,比预算超收4549.1万元。及时拨付资金,加快预算执行进度。积极会同省国资委,研究提出年初预算待安排支出细化方案,并及时上报省政府。全年累计安排预算支出48858.5万元，有力支持了省属企业重点项目建设。

【推进国有资本经营预算扩面提标】为进一步完善国有资本经营预算政策，及时拟定扩大省级国有资本经营预算实施范围和提高收益收取比例的实施方案,多次上门征求省委宣传部、省国资委等单位意见，争取部门理解和支持。经省政府同意,从下年起,将安徽省信用担保集团有限公司纳入省级国有资本经营预算实施范围，并将省属国有独资企业原执行5%、10%国有资本收益收取比例,分别提高5个百分点至10%、15%,进一步规范国有企业收益分配行为，壮大省级国有资本经营预算规模,增强政府宏观调控能力,更好地支持企业改革与发展。

【认真编制省级国有资本经营预算】及时下发国有资本经营预算编报通知，明确2014年省级国有资本经营预算编制内容、程序及编报要求。根据经济形势变化、企业生产经营状况以及盈利等情况,认真测算国有资本经营预算收入规模。规范国有资本经营预算支出范围,明确预算支持重点，着力优化支出结构，重点支持省政府确定的重大基础设施和重点项目,支持企业深化改革,帮助企业妥善解决历史遗留问题。同时,加强对省国资委等单位报送的预算支出项目审核,多次上门征求相关部门预算安排建议,合理编制 2014 年省级国有资本经营预算草案,进一步提高预算编报质量和水平。

【积极配合国有资本经营预算审计】加强与审计署特派办以及省人大、省审计厅等部门的沟通联系,认真做好省级国有资本经营预算审计资料收集、整理,针对审计提出的问题和建议,及时研究反馈。积极落实审计整改意见,大力推进省级国有资本经营预算扩标提面工作,及时组织对 2010—2011 年省级国资预算部分支出项目的绩效评价试点,启动《省属企业国有资本收益收取管理暂行办法》修订完善工作,促进国有资本经营预算制度体系的进一步完善。

【稳步推进市级国有资本经营预算】按照财政部统一部署,及时组织全省国有资本经营预算实施情况的专题调研,认真做好 2013 年全省国有资本经营预算汇总编报和季报统计报送工作。因上报资料及时完整、数据质量较好,得到财政部的通报表扬。注重加强对市本级国有资本经营预算工作的指导,督促各市财政部门规范市本级国有资本经营预算的编制和执行,严格国有资本经营预算收支科目使用,确保国有资本经营预(决)算收支数据准确、完整,进一步提高全省国有资本经营预算管理水平。

(厅国有资本经营预算处　谢勇)

财政监督检查工作概述

2013 年,厅监督检查局认真贯彻落实财政大监督理念,坚持围绕中心、服务大局,着力健全法规制度,圆满完成《安徽省财政监督条例》立法;注重创新方式方法,组织开展财政收支监督、会计监督、绩效监督、内部监督、“小金库”清理检查等工作,认真履行监督职能,为维护财经秩序,保障政府性资金的安全规范有效使用发挥了积极作用。

【完成财政监督立法工作】《安徽省财政监督条例》于 2013 年 11 月 22 日经安徽省第十二届人大常委会第七次会议审议通过,自 2014 年 3 月 1 日起正式实施,成为本省财政第一部综合性法规。《条例》立足于财政管理与改革的现实需要和未来发展,以法律的形式对财政监督创新发展理念和行之有效经验做法予以系统化、规范化、制度化,对于加强财政管理、维护财经秩序、完善财政法制体制、提升财政执法水平、促进经济社会稳定健康发展将发挥重要的作用。

【积极推进预算监督】坚持监督关口前移,重点对省直预算部门及 25 个重点项目开展监督检查,密切关注省级部门预算编制、执行及财务管理情况。结合省级会计信息质量检查,重点开展了省直 42 家行政事业单位预算编制、执行情况的监督检查。同时,针对审计、财政检查发现问题,督促财政归口业务机构和主管部门整改落实,有力促进相关预算部门、单位的预算编制、执行和财务会计工作进一步科学规范。

【探索开展绩效监督】从预算部门绩效自评报告入手,重点对 2012 年度 7 个省级项目支出绩效自评工作进行事后抽查验证,并对 2013 年度 142 个编制有绩效目标的项目开展事前、事中绩效监督。跟踪实施皖北三市四县现代产业园区资金项目的绩效评价工作,形成的绩效评价报告,按詹夏来常务副省长批示,印发相关市、县(区)党委、政府和相关园区主要负责人阅。

【扎实开展专项检查】围绕财政中心工作,保障民生政策和重大财税政策贯彻执行,按照“跟踪、整改、问效”要求,对农村公路危桥加固改造项目实施跟踪检查,历时近 2 个月,检查 34 个县(市、区)606 座桥梁,涉及资金 3.36 亿元,达到“查一点规范一线,查一线规范一片”的效果,得到厅党组充分肯定。对部分企业 2012 年度出口增量资金申报情况开展专项检查,掌握出口奖励政策兑现的第一手真实资料,核减奖励资金约 7000 万元。对提现数额较大的 10 家省直预算单位零余额账户及提现资金使用情况进行专项检查,并提出建设性的意见和建议。根据省纪委部署,牵头开展对省直单位落实“十个严禁”情况、接待经费使用情况等一系列专项检查工作。

【组织实施“小金库”清理检查】根据省委党的群众路线教育实践活动安排,由省财政厅牵头,联合省纪委、省监察厅、省审计厅,对省直 160 家单位开展“小金库”清理检查工作。同时,注重长效机制建设,加强建章立制,由省纪委、省委组织部、省监察厅、省财政厅、省审计厅、省人力资源和社会保障厅、人民银行合肥中心支行联合印发了《关于进一步加强防治“小金库”长效机制建设的通知》,从预算防控、资产监控、账户监管、信息公开、监督检查、承诺考核、惩戒处罚等方面建立健全防治“小金库”的长效机制。

【深入推进会计监督】按照财政部统一部署,采取全省统一、上下联动的方式,检查与人民群众利益相关的重点行业企业和行政事业单位共1128户,发现违规金额73.36亿元。按照对非证券资格会计师事务所五年轮查一遍的要求,对近5年来未检查的会计师事务所及涉有举报等问题的59户会计师事务所开展执业质量检查,行政处罚4家,下达关注函4家,撤回设立许可1家,交由省注册会计师协会惩戒6家、限期整改5家,给予警告处罚注册会计师11人。通过政府采购方式“花钱买服务”,由省财政厅牵头协调,组织芜湖、淮南、马鞍山等五个市,委托具备相应资质的注册会计师事务所,探索开展对学校、医院等事业单位年度财务报告委托鉴证工作。

【推进涉企系统建设】根据省领导批示精神,扎实推进财政涉企项目资金管理信息系统建设工作,定于下年在全省同步使用。通过涉企系统,一是实现信息共享。通过建立基础数据库、开发与相关部门系统接口,实现财政与相关涉企主管部门对企业信息、项目申报信息共享;二是实现预警审核。根据设置的预警规则,针对企业申报存在的异常信息,提示业务主管部门、财政部门进行项目识别和重点关注;三是实现联网拨付。涉企资金通过涉企系统预警审核后,直接通过财政一体化支付系统联网支付;四是强化监督检查。针对预警审核中的提示信息,有针对性开展监督检查;五是统计查询分析。通过统计、查询、分析功能,更便于财政部门从全局、宏观层面整体把握涉企项目资金管理动态,从而解决目前财政涉企资金虚假申报、多部门申报、重复享受等问题。

【认真开展党的群众路线教育实践活动】认真贯彻落实省委和厅党组的部署要求,结合财政监督工作实际,以“为民理财促发展、务实清廉惠民生”为主题,聚焦财政作风建设,认真谋划部署,精心组织推动,狠抓工作落实,通过学习交流、走访调研、公开承诺等形式,深入查找“四风”方面问题,严把关键环节,认真予以整改。深入开展与宿松县北浴乡迎宾村党支部、绩溪县临溪镇孔灵村党总支的结对共建工作,先后支持完成排水排污工程1800余米、房屋改貌40多户,建成村民文化健身广场、敬老院、省道过村路等。

(厅监督局供稿　汪永飞)

政府采购管理工作概述

2013年,政府采购处认真学习贯彻党的十八大、十八届三中全会精神,在省财政厅党组的正确领导下,继续深化政府采购制度改革,强化政府采购预算管理,全面推进全省电子化政府采购系统建设,积极开展加入GPA谈判研究工作,加大政府采购监管力度,支持中小企业发展,深入开展结对共建、效能建设和“四零服务”活动。立足本职、做好服务,锐意进取、攻难克艰,全省政府采购事业持续健康发展。

【不断拓展政府采购新领域】全省各地逐步将保障房建设、城市轨道交通等工程项目纳入政府采购统计范围,政府采购范围不断向新的领域拓展。货物服务类项目纳入政府采购的范围越来越广,逐步向专用货物、外包服务等领域扩展。进一步细化政府采购预算,推动部门预算逐步细化到货物、工程和服务分类,并落实到具体采购项目。加强监管,严把政府采购资金支付关,在资金支付过程中强化采购合同审核。政府采购服务效率和水平不断提高,采购人政府采购意识进一步增强。全年全省政府采购实现采购合同金额711.1亿元,采购规模比上年下降74.7亿元,降幅9.5%。其中:货物类增加17.1亿元,增幅16.0%;工程类减少99.4亿元,降幅15.2%;服务类增加7.7亿元,增幅30.7%。采购总规模下降主要原因是工程采购项目的减少,特别是个别市工程类采购出现较大幅度减少。省本级实现政府采购合同总金额49.0亿元,比上年增加4.1亿元,增长9.1%。

【强力推进政府采购制度建设】为充分发挥政府采购政策功能,加强政府采购工作日常监管,加快推进政府采购信息化建设步伐,制定和出台一批规范性文件,实现用制度管采、用制度管人。9月出台《安徽省政府采购信用融资及融资担保试点工作方案》,支持中小企业发展。11月印发《安徽省省级政府采购特邀监察员管理暂行办法》,充分发挥社会监督监察作用,促进廉政建设。12月出台《安徽省政府采购评审专家管理暂行办法》、《安徽省政府采购代理机构考核暂行办法》、《安徽省省级政府采购涉密项目管理暂行办法》,加强政府采购工作监管。进一步修改和完善《安徽省政府采购供应商注册管理暂行办法》、《安徽省政府采购合同履约和验收管理暂行办法》等文件。

【加强政府采购预算执行管理】进一步规范政府采购行为,加强政府采购预算执行管理,加快政府采购预算执行进度,提高政府采购工作效率。在上年出台《安徽省财政厅关于进一步加强省级政府采购预算执行工作的通知》的基础上,对省级政府采购预算执行工作进行细化,印发《安徽省财政厅关于印发进一步加强省级政府采购预算执行工作有关具体问题的通知》。省财政厅召开"政府采购预算执行工作协调会",专题研究下年政府采购预算工作。当年,政府采购预算执行进度和效率显著提高,调整后的政府采购预算为79.4亿元,已经委托采购的项目预算为78.6亿元,占采购预算的99%。省本级实行采购结余资金收回财政,全年累计收回1600多万元。

【强化政府采购工作监督管理】依法处理政府采购投诉案件,全年省本级共受理投诉案件5起,下达处理决定书5起。针对涉及省财政厅的一起行政复议,会同税政条法处、省采中心认真研究案情,及时答复省政府法制办,省政府法制办维持省财政厅作出的具体行政行为。及时严查各类信访案件,对收到省纪委、省信访局和厅办公室转来的8封群众来信,根据来信内容迅速展开调查,将调查结论及时反馈给各部门,对举报市县的案件,及时转交,并要求限时上报调查结果。加强政府采购信息公开,通过"安徽省政府采购网"及时发布有关政府采购法规制度、工作通知动态、采购项目公告信息、投诉及行政处罚决定、集中采购目录、代理机构名单等,让政府采购各参加方及时准确地了解本省政府采购信息,全省政府采购信息发布量逐年提升,全年全省共发布政府采购各类信息公告17000多条。加大宣传工作力度,中国政府采购报、政府采购信息报、中国政府采购杂志、安徽日报等媒体先后对省财政厅领导、政府采购处负责人就安徽省政府采购工作进行专访,中国财经报用整版篇幅刊登本省电子化政府采购系统建设情况。"安徽省政府采购网"成为发布全省各类政府采购信息的窗口和枢纽,成为采购单位、供应商和社会公众及时了解政府采购相关信息的总载体。

【把好政府采购当事人准入关】规范政府采购代理机构资格审批。认真审查、按章办理,行政审批严格执行承诺制和限时制,截至当年底,全省共有乙级政府采购代理机构116家。全年审核认定或延续21批,共计41家企业为乙级政府采购代理机构,并依法颁发资格证书。举办"全省政府采购代理机构法规与实务培训班",加强对政府采购代理机构的业务培训,全省甲、乙级资格代理机构近160人参加了培训并经考试取得合格证书,并将是否参加培训,作为延续政府采购代理资质的重要依据。规范政府采购评审专家管理。当年新入库专家79人,在库专家达到1775人。针对评审程序不够完善、工作职责不够明晰、权利义务不对称等问题,印发《安徽省政府采购评审专家管理暂行办法》,从监管部门职责、评审专家资格管理、评审专家权利义务、评审专家的使用与管理、考核与处罚等五个方面对政府采购评审工作进行了规范和细化,逐步解决个别品目和项目专家不专、态度不端正、敷衍了事等问题。对市县政府采购工作进行调研,加强宣传力度,宣讲政策,协调市县各相关部门关系,指导和规范市县政府采购机构设置、电子化建设和政府采购信息统计等工作。

【充分发挥政府采购政策功能】为突破中小企业融资难困局,增强政府采购服务中小企业能力,提高中小企业参与政府采购能力,实实在在促进和支持中小企业发展,研究出台《安徽省政府采购信用融资及融资担保试点工作方案》,就发挥政府采购政策功能作用进行创新突破,率先在省本级开展试点工作,试点期从10月1日到下年9月30日。积极向采购人宣传政策,争取采购人支持,联系集中采购机构,为试点银行和担保机构提供宣传平台,调整工作措施,积极协调试点初期各项工作开展。截至当年底,累计受理58笔,金额14320万元,其中:已发放贷款10笔,放款金额2157万元,已通过审批11笔,待放款金额5100万元。

【全力推进政府采购信息化建设】制定《2013年全省第二批电子化政府采购管理应用系统建设计划安排表》、《市、县(区)电子化政府采购管理应用系统建设工作标准流程》以及《市、县(区)电子化政府采购管理应用系统推广建设模式及系统功能说明》,全面系统地部署系统建设工作。组织召开全省电子化政府采购系统建设工作视频会议,研究部署推进全省电子化政府采购系统推广建设工作。开展电子化政府采购系统建设专题调研,赴芜湖、马鞍山、铜陵、池州等地,督导各地积极地开展系统建设。启动“全省电子化政府采购公共资源平台(二期)”建设,通过全省范围内政府采购评审专家库、供应商库、商品库等公共资源库的建设,实现全省政府采购供应商、评审专家、代理机构、商品信息等公共资源的共建、共用、共享,全面构建全省统一的电子化政府采购管理应用大平台。

【积极应对加入GPA谈判工作】按照财政部要求,于10月向财政部提交经省政府同意的“安徽省加入GPA谈判2013年出价意见的报告”,首次向财政部提交安徽省初步出价清单,包括门槛价、实体清单、备注等,并根据本省国民经济和社会发展水平,产业竞争力情况阐明本省例外项目和立场。根据财政部和中部地区GPA谈判工作联络组部署,本省积极开展加入GPA谈判研究工作。依据和充分利用去年建成的安徽省本级政府采购数据库,分析掌握不同门槛价以上政府的合同金额、规模、结构和所占比例情况,研究几套本省加入GPA谈判的不同出价方案,为谈判深入发展做好充分准备。研究安徽省具有公益性质国有企业采购情况,全面了解本省具有公益性质国有企业的情况,采购的规模和结构,参与国外政府采购竞争的能力等,为本省加入GPA谈判提供公益性国有企业方面的依据和策略。开展安徽省与GPA主要成员方同质产业的竞争力比较研究,动态分析本省与GPA主要成员方(北美、欧盟和东亚)同质产业的竞争力,做到知己知彼,便于在开放与保护中作出合理选择。深化安徽省应对GPA的法规调整及体制改革研究,按照与GPA规则相衔接的需要,提出本省应对加入GPA的法规调整及体制改革建议,明确法规调整的谈判立场和应对策略。

【结对共建美好乡村】按照省财政厅党组安排,政府采购处党支部和含山县清溪镇横龙村党总支开展结对共建活动。召开结对共建联席会议,与村两委班子、部分党员、群众代表座谈,共同制定结对共建实施方案,签订结对共建协议书,明确双方共建责任,建立联络制度。根据当地群众意愿,确定将横龙村小冯自然村环境整治工程项目作为帮扶重点,与横龙村党总支多次沟通讨论,要求含山县财政局严格按照财政资金管理的规定和程序操作,保证帮扶项目顺利进行。共同开展党员干部教育实践活动,共上党课,介绍沈浩同志先进事迹,加强横龙村党建工作。在认真调查摸底的基础上,走访6户困难党员群众,送去财政厅党组织的关心和问候。

(厅政府采购处供稿　侯洪玮)

农村综合改革工作概述

2013年,综改处认真贯彻落实中央和省委、省政府关于农村综合改革工作的决策部署,结合开展党的群众路线教育实践活动,立足农村改革发展的新形势、新要求、新变化,继续深入推进农村综合改革各项工作,较好完成了各项工作任务。

【围绕村级公益事业建设,扎实推进一事一议财政奖补】安排落实财政奖补资金。全年全省一事一议财政奖补工作共投入资金39.5亿元,其中,各级财政投入奖补资金25.1亿元(中央财政12.4亿元,省财政6.6亿元,省以下财政6.1亿元),比上年增加3.1亿元;带动村民筹资和筹劳折资10.7亿元,村集体投入和社会捐赠3.7亿元。调整完善财政奖补政策。按照美好乡村建设要求,制定下发《整合一事一议财政奖补资金支持美好乡村建设实施办法》,要求以县为单位将财政奖补资金总额的10%,整合集中用于美好乡村中心村建设。加强监督检查。制定下发《关于开展2011－2012年农村综合改革专项资金检查的通知》,在全省开展农村综合改革专项资金检查,重点检查2011－2012年中央和地方各级财政安排的一事一议财政奖补资金,在县级自查,市级抽查的基础上,省级聘请会计师事务所专业人员,进行重点检查。每年定期开展一事一议财政奖补项目和资金监督检查,开展财政奖补资金绩效评价,开展一事一议财政奖补民生工程考评,县级自查、市级抽查、省级重点督查的三级监督检查机制逐步建立完善。建立信息监管系统，与国务院综改办指定的软件服务商沟通协商,加快信息系统建设,全省一事一议财政奖补信息监管系统基本建立,国家-省-市、县(区)三级信息监管系统基本形成,对一事一议财政奖补项目和资金实施动态监管的网络体系进一步完善。当年全省共有14057个村实施一事一议财政奖补项目,项目实施面达89%;参与筹资筹劳农民达4636万人,占全省农业人口总数的87%。全省建成一事一议财政奖补项目1.8万个，受益农业人口4599万人;累计建成项目11.1万个,累计受益群众2.2亿多人次,调动了多方面、多渠道投入村级公益事业建设的积极性。

【围绕深化农村综合改革,组织开展示范试点工作】省政府制定下发《安徽省人民政府关于深化农村综合改革示范试点工作的指导意见》,明确示范试点的主要内容,并明确部门职责分工,分解落实工作任务。贯彻落实省委、省政府全面推进美好乡村建设的战略部署,突出示范试点的代表性,结合现代农业示范区,确定在全省选择20个县(区)开展试点。为增强示范试点的针对性和可操作性,结合农民群众和基层干部对农村改革发展的需求,根据国务院综改办要求,从打基础、管长远的体制机制建设的角度，选择建立农村土地流转服务新机制、建立农村公共服务运行维护机制、建立新型农业社会化服务体系、建立新型农村金融服务体系等4个项目作为我省示范试点的重点项目。2012—2013年,结合美好乡村建设,共安排落实农村综合改革示范试点奖励资金5.16亿元,支持20个示范试点县(区)做好农村综合改革项目和美好乡村建设。同时,鼓励非试点县(区)结合建设美好乡村大胆探索,改革创新,为在全省展开示范试点工作积累经验。强化宣传引导,通过安徽日报、安徽先锋网、安徽农村综合改革工作简报等多种形式，从财政支持农村综合改革示范试点工作的角度积极宣传有关政策措施,营造良好氛围。加强制度建设,制定下发《安徽省农村综合改革示范试点奖励资金管理暂行办法》、《安徽省农村综合改革示范试点考核评价试行办法》等制度办法,同时,建立示范试点工作联络员制度,规范和指导试点县(区)开展工作。

【围绕美丽乡村建设,大力推进美好乡村建设试点】围绕省委、省政府关于美好乡村建设的决策部署,结合本省一事一议财政奖补工作实际,研究制定《安徽省发挥一事一议财政奖补作用,推动美好乡村建设试点方案》,明确试点主要内容为推进村庄建设、环境整治、管理创新、兴业富民和土地整治等“五大”工程。在每个市选择一个重点县(区),保持与农村综合改革示范试点县(区)相一致,同时对农业大市给予适当倾斜,在全省共选定27个重点县(区)开展美好乡村建设试点工作,充分发挥典型示范作用。全年安排试点资金1亿元,每个试点县(区)379万元,用于中心村建设。根据国家标准委和财政部联合下发的《关于开展农村综合改革标准化试点工作的通知》要求,结合美好乡村建设试点工作，联合省质监局选择部分县(区)开展美好乡村标准化建设试点。

【围绕村级组织建设,完善村级运转经费保障机制】从当年起,建立全省村级组织运转经费保障机制年报制度，全面掌握村级组织运转经费保障情况。落实村级补助资金，共安排村级补助资金14.4亿元,其中,省财政10.7亿元,市、县(区)财政3.7亿元，基本保障村级组织的正常运转和村干部报酬的发放。会同省委组织部,积极开展调查研究,统计摸底全省离任村干部有关情况,总结、分析村级组织运转经费保障机制中的新情况、新问题,向省政府上报《关于增加村级补助资金有关情况的汇报》,得到省领导批示重视。会同省委组织部制定下发《关于认真做好离任村干部生活补助工作的实施意见》,明确从下年起,对任职三年以上年满60周岁的离任村干部，按照任职年限分11个档次给予生活补助，一档最低每人每月30元,十一档最低每人每月330元。省财政原则上对62个县、14个县改区及叶集区、毛集区,按照省确定的最低生活补助标准的40%给予补助,对皖北3市9县和大别山革命老区11县(区)按50%给予补助。进一步完善村级组织运转保障政策,草拟文件上报省政府办公厅,拟调整在任村干部报酬标准、养老保险缴费标准和村办公经费最低标准。

【围绕转变政府职能和改进工作作风,完善农村为民服务全程代理制】下发《关于统计农村为民服务全程代理制工作有关情况的通知》,从农村为民服务全程代理县、乡、村三级服务机构设置情况、代理服务人员情况、代理服务工作经费安排情况、代理服务事项设置和办理情况以及存在的问题等多方位对全省农村为民服务全程代理制工作进行全面摸底统计调查，为进一步完善工作机制奠定基础。先后深入怀远、和县、南陵、金寨、岳西等地进行典型调研，对长丰县、宣城市、谯城区等进行书面调研，并召开座谈会听取县乡基层干部和群众意见。在调查研究和学习借鉴外省好做法和经验的基础上，按照简练、管用、可操作要求，会同省委组织部组织起草《关于进一步完善农村为民服务全程代理制的意见》，经省政府常务会议审议后，并以省委办公厅、省政府办公厅名义印发，进一步明确农村为民服务全程代理制的牵头部门，明确部门职责、服务范围、服务流程等，为农民群众提供均等化服务。

【围绕学习贯彻十八大精神，扎实开展各项主题活动】认真学习贯彻落实党的十八大及十八届三中全会精神，根据有关要求，结合工作实际，制定实施方案，拟定学习计划。积极参加厅党组举办的学习党的十八大精神培训班，认真组织开展《党章与作风建设》等六个专题的学习研讨，就一事一议财政奖补、农村综合改革示范试点、完善村级组织运转经费保障机制等专题深入基层调研，进一步促进农村综合改革各项工作开展。扎实开展党的群众路线教育实践活动，制定支部活动方案，深入开展重点课题调研，积极征求退休老干部、结对共建村和各市、县(市、区)综改办意见和建议20多条，制定整改落实措施。按时完成建立五项制度的完善农村为民服务全程代理制任务，积极查摆“四风”问题，召开民主生活会，积极开展交流谈心活动和批评与自我批评活动。深入开展城乡结对共建活动，根据结对共建村—蒙城县王集乡全集村的具体情况，采取“结对到中心村、帮扶到困难户、联系到财政所”的方式，制定结对共建方案，完善结对共建制度，积极开展结对共建活动，共同谋划结对共建项目，帮助解决实际困难。积极参与中国梦和财政干部幸福观主题活动，开展“财政干部幸福观”讨论。认真开展结对帮联工作，同芜湖市及所属县(区)对接，制定《综改处关于财政预算部门会商和乡镇财政资金监管帮联工作方案》，明确帮联内容、帮联责任分工和帮联工作计划安排等。同时，深入芜湖市及所属各县(区)，召开座谈会，通报有关情况，发放《会商工作手册》和《省乡镇财政资金监管工作手册》，促进市、县(区)进一步完善帮联工作制度，实现会商与乡镇财政资金监管常态化。

(厅综改处供稿　杨作华)

民生工程实施工作概述

2013年，在省委、省政府的坚强领导下，全省各级各部门认真贯彻落实中央关于保障和改善民生的决策部署，围绕中心工作，强化内部管理，狠抓政策落实，33项民生工程目标任务全面完成，居民收入倍增规划有序推进，工作取得明显成效。

【强化目标管理】年初，省政府出台《关于2013年实施33项民生工程的通知》，连续五年用1号文件部署民生工程。民生办认真履行牵头职责，在1月底前完成与各市签订民生工程目标责任书工作，及时印发民生工程工作要点、实施方案、资金筹措办法等政策文件，比上年提前22天。通过省市县乡财政四级视频会议，专题部署民生工程工作。各市县党委、政府把民生工程实施工作作为一项重大任务，列入重要议事日程，坚持主要负责同志亲自抓、负总责。制定印发2013年居民收入倍增规划工作要点，明确全年工作思路和工作目标，抓好目标责任落实。

【落实资金保障】出台《关于2013年民生工程资金筹措有关问题的通知》，全省33项民生工程计划投入资金605亿元，全年累计拨付资金605.6亿元，占年初计划筹资额的100.1%，比上年增加40.4亿元，增长7.1%，其中拨付中央和省级资金526.7亿元，占总投入的87%。省财政坚持把保障和改善民生作为财政工作的出发点和落脚点，在减收增支的压力下，将更多财力向民生倾斜，全省民生支出3487亿元，占全省财政支出的80.1%。各级财政部门打足预算，优先安排拨付民生工程资金，确保配套资金刚性到位。

【推进项目实施】认真履行牵头抓总职责，健全完善民生工程联络员制度、情况报送制度、资金报表系统和数据库，推动民生工程和收入倍增长效运行。省民生办印发《2013年33项民生工程实施办法的通知》等配套文件，印发各地贯彻执行。

会同省直有关部门提前下达工程类项目计划，每月收集、汇总、研究、分析民生工程进展情况。开展民生工程“回头看”，定期通报民生工程进展情况，赴合肥市、蚌埠市、宣城市等20多个市县调研，主动上门与省人社厅、省农委、省统计局、省残联等部门单位会商，研究解决问题，推动项目实施。6月分别召开全省民生工程工作座谈会和完善居民收入倍增评价指标体系小型座谈会。7月，詹夏来常务副省长主持召开民生工程工作座谈会，省民生办召开上半年全省居民收入倍增规划实施执行分析会。10月召开民生工程社情民意调查座谈会。完善居民收入倍增规划实施评价工作，研究出台了《安徽省居民收入倍增规划实施评价办法》，调整完善评价指标体系6大类29项评价指标，全面推进居民收入倍增规划实施工作。

【完善建后管养】协调省直有关部门制定出台了所有23个民生工程工程类项目建后管养办法，实现管理制度全覆盖。督促各市、县(市、区)将工程类项目建后管养作为民生工程工作的重要内容，健全管养制度，落实管养责任，加大管养力度。收集推广各地建后管养、政府购买服务典型经验做法，全省各市、县(区)累计安排民生工程管养经费14.2亿元，带动社会投入2.3亿元。“民生工程建后管养建章立制，大力推进基本公共服务均等化”入选2013年安徽十大新闻备选条目。

【健全制度建设】健全完善民生工程政府主导、财政补助、市县负责、群众参与的运行机制。出台《关于进一步健全完善民生工程长效机制的通知》、《进一步加强民生工程绩效评价的通知》、《关于建立民生工程建后管养工作机制的通知》、《关于建立民生工程特邀监督员制度的通知》、《关于在全省推广应用民生工程形象标识的通知》等五项工作制度，不断提升民生工程实施工作科学化、精细化水平，确保各项民生工程切实发挥惠民功效。

【突出绩效评价】8月和11月，省人大常委会沈卫国、陈先森副主任，省政协赵韩、李修松副主席率队，对淮北、六安、马鞍山、铜陵、安庆、黄山等市民生工程进行视察巡视。出台33项民生工程绩效目标和绩效评价办法，完成对农村饮水安全工程、病险水库除险加固工程、新型农民培训、就业技能培训、乡镇公办幼儿园建设、公共文化服务信息化建设、农村文化建设专项补助、政策性农业保险共8个项目第三方绩效评估。会同省统计局社情民意调查中心研究制定《2013年民生工程社情民意调查方案》，完成对2013年民生工程知晓度、满意度的调查工作。对各地居民收入倍增规划的实施情况、基本特点、存在问题等进行科学分析，按季编写《居民收入倍增工作监测评估分析报告》。

【公开项目选择】从6月份开始，面向省人大政协、厅处室单位、市县(区)财政局、民生工程特邀监督员、结对共建村等，征集2014年民生工程项目意见。12月上旬面向社会开展2014年民生工程项目公开征集活动，在《安徽日报》全文刊载调查问卷，在省财政厅门户网站设有调查专栏。项目公开征集活动历时一周，参与人数近万人，累计收集民生工程意见建议3500余条，推进了民生工程民主决策、民主管理、民主监督。

【深化宣传引导】在《人民日报》、新华社、人民网、《中国财经报》、《安徽日报》、安徽广播电视台等主流媒体宣传报道民生工程65次，编发《安徽财政信息(民生工程和收入倍增专辑)》12期，在省广播电台开通《民生财政》专栏，累计播出51期。加强省财政厅网站《安徽民生工程》专题网页建设，对网页进行改版，每日更新，通过“图看、话说、视听”等形式，解读民生工程，宣传民生工程实效，发布信息907条。推广应用民生工程形象标识，要求对工程类完工项目使用“安徽民生工程”标牌，明确建设管理责任单位、公开监督电话、宣传民生工程，接受群众监督。

【完成目标任务】从全省民生工程视察巡视及日常工作完成情况看，33项民生工程和居民收入倍增规划组织实施工作进展有序，各项目标任务均圆满完成。发放或补助到人项目资金按时足额发放，工程类项目建设任务全面完成，涉农民生工程项目累计投入480.7亿元，占比79.4%，增长10.7%，公共服务向农村延伸的局面加速形成，惠及全省6000多万人民群众，人均受益近千元。2013年社情民意调查结果显示，全省群众对民生工程满意度达到85.5%，比上年提高0.3个百分点。全省城镇居民人均可支配收入23114元、同比增长9.9%，农民人均纯收入8098元、同比增长13.1%，城乡收入差距逐步缩小。

（厅民生办供稿　谢峰）

财政人事教育管理工作概述

2013年，厅人事教育处全面贯彻全国、全省组织工作会议精神，认真执行干部人事管理各项方针政策，围绕中心、服务大局、积极创新、主动履职，圆满地完成年初确定的各项任务和厅党组布置的重点工作。

【深入开展党的群众路线教育实践活动】 积极开展政治理论学习，坚持用科学理论武装头脑，认真组织学习贯彻习近平总书记系列讲话、党章和十八大、十八届一中、三中全会精神，大力倡导终身学习理念，树立“学习工作化、工作学习化”的良好风尚，激发党员干部认真学习理论的激情，不断提高政治理论水平。切实贯彻落实中央八项规定和省委、厅里有关要求，认真改进作风，狠抓具体落实；深入开展城乡结对共建、财政资金监管帮联活动，积极支持结对村经济社会建设，精心组织帮扶项目申报、实施，指导帮联县完善财政管理、强化制度建设、提升服务水平。认真对照中央有关文件精神，对照“四风”表现，对人事教育工作和人教干部进行深入查摆，在自我评价和走访征求意见的基础上，制定整改措施，着力解决在“四风”方面存在的突出问题。牢固树立为财政中心工作和干部职工服务意识，严格遵守党风廉政建设各项规定和组工干部“十严禁”纪律，不断增强人教处全体干部的组织纪律意识和政治素质。在党的群众路线教育实践活动中，注重与厅活动办组成处室的沟通对接，认真履行督导职责，推动相关处室单位深入开展教育实践活动；注重与配合处室协商通气，精心组织安排，认真参与全厅巡查工作，圆满完成考勤、考纪相关任务。

【积极推进干部人事制度改革】 根据厅党组部署，大力开展厅机关之间干部交流，共涉及14个处室、12名处级干部、7名科级干部。稳步推动厅机关与厅属单位之间处级干部交流，涉及11个处室单位、11名处级干部。印发省财政厅年轻干部基层锻炼管理办法，安排5名年轻干部到乡镇财政所锻炼学习。根据省委组织部有关要求，结合挂职地区和财政厅干部实际情况，选派8名处级领导干部到皖北对口部门、县区党委政府、省政务中心帮扶挂职，并认真做好挂职期满干部的考察工作。积极承担厅里统一布置的课题研究任务，成立课题小组，明确责任分工，定期研讨交流，确保课题研究质量。全年共计完成《打造素质过硬队伍 助力财政事业逐梦》、《完善干部挂职机制研究》、《财政帮扶困难弱势群体机制研究》等3篇调研课题。

【扎实做好干部常规管理工作】 根据厅党组决策安排，严格执行干部选拔任用工作程序，圆满完成6个处级领导职位、2个处级非领导职位的选拔任用手续；报经省委组织部批复同意，及时办理6名干部的交流轮岗手续。积极配合省委组织部，完成2个厅级职位的民主推荐、考察工作，完成1名厅级干部转正考察工作；为4名处级领导干部办理转正任职手续。精心做好干部年度考核工作，经优秀等次指标申报、民主评议、呈报党组研究、考核结果备案审批等主要环节，圆满完成全厅437名处级及以下干部职工的2012年度考核任务。协助省委组织部完成10名省管干部年度考核工作。认真梳理全厅处级以下公务员2010年以来年度考核情况，经报省公务员局审批同意，对69名公务员进行表彰奖励，其中嘉奖56人，记三等功13人。办理先进集体、先进个人评选表彰推荐手续8批次。为正确评价处级领导干部任期经济责任，经厅党组研究同意，委托厅监督局对采购中心离任主任进行经济责任审计。结合年度考核工作，联合厅监察室组织全厅处级干部填报个人有关事项，建立2012年度全厅处级干部报告个人有关事项档案。按照省委组织部的有关要求，报送财政厅省管干部个人有关事项表。组织开展2013年度事业单位工作人员公开招聘工作和公务员考试录用工作，经网上报名、笔试、资格复审、专业测试、体检考察、申报审批等程序，为机关和厅属单位充实23名年轻干部。根据省军转办下达2013年度军转干部安置计划，经过认真筛选、双向选择、党组研究等程序，为厅机关和厅属单位接收5名军转干部。

【注重夯实机构编制管理工作】 密切跟踪中央最新政策，认真学习领会十八大报告和十八届三中全会关于职能转变、机构改革、事业单位分类改革精神，主动对接省编制管理部门，沟通汇报情况，认真做好全厅事业单位分类改革准备工作。强化机构编制管理基础，定期梳理完善全厅机构编制、职数等基础信息，根据人员变动情况，及时更新完善全厅干部职工名册。扎实做好公务员登记申报工作，全年办理2个批次11名干部的公务员登记手续。主动发挥机构管理职责，加强与有关处室单位的沟通协调，明确彩票基金、省金融办、省投资集团所属政府融资平台的财务管理职责划分和财政运行分析、预算绩效管理的职责调整，进一步理顺处室单位之间的职能关系。积极做好机构编制申报，根据省编办、省政府办公厅的有关要求，积极深化行政审批制度改革，推进政府职能加快转变，申报设立省财政厅行政审批办机构以及1个处级领导职数。认真贯彻落实省政府关于进一步加强政府性债务管理的意见，切实防范地方债务风险，申报设立省财政厅政府债务管理办公室，增加正、副处级领导职数各1个。切实加强事业单位人事管理，根据全厅事业单位岗位的批复情况，积极与省人社厅沟通汇报，认真做好事业单位岗位聘任工作。按照省公务员局统一部署，全面梳理采购中心、评审中心等单位工勤人员情况，经过资格审查、报名考试、申报审批、笔试、民主测评、组织考核、公示等7个环节，为采购中心纪峰等7名同志办理参公登记手续。

【着力提升教育培训质量】主动加强培训组织协调，编制下达《2013年省财政厅干部教育工作计划》，部署2013年全省财政系统干部教育培训工作。印发《2013年省财政厅干部网络培训计划》，组织实施2013年干部网络培训工作。积极开展专题培训，成功举办全省市县财政局长财政业务培训班，受到参训学员广泛好评，共计培训学员122名。先后组织开展“依法行政、依法理财”知识测试、青年干部岗位培训。圆满完成2013年度全省财政系统乡镇财政干部培训和财政支农政策培训，共培训学员11300多人。干部教育培训工作受到财政部通报表扬。进一步加强农村财会人员和乡镇财政干部的培训力度，会同财政干部教育中心加强工作总结，认真落实全年培训任务，完成县处级干部岗位培训班1期，培训乡镇财政所长500人次。及时落实700万元培训资金，确保各项培训工作按计划完成。认真落实调学调训任务，强化调学手段，对培训计划内人员，采取逐人安排、点名调学的方法，全年共选调25名干部参加省委组织部、省直工委举办的培训班。为做好厅级干部调学工作，专门为4名厅级干部制定2014—2016年培训计划。根据省委组织部要求，精心安排并上报全厅13名厅级干部参加全省市厅级干部专题轮训计划，切实为厅领导参训做好服务保障。组织14名新录用公务员参加省人社厅举办的新录用公务员岗前培训班。

【大力加强机关服务工作】及时办理职务变动、考核晋级、晋档、津补贴调整、退休待遇等工资变动，为新进人员办理工资定级审核报批，全年累计办理工资业务575人次，为357名同志发放2012年度第十三个月工资。办理各类公休假76人次。办理退休手续12人次，其中厅机关6人，厅属单位6人。按照省人社厅要求，统计报送机关事业单位职工带薪休假政策执行情况。认真做好统计报表工作，完成财政部、省编办等单位下达的人事、机构编制、劳动工资等7套报表的统计报送工作，被财政部人教司评为2012年人事教育统计工作先进单位。认真做好人教处2012年度收文、发文档案归档工作。结合迎接中组部干部选拔任用工作检查，根据省委组织部干部人事档案管理规定，对全厅450多名在职干部职工的人事档案进行全面梳理，更新档案目录、归集最新材料。坚持做好干部选拔任用文书档案归档工作，建立文书档案4卷。组织开展11个类别的专业技术资格报名工作，办理各类职称申报服务7人次，完成厅机关、厅属单位工勤人员技师考评和技术等级考核资格审查、报名等服务工作。认真执行因公出国(境)计划管理规定，规范出国报批程序，全年共执行随中央部委、省内双跨团组出访11人次，自组团1个。同时，进一步加强处级干部因私出国(境)管理，办理因私出国(境)申报手续1人次。认真做好厅属协会学会服务，及时明确农村财政研究会、预算与会计研究会、珠算协会、会计协会有关组成人选，为其顺利完成换届打下基础。

(厅人教处供稿　张飞)

机关党建工作概述

2013年，厅机关党委按照厅党组的决策部署，始终围绕服务财政中心工作，在各支部的大力支持下，切实履行工作职责，深入开展党的群众路线教育实践活动，扎实推进机关党建各项工作。

【突出思想建设，强化理论武装】始终把思想理论建设摆在工作首位，注重理论武装、着力思想引领。制订学习计划，明确重点内容，全年共组织中心组集中学习23次，切实发挥党组中心组理论学习示范带动作用。在全厅组织开展党的十八大精神专题学习研讨活动，先后组织党章与财政作风、宗旨与财政民生、发展与财政调控、改革与公共财政、制度与财政管理、质量与财政绩效等6个专题学习研讨，省委组织部、省委宣传部发文对财政厅围绕财政发展和财政改革的重点、难点、热点问题，精心确定学习专题，予以充分肯定。

【注重巩固提升，推进文明创建】牵头制定《省财政厅文明创建工作要点》，围绕争创目标，推动创建工作向处室、单位延伸，巩固提升全厅精神文明建设工作成效。组织开展"青春助力中国梦"全厅青年干部座谈会及征文活动；举办"我心中的幸福观"专题研讨活动，并在全省财政系统开展"财政干部幸福观"主题征文活动。积极组织厅机关、7个厅属单位及3个机关处室申报文明单位、文明处室，并顺利通过阶段考评，全厅文明创建工作受到省文明办、省直工委的充分好评。加强文明创建宣传，努力营造创建氛围，6月份在迎接建党92周年之际，罗建国厅长代表省直机关接受安徽卫视《共产党员》栏目专访，介绍财政厅机关党建工作情况。

【围绕服务群众，深化结对共建】坚持厅领导和处室负责人带头、全员参与，组织厅直各支部深入开展"结对到中心村、帮扶到困难户、联系到财政所"结对共建活动，密切党群干群关系，树立财政干部"为民、务实、清廉"的良好形象。截至当年底，累计走访慰问困难党员群众566人次，捐赠慰问金(或物品)共计27.4万元；组织送医送药、科技讲座、便民服务等各种为民志愿服务活动79次，服务群众1020人次。支持结对共建村立足当地特色，发展特色经济，积极筹集落实资金，帮助共建村建设公益基础设施83项，有效改善村民的生产和生活条件。

【履行牵头职责，抓好定点扶贫】按照詹夏来常务副省长的指示精神，在厅领导的亲自过问和有关处室单位的全力支持下，制定《省财政厅2013年度帮扶颍东区工作计划》，进一步明确财政帮扶颍东区各项具体内容，并协调颍东区及省直有关单位，制定2013年度省直各单位帮扶颍东区工作计划，履行牵头职责，督促各单位结合工作实际，抓好帮扶工作落实。协助颍东区办理土地担保和国家开发银行贷款5000万元；协调省担保集团提供2亿元信用支持。推动颍东区老庙镇中心学校宿舍楼项目建设，解决寄宿学生的住宿问题。积极协调颍东开发区扩区问题，目前已通过专家评审组评审，为颍东区脱贫致富作出积极贡献。

【围绕教育实践，推动作风改进】按照全厅党的群众路线教育实践活动部署，推动教育实践活动与党建工作相结合，全面完成教育实践活动各项工作部署。机关党委每名党员在工作作风、为民服务、清正廉洁等方面都得到了新的提升。积极承担教育实践活动办公室工作任务，结合开展五个专项行动和建立五类重点制度，认真抓好有关党建工作制度、联系和服务群众工作制度两个制度的牵头制定工作。牵头做好全厅教育实践宣传工作，制订教育实践活动宣传教育工作计划，建立教育实践活动宣传包联工作制度，在各类媒体宣传平台发布宣传稿件300余篇，及时、有效、有力宣传我厅教育实践活动做法及成效。加强党建工作研究，组织撰写的党建调研报告《深化财政部门基层党组织结对共建工作的实践与探索》获得省直机关党建优秀成果评选一等奖；报送的《"1+1"模式双向延伸结对共建》获评省直机关"党建十大创新品牌"；参加省直机关"书香伴我行"读书游园活动，财政厅图书室获评省直机关"十佳图书阅览室"。当年，在省直工委考评中，厅机关党委再次获得"省直机关先进机关党委"。

(厅机关党委供稿　刘恒)

财政纪检监察工作概述

2013年，纪检监察室全面贯彻落实党的十八大精神、十八届三中全会、中央纪委十八届二次全会、省纪委九届三次全会、省政府第一次廉政工作会议和全国财政反腐倡廉建设工作会议精神以及厅党组的部署要求，严格贯彻执行中央八项规定、省委省政府30条和厅党组30条，坚持标本兼治、综合治理、惩防并举、注重预防的方针，着力加大党风廉政建设和反腐倡廉力度，加强廉政风险防控工作和机关作风建设，全面推进惩治和预防腐败体系建设，取得了较好的工作成效。

【抓好党风廉政建设责任制的贯彻落实】于2月4日组织召开全省财政反腐倡廉建设视频工作会议，共设92个分会场，部署全年财政反腐倡廉工作。组织全厅处室单位与分管厅领导签订党风廉政建设责任书，印发《省财政厅纠风工作任务分解表》，明晰责任，分解任务。11月份，对全年纠风工作进行总结，较好地督促落实党风廉政建设责任制。

【加强监督检查工作】着力加强对厅贯彻执行党的路线方针政策的监督检查，列席厅有关会议，监督“三重一大”情况，参与任用干部的考核工作，全程监督干部选拔任用，参与对新提拔任用的党员干部的廉政谈话。按照省纪委监察厅和厅党组的部署要求，对减少各类评比、考核、培训、表彰、研讨等情况进行专项检查，对用公款相互宴请、大吃大喝和安排高消费娱乐活动情况进行专项检查，对党员领导干部违规建房和多占住房问题开展专项清理，对党员干部及其子女、亲属违规经商办企业问题进行专项清理，对党员干部会员卡专项清理，取得明显成效。参与全省涉农、涉企资金监督检查工作，并配合省纪委监察厅、农业处制定《安徽省强农惠农富农资金使用管理违纪违规处理暂行办法》。配合省纪委开展全省党员领导干部违规建房和多占住房问题专项清理的监督检查工作。制定出台《省财政厅行风巡查工作暂行办法》，着力加强对处室单位以及全省财政系统党风廉政和政风行风建设的巡查，全年巡查5个处室单位、5个市财政局和10个县(区)财政局。集中组织开展3次明察暗访，动真碰硬，从严要求。加强对党员干部的执纪问责，对4名党员干部进行了警示诫勉谈话。

【加强反腐倡廉宣传教育工作】扎实开展反腐倡廉宣传教育活动。先后组织全厅学习传达十八届中央纪委二次全会、省纪委九届三次全会、省政府第一次廉政工作会议和全国财政反腐倡廉建设工作会议精神以及习近平同志关于厉行勤俭节约反对铺张浪费重要批示精神，组织开展廉政教育“每月一课”活动。先后组织观看警示教育片、赴蜀山监狱接受教育、廉政测试等活动，共计7批次2000人次参加各类活动。为进一步宣传贯彻省纪委“十项禁令”，为全厅各处室单位和干部职工制作省纪委“十个严禁”便签卡和台卡500余张。编印《安徽省财政系统十案例》，加强警示，用系统的事教育系统的人。建立廉政短信平台，每逢节庆假日，向全厅党员干部发送廉政短信，强化节庆期间的教育提醒。扎实开展党的群众路线教育实践活动，每月在大厅电子屏上巡显宣传标语，较好的营造了“人人参与、人人关注、人人有责”的宣教氛围。加大全厅反腐倡廉建设的宣传报道，先后在《中国纪检监察报》上刊发2篇，在《安徽监察信息》、《安徽财会》上刊发十余篇。

【深入推进廉政风险防控工作】认真总结廉政风险防控“回头看”工作，进一步深入推进。严格执行廉政风险防控工作考核办法，对各处室单位廉政风险防控工作进行了考核评估，全厅各处室单位均达到“良好”以上。更新制作廉政风险防控岗位告知卡70余张。做好迎接省廉政风险防控考核组对财政厅考核的准备工作，组织考核汇报会，整理资料台账，省考核组对财政厅廉政风险防控工作给予充分肯定和较高评价，省财政厅在全省考核中获得“优秀”等次。加强“制度+科技”的研究探索，积极参与国库动态支付系统的管理运行，对国库集中支付实现动态监控、及时预警、有效处置，效果明显。围绕政府采购的关键环节，开设视频监控端口，全程监控政府采购的开标环节，参与厅内项目招标和全省重大项目招标监督工作，加强对廉政风险的监督制约。牵头成立省财政厅阳光理财领导小组，印发《关于建立厅反腐倡廉兼职联络员工作机制的通知》，建立反腐倡廉建设联络员机制。

【强化财政机关作风建设】按照厅党组部署要求，加强机关作风建设，厉行节俭节约。及时组织全厅学习传达中央八项规定、省委省政府30条、省纪委“十个严禁”和省厅30条，并严格贯彻落实，出台《省财政厅党组关于贯彻中央领导重要批示精神加强厉行勤俭节约工作的通知》、《财政厅党组关于治理和防范软懒散奢现象的意见》等文件。制定建立巡查工作机制，深入处室单位，深入日常管理，深入办公场所和宿舍区，加强对作风建设的监督检查，重点检查上下班秩序、办公秩序、有无收受土特产等情况，取得良好效果，基本实现门可罗雀的要求。组织开展公车管理检查，截至当年底，共组织33次抽查,全厅公车管理情况良好。每月,厅阳光理财小组组织开展对厅属单位的财务检查,重点检查“三公”经费使用情况,对发现的问题督促整改。加强系统政风行风建设,及时向省政风评议办反馈整改措施,并在日常工作中抓落实抓成效,认真部署2013年省政风行风评议考评工作。2012年厅政风评议再获“满意”等次,总分位列第一,财政厅连续第6年获“满意”等次。

【深化部门会商工作】 坚持把会商工作作为转变理财理念和工作作风、提高财政管理和服务水平、推动财政科学化精细化管理的重要抓手,走出去、请进来,送政策、送服务、送管理到预算部门单位,研究制定《安徽省财政厅会商工作暂行办法》,印发《关于建立财政财务会商机制的通知》,出台《关于完善会商定期通报制度的通知》,在全省财政系统中部署推进。形成上下会商、内外会商、全面会商的良好局面。每月印发会商工作通报,宣传处室单位好的经验做法,强化对会商结果的跟踪反馈和定期通报,推动财政相关处室单位和部门合力抓好落实。在全省财政系统中实行帮联制度,牵头组织开展帮联工作,印发《会商工作手册》、《部门会商和乡镇财政资金监管工作文件汇编》,推动市县财政部门会商工作和乡镇财政资金监管长效机制建设。截至当年底,厅累计会商1598次,实现会商工作常态化、制度化,取得积极效果。通过开展帮联工作,各市县财政部门月会商达万余次。

【开展党的群众路线教育实践活动】 按照厅党组部署要求,深入开展党的群众路线教育实践活动,认真组织学习相关会议和文件精神,召开了财政系统部分市县座谈会,向全省财政系统发函,广泛征求意见建议,共收集意见建议40余条,梳理为13条意见建议,并开展自查自纠,认真查找“四风”问题,并提出整改落实举措12项。组织全厅观看《红包、炸药包》、《守住第一次》、《贪欲铺就自毁路　颍上县人大常委会原副主任绳允违纪违法案件警示》、《建设廉洁政治》和《失德之害——领导干部从政道德警示录》等警示教育片。认真落实厅开展五项行动和建立五项制度的工作部署,强化任务分解,逐项推进落实,建立完善制度3项。承担教育实践活动领导小组办公室督导组的主要工作,召开5次督导工作会议,对全厅各处室单位的教育实践活动情况组织5次督查工作,并编印督查通报,取得明显效果。

【加强来信来访查办工作】 本着认真负责的态度,严肃查处违纪违规和违法行为,做好信访举报和案件管理工作,并跟踪、督促相关业务处室信访件办理情况。截至当年底,共接到信访举报件26件,办结25件。省政风行风热线转来投诉7件全部办结。

【加强纪检监察自身建设】 加强纪检监察队伍自身建设,不断提升工作能力和水平。建立定期学习制度,积极参加厅组织的各类活动,认真履行效能建设八项制度。组织开展为期3天的全省财政系统纪检监察干部培训班,加强学习教育培训,提高全省财政纪检监察工作水平。两次赴广德县财政局开展帮联工作,组织开展结对共建活动,先后3次赴结对村无为县石涧镇福路村开展共建,认真把关共建项目,及时沟通联络,受到群众广泛好评。

(厅监察室供稿　项军宁)

离退休干部管理工作概述

2013年,离退休处以党的十八大精神为指导,全面贯彻落实中央八项规定、省委省政府的三十条以及财政厅改进工作作风、密切联系群众的若干规定,深入扎实抓好群众路线教育实践活动,紧紧围绕厅中心工作,进一步强化责任意识、服务意识,抓好各项工作的落实,全力做好离退休干部服务管理。

【大力加强党支部建设】 以加强离退休干部党支部建设为核心,积极做好离退休干部思想政治工作,组织离退休干部学习党的十八大、中央八项规定、省委省政府三十条以及厅三十条,提高认识,统一思想。抓好十八大精神的学习贯彻,把全厅离退休干部的思想和行动统一到十八大精神上。抓好离退休干部支部改选工作,配齐补强支部班子,完善学习、会议、党课等各项制度。抓好学习贯彻中央、省委省政府和厅关于改进工作作风、密切联系群众的各项规定。结合厅开展的六个专题学习,在离退休干部中开展新党章等专题学习讨论。

【深入开展群众路线教育实践活动】按照厅党组的部署要求，进一步提高对开展教育实践活动必要性、紧迫性的认识，消除思想顾虑和认识偏差，进一步增强投身教育实践活动的自觉性、主动性。要求党员干部树立群众观念、弘扬优良作风、保持清廉本色，努力取得党员干部深受教育、突出问题得到解决、作风形象明显改进、老干部真正满意的成效。紧密结合老干部工作实际，坚持“围绕中心、服务大局”的根本定位，准确把握群众路线的精神实质，广泛征求、综合分析老同志的意见和建议，针对性地抓好整改，大力弘扬爱岗敬业、无私奉献的精神境界，弘扬敢于担当、真抓实干的工作作风，弘扬谦虚谨慎、艰苦奋斗的优良传统。

【探索改进老干部工作的方式方法】坚持贯彻落实党的老干部基本政策，按照厅党组对老干部工作的要求抓好“六个坚持”，即坚持围绕中心、服务大局，在推动财政科学发展、在实现“中国梦”中奋发有为；坚持加强思想政治建设，不断用马克思主义中国化的最新成果武装离退休干部，作为落实离退休干部政治待遇的核心要求；坚持以人为本，关心照顾好离退休干部的生活，作为落实离退休干部生活待遇的核心要求；坚持把老有所养和老有所为结合起来，引导离退休干部发挥积极作用；坚持以让党放心、广大老干部满意为基本标准；坚持在厅党组的领导下，形成各处室单位齐抓共管的工作机制和合力。积极创新服务模式，改进服务方式，突出保障落实离退休干部政治待遇，政治上更加关心、尊重老干部。将《安徽财会》发至每一位离退休老同志；加大登门走访力度，由厅主要领导及分管厅领导对离退休厅级干部一家一户登门走访慰问，处级以下离退休干部有原所在处室定期登门走访。本着勤俭节约原则，努力落实好老干部生活待遇，开展好各项文体活动。一方面，取消离休及厅级退休干部省内考察，三八妇女节退休女干部旅游活动，每年离退休干部省内外旅游活动，停办全省财政系统离退休干部竞技麻将比赛，不再集体组织离退休干部钓鱼活动，将往年的重阳节慰问活动改为就近组织老干部外出秋游。另一方面，凡是在合肥市内的活动原则上全部保留，根据老干部的意见和建议，适当增加就近春、秋游活动。

【突出抓好处室自身建设】离退休处党支部把自身建设作为重中之重，支部书记率先垂范，党员干部认真学习贯彻党的十八大精神，严格贯彻执行厅改进工作作风、密切联系群众的若干规定，党员干部工作作风、生活作风明显改善。按照结对到中心村、帮扶到困难户、联系到财政所的要求，处党支部与巢湖市白牡山村积极开展结对共建活动，共建活动开展以来，双方不断加强交流，提高思想认识，完善工作机制，严明纪律要求，严格做到不给当地群众和基层增加负担，在组织共建、党员共管、干部共育、发展共赢、困难共帮、资源共享等方面取得明显效果。按照省委老干部局统一部署，根据厅党组要求，扎实开展“孝心、爱心、耐心”主题教育实践活动，站在讲政治的高度，对老干部政治上尊重、思想上关心、生活上照顾、精神上关怀，把服务工作做到老干部的心坎上，力求在围绕中心、服务大局中找准老干部工作的定位。抓好党风廉政建设和廉政风险防控工作，再次全面梳理全处及各岗位人员在廉政建设、作风建设、制度建设中存在的薄弱环节，对潜在的风险点再排查，使反腐倡廉常抓不懈、深入人心、警钟长鸣。

(厅离退休处供稿　王亚栋)

信用担保工作概述

2013年，安徽省信用担保集团认真贯彻落实党的十八大和十八届三中全会精神，在省委、省政府的坚强领导下，在省财政厅的关心支持下，围绕科学发展主题和加快转变经济发展方式主线，把握稳中求进的工作总基调，扎实工作，攻坚克难，圆满完成各项工作任务。全年实现利润总额3.71亿元，净利润3.15亿元，同比增长7.57%。截至年末，集团注册资本69.66亿元，资产总额为95.22亿元，净资产为82.67亿元，综合财务实力信用等级被评为AA+。集团荣获“2012年支持地方发展经营业绩考核一等奖”、“2012年度省直效能建设先进单位”、“2013年全省五一劳动奖状”、“2011—2013年度省直文明单位”、“2013年度档案管理工作优秀单位”等多项荣誉，取得了较好的经济效益和品牌效益，社会影响力进一步增强。

【担保再担保业务再上新台阶】全年完成担保再担保676.16亿元，迈上了600亿元的新台阶，同比增长19.85%。其中:直接担保199.31亿元(含小额担保),同比增长11.80%,再担保476.85亿元,同比增长23.85%。据不完全统计,通过担保再担保的支持,受保企业当年新增销售收入1142.21亿元,新增利润77.81亿元,新增税收33.19亿元,新增就业岗位17.58万个,创造了较好的社会效益。

【积极推进全省担保体系建设】通过政策指导和重点培育,全年吸纳黟县担保等4家担保机构加入再担保体系。截至年末,集团担保体系成员单位已达81家,已与其中76家市、县(市、区)担保机构建立了再担保合作关系,体系建设覆盖全省16个省辖市和75%以上的县(市)。

【小额担保再创新业绩】全年办理下岗再就业小额贷款担保20335万元,带动5576人实现了下岗再就业和个体创业。其中,完成"巾帼创业"农村妇女小额贷款担保3736万元,完成劳动密集型小企业贷款担保1630万元,较好支持了农村妇女创业和小微企业发展。

【风险控制取得新成效】通过完善风险控制制度,加强项目风险管理和加大代偿项目化解处置力度等有效途径,担保项目风险得到有效控制。全年直接担保代偿金额1.38亿元,代偿率1.34%(按解除责任金额口径);再担保代偿金额3.17亿元,代偿率0.86%;集团风险拨备达7.23亿元,有效覆盖担保再担保风险。

【投资管理实现新跨越】积极推进皖北三市五县现代产业园区建设,全面完成各投融资平台公司的组建和重组工作,将第二批7.5亿元专项资金提前拨付到位,并发挥集团功能为平台公司提供融资服务,帮助其提升综合实力,提升为产业园中小微企业的服务能力。进一步加大项目投资与管理,促进投资企业实现快速良性发展、释放利润空间,全年实现投资收益10415.25万元。同时,指导投资类子公司扎实开展工作,科投公司强化了间隙资金运作,投资效益显著提升,全年共实现投资收益9543.18万元,实现利润8684.15万元。

【认真落实注资参股工作】按照省政府皖政办38号文件精神要求,集团从10月份开始,积极推进注资参股县域担保机构工作。召开动员大会,制定实施方案,做好对接会商,开展专项审计,选派兼职董事,组织召开"三会",仅用一个月的时间,就完成对75家县(市、区)担保机构的注资参股工作,资金到位18.992亿元,进一步壮大了县域担保机构资本实力。

【狠抓集团党建和文明创建工作】根据中央和省委要求,集团自7月1日起,以为民务实清廉为主题,按照"照镜子、正衣冠、洗洗澡、治治病"的总要求,深入贯彻落实中央八项规定、省委三十项规定,认真查摆和解决集团存在的形式主义、官僚主义、享乐主义和奢靡之风问题,圆满完成各项任务,教育实践活动取得了明显成效,促进了集团各项工作的健康发展。同时,扎实开展结对共建和定点帮扶活动,帮助基层解决实际困难,全面推动文明创建工作,荣获2011—2013年度省直文明单位称号,成功申报"省级文明单位"。

【不断夯实基础管理工作】深入推进效能建设,通过推进制度建设,完善业务流程,强化教育培训,加强信息化建设,积极开展明察暗访和服务对象满意度问卷调查,加大效能建设八项制度监督检查力度,进一步规范内部管理,提升工作效能,集团整体服务水平得到明显提升,被省直效能办评为2012年度省直效能建设先进单位。

(省信用担保集团供稿　李志红)

农业综合开发工作概述

2013年,全省农业综合开发工作认真贯彻落实党的十八大精神,按照厅党组决策部署,紧紧围绕财政支农中心工作,认真开展调研,支持经营方式改革,加大资金投入,推动机制创新,加强监督检查,圆满完成了各项工作任务,为全省加快推进现代农业、建设美好乡村作出了积极贡献。

【深入推进示范区建设】省级现代农业示范区新增安排农发土地治理项目11个、资金11948.3万元,建设高标准农田、改造中低产田和生态综合治理9万亩。集中土地治理、产业化经营、科技推广等多种项目资金,加大投入,坚持全方位支持、全过程支持、全程跟踪服务,采取三年一加一、滚动发展等模式,实行连续扶持。按照国家农发办关于推进现代农业示范园区建设的要求,投入资金

3500 万元,通过竞争立项的方式,择优选项安排,支持现代农业示范区建设。示范区建设,得到财政部国家农发办的认可,将安徽作为全国首批示范园区建设 17 个试点省份之一。当年 10 月,安徽省十二届人大常委会主任会议专门听取《关于财政支持现代农业综合开发示范区建设情况的报告》,对示范区的做法及成效给予高度评价。

【夯实现代农业基础】主动加强沟通,积极争取中央政策资金支持,全年中央财政安排本省农发项目财政资金 151906 万元,同比增长 11.7%;加大地方财政资金配套落实,省本级预算安排财政配套资金 53915.6 万元,同比增长 13%;完善地方财政配套资金保障机制,确保地方财政配套资金的足额落实;积极引导项目区农民筹资筹劳,鼓励支持龙头企业、合作社等社会资本投资农业综合开发,全年全省农业综合开发投入总规模超过 22 亿元。紧紧围绕发展现代农业,推进美好乡村建设大局,全面完成土地治理 113.77 万亩、实施生态综合治理 21.7 万亩、扶持 265 家龙头企业和 185 个农民专业合作组织,大力支持农业产业化龙头企业开展良种繁育基地建设、进行技术改造和技术创新、收购农产品加工原料、带动优势产业集群发展。

【支持农业经营方式改革】按照发展现代农业的要求,坚持以大农业开发为出发点,以高标准农田建设为主攻方向,以培育新型经营主体、构建新型农业经营体系为重要抓手,注重资源和生态保护,推进农业资源高效开发利用,坚持综合治理夯实基础,实行"一、二、三产"立体开发,构筑产业支撑,支持家庭农场、合作社、种粮大户等新型经营主体发展。在高标准农田建设上,粮食主产区以继续开发稳产高产农田,提高粮食贡献率为重点;非粮食主产区以开发本地区优势特色经济作物种植基地、畜牧业养殖原料生产基地,提高经济效益为重点。安排 48 个粮食主产县实施高标准农田示范工程项目 58.68 万亩,占全省土地治理存量资金的 50%。积极探索土地适度规模经营新路径,通过公开竞争,择优选取 14 个种粮大户、30 个农业专业合作社,组织开展实施土地治理项目试点。围绕"小麦高产攻关"、"稻米提升行动"、"玉米振兴计划"三大行动,采取"科研院校 + 专家教授 + 基地 + 基层科技人员 + 农户"的模式,大力示范推广新品种、新技术,加速科技成果转化,提高农业科技贡献率。

【改革资金分配方式】按照转变职能、下放项目审批权限的要求,及时研究制定项目资金分配新机制,在改革项目分配方式的基础上,全面推广新的资金分配方式。选取耕地面积、国土面积等作为资金分配因素,并根据年度项目省级验收的结果进行奖优罚劣、调增或调减资金指标,实行"刚性因素分配法",简化项目资金分配程序和指标因素,减少人为因素影响。对一般项目,由省将项目资金指标直接分配到市(直管县),市级再分配到县(区)。对农业园区项目、龙头企业带动产业发展和"一县一特"产业发展试点项目,在全省范围内公开竞争、公开评审、择优选项,进而分配项目资金。

【着力加强监督检查】根据农发工作特点,不断完善农发内部管理机制,突出项目立项审批、项目实施及质量监督、项目验收考核、资金管理等重点环节加强监督检查;进一步完善一线督导机制,加强信息员联系工作;总结农发项目绩效评价试点县的经验,修改完善农发项目资金绩效评价办法,逐步扩大绩效评价的范围,制定评价结果应用机制。进一步深化政务公开,在新闻媒体上公开公示农发项目申报指南、项目中标单位、项目扶持的企业和合作社等信息,接受社会监督;配合审计署郑州特派办、财政部驻安徽专员办、省审计厅等部门开展项目资金审计,委托会计师事务所开展投资参股和惠农公司专项审计,接受审计监督;在项目区建公示牌,公开项目资金、建设内容和责任单位等信息,接受项目区农民群众监督。按照厅《涉农涉企资金检查工作方案》等文件要求,组织开展 2010—2012 年度涉农、涉企项目资金专项检查;抽调全省农发精兵强将,组成 13 个验收组,对全省 2012 年度农发项目进行了全面验收。通过检查验收,总结经验做法,查找问题,分析原因,制定整改措施,并督促市县整改提高。国家农发办在本省的综合检查中未发现违纪违规问题,对安徽农发管理工作予以高度评价。

【加强干部队伍建设】按照省委、厅党组关于开展党的群众路线教育实践活动的部署,结合实际,制定活动工作方案和计划,精心组织,扎实有序推进群众路线教育活动,在完成规定动作的同时，结合工作实际，创新载体，丰富内容与形式，开展财政干部的幸福观讨论，举办克服党的群众路线教育实践活动与己无关的消极思想教育活动，学习身边的优秀典型等。深入推进与砀山县官庄坝镇后岳庄中心村、定远县严桥乡红岗村党支部结对共建工作，先后多次到结对共建村召开联席会议、共同过组织生活、开展走访活动、慰问帮扶困难群众、谋划实施项目建设等，帮助和支持共建村加快发展。认真开展对口帮联工作，科学制定工作计划和方案，明确帮联分工和责任人，细化落实责任，建立月报和联络员等机制，局领导亲自带队，先后10多次到安庆市及所辖县（区）开展帮联服务，全面加强部门会商和乡镇财政资金监管。积极响应厅党组号召，选派优秀青年干部到财政所挂职锻炼，在一线磨炼意志、锤炼作风、提升工作能力和水平。坚持机关每月集中学习制度，开展干部在线学习，及时学习国家关于三农和财政工作的新政策，学习农发政策制度和相关业务知识。针对近年来基层农发人事变动大、政策制度变化多，管理面临新矛盾、新问题等情况，制定全省农发系统培训计划，先后召开项目统计和财务管理培训班、全省亚行项目业务培训会、农发办主任（局长）培训班等，系统全面地培训了农发项目和资金管理的知识技术，干部队伍执行政策和服务“三农”的能力与水平显著提升。

（省农发局供稿　陈杰）

非税收入征管工作概述

2013年，省非税局认真学习贯彻党的十八大、十八届三中全会精神，深入开展党的群众路线教育实践活动，大力推进非税征管法制化、规范化、信息化建设，圆满完成各项工作任务。全省非税收入完成2783.3亿元，比上年增长42.6%，为年预算的158.7%（其中：省级非税收入完成192.5亿元，增长10.1%；市县区非税收入完成2590.8亿元，增长49%），其中纳入地方公共财政预算管理的非税收入完成554.8亿元，增长13.8%，为年预算的127.7%，占地方财政收入比重为26.8%，占财政总收入比重为16.5%。

【强化非税征管】强化非税收入项目库源头管控作用。及时做好非税收入项目库“加减法”，不断规范征收范围。贯彻落实积极财政政策，加大对行政事业性收费和政府性基金的清理力度。统计、汇总和分析全省涉企收费情况，为制定清理涉企收费政策提供第一手材料。根据财政部和省政府相关文件规定，全年取消和缓征项目52个，涉及金额6.8亿元。参与省财政厅关于我省涉企收费开展全面梳理和研究，形成《关于进一步规范涉企收费的意见》报省政府。强化非税收入预算管理。结合近3年省级执收单位非税收入完成情况和政策变动因素，认真做好2013年非税收入决算和2014年非税收入预算审核工作。严格非税收入预算管理，区分资金的不同性质，分别纳入公共财政预算、政府性基金预算、国有资本经营预算和财政专户管理。强化非税收入收缴管理。严格分成划解和退还程序，全面清理待查资金，确保非税收入及时确认、划解入库。全年清理待查资金2.7万笔，71.6亿元。强化非税收入票据管理。印发《安徽省财政厅关于切实加强非税收入票据管理的通知》和《安徽省省级财政票据销毁管理办法》，汇编《非税收入票据管理手册》，从票据购领核销、使用保管、销毁管理、健全制度、监督检查等方面强化非税收入票据使用管理。按照“分次限量、核旧领新”原则，加强票据日常监管。强化非税收入收缴执行情况分析。积极完善非税收入收缴执行情况分析报告制度和统计报表体系，增加全省国有资源（资产）有偿使用收入、全省国有资本经营收入、76个县（区）非税收入情况表等辅助性报表，将原来五张月报增至八张。加强对异常数据和重点收入的实时监控，确保数据统计的准确性、可比性和执行分析的科学性。强化非税收入监督检查。开展省级非税收入票据年检和征管情况年度稽查，纠正18个单位非税收入管理不规范等行为，追缴收入9040万元。上、下半年组织开展两次全省非税征管情况大检查。

【促进非税征管改革】以提高征管效能、优化投资环境和方便缴款人为目标，探索推广新型非税收缴方式。跟踪完善全省公安交警罚缴改革，完善工作流程，简化罚缴程序，探索通过银行集中代扣代缴的罚缴方式，进一步解决长期以来公安交警罚款处理难、缴款难、对账难和代理银行柜面压力大的问题。全年公安罚没收入完成18.1亿元，增长 23.9%。推进非税收入电子化缴库改革,借鉴税收收入利用财税库银联网实现电子化缴库的做法,会同厅国库处、信息中心和人行国库处,组织开发非税收入电子化缴库系统并进行试点。创新财政票据管理方式,财政票据业务自 7 月 1 日起进驻省政务中心财政窗口办理。

【推进非税征管法制化】推进非税立法,深入省内 10 个市(县)调研,积极配合省人大预工委赴宁夏和青海两省进行立法调研。先后召开部分省级非税收入重点执收单位、15 家非税收入代收银行和 16 个市非税局长三个层面座谈会。在反复研讨修改的基础上,形成《条例》讨论稿,并列入省人大 2014 年度立法调研计划。制定专项管理制度,先后下发《关于进一步加强非税收入征收管理的意见》、《关于切实加强非税收入票据管理的通知》、《关于报送 2013 年非税收入收缴执行情况分析的通知》等规范性文件,对全省非税收入政策公开、项目管理、收缴管理、票据管理、监督检查、收缴分析等一系列问题提出指导性意见和规范性要求。

【提升非税征管信息化水平】强化信息化征管研究,完成厅重点课题《加快政府非税收入管理信息化建设》。强化系统管理功能,积极开发应用非税收入同级分成和统一分成模块、非税收入专用票据电子化管理模块,完成省级财政票据购领业务与安徽省政务服务中心协同审批平台联网。配合徽商银行完成非税收入专用 POS 的开发,完成非税收入专用票据监管系统升级维护工作。

【加强非税征管队伍建设】完善内部管理制度,对现行 29 项内部管理制度进行认真梳理,分类归并,修订完善,增补了 7 项制度规定。强化制度执行,严格执行八项规定,全年“三公”经费下降 44%,其中出国费用零支出,公务接待费支出不到上年的 8%。开展系统培训,举办“全省非税收入管理与改革培训班”,就非税收入政策解读、预算管理、征收管理、收缴管理、票据管理和信息化建设 6 个方面进行学习研讨。开展调研宣传,全年共编发各类非税宣传信息 70 余篇,在财经核心期刊发表文章 2 篇,完成《加快政府非税收入管理信息化建设研究》、《安徽省国有资源资产有偿使用收入管理研究》等五篇调研报告。加强廉政建设,开展廉政教育,完善风险防控机制,认真落实廉政建设责任制、中央“八项规定”和厅行节约“八项要求”,打造“阳光非税”,确保非税资金和非税干部双安全。

(省非税局供稿　张小龙)

国库支付工作概述

2013 年,省财政厅国库支付中心深入贯彻落实厅党组关于国库集中支付工作“规范、服务、阳光、快捷、安全”五项要求,紧密围绕提高预算执行质量一条主线,扎实推进“关口管控”和“窗口建设”两项工作,在严格规范中积极服务,在保障安全中提升效能,在稳健有序中探索创新,国库集中支付工作规范化程度得到进一步提升,资金安全有了新的保障,系统建设取得新的突破。支付中心被授予“省直机关五一劳动奖状”,支付中心党支部荣获厅直机关“创先争优先进党支部”称号。

【集中支付资金范围不断扩大】除财政性资金(含中央专项转移支付资金)、财政专户资金外,当年,省级行政单位基本存款账户资金纳入国库集中支付范围,实行规范化管理。全年累计办理集中支付业务 62 万笔,支付总额 1208.67 亿元,其中,财政性资金支出 892.85 亿元(中央专项转移支付资金 204.34 亿元),财政专户资金支出 313.52 亿元,财政往来资金预算单位分账户资金支出 2.3 亿元。此外,代扣代缴工作准确执行,累计支付省级统发工资 22.79 亿元,集中划转工会经费 7903.5 万元,代扣代缴个人所得税 264.59 万元。

【集中支付管理制度不断健全】牵头制定完善支付管理、账户管理、系统管理和效能服务等 7 项管理制度和 4 个规范性文件,配合相关处室制定规范性文件 3 个,用制度规范支付,用制度硬化执行,用制度保障资金安全。牵头和配合制发《关于进一步从严控制现金提取的通知》、《关于加强省级项目支出预算细化工作的通知》以及《关于省级财政预算执行支出经济分类科目有关事项的通知》,细化现金申报审批管理,细化预算执行到经济分类科目。牵头制发《关于进一步加强零余额账户管理的通知》、《关于规范省级行政单位基本存款账户资金管理的通知》以及规范管理后的有关事项通知,加强系统内划拨财政性资金管理,加强行政单位基本存款账户支出管理。牵头和配合制发《安徽省省级财政国库集中支付会计对账办法》、《省级国库集中支付业务监控检查制度》，建立集中支付四方对账机制，建立集中支付业务内部检查机制。

【集中支付规范程度显著提升】深入贯彻中央八项规定、党政机关厉行节约反对浪费条例和省里有关规定，不断完善重点领域、重点项目和重点资金的支付执行管理，提高财政资金支付规范化管理程度。项目支出管理做到"三个严格"，即项目支出严格执行财政直接支付，项目支出级次严格落实预算编制要求，项目与项目之间严禁随意调剂使用。零余额账户管理坚持"三个规范"，即规范零余额账户设置，严格审核零余额账户开立、变更手续；规范零余额账户用款行为，严禁违规向本单位或系统内单位划拨财政资金；规范代理银行零余额账户使用，严禁代理银行将财政资金长时间存放在零余额账户。全年累计退回预算单位各类违规申请2985笔，涉及金额3.05亿元；核查并处理代理银行未经财政审批办理零余额账户事项2起，会商通报违规代理问题3次。

【财政直接支付电子化改革目标任务如期完成】根据财政部和党组工作部署，率先在全国实施财政直接支付申请电子化改革。此项改革基于"电子凭证库"安全控件建设，依据财政部《财政业务基础数据规范》、《基于金财工程应用支撑平台数据交换规范》和《财政国库电子支付业务接口报文规范》等电子化改革规范性文本，采用电子签名取代原有财政直接支付纸质单据中的实物印章，实现财政直接支付单据的全程电子化传递。财政直接支付申请电子化改革不仅提高了直接支付电子数据的安全性，起到防篡改、防抵赖的目的，有效解决直接支付运行效率低、申请书邮寄成本高等问题。截至当年底，省级982家预算单位全部实现财政直接支付申请电子化管理，直接支付办理用时平均缩短2个工作日，每月减少预算单位行政支出50余万元。此项工作获得了财政部表扬，《中国财政》、《中国财经报》刊文作专题报告。

【集中支付监控机制不断完善】充分发挥国库集中支付动态监控机制在财政监督中的职能作用，促进预算执行与财政监督工作融合。将支付执行与监督检查工作相结合，结合厅监督检查局开展的国库集中支付现金使用情况专项检查，形成2012年度省级预算单位现金使用情况专项检查报告专送省领导。将对代理银行的监督检查工作列入2013年省级财政监督检查计划，会同厅国库处、信息中心组成联合检查组，对省级5家代理银行承办行及部分网点代理业务开展实地核查，进一步规范代理银行在零余额账户管理、资金支付清算、窗口服务保障方面的代理服务行为，实现财政监督向代理银行的延伸。

【支付工作互动机制逐步建立】按照党组预算编制、执行、绩效、监督"一盘棋"的指导思想，充分利用国库集中支付执行数据大集中的优势，努力做好财政执行"参谋"。一是定期整理、汇总、分析支付执行数据，积极向党组建言献策，形成支付执行情况报告和现金、公务卡使用情况及退回违规申请等专项统计通报，加强与业务处室、单位的工作衔接与互动配合，促进信息资源共享。按季度召开国库集中支付执行情况厅内部会商会，不定期召开政府采购、现金管理等重点事项业务协调会，研究改进支付执行管理。当年累计形成集中支付执行月度分析报告12篇，专题报告3篇，召开执行分析会商会3次，业务协调会2次，组织上门会商会5次，提供各类支出数据报表百余份。

【全省集中支付工作一体化全面启动】深入贯彻落实党组深化国库集中支付改革、推进全省国库集中支付工作一体化的决策部署，立足改革发展需要和财政工作实际，认真组织调研，总结提炼成果，制定出台政策，推进全系统一体化建设。出台推进全省国库集中支付工作一体化指导意见，按照"账户体系、支付范围、支付方式、业务流程、支付审核、风险防控、窗口服务"七个一体化目标，要求全省各级财政部门切实强化国库集中支付业务岗位职责、流程控制和风险防控，促进建立模式统一、内控严密、流程优化、安全高效的国库集中支付运行新机制。制定财政一体化信息管理系统省级国库集中支付操作规程，全面梳理省级国库集中支付工作流程，发挥省级改革引领示范作用，指导市县健全和完善国库集中支付相关配套制度和措施。建立市县国库集中支付统计报告制度，围绕机构建设、业务覆盖范围、支付管理、监控管理等内容，分析掌握市县改革进展情况，着力解决国库集中支付效用发挥的制约因素。

【集中支付服务措施不断创新】紧密结合党的群众路线教育实践活动，紧扣"文明窗口"建设，强化服务管理,创新服务方式,树立服务标杆。制定出台《安徽省级国库集中支付为民服务办法》,围绕省级国库集中支付工作中零余额账户开设、用款计划下达、财政直接支付、财政授权支付、工资统发、工会经费划拨等9项工作内容,提出热情服务、依法审核、规范行为、廉洁自律、安全支付、限时办结6项服务标准,以制度规范服务行为,成为省级财政部门首个以文件形式制定的为民服务办法。开展"四零"服务竞赛,以"服务受理零推诿、服务方式零距离、服务质量零差错、服务结果零投诉"为标准,制定竞赛方案,细化竞赛措施,落实竞赛要求,将"四零"活动作为窗口建设的重要内容和干部综合素质的检验标准,不断提升财政窗口服务效能。拓宽服务渠道,创新业务交流模式,设置国库集中支付业务QQ群专职管理员,在线实时解答800多家预算单位财务人员日常业务问题,利用财政门户网站和一体化平台,动态发布集中支付业务问答,上传财政财务管理最新政策法规,促进支付服务更便民、更时效、更具针对性。

【集中支付队伍能力不断提升】深入开展党的群众路线教育实践活动,扎实推进结对共建,结合会商工作和课题研究,加强干部队伍素质教育和锻炼,促进队伍政治修养、能力素质和廉政意识进一步提升。加强学习培训,严格落实"周学习管理制度",坚持按周拟定学习计划,组织党员干部学理论、学文献、学精神、学业务,累计达40余次;围绕财政改革与财政幸福观等专题开展交流研讨,累计达7次,撰写征文34篇;积极开展学习培训,组织3人参加财政系统业务培训,2人参加MBA在职学习,全员参加并通过安徽干部教育在线年度学习任务;认真做好课题研究,组织完成财政直接支付申请电子化管理课题。加强效能建设,坚持以改进工作作风、提高工作效能为目标,积极开展走访调研、座谈会商、结对共建、业务培训等工作,在"请进来、走出去"的过程中,广泛征求意见,积极转变工作思路,不断完善集中支付服务,强化集中支付管理,深化支付配套改革。强化廉政建设,认真开展廉政教育,通过不断开展廉政学习、专题研讨、警示教育,促进党员干部增强党性认识,提高廉政意识;建立健全国库集中支付运行机制,深入推进支付执行程序化建设和公开透明,减少自由裁量权,增强廉政风险防控工作的系统性和规范性。

(厅支付中心供稿 童艳)

财政信息化建设工作概述

2013年,信息中心深入贯彻落实党的十八大关于加强信息化建设的部署与要求,紧紧围绕财政中心工作,以推进平台一体化信息系统深化应用为重点,积极推进财政信息化基础建设,牵头制定《关于加强全省财政信息化工作的指导意见》和《安徽省财政信息化应用绩效考核暂行办法》,扎实有序推进本省财政信息化建设与应用工作,为本省财政改革与发展提供了技术支撑和服务保障。

【积极推进省级一体化系统应用及完善】组织完成省级一体化系统2013年度财务数据结转,完善一体化系统的财政专户管理和公务卡应用子系统。按照财政部金财工程数据规范(2.0版)要求,组织对2014年度一体化系统的集中支付业务基础数据的"支付方式"编码格式进行必要变更。改进完善一体化系统预算指标细化对应支出经济分类科目功能。为满足省级一体化系统总会计模块上线应用要求,配合国库处开展总会计模块的双轨运行(新老系统独立记账比对)和改进完善,为下年度正式应用一体化系统总会计模块做好充分准备。

【组织开发应用一体化系统的新模块新功能】依托一体化系统和现金提取管理需求开发的现金使用网上申报审批模块上线应用,达到既规范预算单位现金使用行为,又避免上门办理审批的目的。开发单位基本账户及往来资金管理模块,建立与各代理商业银行资金账户信息接口,实现将单位基本账户收支行为纳入一体化系统监管的目标。完成省与各市各财政直管县电子指标贯通下达的参数配置,实现省级财政通过一体化系统下达电子指标,以及省对下转移支付指标自动对账。按照财政厅关于将非税收入专户资金纳入国库集中支付管理的改革部署,组织开发省级非税专户资金集中支付管理模块,以及与清算银行、各代理银行系统的数据接口,为系统在下年度应用做好技术准备。

【省级财政直接支付电子化管理系统投入应用】按照财政部国库集中支付电子化管理试点的

工作要求，协调多家单位协同开发应用财银互认的电子凭证库和电子印章鉴别系统，采集制发相关电子印章和预算单位电子签名数字证书，以及一体化系统直接支付模块改造，实现省级预算单位只需通过一体化系统提交经电子签名的直接支付电子申请书(不需再传送纸质申请),即可完成转账支付手续办理。使本省成为全国第二批试点中率先上线该系统的省份。

【组织开发建设财政涉企项目信息管理系统】根据省领导和财政厅领导有关指示精神，为规范财政涉企项目资金管理工作，预防企业多头申报项目、重复享受财政补贴,积极承担财政涉企项目信息管理系统开发建设任务,启动业务需求调研、招标采购和软件开发工作。

【配合推进电子化政府采购系统的深入广泛应用】配合省采购中心开展供应商网上投标报名和网上缴纳保证金等功能模块的改进完善。配合采购处推进电子化采购系统二期内容建设，完成了省市县共享的政府采购公共资源(专家库、供应商库、商品库)服务平台建设并投入应用。配合开展电子化政府采购信息系统在市县的实施应用和政府采购资源共享。

【配合开展会计资格无纸化考试系统的推广应用】配合会计处开展无纸化考试系统推广应用，指导开发商对考试及报名管理软件进行了改进完善，实现了相关人员通过会计网站办理考试报名交费手续，并分批就近在各市考场参加会计从业资格无纸化考试和会计专业技术资格无纸化考试。

【完成财政高清视频会议系统建设并投入应用】承办财政高清视频会议系统项目采购、中标设备测试和财政广域网结构改造工作，督导供应商和市县财政局按照序时进度完成了项目施工和系统调试。新建成的财政高清视频会议系统于当年10月用于全省性工作部署视频会。

【协同开展信息化工作调研与应用】赴市县和省直部门单位,开展加强社保资金监管、集中支付代理银行业务、一体化系统推广应用和乡镇信息化建设等专题调研。并会同办公室完成加强财政信息网站安全建设课题研究，会同农村局完成乡镇财政信息化建设与应用课题研究。帮助经建处开发应用经建投资月报统计分析系统，方便了更加及时准确地获取全省经建投资信息。配合帮助社保处收集整理了财政社保资金监控系统开发需求。协助综合处办理市级财政票据电子化管理推广项目采购。组织实施财政厅政务窗口业务相关的4个信息系统与省政务中心业务系统联网对接工作。帮助纪检监察室开通廉政警示短信群发信息服务,丰富了财政厅廉政教育宣传形式。

【开展了省级信息网络系统的运维服务保障】完成4个三级、3个二级信息系统的等级保护测评、信息安全风险评估和系统安全加固工作,增强了全厅重要信息系统抗击信息安全风险能力。保障安徽财政信息网、政府采购网、会计信息网以及厅机关综合办公系统、财政企业快报系统、财政扶贫资金监测管理系统、会计行业管理系统和农村一事一议奖补项目信息系统和财政视频会议系统的正常运行。积极为机关和省直单位用户提供应用技术服务。

【组织筹备我省金财工程建设项目竣工验收】组织市县财政局完成金财工程建设项目自我验收。办理完成金财工程财务审计和项目档案编目整理。撰写金财工程建设项目竣工验收必需的文字材料。

【指导市县财政局推进信息化工作】指导宣城市、固镇县、岳西县、琅琊区和叶集区完成财政机房达标建设。组织市县财政局开展一体化系统应用情况半年报通报活动，促进市县一体化系统的应用交流。结合推进国库集中支付和公务卡改革需要,指导淮北、合肥、淮南和芜湖4市完成一体化系统在市辖区的实施应用；指导县区将一体化系统应用向乡镇延伸，近半数县区实现县乡预算执行一体化管理。举办市县财政信息技术应用培训班，指导帮助市县区解决财政信息化工作中的疑难问题。

（省财政信息中心供稿　李森林）

财政投资评审工作概述

2013年，省财政投资评审中心紧紧围绕厅党组的工作中心,以优质服务为工作宗旨、以科学高效为工作标准，深入开展党的群众路线教育实践活动,持之以恒抓效能建设,坚持不懈开展文明创建,扎实有序推进各项工作。全年共评审各类项目366个,评审资金190.94亿元。其中,评审预、决算项目28个,评审资金5亿元,审减1.30亿元,审减率26%;完成绩效评价项目15批次307个,评价资金130.98亿元;完成5批次31个项目的专项核查工作,涉及资金54.96亿元。当年,评审中心在职干部12人,年人均评审预决算项目投资4167万元,年人均审减1083万元。

【预决算评审攻坚克难,节支增效作用明显】全年共完成28个预决算项目评审任务,评审资金5亿元,审减1.30亿元,审减率26%。其中评审预算项目20个,占预决算项目总数的71.43%;评审预算项目投资3.98亿元,占预决算评审总资金额的79.6%;预算项目共审减财政投资1.08亿元,审减率27.14%,进一步实现了以预算评审为重点,将财政投资控制关口前移的工作思路,充分发挥了财政投资评审的节支增效作用。

【统筹谋划缜密实施,绩效评价扎实有效】创新思维,分阶段实施,科学完成2008—2011年4个年度自主创新专项资金绩效评价工作。积极开展创业风险投资引导基金绩效评价工作,认真分析各批次项目的特点和绩效目标,广泛征求相关处室单位意见,对每批项目制定科学合理、操作可行的项目评价指标体系。按照绩效评价的规范要求,有所侧重地抽选典型性项目,开展实地调研、座谈、邀约面访等工作,采取现场档案资料直观阅审和信息调查案卷研究相结合的方式,完成资料审查、复核和评价,全年共完成油茶、茶产业、2012年度社会保险基金保值增值、中小河流治理、小型病险水库除险加固等12批专项资金项目绩效评价工作。

【主动服务有序推进,专项核查成效显著】全年共完成5批次31个项目的专项核查工作,核查资金54.96亿元。特别是5月份完成的省残联部门预决算评审项目,是评审中心首次开展对部门预决算专项核查工作。评审组根据《预算法》规定,结合省残联部门实际,以预算批复为依据,以资金使用为主线,深入分析了部门预决算编制整体情况、财务核算情况、专项资金分配监管情况以及资金结余情况,为财政部门进一步掌握部门预算编制的科学性、合理性及决算编制的真实性、准确性、完整性提供了第一手资料,初步积累了今后开展类似工作的宝贵经验。此外,高效完成城乡居民社会养老保险、部分矿山企业2011年度矿产资源补偿费减免项目、安徽省2011年度秸秆能源化利用补助资金项目、文化博物园区部分设备投资及费用等4批项目的专项核查工作,为财政资金的规范化管理提供了翔实的依据。

【扎实开展党的群众路线教育实践活动】扎实开展以"为民、务实、清廉"为主要内容,以"为民理财促发展,务实清廉惠民生"为主题的党的群众路线教育实践活动,把贯彻落实中央八项规定、省委三十项规定和厅党组三十条要求作为切入点,按计划有序推进各环节活动。将学习教育贯穿活动始终,真学真懂入脑入心;广泛征求各方意见,敞开大门虚心纳谏;聚焦"四风",深入查摆,及时整改,务求实效;深入谈心,坦诚交流,统一思想,形成共识;敢于揭短,动真碰硬,有效开展批评与自我批评;落实举措,建章立制,边查边改,将教育实践活动同评审工作有机结合,推动评审工作可持续开展。

【坚持文明创建工作,有效提升评审效能】将文明创建工作贯穿于评审中心日常工作全过程,在连续获得第七、八、九届省级文明单位的基础上,进一步创新举措、提升内涵,不断增强财政投资评审队伍的凝聚力和战斗力,以奋发有为的精神状态服务于财政中心工作。以社会主义核心价值观作为文明创建科学内涵,拉升工作标杆,把文明创建作为评审中心的发展之魂和力量之源,按要求建设评审中心文明网站,在文明单位大展台中传播正能量。扎实做好创建第十届省级文明单位的各项迎检工作,以文明创建工作为载体,全面提高评审干部综合素质,有效提升评审工作效能。

【创新开展绩效评价理论研究工作】组织精干力量,主动加班加点,在深入总结以前年度绩效评价工作的基础上,创新开展绩效评价理论研究工作。认真开展课题研究,总结近5年的经典项目案例,撰写编印《财政支出重点项目绩效评价实务手册》,进一步创新和规范项目绩效评价,提高评审效能。

【创新开发软件,规范评审行为】不断创新评审工作举措,充分利用电子计算机技术,积极开发评审软件,选择典型性项目将评审过程中批量化、程序化、模式化的评审内容交由计算机处理，在减少人为误差和个人裁量权的同时，降低了现场工作强度，提高了现场评审效率。开发“安徽省财政投资评审中心绩效评价管理平台”软件，完成“中小河流治理财政专项资金绩效评价分系统”和“小型病险水库除险加固绩效评价分系统”的开发，并在实际工作中应用。利用该系统，评价人员现场工作中将收集到的信息与判断按软件要求输入程序，程序将自动打分，并生存评价报告初稿。把评价人员从重复、机械的劳动中解放出来，把主要精力投入到信息收集与判断、评价报告完善与升华上。

（省评审中心供稿　李昌鹏）

政府采购执行工作概述

2013年，采购中心深入学习贯彻党的十八大和十八届三中全会精神，紧紧围绕财政中心工作，狠抓采购执行，夯实管理基础，践行群众路线，主动会商服务，取得积极成效，连续第5次被评为“省直机关文明单位”，连续第4年被评为“全国十佳集采机构”。

【围绕财政中心，强化采购执行】全年完成采购项目1155个，比去年增加128个，同比增长12.46%；完成项目预算44.41亿元，比去年增加2.33亿元，同比增长5.53%；合同金额40.03亿元，比去年增加2.83亿元，同比增长7.62%；节约资金4.38亿元，资金综合节约率为9.85%。服务类采购范围不断扩大，首次组织实施省新农合大病医疗保险承办商业机构、省直医疗救助商业保险机构等民生服务项目，全年完成服务类项目180个、预算8.79亿元，分别占项目总数、总预算的15.58%和19.80%。创新实施专业工程采购，首次运用两阶段招标方式，实施省中医药大学一附院国家中医临床研究基地大楼智能化系统工程采购，实现设计与施工融为一体，较好地满足采购单位需求，该项目被评为“全国政府采购精品项目”。民生采购效益明显，先后组织实施贫困白内障患者复明补助、贫困残疾儿童抢救性康复设备、小麦优势产区良种补贴、民政救灾物资等关系民计民生项目20余个，采购规模超18亿元，占总采购规模的40%以上，取得了良好的经济效益和社会效益。

【注重宣传引导，显现政策成效】支持企业发展，按采购合同统计，全年授予中小企业份额近90%，合同金额占比近75%；积极开展“政采贷”宣传，搭建中小企业便捷融资平台；严格执行公务车采购规定，全年采购江淮、奇瑞等自主品牌汽车701台、合同金额8823万元，占公务车采购总量、总金额的98%以上。推行绿色采购，严格对照节能、环保产品清单，贯彻落实强制（优先）采购政策，全年节能、环保产品采购规模占同类产品采购规模的比重均达到90%以上。积极开展公务车“三定”采购，压缩协议供货范围，落实公务车和通用办公设备经费预算和资产配置标准，严把采购需求审核关，体现厉行节约要求。

【创新完善制度，夯实管理基础】强化制度建设，完善目标责任管理，加强工作监督检查，实行项目情况周报、月报，完成情况季度通报，年度集中考核；强化项目负责制、岗位分级管理，完善岗位责任制、财务报销、保证金管理等内控制度；规范项目质疑受理、处理以及合同履约监督管理等业务流程。全年共制定完善内部控制、业务规范等管理制度8项。主动接受监督，对专家抽取、开标现场和评审过程全部监控、全程录音录像；开放开标现场监控端口，主动接受纪检监察部门远端实时监控；项目评审，严格执行政府采购特邀监察员和公证监督制度，共抽取监察员384次428人、公证员147次294人。强化财务制度建设，制定完善财务报销管理等规范性制度；加强预算约束，规范预算管理，从严控制“三公”经费支出；创新财务管理方式，将专家评审费发放调整为银行卡结算方式，减少现金结算；试行投标保证金管理电子化改革。

【坚持规范提效，加快信息化建设】完善电子化系统功能，扩大应用程度，积极试行供应商网上报名和投标保证金电子化改革。扩大信息公开，全年发布各类采购信息2280条。规范专家抽取和供应商入库审核，专家抽取全程监控，电脑自动抽取、语音自动通知，避免人为操作，自动抽取专家3290人次；供应商入库审核移交财政窗口统一办理，新审核入库供应商2173家，入库供应商总数达8968家。推进标准化建设，开展采购需求编制规范研究，完善采购文件、采购信息公告、采购合同等模板格式、内容。规范项目档案管理，整理完成1100余个采购项目档案，立卷归档8946卷。

【加强自身建设，提升工作能力】加强支部建设，推动班子建设，积极发展新党员，建立每周一集中学习日制度，开展集中学习20余次；深入学习党的十八大和十八届三中全会精神，组织开展专题研讨，做到结合实际，注重实效；严格执行中央、省委和厅党组改进作风若干规定，切实改进工作作风；落实《党政机关厉行节约反对浪费条例》要求，结合采购工作实际，提出贯彻意见建议；加强政风行风、机关效能和文明创建，深入推进廉政风险防控管理。践行群众路线，将教育实践活动和采购业务工作紧密结合，狠抓工作落实，创新活动形式。重学习提升，开展专题学习、研讨及培训活动20余次，为员工征订《党章》、《公务员法》等书籍；开展职业道德教育学习交流，认真撰写心得体会，提炼文明办公用语；活化学习方式，开展走进企业学习等活动。重征求意见，开展“我与中心共成长”和“我为中心献一策”征文献策活动，做到全员参与；发放调查问卷1100余份，广泛征求意见建议。经汇总共收集意见、建议百余条，分析存在问题或不足38条。重结合工作，成立阳光采购工作小组，系统梳理采购业务流程、查找内控关键环节，查摆分析问题；组织开展供应商座谈会、宣传工作座谈会和首届“政府采购开放日”活动。重整改落实，在厅内率先开展专题组织生活会，深入开展批评和自我批评，落实工作措施，明确整改时限，注重建章立制，狠抓整改落实，得到省委督导组和厅活动办的充分肯定。加强队伍建设，抓学习教育，举办政府采购业务培训、反腐倡廉专题辅导讲座等，有计划地组织干部职工参加各类调学学习培训，抓好干部在线学习管理，全部完成学习任务。抓会商服务，制订主动上门服务(会商)制度，与省政府办公厅、省高院、省公安厅等单位开展会商40余次，协力推动项目进展，加快预算执行。抓结对共建，多次组织人员到结对共建村走访慰问、共商共建方案、推进共建项目，及时做好处级干部帮扶困难户工作，开展党员学习交流和捐书活动，达到支部共建，党员共育的目的。扩大工作宣传，进一步完善与新闻媒体交流机制，全年《中国财经报》、《安徽财会》、《中国政府采购报》、《政府采购信息报》等媒体宣传中心稿件36篇，荣获“全国政府采购新闻宣传贡献奖”。《安徽财会》8月刊以专题形式，报道自《政府采购法》实施以来省级政府采购十年发展成就；汇编整理2012年宣传材料，编印《成长的足迹》(五)一书；注重厅内和中心部门之间信息交流，在厅内网发布信息77篇，编发中心简报118期。

(省政府采购中心供稿　李成名)

财政科研工作概述

2013年，科研所紧紧围绕财政中心工作，求真务实、锐意进取，较好地完成财政科研、财政宣传等各项工作任务。

【积极推进工作转型】厅党组会议研究部署财政科研工作转型后，第一时间召开全所职工会议传达学习，迅速把思想和行动统一到厅党组的决策部署上来。成立科研所财政科研工作转型领导小组，制定《关于财政科研工作转型的实施方案》，明确转型的指导思想、方法步骤和目标任务，充实转型内容，完善保障措施。按照转型方案各项要求，周密组织，统筹推进，健全工作制度，完善工作流程，优化人员配置，坚持领导带头、组织推动、全员参与，加强督促检查，扎实推进财政科研各项工作转型。

【扎实开展财政科研】紧紧围绕“贴近中心、服务大局，系统联动、深入调研”的工作思路，认真组织开展财政科研工作，积极发挥参谋助手作用。牵头推进全省财政重点课题研究，年初牵头起草确定2013年全省财政重点调研课题31项，其中厅领导挂帅课题15项，处室重点调研课题16项。年中结合党的群众路线教育实践活动，针对财政经济改革发展中的一些热点问题，新增15项厅领导挂帅课题。同时，积极做好课题协调服务、跟踪收集等工作，共协助5个处室开展7项课题调研任务。积极参与全国财政协作课题研究，牵头完成2012年全国财政协作课题《资源税、房产税改革及对地方财政影响分析》总报告和分报告的撰写工作，参与2013年全国财政协作课题《加强生态环境保护的财税政策研究》。参与组织安徽省加入GPA谈判应对研究，完成《安徽省省本级政府主要不同门槛价以上政府采购规模及加入GPA门槛价研究》,印刷《GPA主要参加方出价研究以及安徽省政府采购数据分析》一书,完成2013年出价意见报告。做好亚行技援项目管理工作,分别召开终期报告(草稿)评审会和成果发布会,做好项目协调服务、报告修改、成果宣传等工作,研究成果得到财政部和亚洲开发银行的充分肯定。积极开展横向课题研究,加强横向交流,参与省科技厅、民政厅等相关课题的申报研究工作。

【切实加强财政宣传】牢牢把握《安徽财会》宣传层次高、读者定位高的"双高"基调,年初积极谋划全年宣传重点,调整栏目设置,围绕全省财政重点工作和基层财政亮点工作,与厅处室单位和市县财政部门建立协作机制,进一步优化编辑流程,形成全所动员、共同参与的良性工作机制。加大财政橱窗时效宣传,改变以往集中宣传一期后再整体全部更新版面的宣传模式,紧盯财政时事要闻,及时更新,做到"有一换一",滚动宣传。继续保持与安徽电视台、安徽日报社等媒体单位的战略合作,积极做好有关摄像摄影服务,全年共邀请两家单位摄影摄像60余次,有效提升财政宣传的水平和质量。全年《安徽财会》共出刊12期,封面及彩版制作96个,撰写稿件近30多篇,文字宣传100多万字;财政橱窗设计版面133个,使用图片200多张;外出摄影服务142次;制作完成2013年度财政工作专题宣传片。

【全面加强学会建设】顺利开展财政学会换届,以通讯方式完成学会理事会换届选举工作,选举成立第七届理事会,并审议通过修改后的《安徽省财政学会章程》。按照省民政厅相关要求,积极做好相关资料汇总和财务申报,完成财政学会年检工作,聘请会计事务所对2008-2013年的学会财务收支情况出具审计报告,并对原法定代表人任职期间经济责任进行了审计。召开"政府向社会力量购买服务"专题研究座谈会,邀请省人大、中国科技大学、安徽财经大学、安徽日报社、安徽电视台,厅有关处室单位及合肥、淮北、淮南、滁州、六安、铜陵等市财政局的理事代表参加会议。受邀参加省民政厅举办的社会组织支持美好乡村建设座谈会,并做典型发言,完成省社科联第七次先进社会组织、工作者申报工作,学会报送的《资源税、房产税改革及对地方财政影响分析》课题获得省社科联"学界兴皖"优秀调研三等奖。认真组织厅属学会开展"小金库"清查工作,对照规定检查内容进行自查自纠,并按规定签订承诺书。

【积极推进志鉴编纂】按照省地方志办公室的要求,召开《安徽省志·财政志》志稿评议会,邀请省地方志、档案、法律、国税、地税等多方面专家对志稿进行评议。针对专家提出来的意见建议,认真梳理,并结合财政分志编纂工作实际,仔细研究,制定《安徽省志·财政志》志稿修改方案,细化修改任务,进一步调整框架结构,完善体例语言,形成《安徽省志·财政志》送审稿。加大《安徽财政年鉴》编纂力度,年初提前谋划,及时组稿,进一步优化编辑、设计、排版、校对、审稿、出版等流程,出版时间提前到9月份。在省地方志办公室、省年鉴研究会联合举办的第二届安徽省年鉴编纂出版质量评比活动中,《安徽财政年鉴》在申报参评的58种年鉴中荣获综合质量一等奖。认真做好财政部"六刊两鉴"宣传发行工作,宣传发行任务数较上年增长25%,相继被财政部中国财政杂志社、财政部科研所评为2013年度"三刊两鉴"宣传工作先进单位。

(省财政科研所供稿　万勇)

注册会计师和资产评估管理工作概述

2013年,注册会计师管理处紧紧围绕诚信建设主线和服务国家建设主题,以"诚信文化建设年"活动为抓手,践行党的群众路线,切实改进工作作风,推动行业发展各项工作深入开展,圆满完成了年度工作任务。截至当年底,全省共有会计师事务所255家,其中,外省在本省设立的分所20家,本省分所2家;执业注册会计师2687人,非执业会员3748人。共有资产评估机构87家,其中,外省在本省设立的分公司有9家,本省分公司2家;执业资产评估师775人,非执业会员110人。

【学习贯彻十八大和十八届三中全会精神】按照财政厅党组的部署,举办行业学习贯彻党的十八大精神远程培训班。组织协会党员干部学习十八大精神,开展专题研讨,撰写学习心得,增强党员干部对十八大精神的理解和自觉践行意识。按照中注协《关于认真学习宣传贯彻党的十八届三中全会精神的通知》,多渠道宣传十八届三中全会公报以及《中共中央关于全面深化改革若干重大问题的决定》,组织协会党员干部及行业广大党员认真学习,深刻领会要义,研究确立和推进实施行业改革发展的新举措。

【深入开展"诚信文化建设年"主题活动】深入合肥、六安、芜湖、马鞍山、安庆、蚌埠等市事务所,调查了解执业机构发展中的困难,听取对诚信文化建设的意见建议。根据调研结果,结合中注协要求,制定《全省注册会计师行业"诚信文化建设年"活动实施方案》,并细化工作措施,落实任务,推进活动深入开展。建立党委委员联系16市行业党组织制度。推广永合支部"321"工作法,鼓舞先进事务所领航诚信文化建设,鞭策后进者认识不足,自我反思、自我提高。打造8个诚信文化建设示范支部,扩大先进典型的影响力,带动创建先进事务所党支部和诚信事务所活动。开展"注册会计师职业精神"提炼与"诚信、自觉、自信"主题演讲交流活动,分享诚信文化建设成果。结合群众路线教育实践活动,赴合肥、滁州、铜陵、池州、黄山事务所督导,引导事务所结合自身业务实际,推进活动有效开展。发布《会计师事务所综合评价暂行办法》、《注册会计师、资产评估师信用评价办法》等一系列长效工作制度,为诚信者扬名,给失信者施压,内树诚信品质,外树诚信形象。

【深化党群共建活动】修订《市级注册会计师行业党组织党建工作考核评价办法》、制定《会计师事务所党支部党建目标责任制考核实施办法》,完善制度,规范推进党建工作。依据《示范基层党组织选拔管理办法》,开展对8家示范党支部的督查验收工作,指导每家事务所提炼出切实可行的"支部工作法",发挥典型的引领示范作用。积极推动行业参政议政,截至当年底,全省行业有省政协委员1人,市、县级人大代表、政协委员32人,有2名党外人士担任协会副会长。推荐了5名党外人士入选党外知识分子联谊会会员。组织市级行业党组织负责人、事务所支部书记、部分党外人士参加中国注册会计师行业党委举办的党建工作培训班,形成党内党外互动的局面。深入推进团建工作,制定《全省注册会计师行业"青春建功中国梦"主题教育实践活动方案》,组织开展"我的中国梦"青年座谈会,举办"践行诚信精神,放飞青春梦想"主题演讲会,开展"我们的工作·我们的生活·我们的梦想"主题作品征集评比活动。参加全国行业团委组织的"最美青工"评选活动,华普天健安徽分所青年注册会计师郑磊被评选为全国注册会计师行业"最美青工"。建立12家"青年学习实践就业基地",搭建青年成长成才平台。与团省委共同发文,推进全省注册会计师行业"青年文明号"创建工作,提升青年工作水平。当年,华普天健安徽分所、宝申所被省委、省政府评为"优秀民营企业",正一所吕蓉君、永涵所邓素兰被评为"优秀民营企业家"。安徽永合会计师事务所荣获蚌埠市委组织部颁发的"五个好"社会组织党组织称号,以及荣获团省委命名的"青年文明号"称号和全国团委颁发的全国注册会计师行业 "五四红旗团支部"称号;华普天健安徽分所廖传宝荣获全国注册会计师行业"青年五四奖章";宝申所肖豫荣获全国注册会计师行业"优秀共青团员"称号;国信资产评估所刘迪等为省直机关"优秀共青团员"称号。

【强化事务所品牌建设】发布《关于促进我省会计师事务所加快发展的若干措施》,从加强服务能力建设、加强诚信文化建设、鼓励做强做大做精做专、深化队伍建设和信息化建设等方面,提出14项具体的扶持政策,支持全省会计师事务所又好又快发展。修订会计师事务所、资产评估机构综合评价办法,优化事务所、评估机构评价流程,更客观的评价执业机构综合实力,维护行业信息评价的权威性。发布会计所前50家、评估所前30家评价信息,引导社会主体合理选聘与其规模相匹配的事务所、评估机构提供服务。积极向有关部门单位推荐,在招标时使用综合评价信息,扩大综合评价的影响力。截至上年底,排名前50的事务所收入6.3亿元,占注会会计师行业业务总收入的77.3%;排名前30的资产评估机构收入7148万元,占评估行业业务总收入的77.9%。

【加强行业监督管理】全年应参加年检注册会计师2635人,检查合格2610人;应参加年检资产评估师730名,727人通过年检。执行《合伙人或股东出具证明的暂行办法》,加强对合伙人(股东)胜任能力的评估审查,共为19家会计师事务所的23名注册会计师和3家评估机构的14名资产评估师出具股东资格审查证明。全年共批准98名注册会计师、36名资产评估师注册。办理注册会计师转所148人、转会39人；资产评估师转所58人、转会12人。重视执业质量检查员队伍建设，根据年度执业质量检查工作需要，及时扩充兼职检查员专家库，通过以老带新的方式，培养和储备检查组长后备人选。制定《安徽省会计师事务所执业质量检查工作廉政规定》，规定检查人员廉政“十不准”，严肃检查纪律。精心组织资产评估机构执业质量检查，与厅企业处合力，组建3个检查小组，对合肥、芜湖、铜陵、马鞍山、宿州五地17家评估机构开展实地检查，对存在问题的2家评估机构和5名注册资产评估师给予谈话提醒。开展会计师事务所执业质量检查，联合厅监督检查局、会计处，组建6个检查小组，检查60家会计师事务所。另外，根据工作需要，单独开展了对5家事务所的专项检查。

【加强人才队伍建设】组织实施全国注册会计师统一考试工作。组织全省各级考办负责人、工作人员参加全国考试工作培训会议；赴各市检查12814个机位安置情况；巡视全省28个考点247个考场；主动做好与公安、经信、电力等部门联系，通力防范高科技舞弊行为、保障考场电力运行，维护考试秩序。设立值班室，负责舆情监控和处理考试期间的突发事件和异常情况。当年，全省专业阶段考试报名人数18175人，报考总科次为47240科次；综合阶段考试报考508人，英语测试报名确认20人。考试期间，考场秩序井然，无违规违纪情况发生，得到了中注协巡视组的肯定。协助省人事考试院做好资产评估师考试的资格审查工作，本省报名443人，总科次1330次。提升行业继续教育效果，贯彻“分层次”、“重实效”的培训理念，满足不同层次业务需要。重点举办服务经济建设专题培训班、新注册人员培训班、机构负责人专题培训班暨“诚信文化建设年”主题论坛、小企业审计专题班、企业内部控制审计、税收法规与纳税策划专题研讨、执业机构合伙人领导力研修、评估准则、评估实务等。全年共组织注册会计师培训班8期，注册资产评估师培训班5期，其中：中注协远程视频培训班3期（其中包含一期中注协在安徽设立主会场），中评协远程培训班3期，组织赴上海国家会计学院参加中注协小企业审计培训班1期，自办注会专题特色培训4期、评估师专题培训2期。加强行业高端人才培养，制定《安徽省注册会计师（资产评估）行业领军人才培养方案》，从全省300余家会计、评估所项目经理以上及活跃在执业一线的注师、评师中，选出30名全省行业领军人才培养对象。

【加强协会服务能力建设】牢固树立群众观念，认真开展党的群众路线教育实践活动。组织协会党员干部参加厅里和协会组织的学习活动，读原著、广交流、深理解、听辅导、谈体会。开展走基层、访会员活动，征询行业会员、“两代表一委员”、常务理事、相关省直机关对协会工作的意见建议。秘书处班子及成员对照“四风”问题的具体表现，撰写对照检查材料，逐一开展批评和自我批评，并制定整改任务书，将会员反映的22条意见建议，分解落实到人，细化举措，限定时间完成，将活动成果体现在制度机制建设的成效上。

【切实改进工作作风】贯彻落实中央八项规定、省委30条规定和厅党组30条要求，作风建设以及进一步开展好教育实践活动的要求，关注大多数会员的普遍诉求，以效能建设为抓手、以制度建设为保障、以“四零”服务竞赛活动为契机，认真解决群众最关心、最直接、最现实的利益问题。切实改进文风、改进会风，厉行节约，勤俭办会。当年1-10月，文件总数较上年减少32.8%，缩减印刷费43.5%、会议费83.9%；“三公”经费较上年压减67.16%。先后4次深入结对共建费村，与村党支部党员共同开展组织活动，慰问困难党员群众，帮扶结对共建项目。将结对共建作为提高党性、锤炼干部、宣讲财政政策、了解民生诉求的重要工作，与群众共同规划、实施美好乡村建设，了解群众生产生活情况，从群众中汲取智慧和力量，为工作增添动力源泉。培养党员干部学习能力，制定《安徽省注册会计师协会学习制度》，教育引导党员干部密切关注和研究各部门、各领域的改革进展和行业工作的新特点，以及社会转型发展对行业服务的新需求和对提升行业管理能力的新要求。组织职工参加中注协、财政厅开展的学习培训和征文活动，提高知识的保鲜度，增强工作创新活力。全年共组织参加干部胜任能力培训30余人次，全员均轮训一遍。将行业信息化系统建设列为年度重点工作，实现对会员从入会、继续教育、执业活动全过程动态信息化管理，发挥信息化在管理上的效能作用。围绕财政管理方式转变，组织开展《执业机构开展预算绩效评价现状分析研究》课题,引导执业机构积极为财政管理转型、提升预算管理水平、增强单位支出责任、提高公共服务质量、优化公共资源配置、节约公共支出成本服务。编写完成《事业单位财务报表审计底稿指引》,为执业机构提供规范的技术指导,帮助事业单位提高财务管理水平。根据厅党组关于在群众路线教育实践活动开展五个专项行动、建立五类重点制度的要求,着力抓秘书处长效机制建设,用制度管人管事管钱管权。在厉行节约方面,制定《省注册会计师管理处财务管理办法》、《注册会计师管理处车辆管理制度》、《安徽省注册会计师协会差旅费管理办法》、《安徽省注册会计师协会通用办公设备家具管理办法》等制度,防范廉政风险;在党员干部教育管理方面,制定《注册会计师管理处干部培训工作管理办法(试行)》、《安徽省注册会计师协会学习制度》,建设学习型机关;在提升工作效能方面,制定《安徽省注册会计师协会秘书处工作规则》、《安徽省注册会计师协会宣传制度》,优化工作流程,明确职责分工,保证各项工作有效落实。

【加强宣传交流】加强会商协调力度,与省委统战部就注册会计师行业党外代表人士队伍建设进行交流。主动协商省物价局,推动延长资产评估、验资、审计服务收费管理办法期限。支持省担保集团开展县域担保机构财务状况审计工作,加强对县域融资担保机构注资参股的风险管理。走访省外汇管理局就事务所从事外汇管理业务质量问题进行了解。与厅采购处会商,对政府采购中的低价竞标问题给予关注。与厅企业处、监督检查局就中介机构执业质量检查工作进行合作。与省政务中心财政窗口协商会员注册、年检等服务进窗口事宜。与省物价局、省高院、省国资委、省属企业等部门加强沟通,推荐综合评价靠前的会计师事务所承接业务,优化招投标程序。与庐阳区政府招商局座谈,为事务所服务区域经济发展搭建对接平台。根据协会重点工作,继续拓展对外宣传渠道。在人民网、新华网以《为诚信者扬名给不诚信者施压》为题,对行业诚信文化建设进行宣传。在先锋网、中注协网站、中评协网站及财政厅外网、内网、协会网站等,宣传工作动态100余次。在《中国会计报》、《安徽财会》集中宣传行业发展成果4次。

(省注册会计师管理处供稿　王克法)

财政干部教育培训工作概述

2013年,干教中心坚持以科学发展观为指导,深入学习贯彻党的十八大、十八届三中全会精神,围绕中心,积极谋划,扎实开展各项主题教育活动,切实推动干部教育培训和财会培训工作,注重强化内部管理,各项工作有序开展,中心发展的推动力、完成各项工作任务的执行力、领导班子的凝聚力和服务财政中心工作的保障力明显增强。

【抓学习教育,提升能力素质】通过强化学习教育、开展专题研讨等形式,切实提高干部职工能力水平,凝聚发展共识,营造团结向上氛围。按照厅党组部署和厅机关党委的计划安排,组织干部职工认真学习党的十八大、十八届三中全会、中央经济工作会议、城镇化工作会议精神、全国"两会"、全省经济、财政工作会议、十八届中纪委第二次全体会议、省纪委九届三次全会精神、中央、省和厅改进工作作风密切联系群众若干规定等会议、文件、讲话精神,全年共组织政治理论学习33次,其中:在党的群众路线教育实践活动中集中学习21次。认真落实干部教育在线学习任务,定期统计干部职工在线学习情况,全年每一名上线职工都按时超额完成规定学分学习。同时,注重强化现代培训理念,加强财政业务与财政改革等业务内容的学习,定期向干部职工推荐自学书籍。切实通过学习,统一思想、明确任务、提升能力。根据厅《关于开展学习贯彻党的十八精神专题研讨的通知》精神和正在开展的党的群众路线教育实践活动,及时组织干部职工开展"党章与财政作风"、"宗旨与财政民生"等6个专题研讨和"我的中国梦"、财政干部幸福观、基层先进典型、廉政警示教育和红色教育感受等专题研讨,召开了中心青年工作座谈会和新进人员谈心会,努力使大家在思想碰撞中形成共识、凝聚力量,促进发展。

【抓主题活动,践行群众路线】以开展党的群众路线教育实践活动和结对共建活动为载体,深入基层、宣传政策、广征意见、结对帮扶,积极践行群众路线。扎实开展党的群众路线教育实践活动,紧扣为民务实清廉主要内容和厅"为民理财促发展、务实清廉惠民生"主题,把学习教育贯穿活动始终，召开三个环节再动员再部署会，及时成立组织、制定方案，认真组织学习，并对缺席人员补课，深入进行研讨，全员撰写学习体会，及时公开支部班子承诺。通过召开座谈会、设置意见箱、发放征求意见表、个别访谈、开展谈心活动等形式，广泛征求业务关联部门、厅机关处室单位、结对共建村、基层培训基地、培训学员、离退休老干部和中心党员群众意见、建议。中心支部共组织座谈走访8次，每位班子成员都与每位干部职工交心谈心，征求到4方面26条意见建议。专心撰写班子和成员分析检查报告，按时召开党的群众路线教育实践活动专题组织生活会，分管厅领导、厅教育实践活动督导组到会指导并进行评议，对中心专题组织生活会给予充分肯定。建章立制环节，专门召开科负责人以上会议，按照立学立改、建立长效机制分类，制定班子、成员整改任务书和整改任务表，并注重建章立制，修订完善了4项原有制度，制定出台了4项制度。通过学习、剖析、整改进一步加深了对党的群众路线的认识，坚定了反对“四风”的决心，增强了在本职工作中贯彻执行党的群众路线的自觉性。深入开展结对共建工作，将厅党组统一要求和单位实际结合起来，积极谋划结对共建工作，制定结对共建方案。全年6次深入结对共建村，其中：分管厅领导2次亲临指导，召开座谈会，开展纪念建党92周年活动，传达学习中央、省委和厅党组关于开展党的群众路线教育实践活动工作会议精神，捐赠党的群众路线教育实践活动等方面书籍，征求对财政工作和2014年民生工程意见、建议，察看了解规范化财政所建设情况，走访慰问困难党员和结对帮扶户，实地查看结对共建项目的进展和完成情况。同时，结合单位发展实际，为增强结对共建实效，将中心原用于会计电算化培训的部分电脑及桌椅捐赠给涡阳县陈大镇中心学校，作为教师教学用电脑。

【抓干教培训，服务“二为”发展】坚持为财政中心工作服务、为财政干部健康成长服务的干教培训方针，坚持分类别、分层次培训原则，细化培训内容，选配优质授课教师，科学安排课程，优化组合培训方式，努力做到使干部教育培训更好地满足组织需求、岗位需求和个人需求，全年共举办7期岗位培训班，培训学员685人，协助人教处举办1期厅党组直接安排的全体党组成员亲自授课的全省市县财政局长培训班，配合厅处室（局）、单位举办11期业务培训班，培训学员1707人次。积极开展岗位培训，举办青年干部岗位培训班，按照“总结自己、学习他人、准备将来”的财政干部岗位培训总要求，针对财政青年干部角色特点，设置座谈交流、岗位素质提升、财政业务能力培训、团队协作训练等四个模块，做到启迪思维、拓宽视野和收获知识的有机结合，充分调动学员学习培训的积极性和主动性；举办三期乡镇财政所负责人岗位培训班，重点设置廉政道德教育、县乡财政一体化、当前农村社会保障主要政策措施、财政支持美好乡村建设解读、营业税改征增值税试点相关情况介绍、农村综合改革示范试点及一事一议财政奖补政策讲解等课程，做到政策文件解读和财政改革成功案例相结合，财政干部思想道德教育与财政工作实务讲解相结合，专题讲授与学员上讲台相结合；举办全省财政基层培训师资培训班，提高教学课件的制作能力和技巧，增强学员在工作中运用制作PPT的能力，使其更好地服务财政基层教学工作；举办提升基层调研工作能力培训班，设置“坚持群众路线 做到为民务实清廉”、“优秀调研报告的标准与撰写”和“基层调研方法技巧”等课程，邀请省委党校、安徽大学和厅办公室等有关专家领导分别对党的群众路线、优秀调研报告的标准和撰写步骤、调研艺术进行详细阐述和深入解读；举办全省市县区财政局负责人和厅处级干部岗位培训班，紧紧围绕“开阔视野、更新观念、提升能力”的主线，邀请省政府、上海财经大学、省委党校、武汉大学、中央财经大学等领导、专家教授，分别授课，力求以前沿理论知识指导具体实践，以思维创新推动工作创新。积极开展常规业务培训，实施业务培训班项目负责人制度，派专人协助主办业务处室做好每期业务培训班相关事宜，全年分别配合办公室、纪检监察室等处室举办11期业务培训班，推动财政业务培训工作深入开展。全力做好预算绩效管理远程网络培训试点工作，指定专人指导协调各市做好相关事项，充分发挥省级管理员上传下达桥梁纽带作用，督促各市试点工作进度，推动全省预算绩效管理远程网络培训试点工作顺利开展。全省首先在合肥市、阜阳市、六安市和黄山市进行试点，全年共有598名学员参与网上远程学习，累计完成课程数3775个。

认真开展干教培训课题研究,完成2013年全省财政重点调研课题《新时期创新财政干部教育方式研究》课题任务和财政部干教中心协作课题《新时期创新财政干部教育培训工作方法探索与思考》课题任务。扎实开展干部教育信息宣传工作,全年向财政部干教中心《培训动态》投稿7篇、《安徽财会》投稿6篇,全面反映我省财政干部教育培训先进经验和创新做法。

【抓财会培训,注重服务社会】财会培训以厅开展的“四零”服务竞赛为契机,紧紧围绕“优服务、严管理、高质量”的培训宗旨,牢固树立服务至上的理念,在培训工作中,加强教学管理,培训服务和教学检查,科学安排各类培训课程。全年共开设会计职称初、中级、会计从业、会计电算化、会计人员继续教育和会计实践培训班61个,培训学员7170人。

【抓综合管理,营造和谐氛围】认真贯彻落实中央、省委、省政府和省财政厅关于改进工作作风密切联系群众若干规定,严格执行效能建设和廉政风险防控各项规定,多次召开会议部署要求,落实责任,不定期组织班子成员开展科室效能建设情况检查,扎实开展“四零”服务竞赛活动。强化制度管理,狠抓制度执行,制定工作要点,细化工作任务,落实工作责任,扎实开展重点工作回头看。认真协调解除中心原2名聘用人员劳动关系,办理原会计培训用房税费缴纳、过户手续,核定单位退休人员、新进人员工资标准,积极协调做好新房处置工作。按时编报2012年单位财务决算报表、2014年部门预算报表、财政部、人事部人事统计报表和省编办机构核查有关报表。强化单位信息宣传,全年上传厅内网信息43条。不断强化中心人事、劳资、财务、收发、档案、车辆维护等各项管理工作,后勤保障能力得到进一步提升。

(厅干教中心供稿 叶伐朋)

省级行政事业单位资产管理工作概述

2013年,按照厅党组统一部署,厅资产中心凝聚工作合力,切实增强服务意识,锐意进取,扎实工作,较好地完成了各项年度目标任务。当年,被省财政厅评为效能建设先进单位,被省直机关工委评为2011—2013年省直机关文明单位。

【积极探索,推进省级资产管理】健全管理工作机制,围绕贯彻落实省政府办公厅《关于进一步规范和加强省级行政事业单位资产管理工作的意见》精神,与资产处积极会商,共同研究制定贯彻落实《意见》的工作方案,梳理工作重点和加强管理所需的制度框架、工作流程及长效机制;先后前往省管局、安徽大学、合肥市财政局等单位开展会商调研24次,成立2个资产管理业务重点课题研究小组,撰写完成2篇调研报告,参与制定《关于移交国有房屋和土地权证的通知》等10个文件、制度。推进省级资产管理,完成381家单位2974本“两证”的移交工作和182家行政事业单位1542份房屋租赁合同的备案;完成38家省直单位账面原值合计5612.65万元的资产集中处置,其中报废资产账面原值4648.49万元,报废资产残值收入60.53万元;出售资产账面原值964.16万元,出售资产评估价值615.78万元,资产出售收入768.3万元,溢价率达24.8%;完成7家省直单位51处房产的公开拍租业务,涉及房产总面积10.31万平方米。从已成功拍租房产统计数据来看,原合同租金累计557.25万元/年,实际成交租金累计976.14万元/年,较原合同租金收益增长75.2%,几近翻番。其中26处门面房(商铺)原合同租金累计127.69万元/年,拍租底价累计161.25万元/年,实际成交租金累计367.85万元/年,较原合同租金收益增长188.1%、拍租底价增长128.1%;17处非门面房(办公、饭店、宾馆等)原合同租金累计433.97万元/年,拍租底价累计555.87万元/年,实际成交租金累计606.27万元/年,较原合同租金收益增长39.7%、拍租底价增长9.1%。探索有效监管措施,通过政府采购方式,选聘5家资产评估、拍卖机构,建立省级资产处置中介机构库,确保资产处置公开透明。与安徽省产权交易中心签订《安徽省级行政事业单位国有资产进场交易合作协议》,对处置、拍租业务无特别要求的,一律进场公开交易,防止国有资产流失。实行出租房产合同月报和资产处置收益季报制度,强化绩效跟踪管理。在对19家行政事业单位(含主管部门)权证移交、合同备案及出租收益上缴情况进行抽样核查的基础上，配合资产处制定《关于全面核查省级行政事业单位资产出租等情况的通知》，由厅监督局牵头，资产处、资产中心组成10个核查小组，赴220家行政单位(含参公)和后勤管理部门开展重点核查，为下一步规范和加强省级资产管理提供基础依据。

【精细规范，做好后勤服务保障】进一步强化监督管理。坚持物业管理半月工作联席例会制度，沟通、分析和研究遇到的情况和问题，使各项工作顺利开展；完成厅机关办公区和宿舍区2013年7月至2015年6月物业服务管理采购；顺利实施机关食堂餐卡升级，较大改善了职工就餐环境；完成各类会议服务274次，确保了机关各项工作的顺利实施；建立以业主满意度作为衡量监督物业公司服务水平标杆的长效机制，对辰元物业公司、新长江物业公司服务管理满意度调查223人次，梳理汇总意见建议11条，为进一步提升物业服务管理水平明确努力方向。进一步加强企业管理。自划归中心管理以来，在厅财务托管小组的指导下，百花宾馆加强对2010年装修改造工程欠款、应收应付款项、出租房产的清理。同时，转变营销策略，实施减员增效，强化成本控制，全年完成营业收入1428万元，其中客房收入579万元，餐饮收入676万元，其他收入173万元。厅印刷厂完善内部管理，努力拓展业务，全年完成销售产值1280万元，实现利税238万元，超额完成年初确定的1260万元目标任务。进一步做好安全保障。时刻紧绷安全这根弦，坚持中心领导带班制度，并与节假日值班制度有机结合，不断健全和完善安全巡查工作制度；建立单位部门安全维稳联动工作机制和消防安全联络员制度，有效保证了十八大、十八届三中全会期间的安全稳定；根据皖综治明电〔2013〕3号文件精神，在全厅深入开展矛盾纠纷集中排查化解专项行动，按照皖政明电〔2013〕3号要求，认真组织开展安全生产大检查，确保安全责任落实到位，各类隐患排查整治到位。进一步完善基础设施。通过政府采购，对厅机关办公楼4部电梯进行改造；根据《安徽省财政厅关于印发厅属单位车辆管理暂行办法的通知》精神，对厅属单位公务车辆实行定点集中停放，并配合厅监察室定期检查停放情况；与交管部门和辖区单位积极沟通协调，在机关大门西侧、对面杏花公园北侧及环城路水西门立交桥下3个区域增添52个车位，进一步缓解办公区停车难。开展清房和办公用房调整。按照中办、国办以及省委办公厅、省政府办公厅有关文件精神，实地查看，调阅资料，对厅机关办公用房建设使用情况认真自查，及时向上级部门报送了有关数据材料；根据省清房办工作部署，本着“严格遵守规定，妥善处理解决”原则，厘清当前现有的存量住房情况，并按照有关规定进行出租、出售；按照标准，完成厅机关办公用房的调整和调剂工作，以实际行动弘扬艰苦奋斗、勤俭节约的优良作风。

【搭建平台，提升工作执行能力】扎实推进教育实践活动。按照厅活动办统一部署，组织集体理论学习20次，开展“财政干部幸福观”等专题研讨会3次，科室业务宣讲4次；召开座谈会6次、实地走访5次、问卷调查73人次，设立意见箱4个，归纳梳理省级资产管理、后勤服务保障、工作作风及效能建设等方面意见建议15条；结合开展城乡基层党组织结对共建工作，深入结对共建村先后开展5次“接地气”活动，启动了自来水人饮工程，5名处级干部采取一帮一形式开展了困难帮扶活动，以身作则带头促进工作作风转变；针对征求的意见建议和查找出的问题，尤其是反映强烈的资产处置效能、机关办公区停车难和厅机关食堂服务管理问题，制定整改措施21条；形成中心半月工作例会、资产集中处置规程、房屋出租操作规程等一批制度成果和实践成果，为改进作风和推动本职工作奠定基础。积极创建学习型党组织。根据《资产管理中心2013年学习工作计划》安排，不断完善“五个一”学习模式，组织开展集中学习28次，制作学习橱窗3个，“小书架”新购置图书60本，撰写学习心得26篇，在学习看板推荐各类文章100余篇，干部教育在线学习人均达138.1分；按照厅党组《关于开展学习贯彻党的十八大精神专题研讨的通知》精神，先后开展宗旨与财政民生、科学发展与财政调控、改革与财政工作等4次专题研讨活动，“学习型党支部”创建工作成效显著。认真开展“四零”服务竞赛。制定《资产管理中心“四零”服务竞赛活动实施方案》，在活动中开展服务亮诺活动，亮身份、亮岗位、亮职责；结合创建学习型党支部活动，开展业务学习竞赛活动，针对重点课题进行科室轮流宣讲，切实提高解决新问题、新情况的能力;立足省级资产管理和后勤监督管理两项重点工作,开展争当服务标兵活动,设计制作“四零”服务竞赛记录表,对工作服务情况进行跟踪记录。活动启动以来,跟踪记录承办事项172项,满意率100%。深化党风廉政建设。建立廉政教育专题学习制度,先后开展12次廉政理论专题学习,组织干部职工积极参加厅监察室开展的观看廉政教育片、赴蜀山监狱廉政警示教育、“转作风、促廉政”理论知识测试等活动;随着业务工作量的日益增大和业务范围的不断延伸,对岗位职责再次进行全面梳理,新查出权力项目风险点1个,岗位职责风险点2个,并按照要求及时制定、修订防范措施3个,让风险点成为安全点;认真贯彻落实中央八项、省委省政府30条、财政厅30条规定,结合实际,制定中心18条规定;按照厅党组要求,制定中心车辆管理暂行办法,建立公车使用台账,规范车辆使用和停放,严禁公车私用;严格执行公务接待相关规定,一般不安排公务接待,确需安排的,控制参加接待人员的范围和数量,并按照程序报批。2013年,中心“三公”经费费用10.3万元,同比下降71.8%。

(厅资产中心供稿　张家夺)

学会团体工作概述

安徽省财政学会工作概述

2013年，安徽省财政学会紧紧围绕厅领导决策部署和财政中心工作，认真开展科学研究和学术活动，及时完成换届选举工作，积极发挥学会参谋助手和桥梁纽带的作用，为活跃系统科研氛围、营造和谐理财环境做出积极贡献。

【以改革发展为主题，深入开展课题研究】以财政科研为依托，以服务财政中心工作为主线，围绕财政改革发展，先后完成中国财政学会、财政部科研所、省社科联等下达的以及独立完成的各类课题二十多项，形成一批高质量的研究成果。牵头完成2012年全国财政重点协作课题《资源税、房产税改革及对地方财政影响分析》，相关成果在《财政研究》、《经济研究参考》杂志和部科研所《研究报告》上全文刊载，送国务院和财政部领导参阅。参与浙江牵头的2013年全国财政协作课题《加强生态环境保护的财税政策研究》，完成安徽分报告，召开第三次协作课题会议。

【以学术活动为纽带，充分发挥"智库"作用】召开"政府向社会力量购买服务"专题研究座谈会，邀请省人大、中国科技大学、安徽财经大学、安徽日报社、安徽电视台，厅办公室、综合处、行政处、教科文处、经建处、社保处，以及合肥、淮北、淮南、滁州、六安、铜陵市财政局的理事代表参加会议，对政府向社会力量购买服务的意义，对财政工作的影响，以及购买服务对象选择、财政支出方式改革、财政资金绩效管理、购买服务机制建立和相关配套政策措施、实施步骤等内容进行深入研讨，交流经验、开阔思路；会后形成观点综述在《安徽财会》专栏刊发。

【以学会组织为平台，广泛展开学术交流】积极组织全省财政干部职工参与首届全国财政系统财税知识网络答题竞赛活动，专门以财办文件形式将活动要求进行转发，并在安徽财政厅内网通知公告上进行发布，近200人参与此项竞赛活动。加强与省民间组织管理局沟通联系，积极响应社会组织在美好乡村建设中贡献力量的号召，受邀参加省民政厅举办的社会组织支持美好乡村建设座谈会，并作典型发言。申报省民政厅、省社科联2013年度"安徽社会组织发展"理论研究课题，荣获三等奖。按照省社科联有关要求，及时报送《安徽社会科学年鉴》和社会科学专家信息库，积极参加省社科联第七次先进社会组织、工作者申报工作，学会报送的《资源税、房产税改革及对地方财政影响分析》课题获得省社科联"学界兴皖"优秀调研三等奖，秘书长叶翠青同志获第七届"省属优秀社会组织工作者"荣誉称号。

【以规范管理为根本，切实加强自身建设】本着"节俭、务实、高效"的原则，以通讯方式完成第七届理事会换届选举工作，选举产生6名理事会负责人、29名常务理事和143名理事，修改和完善《安徽省财政学会章程》。聘请安徽永健会计事务所对2008—2013年的学会财务收支情况出具审计报告，并对原法定代表人任职期间经济责任进行审计，认真开展学会年检换证工作，认真组织厅属学会开展"小金库"清查工作，对照规定检查内容进行自查自纠，按规定签订承诺书，推动学会规范化、标准化建设。

（省财政学会供稿　程丹润）

安徽省会计学会工作概述

2013年，省会计学会认真贯彻党的十八大及二中、三中会议精神，紧紧围绕财政和会计改革主题，服务全省经济和社会发展，致力于将先进会计理论和研究方法与会计工作实际相结合，合理安排工作计划，精心组织实施，积极开展学会各项工作，取得一定成效。

【组织参与全国南方片区学术研讨】 按照南方片区21省、市会计学术研讨会确定的课题，认真组织有关院校，紧密结合经济、社会发展的热点、难点、焦点问题展开研讨，推荐三篇课题论文，分别是安徽财经大学《首次公开发行、盈余管理与经济后果 基于应计项目操控与真实活动操控下的研究》、淮北师范大学《股权再融资中的盈余管理与企业业绩相关性研究》、合肥工业大学《企业增加价值及其分配研究》，均被南方片区学术研讨会录用，并被汇编成册。其中安徽财经大学的课题论文参加大会交流，受到与会者好评。

【加大会计人员培训力度】 充分发挥学会与会计人员的纽带作用，充分发挥学会的智力优势，加强学会与会计人员的互动交流。6月在上海财经大学举办财务会计人员培训班，省直及各地、市财务会计人员共130多人参加培训。培训班邀请有关专家学者做专题演讲，主要内容包括2013年中国宏观经济走势及热点问题解析；国际会计准则解析；企业内控建设及有关问题；营业税改增值税等热点、难点课题。培训工作采取理论和实际相结合，宏观和微观相渗透的方式，拓宽会计人员的眼界，提升会计人员的管理理念和业务素质，为本省会计事业发展夯实人才基础。

【圆满完成学会换届选举工作】 在财政厅党组领导下，按照学会章程，坚持廉政办会，勤俭办会的精神，改革选举程序，对预选的学会理事会候选人，采取自下而上发文征求意见，在各地、各单位推荐出候选人的基础上，再发文征求意见，经过充分酝酿，选举出安徽省会计学会第八届理事会，理事124人，其中常务理事44人，会长1名，副会长8名，项仕安同志任会长。新一届理事会成员结构进一步合理化，成员包括政府机关会计管理人员、院校专家教授、企事业财务会计工作人员和会计、审计中介机构人员等。

【加强学会自身建设】 按照中国会计学会要求和省民政厅、省社科联有关民间组织建设的细划标准，从思想建设、组织建设、业务能力建设等方面制定措施，逐条进行对照分析，狠抓落实，建立健全秘书处工作制度，提高秘书处人员的思想认识，增强办事效率，整理完善学会多年档案资料，及时完成中国会计学会和省民间组织管理部门布置的任务，经过省民政厅检查验收，学会获得省民政厅颁发的AAA学会奖牌。

（省会计学会供稿　王克俭）

安徽省珠算协会工作概述

2013年，在省财政厅党组的坚强领导下，在中珠协的指导下，在各市珠协的积极配合和全体理事的热情参与下，通过广大珠算工作者的共同努力，省珠算协会顺利完成全年各项主要工作任务。

【顺利完成换届工作】 12月初，省珠算协会以信函方式召开安徽省珠算协会第七次会员代表大会，全面总结并充分肯定第六届省珠算协会工作，审议并通过第六届理事会工作报告、协会章程修改草案。按照法定程序，选举产生新一届理事会，理事75人，常务理事27人。选举产生新一届理事会领导机构，省财政厅副巡视员陈传文同志当选省珠算心算协会会长，省财政厅会计处副处长郭安明同志当选协会副会长兼秘书长，姚本虎、吴经辉当选协会副会长，唐志英、经本良和张承蒨当选协会副秘书长。根据协会章程，秘书长郭安明同志为省珠算心算协会法定代表人。

【精心组织参与第22届海峡两岸珠心算通信赛】 广泛发动各级财政部门和珠算协会积极参与第22届海峡两岸珠心算通信赛，圆满完成活动任务，得到中国珠算心算协会的通报表彰。全省16个市共106029人参赛，获全国组织推广二等奖；合肥市珠算心算协会夏安萍教练荣获教练奖；桃花镇中心小学张金兵同学荣获小学组二等奖；六安市、马鞍山、黄山市、安庆市、滁州市、淮南市、淮北市、铜陵市、池州市、芜湖市等十市珠算协会获省组织推广特等奖；蚌埠市、阜阳市、宿州市等三市珠算协会获省组织推广一等奖；合肥市珠算协会获省组织推广三等奖。

【成功举办安徽省第十六届少儿珠心算比赛】7月12日，在合肥举办安徽省第十六届少儿珠心算比赛，全省共有19支代表队参赛，包括10个学生组、16个学前组，共83名选手，参赛规模为历届之最。比赛分学前组和学生组，分设团体奖和个人奖，每个奖项分设三个等次，另设优秀教练员奖。其中，马鞍山市代表队、黄山市代表队、闾江小学代表队获学生组一等奖；六安市代表队、黄山市代表队、宿州市代表队获学前组一等奖。侯佳琦等6人获学生组个人全能一等奖；冯正远等8人获学前组个人加减赛一等奖。同时评定方明珍、黄静、曾健、何道敏、汪素秋、宋世波6名优秀教练。本次比赛，学生组成绩有较大提高，团体成绩突破7000分大关。

【加强对珠心算教育教学实验点的指导】为推动黄山市屯溪大位小学、祁门县闾江小学、霍邱县逸夫小学和合肥市十里庙小学等4个珠心算教育教学实验点的发展，采取调研、座谈、观摩教学等形式，加强对珠心算教育教学实验点的指导。针对实验点经费不足问题，督促当地珠协及相关部门对实验点给予支持。同时，克服自身经费紧张的困难，给予每个实验点1万元补助。另外，积极向中珠协积极争取，帮助程大位珠算博物馆解决5万元文物保护经费。

【积极开展珠算等级鉴定】全年共对1451人进行珠算技术等级鉴定，合格人数达1307人，发证人数1444人；对892人进行珠心算等级鉴定，合格人数达782人，发证人数782人。

（省珠算协会供稿　姚本虎）

安徽省农村财政研究会工作概述

2013年，安徽省农村财政研究会围绕健全机构、深入调研、组织培训、细化管理、扩大宣传、加强交流，精心组织农税史编写，促进全省财政支农等方面开展工作，较好地完成第四届会员代表大会赋予的各项工作任务，被省社科联评为“先进社会组织”。

【健全组织机构】2005年省农研会第四届理事会换届后，始终将机构建设作为研究会工作的重点，加强秘书处工作，增加人员力量，建立完善制度，基本做到事有人做，人有事做，分工负责，各尽其职。积极推动建立市县（区）农研会机构，市级农研会机构全部成立，部分县区农研会机构相继建立。推广六安、亳州、安庆等市农研会在县（区）财政部门建立农研会工作组长或联络员制度的经验做法，推动农研会工作上下顺畅。

【深入开展调研】深入开展财政支农理论政策研究，突出理论联系实际，把课题调研成果进一步转化为各级财政部门制定支农政策的科学依据。制定调研课题计划，认真完成中国农研会下达的各项研究课题任务，同时对各地农研会制定下达调研课题，课题涵盖“三农”工作各方面的焦点、热点问题。编辑出版《安徽省财政支农优秀论文选》一书，将第四届理事会期间全省各级农研会和会员单位撰写的高质量论文集结收录，更好地指导实践，发挥更大的效应。

【加强自身学习】把组织会员学习党中央、国务院关于“三农”工作的各项方针政策列入工作计划，并做出具体安排。坚持把培训作为工作重点之一，组织农研会成员参加省内外相关业务培训，开阔视野，增长知识。订阅中国农研会会刊《农村财政与财务》和农业部主办的《农村工作通讯》杂志，免费赠给理事单位及基层财政干部阅读。

【广泛开展活动】积极开展全省农村财政研究会系统先进评选表彰活动，进一步调动各级农研会工作人员的积极性和创造性。广泛开展宣传活动，向全国宣传安徽财政支农工作的新进展、新思路、新方法，努力扩大农研会影响力。积极开展学术交流活动，组织有关专家学者进行研讨，积极参加中国农研会组织的各项活动。

（省农村财政研究会供稿　殷家明）

安徽省预算与会计研究会工作概述

2013年，安徽省预算与会计研究会坚持“为中心、为改革发展、为现实服务”的理念，按照省财政厅中心工作安排，深入开展调查研究，广泛开展学术活动,课题研究领域进一步拓宽,课题研究的水平进一步提高,并积极建言献策,各项工作取得新的成绩。

【积极开展课题研究】财政部预算司、全国预算与会计研究会指定本会为《逐步将地方政府债务收支纳入预算管理》课题组成员之一。及时成立课题组,制定课题研究方案和实施要求。课题组在调查研究查阅大量资料和对本省地方政府债务管理现状进行分析的基础上,按时圆满地完成《逐步将地方政府债务收支纳入预算的管理研究》课题报告,得到全国预算与会计研究会的高度评价和肯定。

【组织开展评选活动】组织开展对2012年度申报的优秀论文调研报告评选活动,共收到单位和个人论文、调研报告近百篇,评出一等奖5篇,二等奖11篇,三等奖34篇,对获奖的50个单位和个人的论文和调研报告给予通报表彰,并颁发证书。将获奖优秀论文和调研报告汇编成《2012年部分获奖论文集》,赠送给厅领导、全国预算与会计研究会、研究会全体理事和通讯联络员、全省财政系统、中央和省有关报刊单位,供指导工作或决策参考、交流学习或论文选登。

【踊跃参加学术交流】积极派员参加在山东省泰安市召开的华东地区预算管理与会计工作座谈会。围绕财政改革中的热点、焦点、难点问题与参会代表进行探讨交流,就加强地方政府债务收支纳入预算管理的相关问题在会上做交流发言,得到参会代表充分肯定。

【做好杂志征订发行】研究会为省财政厅领导、全省市、县(区)乡镇财政局、研究会全体理事、通讯联络员个人、厅机关处(室)免费征订2500份《预算管理与会计》月刊,其中为省直单位、个人和领导、相关部门征订的《预算管理与会计》由研究会直接寄送,无一差错,为宣传财政预算与会计工作,交流工作经验,创造良好的氛围和平台。

【顺利完成换届工作】按照节俭办会的原则,换届工作通过信函方式召开代表大会,将修订后的《安徽省预算与会计研究会章程》、第四届理事会换届和章程有关情况的说明、选举产生第四届理事会及其领导成员等一并形成文字材料,发给各位候选理事提出修改意见。根据所提意见进行修改并报厅党组研究决定,安徽省第四届预算与会计研究会共选举产生理事94名、常务理事28名。

(省预算与会计研究会供稿)

市县（区）财政工作篇

合肥市财政工作概况

合肥市财政工作综述

2013年,合肥市公共财政收入768.3亿元,同比增长10.6%。其中:地方财政收入438.6亿元,同比增长12.6%。税收收入占财政收入比重达89.3%,同比增长0.6个百分点。全市公共财政支出630.9亿元,增长10.2%。其中,全市民生支出完成484.5亿元,同比增长11.5%,占财政支出的76.8%。

【狠抓财政收支管理】严格落实厉行节约各项规定,对2013年市直部门一般性支出统一按5%压减。制定出台市直机关《接待经费管理暂行办法》、《会议费管理办法》、《因公出国(境)经费管理办法》,建立“三公”经费支出统计和预决算公开制度,实现全市“三公”经费管理口径、统计口径、分析口径三统一,公开市级汇总和市直39个部门2013年“三公”经费预算信息。有效盘活存量,提高利用效率。全面清理压缩财政结余结转资金、财政专户和部门往来账户沉淀资金,并对2013年市本级预算进行清理,有效盘活存量资金,集中财力用于惠民生、稳增长、调结构等重点领域和关键环节。

【集中力量支持经济发展】一是落实结构性减税政策。营改增试点扩围顺利推进,累计征收改征增值税13.63亿元,核算应缴纳营业税18.2亿元,试点行业减负4.57亿元,现行增值税企业增加抵扣减负5.02亿元,相应减少城建税及教育费附加0.96亿元,累计减负10.55亿元,累计为266户企业兑付财政扶持资金2.24亿元。暂免征收小微企业增值税和营业税,减轻企业税负约3亿元。落实国家、省相关政策,取消、免征21项行政事业性收费,缓征2项政府性基金,降低14项行政事业性收费标准,累计减负约6300万元。二是推行扶持政策支持经济发展。积极参与制定并落实“四十条”稳增长政策,修订完善支持经济发展四大政策,全年累计兑现四大政策资金18.53亿元。参与制定并实施“二十六条”政策,促进民营经济发展,市级安排1亿元民营经济发展专项资金,全部用于增加担保机构国有资本金,2013年,新增对企业担保贷款19.7亿元。发行4.4亿元“滨湖·春晓”中小企业集合信托计划,缓解中小微企业融资难题。完善市本级政府性资金存放商业银行考核指标体系,调动商业银行对合肥的资金投放。企业股权和分红激励试点快速推进,累计有132家企业纳入试点,33家企业完成试点方案制定。三是支持大项目建设。及时拨付改造资金,启动城中村和老旧小区拆迁改造项目42个。创新设立环巢湖专项资金池,确保资金按月汇缴,落实环巢湖地区生态保护修复工程资金。积极推进国开行城镇化项目融资。多方筹措资金,支持生态、环保、交通等大项目建设,以提高城市承载力和环境容量,优化城市投资环境和市民生活环境。

【着力保障和改善民生】一是精心组织实施“33+14”项民生工程。省定33项民生工程,实际到位资金73.4亿元,资金到位率100%,完工率100%。市级14项民生工程,累计投入资金2.65亿元,资金到位率100%,完工率100%。城乡义务教育经费保障、农村最低生活保障、城乡医疗救助、城乡养老保险等12个项目,在省定标准基础上进一步提标扩面。实现最低生活保障、城乡居民医保、困难群众医疗救助、义务教育经费保障、城乡养老保障“五个城乡全覆盖”,城乡基本公共服务均等化水平进一步提高。二是扎实推进美好乡村建设。强化市级涉农资金整合,保证市、县预算安排的涉农资金主要用于美好乡村建设，2013年累计投入资金16.59亿元，其中整合资金8.2亿元,全市136个中心村已全部启动建设,49个重点示范中心村基本完成建设任务。三是创新推进政府购买服务。牵头制定社会服务"1+4"政策,制定《合肥市政府购买社会服务指导目录》，市级设立政府购买社会服务专项资金，在全省率先将政府购买居家养老服务、五保老人医疗护理保障纳入政府购买服务试点。

【深入推进财政管理改革】一是修订出台预算管理办法。修订出台《合肥市市级预算管理办法》(合政办〔2013〕37号),制定《合肥市开发区预算管理暂行办法》(合政办〔2013〕36号),对市本级及四个开发区预算的编制、执行、调整、决算和监督作出较为明确的规定和要求。2014年预算编制中,按上述办法规范操作,提高预算编制的规范性和科学性,强化预算编制管理。同时,制定《关于规范财政资金审批权限及程序的通知》,全面规范和加强市级预算管理。二是深化预算绩效管理改革。组织开展2007—2012年省定23项民生工程项目和2012年26个财政考评项目的绩效考评,制定出台《合肥市本级财政预算绩效管理暂行办法》和《绩效评价共性指标体系框架》。对重大支出项目,均编制绩效目标和绩效评价指标,与部门预算同步申报、审核,作为预算执行、跟踪问效的依据。三是深化部门预算管理改革。着力编实、编细2014年部门预算。完善第三方论证,推进"阳光"理财,委托中介机构实施项目事前评审。所有支出均编制具体的经济分类科目，准确反映支出的具体用途;印发《关于市级财政预算执行支出经济分类科目有关事项的通知》，升级开发相应的业务系统，广泛开展政策宣传和业务培训,为2014年正式组织实施做好充分准备。四是深化国库集中支付改革。市级财政预算执行动态监控系统进一步完善，预算执行的事前预警、事中控制、事后反馈机制更加健全。国库集中支付改革快速向纵深推进,实现市、县(市)区、乡(镇)国库集中支付三级全覆盖,全市所有乡镇、街道及工业园区全部实施公务卡改革,并执行公务卡强制结算目录。合肥市国库集中支付改革的成效受到省财政厅的充分肯定。五是深化行政事业单位国有资产管理改革。在部门预算编制前,"抢先"出台通用类办公设备预算控制及参数配置"双标准",统编资产配置预算,同时升级改造资产管理系统,与部门预算编制系统有效衔接，推进全市行政事业单位资产管理全过程电子信息化。六是深化非税收入征管改革。对市本级基本建设项目涉及的15项收费实行"统一目录、统一标准、统一受理、统一缴纳、即时办结",由非税征缴窗口实行"一表制"收费,同时规范基本建设收费减免审批程序。开展市本级土地出让金财政直征工作，确保财政部门及时掌握土地出让合同履行情况和资金的及时足额上交。七是加强投融资及政府债务管理。按照"开源节流、量入为出、统筹创新、风险防控"的原则,制定年度投融资计划,积极拓宽融资渠道,有力保障全市重大建设项目的资金需求。加强政府性债务管理,及时掌握债务动态,严控债务成本,优化债务结构,按月分析、报告全市政府性债务情况，推进政府性债务风险预警机制建设。

【强化财政监督管理】一是开展行政事业单位对外投资清理。市财政局会同审计、监察等部门,实施行政事业单位对外投资项目专项整改，规范对外投资行为,加强对外投资管理。二是开展决算审查。从全局抽调了200余名业务骨干,组成69个决算审查小组，对市本级90家一级预算单位的2012年度预算执行及财政财务收支情况，全面开展财务决算审查。以市政府办公厅名义转发了《市财政局关于进一步加强市级预算单位财务管理意见的通知》,进一步规范和加强单位财务管理。三是开展专项检查。以"花钱换机制"、"花钱买服务"方式,引入中介机构,对32个单位会计信息实施质量检查。全面开展涉企、涉农资金检查,顺利通过省级重点检查,并受到省财政厅检查组的充分肯定。

【创新内部管理机制】一是加强政风行风建设。推行会商制度,全年累计会商相关部门单位446个、565次,累计解决政策制定、预算编制、资金安排等问题682个。出台《政风行风评议工作实施意见》、《行风巡查工作暂行办法》等文件,扎实开展"下基层、接地气、找问题、转作风"活动。二是加强干部队伍建设。完善财政局ISO9001质量管理体系,制定绩效考核暂行办法,实施量化绩效考核。大力推进学习型机关建设,从学历、专业、职称、计算机水平等方面全面提升财政干部水平。坚持德才兼备标准,选贤任能,选拔一批优秀年轻干部。三是加强财政信息化建设。深化应用市级一体化财政业务系统，实现市辖8区一体化系统"全覆盖"。全市财政系统内部800人同台办公,实现市财政局机关全流程网上办文、办事。

(合肥市财政局供稿)

庐阳区财政工作概述

2013年,全区财政收入完成24.61亿元,较上年增收2.5亿元,增长11.31%。其中,地方财政收入15.17亿元,增长13.02%;中央财政收入9.44亿元,增长8.68%。全区财政支出完成17.81亿元,增长14.28%。

【财政收入实现平稳增长】运用综合治税管理信息平台,积极发挥区、街、居纵向联动,财政、税务、工商横向联网的综合治税机制作用,定期召开协税护税工作会议和税收收入分析联席会议,加强税源监控,凝聚征管合力。强化协税护税考核督查,重点考核综合治税信息平台和重点税源监控、个体零散税和私人出租房屋房产税委托代征、建设项目和楼宇企业跟踪统计等工作,按月通报考核督查结果,推动协税护税工作进展。全年实现私人出租房屋房产税委托代征3713万元、个体零散税收1199万元;综合治税信息平台共掌握税源户信息3.3万条,其中年纳税额达十万元以上重点税源3419家;严格非税收入"收支两条线"管理,确保收入及时、足额入库,非税收入较上年增长44.99%。

【各项促进发展决策落到实处】完善三大产业政策,促进实体经济发展,拨付民营经济扶持资金2000万元。落实结构性减税政策,3926户试点企业完成营业税改征增值税,"营改增"政策累计减税1.63亿元。助推重大项目建设,拨付昆仑花园、支路网建设、阜阳北路高架拆迁等资金2.89亿元,老旧小区改造资金2亿元,立面整治资金1400万元,环巢湖地区生态保护修复工程专项资金1366万元。加大农林建设投入,安排美好乡村建设资金4000万元、绿化大会战资金3500万元、产业结构调整资金1500万元。促进财政金融结合,引入广发银行、火花创投等金融项目,引导地方金融业注入省外资金2.37亿元;对接新华集团金融板块,推进地方金融业战略重组;帮助两家小额贷款公司申请银行融资2.82亿元;筹备发行滨湖春晓中小企业集合信托计划;跟踪培育9家拟上市企业,其中徽商银行已成功登陆香港联交所。

【民生工程助推居民幸福指数提升】全年民生投入占财政总支出77.05%。支持教育发展,拨付义务教育保障资金2500万元,惠及学生4.22万人;安排校舍维修管护资金1800万元,推进薄弱学校改造。完善社会保障体系,拨付城乡居民最低生活保障资金1204万元,受益群众2583人;安排购买居家养老服务资金635万元,建成开放56个老少活动家园。加强基层医疗体系建设,拨付基本公共卫生服务资金2000万元,健康档案建档率、儿童免费接种率等多项指标超额完成;安排城乡医疗救助资金230万元,进一步减轻城乡困难家庭医疗负担。加大保障性安居工程建设力度,统筹安排3500万元,200套新建廉租房顺利开工。在省城调队组织的对民生工程知晓度和满意度调查中,庐阳区在全市各城区中名列第一,被合肥市人民政府授予民生工程"县区社情民意调查奖"。

【财政管理改革取得新进展】推进预算管理改革,探索区与镇街财政体制改革;在全市城区中率先建立预算决算会商机制,首次开展工程类项目事前评审。推进预决算信息公开,积极完成2013年度区级"三公"经费预算公开。加强信息化建设,建立财政一体化管理信息系统,国库集中支付改革和公务卡改革同步完成。强化绩效管理,有机结合上年预算项目绩效自评与下年项目绩效预算申报,推进绩效评价结果运用。加强政府采购管理,全年完成政府采购项目568个,中标金额26亿元,节约率达36.4%,小额零星工程定点采购改革顺利推进,政府采购管理创新成效明显。优化经营性资产管理,各镇街和教育系统累计移交国投公司经营性资产633处、面积13.06万平方米,合同年租金6009.9万元。建立健全全区投融资建设项目库,已入库项目83个;支持辖区投融资平台建设,帮助工业区获取融资。

(庐阳区财政局供稿)

蜀山区财政工作概述

2013年,全区财政收入完成24.2亿元,比上年增收2.2亿元,增长10.09%。其中,地方财政收入17.9亿元,比上年增收1.6亿元,增长9.89%。全区财政支出完成21.5亿元,增长14.16%。

【调结构促转型】面对经济发展新形势,果断打出“组合拳”,着力提高经济增长的质量和效益,全面促进经济转型升级,不断增强长期发展后劲。一是加快支持园区建设。积极发挥财政资金杠杆作用,投入2.16亿元,加快蜀山新产业园区产业结构优化及产城一体化道路发展步伐。其中,投入1.1亿元,支持集研发中心、生产车间、办公及后勤服务等为一体的自主创新基地四期及公租房建设;投入0.58亿元,用于电子商务园配套项目建设及电商企业发展。二是发展壮大现代服务业。整合财政资金7500万元,并通过创新财税扶持工具、支持营改增试点工作等多种方式,全方位、多层面推动现代服务业蓬勃发展。2013年,商贸零售、金融保险及信息软件业对财政收入的贡献率分别达到14%、10.6%和5%,呈现出“百花齐放”的良好态势。三是重点培育科技新兴产业。充分发挥蜀山区科技优势,全年安排2500万元科学技术资金,引导和支持企业自主创新、科技研发及成果转化,加速培育一批具有较强核心竞争力的新兴产业;安排500万元专项资金,为科技型中小微企业打造专属金融方案,有力解决科技型中小微企业融资难、融资成本高等问题。

【保民生惠民生】面对财政增收压力,坚持保障和改善民生不动摇,努力压减一般性支出,持续加大民生投入,全区财政民生支出比上年增加1.87亿元,同比增长15%,高于财政收入增长4个百分点。创新机制,精心组织,强力推进,全面完成29项省、市民生工程任务。一是教育事业优质均衡发展。大力支持教育事业发展,全区教育支出总量3.14亿元,占财政总支出的18%。义务教育学生杂费及作业本费全免除,公用经费补助标准进一步提高,投入6000万元用于蜀山高级中学建设,投入1000万元用于学前教育发展。二是城乡居民收入稳步增长。多措并举,安排资金2000万元,支持就业提升工程、创业富民工程、民生普惠工程的实施,促进居民收入较快增加。2013年1—9月,新增就业人数1.23万人,城镇居民人均可支配收入和农民人均现金收入分别达到21290元和11710元,增长11%和13%,位居全市前列。三是社会保障体系更加健全。进一步加大社会保障投入力度,全年社会保障和就业支出1.52亿元,同比增长7%。农村“五保户”供养、重度残疾人生活救助、计划生育家庭奖励扶助再度提标扩面,补助标准位于全省前列。四是保障性安居房全面改善。全年新建各类保障性住房7204套,其中,新建廉租住房204套,公租房5000套,城市棚户区改造2000户,已全部开工建设。五是蜀山惠民工程创新推进。在民生普惠基础上,围绕群众所需、所急、所盼,深入基层调研,广泛征求民意,发放调查表7万份,收到建议近10万条,经梳理整合后,集中1.4亿元,实施独具蜀山特色的“五大惠民工程”,财力进一步向弱势群体、困难群体和特殊群体倾斜,民生阳光更加温暖蜀山。

【增投入促发展】紧扣中心,集中财力,服务大局,全面提升“魅力蜀山”城市竞争力和发展力,力争率先实现城区现代化和农村城市化。围绕生态蜀山建设,投入8400万元,用于绿化大会战、“四季花海”及“屋顶花园”建设,新增、提升绿化面积77万平方米,植树造林6596亩;投入3000万元,对全区482处排水设施进行全面整改;投入2000万元,用于市容环境提升及水源保护区综合治理,全力塑造绿色魅力新蜀山。围绕活力蜀山建设,安排6000万元,支持150万平方米的旧城旧村改造,盘活土地3770亩,3万余名群众居住条件得到改善;安排7000万元,对全区12处“三无小区”和23处“老旧小区”进行综合整治及物业管理创新;安排4000万元,支持区属道路建设及小街巷改造;安排1500万元,整体推进12个文化活动中心、12个文化活动广场及群众特色文艺团队建设,全力塑造朝气蓬勃新蜀山。围绕和谐蜀山建设,投入3000万元,加快美好乡村建设步伐,投入1000万元,支持现代农业产业改革,全面推进城乡一体化;投入1500万元,用于平安蜀山公共安全建设;投入5700万元,用于支持新划转小庙镇的社会事业发展及人员经费保障,全力塑造文明和谐新蜀山。

【抓重点促创新】聚焦突破,深处着力,精准发力,推出一系列创新性措施,切实加大重要领域和关键环节的财政改革创新力度,公共财政前行步伐更加稳健有力。一是全面推进阳光预算。在2014年部门预算编制进程中,建立事前上门会商制度,引入专家科学论证机制,全面推行公开评审,科学编制绩效预算,并在门户网站上公开2013年度“三公”经费预算安排情况,打造全面规范、公开透明的蜀山预算管理模式。二是创新机制强化监督。通过重大财政资金项目月报、“三公”经费月报和财政支出专项检查及跟踪问效等一系列创新举措,严肃财经纪律,规范资金管理,有力地保证了财政资金安全、规范、高效运行。三是积极促进融资创新。加大金融机构引进和鼓励工作力度，安排1000万元金融发展风险补偿资金，引导辖区内金融机构加大对中小微企业扶持力度，并多次开展银企对接会及融资推介会，促进金融机构及中小微企业的共同发展。四是严格执行厉行节约。把握细节，严格控制，勤俭办一切事业。政府性楼堂馆所一律不得新建，财政供养人员只减不增，“三公”经费只减不增，在此基础上，对区直机关行政经费统一压减5%，全部用于改善民生，切实打造勤俭节约的理财环境。

【筑基础增效益】打牢基础，夯实根基，务求实效，全面加强财政基础工作，不断提高财政科学化精细化管理水平。一是推进政府采购改革。率先全面投入使用政府采购电子信息平台，全年完成政府采购项目2075个，预算金额5.64亿元，实际采购金额3.09亿元，节约财政资金2.55亿元，资金节约率达45%。政府采购中心连续两年荣获“安徽省招投标先进集体”光荣称号。二是协税护税扎实有效。加强综合治税平台建设，构建“横向到边、纵向到底”的强大协税护税网络。及时修订协税护税考核办法，引导基层加大对税源企业的跟踪服务力度，同时对全区重点税源单位进行摸排梳理，组织开展走访帮扶，提供点对点、面对面的服务，解决企业实际困难。三是国库集中支付积极推进。区直部门一级、二级预算单位以及各镇、街道、新产业园区全部实行国库集中支付和公务卡改革，涵盖预算内及往来户所有资金，国库系统网上支付资金达13.44亿元，办理公务卡1800张，切实增强财政资金收付透明度，全面提高财政资金使用效率。四是国有资产管理全面加强。秉持管理资产同管理资金同等重要理念，严格国有资产处置，规范国有资产出租，进一步加大事业单位公务用车清查工作力度，全面加强国有资产管理。

（蜀山区财政局供稿）

包河区财政工作概述

2013年，全区财政收入完成财政收入31.7亿元，突破31亿元大关，同比增长7.55%。其中地方级收入22.1亿元，同比增长10.45%。全年公共财政一般预算支出23.24亿元。

【狠抓财政收入征管】围绕“稳中求进”的总体工作思路，全区各级财税部门全力加强收入征管。配合税务部门开展“营改增”扩大试点，认真测算相关产业税收基数变化情况，统计分析对全区财力的影响。深入开展楼宇企业专项整治工作，依托工商、税务部门，对571户楼宇企业进行逐户、上门摸排登记，清理漏征漏管户，确保税收应收尽收。组织召开全区十大房地产企业座谈会，摸清区域内房地产行业发展趋势、经营情况、纳税情况。继续发挥以查促管作用，开展全区政府非税收入和财政票据检查。深入开展金融企业招商引资，建立金融类企业信息台账，成功与广东中安能源有限公司、国元证券股份有限公司和瑞福德汽车金融有限公司签订合作协议，增强财税增长后劲。

【支持经济平稳增长】围绕区委区政府关于加快发展都市产业的要求，研究完善支持经济发展“1+6”政策扶持体系，整合各类财政资金3400万元，积极推动全区新兴产业快速发展。多途径帮扶辖区企业发展，成功举办2013年度发展民营经济暨银企对接大会，10家企业成功与银行签约，签约金额达10.46亿元；对辖区内32家重点企业从金融机构贷款给予贴息，共计贴息300万元；充分发挥财政资金的杠杆作用，顺利发行第三次滨湖·春晓信托计划，为17家中小企业募集资金1亿元；全力帮扶辖区企业上市融资，举办上市政策培训班；创立“科技贷”项目，用科技专项资金支持包河区12家科技型中小微企业发展，融资金额累计约5000万元，有效解决科技型企业在经营过程中的资金困境。继续对工业园区工业投资项目行政事业性收费实行免征，有效促进全区工业经济快速健康发展。

【注重保障民生事业】坚持将大民生与大发展、大建设统筹联动，以项目化手段发展社会事业，用工程化措施解决民生问题。2013年，全区共投入11.5亿元资金用于支持民生事业发展。大力推进义务教育均衡发展，全年教育投入6.6亿元。继续落实义务教育经费保障机制，共拨付资金2647万元，惠及学生6.57万人，投入中小学标准化建设资金3700万元，在全省率先实现学校标准化建设100%达标。维护社会稳定，加大就业支出和社会保障投入，全年投入1.8亿元，新增城镇就业人数1.93万人。扩大公共卫生服务覆盖范围，全年投入9800万元，统筹城乡医疗卫生发展。加大科技投入，全年投入3150万元，鼓励辖区企业开展科技创新、自主研发。整合专项资金5000万元，大力支持美好乡村和“三圩”生态建设。投入5000万元,推进农业产业化结构调整和绿化大会战,生态建设取得明显成效。筹措1000万元,实施农业综合开发项目,促进都市现代农业快速发展。全力推动老城区改造升级,安排财政资金3000万元,实施21个老旧小区环境综合整治项目。

【全面深化财政改革】稳步推进街镇集中支付改革,自2013年7月1日起,街道、镇、园区全部实行国库集中支付改革,实现了国库集中支付全覆盖;出台《包河区乡镇国库集中支付实施方案》、《关于清理整顿街镇财政专户整改意见的通知》,开展清理撤并街镇银行账户。截至2013年11月底,完成资金支付3776笔,涉及资金达2.96亿元。大力推行公务卡改革,将国库集中管理制度改革向纵深推进。积极引入公务卡代理竞争机制,将公务卡代理银行扩大至3家。2013年,全区各预算单位共办理公务卡1569张。继续深化政府采购制度改革,开通包河区公共交易资源网,在全省首家成功打造集财政资金、国有资产、集体资产为主体的资源交易平台,成功实现政府采购动态实时监控。加强政府采购预算编制管理,简化部门采购流程,从预算编制源头强化政府采购管理,有效降低政府采购成本。完善预算支出归口管理责任制,健全预算月度执行统计、分析通报机制,切实加快预算执行进度。

【依法强化财政监督】严格落实中央“八项规定”和厉行节约各项规定,严格控制各部门一般性支出,按照“零增长”的原则,编制部门“三公”经费预算,并将“三公”信息进行网上公示,全面降低行政运行成本。委托第三方对区属国有企业2012年度财务决算及经营目标完成情况开展专项审计,为区政府科学客观地评价企业业绩,科学决策提供依据。开展涉企、涉农资金检查,严格按照省、市文件精神,通过街镇和部门自查自纠、财政重点检查等方式,对全区涉企、涉农资金进行梳理和核查。组织开展辖区内小额贷款公司和融资性担保公司业务检查。建立检查长效机制,确保融资性担保公司和小额贷款公司监管工作经常化、制度化、规范化。深入推进“阳光村务”,在重抓组织建设、管理制度、监督检查的基础上,依托现代信息技术手段,试行“三有”管理模式(记账凭证有附件、资产资源有实物图片、资产租赁资源发包有合同),财政监管取得新突破。

(包河区财政局供稿)

瑶海区财政工作概述

2013年,瑶海区财政收入完成14.35亿元,同比增长10.31%。其中:地方收入完成11亿元,同比增长11.68%。全区财政一般预算支出完成12.49亿元,同比增长26%。

【财政实力不断提升】全区上下紧紧咬定目标,细化任务,深挖税源,完善措施,科学调度。继续深化综合治税机制,主动协调、支持税收征管部门依法执收,积极与瑶海区房屋办证交易中心建立商品房销售信息交流机制,加强房屋销售纳税管控,进一步完善房地产项目税收申报台账,严格落实项目建安税监管制度,集中开展非税收入大排查,各项措施的有力执行为完成全年目标任务奠定了基础,中建四局六公司、中铁四局四公司等一批纳税千万以上新增税源点陆续发挥带动作用,财政实力稳步提升,有力地保障各项事业支出需求。

【促进发展成效明显】按照区委“一改一建、一转一变”、“打造转型发展典范区”的战略部署,区财政紧紧围绕区委、区政府中心工作,强力推动基础设施建设,全年累计投入城市建设资金1.8亿元,其中老旧小区改造资金5000万元,美好乡村建设3000万元,市政管理养护投入4500万元;进一步加大生态环保资金投入,不断优化城市环境,筹措环巢湖生态修复专项资金1000万元,拨付立面整治、绿化建设资金5600万元;全力支持民营企业发展,设立促进民营经济发展担保基金2120万元,有效缓解民营企业融资难问题,及时兑现各类企业奖补资金1830万元,积极发挥政策导向作用和财政资金撬动作用,有力推动全区经济结构调整和产业升级。

【民生事业保障有力】积极履行公共财政的社会服务职能,继续加大民生资金投入,努力让更多群众共享建设和发展成果。全年民生、社会事业累计投入逾9.57亿元,占预算支出的76.6%。一是提标扩面,2013年28项民生工程圆满收官,累计投入资金9337万元,其中区财政配套3138万元,520万元用于提标扩面,并拨付民生工程后期管护资金100万元,切实发挥民生工程惠民便民的长效机制。二是教育先行,认真落实教育优先的发展理念,全年教育支出累计完成3.89亿元,义务教育保障、教师待遇提高、教育均衡发展等各项教育事业得到切实保障;三是以人为本,认真落实社会保障、社会救济等各项扶贫救困政策,全年累计拨付城乡最低生活保障、抚恤和社会福利救济、临时性困难救助支出4982万元,困难群众的基本生活得到有效保障,幸福指数不断提升;四是深推医改,继续推进医疗卫生体制改革,全年拨付基本公共卫生服务经费2056万元,投入卫生中心建设专项资金2000万元,不断增强医疗卫生服务能力,提升基本医疗服务水平。

【财政改革不断深化】一是进一步修订完善镇、街、开发区协税护税管理办法,加强对增量户型、增量税收和建安企业的税收管理,改变单纯以税收任务论英雄的考核方式,进一步完善私房出租房产税考核,镇街、开发区代收私房出租房产税的积极性显著提升。二是全面推行财政国库管理制度改革,将镇街、开发区全部纳入国库集中支付系统,全区财政性资金完全实现国库集中支付全覆盖,全年国库集中支付资金预计达14亿元。出台《瑶海区预算单位公务卡强制结算目录》,明确公务卡支付范围,累计办理公务卡940张,新增620张,公务卡消费金额达200万元。三是着力推动预算公开,切实盘活财政存量资金。首次实施“三公”经费预算公开,2013年通过政府网站公开区直20个单位“三公”经费预算。进一步加大对财政存量资金的盘活,细化预算资金分配,加快预算指标执行,出台《合肥市瑶海区财政结转结余资金管理办法》,规范财政结转结余资金管理,主动清理财政借款4000万元,再次归并撤销2个财政专户,有效提升财政资金的使用效益。

【财政管理更加科学】一是继续推进预算管理改革。将所有财政性资金纳入预算管理,严格压缩一般性财政支出,2014年部门预算常规性项目支出统一压缩5%,并将预算编报细化到经济类科目,明确“三公”经费预算和政府采购预算,选择教育局等5个预算单位建立重大项目支出预算评价制度,不断完善绩效预算管理。二是探索转变财政资金管理方式。加大政府购买服务管理,引导社会组织力量参与社会事务,支付购买居家养老服务资金200万元。建立财政预算部门会商和镇、开发区财政资金监管工作帮联制度,加强与预算单位的沟通会商,准确掌握预算单位资金、资产和财务状况,为财政资金的科学管理打好基础。三是严格政府采购管理。深入实施采购预算、组织实施、结算验收“三分离”制度,不断拓展集中采购项目范围,完善车辆定点保险、资料定点印刷,严格控制协议供货范围、规模,2013年支付政府采购资金1485万元,资金节约率达到12.7%,并将政府采购结余资金全部收回,有效地节约了财政资金。四是加大财政监督力度。先后开展了非税收入、涉农资金、涉企资金专项检查,针对检查中发现的问题,及时提出整改意见,不断规范非税收入征管和专项资金的使用管理,切实提升财政管理水平和财政资金使用效益。

(瑶海区财政局供稿)

合肥经济技术开发区财政工作概述

2013年,经开区综合财政收入105.2亿元,同比增长3.77%,其中:公共财政收入完成21.09亿元,同比下降9.52%(地方收入完成11.16亿元,同比增长3.6%)。完成综合财政支出44.28亿元。其中:完成一般预算支出24.81亿元。严控“三公”经费等一般性支出,2013年“三公”经费支出同比下降24.4%。

【加强税源管理】以全区“团结协作年”活动为契机,加强与税务部门、涉税单位之间的协调联动。定期召开收入形势分析会,深入挖掘房地产建安企业、重点招商引资企业、营改增企业增收潜力。强化社区税源管理协管员网络,实现税源管理全覆盖。加强项目建设过程中完税情况核查,确保建安税、房产税应收尽收。及时针对重点企业税源变化情况分析原因、找准对策,确保重点企业税收不出现大的波动。

【创新财政扶持】加大对企业奖补支持力度,共兑现企业各类奖补资金14.49亿元。帮助中小企业搭建银企合作桥梁。通过“政府搭台、银企唱戏”的银企对接模式,帮助企业解决融资难、担保难等问题。及时将企业融资需求反馈给银行、小贷和担保公司,密切企业与金融机构之间的联系。积极挖潜和培育企业上市,提高企业直接融资比例。建立上市后备企业资源库,针对企业改制上市过程中遇到的困难和问题,积极帮助企业协调解决。

【强化投融资管理】出台《合肥经济技术开发区财政性投资项目造价变更管理若干规定》,实行工程项目事前概预算审核、事中跟踪审计和事后决算审计的全过程管理。下达项目工程概算批复76份;完成工程决算审计项目235个，下达跟踪审计任务39个。审核下达采购计划473份，采购金额35.55亿元。组织融资平台落实项目融资资金12.8亿元。及时启动经营性物业、城镇化项目、收益权理财、保障性住房等融资模式。

【完善国资监管】组织完成行政单位和国有企业共计30家的行政办公资产的全面清查工作。推动明珠规划院国有产权公开转让工作；强化企业经营目标绩效考核，根据考核标准结合审计结果对企业进行绩效兑现。对海恒集团经营性资产的出租和租金收缴情况进行全面督查，对发现的问题要求限期整改；同时推进经营性资产信息化平台的建设。2013年共起草规范性文件和制度6项，较为全面地完善了全区国有资产管理，确保国有资产监督管理工作的规范化和制度化。

【规范政府采购】全年共下达采购项目371项，实际完成项目342项，项目完成率为92%。完成货物、服务及零星工程采购预算6526万元，实际采购金额3075万元，节约资金3451万元，平均节约率约为47%。完成产权交易、废旧资产处置等项目19个，按提高后的底价计算，增加收入1206.22万元。

【财政精细化管理】启用单位核算、预算编制模块，实现部门预算、用款计划、用款申请、资金支付、会计核算等财政资金的全过程管理和监督。深化国库集中支付改革。将基建、征地拆迁、城市维护、支持企业发展等各类财政资金全部纳入财政一体化平台系统支付，财政资金均实现财政直接支付。强化专项资金管理，进一步压缩一般性支出。强化预算指标管理，出台绩效考核办法，对项目开展事前、事中、事后评价。严格执行政府采购预算。强化对财政专户设置和管理。定期对财政收支情况进行预测，合理调度安排财政资金，对银行沉淀资金进行分类存储，提高沉淀资金占用效益。

(经开区财政局供稿)

合肥高新技术产业开发区财政工作概述

2013年，全区完成财政总收入82.92亿元，其中税收收入50.37亿元，非税收入0.20亿元，基金收入1.30亿元，财政专户收入0.55亿元，土地出让金收入30.5亿元。一般预算收入完成14.83亿元，同比增长16.3%，其中地方收入8亿元，同比增长13.1%。全年财政支出48.37亿元，其中：公共财政支出15.60亿元，科学技术及资源勘探电力信息支出5.15亿元，教育、文化体育、社会保障、医疗卫生、农林水事务、住房保障、节能环保等支出5.53亿元。

【夯实税基培育财源】一是构筑产业高地，做大经济总量。印发《财政支持企业发展政策汇编》，落实各项奖扶政策。累计兑现各类企业奖补资金4.52亿元，帮助企业申报各级奖扶资金超过15亿元。大力支持招商引资，集成电路、智能语音、公共安全、新能源、装备制造等优势产业集群加速扩张。培育发展财源载体，筹集资金超60亿元建设标准化厂房127.7万平方米，投资15亿元打造集成电路设计园。一批新项目和重大项目陆续建设投产，三洋、大陆轮胎等一批大项目增资扩建，凯邦电机、凌达压缩机等企业投产见效，有力推动财政收入稳步增长。二是构筑融资高地，促进科技型新兴企业发展。创新财政支持企业发展方式，发挥财政资金杠杆效应，综合运用贴息、担保、风险补偿等方式，采用创业投资基金、天使基金、集成电路产业发展基金、创新贷、助保贷等手段，加大对科技型企业发展的资金支持力度。以不到5亿元财政资金撬动30亿元社会资本支持企业融资，资金撬动比例达1:6以上。生物医药企业、高新技术企业、战略新兴产业同比增幅分别达到20.52%、12.46%、35.67%，成为税收重要增长极。三是构筑服务高地，突出重点税源监管培育。深入走访美的、格力、美亚光电、科大讯飞、贝克生物、国森药业、安得物流等60多家重点企业，及时掌握收入进度，确保区内各产业板块稳定增长。指导重点企业建立健全各项内部控制制度和会计核算制度，强化基础管理工作，推行全面预算管理制度，为企业上市打好基础。加强部门联动，健全协税护税网络，推动建立财政、工商、税务部门联席会议制度，实现信息共享，做到服务有效衔接。累计排查走访企业近3000家，为近300家企业现场提供工商、税务登记、变更及奖扶资金申报等优质、便捷的服务。

【创新投融资管理体系】针对金融监管措施不断升级、企业债管理细化、债务审计深化的严峻局面，全区新增授信37.39亿元，较计划融资目标额25亿元增长49.56%，实际放款30.3亿元。新增融资债务结构不断优化、品种呈现多元化。加强债务管理，构建以风险控制为核心,决策、管理、执行相分离,“借、用、还”一体化的投融资管理体系,审慎防范政府债务风险。审时度势,合理拓宽融资渠道。密切关注政策走向,积极推进孵化器及工业厂房等经营性项目融资,其中创新平台二期项目以银团贷款方式获批授信15亿元,明珠产业园一期项目获批授信2亿元;盘活管网资产,创新开展融资租赁业务;推动重点项目融资,设立“合肥高新智城发展有限公司”作为承担高新区城镇化建设职能的企业法人。中科大先研院和王咀湖、柏堰湖生态湿地建设项目分别获批授信5亿元、3.72亿元。

【加大民生和基层投入】贯彻执行党政机关厉行节约的有关规定,严格控制“三公”消费等一般性支出,进一步压缩行政运行经费。全区民生支出达32.11亿,占财政总支出的84.5%。2013年省、市28项民生工程项目到位资金9729.26万元,区财政到位资金1214.06万元,资金到位率100%。实行30项民生工程,将拆迁安置小区建设和天然气置换工程作为高新区扩大实施的民生工程项目。新增公共租赁住房2078套,建设15家省级职工书屋、老少活动家园6个,建设12个拆迁安置小区,建筑面积293.95万平方米,投入1200万元完成3个小区燃气置换。农村低保保障标准由原来的380元/月提高到410元/月,累计月人均补差337元,补差水平位列全市第一。为293名老人提供政府购买居家养老服务,对2679人实施就业技能培训,将34904人纳入城镇居民基本医疗保险体系、17056人纳入城乡居民养老保险。全年发放城乡低保金、城乡医疗救助、失地农民养老保障金和各类涉农补贴资金4200万元。按照财权与事权相匹配的原则,逐步提高基层财力保障水平,理顺各职能部门与基层单位的财政分配关系。2013年基层社区中心财力比2012年提高75%。通过财力下沉,以实现基本公共服务均等化为主,提高基层公共服务能力。

【规范国有资产管理】修订《合肥高新区固定资产管理办法》,对所属局办、中心、学校固定资产进行清查,摸清“家底”,规范管理流程,切实做到账账相符、账实相符。通过清查、调剂、处置,使国有资产管理走上精细化、制度化轨道。积极盘活资产,累计办理存量房产证32.31万平方米。整合原由农村局、社区分散经营的商业房产3.8万平方米划拨给高新股份公司进行市场化经营。将蜀山新天地商业房产1.98万平方米评估后划拨给集团公司,扩大注册资本金。收缴区属国有公司2013年度收益0.55亿元。会同有关部门对区属公司2012年度绩效目标进行考核。从对外融资、房产经营管理、基本建设、制度管理等方面,制定2013年度绩效考核目标。启动区属企业改制工作。成立区属国有企业改革领导小组,依程序、分步骤、高质量、保稳定地推进改革工作。以产权为核心、以资本为纽带,建立管资产与管人、管事相结合的国有资产管理体制,根据专业化、差异化的原则,理顺关系,自主经营,做大做强主业,不断增强企业实力和市场竞争力。

【深化财政改革】着力打造“绩效财政”。继续深化部门预算、国库集中支付、公务卡改革,规范财政资金管理。出台《高新区财政预算绩效管理行办法》,实现预算绩效管理与预算编制、执行、监督有机结合。出台《高新区拆迁安置工作经费管理办法》规范拆迁工作经费的管理、监督和使用。加大公务卡推行力度,切实减少公务支出中现金提取和使用,实现公务支出透明、公开。出台《高新区财政专户集中支付改革管理办法》,将财政专户资金逐步纳入国库集中支付,强化资金统筹,优化支付流程。全面推进财政信息化建设。启用财政信息建设一体化平台,有效提高财政管理精细化、科学化水平。34家预算单位上线财政信息一体化平台,财政信息化建设走在全省前列。

【加强政府采购管理】实行预算管理,切实提高计划性和强制性。实现采购规模和范围双提升。对小额零星工程、小额服务实行年度定点单位公开招标,提高工作效率。加强标后监管,建立中标单位约谈制度。全年累计完成305个项目的公开招标,实现采购规模27.4亿元,实际中标金额16.2亿元,节约资金11.2亿元,资金节约率为40.77%。全面上线工程项目管理信息系统,全年纳入平台管理各类合同3356个,合同总额为130.42亿元,通过系统申报总金额达41.3亿元,通过平台付款总额达25.04亿元,实现开工前预算控制、过程中进度审核、竣工后决算审计,进一步提高了资金使用效益。强化公共资源交易管理工作,成立高新区公共资源交易中心。

【强化财政监管】着力打造“阳光财政”。围绕改革和发展大局,把依法理财的理念贯穿于各项财政工作,保证财政资金“取之有据,用之有道”,切实提高财政资金分配使用的规范性、安全性、有效性和公平性。加大财政投资评审力度。强化投资过程控制,500万元以上项目全部实行跟踪审计。加强财政投资项目评审力度,加大对项目实施过程中设计变更、经济签证的监管力度。全年工程结算审计节约资金3529.12万元。印发《合肥高新区财政局内部监督实施办法》,深入组织开展"小金库"专项治理、重点专项资金检查、财政支出绩效监督等监督检查等。累计开展了15位领导干部离任审计。

【加强财政队伍建设】牢固树立"为民理财、为民服务"的工作宗旨,强化财政队伍建设,打造学习型、服务型、实干型、创新型、廉洁型机关。坚持每月"一本书、一场交流、一项建议",形成相互学习、坦诚交流、共同促进的工作作风。坚持每月不少于1/3时间深入企业、项目和服务对象,落实会商制度,树立立足本职、深入基层、主动服务的意识理念。加强制度建设,编印财政管理、内部管理制度汇编,明确岗位职责,优化业务流程,加强协调配合,建立沟通顺畅的工作机制。扎实推进反腐倡廉建设,深入开展廉政风险防控工作,规范决策程序,对权力运行关键环节进行重点监督,建立健全公开、透明、规范的权力运行监督制约机制。扎实做好会计人员的继续教育工作。举办全区行政事业单位会计人员培训,及时办理会计证调转、申领等日常工作,投诉率为零。2013年,高新区财政局先后荣获全市民生工程实施工作先进单位、社情民意调查先进单位、全市部门决算先进单位、全市企业国有资产统计工作先进单位、高新区年度先进单位等荣誉称号。

(高新区财政局供稿)

合肥新站综合试验开发区财政工作概述

2013年,全区完成一般预算收入5.84亿元,为上年同期的110%,圆满完成年度任务。全口径财政收入快速增长,综合财政收入为63亿元,其中,全口径税收收入14.7亿元,非税及基金收入48.3亿元。

【扎实完成融资工作】克服宏观政策监管、自身担保资源不足等压力,全区融资工作稳步推进。2013年,鑫城公司把"加大金融机构协调力度、推进已批项目放款额度、保障重点项目工程进度"作为全年工作重点,着力加强贷款提款工作。全年融资到位资金11.61亿元,超额完成管委会制定的11.6亿元融资目标。成功以均价2.528元/股价格卖出鑫城公司持有的京东方4.75亿股股票,回收资金11.9亿元,每股溢价达126.4%。三期债券发行扎实推进,项目资料基本齐备。

【有力保障各项支出】牢牢把握发展第一要务,认真落实财政政策,支持区经济发展和产业升级,千方百计减轻企业负担,全年支付企业扶持资金4.51亿元,为园区95家工业企业投资项目办理免收费150项,免收资金9047万元。针对拟上市企业举办新三板上市培训会两期,召开银企对接会5期,协调金融机构服务区8家企业新增贷款5600万元。扩大基础设施投资,优化发展环境。全年鑫城国资公司基建支出达45亿元,有力支持全区基础设施建设。加大对全区社会事业的资金投入,促进站区和谐发展,全年教育投入11539万元,卫生投入2096万元,民生工程投入14495.84万元。完成计生奖特扶、贫困重度残疾人救助、重大传染病病人医疗救治以及省级职工书屋标准化建设等4项民生工程目标任务。

【科学规范国资管理】竞争性领域产权退出工作稳步推进。完成合肥鑫昊等离子显示器件有限公司20%国有股权公开挂牌转让,收回2亿元产权转让款,同时启动鑫昊公司3亿元资本金对应股权挂牌转让程序。完成金马球馆关闭清算,挂牌底价11.91万,转让价格58.31万元,增值率389.59%。启动新站保安分公司脱钩改制工作,完成清产核资及相关报批工作。房产管理工作规范有序,出台《新站区拆迁安置小区配套房产及物业费结算管理办法》。加强房产租赁,全年实现房租收入2000多万元。积极服务全区的经济建设和招商引资工作,为企业安排厂房宿舍约20余次项。固定资产管理和三资管理工作进一步理顺。加强对新购固定资产的审核把关,共审核全区拟采购固定资产2116项,节约资金46.58万元。加强固定资产条形码登记,共办理条形码登记56件,共计34.66万元。完成新站区公务用车清查工作。根据上级文件精神,全面深入推进了区"阳光村务工程"建设工作及村级债务化解工作。妥善解决历史遗留问题。组织瑶东小区剩余被抢占回迁房清理工作,成功收回房产45套。按照管委会要求配合经贸局完成国轩土地挂牌前期准备工作。

【进一步提升国资运行效率】强化预算管理,逐步建立公共财政预算、基金预算和国有资本经营预算体系,保证政府预算体系的完整性。积极推进财政一体化管理信息系统建设,从方案筹划、系统开发、财政及预算单位人员培训到各数据库导入等大量、系统、专业的工作,并于当年6月1日正式上线,首次实现新站区财政预算管理信息化、一体化。国库集中支付实现全覆盖。推行公务卡改革,组织管委会机关及社区、学校、卫生院等预算单位办理了公务卡。扩大政府采购范围,发挥规模采购效益。全年共受理采购项目332个,总预算金额26.34亿元,交易信息公开率、交易项目完成率、业务目标完成率均达100%。完善采购制度,认真贯彻国家、省市招投标系列法规制度及内部管理制度,加强业务培训和专家优势利用。加强招投标监督管理,确定工程履约保函固定形式,规范工程项目的保函出具及资金管理,健全全区小额零星工程资金和招投标监督管理。实施政府采购市场与项目供货现场的"两场"联动,切实提高项目合同履约执行力。强化金融监管,推进对全区非银行金融机构的业务指导工作。按省市要求及时开展各项现场及非现场检查,建立联动管理体系。加强资金管理和财政监督。加强资金的计划管理和保障房专项资金管理,积极清理往来账和水电费,全年收回往来账欠款499万元、发函催收1149万元,收取水电费1200万元。加强财政监督,将财政监督融入财政管理、贯穿于财政管理全过程,保证财政资金安全、规范、有效使用。接受审计署南京特派办、郑州特派办、市财政局、审计局等单位对全区的产业投资审计、政府债务审计、保障房审计、发债审计等多项审计。加强对企业财务和会计工作的指导和监督、不断完善会计基础工作和内部管理制度。做好会计基础工作规范考核验收。开展全区代账机构的检查工作,加强对区内代账机构的动态监管,及时发现问题,规范管理。

【以党建提升内部合力】一是深入推进党建工作,建立民生帮扶对象结对帮扶的长效机制。二是召开党课教育和财鑫党委、支部学习活动,深入探讨财政系统在廉政建设体系中的作用。三是创新员工轮岗机制,优化员工队伍。在局内部开展竞争上岗,激励员工提高工作积极性,进一步优化财政局、鑫城公司的用人机制。四是创建党员示范岗,选拔出一批责任心强、工作业绩突出、秉公办事、廉洁自律、脚踏实地、服务热情周到的党员,设立示范岗位,以此创造模范效应,激励党员干部廉洁自律、率先垂范。五是创新会议学习廉政故事制度。每次周会上集体学习一个廉政故事,自觉筑牢拒腐防变的思想防线。六是组织开展党员参观学习交流活动,激发广大党员干部干事创业的激情。

(新站区财政局供稿)

巢湖市财政工作概述

2013年,巢湖市财政总收入实现27.1亿元,增长11.99%。其中:地方收入17.35亿元,增长16.39%;财政部门组织收入2.58亿元,增长35.38%。2013年,全市财政支出完成33.7亿元,同比增长11.91%。

【加强收入征管】一是及时掌握收入态势,密切跟踪财税政策调整动向,召开调度会议主动加强财税库银协调配合,做好工作调度,做到收入均衡入库。二是进一步加大税收征管力度,依法征税,规范税收执法,防治税收流失。积极开展税源清查工作,促使税收征管部门加强对少、欠、漏税款的征缴工作,充分利用全市矿山税收清理结果,依法加大征收执行力度。三是规范非税收入管理信息系统,提高非税收入科学化精细化管理水平,确保非税收入及时、足额上缴国库或财政专户。

【支持经济建设】积极支持中小企业发展,全年安排并支出资金6519万元,投入科技三项费3500多万元;土地出让金用于兑现企业优惠政策,扶持企业生产发展资金8124万元。继续执行招商引资优惠扶持政策,全年共兑现各项政策扶持资金3946万元,资源再生企业扶持资金318万元,促进全市经济发展,培植壮大财源。进一步加强融资性担保体系建设支持小微企业发展。2013年,全市担保公司注册资金达1.44亿元,实现担保性融资5.3亿元。

【创新体制机制】一是推进非税收入预算管理改革。编实编准政府非税收入预算,减少非税收入超短收规模,缩小收入预决算差异。清理规范市级非税收入调控政策,合理编制支出预算,促进财政资源公平配置。二是完成乡镇国库集中支付改革工作。制定改革方案,清理整顿乡镇账户,共撤销账户103个。2013年7月1日,正式实现全市乡镇国库集中平台支付。三是改革完善采购制约机制。制定关于公务用车定点维修、政府采购预算执行及资金支付流程、市直单位通用办公设备供货及定点印刷等相关规定,强化制度建设。全年执行政府采购预算 2.1 亿元,节约采购资金 3286 万元,节约率为 15.6%。四是扎实推进“营改增”试点工作。市财政设立 200 万元用于对本级“营改增”税改试点企业的财政支持,全年改征增值税收入 1655 万元。

【着力改善民生】一是全市公共财政用于人民群众生活直接相关的教育、医疗卫生、社会保障和就业、住房保障、文化方面的支出共 17.06 亿元。社会保险基金支出大幅度增加,2013 年社会保险基金支出较上年增长 11.67%,做到应保尽保。二是把民生工程放在优先位置,开辟民生工程资金“专户管理”、资金拨付“绿色通道”;政策明确的补助类项目,市财政先期垫付资金,确保按时发放。2013 年共实施 42 项民生工程,到位资金 7.19 亿元,资金到位率 99.6%,其中市财政配套资金 1.27 亿元,巢湖市配套资金到位率 100%,实际支付资金 6.86 亿元,资金支付率达 95.39%,均达到省、合肥市的资金保障要求。

【支持三农发展】认真落实强农惠农富农各项政策,加大对农村农业支持力度,不断推进城乡一体化发展,全年财政支农资金 4.29 亿元。做好项目申报,向上级财政部门争取支农项目 22 个、争取资金 1289 万元,农发项目 11 个、争取资金 3269 万元。全面落实各项惠农补贴政策,继续完善“一卡通”打卡发放工作机制,通过“一卡通”打卡发放各项财政补贴资金 2.65 亿元。美好乡村建设工作进展有序,支付美好乡村建设专项资金 5009 万元。一事一议工作进展顺利,2013 年全市共完成一事一议财政奖补项目 267 个,支付财政奖补资金 2932 万元,带动社会投资 432 万元。农业保险工作扎实开展,投入市级配套资金 289 万元开展政策性农业保险,共理赔 1224 万元,并积极推进茶叶特色保险试点工作。

【推进投融资工作】一是进一步加强政府融资资金管理,切实提高资金使用效益,严格控制和减少债务风险,明确融资资金的使用、审批程序,保证融资资金专款专用。对全市现有债务及 2013 年债务进行全面预测和分析,及时掌握全市债务风险情况、动态监控政府债务风险,使全市政府风险的预警工作常态化。二是面对合肥巢湖城投公司自 2013 年 5 月份退出巢湖市大建设资金支付工作,一方面加大融资力度,确保项目资金需要,2013 年融资到账 7.81 亿元;另一方面精确预测政府性投资项目的资金需求量,合理安排项目资金,均衡调度。基本能够满足大建设及政府性投资项目的资金需求。三是为保证巢湖市范围内矿产资源合理有序的开发和利用,成立巢湖矿业有限公司,进一步整合巢湖市境内的矿业资源,规范矿产资源市场。

【加强财政监督】一是严格规范管理财政资金和融资资金使用程序和范围,实行制度和导则管控;严格预算执行管理,坚决收回财政结转结余资金;严控预算追加,出台预算资金追加管理办法;严压“三公”经费,缩减基本公共支出,“三公”经费实现零增长,推行“三公”经费公开制度。二是加快推进绩效管理,充分发挥财政资金的效益,减少财政资金的损失浪费,预算编制时 20 万元以上的项目必须编制《项目绩效预算申报书》,并认真做好民生等重点项目(政策)评价实施工作;三是加强会计监督,为建设诚信巢湖服务;四是夯实内部监督,提高对内部监督检查工作重要性的认识,充分发挥内部监督在规范财政部门管理、促进内部职能机构履行职责、完善财政内部控制中的作用,切实发挥内部监督在提高财政管理科学化精细化方面的作用。五是进行涉农资金和涉企资金专项检查清理,做到“专款专用”。六是建立财政预算部门会商和乡镇财政资金监管帮扶制度。

(巢湖市财政局供稿)

肥东县财政工作概述

2013 年,肥东县财政收入完成31.82 亿元,较上年同期增收 3.46 亿元,增长 12.2%,财政支出完成 43.72 元,较上年同期增支 3.49 亿元,增长 8.7%。

【抓收入,着力增强地方财力】严格落实收入目标任务责任制,将任务分解落实到各乡镇(园区)及财税部门,做到措施到位、责任到人。健全完善税收征管机制和部门协作机制,凝聚征管合力,通过开展漏征漏管户排查清理、税源调查和专项检查,加大税收稽查力度,堵塞征管漏洞,确保收入及时足额入库。坚持定期召开财税联席会议,科学研判收入增减趋势,及时制定措施,确保财政收入均衡入库。强化非税收入管理,依法管严管实非税收入,完善收支两条线管理,确保各项非税收入应收尽收。

【惠民生,着力保障重点支出】始终坚持用财为民、民生优先的政策导向,千方百计筹措资金,深入推进节约型机关建设,不断调整优化支出结构,全县“三公”经费同比下降19%,其中公务接待支出同比下降36%,新增财力重点向教育、“三农”、社保、卫生等民生领域倾斜,实现民生及社会事业发展支出34.35亿元,占公共财政预算支出的79%。全年实施53项民生工程,位列合肥所辖市县之首,投入资金达14亿元,较上年增加1.3亿元,增长10.2%;拨付民生工程管护资金1326万元,确保民生工程效益持久发挥。

【促发展,着力支持经济建设】积极争取上级补助,通过各方努力,全年共争取上级各类补助资金18.18亿元,有力支持了县域经济发展。切实加强融资管理,为融资平台投入注册资本3.5亿元,增强融资能力,全年实现融资10.1亿元;拨付县投融资平台公司各类财政资金21.15亿元,为全县基础设施和重点项目建设提供强有力的资金保障。全力支持企业发展,拨付各类奖扶资金3亿元,支持企业做大做强,其中:兑付“营改增”扶持资金1.1亿元,确保试点企业税负不增加;落实工业园区免收费政策,减免园区工业投资项目行政事业性收费954万元。统筹促进乡镇发展,全年拨付乡镇、开发园区税收分成资金35901万元,有力支持乡镇经济发展;不断加大村级投入,逐步提高村干薪酬,全年拨付村组干部报酬、村级运转经费等资金4126万元,有效保障农村基层正常运转,推动城乡协调发展。

【强管理,着力保障资金安全】充分履行财政监督职能,着力完善财政“大监督”机制,进一步扩大监督范围,强化财政内部监督,全年组织开展财政综合检查10次和专项检查8次,追缴国库收入50万元,追回多报预算18.4万元,督促缴纳营业税税款7.1万元,行政处罚罚没4.2万元,查获小金库1个。全面开展涉农和涉企资金检查,其中:涉农资金检查面达100%,涵盖27大类补贴资金23.96亿元和4大类项目资金7.47亿元,共计31.43亿元;通过内业和外业相结合的方式对全县涉企资金进行全面检查,进一步规范和完善涉企项目申报、涉企资金拨付和监管程序,确保涉企资金安全、规范、高效运行,真正把扶持企业发展各项政策落到实处。

【推改革,着力提高财政效益】着力优化部门预算编制,完善基本支出定额标准,规范项目支出管理,切实提高预算编制的科学性、完整性和准确性;积极推进部门预算公开工作,及时公开37个部门“三公”经费预算拨款数。完善公务卡制度,拓宽用卡范围,控制行政事业单位现金支付比例;建立健全国库集中支付动态监控机制,确保资金支付安全;加强财政支出调度和结转结余资金清理力度,努力提高支出均衡性;继续推进国库集中支付改革,将全县18个乡镇、2个开发园区全部纳入集中支付管理,实现国库集中支付单位全覆盖。全面开展行政事业单位银行账户、往来户和财政专户资金清理工作,清理账户267个,收缴资金5.25亿元,激活存量资金1.15亿元;着力促进财政专户资金保值增值,在科学预测收支流量基础上,积极探索保值增值新途径,将部分专户间隙资金分别以定期存款、协定存款、通知存款等方式实现保值增值,增加政府利息收入700万元。

【改作风,着力加强队伍建设】在全县建立乡镇财政纪检监察联络员制度,从全县21个乡镇(园区)财政所(分局)干部中抽调政治素质好、法纪观念强、协调能力强的同志担任乡镇财政纪检监察联络员,加强乡镇财政廉政建设,构建乡镇财政廉政风险防控长效机制。在全县财政系统开展“一改进三服务”和“下基层、接地气、找问题、转作风”活动,把服务群众、服务基层、服务企业作为改进工作作风、加强队伍建设的着力点,不断强化财政干部的宗旨意识和服务意识,提高财政干部的服务能力,树立财政干部在基层的良好形象。

(肥东县财政局供稿)

肥西县财政工作概述

2013年,全县一般预算收入完成50.06亿元,比上年增收4.96亿元,增长11%;财政支出完成45.77亿元,支出执行率99.1%,同比增支9.5%。收支相抵,加上省财政专项追加,年度实现收支平衡。

【强化预算管理】财税部门加强配合,定期或不定期召开分析会,坚持以票管收,提高征管工作质量与效率。积极协调与合肥市财税部门关系,合作园区能够序时调库。做好税源管理,完善信息平台建设。严格控制“三公”经费和非生产性开支。按照省、市要求,按时向社会公开全县及分部门2013年“三公”经费预算数。硬化预算约束,部门预算编制实行全口径、零基预算,将从严控制预算追加,强化预算编制的刚性,进一步提高预算编制的科学化、精细化水平。由县人大财经工委牵头,对2012年公开评审的单位预算执行情况进行“回头看”检查。扩大2014年县直部门预算单位公开评审范围,由上年的10家增加到30家,推行“开门办预算”,让人大代表、政协委员和社会专家参与预算编制,使人大对财政的监督前移,着力打造“阳光财政”。

【打造民生财政】2013年,肥西县民生工程坚持“规定动作不变形,自选动作有创新”,在完成省、市确定的39项民生项目的基础上,充分征求群众意见,选择校车安全运营等6项县定民生工程,使得民生工程更符合群众心愿,更贴近百姓生活。45项民生工程省、市、县各级投入累计10.98亿元。全县全年教育、医疗卫生等民生支出33.6亿元,占财政总支出的73.4%。2013年度,肥西县被农业部认定为全国一事一议规范管理县。

【提升金融服务】一是做好政府融资。梳理、包装融资项目四大类48个,推进桃花工业园经济发展公司企业债券再次发行。2013年全县融资实际到位资金12.15亿元。二是密切配合政府债务审计。2013年8月1日起,国家审计署郑州特派办委托滁州市审计局,对全县政府性债务开展为期40多天全面审计,审计报告认为肥西县政府债务管理规范,通过分析负债率、偿债率等几项主要指标,风险完全可控。三是切实做好金融服务。着力培育县域多层次资本市场。合理利用财政资金的撬动效应。激励金融机构支持政府融资和中小微企业的发展。委托国元信托公司发行6300万元企业债券,帮助15户县域涉及多行业的成长型企业成功融资。举办银、政、企对接,上门牵线金融机构和中小企业等形式多样的活动,全年成功对接14.2亿元信贷资金。四是依法加强金融监管。强化对小额贷款公司、融资性担保机构和“影子”银行的监管,维护金融秩序稳定。

【建设美好乡村】一是不断加大惠民政策落实力度。全年累计发放各类补贴资金4.29亿元,比上年增加1.27亿元,涉及粮食补贴、退耕还林、低保、五保等25个大类,惠及补贴对象达181.95万人次。二是扎实推进“一事一议”财政奖补项目实施。全县有283个村(居)实施村级公益事业一事一议财政奖补,共建设项目417个,涉及5316个村民组,68.66万农业人口,总投入1.59亿元,其中:申请各级财政奖补资金达5452.24万元。三是启动美好乡村建设工作。预算安排6000万元专项资金,按照 培育中心村、整治自然村、提升特色村 的要求,累计整合各类资金投入9.97亿元,260个自然村整治全部完工。四是大力支持特色高效农业发展。加大财政资金对农业科技创新的投入力度,提高农业科技创新与转化能力。深入推进村(居)集体“三资”规范化管理、村级债务化解和政策性农业保险工作,充分维护好农民群众的切身利益。

【加强国资管理】对各单位国有资产进行专项审计,完成行政事业单位不动产和全县闲置土地情况专项清查。加强对县直单位国有资产出租、出借情况管理。做好资产拍卖、拍租工作。全年共拍卖车辆29台,拍卖房产1055平方米,拍卖总价款663万元;拍租房产、摊位9183.9平方米,年租金305.6万元。加大对乡镇政府性资金监督。分批对乡镇开展财政监督检查,提出并督促落实整改措施20条,撤销不符合规定的银行开户4个。组织实施2013年全县会计监督检查。完成教育、卫生等13家单位的会计监督检查,提出并督促落实整改措施36条。做好同级审的整改落实,对审计提出的意见和建议逐一整改。

【提高社保水平】一是加快推进县级公立医院改革。完善出台县级医院管理体制、法人治理机制、药品采购机制和运行补偿机制。二是推动社会保障待遇提标,切实提高保障对象幸福指数。城乡居民最低生活保障标准年均增长达到10%。三是强化社保资金专户管理。加大社保基金的保值增值规模,城乡居民养老保险基金定存占比达90.09%,三年期以上的中长期存款占比达42.21%。四是扎实推进城乡居民收入倍增规划。加强协调调度,完善政策体系,细化工作措施,着力提高城乡居民收入水平。

(肥西县财政局供稿)

长丰县财政工作概述

2013年,全县一般预算收入累计完成31.7亿元,同比增收4.62亿元,增长17.1%,财政收入排在全省76县(市)区第7位,较上年上升两位。2013年,全县一般预算支出完成38.71亿元,增长15.1%。

【发挥财政职能促发展】2013年,长丰县财政认真贯彻落实积极财政政策,着力破解县域经济发展资金、土地要素制约,支持工业园区和城镇基础设施建设,支持战役式招商引资活动,加大企业帮扶力度,有力地促进全县经济又好又快发展。2013 年,累计争取上级各类资金 12.6 亿元,较上年增加近 5 亿元,累计融通建设资金 10 亿元,参与"滨湖春晓"计划,举办银企对接会,签订意向性贷款协议 5.13 亿元,着力保障重点工程建设资金需求,有效缓解中小企业融资难题。2013 年,财政累计投入资金 4 亿元,支持解决用地指标 8196 亩,有效化解发展中土地制约因素;投入 5344 万元,重点支持下塘、水湖、双凤、双墩、江汽等工业园区建设;拨入北城公司 10 亿元,重点加强县城、北城、下塘镇基础设施和其他点项目建设;投入资金 8700 万元,支持合淮路改造工程,改善县内交通状况;全年兑现企业固投奖励、增产增销奖励等 6132 万元,免收工业企业行政事业性收费 2655 万元,有效激发企业发展活动,巩固税源基础。

【公共财政保障民生】2013 年,财政部门紧紧围绕建设幸福新长丰目标,调整优化支出结构,新增财力向民生领域倾斜,优先保证民生领域资金需求,全年投入资金 9.08 亿元,同比增加 0.98 亿元,增长 12.7%,政策惠及 150 万人次。全年实施 40 项民生工程,涵盖 23 项补助救助类,3 项培训保险类,17 项工程类(住房保障、提高妇女儿童健康水平和生活无着人员社会救助等 3 项,既有工程类,又有资金类),涉及民众生活的方方面面。尤其是在推进教育事业发展、完善社会保障和就业体系建设、保障基本公共卫生服务体系建设、加大文化体育设施建设上不遗余力,保障了各项惠民政策的有效落实,人民群众的幸福指数不断提高。同时,围绕拓宽"就业、创业、投资、社保、帮扶"五大增收渠道,大力推进城乡居民收入倍增规划实施,促进城乡居民收入稳步增长。

【创新财政管理促改革】2013 年,财政部门围绕依法理财、科学理财、民主理财,努力构建管理制度规范有效、管理手段科学精细、监督问效透明有力的财政管理机制,财政改革不断深化,财政科学化精细化水平进一步提升。财政预算编制改革进一步深化,公开办预算水平进一步提升,预算约束力进一步加强,"三公"经费支出管理更加科学,行政运行成本同比降低,乡镇国库集中支付和公务卡改革全面推开,财政预算绩效评价逐步加强,财政资金使用效益明显提升。坚持县乡财政财务互审互查与抽审常态化,组织完成对 3 个学校与 5 个县直单位财政资金使用情况监督检查,主动做好各级审计部门对财政的审计与整改工作,逐步构建起财政全面全程监督机制,有效促进财政资金安全高效运行。

【财政各项工作得发展】2013 年,全县财政工作得到了上级部门和领导的高度重视和认可。民生工程实施工作连续多年跻身省、市先进县行列,局机关被省财政厅与省人社厅联合授予"全省财政系统先进集体",被市授予"合肥市文明单位",被市财政局与市人社局联合授予"全市绩效工资实施工作先进集体";局团支部被共青团安徽省委授予"安徽省五四红旗团支部"称号;局国库支付中心被市竞赛委员会与市总工会授予"合肥市工人先锋号",局机关连续 11 年获得全县目标考核优秀单位,等等。县四大班子主要领导、分管领导多次专题听取财政工作汇报,对财政工作给予充分肯定与支持。

(长丰县财政局供稿)

庐江县财政工作概述

2013 年,庐江县财政收入完成 23.32 亿元,比上年增长 15.2%。其中:地方收入 15.6 亿元,比上年增长 25.5%;上划中央收入 7.73 亿元。全县财政支出完成 40.21 亿元,比上年增长 10.3%。

【依法加强收入征管】县政府及时将收入目标任务细化分解落实到财税三部门、各镇和园区,并签订目标责任书,实行目标管理。强化组织收入工作领导,县委常委会、县政府常务会每月听取财税工作情况汇报,按月分解下达各镇、园区和财税三部门收入任务,严格按月考核兑现奖惩,并对未完成下达收入任务的镇、园区和部门,开展专题调度督收,促进收入目标序时完成。财税部门坚持以组织收入为中心,依法加大征管力度,着重抓好重点税种、重点企业、重点行业和重大项目税收征管,狠抓均衡入库。全面开展税收年度汇算清缴,加强税收评估和稽查,努力做到应收尽收。组织开展集镇房屋开发市场税收和城镇土地使用税专项清理,建立集镇房屋开发市场税收动态监管机制。加强对矿山、房地产开发等重点企业税收调研分析,查找纳税异常因素,有针对性地强化征管。严格非税收入管理,开展专项监督检查,确保非税收入及时入库。

【大力支持经济发展】认真落实省政府《关于促进经济平稳较快发展的若干意见》和市政府促进经济平稳较快发展 38 条实施意见,贯彻执行各项结构性减税政策,继续设立支持工业、新兴产业和商贸服务业发展引导资金,对符合条件的工业主导产业和新兴产业自主创新等进行奖补,促进经济增长和转型发展。完善外贸发展促进机制,鼓励自营本县地产品出口,培育发展外贸出口主体,支持企业开拓国际市场。整合设立农业产业化引导资金,用于奖补龙头企业、合作社、种养大户、家庭农场等重点农业项目,加快推进我县现代农业发展。着力推进银行业金融机构加大对县域经济发展的支持力度,支持和鼓励金融机构增设分支机构和服务网点,及时兑现奖励资金,促进银行业金融机构创新服务产品、增加信贷投放。持续提高县中小企业担保公司融资担保能力,全年为176户企业提供担保贷款2.58亿元,有效缓解中小微企业融资困难。大力支持重大项目建设年活动,加强融资调度,多渠道筹集建设资金10.62亿元,支持庐城基础设施、县经济开发区、城东新区、二军路和合铜路改造等重点工程建设。

【增强财政保障能力】县镇财政部门不断加强支出管理,严格预算执行,进一步调整优化支出结构,坚持将有限财力向民生倾斜、向重点项目倾斜,农田水利、美好乡村、社会保障、教育、民生工程、招商引资和基础设施建设等重点支出保障较好。全年发放财政涉农补贴资金51480万元,增长9.3%;拨付农业项目资金6867万元,支持102个农业项目建设;组织实施农业综合开发项目11个,投入资金4124万元。整合涉农资金2.4亿元支持美好乡村建设,其中县财政预算安排专项资金3000万元。全年社会保障、教育、文化、医疗卫生、农林水事务等支出分别增长15.8%、7.5%、25.6%、10.8%、12%,各项社会事业发展保障水平继续提高。

【稳步推进民生工程】进一步加强民生工程组织领导,完善民生工程协调推进机制,强化民生工程责任落实,将全年各项民生工程目标任务以目标责任书形式分解下达到各牵头单位、各镇和园区,对工程类项目实行推进承诺制,同时,将建后管养、宣传包保、民主参与纳入目标责任书管理。加强民生工程调度,通过县政府全体会议、常务会议、民生工程综合(单项)调度会、主任办公会,调度解决民生工程实施过程中存在的问题。加强民生工程宣传,落实民生工程宣传包保责任制,初步形成以镇(村)宣传为主、牵头责任单位自主宣传为辅、民生工程集中宣传为补充的固定宣传机制。加强督查,在民生工程一月一督查的基础上,强化民生工程专项督查和重点督查。全年实施46项民生工程,投入资金11.3亿元,其中县财政配套2.2亿元,分别比上年增加1.73亿元和0.5亿元。

【加强财政改革和监管】在充分调研、反复测算的基础上,出台县对台创园、城东新区分税制财政管理体制方案,支持园区加快发展。不断完善部门预算编制改革,积极推进部门预算公开评审试点工作,选择行政服务中心、规划局等6个单位,试点开展部门预算公开评审工作,增强预算编制的科学性、合理性。强化部门预算约束,严格预算追加,对县直部门2013年一般性支出预算统一按5%压减,出台公务接待管理制度,加强公务卡与现金使用管理,提高公务卡使用率,全年公务卡支付支出4950万元。扎实推进预算信息公开,县直34个部门及县级汇总“三公”经费预算信息已向社会公开。深化国库集中收付制度改革,全面推行镇级财政国库集中收付制度和公务卡制度改革,68个镇级单位全部纳入平台一体化系统管理,首批办理镇级公务卡302张。认真开展财政涉农资金和财政涉企资金专项清理,对2010—2012年各项财政涉农、涉企资金管理和使用情况进行全面检查,对检查中发现的问题,督促限期整改。完善地方政府性债务管理制度,全面加强政府性债务管理工作。设立村级化债奖补专项资金,采取“以奖代补”方式,对村级债务进行化解。加强政府性资产资源管理,开展县直机关事业单位居住性房屋资产清理工作,对清理收回的房屋对外公开招租。开展公务用车问题专项治理,规范公务用车管理。

(庐江县财政局供稿)

合肥巢湖经济开发区财政工作概述

2013年,全区财政总收入完成4亿元,同比增长17.18%。其中,地方财政收入完成2.48亿元,同比增长24.37%。公共财政预算支出完成1.92亿元,同比下降3.15%。

【全力服务区域经济发展】一是积极争取资金和政策。全年共争取中央省市级公租房配套资金3447万元,争取免收费配套资金6万元,争取调度资金

4000万元,配合融资平台融资2.4亿元,有效缓解资金需求压力,为开发区经济社会发展提供了强有力的资金支撑。二是培植财源。营造良好的财税环境,推进实施"营改增"试点等一系列结构性减税政策、行政事业性收费减免及中小微企业财税优惠政策,切实减轻企业负担,增强企业发展后劲;充分发挥财政资金的引导与保障作用,优先支持发展前景好、产业关联度高、财税贡献大的项目落户,推进开发区经济结构优化调整。

【狠抓财政收入征管】一是稳步推进协税护税工作。建立财税工作调度会的工作机制,建立涉税信息平台,推动涉税信息、税源、税收的有机转化,力促收入任务的完成,2013年以来发挥财政补贴、开工项目等信息管税作用,共征补入库税款430万元,加大建安税代扣力度,共代扣156笔,入库税款达846.9万元,较上年增加400万元。二是非税收缴改革全覆盖。2013年以来,全面取消所有执收单位非税过渡账户,全部纳入财政非税汇缴户进行管理。三是营改增工作进一步展开。区财政局与国地税部门共同学习中央、省、市有关文件精神,确定工作步骤,分工到部门。区财政局联合地税部门严格按照《"营改增"试点行业注释表》界定试点企业范围。经过统计调查,确定全区营改增试点单位,及时将相关材料传递给同级国税部门,做好对接工作。同时向试点企业积极宣传政策,确保平稳过渡。2013年,开发区共有62家企业实行营改增试点,共实现增值税262.45万元。

【优化结构保障重点支出】在资金十分有限的情况下,坚持"保民生、促发展",大力压缩"三公"经费等支出,加大建设投入力度,促进开发区稳步健康发展。一是严格预算执行,确保重点支出。加快支出特别是项目支出进度,提高预算执行的时效性和均衡性,凡当年预计无法完成的项目及项目执行完毕后仍有结余的,除国家和省有规定外,一律收回用于平衡财力,充分提高财政资金的使用效益。二是努力保障和改善民生。共争取公租房建设资金4547万元,其中:中央及省级资金2232万元、市级资金1215万元(2012年度补助资金)、区级资金1100万元,完成新建公共租赁住房500套,基本建成652套年度目标。新安排了6家职工书屋建设,并已全部通过上级工会验收。三是积极筹措资金支持基础设施建设。共筹措资金13340万元,完成区内征地、拆迁和工程建设,较上年同期增加44%,其中已向环巢湖资金池注入近200万元,支持巢湖生态治理项目建设,还本付息支出3200万元。四是大力扶持企业发展。2013年共拨付3700万元,支持鼎力铁塔、皖维高新、广通汽车等企业进行技术升级和扩大生产,支持北京网库、尚德、鑫铁、塞帕特等项目落地建设。

【进一步提高财政管理绩效】一是加强国有资产监督管理,实现保值增值。严把购置审批关,优化资产配置,配合政府采购中心严把购置审批关,增强资产配置的计划性、合理性、有效性和规范性。编制政府采购预算,严格按照预算执行。通过会计账与资产管理台账掌握单位在用固定资产情况,确保单位固定资产信息的准确、完整。二是加大金融监管力度,优化金融生态环境。采取现场和非现场检查相结合的办法,对区内小贷公司进行摸底、检查,重点对小贷公司违法违规经营进行提示和开展风险排查工作;积极支持小贷公司发展,通过兑现税收优惠政策,给予国元小贷公司税收优惠返还共计212.7万元,并授予区内两家小额贷款公司"合肥巢湖经济开发区2012年度特别贡献企业"荣誉称号,提高了小额贷款公司加快发展的积极性。2013年,开发区小贷公司共发放贷款158笔,发放金额3.2685亿元,有效缓解区内小微企业融资难的现状。三是强化政府采购管理,提升政府采购服务。强化政府采购管理,形成规范高效的运作机制,充分发挥采购职能,提高采购经济效益和社会效益。四是规范政府债务体制,加强存量债务管理。进一步规范地方政府性债务体制,按照"量力而行、量入为出、收支平衡、突出重点"的原则,在财力允许的范围内,按轻重缓急和明年各项基础设施建设项目资金需求,科学编制2014年开发区投融资计划,增强政府债务举借、使用、偿还的合理预测,切实防范和化解了政府潜在债务风险。同时对现有债务进行清理,按照"谁举债、谁偿还"的原则,明确界定必须由政府负担的债务,确定偿债责任单位。五是财政监督进一步强化。树立财政大监督理念,坚持财政监督和内审工作两手抓,加强财政资金绩效考核,加强部门预算执行检查力度,坚持"用平台管预算,用预算管支出",做到每一笔支出都透明,经得起考验;加强跟踪审计工作,委托巢湖市华正建设等9家信誉较好的造价咨询单位对全区总投资 7.6 亿元的 16 项政府投资性项目进行跟踪审计,通过跟踪审计,使财政监督由事后变为全程监督,强化了财政监督功能;开展多项检查,确保资金安全运行,开展财政对外借款清查及专户清查工作,全面开展“小金库”专项治理复查,进行了非税执收项目清理及涉企资金调查。

【巩固加强精神文明建设】一是在财政信息工作上取得新的突破。采取多项措施切实加强财政信息宣传力度,丰富财政信息资源,促进财政信息工作的开展。利用财政信息内网、开发区门户网站等宣传渠道,及时反映财政局业务动态。全年共报送信息 161 条,涉及预算编制、投融资管理、金融工作等诸多方面,并有多条信息被市“两办”采用。同时进一步深化政务公开,做好信息公开和解答工作,充分展现财政局依法行政、依法理财的服务原则。二是精神文明建设工作取得新的荣誉。当年 5 月被共青团市委评为“青年文明号”。注重理论学习,先后开展党的十八大报告、新党章、中央“八项规定”精神和全国全省经济工作会议精神的学习等一系列专题学习活动;积极开展“反腐倡廉、警钟长鸣”教育、“雷锋日”向贫困儿童捐赠爱心包裹、参观“渡江战役纪念馆”等一系列教育活动;丰富精神文明建设内涵,组织参加文艺演出、乒乓球、演讲比赛等一系列文艺活动。

(合巢经开区财政局供稿)

淮北市财政工作概况

淮北市财政工作综述

2013年,全市财政总收入完成93.03亿元,为调整预算的100.25%,同比下降8%,其中地方公共预算收入完成50.68亿元,同比下降2.3%。公共预算支出预计完成106亿元,同比下降2%。

【主动作为推进发展】一是促进实体经济加快发展。落实"五缓两降两补贴"政策,困难企业缓缴和减收社保费4.2亿元,补贴稳岗资金1.25亿元,发放小额担保贷款3亿元,进一步减轻企业负担,支持经济发展。二是推进产业结构优化升级。统筹资金4.9亿元,大力推进主导产业、战略性新兴产业和现代服务业等重点项目建设。筹集资金6.5亿元,大力支持园区建设。三是做实平台提升融资能力。注入交投、南投等四大融资平台公司资金7.1亿元。整合各级扶持民营经济发展专项资金1.44亿元,支持壮大市龙头担保公司和县区担保公司。全市11家担保公司累计发放担保贷款22亿元。运用财政调控手段,调动金融机构加大信贷投放余额达到613亿元,社会融资规模达到131亿元,为经济发展提供有力支持。

【攻坚克难抓征控支】一是税费征管力度进一步加大。启动综合治税平台建设,加强重点税源和纳税大户的辅导和服务。坚持不收"过头税"的同时,注重零散和一次性税收的征管。加强非税收入征管,实现应收尽收。二是财政支出结构进一步优化。调优结构保重点,用于民生领域支出达到81亿元,占财政总支出的80%。厉行节约压支出,严格依照10%的比例压减一般性项目,当年整合压减支出达5.3亿元;大力压缩"三公"经费,"三公"经费支出同比下降14.2%。同时,积极争取上级财政政策扶持和资金支持,加快公共财政预算执行进度,有效控制财政结余结转资金,一定程度上缓解地方财政收支矛盾。

【着力保障惠及民生】全年拨付民生工程资金21.5亿元,同比增长2.4%,34项民生工程全面完成,民生工程工作继续保持全省先进行列。一是投入各类保障资金16.2亿元,资助学生8.8万人次,2.5万新型农民和就业人员接受技能培训,72.7万城乡居民参加养老保险,21.6万人及时足额发放养老金,52.5万人参加城镇居民医疗保险,133.1万人参加新型农村合作医疗,参合率达105.8%,42万人次享受农村低保,9.9万人次享受城乡医疗救助,7551名五保对象足额发放供养金,4018套公租房开工建设,4948套廉租住房、公租住房基本建成。支付农业保险理赔资金3045万元,32万人次受益。二是投入各类事业发展资金5.3亿元,支持18个乡镇公办中心幼儿园建设完工,94个广播电视"村村通"工程、6个公共文化服务信息化建设项目全部完工,34个公共文化场馆、516个农家书屋全部免费开放,改造农村公路危桥18座,全面启动县级公立医院综合改革,县级公立医院所有药品(中药饮片除外)均实行零差率销售,使发展成果更多更公平惠及广大群众。

【强农惠农促进统筹】一是大力支持现代农业发展。多渠道筹集资金3.1亿元,深入推进百善等省级现代农业综合开发示范区建设,支持农业产业化示范区,重点扶持31家农业产业化龙头企业,支持建设38个农民示范合作社,改造中低产和高标准农田8.1万亩,新增改善灌溉和除涝面积面积74万亩。同时,通过一卡通发放20项涉农补贴资金4.86亿元,增加农民收入。二是助力推进美好乡村建设。通过上级争取、预算安排、资金整合等方式,筹集各类资金

7.5亿元,支持榴园、南山等37个中心村实施建设项目610个。建设完成245个一事一议奖补项目,受益人口达89万人,有力推进美好乡村建设。三是着力加大城镇基础设施建设。通过对上争取、预算安排、整合及融资等多种方式筹集资金14.5亿元,有力支持城镇道路、管网、桥梁和绿化等重点项目建设。

【推进改革提升水平】对市区财政收支基数进行大量调研测算,初步制定市区体制调整方案。全市营改增企业达1468家,直接减税3539万元,小规模纳税人税负平均下降40%,拨付"营改增"税负增加企业补贴793万元。建立财政会商制度,主动开展部门会商。按经济科目细化编制项目预算,配合市人大开展过程监督和部门预算审查工作。公务卡制度实现全覆盖。市本级直接支付比例达84.5%,现金支出同比下降47%。对市直25个预算单位41个重点支出项目进行绩效评价,提高资金使用绩效。积极配合上级审计部门做好债务审计工作,摸清政府性债务底数,建立完善债务管理制度,按期偿还债务本息,政府性债务风险得到有效控制。

(淮北市财政局供稿)

相山区财政工作概述

2013年,相山区地方财政收入完成4.81亿元,比上年同期增收0.11亿元,同比增长2.32%。全年财政预算支出8.92亿元,比上年同期增支1.02亿元,同比增长13%。

【加强征管,增加财政收入】将全年财政收入任务分解落实到各征管单位并签订责任书,做到任务具体、目标明确、措施有力、考核严格。全面推进税源社会化管理工作,积极开展税源普查,共普查个体经营户、门面出租等纳税户6100户。建立完整的税源监控档案,全面掌握重点行业、重点税源的税收变化情况,加大税收征管力度,努力做到应收尽收。

【优化结构,提升支出质量】坚持"保工资、保稳定、保运转、保重点"的原则,大力压缩一般性开支,集中财力保障基本支出和重点支出需要。同时,继续严格控制出国(境)费、公务接待、车辆购置与运行等相关经费支出规模。严格执行人员经费定额、公用经费定额、车辆费用定额等标准。出台《关于在全区范围实行公务车持卡加油管理的通知》和《关于严格"三公"经费管理的通知》,对全区公务用车实行IC卡加油管理。全年"三公"经费支出1965万元,比去年同期下降10.4个百分点。

【强化实施,推进民生工程】建立民生工程责任体系,开辟资金拨付"绿色通道",开展民生工程"管养提升年"、民生政策宣传月和民生工程满意度调查等活动。通过集中宣传和入户走访共发放宣传品80余万份。全年共完成投资3.1亿元。城乡低保、五保户供养、新型农村合作医疗、城镇居民医疗保障标准有新的提高;城乡医疗救助、重大传染病医疗救助有新的加强;城乡义务教育、高校和中职学校家庭经济困难学生资助有新的保障;公租房建设、城乡养老服务体系建设有新的推进;全年民生工程目标任务顺利完成。同时,健全完善促进居民收入倍增各项政策措施,认真开展综合监测,加强居民收入倍增宣传,各项居民收入倍增指标圆满完成。

【服务企业,加大融资力度】积极搭建银企对接平台,通过建立政府、银行、企业交流平台等多种措施,形成互信互利、合作共赢的新型银企关系,增强金融机构加大信贷投放的信心。通过银企对接活动,促成企业与银行达成一系列合作,全年协助园区企业融资2.8亿元,为企业破解融资难题,使企业快速发展,提供有力的资金保障。同时积极帮扶企业发展,落实各项优惠政策,加大对企业的扶持力度。全年预算安排500万元服务业发展引导资金、700万元科技三项费用、1000万元工业发展基金、5000万元开发区基础设施建设资金,以加快推进企业发展步伐。同时继续对开发区企业缴纳城镇建设土地使用税按50%比例进行返还。

【深化改革,建设公共财政体系】坚持公共财政的改革方向,以发挥各项改革的综合效益为目标,不断加快改革步伐。渠沟镇镇级财政已经独立运转;凤凰山经济开发区成立财政分局,实行独立的财政体制;街道办事处试行分税制。同时全面实施国库集中支付制度改革。将全区110家预算单位有序纳入国库集中支付,实现会计集中核算向国库集中支付的转轨。系统运行以来,会计核算向国库集中收付转轨平稳过渡,财政、银行、预算单位资金流转顺畅。资金拨付渠道进一步规范,预算执行力度得到加强。

【整合资金,推动美好乡村建设】扎实推进美好乡村建设。全年投入美好乡村建设项目资金1.93亿元,其中:争取上级财政资金255万元,区财政计划配套3000万元，整合各项涉农资金1744.33万元，争取社会资金投入1.43亿元。及时制定区本级美好乡村建设资金管理办法，严格按工程进度审批拨款，做好美好乡村建设项目及资金管理工作，并以项目建设为抓手，促进示范村建设加快步伐，着力打造一批美好乡村亮点工程。

（相山区财政局供稿）

杜集区财政工作概述

2013年，全区财政总收入完成6.93亿元，同比增长4.8%，地方财政收入完成2.77亿元，同比增长8.7%。全区财政支出累计实现7.53亿元，同比增长17.9%。

【攻坚克难，财政收入稳中略增】积极应对经济增速放缓、税制改革对财政收入的影响，迎难而上，在落实税收目标、排查新增税源、完善税源监控、加大征缴力度、强化调研分析等多方面着力，做到重点企业、重要税种不拖不欠，小企业零散税收不丢不漏，重大建设项目跟踪管理。区级财政收入实现2.77亿元，其中税收收入完成2.6亿元，占财政收入的94%，税收收入比重有所提高。科学研判财政收入走势和财税政策效果，坚持依法征管与优化服务并重，保持各种收入及时足额入库，实现稳中有增。

【盘活资金，经济发展提质增效】充分发挥财政资金的“杠杆”作用，盘活财政资金，加大政策引导和资金支持力度，调整产业结构，推动区域经济转型升级。认真贯彻落实扶持民营经济发展的意见，帮联企业，加大对开发区和工业园区的投入，落实结构性减税政策，通过财政贴息、金融担保、以奖代补、产业扶持等方式，着力扶持主导产业和重点企业，助推民营企业和战略性新兴产业发展。矿山机械制造、纺织服装等支柱产业快速发展，矿山及机械制造业实现产值105亿元，同比增长34%，占全区规模以上工业总产值的52.5%；纺织业实现产值22.8亿元，同比增长17.5%，占全区规模以上工业总产值的11.4%；战略性新兴产业产值达63.2亿元，同比增长40%，区域经济进一步健康发展。

【依法理财，高效执行财政预算】坚持保工资、保运转、保民生、促发展的原则，加强财政资金统筹调度，调整和优化支出结构，严格控制一般性支出，集中财力保证重点支出需要，加大对教育、社会保障、“三农”及民生工程等重点领域的投入力度，财政资金的使用效益增强。强化预算支出管理，提高预算执行的科学性、高效性和及时性。严格遵循预算安排，按计划和进度拨款，各类资金全部纳入国库集中支付范围，定期分析预算执行状况，会商督促预算执行，加快预算执行进度，跟踪预算后续执行进展，减少资金滞留，控制结余结转资金，提高资金拨付和使用的安全性、规范性和均衡性，财政保障能力不断增强。

【强化监管，财政资金安全高效】财政监管向预算执行过程延伸，向基层延伸，向项目资金延伸，按照“花钱要有效，用钱要负责”的要求，规范财政项目和资金审批，特别是对政府重大投资项目、民生工程资金等，实行事前审核、事中监控、事后审计，严格执行财政专项资金跟踪问效制度，监督跟着资金走。当年对2010—2012年三年间各类涉农、涉企资金全面进行检查，加强对乡镇财政的资金监管，乡镇财政预算资金、财政补贴农民资金等全部纳入监管范围，聘请中介机构对全区五个财政所的账务进行审计。农村集体“三资”监管更加规范，建立资产、资源集约节约管理新机制，做到产权明晰、处置规范、收益统筹、监管有力。

【求真务实，提升民生幸福指数】基本公共服务保障水平进一步提高，积极解决直接关系百姓利益的重点问题，不断加大民生投入力度，民生支出4.27亿元，占财政支出的75%。民生工程已成为保障和改善民生的重要载体，惠民范围进一步扩大，保障水平进一步提高，低保、五保、养老、医疗、就业等涉及杜集区的26项民生工程全部完成目标任务，累计投入1.9亿元，人均受益600元。建设完成南山和徐暨2个水厂、33个广播电视“村村通”工程、双楼、孟庄等8个养老服务体系等农村基础设施，极大改善农民生活条件，民生承诺全部兑现，民众生活幸福指数不断攀升。

【深化改革，不断完善理财机制】加强财政绩效管理，进一步完善相关管理制度和办法。国库集中支付和公务卡改革稳步推进，134个预算单位纳入国库集中支付管理。认真做好国有资产清查和网上系统填报工作，加强国有资产常态化、动态化监管，规范资产处置行为，健全国有资产管理制度，提高了资产利用效率。

【城乡统筹,加大“三农”支持力度】认真落实强农惠农富农各项政策,加大对“三农”的支持力度,不断改善农村生产生活条件,促进农业增效,农民增收。积极推动传统农业向现代农业转型,高岳现代农业示范区成功挂牌,石台现代农业示范区规划通过省级专家评审,新增高效经济作物栽培5200亩,新增规模以上土地流转16420亩,培育市级农民专业示范合作社10家、家庭农场16家。引导失地农民及农村富余劳动力灵活就业、创业,培训新型农民2568人,提高农民种植、养殖等科技水平。发放综补、直补等9项涉农补贴资金2550万元,3万多农户直接受益。投入1313万元,解决2.48万人口的饮水安全问题。申请一事一议财政奖补资金579万元,支持村级亮化、硬化、美化等公益事业的发展。加快城乡一体化进程,科学规划建设南山等5个中心村,积极整合各类涉农资金3334万元、统筹使用专项资金3675万元支持美好乡村建设,完成道路硬化30万平方米、绿化9万平方米。大庄村立足葡萄产业,打造的“万米葡萄长廊”和两姜河景观工程全面竣工;南山休闲广场、幼儿园建成投入使用,汉韵水街、汉文化馆等项目加快推进,南山美好乡村建设的经验做法得到省市充分肯定和各级媒体的极大关注,杜集区被纳入全省美好乡村建设试点县区。

(杜集区财政局供稿)

烈山区财政工作概述

2013年,全区财政总收入完成5.11亿元,完成经区人大调整预算后的年目标任务的102.1%,同比下降6%。其中:区级收入完成2.6亿元,占区人大调整预算后的年目标任务2.55亿元的102%,同比增长4%,增收1001万元。全年完成支出7.23亿元,确保工资正常发放,保障三农、社保、教育、卫生等资金需要,加大对美好乡村、城乡一体化和开发区建设等投入支持力度,促进经济社会较快发展。

【全力组织财政收入】一是抢抓城市转型发展新机遇。认真落实好全区各项促进产业发展政策,培育收入增长点,夯实财政增收基础。二是健全财政收入稳定增长长效机制。密切跟踪财税政策调整动向,不断加强部门之间的协调配合,认真做好税源调查和收入分析工作,创新征管方式,细化征管措施,依法加强税收征管。三是挖掘非税收入增长潜力。加强非税收入管理,提升国资经营效益,努力扩大财政收入规模,确保财政收入持续稳定增长。

【服务地区经济发展】一是榴园村美好乡村土地治理项目已按照初步设计内容全面完成招投标任务,将按照建设工期要求于下年4月上旬全面完成建设任务,迎接省市级验收;宋疃镇食用菌种植合作社项目已完成建设任务,并经省级验收合格;古饶镇1万亩的土地治理项目各项建设任务正在顺利进行,按照建设工期要求于下年4月上旬全面完成建设任务,迎接省市级验收。全局财政支农项目资金支出3906万元,包括基本农田水利建设、城乡一体建设、农业产业化、养殖小区等。惠农资金支出5448万元。全年中央、省、市及区下达全区涉农补贴17项,下达补贴资金5285万元,其中,粮食综直补贴1799.8万元、农机补贴182万元,都及时将补贴资金通过“农民补贴一折通”兑付到补贴对象手中。二是全年美好乡村专项资金总计2297万元,其中省级财政资金47万元,主要用于村庄规划及建设;市级财政资金900万元,其中第一期下达500万元,榴园村、秦楼村、华家湖村、王店村、宋疃村各100万元,主要用于村庄建设。第二期下达400万元,榴园村及秦楼村两个村使用,整合整村推进专项资金350万元,专项支持宋疃村美好乡村建设;区级财政资金1000万元已配套到位,主要用于村庄建设。现已支付美好乡村建设资金共1745万元。三是财政部门将研发经费纳入年度预算,研发经费支出达到1.08亿元(预计),占地区生产总值(预计72亿元)比重达到1.8%,完成目标任务。

【强化民生重点保障】积极发挥牵头作用,统筹安排实施民生工程。做到工作机制健全,项目推进有力,建后管养增强,宣传形式多样,全年全区民生工程共投入资金2.85亿元,其中,区级配套及自筹资金6195.5万元,强化资金使用管理,实行“专户管理、专项拨款、专账核算”的管理体制实行“专款专用”,足额落实配套资金6205万元,全区承担的28项民生工程提前落实到位。

【扎实推进财政改革】一是深入推进部门预算、绩效评价改革。加强与纪检监察和审计部门配合,重点加强对各单位预算执行专项资金使用的跟踪问效管理和财政监督检查。二是深入推进国库集中支付改革和公务卡结算改革。加强“财税库银”信息平台一体化建设,努力提高财政资金管理信息化水平。创新管理模式,健全完善"事前参与预警、事中跟踪防范、事后审核问效"的多层次、全方位的财政监督体系,确保财政资金安全高效运行。

【紧抓财政队伍建设】一是狠抓机关理论学习。坚持每周五的集中学习,不断提高干部队伍的政治理论水平、业务水平和科学决策水平;二是落实党风廉政建设。贯彻学习廉政会议精神,严格执行党风廉政建设目标责任制,认真开展廉政风险防控管理工作回头工作。三是强化机关作风建设。实行政务公开,设置意见箱和监督电话,主动接受群众监督。健全财政局工作人员行为规范,用制度管人管事。

(烈山区财政局供稿)

濉溪县财政工作概述

2013年,濉溪县财政总收入累计完成24.38亿元,同比增长6%,其中:地方级收入完成13.08亿元,同比增长10.6%。全县财政支出37.6亿元,增长4.8%。

【稳增长促发展,增强财政经济实力】一是积极向上争取资金。把握国家投资重点和取向,强化争资立项意识,加强与省市部门沟通协调,争取更多项目列入中央、省、市支持范围,增强财政保障能力。二是全力助推企业发展。投入2.45亿元支持县开发区、濉芜现代产业园区建设,积极兑现招商引资优惠政策,增强园区承载能力。围绕"工业强县"主战略,发挥财政资金引导作用,拨付1960万元工业发展专项资金支持企业发展。三是大力建设融资担保体系。强化财政资金对金融机构引导作用,全县金融机构新增贷款34.22亿元,同比增长45.2%。增加县金茂担保公司资本金2500万元,省担保集团注资1600万元,使其注册资本金达到1.16亿元,担保能力增加到5亿元以上,全年累计为38户企业提供贷款担保2.6亿元,为企业减少担保费314万元。新增小老板培育整贷直发担保基金1000万元,使担保基金达到2100万元,全年发放担保贷款2154笔1.23亿元。注入富强实业资本金6000万元,进一步增强融资功能,拓宽融资渠道。

【优结构保民生,提升社会保障水平】一是支持教育均衡发展。安排1.06亿元,推进义务教育经费保障改革。投入3183万元,加强农村校舍维修。投入3160万元,支持薄弱学校改造。发放资金906.38万元,资助中职和普通高中家庭经济困难学生13743人次。二是支持积极就业政策。投入459.3万元,完成就业技能培训3195人,新型农民培训6970人。坚持以创业带动就业,实现创业培训3050人,新增城镇就业人员11800多人,转移农村富余劳动力14400多人,城镇登记失业率控制在4%以内。三是支持医疗卫生事业发展。投入64.7万元支持重大传染病病人医疗救治和生活救助。投入3586万元推动基本公共卫生服务。四是支持城乡养老保险事业发展。为96万人参加城乡居民合作医疗提供财政补贴2.69亿元。为52.87万人发放城乡居民养老保险2.51亿元。五是支持安居工程建设。全年发放廉租住房补贴215.7万元。投入公共租赁住房资金5444万元,建设870套公共租赁住房。投入农村危房改造资金3537.4万元,2350户农村危房全部改造完工,有效解决低收入群体的住房难问题。六是支持救助困难群体。为全县24634人发放农村低保补贴4271.1万元。为全县52019人次发放城乡医疗救助资金877.65万元。为全县5973名五保户发放全年供养金及各类补贴1579.4万元。为全县7812名贫困重度残疾人发放生活特别救助资金523.56万元。七是支持文化事业发展。筹措213万元,在农村放映电影2979场,开展文艺演出129场、体育活动1278场,农家书屋更新书籍2.89万册。安排资金1170万元,用于柳孜码头和隋唐大运河遗址保护工程。

【增投入惠三农,统筹城乡协调发展】一是夯实农村基础设施建设。投入2214万元,支持农村道路建设。投入3820万元,支持农田水利建设。投入482万元,支持农村安全饮水工程建设。投入4145万元,用于土地整治和高标准良田建设。投入743万元,支持农村沼气和乡村清洁工程建设。二是落实农业生产补贴。发放粮食直补、良种补贴、农机补贴、农资综合补贴等农业生产补贴共28项38827万元,全县农业人口人均受益410元,促进农民直接增收。三是推进农业产业化经营。全年拨付财政补助、贷款贴息资金340万元,引导社会资本1.97亿元,扶持农业产业化龙头企业4家,农民专业合作社2家,不断加快农业产业化经营步伐,推进现代农业发展。四是扎实开展一事一议财政奖补工作。投入5678万元,完成一事一议财政奖补项目218个,有力推动村级公益事业发展。拨付城乡一体化资金912万元,加快城乡一体化建设步伐。五是加快推进美好乡村建设。投入美好乡村建设资金7635万元，整合涉农资金14201万元,吸引社会资金19080万元,保证全县25个美好乡村中心村建设任务的顺利实施。

【抓改革促创新,提高财政管理水平】一是“营改增”改革试点稳步推进。全县营业税改征增值税累计入库1680万元，积极实施过渡期财政扶持政策,累计拨付试点企业财政扶持资金315.8万元。二是医疗卫生改革成效明显。全年为县医院和中医院拨付药品“零差率”补助317万元,拨付县医院病房大楼建设资金补助1000万元。深化基层医疗卫生体制改革,对乡镇卫生院给予差额补助4272万元,拨付基本公共卫生服务资金601万元，有效推动基层卫生医疗机构改革。将县级公立医院及基层医疗卫生机构退休人员工资全部纳入县财政预算，共拨付工资2161万元。三是财政国库管理制度改革不断深入。强化国库集中支付和公务卡改革力度,实现了县直、镇(园区)国库集中支付和公务卡结算全覆盖。并加强国库集中支付动态监控，全县直接支付2.39万条，金额11.52亿元。

【严管理强内控,强化财政效能建设】一是财政监督检查不断强化。每月对县乡财政134个账户资金进行全面检查,确保内控制度落实到位,保障财政资金安全。精心组织、扎实开展涉农、涉企资金自查自纠工作,确保涉农、涉企资金运转良好。二是财政信息化建设不断完善。积极推进“金财工程”应用支撑平台等财政信息化建设，充分发挥信息系统在支撑财政资金监控、统计分析和决策支持等方面的作用,提高财政科学化管理水平。三是廉政风险防控工作深入推进。深入开展廉政风险防控“回头看”活动,重新梳理廉政风险点,完善防范措施380条,绘制权力事项流程图11个。四是强化部门效能建设。全县财政系统会商1365次,其中对内会商694次,对外661次,共解决问题1000多个。狠抓政风行风建设,积极推进行风巡查机制，对巡查中发现的问题和不足及时督促其整改纠正,使全局干部职工精神面貌、服务意识、工作效率、工作氛围、工作环境等方面都取得巨大转变。

(濉溪县财政局供稿　胡飞)

亳州市财政工作概况

亳州市财政工作综述

2013年,全市财政总收入完成103.5亿元,比上年增加18.4亿元,增长21.6%,收入增幅居全省第1位,提前两年实现“十二五”目标。其中:地方财政收入完成64.4亿元,比上年增加16.7亿元,增长35%;中央收入完成39.1亿元,比上年增加1.7亿元,增长4.6%。全市财政支出完成206.4亿元,比上年增加29.2亿元,增长16.5%,财政保障能力显著增强。市本级财政总收入完成32.8亿元,比上年增加4.6亿元,增长16.3%,其中:地方财政收入完成15.5亿元,比上年增加3.7亿元,增长31.8%;中央收入完成17.3亿元,比上年增加0.9亿元,增长5.3%。市本级财政支出完成30.4亿元,比上年增加6.6亿元,增长27.7%。

【财政收入跨上新台阶】坚持做大总量,提高质量,依法征管,依率计征。科学分解落实财政收入任务,主动协调各方,完善收入考核办法,调动各部门增收积极性。注重收入结构和质量,规范非税管理,狠抓收入质量。坚持收入月调度制度,做好预算执行分析,保证收入均衡入库、稳步增长,促进了收入上台阶。一是财政实力进一步壮大,收入总量首次突破百亿元,达103.5亿元,提前两年实现超百亿元目标。二是收入质量稳步提高,财政总收入占GDP的比重达13.1%,同比提高1.2个百分点;税收占总收入比重同比提高0.6个百分点。三是县区收入快速增长,谯城区、涡阳县、蒙城县、利辛县财政收入分别达到20.2亿元、20亿元、17.3亿元、11.3亿元,同比分别增长25.8%、19.8%、20.2%、25.9%。

【加强财政支出管理】全市财政支出完成206.4亿元,同比增加29.2亿元,增长16.5%。支出的及时性、有效性、均衡性、安全性得到提高。一是狠抓支出进度,每月与项目主管部门就支出进度进行会商,加快预算执行进度。二是优先保障民生支出,在支出压力加大的情况下,涉及民生方面的支出完成172.1亿元,占总支出的83.4%,比全省平均水平高出3个百分点。其中:科技、社保和就业、医疗卫生、城乡社区事务、住房保障支出分别增长61%、23.8%、16.1%、133.9%、35.6%。市本级清理预算结转结余资金7611万元全部用于民生项目。全市财政性教育资金投入42亿元,占GDP的5.3%。三是狠抓厉行节约,先后完善接待费、差旅费、会议费管理办法,出台建设节约型机关的意见,制定办公设备家具配备标准,压缩电、水、油、会议、接待、办公用品用具等一般支出;出国经费实行总额控制、公务接待实行定点管理、办公耗材实行定点采购、公务车辆实行定点保险;全面实行国库集中支付和公务卡制度、“三公”支出每月统计报告制度,全市“三公”支出同比下降23%。四是加强资金监管,组织开展涉农、涉企资金专项检查,改革项目资金管理方式,明确项目主管部门对项目申报和资金管理的主体责任;制定21个专项资金管理办法、21个资金绩效考评办法,完善资金管理制度。

【民生工程整体提升】一是领导高度重视。市委常委会专门听取民生工作汇报,市人大、市政协专门组织集体视察,市政府把民生工程纳入全市重点工作进行调度,确保工程项目有力有序实施。二是资金投入进一步加大。全市31项民生工程投入资金80.2亿元,资金落实率为103.6%,同比增加22亿元,增长37.8%,其中市县配套资金21.7亿元,同比增长近一倍。三是“五个一”机制不断完善。坚持每月一调度、每月一督查、每月一排名、每月一通报、每月一封信，保证工程进度和质量。四是政策宣传突出针对性。利用“两台一报”新闻媒体，加强民生宣传，采取编手册、发短信方式扩大宣传覆盖面，重点提高人民群众对民生政策的知晓率。五是建后管养切实加强。组织建成项目“回头看”，加大建后管养投入，全年落实管养资金7457.1万元，同比增长117%，保证建成项目充分发挥效益。全市31项民生工程任务全面完成，获得全省第一等次。

【服务发展成效显著】认真落实省、市促进发展平稳较快发展的财税政策，设立专项资金，支持产业规划、园区建设、企业改制、节能减排和产业升级。认真开展“营改增”试点改革，及时兑付试点企业补贴资金。增加市担保公司注册资本金1.2亿元，放大贷款5倍以上，支持小微企业和民营企业发展。大力支持招商引资，及时兑现华仑国际、修正药业等重点招商项目财政扶持资金2.8亿元。积极支持市区道路畅通工程和文明城市创建，拨付3.4亿元改造城区道路、购置公交车、收购三轮车。大力支持社会事业发展，调度资金1.5亿元支持亳州师专、职业学院、市一中南校、市医院新院建设。积极推进城乡统筹发展，投入7.1亿元支持农村清洁工程和美好乡村建设，投入3.7亿元完成一事一议财政奖补项目1501个，通过“一卡通”发放财政涉农补贴17.3亿元，增加农民收入，改善农村环境。

【加强财政绩效管理】一是加强财政管理制度建设。把“清权力、查漏洞、优流程、建制度”贯穿全年，全年完善制度123个、优化办事流程108项，内容包括预算管理、资金管理、绩效管理、业务流程管理、岗位控制管理、日常效能管理、廉政风险管理七个方面，促进各项工作规范化建设。二是健全预算体系。首次全面编制四项预算，并做好各项预算的统筹；首次编制债务预算，加强债务管理和风险控制，全面反映政府收支规模和结构；首次推行开门编预算，选择部分项目请人大、政协、审计等部门公开评审论证。重新调整市区税收征管范围，规范税收征管，完善市区财政体制。三是制定国有资产使用管理办法，建立融资“收、支、余”周报告制度，统筹调度各类资金保障重点支出，提高政府统筹能力。深入开展资金安全检查、账户清理检查、财政借款清理工作，严格资金审核拨付程序，强化资金安全管理。四是认真开展“三清三集中”工作。市本级撤并账户66个，清理资金18.4亿元、房产157.8万平方米、土地5268亩，将40多亿元优质资产注入建投集团，盘活政府资产，堵塞资产管理漏洞。

【转变工作作风】坚持业务建设、作风建设、效能建设、廉政建设一起抓。加强学习教育，严格执行中央八项规定和省、市、省厅30条规定，坚决反对“四风”。广泛征求服务对象意见，在确保规范的前提下，整合内部资源，优化业务流程，要求各科室能办的事立即办，没有特殊情况，最多不超过2个工作日。推行政务公开，打造“阳光财政”，在市政务公开网站发布政务公开信息380条，市民论坛上涉及市财政局的12条帖子全部按时回复。建立上门服务、上门会商制度和对县区财政帮联制度，主动上门服务、上门会商，解决问题，全局共开展会商帮联213次。建立科室每周轮流督查机关效能制度，加强内部效能督查。市委、市政府转交市财政局承办的62件领导批办件、督办件全部提前办结，各项工作圆满完成，被市委、市政府授予市直单位绩效考评优秀单位。

（亳州市财政局供稿　邓昊）

谯城区财政工作概述

2013年，全区实现收入20.23亿元，占预算19.33亿元的104.7%，超额完成4.7个百分点，增收4.15亿元。财政收入在全市三县一区首次获得第一，比2006年的2.38亿元增长8.5倍，连续8年保持跨越式发展。与2001年建区时财政收入1.63亿元相比，增收18.6亿元，增长12.5倍，年均增长23.4%，不断刷新财政收入历史记录，实现财政连年跨越式发展，成为全区年度“亮点”工作之一。全区财政支出累计完成44.02亿元，占预算45.7亿元(含当年上级专项补助）的96.3%，比上年同期增长13.5%，增加支出5.23亿元。在全市三县一区中，支出总量排名第2位，增幅排名第2位。

【民生工程】全区共实施31项民生工程，投入资金24亿元，其中，中央9.8亿元，省3.3亿元，市651万元，区配套9.6亿元，群众筹资1.2亿元。其中社保类13项民生工程投入资金6亿多元，政策补助和救助对象近百万人(次)直接受益，2013年度城市低保保障水平由去年的320元/月提高到350元/

月,农村低保补差水平2013年比上年度提高了10%,人均月补差水平达108元,城乡低保支出9099万元,救助57959人。农村五保供养从2012年的年人2920元提高到2013年的3200元,支付1186万元保障对象4785人。切实关心残疾人生活,在一二级残疾人救助资金提高10%的基础上,当年又将三级残疾人纳入救助范围,支出795万元,救助11852人次。并且支付1650万元用于城乡医疗救助金,全区近10万人次得到医疗救助;从医疗救助金中拨付425万元,为低保、五保、优抚等70844特定人群垫付新农合参合金;支付孤儿生活费369.8万元,504名孤儿生活费得到保障;支付救灾资金697万元,减轻灾民实际困难。

【财政改革】推进国库集中支付制度改革,平稳实现预算指标进入国库集中支付系统向一体化平台的安全转换,纳入集中支付的一级预算单位176家,资金规模收入流量达78.07亿元,支出流量65亿元。公务卡结算制度改革积极推动,77家单位办理公务卡3081张,刷卡金额2932万元,支付73.7万元并进行还款处理。建立并启动系统动态监控方案,已监控预警78笔资金,资金总额达7.6亿元。维护部门预算编制、非税收入征收、国有资产管理等13项软件系统,全区176家(包括乡镇、街道)一级预算单位全部纳入信息系统管理,财政资金从计划申报、预算指标下达、实际拨款和国库支付的规范管理得到加强。在网络建设方面纵向延伸,省市区乡“四级”财政部门广域网数字电路能够快速连通,内网实现财政、预算单位、商业银行横向连接,达到互联互通。落实财政监督检查到项目、到单位、到现场的“三到位”举措,重点对29家招商引资企业政策优惠开展审核,兑现优惠资金约3.5亿元。对总投资额达3.55亿元的11个“市招商企业落户谯城”项目进行审核,兑现奖金100万元。按照省市区三级工作部署,先后启动涉农资金、涉企资金、支农资金“三项”大检查活动,严格实施不漏单位、不漏项目、不漏资金“三不漏”方案,对虚报、冒领、套取、挤占、截留、挪用、抵扣等违规行为进行“找问题”,有效预防职务犯罪和保障资金安全。进一步升级国有资产监管工作,经区编办批准,首次内设国资股。上半年配合纪委等部门开展省执法执勤车辆专项清理,完成305个事业单位公车清理和国有企业产权重新登记上报工作。规范应用国有资产监管软件,全面启动行政事业单位资金、资产、土地“三清”工作,摸清底数,盘活资产,全面监管国有资产保值增值。

【项目建设】美好乡村建设按照“一办六组”工作职责,主动与区扶贫办、发改委、农委、建委、国土、水务、林业、交通、体育、文化等涉农项目单位进行会商,将涉农项目资金应合尽合,集中投放到美好乡村的建设点。全区7个示范村规模建设初见成效,整合项目和专项资金的作用彰显出来。先后实施2012年度十八里高标准农田建设示范工程(存量)项目和(增量)项目、2012年度灾毁项目和产业化经营项目等共23个,总投资4719.71万元,均通过省级验收。为7家龙头企业产业化经营财政贴息474万元,并全部拨付到位。2013年度产业化经营龙头企业与合作社财政补助项目共5个,总投资597.36万元,其中财政补助资金203万元。省农科院园艺所实施的2013年度省级立项科技推广项目,总投资25万元,在示范区进行示范推广。2013年度十河镇高标准农田建设示范工程项目,计划投资2064.2万元,新建高标准农田1.5万亩;2013年度张店乡中低产田改造项目,计划投资540万元,治理面积0.5万亩项目,两个项目完成主体工程的90%。积极申报2014年度位于城父镇土地治理1.459万亩,总投资1719.54万元的项目,完成可研报告、初步设计编制等工作。

【服务发展】实施“服务引导”活动,建立专人值班服务引导制,把服务对象带到所办事的股室、单位,进一步转优机关作风。提升“结对帮扶”主题活动,财政局机关15名副科级以上党员干部全部实行结对帮扶。全年为辖区会计人员办理从业资格216人次,省内外调转226人次,信息变更78人次,审核继续教育1586人次。主动为区委、区政府分忧担责发挥职能作用,以言必行、行必果的服务实践公开向社会和群众承诺,每月10日前确保全区财政供给人员工资,定时足额打卡到人。财政局领导带队积极开展登门会商“开门办预算”活动,组织直接管理部门经费的股室负责人,走进区教育、民政、农委和乡镇等部门单位,登门了解工作想法、听取部门意见、面对面商讨解决问题。全年会商100余次,其中:对外会商36次,解决问题100多个;对内会商60余次,解决问题300多个。与会商单位达成“三不限制”会商共识,即不受业务限制随时开展会商,以进行业务沟通为主,赢得互相支持;不受时间限制临时开展会商,以进行问题解决商讨为主,提高工作质量和效能;不受形式限制,及时开展全方位会商。

【财政管理】"一卡通"惠农政策兑现落实到位,全年通过"一卡通"规范发放惠农补贴资金4.1亿元,实际发放存折40.12万本,全区105.7多万补贴对象(农户、人)直接受益。与2005年刚开始实行"一卡通"支付时相比,全年补贴项目21项,增加11项,补贴资金增加3.89亿元,增长近20倍。规范公务卡管理,制定《谯城区级预算单位公务卡制度改革实施方案的通知》、《谯城区级预算单位公务卡使用管理暂行办法的通知》、《关于实施区级预算单位公务卡强制结算目录的通知》相关配套制度,全面推开区直部门公务卡制度改革,并于9月份扩大到乡镇。截至当年底,全区共办理公务卡4085张,启用2122张,消费金额578万元。全面实施全口径预算管理及公开,全区编制的政府公共预算、政府性基金预算和社会保障预算,均向区人代会报告,经区人代会审查批准后向区直部门批复。

【自身建设】进一步规范财政局班子成员、股室负责人"周工作"制度,做到个人工作情况按周公示,随时接受群众监督。开展围绕抓好收入、加快支出、规范管理、强化监督、改进作风、高效廉政"六项"内容为中心的群众性大讨论活动,要求机关党员干部以"有话真说、开门见山、直接评议"等不同形式,书面向财政局党组提出"我认为"的有益意见和建议。区财政局2名同志在全区"百名科长"效能考核中排列前十名。针对新聘用人员对财政业务不熟悉、了解工作少等实际,把财政岗位党风廉政建设放首位,以廉政"三告知"作为迎接新同志的见面礼,加强对财政部门新聘人员的岗位安全和爱护管理。落实廉政风险防控管理,把财政资金监管和廉洁自律落实作为经常性工作,通过涉企、涉农和涉及财政补贴专项工作检查,邀请纪委、检察院走进财政机关授课,积极配合省债务审计、市专项工作审计和区年度例行审计等工作活动,提高防控能力和干部自身安全等工作要求,有力推进廉政制度的落实,财政综合素质的提高。

【财政宣传】将省委省政府印发的《致全省广大农民朋友的一封信》、《民生工程致全区农民一封信》、《一事一议财政奖补政策一封信》"三封信"分发到镇村,张贴到村组。与区委组织部联合制作《民生工程暨组工业务知识手册》,借用药都银行、梆剧团的实力,联合开展民生工程项目巡回演出260余场,覆盖全区261个行政村。在上半年的税收评比中,对驻谯超千万元诚信纳税十三家知名企业,特开辟"纳税大户"专栏系列报道,在全社会以展现知名企业的风采。全年在各级媒体刊用财政信息386条,其中国家级20件、省级89件、市级89件、区级188件。

(谯城区财政局供稿)

涡阳县财政工作概述

2013年,全县实现财政收入20.01亿元,比上年增加3.3亿元,增长19.8%。财政支出45.53亿元。

【依法征管,着力组织财政收入】围绕"深化财政改革,谋求工作创新;完善征管机制,确保增加可用财力;优化支出结构,提高资金使用效益"的思路开展工作,全年财政收入实现稳步增长。财政支出按照"保工资、保稳定、促发展"的原则,重点保障人员工资正常发放,行政事业单位正常运转和重点建设项目需要。

【创新举措,完善财政绩效管理】一是探索建立财政管理大绩效工作格局。不断加强财政日常管理、财政绩效评价、财政监督全方位工作,使财政绩效管理制度贯穿预算编制、执行、监督、评价、结果应用、问责全过程。二是加强绩效目标管理。从2013年县级部门预算编制起,同步开展财政支出绩效目标管理工作,规定所有财政资金投入在20万元以上的项目必须制定绩效目标,作为开展事中跟踪监督和事后绩效评价的绩效依据,并以绩效定预算、定项目。三是重点抓好绩效评价。从预算编制源头抓起,加强预算项目绩效目标编制工作,引入社会中介机构参与绩效评价。建立奖励工作制度,对项目实施、考评开展好的单位给予项目和工作经费奖励。成立投资评审中心,坚持事前介入、中期监督、事后评价,认真开展政府性投资项目评审工作,着力提高财政资金使用效益。当年,财政部对2012年度县级财政支出管理绩效进行综合评价,涡阳县位列第153名,进入全国县级财政支出管理绩效先进县行列。

【强化保障,着力保障民生支出】全县共实施31项民生工程,全年投入资金18.12亿元,其中:中央、省级资金11.84亿元,市、县配套4.73亿元,群众筹资1.55亿元。全县实际拨付资金18.42亿元。

【重视教育,着力保障教育支出】一是推进城乡义务教育经费保障机制改革，拨付资金 1.38 亿元，支出资金 1.38 亿元，支付率为 100%。二是落实高校、中职和普通高中家庭经济困难学生资助制度。拨付资金 784.32 万元，发放资助金 751.57 万元，受助学生 8112 人次。三是改扩建乡镇公办幼儿园。全县 27 所幼儿园建设主体全部完工。

【强化监管，着力开创县乡一体化格局】全县乡镇财政资金监管工作按照“全员参与、全面覆盖、全程监管”的原则，进一步建立健全乡镇财政资金监管制度体系，明晰划分县乡监管职责，加强乡镇财政监管职能，突出抓好信息通达、公开公示、抽查巡查三项重点工作，稳步推进乡镇财政资金监管工作开展。全年对乡镇传递信息 60 条，公开公示 77 次，抽查巡查 26 次，覆盖单位预算资金、涉农补贴类资金、项目类资金、村级资金四大类 25 小项，有效发挥乡镇财政“一线监管”和“一线服务”的优势。

【加强管理，着力保障财政普惠民生】通过“一卡通”打卡发放粮食直接补贴资金、农资综合补贴资金、农村居民最低生活保障资金等 19 项，累计发放金额达 4.42 亿元，受益农户达 146.6 万(户、人)。补贴发放金额较 2012 年增加 4834 万元、较 2011 年增加 1.04 亿元，年均增长 14.4%，创历史新高，位居全市补贴资金发放前列。全年资金指标总额 44156 万元，资金兑付率达 100%，补贴数据上传率达 100%，惠农资金安全、及时、高效发放到农户手中。

【落实预算，着力规范财政支农管理】本着积极落实年度预算和“日常经费按序时办，专项资金随到随办”原则，全年财政支农支出完成 6.44 亿元，占全年调整预算 6.57 亿元的 98%，较上年增长 16.4%，全年支出按序时完成。重点支持小麦生产、水利建设、玉米振兴、农机购置补贴等项目。进一步规范财政支农资金使用和项目实施，实现省、市、县各级专项全部拨付专户，并按照项目实施进度实行县级报账制管理，财政支农项目资金管理模式日趋完善。

【搞好扶贫，着力夯实农业基础】积极配合县水务局，落实水利“十二五”规划实施，重点安排落实 1000 万元，主要用于农田水利兴修综合治理。推动上年投资 1900 万元的小型农田水重点县项目建设，完成项目区田间工程及相关配套设备的采购工作。全年扶贫开发实际到位资金 1907 万元，主要实施整村推进、雨露计划和产业化扶贫三个方面工作。

【建章立制，着力规范非税管理】一是进一步规范和加强财政票据管理，强化政府非税收入征收管理和单位财务监管，维护国家财经秩序，保护公民、法人和其他组织的合法权益。二是进一步做好非税收入征管和监督检查工作，监督执收单位落实年度非税收入预算，规范执收执罚行为，全年实现非税收入 57.4 亿元，实现年度预算的 350.2%，较去年同期增收 44.47 亿元，增长 344.9%。三是落实国家保障房政策，加强土地出让金和彩票公益金管理，严把土地出让金收支管理政策和执行关口，做好土地出让收支统计分析和报表报送工作；落实彩票销售财政财务管理制度，强化彩票市场和彩票销售活动的监管，支持彩票市场健康发展。

【抓好现代农业，着力支持现代农业】连续六年承担实施中央财政支持现代农业生产发展项目。按照省财政厅、省农委的总体部署和市财政局的具体要求，全县现代农业项目建设重点做到与美好乡村建设相结合；与粮食高产创建万亩示范片建设及国家千亿斤增粮规划相结合；与农机化服务水平相结合，积极推动农机化示范县建设；与基层干部群众意愿相结合，保障项目顺利实施。全年项目计划总投资 5697 万元，其中中央财政投资 1278 万元，县财政配套 260 万元，建设示范区 3 万亩，其中核心区 1.2 万亩，辐射区 1.8 万亩，重点支持农田基础设施建设和高产关键技术示范推广两大环节。

【落实监督，着力组织会计培训】监督和管理本辖区的会计工作，全县持有《会计从业资格证书》人数为 1992 人。组织贯彻实施会计法律和国家统一的会计制度，对会计人员继续教育培训在全省率先实行远程网络教育学习。建立健全会计人员诚信档案。

【立足中心工作，着力深化集中支付改革】继续深化国库集中支付制度改革，加强和规范财政性资金的管理，以“质量”和“创新”为工作抓手，全面提高财政国库管理规范化、科学化、精细化水平。一是加强财政性资金支付审核力度。贯彻落实中央、省、市和县关于党政机关厉行节约的一系列政策要求，反对铺张浪费，加大对“三公”经费的审核力度。全年共办理各项支付资金 2.9 万笔，金额 24.42 亿元。二是大力推进公务卡的使用管理改革。优化信息管理系统，在确保安全、规范的前提下，简化操作流程，逐步完善公务卡管理系统功能。三是深化乡镇财政国库集中支付改革。规范操作规程，加强人员培训，稳步推进，深入乡镇，帮助解决改革中存在的问题，保证改革工作顺利实施，实现国库集中支付县乡两级全覆盖。

（涡阳县财政局供稿）

蒙城县财政工作概述

2013年,全县财政总收入完成17.3亿元,占年度预算的100%，比上年增长20.2%。其中税收收入14.01亿元,占财政收入的比重为81%。在全县总收入中，公共财政预算收入12.09亿元，占预算10.7亿元的113%,比上年增长27%。全县财政总支出完成40.01亿元，占年度预算的201.1%，比上年增长13.9%,连续三年增支5亿元以上。

【全力推进民生工程】精心组织实施31项民生工程,全年共筹集落实资金14.91亿元,占计划筹集资金的104.6%。其中:上级补助下达9.54亿元,市县财政配套3.66亿元,个人缴费1.71亿元。建设类项目按时全面完工，资金补助类项目按时间节点及时或提前发放。开展形式多样的宣传活动,提高群众政策知晓率。

【着力保障基本建设】严格执行按计划、按预算、按程序、按进度的拨款原则,在资金拨付过程中做到“一审、二看、三查”,强化基本建设资金的监督管理,保证资金安全,提高使用效率,保障建设项目的资金需求。全年共筹集经济建设资金27亿元,重点用于开发区、城南新区及西片区征地拆迁和建设投入,土地收储及置换,茨河治理及水系,生产危桥及冬修水利,城市绿化及市政,教育建设,乡镇基础建设等,有力保障全县重点投资项目和社会事业的顺利推进。

【加强社会保障资金管理】一是提标扩面。将城乡低保、五保供养、重度残疾人生活特别救助标准提高10%。二是规范基金保值增值业务。通过建立商业银行竞争谈判机制，全年共实现社保基金利息收入4020万元,比上年增加3460万元。三是创新社保资金管理机制。开展农村敬老院财务统管工作,设立敬老院集中供养资金专户,分账核算,统一管理;基层医疗卫生机构财务管理实行网络化管理，在一体化平台上实现全县联网。四是完善县级医改的各项政策。落实县级公立医院补偿机制及药品零差率销售政策,加强采购、配送、结算等全过程监管,更好地满足群众基本用药需求。五是做好小额担保贷款发放工作。支持和扶助待就业人员、下岗失业人员及弱势群体自主创业再就业,为全民创业搭建有效平台。全年财政贴息460万元，发放小额担保贷款5900万元。

【加大企业扶持力度】全年共安排企业扶持资金2.2亿元。为担保机构增加注入资本金,提高担保能力,建立中小企业担保基金、中小企业助保金,与金融机构合作,累计为中小微企业、民营企业发放担保贷款5.5亿元。

【落实各项惠农政策】打卡发放补贴24项,发放资金总额4.53亿元,其中:五保户供养补贴1791.4万元,粮食直接补贴1873万元,粮食综合直补16647万元,农村低保7965.8万元。拨付村组干部基本报酬2319.3万元、村级办公经费660万元,保障全县村级组织各项事业的正常运转。

【加强部门预算管理】细化部门预算编制,实行综合预算和全口径预算,坚持厉行节约,注重绩效预算,实行开门办预算,引入外部决策机制,进行公开评审,提高预算编制透明度,增强财政资金分配科学性。合理安排预算支出，切实保障民生事业稳步发展。继续实施积极的财政措施,着力加大民生投入。进一步规范项目支出预算编制，推进项目支出预算滚动管理,优化项目支出结构。开展县乡政府性债务审计,加强对政府性债务的分析和管理,规范政府投融资平台运作,防范政府性债务风险。加快电子化政府采购过程,进一步规范政府采购管采行为,提高管采效率。开展资金清查,盘活存量资金,撤并账户6个,清理归集资金0.8亿元,落实县政府出台的结转结余资金管理办法,收回结转结余资金近2亿元。

【深化财政改革】扩大国库集中支付改革范围,实现所有预算单位一般预算、政府性基金预算资金集中支付。加强对预算单位用款计划、银行账户、往来资金、会计核算和资金安全等审核管理,提高财政管理的科学化精细化水平。积极推进财政收支总户管理改革，探索财政管理资金存储与商业银行对我县贡献相挂钩的新途径,实行“指标评价、存量总控、资金集中、统一调度、贡献挂钩”,引导和撬动商业银行加大有效信贷资金的投放，确保财政管理资金安全和收益最大化。

【提升财政信息化建设】推进金财工程建设,完善一体化平台建设。将全县所有预算单位、财政支出业务和财政性资金纳入一体化系统管理，实现从预算指标下达、国库计划支付、人行集中清算直到全程动态监控。全省首批上线运行电子化政府采购管理应用系统，满足财政资金管理与采购过程监管的双重要求。以视频会议系统升级改造为契机,安装部署综合安全网关、入侵检测和漏洞扫描等网络安全设备,提升财政系统信息安全防护等级和抗风险能力。

（蒙城县财政局供稿）

利辛县财政工作概述

2013年，全县财政收入11.34亿元，同比增长25.9%，增加收入2.33亿元。财政支出累计完成43.41亿元,同比增长6.4%,增加支出2.61亿元。

【优化支出结构】一是优先支持教育事业发展。全县教育支出80744万元，重点用于支持义务教育保障经费，推进中小学食堂建设、校舍安全工程建设。二是加强社会保障体系建设。全县社会保障支出79537万元,重点落实离退休人员养老金、城乡居民低保、优抚、农村五保供养等民生政策。三是持续加大医疗卫生投入。全县医疗卫生支出65330万元,主要用于落实城镇居民基本医疗保险和新型农村合作医疗政策,完善城乡医疗救助制度,着力解决人民群众“看病难、看病贵”问题。四是继续完善住房保障体系建设。全县住房保障支出19257万元,主要用于加大廉租住房财政补贴力度、公租房建设等项目开展。

【民生工程建设】建立健全民生工程领导组织机构和监督机制,加强调度、督查,强化联络员队伍建设,有效推进民生工程实施;坚持公用经费等一般性支出零增长,优先保障民生工程资金,实行资金拨付绿色通道制度;坚持“一月一主题”等措施开展政策宣传,营造良好实施氛围;启用“利辛县民生工程协同办公系统”，推动全县民生工程信息化建设进度。全县共实施30项民生工程，累计投入资金18.4亿元,其中:县级财政配套3.4亿元,全部完成年度目标任务,

【助推经济发展】县信宜达融资担保公司累计提供担保贷款金额50254万元，与上年同期相比增加22.6%，帮助解决县域内民营企业流动资金不足难题。县级财政充分利用各项目资金,加大整合力度,助推各项事业发展。投入2600余万元,完善园区污水处理管网等基础设施;拨付3500万元支持现代农业产业园和种养殖大户;投入资金1.56亿元改善城市道路、排水、绿化等基础设施;整合各类资金18300万元,投入美好乡村建设;改造危桥投入2645万元,县乡公路新建、改建总投资4000万元,节能环保支出4000万元；中小河流治理等水利投入20959万元,较上年增长86.4%;农村综合改革投入11352万元，农业综合开发支出3083万元，农技推广支出1962万元。

【落实惠农政策】坚持把支农惠农作为财政工作重点来抓，进一步增加农民收入，改善农民生活条件。一是按时足额发放惠农补贴。通过“一卡通”及时向农民群众发放各类补贴4.19亿元,其中:粮食直补2130万元、综合补贴12086万元、农村五保户补助资金1513万元、农村最低生活保障资金9497万元、农村残疾人生活救助资金901万元、农机补贴2569万元,政策性农业保险赔款2224万元,其他补贴10980万元。二是积极落实一事一议财政奖补。全年共实施“一事一议”财政奖补项目318个,项目工程总资金9774万元，其中县财政配套拨付资金722万元,改善全县农田水利和道路基础设施条件,加快美好乡村建设步伐。

【深化财政改革】一是深入推进国库集中支付和公务卡制度改革。在去年6家单位实施公务卡改革试点经验的基础上,逐步扩大试点范围,实现由县直到乡镇延伸。全县23个乡镇及146家县直预算单位开通公务卡。经过前期试运行,利辛县乡镇财政国库集中支付平台于12月1日正式运行。二是深化政府采购制度改革。严格执行政府采购程序，邀请县监察、审计、采购单位代表等参与采购全过程监督。科学制定利辛县2013年集中采购目录及政府采购限额标准,在上年基础上,进一步扩大全县政府采购范围和规模。

【会计管理培训】组织精干力量,对全县行政事业单位会计从业人员230人进行会计业务知识培训。组织培训企业会计持证人员660余人,提高全县会计人员业务素质。

【机关文明创建】制定机关文明创建各项管理制度,并细化目标任务、落实责任,保证了机关文明创建工作有序、有效开展。在县财政局办公楼走廊悬挂廉言警句，财政局机关家属院张贴传统文化格言图片等,让干部职工潜移默化受到多方面教育。积极开

展机关“道德讲堂”活动,提高干部职工文化修养和文明素质。组织26名志愿服务者做好创建工作宣传活动,悬挂“创建全省文明县城 共建美好家园”等横幅6条,动员广大市民为创建省级文明县城提供正能量。

【财政所工作】全县23个基层财政所积极承担实施民生工程、组织财政收入、发放涉农补贴以及其他综合性工作。全年税收总量过1000万元的有城关、西潘楼、阚疃、望疃、胡集、汝集、巩店、江集、张村9个乡镇,其中排名前三位的城关、西潘楼、阚疃乡镇税收收入分别为5855万元、2007万元、1658万元。城关、阚疃、巩店、大李集、程家集、王人财政所位列全县基层财政所综合考核得分排名前六位。

(利辛县财政局供稿)

宿州市财政工作概况

宿州市财政工作综述

2013年,全市财政总收入完成100.3亿元,比上年增收17.3亿元,增长20.8%,完成预算的104.7%。全市财政支出完成222.2亿元,比上年增支29.3亿元,增长14.7%,完成预算的115.3%。

【财政收入实现平稳较快增长】围绕人代会批准的收入目标任务,财政部门立足于抓早、抓紧、抓实、抓出成效,突出重点,狠抓落实。一是及时分解落实收入任务。按照人代会批复的收入预算和市政府确定的加压目标,及时将收入目标分解落实到各县区和市直征收部门。二是加大收入调度力度。建立财政、国税、地税"三位一体"的组织收入联动工作机制,切实加强收入调度,变过去的"一季一调度"为"按月集中调度、随时重点调度"。定期召开收入分析会,及时分析掌握收入入库情况,密切关注税源变化,及时研究解决征管中遇到的问题。三是依法加大收入征管力度。面对经济增速放缓、传统行业增收路径收窄、企业生产经营困难加剧等不利因素影响,积极调整思路,深入挖潜增收,注重强化对零散税源的管理,加大对历年拖欠的清收力度,通过加强税源管理、申报管理、欠税管理,收好"辛苦税"、"服务税"。通过奋力拼搏,实现财政收入平稳较快的增长。财政总收入中,税收收入完成80.52亿元,占财政收入比重80.3%;非税收入完成19.78 亿元,占财政收入比重19.7%。其中,地方财政收入完成66.35亿元,同比增收13.06亿元,增长24.5%,高于财政总收入增幅3.7个百分点,占财政总收入比重比上年提高2个百分点,收入质量明显提高。

【支出结构着力优化调整】面对严峻的收支形势,坚持"以人为本、突出重点、统筹兼顾、改善民生"的理财观念,进一步调整优化财政支出结构,严格控制一般性支出,确保新增财力向民生、社会公共事业倾斜、经济结构调整上倾斜。落实预算执行责任制度,全面加强预算执行管理,提高预算执行效率。全市财政支出完成222.2亿元,比去年增支28.4亿元,同比增长14.7%,完成预算的115.3%。财政民生支出完成178亿元,增长14.8%,占财政总支出的80.1%。其中:农林水事务支出33.17亿元,增长5.3%;医疗卫生支出26.85亿元,增长25.3%;社会保障和就业支出20.55亿元,增长30.2%;节能环保支出4.13亿元,增长65.8%;住房保障支出16.28亿元,增长23.9%;城乡社区事务支出12.52亿元,增长66.3%;交通运输支出13.63亿元,增长68.7%,各项重点支出得到切实保障,财政支出结构进一步优化。

【民生工程目标任务全面完成】全市民生工程工作围绕"在全省继续保持先进"的目标和"抓早、抓实、抓细"的要求,进一步完善科学谋划、组织领导、资金保障、工程调度、监督检查、后续管养、舆论宣传、探索创新等8项机制,形成以党委、政府统一领导,人大、政协监督,财政部门牵头负责,各部门合力推进,群众广泛参与,一级抓一级、层层抓落实的工作格局,确保33项民生工程扎实推进、顺利实施。全市33项民生工程累计投入资金60.95亿元,比2012年增长8.5%,惠及600多万城乡人民群众,人均受益1000多元。最低生活保障、义务教育、城镇医疗保险、新农合、困难群众医疗救助、城乡养老保险实现全覆盖,计划生育奖扶等21个发放或补助到人项目资金全部打卡发放到位,农村安全饮水工程等 12 个工程类项目主体工程全面完工,各项惠民政策全面落实,人民群众的幸福指数进一步提高,基本公共服务均等化不断推进。财政部门具体负责的农业保险、一事一议财政奖补、建设美好乡村公共服务体系奖补等民生工程工作,在全省考核中均位于前列。

【支持经济发展力度加大】面对经济增速放缓的形势,财政部门主动作为,充分发挥财政职能作用,积极落实省市关于促进经济持续健康较快发展系列政策措施,促进全市经济持续较快发展。一是大力支持园区建设,筹集 2.6 亿元专项资金用于支持市开发区、宿马园区、高新技术开发区、中国现代鞋城等专业园区建设。二是发挥财政资金引导作用,统筹工业五年扩张、科技创新、节能减排、技改、流动资金贴息等 0.6 亿元财政专项资金,安排用于生产领域,并及时落实拨付到位。三是支持水利工程建设,全市累计安排拨付资金 4.84 亿元,其中新汴河城区段治理项目资金 2.2 亿元。四是落实扶持民营经济发展配套资金。按照等比例配套的要求,各县区足额落实民营经济配套资金 0.62 亿元,市财政也通过整合方式,安排扶持民营经济发展专项资金 0.6 亿元,并通过向工业投资公司增加注资的方式,支持企业转型发展。五是提升中小企业融资担保公司实力。市财政增资 0.2 亿元,各县区及宿州经济开发区分别增资 0.1 亿元,全市实有担保基金规模增至 3.3 亿元。对融资性担保机构开展的符合条件的小微企业担保贷款业务,对小微企业缴纳的担保费率 1.5%以内部分给予全额贴费。六是争取财政部代理发行地方政府债券 6.88 亿元、中央和省基本建设投资 25.66 亿元,协议利用国际金融组织和外国政府贷款 1.4 亿元,落实配套资金 1.3 亿元,有力保障全市重大投资项目顺利推进。

【强农惠农政策认真落实】坚持以“两区”建设为平台,以美好乡村建设为引领,着力做好财政支农工作。一是全力支持美好乡村建设。足额安排美好乡村建设财政配套资金 1.2 亿元,已拨付到位资金 2.09 亿元,完成报账支出 1.7 亿元。整合涉农资金 8 亿元,统筹用于 36 个示范村建设,美好乡村建设亮点纷呈。二是积极实施农业综合开发。共投入资金 1.6 亿元,完成高标准土地治理 10 万亩,组织技术培训 1.05 万人次,扶持农业产业龙头企业 23 家和农民专业合作社 12 家。项目区年新增粮食生产能力 808.66 万公斤,直接受益农户 2.6 万户,农民新增纯收入 2077.53 万元。三是强力推进涉农资金整合。通过配套投入、项目补助等方式,整合到位各类涉农资金 14.37 亿元,增长 30%,完成计划的 119.8%。四是扎实推进“一事一议”财政奖补工作。全市共投入“一事一议”财政奖补资金 3.4 亿元,其中财政投入 2.64 亿元,共有 1108 个行政村(社区)开展了奖补项目,占全市行政村(社区)总数的 90%,参与农民 508 万人,实施村级公益事业项目 1550 个。五是探索试点政策性农业保险方式创新。积极争取政策性育肥猪保险试点,灵璧县顺利成为全省三个首批试点县之一,完成 32 家 500 头以上规模养殖场承保育肥猪 10.2 万头,提供风险保障 6100 万元。探索试行农业保险新政策,提高规模经营户种植业保险保障水平,将保险金额提高至每亩小麦 500 元、玉米 400 元、大豆 260 元,提标部分费率在中央政策性保险费率的基础上下浮 20%,保费由农户自缴 20%,其余由市、区现代农业项目办各补贴 40%。完成投保玉米 9910 亩、大豆 5000 亩,市区现代农业项目办补贴 37.2 万元。

【科学理财再上新台阶】围绕公共财政体系的完善,不断提升科学化精细化管理水平。一是启动国有资本经营预算试编工作。按照全口径预算管理的要求,根据市政府 5 月出台的《关于试行国有资本经营预算的意见》,制定《宿州市市级国有资本经营预算编报办法》等配套文件,按照边启动、边规范和循序渐进、逐步推开的原则,首批选择 10 家产权相对清晰的企业实施国有资本经营预算。二是继续完善国库集中支付制度改革,重点推进乡镇国库集中支付改革,全市四县一区 113 个乡镇已实现了国库集中支付全覆盖。三是加大公务卡改革推行力度,通过制定公务卡强制结算目录、严格控制预算单位现金提取、简化报账操作流程、定期通报公务卡改革进展情况等措施,督促市县乡所有基层预算单位办卡用卡。全市共办理公务卡 13667 张,比去年增加 5508 张,全年公务卡结算金额 8089.7 万元,其中:市本级办卡 4695 张、结算金额 3748.8 万元,提现较上年同期下降 68%。四是积极完善预算执行动态监控机制,针对支付业务中出现的新情况、新问题,及时增加设置新的监控规则 15 条,实现财政资金的实时、在线、动态监控,确保财政资金及时到位和合规使用。全年市本级预算执行动态监控预警违规资金 117 笔 1675 万元。五是深入推进财税库银横向联网改革。多次牵头召开专题会、评审会,在借鉴外地成功经验的基础上,采取通过POS机刷卡和自缴核销缴税的新模式办理电子缴税业务,大幅提升了电子缴税业务量。全年全市实现电子缴税31.69万笔,占全部业务量的92%。六是政府性债务实现归口管理。成立地方政府性债务管理办公室,实现地方政府性债务归口统一管理。全面加强制度建设,明确责任落实,强化源头控制,严格举债程序,及早谋划应对措施,有效防范和化解财政风险。

【财政监督持续强化】一是组织开展重点专项资金检查。集中全市财政监督力量围绕"着力保障和改善民生"主题,深入开展惠民政策资金的监督检查。分别对2012年度农村低保资金管理和使用情况、财政支农政策培训补助资金以及"一事一议"财政奖补资金使用情况进行专项检查,及时纠正上述资金在管理与使用中存在的突出问题,确保保障和改善民生决策落到实处,使惠民资金真正惠及民生。二是扎实开展会计监督检查。对61家国有企业和行政事业单位会计信息质量进行认真检查,共查出违纪违规资金8701.82万元,针对查出的问题,依法进行处理处罚。三是认真开展涉农涉企资金专项检查。按照省厅统一部署,全市从5月开始,组织对各级财政预算安排的涉农涉企资金使用管理情况进行全面检查,累计检查涉农资金154.6亿元、涉企资金25.04亿元。通过检查,及时发现资金使用管理中存在的问题,进一步完善资金监管的长效机制。四是组织开展非税收入稽查。制定《2013年宿州市本级非税征管检查实施方案》,通过驻点检查和送检两种方式,对34家市直行政事业单位非税征管情况进行检查,发现违规收费352.14万元,应缴未缴759.6万元,向被查单位发送整改意见和建议通知书10份,督促非税收入足额及时上缴。

【财政队伍建设不断加强】认真贯彻落实中央"八项规定"和省市"三十条规定",改进工作作风,提升服务质量,建立高效快捷的工作执行机制。扎实开展会商工作,把财政政策、财政支持与服务送到部门和单位。积极组织干部职工政治理论和业务知识学习,坚持每周半天的全体职工集中学习制度,加强形势、政策、党风廉政、职业道德和财政业务知识学习教育。不断推进完善廉政风险防控工作,签订一把手、分管领导、科室(局属单位)三级"廉政责任书",完善反腐倡廉监督机制,增强党员干部防控廉政风险的主动性和自觉性。

(宿州市财政局供稿　许磊、年福翔)

埇桥区财政工作概述

2013年,全区公共财政预算总收入26.9亿元,比上年增收2.7亿元,增长11.19%。收入结构稳中有优,非税收入占地方财政收入比重仅为10%;支出结构持续优化,支出完成44.13亿元,增长8.3%,财政民生支出36.02亿元,占财政总支出的81.62%。

【加强收入征管,提升财政收入总量】根据年初人代会批准的财政收入任务,及时将税收任务分解落实到各征收部门;在组织收入过程中,加强对财政收入的动态管理,加强对重点税源,重点企业的调查和分析,及时发现并协助解决组织收入中的存在问题,规范非税收入管理,确保财政收入及时入库;组织开展税源普查,摸清全区税源状况;加大各乡镇街道纳税、协税、护税的责任,每月对乡镇街道税收完成情况及排名进行通报与调度,增强乡镇街道完成财政收入的紧迫感,加大各乡镇街道征收力度。

【调整支出结构,支持经济社会事业】加大对公共服务和社会事业投入,特别是三农、医疗卫生、社会保障等民生支出增幅较大,支出结构进一步得到优化,公共财政的效能进一步体现。财政资金向三农倾斜,全区共整合扶贫、交通、土地、农发项目及公益捐助资金达9907万元,支持农业基础设施建设,筹措财政资金3185.6万元,支持立项的2个农业综合开发土地治理项目、3个产业化财政补助项目和7个贷款贴息项目,推动全区农业产业化发展;积极争取国家支农项目资金3159万元,用于埇桥区现代农业生产发展、农田水利建设、农民专业合作组织等项目建设。保工业增长,对技改、引导产业、技术创新等方面的企业申请并发放贷款贴息资金457.43万元;积极争取中央、省、市企业技术改造、技术创新、节能中小企业发展、产业集群企业镇及中小企业培育建设等项目贴息资金2000多万元,为中小企业提供发展助力;发挥融通担保公司平台作用,积极为中小企业提高担保服务,促进全区中小企业发展。全年担保企业户数169户,担保金额7.6亿元。

【深化财政改革,提升管理水平】完善财政国库集中支付体系,对乡镇街道财政国库集中支付改革,同步启动乡镇、街道财政公务卡制度改革。对业务股室管理的财政专项资金、自收自支单位缴库资金实行国库集中支付,实现国库集中支付的全覆盖。建立“三公”经费支出统计月报制度,确保“三公”经费实现调减5%的政策要求。加快政府采购电子化采购进程,及时制定和完善电子化政府采购操作执行相关配套制度办法,构建全面、系统的电子化政府采购工作制度体系,圆满地完成对区级电子化政府采购项目硬件的采购任务。

【狠抓政策落实,推进民生工程】狠抓各项政策类民生工程落实:基本公共教育与公共文化类的民生工程扎实推进;劳动服务就业类的新型农民培训和就业技能培训项目,超额完成培训任务;社会保险类服务质量稳步提升;社会服务类超序时发放,困难群众的基本生活得到保障;基本医疗卫生类已完成,人民群众医疗健康水平进一步提高;基本住房保障类快速推进,城乡低收入住房困难得到有效缓解;农村生产生活改善类在强力推进,政策性农业保险、一事一议财政奖补、建设美好乡村公共服务体系奖补等各项民生工程已使全区广大群众、特别是困难群众的生产生活明显改善。33项民生工程到位资金14.16亿元,其中,区配套1.53亿元,全面完成省定33项民生工程任务。

(埇桥区财政局供稿　刘德峰)

宿州经济开发区财政工作概述

2013年,开发区实现财政收入10.98亿元,完成全年任务的104.57%,比上年增收2.29亿元,增幅26.39%;完成一般预算支出6.81亿元,同比增长51.3%。

【强化收入征管,确保财政收入可持续增长】在税收收入组织上,进一步加强小税种征管,在抓好营业税征收的同时,做好城建税、土地增值税、房产税、土地使用税等地方小税种的征收管理工作,积极挖掘增收潜力。建立长效机制,继续加强重点行业、重点企业的税源管理,确保增值税、企业所得税、营业税等主体税种的持续稳定增长,加强税收的征管和清收力度,壮大政府财力,确保应征税款及时足额入库。

【围绕中心工作,服务经济发展大局】积极发挥财税职能,为企业发展助推加力。细化完善和自主创新财税扶持政策,大力支持服装鞋帽、机械电子、物资贸易等财政支柱产业,鼓励企业走创新发展道路,推动经济增长方式的转变。进一步推进政府招商引资成果的转化,加快开发区各项决策的落实。及时兑现上年各类财税奖励政策,增强企业发展后劲,体现政府诚信。加强财政资金服务和财税政策服务,切实帮助企业解决实际困难。

【强化资金保障,促进经济社会协调发展】严格预算执行,合理调度资金,确保年初预算安排的各项资金及足额到位,确保全年财政收支平衡。发挥财政调控投资的作用,根据开发区投资项目执行情况,及时落实预算调整计划,确保各项工作顺利推进。加大融资力度,开辟融资渠道,优化融资结构,缓解开发区建设资金支出压力。扎实推进被征地农民的社会保障工作。

【深化财政改革,提升财政运行质量】深化预算改革,认真做好全年开发区财政预算编制工作,增强工作的主动性和预见性。强化预算基础管理,稳步实施政府收支分类改革,规范收支核算,推进公共财政建设。密切关注收入分配政策动向,规范支出行为,强化财务管理,净化支出环境。加强政府债务管理,有效地防范和化解财政风险。完善财政体制,实现科学理财,提高资金使用绩效。

(经济开发区财政局供稿　文高冉)

灵璧县财政工作概述

2013年,全县财政收入完成6.78亿元,占预算103.2%,比上年同期增收0.96亿元,增长16.6%;2013年,财政支出完成33.34亿元,占预算的99.8%,同比增支3.77亿元,增长12.7%。

【开展综合治税工作】一是县政府成立综合治税领导小组,加强对综合治税工作的协调、组织和指导;二是制定《灵璧县开展综合治税实施方案》,明确各成员单位职责,推动综合治税工作开展;三是建立综合治税信息平台,实现资源共享,信息互通;四是完善沟通会商机制,对工作中出现的新问题、新情况及时会商、及时解决。

【推进民生工程实施】全县继续实施33项民生

工程,项目覆盖全县20个乡镇(开发区),惠及百万群众。全年预算投入10.91亿元,其中:中央财政6.37亿元,省财政2.16亿元。一是高度重视、落实责任。在县政府实施民生工程协调领导小组的基础上,县委成立民生工程建设指挥部,并将民生工程工作纳入县政府重点工程,加大调度的频度和力度。二是量化任务,明确责任。完善民生工程实施办法和相关配套措施,将全年任务分解到月、量化到周,倒排计划、编制"台账",做到目标任务、重点要求、关键措施、时间节点、责任人员"五明确"。三是强化宣传,营造氛围。坚持常态化宣传,发放民生工程一封信、纸杯、宣传资料、布置咨询台、摆放政策展版等。把握时间节点宣传,利用春节、午秋两季收种农民工返乡机会,集中宣传,并贯彻落实民生工程宣传"包保责任制"。四是狠抓进度,兼顾质量。抓工程早期开工,抓资金拨付,抓工程质量,确保建成群众满意、经得起检验的精品工程。

【加快美好乡村建设】一是建立强有力的工作机制。县财政局成立美好乡村建设工作领导小组办公室,明确牵头股室,专门协调美好乡村建设资金管理的各项工作任务。二是建立稳定的资金投入机制。在美好乡村建设资金投入上,县财政预算安排专项资金1000万元,并及时拨付到财政专户。三是建立规范的资金整合机制。根据省厅有关文件精神,拟定《灵璧县美好乡村建设资金整合工作实施方案》,从制度上推进涉农资金整合。全年全县计划整合资金1.2亿元,实际整合到位1.5亿元。四是建立严格的资金监督机制。加强项目管理,积极推行项目公示制、项目法人责任制、工程建设招投标制、项目建设监理制及合同管理制,确保整合项目顺利实施。

【积极清理专项资金】认真清理涉企资金。通过自查清理,2010—2012年,全县96家单位共使用各级财政预算安排用于扶持企业发展的各项资金11128.6万元,其中省级以上财政专项扶持资金9267.47万元,市县级财政专项扶持资金1861.13万元。具体是:支持工业发展资金4752.8万元,支持商务发展资金516.9万元,支持环保和节能减排资金1958.47万元,支持科技发展资金152万元,其他重点专项扶持资金3748.43万元。认真开展涉农资金专项清理工作,县政府召开由财政、纪检、监察、民政、审计及相关涉农部门参加的涉农资金检查动员会,并组成4个检查小组,于6月8日至6月19日深入全县20个乡镇(开发区),40个行政村,走访400户农户,并现场查看40个涉农项目。针对2010—2012年各级财政预算安排用于"三农"的27项惠农补贴资金、4类26项涉农项目资金的发放和使用管理情况,开展专项检查。

【加大支农扶持力度】一是整合支农资金,大力支持示范区建设。全年全县实际整合到位资金3.95亿元,占市任务的132%,有力支持三河省级现代农业示范区的建设。二是积极发放涉农补贴,确保惠农政策落实。全年共向农民发放粮棉油良种补贴资金3410.4万元,发放畜牧良种补贴219.6万元,发放农机购置补贴资金2538.7万元,发放退耕还林补助497.8万元。三是扎实推进农田基础设施建设。投入2200万元,支持县小麦产业现代农业生产发展项目示范区开展农田水利设施建设;投入2300万元,实施高标准农田水利设施建设补助项目。四是实施森林增长工程。投入专项资金484.5万元,完成森林增长工程建设任务2.4万亩。五是积极做好扶贫开发工作。全年累计拨入扶贫资金3194.5万元,其中:财政发展资金2174.5万元,以工代赈资金520万元,县级配套资金500万元。当年累计支出1780万元。整体推进村实施14个,贫困大学生教育资助500人,雨露计划培训1000人,实用技术培训1500人,农民人均纯收入增加15%。

【促进社会经济发展】认真落实政策,积极参与项目申报审核工作,严格把关,规范资金管理,提高资金使用效益,加大对农村饮水工程项目、农村道路工程项目、土地复垦整理项目、廉租住房项目资金等重点项目支持力度,促进经济社会持续健康发展。累计支出各项经济建设资金 11.68亿万元。其中:县乡公路升级改造工程款2200万元,农村饮水安全工程4300万元,廉租住房建设项目资金1780万元,成品油价格补贴642万元,皖北发展项目补助及贴息资金2100万元,生猪调出大县奖励资金670万元,土地置换项目4800万元,粮食仓库建设与维修资金1600万元,政务新区及城市建设55137万元,危桥改造工程686.4万元,大型沼气工程158万元。

【积极开展财政监督】一是开展家电下乡财政奖补资金检查。对家电下乡销售网点的补贴资料,采取"一查二访"的方法,逐一进行认真核实。累计查出骗补家电下乡产品489台(件),骗补财政资金9.79万元。对骗补资金全额追回并及时缴入县级财政专户。

二是开展"一事一议"财政奖补项目资金检查。查处套取财政奖补资金4.25万元，收回并缴入财政专户。三是积极完成企业所得税税源和重点产品国际竞争力调查工作。四是积极开展党政领导干部违规建房和多占住房专项清理清理工作。五是认真做好财政执法人员执法证登记年检工作。共年检执法证247个,其中县局59个(其中监督证8个),各所188个。

【加强干部队伍建设】一是坚持常态化,着力抓好日常管理和教育。二是深入开展效能建设,着力解决慵、懒、散、冷、推、赃问题,转变工作作风,推进机关提速增效。三是扎实开展文明创建活动。把创建"人民满意财政所" 活动纳入财政整体工作之中,签订责任书,同布置,同考核,同奖惩,着力提升财政干部队伍的整体素质。四是认真组织农村财会人员培训工作,提高农村财会人员工作水平和工作质量。对20个乡镇(经济开发区)的313名村干部进行各为期3天的农村财政支农政策培训。

(灵璧县财政局供稿　李栋)

泗县财政工作概述

2013年,全县财政收入7.81亿元,完成预算的104.1%,增长19.8%。其中,县本级地方财政收入5.7亿元，完成预算的104.5%，增长19.3%。财政支出28.5亿元,完成预算的154.8%,增长10.9%。

【加强财政收支管理】一是认真落实收入目标责任制,不断完善综合治税机制,依法加强收入征管,认真开展收支预算执行分析和预测，做到财政收入均衡入库。二是不断深化"收支两条线"管理改革,强力推进政府非税收入征收管理信息系统建设，全面推行"单位开票、银行代收、财政监督、以票管收"信息化征管模式,进一步规范非税收入征管。三是进一步优化财政支出结构,切实加强支出管理,大力压缩一般性开支,从严控制"三公"经费,确保各项重点支出需要。

【推动实施民生工程】一是精心测算民生工程所需资金,建立民生资金拨付"绿色通道",实行"资金推着项目走",做到民生工程资金优先安排、优先配套、优先拨付,及时足额到位。全县33项民生工程投入资金8.7亿元，增长13.6%，其中县级配套资金1.2亿元。二是实行一月一督查、一月一调度、一月一通报制度,定期组织人大代表、政协委员、特邀监督员开展视察督查民生工程活动，对民生工程实施跟踪问效,确保民生工程实施进度和质量。三是扎实推进民生工程建后管养工作,形成"搭建平台、整合资源、统一管理、延伸服务"的后续管养模式。安排800万元管护资金,实行"专户管理、专款专用、封闭运行",保障民生工程后续管养,发挥工程类项目长久效益。四是建立部门评价、群众评价和第三方评价"三位一体"的绩效评价体系,对民生工程实施绩效评价,切实加强民生工程绩效管理,改进和完善民生工程实施工作。五是在全县推广使用 "安徽民生工程"形象标识,接受广大人民群众的监督,提高群众对民生工程的知晓度、满意度。

【全面落实支农政策】一是安排农业专项资金1.36亿万元,加快农业重点基础设施建设,改善农业基本生产条件。二是统筹一事一议财政奖补资金6040万元，支持村级公益事业发展，实施项目307个,受益群众78万人。三是整合16个部门28个项目涉农资金1.83亿元,支持美好乡村建设。四是积极实施农业综合开发，完成财政投资3297.4万元,扶持9个农业产业化经营项目，改造中低产田1.3万亩，促进农业加快发展。五是安排财政扶贫资金2115.7万元,帮助贫困群众脱贫致富。六是开展政策性农业保险工作,农作物受灾理赔资金2642万元全部打卡赔付到户,减轻农户因灾损失。

【促进经济加快发展】一是认真落实积极财政政策,努力增加有效投入,全力支持经济发展。二是不断增加政府公共投资,筹集资金2000万元,支持交投、工投等融资平台设立。三是积极申报争取上级各类扶持资金7.66亿元,带动全县固定资产投资较快增长。四是安排资金1.03亿元,支持开发区、乡村工业园区经济发展。五是大力扶持企业发展,全年为31家企业申报企业技术改造、贴息、外贸奖励等项目补助资金694万元。六是进一步完善中小企业融资担保体系，全年共为110家中小企业提供信用担保贷款2.2亿元。七是全面落实国家结构性减税政策,减免缓抵各项税费2150万元。

【坚持依法科学理财】一是依法加强财政收支管理,强化财政运行督查,稳步推进预算绩效管理和项目绩效评价,不断提升财政资金使用绩效。二是健全完善国库集中支付制度，全年通过一体化平台办理国库集中支付业务 24455 笔，支付财政资金 33.69 亿元。全县开办公务卡 1510 张，消费 2346 笔，通过公务卡结算报销金额 722.6 万元。三是认真开展政府采购工作，累计办理政府采购业务 203 批次，节约资金 4267.7 万元，平均节约率为 17.3%。四是加强行政事业单位国有资产管理，全年审批、备案的单位资产配置申请 229 批次，共计审减资金 363 万元。五是组织开展部门会商工作，全年共开展部门会商 168 次，其中对外会商 110 次、对内会商 58 次，局领导带队会商 120 次，对外会商解决问题 100 多个，对内会商解决问题 50 多个。

【深入推进效能建设】一是紧紧围绕市委、市政府“抓主抓重、苦干实干、提速提效、争先争优”和县委、县政府“激情成就梦想，实干创造未来”的要求，以重点整治和解决“庸、懒、散、奢”四个突出问题为切入点，精心组织，有序推进，营造“人人讲效能、处处抓效能、事事高效能”的浓厚氛围，干部职工的效能意识和服务意识不断提升。二是认真开展机关效能与服务标准化建设，共形成管理标准 24 项，工作标准 76 项，制作工作流程图 66 幅，实现工作有流程有制度，服务有标准有章法，不断提升财政服务水平，有力促进财政各项工作。

【加强财政宣传调研】一是认真开展财政宣传及调研工作，主动向社会公开财政政策法规及全县财政工作动态。全年共利用政府信息公开网发布政务公开信息近 500 条，月均发布信息 40 多条，在全县排名位居前列。二是每月按时超额完成全省财政信息报送任务，部分宣传信息被《财政信息专报》采用，并被《财政部新闻联播》转载。三是深入开展以“了解民情民意、服务经济发展、转变工作作风、提升工作效能”为主题的财政大调研活动，深入基层、深入群众，认真听取广大群众对财政工作的意见、建议和要求，及时解答群众有关财政工作、财政政策方面的问题，积极宣传一事一议财政奖补、政策性农业保险、民生工程、粮食补贴等财政惠民政策。通过调研，全系统共形成调研报告 40 篇，总计 20 多万字。

【强化财政队伍建设】不断强化财政队伍建设，使干部职工在用心状态下工作、在创新状态下谋事、在“干净”状态下理财。一是通过举办全县财政系统政治、业务培训班、选派骨干送出去培训、加强与兄弟单位之间的工作交流等方式，对干部职工进行多层次、大规模、多渠道培训。二是坚持每月一次的中心组学习制度，在开展自学和集体学习过程中，认真记好学习笔记，形成注重学习、注重思考、注重总结的良好习惯。三是不断加强廉政风险防控制度建设，建立健全廉政风险防控体系，使财政干部筑牢廉政思想防线，严格遵守廉洁自律各项规定，清清白白做人、干干净净做事。

(泗县财政局供稿　满盈、王杰)

萧县财政工作概述

2013 年，萧县财政收入完成 11.68 亿元，比上年增收 1.52 亿元，增长 15%，财政支出完成 36.74 亿元，比上年增加支出 1.62 亿元，增长 4.6%。

【加强财政收入征管】围绕着组织收入工作：一是认真分解收入任务。按月细化分解到征收部门、单位，夯实责任，严格考核奖惩。二是加强预算收入执行情况分析，按月召开财政收入情况分析会，研究问题，预测走势，及时调整思路，制定应对措施，狠抓工作落实。三是加大收入调度力度，实行“按月调度、及时通报、以月保季、以季保年”的工作推进机制。四是全面推进综合治税工作。积极搭建网络信息交换平台，强化信息分析，实现信息资源共享，清理催收税收 2732 万元。五是加强非税收入征管，大力开展“收支两条线”专项检查，发挥票据的源头管控作用，确保非税收入应收尽收、及时足额入库或缴入财政专户。

【认真保障重点支出】在支出管理上坚持统筹兼顾、有保有压的原则，认真贯彻中央省市增收节支会议精神，从源头加强支出管理。资金分配继续向保工资、保运转、保稳定、惠民生、促发展上倾斜。一是落实厉行节约的规定，大力压缩一般性支出，重点加强“三公”经费管理，“三公”经费支出 3278 万元，较上年下降 19.4%；全面推行公务卡制度，实行公务卡强制结算目录，全年办理公务卡 2635 张，刷卡金额 837 万元。二是保障重点支出。全年工资性支出 8.6 亿元，事业单位奖励性绩效工资 7758 万元；全县用于民生及社会事业发展的支出 30 亿元，占财政支出的 80%。三是加强财政专项资金管理，完善预算绩效管理制度，专项资金全部纳入绩效管理项目库，全年评价重点项目 37 个，涉及资金 12.47 亿元。四是加快支出进度，严格支出管理责任，狠抓责任落实，进一步提高预算支出执行率。

【服务经济发展大局】一是支持民营经济和工业经济发展。拨付支持民营经济发展资金3250万元,争取省担保集团参股注资4100万元。发挥财政信用担保公司作用，当年为全县中小企业融资提供财政信用担保4.28亿元,比上年增长36%。二是优化财税环境。全面落实中央扶持中小微企业发展各项优惠政策,推动营业税改征增值税试点工作,拨付小额担保贷款3506万元，拨付企业发展贴息资金485万元,安排企业技改资金222.3万元;支持外向型企业发展,出口退税217万元;支持金融业服务地方经济发展,拨付企业贷款增量奖励资金440.1万元。三是大力支持重点项目建设。拨付城建重点工程拆迁补偿资金3.82亿元,支持旧城改造、城市道路绿化等重大基础设施项目建设；投入园区基础设施建设资金 1750万元。四是积极争取上级项目资金和政策,全力支持各项社会事业发展,全年争取上级专项补助资金8628万元,经济开发区被确定为全省特色产业基地。

【全面落实惠民政策】认真落实新农合及城镇居民医保补助、重大疾病城乡困难户救助等一系列惠民政策,全年社会保障支出4.4亿元,增长29.8%。全年农林水事务支出4.93亿元,增长11.8%;整合财政支农资金2.8亿元,重点支持现代农业发展;投入农业综合开发资金2278万元,用于高标准农田建设等。推进政策性农业保险，全年发放理赔资金3500万元;实施一事一议财政奖补项目280个,投入财政资金5690万元;通过“一卡通”发放各类惠农补贴资金4.41亿元,确保各项补贴资金及时足额、安全发放到农民手中。投入资金7835万元,支持水利基础设施建设。落实教育经费保障机制，全年教育支出9.39亿元,教育支出占财政支出的比重达26.6%。支持文化体育事业发展，全年文体事业投入2804万元,增长20.5%。拨付环境治理资金3409万元,大力开展污染防治和农村环境综合整治，改善人民生活环境;推进保障性安居工程建设,投入资金2.26亿元,改造提升群众居住环境。

【精心实施民生工程】一是采取多种形式积极开展民生工程政策宣传,注重社情民调和宣传效果,进一步提高群众的知晓率和满意率。二是加强制度建设。建立健全目标管理责任制,完善资金监督检查、工程后续管护等制度。三是加强资金监管,加快民生工程资金拨付和实际支出进度,让资金推着项目走,重点加大美好乡村服务体系建设资金的整合力度,整合资金1.3亿元,全部用于示范村建设。四是加强工程后续管理,足额安排管护资金1000万元,构建长效管理机制。五是加强督查,深入现场,查进度,查质量,发现问题一线督办,现场解决。全年民生工程累计投入资金12.53亿元，其中县级配套资金1.34亿元，累计支出资金12.37亿元，资金支出率98.69%。除跨年度组织实施的民生工程外,其余项目全部完工,在全市考核中继续保持第一位次。

【不断提升管理水平】一是加强部门预算管理,预算编制更趋科学精细。加强地方政府性债务管理,化解债务9028万元。二是完善县乡财政管理体制。建立完善县乡基本财力保障机制，新增财力进一步向乡镇倾斜，激发乡镇发展经济和培植财源的积极性,增强乡镇自我保障能力。三是全面推进国库集中支付改革,改革的范围覆盖到各乡镇。国库集中支付范围进一步扩大,总量达到17.25亿元,比上年增加4.55亿元,增长35.78%。四是深入推进电子化政府采购信息平台建设,采购范围进一步拓宽,全年完成政府采购预算5.77亿元,节约资金8071万元,节约率14%。五是财政监督不断强化。围绕县委县政府重大决策和重点工作，探索建立覆盖财政资金运行全过程的监督机制,全年累计检查单位46家,查出各种违规违纪资金325万元。开展“收支两条线”专项检查,催缴非税收入580万元。

(萧县财政局供稿　刘光锋)

砀山县财政工作概述

2013年,全县财政总收入完成7.85亿元,比上年增收1.25亿元,增长19%;全县财政总支出26.78亿元,比上年增加3.78亿元,增长16.4%。

【积极组织收入工作】主要采取以下措施确保收入完成不低于序时进度。一是及时分解落实收入任务。按照人代会批复的收入预算,及时将任务分解到各征管部门，县政府与各征管部门签定财政收入目标责任书。二是建立财税联动工作机制,切实加强收入调度,增加调度频率,力度进一步加大。同时定期召开收入分析会,及时把握收入变动发展趋势,提高收入预测的准确性。三是依法加大收入征管力度。面对经济增速放缓、企业生产经营困难加剧等不利因素影响,积极调整思路,深入挖潜增收,注重强化对零散税源管理,加大对历年尾欠的清收力度。四是规范非税收入征管。主动加强与相关单位沟通联系,及时了解情况,按月对非税收入进行分析,确保非税收入应收尽收。

【认真实施33项民生工程】切实发挥财政部门牵头作用,积极组织实施33项民生工程和居民收入倍增计划,确保完成各项目标任务。积极筹措资金,确保县级配套资金足额到位,及时拨付各类资金,保证资金催着项目走。个别补助类项目在中央、省财政资金尚未完全到位的情况下,县财政予以先行垫付,同时对资金实行专帐核算、专户管理,严格资金支付程序和发放办法。全年全县共投入各项民生工程资金9.59亿元,其中:中央资金5.28亿元,省财政资金1.89亿元,市财政资金801.9万元,县配套资金1.18亿元,群众缴费及自筹资金1.15亿元。全面完成年度各项目标任务,惠及全县百万城乡人民群众。

【认真落实惠农政策】进一步完善财政补贴农民资金发放信息网络化管理,大力实施财政补贴农民资金"直通车"工程,确保惠农资金安全、快捷发放到户。扎实开展政策性农业保险工作,持续加大现代农业政策和项目的争取力度,从2008年起连续六年每年争取中央现代农业发展专项资金1000万元,县配套200万元用于培育水果特色产业和支柱产业。积极争取中央、省级财政扶贫资金3034万元,加大扶贫开发整村推进项目力度。全面推进村级公益事业建设一事一议财政奖补工作,进一步完善财政奖补制度,加强农村基础设施建设。

【稳步推进财政改革】完善部门预算改革,科学制定各预算单位的支出定额,逐步建立完整的政府预算体系,严格控制"三公"经费的开支,提高预算编制的科学性和透明性。加强政府采购电子化应用平台系统建设,推动政府采购管理应用制度改革。大力推进非税收入收缴管理制度改革,完成非税系统上线运行,实现单位开票、银行代收、财政统管、政府统筹的非税收入管理模式,努力实现应收尽收。国库集中支付制度和公务卡制度改革方面已经实现县镇全覆盖。

【全面加强机关效能建设】按照县委、县政府的统一部署,认真开展"点燃激情、提升效能"活动,狠抓效能建设不放松,制定效能建设活动实施方案和九项制度,切实做到提高工作效能、提升财政形象。一是开展局机关中层股室的交流轮岗工作,优化队伍结构,实现人力资源的合理配置。二是实现财政局办公地点的整体搬迁,结束多年来办公场所分散、办公环境较差的局面。三是加强财政局机关制度建设。严格请销假制度,实行上班刷卡签到制度、局领导班子带班督查制度、工作去向牌、首问负责制等相关制度。四是完成了财政局基层党组织换届选举工作,使基层党支部更坚强、更有活力。

(砀山县财政局供稿　曹桂堂)

蚌埠市财政工作概况

蚌埠市财政工作综述

2013年,全市完成财政收入182.8亿元,比上年增加18.1亿元,增长11%。其中,地方收入完成92.8亿元,比上年增加14.4亿元,增长18.4%。全市财政支出191.5亿元,连续第5年高于同期财政收入规模,比上年增加26.3亿元,增长15.9%。其中财政民生支出163.5亿元,占全市财政支出的85.4%,比上年增加21.5亿元,增长15.1%。

【促进经济健康发展】统筹安排促进经济发展资金30.6亿元,落实工业强市、自主创新、民营经济发展和促进经济持续健康发展等财税政策,推进北方通用、台嘉玻璃、星宇文化、万达广场、义乌国际商贸城等一批重点企业和重大项目建设,支持铁海联运、划行归市、退市进园及保税物流中心等工作开展。落实减免政策,全面落实结构性减税政策和"五缓两降三补贴"财政扶持政策,"减、免、抵、退"各项税费34.3亿元。完善政府性资金以存促贷管理考核指标体系,引导金融机构加大对实体经济信贷投放力度,全市新增贷款总量、增速等指标位居全省前列。落实资金2.5亿元,充实担保公司国有资本金。采取财政贴息、补费、风险补偿等工具,鼓励专利权、商标权、农业保险保单等质押贷款。

【加快社会事业建设】一是筹集并拨付资金43.5亿元实施45项民生工程,民生工程年度目标任务全面完成。建立民生工程社会监督制度,聘请20名市人大代表、政协委员作为特邀监督员。二是加大公益事业投入。投入教育专项资金26.5亿元,健全义务教育经费保障机制,支持新二中、职教园和特教中心等项目建设,深入实施义务教育阶段公办学校"班班通"工程。投入医疗卫生资金11亿元,推进基层医疗卫生体制改革,提高新型农村合作医疗、城镇居民医疗保险、基本公共卫生服务财政补助标准。投入交通专项资金7.1亿元,支持国省干线公路项目建设和购置节能环保公交车,及时兑现成品油价格改革财政补贴。支持图书馆、科技馆改造和全民健身活动中心等项目建设,鼓励市级演艺团体下乡、进社区,为城市社区添置体育健身器材。三是支持社会保障体系建设。筹集并拨付资金31.8亿元,确保企业离退休人员养老金按时足额发放,提高城乡低保、农村五保等保障标准,落实高龄老人津贴政策。拨付资金1.5亿元,支持高校毕业生、农村转移劳动力和下岗失业人员就业创业。四是支持城市大建设。争取省转贷地方政府债券资金10.6亿元,支持新型城镇化试点、交通基础设施和"三馆"等公益性项目建设。统筹安排土地出让金等政府性资金59.2亿元,支持征迁拆违行动持续开展和喜盈门、胜利东路等保障性安居工程建设,推进黄山大道、张公山景区提升改造等项目建设。

【落实"三农"扶持政策】一是支持美好乡村建设。投入专项资金2.5亿元,支持129个中心村、46个重点示范村建设。落实村级公益事业一事一议财政奖补资金1.1亿元,实施奖补项目888个。出台整合涉农资金支持美好乡村建设实施意见,将各级各类41项涉农资金纳入整合范围。制定财政支持美好乡村建设资金使用管理办法,实行县级报账制和国库集中支付制。二是促进现代农业发展。筹集并拨付促进农业发展资金11.7亿元,推进土地流转、蔬菜基地建设、千万亩森林增长工程和水利基础设施等项目建设,支持现代牧业、龙亢农场、亿只肉鸡等重点企业加快发展。实施农业综合开发项目32个,总投资9310万元,建设高标准农田2.7万亩、改造中低产田4.1万亩,支持农业产业化经营和农民专业合作社建设。三是落实各项惠农政策。通过"一卡通"发放农资综合直补、粮食直补、良种补贴等27项涉农财政补贴11.3亿元,全市63万农户户均受益1790元。扩大政策性农业保险范围,实现种植业参保807万亩、养殖业在保8.6万头,提供农业生产风险保障超20亿元,及时兑现灾损理赔资金1.2亿元。

【深化财政管理改革】一是稳步推进营改增试点。广播影视业按期完成新旧税制转换,营改增试点由"1+6"拓展为"1+7"。全市2135户试点企业缴纳营改增税款4.5亿元,现代服务业和小规模纳税人整体税负下降30%,及时兑现192户交通运输企业过渡性财政扶持资金1.5亿元。出台进一步推进营改增试点工作的意见,加快推进大中型企业主辅分离,促进试点行业加快发展。二是加快实施股权和分红激励试点。明确县区目标任务,细化市直成员单位责任义务,加强宣传、培训和调度,指导企业做好申报工作。全年新增51户企业纳入试点范围,完成12户以上企业试点方案备案实施工作。三是深化预算管理改革。完善公共财政预算编制,重点推进项目支出与基本支出预算同步编制、同步上报、同步批复,促进项目早谋划、早实施、早见效。建立国有资本经营预算制度,制定出台市属企业国有资本经营收益管理暂行办法。深化公务卡制度改革,严格现金使用管理,市本级预算单位现金提取量比上年下降82.5%。市本级预算执行动态监控系统全面上线。四是加强政府性债务管理。认真落实省政府关于进一步加强政府性债务管理的意见,建立政府性债务动态报告制度和风险预警机制,完善债务分类管理,积极防范潜在风险。五是做好区划调整财政收支基数核定、重大招商引资企业确认及财税政策衔接工作,及时调整县区收入考核目标,拨付县区工业园区建设资金3.5亿元,确保行政区划调整工作顺利实施。

(蚌埠市财政局供稿 张永颜)

龙子湖区财政工作概述

2013年,全区实现财政收入7.7亿元,其中地方财政收入5.42亿元。完成一般预算支出4.69亿元,同比增长20.9%。

【加强财源建设】坚持工业强区、三产富区战略,加大招商引资力度,积极争取各级涉企项目资金、兑现企业招商引资优惠政策,支持企业发展;通过各种融资渠道筹措资金投入园区建设和棚户区改造,多方筹措资金做大融资平台,增强支持中小企业发展;精心组织实施"营改增"试点工作,加大财政奖励扶持力度,交通运输业和六个现代服务业顺利实现"营改增"运行转换;提高纳税服务水平,和谐征纳关系,利用多种途径和方式深入企业,了解掌握纳税人生产经营状况和实际困难,落实各项税收优惠政策,支持企业特别是工业企业的发展;努力培植新增税源,增强财政增长后劲。

【强化税收征管】及时分解落实收入任务,强化目标责任;建立相关部门、街道和乡镇涉税信息共享的协税护税工作机制,充分发挥综合治税功能,加大协税护税力度;完善激励约束机制,提高组织收入积极性;强化税源管控,确保应收尽收。

【优化支出结构】进一步加大教育、卫生、社保、文化投入,公共财政职能进一步体现。切实保证法定支出、民生支出、重点支出,充分发挥财政保障作用。严格执行《中华人民共和国预算法》和《安徽省预算审查监督条例》,强化预算约束,加强对财政资金的审计监督,建立经费支出跟踪问效机制,严格控制一般性支出,着力保障重点支出。

【完善体制机制】推进财政科学化、精细化管理,强化预算编制,细化预算项目,严格预算执行。硬化预算约束,不随意追加预算。深化国库集中支付改革,扩大改革范围,提高财政直接支付比例。加强支出进度日常管理,实行经常性支出均衡拨付,专项经费及时拨付,减少资金周转环节,提高预算执行力。

【增强宗旨意识】以"增收节支、服务科学发展,精细理财、惠及民生百姓"为主题,从完善制度建设入手,抓班子、带队伍、建机制。不断提高主动理财、依法理财、科学理财、民主理财水平。积极整合各类涉农资金投入美好乡村建设,全面落实政策性农业保险、涉农补助资金"一卡通"、农村公益事业"一事一议"财政奖补等各项惠农政策,完善惠民直达工程实施,确保各类财政惠民资金安全高效发放。

(龙子湖区财政局供稿)

蚌山区财政工作概述

2013年,全区实现公共财政总收入10.58亿元,其中:地方公共财政收入8.23亿元,上划中央收入2.15亿元,出口退税0.2亿元。全区公共财政支出7.34亿元。

【创新征管方式】一是推进重点项目建设,力争项目早投产、早竣工、早见效,为保持财政收入稳定增长增强动力。二是推进个体税收征缴中心建设,实现国、地税等多部门联合办公,为纳税人提供一站式服务。三是进一步推进街道财税服务所职能建设,充分调动街道协税护税积极性,建立健全街道协税护税网络,探索和制定税收委托代征办法,不断加强对分散、零星税源的征收管理。四是加强非税收入征缴力度,确保非税收入应收尽收。五是优化支出结构,严格预算约束,大力压缩"三公"支出和其他一般性支出,制定《蚌山区公务接待管理暂行办法》、《蚌山区国内公务考察管理暂行办法》。做到量入为出、量力而行、保证重点、统筹兼顾,促进蚌山区社会各项事业协调发展。

【严格预算管理】继续深化部门预算改革,建立程序规范、内容完整、方法科学、公开透明的部门预算制度。建立和完善预算编制与预算执行、结余结转资金管理和行政事业单位资产管理有机结合制度。将非税收入全部纳入预算管理,完善国库集中支付和收入收缴运行机制。做好部门预算项目库建设的前期评估论证工作,增强项目预算管理前瞻性。探讨和改进财政超收财力使用和管理办法,完善和规范预算稳定调节基金制度,确保财政资金收支规范和运行安全。

【做好政策研究】对区域经济运行和税源建设进行跟踪监测,分析实施积极财政政策和稳健货币政策对区域经济发展的影响,以及工资薪金扣除费用标准的调整、营业税和增值税起征点的提高对财政收入增长的影响。积极研究营业税改征增值税试点政策,及时把握改革政策趋向,做大改革涉及税种规模。

【强化财政监管】一是规范政府及所属部门、单位等举债融资和担保承诺行为,研究建立政府债务规模管理和风险预警机制,妥善处理债务偿还和在建项目融资问题,把各类政府性融资纳入政府性债务管理。二是建立和完善财政支出绩效评价机制,强化部门预算管理的主体责任,加强"三公"经费管理,加强对重点支出和民生项目支出的财务审计和跟踪问效。进一步提高财政收支透明度,选择重点项目或部分单位适时公开收支预(决)算,并逐步扩大公开范围和内容。坚持推进公开预(决)算与加强管理相结合,通过公开促管理,不断提高财政管理水平。

(蚌山区财政局供稿)

禹会区财政工作概述

2013年,全区完成财政总收入11.99亿元,完成目标任务的95.2%。其中地方收入完成6.56亿元,完成目标任务的102.8%。全年一般预算支出完成5.75亿元,同比增长33.6%。

【积极组织收入】一是强化组织,及时分解收入目标任务,定期召开财税调度会议,加大税款入库调度力度,保证税收及时足额入库。二是开展税收整治和风险应对工作,挖掘潜在税源,堵塞征管漏洞,清缴所得税欠税3710万元,查补税款670万元。三是扎实开展综合治税工作,成立区协税护税服务中心,开展个体税收社会化管理,实行个体税收委托代征。完善社区财政体制,充分调动社区创收理财积极性,协护税服务中心全年完成税收2054万元。四是加强非税收入管理,逐步完善"收支两条线"制度,非税收入大幅度增长。五是向上争取转移支付及专项补助资金1.21亿元,为全区经济社会发展和改善民生提供财力保障。

【保障重点支出】落实教育经费投入保障机制,提高中小学公用经费标准,投入859万元改善中小学办学条件。投入2200万元实施教育"均衡发展、教育展翅"工程,支持学校标准化建设、品牌学校打造以及农村薄弱学校建设等。加强政法部门建设,投入专项资金875万元改善办案条件。推进文化事业建设,投入经费241万元用于花鼓灯传承人生活补贴和文化场所建设,促进辖区群众文化生活。完善社会保障体系建设,发放低保金2954万元,11.2万人次享受城乡低保待遇。加大社会保障事业补助力度,投入优抚救济、再就业、残疾人保障、社会养老服务体系建设资金2329万元,保障辖区群众基本生活需求。投入计生利益导向等资金200万元,用于计生奖扶特扶及独生子女保健。支持社区管理体制改革,投入288万元用于辖区精品社区和薄弱社区基础设施建设。投入公共卫生经费1008万元,改善基层医疗机构设施,促进辖区人民群众基本公共卫生服务均等化。

【深化财政改革】5月1日起在全区范围内实施公务卡制度改革,截至12月底公务支出刷卡482万元。推进财政预算改革,规范预算追加、预算支出管理,制定《关于进一步加强财政支出管理的通知》、《关于进一步明确财政项目资金申请审批程序的通知》,增强预算法定约束力。建立财政会商帮联制度,对涉农涉企专项资金进行专项检查。强化采购监管,规范采购行为,全年采购招标项目95个,采购资金4151万元。严格执行中央"八项规定"和党政机关厉行节约文件要求,控制"三公"经费,降低行政成本。

【推进民生工程】全年财政投入民生工程资金1.59亿元,其中区级配套4515万元,各项民生工程扎实推进,群众满意度、支持率大幅提高。补助发放类资金全部按序时进度发放到位,工程类项目进展顺利,新开工建设113套公租房,电子阅览室建设、"班班通"工程、大庆农贸市场建设提前完工,形成群众得实惠、事业得发展、政府得民心的良好局面。

【支持经济发展】扶持支柱企业发展,落实财税优惠政策。支持发展平台建设,注资1000万元成立区小微企业创业园。投入3531万元支持机械装备制造产业园基础设施建设。服务招商引资企业,投入项目资金2414万元,促进冠宜箱包和森禾等项目建设,扶持招商引资企业发展壮大。支持地方民营企业发展,投入民营经济扶持发展专项资金1085万元。支持企业科技创新,落实10户企业股权和分红激励试点工作,投入高管创新奖励和专利资助资金280万元,充分调动企业自主创新积极性。扎实推进营业税改征增值税改革试点,拨付扶持资金2726万元,有效减轻交通运输业和六类现代服务业税负。

(禹会区财政局供稿)

淮上区财政工作概述

2013年,全区财政总收入7.07亿元。其中:地方财政收入5.77亿元,上划中央收入1.18亿元,出口货物退增值税0.12亿元。财政总支出6.78亿元。

【加强收入征管】按月对收入进度进行统计分析,掌握税收入库变化情况,分析原因,积极采取应对措施。加大对重点项目、重点工程税收征管力度和对规模企业纳税情况掌控力度,及时掌握重点税源变动情况。强化收入征管措施,严厉打击各种偷税、逃税、骗税等涉税违法行为。加强对政府性基金收入、各单位行政性收费及罚没收入管理,保证各项非税收入及时足额入库。

【优化支出结构】建立完善工资发放机制,保证工资正常发放。按计划足额拨付单位公用经费、部门业务费,确保机构正常运转。提高对政法部门经费的保障力度,确保政法部门正常运转和综治维稳工作的开展。保障支农、教育等法定支出及民生工程、城市基础设施建设等区政府重点项目的资金需求。

【打造和谐财政】实施完成35项民生工程,其中省级民生工程 26项、市级民生工程9项,总投资2.98亿元。全面完成收入倍增考核核心指标任务。继续深化医药卫生体制改革,促进基本公共卫生服务均等化。加大教育投入,改善办学条件,促进教育资源整合。按序时进度补助农村最低生活保障、五保户供养等保障类项目资金,顺利完成农民工技能培训项目,稳步推进廉租房、校舍安全、农村公路危桥加固等工程类项目。

【统筹城乡发展】按照"渠道不乱、用途不变、各记其功、形成合力"的原则,大力整合土地整治整村推进、农业综合开发等涉农项目资金,推进美好乡村建设,计划实施杨湖、清河、曹郢等10个中心村建设项目。通过"一卡通"发放涉农补贴资金3000万元,全年完成一事一议项目27个,项目总投资276万元,受益人口5万人。

【强化财政职能】大力支持城市建设,积极拓宽融资渠道,累计筹集拨付各类建设资金12亿元用于全区基础设施建设。严格执行各项税收减免政策及优惠政策,累计拨付扶持企业发展资金4800万元。加强小贷公司、担保公司监管,协调金融机构、担保公司及小贷公司为30家企业提供担保贷款8亿元,为企业发展注入活力。

【规范财政管理】清理各类财政资金专户共22个,剩余的专户都由预算国库科监管,堵塞财政资金安全管理漏洞,确保财政资金安全高效运行。进行涉农涉企资金清查,进一步明确职责分工,优化业务流程,强化监管体系,提高财政资金科学化精细化管理水平。

(淮上区财政局供稿　钟敏)

蚌埠经济开发区财政工作概述

2013 年,全区实现财政收入 8.86 亿元,其中地方财政收入 6.43 亿元。财政收入中,税收收入 8.42 亿元,占财政收入 95%,同比增长 11.2%。全年财政支出 6.45 亿元,其中民生支出 5.49 亿元,占财政支出 85.2%。

【保障改善民生】实施农村低保、五保供养、城镇居民基本医疗保险、新型农村合作医疗及住房保障等 24 项民生工程,拨付民生工程资金 2734 万元,其中区级配套 1705 万元,有力保障民生工程实施。积极筹措建设资金,加快龙湖嘉园等安置房及城市道路等配套设施建设。

【加强资金管理】加强财政管理和审核,做好财政财务收支的会计核算工作,及时拨付全区各项财政支出,确保人员工资按时发放和机关正常运转,推进各项工作有序开展。加强财政预算外资金收支管理,严格按规定收取行政事业性费、政府性基金和其他财政预算外资金。制定《蚌埠经济开发区非税收入管理暂行办法》,坚持执行收支两条线,严格执行预算外收入上缴国库,全年收缴预算外收入 522 万元。规范政府采购,通过市招标局进行政府采购 581 万元。

【强化投资审计】加强对财政资金投资的工程项目进行预决算审计和全程跟踪审计,强化重点工程事前、事中、事后的审计监督。全年共安排 55 件零星工程项目决算审核,送审总价 1038 万元,审定金额 874 万元,核减 164 万元。完成对龙子湖水资源公司、经投公司等工程项目结算,切实做好工程项目建设过程全程造价控制和项目竣工决算审计工作,进一步提高财政资金使用效益。

(蚌埠经济开发区财政局供稿)

蚌埠高新技术产业开发区财政工作概述

2013 年,全区完成财政总收入 10.35 亿元,首次突破 10 亿元大关。

【强化财政支出管理】加强预算资金管理,依法编制部门预算,严肃执行预算安排,严格预算约束机制,科学合理安排预算支出。加强建设资金的管理使用,完善和强化建设项目资金审核支付每周联合会审制度,联合会审由区财政、规建、高投、建发及监察等多部门参加。严格执行有关规定制度,进一步强化工程审计、政府采购、国有资产处置等工作。完成国际公司、商务中心等国有资产的审计、评估和挂牌出让工作。

【积极筹措建设资金】强化收入征管,同时加大对土地出让金跟踪力度,确保土地出让收入及时足额入账。多渠道筹措资金,协助高投集团完成筹融资 11.5 亿元。

【加大企业支持力度】通过投资补贴、税收奖励、项目奖励等方式,及时拨付资金,支持企业发展和项目建设。积极支持创投公司、担保公司、小贷公司等为各类企业提供资金需求,提供资金 9.24 亿元缓解企业尤其是科技型中小企业资金困难。积极支持、鼓励企业实施股权和分红激励试点,将华兴高新公司、电子 41 所等 8 户企业纳入试点范围,通过激励吸引人才、留住人才,助推企业做大做强。

【完成财税托管工作】根据市委市政府决定,马城经开区、秦集镇整建制划归高新区托管,包括秦集镇 11 个村、长青乡 3 个村、马城镇 10 个村。区财政局积极谋划思路和组织实施,顺利完成区划调整区域的财政体制、财政收支、资产债务等基本情况的摸底调查和托管接收工作。

【支持民生倍增工作】共承担 19 项民生工程任务,将责任落实到具体牵头部门,落实到具体责任人。加强民生工程的资金保障,各项资金及时落实到位,确保专款专用。有序推进居民收入倍增规划实施工作,以“创业、就业、企业”为主线,积极搭建就业平台,每月举办一次人才劳务招聘会,共举办 360 家次企业现场招聘,提供就业岗位 3500 多个;积极开展创业促进就业工程,完善就业创业园、省级大学生创业孵化基地建设,创业园内有中小企业50多户,带动就业再就业600多人。

(蚌埠高新区财政局供稿)

怀远县财政工作概述

2013年,全县财政总收入完成20.1亿元。其中,地方收入完成14.2亿元,中央收入完成5.7亿元,出口退税0.2亿元。

【狠抓财政收入】按照县政府安排的收入计划,及时分解落实各征管部门和各乡镇财政收入目标任务。强化收入征管,依法组织收入,处理好减税与增收的关系,力争在预算执行中多收、超收。全力做好预算执行分析工作,密切跟踪财政经济形势,加强与国税、地税等征收部门的联系,进一步加强交流、沟通。密切关注收入进度,适时召开预算执行分析会,加强对收入预算执行情况的分析和监控,努力实现财政经济良性互动。积极关注宏观经济对收入增减的影响,认真做好分析和测算工作,全力做好营业税改征增值税试点工作。积极做好企业所得税税源调查,主动为领导决策提供依据。

【优化支出机构】严格部门预算编制,不断调整优化支出结构,财政支出更多地向"三农"倾斜、向基层倾斜、向困难群体倾斜,促进强农惠农富农政策有效落实。贯彻落实中央八项规定,牢固树立过紧日子思想,继续严控"三公"费用支出,加强对县直各单位"三公"费用支出的管理,督促单位定期公开"三公"费用支出情况。充分利用大平台系统,对超标单位从严控制,确保"三公"费用支出不突破市里下达的控制数。

【推进民生工程】实施41项民生工程,投入1.36亿元用于基本公共教育与公共文化类工程,投入660万元用于劳动就业服务类工程,投入5.68亿元用于社会保险类工程,投入1.02亿元用于基本社会服务类工程,投入3846万元用于基本医疗卫生类工程,投入2.59亿元用于基本住房保障类工程,投入2.61亿元用于农村基本生产、生活类工程。

【加大惠农力度】积极推进惠民直达工程,全年共发放各类惠农补贴资金5.17亿元,涉及27项120批次,补贴对象27万户。发放粮农直接补贴2468.47万元、农资综合补贴2.13亿元、成品油价格改革财政补贴2622.7万元、农机购置补贴3626万元。认真落实"农村清洁工程"、"农村公路危桥改造"、"农村沼气建设"等惠农项目实施。推进美好乡村建设,全县涉及美好乡村建设专项资金7091万元,其中省级3126万元、市级1500万元、县级2465万元,下达51个美好乡村试点村每村15万元启动资金。完善"一事一议"财政奖补政策,促进村级公益事业发展,全县申报项目449个,申报资金1.48亿元,其中农民筹劳折资7393万元。

【深化财政改革】继续推进营改增试点改革,全县共有营改增企业320户,实现营业税改征增值税1.79亿元。91户申请营改增财政扶持政策,均为交通运输业,共申请财政扶持资金1.31亿元,实际拨付1.29亿元。继续深化国库集中支付改革,进一步完善国库单一账户体系,将全县预算单位财政资金归口财政国库部门统一管理;进一步推进平台一体化建设试点扩面工作,县直部门全部上线,全县所有预算单位的全部预算资金均通过零余额账户支付到最终收款人;积极探索适合自身情况的乡镇国库集中支付改革模式,选取乡镇开展试点工作。推进政府性资金存放商业银行管理改革,出台《怀远县县本级政府性资金存放商业银行管理改革实施方案》,通过改革引导金融机构加大经济发展支持力度,使政府性资金在支持经济社会发展中的杠杆和导向作用更加突出。

【完善内部建设】制定政行风巡查工作办法,明确巡查工作内容、方式方法和巡查工作纪律。建立预算部门会商工作制度,采取"请进来"与"走出去"相结合、例行会商与临时会商相结合等方式,全面加强与部门单位的会商交流,累计会商286次,会商2014年预算编制、财政税收、项目建设、民生工程等多个重大事项。强化乡镇财政资金监管力度,运用乡镇财政资金监管系统软件,突出抓好信息通达、公开公示和抽查巡查"三个重点环节"的工作。

(怀远县财政局供稿)

五河县财政工作概述

2013年,全县完成财政收入10.96亿元,完成支出 26.74 亿元。

【优化财政支出】加大民生工程投入力度,在实施省 33 项、市 12 项民生工程的基础上,新增县级民生工程 10 项,总投资 10.19 亿元,比上年增长 21.02%,县本级配套资金 3.02 亿元。加大"三农"投入,全年通过"一卡通"发放财政补贴农民资金 3.66 亿元,同比增加 2500 万元,增幅 7.6%;拨付"一事一议"财政奖补 2850 万元,桥涵、农村公路等农业综合开发资金 2280 万元,小型农田水利建设资金 2550 万元,农村公路危桥加固改造资金 1428 万元,病险水库除险加固工程资金 990 万元,农村安全饮水工程资金 1823 万元,沱河治理、中小河流治理、灌区配套、节水改造等其他水利工程建设资金 4586 万元,美好乡村重点示范村建设资金 4079 万元。加大社会保障和就业投入,全年发放企业职工基本养老保险金 1.57 亿元、再就业资金 1240 万元、城市低保资金 1700 万元、农村低保资金 3400 万元、救助资金 211 万元、城乡居民养老保险 6320 万元,建立起覆盖城乡的优抚、养老、就业等社会保障体系。加大医疗卫生投入,全年拨付新农合资金 2.4 亿元、城镇居民基本医疗保险 1100 万元,保障参保人员就医需要;拨付城乡医疗救助资金 700 万元、基本公共卫生服务 1873 万元,促进基本公共卫生服务体系建设。加大教育科技投入,全年拨付义务教育公用经费 4338 万元,发放普高助学金 376 万元、中职助学金 63 万元、特困户子女救助基金 202 万元,购置教学楼实验仪器及多媒体教学设备 1600 万元,按项目工程实施进度共拨付校舍安全工程、校舍维修工程、薄弱学校改造工程、学前教育工程等教育类工程项目资金 7568 万元。

【强化资金整合】加强专项资金管理,对现有涉农资金进行归并,科学设置专项资金,引导投向相近、目标相似的各项涉农资金集中投入,共整合涉农资金 1.23 亿元,其中财政投入 6076 万元。加大支持美好乡村建设资金,全年落实美好乡村建设专项资金 4372.7 万元,其中省级财政 1872.7 万元、市级财政 1500 万元、县级财政专项资金 1000 万元,确定 10 个重点示范村,其中李八村、八岔村、梁巷村三个村被确定为市级重点示范村。李八村、八岔村、屈台村、朱圩村、浍河村、薛集村 6 个村建设项目基本完成,邓圩村、梁巷村、马场村、淮五村等 4 个村建设项目有序推进。

【深化财政改革】完善县乡财经工作领导小组例会制度,切实加强和规范县乡财政资金管理工作。建立政府性资金存放金融机构管理制度,4 月 1 日起执行协定存款利率,存款利率比原执行的活期利率提高 2.29 倍。深化国库集中支付制度改革工作,4 月份全面启动乡镇国库集中支付,6 月份正式上线运行乡镇财政一体化管理信息系统,乡镇公务卡改革工作随着国库集中支付改革同步进行。推进专项资金审批制度改革,建立统一审核、统一报送、限时办结工作制度,保证专项资金使用安全、规范、有效性。严格财政资金监督检查制度,年初根据预算支出安排、重点项目建设与科室磋商制定全年监督检查工作计划,对 18 家县直单位的专项资金使用管理、非税征收和会计基础工作等情况进行监督检查,确保财政资金安全,切实提高财政资金使用效率。从严控制全县"三公"经费支出,全年"三公"经费支出 3126.05 万元,比上年减支 1257.52 万元,减少 28.7%。其中,县直单位"三公"经费支出 2402.2 万元,比上年减支 1219.8 万元,减少 33.68%。各乡镇"三公"经费支出 723.85 万元,比上年减支 37.72 万元,减少 5%。强化财政自身建设,逐步建立党组会议、党政联席会议、局长办公会和业务工作例会,细化和规范议事内容和议事规则,把人事调整、重大支出、预算编制、项目和专项资金申报等重点工作,全部纳入议事范围,切实使会议成为统一思想、集体决策的平台。

(五河县财政局供稿)

固镇县财政工作概述

2013 年,全县财政收入完成 9.01 亿元,其中税收收入完成 6.7 亿元,占财政总收入的 74.4%。财政支出完成 24.3 亿元,比上年增长 12.8%。

【围绕税收抓征管】积极完善财税部门联席会议制度,密切关注经济运行态势,加强对重点税种、重点行业和重点地区的收入调度分析。推广使用网络发票,发挥综合治税信息平台作用,大力推进信息管税,源头管控,挖掘潜力税源,杜绝税收流失。

【围绕建设重投入】调整优化支出结构,加快支出进度,把更多的资金投向县委、县政府确定的开发南城区、改造老城区、完善北城区等重大建设领域。全年共投入重点工程、重大项目建设资金 21.8 亿元,其中:城投公司用于城市建设 8.8 亿元,蚌埠铜陵现代产业园征地和拆迁补偿支出 5.23 亿元,经济开发区建设 3.27 亿元,城关镇拆迁 6084 万元,县交投公司一级公路改造及偿还资金 3157 万元,土地整治 2962 万元,南城区征地拆迁补偿 1.06 亿元,民生工程配套 2.28 亿元, 重大项目建设均得到顺利推进。

【围绕和谐保民生】共实施 51 项民生工程,包括省政府项目 29 项、市政府项目 8 项、县本级项目 14 项,共到位资金 8.18 亿元。其中:中央资金 3.27 亿元,省级资金 1.54 亿元,市级资金 1650 万元,县配套资金 2.29 亿元,其他资金 9137 万元。民生支出占财政支出的 81.6%,高于全省平均水平;新发放小额担保贷款金额 1352 万元,增长 242%;农林水事务支出 1.8 亿元, 增长 20%。城镇新增就业人数 0.36 万人,增长 24%;转移劳动力 0.59 万人,增长 34%;创业培训人数 120 人, 与上年持平; 就业技能培训人数 2069 人;私营企业户数 966 个,增长 32%;个体工商户数 13874 个,同比增长 28%。

【围绕禁令控“三公”】大力压缩一般性支出和“三公”经费,制定《关于压减 2013 年一般性经费支出预算的方案》,人均公用经费 1 万元以上的单位压减 10%, 人均公用经费 5000 元以下的单位压减 5%,“三公”经费按 20%进行压减,乡镇经费按 5%进行压减,全县累计压减各类经费 1735.9 万元。公务接待严格按规定及标准执行, 全年公务接待费用下降 40%;严禁公车私用,实行节假日公车封存制度,公务用车经费下降 20%。

【围绕落实支“三农”】继续加强涉农补贴资金发放管理。严格执行上级各项惠农补贴政策,坚持以服务基层、服务农民为核心,规范运作、阳光操作,全年通过“一卡通”发放各类惠农补贴 16 项,补贴金额 2.2 亿元。扎实开展农业综合开发工作,实施土地治理项目 5 个、产业化经营项目 3 个, 项目总投资 2161.4 万元。其中:财政资金 1971.4 万元,自筹资金 190 万元;土地治理项目总投资 2002.4 万元,产业化经营项目总投资 159 万元。持续加大农业投入, 投入小型农田水利设施建设资金 1400 万元,农机购置补贴 1035 万元,9 个自然村扶贫项目支出 450 万元,小麦“一喷三防”资金 425 万元。大力支持一事一议财政奖补项建设,共实施 142 个项目,其中水利项目 21 个、道路项目 112 个、环卫项目 6 个,总投资 3922 万元,受益群众 45 万人。

【围绕整合建乡村】支持美好乡村建设,第一批共安排 27 个试点村,重点投入 8 个示范村建设。安排美好乡村建设专项资金 5102.6 万元,其中:省财政补助 1602.6 万元,市财政补助 1500 万元,县财政配套安排 2000 万元。积极整合项目资金和社会资金,引导社会资金广泛参与美好乡村建设,重点围绕示范村整合资金 6859 万元。制定《美好乡村资金使用管理办法》和《固镇县美好乡村建设资金申报审批办法》,加强对美好乡村建设资金的使用管理。

(固镇县财政局供稿 杨鹏)

阜阳市财政工作概况

阜阳市财政工作综述

2013年,全市全年实现财政总收入157.1亿元,较上年同比增长20.5亿元,增长15%,财政支出完成312.7亿元, 较上年同比增支40.4 亿元, 增长14.8%。

【民生工作成效全面提升】全年民生工程财政资金总投入约84亿元,各级财政资金拨付78亿元,占年初计划的92.85%。除工程类预留质保金和跨年度项目外,资金拨付按期完成。城镇居民人均可支配收入2.14万元, 农民人均纯收入6810元, 分别增长13%和15%。民生工程开展以来,共投入资金总量304亿元,社会效益、经济效益和"三农"增产、增收、增效,得以改善和提高。但是通过"回头看"发现,一些建成后的民生工程项目存在:缺少专项资金养护、没有明确专人管理,工程产权责任不明等问题。针对这些问题,在全省首创建后管养机制,逐步摸索出一套政府拿钱买服务的建后管养办法, 制定了工程管护制度、工程产权明晰制度、管护资金筹集落实制度和管护主体责任制度。

【支持发展力度不断加大】一是加快农村农业发展。积极争取农业综合开发项目资金,全年投资2.23亿元,比上年增加0.9亿元,增长76.3%,投资规模创历史新高。大力支持农村金融服务体系建设,着力分散和化解农业生产风险。全年共争取省农业保险理赔资金1.45亿元,在皖北最多,也是阜阳历年最多,实现阜阳政策性农业保险在保险品种、保险责任和参保对象三个方面的"广覆盖"和参保率不低于50%的工作目标。全面推进美好乡村建设,充分发挥财政职能作用,从六方面筹措建设资金:加大市县(区)级预算资金的投入力度、争取上级专项资金、积极整合财政专项资金、引导社会资金投入、盘活存量资产、鼓励引导结对帮扶单位或个人通过捐赠、共建共享等多种方式,确保建设资金及时足额到位。推进涉农资金整合,合理有效配置公共财政资源。全市全年财政投入美好乡村建设资金1.6亿元。同时,积极争取省级投入1.4亿元, 整合各类涉农项目资金2.1亿元。投入"一事一议"财政奖补资金4.1亿元,其中:省以上财政资金3.5亿元,县级配套资金0.6亿元。二是转变职能服务经济发展。市财政安排工业企业和非公经济发展各类专项资金5000万元,积极支持企业推进结构调整、产品优化升级和科技成果转化,增强企业竞争力。安排招商引资专项经费2000万元,对于重大项目采取"一事一议"的方式给予优惠政策。积极落实省财政对工业园区基础设施建设或重大项目贷款贴息资金2000万元、阜合现代产业园区基础实施建设资金2亿元的使用管理。争取外国政府贷款项目24个,累计贷款资金2.8亿元,为历年最多。协助安徽昊源化工集团成功争取中国清洁发展基金委托贷款6500万元用于20万吨年合成氨原料路线改造工程。出台工业企业免税政策,免收阜城工业园区工业项目涉及建设领域部分行政事业性收费(基金),实行零收费政策。共减免各项规费1.22亿元。制定规范阜阳城区经营性国有建设用地使用权出让收入征缴程序及管理办法, 进一步加强市政府对土地市场的宏观管理,充分发挥土地资产效益,形成城市发展合力。三是拓宽融资担保方式。在用传统融资方式筹措资金的同时,充分利用结构化融资、基金、信托计划、票据贴现、贷款担保、组建项目公司和发行债券等多种路径进行融资。全年市城投公司累计融资到位资金33.04亿元,比上年增长207%,融资规模再创新高。全年累计筹集拨付各类资金48.5亿元,较上年23.5亿元增长106%,保证市属19个安置房项目、颍河环境综合治理、阜颍路综合提升改造等重点项目的顺利实施。争取省担保集团注资3.2亿。整合全市信用担保资源,组建阜阳市融资担保有限公司,注册资本金由1.68亿增加到5亿,力争三年达到10亿,担保倍数放大10倍。制定实施阜阳城区基础教育三年提升计划,总投资13亿元,全年投资3.2亿元,新建学校18所,改建26所,统一配置97所学校教学设备。与省担保集团加强合作,推出扶持中小微企业发展的新举措,包括“比例担保”和“见保即贷”业务。共为931户中小微企业担保贷款11.19亿元,在保余额11.2亿元,在保户数1808户,担保基金放大倍数达5倍以上。四是全力抓好项目建设。积极配合市直有关部门争取上级建设资金,将一批对阜阳经济发展有带动和促进作用,具有一定发展潜力的优质项目申报上去,争取中央及省级财政的支持。做好资金筹集和支付工作,按照“谁受益、谁出资”的原则,将需要地方筹措的资金分别由各县市区、市直承担。全年各类项目建设扎实有序推进。其中,经建类项目:上级下拨各类专项资金近7亿多元(市直)。企业类项目:向上级转报、推荐各类项目共计24大类,惠及300户以上企业,上级补助资金4500万元。教科文类项目:共申报项目49个,获批38个,获批资金2350万元。市政类项目:颍河综合治理项目建设已累计拨付建设资金13.46亿元。投资实施三中新校区、民兵训练基地、技师学院、市党校、党风廉政教育中心等项目完成投资4.58亿元。实施安置房项目,全年开工建设安置房项目13个,建设规模309.88万平方米。加大土地出让金催缴力度,历年欠缴的出让金4.29亿元已全部清缴到位。争取国家开发银行贷款开展棚户区改造,棚户区改造一期贷款10亿元,已到位4亿元。

【财政各项改革扎实推进】一是调整财政体制。对市区财政管理体制进行调整,按照“保障市、区两级财政的既得利益,确保收入规模不降、可用财力不减”的原则。将收入划分为市、区两级固定收入、共享收入,市与区之间按共享收入实行总量分成,充分调动市、区两级政府发展经济的积极性,增强市级经济发展调控能力。二是加强预算编制改革。加强综合预算管理,提高部门预算到位率,减少部门在年度执行中频繁追加,提高部门主动理财积极性。提前安排部署下年预算编制工作,规范预算单位的级次,按归口管理方式编制预算,适当增加单项定额,确保预算编制的准确性、完整性。进一步规范非税收入管理,严格执行“收支两条线”,重新修订非税收入调控比例,保证非税收入及时入库和资金安全。建立预算基础信息库、项目库,加快综合治税平台建设,适时开展税源普查,堵塞税收漏洞。开门办预算,扩大专家评审项目范围。完善四大预算体系,统筹管理政府性资金、资产、资源,出台《阜阳市国有资本经营预算编制办法》,选择一家市属工业企业试编下年国有资本经营预算,拟制定《关于试行国有资本经营预算的意见》及《市属企业国有资本收益收取管理暂行办法》等相关配套性文件。三是深化国库管理制度改革。市本级国库集中支付制度改革实现“三个全部”,即全部预算单位纳入国库集中支付管理,全部单位通过财政平台系统实现网上办理业务,全部财政性资金均通过财政信息一体化平台纳入支付中心统一支付。不断加强公务卡使用管理,严格控制现金支出,实现公务支出的“阳光消费”,市本级及县乡两级已实现了全额拨款预算单位的全覆盖。四是扩大营改增试点范围。“营改增”试点以来,全市试点企业由1288户增加到2730户,纳税人因“营改增”结构性减税1.02亿元。各级财政共补助扶持资金2177万元。五是深入推进“双清”工作。共清理出516个银行账户,归集资金4亿元,盘活存量资金。对清理出的17.1万平方米市直单位经营性房产划转城投公司,充分发挥财政资金的聚合效应。六是提高社会保险基金保值增效。严格执行社保基金活期存款优惠利率要求,提高基金占存比例,向各商业银行追缴利息2290万元,壮大基金规模,保值增值工作取得突破性进展。七是严格落实“八项规定”。“八项规定”出台以来,全局多措并举,狠抓落实,进一步健全“三公”经费管理的各项制度。制订阜阳市市直机关会议费管理暂行办法,对会议实行分类管理、分级审批。按照“总量控制、预算安排、部门管理、信息公开”原则,从严审核出国经费。修订市直单位接待经费管理暂行办法,进一步加强市级接待经费管理。制订阜阳市党政机关公务用车配备使用管理实施细则,对市直机关公车实行“五统一”管理:统一审批程序、统一预算保障、统一政府采购、统一车辆保险、统一报废处置。出台市级批量集中采购管理暂行办法,从下年起,对列入集中采购目录及限额标准中的计算机、打印机、空调等,先行试点实行批量采购,不再继续执行协议供货。全年共节约采购资金 3.92 亿元,节约率 15.11%。首次建立由财政监督检查局专职检查和管理科室监督相结合的联动机制,对市直 26 家行政事业单位 2012 年度预算执行和会计信息质量情况进行检查,按照三年轮查一遍的原则,对归口管理部门覆盖面不低于 1/3 预算情况检查分析,突出了对项目资金使用、三公经费开支和财务制度建立和执行情况的检查。全市"三公"经费同比下降 23%。

【机关建设日益加强】一是加强机关效能建设。以市委市政府"四风"行动为契机,深入开展"我为阜阳财政献良策" 金点子征集活动。围绕财政财务体制、机制建设、民生工程、美好乡村建设等方面制定了 200 余份征求意见表下发到社会各界,对工作中存在的问题和不足进行仔细查找,对问题原因及危害进行深层的剖析,拟定进一步强化思想教育、强化群众意识和服务意识的整改措施,不断巩固和扩大效能建设创建成果。本着有利于改进工作、提高效率、加强管理的原则,对现有制度进行梳理,探索建立了新的更加完善的规章制度。共制定 60 余项管理制度,并已汇编成册。制定市财政局工作效能考评办法,近期将按照效能考核方案要求,组织对局机关各科室、单位进行效能考核。二是增强服务意识。全面建立与预算单位会商机制,局领导分别带领分管科室同志主动到预算单位会商,带着政策、带着建议、带着要求,换位思考,主动服务,共同商定有关原则和规程。全年全市财政系统同部门共会商 2274 次,有力促进财政财务一体化。建立财政预算部门会商和乡镇财政资金监管工作制度,制定出台帮联工作方案,形成省财政厅、市财政局及县市区财政局之间的工作衔接,密切配合,上下联动机制。在完成省厅布置的"规定动作"基础上,创新不少"自选动作"。三是加强干部交流。为激发干部工作的热情和激情,改变干部思维固化、思想怠倦、缺少创新探索精神的工作状态,统筹考虑干部职工的工作表现、综合能力和岗位任职年限等因素,对局机关中层干部进行交流,覆盖面达到 90%,对部分局机关工作人员、局属单位人员进行轮岗,积极推荐财政干部到其他单位任职,形成干部内外、上下交流机制,加大财政干部多岗位锻炼,提高财政干部职工工作的积极性,为机关建设、干部锻炼、干部安全提供重要保障。四是注重文化建设。致力于打造"团结和谐、积极向上、勤学善思、风清气正"的机关文化。结合市委、市政府"四风"行动,积极开展"万人读书月""追梦大家谈"等系列活动,并取得阶段性成效。利用每月党组中心组学习会,由一名局领导作中心发言,部分科室、单位负责人做重点发言,谈思路、谈工作、谈看法、谈见解,形成民主、和谐氛围。建立财政反腐倡廉建设联络员工作机制,完善党组统一领导、党政齐抓共管、纪检监察协调、部门各负其责、群众支持参与反腐倡廉的领导体制和工作机制,有机统一党内监督与党外监督、专门监督与群众监督,推进反腐倡廉和党风廉政建设深入开展,努力打造风清气正的干部队伍。

(阜阳市财政局供稿　孙立宏)

颍泉区财政工作概述

2013 年,全区财政收入完成 9.41 亿元,比上年增长 17.2%。全区财政预算支出完成 19.37 亿元,比上年决算增长 0.4%。

【深化征管机制建设,收入保障能力不断增强】坚持把组织收入摆在突出位置,科学分析预测,加强税源掌控,实现全年收入持续增长。收入征管措施继续强化,清欠堵漏效果明显,考核调度更加频繁,税收征管质量和效率得到进一步提高。政府非税收入管理改革逐步深化,票据管理不断加强,收缴流程简洁规范,征管系统日益完善,政府非税收入管理正在向科学化、规范化迈进。

【深化民生民计改善,群众幸福指数不断攀升】全年全区共投入民生工程财政资金 5.7 亿元,其中:区级配套 9705 万元。全区实施的 30 项民生工程超额完成。居民收入倍增规划稳步实施。城镇居民人均可支配收入达到 2.15 万元,同比增长 13.2%,农民人均纯收入 8087 元,同比增长 15.6%,其他 17 项重要指标均达到年度考核目标。通过民生工程和收入倍增计划的实施,与人民群众生产生活密切相关的现实问题得到有效解决。

【深化财政职能转变,服务发展成效不断凸显】大力支持"项目突破年"活动,持续加大有效投入,推进重大项目顺利实施。不断加大项目资金争取力度,全年共争取各类专项转移支付资金 5.2 亿元。进一步加快融资体系建设,强化中小企业资金扶持,新增注册资本金2418万元,为174名下岗人员提供小额担保贷款855万元,为36家中小企业提供融资担保贷款1.29亿元。坚持把招商引资和工业经济发展放在优先保障的突出位置,全年共安排招商引资及工业发展资金1149万元,推动全区经济健康发展。积极探索政府购买服务等新型理财途径,财政资金使用效益和政府办事效率得到不断提高。大力支持“三项整治”和文明城市创建活动,有效改善发展环境,促进经济社会软实力提升。

【深化“三农”政策落实,城乡统筹发展不断增速】全区投入“三农”资金3.14亿元。认真落实国家惠农政策,深化财政补贴农民资金管理和“一卡通”发放工作改革,全年通过“一卡通”发放各类惠农资金1.75亿元。建立健全美好乡村建设资金管理机制,引导整合各类资金9893万元,中心村建设初见成效。农村综合改革示范试点顺利启动,调研会商全面展开,前期工作进展有序。农业综合开发成效明显,共实施农业产业化项目3个,总投资347万元。投入“一事一议”财政奖补项目资金2903万元,修建村内户外道路91.3公里。不断加大农业基础设施建设力度,投入农田水利建设资金6283万元,中小河流治理资金2430万元,进一步夯实农业生产和农村经济发展基础。

【深化财政改革创新,预算绩效管理不断增强】“营改增”试点深入推进,206户涉改纳税人缴纳税款1751万元,税负降低3%。公立医院改革不断深化,诊疗人次比去年同期增加5%,人均门诊费用下降10.2%,出院平均医药费用下降19.5%。综合预算管理持续加强,部门预算到位率不断提高,部门主动理财意识逐步增强。进一步完善部门预算会商和乡镇财政资金监管工作帮联机制,全年共开展会商412次,解决问题389个,监管乡镇财政资金39667.1万元。国库集中支付改革不断深入,退账、转轨工作全部完成,财政国库动态监控机制初步建立。加快推行“公务卡”制度改革,发放银行卡4336张,公务卡实现全覆盖。县乡财政一体化管理体系逐步形成,乡镇财政管理水平不断提升。电子化政府采购管理应用系统初步建成,全年共实施政府集中采购项目207个,采购金额9371.1万元,节约资金1101.9万元,节约率为10.5%。

【深化资金监督管理,依法理财能力不断提升】及时出台“三公经费”管理办法,强化“三公经费”支出管理,全年全区行政事业单位“三公经费”支出1504.9万元,同比减少688.9万元,下降幅度达31.4%。深入开展会计信息质量检查,对8家单位实施重点检查,提高单位会计质量和财务管理水平。开展实施“民生工程资金规范年”活动,对民生资金使用的各个环节进行监督审核,确保民生工程资金安全规范运行。重点加强涉农、涉企资金专项检查,对全区2010-2012年度涉农、涉企资金14亿元进行清理检查,纠正问题18个。组织实施政府非税收入征管检查,纠正不规范票据37个,清理不及时上缴资金23万元,政府非税收入的征管水平得到进一步提高。

(颍泉区财政局供稿 贾建峰)

颍州区财政工作概述

2013年,颍州区财政完成收入14.12亿元,较上年增收4.09亿元,增长40.8%;全区财政支出完成21.38亿元,较上年增支3.92亿元,增长22.4%。

【抓好34项民生工程建设】坚持以“组织领导一盘棋、政策宣传一整套、协调服务一条龙、项目管理一体化、资金倾斜一面倒、制度保障一系列”为着力点,确保民生工程暖民情、得民心、顺民意。全年民生工程总投入资金5.92亿元,区财政配套资金9476.84万元,各级到位资金拨付率100%,各项民生工程全面完成。

【切实做好融资担保工作】按照“抓好项目融资、广筹建设资金、强推企业融资、巧搭合作平台”的思路,依托城投公司和融资担保中心,全力化解融资难题,提升增收潜力。通过扩充资本金,广泛合作,全年为企业担保融资3.31亿元,新增担保贷款3.14亿元,有效缓解企业融资难问题。

【多措推进强农惠农工作】围绕“涉农资金整合、支农项目管理、惠农政策落实、‘一卡通’发放”等项重点工作,不断加大现代农业三增工程、农业综合开发、扶贫开发、政策性农业保险、农村“一事一议”财政奖补、城乡居民收入倍增规划、美好乡村建设等工作的力度,不断巩固和发展农业稳定增效、农民持续增收和农村和谐发展的良好形势。

【全面提升财政管理水平】围绕政府采购、非税收缴、基本财力保障、部门会商、营增改税试点等重点工作,在加快推进部门预算、国库集中收付制度、公务卡、基层医药卫生体制等改革过程中,紧抓“指标建立、过程管理、考核评估、查访核验、结果应用”等关键环节,大力构建以健全体制机制求绩效、以强化预算管理求绩效、以聚焦关键环节求绩效、以营造理财环境求绩效、以提升队伍素质求绩效的管理格局。

【有效发挥财政监督作用】坚持监督与改革相结合,着力推进财政监督理念从检查型监督向管理型监督的转变,内容从注重查补收入向收支并重的转变,方式从注重事后检查向事前审查审核、事中跟踪监控、事后检查处理有机结合的全过程监督转变,实现从“纠错”型监督向“预防”型监督转变,从安全性和合规性监督向效益性监督转变。

(颍州区财政局供稿 梅卫东)

颍东区财政工作概述

2013年,全区完成财政收入6.79亿元,同比增长26.7%,较“十一五”末增长124.8%;财政支出17.3亿元,同比增长16.1%,较“十一五”末增长82.1%。融资规模实现新突破,首次突破10亿元,达到10.66亿元。

【支持经济发展】一是筹措资金2.16亿元,支持工业发展和园区基础设施建设。二是认真落实税费优惠政策,帮助中小企业解决融资难的问题,全年为区内35家中小企业提供担保贷款2.02亿元,兑现招商引资企业优惠政策资金0.4亿元。三是拨付资金9.58亿元支持城市基础设施建设。四是积极推动融资平台建设,拓宽融资渠道,全年融资10.66亿元,用于S340省道征迁补偿、安置区建设等。

【保障民生改善】坚持以民生财政为导向,积极调整和优化支出结构,加大民生保障投入力度,人民群众幸福指数进一步提高。全年全区财政民生支出15.02亿元,占全区财政支出的85.3%。全面完成29项民生工程目标任务,投入资金5.31亿元,同比增长31.8%,其中区财政配套1.12亿元,同比增长166.6%。积极实施居民收入倍增计划,并取得初步成效。

【深化财政改革】一是完善财政国库集中支付制度,全面推行网上资金申请、支付模式,全年国库集中支付15.23亿元,财政国库集中支付管理水平大幅提升。二是完善区乡财政资金监管体系,确保资金安全有效运行,提高资金使用效益。三是深化政府采购管理,全年实施政府采购项目241个,节约资金0.35亿元,节约率为16.3%。四是加强非税收入管理,全面实施非税收入收缴系统上线,全年实现非税收入0.72亿元,增长10.3%。五是进一步规范国有资产管理,严格资产登记、处置程序,全年实现处置收入0.16亿元。六是进一步加大财政监督力度,全年审核资金1.7亿元,核减0.15亿元,财政资金使用效益不断提高。七是对全区56家单位三公经费支出管理和厉行节约规定贯彻情况进行了监督检查,对区内69家单位非税收入和票据管理开展专项检查,从5个方面进行了规范整改;组织开展涉企、涉农资金监督检查,对全区50家企业和12个乡镇办事处涉企、涉农资金申报、使用和管理情况进行检查,对存在的问题进行整改并提出规范建议。

【统筹兼顾三农】认真落实各项惠农政策,加大支农投入,建设美好乡村。一是及时足额兑现各种惠农补贴资金2.14亿元,惠及全区50余万群众。二是落实支农专项资金1亿元,支持农业主导产业和优势产业,建设高标准农田1.2万亩,农业综合开发项目顺利通过省、市验收。三是安排美好乡村建设专项资金0.22亿元,整合涉农资金0.9亿元,全力支持美好乡村建设、正午现代农业示范区建设。四是积极开展一事一议财政奖补工作,拨付奖补资金0.25亿元,支持92个村(居)委会(含国有农场)实施道路硬化、绿化、亮化等项目。

【深化效能建设】坚持建规章、树正气、破常规、促和谐,全面提升财政干部队伍整体素质。一是抓好学习教育。通过举办道德讲堂、廉政讲座等多种方式,财政干部思想政治素质和廉洁从政意识进一步提高。二是抓好制度建设。制定财政反腐倡廉建设联络员机制、行风巡查工作机制等财政制度。三是抓好窗口建设。全局以争创市级、省级文明单位为抓手,注重改善服务细节,提高规范服务、文明服务水平。国库集中支付中心连续获得市、区级“青年文明号”光荣称号。四是开展结对帮扶活动。先后与袁寨镇西康村、河东街道向阳社区、向阳街道东平社区结对帮扶,开展党建、综治、文明创建等共建活动,主动了解情况,解决问题。

(颍东区财政局供稿 王继刚)

阜阳经济技术开发区财政工作概述

2013年，阜阳经济技术开发区共完成财政总收入6.48亿元,完成全年总收入任务的111.8%,较上年同期增收1.44亿元,同比增长28.5%;地方收入完成3.96亿元,完成年预算任务的114.4%,较上年同期增收0.7亿元,同比增长21.5%;上缴中央收入完成2.31亿元,完成年预算任务的101.9%,较上年同期增收0.59亿元，同比增长34.3%；出口退税完成0.21亿元，较上年同期增收0.14亿元，增长224.5%。

【提质增量,顺利完成财政收入任务】一是做好税源分析调查。在认真分析税源情况的基础上,分解下达全年收入任务,同时加强对纳税企业生产经营、销售及纳税等情况分析，及时掌握重点税源变化情况,抓好财税收入调度,确保财政收入及时入库。二是积极组织税收收入。细化收入任务，落实目标责任,强化财政、税收等部门协调和配合,加强对重点企业、重点行业和主要税种的税收征管,做大税收收入总量,提高收入质量。三是加强税收征管稽查。联合开发区地税分局，对以前年度的土地使用税进行清查,共稽查企业34家,清缴税款1400多万元。同时加强对房地产、建筑安装等重点行业的税源监控和稽查,全面加强税收征管,努力查遗堵漏。

【优化结构,提高财政支出绩效】在保障基本支出和正常运转的前提下,集中财力支持园区投入、园区基础设施建设,继续加大对教育、卫生、民生的投入力度,保障各项事业的法定增长。一是压缩一般性支出。特别是对三公经费的开支严格控制,前三个季度,全区三公经费支出372.5万元,比去年同期减少63.3万元,下降17%。二是加大对重点工程、重大项目资金的支持力度，集中资金支持区内基础设施建设、安置新村建设,有效地推进了重点工程、重点项目的实施。

【关注民生,落实各项惠民政策】全年实施的33项民生工程，开发区需实施17项，共需投入资金8386.9万元。其中补贴发放类16项，区配套资金462.05万元,工程项目类1项,区配套资金4160万元。全区各项补贴发放类、建设类资金拨付率超过100%，其中有8项补贴发放类资金已全额或超额拨付。其余部分按照序时进度逐月发放。民生工程资金的使用，都是严格资金审批程序，严查核实补助条件、补助范围和补助标准,确保专款专用,做到政策公开、程序规范、打卡发放。

【加强财政监管,打造绩效财政】一是强化财政监督工作,把人大监督、审计监督、社会监督与财政监督有机结合起来，继续开展重大财税政策实施情况专项检查,努力提高财政监督管理水平。二是加强财政支出绩效评价工作,强化部门支出责任。成立检查小组,对以前年度财政下拨的涉企资金进行检查,检查组历时半个多月,涉及12项资金类别,全面检查34家工业企业,通过看项目、看设备、查账簿等方式,全面了解财政资金的使用状况和使用效益。

【加强融资,推进重点工程开展】认真分析开发区重点项目的资金需求,结合开发区实际情况,根据融资政策的要求,主要从两方面开展融资:一是拓宽融资渠道。全年通过九里村土地收储项目,向农发行贷款3亿元,截至年底到账8000万元;另委托开乐公司向徽商银行贷款5000万元,已全额到账。同时以股权注资的形势从国元信托融资2亿元，目前已签订合同。二是继续推进发债工作。开发区授权民生证券发行政府债券,发债所需资料准备齐全,正在组建报批。

【做好廉政防控 降低财政风险】为降低财政权利运行的风险,预防贪污腐败的滋生,主要从两方面入手:一是突出重点环节,立足岗位职能,查找防控风险点。主要是在岗位职责上查找风险点,对全局人员个人思想道德、岗位职责、制度机制等方面进行识别。二是完善工作制度,制定工作流程,建立防控风险长效机制。根据不同风险点,制定相应控制措施,明确岗位分工,完善工作制度。

(阜阳经济技术开发区财政局供稿 武林)

界首市财政工作概述

2013年,全年财政总收入实现14.54亿元,完成年度预算的104.6%，较上年同期增长21.2%，增收2.54亿元;财政支出实现24.49亿元,较上年同期增长11.17%,增支2.46亿元。

【集聚财力民生保障】全市民生工程项目计划总投入资金 9.2 亿元,到位各级财政资金 7.9 亿元,实际拨付资金 6.5 亿元, 资金补助类项目按序时进度正常发放,培训类项目完成年度目标的 100%以上,工程建设类项目全面开工,开工率 100%,完成投资计划的 80%以上。

【加大企业扶持力度】一是加大园区基础建设投入,做优招商引资环境,提升园区综合竞争力。二是支持园区企业发展。为企业发展提供政策及资金支持。配合有关部门帮助企业申报技术改造、技术创新、外贸促进、皖北发展、环境保护、财政贴息等扶持项目资金 5000 余万元。拨付企业项目资金 3410 万元 。为企业发展设立民营经济发展基金。从省争取下拨发展民营经济资金 1140 万元,财政预算安排 2000 万元,充实担保基金 2000 万元,累计 5140 万元。该项基金将为鼓励龙头企业不断发展壮大和规模化农产品生产、加工、出口基地的建立起到积极的推动作用。为企业发展创建优质融资平台。已建成并成功运营的有“建投公司”、“工投公司”,建投公司注册资金 3.5 亿元,资产已达 24 亿元,工投公司已完成注册资本金 2 亿元,融资规模 8.7 亿元,贷款余额 6.7 亿元。

【惠农政策落实较好】积极落实惠农补贴政策,通过“一卡通” 发放粮食补贴、良种补贴、综合直补等 22 项涉农补贴,资金 1.44 亿元,涉及全市 16.45 万户,受益人口达 62.59 万人。农业综合开发完成高标准农田 3 万亩,完成投资 4358.2 万元,新建中小沟桥 310 座,新打机井 496 眼,配套机泵 300 台套,新建低压暗管灌溉工程 3990 亩, 开挖疏浚渠道 106.97 公里, 修建机耕路 21.91 公里, 新建机耕桥 69 座,涵管桥 149 座。实施农田水利设施、道路修建等项目 99 个,投资 3386 万元,村级公益事业“一事一议”财政奖补项目进展顺利,广大群众积极参与,农村基础设施不断得到改善。

【财政改革不断深化】一是深化部门预算改革。量财办事,有保有压,按定员定额标准编细编实部门预算,硬化支出约束,从严控制追加,依法规范操作。二是完善国库集中支付,推进财税库银横向联网,确保财政资金运行安全、规范、有效。三是深化政府采购改革。全年全市政府采购预算 1.54 亿元,实际采购金额 1.39 亿元, 节约资金 1600 万元, 节约率 10.3%。四是有序推进绩效评价。对上年度救灾、就业资金使用情况、农业综合开发等 15 个专项资金项目的预算支出绩效评价工作, 共涉及资金 2.34 亿元, 15 个项目评价结果均为优良, 项目的实施收到很好的经济效益、社会效益和生态效益,项目实施达到预期目标。

(界首市财政局供稿　陈艳)

颍上县财政工作概述

2013 年, 全县财政全口径一般预算收入完成 26.2 亿元,全年一般预算支出完成 44.02 亿元。

【发挥调控功能,服务经济转型升级】积极争取国家、省、市优惠政策支持,加大与上级财政部门的衔接、沟通力度,积极做好项目、资金争取工作。认真落实市、县扶持企业发展、支持企业技术创新的各项财税优惠奖励政策, 进一步规范涉企行政事业性收费管理,切实减轻企业负担。加大工业园区开发投入力度,加快园区基础设施建设步伐,加快园区转型升级,做强园区品牌,做大产业特色,提升园区规模效益。深入推进银企对接,充分发挥城投公司、担保公司融资平台作用,缓解企业资金制约。全年全县新增担保贷款达 1.93 亿元。同时把融资作为重中之重,全力争取融资保障全县产业发展重大项目建设,慎泰投资公司共申报 8 亿元资金的融资项目:“五里湖水系治理”、“沙颍河故道治理”、“工业园区基础设施建设”,最大限度减轻财政支出缺口压力。

【加大民生投入,提高民生保障水平】县财政发挥牵头抓总作用,按照早谋划、早启动、早实施的推进思路,制定时间表和路线图,加大政策宣传,强化资金保障,实行项目“一月一调度、一月一通报、定期综合督查”,强化工程调度。加强考核奖罚,实行突出问题上报制度。同时加强对已建成民生工程的养护管理工作,努力实现民生政策效益最大化,切实让广大人民群众享受民生工程成果。全年民生工程,资金补助类项目按时足额发放, 工程类项目主体工程全部完工, 民生工程到位资金 14.06 亿元, 拨付资金 14.06 亿元,资金拨付率为 100%。荣获全省民生工程绩效考核奖和全市民生工程组织实施工作杰出奖。

【落实惠农政策,加大“三农”扶持力度】积极创新财政支农方式,加大推进城乡一体化进程。一是精心组织实施上年夏桥镇农业综合开发土地治理,并通过省、市级验收;二是继续做好财政补贴农民资金的发放工作,强化监督管理。全年通过一卡通发放惠农资金 4.54 亿元;三是以推进农村综合改革和新农村建设为目标,认真落实一事一议奖补政策。全年全县奖补项目共 321 个,受益农业人口达 133.55 万人,项目总投资 1.02 亿元,财政奖补资金 0.78 亿元,已全部完工;四是继续推进政策性农业保险工作,小麦承保面积 115 万亩,水稻承保 49 万亩,玉米承保 43 万亩,大豆承保 18 万亩,扣除行洪区和外滩地面积,承保率在 90%以上;五是大力实施美好乡村建设,加大财政资金投入和涉农资金整合力度,支持美好乡村建设。

【深化改革创新,健全财政运行机制】一是继续完善政府预算体系。按照“零基预算”的要求,按“自上而下、自下而上,两上两下”的程序,结合省厅的部门预算编制软件,编制全年部门综合预算,减少人为因素造成的不合理现象,确保预算的公开、公平、公正,使预算编制更加科学合理。二是以大平台为基础全面深化国库集中支付改革。全年国库集中支付资金 47.27 亿元,其中直接支付 46.73 亿元,授权支付 5368.3 万元。积极推进公务卡改革工作。预算单位办理公务卡共 980 张,刷卡消费金额 17.68 万元。建立覆盖全县各级预算单位的预算执行动态监控体系,全面跟踪监控财政资金的申请、审核、支付、清算的操作流程。三是加强全县政府性债务管理。认真核实各单位的政府性债务,做到债务新增、偿还、支出等信息录入债务系统,摸清政府性债务情况,提供决策参考依据。四是继续推进政府采购工作。采购规模扩大,采购效益提高,全年全县 89 个单位委托项目 367 个,归集合并各类项目后,采购中心共完成采购项目 125 个,发布采购信息 271 条,执行集中采购预算 3961 万元,实际采购金额 3465 万元,节约资金 496 万元,节约率 12.5%。五是建立完善制度,提升国有资产监督管理水平。对全县各单位经营性资产进行全面清理,并建立台账。规范资产处置、强化处置管理。全县国有资产处置严格执行县委、县政府有关国有资产处置规定,处置收益按照非税收入管理规定全额上缴财政、确保资产使用效益和资产处置收益最大化。六是加大财政监督力度。重点加强对社会保障、扶贫、支农、教育、卫生等专项资金的跟踪管理,开展涉农、涉企资金专项检查,逐步建立和完善政府性资金使用的绩效评价体系,对建设性支出从项目立项、申报、资金拨付、建设和验收等各个环节实行动态监管,对每项专项资金都明确落实问效责任,确保财政资金安全高效。

【加强队伍建设和精神文明创建】一是进一步巩固效能建设年活动成果,进一步加强机关内部管理,提高机关运转效率;狠抓反腐倡廉工作,筑牢全局干部拒腐防变的思想防线;全面开展普法宣传,提高财政干部的法治素养;大力加强干部培训教育,全面提升全局干部的思想政治素质和业务水平;深入推进创先争优活动,积极开展学习型党组织建设,进一步提高党员干部的凝聚力和战斗力。二是深入开展主题教育活动。以强化责任主体、方式方法、细化学习内容、明确学习讨论目标效果等方面入手,抓好主题教育活动,做到学习讨论全员覆盖,引导和激励全局干部职工坚定理想信念,增强团队凝聚力。三是加强会计基础工作。先后开展行政事业单位会计制度(准则)和行政事业单位财务规则会议培训。四是加强机关文明创建工作。在抓好财政收支的同时,机关文明创建工作也取得较好成果,当年颍上县财政局被授予“第八届阜阳市文明单位”。

【加强作风建设,提高干部队伍素质】认真贯彻落实党风廉政建设责任制,严格执行党员干部廉洁从政各项规定,积极完善党风廉政建设教育、预防、监督、惩治制度。认真贯彻落实中央关于改进工作作风、密切联系群众的“八项规定”,省委改进工作作风 30 条和中央有关厉行节约、反对奢侈浪费以及省纪委《关于认真贯彻落实中央加强廉洁自律制止铺张浪费有关要求的紧急通知》精神,切实改进工作作风,转变工作态度,坚决反对讲排场比阔气,坚决抵制享乐主义和奢靡之风,勤俭理财、节约办事,严格按标准公务接待,严禁工作日午间饮酒。加强公车管理,严禁公车私用。进一步加强干部职工思想政治和业务素质的教育与培训学习,提高业务素质,建立运转高效、作风务实、纪律严明、规范有序的财政工作机制,树立讲团结、讲奉献、讲友爱的和谐氛围。

(颍上县财政局供稿　万季)

太和县财政工作概述

2013 年,全县财政收入完成 12.45 亿元,占年初预算的 102.6%,同比增长 23.1%。其中:地方收入

8.04亿元,同比增长16.2%;上划中央收入3.19亿元,同比增长29.2%;出口货物退增值税1.21亿元,同比增长68.8%。全县财政支出完成47.08亿元,占调整预算的97.8%,同比增长26.0%,增加9.71亿元。

【加强税费征管】一是突出“早”字确保收入任务落实到位。二是突出“紧”字确保收入任务按时完成。三是突出“细”字确保财政收入应收尽收。地税部门通过细化征管措施,加大清欠力度等措施,地方税收入增长明显,其中:房产税入库1270万元,同比增长18.5%,城镇土地使用税入库2390万元,同比增长21.2%。财政部门通过深化非税收入征管改革,加强对行政事业性收费、罚没收入等收入项目的管理,全年组织收入6.91亿元,其中:纳入公共预算管理的收入2.18亿元,政府性基金收入1.8亿元。

【保障重点支出】一是强化预算支出管理。调整和优化财政支出结构,严格落实中央“八项规定”,坚决遏制“三公经费”增长,大力压缩一般性支出,优先保证民生工程及重点支出需要。全年对全县预算单位公用经费标准一律实行零增长,并加强单位部门预算的执行监督,严格预算执行。除县委、县政府决定事项和按上级要求新增工作任务外,原则上不追加单位预算。二是保证民生工程。县本级一般预算支出项目中,教育、科学技术、文化体育与传媒、社会保障和就业、医疗卫生等13项省规定的财政民生项目支出总额达39.3亿元,占全部支出的83.5%。三是加大城市及园区建设力度。全年拨付城市建设资金1.18亿元,拨付经济开发区建设资金1.23亿元,支付沙颍河湿地公园等拆迁补偿费1.06亿元。四是积极支持企业发展。全年共兑现“营改增”财政补贴资金0.15亿元,拨付中小企业税收优惠政策扶持资金1.21亿元,补充担保中心担保资金0.26亿元,支持肖口循环工业园资金0.9亿元。五是关注弱势群体,教育、民政、卫生、社保、农业等事关民生的专项资金及时足额拨付到用款单位或财政专户,确保资金及时足额兑付;涉及补助项目的,直接通过“一卡通”打卡发放到个人。

【民生工作稳步推进】全年累计投入民生工程财政资金15.4亿元,其中县配套1.46亿元。新建农村饮水安全工程11处,农村清洁工程8个,农村敬老院5所,乡镇公办中心幼儿园10所,开工建设廉租房600套、公租房5100套,改造农村危桥13座,新建流浪救助站1处,改造农村危房3300户,实施“一事一议”财政奖补项目309个,建成美好乡村重点村9个,建成农村户用沼气1000户,电子阅览室22个。公共教育类、劳动就业服务类、社会保险类、基本社会服务类、基本医疗卫生类项目全部实施到位,民生工程的深入推进,有效夯实和改善农村基本生产生活设施。

【支持重点项目建设】积极支持全县重点项目建设,充分发挥财政支持重点项目建设工作力度,在原财政局已设立县城投公司和县中小企业融资担保中心运作的同时成立县国有资产投资运营有限责任公司和西城建设投资有限公司,确保县重点项目资金需求。县城投公司完成祥和路安置区和关北安置区的后期基础设施建设及收尾工作。国投和西城两公司自10月份启动以来,至12月31日完成公司5亿元工商注册、国税、地税、机构代码登记工作,协议购买政务新区、人武部新址、精细化工厂三块国有土地,上缴土地出让金4.67亿元、契税0.15亿元。以此为平台和县农发行意向签订1亿元贷款,用于沙颍河水资源综合治理项目。和县建设银行初步达成2亿元的贷款意向,用于“五路开发”的具体项目,将有力地推动全县的城市基础建设。

【社会保障积极实施】全年全县城乡居民养老保险政府累计投入1.6亿元,其中:中央补助1.38亿元,省级补助0.14亿元,县配套680万元。60周岁以上符合领取条件的22.49万人,发放22.49万人,发放率100%。累计发放1.47亿元。全年纳入城市低保对象2.3万人,发放低保金3848万元。农村低保保障对象6.65万人,发放低保金8590万元。城市农村两项低保共计发放1.24亿元。

【效能建设卓有成效】一是认真学习贯彻十八大和十八届三中全会精神,积极开展“我爱财政这个家”和“创建学习型机关,争做知识型干部”活动,不断提高全体财政干部职工的政治素质和业务能力。二是紧紧围绕财政中心工作,切实把党风廉政建设责任制落到实处。建立财政预算部门会商和乡镇财政资金监管帮联工作,搭建乡镇财政资金帮联平台,做到财政资金的部门与部门,领导与下级的定期会商机制,确保财政资金安全运行。三是加强财政监督力度,充分发挥财政监督职能,不断提升财政改革发展和推进财政管理科学化、精细化水平。

(太和县财政局供稿　宫保珍)

阜南县财政工作概述

2013年,阜南县完成财政收入7亿元,为预算的101.8%,同比增长27.3%,其中税收收入完成5.88亿元,为预算的102.6%,同比增长32.9%;非税收入完成1.12亿元,为预算的97.6%,同比增长4.2%。全县财政支出完成41.67亿元,占变动后支出预算的97.2%,同比增长18.7%。

【财政收入持续增长】定期召开财税形势分析会、调度会、推进会和兑现会,进一步调动乡镇和财税部门抓收入的积极性;7月份起按月向乡镇调度税收任务,增强乡镇抓收入的责任感。全年财政收入在上年5.5亿元的基础上,连续3年增收额均在亿元以上,并连跨6亿元、7亿元台阶,达到7亿元。

【重点支出保障有力】以保障和改善民生为重点,加大对经济增长和结构调整的支持力度,预算支出管理进一步加强。全年担保中心为工业园区98家企业提供担保贷款3.64亿元,有效解决中小企业贷款难问题。同时,认真贯彻执行中央"八项规定"和省委"30条规定",厉行勤俭节约,防止铺张浪费,严格控制一般性支出,切实提高"三公"经费预算约束力,按照"零增长"的要求,确保"三公"经费只减不增。积极筹集和调度资金,全力保障重点支出需求。财政供养人员工资及津补贴足额安排,不留缺口,并保障按时发放,不拖不欠;其他事业单位人员绩效工资全部按标准兑现到位;科技、文体、社会保障、医疗卫生、农林水利等重点支出增幅显著提升,同比增长分别达到76.4%、30.6%、15.4%、27.2%和13%。

【服务经济能力增强】通过争取资金、贷款融资、土地出让、募集基金等方式,全年重点工程建设投入达到8.5亿元;预算安排工业引导资金2000万元、高新技术产业开发启动资金1000万元、王家坝风景区建设资金300万元等,有效发挥财政服务经济发展的能力;创新和规范担保方式,为经济开发区98家企业提供担保贷款36410万元,缓解中小企业流动资金不足问题,对促进全县经济发展,增加财政收入起到巨大的推动作用。

【民生工程强力推进】按照年初与市政府签订的民生工程目标责任书,全年阜南县实施33项民生工程,其中:资金发放类21项、工程建设类12项,工程总投资16.7亿元,其中县级配套资金1.43亿元。截至年底,21个资金发放类项目均达到或超过序时进度,超额完成全年发放任务;12个工程建设类项目,除廉租房建设属跨年度考核外,其他项目主体工程全部竣工,圆满完成市政府下达的目标任务,并顺利通过上级各主管部门的考核验收。

【惠农政策全面落实】完善与邮储银行、信用合作联社等金融机构签订的涉农补贴资金委托代发协议,进一步细化双方职责和义务,严格执行涉农补贴发放"六到户"、"八不准"的规定,加强政策宣传、资金监管和监督检查,建立健全涉农补贴资金管理办法和打卡发放长效机制,并按照"规范、优质、足额、高效"的原则打卡发放补贴资金。截至12月底,累计通过"一卡通"方式发放涉农补贴32项,发放资金5.03亿元。投资1273.8万元完成上年柳沟镇高标准农田土地治理项目,并顺利通过省市考核验收。通过对项目区内沟、塘、田、林、路全面治理,桥、涵、井、闸、坝、机全面配套,改善生产条件,美化农村环境,维护生态平衡,项目治理区基本达到旱涝保收目标。

【美好乡村建设进展顺利】认真贯彻执行省委、省政府关于整合涉农资金支持美好乡村建设的意见,按照以县为主推进涉农资金整合的要求和管理方式不变、投放渠道不变、资金用途不变"三个不变"的原则,对全县水利、林业、扶贫等12个部门管理的16项涉农资金进行分类整合,努力壮大资金规模,切实为全县第一批规划实施的32个中心村建设提供资金支撑。全年整合涉农资金4565.6万元,基本完成了6个重点村道路、雨水污水排水设施、村级公共服务中心、农民文化健身广场、沟塘疏通、公厕、桥梁、路灯、垃圾焚烧炉等基础设施和公共服务建设任务。同时对重点村内的电力、电话、通信、宽带等进行全面整治,以"三字经、仁义礼智信"为主要内容的"文化墙"建设全面启动,相关工作进展顺利,取得显著成效。

【财政改革成效显著】完善综合预算,硬化零基预算,细化项目预算,推行绩效预算,部门预算改革迈出新步伐;坚持"以票管费、票款同行"制度,健全"收缴分离、罚缴分离"体制,杜绝"以收代支、坐收坐支"现象,"收支两条线"管理改革再上新水平;规范采购行为,扩大采购范围,全年完成集中采购258次,采购预算金额14.31亿元,中标金额11.96亿元,节约资金2.35亿元,节约率达16.39%,政府采购工作实现新突破;完善国库集中支付制度,加强重点环节控制管理,着力防范支付风险,纠正和退回不完整、不合规、不合理支出346笔,节约支出240余万元,国库集中支付改革取得新成效;全面落实"营改增"政策,累计拨付财政扶持资金225万元,"营改增"试点改革取得新进展。

【财政管理日趋规范】规范拨款计划、支付申请和资金拨付程序,提高预算执行的时效性和均衡性;认真落实《财政部门监督办法》,积极稳妥推进部门预决算和"三公经费"公开工作,建立公开机制,扩大公开范围,细化公开内容,增强财政预算的透明度;出台《财政预算部门会商和乡镇财政资金监管帮联工作暂行办法》,对财政预算安排、支出管理、专项资金使用、民生工程实施等进行沟通和会商,规范财政资金使用行为;积极推进乡镇财政国库集中支付改革,强化乡镇财政资金监管职能,完善"金财工程"应用支撑平台,保障乡镇村基层组织正常运转;组织对教育、卫生、房产、粮食等企事业单位开展会计信息质量检查,发现和纠正违规账务176笔,清缴漏税61.6万元,发挥了会计监督的职能作用。

(阜南县财政局供稿　王希文)

临泉县财政工作概述

2013年,财政收入完成9.4亿元,占年度预算的100%,当年超收30万元,同比增长20%。公共财政支出完成46.09亿元,占年度预算的118.3%,同比增支3.75亿元,增长8.9%。

【民生工程扎实推进】始终坚持"小财政、大民生"的民生优先理财观念,调整支出结构,优先保证民生资金,促进和谐临泉建设。全年用于33项民生支出18.15亿元,占财政总支出的39.4%。

【惠农强农政策严格落实】继续加大对农村、农业发展支持力度,财政用于"三农"的支出9.28亿元。一是整合27项涉农补贴资金3.91亿元,通过"一卡通"将补贴类资金及时划拨到农户。二是拨付土地整治和高标准农田水利建设资金1.31亿元,农业基础地位进一步巩固,小麦、玉米等农作物实现连年稳产高产。三是实施千万亩森林增长工程规划,拨付植树造林资金689万元,扩大绿化面积,加强生态文明建设。四是综合利用中小河流治理、土地复垦、扶贫开发、以工代赈、一事一议奖补、美好乡村建设、农村道路、危桥改造和村庄治理等资金3.99亿元,改善村容村貌,提高农民生产生活水平。

【从严控制"三公"经费】牢固树立过紧日子的思想,坚决反对铺张浪费。严格执行厉行节约各项规定,从严控制"三公"经费、办公楼装修改造、会议费等支出,切实降低行政成本。全年对行政事业单位的运行经费年初预算压缩15%。预算执行中严格控制追加,对未经批准的追加资金一律不予拨付。全年全县"三公"经费比上年同期减少支出2601万元,下降39%;会议费比上年同期减少支出496万元,下降51%。

【大力支持社会事业发展】一是大力支持教育事业发展。全年财政用于教育支出11.06亿元,占财政总支出的24%,建立教育经费保障机制,学前教育、职业教育进一步加强,农村九年义务教育成果进一步巩固。二是大力支持医疗卫生事业发展,建立完善的城乡公共卫生服务体系和大病救助制度;解决一部分群众"看病难、看病重"和因病返困的问题。全年财政用于医疗卫生支出7.98亿元,增长52.4%,三是大力支持社会保障和再就业工作。全年财政用于社会保障和再就业支出8.76亿元,增长38.4%。建立城乡居民基本养老保险体系,提高优抚对象补助标准,为下岗职工再就业提供小额贷款信用担保,把新增财力向弱势群众倾斜。

【加快建立投融资新格局】全年全县中小企业融资担保中心不断创新工作思路,进一步规范信用担保管理,出台《项目评审办法》、《项目责任人制度》等一系列的规章制度,并顺利通过省金融办和市金融办对融资担保机构规范整顿工作的验收。截至年底,在保企业92家企业,在保余额为3.7亿元,有效缓解中小企业贷款难问题,促进中小企业快速发展。

【财政监督不断加强】一是严格收支两条线管理,将执收执罚单位的各项收入全部纳入非税收入专户管理,并按规定入库。二是进一步完善国库集中支付制度改革,按照"横向到边、纵向到底"的要求,将国库集中支付大平台网络建设延伸到预算单位,实现信息资源共享,使每一笔财政资金都置于国库集中支付系统的监管之下。三是积极稳步推进公务卡制度改革,全县预算单位实现全覆盖。四是规范财政专户资金统一归口管理。在实行预算单位、财政、代理银行共同监管的基础上,经过财政与代理银行双方签订协议,确保专户存款保值升值,增加国有资产有偿使用收入。五是坚持"三重一大"、新增政府性债务、大额资金筹集投入报县人大审批制度。建立政府性债务风险预警机制。五是压缩一般性支出和"三公"经费,确保重点支出需要,建设节约型政府。

(临泉县财政局供稿　单俊)

淮南市财政工作概况

淮南市财政工作综述

2013年，淮南市财政收入完成170.12亿元,同比增长2.4%。其中,地方财政收入完成110.73亿元,同比增长12.3%;全市财政支出完成168.63亿元,同比增长13.2%,实现财政收支平衡。

【保持财政收入平稳增长】积极克服经济增长趋缓、煤炭价格持续下跌等不利因素,牢固树立发展生财理念,推进财源培植和税源监控,完善综合治税各项措施,改进和加强薄弱环节征管,建立财税联席会议制度、收入调度制度,财政收入实现平稳增长,财政增收机制不断健全。

【实施"一费制"征管改革】6月1日起对建设项目按性质、用途和享受优惠政策的不同进行分类,涉及的政府性基金、行政事业及经营性收费根据现行收费政策和减免规定，统一换算成按单位建筑面积计收。8月底开始,对全市202项各类收费实行"集中账户、收缴分离、常态常用、大额监控",利用市政务服务中心"一站式"审批服务平台,对建设项目涉及的政府性基金、行政事业及经营性收费实行统一征收管理,实现"一口受理、分类申报、一票缴清"。9月底,共有17个建设项目按"一费制"政策规定的标准缴纳相关收费,总金额8479万元,较以往整体降幅在20%以上,其中工业园区投资项目降幅达70%。同时，创新征管模式,10月10日正式启动对涉企收费实行"一费制"征收管理,切实规范执收行为,落实优惠政策,减轻企业负担。

【整合资金支持美好乡村建设】制定一系列政策。一是制定《关于整合涉农资金支持美好乡村建设的实施意见》、《淮南市提高整合资金使用效益支持美好乡村建设暂行办法》和《关于引导社会资金参与美好乡村建设的意见》,整合和吸引社会资金参与美好乡村建设。二是制定《美好乡村建设专项资金管理办法》和《关于在美好乡村建设工作中进一步加强村级财务管理的通知》,强化美好乡村建设资金的监督与管理。三是制定《淮南市建设美好乡村公共服务体系奖补实施办法》和《财政支持美好乡村建设绩效评价办法》,考核美好乡村建设资金使用情况。四是分别与市农委、水利、林业、交通、环保、文广新等11个部门联合下发《整合资金支持美好乡村建设的实施办法》等8个文件，加强美好乡村建设专项资金管理。市财政本级年初安排美好乡村建设专项资金6000万元,各县区安排美好乡村建设专项资金6500万元，全年美好乡村建设财政专项资金共拨付7067万元。全面整合涉农资金支持美好乡村建设,切实履行资金整合牵头责任,积极协调市级20多家涉农单位,对3大类40余项涉农资金在不改变资金用途和责任主体的前提下进行整合,全年县(区)整合各类涉农资金2.17亿元，用于全市首批83个美好乡村建设。

【规范市本级财政资金审批管理】市本级严格规范财政资金审批管理,制定出台《淮南市人民政府办公室关于加强市本级财政资金审批管理工作的通知》(淮府办〔2013〕58号)、《淮南市财政局关于进一步明确市级财政资金审批程序的通知》(淮财预〔2013〕420号)，规定市本级年初预算经人代会审议批准后,严格按照批准后的预算执行,确需增加项目支出的审批管理和拨付严格按文件规定执行，规范资金拨付,增强预算执行的稳定性、均衡性、有序性、安全性,提升财政资金绩效。

【加强政府性债务管理】落实国务院、省政府有关地方政府性债务和政府融资平台公司管理的意见,出台《关于规范市级政府融资建设项目的通知》(淮府办〔2013〕28号)等配套管理规定,有效防控财政经济风险。建立市本级债务偿还准备金,开展全市政府性债务资金普查、BT和代建项目清理、政府投融资平台整顿和充实资产、建立融资租机制等工作,进一步完善投融资管理体制,健全"借、用、还"一体,决策、管理、执行、监督相互分离的投融资管理体制,做到"举债有度、用债有效、还债有信、管理有力"。

【试点竞争性项目评审】市财政局在财政资金分配环节引入竞争机制,对纳入部门预算的部分项目,围绕必要性、可行性、绩效性等方面,全面评审项目"应不应该干、能不能够干、值不值得干",确保较少的财政资金实现较大的经济、社会和生态效益,着力打造"绩效财政"。纳入当年市级财政竞争性项目评审的18家预算单位、24个预算项目、181个子项目、预算资金8476万元,按照规范的评审程序依法评审后,保留121个子项目,核减8个重复申报项目,评审金额7496.8万元,核减资金979.2万元,核减率11.6%。在竞争性评审过程中,坚持公开资金走向与用途,每项工作开展前,都提前公开征求意见,每步程序结束后,都公布结果予以公示;坚持专家全面评审,从年初建立的财政绩效专家库随机抽调50名专业技术人员,分成19组,全面参与竞争性项目评审工作,精心设计3套表格,探索和建立《项目评分标准》,综合考查项目实施的必要性、可行性和绩效性等指标;坚持网评会审结合,将项目建议书通过网络发送给相应的评审人员,评审人员可以客观独立地开展项目评审,会审采取现场听证答辩方式,便于专家同各项目单位面对面交流;坚持敞开式听证,所有预算单位、项目单位和监督监察等部门人员共聚一堂,公开监督评审人员工作,学习和借鉴其他项目单位的先进做法和经验,增加竞争性项目评审的公开性、透明度。

【强化财政资金管理】制定完善各项资金管理办法,对教育、科技、文化、涉企、涉农、社会保障、民生工程等28项重点资金管理办法进行梳理统计,分解目标任务,15个科室单位分别开展整理、修订和完善工作,进一步规范资金管理,提高财政规范化、科学化管理水平。加强预算单位账户管理,在2011年市本级撤销预算单位银行账户849个、归集资金近7亿元的基础上,再次对预算单位银行账户进行清理,归集资金23亿元(定存7.03亿元),撤销账户123个,同时,将归集资金纳入集中支付,有效实施事前、事中、事后监督。

【规范非企业国有资产管理】一是完善制度,建立健全《淮南市行政事业单位国有资产管理办法》、《淮南市市直行政事业单位国有资产配置管理暂行办法》、《淮南市市级行政单位通用办公设备家具配置标准》等规章制度,严格按照"先报批,后处置"原则,规范处置行为。对于出售、转让资产,坚持申请、评估、审批、拍卖程序,保证收益足额上缴财政;对于申请报废资产,坚持实地查看,核对账实。二是盘活资产存量,开展市直行政事业单位房产土地清查,市直380家单位拥有土地8050亩,房屋面积166万平方米,账面价值约27.2亿元。其中,出租房屋面积7.1万平方米,年合同租金额2355万元,注入市级融资平台。三是搭建资产信息管理平台,制定全市信息系统建设统一规划,分步推进市级、区县资产管理信息系统建设,"财政部门—主管部门—行政事业单位"三级资产信息系统管理模式建成,资产处置实现网上动态审批。

【减少"三公"经费支出】市财政局落实"八项规定"要求,坚持勤俭办一切事业,严格预算制控,严格预算编制、审核、执行和监督,确保"三公"经费零增长,市本级行政和参公单位"三公"经费支出较上年同期下降24.19%,将"三公"经费管理作为常态化工作来抓,按月统计全市"三公"经费支出情况,对比分析增减因素。强化节约意识,在市财政税务金融暨民生工程会议和有关会议上,专门强调和部署改进工作作风、节约经费节支、提高资金效益等工作,各级部门"过紧日子"思想进一步强化。单独申报核算,会议、接待及外出考察、学习费用,根据预算单位申报计划,实行单独核算,不得在其他科目中列支。加强支出分析审核,根据支付申请实时核算会议费、接待费、考察学习经费支出情况,对没有必要的用餐申请、超标准的费用一律不予支付。强化制度建设,规范支出行为,先后修订印发《淮南市市直党政机关因公出国(境)经费管理暂行办法》(淮财行政〔2013〕436号)、《淮南市市直机关差旅费管理办法》(淮财行政〔2013〕437号),并且会同市外办设计淮南市因公出国(境)报批表,用制度规范人和事,进一步控制和压缩不必要开支,降低行政经费支出,"三公"经费支出得到有效遏制。

【有序实施35项民生工程】坚持从实际出发，精心组织，统筹安排实施省市35项民生工程，不断提高民生工程工作水平。全市到位并拨付民生工程资金20.2亿元，拨付率100%，完成全年民生工程资金投入计划。一是保障实。坚持预算统一编制，提前安排，优先保障，打足民生工程配套资金，打实建成后项目管养资金，纳入民生专户，不留资金硬缺口。坚持拨付"绿色通道"和超序时进度原则，做到"一个漏斗"下拨。采取明察暗访、随机抽查、专项检查等形式开展民生工程资金拨付、管理、使用情况排查，确保资金安全。二是考核严。按照绩效目标全覆盖、评价监督全过程、评价结果全应用要求，加快绩效评价应用，将绩效考核情况纳入市委、市政府目标考核体系，出台绩效评价办法，建立绩效制度，实现绩效目标全覆盖。三是重管护。坚持属地管理、有章可循、统筹协调、多元筹资、群众参与"五个原则"，明确工程类项目管养责任主体，严格落实定岗、定位、定责为主要内容的责任制，进一步细化和完善管护办法，制定后续管养实施细则，定期开展"回头看"活动，确保责任、制度、人员、资金、监督"五到位"。

【落实就业政策推进收入倍增】建立"三项制度"。建立目标责任制度，召开就业工作会议，将指标任务纳入到就业目标责任考核范围；建立联席会议制度，定期召开各县区就业工作协调会议，通报就业工作进展情况，研究解决存在问题，安排部署相应工作措施；建立基层调研制度，抽调工作人员定期深入各县区及创业园实地督查工作进展情况，指导基层工作开展。加大"三个力度"。加大就业帮扶力度，进一步做好高校毕业生、农村转移劳动力和返乡农民工等重点人群就业工作，妥善安置城市就业困难人员，帮助其稳定就业；加大就业专项资金投入力度，落实并完善财政就业专项资金使用政策和使用办法，从失业保障金结余部分调剂用于就业，统筹做好各类群体就业工作；加大就业市场服务力度，做好人才市场、劳动力市场功能整合工作，着力打造"以人为本、以企为本"的基层公共就业服务平台，实现人力资源市场与基层平台网络互通、工作联动。增强"三种能力"。增强就业竞争力，建立健全61家集职业培训、技能鉴定、证书发放、职业介绍四项功能于一体的技能培训体系；增强就业引导力，建立完善城乡一体、规范统一的市、县(区)两级人力资源市场，在全省率先完成人力资源市场整合；增强就业保障力，加强就业实名制管理，配备就业社会保障信息员，基本形成设施完善、功能齐全、管理规范、流程科学、服务高效的基层公共就业和社会保障服务站所。

【促进小微企业发展】市财政局通过融资担保有力支持中小企业，全年由市融资担保公司担保贷款，增加受保企业新增销售收入42亿元，新增利税约4亿元，新增就业岗位30000多个。市融资担保公司开辟新渠道支持企业解决融资难问题，重点推出保函担保、工程履约担保、诉讼保全担保、保险单担保等各类业务品种。实行差别费率，尽可能降低受保企业的融资成本，对于信用等级高、涉农、节能环保、科技创新、政府鼓励等重点支持领域的企业，最低年担保费率为1.2%。对资产价值明晰的企业，向产权登记部门提供价值确认书，不再进行价值评估，节约评估费用。同时，积极和合作银行协调，对担保企业实行低档利率，尽量降低企业融资成本。

【扎实开展廉政文化建设】先后开展"清正廉洁 爱岗敬业 为民理财"、"谱写四争曲 共筑中国梦"演讲比赛，观看廉政教育片、"读清廉书，做清廉财政人"、"爱岗敬业 为民理财大家谈"等征文活动，廉政主题道德讲堂等多项廉政文化活动，制作100多块廉政标语牌在干部职工办公室、各楼层和所属单位的醒目处悬挂，编印突出财政清廉的文化作品集，在办公场所开辟"廉政园地"，在淮南财政网、淮南财苑报设置党风廉政建设专栏，纪检监察部门经常通过手机向机关干部职工发布廉政短信，在各个节日发布廉政通知，进行不定期进行廉政提醒，做到时刻绷紧廉政弦，积极营造清正廉洁氛围，市财政局被省纪委、省监察厅命名为"廉政文化建设示范点"。

(淮南市财政局供稿　吴波)

田家庵区财政工作概述

2013年，田家庵区财政总收入完成13.6亿元，同比增长2.1%，财政支出完成10.7亿元，财政收支平衡，略有结余。

【大力组织收入】严格依法治税，完善税收征管，拓宽收入渠道，挖掘增收潜力，做到据实征收、应收尽收，加大控管力度，确保财政收入持续稳定增长。一是抓目标，保收入。严格执行收入目标责任制，分解落实目标任务,做到人人有责,层层落实,健全信息通报制度,保证财政收入按时按计划完成。二是抓协作,强管理。面对严峻的经济形势,财税部门密切配合,按照保住存量、扩充增量、激活变量、做大总量、提升质量的整体工作要求,不断引入新的财源税源,为财政增收提供坚实支撑。三是抓征管,深挖潜。通过建立现代化征管机制,完善收入分析、评估和监控,征管质量和效率明显提高,确保财政稳步增长。四是抓非税,严监管。通过强化"以票控收"等征管措施,强化日常监督检查,确保非税收入及时足额入库。

【提升财政保障能力】精心组织,狠抓落实,强力推进民生工程实施,总投入1.8亿元的省市35项民生工程全面完成,区级配套资金3128万元,5月份全部配套落实到位。其中,补助类方面,发放城乡低保补助资金8953万元,农村五保资金295万元,社会散居孤儿救助资金11万元,计划生育家庭奖扶资金76万元,城乡医疗救助资金390万元,重度残疾人生活救助资金201万元,义务教育保障经费2636万元;工程建设类方面,新增公共租赁住房110套,基本建成廉租住房273套,解决9423人饮水安全问题,完成50户农村危房改造项目、35个一事一议财政奖补项目、1个乡镇2个街道1个社区公共电子阅览室建设;培训医疗类方面,完成就业技能培训1110人,城镇居民基本医疗保险参保15万人,城乡居民养老保险6.4万人,新型农村合作医疗参保9.9万人,救治结核病病人38人,免费婚检5817人、农村孕产妇住院分娩932人、免疫规划接种15万剂次、完成城乡居民健康电子档案49万人、高血压患者规范管理4.4万人、Ⅱ型糖尿病患者规范管理1万人、老年人健康规范管理4.2万人、重性精神病患者规范管理604人,完成贫困白内障免费复明手术60例、贫困精神残疾人药费补助579人、贫困残疾儿童康复救助79人。加大区级为民办实事项目的资金投入,全区20项为民办实事项目总投入资金达7200万元,全部为区级财政资金。在城乡环境改善方面,共新整修街巷29条,在老城区和乡村集镇安装294盏太阳能路灯,整修新建公厕84座,实施淮化集团外供水改造工程,完成村庄主干道路硬化20.9公里,建成垃圾中转站8座,安装视频监控系统等;在教育事业发展方面,开工建设12所学校塑胶运动场,建成田家庵山南公共实训中心;在文化建设方面,建成区公共图书馆,5个街道文化中心,25处全民体育健身活动场所;在社区建设提升方面,新增3000平方米社区办公用房建设。

【提升财政运行效率】坚持依法理财,在管理上下功夫,改进工作方法,提升理财水平。一是深化预算编制改革。坚持"精、细、严、实"要求,提高财税管理科学化、精细化水平。细化部门预算管理,完善以"标准量化、结构合理、目标明确"为主导的预算管理机制,确保资金使用科学、高效。二是推进国库集中支付改革。完善国库集中支付资金管理办法,加强审批程序控制,提升国库集中支付和会计集中核算水平,实现集中支付系统对财政资金全覆盖,提高财政资金支付的规范化和透明度;加快推进财政资金结算改革,在所有预算单位全面推行公务卡,加强公务支出有效监控。三是推行公共采购体制改革。扩大政府采购范围,深化政府采购制度改革和制度创新,提高政府采购效率,增强政府采购的透明度和满意度。全年完成采购项目132个,采购资金2368万元,节约资金293万元,节约率达11%。

(田家庵区财政局供稿)

大通区财政工作概述

2013年,大通区完成财政收入4.84亿元,同比增长6.1%,完成财政总支出4.13亿元,同比增长9.9%。

【保持财政收入平稳增长】面对增长趋缓、结构性减税等不利影响,区财政局加强沟通、强化协作,联合有关部门进一步完善综合治税各项措施,按月召开调度会议,按期分解收入任务,及时解决税收运行中出现的矛盾和问题。坚持依法治税,进一步加大清欠力度,强化征管,堵塞漏洞,确保各项税费应收尽收,实现财政收入平稳增长。

【优化支出结构保障民生】坚持"保增长、保民生、保稳定",突出财政政策实施重点,严格控制一般性开支,不断加大对民生领域和社会事业支持保障力度,在确保机构正常运转和工资发放的情况下,加大对教育、科技、医疗、社会保障等方面的投入。民生支出26670万元,占财政总支出的64.6%。其中:教育投入5284万元,社会保障投入6291万元,医疗卫生投入2816万元。积极与上级财政及相关部门联系,争取民生工程上级配套资金,认真筹措区级财政配套资金,并及时拨付到位。全年累计拨付民生工程资金1.15亿元,其中,区级配套1840万元,占应配套资金的100.2%。

【落实财政惠农政策】一是按照各级加强"三农"工作的总体要求,整合涉农项目及资金,健全财政支农投入稳定增长机制,累计投入1542万元,重点用于农业基础条件改善和农业科技进步,支持建设现代农业、生态建设、农民培训、扶贫开发等。积极推进重点项目建设,总投资1187.7万元的国家农业综合开发孔店乡中低产田改造项目基本建成。一事一议财政奖补工作进展顺利,50个项目全部完工。政策性农业保险有序开展,农户投保小麦保险6.95万亩、水稻保险6.38万亩、大豆保险0.31万亩,能繁母猪参保1181头,奶牛保险参保2665头。建设美好乡村公共服务体系奖补工作扎实推进,出台《大通区整合涉农项目资金支持美好乡村建设的实施意见》,9个美好乡村中心村的村庄建设规划全部完成,下拨奖补资金968.9万元。二是进一步落实财政补贴农民资金管理政策,加强惠民直达系统建设,全年通过惠民直达系统发放各类财政补贴农民资金4495万元。三是加强农村集体三资管理工作。5月,各乡镇成立农村"三资"代理服务中心,配备10名专职管理人员,添置、更新设备和系统平台,并对全区各行政村"三资"进行清理。

【提升财政管理水平】继续深化部门预算改革,科学合理确定部门预算定额标准,增强预算的合理性、科学性。加强项目资金的编审和管理,按照"有保有压"原则,根据综合财力情况,按轻重缓急合理排序,优先安排区委、政府确定的重大项目以及部门事业发展迫切需要切实可行的项目。深入贯彻执行《政府采购法》及相关政策,进一步完善采购程序,强化监督机制,提高采购效率,共完成集中采购189批(次),申报采购预算资金637.18万元,实现合同金额522.28万元,节约资金115万元,资金节约率18.03%。积极推进并完成"营改增"企业财政补贴核查和补贴工作,全区6家营改增企业共兑现财政补贴219万元。推进区核算中心向国库支付中心转轨工作,完成相关文件的起草、印制、发放和宣传,搭建并开通支付平台,确定交通银行大通支行为国库集中支付代理银行,全区98家预算单位运行国库集中支付业务,并全部实行公务卡制度。

【强化财政监督力度】推进依法理财,强化财政监督,重点围绕公共服务领域的专项资金使用情况、财政支农资金发放等社会关注、群众关心的问题开展监督检查,提高财政支出管理水平,保证财政资金安全。根据省市财政监督检查工作要点,结合大通实际,科学制定年度监督检查计划,明确监督检查内容、时间安排和工作要求,建立健全日常监督工作机制。有针对性地开展专项监督检查活动,先后开展小额贷款公司现场检查、涉农资金检查、国有农场税费改革检查、民生工程类项目长效机制落实情况检查等专项检查11次,对查出的问题及时反馈,要求督促整改落实到位,取得较好效果。

(大通区财政局供稿)

谢家集区财政工作概述

2013年,谢家集区财政保持平稳运行,财政收入完成4.15亿元,同比下降10.4%,财政支出4.4亿元,与上年持平。

【积极组织财政收入】建立健全财税联席会议制度,加强与征管部门组织协调。强化对重点税源监管,将全区27家30万以上纳税户纳入监控范围,分析税收波动原因,增强服务意识,及时帮助企业解决困难。加强国有资产处置收入监管,保证非税收入及时、足额征收上缴。

【抓好民生工程实施】全区26项民生工程全部按期完成,不断创新民生工程工作机制,先后制发《谢家集区民生工程工作责任追究暂行规定》、《谢家集区民生工程工作督查预警制度实施意见》,并组织实施民生工程工作责任追究制和实施民生工程工作预警机制,建立健全预警和问责制度,进一步强化民生工作督查工作。同时,积极开展民生工程宣传工作,全年累计印发各类宣传单(册)18.6万余份,宣传品4000个,张贴各类公告300余份,利用惠民直达数据库信息库直接向群众发送民生信息39000多条。

【强化项目资金申报管理】组织有关单位申报8项财政支农项目,2项通过市专家组评审。组织实施一事一议财政奖补项目54个,涉及农业人口10.46万人。成立财政部门美好乡村建设资金整合指导小组,建立工作机制,出台相关实施细则,研究制定农业项目资金整合工作计划，组织推动杨公镇农业项目资金整合。通过与市担保公司沟通协调，以春申公司为平台，为园区融资款5300万元，为园区经济发展融入资金。

【推进国库集中支付改革】认真总结前期试点工作经验，逐步将国库集中支付范围扩大到全区各预算单位，通过5月和10月两次扩面，将国库集中支付由试点扩面至全区80多家预算单位，先后举办培训班两次，加强对集中支付单位相关人员进行培训。同时，抓好区政府会计核算中心转轨工作，报请区政府成立会计委托代表服务中心。

【加强财政管理】继续抓好六个乡镇所规范化建设，在完善硬件设施建设同时，重点抓好会计资料的整理归档，将杨公财政所规范化建设由市级申请为省级。进一步加强财政监督工作，全年共组织实施财政监督检查活动16次，向被检查单位发放整改通知书12次，在全区范围内开展涉农涉企资金专项检查，全面细致核查2010年以来250多项目资金使用情况。坚持抓好村级“三资”委托代理服务，以例会形式，先后与区纪委、区农林局联合组织开展对乡镇“三资”委托代理工作检查4次，发现问题及时通报整改。

(谢家集区财政局供稿)

八公山区财政工作概述

2013年，八公山区财政收入完成2.6亿元，同比下降15.2%，财政支出完成3.2亿元，同比增长31.1%。

【民生民本持续改善】及时足额安排惠民资金保障各项社会事业发展。全年投入民生工程项目资金10198万元(区配套878万元)，其中：安排保障扶持类项目资金5753万元，教育培训类项目资金685万元，医疗卫生类项目资金3086万元，农村农业类项目资金603万元，精神和文化类项目资金71万元，全面完成省、市下达的35项民生工程任务。全年发放到群众的补贴补助资金3075万元，其中：城乡最低生活保障1934万元，五保户供养31万元，伤残抚恤80万元，退役军人安置及生活补助107万元，现役军人优待226万元，困难群众生活救助100万元，计划生育政策性补贴119万元，残疾人就业及生活补助121万元，村医养老补助9万元，高龄补贴63万元，城乡低保家庭电费补贴16万元，各类农业生产补贴269万元。

【完善财政运行机制】完成国库集中支付转轨工作，全区178家行政事业单位全部纳入财政一体化平台管理，办理国库集中支付业务17310笔，办理公务卡331张，充分利用一体化平台透明度高、信息反馈快的优势，在支付审核中共退回单位支付申请455笔，实现对预算执行过程的实时监控。积极开展国有资产清查工作，制定《八公山区行政事业单位国有资产管理实施细则》，对全区行政事业单位国有资产进行全面清查，建立行政事业单位资产管理信息系统，优化资产配置，提高资产使用效率，防止国有资产流失。继续扩大政府采购范围，办理政府采购项目43批次，预算支出429万元，实际采购支出386万元，资金节约率10%。

【加强财政监督管理】在全区开展会计信息质量检查，检查单位44家，占全区独立核算单位的56%，对23家单位下达整改意见书，并限时整改到位，提高预算单位财政、财务管理水平，增强单位主动理财意识。对各单位以前年度结余资金进行专项审计，117万元专项资金收回区财政重新分配，610万元专项资金明确用途后结转到项目继续使用，75万元工作经费结转单位继续使用并相应压减部门预算，财政资金使用效益得到提高。在投资1.47亿元的益民阳光廉租房项目招投标中，首次以“经验值”评审结果确定投标上限，规范政府投资项目价款管理，将资金监督关口前移，提升政府投资项目管理水平。

(八公山区财政局供稿)

潘集区财政工作概述

2013年，潘集区完成财政收入9.4亿元，同比增长16.19%，财政支出11.2亿元，同比增长0.19%。

【狠抓收入管理】区财政局主动与国、地税部门协调关系，做好服务，创造良好的税收环境。开展旧欠税清缴活动，会同税务部门深入大中型企业调研，争取税源，落实税收扶持政策，培育骨干财源。强化调度，落实目标责任制，坚持“以旬保月、以月保季、以季保年”，千方百计增加收入。

【增强服务动能】主动融入经济发展大局，通过财政贴息、参股、担保、助保等多种方式,发挥财政资金的服务作用。一是激发金财担保公司活力,融资5000万元,支持中小微企业担保贷款。二是建立健全中小微企业贷款助保体系,为75家企业办理助保金贷款业务5200万元,在实现与建行友好合作的基础上,完成与中行潘集支行、淮河银行的助保金平台建设。三是健全金融服务评价机制,围绕对地方经济发展支持服务业绩,建立金融部门考评体系,每月通报一次情况,每季度召开一次调度会、银企对接会。四是积极落实结构性减税政策,推进"营改增"试点工作,拨付"营改增"企业扶持资金78万元。

【推进民生事业】紧紧围绕29项民生工程和10件惠民实事,坚持以保障和改善民生为重点,积极调整和优化支出结构,财力分配向民生倾斜,全年民生支出9.12亿元,比上年增加0.86亿元,增长6%,其中区配套资金6300万元。全面完成29项民生工程目标任务,投入4.23亿元,惠及群众45万多人。统筹安排5820万元,保障义务教育阶段教师绩效工资改革、中小学义务保障经费和校舍维修改造等。筹集就业资金295万元,促进失地农民、困难群体就业。安排9738万元用于新型农村合作医疗。拨付2420万元城乡最低生活保障资金,提高低保家庭和困难群体、优抚对象补助标准。安排4860万元,建设600套低收入家庭保障房,落实促进廉租住房、公租房等建设的扶持政策。全面落实各项强农惠农政策,投入"三农"资金3.49亿元,增长14.9%,安排农业综合开发资金1520万元,通过"一卡通"发放财政补贴农民资金1.59亿元,落实政策性农业保险补贴95.5万元,兑现理赔1084.5万元,拨付"一事一议"资金1286万元。

【规范财政管理】创新部门预算编制形式,实行开门预算、零基预算、绩效预算、综合预算编制方式,预算编制向乡镇延伸,推行预算会商制度,进一步提高预算编制的规范性和完整性。全面实施国库集中支付改革和公务卡制度改革,集中清理37个财政专户和预算单位银行账户,开设1个财政零余额总户和48家预算单位零余额账户,形成国库单一账户体系,办理350张公务卡。通过财政一体化系统实现集中支付1.2亿元,其中,直接支付1.12亿元,授权支付800万元,公务卡刷卡消费538万元。通过国库集中支付,增加预算资金执行透明度,有效防范挪用、挤占财政资金、私设"小金库"等现象,从制度上有效预防、遏制和纠正财政资金使用中的违规问题,提高财政资金的安全性和执行效率。贯彻厉行节约、反对浪费各项规定,落实从严控制"三公"经费支出措施,"三公"经费支出比上年下降32%。

(潘集区财政局供稿)

毛集实验区财政工作概述

2013年,毛集实验区完成财政收入2.8亿元,同比下降0.99%,财政支出3.6亿元,同比增长4.39%。

【大力发展民营经济】一是财政资金引导。从当年起连续5年,将扶持民营经济发展专项资金760万元全部打入市财政担保资本金,对入驻园区企业租赁标准化厂房进行租金补贴,对民营企业、小微企业固定资产投资贷款奖励贴息补助。二是扩大有效信贷。加大对涉农、小型微型民营企业信贷支持力度,开展中小微企业调研,积极帮助解决资金"瓶颈"困难,为宏宇粮贸、夏集贡圆、洪涛米业等企业解决财政贴息贷款300万元。三是拓宽融资渠道。积极搭建中小企业融资平台,建立健全中小企业信用担保体系,在企业融资担保上给予支持,通过财政担保为企业融资3000万元,为企业发展注入活力。

【认真实施民生工程】早谋划、早部署、早落实,及时召开全区民生工程工作会议,层层分解任务,与15个部门签订目标责任书,做到事事有人抓、环环有人盯、人人抓落实。制定和印发实施方案、工作要点、资金筹措办法、宣传方案、责任追究办法、后期管养制度及健全长效机制等文件,完善联络员制度、信息及报表报送、横向纵向等制度,不断创新举措,切实保障各项工程顺利推进。35项市级民生工程中,全区涉及27项任务,全年民生工程总投入1.15亿元,其中区级配套资金约2016万元,确保按时保质保量完成年度任务。

【推进美好乡村建设】一是做好资金整合规划。对全年涉农资金进行全面梳理,整合水利、农业综合开发、一事一议、村庄整治等涉农资金,投入美好乡村建设。二是安排落实专项配套资金。区财政局安排美好乡村建设专项资金,对全区美好乡村建设实行以奖代补。三是积极探索建立美好乡村建设多元投入新模式。坚持政府引导与农民自主相结合,拓宽筹资渠道,增加投入来源。四是加强项目库管理。对涉农部门项目库进行统筹分类、整理、筛选、汇总,全面协调做好涉农项目管理、编制和申报工作,争取上级部门支持。全年财政投入美好乡村建设专项资金880万元,抓好第一批中心村、示范村建设。

【实施农业开发项目】一是完成中低产田改造项目,根据淮财农发〔2012〕436号文件批复,全区农业综合开发土地治理项目计划中低产田改造面积0.5万亩,实际改造0.5万亩,项目计划总投资490.5万元,全面完成项目建设任务。二是完成年度产业化财政补助项目,项目总投资为100万元。其中,中央财政投资25万元,地方配套10万元,新建蔬菜大棚18.5亩,建设小型电灌站一座,建设砂石道路1000米,项目建成初见效益。三是完成焦岗湖镇土地治理项目前期扩初设计、招投标工作,总投资646万元,项目工程正在实施。

【开展涉农资金检查】从5月下旬开始对全区涉农资金进行全面检查,成立毛集实验区财政局涉农资金检查协调小组,制定《全区涉农资金检查工作方案》,明确检查内容、检查方式和步骤、检查要求。召开工作部署会议,财政涉农资金科室、各镇财政所(分局)、涉农资金区直部门参加会议,统一认识。检查组克服时间跨度长、资金额度大、项目单位多等困难,仔细查阅被查单位有关账表册据、资料数据,走村入户、深入项目单位,做到涉农资金检查全覆盖。通过自查汇总情况看,全区2010—2012年涉农补贴工作进展顺利,效果良好,没有违规违纪现象发生,“一卡通”100%发放到位,各类项目资金及时拨付到位。

【强化财政监督工作】制定《毛集实验区2013年财政监督检查工作计划》,认真学习《安徽省财政监督条例》。根据年初制定的工作计划,组织开展财政收支监督检查、危桥改造专项资金绩效评价、民生工程资金专项检查、预算单位财务监督检查等工作,成立监督检查组,严格监督程序,提前对被检查单位下达监督检查通知书,制定监督检查方案,明确检查内容、工作方法和步骤,通过听汇报、查资料,认真做好笔录和工作底稿,根据检查情况,撰写检查报告,并及时反馈给被检查单位,限期整改。

(毛集实验区财政局供稿)

淮南经济技术开发区财政工作概述

2013年,淮南经济技术开发区完成财政总收入3.13亿元,同比增长3.8%,完成财政支出2亿元,同比增长8%。

【做好服务企业工作】完成已批准同意兑现的优惠政策资金兑现工作,帮助企业争取上级补助及财政贴息资金。完成区内企业申请市级财政项目资金的网上审核工作,完成区内三家拟上市企业的上市补助资金及优惠政策兑现工作,签订三家公司延期借款合同。兑现陕汽公司的工业项目扶持资金政策。协助市金融办举行“园区建设年”淮南经济技术开发区银企对接会。

【落实各项补助资金】向市财政争取契税和基础设施贴息资金,落实贴息资金1456万元,协调开发区契税入库级次工作,调整开发区契税征管体制,划转土地出让收入区级分成资金5700万元。

【做好融资服务工作】积极协调,筹措标准厂房土地摘牌资金3000万元,确保标准厂房建设顺利开工。做好融资平台公司服务工作,协助新建投公司做好国开行贷款及发行政府债券前期工作。

【完善财政管理工作】完成财政扶持资金管理修订工作,完善财政资金审核程序,进一步提高工作效率,加快资金拨付。整理开发区财政专户往来账,针对往来账产生的原因及欠款单位情况提出清理意见。

(淮南经济技术开发区财政局供稿)

山南新区财政工作概述

2013年,山南新区财政总收入完成5.27亿元,同比下降9%,支出完成5.6亿元,同比增长6.2%。

【加强收入征管】加大项目监管力度,在项目立项、签约、付款等环节层层把关,深入了解工程进度,确保税款及时足额入库,避免税款流失。抓好重点行业和重点税种的税收征管,配合税务部门对全区范围内的入驻单位及建设项目进行全面调查,对税源结构、纳税对象进行分析和研究,确定征管重点,做到有的放矢,进一步加强建筑施工企业及房地产企业的税收征管,确保工程建设和房地产开发、转让等各环节应收尽收,全区建筑、房地产收入占地方财政收入近九成。

【深化财政改革】巩固账户清理工作成果,认真对照上级财政部门关于专户清理整顿工作的总体要求及部署,对管委会成立以来开设财政专户情况进行全面自查,按要求撤并相关专户,健全管理制度,防范财政专户资金风险,保证财政专户资金的安全运行,为国库支付制度改革奠定基础。继续深化部门预算改革,科学合理确定部门定额标准,预算的合理性、科学性得到增强。加强项目资金的编审和管理,按照"有保有压"的原则,根据财力情况,按轻重缓急合理排序,优先安排管委会确定的重大项目,以及部门事业发展迫切需要切实可行的项目。

【推进保障住房建设】积极筹措棚户区改造项目建设资金,从中央及省、市争取棚户区改造及廉租房、公租房建设资金 1.02 亿元,并全部拨付到项目建设单位,有力地推动项目建设。负责市级公租房项目的可研、土地征收等前期工作,累计拨付该项目征地拆迁等前期费用 3764 万元,确保项目顺利实施。

【支持招商引资】积极落实投资优惠政策,认真执行建设性规费减免、产业扶持等工作程序,在做好优惠政策宣传工作的基础上,不断优化办事流程,坚持规范性、效率性原则,充分发挥税收优惠政策的调控作用。加强与中铁四局及淮矿地产等投资单位合作,认真做好土地款清算,合理测算土地预决算成本,在资金收付、投资成本确认等方面加强与合作企业沟通,搞好服务,加快资金周转速度,提高资金使用效益。

(山南新区财政局供稿)

淮南高新技术开发区财政工作概述

2013 年,高新区财政局紧紧围绕目标任务,按照依法理财、科学理财和透明理财的要求,强化财政管理,积极筹措建设资金,科学合理安排支出,园区重点项目财政资金累计投入达 1.57 亿。

【建立独立财政体制】严格执行高新区制定的各项财经规定,相继出台《淮南高新区政府采购管理暂行办法》、《高新区财政性投资建设项目资金支付管理暂行办法》、《淮南高新技术产业开发区政府投资项目管理暂行办法》等,做到用制度管权、按制度办事、靠制度管人,促进财政事业持续健康发展。同时根据《第 15 届市人民政府第 17 次常务会议纪要》要求,进一步理顺高新区管理体制,坚持"市区共建、园区为主、市里支持、自主管理"的原则,设立并完善高新区财政管理体制。

【保障重点项目建设】区财政局对园区重点项目给予充分资金保障,确保市重点项目顺利开工、实施,为园区招商引资企业提供优质的投资环境和创业平台。加强与建设银行、通商银行等重点银行的合作,努力争取符合国家贷款政策的新项目融资贷款,利用现有资产进行再融资,促进国有资本与社会资本、金融资本与产业资本的有效结合,加强与园区内各相关企业的联合,积极做大投融资平台,放大资本金效益,实现滚动发展。

【规范政府采购行为】一是及时调整高新区政府采购领导小组组长及成员,并明确专职人员;二是根据市财政局、市招投标监督管理局《关于高新区自行组织政府采购活动的申请函》的复函,对达不到限额标准的部分采购项目自行组织招标采购,对达到限额标准的仍按原方式由市招标局统一组织,进一步简化操作流程,责任明晰,提高财政资金使用效益,促进采购工作质量和效率。加强对政府采购的监督管理,明确采购方式、范围及规模,对自行组织的采购行为由高新区政府采购小组统一组织实施,规范政府采购行为,提高政府采购的效率和质量。

【细化预算编制工作】严格按照部门预算编制手册相关要求,科学编制,逐一细化,做到每项预算支出有理有据,强管理、保基本,针对高新区财政现状,进一步从严从紧编制预算,牢固树立"过紧日子"思想,通过强化预算约束,压缩不必要的开支,严格控制"三公"经费和行政成本,在资金安排上量力而行、量财办事,规范资金运行流程,增加预算执行的严肃性,提高财政预算的科学化程度和精细化水平。

【加强重点项目监督】积极协调市审计局,对高新区政府投资项目进行竣工决算审计,进一步规范建设项目管理,提升政府投资项目质量和成效,确保财政资金使用效益。除市重点工程项目实行全过程跟踪审计制度以外，进一步就园区其他政府投资项目送审方式、送审范围及送审要求进行协商、明确，确保审计全覆盖，促进财政资金规范、高效、安全、廉洁使用。

(淮南高新技术开发区财政局供稿)

淮南煤化工园区财政工作概述

2013年，煤化工园区财政局坚持求真务实、改革创新，把财政工作和园区建设有机结合起来，结合管委会工作安排，狠抓落实，圆满完成年度各项工作任务。

【积极开展“园区建设年”活动】落实市委、市政府《印发〈关于开展“园区建设年”活动的实施意见〉的通知》，积极争取市级财政政策支持，完善园区功能，增强园区发展潜力。贯彻执行省、市两级政府促进经济持续健康发展政策和市委、市政府《关于加快开发区(园区)转型发展的决定》(淮发〔2013〕1号)，配合有关职能部门制定实施方案，确保涉企政策落实到位。

【继续加强政府采购预算管理】加强政府采购科学化、精细化管理，将财政预算范围内的各类资金覆盖到的采购货物、工程和服务项目，纳入政府采购管理范围。在年初预算预留采购资金，完成申报采购计划100%。

【主动配合开展财政“八清”工作】按照市财政局《关于进一步开展财政“八清”工作的通知》要求，在2012年“六清”的基础上，进一步开展“清政策、清项目、清资金、清财力、清资产、清债务、清股权、清基本保障需求”工作，按时完成基本保障需要人员情况、国有资产管理系统更新等上报工作。

(淮南煤化工园区财政局供稿)

凤台县财政工作概述

2013年，凤台县财政总收入完成44.6亿元，同比增长0.6%，财政总支出38.6亿元，同比增长20.3%，财政实现平稳运行。

【支持经济转型发展】扎实推动招商工作开展，及时拨付招商引资工作经费190万元。积极打造转型发展平台，拨付资金3000万元，从贷款贴息、基础设施建设、融资担保等方面全方位支持凤凰湖产业园等核心园区发展，推动大项目的引进。大力推进政府融资，牵头与江苏玖盛公司完成教育融资1亿元，用于凤台县基础设施建设，支持、参与土地储备融资、公租房融资、安置房融资、中小企业互助合作融资、盘活存量国有资产融资等政府性融资行为。

【发展民营经济】有效运作国有担保公司，设立民营经济发展基金8560万元，专项用于充实国有担保公司注册资本金，积极推动省担保集团入股，扎实开展“助保贷”等业务创新，设立2000万元贷款风险保障金，撬动1.32亿元金融信贷资金投向32家民营企业。大力支持农民创业，结合农村金融综合改革，华诚融资担保公司为全县3A级信用户提供整体担保，撬动3家涉农金融机构发放小额农户信用贷款1175笔、8457.7万元。切实减轻企业负担，拨付经济发展专项资金9060万元，全面贯彻落实结构性税费减免等优惠政策，提振企业发展信心。

【推动民生工程实施】紧紧围绕“争创全省一流民生县”目标，实行“一把手”负责制，建立县政府主要领导月调度、民生办周调度、月督查通报等工作机制，36项民生工程共计投入6.8亿元，其中县级配套1.78亿元，受益人口达62万人，基本实现全覆盖。围绕促进就业、鼓励创业、发展现代农业、推动民营经济发展等，深化收入分配制度改革，推进收入倍增规划实施，全县农民人均现金收入达到9180元，同比增长13%，城镇居民人均可支配收入达到20500元，同比增长10%，在岗职工平均工资达到68377元，同比增长12%，被淮南市推荐为全省民生工程和收入倍增规划绩效奖补县。

【支持社会事业发展】全年社会保障和就业支出3.98亿元，同比增长12.7%。社会保险提标扩面，顺利完成城乡居民社会养老保险扩面和续保任务，参保人数32.5万人，累计发放养老金5927.8万元；城乡低保实现应保尽保，累计发放低保资金6886.26万元；城镇居民医疗保险筹资参保人员达8.9万人，妥善划转职工医疗保险与生育保险基金结余至市财政专户。认真落实就业扶持政策，全年筹集就业资金2290.1万元，培训合格待就业人员3883人，“整贷直发”等个人就业贷款财政贴息及合伙经营贷款申请审批工作扎实推进。

【支持农村金融综合改革】设立农村金融综合改革专项资金2500万元（含市级资金1000万元），用于农村金融服务室建设、金融服务器具布置、信用信息采集等工作。支持县信用联社改资金2亿元，用于不良贷款化解。积极推动凤台粮行运作，帮助禾木公司担保融资运作准备资金2000万元。鼓励银行类金融机构新增涉农贷款，落实奖励资金236万元，加大农村新型金融机构扶持力度，落实定向补贴费用336万元。

【全面落实惠农支农政策】全年拨付农林水事务资金5.16亿元，发放涉农补贴资金2.68亿元，有力推进农业增效、农民增收、农村发展。大力推进现代农业发展，现代农业示范园区五条道路完工并投入使用，水利基础实施开工建设，2012年4个农业综合开发项目顺利通过“三级”验收，共完成投资1119.52万元，带动农民增收192万元，当年10个项目有序实施。积极开展政策性农业保险，全县16个乡镇、3个国有农场参与政策性农业保险试点，及时拨付政策性农业保险理赔资金865万元，有效降低农业生产风险。扎实实施“一事一议”财政奖补项目，投资4995万元，其中，财政奖补2049万元，共计实施农田水利、道路桥涵，村容美化等项目177个，有效改善农村生产生活条件，49万人从中受益。

【盘活存量资金】建立支出进度通报制度，督促预算执行，增强预算支出执行时效性和均衡性，确保财政资金即时发挥效益。全面完成国库集中支付制度改革，共计撤并财政专户83个，设置乡镇资金归集户1个，财政零余额账户1个，预算单位汇总零余额账户1个，预算单位零余额账户17个，国库集中支付动态监控系统正式上线，实现所有财政资金通过国库集中支付，有效避免国库资金在单位账户沉淀。切实发挥间歇性资金作用，与商业银行签订协定存款协议，全年财政专户资金实现利息收入4400万元，同比增长66.7%。

【加强国有资产管理】一是拓宽资产盘活新思路。印发《关于集中办理县直行政事业单位和国有企业资产权属证明工作实施方案》及《关于将县直行政事业单位及已改制企业土地房屋等主要资产收归国资办所有的通知》，进一步明晰产权关系，集中办理国资权属证明，盘活用活存量资产，提高国有资产运营效益。二是夯实基础提高管理水平。围绕贯彻实施《中华人民共和国企业国有资产法》，积极强化企业单位的协调管理、国有企业的监管力度，深化企业国有资产监管及国有企业统计稽核，提高企业管理整体业务水平。三是规范运行以管促收。完善资产配置标准，细化资产购置预算，严格资产购置审批程序，实现“以存量确定增量，以增量调整存量”，共完成审批资产购置7350万元，审批资产核销1379万元，审批废弃资产处置10万元，进一步规范国有资产租赁行为。四是加强和完善行政事业单位资产管理信息系统建设工作，实现国资管理工作的信息化、科学化。五是加强对国有资产出租出借科学化管理及国有资产处置和经营收益收缴工作，采取入市交易方法委托拍卖公司公开处置行政事业单位资产，促进资产收益的合理与增值。六是稳步推进企业改制工作。全面完成县供销社10家基层社共778名职工的改制任务，积极做好县建筑工程公司和县水产渔需供应站改制相关工作，保证改制企业生活区和谐有序。

（凤台县财政局供稿）

滁州市财政工作概况

滁州市财政工作综述

2013年,全市财政总收入完成178.9亿元,为预算的101.5%,同比增长16.7%。其中:地方一般预算收入完成114.4亿元,为预算的107.1%,同比增长18%。市本级财政收入完成55.4亿元,为预算的100.2%,同比增长12.2%。全市财政支出完成250.1亿元,同比增长8.4%。市本级财政支出完成46.8亿元,为预算的145.7%,同比增长14.1%。

【多措施抓财政收入】利用财税库银横向联网系统和涉税信息平台抓税源控管;建立财税会商常态机制,按月、按季召开全市形势分析调度会抓运行调节;整合调度各类专项资金,加大投入抓财源培植;加强政府性资金、资产管理,抓保值增值和财政增收,多措并举确保依法征收及时足额入库。

【全力保障民生改善】一是集中财力保障民生支出,教育、医疗卫生、社会保障和就业等13类民生支出合计完成203.97亿元,民生支出占财政支出的比重为81.55%。其中教科文、社会保障和就业、医疗卫生、农林水事务支出分别为46.46亿元、27.4亿元、27.5亿元、44.86亿元,比上年增长6.8%、18.2%、4%、13.9%。全力保障"美好新滁城"等重点项目建设,规范并足额拨付76.7亿元用于项目建设。二是强化牵头抓总职责,累计投入资金54亿元实施33项民生工程,较上年增长2.4亿元。农村平均保障标准提高到2249元/年,比上年增长17.9%;全年发放贫困重度残疾人救助资金5274.41万元,救助5.2万人;全年支出城乡医疗救助金7173.76万元,救助28.26万人次;3.58亿元教育保障资金全部拨付到位;建设培训类项目完工率100%;投入3000万元,新、改扩建13所五保供养服务机构和9个社区养老机构;投入838万元建设4个流浪乞讨人员救助场所;累计投资1.5亿元完成127座病险水库除险加固;投入4980万元加固改造农村危桥64座;投资2420万元建成16个农村垃圾转运站和4座垃圾焚烧炉。一批敬老院、乡村卫生室、保障房、新建校舍、农村饮水安全工程建成使用,"五有"目标得到进一步提升。积极探索后续管养模式,梳理、提炼43项工作典型并在各县市区、各项目牵头部门进行推广。全面落实信访、维稳、政法及安全生产等各项工作经费保障,加强社区建设和社会网格化管理,着力支持社会管理创新。三是积极实施收入倍增规划,完善工作机制,强化督查协调,加强技能培训,落实各项惠民政策,落实促进就业政策,多点增收促进居民收入增长。当年,全市城镇居民人均可支配收入完成22591元,同比增长10.6%,总量全省第12位、增幅第3位;农民人均现金收入完成9235元,同比增长13.5%,分别居全省第7位和第10位。

【助力经济健康发展】落实促进经济持续健康较快发展各项政策措施。整合专项资金,对16大类379项包含财政补贴、奖励、贷款贴息、税费减免等涉企扶持资金,按照政策级次和类别梳理,整合各项涉企专项资金2.3亿元,用于促进企业转型升级、做大做强。兑现政策减轻企业负担,加大结构性减税等各项税收优惠政策落实力度,对营改增后税负增加的企业,及时拨付财政扶持资金2450万元。注入资金扶持担保平台建设,安排民营经济发展扶持资金2.88亿元,争取省担保公司注资1.56亿元,扶持地方担保公司发展,全市9家担保机构注册资本达12亿元,全年新增担保贷款18亿元,有效缓解中小企业融资难。制定地产品采购目录,鼓励地方企业参与公开招标,对中标的地方企业安排财政专项补助。鼓励吸纳就业,支持职业教育发展,全面落实就业补助、就业技能、上岗前技能培训和岗位技能提升培训各类资金,同时积极开展“一中心四网络”和大学生实习基地建设。

【增加投入普惠“三农”】助推美好乡村建设,创新美好乡村资金管理运作方式,对26项涉农资金进行梳理整合,共整合涉农资金10.8亿元、引导社会资金7.3亿元,集中投入支持美好乡村建设。支持现代农业加快发展,投入农业综合开发资金1.1亿元,改造中低产田4.41万亩、建设高标准农田4.8万亩。规范涉农补贴资金发放,通过“一卡通”及时兑现25项涉农补贴资金21亿元,同比增长14%,农民人均直接受益578.8元。支持开展政策性农业保险,完成政策性农业保险承保1047万亩,参保率96%;养殖业承保11.94万头,参保率76%。加快农村金融服务体系建设,村镇银行基本实现全覆盖。全面完成“一事一议”村级公益事业财政奖补工作,共安排“一事一议”项目2128个,总投资2.79亿元。

【逐步深化财政改革】完善公务卡支持系统建设,在全省率先开展公务卡集中支付跨行结算,全市累计发卡1.1万张,其中市直220家预算单位共办理公务卡5428张;当年公务支出刷卡消费2213.2万元;财政、地税、人行联合推进,财税库银税收收入电子缴库横向联网系统正式上线,全市通过横向联网系统办理财政收入笔数占比达到全省平均水平。按照“精简、统一、规范、高效”的原则,对全市财政专户进行再次清理,撤并10个专户。全面推进财政管理信息化建设,金财工程和平台一体化建设日趋完善,OA办公系统全面上线。成立债务管理办公室,修订完善保障应急预案,建立偿债准备金制度,防控政府债务风险。加强财政监督和内控外控管理,对全市105户单位开展财政监督检查,共查处违规单位25户,违规金额2102.97万元;完成涉农资金检查和涉企专项资金检查工作,对发现的问题进行全面整改;稳步进行权责发生制财务报告试编工作和部分市直单位2012年决算、2013年预算和“三公”经费预算公开工作;主动接受人大、审计和社会监督,积极推进依法理财。

【清理存量盘活“三资”】试编《2013年国有资本经营预算》,实现国有资本经营收益530.42万元,超预算收入116.22万元。抓政府性资金保值增值,创新政府性资金存放管理方式,政府性资金存款实现收益1260万元。做好社会保险基金保值增值工作,实现增值2.23亿元;对2005—2012年社会保险基金保值增值工作进行审计认定,追回资金6666万元。出台结转资金管理办法,加强对财政专户、财政结余结转资金清理,对历年结转不需用的资金4025万元收回预算统筹使用。对市直行政单位和参照公务员管理事业单位年初预算安排的一般公用经费压减6%,合计压缩资金342.1万元全部用于支持实体经济发展。严格财政支出管理,节约行政成本,“三公”经费支出同比减少3852万元,下降21.5%。其中市本级较上年减少904万元,下降23.04%。开展“四资”清理工作,指导完成全市市直单位国有资产清查。完善国有资产管理信息系统,组织开展行政事业单位经营性资产公开招租工作,全市事业单位房产完成公开招租6.2万平方米,租金同比增幅273.09%。

【不断加强队伍建设】将效能建设和财政中心工作紧密结合,严格遵守“八项规定”,改进工作作风,提升财政服务能力和水平。加强财政干部能力建设,结合思想信念、业务能力、作风素质,组织开展多层次、多阶段、多专题学习培训活动;加强财政干部廉政教育,财政局机关党委、纪检监察室长期安排开展各类廉政教育警示活动,做到月月有主题,月月有讨论;坚持部门会商制度,开展会商千余次,丰富各种会商形式,主动落实会商成果,提高服务质量。狠抓机关作风建设,以创建全省文明行业先进单位和文明单位为抓手,进一步转变干部职工工作作风,提增工作效能和服务发展的能力。

(滁州市财政局供稿　魏震生)

南谯区财政工作概述

2013年,全区完成财政总收入12亿元,占年初预算100%,同比增长20%。其中:地方一般预算收入完成9.4亿元,占预算109.5%,同比增长24.8%;上划中央级收入2.6亿元,占预算77.2%,同比增长5.6%。全年财政支出15.1亿元,占年度预算100%,同比增长11.4%。

【强化财政收入分析】把组织收入作为重中之重,加强调度,多措并举,全年召开收入调度会五次,确保全年任务目标完成。主动与国、地税部门对全区税收形势研判,分析原因、找准对策、强化征管。加强收入分析,多次与国税、地税部门组成调研组对部分区属企业开展税源调查,为客观评价全区税源状况以及收入调度提供基础数据。

【着力保障财政支出】在人员经费保障、民生支出、刚性支出等方面不断加大投入。一是积极争取上级资金。争取中央财政土地出让金提取水利基金补助1096万元,争取省财政厅海螺水泥采矿经营权收入600万元,争取新增建设用地有偿使用费返还、生态功能县、产粮大县等上级政策资金1000万元、县级财政均衡性转移支付1853万元、支农资金整合县奖励200万元。二是人员经费保障足额到位。将文明奖、双拥奖全额纳入财政预算,全年增加财政支出3000万元;足额保障职工住房公积金、社保资金配套。三是积极筹措资金增加民生投入。全区十三类民生方面支出共计13亿元,占财政支出87%。民生工程投入2.55亿元,其中区配套资金5390万元。共发放财政补贴农民资金1.2亿元,安排214万元高龄补贴、1716万元农村低保补助、569万元城乡居民医疗救助、751万元新农合和居民医保配套。四是确保刚性支出到位。认真测算财力缺口情况,从预算稳定调节基金、历年结余准备金中等多渠道筹资,安排2000万元建设美好乡村、500万元用于森林增长工程、500万元支持西部山区、2000万元支持水利建设。五是积极盘活财政存量资金。共清理92个专项资金结余,涉及金额8200万元,清理上缴区金库2400万元。六是积极支持全区经济发展。调度资金支持区重点项目投资和国资公司融资工作,安排500万元支持民营经济发展。争取省财政补助916万元,省担保集团增资3300万元,使银丰信用担保公司注册资本金达2.11亿元,有效缓解中小企业融资难问题。

【建立财政会商机制】多次同区教育、民政、计生、人社、交通、农委、水利、卫生、林业等部门开展会商,增进财政与部门之间的和谐关系,规范财政资金的使用。通过会商,促进教育附加资金使用优先保障重点项目,解决计划生育利益导向资金发放难题,顺利推进镇办卫生院化债任务,化解森林增长工程专项资金缺口575.5万元,安排2012-2013年区级农田水利建设资金2000万元和滁河加固配套资金,将美好乡村建设资金纳入国库集中支付。

【推进财政各项改革】一是积极推进“公务卡”改革。将国库集中支付和“公务卡”改革推向镇办,全区共办理公务卡626张,其中乡镇50张。对属于公务卡强制结算目录规定的公务支出项目,严格按规定使用公务卡结算。二是开展财政资金绩效评价工作。推进预算支出绩效评价工作,扩大预算支出绩效评价项目的范围;加强财政资金监管力度,开展乡镇财政专管员试点。三是继续推进国库中心支付改革工作。将190户支付专户纳入国库支付中心管理,全年集中支付总计28080笔共9亿元。全年拒收不合规收入26笔共454万元,拒付预算单位违规请款21笔计39.3万元。四是深化非税收入征收管理改革。大力推进非税收入科学化精细化效能化管理,加大征管力度,做到“应收尽收”。强化财政票据管理和监督检查,做好“以票核收”工作。强化收入目标管理责任,将收入任务量化到单位。加强区直单位国有资产处置收入管理和镇办、开发区管委会非税收入管理。五是推进行政事业单位国资管理。制定《南谯区行政事业单位国有资产管理暂行办法》,明确资产配置标准以及资产购置、处置程序,防止国有资产流失。对全区行政事业单位办公自动化协议供货、公务车辆定点维修、公务用车协议供货实行规范管理。六是规范村财镇管工作。制定《南谯区进一步完善村财镇管实施意见》,招录13名财政所干部对全区所有镇办的村级财务实行专人管理、专账核算,使村级财务逐步走上规范化。

(南谯区财政局供稿)

琅琊区财政工作概述

2013年,全区财政总收入完成10.22亿元,占预算103.5%,同比增长22.1%,增幅居全市8个县市区第1位。其中:地方财政收入完成7亿元,占预算的102.3%,同比增长20.3%。地方财政收入中,税收收入完成4.92亿元,占预算的90.7%,同比增长7.3%;非税收入完成2.08亿元,占预算的146.6%,同比增长68.6%。全区财政支出完成10.13亿元,占预算的112.9%,同比增长14.2%。

【努力完成收入目标任务】紧紧围绕年度收入预

算目标,及时将任务分解落实到征收部门,加强财税沟通,强化部门协作,严格依法征管。建立财税收入增长监测机制,对年纳税50万元以上税源逐户摸排,把握重点税源状况。落实企业扶持政策,帮助企业解决实际困难,支持做大总部经济税收。对纳税异常、税负明显偏低的企业,及时开展重点检查,以查促管、以查促收。继续加强财政专户利息、捐赠收入及国有资产处置收入等管理,确保及时足额入库。

【支持经济平稳较快发展】全面执行促进经济平稳较快发展的各项政策措施,及时拨付财政支持企业发展的各类专项资金3500万元。投入节能环保资金765万元、科技资金1480万元,支持节能减排和技术研发创新。落实支持民营经济发展资金1934万元,支持民营经济发展。对接省担保集团注资区担保机构,争取新增资本金2400万元,支持融资担保机构建设,缓解中小企业"融资难"。认真落实各项税收优惠政策,办理企业出口退税3542万元,减轻企业负担。认真落实营改增过渡期财政扶持政策,及时兑现扶持资金1151万元,稳定试点企业、行业税收,当年实现营改增增值税4169万元。落实创业扶持和就业专项资金300万元、服务业发展资金300万元、小额担保贷款贴息资金80万元,支持就业创业和"小进限"、"个转企",促进城市商贸服务发展示范区建设。加强部门协作,调度财政资金5亿元,支持融资合作。加大政府性投资力度,落实财政专项资金8945万元,及时拨付土地出让金1.83亿元,支持琅琊新区和经济开发区建设。助力农村经济发展,全区农林水事务支出完成6292万元,同比增长17.3%;实施村级公益事业建设一事一议财政奖补项目37个,落实财政奖补资金290万元;投入水库移民后期扶持项目资金270万元,支持移民村条件改善和生产发展;通过"一卡通"及时发放财政补贴农民资金2985万元,支持农业生产;投入财政资金1879万元,支持湾塘美好乡村示范点建设,促进农村经济发展和农民增收。

【统筹保障和改善民生】全年财政民生支出8.3亿元,占一般预算支出的82%,同比增长15.2%,其中实施25项民生工程直接投入1.3亿元。完善社会保障救助体系,多渠道筹措资金3.54亿元,加快建设覆盖城乡的社会保障体系;安排1449万元,支持计划生育利益导向政策落实,促进人口计生事业发展;筹集资金733万元,落实低收入家庭租赁补贴和廉租房、公租房、棚户区改造等保障性住房建设需求。完善教育投入机制,实现教育支出3.3亿元,同比增长14.3%,城乡义务教育经费保障机制、普通高中家庭经济困难学生资助等政策全面落实。支持公共卫生服务体系建设,实现医疗卫生支出5446万元,促进卫生事业发展。大力支持文化事业,积极筹措资金464万元,支持公共电子阅览室、农村文艺演出活动等文化惠民工程。加大社会安全稳定保障投入,保障社会管理综合治理、政法、信访、消防、安全生产监管和食品安全整治工作。落实积极就业政策,筹集就业资金1335万元,完善创业支持体系,加大就业技能培训、公益性岗位补贴投入。落实强农惠农政策,增加农民收入。2013年,城镇居民人均可支配收入实现22591元,较上年增长10.6%;农民人均纯收入实现10903元,较上年增长13.5%。

【深化改革提升理财水平】深入推进部门预算改革,按照"公开、公平、公正"原则据实编制人员经费和公用经费,遵照厉行节约要求编制项目经费,打造节约型政府。深化财政支出管理改革,实现区直部门、街道和直管社区国库集中支付、公务卡改革全覆盖,深入推进平台一体化应用,加强预算执行动态监控,提升信息化管理水平和集中支付效率。继续推进非税收入收缴改革,深化综合预算管理,提高财政统筹能力。严格执行政府采购制度,建立政府性投资项目招标前登记备案制度,简化招标采购流程,首次实行限额以下十大类办公自动化设备协议供货,全年政府采购金额2716万元,资金节约13.1%。进一步完善区街财政管理体制,完善社区财务管理,加强社区财务监管,促进区街财政共同发展。加强行政事业单位国有资产动态管理,促进国有资产保值增值。建立财政资金绩效评价制度,对25项民生工程资金全面实施绩效评价,提高财政支出效益。积极配合政府债务审计,摸清政府债务底数,完善政府债务管理,防范政府债务风险。实施城乡居民住户调查统计和居民收入倍增工作"牵手行动"。落实财政财务一体化管理,推进"金财工程"建设,夯实财政财务工作基础,扬子、琅琊财政所获得"创建规范化财政所省级先进单位"称号,基层财政工作得到加强。

【倾力打造阳光财政】打牢财政基础工作,抓好财政资金监督管理。贯彻预算法律法规,自觉接受人大、政协、审计和社会监督,认真落实审计整改意见,促进财政财务管理水平提升。全面贯彻中央和省、市、区委关于改进工作作风的有关规定，认真落实压缩6%一般性支出要求，严格控制预算追加，严控“三公”经费。继续发挥会计集中核算监管职能，财务审核监督进一步加强，全年共拒付各种不合理、不合规支出230笔，涉及金额240万元。积极稳妥推进预算信息公开，首批21家区直单位2013年部门预算按时公开。推进预算部门会商和街道财政资金监管，加强建设项目现场核查，提升理财服务能力。充分发挥财政监督职能，开展涉农资金、涉企资金专项检查，确保各项惠农政策和企业扶持政策落到实处；组织开展非税收入、惠民政策等专项资金及新会计制度执行的监督检查，加强对财务人员的教育培训和业务指导，夯实财务管理基础。

【提升服务发展效能】加强勤政廉政建设，积极创建廉政文化示范点，设立廉政桌卡，公布廉政承诺，开展“违规经商办企”等专项整治活动，实现各项清理零报告、零违规。深化政风行风评议，积极推进政务公开、限时办结、服务承诺、责任追究等机制，开展“百名干部帮百家企业”、“干部下基层”、“2013年民主生活会”活动，广泛征求意见，拓宽社情民意反映渠道。提升作风效能建设，不断打造“落实责任、督办到位、考核见效”的立体管理模式，执行《局机关考勤》、《局AB岗工作制度》、《请销假制度》等制度，坚持《琅琊区财政局重大事项决策制度》，推进各项决策科学化、民主化、规范化。丰富财政文化内涵，积极倡导“服务发展、主动作为，爱岗敬业、科学管理，创业创新、永攀高峰，廉洁为政、严明纪律，牢记宗旨、创先争优”的工作理念，提炼出“团结、向上、尽责、合作、关爱”的团队核心精神。争创第十届省级文明单位，按照“五个好”争创标准，扎实开展学雷锋活动志愿者、道德讲堂活动，交通文明劝导、环境卫生义务清扫、志愿者义务献血、窗口单位评先评优、关爱干部等活动，推动文明创建再上台阶。

（琅琊区财政局供稿）

天长市财政工作概述

2013年，全市实现财政收入31.56亿元，为预算的100%，比上年增长18%，增收4.82亿元。其中：地方一般预算收入完成21.92亿元，为预算的114.9%，同比增长25.2%，增收4.41亿元；上划中央收入完成9.64亿元，同比增长4.43%，增收4084万元。全年财政支出实现39.06亿元，同比增支1.69亿元，增长4.5%。

【深化国库集中支付改革】进一步扩大国库集中支付改革范围，将全市所有预算单位纳入财政一体化平台封闭运行。继续完善全省财政一体化管理平台信息系统，扩大公务卡改革范围，全年制发公务卡1260张。

【加强镇(街)财政管理】财力继续向镇(街道)倾斜，镇(街道)经济实力进一步增强。市政府专门下发文件，规定超收分成使用范围，明确各镇(街道)所得超收分成只能用于经济建设和社会事业发展，规范超收分成资金用途。对乡镇财政资金监管系统进行升级，在将镇(街道)的项目类资金和补贴性资金纳入监管的基础上，将各镇(街道)的预算资金和村级资金纳入监管范围，初步实现对镇(街道)财政资金监管的全覆盖。建立和完善镇(街道)财政资金监管的信息通达、公开公示、抽查巡查工作办法和具体工作流程，制定资金监管台账、信息传递登记表等13张表格，实行信息系统监管与台账监管同时运行。安排专门镇(街道)财政资金监管系统操作人员，按照各自工作职责，负责各项资金日常监管工作。

【规范财政补贴资金发放】按照“部门管事、财政管钱”的原则，制定实施方案，进一步巩固和完善财政补贴农民资金发放工作。各主管部门严格按照“一线实”的要求，认真做好补贴对象的评议、公示和审核工作，经过层层审核把关，确认无误后，所有财政补贴资金均通过“一卡通”资金发放系统及时、足额打卡发放到农户。全年共发放各类财政补贴农民资金85批次，发放资金3.74亿元。

【加大民生工程投入】安排33项民生工程地方配套资金2.05亿元，同比增加2863万元，增长16.23%。在资金拨付上，建立民生工程资金拨付绿色通道，加快资金拨付进度，有力保障民生项目顺利实施。

【完善一事一议财政奖补】一是增加财政奖补资金额度，按筹资人数人均25元提至人均40元／人。二是减少村(社区)项目申报数，规定每个村(社区)每年只允许申报一个项目，农业人口在5000人以上的村(社区)可以放宽到两个项目。三是鼓励村(社区)做质量要求高、使用时间长的项目，全市15个镇(街道)155个村(社区)，共申报项目177个，总投资

3301.9万元。同时,严格实行建设与奖补并行,根据工程进度预拨奖补资金,全市共拨付各镇(街道)当年奖补资金1648万元。

【加强非税收入管理】强化非税收入管理与国有资源(资产)管理的有机结合,以清查矿产资源、水资源费等专项收入为重点,着力加强国有资源(资产)类收入的征收管理,完善罚没收入规范管理机制,堵塞征管漏洞,确保应征尽征,进一步提高政府非税收入的完整性。严格按照国库管理制度和财政专户管理要求,规范收入汇缴户和财政专户管理,加强非税收入对账工作,及时处理待查款项,规范非税收入核算和资金划解,确保非税收入及时足额入库。积极推进行政服务大厅集中征收方式,规范委托代征行为,提高非税收入管理绩效。强化票据管理,认真做好票据专项检查,坚持以票管收,规范票据领缴工作。

【支持美好镇村建设】在年初预算中安排2000万元,同时要求各镇将20%以上的可用财力用于美好镇村建设。全年各级财政投入美好镇村建设资金达亿元,其中:县级以上(含县级)财政投入资金3159.9万元。在强化专项资金的管理上,制发《天长市财政支持美好镇村建设专项资金使用管理办法》,规范美好镇村专项资金的运行管理,实行县级报账制和国库集中支付制,专账核算、专款专用。在资金整合上,出台涉农资金整合实施意见,当年共整合涉农资金项目19项,整合资金7800万元。同时,积极营造氛围,吸引社会资本3000万元,形成合力参与美好镇村建设。

【推进农业综合开发】严格按照《安徽省农业综合开发管理暂行规定》和《滁州市农业综合开发管理实施细则》的规定,实行专账核算、专人管理、专款专用。按照《国家农业综合开发资金和项目管理办法》的规定,对土地治理类项目和产业化项目的财政补贴资金全面执行县级报账制度。对各类资金报账内容及附件严格按照《安徽省农业综合开发财政资金县级报账实施细则》的要求规范管理,确保项目资金安全拨付到位。认真运用好投入机制,积极安排本级财政配套资金,千方百计筹措各方面资金。坚持"国家引导、配套投入、民办公助、滚动开发"的投入机制,引导农民以资代劳、以物折资,为改善自我生产条件而主动投入。认真做好资金管理的日常核算工作,按照上级要求,及时、准确编报财务资金决算报表。

(天长市财政局供稿)

来安县财政工作概述

2013年,全县完成财政总收入15.04亿元,同比增长18.7%,完成了预算任务。全年完成公共财政预算支出23.88亿元。

【夯实财政增收基础】围绕年初确定的突出发展实体经济目标,落实促进民营经济发展的各项政策,推进经济转型升级,安排资金9100万元,持续加大对"两区"基础设施投入,搭建实体经济发展平台。争取省支持民营经济发展专项资金936万元,县级财政等额配套用于充实担保资本金,缓解民营企业融资困难。争取上级支持县文化产业园发展专项资金300万元,扶持特色园区产业发展。帮助县域实体经济争取上级政策扶持资金2120万元,推动企业转型升级。落实资金648万元,支持旅游业发展,拨付资金476万元,支持商贸流通企业改制,推动第三产业发展提速。对争创安徽著名商标、滁州知名商标及注册商标的企业,给予补贴资金139万元,打造县域企业品牌。通过财政资金存放、兑现金融机构贷款增量考核激励机制,引导银行增加贷款,支持县域经济发展。优化投资环境,落实招商引资优惠政策并兑现扶持资金2590万元,安排资金224万元,用于落实招商引资工作经费、兑现招商项目单位奖励。

【依法强化税收征管】深入乡镇、园区、企业开展调研,掌握税源情况。及时通报收入进度情况,为县委、县政府主要领导提供决策依据。完善税收征管机制,细化落户项目税收台账登记管理,增设汊河新城办税大厅,开展矿山开采税收清查,追踪招商引资企业承诺,加强财税收入分析,严格非税收入管理,调整县乡财政体制,实现财政收入月月增收。

【支持社会事业发展】认真落实中央八项规定和省委、省政府30条意见,严格控制公务经费支出,统一按5%压减机关一般性支出,进一步降低行政运行成本,全县"三公"经费支出累计较上年减少700万元,下降25%。按照集中财力办大事的原则,重点支持"两区"、"双城"建设,财政投入"双城"建设资金7.8亿元,加速汊河新城融入南京都市步伐,改善宜居环境。继续加大教育投入,全年教育基础设施投入资金1.32亿元,落实义务教育保障经费3171万元,推动教育优先发展。支持企业技术研发、技术创新,科技投入进一步增长。加大文化事业投入,拨付图书室建设资金500万元、各类免费开放资金203万元,丰富群众文化生活。加大卫生事业投入,落实资金1573万元,支持县级公立医院改革,对药品零差率销售予以足额补贴,共补助资金1330万元。支持城乡环境整治,拨付资金607万元,推进环卫市场化全覆盖。

【落实各项惠民政策】研究出台新增6项民生工程实施办法,调整修订22项民生工程实施办法。对农村低保、计生奖扶等7个项目实行扩面提标,扩大受益面。全年拨付33项民生工程资金6.22亿元,惠及城乡居民112万人次。加强补贴资金规范化管理,通过"一卡通"发放20多项惠民补贴资金2.99亿元。推进公立医院改革,核定政策性亏损、离退休人员经费,对原差额补助经费给予继续保留。拨付三家医院经费1483万元,保证县级公立医院的正常运转。组织实施"一事一议"财政奖补项目225个,总金额1757万元,安排县级配套资金210万元,项目涉及130个行政村和6个国有农林场,2451个村民组,40万人受益。财政预算安排资金2000万用于美好乡村建设,设立"美好乡村建设专项资金",重点对"3条示范线,4个精品镇,5个样板村,600个自然村,70个中心村"范围内的镇、村进行补助。整合涉农资金支持美好乡村建设1.85亿,分批拨付相关建设资金1.6亿元。

【保障财政资金安全】开展涉农资金专项清理,对2010—2012年各级财政预算安排用于"三农"的各项资金使用管理情况进行全面自查。开展涉企资金专项清理,对支持工业发展、商务发展、环保和节能减排、科技发展及其他重点专项五大类150个项目进行自查和重点检查。会同监察、审计等部门,开展美好乡村建设资金督查,确保项目资金安全运行和高效使用。建立考评机制,将各乡镇专项资金投入及资金整合情况考评结果作为美好乡村建设专项资金分配安排的重要依据。按照激活财政存量资金的管理要求,梳理财政专户资金,整合统筹支农资金,用于美好乡村建设和急需的农田水利建设项目。

【提升依法理财水平】全面完成国库集中支付制度改革,将县级预算单位和所有乡镇纳入国库集中支付管理。按照"指标控制计划、计划控制额度、额度控制支付"的流程规范支出行为。全面推行公务卡制度改革,将乡镇纳入公务卡改革范围,全县通过公务卡消费结算支出明显加大。进一步细化部门预算编制,对部门预算中申报的项目支出预算实行绩效目标同步申报管理,提高部门支出绩效意识。开展项目支出绩效评价,完善评价指标体系,扩大评价范围,营造"花钱必有效,无效要问责"的理财氛围。稳步推进预决算和"三公"经费信息公开,首批公开政府26家单位部门预算和"三公"经费预算,提高预算透明度。积极配合做好国务院组织的全国性政府性债务审计工作,增强债务风险防控意识。加强财政监督检查和会计信息质量检查工作,促进依法理财。开展会计基础教育培训,提高全县财会人员业务技能。

【全面提升服务水平】建立部门会商和乡镇财政资金监管帮联制度,就预算部门会商、乡镇财政资金帮联做出具体规定。对班子成员及股室帮联工作进行具体分工,层层落实、责任到人。采用"走出去、请进来"等方式开展会商。10—12月对外会商46次、对内会商12次,解决预算部门、群众关注的热点问题49件(次)。向县直机关预算部门和乡镇传递信息182条,通过乡镇财政资金监管平台,对涉及经建、农业、教科文、社保等七大类231个项目1.48亿元资金进行909次巡查督查,确保财政资金安全高效运行。

【筑牢财政反腐防线】开展"六治"主题教育,提升干部工作作风;开展"走进庭审教育"和预防职务犯罪警示教育,进行体会讨论,教育党员干部端正政德,净化品德;开展"转变工作作风 加强廉政建设知识测试"活动,转作风,促廉政;参与县"廉政征文"活动,提高财政干部廉政意识;推进廉政风险防控管理工作,以"突出治本、突出预防、突出制度建设、突出制度执行"为主线,完善重点领域、重点部位、重点环节防控措施,对廉政风险等级进行排查、升级和调整。制作"廉政风险防控告知卡",进行廉政警示提醒。出台加强作风建设若干规定并认真执行,做到财政工作清正、财政干部清廉、财政作风清明。稳步推进预决算和"三公"经费信息公开,指导全县26家单位公开部门预算和"三公"经费预算,提高预算透明度。对发放的专项资金和涉农补贴资金及时在网络上进行公开,接受群众监督,塑造阳光财政。

(来安县财政局供稿)

定远县财政工作概述

2013年,全县财政收入完成12.09亿元,同比增长19.6%,较上年净增1.98亿元,总量全省排名上升2位,增幅上升3位。一般预算收入占财政总收入的比重为74.9%,税收收入占财政收入的比重82.1%,收入结构全市最优。全年财政支出完成35.8亿元,同比增长16.4%。其中:教育、医疗卫生、社会保障和就业、住房保障等13类民生支出31亿元,增长14.7%,民生支出占财政支出总量的86.7%。

【保障经济转型发展】争取上级项目资金和政策支持,共争取中央、省各类项目到位资金11.43亿元,争取到位转移支付资金26.57亿元,增长15.2%,为全县经济发展提供财力保障。在确保全县工资运转、民生配套等前提下,全力支持重点建设,安排城乡基础设施、经济开发区和盐化工业园、城东新区等重点建设支出13.5亿元,确保重点建设项目顺利推进。认真落实省、市、县促进经济持续健康较快发展的各项政策措施,安排资金3735万元,支持科技攻关项目、特色产业、企业自主创新和技术改造;安排资金5899万元,加大对节能减排和淘汰落后产能扶持力度;加大对华塑公司、泉盛化工、中盐东兴公司、国强化工等大中型企业扶持力度,兑现企业扶持资金3945万元;争取地方政府债券转贷资金3600万元,同比增长24.1%;争取省级民营经济发展资金1084万元,县配套1084万元;充实诚信担保公司资本金7000万元,做大担保平台,缓解中小企业融资难问题;县财政安排3000万元成立农美投资公司,首创公司化运作美好乡村建设模式。

【扎实投入改善民生】全年大民生支出31亿元,其中36项民生工程支出12亿元,同比增长14.4%。推动教育优先发展,全县教育支出7.21亿元,同比增长3.2%;累计安排义务教育保障经费4.22亿元,发放助学金787万元,建设乡镇公办中心幼儿园9所。深入实施城乡居民收入倍增规划,全县城镇居民人均可支配收入达19890元,同比增长14.5%;农民人均纯收入为8515元,同比增长16%。完善城乡社会保障体系建设,启动实施高龄补贴、殡葬惠民等政策,全面落实提高企业退休人员基本养老金、新农合和城镇居民医疗保险财政补助等提标政策,累计发放各类社保基金7.2亿元。实施积极的就业扶持政策,拨付就业补助资金2182万元,发放小额担保贷款2124万元,支持困难群体创业经营。继续加大医疗卫生投入,全县医疗卫生支出4.98亿元,同比增长23%;安排药品零差率补助资金660万元,支持县级公立医院改革。加快推进保障性安居工程建设,累计拨付1.33亿元,完成棚户区改造任务3982套,新建成廉租房、公租房468套,改造农村危房2700户。

【支持"三农"统筹城乡】全年"三农"支出22.5亿元,同比增长17%。通过"一卡通"发放粮食直补、综合直补、低保资金等涉农补贴资金5.04亿元,增长18.04%。争取上级美好乡村专项资金2118万元,县财政安排美好乡村建设专项资金5000万元,整合涉农资金2.1亿元,全力推进美好乡村建设。投入3.6亿元支持现代农业、高标准农田等建设,争取国家农业综合开发现代农业园区试点项目资金1.05亿元,集中支持粮食生产和现代设施农业发展。统筹安排1.8亿元,协调推进农村危房改造、村庄治理、农村清洁工程、农村环境连片整治和人居环境改善。投入1.5亿元支持水利建设,加快推进中小河流水利治理工程建设。落实政策性农业保险配套资金4582万元,为5.6万农户提供农业生产风险保障。安排金融机构涉农贷款增量奖励资金626万元,引导金融机构加大涉农贷款力度,促进农村经济加速发展。深入推进村级公益事业"一事一议"财政奖补工作,完成奖补项目469个,投入资金7480万元,惠及83.6万人,受益面达99%。安排资金3000万元支持百万亩森林增长工程,新增造林16.29万亩。

【深化改革提升绩效】创新财政管理体制,出台《关于进一步完善乡镇财政管理体制的通知》,促进全县乡镇经济转型发展,增强乡镇培植财源的积极性、主动性。继续深化预算改革,按经济分类编制支出预算,强化项目预算管理,细化预算编制内容,提高预算编制的科学化、精细化水平。完善国库集中支付改革,启动乡镇国库集中支付、公务卡改革,规范单位公务支出管理,实现县、乡国库集中支付和公务卡改革全覆盖;积极推进财税库银税收收入电子缴库横向联网,完善政府采购电子平台建设。深化政府采购改革,全年政府采购1.14亿元,资金节约率23.8%。稳步推进预算信息公开,制定出台《县级部门预决算及"三公"经费信息公开工作方案》,首次公开40个县政府部门"三公"经费信息,进一步提高财政预算和“三公”经费的透明度。强化支出绩效评价工作,加大投资项目预算控价审核,完成重点项目审核7.1亿元,审减率18%;进一步扩大财政支出绩效评价的范围,建立健全绩效评价与预算编制的衔接机制。加强政府债务管理,做好地方政府性债务风险预警分析和考核,实现政府性债务动态监控和融资平台公司债务全口径监管,切实防范财政风险。深化“营改增”试点改革,推进交通运输业和部分现代服务业营业税改征增值税试点工作,对部分税负上升的企业制定财政扶持政策,支持服务业加快发展。加强财政预算部门会商和乡镇财政资金监管工作,建立起预算部门会商和乡镇财政资金监管工作的长效机制。

(定远县财政局供稿)

明光市财政工作概述

2013年,全市财政总收入完成10.07亿元,占预算100%,较上年增收1.4亿元,增长16.1%。其中:地方一般预算收入完成7.44亿元,较上年增收0.9亿元,增长13.8%;上划中央收入完成2.63亿元,增收0.49亿元,增长23%。全市一般预算支出完成24.76亿元,增支1.47亿元,增长6.3%。

【调整优化财政支出结构】加大对公共财政投入力度,重点保障教育、医疗卫生、社保、民生工程、美好明城等支出的需求,全年“三农”支出5.01亿元,教育支出3.79亿元,文化体育等传媒支出1693万元,医疗卫生支出3.45亿元,科技支出2703万元,社会保障支出3.08亿元,住房保障支出1.23亿元。坚持把保障和改善民生作为公共财政建设的出发点和落脚点,民生类支出19.72亿元,增支5519万元,占全市财政支出79.6%;拨付民生工程资金5.59亿元,增长11.8%,市级配套资金1.26亿元,增长12%。全市建设类、培训类项目综合开工率100%,综合完工率100%。认真做好企业扶持工作,拨付各项企业扶持资金6625万元,支持同兴公司注资3000万元、美旅公司注资3000万元。落实各项强农惠农政策,通过“一卡通”发放21项惠农补贴资金2.83亿元。合理调度资金,确保工业园区、新明城、美好乡村等重点项目资金需要。努力增收节支,减少公务接待等费用,厉行节约,保证“三公”经费零增长。

【争取资金支持项目建设】以支农资金项目申报为重点建立项目库,整合涉农资金1.2亿元支持美好乡村建设,拨入财政支持美好乡村建设专户3676万元,已报账2430万元。申报农业综合开发、革命老区、一事一议、农村危房改造、高标准农田建设、小农水重点县、棚户区改造、污水处理管网等众多项目,共争取项目资金3.5亿元。紧紧抓住明光市被纳入皖北“三市七县”政策范围的良机,仔细谋划42个项目,获基础设施建设资金2000万元。认真实施革命老区项目,获省财政奖励资金129万元。提前完成283个一事一议财政奖补项目。顺利完成2013年农作物承保和理赔工作,有效保障农业生产。

【深化改革促进机制完善】制定工业园区财政体制。完成乡镇财政国库集中支付制度改革,撤销乡镇实有资金账户34个,上划资金7910万元。市直和乡镇均实现公务卡结算,初步实现公务卡改革全覆盖。对全市预算单位银行账户进行全面清理,共清理出47个预算单位银行账户120个,涉及存量资金6.54亿元。当年共撤销41个银行账户,收缴统管资金5200万元。扎实推进营改增改革,营改增企业扩大到155家。开展助保金贷款试点,各项工作进展顺利。设立明光市本级融资担保公司,申请获省金融办批准。全口径编制2014年部门预算,做到细致、全面。大力压缩“三公”经费,全市“三公”经费较上年下降5.6%。

【健全制度严格资金监管】一是加强预决算工作。完成年度预决算编报工作,及时批复部门预算。荣获2012年滁州市社会保险基金预算绩效评价三等奖、2012年滁州市社会保险基金决算考评二等奖和2012年度滁州市部门决算先进单位等奖项。二是加强职能监督。学习和贯彻《安徽省财政监督条例》,积极推进财政收支监管和会计监督,制定《明光市财政结余结转资金管理办法》、《明光市财政专户管理办法》和《明光市预算单位银行账户管理暂行办法》,出台《明光市2013—2014年政府集中采购目录及限额标准》、《关于明确公务用车采购的相关规定》等文件,进一步加强财政资金管理和监督。三是严格审核,加大公开力度。完成全市158家事业单位新会计制度数据转换工作。严格执行国库集中支付管理规定,把好资金支付程序关、支出关、监督关。加大监督信息披露和公示力度,大力推进预决算和“三公”经费公开,主动接受社会各界监督。

【加强管理提升队伍素质】一是加强政风行风建

设。深入开展解放思想和“四个什么”大讨论活动，创建服务型、创新型、学习型、责任型、效能型“五型”财政。认真开展六五普法和“江淮普法行”等法制宣传教育活动。组织实施第三批乡镇财政所改扩建工作，深入开展规范化管理示范市和规范化财政所建设工作。积极开展县乡财政一体化管理示范市创建工作。认真落实首问负责制、AB岗工作制等“八项制度”，出台局机关内部绩效考评方案和细则，进一步优化工作流程，简化工作程序，不断提高工作效率和服务水平。二是自觉接受社会监督。认真落实中央和省市关于厉行节约的各项要求，积极开展“六治”活动。加强党风廉政建设，签订信访目标责任书和党风廉政责任书。严格领导干部信访接待日制度，主动向人大代表、政协委员通报财政工作情况，并通过征求意见、召开座谈会等多种形式，切实加强和改进财政工作。三是加大职工培训力度。举办财政系统春训班，完成2013年度会计人员继续教育培训工作。先后组织70名干部职工赴省和滁州市参加业务培训，着力提升干部职工专业知识和综合素质。

(明光市财政局供稿)

凤阳县财政工作概述

2013年，全县财政总收入累计完成17.62亿元，占预算100.1%，较上年增收2.57亿元，增长17.1%。其中，县本级收入实现12.4亿元，占年初预算105%，较上年增收1.2亿元。财政总收入中，税收收入完成13亿元，占收入总额73.8%，非税收入完成4.62亿元，占收入总额26.2%。全年累计完成公共财政支出30.83亿元，占年初预算的139.6%，较上年增长0.53%。

【优先保障和改善民生】财政用于教育、社会保障和就业、医疗卫生等13大类民生支出24.7亿元，占财政年度支出的80.1%。全年共安排民生工程专项资金8.23亿元，其中县级配套2.12亿元，分别较上年增长26.6%和85.8%；不断加大“三农”投入，共安排“三农”资金5.78亿元，同比增长0.85%；积极落实教育卫生投入，教育支出达6.4亿元，同比增长4.89%，医疗卫生支出4.34亿元，同比增长12.5%。困难群体生活保障力度持续加大，全年共通过一卡通发放财政补贴资金4.2亿元，较上年增长23.5%。

【注重培植财源建设】安排1.41亿元用于扶持企业发展，安排1.64亿元用于凤阳工业园区、硅工业园区、浙商工业园、苏商科技产业园等基础设施建设，安排5000万元为凤宁产业园注资，安排3950万元用于土地治理项目等。在支持融资平台建设方面，向中都城建公司增加出资3.15亿元用于收储土地，向县担保公司增加资本金1000万元用于支持固定资产投资贷款贴息和担保贴费等，进一步做大做强融资平台，提高融资能力。

【不断深化财政改革】一是制定出台《凤阳宁国现代产业园财政体制实施意见》，明确收支范围、分成比例、配套扶持政策，增强园区内生动力。二是严格资金监管，对39个单位和项目开展监督检查，提出整改建议115条。三是开展涉农、涉企资金的检查工作，对2010—2012年涉农、涉企资金进行检查，针对检查中发现的问题，进行整改和完善，建立健全资金管理长效机制。四是全面启动和实施乡镇国库集中支付改革，自7月1日起所有乡镇上线运行；进一步规范公务卡管理，出台《关于实施凤阳县预算单位公务卡强制目录算目录的通知》，明确公务卡使用范围。五是进一步规范政府采购行为管理，对标准化通用办公设备采购实行协议供货，降低采购成本；对两家县直单位开展政府采购执法检查工作，对协议供货中标的七家供应商进行履约检查，采购行为得到进一步约束和规范。六是稳妥推进预决算信息公开工作，在网上公开34家政府部门“三公”经费预算数和汇总数。

【扎实推进重点工作】一是全面完成31项民生工程年度目标任务，全年共投入资金8.2亿元，其中县级配套2.1亿元；累计发放城乡低保、五保户供养、孤儿基本生活费等各类补贴资金4.72亿元，完成各类土建工程561个。二是建立居民收入倍增工作和民生工程工作同步推进的工作机制，实施两项工作同步部署、同步宣传、同步督查和同步调度。联合县调查队在全县开展“牵手行动”，实行一人包一村，面对面指导农户做好收入调查统计工作。当年农民人均纯收入8641元，较上年增长13.4%。三是完成种植业投保面积192.15万亩，占计划103.2%；完成能繁母猪投保22908头，占计划114.5%。继续对育肥猪和大棚蔬菜两个特色农产品开展保险试点。共受理育肥猪保险24859头，大棚蔬菜保险127.5亩。全年兑付种植业理赔资金2772.7万元，养殖业理赔资金81.3万元,特色保险理赔资金24.74万元。四是开工一事一议财政奖补项目528个,全部竣工通过验收,共拨付奖补资金2278万元,受益群众64.7万人,受益率99.38%。五是牵头成立美好乡村建设资金整合指导组,全年共筹集资金5.05亿元,其中投入财政专项资金5564.6万元,整合财政涉农资金2.11亿元,吸纳社会资金2.38亿元。六是农业综合开发项目任务顺利完成,其中小岗村1.27万亩、枣巷镇1.05万亩中低产田改造项目、小岗粮油年仓储2.8万吨粮食流通设施项目以及大王府年配送3000吨果蔬项目等顺利通过省级验收,大庙镇0.32万亩土地治理项目主体工程基本完工。

【着力加强自身建设】一是完善财政内部管理。修订完善《县财政局机关效能建设绩效考核工作方案》,从履行职责情况、服务效能情况、机关建设情况、日常业务和管理情况等五个方面对机关各部门进行全面考核;出台《凤阳县乡镇财政工作综合考评办法》,从综合事务管理情况、财政业务管理情况、财政补贴农民资金发放情况、财政牵头工作完成情况等四个方面对乡镇财政所(分局)进行综合考评;出台《关于进一步规范财政局内部核算业务基础工作的意见》,进一步规范财政财务行为。二是进一步加强宣传工作。成功开通县财政局门户网站,印发网站管理办法,信息工作较上年有明显提升。三是开展依法行政能力提升活动。出台《凤阳县财政局依法行政能力提升培训实施方案》,全年举办3次培训班共6个讲座,依法行政能力提升活动逐渐常态化。五是继续开展廉政风险防控工作。签订党风廉政责任状,将廉政风险防控与财政监督、专户清理和集中支付等业务工作结合起来,形成涵盖财政收支全过程的廉政风险防控机制。六是严格贯彻执行厉行节约各项规定。严格控制接待经费,县财政局接待费较上年同期下降76%。继续加强公车管理,进一步规范定点维修、定点加油和定点停放的做法。加强办公楼水电管理,对办公空调、共用部位用电设施实行下班即停电的做法,杜绝浪费行为。

(凤阳县财政局供稿)

全椒县财政工作概述

2013年,全县共完成财政收入15.02亿元,同比增长21.1%,增收2.62亿元。其中:中央级收入完成4.08亿元,增长29.6%,增收9312万元;县级收入完成10.94亿元,增长18.3%,增收1.69亿元。公共财政预算支出完成24.34亿元(含上级补助支出),较上年增加3.84亿元,增长21.2%。

【支持经济发展】全面兑现各项惠企政策,支持企业发展。兑现民营企业财政奖励1275万元;兑现企业土地使用税财政补助403万元,拨付省、市财政支持企业专项资金782万元。发放涉企和银行业金融机构奖励资金共640万元。县财政安排拨付支持企业发展基金1433.95万元。加强担保体系建设,促进民营经济发展。加大国有资本金投入,为县企业融资担保公司新增资本金4000万元,使其注册资本金达1亿元,更好地服务和支持小微企业发展。

【推进民生工程】民生工程财政总投资6亿元,其中县级配套1.36亿元,较上年增长70%。一是健全社会保障体系,逐步形成以城乡居民社会养老保险、农村低保为框架,农村计生家庭奖励扶助、农村五保户供养、贫困残疾人生活救助等为补充的多层次、广覆盖的社会保障体系。二是完善以新型农村合作医疗、城镇居民基本医疗保险、县级公立医院药品零差率补助为主体,以城乡医疗救助、重大传染病医疗救治、提高妇女儿童健康水平、贫困残疾人康复工程和基本公卫生服务为补充的医疗保障和救助体系,群众因病致贫、因病返贫的问题得到有效缓解。三是加快发展农村教育、文化、民政和保障性住房等各项社会事业,出台政策,从基本养老保障体系、老年医疗服务体系、城乡社区养老服务体系、养老政策支持体系等七个方面加快推进社会化养老服务体系建设,开放县社会福利中心,建立普惠型高龄老人津贴制度。建设各类保障性住房7920套,使困难群众住有所居。四是不断加强农村基础设施和美好乡村建设,预算安排3000万元美好乡村建设专项资金;整合美好乡村建设资金4.33亿元,涉及县直12个部门、10个镇。财政一事一议总投资3340万元,其中财政奖补资金1500万元,修建沟塘渠坝、村级道路、环境整治、村庄绿化等项目292个。五是提升农民就业能力,完成新型农民培训 4270 人。

【落实“三农”政策】全面落实惠农补贴政策,共发放财政补贴农民资金 15 批次、22 大项,资金总额 2.19 亿元,补贴对象 78.5 万户次。农林水事务支出 3.27 亿元,同比增长 25%。全面完成 2012 年度农业综合开发项目建设任务,顺利通过省市验收。2012 年度农业综合开发产业化经营项目 2 个,总投资 227 万元。建设钢架大棚和温室钢架大棚 55 亩,改造培训教室 60 平方米,扩建机耕路 500 米、开挖当家塘 6 亩,引进新品种 40 个,培训社员 400 人次。

【加强财政管理】“营改增” 试点工作进展顺利,实现覆盖。有序推进医药卫生体制改革。积极推进县级公立医院综合改革,较全省提前一个月实行药品零差率销售,省级预拨的“零差率”补助经费全部拨付到县级公立医院。深化预算管理改革,出台《全椒县财政资金支出审批管理暂行办法》,按照资金类别、资金用途、资金来源对财政资金在使用过程中的审批流程和权限进行规范和约束,明确预算追加的程序。进一步推进国库集中支付改革工作,对镇政府、农村中小学校等单位实行国库集中支付,实现国库集中支付“纵向到底、横向到边”。积极上线工资统发系统,以技术化推进规范化。加快推进公务卡改革进程,所有国库集中支付单位均办理公务卡,新增办卡 362 张。打造阳光财政,出台《全椒县预决算及“三公”经费信息公开工作方案》,对全县 26 家预算单位 2013 年“三公”经费财政拨款预算情况进行公开。加强国有资产管理,对涉及资产配置、使用、处置的申报、审核、审批等各个环节实施实时动态化管理,制定资产动态化管理操作流程与规范,全县资产管理动态化工作步入规范化管理管理轨道。

【深化财政监督】实行财政监督程序规范、检查项目备案制度,确定 14 户单位进行检查,及时提出整改意见,并将检查结果上报县政府。组织进行会计信息质量检查工作,全年共检查 5 户,涉及党政机关、企事业单位,通过监督检查报告给予披露,责令整改,并在规定的时间内二次复查。开展非税收入票据专项检查,规范票据管理办法,积极构建以票管费、以票促收的政府非税收入管理新体制。实现全县乡镇财政资金监管信息化管理,将上级安排和分配的各种财政资金、乡镇自筹资金等所有资金纳入监管和信息反馈渠道,严肃财政财务行为,提高财政资金效益和资金安全。进一步强化涉农资金科学化精细化管理,建立健全资金安全有效使用的长效机制,2010—2012 年各级财政预算安排用于全县“三农”的各项涉农专项资金达 12.65 亿元。对财政支企项目实施情况、财政支企资金拨付使用进行检查,针对存在问题及时督促整改,确保财政支企资金使用规范。2010—2012 年各级财政预算安排用于支持企业发展的各项涉企专项资金为 8113.1 万元。

【强化作风建设】加强党风廉政建设及廉政风险防控工作,始终把行风建设纳入工作目标考核范围,与财政工作同布置、同检查、同落实、同考核。本着“财政工作清正、财政干部清廉、财政作风清明”的服务理念出发,强化主动服务意识,注重提高服务水平,切实提高执行力,助力创建第三届文明县城。

(全椒县财政局供稿)

六安市财政工作概况

六安市财政工作综述

2013年,全市财政收入完成127.65亿元,为预算的98.8%,同比增长13.5%,收入总量和增幅分别居全省第11和第 8 位,其中地方级收入82.03亿元,同比增长18%,财政支出完成285.9亿元,同比增长14.3%,支出总量居全省第4位。

【支持发展,发挥财政职能作用】市财政累计注资20多亿元,支持市交投、水投、城乡公司建设;注资2亿多元,支持和壮大市融资担保公司和工投公司发展,市融资担保公司当年在保贷款余额达到16亿元。全市办理减免税约16亿元。市直全年兑现财税优惠政策资金2660.2万元。市直实行政府性资金存储管理改革,调配资金15亿元,引导银行业金融机构新增贷款余额136.1亿元(不含外币)。全市发放小额贷款6亿元,为省下达目标任务的3.15倍。累计完成投资42亿元,支持市重点工程项目88个。争取地方政府债券资金9.9亿元,利用国际金融组织和外国政府贷款4200万美元,重点支持保障房建设、生态环境治理、医疗卫生能力提升。

【增收节支,提升财政保障能力】认真做好预算执行分析工作,加强财税库会商交流,按旬、按月进行收入调度管理。建成并运行市级综合治税信息平台,全年采集涉税信息70万条,推送税务机关累计查补税收3170余万元。全市完成非税收入149亿元,同比增长68.5%。其中纳入财政预算管理的非税收入22.4亿元,同比增长19.6%,占财政收入的17.5%。市级管理工伤、医疗、失业、生育、养老等五项社会保险费收入6.68亿元,同比增长37.78%。规范政府土地出让金征收、解缴和使用,市级清收历年欠缴土地出让金12.6亿元。全市“三公”经费总支出45122万元,同比下降10.7%。全市财政信息透明度在清华大学公共信息透明评级中位居全国地级市第26位。

【改善民生,促进和谐社会建设】全市财政民生支出233.73亿元,占总支出的81.8%。其中:全市37项民生工程投入75亿元(含筹资筹劳),增长7.1%,市新增四项民生工程投入3900万元。认真实施城乡居民收入倍增规划。全市教育支出58.45亿元,增长0.8%。市财政投入3300万元,支持文化强市、“农民文化乐园”、文化事业建设和市城区120平方公里地震小区区划项目;投入500万元,支持96个村级组织活动场所建设。全市医疗卫生累计投入26.8亿元。拨付就业专项资金1.9亿元,帮助22909名失业人员和就业困难人员实现再就业。全市发放离退休人员养老保险等支出19.1亿元,增长22.9%。市财政投入2000万元支持公交事业发展。拨付政法资金5500万元,改善执法办案条件。

【服务三农,推进城乡统筹发展】全市农林水事务支出47.81亿元,增长13.3%。发放各类补贴资金37.43亿元,增长15%,受益192万户。农业综合开发投入3.3亿元,农田水利基础建设投入12.7亿元,产业化经营投入4025万元。深化农村综合改革,筹措村级公益事业一事一议财政奖补资金4.1亿元,实施项目2743个。开展蔬菜、毛竹、茶叶等特色农业保险,全市拨付保费1.6亿元。大力支持美好乡村建设,全市投入财政专项资金2.9亿元,实际整合各类涉农资金10.4亿元,重点支持83个示范村建设。

【深化改革,完善财政体制机制】深化部门预算改革、非税收入管理改革和政府采购制度改革,在全省率先建成电子化政府采购管理应用系统，国库集中支付制度改革延伸到乡镇，公务卡制度改革基本实现全覆盖。完成了市示范园区、开发区财政管理体制及行政区划转,拟定市与金安区、裕安区的财政管理体制调整方案。推进市直行政事业单位国有资产管理改革，划转房产和土地面积分别达95%以上,管理单位面达100%,入库国有资源(资)有偿使用收入5930万元,增长31.3%。

【强化管理,提高科学理财水平】市级通过压缩一般性支出等方式盘活财政存量资金2.91亿元。市直试行社保基金定期存款公开招投标方式存储,其他财政性资金推行协议存款和定期存款方式。加强政府性债务管理,配合完成全市政府性债务审计。市级完成10大类31个项目绩效考评,涉及资金26.32亿元。开展全市涉农资金大检查,涉及资金225.2亿元。组织市直会计信息质量、非税收入管理以及财务制度执行等重点监督检查活动44次，向10个单位发出整改报告和处理决定。做好市本级2012年审计整改工作。创新推动乡镇财政资金监管帮联工作。

【建设队伍,提升财政部门形象】组织50名市县财政干部到高校进行知识更新培训，组织350名乡镇财政干部业务能力培训,对全市2083名行政村干部开展财政支农政策培训，成功组织1万余名考生参加的三项会计考试。市县区、科室单位层层签定廉洁从政承诺书。出台市财政局改进工作作风密切联系群众34条要求,制定加强机关作风效能建设的实施意见,开展财政管理工作“六查六看”等活动。全面建立财政预算部门会商机制，累计实现会商1016次,解决各类问题784个。开展“四走遍四推动”活动，财政局班子成员带队深入企业和乡村走访9个联系点和25家农户,共撰写民情日记40多篇。

(六安市财政局供稿　丁明虎)

金安区财政工作概述

2013年,金安区财政总收入完成10.02亿元(考核口径),同比增长23.14%,为预算的107.08%。其中:国税部门完成3亿元，占预算的106.99%,同比增长38.96%；地税部门完成5.11亿元，占预算的104.59%，同比增长12.26%；财政部门完成1.91亿元,占预算的114.51%,同比增长33.84%。全区实现预算支出26.96亿元,上解支出2482万元,债务还本支出2482万元,财政收支平衡。

【开拓财源,发展区域经济】增资扩股壮大财政融资平台。区城投公司的注册资本由2.73亿元增加到4.56亿元，资产总额由12亿元增加到50亿元，公司的投资和融资能力显著增强。主动支持民营经济健康发展。当年扶持民营企业资金实际到位5184万元,其中区级配套1192万元。加大融资力度支持城市建设。向农业发展银行申报团结安置小区9600万元贷款项目，向农业银行申报土地收储项目1亿元融资,积极做好六舒路拓宽、悠然南山项目推进工作。多方筹措资金支持园区发展。继续支持乡镇工业园区建设，为城北工业园垫付到期本息2140万元，支付乡镇工业园区建设短期周转资金2350万元,为园区三家企业提供短期资金周转1000万元。统筹协调南山新区基础建设。完成南山新区总体发展规划，推动基础设施建设,加大征迁力度,加大土地推介,扩大项目招商引资。做强小额担保推动全员创业。努力促进旅游产业发展繁荣。

【推进改革,提升管理绩效】深入推进预算绩效管理。完善规范绩效管理工作职责分工和操作流程，实时跟踪绩效目标实现情况，公开部分项目绩效评价结果,主动接受社会监督。加强财政信息化建设。进一步完善国库集中支付改革,将预算、计划、指标采购、非税、支付等财政核心业务全面纳入一体化平台管理,实现系统的监控、预警、分析、查询,深化应用预算管理现代信息化手段。健全预算执行管理机制。硬化预算约束,严格预算追加,奉行厉行节约,大力压缩“三公”费用,有效降低行政机关运行成本。扎实推行公务卡改革。全区单位办卡近100%、个人办卡1125张。加强财政专户管理。进一步扩大政府采购范围和规模。完成采购总额6526.56万元，节约资金717.9万元,资金综合节约率为11.2%。贯彻政府采购政策,积极发挥政府采购政策的市场导向作用。当年采购中小企业产品3043.12万元，采购节能环保产品497.06万元,减少进口产品采购113.15万元。进一步推动国有资产管理体制改革。2013年,国有资产(资源)处置收入7831.02万元,涉及18个部门单位,房产7处,土地1处,无形资产2处,汽车9辆,全部纳入非税专户。

【强化监督,保障财政运行】加强预算管理财政监督。做好预算单位的系统余额、预算指标、可用额度等基础数据的审核工作,确保预算单位资金、指标真实可靠,统一代编授权支付计划,切实增强预算执行的计划性、均衡性、及时性、准确性、严肃性。加强专项监督检查。对区党史办等9个单位的预算编制开展了会计监督检查。开展美好乡村建设专项资金自查、教育系统三个学校会计信息质量和会计基础工作规范化检查、农村公路危桥加固改造跟踪自查。对农开办、民生办、城投公司、农业综合改革办公室、张店镇财政所、施桥镇财政所开展内部监督检查。对六安天业国家粮食储备库进行国有资产监督检查,对六安市茂源面制品有限责任公司等5户企业开展所得税调查工作,对安徽新华畜牧科技有限公司等4户开展重点产品调查工作。对“营改增”、乡镇银行卡清理、预算会商、“三公”经费开展统计检查。完成地方政府债务的监督统计。加强乡镇财政资金监管。制定乡镇(街)财政监督工作实施意见,确定张店镇、毛坦厂镇财政分局,清水河街道财政所三个单位为乡镇财政监督试点工作单位,顺利完成试点工作。

【强农惠农,统筹城乡发展】积极推进农业项目实施,全年共拨付各类支农专项资金 12320万元,全年编审上报农业项目 25个,获得上级财政批准20个,批复财政支持资金509万元,大力支持农业产业化龙头企业、农民专业合作组织、种养业结构调整以及水利设施建设。不断强化各类专项资金监管,全年共审核拨付扶贫资金2200万元,江淮分水岭资金600万元,森林生态效益资金672万元,其他农业专项资金7500万元,现代农业专项1162万元。积极落实支农惠农政策,做好涉农补贴“一卡制”发放工作,共通过“一卡制”打卡发放各类涉农补贴资金3069多万元。积极推进现代农业建设,全区共实施两个国家发展现代农业项目,油茶种植和皖西白鹅养殖项目,上级共下达本区扶持资金950万元。积极推进农业综合开发,做好木南示范区建设的各项工作。当年到位资金5405万元,支付3233.43万元,完成2012年度高标准农田和产业化项目建设扫尾工作,并通过省、市两级验收;2013年度3个土地治理项目年前已完成项目建设任务的80%。做好美好乡村建设工作,当年到位资金3192万元,支出768.36万元,占到位资金的23.12%。推动农业保险持续发展。深化农村综合改革,全年共实施一事一议财政奖补项目316个,项目资金概算4435.6万元,实施村民组3445个,项目村覆盖面达到90%,受益人口58.2万人,受益率达到80%,群众参与面达到86%,群众知晓率达80%。全区316个项目已全部完工,完工率达100%。本区被列入全省20个农村综合改革示范试点县区和27个一事一议财政奖补支持美好乡村建设重点县区。

【实施民生,完善社会保障】积极实施好民生工程。实施32项民生工程,共投入资金78977万元,其中区级配套8955万元。全年累计打卡发放8个补助类项目资金14800万元;按时足额兑付7个医疗保障内项目资金29000万元;累计拨付城乡义务教育公共文化服务项目资金4070万元;全区农村饮水安全、农村公路危桥加固改造、农村清洁工程等11个工程建设类项目全部完成年度建设任务。着力构建多层次社会保障体系。全区初步建立社会保险、社会福利、社会救助相结合的多层次、全覆盖的社会保障体系。全区共组织征收保险基金66490万元,拨付各类保险待遇支出64831万元。不断深化医疗卫生体制改革。大力推进保障性安居工程。拨付公共租赁住房补助资金280万元,发放廉租住房补贴700户,资金140万元。全区计划新建公租房750套,跨年度实施,工期两年,当年完成总工程量的70%;续建290套,当年10月底全部完工。支持教育优先发展。做好义务教育公用经费和家庭经济困难贫困寄宿生生活费保障工作,拨付义务教育公用经费3200万元,发放各类补助资金998.52万元。统筹支持社会各项事业发展。全年申报中央补助地方文化与体育事业专项资金共计160万元;安排消防人员经费111万元,车辆保障经费16万元;拨付特殊疑难信访专项专项资金40.5 万元;及时兑现计划生育家庭奖励扶助资金399.8万元;拨付中央政法专项补助资金389.2万元。

【锤炼队伍,提升机关效能】全面开展创建规范化财政所创建和示范(县)区活动。省级规范化财政所达到9个,市级规范化财政所达到10个,全区乡镇财政所全面达到省、市规范化财政所标准,全区进入省级示范县(区)先进单位行列,16个乡镇财政所档案室管理达标晋升省一级。坚持不懈地开展“文明创建”活动。当年获得“敬老文明号”和“双拥先进单位”称号。持续加强机关效能建设。深入开展“六查六看”活动,切实整顿机关纪律,全面落实机关效能建设的各项举措,切实改进工作作风,切实解决“庸、懒、散、乱”和“脸难看、话难听、门难进、事难办”等突出问题。深入开展“六五普法”和“廉政防控”教育。提高财政干部遵纪守法和廉洁自律的自觉性，增强财政干部自我约束、端正品行、依法行政的能力。认真学习和领会党的十八大精神，贯彻落实中央“八项规定”、“六项禁令”和省纪委出台的“十个严禁”，深入推进廉政风险防控管理，进一步排查廉政风险点，进一步完善廉政风险防控措施，加强内部牵制制度，加强内部审计监督，规范财政权力运行。

（金安区财政局供稿）

裕安区财政工作概述

2013年，全区财政收入实现10.57亿元，比上年净增1.86亿元，增长21.36%；非税收入占财政收入比重为16.17%，比上年下降0.63个百分点。全区完成财政支出28.81亿元，同比增长3.92%。

【圆满完成目标任务】按照“均衡入库、持续增长、结构优化、调控有力”的原则依法组织收入。围绕年度预算收入目标，加强与税收征管部门协调配合，及时解决组织收入中存在的各类问题。不断加强对主体税种及重点税源、重点企业、重点行业、重点项目的分级监控，实现应收尽收。加强非税收入管理，规范政府非税收入预算管理，拓宽收入领域，增加政府可用财力。

【大力支持经济发展】认真落实中央、省、市出台的促进经济发展和扶持民营经济各项政策，加大对骨干企业的支持力度，支持主导产业做大做强。通过区担保公司平台，为中小微企业和下岗失业人员自主创业提供各类担保贷款，有效缓解企业融资难问题。及时兑现招商引资政策，进一步优化招商引资环境。充分发挥政府融资平台作用，开展与国家政策性银行、金融机构等合作，加强资本运作，支持区经济开发区、乡镇工业集中区、生态、旅游等重点工程项目建设。整合财政、土地等部门的各类资金，推进美好乡村建设。强化风险意识，加强地方性债务风险管理，把好财政关口。

【确保重点支出需要】严格执行中央和省市厉行节约的规定，坚持勤俭办一切事业，严格控制一般性支出，节约和控制行政成本。建立健全相关管理制度，严控“三公”经费支出，强化了“三公”经费预算执行管理。进一步健全机制，保障好文化、教育、科技、医疗卫生、社会保障和就业、保障性安居工程等各项重点支出需求。高效推进34项民生工程，全区财政共投入资金8.36亿元，其中区级配套资金1.1亿元，均足额安排并及时拨付到位，民生工程实施工作实现制度化、常态化。

【深入推进财税改革】扎实开展“营改增”试点扩围改革，减轻了中小微企业负担。推进国库集中支付制度改革和公务卡制度改革。全面启动区级行政事业单位资产管理改革，促进国有资产保值增值。有序推进预决算和“三公”经费信息公开工作，进一步提高财政透明度。完善政府采购管理，财政资金节约率11.7%。深化农村综合改革，实施村级公益事业“一事一议”财政奖补项目407个。开展惠民直达工程“一网联”试点，充分发挥乡镇财政所的一线监管作用。扎实开展财政财务会计监督和涉农、涉企资金大检查，维护财经纪律严肃性。

【着力加强队伍建设】以增强机关干部的学习意识、服务意识、创新意识、高效意识和和谐意识为目标，加强机关作风建设，进一步优化服务质量、提高办事效率。制订完善财政局机关内部管理规定，严格执行学习制度、考勤制度、重点工作交办督办制度等，用制度管人管事。认真落实厉行节约的各项规定，进一步增强节俭意识。进一步创新服务方式，精简办事环节和程序，提高办事效率，营造优良服务环境。建立与本级预算单位、各乡镇定期会商制度，提升管理服务效能。按照党风廉政建设总体要求，深入开展廉政勤政教育，严格落实反腐倡廉建设责任制，加强思想作风、工作作风、生活作风建设，筑牢拒腐防变的思想道德防线。

（裕安区财政局供稿）

叶集试验区财政工作概述

2013年，叶集试验区实现财政收入2.63亿元，同比增长18.32%，非税收入比重为18.41%。当年实现一般预算支出6.09亿元，同比增长25.53%。

【加强财政收入征管】积极主动，加强调研，摸排财源，定期调度，研究对策，努力做到应收尽收；强化职能，源头控管。对工程预付款要求开具税务发票直接入账，保证税款不流失并能及时入库；强化票据管理，严格执行领销制度，确保非税收入及时缴存专户。

【加快推进财政改革】围绕增收节支，进一步加快公共财政支出改革,全面细化并调整人员支出、日常公用支出、征管业务费支出和其他方面支出的内容、标准和供给方式;规范对部门超短收管理,分类制定超收奖励、短收扣减支出的办法;认真执行年度部门综合预算,切实做到先有预算后有支出,不做超预算支出,严格控制预算追加,原则上不得调整年度预算;加强专项资金管理,完善专项资金申报、审核、报账管理程序,推行国库集中收付改革。

【规范财政财务管理】加强对财政资金运行的监督,推进依法理财,建设法治财政。改进财政监督的方式和方法,推行事前审核、事中监控、事后检查的监督机制,进一步明确财政监督机构及部门业务管理机构在财政资金运行环节中的责任。加强区直单位票据管理,规范支出行为。

【支持全区经济发展】当年财政预算安排各项建设性资金2000余万元,通过间歇资金为建投公司和孙岗开发区、平岗木竹产业园区融资近3亿元,支持城市建设和园区基础设施建设。向企业信用担保中心新增注册资金1520万元,争取省信用担保集团参股资金500万元。继续大力实施下岗再就业贴息贷款政策,积极支持下岗人员创业。全年对下岗失业再就业人员担保贷款140笔,金额1015万元,累计在保金额2280万元。审核认定劳动密集型企业3家,贷款金额400万元,全年共支付小额担保贷款贴息40万元。财政部门多途径对上争取政策、项目和资金,会同有关部门申报各类项目,当年共到位各级经建专项资金10763.86万元,实际支付8168.98万元,重点支持保障性住房、户孙路(编号X036)、孙观路(编号Y106)、农村土地整治、乡镇卫生院等基础设施建设,发挥财政专项资金投资引导作用。

【全力推进民生工程】全区实施29项民生工程,投资总额为20386.07万元,其中区级配套资金3500万元。区财政局作为全区民生工程牵头协调单位,科学编制民生工程预算,及时填报省、市在线报表,按要求报送民生工程信息,加强民生工程宣传工作,系统建设民生工程数据库,定时召开民生工程月例会、季调度会,定期、不定期开展督查、暗访,有力推动全区民生工程的顺利实施。

【扎实推进美好乡村建设】加强涉农资金整合力度,扎实推进美好乡村建设。认真对照省市财政部门资金整合指导目录,在不改变资金用途和管理责任主体的前提下,对性质相近、用途相同、使用分散的涉农专项资金进行归并,用于美好乡村建设。同时充分发挥财政职能,对美好乡村建设涉及的资金和项目实施全程监督,充分发挥财政资金效益。

【积极实施一事一议工作】认真谋划和实施村级公益事业一事一议财政奖补工作,强化宣传引导,明确工作责任,在项目安排上坚持普惠制与特惠制相结合原则,做到优先申报美好乡村建设项目、优先申报农田水利设施建设和道路建设项目、优先申报整合类项目。全年共批复62个村实施63个项目,占全区村(社区)的85%,财政奖补农业人口数128819人,占全区农业人口84.6%。

【大力实施农业综合开发】积极探索惠农强农机制,加大现代农业发展投入。全年投入1850万元,实施农业综合开发项目4个、现代农业项目1个,完成治理土地面积3000亩。当年全区新成立农民专业合作社17家,新成立家庭农场6家,扶持市级以上农业产业化龙头企业8家,重点支持农产品基地建设、农产品加工、油茶等产业发展。

【安全发放涉农资金】切实加强财政涉农补贴资金管理,减少发放环节,降低行政成本,确保涉农补贴资金安全、及时发放到位。区农财局按照"五个一"模式,规范"惠民一卡通"操作流程,进一步完善财政涉农服务机制。全年共有39项涉农补贴资金纳入统一打卡发放范围,资金总额达9942万元。

【全面提升机关效能】全面梳理工作业务流程和内部管理制度,坚持用制度管人管事。建立工作人员平时考核记实簿,推行文明办公。制定《叶集试验区财政局会商工作实施办法(试行)》,建立支出科室工作会商制度。注重干部教育培训,把学习制度常态化,通过培训提升基层财政干部的履职能力。通过加强机关各项建设,强化财政干部队伍管理,打造一支政治坚定、业务精通、廉洁高效、心怀群众的财政干部队伍,进一步树立"为民、务实、清廉"的财政形象。

(叶集试验区财政局供稿)

六安经济技术开发区财政工作概述

2013年3月,六安经济技术开发区晋升为国家级经济技术开发区,全年完成公共财政预算收入

11.13亿元,同比增长15.8%,完成公共财政预算支出4.69亿元,同比增长10.2%。

【扎实推进扩区升级】完成升格国家级开发区和扩展8个行政村工作。财政部门紧紧围绕中心工作,全力推进债券发行和申报国家级开发区财政贴息,落实国家级开发区优惠政策。全面完成划转行政村、卫生室、学校的财政收支基数以及资产、债权、债务等工作。逐步理顺财政分配关系,推动建立新一轮财政体制,落实税收属地管理政策进一步到位,支持国家级开发区快速健康发展。

【有序开展财源建设】扎实开展财源调查,掌握企业生产经营及纳税情况,做好涵养税源工作,为制定财政收入目标和编制财政预算提供科学依据。财政设立招商引资优惠政策和鼓励企业转型发展专项资金,为财源建设提供财力支持,重点围绕开发区先进装备制造、轻工纺织、新型建材、战略性新兴和现代服务业等"五大百亿元"产业板块,培养骨干性财源。大力引导发展第三产业,规范房地产业、现代服务业和总部经济,由侧重抓直接财源,转向直接财源与间接财源并举。

【全面实施民生工程】把民生工程作为财政保障重点,制定年度工作要点,有序推动民生工程全面实施。积极统筹财力,足额安排民生工程配套资金。全年财政民生支出4.26亿元,占财政总支出90.83%。加大宣传力度,提高民生政策知晓率和满意度。组织开展民生工程督查活动和"回头看"活动,切实落实整改,确保项目整体推进。规范和加强民生工程国有资产管理,对2007年以来已建成并投入使用的民生工程国有资产进行清查和登记发证。

【稳步推进财政改革】深化国库管理制度改革,规范预算编制,细化用款预算科目。主动配合国库,规范财政财务管理,并结合开发区实际,采用集中核算集中收付并行的结算体制。积极与市人行国库实行财税库银横向联网,实现税款征缴信息共享。全面推行公务卡管理,简化报销流程,规范预算单位财务管理行为,大幅减少现金使用量。建立财政预算会商机制,全年组织开展财政工作会商14次,收集意见和建议40条,提高财政管理和服务水平。实行政务公开,公开财政资金分配政策,在开发区网站公布2012年财政决算和2013年财政预算,提高财政工作透明度。扎实开展绩效评审工作,组织实施231项工程预、决算审核项目,核减率6.5%,节约财政资金2851万元。完善政府采购管理,组织开展地产品采购,建成电子化政府采购管理应用系统,成功开展皋陶学校"班班通"项目网上采购工作。扎实开展"营改增"政策宣传与培训,推动大中型企业实施主辅业分离。

【全面规范财政管理】配合省、市审计机关开展政府债务审计、财政同级审计、保障房专项审计和社会抚养费征收审计,把审计提出的主要问题作为财政监督的重点,制订整改方案,落实整改措施,提升财政管理水平。认真排查业务管理中的重点部位和薄弱环节,开展行政事业单位固定资产清查、财政内控机制和履职情况专项检查以及涉农、涉企专项资金检查,确保资产和资金安全。开展会计信息质量检查,制定会计监督检查实施方案,做到查前公示、查后公告,整个检查过程严格按照财政监督检查工作规程进行,做到依法行政。全面推进党风廉政建设和廉政风险防控,做到反腐倡廉警钟长鸣,效能建设常抓不懈。

(六安经济技术开发区财政局供稿)

寿县财政工作概述

2013年,寿县公共财政预算收入完成7.65亿元,为年度预算的102.69%,同比增长23%;财政支出完成38.36亿元,为年度预算的151.95%,同比增长5.01%。

【财政收入平稳增长】加强税收收入征管,加强对重点税源、重点税收的监控,强化零星税源征管,做到应收尽收;开展多次税源调研,摸排分解下达年度目标任务,按季调度,按月通报,整体预算执行平稳。强化非税收入管理,巩固非税收入管理改革成果,加强收入调度,清理上交土地出让金、社会抚养费等,增强政府对非税收入的调度能力,完成年度收入任务。

【经济社会和谐稳定】按照优化支出结构,集中财力办大事,优先保障民生需求,积极合理调度和使用资金。全年实现民生支出32.43亿元,占财政支出比重84.55%。教育、文化体育与传媒等支出均幅增长。当年本县荣获"全国财政支出管理绩效综合评价前200名县"称号,排名第36位,获得财政部通报表名，为下一步更多争取省对县就业资金补助打下基础。

【民生政策成效显著】克服经济下行、财政收入放缓压力，持续加大资金投入，狠抓惠民政策落实，33项民生工程组织实施工作进展顺利，各项目标任务全面完成，取得显著成效。民生工程组织实施工作首次获得省表彰，位居市政府表彰的4个县区之一。全县33项民生工程累计投入资金13.3亿元，惠及城乡居民120余万人，人均受益一千多元。

【财政改革绩效突出】制定寿县新一轮乡镇财政管理体制、新桥国际产业园财政体制、寿县蜀山现代产业园财政体制、寿县预算管理办法、预算追加办理程序，规范现阶段财政供给分配关系，财政预算执行更加有序。规范政府债务管理，防范化解财政风险。扎实开展“营改增”扩围工作。筹建综合治税信息系统，强化税收环境治理。从严控制预算追加，实行“三公”经费支出月报告制度。完成乡镇、教育系统国库支付改革。推进预算单位使用公务卡和电子化政府采购平台建设。

【经济发展提质增效】贯彻落实县政府《关于促进全县经济平稳较快发展的实施意见》，落实国家结构性减税政策，兑现过渡期财政扶持资金。按照省政府进一步加强融资性担保体系建设支持小微企业发展意见要求，做大做强融资性担保，与省担保集团进行参股合作，全面提升全县担保机构综合能力素质，切实增强本县担保体系的实力和水平。

【三农工作成果丰硕】全面落实各项惠农政策，通过“一卡通”发放补贴资金6.87亿元。整合农村基础设施建设和农业产业化发展资金 2.29亿元。落实“一事一议”财政奖补资金6120万元，带动社会总投入1780万元，建成村级公益事业项目387个。集中2000万元支持美好乡村集镇改貌建设，将全县24个乡镇、96个自然村庄分批纳入美好乡村建设规划，实施29 个中心村庄集中整治。积极做好千万亩森林工程、粮食产业化龙头企业财政贴息资金申报工作，稳步推进农业保险工作。

【财政干部作风端正】2011—2012年期间新进17人，充实乡镇财政队伍，并安排多期乡镇财政干部参加省市培训。开展“周六学习日”活动，提高局机关广大财政干部理财水平。聘请专家教授在全县财政系统廉政大会和春训会上讲授廉政知识，组织局机关人员到县廉政教育基地开展警示活动，到县革命烈士陵园开展重温入党誓词活动，参与党政干部违规建房和多占住房问题专项清理活动。

【财政资金安全运行】县财政局在广泛征求意见的基础上，下达2013年财政监督检查项目计划，组织开展民生工程及财政专项资金、部门预算编制执行、非税收入征管、会计业务监督检查，财政资金绩效监督检查，共完成对30余户行政事业单位和企业的专项检查，开展全县涉农、涉企资金专项检查，效果明显。

【财政一体化水平提升】结合省财政厅要求，印发《寿县推进县乡财政一体化管理实施方案》文件，从业务管理、资金监管、队伍建设、信息系统、为民服务等五个方面，深入开展县乡财政一体化管理工作。将乡镇预算、人员等财政业务工作纳入县农村财政管理局归口管理，建立局班子成员和相关股室（单位）与乡镇财政所(分局)一对一帮联关系，下发《关于切实加强乡镇财政资金监管工作的实施意见》，安装“乡镇财政资金监管系统”软件，将各部门发放的城镇居民财政补贴项目全部纳入县农村局统一打卡发放。

（寿县财政局供稿　李国胜）

霍邱县财政工作概述

2013年，霍邱县完成财政收入22.1亿元，占年初预算96.6%，同比增长8.2%；收入总量位居全市各县区第一位，全省76个县区第十九位。其中地方级收入完成14.3亿元，占年初预算105.4%，增长8.4%；非税收入完成4.4亿元，占年初预算122.1%，下降2.8%。国税、地税、财政部门分别完成8.9亿元、8.7亿元、4.5亿元。完成土地出让金收入8.9亿元，社保类基金收入2.8亿元。全年完成财政支出49.1亿元，占年度预算108.5%，占年度预算102.3%，增长4.2%。民生类支出40.7亿元，占总支出的82.9%。农林水事务、社会保障和就业、医疗卫生等重点支出分别同比增长24.7%、17.1%和22.6%。全年完成社保类基金支出2.8亿元，增长115.2%。

【民生工程扎实推进】继续实施34项民生工程，全年投入15.5亿元，其中县财政配套1.4亿元，增长4%，各项民生工程全面完成。做好财政牵头实施的2项民生工程。政策性农业保险午季投保125.6万亩,秋季作物投保173万亩,全年打卡发放理赔资金4911万元。开展育肥猪特色农业保险,37个规模养殖场7万头育肥猪参保。一事一议财政奖补批复项目743个,筹集资金8629万元,其中财政奖补6897万元,群众自筹1732万元。所有批复项目全部完工。

【支持发展力度加大】实行财政新增存款与县内各金融机构新增贷款动态挂钩制度,促进各金融机构新增贷款14.5亿元。县财政安排2470万元兑现招商引资优惠政策。积极争取项目,通过自主编报和与有关部门联合编报项目235个,申报到位资金8.9亿元,增长33.6%;争取农业生产全程社会化服务体系项目资金1500万元。强化财源建设,预算安排支持工业和民营经济发展专项资金9636万元,增长22.7%;市政建设及重点项目资金21436万元,增长18.6%;支农资金13228万元,增长26.4%,促进经济可持续发展。

【惠农机制不断完善】健全惠农补贴资金管理机制,通过"一卡通"发放财政补贴农民资金8.87亿元,增长30%。扎实开展农业综合开发,投入资金6659万元,增长45.3%,项目稳步实施。加大老区投入,投资1516万元,改善老区人民生活生活条件。开展涉农资金检查,确保党的惠农惠民政策落实。整合涉农资金4.54亿元投入美好乡村建设,涉及19个部门、31个项目;制定资金使用管理暂行办法,加强监管,提高资金使用效益。

【理财水平逐步提高】制订新一轮乡镇财政体制,乡镇全年结算财力较上年净增1.3亿元。将32个乡镇、9个县直单位纳入国库集中支付,全年预算内外直接支付14.6亿元、单位往来支付10.1亿元。提高公务卡办卡率和使用率,截至年底已办理公务卡近1280张,全年通过公务卡实现公务消费支出840余万元。启用政府采购电子化应用系统,开通县政府采购网,全年实现政府采购额13507.7万元,节约资金1627.4万元。推行行政事业单位国有资产改革试点,完成对15家县直单位国有资产划转。按规定程序批复处置行政事业单位国有资产评估价59.2万元,拍卖成交66.9万元,加强国有资产处置的规范化和制度化。对县属12家国有企业开展财务审计,征缴国有资本金收益89.5万元。通过对财政供养人员指纹比对,节约财政支出107.8万元。开展财政对外借款和财政专户清理,回收财政对外借款2.4亿元,撤销财政专户12个。在所有乡镇全面推开乡镇财政监督工作,检查项目47个,涉及资金1.8亿元。

【效能意识不断增强】继续开设"财政讲坛"、"道德讲堂",加强党员干部教育培训。开展财政工作计划管理,提高工作效率。出台财政财务会商工作制度,主动对接,服务发展。深化结对共建,广泛走访调研,发放慰问金1.6万元。开展党员群众"心连心"活动,融洽党群关系。加强乡镇财政建设,组织业务培训500余人次;完善考勤机制,调动乡镇财政工作积极性。厉行节约,精简会议,改进文风,转变作风,树立良好财政形象。开展招商引资,引进落地项目2个,完成投资8000万元。成立财政局机关青年志愿者服务队,开展植树造林、赴小岗村学习等活动。开展慈善一日捐,捐款15500元。组织环境整治"三清"活动,提升环境卫生水平。恢复成立县会计学会。扶持珠心算活动,城区小学107个班、近7000名小学生参加珠心算学习,多次在省市获奖。春节、八一到武警霍邱消防大队慰问官兵,送去慰问品价值6000余元。按照全县统一部署,做好预安销号工作。

(霍邱县财政局供稿 鲁俊贤)

舒城县财政工作概述

2013年,全县财政收入实现11.2亿元。其中,国税部门完成3.67亿元,地税部门完成6.31亿元,财政部门完成1.18亿元。全县财政支出30.56亿元。

【组织财政收入】重视对收入形势的分析预测,加强与国、地税部门协调,分月调度。抓住重点税源,加强对重点企业和行业的税源监控,确保收入及时、足额、均衡入库。加强非税征管,确保符合规定的非税收入全额入库。

【促进经济发展】大力实施积极财政政策,着力激发经济增长的后劲和活力。投入4.25亿元用于重点工程、重点项目建设。投入9617万元用于县开发区、杭埠开发区、舒茶工业集中区建设。安排2000万元专项资金,采取以奖代补、贴息补助等形式,鼓励企业做大做强。向上争取1036万元,支持27家企业技术改造和科技创新。投入3004万元,用于农村公路危桥加固以及农村道路改造。投入1432万元,用于城镇污水管网建设和棚户区改造。投入2928万元,支持环境连片整治、企业废物资源利用和工业污染治理等环保建设。投入2100万元,用于万佛湖网箱退出工程。投入1486万元,用于旅游业发展。投入906万元,支持商贸服务业发展。为372名下岗职工再就业提供小额担保贷款2131万元,为8家劳动密集型小企业提供小额担保贷款1600万元,并给予小额担保贷款财政贴息352万元。

【支持“三农”建设】财政投入农业综合开发资金5552.3万元,其中土地治理项目投入4691.3万元,对千人桥镇、阙店乡、桃溪镇、干汊河镇、城关镇等中低产田进行改造;产业化经营项目投入861万元,扶持农业产业化龙头企业7家,农民专业合作社3家。整合资金18643.3万元(其中财政直接补助资金4558.6万元)支持美好乡村建设。投入1500万元,支持桃溪农业示范园建设。及时兑现财政惠民政策,打卡发放30大项惠民资金4.4亿元,惠及城乡居民25万户。投入1472万元,实施千万亩森林增长工程。投入11940万元,集中实施小型病险水库除险加固、中小河流治理、水土保持、农村饮水安全等水利基础设施建设。积极向上争取库扶资金4059万元,支持库区移民村基础建设。投入4018万元用于扶贫开发和整村推进工程。投入“一事一议”财政奖补资金4311万元,实施项目410个。完成2900户农村危房改造、4个乡镇农村清洁工程。全县种植业承保99.3万亩,养殖业承保4713头,开展特色农产品和公益林保险试点,共支付理赔款279.6万元。

【着力改善民生】全县全年民生支出25.4亿元。认真落实财政性教育投入政策要求,全县教育支出6.9亿元。全力实施34项民生工程,投入资金11.9亿元,县级配套2.2亿元。全县发放各类就业培训、岗位技能补助422万元。积极支持县级公立医院改革,财政拨付补助资金620万元。城乡居民养老保险参保55.9万人,支付养老保险金9076万元。新农合参合84.7万人,支付参合人员医药补偿资金2.8亿元,城镇医保参保10.3万人,支付参保人员医药补偿资金2959万元。投入2000万元,实施城乡公交一体化工程。大力支持文化事业发展,积极开展广电村村通、公共文化服务信息化建设,推动公共文化场馆开放。不断加强和创新社会管理,大力支持社区(村)网格化管理,维护社会和谐稳定。发放375名退伍士兵退伍安置保障金1066万元。

【深化财政改革】继续推进预算编制改革,运用预算编制管理系统,使预算编制更系统、更科学。继续推进国库管理制度改革,清理撤并财政专户12个,所有财政专户归口国库统一管理。全面推进乡镇国库集中支付管理。继续扩大营业税改征增值税试点,兑付营改增企业扶持资金322.5万元。深化非税收入征收管理改革,非税收入严格实行预算管理,避免财政资金体外循环。继续深化国有资产管理改革,对县直行政事业单位的房产、地产产权核查办证,移交到县国资办管理,已划转房产证286本,已划转土地证153本。对单位经营性收入、国有资产处置收入2656万元统一缴入非税专户。开展涉农、涉企专项资金使用情况监督检查,加强乡镇财政资金监管。

【加强自身建设】认真贯彻执行中央“八项规定”和省、市、县改进工作作风、密切联系群众的意见,落实省纪委“十条禁令”,完善公务用车、公务接待制度,严肃会风会纪、工作纪律,以实际行动,纠正“四风”。扎实开展机关效能建设集中整治活动,促进机关作风的改变。建立健全廉政风险防控机制,认真开展廉政谈话和廉政公开承诺活动。主动做好“两案”办理工作。积极开展结对共建、扶贫等活动。运用乡镇财政资金监管系统软件,全面开展乡镇财政资金监管,城关镇、桃溪镇、干汊河镇、南港镇、春秋乡、高峰乡、五显镇7个财政所(分局)档案管理工作通过省级考核验收,获得省一级档案管理先进单位称号。

(舒城县财政局供稿 夏玉中)

霍山县财政工作概述

2013年,霍山县完成财政收入19.8亿元,同比增长4%,其中:国税完成收入10.2亿元,地税完成收入6.7亿元,财政完成收入2.9亿元;全县实现以民生类支出为主的财政支出22.5亿元,同比增长10.2%,净增2.1亿元,全县财政运行继续保持平稳健康运行。

【提升财政实力】财税部门克服重重困难,强化协作,统筹调度,加强收入分析,关注重点税源变化趋势,依法治税、科学治税,定期召开财税库银联席会议,分析解决财政经济运行中存在的问题。扎实推进综合治税管理工作,堵塞税收征管漏洞,确保应收尽收。进一步规范非税收入管理,对符合预算管理的收入全部纳入国库,其他非税收入一律纳入财政专户,确保财政收入总体稳中有升。

【服务经济发展】认真贯彻落实省、市、县关于促进经济平稳较快发展的实施意见，加大落实结构性减税、减免费和财政补贴奖励等政策力度，大力培育主导产业。统筹调度财政资金，保障重大项目和重点改革推进实施，助推全县经济持续健康发展。筹措专项资金1亿余元支持县经济开发区建设，配合高桥湾科技园区融资3800余万元，兑付400万元中小企业发展奖励资金。拨付2300余万元充实县嘉利达担保公司国有资本金，撬动信贷资金和民间资金，有效缓解中小企业融资难问题。及时拨付2500万元农业专项资金，用于本县佛子岭、磨子潭两大水库渔业资源保护和利用。制定财政优惠扶持政策，拨付69万元财政扶持资金支持"营改增"试点企业，确保"营改增"试点顺利实施。

【保障改善民生】不断优化财政支出结构，高效落实各项惠民政策，全力保障改善民生，促进社会和谐建设。全年投资4.6亿元，其中县级配套6200万元，扎实推进33项民生工程建设，主动发挥牵头部门职责，完善工作推进机制，加大民生政策宣传，强化工程后续管养，加强项目绩效管理，民生工程实施效益明显，在年度综合考评中再次荣获全市先进县。完善惠民补贴发放机制，全年发放各类财政惠民资金2.7亿元，涉及全县城乡9.9万余户。加大农业综合开发力度，实施国家农业综合开发项目8个，总投资2325万元，其中财政资金1852万元。大力支持美好乡村建设，预算安排1500万元，整合项目资金8000万元，实施项目涉及16个乡镇21个中心村。继续深化农村综合改革，深入推进"一事一议"财政奖补，实施财政奖补项目145个，其中财政奖补资金1792万元。扎实做好政策性农业保险工作，水稻等六个品种综合投保率达到92.23%，并开展林业、毛竹、茶叶等特色农产品保险，有效增强山区农业抗风险能力。

【推进重点改革】进一步巩固和深化财政各项改革，坚持向改革要效益，以创新促发展，财政体制机制活力进一步释放。稳步推进"营改增"改革试点，成立试点改革指导小组，支持大中型企业主辅分离，努力培育新型纳税主体。继续深化预算管理制度改革，加强预算编制和执行管理，稳妥推进部门预决算及"三公"经费信息公开。继续深化国库集中支付改革，自当年7月1日起，各乡镇和学校全面实行国库集中支付改革，全县实现国库集中支付预算单位全覆盖。扩大公务卡制度改革范围，全面启动乡镇公务卡制度建设，并同步推行预算单位公务卡强制结算目录，提高公务卡激活和使用率。大力推进电子化政府采购管理系统建设，对采购过程实现网络管理、全程监督，提高政府采购效益。

【加强绩效管理】继续把加强财政财务管理作为财政工作的主题任务，不断提升财政科学化规范化信息化管理水平。组织开展涉农、涉企资金专项检查，建立财政涉企项目资金管理信息系统。强化财政监督管理，继续对重点项目资金开展专项监督检查。加强财政绩效评价，出台规范化管理制度，重点加强财政建设性资金和预算统留资金的绩效评审，提高财政资金使用效益。促进财政资金保值增值，合理调整银行公存资金，对财政闲置资金分类采取协定存款、定额存款等方式，切实提高财政资金收益；加强社保基金专户管理，将各项社保基金及时拨入专户，实行定期存款，并积极清收各银行历年欠付的利息。加强政府性债务管理，以全国政府性债务审计为契机，全面落实监管责任，加强风险管控，积极化解存量债务，规范举借新增债务，不断提升债务管理水平。强化乡镇资金监管工作，加强乡镇资金监管网络平台建设，成立乡镇财政监督监察室，加强乡镇自我监督管理。实施国库集中支付动态监控，严格预算单位银行账户管理，健全完善财政专户管理制度。规范做好国有资产收益管理，扎实开展民生工程国有资产档案管理，提高国有资产的使用效益。加强会计业务管理，规范会计从业人员信息采集，抓好会计人员继续教育，不断提高会计信息质量和会计基础工作水平。

（霍山县财政局供稿）

金寨县财政工作概述

2013年，全县实现公共财政收入6亿元，占预算的95.4%，较上年增长3.1%；实现公共财政支出30.4亿元，较上年增长11.97%，实现了保工资、保运转、保民生的目标任务。

【狠抓增收节支，推进财政稳健运行】坚持收入支出并举，开源节流并重，紧紧围绕收支目标任务加大工作力度，实现了财政收支的持续健康增长。一是提高收入质量。全县财税部门在落实税收优惠政策民生的目标任务。

【狠抓增收节支,推进财政稳健运行】坚持收入支出并举开源节流并重,紧紧围绕收支目标任务加大工作力度,实现了财政收支的持续健康增长。一是提高收入质量。全县财税部门在落实税收优惠政策的同时,积极推进依法理财治税,不断完善征管机制,建立健全协税护税体系,确保财政收入应收尽收。全年实现税收收入4.91亿元,非税收入1.09亿元,非税收入占财政收入比重为18.2%,较上年下降4.7个百分点。二是注重对上争取。全面研读国家财税政策,明晰上级支持的重要领域和重点环节,及时捕捉各项信息,加大工作对接力度,努力向上争取财力支持。全年共争取各类财政转移支付资金31.48亿元,较上年增加6.19亿元,增长20.1%。三是保障重点支出。积极调整优化财政支出结构,确保各项重点支出需要,全县一般公共事务、教育、社会保障和就业、医疗卫生、农林水事务分别增长8.1%、3.0%、11.5%、18.4%、18.4%。四是严控一般支出。在保工资、保运转、保民生的基础上,严控"三公"经费等一般性行政支出,对公务接待实行政府采购、定点接待;对车量购置使用实行定编、更新报批、限定价格、统一采购省内产品等。首次将18个县直部门纳入财政预决算和"三公"经费公开范围,主动接受社会监督。

【强化多元投入,增强经济发展后劲】积极投身全县建设主战场,不断加大对县域经济发展的服务力度,促进县域经济社会较快发展。一是强化政府投资融资。全年到位和待批政府融资18.25亿元,投资22.36亿元,投融资均超历年总和。组建城镇投资开发集团公司,将公司注册资本由2亿元增至10亿元,拥有4家全资子公司和2家控股公司,集团公司总资产达117.72亿元,集团公司全年投资政府性项目130项。二是加大基础设施建设力度。加强土地综合治理,投入1000万元,对梅山等18个乡镇的受灾农田进行整治,恢复农田250亩;争取资金3486万元,对铁冲、桃岭、白塔畈三个乡镇2.54万亩土地进行综合整治,新增农田280亩;投入1650万元对梅山镇苏畈等43个村的高标准农田进行整治,整治面积3.3万亩。推进水利事业建设,投入2630万元治理竹根河,投入440万元用于团山等5个水电站扩容,筹集2610万元支持全县中小河流治理,争取700万元筹建县城新自来水厂。支持乡村道路建设,争取7573万元,重点改造维修了209省道和210省道部分路段;筹集3295万元对县乡公路进行升级改造;安排502万元对县、乡、村道路进行养护。三是加快旅游发展步伐。投入760万元重建红二十八军旧址,并支持汤家汇镇申报红色旅游重镇。筹集4.6亿元建设大别山快速旅游通道及南溪汤汇旅游线路;安排1000万元促进生态旅游发展,安排500万元用于新老城区路灯建设和绿化维护;多方筹措资金支持"三城同创",着力改善县城人居环境,提高县城文化品位。争取"三河三湖"专项资金1560万元,用于河流治理、水源地保护及两库周边环境整治。四是支持工业经济发展。安排民营企业奖补资金331.18万元,支持企业做大做强;安排金融担保机构奖励资金33.4万元,调动金融机构加大经济发展投入的积极性;拨付重点税源企业搬迁补偿款670万元,支付优惠政策奖励675.53万元,增强重点企业发展实力;设立民营经济发展专项基金2000万元,争取中小企业发展专项资金1926万元,安排营业税改增值税试点扶持资金1509.72万元,助推民营企业发展。五是做好担保贷款工作。全年提供小额担保贷款3.9亿元,较上年净增3.6亿元;全年提供商业性贷款担保4.3亿元,较上年净增1.9亿元;全年发放搭桥贷款1.4亿元,较上年增长7%。多方筹措资金7000万元,将利达担保公司注册资本从1.3亿元增至2亿元,安排小额担保基金8000万元,壮大小额担保基金规模;健全小额担保贷款回收激励机制,对到期回收率超95%以上的承办银行,按比例给予奖励,对到期主动还贷的个人或企业,允许再次贷款且继续享受财政贴息,进一步提高贷款回收率。

【突出民生改善,提高群众幸福指数】筹措民生工程资金9.66亿元,较上年增加2.5亿元,增长25.88%;在省级确定的33项民生工程基础上,新增农房保险和65岁以上老人健康管理,受到中央及省、市媒体的高度赞誉。一是教育文化事业投入逐步增加。安排义务教育公用经费5817.9万元,发放贫困寄宿生生活费补助517万元,向65003名学生免费提供教科书;资助家庭困难高中生3050人次,发放资助金457.5万元。为2830名中等职业学校学生免除学费241.2万元,为1827名中职贫困生发放助学金279.26万元;支付资金575万元,建成乡镇公办中心幼儿园16座;支付资金529.2万元,用于898个直播卫星建设点和2处无线发射台基站建设;支付资金246万元用于博物馆、图书馆、文化馆免费开年理赔金额 275 万元,455 户受益。三是基本社会服务投入大幅提高。支付资金 435 万元培训农民工 8984 人;向 34300 名农村低保人员发放低保金 3293 万元;向 20651 名大病患者发放救助金 912.11 万元;救助 5400 名贫困重度残疾人 370.74 万元;奖扶 3550 名计生对象补助金 365.05 万元;补助 7712 名“五保户”1845 万元。支付资金 502 万元用于 6 处农村五保供养服务机构建设;支付资金 444.47 万元,为全县 56971 名 65 岁以上老人开展健康检查和健康档案管理。四是基本医疗卫生建设投入保持稳定。支付基本公共卫生服务项目资金 1651 万元,拨付村级及公立医院药品零差价补助 493 万元。支付资金 356.26 万元为 6983 例孕产妇住院分娩进行补助,对 5012 对新人免费提供婚前医学检查。五是农村基本条件改善投入稳中有升。支付资金 1077 万元,对全县 38 万亩农作物、4000 头能繁母猪、441 万亩森林、2.65 万头育肥猪实施保险;支付资金 3500 万元,完成饮水安全工程 37 处;支付资金 1241.4 万元,加固 37 座农村公路危桥;支付资金 3265 万元,实施“一事一议”奖补项目 273 个;支付资金 4410 万元,完成危房改造 4200 户。六是收入倍增规划任务有效落实。全年城镇居民人均可支配收入 21693 元,同比增长 12%;农村居民人均纯收入 7104 元,同比增长 13.5%;城乡居民收入比 3.05∶1,完成倍增规划任务。

【统筹城乡发展,加大财政支农力度】把支持“三农”作为财政工作重点,不断加大强农惠农力度。一是兑现各项惠民政策。规范惠民补助对象信息管理,对信息不准确的进行修改修正并重新开户,全县共修改修正农户基础信息 1.8 万余条;将所有惠民补助资金纳入“一卡通”发放范围,按惠民补助政策规定实行打卡发放,全年发放惠民补助资金 42 项 5.8 亿元。二是支持农民专业合作组织快速发展。鼓励兴办各类农民专业合作组织,向产业化龙头企业提供信用担保贷款 4140 万元,向农民专业合作组织提供贷款 8613 万元,并发放农业担保贷款 1140 万元,全县新增各类农民专业合作组织 1170 家;支持土地、林地依法有序流转,全年兑现土地流转补助 41.16 万元。三是开展支农资金整合。2012 年全县支农资金整合被省级评定为 A 类第一名,获中央财政奖励 440 万元。当年全县按照“六个统一”运作模式,围绕“5+1”项目、现代农业、小型农田水利、扶贫开发整村推进等平台整合支农资金 3.47 亿元,集中财力重点投入,支持“三农”发展。四是推进美好乡村建设。筹集美好乡村建设资金 3352.2 万元,整合财政、农业、水利等资金 1.6 亿元,重点用于全县 36 个中心村庄的设施改造、亮化美化、产业发展、文化建设等。双河镇河西村成为全国美丽乡村建设试点村。五是加快特色产业发展。投入资金 4351.7 万元实施农业综合开发,重点加大吴家店、麻埠、青山、天堂寨四乡镇的特色农业项目建设。争取上级资金 2750 万元,筹集专项资金 1150 万元,重点用于现代农业示范园建设、特色产业项目配套、特色种植基地建设和特色农业品牌推介。

【深化改革创新,不断强化财政职能】以创新为引领,全面加快改革发展步伐,提高财政管理绩效。一是深化部门预算管理。按照综合预算要求,将部门所有收入全部纳入预算管理,统筹安排政府财力;坚持量入为出的原则,强化预算约束,减少预算追加,保障重点支出需要。全面开展单位财务清理规范,建立健全财政监管信息化平台。推进预决算公开,全面接受社会监督。制定出台政府债务管理办法,防范财政运行风险。选择 12 项群众关注度高、资金投入量大的项目开展绩效评价。二是推进国库集中支付制度建设。开展预算单位银行账户再清理,取消单位备用金和实有资金账户,全县财政专户由原来 37 个减至 21 个;健全财政信息化系统,将财政预算资金、其他专项资金全部纳入财政一体化信息系统进行管理,实行在线申请、直接支付,全年通过一体化平台支付资金 10.6 亿元;开展财政授权支付业务试点,并对相关经办人员进行培训。三是开展电子化政府采购工作。将政府采购纳入财政一体化信息系统进行管理,建立供应商、评审专家、采购项目等信息资源库,并与省市电子化政府采购平台联网。四是狠抓国有资产管理。将县直行政事业单位资产划归县国有资产中心进行管理,并委托金业资产运营公司按照市场化模式运营,办公用房由单位与金业公司签订租赁协议并缴纳租金;不适宜经营的资产由金业公司以招标拍卖、协议转让等方式进行处置,房屋租金和资产处置收入全部上交县财政,实行“收支两条线”管理。全年县直单位纳入统一管理的达 78 家,划转土地、房产等面积 38.17 万平方米,评估价值 23.07 亿元。国有资产管理工作受到省领导肯定。五是深化农村金融综合改革。制定了金融机构考核办法,通过财政资金撬动作用,引导金融机构加大信贷投放；投入资金50万元支持农村征信体系建设,安排资金100万元支持农村金融服务室和助农取款点建设;出台风险补偿资金使用管理办法,着力化解金融贷款风险;投入资金2000万元,对“助保金”、“金徽通”等金融创新产品进行支持。预计全年全县贷款余额72亿元,存贷比为56.2%。

(金寨县财政局供稿 吴孔文)

马鞍山市财政工作概况

马鞍山市财政工作综述

2013年,马鞍山市实现财政收入226亿元,完成预算100%,同比增长7.3%。全市财政支出202.59亿元,完成预算99.72%,同比增长6.4%。收支相抵,滚存结余5657万元,其中结转下年支出4779万元,净结余878万元。

【强化收入征管】抓均衡增收,全力保障收入稳定增长。建立收入征管联动机制,实行收入目标责任制,按月考核通报。定期召开财政、税务、海关、人民银行联席会议和税源管理工作专题会议,及时分析研究全市财政经济形势。强化外来建安企业税收征管,建立国土、财税工作协调机制,加强涉税信息分析利用,完善税源信息平台,强化税收稽查和纳税评估,开展土地使用税和房产税征收检查,全年共查补入库税款1.6亿元。强化非税收入征管,重点加强对国有资产转让、国有资本经营收益和国有资源有偿使用收入的征管,将应缴国库的非税收入及时足额收缴入库。

【落实积极财政政策】认真落实积极的财政政策,着力扩投资稳增长。投入资金8.1亿元,支持地方企业加快转型发展。贯彻金融支持经济结构调整和转型升级意见,健全市国有担保体系,落实1.6亿元支持县区成立国有担保公司,并争取1.8亿元省民营经济发展专项扶持资金和省扩大融资担保金专项资金。设立中小企业还贷应急周转金1亿元,缓解企业流动资金压力。拨付小额担保贷款贴息资金4000万元,促进下岗再就业;争取中央和省财政专项资金6.5亿元,推进科技创新、节能减排和基础设施建设。争取市秀山医院等2个单位外国政府贷款3300万美元,加快推进公益事业发展;落实小微企业和园区内企业减免费政策,全年免收费约1500万元。全面清理涉企收费,落实企业建设项目“一表式”收费制度。

【深化财政改革】抓改革创新,大力提高理财精细水平。一是推进预算编制改革。统一预算供给政策,编制公共财政、国有资本经营、政府性基金、社会保险基金、政府债务5项预算。完善“上门商预算、开门办预算”机制,经部门磋商,商减109个项目金额8000万元;经专家评审,核减282个项目金额1.48亿元。二是落实“存贷挂钩”办法。用考核数据说话,调整政府性资金在各商业性银行存放规模,在7月份调增调减20.5亿元基础上,10月份又调增调减11.7亿元。追缴社保资金保值增值利息4624万元。创新一行一策、竞争性谈判、执行优惠利率等制度,约谈存款收益,新增利息收入近2000万元。三是推进财政支出改革。加大“花钱买服务”力度,在医疗、教育“买服务”的基础上,将《马鞍山日报》作为“产品”,2014年根据发行量、版面数供给经费。四是加大国库集中支付力度。全年纳入市国库集中收付资金129.83亿元,实现“一个口子进出”目标。市本级发放公务卡8311张,结算支出2943万元,提高消费透明度。五是清缴部门结余资金。审核清理市本级财政结余、结转资金,收回预算1.45亿元。六是加强政府采购管理。全年完成政府采购预算11.64亿元,节约财政资金超过1.5亿元。建立全市统一的电子化政府采购应用平台,进一步规范监管。七是推动“营改增”扩围试点。全市5587户企业纳入营改增改革,累计入库增值税2.17亿元,近9成企业减负、减税6000万元,对因税改增负企业拨付财政扶持资金4705万元。

【全力支持民生工程及收入倍增规划】全年实施40项民生工程,投入资金总量达36.5亿元,较上年增长21%。实施"就业提升、创业富民、民生普惠、财富增值"四大工程,加强城乡居民收入增长,城镇居民人均可支配收入34500元,完成目标任务107.8%,农村居民人均纯收入13200元,完成目标任务110%。全市发放农村低保、五保户供养、计生家庭奖扶及城乡医疗救助等资金1.98亿元。公租房住房开工率100%。新农合和城镇居民医保参保均超额完成任务。居民健康档案规范化电子建档率达80.38%,免费婚检21914对,均超省、市目标。贫困残疾人康复工程全部完成。安排资金7000万元,资助家庭经济困难学生6.18万人。及时发放义务教育保障金1.23亿元。7个乡镇公办中心幼儿园全部建成。全市271个广播电视"村村通"工程全部完成。所有公共文化场馆全部免费开放。丰富农村文化生活,开展农村文艺演出1820场。

【加大"三农"投入】市预算安排强农资金9300万元,较上年增加12.04%,重点支持农业产业化、农业基地及农村水利等基础设施建设。安排800万元补助市级63项小农水工程,向上争取8个重点农业项目资金770万元,扶持农民专业合作组织和产业化龙头企业发展。通过"一卡通"向全市农户发放粮食直补、农资综合直补、良种补贴等惠农补贴资金5.22亿元。实施34个农业综合开发项目,总投资7035万元。筹集一事一议建设资金1.34亿元,推进农村公益事业建设。各级财政投入资金1.79亿元,整合涉农资金3.21亿元,吸引带动金融和社会资本5.92亿元,集中支持美好乡村建设。

【完善国有资产监管体制】加强资产资源整合,划转市级融资平台资产46亿元,提升平台融资能力、信用支撑能力和运营实力。审核批复融资项目,涉及融资金额53亿元。支持华菱星马非公开发行股票,募集资金12.12亿元。支持山鹰纸业重大资产重组,获得国务院国资委、中国证监会批复。审核确认三联泵业股份公司历史遗留问题,为企业新三版上市创造条件。实质性推进了国企职教幼教退休教师待遇解决,全市国企职教幼教退休教师资料经初审、公示、复核,上报省国资委待批。

【加强投融资管理】拓展融资渠道,全力保障全市大建设、大发展资金需求,超额完成年度融资任务。各类融资平台资产总额1439亿元,净资产847亿元,资产负债率41.14%。全年全市平均融资成本7.68%,远低于同期央行1年期贷款基准利率上浮30%(7.995%)的控制线。各载体直接融资趋多,中票、私募债、结构化融资、土储融资、政策性银行长期贷款等业务占比日益增大。全年争取上资50.05亿元。围绕相关政策,引导各部门和企业包装申报项目,积极沟通对接,获得争取类资金19.3亿元,同比增长22%。抓住产业转移、工业转型等政策机遇,争取省级财政资金6.93亿元,同比增长15.8%。为博望区争取县级财政享受的出口退税补助461万元,为郑蒲港新区土地报批补助1660万元。

【强化财政监督】选择教育、交通、社保、农业、企业等专项资金,综合开展会计监督、预算监督、审计鉴证、绩效监督、支出监督,查出违规违纪金额4.7亿元,其中:会计核算不实4.5亿元(在建工程未结转固定资产3.55亿元、往来款项不实0.95亿元)、财政资金违规896万元、其他问题违规1570万元。牵头审核市级财政性投资项目征迁成本,与申报数额相比,核减14.9亿元。

(马鞍山市财政局供稿　尹昌元)

花山区财政工作概述

2013年,全区财政收入完成31.2亿元,可用财力22.8亿元。

【着力抓征管促增收】建立收入征管联动机制,实行目标责任制,按月考核通报。定期召开财税联席会议和税源管理工作专题会,及时研究分析财政经济运行情况。加强税源管理,实现工商税务部门涉税信息实时对接,加强涉税信息分析利用,强化税收稽查和纳税评估,全年共查补税款3248万元。积极培植税源,全面调研各街道、秀山新区和软件园,召开税收专题调度会,印制发放私房出租税收宣传单7000余份。开展税源普查,做到应收尽收,确保财政收入进度。规范税收秩序,建立房地产、建安企业税收征管联动机制,网吧登记"先税后证"机制,涉税财务价格认定机制,堵塞税收征管漏洞。强化非税收入征管,重点加强对国有资产转让、经营收益和有偿使用收入征管,非税收入及时足额收缴入库。

【着力惠民生促和谐】实施41项民生工程,累计投入11.92亿元,同比增长11.62%,惠及全区49万城乡居民。农村低保、五保户供养、城乡居民养老和计生家庭奖扶资金及时足额发放，廉租房建设全部封顶。城镇居民医保参保均超额完成任务，城乡医疗救助顺利实施，贫困白内障患者免费复明手术和残疾儿童康复工程提前完成全年任务。全年免书本、学杂费和补助公用经费1449万元。全区所有文化场馆全部免费开放共接待60余万人次。围绕“就业提升、创业富民、民生普惠、财富增值”四大工程，城乡居民收入倍增工作有序推进。

【着力惠三农强基础】安排专项资金 1022万元，重点支持各类农业项目的建设。扎实开展农村公益事业“一事一议”财政奖补工作，改善农村人口居住环境。共投入财政奖补资金136万元，惠及2.8万农村人口。整合各类涉农资金，制定美好乡村建设财政奖补办法，安排690万元支持美好乡村建设。及时拨付各类惠农资金，增加农民收入。全年通过“一卡通”打卡发放各类惠农资金344万元。

【着力提效率增活力】实行全口径预算，将政府收支全部纳入预算管理，全面反映收支总量、收支结构和管理活动。强化支出管理，选择环卫和社区卫生服务方面实施政府“花钱购买服务”改革。对文化演出及公益性服务场所物业管理、公务车辆保险和维修等，通过招标购买服务。改革会议费、车辆经费管理方式，硬化预算约束。开展民生、惠农专项资金检查，清理整顿财政专户，仅保留民生、廉租房等10个专户。推进公务卡制度改革，全年办理公务卡741张，支付金额达143万元。深化国库集中支付改革，将全区113个单位纳入国库集中支付系统，全年支付近9亿元。加强非税收入征管、严格票据管理。实时监控政府投融资平台，分析预警政府债务，防范财政运行风险。健全资产管理体系，完成与慈湖高新区所有资产转移交接。继续对“三公”经费实行量化指标控制，逐月分析上报，全年累计支付约780万元，比上年同期下降45.13%。

(花山区财政局供稿)

雨山区财政工作概述

2013年，雨山区完成财政收入20.03亿元，同比增长10.38%。

【坚持强征管促增收】定期召开财税分析会，落实任务，增强责任，提高征管积极性和主动性。推进科学征管，开展涉税鉴证服务，委托社会中介进行税收调查、评估。强化零散税收征管。加强区个体征管中心管理，积极组织乡镇(街道)、社区协税员，做好个体税收和私房出租税收征管。发动工商、税务、乡镇力量，开展陈家村黄砂企业税收整治活动，全面规范黄砂企业经营行为，依法实施税源征管。加强对国有资产转让、经营收益、有偿使用收入等非税收入征管，将应缴国库非税收入及时足额收缴入库。

【坚持助转型促升级】实施好结构性减税政策，提高增值税、营业税起征点，推进交通运输业和部分现代服务业营改增，贯彻实施国家减免行政事业性收费政策，减轻中小企业负担。安排营改增补助资金111.69万元，大力扶持中小企业发展。落实各项财税扶持政策，加大企业扶持力度，安排再生资源企业政策奖励资金5276万元，工业转型发展专项资金357万元，推动经济转型升级。安排软件动漫及服务外包企业奖励资金127.62万元。安排和争取企业自主创新和工业转型专项资金452.27万元，现代服务业发展奖励资金570.53万元，现代农业发展专项资金26.72万元。整合使用财政专项资金，多方搭建融资平台，引进多家金融服务企业，全力帮助企业解决融资难题。参与设立市中小微企业还贷应急周转资金，组建雨山区国有融资担保公司，为企业融资提供服务。加大园区基础设施建设投入，支持园区加快发展。安排雨山经济开发区项目建设资金1.8亿元，帮助开发区融资1.5亿元。安排雨山现代农业示范园建设资金300万元，完善园区基础设施，健全功能体系，支持扩园建设。扩大园区行政事业收费减免政策，减轻企业负担，优化园区企业发展环境。

【坚持调结构促和谐】合理调整支出结构，有力保障文教卫等民生事业发展。筹集资金13.16亿元，实施40项民生工程和10件为民办实事项目。支持教育优先发展，安排教育费附加1400万元，拨付“两免一补”资金1046.69万元。完善社会保障体系，城乡居民养老保险参保3.95万人，及时足额发放奖扶资金。保障性住房建设进展有序，投资14.45亿元改造工矿棚户区五个，惠及4831户、1.2万名群众。提高医疗卫生保障水平，建立规范化居民电子健康档案22万份，建档率73.4%，城镇居民基本医疗保险人数达到9.05万人，基本实现应保尽保；重大传染病人救治和城乡医疗救助顺利实施，贫困白内障患者免费复明手术提前完成全年任务。开展免费婚检和适龄儿童免费接种,提高妇女儿童健康水平,加强公共文化服务体系建设,实施文化示范区创建配套设施改扩建工程,对现有图书馆、文化馆和电子阅览室进行改扩建,增购图书6000余册。

【坚持抓统筹促联动】不断加大城乡统筹力度,改善农业基础设施。完成一事一议村级公益事业项目12个,受益人口3.15万人,完成总投资467.25万元,投入一事一议村级公益事业建设财政奖补资金244万元,财政补贴占总投入比例52.22%。持续加大公益事业建设投入,加大强农惠农补贴力度。全面实施惠民直达工程,通过“一卡通”发放各项涉农补贴资金327.12万元,补贴农户2.3万户,加大补贴力度,提高农民种粮积极性,促进农业稳产增收。加大农业保险力度,投入区级政策性农业保险保费补贴14.8万元,种植业参保面积4.74万亩,参保率达100%。加强公共文化服务体系建设,实施文化示范区创建配套设施改扩建工程,对现有图书馆、文化馆和电子阅览室进行改扩建,增购图书6000余册。

【坚持强管理促规范】实行开门办预算,推行部门预算会商制度,主要领导带队,主动上门面对面沟通。开展部门预算公开评审,邀请区人大、区政协和相关部门的专家、领导组成评审组,对部门申报的项目支出进行评审。推行阳光预算,在政府门户网站上公开财政预算,接受社会监督。资金安全管理更加严格。开展财政专户清理,规范财政专户管理;深化国库集中支付改革,将改革向乡镇、街道延伸,向社区延伸,实现单位全覆盖;进一步推进公务卡制度改革,扩大使用范围,将公务卡改革覆盖到全区所有预算单位;完善政府采购管理制度,规范采购管理流程,加强政府采购资金管理。财政监管绩效更加明显。加强财政监督机制建设,将财政监督融入财政管理的全过程,以监督促管理、以管理促绩效。定期对惠农支农、社会保障、教育等专项资金进行检查;开展全区涉农、涉企资金使用、管理情况检查;建立乡镇财政资金监管工作帮联制度,加强乡镇财政资金的监督。

(雨山区财政局供稿)

博望区财政工作概述

2013年,全区财政收入完成8.3亿元,完成调整预算的103.9%,比上年同期增长3.5%。财政支出7.3亿元,完成调整预算的110.6%,比上年同期增长22.1%。收支相抵,滚存结余112万元。

【依法理财治税】强化收入征管,促进依法纳税、公平纳税,不断壮大财政收入规模;认真研究调整新一轮区镇财政管理体制,完善财政体制激励机制,调动各镇发展经济的积极性;加大协税护税力度,定期召开财税调度会,协调财税工作;加强税源的动态监控和分析,促进收入增长;支持税务部门依法加强税收征管,加强重点行业、重点税源的征管;主动对接做好企业的服务工作,以全区开展“服务企业推进月”活动为契机,走访部分区属企业,增强政企之间的沟通联系,并形成长效的服务企业机制;加强非税收入管理,加大非税收入的征收力度,结合单位历年收入数和票据核销情况,对非税收入没有清缴的单位重点进行清缴。严格按照非税收入票据管理办法,加强票据领购、使用和核销管理。

【加大扶持力度】充分发挥财政职能作用,采取积极措施,强化服务意识,认真落实中央、省、市“稳增长”决策部署。一是推进企业自主创新。统筹安排各类促进工业企业发展资金2519万元,鼓励企业自主创新,支持中小企业技术改造。二是支持民营经济发展。投入资金1亿元,成立区融资担保中心,为区属企业转型升级、加快发展步伐所需资金提供融资担保。三是支持中小微企业发展。投入资金500万元,设立中小微企业贷款周转金,专项用于中小微企业短期无偿信贷资金支持,化解企业资金周转困难。四是鼓励全民创业。投入400万元设立小额贷款担保基金,为下岗失业人员、高校毕业生、返乡创业人员提供“整贷直发”小额担保贷款,由财政按季贴息。

【保障改善民生】坚持新增财力向民生倾斜,多方筹集资金,提高保障水平。在全区实施40项民生工程,其中:新增6项,扩面提标5项,整合扩充2项,继续实施27项,退出16项,总投入6.52亿元,比上年增长73.87%。民生工程预算1.45亿元,同比增长58%。民生工程占预算支出26.85%,财政资金进一步向民生倾斜。在财政资金全力保障的基础上,全区各项民生工程均进展顺利，年初安排各项任务全部按序时进度完成,惠及全区20万城乡群众。

【深化财政改革】一是推进国库集中支付改革。全区共有82家预算单位进入国库集中支付中心,占预算改革单位100%。制定并下发《博望区镇级财政国库集中支付改革实施方案》及配套办法,将辖区三镇全部纳入区国库集中支付。二是推进公务卡制度改革。出台《博望区公务卡制度改革实施方案》并由区政府常务会议通过。6月份完成公务卡实施的准备工作并试运行,12月份镇级公务卡制度改革也已实施到位,实现全覆盖。三是推行开门办预算。选取8家行政、事业单位,对申报的保障运转类和建设类113个项目进行专家公开评审,核减项目39个,核减单位资金需求1572万元。

【坚持厉行节约】一是认真贯彻落实中央和省市有关规定,强化制度约束,狠抓政策落实。二是从源头上控制“三公”经费支出。按照“有支出的地方就能节支,节支大于增收”的理念,将“厉行节约、反对铺张浪费”精神贯穿于预算编制全过程,压缩经常性支出规模,对车辆进行定编管理,车辆运行经费实行定额包干。三是推进节约型机关建设。大力压缩差旅、会议等一般性支出。参照中央及省、市做法,结合博望区实际，对各部门2013年一般性支出压缩5%,压缩支出96.52万元。压缩的经费主要用于支持经济结构调整和产业升级,保障和改善民生。四是积极清理在编不在岗人员。对全区行政事业单位财政供养人员、农村五保供养、优抚对象进行全面自查自纠,净化人员供给。

(博望区财政局供稿)

含山县财政工作概述

2013年,含山县完成财政收入13.1亿元,比上年增收2.19亿元，同比增长20.1%，占年初预算101.7%,超额完成了年初收入预算。其中,税收收入完成10.3亿元,增长19.8%,仅香港仁基水泥公司总部经济税收就入库3700万元;非税收入完成2.8亿元,增长21%。加大各类财政资金结余、利息收入清缴力度，缴库各类财政资金存款利息收入1500万元,清费收入1000多万元。完成财政支出21.2亿元,增长13.5%。

【保障重点支出】足额安排县级配套资金1亿元,全年民生类支出完成17.9亿元,占财政支出八成以上。设立300万元农业产业化扶持专项资金,争取500万元现代农业示范县项目,支持农业发展。安排美好乡村建设专项资金1000万元,整合各类涉农资金3400万元,支持美好乡村建设。安排义务教育公用经费县级配套450万元，投入790万元用于教育信息化建设，筹集120万元补助义务教育学生免费使用作业本,支持教育优先发展。统筹1100万元支持公立医院体制改革。

【支持经济发展】兑现奖励3400万元,支持皖江农机大市场等重点项目建设;投入7000多万元加快安徽海立精密铸造项目建设。设立含山县民营经济发展专项基金,安排县配套资金938万元,增厚县担保公司注册资本；投入3900万元支持信用社改制。调拨5.5亿元支持职教中心、安置房、征地拆迁等重点项目建设；拨付8000多万元用于裕溪河大桥、县级道路建设和S226省道修复。整合资金近2亿元支持褒禅山经济园区地球卫士石头造纸和汽贸城项目建设,调拨1.8亿元支持各融资平台建设,设立1000万元财政扶持专项资金,支持“三大集聚区”建设。

【深化财政改革】完善预算编制系统,做到与资产管理、绩效评价、政府采购和政府性基金预算四个结合。实施镇级国库集中支付及公务卡改革,6月底在全市率先上线,公务卡实现了“全覆盖”。推进投融资管理工作,全年完成政府性投资25亿元,完成融资任务10亿元。按照“标准和规范统一、监督和执行一体”的要求,加快建设电子化政府采购系统，8月份在全市率先上线。

【强化财政监管】围绕监管范围全面化、监管手段信息化、监管行为常态化、监管方法精细化,全面加强镇级财政资金监管。代表安徽省接受财政部检查,获财政部检查组高度肯定。坚持规模预警控制、还债来源确定、使用程序严格、投资收益预期,切实防范债务风险。按照“政府统一所有、财政监督管理、单位占有使用”原则,着力推进资产资源整合,为行政事业资产管理工作规范化、科学化提供制度保障。

【加强自身建设】认真落实中央“八项规定”和省财政厅30条规定，采取定期巡查与暗访相结合,对财政干部作风建设开展巡查,全年共开展巡查三次,下发整改意见20多条。深入开展财政服务“四千工程”活动,在全县组织工作会议上作典型发言,被推荐参选全市党建工作十大品牌。狠抓党风廉政建设,开展经常性警示教育,连续获县党风廉政建设工作第一名。按照"唱首歌、学模范、诵经典、行善举、做点评"要求,全年共举办 3 期道德讲堂,分别围绕学先进、讲廉政、重礼仪三个方面主题邀请专家授课。坚持上下联动,加强财政文化建设,取得良好效果。

(含山县财政局供稿)

和县财政工作概述

2013 年,全县(不含郑蒲港新区,下同)财政收入累计完成 13.5 亿元,同比增长 22.6%,完成预算 105%。支出累计完成 23.3 亿元,增支 2.5 亿元,增长 12.3%。财政支出进一步向民生领域倾斜,13 项民生支出达 19.48 亿元,占财政支出 83.43%,比上年增加 2.2 亿元,增长 12.7%。2013 年,和县被评为马鞍山市唯一的省民生工程和收入倍增工作绩效评价奖补县。

【深化财政改革】扩大"营改增"试点改革,将广播影视作品的制作、播映、发行等纳入试点。截至年底,全县"营改增"试点企业达 295 户,入库税款 1083 万元。加强全口径预算管理,加大五项预算统筹力度,建立五项预算"相互协调、资金互通"的运行机制。实行"开门办预算"。对县直 29 个单位 2014 年项目支出预算进行公开评审。压减公用经费,实行内部公开,"三公"经费支出减少 880 万元。完善镇区财政国库集中收付,改革资金量达 4.52 亿元。推进公务卡改革,所有预算单位全部实现公务卡结算,全年公务支出刷卡消费 458 万元。创新农村综合改革,选择 3 个美好乡村进行创新改革试点。加强公立医院改革,全县公立医院医疗收入 17227 万元,同比增加 2256 万元,增长 15.1%。建立经济运行信息平台,整合 40 多个部门经济数据。健全财政资金管理,盘活存量资金,实行社保基金优惠利率,追缴利息 568 万元。规范建设资金拨付程序,实现资金一体化管理。加强政府性债务管理,出台政府性债务管理暂行办法,建立业绩考核和责任追究机制。加强投资融资管理,防止单位举债上项目,编制政府债务预算,提高政府偿债能力,跟踪隐性债务,建立健全债务约束机制。

【推进民生工程及收入倍增计划】实施省市 37 项民生工程,投入 9.6 亿元。基本公共卫生服务项目,覆盖城乡广大地区。收入倍增规划进展超序时进度。全县农村居民人均现金收入达 11058 元,同比增长 15%。整合资金支持美好乡村建设,统筹到位资金 9025 万元,累计拨付 3709 万元。2012-2013 年,全县共建设 20 个示范村,其中省级中心村 6 个,市级示范村 10 个,县级示范村 6 个(省、市示范村重复 2 个)。

【加大"三农"投入】全县财政支农 3.21 亿元,占财政一般预算支出 18.67%。大力支持农村基础设施建设,筹集各类资金 3000 万元。实施财政扶贫"整村推进"项目,选择 7 个经济薄弱村,累计投入 250 万元。着力发展高效外向农业,提升农产品市场竞争力,提高农业产出效益,投入 1997 万元专项资金,用于全县蔬菜产业提升行动的奖补。整合资金积极推动美好乡村建设,共投入各类建设资金 1.03 亿元,整合涉农资金 5812 万元,帮扶资金 156 万元,群众自筹资金 157 万元。认真落实各项惠农政策,发放惠农补贴资金 39 项,发放惠农补贴资金 2.39 亿元,同比增幅 13.81%。

【强化财政监督】巩固"小金库"专项治理。县财政部门于 2013 年 12 月 10 日会同县纪委、县委组织部、人社局、审计局、中国人民银行和县支行等六部门出台《关于进一步加强防治"小金库"长效机制建设的通知》文件,将"小金库"纳入日常监督管理工作中,形成制度、管理和监督"三位一体"的长效防治机制。加强政府专项资金管理。继续将一般公共服务、教育、科技、文化和各类送温暖、解困和帮扶等专项资金纳入管理,实行跟踪问效管理,建立定期通报制度,加大违规查处力度。

【规范国有资产管理】全面建立县属国有资产监管新体制和运营新机制,对国有资产产权实行集中划转,统一管理,资产收益纳入预算管理。牵头开展安置房规范清理的核查工作,核查确认 7 个安置小区剩余房源 1261 套,统筹安排。收回江滩堤防地的土地使用权证,分期分割出让 2194 亩,评估价值约 34.67 亿元,注入县投融资平台。

【统筹投融资管理】加强投融资管理,与城投公司协同融资 10.02 亿元。扩大城投公司注资达 4 亿元;县财政注资 2 亿元设立和县和州置业有限责任公司。县财政注资 1 亿元设立和县和阳现代农业发展有限责任公司。实现全年企业融资担保突破 5个亿目标。2013年,为中小企业融资担保5.01亿元。为41户中小微企业及380名自主创业人员提供融资担保额为31100万元,解除13户担保企业近8600万元,在保余额为5.23亿元。

【常抓机关效能】开展"作风转变年、项目攻坚年"活动,定期开展结对共建,每年"七一"期间与结对村共同过一次组织生活,了解结对村新农村建设现状,交流基层党建工作经验。领导班子成员共走访7个镇、15个村(社区)、7家企业、60户群众。主动开展部门会商397次,其中对外会商190次,对内会商207次,领导带队会商163次。

(和县财政局供稿)

当涂县财政工作概述

2013年,全县财政收入完成40.57亿元,同比增长5.8%;完成一般预算支出42.88元,比上年增支1.85亿元,增长4.5%。

【抓财源促增收】一是加大税源摸排力度,认真分析税收入库情况,及时采取调控措施,确保收入按时、足额、均衡入库;二是加大涉税信息平台建设力度,提高收入预测分析能力,实现涉税信息共享,增强收入分析的准确性和预见性,促进财税挖潜增收;三是努力培植实体税源,大力支持税收超亿元企业发展壮大;四是加大收入考核奖惩力度,强化对征管部门、乡镇及园区的考核,提升财政收入增量质量。

【调结构保民生】以城乡一体化为总揽,加快推进"1234"发展战略,加快支出进度。2013年,县财政安排用于一般公共服务支出共计5.86亿元,安排公共安全支出1.45亿元,安排教育支出6.78亿元,科技支出1.04亿元,文化体育与传媒支出5587万元,社会保障和就业支出4.25亿元,医疗卫生支出4.39亿元,城乡社区事务支出8.69亿元,住房保障支出3.11亿元,农林水事业支出4.39亿元。县40项民生工程序时推进,全县(含示范园区)计划总投资22.98亿元,实际投资23.08亿元;深入推进美好乡村建设,全县总投入3.5亿元(其中,财政专项资金3600万元,财政整合支农资金1.7亿元,引导社会资本投入1.4亿元);扎实做好五保、低保、城乡医疗保险、居民养老保险等社会保障资金的发放,强化和完善涉农补贴一卡通发放管理和监督。

【强融资保重点】积极协调全县融资工作,合理调度整合资源,推进融资平台建设,做到保障有力、管理精细、监督到位。树立"大财政"的新思维,畅通财政、国资和投融资在资金调度管理、资产资源配置、干部交流任职三个方面的渠道,把财政性资金、融资性资金合二为一,统筹调度、管理,做到"借、用、管、还"一体化管理。2013年,县财政局完成融资3.09亿元,协调县城投公司等融资平台累计完成融资27.4亿元。

【强改革促发展】以深化公共财政改革为核心,推进部门预算改革、国库管理模式改革、"营改增"试点改革、公务卡改革、乡镇财政管理体制改革等各项工作。牢固树立"过紧日子"思想,严格控制一般性支出,落实预算支出绩效考评制度,加强预算执行力度;开展预算单位账户和财政专户清理工作,有效整合财政资金,充分发挥资金效益;进一步完善财政信息平台一体化建设,严格国库集中支付项目的审核把关;加强对非税收入的监管,确保财政资金及时足额入库;强化财政资金监管,建设全县政府采购电子监管体系。

【抓廉政提效能】以建立健全预防和惩治腐败为主线,以加强制度建设、规范资金管理为抓手,强化财政监督检查,推进源头治腐。认真落实党风廉政建设责任制;认真履行财政资金监管职责;扎实开展理想信念教育、思想道德教育、党风党纪教育;深入推进"同心筑梦·赶超跨越"大讨论活动;建立财政预算部门会商制度;加大乡镇财政规范化建设投入,完善乡镇财政资金监管帮联机制;建立重要事项催查办制度,确保政令畅通,促进各项工作任务圆满完成。

(当涂县财政局供稿)

芜湖市财政工作概况

芜湖市财政工作综述

2013年,芜湖市财政总收入完成381.7亿元,同比增长13.2%,高于全省平均增幅2个百分点;市本级完成112.3亿元,同比增长9.5%。其中:地方财政收入完成42.2亿元,为预算的106.8%,同比增长17.6%。全市财政支出完成319.6亿元,同比增长5.8%,市本级财政支出完成98.6亿元,下降6.6%,主要是上级专项补助支出减少。

【财政实力稳步壮大】坚持依法征收、应收尽收、不收过头税与减税清费降负并重,加强财税、财企、市县区联动,加强统筹调度,强化税源专业化管理、纳税评估和收入指导,完善综合治税体系建设,全市财政收入持续稳定增长。市县区收入整体均衡,县区财政收入完成269.4亿元,平均增长14.9%,高于全市平均增幅1.7个百分点,县区财政收入占全市财政收入比重为70.6%,较上年水平提高1个百分点。收入结构保持合理水平,全市入库税收收入337.6亿元,增长11.7%;全市非税收入占财政收入比重为11.6%,优于全省平均水平。财政重点支出保障有力,财政民生支出完成273.4亿元,增长12%,占全市财政支出的85.5%,较上年提高4.7个百分点。

【支持转型发展措施得力】统筹运用财税政策工具,全力支持首位产业和支柱产业发展,加快培育战略性新兴产业,推动全市经济持续平稳较快发展。助推战略性新兴产业集聚发展,制定机器人产业园建设扶持政策,积极争取国家支持智能装备制造集聚发展试点;制定加快芜湖航空产业园发展扶持政策,加快培育航空和配套设备生产企业。成功申报国家新能源汽车推广应用城市,计划至2015年推广新能源汽车5110辆。支持芜湖循环经济产业园建设,制定入园企业财税优惠政策。促进企业节能减排,安排专项奖励资金8000万元支持可再生能源建筑应用示范建设;安排环保专项资金3000万元支持企业减排和节能改造。全力支持企业加快发展,继续实施各类“小巨人”企业培育计划,出台推动电线电缆产业转型升级政策,安排自主创新配套资金8.5亿元,提升企业科技创新能力,安排2亿元设立促进科技和金融结合专项资金,加快引进高端设备和创新创业领军人才。争取支持民营经济发展补助资金3.3亿元,充实县区担保公司国有资本金。完善财税扶持政策,落实促进经济持续健康较快发展42条意见,清理涉企奖补政策,改革涉企资金审批和兑付流程,下放审批权限。实施结构性减税和减免缓收费政策,全年兑付奖补资金49.8亿元,减免税收58亿元,减缓缴社会保险费6.7亿元,取消降低涉企收费60项,减轻企业负担3.6亿元。推进营改增扩围工作,进一步扩大试点范围,将广播影视服务业纳入营改增试点。推进企业股权和分红激励试点,开展重点培育企业调查摸底,组织集中培训,帮助企业完善激励方案,扩大培育企业范围。

【保障民生成效显著】加大民生投入力度,使发展成果更多更公平地惠及广大群众。精心实施40项民生工程,全市完成民生工程投入80亿元,创新民生工程工作机制,对城乡低保、五保供养、重度残疾人生活救助等项目进行提标扩面,对民生工程资金实行优先安排、重点保障,建立民生工程立项、审批、招标“绿色通道”,专项安排9600万元用于工程类项目后续管护,确保已建成项目持续发挥效益。扎实推进收入倍增规划,积极构建城乡居民收入增长多元支撑体系,实施创业富民工程,开展新型农民培训和就业技能培训,扶持高校毕业生创新创业,加强残疾人就业保障,健全特困人员帮扶机制,切实提高城乡居民特别是中低收入群体的收入。稳步提高社会事业投入,落实教育财政投入政策,促进教育均衡发展,推动教育资源整合,全市教育支出50.7亿元。完善社会保障体系,落实企业退休人员养老金调标工作,扩大城乡居民养老保险参保范围,发放困难群众临时生活救助,完善大病医疗补充保险制度,全市社会保障和就业支出31亿元。加大医疗卫生事业投入,全市医疗卫生支出21.6亿元,增长9.1%。健全文化体育事业投入稳定增长机制,全市文化体育与传媒支出4.3亿元。多渠道筹措资金,加快保障性安居工程建设,全市财政住房保障支出17.5亿元,基本建成保障性住房2.5万套。安排园林绿化建设养护资金1.4亿元,支持国家生态园林城市建设。

【跨江发展配套政策及时到位】实施无为县与鸠江区行政区划调整,切实保障行政区划调整平稳过渡。出台支持江北加快发展政策,从当年起连续5年,市级每年安排2亿元支持无为县经济社会发展;在省级投入基础上,市级继续投入江北产业集中区2亿元。从当年起连续5年,市级每年安排800万元补助鸠江区人员新增支出;为保障鸠江区承接工程项目资金需要,市级加大对鸠江区的资金调度支持力度,让利支持鸠江区江北区域建设发展。从下年起,对皖B牌号7座以下小客车及公交车芜湖长江大桥通行费实行财政全额补贴。继续落实市对江北地区各类项目配套差别化补助政策,全年市级投入江北地区8.2亿元,为江北地区提供投融资、担保7.8亿元。

【美好乡村建设平稳推进】大力推进农村综合整治,整合涉农项目等各类资金4.8亿元支持美好乡村建设。连片开发7.3万亩农田高标准农田,安排8000万元支持森林增长工程建设,安排政府性投资项目资金2.1亿元用于农村基础设施建设,实施"一事一议"奖补项目743项,投入资金1.6亿元支持农田水利、乡村道路、环卫设施和文化体育设施等建设。全面落实强农惠农政策,发展农民专业合作组织1405家、家庭农场217家、市级及以上农业产业化龙头企业269家。实施农业综合开发产业化项目27个,补助农业企业资金1478万元。安排财政保费补贴5780万元,促进粮食主产区种植业生产稳定和规模养殖业可持续发展。继续实施涉农补贴扶持政策,发放粮食直接补贴和农资综合补贴资金2.5亿元,惠及66万农户。

【财政管理改革持续深化】加强财政资金统筹调度,强化国库和专户资金管理,盘活用好各类政府性资金。开展预算单位结转结余资金清理,共清理收回资金4716万元。合理配置政府性存款资源,完善政府性资金存放商业银行考评制度。与代理银行签订全市社保基金优惠利率四方协议,最大限度实现社保基金保值增值。推进财政绩效管理,完善预算执行绩效评价体系,重点加强民生工程、涉企奖补项目、重点公益项目等绩效评价。坚决贯彻落实中央"八项规定",严控"三公"经费增长,全市一般性支出预算压减5%。严格政府采购监管,推行政府采购网上全流程操作,开展协议供货产品网上竞价改革,堵塞招投标采购领域制度漏洞,规范政府投资采购项目审价管理,加强政府采购履约验收监控。加强政府债务监管。设立政府债务专职管理机构,开展全市政府性债务审计调查,实施政府债务逐月统计,摸清债务动态增减情况,研究建立政府债务管控机制。推进公立医院改革,优化公立医院补偿机制,安排2.6亿元推进公立医院改革,加快"金医工程"建设,市属公立医院基础设施明显改善,服务功能显著提升。推进金财工程建设,实施惠民直达管理信息系统升级改造,完成电子化政府采购管理应用系统建设工作,推进乡镇国库集中支付制度改革和公务卡制度改革,推进规范化乡镇财政所创建工作。

【国资监管体系不断完善】加强国有资产资源监督管理,确保资产保值增值和节约高效利用。强化国有企业考核,合理确定市属国有企业考核指标,调整国有资产经营收益上缴比例,健全国有企业监管制度,规范企业财务会计信息报送制度,加强国有企业财务和资产动态监管,将国有企业采购统一纳入政府采购监管范围。落实重大事项审批制度,规范市属国有企业重大事项审批程序,全年共召开7次投资委会议,审议通过国有企业对外投资事项30项。盘活政府经营性资产,统筹调度、合理配置存量国有资产资源,清理市区政府性国有存量建设用地655宗、面积1.5万亩。将经营性资产划转市建投等国有企业持有运营。严控资产配置处置,建立资产配置预算管理制度,统筹调配行政事业单位办公用房2280平方米,实现资产有效整合和节约利用。

【财政监督更加有力】以资金安全、政策绩效为目标,以管理监督一体化、财政财务一体化为主线,深化财政预决算监督、专项资金监督、会计监督。开展2010—2012年度财政涉农、涉企资金专项检查,检查涉农资金82.4亿元、涉企资金45.2亿元。遴选32户企业、5763万元专项资金,集中开展支持经济发展扶持资金绩效评估。组织美好乡村建设专项资金、涉农整合资金管理使用情况检查,涉及48个中心村、27个重点示范村。对51户单位开展会计信息质量检查,对发现的问题逐一整改落实到位。加强乡镇财政监督和业务指导,将乡镇财政资金全面纳入监管,实行公开、公示、巡查抽查,乡镇财政核心业务实现信息化系统全覆盖。

【机关建设不断加强】一是建设学习型机关,做到素质过硬。制定《芜湖市财政局党组中心组2013年度理论学习计划》,明确局党组中心组、各党支部、各部门组织集中学习和加强自我日常学习,提升理论素养和专业技能,增强解决实际问题能力。多形式、多渠道开展干部培训。组织开展全市财政干部教育培训、金融理论与实务专题培训、皖江城市带承接产业转移示范区专门培训、财政系统农村财会人员财政支农政策培训,以及干部在线学习教育等活动。二是建设效能型机关,做到服务过硬。出台《芜湖市财政局关于建立财政预算部门会商和县(区)、乡镇财政资金支出监管工作帮联制度通知》,实行工作会商制度化,加强与预算单位沟通,提升预算支出管理绩效;强化县(区)、乡镇财政资金支出监管,实行乡镇财政垂直管理,核心业务信息化系统全覆盖。出台《芜湖市财政局关于改进工作作风、密切联系群众若干规定》,实行十项严禁,严格规范财政行为,切实改进机关作风,树立全局干部勤政、廉政、效能的新形象、新气象。加强政风行风建设,对近年出台的机关内部管理制度进行梳理、增补和完善,形成7类26项管理制度,编汇成《芜湖市财政局机关内部管理制度汇编》,印发全局执行。三是推进党风廉政建设,做到作风过硬。推进单位内控机制建设,重点在财政内部机构设置和职能配置、财政专项资金管理、廉政风险防控载体建设、市直单位财务管理、财政监督、财政内部绩效考核方面加强廉政风险管理,抓好源头防控和日常纠风。认真贯彻落实中央八项规定和省市各项规定,要求财政部门带头执行中央"八项规定",牢固树立过"紧日子"思想,率先严控"三公"经费增长。制定《芜湖市财政局巡视工作制度》,对财政系统执行党风廉政建设和自身廉政勤政情况进行不定期、多形式调查和明察暗访。全年芜湖市财政局共受到上级各种表彰和奖励44项,其中:集体27项(部级1项,省级15项,市级11项);个人17项(省级9项,市级8项)。

(芜湖市财政局供稿)

镜湖区财政工作概述

2013年,镜湖区实现财政收入43.71亿元,同比增收5.71亿元,增长15.02%,完成全年预算的100.02%。其中:中央收入完成15.5亿元(含出口退税收入3.29亿元),增长11.69%;地方收入完成28.21亿元,增长16.94%。全区实现财政支出21.63亿元,完成全年预算的108.03%,同比增长15.78%。

【多措并举,财政收入平稳增长】面对经济结构调整等多重压力,镜湖区坚持完善税收征管,紧抓收入增长。加强税源管理和非税收入的管理力度,及时协调各部门,按月督促税收入库,全力以赴组织收入;坚持优化投资环境,充分发挥区位优势。大力引进商贸、文化、休闲旅游、金融、总部经济企业落户本区发展。拉动投资增长,挖掘消费潜力,加快全区产业结构转型提升;把握发展需求,紧抓重点项目,争取上级支持,助推全区经济社会发展。

【明确重点,支出结构不断优化】坚持压缩一般性支出,降低行政成本,着力提高财政管理的规范化、科学化、精细化水平。深入贯彻落实十八大和十八届三中全会精神,厉行节约、杜绝浪费,严格控制一般性支出和"三公"经费支出规模。"三公"经费同比下降21.58%;不断加大文化、教育、医疗卫生、社会保障等民生领域的支出。加快构建以人为本的公共财政支出体系,切实解决群众关心的热点、难点问题。全区十三大类民生支出共计18.26亿元,占全区财政一般预算支出的84.5%;坚持保障重点项目建设。加大对重点项目的跟踪服务,促使其尽快投入使用,发挥应有的经济效益。

【保障民生,居民生活水平提升】降低行政成本,保障重点支出,尤其是民生支出。全区30项民生工程共拨付财政性资金4.71亿元,其中免费发放教科书作业本计727万元,补助公用经费1869万元;发放低保金 4699 万元,高龄补贴 523 万元,城市医疗救助 3022 人次,发放救助资金 1364 万元,救助困难户 2317 户,发放救助金 472 万元。完成 615 套廉租房分配工作。完成 100 户农村危房改造工作,新建汀苑菜市场和方塘菜市场,改造完成吉和名流、荆山两个菜市场。区级城市环境综合整治提升工程取得显著成效。居民生活水平得到提高,城镇居民人均可支配收入达到 28776 元, 农村居民人均纯收入达到 13456 元。

【落实监管,资金使用效益提高】一是进一步深化预算管理制度改革。提高预算编制的完整性和全面性,扩大预算绩效评价的范围和深度,在事前、事中评价上下功夫,加强专项资金使用跟踪,形成反馈机制,避免资金浪费。二是加快推进公务卡结算制度改革。在 109 个部门开展公务卡改革试点,发放公务卡 1043 张。三是进一步落实各部门会计信息质量监督检查工作,确保各项惠民政策取得实效。四是加强民生工程资金监管。规范项目资金使用和配套资金落实, 完善工程类项目后续管养政策, 落实管护资金。五是进一步规范政府招标采购工作。全年委托市政府采购代理处受理政府性招标采购项目 157 项,项目预算 4.28 亿元,中标金额 2.79 亿元,节约财政资金 1.49 亿元,节约率 34.71%。

【巩固成果,做好改革配套工作】根据社区体制改革实施情况,全面摸排新体制下的社区、街道财务状况,通过自查上报和集中检查的方式,及时发现存在的问题并适时予以解决。进一步完善社区、中心(街道)各项财务管理制度,推广成功经验和先进做法。加强对社区、街道财务人员的管理,提高基层财务人员素质,保证社区、街道的正常运转。开展区属国有企业经营业绩考核,提高国有企业经营效益。

【改进作风,服务区域经济发展】一是加强财政队伍建设。进一步落实转变工作作风,密切联系群众八项规定要求,努力打造学习型机关、群众服务满意机关,不断提高工作效能。二是增强服务观念,强化服务意识。研究落实各类财税政策,积极与区内企业对接,帮助其掌握经济发展动向,提高应变水平。顺利帮助区内企业完成“营改增”试点过渡,引进总部企业 8 家。区域经济总量持续壮大,商业辐射力、产业集聚力和综合竞争力得到进一步提升。

(镜湖区财政局供稿)

弋江区财政工作概述

2013 年,全区财政收入完成 26.51 亿元,同比增长 10.8%。财政支出 14.32 亿元,同比增长 5.8%。

【收入质量快速提升】 全区税收收入完成 23.64 亿元,占财政收入比重为 89.2%;非税收入完成 2.87 亿元,占财政收入的比重为 10.8%。全年地方收入完成 18.51 亿元,同比增长 11.8%,占财政收入比重为 69.8%。

【支持经济健康发展】全年兑付各类政策奖补资金 25062 万元,落实减免税 8889 万元,全区 57 个重点在建项目累计投资 161.23 亿元,同比增长 24.3%。全区实现地区生产总值 290.57 亿元,增长 13.8%;全社会固定资产投资 229.3 亿元,增长 22.8%。

【自主创新稳步发展】全年新认定高新技术企业 10 家,新增省级创新型试点企业 4 家,新认定高新技术产品 34 件。申请专利 1990 件,其中发明专利 846 件,被评为首批安徽省知识产权示范区,并蝉联全国科技进步先进区。

【转型升级步伐加快】全年共引进科技型中小企业 35 个、服务外包项目 40 个、孵化项目 42 个、文化产业项目 15 个,5 亿元以上项目 10 个、30 亿元以上项目 1 个。总投资 100 亿元的奈伦城市综合项目和总投资 44 亿元的新明儿童用品市场项目成功签约。

【城市建设持续提升】按照“一轴、两带、四区”的产业空间布局,完成南塘湖、黑沙湖“两湖”原生态休闲旅游项目规划,启动城际南站单元设计规划,城市功能布局不断完善。城市建设稳步开展。城市道路、农村道路有序推进,老旧小区改造、农电网改造、路灯建设进展顺利。大绿化及国家生态园林城市建设有序推进,新增绿地 24.14 万平方米,建成绿道 5.1 公里。

【民生改善持续加强】全年财政支出重点保障与人民群众生活直接相关的教育、医疗卫生、社会保障和就业、住房保障、文化、农业水利、公共交通运输、节能环保、城乡社区事务等, 民生支出合计 120461 万元,占财政总支出比重为 84.1%。全年投入 1.91 亿元实施 38 项民生工程。在建保障房 8342 套 41.19 万平方米, 其中新开工保障房 1323 套 6.93 万平方米。教育事业快速发展,在全市率先通过省级义务教育均衡发展评估验收，连续三年获得省党政领导干部教育工作考核优秀等级。社区建设稳步推进，医疗卫生服务持续改善，基层文化活动深入开展，全民健身深入各行各业。2013年区政府被授予"全国群众体育先进单位"称号。

(弋江区财政局供稿)

鸠江区财政工作概述

2013年，全区财政收入完成24.33亿元，为预算的100.4%，同比增长15.5%。其中：地方财政收入完成16.09亿元，为预算的106.3%，增长18.7%。全区财政支出完成16.73亿元，同比增长27.5%。

【强化税收征管，实现财政平稳增长】紧抓全年收入目标，坚持依法征收、应收尽收，加强收入计划管理和协调调度，定期召开财税工作联席会议，确保财政收入有序增长。当年财政收入、地方财政收入再上新台阶，分别超25亿元、15亿元。进一步完善协税护税工作流程，积极协调涉税部门上报信息，初步建立综合治税联络人制度和信息共享反馈长效机制，加强税源控管。开展土地使用税、房产税专项清理工作，建立企业用地信息数据库，加强用地企业土地面积信息共享，累计清欠税款786万元。将纳税评估引入企业拆迁注销审查、股权转让审核等环节，强化企业拆迁注销、股权转让环节税收征管。坚持税源普查常态化，完成二坝、汤沟区域企业税收级次界定工作，强化属地管理，协同各镇街、税务部门对部分信息不对称企业进行核查确认，清理级次有误企业。

【落实优惠政策，服务经济稳定向好】紧紧围绕一系列稳增长决策部署，积极整合财政资金2.47亿元，认真落实促进经济持续健康较快发展实施意见，兑付土地使用税奖补、上台阶、设备购置等各类补助资金2347万元。实施社保缓费降率，缓解企业经营困难。全面落实结构性减税政策，减免税收7892万元。拨付自主创新配套资金4993万元，提升企业科技创新能力。争取节能环保资金1000万元，促进企业资源节约利用。争取支持民营经济发展补助资金915万元和省担保集团注资3200万元，充实区担保公司国有资本金。为56家企业担保贷款7亿元，缓解融资难问题。兑付资金200万元，落实中小企业上市及发债融资奖补政策。兑付营改增财政扶持资金1875万元，推进营改增扩围工作。积极推进企业股权和分红激励政策试点工作，杰诺瑞汽车电器等3家企业通过省级审核。

【注重民生优先，保障民生持续改善】进一步加大民生投入力度，扎实推进33项民生工程实施，全年全区民生工程完成投资3.47亿元，占计划的102%，增长23.9%。创新民生工程工作机制，对城乡低保、五保供养、重度残疾人生活救助等项目提标扩面，对民生工程资金实行优先安排、重点保障，专项安排资金用于工程类项目后续管护，确保已建成项目持续发挥效益。扎实推进收入倍增规划。实施创业富民工程，开展新型农民培训和就业技能培训，扶持高校毕业生创新创业，加强残疾人就业保障，健全特困人员帮扶机制，切实提高城乡居民特别是中低收入群体的收入。全年发放创业扶持资金549万元，新增发放小额担保贷款1.5亿元。全区城镇居民人均可支配收入24982元，增长10%；农民人均纯收入11536元，增长12.9%。

【坚持统筹协调，促进城乡一体化建设】加大对江北地区的投入，统筹安排资金2.1亿元，用于江北区域老中心集镇区改造提升、姚郭泵站技改工程、牛屯河分洪道续建工程、40公里农村道路改造、汤马路、长江路等基础设施建设。实施一事一议奖补项目37个，建设农村清洁工程，改善农村生产生活条件。整合资金1795万元，支持武桥、三元等5个美好乡村示范点建设。设立发展现代农业专项资金1000万元，用于扶持现代农业发展。扩大政策性农业保险覆盖范围，承保种植业34.9万亩、养殖业能繁母猪365头，财政补贴保费486万元。继续实施粮食直补等各类惠农政策，兑现粮补、良种、渔业船舶燃油等惠农补贴资金2079万元。安排资金1500万元，支持星级社区创建和农村社区规范化达标工作。调增预算支出1.3亿元，确保区划调整二坝、汤沟两镇平稳过渡，正常运转。

【持续深化改革，完善财税体制机制】坚决贯彻落实中央八项规定，出台《关于进一步加强财务管理的若干规定》，严控"三公"经费增长，全区一般性支出预算压减5%。推行政府采购网上全流程操作，开展协议供货产品网上竞价工作。规范项目申报和资金兑付工作流程，进一步加强和规范财政专项资金管理，确保财政专项资金安全和有效使用。开展财政涉农和涉企资金专项检查。调整和完善镇(街)财税体制，出台《关于进一步完善镇(街)财政管理体制的意见》，鼓励和支持镇(街)经济发展。合理配置政府性存款资源，通过与代理银行协调，签订社保基金优惠利率协议，促进社保基金保值增值。认真做好国家科技进步先进区、义务教育督导、义务教育发展基本均衡、文明创建等考核迎检工作，积极配合完成政府性债务审计调查工作。

(鸠江区财政局供稿)

三山区财政工作概述

2013年，三山区完成财政收入8.23亿元，为预算的104.45%，比上年增长26.68%。其中：中央收入2.59亿元，比上年增长54.01%；地方收入5.64亿元，比上年增长17.12%。全区完成财政支出6.79亿元，比上年增长6.1%。

【财政收入稳步提升】 面对复杂多变的宏观经济形势，财政部门依法加强收入征管，着力提高征管效率和质量，财政运行继续保持高位增长态势，收支规模再上新台阶。

【民生工程扎实推进】 全年共实施28项民生工程，投资7.73亿元，促进教育、文化、卫生、体育等各项社会事业发展，进一步完善基层公共服务体系，加大对弱势群体的扶持力度，促进社会公平正义。全年累计发放低保金额4640万元；残疾人救助发放资金177万元；计生奖扶资金106万元；临时救助金274万元；医疗救助金827万元；竣工430套孙滩二期廉租住房；西湖新城公租房项目新开工2866套，竣工1232套公租房；廉租房实物配租132户，公租房实物配租3821户；享受廉租房租赁补贴487户。

【惠农政策全面落实】 全区惠民直达工程涉及9个部门，共19大项91个批次，全年全区通过惠民直达工程共发放补贴10733万元；新型农民培训人数620人；组织就业技能培训769人；发放培训补贴资金 51.65万元；举办招聘会23场次，转移农民就业1465人；完成39名白内障患者免费复明手术。为24名贫困残疾儿童提供医疗康复训练救助，适配辅助器具；政策性农业保险全覆盖，完成小麦参保面积为5868.6亩，油菜参保面积为41715.7亩，水稻保险参保面积55163亩。

【制度改革不断深化】 进行“国库集中收付”制度改革，组织财政工作人员开展业务学习，拟订具体实施方案，确定在教育系统试点，逐步推开。以制度建设为抓手，进一步控制“三公”经费开支。全面贯彻“中央八项规定”厉行节约和廉政建设要求，提高财政资金使用效益，提升财政资金绩效管理水平。贯彻“增收节支”原则，统筹安排好财政支出，分清轻重缓急，保证民生工程和重点项目需要，进一步压缩一般性公务支出，实现财政收支平衡。

(三山区财政局供稿)

芜湖经济技术开发区财政工作概述

2013年，全区财政收入完成53.31亿元，完成预算100.72%，比上年同期增长11.74%，其中地方预算收入完成25.85亿元，较上年同期增长21.93%。全年共收缴土地出让金13.9亿元。全年完成预算支出25亿元，完成预算的114%，同比增长15.2%。

【完善财政管理体制】 探索预算编制改革，统筹预算内外资金管理。根据事权调整及时完善街道财政体制。扎实开征房屋物业维修基金收取工作。严控“三公”经费支出，修订招待费等费用报销程序。开展预算结转结余项目资金清理工作。强化财政制度建设。启动政府性基本建设项目决算审核程序，下发《关于开展工程项目结价审核抽查和加强工程项目资金管理的通知》。加强国有资产运营管理，推进区国有企业经营业绩考核工作，办理国有资产登记、办证及入账工作，拟定《经开区国有资产出售、出租操作流程》。积极推进国有资产保值增值，草拟《经开区国有企业经营业绩考核实施方案》。全面督促村级资产核查整改工作，完善村级集体资产管理体制机制。

【优化财政资金管理】 清理梳理历年往来资金，收回资金6782万元。全力推进失地农民保障与居民养老保险领取的有效衔接，清理双保拿钱人员300余人年节约支出近百万元。建立财政资金周报制度，盘活政府性间隙资金，实现财政、建投间隙资金理财收益1507万元。

【积极筹措争取资金】 努力拓展融资空间。针对融资抵押品不足，积极落实土地办证工作，已办理融资用抵押土地10宗共1008.99亩；在办14宗商业用地,1578.48亩。多方筹资下柜贷款16.1亿元。落实批复授信10.8亿元,总行进入省行审核项目贷款8亿元,上报市行审贷6亿元。积极推进企业债、中期票据和短期融资券发行工作。积极开展土地出让工作,全年共出让商业用地6宗466.1亩,土地出让金8.54亿元。强化与市级各部门联系,积极争取项目资金,全年共获各类补助资金35253.18万元。完成污水处理费及水利建设项目资金的分摊比例机制,争取到位市级污水处理分担资金600万元；推进区内大型水利设施市区分担机制,争取市水务局杨港泵站项目资金补助100万元。全力做好财政部组织的2012年财政贴息现场审核工作,争取开发区2012年基础设施贴息补助2789万元；积极谋划2014年财政贴息申报工作,拟申报财政贴息20260万元。

【全力扶持企业发展】积极宣传、落实各类企业奖励政策,全年共拨付各类企业奖补资金11.68亿元。推动土地使用税调标及奖励工作,全年共兑现土地使用税预奖励资金4492.53万元。及时审核转拨中央、省专项补助资金4602万元。帮助7户企业申报获得2012年特色产业基地项目资金230万元,6户企业获得2013年特色产业项目。确定14户股权激励重点培育企业名单,确定5户拟试点企业,5户试点企业实施方案已基本确定。积极配合招商引资工作,协助美的、东旭、南孚、真空科技、国富基金、人本集团、伯特利、德尔科技做好银企对接以及税收服务工作。

【积极构建和谐经开区】圆满完成2012年30项民生工程及考核工作,积极组织实施2013年24项民生工程,开展民生工程绩效评估和后续管养工作,全年拨付各类民生资金37961.8万元,部分项目已通过省市责任部门验收。部署开展2013年收入倍增规划,下达分解指标任务,联系有关部门制定具体工作措施,全面推进各项工作。全力配合相关部门处理怡德地产公司后续工程、账务核实核查及交房工作,缓解维稳压力。

【加强财政监督力度】配合省市审计机构完成2012年度财政预算收支执行审计、自主创新资金、战略性新兴产业专项资金、皖江城市带承接产业转移示范区和杨敬农市长离任审计、政府性债务审计工作。开展涉企资金和涉农资金检查工作,启动政府性投资项目竣工决算审计工作,开展街道财政财务收支审计。配合省财政厅和省发改委做好各项政府性融资平台和债务调查统计工作。开展区内银行非金融机构现场检查工作,有效防范金融风险,退出兴业融资担保有限公司国有股权。

【努力推进招商引财】全力以赴加大招商引资、引财力度。引进芜湖盐业小额贷款有限公司和百线影院华东投资有限公司等11个税收类项目,实际共引进内资27350万元。完成欧宝机电、天能电池、明远集团、国瑞通信、江能源和达成创投等税收类招商工作,共转移入库税收7554.3亿元。拟定《芜湖经济技术开发区个人引荐项目及争取资金奖励办法》。

(芜湖经济技术开发区财政局供稿)

芜湖大桥开发区财政工作概述

大桥开发区财政局承担管委会财政预算、财务核算、招投标管理、国有资产管理等工作外,还承担公路桥公司、建设发展公司、宜居公司、鑫桥公司资金筹集,以及全区区属企业资金审核等职责。

【抓规范管理,提高管理水平】出台《关于强化预算管理,提高预算资金效益的若干规定》、《芜湖长江大桥综合经济开发区节能、节材资源综合利用专项资金使用管理办法》等文件,对一般性预算支出部分缩减5%,并对每季预算支出执行情况进行分析,聘请会计师事务所对新区成立以来街道办事处(含村)财务收支以及征地拆迁工作进行全面审计,对发现的问题进行认真整改,做到及时发现问题,及时纠正。负责区财政、机关、投资服务中心、执法大队四套会计账目会计核算,同时涵盖驻区单位会计核算事宜。通过强化核算监督,确保政府资金使用合法、有效。强化工程款支付审核,事前、事中加强工程款支付审核,事后所有项目均经过决算审计,按审计结论和合同规定支付款项。

【抓融资工作,确保正常运转】新区基础设施建设进入高投入期,截至当年底新区共投入建设资金30多亿元。为保证资金供应,积极创新融资方式,开展融资租赁业务。一是增加长期资金供应,调整债务结构；二是积极做好筹资方案比选,努力减低融资成本；三是积极做好依法理财工作,提高资金使用效益。2013年度共融资额18亿元,归还贷款本息10亿元,在宏观环境偏紧,流动性十分紧张以及老区偿债资金未到位,而开发区大幅增加投资的条件下,保证工程款资金供应,未发生一起拖欠工程款问题。

【抓招投标管理,规范招投标行为】区财政牵头,采购单位、相关主管部门参加,区纪委监察室全程监督,对招投标实行全过程录音,接受监督。2013年,共开展42项招投标及工程竣工结算审核工作,节约资金1516.3万元,保证政府采购项目公平公正进行。

(芜湖大桥开发区财政局供稿)

无为县财政工作概述

2013年,全县实现财政收入27.61亿元,较上年增收3.65亿元,同比增长15.3%,收入总量位列全省县区第11位,比上年提升2位,新增福渡、石涧两个超5000万元乡镇,收入增幅分别高出全省、全市4.1百分点和2.1百分点。全县实现财政支出44.03亿元,较上年增支3.43亿元,增长8.4%。

【服务发展取得新成效】发挥财政调控优势,促进经济稳定增长,推动产业转型升级。一是落实促进经济增长政策。全年拨付资金10937万元,兑现90多家企业的“企业贡献奖”、“名牌产品”等各类奖励,支持传统企业做大做强;拨付资金9049万元,兑现营改增试点财政扶持政策,推进物流、租赁和现代服务业提速发展;统筹资金3540万元,设立民营经济发展专项基金和创业富民扶持基金;拨付小额贷款贴息资金2470万元,促进创业带动就业;兑现金融机构奖励资金332万元,鼓励银行金融机构加大对全县企业融资的支持力度,促进县域金融机构发展。二是支持重点项目建设。投入3632万元,建设高标准现代农业示范区,农发项目顺利通过国家农发办验收。加大资金调度力度,投入资金17.12亿元,支持园区载体、城市建设等重点工程,改善经济发展和招商引资环境。三是积极争取上级支持。争取地方政府转贷资金1.42亿元,支持城镇化建设和县域经济发展。

【民生改善达到新水平】按照“保基本、兜底线、促公平、可持续”的原则,积极筹集资金,落实各项民生政策。一是发挥牵头抓总职能。全年投入各类民生工程资金12.3亿元,全面完成39项民生工程建设任务。围绕“推进、管护和宣传”三个重点,着力提高民生工程项目绩效。二是社会保障着实有力。全县各类社保基金支出11.07亿元,切实保障城镇职工养老保险、新农合、城镇职工和城镇居民医疗保险等民计民生;及时调整低保、五保、伤残军人和老职工等人员补助。发放廉租房补贴2117户523万元。三是社会事业协调发展。投入教育建设经费2.51亿元,加快城区教育翻番工程和农村中小学校舍维修。投入7208万元,用于全县计划生育工作。投入3196万元,支持县图书馆新馆、新四军七师纪念馆、戴安澜故居等文化事业建设。投入1960万元加快县级公立医院改革,化解基层医疗卫生机构债务647万元,促进基层医疗卫生机构健康发展。

【强农惠农取得新进展】全县打卡发放惠农补贴资金19大项83批次,发放补贴资金3.5亿元。修订3.1万农户错误信息,完成“一卡通”管理系统软件升级。统筹安排5521万元,用于全县10个美好乡村重点村建设,重点村面貌焕然一新。完成种植业参保面积168.9万亩,高温热害气象指数保险2万亩。全年累计赔付理赔资金1480万元。全县批复实施一事一议财政奖补项目433个,项目预算9619万元。投入1842万元,实施千万亩森林增长工程。投入12873万元,实施万亩圩口达标、永安河治理等水利项目。统筹资金947万元,支持现代农业发展。

【财政改革迈出新步伐】围绕财政管理科学化、精细化目标,注重财政改革创新。一是深化国库集中支付制度改革。修订《无为县财政专户资金管理办法》等制度,将财政专户资金纳入财政一体化系统管理;加强乡镇财政专户清理,撤销乡镇不合规账户37个;启动乡镇国库集中支付改革,21个乡镇132个乡(镇)直单位全部纳入国库集中支付系统,实现单位全覆盖;同时,全县全面推进公务卡制度改革,提高公务支出透明度。二是加大资金整合力度。整合3000万元资金,支持美好乡村建设和社会事业发展;加强专项结余清理,分门别类收回项目结余资金2000多万元,用于民生工程等项目建设。三是建立财政专报制度。选择涉农补贴、新一轮财政体制改革、县乡债务等财政热点、难点、焦点工作开展调研,以《财政专报》形式报送县委、县政府,为领导决策提供前瞻性针对性建议。四是财政资金保值增值。建立财政资金定期存款与存款总量相应增长机制,不断增加增值收益,全年利息收入达5000多万元。五是加强国有资产监管。推进资产管理与预算管理的有机结合,对资产购置、出租出借、处置等方面进行规范,促进资产配置的均衡与公平。

【监管能力得到新提升】一是开展涉农、涉企专项检查。对全县2010—2012年涉农、涉企资金开展全面检查,两项检查自查面、督查面均为100%,对发现的5类74件问题及时整改到位。全面开展村级财务大检查,"三资"代理工作进一步夯实。二是注重源头管控。历时3个月开展涉农补贴专项调查,从三个方面向县委县政府提出针对性对策和建议。对新农合、城镇居民医保等财政票据开展全面清理,缴销票据30850本。三是强化监督管理。引入社会中介机构,对2010年来实施的一事一议财政奖补项目开展工程审计,仅上年节约奖补资金54万元。着力从信息通达、公开公示和抽查巡查三个环节抓好乡镇财政资金监督,监管资金总额3.59亿元。审批货物、工程和服务采购预算21.06亿元,采购金额18.6亿元,资金节约率11.68%。国库支付中心和乡财股拒付不合规单据168张194万元。核减优抚和社会救济对象433人,年节约财政资金188万元。开展"民生工程管护"、"美好乡村"等专项监督。对无为四中等8个单位进行会计监督检查。对物业小区用电改造、无城城区污水治理建设、农业科技推广示范三项目开展绩效评价。对预算股、社保股等五个股室(单位)和21个财政所(分局)开展内部监督。

【干部队伍呈现新面貌】一是加强作风建设。认真贯彻落实中央八项规定和《党政机关厉行节约反对浪费条例》,牢固树立过紧日子思想,严格控制公务接待,取消工作用餐,加强车辆管理,压缩"三公"经费,做勤俭节约的表率;着力"四风"整治,始终秉持以民为本,以民为重,深入开展结对共建和"双联系"活动,机关干部入基层,接地气,通下情,真联系。积极开展部门会商交流,把财政政策、财政支持和管理服务送到部门、单位和乡镇。严格落实党风廉政建设责任制,强化内部约束,接受外部监督,狠抓关键节点管理,加强制度建设,坚持用制度管人、管事、管权,努力打造廉洁型机关。二是注重培训提升。全年安排培训24期,培训人员3300人次,鼓励年轻同志开展学历教育和职称考试。三是创建规范化财政所(分局)。10个所(分局)获得省级先进单位、17个所(分局)获得市级先进单位。四是加强财政文化建设。组队参加"民生杯"篮球赛、"徽银杯"乒乓球邀请赛等,让广大财政干部在活动中愉悦心情、陶冶情操、增添乐趣。

(无为县财政局供稿)

芜湖县财政工作概述

2013年,全县财政收入完成28.20亿元,为预算的100%,比上年增长15%,其中:公共财政预算收入21.34亿元,为预算的99.8%,比上年增长26.8%;上划中央收入5.31亿元,为预算的99.7%,下降6.8%;出口货物退增值税1.55亿元,为预算的103.6%,比上年下降21.9%。全县公共财政预算支出完成29.77亿元,为预算的100%,增长8.8%。

【严征细管科学聚财,收入规模稳定增长】密切跟踪国家财政政策和税制改革调整动向,做大财政收入"蛋糕",着力提高财政收入质量。一是及时分解收入任务,明确各征管部门责任,按照《芜湖县县级税务部门收入考核奖励暂行办法》进行考核奖励,充分调动税务部门狠抓税收的积极性。二是加强与税务部门的沟通协调,及时掌握经济运行和重点项目推进情况,进一步提高财政收支分析水平,使税收征管逐步实现规范化、制度化和精细化,确保税收收入及时足额入库。三是加强收入征管,提高税收征管质量和效率,确保税收收入稳步增长。全县不含基金的财政收入实现28.20亿元,比上年实绩增长15%。

【围绕中心服务大局,支持发展主动有为】一是继续落实支持企业发展的各项优惠政策,扶持开发区优势产业做大做强。县财政拨付机械制造、企业上市、三产兴市、富民创业等产业扶持资金1.5亿元。二是狠抓融资工作,保障基础设施建设和重点工程项目建设资金需要。三是大力发挥应急风险基金作用,缓解中小企业融资困难,全年帮助50多家企业累计安排应急资金5.3亿元。

【优化支出关注民生,公共财政彰显有力】坚持以人为本,统筹整合各类财政资金,集中财力向农村基层倾斜、向民生保障覆盖、向社会事业延伸。一是加大民生投入,全年拨付6.04亿元,完成43项民生工程。二是加大社会保障投入,全年拨付新农保、城乡居民基本医疗保险、城乡低保等资金2.38亿元。三是加大教育经费投入,全年拨付各类教育专项资金1.86亿元。四是加大"三农"投入,推进城乡统筹发展,扎实开展村级公益事业"一事一议"财政奖补试点工作,全年拨付农田水利、农业综合开发土地治理等项目资金0.62亿元,发放粮食综合直补资金

0.32亿元,受益农户7.5万户。五是着力助推"美好乡村"建设工程，全年拨付美好乡村建设资金0.38亿元。

【狠抓管理注重绩效,财政改革纵深推进】一是提高预算编制水平，减少预算执行过程中的追加行为,增强部门预算严肃性和规范性。二是推进国库集中收付制度改革,建立国库动态监控系统,进一步提高财政资金使用效益。三是推进非税收入收缴制度改革,完善非税收入收缴制度,提升非税收入管理水平。

【强化监管硬化约束,理财水平不断提升】一是认真贯彻中央、省、市关于厉行节约有关文件精神,从严编制预算,牢固树立过"紧日子"思想,压缩一切不必要的行政性开支。二是严格控制因公出国(境)经费、公务用车购置及运行费、公务接待费等一般性支出,"三公"经费比上年下降18.7%。三是强化财政监督,对8个行政、企事业单位2012年度财务收支的合法性、真实性、完整性以及2个镇"一事一议"的资金进行专项检查。四是贯彻落实中央八项规定要求，重点检查行政事业单位是否严格执行财政预算管理和财务会计制度规定，是否存在铺张浪费、"三公"经费超支、挪用专项资金、虚报预算支出等违纪行为。五是进一步强化预算执行管理工作,荣获全省2012年县级财政预算执行考评第一名。

【内强素质外树形象,打造新型财政形象】狠抓党建、精神文明建设、党风廉政建设和机关作风建设,坚持从严管理,在锻造锤炼中不断提升干部队伍整体素质。以文明创建为抓手,努力推进学习型机关建设,不断更新理念,创新方式,通过深入开展"双联系"活动以及上级财政部门与财经类大学联合举办培训班这个平台,开阔视野,增强素质,提升理财能力和服务水平。当年,县财政局被芜湖市委市政府授予公务员集体二等功荣誉称号。

(芜湖县财政局供稿)

繁昌县财政工作概述

2013年,全县财政收入实现34.63亿元,同比增长13.2%，其中：地方收入22.35亿元，同比增长21.2%;中央收入12.28亿元,同比增长1%。全县财政支出完成30亿元,比上年增长9.97%。

【服务经济发展】一是落实减税政策,继续做好营改增试点工作。二是加大工业和基础设施投入。三是增加农业投入，县本级农林水事务支出20659万元,整合各类资金总计18842万元,实施农村一事一议财政奖补项目92个,总投入1737.38万元。四是加大城市化建设力度,强化土地出让金管理,及时清缴土地出让金,重点支持县博物馆、繁昌窑遗址和湿地公园建设,实施"美化、净化、亮化"工程。

【财政管理改革】一是深化预算管理制度改革,实现预算编制与预算执行、结余资金和行政事业单位资产管理有机结合，将预算外资金逐步纳入预算管理,启动镇级国库集中支付。二是统筹整合涉农项目资金加快推进美好乡村建设，共整合资金0.9亿元。三是加强政府采购制度建设,完善政府采购预算编制,全年下达政府采购计划599份,采购预算资金101467万元。四是加强财政专户管理,累计拨付资金72.1亿元(其中财政国库累计支出44.3亿元,财政专户支出27.8亿元),提高财政存量资金收益,通过测算将存量财政资金实行3个月至3年不等定存,全年实现存款利息收入806万（不含社保类资金),全部缴入国库纳入预算管理。五是积极开展财政对外借款清查工作。

【实施民生工程】全年实施41项民生工程,累计完成投资6.6亿元,占总收入8.45%,确保民生工程资金专款专用,及时拨付到位。同时加强政策宣传、分类指导和督查考核,确保各项民生工程顺利实施,进一步强化民生工程项目科学化精细化管理，积极推进资金、项目管护等机制创新,提升民生工程实施效果。2013年民生工程实施工作受到省财政厅奖励。

【加强社会保障建设】一是继续完善全县城乡基本医疗保障体系,为城乡居民239263人安排配套资金1220万元,实行专户管理并及时拨付资金,全年支出7800万元。二是落实各项保障政策,全年拨付养老保险基金31851万元，发放城乡低保补助资金5078万元。截至当年底，全县城乡居民参保人数达145000人，养老金领取人数为32683人，参保率达100%。三是深化医疗卫生体制改革,全年安排经费预算1730万元，实现支出2826万元（含费税985万元)，对经省级审核认定的85笔金额为897.2万元2009年底以前基层医疗卫生机构的长期债务进行化解,县财政安排配套资金325.5万元。

【强化国有资产管理】确保资产保值增值,提高资产使用效益，将全县行政事业单位 187 宗 745750.22 平方米土地，220 处 240149.74 平方米房产集中审批划转到县建投公司统一管理，对 126 家行政事业单位、37 家国有企业进行资产清查，清查总资产账面价值 85139.1 万元。

（繁昌县财政局供稿）

南陵县财政工作概述

2013 年，全县财政收入完成 18.5 亿元，占预算的 101.1%，比上年增长 15.2%；支出 26.1 亿元，占预算的 110.3%，同比增长 15%。

【发挥职能作用，支持县域经济平稳较快发展】全面贯彻积极财政政策，积极培育和壮大新的财源增长点；大力推进创业富民工程，全面落实创业、就业扶持政策；进一步发挥财政性资金杠杆和引导作用，大力支持重点工程建设；认真落实“营改增”试点财政扶持政策。

【做大收入“蛋糕”，不断增强财政保障能力】完善收入考核制度，提高各征管部门及镇级组织收入的积极性；启动综合治税工作，初步建立“政府领导、部门共管、财税主办、社会参与、司法保障、信息化支撑”的综合治税体系；积极争取上级各类各项补助；加强财政结转结余及暂存、暂付等往来资金清理清收工作，盘活财政闲置、沉淀资金。

【优化支出结构，促进民生改善和社会事业发展】牢固树立过紧日子思想，提倡厉行节约，统筹公共财政预算、政府性基金以及财政专户等资金，进一步优化支出结构，将更多财政资金用于改善民生和支持社会事业发展；认真实施 41 项民生工程，全年累计拨付 5.79 亿元，全年全口径民生支出 22.19 亿元，占财政支出的 85%；全面落实各项惠民政策，加大社会保障投入，推进保障性安居工程建设，继续实施高龄津贴发放政策，积极推进一事一议财政奖补试点和政策性农业保险工作工作，做好补贴农民资金发放工作，全年累计发放各类惠民补贴 38 项，打卡 74 批次，累计发放 2.15 亿元，惠及约 96 万人次；加强农业综合开发和支农资金整合管理工作，实行项目库动态管理，重点支持产业化龙头企业或农民合作经济组织项目建设，全年获批立项 36 个，总投资 3.84 亿元，通过省市高标准农田建设项目和产业化项目验收考评；保障义务教育、公检法司、科技文化事业、医疗卫生等经费支出；加大农田水利基础建设投入；全面支持美好乡村建设。

【创新管理方式，深入推进财政管理改革】巩固财政专户改革成果，优化专户存款结构，提高专户资金管理效益，全年财政专户资金收益 3065 万元；完善预算项目会商论证制度和重大项目听证制度，积极开展“预算会商”，增强预算编制透明度，逐步推行“预算公开”向“公开预算”转变；加强财政一体化信息平台建设，实现县镇财政、预算单位、代理银行等部门之间网络互通，信息共享；全面推进公务卡管理改革，建成开通公务卡管理系统；稳妥推进镇级财政国库集中支付制度改革。

【夯实工作基础，持续加强国有资产管理】规范闲置性资产处置，确保资产保值增值和节约高效利用；规范国有企业管理。出台《关于规范县建投公司和县中小担保公司对外借款和对外担保行为的有关规定》，加强对县建投、中小担保公司等国有企业投融资行为监管；加强公务用车编制和购置（更新）审批管理。

【改进工作作风，着力提升财政财务管理水平】加强政府采购管理，全年政府采购申报金额 17.48 亿元，采购金额 12.8 亿元，节约率 26.7%；加强“三公”经费管理，坚决贯彻中央“八项规定”精神，强化日常支出监管，全年“三公”经费支出下降明显；加强镇村两级财务管理，印发《关于进一步规范镇级财务支出行为的通知》，进一步规范镇村支出行为；加强机关效能建设，坚持“依法履职不缺位，文明服务不懈怠”，认真开展“双联系”、“文明创建”等活动，着力提升财政干部综合素质，更好地服务全县经济和社会事业发展。

（南陵县财政局供稿）

安徽省江北产业集中区财政工作概述

2013 年，集中区按照“产城融合、以产兴城、以城聚产”的理念，积极探索新型城市化道路，抢抓机遇、攻坚克难，各项工作取得新进展。

【财政收支超计划完成，建设资金保障有力】江北产业集中区公共财政收入完成 4.4 亿元,增长 1.4 倍。其中:地方收入完成 2 亿元,为预算的 100%,增长 18.2%。省、市两级补助 50102 万元。地方收入中,增值税 2425 万元,营业税 5480 万元,企业所得税 3890 万元,个人所得税 5912 万元,城市维护建设税 994 万元,印花税 398 万元,契税 468 万元,其他税收 28 万元;非税收入 474 万元,主要为教育附加等专项收入。财政支出完成 7 亿元,其中:城乡社区事务 56463 万元,资源勘探电力信息等事务支出 4848 万元,商业服务业等事务支出 28010 万元,金融监管事务支出 800 万元,其他支出 3009 万元。政府性基金收入 146189 万元,主要为土地出让收入,上级补助 9587 万元。政府性基金支出 155776 万元,其中:城乡社区事务 155286 万元,教育 256 万元,农林水事务 101 万元,资源勘探电力信息等事务 133 万元。

【财政管理不断完善,制度建设逐步加强】一是加强税收征管。严格区内道路、房建等施工企业的建安营业税、所得税征管,开展区内企业税收检查,施工企业税收应缴尽缴。二是加大金融招商力度。大力宣传集中区优惠的财税政策,全力推进合作协议的签订,协助企业快速注册登记,早日实现税收入库。三是积极落实税收返还政策。根据省委、省政府有关文件精神,江北产业集中区新增企业缴纳的所得税省级分成的 15%部分由省财政按照年度审核后返还。四是出台促进产业发展办法。结合集中区实际,制定促进产业发展的规费减免办法,促进区内招商企业加快建设,帮助企业后期融资和开工投产。五是加强部门管理。出台公务卡管理办法,推进集中区机关准部门预算管理。严格支出审批制度,完善财务制度,规范财务管理。

【产城一体化快速发展,新区形象明显提升】累计引进产业项目 57 个,总投资 782.7 亿元。合同利用外资 7000 万美元。已开工建设各类项目(包括建成项目)65 个,总投资 427 亿元。完成企业注册 200 家,注册资本 124.6 亿元。其中外资企业 9 家,到位外资 4084 万美元。累计完成固定资产投资 124 亿元,其中招商引资项目完成固定资产投资 83.7 亿元,政府投资性项目完成 40.3 亿元。总投资 300 亿元的宝能组团项目建设全面加快,总投资 200 亿元海螺组团项目开工建设。集中区电子信息产业集聚区、新能源新材料集聚区、总部金融集聚区建设进展明显。20 平方公里起步区基本实现“九通一平”,项目承载能力进一步增强。全区完成固定资产投资 72.55 亿元,同比增长 121%。全年实际利用内资 111 亿元,同比增长 363%。引进外资项目 9 个,合同利用外资 7000 万美元,实际利用外资 2864 万美元。新注册企业 111 家,注册资本 36 亿元。

(安徽省江北集中区财金部供稿)

宣城市财政工作概况

宣城市财政工作综述

2013年，宣城市财政总收入完成157.8亿元，同比增长14.6%，其中：地方财政收入完成107.7亿元，同比增长23.8%；全市财政支出完成205.2亿元，同比增长14.8%，其中：财政民生支出完成166.2亿元，占财政支出的比重达81%。

【突出依法征管，财政收入实现平稳增长】坚持依法主动理财，努力提高预算执行保障能力。一是注重加强部门配合。始终强化责任意识和协作意识，及时分解目标任务，落实责任；建立财税库会商机制，定期分析研究收入入库形势，及时协调解决征管中存在的问题。二是切实强化税源管理。加大依法征管力度，加强对重点税源和主体税种的监管，开展专项税务稽查，进一步挖掘税源，清理欠税，促进税收收入增长。三是严格非税收入征管。重点加强国有资源(资产)有偿使用收入等项目征管，拓宽财政增收渠道。

【突出厉行节约，“三公”经费支出下降明显】坚持厉行节约，严格执行中央“八项规定”和省、市“三十条规定”，采取积极措施，严控“三公”经费等一般性支出。一是实行源头控制。抓住年初预算编制源头，对部门预算中项目经费进行整合压并，调整优化支出结构，集中财力促发展、保民生；预算执行中对各单位一般性支出统一按5%比例压减，努力降低行政运行成本。二是推进量化控制。以各单位2009年压减后的“三公”经费支出为基数，对“三公”经费支出进行指标量化控制，确保“三公”经费支出稳中有降。三是规范制度控制。制定出台《接待经费管理暂行办法》、《公务用车配备使用管理办法》等相关支出管理制度，严格支出范围和标准，强化制度执行，确保厉行节约落到实处。2013年，全市“三公”经费同比下降18.2%，其中市本级“三公”经费下降19.8%。

【突出财政支撑，促进经济发展措施有力】坚持服务大局，采取多种措施，促进经济平稳发展。一是支持平台建设。通过财政投入、政策支持等方式共筹集资金4.9亿元，支持示范区、开发区、物流园区等建设，进一步完善城市功能，优化投资环境。二是扶持实体经济。及时兑现各类补贴、奖励、贴息等政策资金13.2亿元，注入实体经济，增强企业可持续发展能力；着力推进融资担保体系建设，筹集资金3.2亿元充实担保机构国有资本金，重点支持民营经济发展和用于贷款风险基金补偿，缓解企业融资困难。三是促进转型发展。进一步发挥财政资金杠杆效应，引导实体经济转型升级；积极筹措资金重点发展旅游、物流等现代服务业，促进经济转型；积极争取上级中小企业补助、节能环保等项目资金4亿元，大力支持新材料、新能源等战略性新兴产业发展，促进经济提质增效。

【突出民生根本，和谐社会建设稳步推进】坚持以人为本、民生为重，全面落实各项惠民政策。一是精心组织民生工程。认真组织实施33项民生工程，各级财政累计投入民生工程资金28.2亿元，工程建设类项目全部完成任务，资金补助类项目全部及时足额发放到位。围绕收入倍增工作重点，调整完善政策体系，全面完成城乡居民收入倍增目标任务。2013年全市城市居民人均可支配收入22731元，增长11%；农民人均纯收入10245元，增长13.4%。二是积极支持文明创建。投入资金1.6亿元，大力支持推进“四项工程”、开展“六项整治”，城市面貌焕然一新。

三是大力发展社会事业。投入财政教育资金32亿元,推动教育优先发展;拨付就业资金1.6亿元,支持做好高校毕业生等群体就业创业工作;投入资金3亿元,支持基层医药卫生体制改革和县级公立医院综合改革;拨付资金5.9亿元,支持保障性安居工程建设;投入文化建设资金2.6亿元,支持文化惠民工程和文化产业发展。

【突出城乡统筹,"三农"扶持力度继续加大】一是持续加大农业投入。围绕全市农业产业发展规划,积极争取上级各类农业项目资金3.8亿元,支持畜禽、经济林、粮油加工和水稻等主导特色产业发展;统筹安排资金2.9亿元,重点投入水阳江治理、灌区节水改造等水利基础设施建设;统筹安排资金1.3亿元,推进农村危房改造、农村饮水安全、农村清洁工程以及环境连片治理。二是推进美好乡村建设。全力落实专项资金,市县当年财政预算安排1.5亿元,支持美好乡村建设;大力整合涉农资金,出台实施意见,制定整合目录与整合方案,全年整合涉农资金12.7亿元;积极吸引社会资金6.2亿元,重点支持省美好办批复的中心村及各地确定治理的自然村。三是落实强农惠农政策。全年通过"一卡通"及时发放各项财政补贴农民资金9.5亿元,增长33.4%;深入推进村级公益事业建设一事一议财政奖补工作,完成项目765个,兑现财政奖补资金9230万元;政策性农业保险财政保费补贴4687万元,赔付3581万元。

【突出机制创新,财政改革步伐不断加快】一是预算管理改革不断深化。出台《宣城市市级预算管理暂行办法》,规范预算编制、执行和监督,强化预算管理,进一步增强预算约束力;全面实施部门预算会商机制,进一步提高预算编制科学性和透明度。二是政府资产管理取得实效。继续推进行政事业单位国有资产财政统管,坚持资产配置与单位履行职能相适应,严把资产配置审批关;推进资产处置公开化、市场化,提高资产处置透明度;推进门面房、小型客车吉祥号牌以及城市户外广告位公开竞拍转让,提高资产资源使用效益。三是政府债务管理得到加强。出台《宣城市地方政府性债务管理暂行办法》,规范政府性债务举借、使用、偿还等行为;实行政府性债务归口管理,加大财政对政府融资的集中统管力度;继续完善债务风险预警机制,有效防范财政风险。

(宣城市财政局供稿　程佳晨)

宣州区财政工作概述

2013年,宣州区财政收入总量首次突破30亿元大关,财政收入完成31.04亿元,增收3.73亿元,同比增长13.7%。全区财政支出36.1亿元,增支5.6亿元,同比增长18.3%。民生工程总投入资金9.13亿元,其中,财政投入7.27亿元,其他筹资1.86亿元。

【紧盯收入目标,加强征收管理】一是推动收入组织部门加强征管。坚持行之有效的财税部门联席会议制度,定期交流财税信息,跟踪收入进度,对影响宣州区收入的各项因素加强统计分析和形势研判,及时提出相应的解决办法。二是积极推进协税护税工作。制定年度税务奖励办法,激励税务部门力争更大增收。在资金调度上采用优先、便捷的支付流程,对单笔金额较大的协税项目采取预先调拨等有效措施,鼓励和支持乡镇街道办事处做好护协税工作,对各乡镇下达年度护协税收入考核指标。重新明确协税护税工作机制,要求相关单位和各街镇加大协税护税力度,强化考核和激励措施,三是加强非税收入征收管理。坚持以票管费、票款同行的原则,完善收入收缴方式,建立健全"单位开票,银行代收,财政统管"非税收入管理办法,实行征收管理网络化,从源头上规范非税收入收缴行为。强化财政监督管理职能,建立和完善非税收入稽查、举报、违规处罚和责任追究等监督管理制度,进一步规范非税收入管理,优化发展环境,确保非税收入应收尽收。

【立足财税职能,扶持区域发展】一是充分发挥财政资金的杠杆作用,切实加大园区及经济带建设。安排2000万元"以奖代补"资金支持乡镇工业集中区、特色产业园及经济带建设,协助融资2.9亿元支持区经济开发区、狸桥经济开发区及宣州工业园区基础设施建设,切实提升开发区承载力。二是及时兑现优惠政策,全力支持企业做大做强。安排2000万元工业发展专项资金,及时兑现契税、城镇土地使用税等先征后返资金2.8亿元,有效缓解企业资金压力。三是加大招商引资投入,营造良好的招商引资平台。累计安排招商引资专项经费1331万元,及时兑现招商引资各项奖励资金,有力推动一批重点项目的快速推进。四是加强对民营中小微企业扶持力度,充分发挥担保资金使用效益。安排2000万元增加宣城市振宣中小企业担保公司注册资本金，加大该公司对民营中小微企业的融资、担保支持力度，2013年预计振宣中小企业担保公司为中小企业提供融资担保10亿元，努力满足各类中小企业的融资需求，切实解决中小企业融资难问题。

【创新完善机制，保障民生工程】一是思想重视，强化领导。区委、区政府成立由区长任组长的民生工程建设领导组，下设办公室，并升格副科。各实施部门和乡镇办事处也成立相应的民生工程工作领导小组，配备民生工程联络员。区政府与各部门和乡镇签订“民生工程目标责任状”，对工程实施、资金运行、项目管护等提出具体要求。二是加大投入，强化保障。宣州区通过预算安排、项目奖补、社会筹资等方式，切实保障项目资金落实，截至2013年4月底前，区级配套资金全部拨付到位。三是注重调度，加快推进。每季度定期召开“民生工程调度推进会”和不定期召开“建设类项目协调推进会”，及时发现问题，及早研究解决，全面推进民生工程顺利实施。四是强化管理，注重效益。在后续管养上，既重“建”，也重“管”，全区所有建设类民生工程均制定运行管护制度。在资金管理上，财政局制定出台民生工程资金管理总体要求及各单项民生工程资金管理办法，严格资金管理，专款专用、专账核算。五是加强宣传，营造氛围。除进村入户分发民生工程政策告知单、赠送印有民生工程宣传内容的年历等常规手段外，还积极创新宣传方式，如创作编排音舞快板节目、借助“送电影下乡”活动插播33项民生工程政策宣传幻灯片，在出租车车载电子屏滚动显示民生工程宣传标语等。六是加强检查，兑现奖惩。区民生办每月定期重点检查，采取随机明察和暗访抽查相结合、全面督查和专项督查相结合的方式，对民生工程进度、质量、监理、安全等实施全过程、全方位监管。在考核奖惩上，依据工作实绩来检验实施成果并奖优罚劣，对民生工程工作突出的单位和个人进行表彰，对未能及时保质保量完成任务的，落实倒查机制，严肃追究责任，兑现一票否决。

【统筹城乡发展，落实财政惠农】一是加大财政支农资金整合力度，财政支农投入稳定增长。会同农口部门整合各级各类财政支农资金8.34亿元，并通过省财政厅的绩效考评，获省支农整合奖补资金200万元。二是以美好乡村建设为抓手，全面推进农村发展。围绕22个省级中心村，38个示范村足额安排区级专项资金1000万元，大力整合财政资金2.48亿元、吸引社会资本8080万元投入美好乡村建设。三是以高标准农田建设为带动，建设现代农业示范区。2013年全区完成高标准农田建设示范工程项目治理面积4.05万亩，总投资达5097万元。四是强化农村公益事业建设“一事一议”财政奖补试点工作。申请财政奖补资金3440万元，整合财政资金2300万元，通过村民筹资、捐资、村集体资金投入等方式筹集资金达5762万元，总投资11502万元，完成196个建设项目。五是全面推进农业保险试点工作。政策性农业保险做到应保尽保，种植业实现承保面积全年合计承保125万亩，承保森林保险38万亩，实现保费2253万元，农作物理赔方面预计赔付880万元。

【强化公共服务，做好重点保障】一是健全财政投入稳定增长机制，加大对各项社会事业发展的投入。积极落实财政教育投入，2013年，全区财政教育投入达7.8亿元，其中，安排义务教育保障经费3105万元，校安工程款4205万。加大人才专项资金投入水平，全年安排人才专项资金奖励250万元，同比增长67%。二是加大社会保障投入力度，保障各项社保政策顺利实施。完善基本医疗保障制度，提高城乡居民基本医疗保障水平，2013年全区新农合人均筹资标准达到340元，其中财政人均补助达到280元，政策范围内住院费用报销比例达到70%以上。落实高龄老年人生活补助政策，全年财政支出640万元，同比增长15%。制订关爱市区残疾人生活补助政策，解决特殊群体的养老保险问题，对符合补助条件的对象给予每人每年720元补助。

【深化改革创新，推进财政改革】一是稳步推进国库集中支付及公务卡制度改革工作。积极落实全省国库支付与公务卡改革工作会议精神，加快推进区级扩面步伐。全年集中支付款项6.02万笔，支付资金28.46亿元；区、乡财政供给单位实现公务卡全覆盖，同时将公务卡纳入国库集中支付系统实现动态监控。二是全力推进乡镇财政管理改革工作。积极推动财政所内部规范化管理，制定印发《宣州区乡镇街道办事处财政所（分局）财政工作考核办法（试行）》，在乡镇办事处财政所(分局)开展关于财政收入、惠农补贴、资金监管、会计业务等各项财政工作的互查互审工作，促进相互交流学习。三是进一步加强完善财政预算部门会商和乡镇财政监管帮联制度。全面加强与预算部门会商，突出会商重点，开展务实会商,注重财政绩效,推进会商工作常态化;加强对乡镇财政资金特别是涉农资金监管工作的指导、督促和检查,重点督查区乡财政参与管理的各项财政资金政策信息通达情况,以及乡镇财政对有关资金、项目使用和实施情况,确保财政资金安全,提高资金使用绩效。

【加强财政监管,提升管理水平】一是严格控制"三公"经费支出增长。每月对公务接待费、公务用车运行经费实行定期统计,分单位建立台账,实时掌握支出进度,并根据执行进度,确定重点监控对象。加强公务用车管理,组织开展公务用车登记自查和审查核实工作,全面系统掌握公务用车基本现状、配备水平、类型分布等基本情况。二是全面开展涉农资金检查工作。按照全省统一部署及区委区政府要求,对宣州区2010—2012年各级财政预算安排用于"三农"的各项资金的使用管理情况进行全面检查。实地查看91个涉农项目工程的现场实施状况,深入67个村(社区)的809户农户,抽查一卡通存折记录,并与补贴数据清册进行核对,在乡镇办事处的检查面达100%。针对检查中发现的各类问题,对24个乡镇办事处财政所下发了整改通知书,要求乡镇财政所在当年7月份完成整改,对于短期不能完成的,要制定整改计划,落实整改措施,确定整改完成时间。三是加强财政监督管理。在省、市财政监督部门指导下,结合历年来会计质量检查经验,采取多种措施,开展会计质量检查工作。在检查过程中做到"五统一",即统一计划、统一政策、统一程序、统一检查方法、统一处理处罚;检查结束后严把政策、督查整改,针对检查中存在的问题,及时出具检查报告、下发整改意见书,督促被查单位对违规违纪等问题进行整改。

(宣州区财政局供稿　蒋超)

郎溪县财政工作概述

2013年,郎溪县财政收入达到18亿元,同比增长16.5%,比上年增收2.55亿元,增幅居全市第一。财政支出完成22.57亿元,同比增长20.4%。其中,财政民生大类支出合计达19.35亿元,增长17.3%,占财政支出的85.8%。

【争投入竭力服务经济发展】全力做好项目争取工作,2013年全县争取到位项目212个,到位资金8亿元,顺利完成"保6争8"目标任务。做好招商引资优惠政策兑现工作,全年兑现招商引资优惠政策资金1.91亿元,扶持企业发展壮大。做好"营改增"试点推进工作,自2012年10月份以来,财政累计补贴资金6234万元,切实降低企业负担,调动企业生产积极性。加大对小额担保贷款的财政扶持力度,全年发放小额担保贷款4635万元,超额完成市下达的发放任务。争取省财政扶持和奖补资金985万元,县级配套1000万元,建立民营经济发展专项扶持基金。规范国有资产监管,实现其保值增值,全年累计收取国有资产收益2372.57万元。提升国投公司融资能力,融资到位资金13.17亿元用于城乡基础建设。

【惠民生全面促进社会和谐】调整和优化财政支出结构,将更多财政资金投向民生领域。认真组织实施省定33项民生工程,深入推进居民收入倍增工作。全年投入民生工程资金4.23亿元,其中县级配套资金0.56亿元。"一事一议"财政奖补工作进展顺利。全年建成项目97个,总投资2018.03万元。政策性农业保险工作稳妥推进,新增了森林保险和烟叶种植等特色农业保险。进一步加大涉农资金整合力度,大力支持美好乡村建设,围绕全县11个美好乡村中心村和现代农业示范区建设,整合各类财政涉农资金2.45亿元,在县级财力十分困难的情况下,超额安排预算2000万元用于支持美好乡村建设。农业综合开发等重点支农项目顺利实施,农村基础设施和农业生产条件有效改善。加强惠民资金管理和发放工作,全县共发放惠民资金18067万元。

【抓改革逐步完善体制机制】率先在全市启动乡镇国库集中支付改革和公务卡制度改革。截至2013年6月份,全县9个乡镇国库集中支付系统实现全部上线,平稳运行。稳步推进公务卡制度改革。完善公务卡管理配套措施,扩大公务卡结算范围,2013年全县共办理公务卡870张。深入推进乡镇非税管理信息系统建设和财政票据电子化改革,实现了非税执收系统应用"横向到边、纵向到底"。扎实推进政府采购制度改革,2013年,全县政府采购资金规模达到2.194亿元,节约资金2673万元,综合节约率10.86%。积极做好乡镇财政资金监管工作,通过使用乡镇财政资金监管信息系统平台,逐步构建全方位、立体式的监督格局。

【重管理不断提升服务效能】以民主评议活动为载体,扩大业务培训、丰富创建载体、强化绩效考评,全面加强财政干部队伍管理。组织开展乡镇财政档案管理达标升级工作,经考核验收,10个财政分局达到省一级标准,1个财政分局达省二级标准，圆满完成争创目标任务。继续开展规范化分局创建活动,全县9个乡镇财政分局均达到省或市级规范化建设先进单位标准。进一步加强作风效能建设,制定作风效能建设“十项规定”,建立按月巡查制度,实行“吃、拿、卡、要”和效能违规“两个零容忍”。进一步加强综治安全、招商引资、文明创建和会计管理工作。2013年，郎溪县财政局先后获得全县项目争取工作先进单位、宣传思想工作先进单位、综治工作先进集体、目标管理绩效考核先进单位和宣城市第七届市级文明单位等荣誉和表彰。

（郎溪县财政局供稿　吴斌）

宁国市财政工作概述

2013年,宁国市实现财政总收入33亿元,比上年增收10.07%。全市完成财政支出31.65亿元,比上年增长12.7%。

【保障财政收入稳步增长】密切财税库联动,及时将任务分解落实到各征收部门，定期召开财税征管工作例会,关注动态,分析形势,确保各项财政收入及时均衡入库。对全市纳税达100万元以上的企业进行税源调查，重点了解企业经营状况及今后发展计划。切实规范土地出让收入和经营性资产管理,坚持清收常态化,完善经营性资产管理模式,促进国有资产提质增效。

【促进经济全面协调发展】积极运用财税政策,争取项目资金,服务地方经济发展。引导企业升级提效。深入推进“营改增”试点改革,有效减轻试点企业特别是小微企业和现代服务业企业的税收负担,建立民营经济发展专项扶持基金,完善担保业务,缓解中小企业融资困难,助力民营经济发展。

【扎实推进收入倍增工作】进一步加大民生投入力度，组织实施45项民生工程，累计投入资金7.1亿元,其中省定33项民生工程投入6.34亿元,市定12项民生工程投入7700万元。实行“单月点评、双月调度”制度,及时分析解决民生工程工作推进中的疑点和难点,保证各项工作有计划、有组织、有步骤地顺利开展。同时加强建后管护,逐步形成政府主导、群众自主、市场调节的管养新格局。2013年新增城镇就业人数1.41万人,完成总目标的188.2%;实现转移农业劳动力5270人,完成总目标的225.7%;完成新型农民培训2350人,完成总目标的100%。

【有效落实支农惠农政策】按照“总量持续增加、比例稳步提高”的原则，不断增加财政支农预算安排。2013年农林水事务支出3.61亿元,比上年同期增加2733万元,增长8.2%。安排美好乡村建设以奖代补专项资金3808万元。以农业开发项目、农村基础设施建设、促进农民就业创业等为平台,调动和引导社会各方投入“三农”的积极性,广泛整合、吸纳民间资本和工商资本投入,形成多渠道、多元化的“三农”投入新格局。严格落实各项惠农政策。通过“惠民直达工程”发放惠农补贴资金1.46亿元,受益群众达56.13万人次。政策性农业保险实现保险品种和保险区域的全覆盖,投保率均达100%。

【着力提升财政管理水平】继续深化部门预算改革,加大结余资金统筹,严格控制预算追加,推广应用金财工程一体化平台指标系统，实现部门预算的数字化管理和信息数据共享。深入推进国库集中支付改革，在市直机关事业单位全部纳入国库集中支付管理的基础上，撤销乡镇实体资金账户34个,国库集中支付改革“横向到边、纵向到底”的任务基本完成。严控一般性支出,压缩“三公”经费,着力加大民生、教育、科技、三农等法定支出及文化、卫生、社会保障等重点支出需求,切实加强政府债务管理,先后对全市范围内历年市、乡两级政府形成的政府性债务进行调查核实,摸清、锁定市、乡两级政府性债务。全面建立会商机制,全年累计会商661次,在重点资金分配、政策措施落实、部门预算编制等方面成效显著。开展党员干部进社区、结对共建、帮扶困难群众等一系列活动,加强调研走访,有力推动财政部门服务群众各项机制的常态化、制度化。

【狠抓机关内部建设】严格按照中央“八项规定”、“六项禁令”和安徽省纪委“十条禁令”要求,厉行节约,提升效能建设,完善议事制度,强化财政部门内控机制建设,定期举办专题知识讲座,认真开展网上在线学习、先锋在线等业务知识和法律法规的学习。围绕财政中心工作,完善财政宣传协调机制,及时全面准确宣传财政政策和财政工作，积极推进财政文化建设,开展三月植树、清明节扫墓活动,鼓励并组织干部职工参加市羽毛球、篮球比赛活动,形成和谐奋进、凝心聚力干事业的良好局面。

（宁国市财政局供稿　肖汉武）

泾县财政工作概述

2013 年,泾县财政收入完成 11.26 亿元,同比增长 12.4%。其中地方财政收入完成 7.54 亿元,同比增长 14.9%。全县公共财政支出完成 19.2 亿元,同比增长 9%。

【扎实推进民生工程】33 项民生工程建设顺利完成,县级配套资金 1.03 亿元列入预算,各项工程所需配套资金按规定落实到位。及时准确发放粮食直补等财政补贴农民资金 1.4 亿元，基层群众得到实惠。补贴类项目按时足额打卡发放,建设类项目有序推进,确保按时序进度建设完成。及时拨付保障性住房资金、发放廉租住房补贴。牵头承担了三项民生工程建设任务:一是美好乡村建设。预算安排 2800 万元专项资金、整合涉农资金 2.5 亿元投入美好乡村建设。二是政策性农业保险工作。拓展政策性农业保险范围,将森林、烟叶纳入政策性农业保险范围。三是落实一事一议财政奖补工作。全县 132 个村建成项目 182 个,28 万农村人口受益。

【着力服务经济发展】争取省级调度资金 9.74 亿元、政府债券份额 8000 万元等,有效缓解支出压力。充分发挥县中小企业融资担保中心担保服务功能,担保中心注册资本金增至 1.18 亿元,为 218 户次企业提供贷款担保 4.1 亿元，贷款额度比上年同期增长 35.1%。加强县国有资产投资运营有限公司融资能力,向县农发行、国元证券融资 2.8 亿元贷款,为青弋江北路棚户区改造等项目提供资金保障。促进县域工业经济发展,报请县政府印发《泾县利用再生资源生产企业发展扶持政策意见》,扶持再生资源企业。推进农业产业化建设,完成 2013 年度五个国家产业化项目和蔡村镇生态综合治理项目编制工作,扶持做强龙头企业和农民专业合作社。

【坚持强化财政监管】开展涉农涉企资金专项检查工作,召开涉农、涉企资金检查专题会议安排专项检查工作。组织检查组对全县所有涉农涉企资金安排使用情况进行详细抽查，对存在的问题和不足进行整改,保证涉农、涉企资金使用安全。加强非税收入监管,实行非税收入票据定量定期购领制度,清理行政事业性收费和政府性基金项目，杜绝收费单位乱收费、乱罚款及私设小金库等现象发生。加强国有资产处置管理,严控公务车辆购置,规范处置全县行政事业单位闲置资产及废旧公务车辆。严把政府采购过程监管,凡使用财政性资金采购项目,一律委托招标投标中心进行集中采购。开展专项监督检查活动,制定年度财政监督检查专项计划,组织了一事一议、农业开发、保障性住房、市政工程、农村公路危桥加固改造等项目资金专项检查，对不规范现象提出了整改意见,有效提高了相关单位财务管理水平。强化会计队伍和信息质量管理，对全县代理记账机构开展信息报备和实地检查，组织事业单位会计准则制度培训活动，完善健全现有的会计人员信息管理系统。

【全力推进财政改革】改革 2014 年预算编制方式,公共财政收支预算、政府性基金预算、社会保障预算分别编制,试编国有资本经营预算,在预算编制上真正实现了全口径预算。继续推进公务卡制度改革,公务卡制度从县直单位延伸到乡镇,有效控制县乡两级公务消费,节约财政资金。启动乡镇财政国库集中支付制度改革,印发《泾县乡镇财政国库集中支付制度改革方案》,自 2013 年 7 月起,对全县所有乡镇实行规范的财政国库集中支付制度。强化乡镇财政资金监管方式,出台《泾县乡镇财政资金监督管理办法》、《泾县乡镇财政资金抽查巡查办法》和《关于明确乡镇财政资金监督管理工作职责的通知》三个文件,将乡镇预算资金、项目类资金、补贴类资金和村级资金全部纳入财政监管，实现了乡镇财政资金监督管理全覆盖。落实创建规范化财政所工作,4个财政所获得“创建规范化财政所市级先进单位”称号,8 个所（分局）成功申报省档案目标管理一级标准。

【全面加强作风建设】全面贯彻落实中央“八项规定”和省市县“三十条”精神,认真执行六项工作措施,积极践行“三进三解三推动”活动,干部作风和机关行风进一步加强。一是严格规范公务接待。严禁工作日饮酒,对公务接待范围及对象、接待标准、报批程序等进行了详细规范。二是从严控制会议支出。能不开的会坚决不开,确需召开的会议从简从快安排。三是加强公务用车管理。实行车辆派遣制度，按局《车辆管理办法》调度车辆。四是减少办公经费支出。提倡绿色环保办公,推行机关内部无纸化办公,节约办公耗材。五是节俭差旅费开支。尽量减少公务出差开支,坚决杜绝各类铺张浪费现象发生。六是严格执行廉政准则和效能建设“八不准”。落实财经纪律要求,组织干部到马鞍山监狱开展廉政警示教育,健全局机关各项廉政制度,创造风清气正、安定有序的工作环境,进一步转变党风、政风和财政行风。

(泾县财政局供稿 周旌安)

旌德县财政工作概述

2013年,旌德县财政收入完成6亿元,同比增长13.6%。其中,国税完成1.9亿元,同比增长5.9%;地税完成2.78亿元,同比增长7.5%;财政完成1.32亿元,同比增长46.7%。公共财政预算支出10.37亿元,比上年增加7600万元,增长7.9%。

【发挥职能服务发展】一是千方百计争取上级支持。抢抓国家政策机遇,积极争取政策扶持和项目资金,全年中央和省级财政补助收入5.84亿元,为全县经济社会发展和改善民生提供了有力的资金保障。二是千方百计融资搞建设。争取财政部代理发行地方政府债券1800万元,国投公司全年融资2.33亿元,支持S323线、政务新区、东方雅苑、高铁站前广场及连接线区域的征迁、城西路北入路景观工程等重点项目工程和城市基础设施建设。三是千方百计支持企业发展。加大工业园区基础设施建设投入力度,安排企业基础设施建设资金7686万元,落实重点企业、招商引资企业和总部经济的发展资金,极大缓解了企业资金困难,全力支持企业做大做强。积极做好担保公司担保服务工作,全年为200余户次小微企业等提供担保及短期还贷等融资服务,金额达2.5亿元。

【精细征管增添动力】一是建立定期协调机制。县政府坚持每月召开财税收入调度会,及时协调解决组织收入中存在的问题,始终把握工作的主动权。二是完善收入征管机制。大力推进房地产税收一体化征管,强化社会综合控税;在容易出现跑冒滴漏的行业建立税负预警卡制度,根据测定的各行业预警指标进行税负监控,着力加强重点行业税收监管。三是强化日标责任管理。坚持早动手、早谋划、早安排,做到任务、责任、人员、时限“四落实”,促进了征管工作顺利开展。四是规范非税收入征管。对收费项目实施动态管理,强化源头管控、以票控收,确保非税收入及时足额入库。

【注重民生取得新实惠】认真组织实施全省33项民生工程,充分发挥牵头部门作用,加大组织协调力度,积极筹措配套设施资金,保障各项工程顺利实施。2013年全县民生支出8.2亿元,增长7.2%,占全县财政支出79%。其中:33项民生工程财政投入1.85亿元,其他投入1350万元,共计投入1.98亿元,完成年初计划100%。办成一批群众欢迎、社会满意的实事,较好解决涉及群众切身利益的“生活难、就医难、上学难、创业难”等相关问题。一是确保老有所养。积极推进社会保险扩面征缴,加强养老保险基金征管,全年拨付养老保险资金6206万元,确保养老金的及时足额发放。二是保证困有所济。全年拨付就业再就业、低保、优抚、五保特困户等补助资金4216万元,保障弱势群体生活。三是力求病有所医。拨付城镇居民医疗保险、新型农村合作医疗、城乡困难群众大病医疗救助等补助资金4531万元,促进公共卫生事业发展。四是做到学有所教。认真落实国家教育中长期发展规划纲要,加大教育事业投入,着力提升义务教育办学水平和高中办学质量,增加标准化学校 -- 梓阳学校建设投入。五是推进住有所居。建立健全公共财政预算、土地出让收益等多渠道政府投入机制,拨付资1578万元,大力支持廉租房和保障房建设。

【农村发展取得新成绩】一是推进现代农业发展。投入1210万元,在庙首镇祥云村、白地镇汪村、实施了现代茶产业项目,共新建设标准化茶园4100亩(其中:老茶园换种改植3300亩),建设无性系良种母本园基地300亩,新建茶区道路2727米,完成茶区排水沟1516米,完成过水路面2处。二是加大农业基础设施建设。共投入1161.5万元,实施4个国家级和2个省级2013年度农业综合开发项目(国家级1091.5万元,省级70万元);“一事一议”财政奖补试点工作顺利推进,全年投入项目资金676万元,管护资金13.5万元,共实施“一事一议”财政奖补项目83个,切实改善农业基础设施条件,推进农村公益事业建设,促进农村经济发展。三是推进政策性农业保险工作。在水稻、油菜全面投保的基础上,小品种的投保面进一步扩大,全年新增烟叶保险和森林保险品种,烟叶投保80户5636亩,森林公益林部分投保17.7万亩。由于受“6.30”特大洪灾及7—8月持续高温干旱,全县水稻、烟叶及玉米等农产品受灾十分严重,县农险办全力以赴开展核灾理赔工作,对 2796.4 亩受洪灾水稻、烟叶赔付受灾款 75 万元;对 14344 亩受旱灾水稻及玉米赔付 190 余万元。四是全力推进美好乡村建设。对农业、林业、水利、交通、环保等相关部门改水改厕、危房改造、农村清洁工程、森林城镇、森林村庄、森林长廊、农发项目、移民后扶、扶贫、人饮工程等涉农项目进行整合,集中投放到美好乡村建设,全年共整合各类财政项目资金 1.02 亿元。紧抓全县实施"千万亩森林增长工程"机遇,全力组织实施林业重点工程。五是落实好惠农补贴政策。共打卡发放了 23 项财政补贴农民资金金共计 7710 万元,全力保障农民利益。

【规范理财取得新进展】一是着力规范财政资金管理。制订《旌德县财政资金监督管理暂行办法》,建立财政预算部门会商和乡镇财政资金监管工作帮扶制度,推进财政资金科学化、精细化管理。二是着力深化财政改革。大力推进预算管理改革,县直 139 个单位全面编制较为规范的部门预算;乡镇国库集中支付改革全面上线运行;公务卡改革全面实施;不断扩大政府采购规模,2013 年共办理采购业务 412 宗,采购预算 5 亿元,实际采购资金 4.36 亿元,节约资金 6459 万元,节约率 13%;不断完善财政票据电子化征管改革,非税收入管理信息系统建设得到加强。三是着力强化财政监督。认真开展财政专户清理整顿工作,保留的 14 个财政专户,按季进行账户资金清查;加强财政内部监督,根据《财政部门内部监督检查办法》规定,对国库股开展内部监督检查,对检查中发现的问题及时进行整改;深入开展"小金库"专项治理工作,建立和完善防治"小金库"长效机制。四是加强专项资金检查。开展全县涉农、涉企资金大检查和农村危房改造环境连片整治等资金专项检查工作,确保财政资金安全、规范、高效运行。五是着力加强债务管理。配合潜山县审计组开展政府债务审计,摸清政府债务情况,规范债务管理,防范债务风险。六是着力提升乡财管理。制定过渡期乡镇财政体制实施办法,完善乡镇财政管理制度建设,乡财业务基础进一步巩固。

【队伍建设呈现新面貌】一是加强机关效能建设。认真落实中央关于改进工作作风,密切联系群众的"八项规定",制定出台《关于进一步加强财政局机关效能建设的实施意见》,着力推进以狠抓落实、增强执行力为重点的效能建设,不断提高服务能力和服务效率。二是加强窗口文明行业建设,着力提升财政形象。积极开展窗口文明创建工作,规范行为举止,公开办事程序,努力提供良好的服务环境,积极参与创建省级文明县城活动。三是完善相关制度,加强内部管理。2013 年,旌德县财政局被列为全省第一批创建节约型公共机构示范单位。四是扎实开展"三进三解三推动"活动。通过进村入户走访调查,结对共建,到社区、企业开展志愿者服务等活动,积极帮助联系村、社区、企业解决困难和问题。自活动开展以来,共进村入户 12 次,走访农户 102 户,开展志愿者服务活动 5 次,积极为群众兴办实事。五是加强反腐倡廉建设。建立廉政建设责任体系,制定和完善《旌德县财政局党风廉政责任制实施办法》,强化责任制考核;严格落实党政正职"三个不直接分管"工作制度,严控"三公"经费;加强廉政文化教育,积极组织收看财政系统廉政教育专题讲座,全面提升财政干部反腐倡廉意识和反腐倡廉建设科学化、制度化、规范化水平。

(旌德县财政局供稿)

绩溪县财政工作概述

2013 年,绩溪县完成财政收入 8.24 亿元,同比增长 3%,其中地方公共财政预算收入完成 6.58 亿元,同比增长 8.7%。财政支出完成 18.1 亿元,其中公共财政预算支出完成 13.47 亿元,同比增长 5%。

【服务发展】支持企业发展。结合国家和省支持民营经济发展的相关政策,制定《绩溪县民营经济发展专项资金管理暂行办法》。积极争取各类政策。配合各乡镇、商务局和各企业,结合自身优势,认真研究国家相关政策及产业发展规划,积极争取各种企业发展资金,构建新的经济增长点。加大担保支持。省担保集团对全县中小企业融资担保中心进行注资参股,担保中心进一步发展壮大,担保业务不断拓展,企业生产规模不断扩大。经济建设投入力度加大。协同发改、园区等部门积极争取各类建设发展资金和各专项转移支付资金,重点支持城镇网管、排污、道路等基础设施和地质灾害防治、环境保护、新安江流域生态补偿等项目。积极支持工业园区建设。安排标准化厂房建设专项资金和应急转贷资金,为中小企业入园投资提供发展平台,防范和化解园区企业资金链风险,促进园区企业和金融危机良性互动。融资渠道不断拓展。县国投公司以争取落实政策性银行项目贷款为工作重心，以支持园区发展和城区重点基础设施建设为目标，大力支持抽水蓄能电站、扬之河综合治理、S215东迁等重点项目顺利推进。

【财政支农】加大支农资金整合力度，大幅增加“三农”投入，积极推进美好乡村建设协调发展。“三农”资金投入力度不断增加。全年安排支农专项资金2559万元。投入和整合支农资金1703万元实施现代农业生产发展油茶产业项目，重点支持优势特色主导产业发展。全县实现政策性农业保险区域全覆盖。开展特色农产品烟叶和大棚蔬菜保险试点，新增森林保险项目。在6.30特大洪涝灾害中，政策性农业保险有效缓解了农业生产风险。继续落实“一卡通”的惠农强农政策。加强涉农部门合作，落实“一卡通”管理责任，全年共发放财政补贴农民资金项目共22个，金额7867万元，受益农户4.68万户。抓实农业综合开发项目建设。实施国家农业综合开发项目计划11个，项目总投资达1820万元，提高了全县现代农业生产能力。“一事一议”财政奖补试点项目深入推进。审核批复奖补项目112个，投入资金1373万元，惠及全县11个乡镇80个村委会(社区)，覆盖面达99%，奖补项目的实施，极大提高了农民参与公益建设事业的积极性和主动性，美好乡村建设范围不断扩大。

【民生保障】积极筹集和调度资金，将民生保障落到实处。优先保障教育经费投入。继续深化义务教育经费保障机制改革，全年共拨付义务教育经费1.16亿元，促进义务教育持续健康发展。做好社保基金的征缴和管理，做好社保基金的保值增值工作，共征缴社保基金2亿多元，确保各项社保基金及时足额发放。开展重大医疗救助4505人次救助金额256万元，着力解决城乡贫困群众就医困难。加强五保户资金管理，为五保户提供足实生活保障。积极支持医疗卫生事业。认真组织落实国家基本公共卫生服务项目，建立健全基本公共卫生服务绩效考核制度。提高对新型农村合作医疗财政补助标准，支付补偿金额4224万元，减轻了农民医药费用负担，受到广大参合农民的欢迎。保障社会事业全面发展，支持财政政法经费投入，保障社会管理综合治理工作和平安创建工作顺利开展，促进全县社会稳定。落实文化经费投入，分期投资8000多万元的高标准博物馆投入使用。低收入群体生活保障日益加强，投入保障性安居工程资金3450万元，累计受益2129户。民生工程顺利实施。共投入各类民生工程资金21827万元(其中县级配套3743万元)实施的33项民生工程均已全面完成。

【财政监管】积极实施平台“一体化”财政管理信息系统建设，做好基础工作，实现对同级预算单位的横向连通。继续深化国库集中支付制度改革。全面推进公务卡结算业务，简化用款计划审批流程，着重专项资金审核，提高工作效率。加强政府采购预算和管理，根据政府集中采购目录和限额标准，细化采购流程，规范采购行为，加快电子化政府采购系统建设，推进政府采购科学化、精细化管理，提高采购质量和效益。严肃政府采购纪律，依法查处不良采购行为，政府采购行为日趋完善。全年县政府采购预算4655万元，采购金额3714万元，资金节约率达20.2%。扎实推进非税收入规范化、科学化管理进程。全年共完成公共财政预算非税收入3.27亿元，增长5.5%。推进行政审批服务改革。清理行政审批和公共服务项目，在行政服务中心设立财政窗口，加大服务力度。加强会计管理。举办农村财会人员财政支农政策培训，完善会计人员信息资料，开展会计质量专项监督检查，加强会计服务。推进财政部门会商和乡镇财政资金监管工作，建立起预算部门会商和乡镇财政资金监管长效机制。加强财政监督检查。开展税式支出测算和税源调查，加强资产管理，组织开展美好乡村建设资金和涉企资金专项检查，加强财政监管，确保专项资金专款专用，提高涉农涉企资金使用效益和透明度。

【队伍建设】签订《党风廉政建设责任书》，开展廉政风险防控工作知识和“转作风、促廉政”专项测试，开展公职人员岗位廉政教育专项活动和廉政警示教育，提高干部职工廉洁奉公和拒腐防变能力。加强职工法治学习，组织参加全省“依法行政、依法理财”网上测试和“六五”普法专项活动，增强全体财政干部法治理念和依法履职、依法行政能力。加强队伍作风建设。认真开展“千名干部下基层，三进三解三推动”、“正风肃纪”、“民主考评”、“文明创建”和“行风巡查”等系列活动，完善并严格执行单位各项管理规章制度，加强财政部门软环境建设，全体干部职工思想认识明显提高，财政服务效能明显增强。

(绩溪县财政局供稿　王小永)

铜陵市财政工作概况

铜陵市财政工作综述

2013年,全市实现财政收入130.1亿元,同比增长2.2%,其中地方财政收入64.2亿元,同比增长4.2%。财政支出首破"百亿"元大关,实现100.1亿元,同比增长4%;重点支出保障有力,民生支出占比80.3%;向上争取资金迈上30亿元台阶,同比增长11.2%。

【抓政策扶持促经济发展】认真落实市委市政府关于促进经济平稳较快发展30条和扶持民营经济发展20条意见,制定市财政促进经济平稳增长7条意见。全年办理拨付支持企业的税收减免退缓和各类奖补资金15亿元,其中市财政兑现涉企资金3.5亿元。采取竞争性分配方式安排5000万元资金,用于扩大国有担保机构资本金,撬动社会及金融资金20亿元。各级财政兑现营改增扶持资金1亿元,保证"营改增"企业税负基本不增加。全面清理整合专项资金,研究出台财政专项资金整合意见,设立战略性新兴产业和工业转型升级、科技创新、现代服务业、现代农业的"1+4"专项资金。

【抓调查研究促收入调度】强化收入调度,每月召开财税库调度会议,以旬保月、以月保季、以季保年,坚持依法征收,不收过头税,实现财政收入平稳增长,税收收入占比提高2.2个百分点,非税收入占比下降3.8个百分点。组织开展多项调研工作,抽调百余名人员,深入40多个重点企业,掌握企业经营和税源第一手资料。全面启动涉税平台建设,将收入征管、行业主管部门和公用事业单位第一批18家单位信息纳入平台管理,为规范和加强收入管理提供依据。严格落实结构性减税政策,消化进项税留抵资金和调整征期税款共计10.2亿元。

【抓项目跟踪促资金争取】强化跟踪落实,积极与上级部门对接,做到项目"报得出、盯得住、批得下"。强化工作推进,实行向上争取资金月报告、月调度、月排名、月通报制度。建立激励约束机制,将部门争取上级资金与部门预算编制相挂钩。全年累计争取上级转移支付资金30.98亿元,创历史新高,增长11.2%。发挥财政牵头抓总作用,成功入选国家第二批10个节能减排财政综合政策示范市,成为安徽省唯一入选城市。

【抓协调推进促民生改善】坚持高标准、高质量实施民生工程,突出以人为本,坚持分类指导,创新管养机制,全面落实一月一通报、一月一考评、一月一调度、一月一督查、一月一督办等"五个一"工作推进机制,提前2个月完成全市48项民生工程建设任务。全年民生工程投入资金超过13亿元,增长18%以上,民生支出占比80.3%,惠及95%左右城乡居民,群众满意度普遍超过90%。在2013年省政府目标管理考核中,市民生工程位于全省第一方阵中第一名,并连续三年在全省民生工程民意调查中取得第一名。紧紧围绕"总量靠前、增幅争先"的要求全力推进收入倍增工作,扎实开展项目建设推进年、创业就业扶持年、土地流转提升年、工资协商扩面年、推进机制完善年等"五个年"活动,取得阶段性成效。城镇居民人均可支配收入27154元,同比增长10%,总量位居全省第3位;农民人均纯收入11187元,同比增长13.6%,总量居全省第2位;城乡收入差距进一步缩小,城乡居民收入比减小到2.43:1。在2013年全省民生工程及收入倍增绩效奖补考核中名列榜首。

【抓改革创新促绩效管理】积极支持政府购买社

会组织服务,扩大购买项目,选取 19 个项目用于购买服务,提高政府公共服务供给效率和质量,使有限的财政资金更好地发挥效益。预算信息公开走在全省前列,实现“三个拓展”,即公开内容由部门预算拓展到部门决算,公开范围由公务接待费控制数公开拓展为“三公”经费公开,公开单位由市政府组成部门拓展到市政府直属事业单位,共公开 40 个部门预算、决算和“三公”经费控制数。全面推进绩效评价,选取 15 个项目和 2 个预算单位开展专项资金绩效重点评价和部门整体支出绩效评价,初步构建起“事前、事中、事后”全过程绩效管理机制。加大检查督查力度,对 67 个单位进行财务专项重点检查,深入开展全市涉农、涉企资金专项检查和教育、医疗系统债务情况调查,摸清情况,找准问题,提出对策。规范政府性基金管理,开展土地出让金清算,全面实行“收支两条线”。严格“三公”经费管理,下降幅度达 16.2%,对预算单位统一按 5%比例压减公用支出。

【抓作风转变促效能提升】对外以建立工作会商制度为平台,市财政局共开展会商 373 次。对内以月度工作计划为抓手,建立工作日志、交办督办制度,确保各项重点工作任务落到实处。加强财政宣传,每月制定信息宣传要点,每季组织集中宣传,全面反映财政工作创新举措及取得的积极成效。

(铜陵市财政局供稿　方园)

铜官山区财政工作概述

2013 年,全区实现含海关财政收入 16.29 亿元,为调整预算的 103%,同比增长 11.2%。不含海关财政收入为 8.89 亿元,为调整预算的 100.8%,同比增长 5.7%。其中,区级一般预算收入 5.9 亿元,为调整预算的 100.7%,同比增长 9.5%。全年财政支出 6.03 亿元(含上级转移支付),为调整预算的 101.7%,同比下降 2.4%。

【大力组织财政收入】统筹安排国税、地税的收入计划,按月调度收入任务。调动社区协护税积极性,共同努力组织零散税收,充实税源。每月编写财政收支分析报告及纳税 50 强动态分析,为决策提供参考。借助营改增税制改革,全力以赴招纳税源经济,交通运输业纳税达 8000 万元,比 2011 年(改革前)增长 6 倍多。持续改善财政收入质量,税收收入占全部财政收入的 97.7%。

【优化财政支出结构】财力向公共财政倾斜,保持对教育、公共医疗卫生、社会保障和就业等民生投入,全年投入资金 4.66 亿元,为全部财政支出的 80.7%。继续加大学校基础建设和信息网络建设。追加 2000 万元土地出让收入投入城市基础建设,支持老铜矿林荫步道、滨江大道、小区绿化等森林增长和绿化提升工程及道路维修工程。进一步压缩公共开支,严控“三公”消费,全年“三公”经费同比下降 7.1%。

【大力推进民生工程】组织实施 29 项民生工程,其中有 26 项提前完成任务。总投入 8000 万元,其中区级财政配套投入 1656 万元,资金到位率超 100%。建立健全一系列项目跟踪、督查、考核机制,始终保持对民生工程项目推进的高压态势。全年投入 205 万元,用于历年民生工程后期管养。在全区开展民意调查、走访及宣传活动,区领导参加“民声面对面”上线活动,与市民零距离接触、交流。

【服务经济发展大局】重点加大对现代服务业、交通运输业、总部经济等产业的政策扶持,全年财政安排企业扶持资金 1 亿元,同比增长 63%。拨付 1000 万元充实中小企业担保资金,筹措 1000 万元建立中小企业还贷周转金扶持机制,对符合产业导向和重点纳税大户给予支持。建立还贷周转金机制,帮扶多家中小企业周转还贷 5950 万元。

【统筹调度财政资金】统筹项目征迁安置资金,出台《铜官山区财政专项资金管理办法》,建立专项资金申请、测算、统筹、审批拨付流程机制,理清进出渠道。每月进行《项目征迁安置资金风险分析》,实现风险可控。全年累计筹措资金 5.82 亿元,拨付征迁安置资金 6.57 亿元,支持重点项目征迁工作。

【推进服务业招商引资】充分承接长三角优势产业梯度转移,推进大招商、招大商,大力引进服务业龙头企业,实施服务业补链扩面,拓展服务业业态,促进服务业转型升级。围绕现代服务业、战略性新兴产业和文化创意产业,大力实施产业招商,全年完成招商引资金额 5.22 亿元,为目标任务的 100.4%。

(铜官山区财政局供稿)

狮子山区财政工作概述

2013年,全区财政收入完成12.87亿元,同比增长17.5%。其中:地方收入3.5亿元,同比增长18.8%;上划中央收入9.37亿元,同比增长16.8%。税收收入占财政收入比重为96.9%。全年完成支出3.21亿元,同比增长7.2%。

【积极组织财政收入】准确把握财政经济形势,突出中心工作,加强经济调度和促进重点项目建设,积极落实"营改增"政策,实现收入均衡入库。加强对重点行业、重点区域和重点企业的税源监控,初步建立区级协税护税平台,加强信息共享,加大税收征管、稽查和清欠力度,做到应收尽收。

【支持企业和园区发展】加强金融服务,继续为区属企业提供续贷资金扶持,积极争取省、市民营经济专项扶持资金,足额配套区级资金1080万元。加强科技研发和应用资金投入,及时兑现财政奖励和贷款贴息补助等扶持资金,支持符合条件企业进行上市。多方筹措资金,支持园区基础设施建设等一批重点项目,促进重点项目早开工、早投产、早见效。

【推进民生工程实施】实施34项民生工程,共投入资金2758万元,其中区级配套资金929万元。开辟民生工程资金拨付"绿色通道",提前完成资金发放工作。着力民生工程后期管护,全年配套民生工程建设类项目管护资金179万元,保障民生工程持续发挥效益。规范项目管理,加强各环节监管,做到政策公开、程序透明。深入宣传民生,多层次、多渠道、全方位宣传民生工程,努力实现民生工程为民所知,遂民所愿,服务于民。

【深化财政管理改革】制定出台《狮子山区区直财政预算追加(减)管理办法》,进一步硬化预算执行。严格执行政府采购预算,扩大政府采购规模,完成政府采购审批191项。制定《狮子山区行政事业单位固定资产报废、报损管理办法》,进一步完善国有资产监督管理。深化国库集中支付改革,扎实推进公务卡改革,国库集中支付实现对财政性资金全覆盖。

【严格政府债务和一般性支出】切实加强政府性债务管理,制定《狮子山区进一步加强政府性债务管理的实施意见及细则》,建立政府性债务收支计划、偿债准备金、债务审计、风险预警等制度,合理控制债务规模,严防债务风险,切实提高资金使用效益。坚持厉行节约,进一步压缩一般性支出,实行"三公"经费预算公开,全区"三公"经费支出同比大幅下降。

【全面落实惠农政策】稳步推进城乡一体化建设,促进城乡统筹发展,加大"三农"支持力度,积极实施新型农民培训、政策性农业保险等工作,全年拨付粮补资金、良种补贴、农村低保、生态补偿等27项各类涉农补贴资金1081.1万元。深入推进农村综合改革,积极开展村级公益事业建设"一事一议"财政奖补试点,加大农村基础设施投入,全力促进社会主义新农村建设。

(狮子山区财政局供稿)

郊区财政工作概述

2013年,全区完成财政收入16.67亿元,不含海关完成财政收入9.27亿元,为预算的105.8%,同比增长2%。全区财政支出完成6.11亿元,为预算的160.5%,同比增长14.6%。

【千方百计抓收入】财政部门立足实际,加强协调,从年初全区预算收入目标出发,全力配合国税、地税做好入库工作,严防跑、冒、滴、漏现象发生,努力实现税收均衡入库。抓好非税收入管理,完成非税收入1.75亿元,占地方收入的31%。配合好各部门争取项目资金,积极争取上级财政转移支付支持,全年争取中央和省级财政专项资金7000万元。

【一心一意管支出】积极研究国家宏观经济政策,做好政策、资金、项目等对接工作。进一步提升资金运用科学化精细化管理水平,提高财政资金使用效益。在重点保教育科技支农法定增长、民生投入、重点项目建设,提升财政公共支出保障能力的同时,继续按中央"八项规定"要求,从严从紧控制"三公"经费支出,实现"三公"经费支出逐步下降,切实将厉行勤俭节约、反对铺张浪费各项措施落到实处。继续完善国库集中支付改革,积极推进公务卡改革。引导乡镇办根据区对乡(镇、办)财政管理体制调整方案的要求组织收入,调动乡镇办增收节支的积极性。

【群策群力保民生】切实履行好民生办、倍增办工作职责,积极督促民生工程涉及单位履行"一把手"负总责,保证圆满完成全年民生工程目标任务。在民生工程资金方面,41项民生工程区本级配套资金2810.02万元，各级配套资金全部发放至受益对象或项目单位。积极做好联络、协调、统计分析、监测评估和督促检查等日常工作，全区居民收入倍增工作有序推进。

【稳扎稳打促“三农”】继续完善和强化惠民政策，对涉农补贴资金实行专户管理，专款专用，确保国家惠农政策及时完整落实到农户手中。对粮食直接补贴、水稻良种补贴、种粮大户补贴、农村计划生育家庭奖励扶助资金、农村新型合作医疗、五保户补助、特困补助、抚恤优抚、救灾补助、退耕还林补助实行“一卡通”发放，全年共发放各类资金1026万元，全部通过“一卡通”发到全区12032户农民手中，提高农业综合生产能力，增加农民收入。农业政策性保险工作积极推进，农户踊跃参保，相关理赔款及时足额到账。一事一议制度全面落实，所有项目完工验收，财政奖补116.49万元足额拨付到位。

（郊区财政局供稿）

铜陵经济技术开发区财政工作概述

2013年，全区共组织财政收入18.96亿元，同比增长11.8%。其中：地方收入8.37亿元，同比增长1.6%；上划中央收入10.59亿元，同比增长21.4%。全年共完成财政支出7.93亿元，同比增长1%。

【积极组织收入】深入分析财政收入增长变化的趋势和规律，按月进行财政收入分析、预测，掌握收入动态。严抓征管，查收征缴区内以前年度征收不完全的各项税款。根据全市财政体制调整要求，在全区范围内严格按照税收属地原则查找税源税户，防止税收跑冒滴漏现象发生，并确定专人与税务、财政部门跟踪对接，实地调查，对属于开发区的税收及时调整入库级次。

【支持经济发展】积极服务区内企业，加大资金支出，扶持企业发展，努力培植后续财源。全年共拨付企业各类扶持资金2.3亿元，实现财政从扶持企业个体向扶持平台建设、园区建设和重点行业转变，从注重投资规模向注重投资规模和投资质量并重、从注重经济效益向注重经济与社会效益并重转变。落实财税优惠政策，扶持企业发展，及时兑现企业优惠政策资金。在区级资金严重紧缺的情况下，按照协议规定及时兑现企业优惠资金。

【服务企业融资】通过贷款、担保等融资手段，搭起企业和银行间的桥梁。充分发挥财政扶持资金职能，积极与担保公司、小额贷款公司等金融机构合作，拓展融资渠道，为企业融资提供服务。

【保障民生工程】积极开展民生工程大走访活动，深入家庭宣传民生政策，探索改进民生工程工作措施和方法。按照“好中选优、需中选急、惠及多数、务实求效、积极而为、量力而行”的原则，坚持以人为本、顺应民意，巩固民生工程成果，扩大民生工程影响，完善政策体系，优化推进机制，强化资金保障，夯实基础工作，全力以赴抓好工作落实，不折不扣兑现各项惠民承诺。

【优化支出结构】保障重点支出，控制一般性支出。千方百计做好筹融资工作，重点落实好园区基础设施建设需求，确保大征迁大建设资金需求。有效保障民生类支出，全年共完成民生大类支出6.46亿元，占财政总支出的81.46%。大力压缩一般性公共服务支出，在保证机关正常运行的前提下，压缩公务招待经费，一般公共服务支出完成2566万元，完成预算的80.2%，较上年同期减少449万元。

（铜陵经济技术开发区财政局供稿）

铜陵县财政工作概述

2013年，全县财政一般预算收入完成26.05亿元，为调整预算的100.2%，比上年增加2556万元，增长1%。其中：地方财政收入12.19亿元，增长6.3%。全县财政一般预算支出完成20.66亿元，增长2.3%。

【狠抓财政收入】积极主动与国、地税及重点企业联系沟通，及时了解和掌握全县企业生产经营情况和国、地税部门税收征管情况，分析收入形势，做好收入预测工作，并针对其中所存在的问题，想办法、出主意，当好县委、县政府参谋。加大护税协税力度，增强各乡镇、各部门护税协税意识，杜绝税收“跑冒滴漏”，确保应收尽收。出台对乡镇护税协税考核奖惩办法，调动乡镇护税协税的积极性。加大对石料矿山等行业的税收征管力度，开展对重点行业、重点企业税收稽查工作，有效增加收入总量。

【优化支出结构】按照“先重后轻，先急后缓”的原则，不断调整优化支出结构，尽可能压缩消费性支出,努力降低行政成本,保障民生等重点支出。从严控制“三公”经费,切实提高预算约束力,下达部门预算“三公”经费控制数,预算执行中原则上不追加部门“三公”经费预算。出台公务接待、公务用车管理办法和实施细则,调整完善会议费、差旅费管理办法,严禁超标准接待、公车私用等铺张浪费行为。

【规范财政管理】深化和完善县级国库集中支付改革,将所有预算单位和所有财政资金纳入集中支付平台体系,推进财政工资统发、国库单一账户和公务卡结算等工作,进一步扩大财政直接支付范围,直接支付比例占总支出80%以上。积极稳妥推进会计集中核算转轨,60%以上单位账套退出集中核算并平衡运行。加大公务卡改革力度,县级共计发放公务卡1151张,开通代理银行与财政信息平台网络连接。深化营改增试点工作,及时足额兑现营改增企业试点后超税负部分财政补助款120万元。

【加强监督检查】清理规范专项资金,开展2013年及以前年度预算到期项目支出清理工作,清理一次性项目和到期的延续项目,对清理出的项目结余资金统筹使用。开展财政涉农、涉企资金专项清理工作。继续完善“收支两条线”和“票款分离”管理规定,加强对财政票据的审查及监督,严格票据领、用、存、销程序。继续推行财政支出绩效评价,开展一事一议财政奖补项目、乡镇幼儿园建设项目、农村危桥加固项目等20个项目的绩效考评。

【实施民生工程】组织实施48项民生工程,其中省31项、市13项、县4项,全面提前或超额完成目标任务。发放生活保障类补助资金3896.3万元,发放参保服务类补偿补贴资金2.57亿元,工程建设类105个项目点全部建成。民生工程和居民收入倍增计划惠及全县95%以上的城乡居民,群众满意度超过95%。

【支持美好乡村建设】制定《铜陵县整合资金支持姜好乡村建设项目指导目录》,出台《关于整合涉农资金支持美好乡村建设的实施意见》。重点整合农村危房改造、村庄整治、环境整治、农村社区建设、农田水利建设和一事一议等涉农项目,实际整合各级财政资金1.56亿元。其中,生产发展类资金2834万元,基础设施建设类资金1.12亿元,社会事业类资金1562万元。

【强化政府融资】认真落实全县融资工作总体部署,加强与上级部门联系汇报、与金融机构协调沟通,通过合理调度、项目跟踪,积极筹集资金,保障全县政府性项目建设资金需求。全年政府融资到位资金8.42亿元,其中政府融资平台到位资金7.86亿元,完成市下达目标任务的157.3%、县融资目标任务的112.3%。

【规范国资管理】完成县保安服务公司的产权改制工作,并办理注销产权登记。处置行政事业单位淘汰车辆18辆,变现收益27.18万元。收回皖江农村商业银行5%股份股利114.9万元。实现房屋租金收入28.14万元。至年末,全县国有企业净资产330.48亿元,较年初增加6.36亿元,增长26.4%。全年实现营业收入9349.3万元,实现利润251.4万元。

【开展财政会商】制订出台《铜陵县财政局(国资委)会商工作暂行办法》,规范财政支持和管理服务行为。通过请进来与走出去相结合、内部会商与外部会商相结合、走访调研与座谈讨论相结合等形式,深入推进与相关部门单位的会商交流。全年共组织会商工作64次,其中对外会商35次,对内会商29次。

(铜陵县财政局供稿)

池州市财政工作概况

池州市财政工作综述

2013年,池州市完成财政收入83.58亿元,比上年净增11.92亿元,增长16.6%,增幅在全省16个市中排名第4位。财政支出完成130.61亿元,同比增长15.4%。民生类支出完成100.6亿元,较上年增加16.6亿元,同比增长19.76%,占财政支出比重为77%,较上年增加2.5个百分点。

【全力支持“三区”发展】一是大力支持承接产业转移示范区建设。全市累计拨付承接产业转移示范区建设资金10.31亿元。二是大力扶持旅游业发展。全市累计安排和争取旅游发展资金1.66亿元。三是大力支持工业园区经济建设。累计争取和拨付工业园区建设资金16.05亿元。四是全市累计拨付战略性新兴产业和首位产业扶持及奖励资金8.84亿元。五是全市累计争取并拨付中小企业发展资金、污水处理、能源节约利用等专项资金2.4亿元。同时,安排支持民营经济发展资金1.87亿元,并设立了民营经济发展基金。

【促进民生事业发展】一是大力实施民生工程。2013年民生工程投入27.15亿元,增长22.7%;在民生工程实施过程中,注重项目和资金整合,发挥资源集聚效应;创新管养模式,突出建管并重,初步建立以乡镇为主体、镇村结合的民生工程管养新模式;民生工程绩效管理在全省率先引入第三方评价;在民生宣传上注重“六个结合”,吸引众多媒体聚焦池州民生工程,提高民生工程群众知晓度和满意度。在2013年省民生工程考核中,池州市进入全省第一方阵。二是优先支持教育事业。全市财政教育支出19.62亿元,占GDP的比重达到4%以上。三是大力推进文化体育事业。累计拨付资金1.62亿元,市级全面建成图书馆、文化馆、科技馆、博物馆,提升城市品位。四是支持社会保障体系建设。建立健全县区养老保险支出预警机制。争取并安排拨付医疗卫生事业发展资金11.95亿元,拨付社会保障和就业资金11.03亿元。

【提升城乡统筹水平】一是加大对“三农”有效投入。全市财政支农累计支出14.2亿元,安排和争取上级农田水利建设资金4.02亿元。二是加大强农惠农补贴力度。累计兑现良种、退耕还林等各类补贴资金7.7亿元。三是大力实施农业综合开发。全市2013年国家农业综合开发项目总投资8265万元,共扶持龙头企业9家、合作社13家。四是全面开展一事一议财政奖补。全市共批准实施项目571个,投入资金1.12亿元。五是全力促进美好乡村建设。全市累计拨付专项资金1.51亿元,整合涉农资金9.42亿元,引导社会资金投入1.59亿元。

【提升国有资产效益】一是盘活主城区国有房产。全市租赁房产面积7.5万平方米,年租赁收入1100万元,出售、置换房产面积5374平方米,取得收入1360万元。挂牌转让原沃尔特大酒店地块资产,取得转让收入1.493亿元。二是加大国有资产运营力度。编制招商手册,推进主城区国有房地产招商。三是完善投融资公司法人治理结构。成立市交通投资公司,通过将优质经营性资产等公共资源注入融资平台公司,拓展持续融资空间。四是建立健全考核机制。提请市政府出台《市属国有企业经营业绩考核暂行办法》,将国有资产保值增值、净资产收益率和国有资产经营利润纳入考核范围,维护所有者权益,发挥国有资产运营效益。

【提升科学理财水平】一是编制全口径预算。积极推进预算管理改革,完整编制公共财政预算、政府性基金预算、国有资本经营预算和社保基金预算,把政府所有收支全部纳入预算管理,全面反映政府收支总量、结构和管理活动。二是深化国库集中支付和公务卡改革。以“金财工程”为抓手,构建财政核心业务一体化运行管理机制。三是创新财政资金存储方式。制定《池州市市直财政管理资金存储管理考评激励暂行办法》,采取竞争性招标方式确定财政资金存储银行,引导各商业银行加大信贷力度,撬动金融服务地方经济发展。四是规范债务管理。认真贯彻落实省政府《关于进一步加强政府性债务管理的意见》,积极配合支持政府性债务审计工作。摸清债务底数,规避举债风险。

(池州市财政局供稿　张明)

贵池区财政工作概述

2013年,全区财政收入实现21.6亿元,占预算数的100.1%,比上年增收3.62亿元,增长20.1%;财政一般预算支出为32.3亿元,完成预算137.3%,比上年增加4.3亿元,增长15.4%。

【组织收入】加强收入调度。多次组织召开财税分析会议,分析全区经济运行情况和当前财税工作面临的形势,查找问题,采取对策,加强对收入征管工作的领导。区财政局积极配合税务部门加强对重点行业、重点企业的监管,加强对增值税、营业税、所得税、资源税等主体税源的摸排工作,确保税收逐月增长,均衡入库。加大融资力度。加大对区重点税源企业和重点项目投融资力度,同时对资金采取跟踪问效制,加强对资金的监管。加大对民生担保公司的资本投入,增强其造血功能,提升融资担保能力,实现在保余额10.6亿元。认真做好银行业金融机构支持贵池经济发展政策激励工作,健全对融资性担保公司的考评机制,规范融资市场,推动融资市场发展。强化个体税收征管。全年共实现个体税收收入5352.5万元,占全年目标任务的102.6%,比上年同期增收1252.71万元(私房出租税收共征收613.36万元,占任务625万元的98.1%,比上年同期增收139.06万元)。

【财政管理】严格预算管理。严格执行《预算法》,提高预算编制的科学性、准确性和精细化,加快建立结构合理、操作规范、运行高效、管理科学、公开透明的财政运行体制,完善公用经费定额标准体系,细化项目支出预算编制,建立规范的预算追加调整制度,提高预算执行率。确保机关运行。全力做好财政供给人员工资和行政事业单位离退休人员生活补助的发放;加强资金调度和工资专户管理;重视政法机构、行政服务方面的投入,优化社会治安综合治理和经济环境。做好政府采购。按照“注重质量,提高效益,创新方法,加强监督”的原则,狠抓政府采购工作,全年共受理各单位申报的各类招标采购项目282个,完成招标采购项目273个,采购项目申报预算金额44673.6万元,采购中标合同金额40066.2万元,累计节约财政资金4607.4万元,综合节约率10.3%。严格会计核算。顺利完成2013年度中心统管单位账务清账和账套调整;及时完成各项代扣代缴事宜,全年共支出金额累计64219.4万元,其中办理网上银行支付业务11978笔,支付金额达7031.2万元;加强国库集中支付管理,截至年底,累计办理国库集中支付业务8224笔,金额达28865.7万元;抓好“营改增”试点工作。积极稳妥地推进全区营业税改征增值税试点工作,按照“改革试点行业总体税负不增加或略有下降,基本消除重复征税”的税制改革原则,及时拟定《贵池区营业税改增值税试点财政资金管理暂行办法》。全年入库改征增值税15085.2万元,对税负增加的企业,所有财政扶持资金均及时拨付到位。

【保障民生】抓好民生工程。实施省33项民生工程,中央下拨3.85亿元,省级资金1.39亿元,市级配套143.58万元,区级配套9755.31万元,自筹资金2.36亿元。全年民生支出17.3亿元,比上年同期增长33.5%。收入倍增规划。全区城镇居民人均可支配收入2.35万元,同比增长9.8%;农民期内人均现金收入0.96万元,比上年同期增长13.7%。搞好农发项目。继续推进农业综合开发牌楼高标准示范工程、牛头山种粮大户项目、自然灾害损毁项目等;认真编制2013年农业综合开发杏花村中低产田改造项目等;加大对农发项目资金管理,实行“专人、专账、专户”的“三专”管理制度,减少拨款环节,提高资金运行速度和安全。抓好一事一议。扎实开展一事一议财政奖补规范管理年活动,进一步完善相关制度措施,规范程序,加强监管,认真组织实施。全年批复一事一议财政奖补项目165个,涉及165个村(社区)。项目投入资金总计2938万元。政策性农业保险。全年共开展8个险种的政策性农业保险,新增森林和烟叶两个险种。推进会计电算化。推动会计技术、方法、理论创新和观念更新,促进会计工作发展。美好乡村建设。整合涉农资金,加强资金管理,草拟《池州市贵池区美好乡村专项资金拨付管理的意见》;将美好乡村建设资金列入财政预算,从2013年起每年将在财政预算中安排不少于2000万,作为美好乡村建设工作专项资金。

【队伍建设】认真开展实践活动。深入群众开展调查研究,组织开展慰问活动,"7·1"前夕,深入墩上街道办事处,走进老党员、困难群众家中开展七一慰问活动;关爱留守儿童,前往马衙街道办事处大路小学看望留守儿童。加强系统建设,建立健全财政系统行政效能长效机制,改进机关作风,提高行政效能,提升服务水平;强化责任追究、制度创新,加大政风行风建设;加强个税征管中心建设,建立个税征管中心;加强会计核算中心建设,推行首问负责制、服务承诺制等服务,提升窗口形象。

(贵池区财政局供稿 刘贵阳)

青阳县财政工作概述

2013年,青阳县完成财政收入13.2亿元,比上年增长20%。财政支出20亿元,同比增长21.9%,其中财政民生支出15.11亿元,占财政支出的76.4%。

【支持县域经济】充分发挥财政职能,引导和帮助企业转变经济发展方式,大力支持企业发展,带动就业和创业,促进经济社会发展。全年安排"营改增"财政扶持资金8000万元,扶持机电制造业首位发展、中小企业技术改造、企业奖励资金8356万元,再就业和小额贷款担保保证金430万元;突出重点项目资金支持力度,加大重点工程建设,致力打造青阳特色皖南名城,安排重点项目建设、南部新城及市政工程资金5.7亿元;切实加强地方政府性债务管理,做大做强政府投融资平台,使县经投公司的资产总额达到60亿元以上,进一步增强投融资规模和能力。

【着力改善民生】不断调整优化财政支出结构,持续加大保障和改善民生的投入,全年投入33项民生工程资金3.6亿元,发放各类涉农补贴资金1.3亿元,投入农业综合开发资金1871万元,投入农村"一事一议"财政奖补资金1207.7万元,拨付农业项目资金6680万元。

【落实惠民政策】加强财政资金监管力度,实施财政资金动态监控。对民生工程、村级公益事业"一事一议"财政奖补、涉农补贴资金进行督查和检查,并对项目资金开展绩效评价,切实保障财政惠农惠民政策有效落实。

【深化财政改革】深化预算管理改革,优化预算编制程序,推进预算执行动态监控机制建设。继续推进国库集中支付制度改革,实施公务卡制度改革,非税收入管理改革,推动政府购买服务改革。完善县乡财政体制建设,建立乡镇财政资金监管工作机制。实施财政专项资金管理改革,盘活财政存量资金。扎实做好农村综合改革示范试点建设,稳步推进农村土地流转。完善惠民政策落实保障机制,规范涉农补贴资金发放流程。

【加强队伍建设】认真落实中央、省市关于改进作风的相关规定,出台《青阳县财政局关于改进工作作风若干规定》、《县财政局关于进一步加强机关工作纪律的通知》、《关于规范县财政局对外检查工作的通知》,从改进调查研究、精简会议活动、切实改进文风、规范外出活动、厉行勤俭节约、加强公车管理等六个方面严格落实中央厉行节约的八项规定,控制"三公"经费支出;进一步加强财政队伍建设,制定财政局公开服务承诺,公开业务办理时限和监督举报电话,设立离岗告知牌,完善考核评优机制,激励财政干部主动作为、干事创业的责任心,全面提升财政干部素质,推动财政各项工作发展。

(青阳县财政局供稿 项之明)

石台县财政工作概述

2013年,石台县财政收入完成1.91亿元,为年初预算的100.3%,比上年增收1736万元,增长10%。其中财政部门组织收入4032万元,比上年增收137万元,增长3.5%。石台县财政支出完成9.03亿元(其中债务还本支出3300万元),比上年增支12217万元,增长15.6%。全年实现地方财政收入1.42亿元,比上年增收1270万元,增长9.8%,全年实现政府非税收入1.34亿元,其中纳入公共财政预算管理的非税收入完成4269万元,为年度预算的101.6%,比上年增收163万元,增长4%。税收收入比重有所提升,非税收入比重较上年下降1.3个百分点,财政收入质量进一步提高。

【支持发展力度加大】立足发展第一要义,认真实施积极的财政政策,持续扩大有效投入,积极争取项目资金,全力保障重点项目建设,大力支持实体经济发展,积极优化金融服务,加大投融资力度。扶持民营经济发展,提升县担保公司担保能力,规范小额贷款公司经营,促进财政金融结合,创新银企对接模式,主动服务经济发展。

【持续保障改善民生】坚持将财力向民生倾斜,不断加大民生方面投入力度,全年投入33项民生工程资金2.02亿元,同比增长23.3%,其中县本级配套资金3523万元,建立项目建后管养机制,安排管养经费954万元。全县财政民生支出增长18.8%,增量占财政总支出增量的89%。认真实施城乡居民收入倍增规划,履行牵头部门职责,完善监测考评体系,加强督促落实。

【统筹城乡协调发展】进一步落实财政支农政策,加大“三农”投入力度,提升新农村建设水平。强化农户基础信息管理,健全网络管理平台,全年通过“一卡通”发放财政补贴农民资金5126万元,农民人均受益537元。支持农田水利建设,大力推进政策性农业保险,降低农业生产风险。加大财政资金投入、涉农资金整合和财政资金引导力度,支持现代农业发展和美好乡村建设,深化农村综合改革,积极落实村级组织运转经费保障机制。

【大力推进财政改革】推进税收制度改革、国库管理制度改革、政府预算体系改革,深化医药卫生体制改革,支持政法经费保障体制改革。狠抓财政管理基础工作和基层建设,深入推进财政科学化精细化管理。强化预算编制管理,规范预算编制程序,细化预算编制内容,完善支出标准体系,加强机构人员、编制和经费供给管理。狠抓预算执行管理,强化预算刚性约束,严格控制“三公”经费等一般性支出,努力降低行政成本。推进财政支出绩效评价工作,重点选取已完工的城乡居民养老保险、基本公共卫生服务等12个民生工程项目开展绩效评价。加大基本建设项目预决算审查力度,加强政府采购管理。强化财政监督管理,开展涉农涉企资金专项检查、会计信息质量检查,对基层财政分局财务实施内部监督检查。加强政府性资产资源管理,规范资产处置程序,将政府性资产资源收益全部纳入部门预算或国有资本经营预算。强化财政基层管理,推进县乡财政一体化建设,建立乡镇财政资金管理信息通达和巡查抽查制度,深入开展规范化乡镇财政所(分局)创建工作。

【强化干部队伍建设】积极践行“创新、博爱、务实、卓越”安徽财政精神,努力打造一支业务精、作风硬、效率高的财政干部队伍。扎实开展党建工作,深入学习党的十八大及十八届三中全会精神。强化能力建设,加强干部教育培训,提高干部队伍整体素质。深入推进反腐倡廉建设,全面落实党风廉政责任制和“一岗双责”制度,保持财政工作清正、财政干部清廉、财政作风清明。坚持改进作风,努力做到“为民、务实、清廉”。推进政务公开,加大宣传力度,局门户网站正式建成并对外开通。深化文明创建,积极开展争创安徽省第十届省级文明单位及池州市第六届市级文明行业活动,推动广大财政干部自我激励、自我教育、自我提升。

(石台县财政局供稿　陈庆亮)

东至县财政工作概述

2013年,全县累计完成财政收入11.73亿元,为预算的106%,同比增长16.6%。县级完成收入2.9亿元,剔除体制下划税收级次因素,同比增长18.9%。乡镇级收入完成8.84亿元,同比增长27.7%,15个乡镇(园区)均完成了预算目标任务;尧渡镇、东流镇财政收入分别迈上2亿元、1亿元台阶,至此,全县亿元镇达4个;龙泉镇、泥溪镇、葛公镇收入增幅居前三位,分别增长79.5%、61.9%、48.7%。

【巩固财源建设】发挥财政资金引导作用,设立民营经济发展专项资金3000万元,用于担保公司注入资本金和企业转型升级、要素保障等方面的奖励和扶持;安排科技创新专项资金300万元,用于兑现科技奖励支出、专利申请资助等;为华尔泰化工公司等79户企业争取工业转型发展资金342万元;拨付全县规模以上工业企业技术改造设备投资补助、工业和商务经济发展奖励资金1000余万元。服务中小企业融资。开展信贷投放季度竞赛活动,每季度安排4000万元财政资金用于存贷挂钩考核,按月召开金融机构信贷投放调度会,督促加快信贷投放进度。全县金融机构各项贷款余额63.02亿元，增加10.75亿元，增长20.6%。加强融资体系建设。当年新增担保公司注册资本金近5000万元，年末在保余额5亿元，增加1.1亿元；众泰、银信两家小贷公司注册资本由过去的5000万元增资到1.05亿元，全年累计投放贷款5亿元；推动新型金融组织发展，推进东至扬子村镇银行组建和东至农合行改制工作，逐步完善金融组织体系。支持开发区扩容升级。安排安全环保资金2000万元，推进经济开发区安全环保防范平台建设，着力构建平安和谐园区；全年累计调度资金4.8亿元，支持园区开发区征地拆迁、安置房及基础设施建设，增强园区开发区承载能力。

【优化支出结构】民生类支出增长16.9%，33项民生工程完成年度目标任务。组织多层次创业、就业培训，完成新型农民培训5990人次，新增就业5535人；成立县社保基金征缴中心，完成“金保工程”一期建设，城乡居民社会养老保险参保29.6万人，新农合和城镇职工、居民医疗保险参保50.8万人；新开工建设保障性住房1160套，基本建成3008套。全年教育支出5.87亿元，完成94所农村薄弱学校标准化建设，胜利教育园区小学部及幼儿园、特教学校新校区、张溪教育园区、7所乡镇中心幼儿园投入使用；支持县级公立医院改革稳步推进，群众受益1062万元。重大传染病防控和基本公共卫生服务任务全面完成，新农合参合率100.8%、受益率67.5%；支持农村事业发展。累计整合涉农资金2.54亿元，实施美好乡村建设，第一批建设中心村31个，其中11个中心村的村庄整治、环境治理工程基本完工；落实各项惠农政策，全年发放补贴资金3.4亿元，受惠农户15万户；积极开展政策性农业保险试点工作，全年定损赔付农户受灾资金1470万元；推进一事一议财政奖补项目实施，完工项目198个，财政奖补资金2488万元；实施农业综合开发项目，完成总投资2734万元，张溪镇高标准农田建设示范工程等五个项目建设，在省级验收中评分第一，获项目奖励资金200万元。稳步实施居民收入倍增规划。安排地方城镇就业创业配套资金360万元，新发放小额担保贷款3062万元，每万人拥有私营企业25.9户，每万人拥有个体工商251户。实现农村居民人均纯收入9100元，增长15.3%。实现城镇新增就业5100人，城镇登记失业率为3.58%，控制在目标4.5%之内。

【推进财政改革】完善乡镇财政管理体制。完善资金调度、业务费挂钩、财力结算、往来消化等办法，保障体制顺利实施。坚持按收入进度拨付征管部门业务费，建立了赏罚分明的激励和约束机制，强化征收部门均衡入库意识；安排专项转移支付1003万元，对保障型乡镇新体制前挂账往来进行消化，缓解山区乡镇的财政债务压力。推进财政平台一体化建设。进一步扩大集中支付范围，通过“平台一体化”系统办理国库集中支付业务4300余笔，金额累计3.5亿元，同比增长34%。印发《东至县乡镇财政国库集中支付制度改革实施方案》，乡镇国库集中支付改革工作全面启动；推行公务卡改革，在全县所有预算单位推行公务卡结算，累计发卡1000余张。加强财政专户管理，进一步减少财政专户数量，共保留国库统管的9个综合性账户和3个社保资金账户。积极开展财政资金保值增值工作，通过提高活期存款利率、协定存款等方式增加财政资金收益330万元。构建财政“大监督”格局。开展专项资金监督检查。先后组织开展了涉农资金、涉企资金等项目跟踪监督检查，充分发挥财政监督促进管理的职能作用。建立会计质量监督检查机制。对8户企事业单位开展会计信息质量检查，查出资产不实、所有者权益不实资金15653万元，补缴各项税款、违规滞留财政资金、违规使用财政资金合计94万元。建立“先评审，后招标；先评审，后拨款；先评审，后决算”的工作机制，2013年共评审项目206个，送审总额11.14亿元，审减金额1.14亿元。开展采购监督。推进政府采购电子化建设，严格采购程序，全年审批组织集中采购87次，节约资金1162万元，资金节约率为13.9%。强化乡镇财政资金监管，实现乡镇财政资金监督全覆盖，全年纳入乡镇财政监管资金达6.98亿元。创新非税管理新模式。加强非税网络建设，强化以票控费，实现全县所有预算单位与财政非税票据管理系统链接，推进网上票据领销管理。推广应用电子化票据，全县非义务教育阶段收费票据全部使用电子化票据；推进非税收入“收支两条线”改革，不断增加非税收入征缴银行网点，推行交警、运政、林政等执法部门移动POS机缴款模式，实施“收缴分离”、“罚缴分离”管理；选择公检法、安监等部门试点，推进“收支脱钩”管理；选择部分经费补助管理的事业单位试点，探索建立非税收入成本补偿机制。

【强化基础工作】深化部门预算管理。提高部门综合定额标准，年初预算增加安排1233万元，确保部门单位正常运转。在此基础上清理规范部门专项业务费，全年部门专项业务费预算减少安排443万元,减幅28.3%;全年部门经费追加调整额度较上年减少1800万元,改变“穷预算、频追加”局面。盘活财政存量资源。开展社保基金存款动态分析,余额实行多档定存,实现社保基金的保值增值。开展近三年社保基金商业银行执行优惠利率政策清查，追缴银行少计利息533.77万元；开展对外借款清查工作,共清理出上年度以前各类行政事业单位、企业借款2625万元,收回资金1713万元。强化国有资产管理。加强全县国有山林管理，成功拍卖木塔乡七处零星国有山场,取得收益298万元;开展全县事业单位公务用车清查；组建东至县交通建设投资发展有限公司工作,拓展交通融资渠道;完成对东至华源纺织有限责任公司上年领导层的综合考评，办理华源纺织公司土地使用权性质变更,增强华源公司经营实力。推进会计行业管理。依法依规办理会计从业资格报名及证书发放、变更、调转以及网络再教育等日常工作;加强代理记账机构的管理,完成5家代理记账机构的报备上报工作，开展委托代理记账单位97户；开展会计从业人员持证上岗情况专项检查。强化农村集体三资管理。开展对全县农村集体三资专用收款收据的领用、使用情况的核对核查,组织村级财务报账员业务培训，开展农村集体财务互审和资金管理督查;参与农村财务信访工作,组织处理张溪镇阳山村、葛仙铺村、木塔乡大田村、香隅镇香口居委会、官港镇财政所等信访件,维护农村社会的稳定;巩固和规范“一网通”工程试点工作,覆盖全县15个乡镇、50个村居（社区），累计为群众代理办件12280件,外网查询系统点击率达20余万次。

【提升机关效能】加强机关队伍建设,切实转变工作作风。扎实推进政风行风建设,公开权责清单,确定行政职权5大类100项，绘制“权力运行流程图”75份,通过县信息中心网站、财政信息网等平台对权力清单、服务承诺进行公开,接受社会监督;推行行风巡查工作制度,通过召开座谈会、个别谈话、查阅资料、民主测评、问卷调查、明察暗访等方式方法,对各科室、单位实行行风巡查;开展公述民评活动,县局10个科室单位负责人作为公述民评联评对象,在全县联评中取得好名次,受到县委通报表彰;建立财政预算部门会商制度。坚持走出去，上门服务,全年累计会商349次,涉及17个方面的内容,营造良好理财外部环境。加强党风廉政建设。签订廉政责任书,坚持“一岗双责”,建立党风廉政建设工作联络员制度,落实一级抓一级的责任制体系;建立城乡基层党组织互帮互助机制，通过开展与村级党支部结对帮扶、下派挂职第一书记等形式,与群众开展交心活动,共谋发展大计;坚持公开公平用人机制,首次在系统内竞争上岗两名副科级领导干部。推进机关文化建设。深入学习党的十八大及十八届三中全会精神,加强财政干部业务培训,将“一事一议”、涉农资金整合与美好乡村建设工作结合起来，开展了农村财会人员财政支农政策培训工作;加强“干部教育在线学习”活动,机关全体职工按规定完成学习任务,并在全县排名位居前列。加强财政信息宣传,完善信息报送激励机制，全年对外发稿超过300篇(次),提升东至财政形象。丰富职工活动载体。开展了庆祝党的十八大歌咏比赛、乒乓球比赛、登山比赛等文体竞赛活动,活跃职工文化生活,增强财政干部凝聚力。

（东至县财政局供稿　钱钟龄）

九华山风景区财政工作概述

2013年,九华山风景区实现财政总收入4.51亿元,完成预算的100.1%,同比增长7.3%。其中:地方一般预算收入4.2亿元，完成预算的100.9%，增长7.5%;上划中央收入3011万元,完成预算的91%,增长3.6%。完成地方财政支出41571万元，同比增长7.3%。

【惠民措施】一是认真落实惠农补贴政策,2013年,通过“一卡通”累计发放各种涉农补贴1552万元,其中:五保户补助资金17万元,抚恤资金75万元,农村特困群众生活救助120万元,森林生态效益补助87万元,村组干部补贴36万元,退耕还林现金及粮食补助64万元，失地农民保障资金补贴1009万元,汽车摩托车下乡补贴资金2万元,粮食直补资金12万元,农资综合补贴资金27万元,水稻良种直补资金6万元,农村独生子女保健费36万元,农村残疾人救助资金8万元，征地补偿资金43万元,五保、低保户电费补助4万元,其他补助6万元。二是大力推进农发项目建设。方家合作社产业化项目全部建设完工,并完成省、市、县三级验收。2012 年国家农业综合开发中低产田改造项目完成 97.8%。财政农发支持美好乡村建设项目已完工验收。拥华村同心路边沟渠灾毁修复工程已完成验收。二圣无相寺果园合作社基地扩建项目,主体建设内容基本完工。三是积极组织申报 2014 年项目。根据省农发局要求,对照风景区实际积极申报两个合作社产业项目。

【民生工程】一是民生工程投入稳定增长。2013 年,风景区组织实施 24 项民生工程,7 件惠民实事。全年累计拨付、发放各类资金 3617 万元,其中本级配套 1882 万元,增幅 25%。二是民生工程宣传力度不断加大。设立民生工程剧场、民生工程政策宣传栏宣传民生工程政策内容;编发民生工程简报 15 期 34 条,报道民生工程进展动态及好的经验做法。三是各项工程进展顺利。超前完成年度 24 项民生工程和 7 件惠民实事实施任务。2013 年累计发放、补助各类资金 1889 万元,其中:农村低保全年发放资金 120 万元,五保户供养全年资金 17 万元;城乡居民医疗保险基金支出 450 万元;城乡居民养老保险发放养老金 134 万元;义务教育经费保障拨付资金 159 万元;被征地农民生活保障资金 1009 万元。

【国有资产监管】一是做好 2013 年企业国有资产管理信息系统统计报表编报工作,运用资产管理信息平台,推进企业国有资产的信息化、精细化、规范化管理。二是严格执行有关规定,加强企业国有产权管理工作,理顺企业产权关系,认真办理风景区国有产权占有、变动登记和注销登记工作,全面了解和掌握风景区企业国有资产分布变动情况。三是不断强化对国有及国有控股企业对外投资、对外担保事项的审核力度,降低企业的投资风险。四是认真组织开展风景区行政事业单位资产信息统计及报表编制上报工作,基本摸清风景区行政事业单位资产家底。五是及时处置单位更换车辆。2013 年共拍卖处置各类型车辆 6 辆,成交价 10.6 万元,溢价率 10%,所得收入全部缴入国库。

【美好乡村建设】一是充分发挥财政职能作用,认真谋划,多渠道、多种方式整合资金。整合交通、土地、市政、农业、电力、通信等部门共 12 项工程建设资金约 2480 万元用于美好乡村建设。在资金整合的同时,财政年度预算安排 1000 万元美好乡村建设专项资金,为美好乡村建设工作提供资金保障。自此项工作启动以来,共修建道路 4290 米,绿化 1.7 万平方米,完善健身广场等公共服务设施 6 处,佛光大道、九华街区东环道以及九华乡拥华村杨村组、二圣村车站组、宋村组和九华镇祇民社区、芙蓉社区、闵园社区上闵园等“二线七点”整治任务基本完成,实现整治一点、成景一线、靓丽一片。

【机关建设】一是深入开展“三查三评”活动。按照部署开展“三查三评”活动,改进机关作风,提高工作效能。局领导班子多次带队赴乡镇走访,为村、社区解决一些基础设施建设方面的难题。二是政风评议争先进位。结合学习实践活动,先后两次召开政风评议监督员座谈会,收集建议,局党组针对收集到的意见和建议,认真召开分析会,研定措施,切实加以整改。三是党风廉政常抓不懈。开展领导干部房产清查和违规经商办企业清查活动。同时针对排查的廉政风险点出台相关制度,并装订成册,发放到每个职工手中,着力于构建一个覆盖全局各科室、各重点岗位和关键环节的廉政风险防控管理体系。四是文明创建水平得到提升。通过狠抓学习教育,开展“文明科室、文明职工”评选、志愿者服务、“爱心妈妈”结对帮扶等活动,做到文体活动、卫生保洁常态化,促进文明创建工作上台阶,顺利通过第六届市级文明单位验收。

(九华山风景区财政局供稿　张演财)

安庆市财政工作概况

安庆市财政工作综述

2013年，安庆市财政一般预算收入完成197亿元,为年度预算的103.2%,比上年增长15.7%。其中，地方一般预算收入完成98.45亿元，为预算的109.6%，增长15%。全市公共财政预算支出完成280.3亿元,增长14.1%。财政经济运行平稳,财政工作各项目标任务顺利完成。

【努力服务经济发展】认真落实工业振兴、自主创新、现代农业、现代服务业四大产业以及“双保”等一系列支持经济发展的政策措施，整合扶持政策和资金,挤出财力扶持经济发展。市财政局累计拨付各类涉企资金4.2亿元,支持实体经济发展。拨付战略性新兴产业发展引导资金7545万元,促进经济转型升级。免征市区开发园区工业投资项目行政事业性收费1830万元,支持园区经济发展。推进“营改增”试点改革,累计减税1.24亿元,拨付“营改增”财政扶持资金2556万元。大力支持信用担保体系建设,将市融资担保集团资本金由1亿元提高到2亿元,市融资担保集团累计为305户中小企业提供融资担保13.3亿元,有效缓解中小企业融资难问题。出台政府性资金银行存款管理办法，通过考核各商业银行纳税规模、市区贷款规模和增量、市区中小企业贷款余额等指标，确定市本级政府性资金存放各商业银行的资金比例,盘活财政存量资金资源。

【致力保障改善民生】全年累计压减一般性支出预算3082万元，压减资金全部用于保障和改善民生。全市民生支出225.3亿元,比上年增长14.7%,民生支出占财政总支出的比重达到80.4%。精心组织实施33项民生工程，全年共拨付民生工程资金66亿元，比上年实际投入增长6%。积极履行牵头协调职能,进一步完善“政府主导、财政协调、部门牵头、群众参与”的民生工程工作机制,完善民生工程建后管养机制,各级财政安排管养经费7218万元,吸引集体经济和社会投入3962万元。认真实施城乡居民收入倍增规划，努力提高城镇居民人均可支配收入和农民人均纯收入。支持教育优先发展,拨付义务教育保障经费1886万元,拨付高校、中职和普通高中家庭经济困难学生资助资金3534万元。安排2000万元专项资金用于文化强市建设,扶持文化产业发展。进一步扩大社会保障覆盖面，统筹安排资金735万元支持城乡养老服务体系建设，拨付750万元城区城乡医疗救助资金，拨付1353万元应对自然灾害。安排县级公立医院综合改革资金7586万元,支持深化医药卫生体制改革。支持城市交通事业发展,统筹安排8711万元用于补贴政策性乘车人群、公交冷僻线路运营亏损和天柱山机场建设等。加大保障性安居工程建设力度，累计拨付建设资金5.73亿元,全面完成建设任务。

【竭力支持“三农”发展】进一步加大“三农”投入，全年农林水事务支出38.06亿元，比上年增长12.2%。市财政安排现代农业生产发展资金5000万元,支持县区现代农业发展。建立并完善“一卡通”管理和发放平台基础数据库,全年通过“一卡通”发放涉农补贴资金21.12亿元,比上年增长3.5%,农村居民人均受益420元。筹措资金2188万元,用于H7N9禽流感防控及疫情企业补助贴息等。统筹安排专项资金2000万元,支持创建“森林城市”工作。累计完成农业综合开发项目投资2.35亿元，治理土地13.71万亩，扶持龙头企业37家，扶持农民合作社

20个。全面推进美好乡村建设,将城区14个中心村一并纳入第一批中心村范围,实现城乡统筹发展;安排3.6亿元专项资金用于村庄建设、环境整治和土地整治等,整合涉农资金11.5亿元推动207个中心村建设,努力打造宜居宜业宜游的美好家园。稳步推进政策性农业保险试点,成功争取列入森林保险试点市,全年共支付因灾理赔资金1.02亿元,受益农户32.69万户。深入开展县乡财政一体化建设,155个乡镇财政所(分局)全部完成规范化基础设施建设,乡镇财政资金监管平台系统顺利运行,乡财县管职能划转工作稳步推进。

【强力推进财政改革】全面深化预算管理改革,引入专家评审机制,实行开门办预算。创新非税收入征管收缴方式,全面推行市本级学校收费银行批量代扣代划,实行基本建设项目收费"一表制"财政直接征收。创新政府采购管理方式,完成电子化政府采购系统建设,完成政府采购预算10685万元,实际采购金额9397万元,节约资金1288万元,节约率为12.05%。积极推动国库集中支付改革向市辖区和乡镇延伸,成功实现区级国库集中支付数据集中,八县(市)乡镇开设授权支付零余额账户224个,累计改革乡镇数143个,实现乡镇全覆盖。全面推进公务卡制度改革,市本级预算单位刷卡结算金额达到3840万元,县(市)直预算单位基本实现全覆盖,114个乡镇启动公务卡改革。市本级预算执行动态监控机制建设全面完成,初步搭建财政资金支付监督平台。"营改增"改革试点范围继续扩大,26户广播影视业企业纳入试点,纳税申报有序进行。深化农村综合改革,统筹安排资金4.43亿元支持村级公益事业一事一议财政奖补工作,完成奖补项目1668个,受益农业人口452万人。深化行政事业单位国有资产管理改革,将市直所有行政事业单位资产权证全部收归市国资办统一管理,出台国有资产监管、收益、招租等管理办法,确保国有资产保值增值。实行城区环卫作业方式改革,从拿钱养人转换成拿钱养事,全年市区两级财政对环卫工作的投入达8396万元。

【着力强化财政监督】全面提升会计信息质量,对25家行政事业单位进行会计质量监督检查。组织开展全市涉企资金清理检查工作,重点抽查122户企业,查出违纪金额138.3万元。全面开展涉农资金大检查,针对资金管理中存在的问题提出整改意见并督促整改到位。继续开展非税收入重点检查和日常督查,查出违规金额2072万元,追缴收入1918万元。全面整顿和规范税收征管秩序,开展市区税收缴库级次检查,对市本级10户企业5620万元税收混缴入区库进行纠正处理。推进财政投资评审工作转型发展,全年完成评审项目246个,净审减金额2.83亿元,完成跟踪问效项目197个,有效节约政府建设项目资金。切实加强政府性债务管理,明确在举债、融资和土地管理等方面执行"六不准",积极合理举借债务,高效使用债务资金。全面加强会计基础管理工作,组织开展会计人员继续教育培训,启动新版会计从业资格证书发放,强化会计中介机构管理。

【大力加强队伍建设】加强机关作风建设,学习宣传中央"八项规定",研究制定20条实施意见,细化落实措施。组织开展行政不作为、乱作为专项整治和"千项办件看效能"活动,激发工作人员依法、科学、高效、正确地履行职责。高度重视人大代表、政协委员和社会各方面对财政工作的意见和要求,认真办理"1584政风行风热线",及时回复"市民心声"网友留言。完善部门会商工作制度,班子成员和科室负责人主动上门服务,把财政政策、财政支持和管理服务送到部门、单位,累计会商1202次,通过会商解决问题1219个。以加强学习型机关建设为抓手,开展"财政干部上讲台"活动,着力提升干部队伍的能力和素质。继续推进和完善廉政风险防控工作,着力规范财政权力运行。建立健全纪检监察工作联络员和联系人制度,形成上下联动、齐抓共管的整体工作合力。

(安庆市财政局供稿 叶武乐)

迎江区财政工作概述

2013年,安庆市迎江区财政一般预算收入完成10亿元,同比增长51.5%,其中地方一般预算收入完成7.6亿元,同比增长58.2%。全区公共财政预算支出完成6.9亿元,同比增长34.8%。收支相抵,实现"收支平衡,略有结余"。

【促进经济转型】积极争取市级建设资金1.1亿元,在超收收入中安排区级配套资金7200万元,加快推进华茂纺织工业城项目建设。兑现一枝梅日化等6家企业奖励资金140万元,着力实施"双百企业"成长工程和重点工业项目推进工程。安排500万元专项资金,加快现代服务业发展转型。安排600万元专项资金,提高项目编制和争取上级资金的积极性。兑现各级财政安排的400万元专项资金,加快城市商贸服务业发展示范区建设步伐。对28家“营改增”试点税负增加企业申报资料进行审核,及时兑现财政扶持资金406万元。拨付长青煤矿政策性关闭补助资金300万元,积极鼓励引导企业发展相关产业。拨付经济工作考核及乡、街道综合考评资金254万元,调动社会各界发展壮大经济总量的积极性。调度资金3000万元,扎实推进有关重点工程征迁工作。

【强化税收征管】坚持召开收入调度例会,及时分析解决税收征管中的矛盾和问题,形成组织收入的合力,收入总量跃居安庆首位。加强对重点税源、重点行业和重点税种的监控,逐月分析税收入库情况,全年新增纳税额在1000万元以上的企业5户。进一步加强协税护税工作力度,各乡、街道办事处建立对外来施工企业特别是跨区作业企业详细台账,抓好零星税源征管,防止税收跑冒滴漏。

【调整支出结构】大力支持教育事业发展,投入资金530万元,免收义务教育阶段学生学杂费和城市低保家庭学生享受免费教科书;投入资金300万元新建迎江区青少年活动中心;拨付资金324万元全面完成三所农村初中校舍改造;拨付资金252万元促进学前教育发展;拨付资金540万元实施十四中等三所学校的操场改造。全力支持社会保障工作,直接打卡发放城乡低保3600万元;拨付资金670万元发放退伍士兵自谋置业补助和待安置期间生活费;拨付资金370万元帮助破产特困国有企业解困;拨付资金227万元兑现112名义务兵优待金政策;拨付资金197万元开展“送温暖”活动。努力构建社区养老服务体系,拨付资金140万元发放80岁以上老人高龄补贴,拨付资金160万元建设华中居家养老日间照料中心及社区居家养老运转补助。继续加大计生投入,安排资金345万元兑现独生子女保健费和独生子女父母退休奖励经费,拨付资金144万元兑现计生奖补政策,安排资金283万元设立人口基金和支持“城市生活e站”建设。着力完善城乡公共卫生服务体系,拨付资金660万元,开展城乡居民健康档案管理、预防接种等41项基本公共卫生服务;安排资金121万元,自9月在市区首先实施社区卫生服务中心药品“零差率”销售。加大城乡社区建设投入,拨付资金573万元提高社区工作人员生活补贴以及养老和医疗保险费补贴;筹措资金118万元使新河等5个社居委办公用房达标;拨付市政排水及环卫设施资金236万元,加快市政环卫设施的提档升级。拨付环卫保洁经费475万元,扎实推进城区环卫作业方式改革;安排区级配套资金1200万元进行背街后巷改造、雨污水检查井、排水沟安全隐患治理及低洼处积水内涝应急项目建设;筹措资金1000多万元用于文明创建,争创省首届文明城区。争取省级旅游发展资金10万元,市级文化强市建设资金50万元。投入资金105万元建设迎江区文化活动中心并免费对外开放。投入6886万元扎实推进22项民生工程。

【整合涉农资金】出台美好乡村建设专项资金管理办法和涉农资金整合实施意见,落实到位专项资金1240万元,整合农发、水利、交通等涉农资金1092万元,推动两个中心村建设。通过“一卡通”打卡发放粮食直补等各类补贴资金1267万元,承保油菜、小麦等种植业面积9万亩,能繁母猪379头,兑现理赔资金122万元。争取中央补助资金1166万元,安排区级配套资金486万元,启动破罡湖罗塘段堤防加固工程。投入资金495万元改造长风乡将军、联兴两村中低产田5100亩。投入资金267万元,实施村民组道路修建、小型水利工程等16个“一事一议”财政奖补项目。安排资金1000万元推进青山白化治理工作。争取省级农村环境综合整治工程专项资金40万元,积极改善农村生活环境。争取农民专业合作社等专项资金65万元,安排区级配套资金100万元,力促现代农业发展。

【深化财政改革】制定年度政府集中采购目录及限额标准,累计采购教学仪器设备、办公设备等各类物资1455万元,节约资金106万元。加强工程项目预算投资评审力度,评审青山白化绿化工程、红旗中心村道路工程等项目62个,评审资金4608万元,审减资金387万元。对82家预算单位1749人在职人员工资统发信息进行核实,保证机构编制人员核查清理工作顺利实施。组织开展8家单位的会计信息质量检查,对检查中发现的问题提出整改意见并限期整改到位。开展全区2010—2012年涉农资金使用管理情况自查,确保涉农资金安全、规范、高效运行。深入6家企业,开展2010—2012年涉企专项资金检查,提高资金使用效益。加强对各乡统管的村级账务进行监督检查,健全农村集体资金、资产、资源管理制度。全面掌握全区BT建设项目基本情况,积极防范潜在债务风险。出台《迎江区财政国库管理制度改革实施方案》等文件,稳步推进国库集中支付改革。

(迎江区财政局供稿 石剑)

大观区财政工作概述

2013年,安庆市大观区财政实现一般预算收入5亿元,完成预算的100.5%,比上年增长8%,按可比口径比上年增长18.6%;其中,地方一般预算收入实现3.6亿元,比上年增长22.1%,按可比口径增长26.3%。全区公共财政预算支出完成4.8亿元,比上年增长17.4%。

【财政收入平稳增长】一是认真落实积极财政政策。继续深入推进"营改增"改革试点,90%以上改革试点企业税负实现有效下降,税负增加企业依据规定享受"营改增"退税政策。全面落实月销售收入2万元以下企业免税政策,近200家企业从中受益,进一步营造企业发展的良好环境。采取以奖代补形式,引导企业改革创新,促进企业做大做强,有效夯实区域税源基础。二是实施财税联动,强化收入征管。按照"以天保旬、以旬保月、以月保年"的收入精细化调度要求,及时编制收入进度表,全方位、多角度分析收入形势,确保逐月收入达到序时进度,确保年度收入目标任务圆满完成。三是开展区域协作,筑牢税源基础。强化协税护税职责,适时动态掌握区域企业税收入库情况,协调解决生产经营中存在的困难和问题,有效筑牢区域税源基础,确保区域税收颗粒归仓。

【重点支出有力保障】一是重点加强社保体系建设。投入资金2331万元,深入实施城乡居民养老保险、新型农村合作医疗、城镇居民基本医疗保险,城乡居民养老、医疗保障水平得到进一步提高;投入资金140万元,完成十里铺敬老院二期基础设施建设,全区乡镇敬老院床位数增加至430张。二是着力保障困难群众生活。及时足额发放各类补助补贴类资金,10718名城乡低保对象及时领取生活补助,1137名家庭经济困难大病患者及时得到医疗救助,2039名贫困重度残疾人及时得到生活救助,443名农村五保供养对象及时领取生活补助,城乡低保、农村五保、重度残疾人生活救助等补助标准增长幅度均达到10%以上。三是认真落实普惠政策。投入资金723万元,16791名城乡义务教育阶段学生全部实现免费入学;发放资金502万元,923人领取计划生育家庭奖扶特扶资金,1195人领取计划生育一次性奖励资金,10195人领取独生子女保健费;投入资金739万元,免费向全区不同人群提供居民电子健康档案等10项基本公共卫生服务;发放资金852万元,132名退役士兵及时领取自主就业补助及待安置期间生活费,209名现役士兵及时领取义务兵优待金。四是注重农村基础设施建设。支持海口河港、山口联胜两个村开展美好乡村建设,深入实施广播电视"村村通"、农村饮水安全、农村公路危桥加固改造、一事一议财政奖补、海口农业综合示范区等项目建设工作,农村基础设施得到较大改观。五是大力支持文明城市创建。投入1269万元,完成34条背街小巷路面整治工作;投入656万元,保障环卫体制改革工作顺利实施;投入300万元,支持文明城市创建综合整治及城管执法设备采购工作,城区市容市貌得到较大改善。

【财政管理高效精细】一是启动国库集中支付制度改革。取消预算单位所有实体资金账户,各项财政支出全部通过国库单一账户体系支付,逐步实现对财政资金的事前审核监督、事中实时监控、事后绩效评价的全过程监督。二是完善政府招标采购管理流程。区政府办出台规范政府招标采购申报审批程序的通知,区财政局制定年度政府集中采购目录及限额标准,从体制机制上进一步加强和规范招标采购工作。全年完成招标采购资金1526万元,节约资金179万元,节约率达10.5%。

(大观区财政局供稿 王勇)

宜秀区财政工作概述

2013年,安庆市宜秀区一般预算收入7.2亿元,为年初预算的130.1%,比上年增长62.6%,其中,地方一般预算收入完成4.7亿元,为年初预算的132.4%,比上年增长64.7%,财政收入增幅居安庆市第一。全区公共财政预算支出完成5.9亿元,比上年增长15.4%。

【精心组织收入】推进财税库联席会议以及协

税、护税、组织例会等制度建设,做好月度财政收入进度分析,加强对重点纳税企业、重点行业税收缴纳情况的跟踪监管。结合“营改增”试点改革,摸清税源分布、了解税源变化、掌握税源动态,科学安排收入入库进度。坚持依法治税,严厉打击偷税漏税等违法活动,做到应收尽收。全面清理非税收入及其他财政票据,实施以票管费,加强非税收入征管。

【优化支出结构】统筹安排财政资金,优化支出结构,确保各项重点支出需要。理顺拨付流程,简化拨付环节,提高资金拨付效率,切实加快支出进度。加大公共服务和社会事业投入,重点保障支农、社保资金需要,大力支持教育、卫生、城市建设等社会事业发展,支出增量倾向民生,支出结构进一步优化,公共财政效能进一步体现。

【服务经济转型】积极争取国家、省、市优惠政策支持,加大与上级财政部门沟通、衔接力度,积极做好项目、资金争取工作。认真落实市、区扶持企业发展、支持企业技术创新各项财税优惠奖励政策,进一步规范涉企行政事业性收费管理,切实减轻企业负担。加大大桥开发区、北部新城区和龙山凤水产业园区开发投入力度,加快园区基础设施建设步伐,加快园区转型升级。深入推进银企对接,充分发挥区城投公司、小额贷款、担保公司融资平台作用,缓解企业资金制约,银谷、新昌等七家小额贷款公司和鑫汇、伟瑞、明庆三家融资担保公司全年发放贷款72亿元,创税4000万元。

【加大民生投入】按照早谋划、早启动、早实施的民生工作推进思路,制定时间表和路线图,加大政策宣传,强化资金保障,实行项目“一月一调度、一月一通报、定期综合督查”,强化民生工程调度,推进项目绩效评价。实行区政府领导包干责任制,加强考核奖罚,实行突出问题上报制度。加强对已建成民生工程的养护管理,新建成工程类项目全部悬挂统一标牌标识。资金类项目按时足额发放,工程类项目及其他项目均提前完成年度目标任务。

【扶持“三农”发展】一是精心组织实施罗岭镇农业综合开发土地治理、兰鑫温控温室生产线固定资产贷款贴息、清怡紧密纺技术新建固定资产贷款贴息、绿仙收购原料流动资金贷款贴息和林业生态示范等项目,完成总投资1282万元,800亩茶叶及桂花种植基地扩建、1000亩金银花种植基地扩建农业综合开发产业经营财政补助项目完成立项申报并获通过,完成216万元绿仙生态农业发展有限责任公司、皖宜季牛水产养殖有限责任公司、兰鑫温室温控有限公司固定资产和流动资金贷款贴息项目资金报账工作。二是继续做好财政补贴农民资金发放工作。全年通过“一卡通”发放惠农资金3409万元。三是以推进农村综合改革和新农村建设为目标,认真落实一事一议奖补政策,完成奖补项目47个,受益农业人口9.86万人,项目总投资1502万元,财政奖补资金4734万元。四是推进政策性农业保险试点工作。种植业投保面积达18万亩,投保率100%,能繁母猪投保率100%,公益林、商品林投保率100%,大棚蔬菜特色保险完成下达任务。五是大力实施“1212”工程,加大财政资金投入和涉农资金整合力度,区财政共拨付2092万元,完成资金报账886万元,支持实施村庄建设、环境整治、土地整治、兴业富民、管理创新五大工程。出台美好乡村资金整合实施方案,筹建“安庆市宜秀区美好乡村建设投资有限责任公司”,共整合资金1.03亿元,吸引社会资本投入7738万元。

【深化财政改革】一是全面启动国库集中支付改革。完成硬件配置和电路升级改造、软件建设、确定代理银行、开设相关账户、预算单位销户开户等工作,区直40家一级预算拨款单位均纳入支付中心统一集中管理,通过国库集中支付平台一体化系统共办理业务1429笔,累计支付5159万元,其中,直接支付4911万元,授权支付248万元,直接支付比例达95.2%,支付结构比例优化。二是加强国有资产管理。对全区行政事业单位资产进行全面清查登记,积极推进资产信息动态化管理,对闲置房产、经营性资产实行集中处置,公开拍卖或拍租。完成原区委综合楼门面公开拍卖,拍卖成交价1100万元,比评估价460万元翻一番。完成原区农业局办公楼土地证的申办、资产评估和区教育局办公楼的资产评估工作。三是规范政府债务管理。初步建立地方政府债务规模管理和风险评估机制,完善债务统计报告制度,建立债务统计信息系统。积极协助省审计厅完成区政府债务审计工作,共清理上报2012年末地方政府性债务余额20余亿元。四是规范政府采购管理。全年完成77项采购任务,采购总额1979万元,节约资金约197万元,资金节约率约10%。开展32个项目财政预审,送审造价3.07亿元,审定价2.86亿元,审减2150万元,审减率7%。五是加大财政监督力度。重点加强社会保障、扶贫、支农、教育、卫生等专项资金的跟踪管理,开展涉农、涉企资金专项检查,逐步建立和完善政府性资金使用绩效评价体系,对建设性支出从项目立项、申报、资金拨付、建设和验收等各个环节实行动态监管,确保财政资金安全高效。

【加强作风建设】认真贯彻落实党风廉政建设责任制,严格执行党员干部廉洁从政各项规定,积极完善党风廉政建设教育、预防、监督、惩治制度。认真贯彻落实中央“八项规定”和省、市委有关规定,切实改进工作作风,勤俭理财、节约办事,严格按标准公务接待,严禁工作期间饮酒。加强公车管理,严禁公车私用。进一步加强干部职工思想政治和业务素质的教育与培训学习,提高业务素质,建立运转高效、作风务实、纪律严明、规范有序的财政工作机制。

(宜秀区财政局供稿　赵磊)

安庆经济技术开发区财政工作概述

2013年,安庆经济技术开发区财政一般预算收入完成7.4亿元,比上年增长10%,其中,地方一般预算收入完成3.8亿元,比上年增长14%。全区公共财政预算支出完成4.3亿元,比上年增长18%。实现收支平衡,略有结余。

【全力以赴保增长促发展】一是组织收入有力有效。加强收入调度,协调税务部门加大征管力度、相关部门配合做好协税护税工作,强化预算执行分析,实时研判形势,形成各方齐抓共管的征收格局,顺利完成收入目标,收入量增质优。非税占比全市比例最低,制造业税收占半壁江山,财政收入可持续性好。二是增强财政实力有章有法。有针对性协助税务部门加强税收征管,地方税收提供可用财力大幅增加,税收提供可用财力达2.5亿元,同比增长17.1%;与国土、建设、市场办等部门密切配合,共同抓好土地出让、配套费等非税收入组织,完成非税收入5667万元,提供可用财力1567万元;参与协调解决回祥物业改制遗留问题,收回回祥综合楼等房产1900平方米;认真落实八项规定,严格执行厉行节约各项规定,切实降低行政成本,“三公”经费支出同比下降。三是服务经济发展有谋有为。累计为51家企业减免市区开发园区工业投资项目行政事业性收费294万元,减轻园区企业负担。区财政配套1034万元为52家企业兑付工业振兴等奖补资金,投资协议约定兑付中船等8家企业奖补资金1.4亿元,促进产业发展提速增效。组织区内45家企业争取国家技术创新等12个项目资金1150万元,会同有关部门争取国家级开发区基建贷款贴息、棚户区改造、服务业发展引导资金中央基建投资等专项资金2300万元。争取上级财政间隙资金1.8亿元,全年20次调度资金到建投公司,资金流量达5.2亿元,缓解建设融资压力。争取1220万元民营经济发展资金,通过建投公司增资太极担保集团,太极担保当年累计为123户中小企业新增融资担保5.6亿元,有效缓解中小企业融资难问题。

【坚定不移优支出惠民生】财政民生类支出达3.7亿元,占财政支出的85%。发挥财政牵头协调作用,推动各项民生工程提前超额完成任务。累计拨付全区18项民生工程支出4715万,完成计划的106%。教育文化类拨付义务教育保障经费329万元,免除学杂费128万元,免费提供教科书;就业服务类完成培训323人,为年任务108%;社会保险类城乡居民养老、农村城镇居民医疗完成年任务105%,受益10.7万人;基本社会服务类农村低保人均补差较上年提高10%,建成投入使用7个社区服务中心,医疗救助等6项社会服务类足额发放资金599万元;基本医疗类完成城乡居民健康电子建档6.9万份。政策性农保农作物参保面积2.2万亩,在市区率先实施森林保险,投保300亩,参保率100%,做到理赔及时准确。强农惠农力度加大,全年通过“一卡通”发放涉农资金补贴766万元,同比增长5%,惠及4万余户居民。

【千方百计谋改革强监管】一是预算编制改革有突破。首次按照“两上两下”程序编制预算,实行政府公共预算、部门预算编制,建立单位编制上报、财政审核汇总、批复下达执行等规范程序。二是国库集中支付改革有进展。制定会计集中核算向国库集中支付转轨改革方案,确定支付代理银行,开展平台一体化内部培训。三是政府采购非税监管有实绩。采取“限时现场报价”询价、公开招标等采购方式,继续推行公务车辆定点维修,办公用品等最低价采购协议供货,完成学校课桌椅、文明创建物资等热点应急采购,共实施30个种类62批次政府采购金额405万元,资金节约率达14.8%。专项开展非税票据检查,上门缴销票据3.6万份,协调结算12宗土地出让金

1.4亿元。四是财政评审有力度。全年开展93项工程预决算评审,审结项目79个,报审金额45634万元,核减额7650万元,核减率11.4%,评审金额与核减率较上年双增长。

【持之以恒抓作风树形象】积极采取"请进来"与"走出去"相结合等方式,全面加强与部门单位的会商交流,通过"开门办预算"等措施,涉及扶持政策制定、经费保障、资金安排在协商中达成共识,力求做到"该花的钱一分不少,不该花的钱一分不给",得到预算单位对财政工作的理解和支持。以效能建设为抓手,不断激发干部干事创业的激情和活力,获得市级荣誉四项,树立财政部门良好形象。

（安庆经济技术开发区供稿　张寿山）

桐城市财政工作概述

2013年,桐城市财政一般预算收入完成21.8亿元,同比增长17.9%,其中地方一般预算收入完成15.1亿元,同比增长19.6%。全市公共财政预算支出完成33.5亿元,同比增长16.6%,民生、发展等重点支出得到有效保障。

【依法强化征管】一是强化收入任务的协调与落实。利用财税库银联席会议、专项工作协调会等会商平台,积极与国、地税等部门加强沟通联系,及时将收入任务分解到税种、落实到部门,及时研究解决预算执行过程中出现的新情况、新问题。二是加强税源监控。重视加强财政经济形势研判,分析税收增长潜力、挖掘新的增长点,做实收入预算。加强对重点企业、重点行业和重点领域税源监控,挖掘增收潜力,确保应收尽收。三是规范非税收入管理。实施收费项目动态管理,强化非税收入源头管控和以票控收,实现非税收入平稳增长。四是硬化预算约束。坚持按预算拨付资金,从严控制预算追加,带头执行勤俭节约各项规定,坚决压缩一般消费性支出。

【坚持改革为先】一是深化国库集中支付改革。按照"横向到边,纵向到底"和"一建立、两直达"要求,积极推进镇、街道国库集中支付改革,全面建立以国库单一账户体系为基础的国库集中支付制度。二是稳步推进"营改增"试点。将广播影视服务纳入试点范围,研究出台《桐城市营业税改征增值税试点过渡性财政扶持资金拨付办法》。三是大力推进公务卡制度改革。围绕创新支付手段和控制现金结算,在全市预算单位部署开展并推广应用公务卡结算方式改革。四是全力保障医药卫生体制改革。及时拨付基层医疗机构收支差额补助、市直和基层医疗机构、村卫生室基本公共卫生服务经费,支持市医院和中医院推行药品零差率销售,发放到龄村医补助。五是深化国有资产管理体制改革,实现国有资产集中经营管理。六是加强财政监督管理。稳步推进预决算信息公开,深化预算绩效管理,开展内部监督检查,狠抓重大专项监督检查。

【坚持发展至上】一是积极拓宽企业融资渠道。投入铺底资金2631万元,整合政府和企业信用,建立企业"助保金"贷款风险补偿机制。安排担保基金700万元,加大对登记失业人员、回乡创业农民和劳动密集型小微企业的扶持力度。兑付奖励资金405万元,鼓励金融机构增加涉农贷款投放。二是积极推进经济结构调整。安排专项引导资金,大力支持现代服务业、战略性新兴产业发展,支持重点技术改造和技术创新项目建设。深入推进"营改增"试点,对因试点导致税负增加的企业给予补助。支持企业进行节能减排、环境治理、产业升级等项目建设,发展循环经济。大力促进文化和旅游产业发展。三是落实企业减负政策。全面落实结构性减税和清费减负政策,支持中小企业,特别是小微企业发展。及时办理外贸企业出口退税,兑现中小企业三年翻番计划土地使用税返还,切实减轻企业税费负担。加大企业固定资产投资、标准化厂房建设和使用补助力度,支持企业做大做强。

【坚持惠民为重】全年财政民生支出达27.8亿元,占财政总支出的82.9%,增长18.4%,其中33项民生工程支出达7.25亿元。一是支持教育事业优先发展。全年累计拨付教育资金7.47亿元,全面落实教育支出法定增长要求。二是积极推进公共文化体系建设,实施文化馆站、博物馆、图书馆等公共文化设施向社会免费开放;全面完成广播电视村村通工程;大力推进农村文化建设,促进文化建设成果城乡共享。三是支持社会保障体系建设和就业再就业工作,全面落实提高企业退休人员基本养老金、新农合和城镇居民医疗保险财政补助等提标政策,将农村居民最低生活保障人均补差水平、五保户供养补助标准以及一、二级贫困残疾人救助标准均提高10%,对生活无着的流浪、乞讨人员实施救助,对散居、集中供养的孤儿补助生活费。积极开展就业技能培训和新型农民培训,帮助残疾人实现创业和就业。四是推进公共卫生体系建设。巩固新农合、城镇居民基本医疗保险实施成果,稳步推进公立医院改革,保障计生对象合法权益。五是抓好政策落实支持“三农”,全年发放各项粮食补贴 1.1 亿元,兑付政策性农业保险理赔款 1164 万元,通过预算安排和整合相关涉农资金推动 26 个美好乡村中心村建设,完成 214 个“一事一议”项目建设任务。

【坚持锻造队伍】一是持续加强机关效能建设。严格执行机关效能建设“九项制度、四条禁令”,推行过程管理,实施效能考核,进一步完善工作会商机制,积极参与桐城市“973 阳光热线”上线工作。二是全面推进党风廉政建设。以深入推进“作风建设深化年”活动为契机,认真贯彻落实中央“八项规定”、省“30 条”和市“20 条”要求,全面落实党风廉政建设责任制,制定出台《桐城市财政局工作规则》。三是深入推进学习型机关建设。积极发挥领导干部率先学习带动作用,全面落实党员干部在线学习制度,组织职工参加省市各项政策知识培训。四是深入开展文明创建活动。积极组织职工参加文明城市创建和志愿服务活动,继续开展结对共建和道德讲堂宣讲活动。深入开展财政文化建设,组织职工参加丰富多彩的文体活动。

(桐城市财政局供稿 黄琸程)

怀宁县财政工作概述

2013 年,怀宁县财政一般预算收入完成 17.7 亿元,完成调整预算的 101.2%,比上年增长 7.7%。其中地方一般预算收入完成 12.5 亿元,比上年增长 9.4%。全县公共财政预算支出完成 27.3 亿元,完成调整预算的 131.7%,比上年增长 8.1%。

【提高财政收入质量】一是强化收入征管。围绕收入目标科学制定组织收入方案,合理分解收入任务,不断强化目标考核,切实做到依法征收,应收尽收。完善非税收入收缴管理以及考核办法,强化对国有资产有偿收入、专项收入、土地出让金等重点非税收入的征管,努力提高政府可支配财力水平。二是强化重点税源管理。加强对重点行业、重点企业的税源监控,密切关注重点工程及重点项目进展,确保重点骨干企业税收稳定均衡入库。强化对增值税、营业税、所得税等重点税种动态监控,确保足额入库,三大主体税种累计入库 9.29 亿元,占一般预算收入的 51%,同比增收 2.53 亿元。三是强化税收保障工作。加强与国税、地税等部门的协作配合,完善协税护税工作考核机制,定期召开调度会,做到信息互通,资源共享。扩大县乡两级协税网络覆盖面,加强生猪屠宰税、个体房产税、城镇土地使用税等小额零星税收的征管,切实做到“抓大不放小”,全面开展涉税发票大检查,严防税收跑冒滴漏。四是着力优化收入结构。把握经济运行态势,强化收入结构数据分析,及时进行预算调整,全年非税收入占比降至 27.6%,收入结构进一步优化,收入质量明显提升。

【增强服务发展能力】一是加大对上争取力度。及时掌握相关政策和资金投向信息,千方百计争取更多的转移支付和专项补助资金,全年累计争取上级财政转移支付等各类补助资金 13.71 亿元、债券转贷 1.67 亿元。二是支持重点项目建设。全年共筹措建设方面的资金 8.6 亿元,有力支持开发区和县城基础设施以及全县重点工程建设。三是扶持中小企业发展。按比例兑现市委、市政府出台的四大产业扶持政策资金 1500 万元,落实新上规模企业、工业经济发展、交通运输物流、总部经济落户等优惠政策,兑付重点招商引资企业、经开区工业企业税收奖励 1.2 亿元、“营改增”试点扶持资金 760 万元,足额安排 2000 万元中小企业、5000 万元民营经济等专项扶持发展资金,支持县内中小企业技术改造升级、结构调整和民营经济融资担保。四是加大基本建设投资。加强基建项目资金管理,核拨基建资金 3.4 亿元。五是拓宽政府平台融资渠道。整合资产储备,优化项目包装,完善城投公司内部管理,拓宽融资渠道,城投公司全年融资 7.52 亿元,有效保障开发区和县城基础设施以及全县重点项目建设资金需求。中小企业担保公司注册资本金增加到 1.15 亿元,累计为 159 户企业提供担保,担保总金额 4.47 亿元。

【彰显民生财政特色】一是稳步实施民生工程。全县教育、医疗卫生等 13 大类民生支出合计 21.86 亿元,占公共预算支出的 80.17%。全面完成省定 33 项民生工程建设任务,累计投入资金 8.24 亿元。投入资金 2151 万元,全县 239 个“一事一议”财政奖补项目全面完工;投入资金 3012 万元支持美好乡村建设,重点培育建设 20 个中心村,治理改造 120 个自然村。二是切实增加“三农”投入。全年实施各类农业综合开发项目24个,总投资5516万元,项目个数及资金规模居全省前列;重点扶持农业产业化龙头企业,拨付涉农项目资金近1.4亿元;全年通过“一卡通”共发放惠农强农资金2.27亿元,实现农民增收。三是完善公共服务体系。落实全县义务教育阶段中小学生免除学杂费,免除教科书费,补助寄宿生生活费等达4221万元,落实校安工程项目资金2417万元,安排教育费附加2600余万元,新建校舍6580平方米,维修加固2400平方米。向上争取及县级配套政法经费8599万元、计生四项手术费及计生服务体系建设4200万元、农村文化建设专项资金480万元、旅游发展资金200万元,促进教育科技、人口计生、文化旅游等事业发展。四是认真落实社保政策。加大各项社保基金征收力度,累计征收社保基金2.5亿元,做好养老、失业、医疗、工伤、生育保险等基金拨付工作,保证参保人员待遇及时兑现。积极开展下岗职工小额担保贷款“整贷直发”及职业技能培训,失业人员就业和再就业率稳步提高;继续完善基层医疗卫生机构综合改革及推进县级公立医院改革,促进卫生事业健康发展。

【提升财政管理绩效】一是深化部门预算改革。严格“两上两下”预算编制程序,提高部门预算编制水平和年初预算到位率,实现财政供养人员信息的动态调整和财政专项资金项目库滚动管理,充分发挥平台一体化作用,确保预算编制与指标管理、资金支付等应用软件的有效链接。二是扩大国库集中支付。围绕盘活存量资金、减少结余结转、压缩暂存暂付,严格账户设置审批,扎实开展专户清理,全县财政专户数量减少为81个。推行公务卡结算制度,86个县本级预算单位启动公务卡结算。全年国库累计直接支付7806笔,支付金额2.3亿元;授权支付153笔,支付金额267万元,国库集中支付在县乡两级实现全覆盖。三是严格预算绩效评价。以投资评审、绩效评价为抓手,扩大专项资金绩效的事前事中评价和重点评价。协同相关部门对33项民生工程投入开展绩效评价,涉及项目资金8.24亿元。在2014年预算编制中,对30万元以上的县级专项资金实行预算绩效管理,并将评价结果作为预算安排的重要依据,初步建立“谁干事谁花钱,谁花钱谁担责”的绩效问责机制。四是开展财政监督检查。落实监督检查计划,开展2013年会计信息质量抽查、2011—2013年涉农、涉企资金重点检查,校安工程、重点小型病险水库除险加固、农村公路危桥加固改造、美好乡村建设等专项资金检查,配合税务部门对全县445个会计单位开展普通发票大检查,维护经济秩序,严肃财经纪律,促进财税政策的贯彻落实。

【转变财政干部作风】一是加强干部能力建设。以学习贯彻十八大和十八届三中全会精神为重点,深刻领会现代财政制度建设和财税改革目标。以“六五”普法为抓手,着力抓好财政法制学习教育。采取教育培训、业务交流等形式,不断丰富和创新培训内容和方式,提高培训针对性和实效性,鼓励干部职工参加在职学历、职称和专业技能学习,进一步提升财政干部业务素质和服务水平。二是加强党风廉政建设和效能建设。按照“一岗双责”和“分级负责”的要求,扎实推进党风廉政建设,加快完善教育、制度、监督并重的惩治和预防腐败体系,着力提高财政干部拒腐防变能力。扎实开展部门会商和监管帮扶工作,通过会商沟通情况、解释政策、提升服务、推动落实。严格贯彻落实厉行节约各项规定,修订完善局机关相关规章制度,实现用制度管人管事,机关作风得到明显改善。三是加强财政文化建设。以争创省级文明单位为契机,加强财政文化建设,举办道德讲堂,积极开展“中国梦”主题教育活动,丰富创建内涵,凝聚“精气神”,提升“软实力”。深入单位、企业走访调研,宣传财政政策,帮助解决实际问题。扎实推进结对共建、帮扶济困活动,带动机关党组织和党员干部转变作风树形象。加强财政宣传工作,积极扩大财政工作影响力。

(怀宁县财政局供稿　戴名胜)

枞阳县财政工作概述

2013年,枞阳县财政一般预算收入完成14.3亿元,比上年增长9.9%。其中,地方一般预算收入完成9.7亿元,比上年增长22.9%。全县公共财政预算支出完成29.2亿元,比上年增长6.8%。

【全力组织财政收入】严格落实收入目标管理责任,完善考核激励和工作推进机制。加强收入执行情况分析,准确把握收入变动趋势,抓牢组织收入的主动权。将财政收入完成情况列入县政府重点工作调度范围,实行每月一调度。加强财税行库协调联动,及时解决征管中遇到的实际问题。推进依法治税,盯紧重点行业和重点税源企业,开展税收稽查督查,堵塞征管漏洞,确保应收尽收。

【支持县域经济发展】运用财政贴息、补贴、奖励等多种政策手段,促进经济稳定增长和转型发展。牵头推进"营改增"改革试点,取消和免征一批行政事业性收费项目,减轻企业税费负担。进一步扩大政府性资金存款挂钩总量,激励金融机构增加信贷投放。投入1亿元收购县联社不良资产,支持组建县农村商业银行。注资5100万元控股宇神担保投资公司,做大做强政府性融资担保平台。安排落实1000万元中小企业助保金贷款风险补偿铺底资金,支持中小企业发展。

【精心实施民生工程】实施33项民生工程,总投入资金9.37亿元,其中县财政配套落实1.07亿元。个人补助类项目资金全部发放到位,基金和培训类项目超额完成任务。新建公共租赁住房1214套,除险加固病险水库15座、农村公路危桥21座,建成农村清洁工程6个、农村户用沼气1020户,新增广播电视村村通自然村229个、乡镇公共电子阅览室5个,改扩建农村敬老院8所,完成流浪乞讨人员救助站主体工程,解决2万农村人口饮水安全。

【全面落实惠农政策】加大"三农"投入,全年农林水事务支出4.2亿元。有效整合各类涉农资金1亿元,支持美好乡村建设成效明显。全面完成农业综合开发年度任务,农业产业化步伐加快。通过"一卡通"发放各类涉农补贴资金3.1亿元,惠农政策全面落实。投入资金3169万元,实施"一事一议"财政奖补项目174个,村级公益事业建设再上新台阶。扩大政策性农业保险覆盖面,兑付理赔款1856万元,有效降低农业因灾损失。

【着力提升理财绩效】财政资金监管实现全覆盖,监督检查各类资金9.8亿元。国库集中支付和公务卡改革向乡镇全面推进,集中支付额近12亿元。政府采购作用进一步显现,集中采购商品和服务6300万元,节约资金1300万元。财政投资评审效益提高,评审项目396个,核减资金1.1亿元,核减率13%。国有资产监管职能充分发挥,完成国有集体企业改制14家。

【加强财政自身建设】实行财政预算部门会商制度,财政管理和服务方式不断改进。认真落实关于改进工作作风、密切联系群众各项规定,财政作风进一步转变。推进财政系统廉政文化建设,争创第十届安徽省文明单位,"三个文明"建设进程加快。相继建成19个省、市级规范化财政所,基层财政建设不断加强。

(枞阳县财政局供稿 何社伟)

潜山县财政工作概述

2013年,潜山县财政一般预算收入完成8.6亿元,为预算的106.2%,同比增长18.9%,其中地方一般预算收入完成5.7亿元,同比增长17.7%。全县公共财政预算支出完成22.9亿元,为调整预算的100%,同比增长1%。

【聚财工作持续发力】科学合理分解征收任务,落实工作激励约束机制,加强调研指导和分析调度,协调督促组织收入。支持优化纳税服务,提高收入征管信息化水平,强化税源科学精细管理,加强主导产业、重点项目和主体税种收入入库跟踪研判,有的放矢地组织收入。规范非税收入执收行为,认真落实取消和免征行政事业性收费政策,加强砂石和国有资产处置收入管理。严肃组织收入工作纪律,密切沟通协作,加大税收评估稽查,组织欠缴宗地出让价款清收,规范收入管理秩序,保证收入足额入库。

【服务发展尽职给力】贯彻落实促进经济平稳较快发展和扶持民营经济发展政策措施,帮助争取并落实扶持工业发展奖励资金3162万元;兑现招商引资企业优惠政策和外贸发展引导资金3300万元。安排旅游业发展资金800万元,跟踪落实营改增扩围行业改革工作,支持新网工程和农村商品流通服务体系建设;完善财政性资金存放银行业金融机构考核管理办法,为银行业金融机构争取奖励补贴资金901万元。获得现代农业生产发展项目中央财政资金700万元,安排农业特色产业专项资金910万元,促进特色产业发展;拓宽政策性农业保险实施范围,省定种养殖业、特色农产品和森林实现应保尽保,支付理赔款850万元。旅游度假区农民生态安居新村建设项目实现3亿元贷款并提款1亿元,融资拨付1.6亿元支持开发区和度假区发展、城市基础设施建设。天柱山景区旅游基础设施建设和地质遗迹保护项目获中央财政资金3982万元支持。兑现工业聚集区以奖代补资金 500 万元,支持乡镇园区建设。

【社会发展保障有力】总投入 7.8 亿元,其中县财政配套 4687 万元,牵头组织实施 32 项民生工程,进一步缓解群众上学难、就医难、住房难和生活难等问题。完成基层卫生院债务化解,开展医保基金大病保险试点。综合运用小额担保贷款、社保补贴和补助培训等政策促进就业创业。落实政法部门基础设施建设化债资金 380 万元。投入财政资金 988 万元,建设烈士陵园等革命老区专项资金项目。完善村级公益事业建设一事一议财政奖补工作考核办法,增加奖补标准和支持力度,实行普惠制和特惠制,196 个项目获奖补资金 2156 万元。完成农业综合开发余井镇土地治理项目实施;支持实施水土保持小流域综合治理和灌区节水改造项目。争取深化农村综合改革示范和发挥一事一议财政奖补作用推动美好乡村建设试点县奖补资金 946 万元,安排专项资金 3000 万元,整合涉农项目资金,聚力支持美好乡村建设。扶贫连片开发整村推进项目获得 755 万元财政资金支持。打卡发放财政补贴农民资金 1.97 亿元。提高县直机关单位定额公用经费补助,增加安排村级组织运转经费 600 万元;提高财政全额供给单位编制内人员随工资计提住房公积金和职工医疗保险缴费补助标准。

【科学理财用心着力】推行综合预算编制工作,加强预算执行动态监控和支出绩效评价,努力提高预算编制执行水平。稳妥推进财政预决算信息公开。深化国库集中支付制度改革,全县所有预算单位全部实行国库集中支付。实施公务卡制度改革,公务卡上线运行。开展涉农涉企资金检查。加强乡镇财政资金监管。配合开展农村环境连片整治示范项目实施情况专项审计、农村公路危桥加固改造项目资金跟踪检查和病险水库除险加固项目资金核查。扎实开展财政专户清理。强化结转结余和国库资金管理。切实做好社保基金保值增值工作。修订行政事业单位国有资产管理暂行办法。把好政府采购源头审批和监督。开展种粮面积基础数据和种粮大户基础信息统计工作。推进会计信息质量检查。开展全县财务大检查和财政内审,全面实施《小企业会计准则》,重视做好“三公”经费支出统计和规上企业财务快报工作。强化行政事业单位和农村财务人员培训管理。协助完成地方性政府债务审计。

【队伍建设推进强力】完善绩效考核办法。修订完善局机关财务和车辆管理制度、财政所(分局)财务管理制度。建立健全乡镇财政资金监管系列制度。调整联系财政所(分局)工作制度。举办财经形势、党建基本知识和党的十八届三中全会精神学习报告会。开展乡镇财政资金监管、一事一议财政奖补和财政预决算等业务知识培训。组织第二批乡镇财政干部参加全省轮训。大力组织开展财政课题调研。严格执行上班考勤和定岗定责管理制度。制作工作人员岗位牌和去向告知牌。加强效能建设规定落实情况监督检查。适当调配乡镇财政干部。巩固提升市文明单位创建成果。积极参与省第三届文明县城创建活动。组织参加市县征文、羽毛球和乒乓球比赛等活动。

(潜山县财政局供稿　袁先礼)

岳西县财政工作概述

2013 年,岳西县财政一般预算收入完成 4.8 亿元,比上年增长 28.5%,其中地方一般预算收入完成 3.2 亿元,增长 31.8%。全县公共财政预算支出完成 19.9 亿元,比上年增长 7.5%。

【民生财政倾力民生】全年民生总支出 16.61 亿元,占公共财政预算支出的 83.6%。33 项民生工程筹资总额达到 6.21 亿元,县级财政配套资金 9353 万元。发放类项目全部按要求及时发放到位,工程类项目全部完工。城乡居民收入倍增工作围绕就业提升、创业富民、民生普惠、财富增值四大工程,高位拉动,多措并举,强力推进。加强收入倍增指标监测分析,着力推进城乡住户调查一体化改革。

【惠农富农措施得力】美好乡村建设扎实推进。累计投入 3.88 亿元,其中县财政投入 2068 万元,整合各类涉农资金 2.11 亿元,吸引企业投入资金 3500 万元,群众自筹 5000 万元,社会投入 5200 万元,中心村庄建设规划、村庄布点规划和 318、105 国道没线村庄规划全面完成,公共服务体系框架基本形成,中心村产业发展扩面提质,人居环境有效改善。深入推进农业综合开发。倾力打造温泉现代农业综合开发示范区,完成总投资 5000 万元,工程建设顺利推进,土地流转有序进行,招商引资势态良好,签订入区企业 2 家。加强财政扶贫资金监管。现代农业(茶叶)发展项目、油茶项目、退耕还林项目、国家水土保持项目、中央彩票公益金项目均通过验收,下拨各类支农项目资金3900万元,争取到位财政扶贫资金2702万元,以工代赈资金683万元,水土保持补助资金500万元,千万亩森林增长工程资金613万元。规范政策性农业保险。规范政策性农业保险管理,水稻投保17.3万亩,玉米投保2.5万亩,大豆投保8789亩,完成任务的103.8%,棉花投保2224亩,特色产业茭白投保1.9万亩,茶叶投保5.2万亩,瓜蒌投保8651亩,新增公益林投保132.86万亩,公益林实现应保尽保。加强财政补贴农民资金管理。进一步深化财政补贴农民资金"一卡通"发放制度改革,严格县、乡、村三榜公示、三道审核程序,共发放各项财政补贴农民资金2.7亿元,较上年增长10.5%,30多万人直接受益。深入推进农村综合改革。探索建立规范村干报酬、村级干部交叉任职、村级财务管理等一系列村级组织运转经费保障机制,完成农村公益事业一事一议财政项目186个,总投资6775万元。加强一事一议财政奖补项目持续管理养护,县财政安排拨付一事一议财政奖补项目管护经费288万元。

【服务发展成效显著】以生态、新兴战略产业、科技创新、现代农业为重点,申报财政投资基本建设项目97个、省级环保项目5个、农业发展项目38个、农村公益事业发展项目186个,农业综合开发项目5个、企业技术改造创新项目13个。积极筹集资金,加强资金调度,确保重点工程、重点项目支出,预算内拨付基本建设资金5.76亿元。扩大银政、银企合作,立信担保公司新增协议合作银行2家,为全县74家中小企业提供贷款担保2.96亿元。中小企业融资担保中心着力提高担保基金与担保贷款比例,为346名下岗职工提供小额担保贷款1193万元,中小企业5500万元。公开收费基金政策和基金目录,年审收费项目148个,免收行政事业性收费53万元,扎实开展行政审批项目第四次清理和行政许可事项清理。

【财政改革取得实效】建立预算部门会商制度,出台政府性存款、文化旅游招商等政策,推行政府购买服务行为。按照财权与事权相匹配、保障与激励相结合和公平、规范、稳定的原则,完善划分税种、核定收支、超收留用、短收自负的第六轮乡镇财政体制。深入推进国库集中收付改革,全面启动乡镇财政国库集中支付,扎实推进县直预算单位公务卡消费改革,县直预算公务卡消费普及率100%。加强国有资产动态化台账式管理,清收企业改制移交债权和打包不良资产,处置白云度假村房产,加强国有资产配置,最大限度保证国有资产保值增值。加强对全县规模企业监管,组织实施涉企资金专项检查。

【财政管理日趋规范】全面启动平台一体化预算执行动态监控系统,严格收支两条线管理,规范行政事业单位津补贴发放标准。继续加强对民生工程项目资金的监督审计,扎实开展涉农资金"一卡通"打卡发放专项清理检查。进一步健全完善局机关值班、考勤、财务、资产、安全、公务接待、会议、公文处理、文明创建、卫生等十三项管理制度,严格责任管理和责任追究。加强党风廉政建设,巩固廉政风险防控成果,严格党风廉政建设责任目标管理,加强政策教育、警示教育、学习教育,进一步健全党风廉政建设机制。严格控制"三公"支出,规范会议、接待、出国(境)标准,大力提倡勤俭节约的工作作风。继续开展基层组织城乡结对共建活动,密切干群关系。

(岳西县财政局供稿　吴华)

太湖县财政工作概述

2013年,太湖县财政一般预算收入完成5.2亿元,为年初预算的107%,比上年增长22.1%,其中地方一般预算收入完成3.4亿元,增长20.8%。全县公共财政预算支出完成22亿元,比上年增长7.2%。全年财政收支平衡目标顺利实现,各项重点工作需求得到有效保障。

【强化收入征管】一是突出目标任务分解落实。科学测算,及时将人代会确定的财政收入指标分解到各部门、各征管单位,做到早部署、早安排。二是突出重点税源监控督导。密切关注重点企业税源变化情况,做好重点税源监控,采取切实可行的征管措施,充分挖掘增收潜力。加大非税收入征收管理力度,确保应收尽收。三是突出收入形势分析研究。实行收入调度报告制度,积极研究应对措施,形成上下齐抓共管的工作合力。

【优化支出结构】按照公共财政支出方向,调整和优化支出结构,严格控制一般性支出,支出重点向农业、教育、社会保障、医疗等民生工程倾斜并取得实效。33项民生工程支出5.74亿元,占全县财政支出的26.1%,民生投入力度进一步加大,发展成果更多更公平惠及广大群众。

【深化财政改革】一是继续深化部门预算改革。研究制订《财政专项转移资金使用管理暂行办法》和《县级财政预备费使用管理办法》，进一步规范财政资金分配管理。二是积极推进国库集中支付改革。在县直单位全面推行国库集中支付改革的基础上，积极推进乡镇会计集中核算向国库集中支付转轨工作。三是全面开展农村集体“三资”委托代理服务工作。所有乡镇村级账务全部移交财政部门管理，按照“七统一”的管理模式，制订农村集体资金资产资源委托代理服务中心业务操作规程，完善代理服务工作制度和业务流程。

【支持经济发展】一是加大对工业发展的财政投入力度。安排招商引资考核奖励资金400万元，安排税收政策支持入园企业发展资金2796万元、中小企业发展资金2000万元，用于支持中小企业扩大规模、创牌申证、信息化建设等方面的奖励补助和园区基础设施建设。二是落实各项强农惠农政策。完善财政补贴农民资金发放和管理工作，发放财政补贴农民资金2.3亿元；不断巩固村民生产发展互助资金试点成果，大力推进一事一议财政奖补工作；积极推进美好乡村建设，安排县级财政预算资金1000万元，争取上级补助资金1600万元，整合涉农资金6700万元。三是支持旅游、文化等产业发展。安排旅游发展专项资金400万元，重点改善旅游景点基础设施建设，积极争取上级补助资金，支持文化产业健康发展。

【强化监督检查】一是细化乡镇财务收支平衡考核和控消债务的考核，提高乡镇政府依法理财、自觉理财的积极性。二是与监察局、审计局组成联合检查小组，对县直16个部门35个单位的财务管理情况进行检查，有效促进单位财务规范管理。三是积极开展涉农资金专项检查，对2010—2012年安排的涉农专项资金进行全面检查，促进资金管理安全规范。

【加强内部管理】一是规范完善各项规章制度。优化内部管理体系，加强内部管理，积极开展行政审批项目清理和行政办件自查工作，健全部门会商工作机制，增强服务意识，规范行政行为，做到依法行政、政务公开。二是狠抓工作作风建设。制定出台《太湖县财政系统密切联系群众、改进工作作风的实施意见》和《财政系统行风巡查暂行办法》，加强干部教育和日常监管，积极推进反腐倡廉建设，巩固廉政风险防控成果，扎实开展“转作风、提效能、促发展”主题实践活动，职工工作作风进一步改进，政风行风进一步好转。三是积极开展文明创建活动。多次组织机关职工到联系村开展慰问帮扶活动，抽调系统业务强、素质高的同志担任业余党校教员，到乡镇村组进行宣讲，深受广大群众好评。

（太湖县财政局供稿　余胡源）

望江县财政工作概述

2013年，望江县财政一般预算收入完成5.8亿元，为年初预算的107.4%，比上年增长24.6%，其中地方一般预算收入完成4亿元，比上年增长22.7%。全县公共财政预算支出完成20.3亿元，比上年增长4%。

【民生工程全力保障】一是切实加大民生工程投入。全年实施33项民生工程，共投入财政资金5.74亿元，其中，县财政配套0.93亿元，安排450万元的民生工程业务费和养护经费，对2007—2012年建成的22项工程类项目实施管养。二是不断提升社会保障水平。落实促进就业与再就业各项政策，全年发放217笔小额担保贷款1670万元，拨付再就业补助资金1312万元；提高城乡低保、农村五保和民政优抚对象补助标准，全年发放困难群众生活补助7296万元；新型城乡居民社会养老保险参合率稳步提高，全年拨付新农保资金8002万元。三是教育发展不断进步。全年拨付各类资金6087万元，实施城乡义务教育保障机制改革，免除义务教育阶段学生学杂费，免费提供教科书、补助寄宿生生活费以及发放中职和普通高中家庭经济困难学生助学金；筹集并拨付基础教育设施建设资金6563万元，实施乡镇公办幼儿园、中小学校舍维修和薄弱学校改造工程以及农村教师周转房建设。四是公共文化建设投入增强。安排200万元文化强县专项资金，把主要公共文化产品和服务项目、公益性文化活动纳入财政预算。以“三馆一站”免费开放和农村电影放映、送戏下乡、广播电视村村通等农村文化惠民工程为载体，投入文化惠民工程290万元。五是全力支持医疗卫生事业发展。加大城乡医疗救助范围，发放救助资金693万元，稳步提高城乡居民合作医疗财政补助标准，实现参合居民广覆盖；加快城乡卫生服务机构建设，拨付579万元专项化解基层医疗卫生机构历史债务。完善基本公共卫生服务、重大传染病人医疗救治及贫困残疾人康复工程,妇女儿童健康水平稳步提升。六是加强住房保障建设。投入资金6764万元,实施建设48套廉租房、486套公租房和598套棚户区改造,全面推进2800户农村危房改造,不断改善群众住房条件。

【惠农政策有效落实】一是"一卡通"惠民补贴发放及时高效。安全发放农资综合直补、良种补贴和农机购置补贴等24大项惠农补贴资金2.7亿元。二是全力支持美好乡村建设。安排财政资金1025万元实施15个中心村建设、1000万元用于城乡环境卫生综合治理,引导投入美好乡村建设各项资金达2.1亿元。三是农业综合开发成效明显。投资3172万元的国家农业综合开发2万亩高标准农田建设项目和0.65万亩中低产田改造项目顺利完工。投资1274万元的高标准农田示范工程项目土建工程顺利竣工并通过上级验收。四是"一事一议"财政奖补项目实现全县129个行政村及农业社区全覆盖,当年安排的171个财政奖补项目全面完工。五是支农资金整合继续巩固。全年共整合各类财政资金1.6亿元,连续五年被省财政厅评为支农资金整合先进县。

【助推经济平稳增长】一是及时兑现中小企业优惠政策资金。全年拨付工业发展基金和现代农业发展资金1900万元,兑现招商引资企业税收和土地出让金优惠政策资金、"营改增"试点企业财政扶持资金6049万元。二是支持融资平台建设。注入县担保公司7000万元,争取省担保集团参股2700万元,全年累计为52户企业提供22500万元贷款担保,有效改善小微企业融资环境。三是全力支持项目建设。全年争取各类项目资金17.26亿元。拨付县城投公司和经济开发区各类财政资金2.37亿元,消化县城投公司财政历年欠账2.2亿元,有力支持重点项目建设。四是加大对乡镇财力倾斜力度。通过体制结算当年安排乡镇发展资金3400万元,进一步提高乡镇当家理财的积极性。

【深化改革提高效能】深入推进国有资产管理改革,推进国有资产的整合、共享和合理流动,重点加强乡镇区划调整后乡镇、站所和学校闲置国有资产的管理力度。出台预算单位公务卡使用暂行办法和强制结算目录,在全县范围全面推行公务卡结算制度。国库集中支付改革和非税收入管理信息系统延伸到乡镇,实现上下贯通,进一步完善财政资金缴拨程序。平稳推进"营改增"改革试点,设立100万元试点扶持资金。医药卫生体制改革进展顺利,实行县级公立医院药品零差率补助和基层卫生院基本支出保障。建立财政预算部门会商和乡镇资金监管工作机制,加强与预算单位的沟通联系,提高财政管理服务水平。

【强化监督严明纪律】一是巩固清理整顿财政专户成果,强化财政结余结转资金管理。全年共清理撤销财政专户8个,县级财政专户精简压缩到21个。二是稳步推进项目支出绩效评价工作,重点选择部分涉及民生的重大项目进行支出绩效评价,提高部门支出责任意识和绩效意识。三是积极开展涉农、涉企资金等专项检查,全面提升财政财务管理规范化水平。四是组织开展县直单位非税收入征管重点督查和年费检审,减免14项行政事业单位收费,进一步优化财税环境。五是强化内部管理,反腐倡廉建设深入推进,机关党建、文明创建及财政干部队伍建设相互促进,机关作风进一步改进。

(望江县财政局供稿 胡叶琦)

黄山市财政工作概况

黄山市财政工作综述

2013 年,黄山市公共财政收入完成 81.02 亿元,同比增长 5.4%。其中,地方公共财政收入完成 59.4 亿元,同比增长 5.4%。公共财政支出完成 136.7 亿元,同比增长 8.5%。

【助推经济稳增长】积极贯彻落实市政府促进经济持续健康较快发展 37 条政策和大力发展民营经济的实施意见,加大财源培植力度,推动全市经济持续健康较快发展。一是统筹调度资金,保障重点投入。全市投入各类财政资金 12 亿元,保障“十大工程”建设和“六个高潮”推进。整合涉农资金 3 大类 45 项 4.55 亿元,支持美好乡村建设。二是加大产业扶持,推动转型升级。全市投入企业帮扶资金 3680 万元用于 140 户困难企业技术改造和设备升级,全市配套安排 1.8 亿元资金用于充实担保公司国有资本金,积极支持民营经济发展。安排 1 亿元支持现代服务业“135”工程建设。三是落实财税政策,减轻企业负担。全市落实各类财税优惠政策 4 亿元。其中:出口和高新技术产品退税 3.28 亿元,企业所得税减免 6809 万元。四是加大对上争取,支持经济发展。全市共对上争取各类补助资金 70.46 亿元,增长 11.03%;争取地方政府债券资金 7.69 亿元,增长 45%,支持新区快速通道(东线)、黄山北站站房、歙黟一级公路等一批重点公益性项目建设,促进全市经济社会事业协调发展。

【有保有压优支出】以促进社会事业发展为出发点和落脚点,努力增加教育、医疗、农业等重点领域投入,全市财政民生支出达 106 亿元,增长 10.2%。一是支持基本公共服务建设。加大对医药卫生体制改革的投入,全年拨付 11 所县级公立医院财政补助经费 7178 万元,比上年同期增加 1758 万元,增长 32.44%;全年教育投入 12.5 亿元,同比增长 3.3%;文化事业投入 4.1 亿元,增长 4%。二是加大社会保障投入力度。筹措 9.98 亿元养老金并按时足额发放;继续实施积极的就业政策,兑现公益性岗位补贴 950 万元,发放小额担保贷款 1.92 亿元、财政贴息 1599 万元;继续加大对廉租房、公租房建设和农村危房改造的投入,开工建设各类保障性住房和棚户区改造住房 7952 套,基本建成 13266 套,超额完成年度任务。三是严格控制一般性支出。出台《关于进一步做好增收节支工作的通知》,全面贯彻落实中央八项规定及《党政机关厉行节约反对浪费条例》,牢固树立勤俭节约、“过紧日子”的思想,严格控制公务经费支出总额,对市直预算单位的公用经费按 5%进行压减,市级接待、购置经费压减 220 万元。建立“三公”经费统计报告及分析制度,2013 年全市“三公”经费支出同比下降 15.84%。四是更加注重城乡统筹。统筹安排省、市扶贫资金 6388 万元,集中力量抓好“双 50”贫困村扶贫攻坚工作。全市村级公益事业“一事一议”财政奖补试点总投入 7554 万元,群众参与率和行政村覆盖率均超过 85%。全市“一卡通”发放惠农补贴 29 项,发放资金 6.95 亿元,增长 24.8%。全市政策性农业保险种养殖业投保农户 36.9 万户,保险金额 40.6 亿元。农业综合开发项目顺利通过国家和省级验收,38 个项目全年投资 1.3 亿元。

【健全机制促民生】37 项民生工程实际完成投资额 31.98亿元,完成年度计划的 121.5%,增长 51.3%,37 项民生工程年度目标任务已全面完成;累计拨付资金 29.76 亿元,完成年度资金计划的 111.9%,增长

42.3%。市级和区县新增财力的80%以上用于改善民生。一是健全建后管养工作机制。投入8774万元用于建后管养，进一步细化工程类项目管护办法和实施细则。创新实施“四同步三整合”的民生工程建后管养工作机制，即：建后管养与民生工程实施同谋划、同部署、同检查、同考核，整合管护项目、管护资金、管护人员，减少管护成本，提高管护效率。二是建立项目绩效评价机制。出台37项民生工程绩效考评实施办法，将民生工程项目全部纳入预算绩效管理，先后开展人大代表、政协委员巡视评估、会计师事务所第三方绩效评价、统计部门两轮社情民意调查、审计财政重点检查、市直主管部门绩效评价等活动，把民生工程评价结果纳入市政府目标绩效管理体系管理，初步构建民生工程立体式绩效评价体系，2013年，黄山市获全省民生工程和收入倍增绩效工作先进荣誉及奖补。三是完善项目管理长效机制。围绕“落实项目计划、强化项目推进、完善资金保障、落实建后管养、加强绩效管理、健全民主参与”等方面出新招、出实招，按照民生工程“六大工作机制”的要求，对以前的工作进行“回头看”，全面梳理总结，补缺补差，夯实基础。

【落实责任严管控】以全国统一组织的地方政府性债务审计为契机，全面梳理市政府债务状况。2012年底，黄山市总债务率64.92%，较全省平均水平低13.36个百分点。债务审计结果表明，全市债务风险总体可控。根据政府性债务管理专题会议提出的“强化六种思维、把握十个重点”的总体要求，成立了市投融资管理委员会。强化责任主体落实，加强债务风险管控，制定出台《黄山市政府性债务管理暂行办法》等规范性文件。健全完善监测政府性债务的指标体系和预警机制，运用债务率、偿债率、逾期债务率等监测指标，设置警戒线，监控政府性债务规模和风险，严格控制融资成本。2013年接受包括地方政府债务审计在内的综合审计4次，社保基金、涉企涉农资金等省级以上专项审计、检查6次。在审计检查、监督整改的基础上，相继出台了《黄山市市级财政资金审批管理办法》、《黄山市市级财政资金借款管理暂行办法》等文件，制定《关于建立财政审计整改长效机制的通知》，严格落实责任，推进财政科学化、精细化管理。

【抓好试点创示范】深入推进新安江流域综合治理和生态补偿试点，“六个全覆盖、四个强力推进”目标如期完成。新安江流域综合治理年度实施项目100个，完成投资近150亿元，对应生态补偿试点项目完成投资24.5亿元。流域67个乡镇全面建立了“组收集、村集中、乡镇处置”的垃圾处置体系，配备农村保洁队员2791名，组建干流河面打捞队8支；干支流累计退养养殖网箱5388只，规模养殖场污染整治53个，千亩以上生态茶园减肥降药整治27个；新安江两岸改徽建徽2237幢，沿河搬迁入园企业34户、关停3户；推进市第二污水处理厂和黟县垃圾处理场渗沥液建设，实施农村生活污水微动力处理试点45个；实行试点资金与国开行政策性融资相结合，一期新安江上游综合治理使用贷款14.7亿元，二期区县项目36.5亿元贷款顺利开贷；先后出台综合治理、“河长制”、区县断面水质考核、项目管理和验收、国开行偿贷机制建设等30多项规范性文件，建立了较为系统的工作保障机制；强化政策宣传和公众参与，组织志愿服务、意见征集等各类宣传活动60余次，其中央视和省级以上媒体宣传25次。目前，新安江水质优良、稳定向好，保护这一江清水成为全社会的共识。

（黄山市财政局供稿 陶岚）

屯溪区财政工作概述

2013年，屯溪区财政公共财政收入完成9.4亿元，占调整后预算数9.38亿元的100.2%，同比增长10.2%。

【注重依法治税】突出主抓财政收入增长，紧紧抓住组织收入这条主线，强化收入征管不放松。在深入进行税源调查的基础上，财税部门强化重点税源监控，及时跟踪重点纳税大户，依法落实征管措施，药品零售行业全面推行机打票，实行“以票管税”；对各药品零售店2011—2013年医保刷卡消费情况进行清理，共清理欠税33户，全年共补缴税款140万元。厉行节约规范支出管理，有保有压。收支双向措施并重，千方百计保平衡。科学处理好生财、聚财、用财三者关系，做大做强财政收入“蛋糕”，壮大财政实力，增强财政活力，圆满实现全年各项收支目标任务。

【注重民生福祉】一是保民生、促和谐。牢固树立民生意识，突出民生保障优先，调整和优化支出结构,确保民生工程地方配套资金足额落实到位,建立民生投入的稳定增长机制。2013年,全区实施民生工程项目30个,计划总投资2.2亿元,累计完成投资3.26万元,投资完成率为143.46%。认真做好村级公益事业建设一事一议财政奖补工作,全区共申报村级公益事业建设一事一议项目34个,项目实施农民参与面达94%。城乡居民收入倍增工作稳妥有序推进。确保农科教等支出增长达到法定要求,加大水利、社会保障和就业、保障性住房等投入。全力支持教育优先发展,"四小七园"建设全面完成;进一步完善公共文化服务体系财政保障机制建设,支持文化部门加快推进农家书屋工程、公共文化服务体系信息化建设工程。支持推进"两馆建设"、"百村千幢"古民居保护利用工程重点项目建设,全力加大古民居保护利用力度。结合国家产业政策和区文化产业基础,积极争取上级文化产业补助,争取文化产业专项资金185万元,支持区文化产业做大做强。继续做好公共文化服务信息化建设、农村文化建设专项补助等文化惠民工程,提高公共文化服务水平。二是保稳定、增幸福。共拨付企业离退休职工基本养老金、被征地农民养老保险金、城乡居民养老保险、城乡低保金、新农合及城镇居民医疗保险、城镇职工医疗保险、再就业资金、基层医疗卫生体制综合改革、民政优抚等资金35933万元;发放23项涉农补贴资金3531万元,各项惠民政策落实到位。三是保增长、促转型。支持重点企业发展,落实重点企业税收优惠政策,及时兑现有关政策资金,不断创新财政支持方式,培育税收增长极。2013年共兑现工业产业扶持资金、招商引资优惠奖励、科技专项经费等各类扶持资金达2000余万元。四是保生态、提品质。继续做好新安江流域综合治理工作,按照"五个全面覆盖、四个强力推进"的要求,主动作为,强力推进,累计投入专项治理资金1.98亿元,全区镇村保洁体系已全面建成,横江、率水河等主要干支流综合治理顺利推进。扎实做好美好乡村建设资金整合各项工作,已到位各级财政专项资金1560万元;整合农村危房改造资金、农村公路建设资金、新安江流域保护资金、国家农业综合开发资金、农村饮水安全工程资金、村级公益事业一事一议奖补资金以及农业、林业等涉农专项资金3897万元集中投入美好乡村建设。

【注重规范理财】积极探索预算支出绩效考评,进一步完善部门预算编制,增强预算管理的透明度。严格执行中央"八项规定"以及省、市、区委关于厉行节约的各项措施,强化预算约束,履行财政审核职能,严格控制行政支出。2013年,区直部门"三公"经费实现负增长。加快非税收入改革步伐,继续深化"收支两条线"管理,不断规范政府非税收入票据管理制度。推行公务卡制度改革,进一步提升国库集中支付管理,财政直接支付比例占95%;五个镇财政国库集中支付改革工作顺利实施,撤销镇级收入支出账户,预算资金全部纳入国库集中支付系统并成功上线。进一步规范招标采购行为,强化招标采购制度建设,建立健全诚信档案,规范招标采购人员行为,确保招标采购活动"公开、公平、公正、诚信",共完成政府采购业务326批次,采购资金7169万元,资金节约率11.6%。加强国有投资项目标后监管,严格审批程序、严格工程款结算方式。盯住关键领域,切实加强监督检查。开展惠民惠农政策落实情况监督检查,促进政策落实;积极开展涉农、涉企等财政专项资金分配使用情况、镇级财政财务等监督检查,保障财政财务政策制度有效落实。建立资金、资产、资源集约节约管理新机制,进一步规范国有资产配置管理、资产使用管理、资产处置行为和资产收益管理。开展会计信息质量检查,强化会计监督;推进防治"小金库"长效机制建设,积极做好规范公务员津贴补贴发放;做好工程建设领域突出问题专项治理、防止教育医疗乱收费、保障性住房分配不公、民生专项资金使用中的"跑、冒、滴、漏"等工作,维护群众利益。

【注重发挥职能】一是突出项目支撑,全力配合有关部门做好项目申报工作,着力引进大项目、新项目,千方百计争取国家项目资金,加大财政一般转移支付资金和专项补助资金的争取力度,力争实现项目与资金双突破。2013年全区对上争取完成到位资金5.5亿元。二是支持重点企业发展。落实重点企业税收优惠政策,及时兑现有关政策资金,不断创新财政支持方式,培育税收增长极。2013年共兑现工业产业扶持资金、招商引资优惠奖励、科技专项经费等各类扶持资金达4636万元。三是加强调度,保障重点工程和项目资金需求。多方筹措资金,全力以赴做好资金保障工作,共调度5亿元资金用于黎阳老街、江南新城、九龙园区、文峰桥、精品社区等项目建设,为政府重点项目建设提供强有力的资金保障。四是积极与银行、企业沟通,搭建平台,促成银企双方成功对接项目 129 个,对接资金 25.11 亿元。五是继续开展九龙园区企业助保金贷款业务，已审核发放锦江百浪、东晶光电、鼎奇链条九家企业 5060 万元流动资金贷款,解决中小企业融资难、贷款难的问题。六是继续实施新安江流域综合治理，总投资 1.98 亿元,实现村级垃圾保洁、重点河面打捞、主要河流综合治理、流域采砂治理和重要支流水草治理五个全覆盖。

（屯溪区财政局供稿　鲍秀芳）

黄山区财政工作概述

2013 年,黄山区公共财政预算收入完成 9.26 亿元,比上年增长 10.3%,增收 8616 万元,完成年初预算收入的 100%。财政支出达 15.3 亿元,比上年实际增长 5.1%。

【围绕目标抓征管】坚持把做大财政蛋糕作为财政工作的第一目标,密切与国、地税部门协作,认真分析经济和收入形势,合理调配收入进度,完善财税联席会议制度和收入征缴机制。立足全年目标,量化阶段任务,加大考核力度,细化征管措施,深入开展重点税源、潜在税源调研。加强重点企业、工程项目等税收的跟踪管理,狠抓缓、欠税款汇算清缴工作。加大招商引资力度,大兴总部经济,完善总部经济发展奖励办法,开展总部经济百日会战活动,全年总部经济实现税收 2.02 亿元。

【围绕支出调结构】 全年民生支出达 10.99 亿元,占公共财政预算支出的 72%,较上年增长 4.2%。其中,教育、科技、医疗卫生、社会保障、农林水投入分别达 1.79 亿元、0.29 亿元、1.12 亿元、1.6 亿元、2.68 亿元,较上年分别增长 8.5%、7.5%、7.4%、9.9%、6.4%。坚持厉行节约,严格预算执行,全年全区“三公”经费支出 2253 万元,比上年减少 630 万元,同比下降 21.85%。

【围绕转型促发展】坚持把创新财政支持经济发展的方式作为转型升级的重要举措，全年拨付工业发展、旅游发展、农业产业化等各类专项资金 3694 万元。出台《黄山区民营经济发展专项扶持资金管理实施细则》,综合运用贴息、奖励、补贴等手段,带动信贷资金和社会资本投入,放大财政资金效益,全年为企业减税 4844 万元,办理出口退税 1370 万元,民营经济发展补贴 216.01 万元,工业发展业绩考核奖励资金 612.5 万元,进出口奖励资金 140 万元。新增注资 1700 万元，做大做强中小企业担保注册资本，提升担保能力，全年为 131 户中小企业及个体工商户办理担保贷款 4 亿元，扶持担保企业从业人数近 9500 人,统筹调度资金 1000 万元,用于注册园区助保基金,缓解中小企业融资难;以国资公司为平台,通过金融机构成功融资 4.84 亿元，保障龙门岭隧道、新安江流域治理、美好乡村建设等重点工程建设资金需求。

【围绕民生促和谐】坚持把改善和保障民生作为财政保障的重点，全年投入资金 4.32 亿元实施 36 项民生工程,其中区级配套资金 8136.35 万元,占计划投入的 107.1%。扩大社会保障覆盖面，全区共 93817 人参加社会养老保险,占应保人数的 107%,共 2.3 万人领取养老金 1645.22 万元;城乡低保扩面提标,农村最低生活保障标准由年人均 1680 元提高到 1920 元，城市最低生活保障标准由月人均 306 元提高到 400 元，全年累计发放生活保障资金 1897 万元;“五保户”供养实现应保尽保,向 1529 名“五保”供养户累计发放资金 532.43 万元。困难职工住房条件大大改观,90 户廉租住房户搬进新家、向 810 户困难家庭发放住房补贴 212 万元。多渠道落实医疗卫生资金 1.12 亿元,支持重大疾病和传染病的防治体系和突发公共卫生事件救助体系建设，加强食品药品安全监管,保障公共用药和食品安全。深化县级公立医院改革，建立县级公立医院药品零差率补助体制机制，全年药品补助 133 万元。实施大病保险试点,深化住院费用支付总额预算管理,扩大按病种付费范围,9874 人次享受城乡医疗救助,新型农村合作医疗参合农民达 126961 人,参合率达 103.54%,城镇居民医疗保险参保人数达 21871 人。坚持教育优先发展,统筹安排教育类资金 1.79 亿元,在全市率先通过义务教育发展基本均衡区省级评估。启动旅校新校区建设,实施三口、冈村标准化学校建设,13 个乡镇建成中心幼儿园，耿城镇在全市率先启用专用校车。9573 名学生受惠于义务教育改革政策,906 名中职学校困难学生获得资助资金 272.63 万元。积极筹措再就业资金 1388 万元,担保发放小额贷款 2186 万元，开展各种专业技术培训,1448 人实现再就业。积极整合各项涉农资金 2.84 亿元用于 20 个中心村(其中省级 15 个、市级 4 个、区级 1 个)、65 个自然村和7个省级重点示范村建设,完成改徽建徽948幢,改造农村公路危桥8座、农村危房2800户,除险加固病险水库7座,解决2万人安全饮水问题,完成三丰片小农水重点县项目建设。率先实施“公司化”运营管理模式,村容、村貌焕然一新,农村精神文明创建水平和质量进一步提升。

【围绕“三农”重投入】全年用于农林水事务支出2.67亿元,增长6.1%。通过“一卡通”发放20项惠农补贴1.06亿元,户均受益1852元,人均受益854元。加快农田水利建设步伐,多渠道筹集资金,大幅度增加农村基础设施建设的投入,全年累计投入资金2.6亿元,实施现代农业项目2个、小型农田水利项目1个、中小河流域治理项目1个、病险水库除险加固工程6个、高标准农田建设及土地整理项目11个、农业综合开发项目5个、农村公益事业“一事一议”财政奖补项目60个及革命老区建设项目11个。认真实施政策性农业保险,完成油菜投保1.6万亩、水稻投保8.6万亩、棉花投保40.2亩、公益林保险69.7万亩、商品林保险35.5万亩、大棚蔬菜投保1020亩、瓜篓投保907亩,能繁母猪投保3242头。发放水稻理赔款151万元,受益农户4620户;油菜理赔款7.42万元,受益农户475户。加快推进黄山现代农业综合开发示范区建设步伐,以财政资金为“杠杆”和“酵母”,整合各类资金,积极吸纳社会投资,合力推进示范区建设,截至2013年底,示范区累计完成投资7.48亿元,吸纳社会资金投入5.17亿元,初步形成了“十园、三村、两院”的建设格局,目前,示范区内基础设施日趋完善,园区特色日益彰显,农村面貌焕然一新,达到“各炒一盘菜,共办一席宴”的资金集聚效应。

【围绕理财重监管】一是实施“电子哨岗”监控。利用财政系统一体化信息平台,对财政直接支付实行额度管理,启用“电子哨岗”动态监控财政资金支付行为。建立项目资金信息通达机制,全年录入项目资金信息560多条,涉及监管资金5.1亿元,补贴资金信息920多条,涉及监管资金6800万元,预算资金信息626条,涉及监管资金2.4亿元。二是强化财政支出管理。修订完善各类专项资金管理制度,开展财政支出项目资金绩效考评,民生工程项目全部纳入绩效管理,完善行政事业单位国有资产配置、使用、处置、收益收缴和资产信息动态监管措施,对公务用车实行“一车一档”。三是深化财政改革。国库集中支付改革纵深推进,部门预算改革不断创新,管事、管钱分轨运行,财政专户得到全面清理,沉淀资金重新得到启用,公务卡消费不断推进,乡镇集中支付改革全面启动。四是加强政府性债务管理。对政府性债务进行全面清理审计,完善债务风险防范机制,防范政府债务风险。五是加强财政监督检查。组织开展乡镇财务、部门预算、民生工程资金、涉农资金及涉企资金等专项治理检查,并组织开展15个财政所(分局)互审和三个财政所(分局)、三个业务科室的内审工作。

(黄山区财政局供稿　查扬扬)

徽州区财政工作概述

2013年,徽州区完成公共财政预算收入8.35亿元,比上年(下同)增长11.1%。其中,税收收入完成6.69亿元,占公共财政预算收入比重为80.1%。政府性基金收入完成8.35亿元,增长123%。社会保险基金收入完成0.87亿元,增长8.3%。全年公共财政预算支出完成11.8亿元,增长28.5%。政府性基金支出完成8.05亿元,增长116.2%。社会保险基金支出完成0.87亿元,增长8.3%。

【全力支持抗洪救灾工作】“13630”洪灾发生后,全区财政系统迅速行动,第一时间投入抗洪救灾工作中,及时深入受灾乡镇、村(居)核实灾情并向省、市主管部门报告,积极争取上级救灾资金1240万元,整合农村危房改造等各类资金1.02亿元用于灾后重建,为灾区群众重建家园,恢复生产、生活提供有力的资金保障。

【服务经济发展务实有效】认真贯彻落实省、市政府出台的促进经济持续健康较快发展实施意见。突出加大对实体经济的帮扶力度,区财政全年投入4088万元大力支持战略性新兴产业和现代服务业发展,促进产业转型升级。积极争取省级民营经济发展专项资金844万元、省担保集团参资入股3200万元,区财政注资1000万元,支持区融资担保公司做大做强,促进民营经济和小微企业发展,区担保公司全年担保贷款5.9亿元,较上年增长13%。积极落实涉企优惠政策,全年拨付各类涉企优惠奖励资金4000万元,缓缴困难企业社会保险费356万元,发放困难企业稳岗补贴88万元。进一步加大对上争取力度,全年对上争取各类资金6.32亿元,较上年增长17.5%,争取到国家重点文物保护专项资金4149万元,首获中央财政补助革命老区转移支付资金565万元、一事一议财政奖补美好乡村建设试点专项资金378万元,缓解财政支出压力。

【优化支出结构保障有力】坚持“调结构、压一般、保重点”,在保障行政事业单位正常运行的同时,加强一般公共支出管理,压缩“三公”经费213万元,较上年下降10.2%。加大对政府重点项目的资金投入,全年拨付“一区三园”基础设施、丰乐河综合治理二期、新四军军部旧址周边环境整治、徽州人家安置小区四期、城市供水管网改扩建工程、城镇污水处理设施配套管网及呈灵蜀公路、呈佛公路、坤唐公路改造等重点项目资金5.09亿元。深入推进新安江流域综合治理工作,争取资金3980万元,统筹推进10个方面30个综合治理项目,确保丰乐河水质持续稳定,改善城乡环境面貌,促进经济转型发展。

【突出改善民生效果明显】将保障和改善民生作为财政保障头等工作来抓,在资金投入上重点向民生领域倾斜,2013年全区民生支出8.65亿元,较上年增长26.3%,占公共财政总支出的71%。顺利组织实施省市37项民生工程,全年累计完成投资3.55亿元,占年度投资计划的118.7%。农村居民最低生活保障标准进一步提高,95名重大传染病病人得到免费救治,600名城乡贫困重度残疾人得到生活特别救助,318名普通高中贫困生获国家助学金补助、7722名学生学杂费及公用经费得到免除,1844名农村义务教育阶段学生免费领取教科书,225名农村义务教育贫困寄宿生获得生活补助,50套廉租房、258套公租房相继建成,1951户农村危房得到改造,公共文化、精品社区建设扎实推进。统筹协调社会事业发展,进一步加大对教育、文化、科技、医疗卫生、社会保障和就业等民计民生支出的财政保障力度,支持徽州一中、徽州二中、呈坎镇中心学校等城乡中小学校办学条件的进一步改善、唐模呈坎潜口民宅5A景区的创建、县级公立医院综合改革的顺利推进、城乡居民医疗保险和养老保险的全覆盖及城乡医疗救助制度的完善。

【统筹城乡发展步伐加快】不断加大财政对“三农”的资金投入,全年农林水事务支出1.76亿元,较上年增长31.2%。农业和农村基础设施得到较大改善,全区农田水利建设投入8100万元;整合1900万元支持富溪现代农业茶产业项目建设;累计投资1260万元,组织实施杨干、容溪中低产田改造、灵山生态综合治理、150吨精制茶油深加工改扩建等农业综合开发项目8个;建成“一事一议”财政奖补项目49个,完成投资735万元。全面落实强农惠农政策,通过财政“一卡通”及时兑现惠民政策资金8070万元,同比增长46.4%,惠及农户13.6万户次。筹措整合各类资金1.82亿元,着力支持美好乡村建设,制定出台《徽州区财政支持美好乡村建设专项资金使用管理办法》、《徽州区关于财政引导社会资金参与美好乡村建设的意见》、《徽州区整合资金支持美好乡村建设使用管理办法》等制度、办法,规范美好乡村建设专项资金筹集、使用、拨付和管理。

【科学理财水平日趋提升】稳步推进“营改增”试点改革,全区纳入“营改增”范围经营户192户,实现入库税收4865万元。继续深化部门预算体制改革,部门基础信息数据库逐步完善,定员定额标准体系不断趋向合理,部门预算信息化、制度化、规范化管理进一步推进。深入推进国库集中支付制度改革,将乡镇财政资金纳入国库集中支付范围,公务卡管理制度改革实现全覆盖。积极筹措资金化解政府债务,盘活财政结余结存资金,全年偿还政府债务本息1.67亿元,支付历年政府工程款1.75亿元,有效防控政府债务风险。财政资金管理进一步加强,制定《徽州区财政性专项资金管理暂行办法》,加大财政监督问效力度,扎实开展全区涉农、涉企财政资金专项检查,对民生工程、大额财政投资项目开展绩效评价工作,努力提高财政资金使用效益。抓好行政事业单位财务管理工作,组织开展全区财务人员业务知识培训四期,提升财务人员素质,扎实开展会计监督检查工作,提升全区会计信息质量。

【强化“两基”建设提升效能】全面贯彻落实中央、省、市、区改进作风有关要求,精心组织实施“依法行政强素质,服务群众转作风”集中整训活动和“弘扬铁军精神,优化发展环境”作风专项整治活动。大力推行机关效能建设六项制度,严格执行文明办公“五要五不”要求。完善会商机制,主动上门会商,全年累计开展会商282次,其中:对外会商122次,局内会商160次。加大干部培训教育力度,科学制定年度学习计划,坚持每周学习制,积极组织干部职工参加“徽州干部论坛”、依法行政知识讲座、精神文明建设道德讲座、财政财务知识等各类讲座40余次。加强机关内部管理,修改完善《徽州区财政局创建文明科(室)活动考核办法》,制定《徽州区财政局公务接待管理制度》,严格以制度管人,按制度办事。深入开展党风廉政建设,进一步梳理行政流程,规范财政权力运行。积极开展文明创建工作,以争创省级文明单位为契机,推动局机关文明建设再上新水平。强化乡镇财政管理,继续建立局班子成员及机关科室联系乡镇财政分局(所)工作制度,深入开展创建规范化乡镇财政分局(所)活动,加快推进区乡财政一体化管理。2013 年,徽州区荣获“全省 2013 年度民生工程和收入倍增规划绩效评价工作先进区县”荣誉,呈坎镇财政分局获省级规范化乡镇财政所(分局)创建先进单位,徽州区财政局党组织获全市“学习型党组织建设工作示范点”及区级“先进基层党组织”荣誉称号,在综合治理工作中获市综治委、市人社局联合表彰为“先进集体”。

(徽州区财政局供稿　蒋红艳)

休宁县财政工作概述

2013 年,休宁县完成公共财政预算收入 8.71 亿元,占调整预算的 100.1%,同比增长 12.6%;公共财政预算支出完成 16.66 亿元,为预算的 118.9%,同比增长 13.3%。

【民生工程】全县组织实施 37 项民生工程,全年实际到位资金 4.31 亿元,占全年计划的 107.7%,实际完成投资 4.53 亿元,完成投资率 115.6%。继续落实小额担保贷款、财政贴息等鼓励自主创业政策,新发放小额担保贷款 2930 万元。完善政策性农业保险试点工作。6 月份在全市率先并全面实行森林保险试点。出资 24 万元,为全县 6 万户农村居民住房提供了统一保险。全年全县共发放理赔款 210.98 万元。

【财政改革】“营改增”改革试点效应逐步放大。纳税企业户数由起初的 45 户增加到 249 户,增加了 204 户。国库集中支付不断完善。全县 106 个单位纳入国库集中支付。所有县直单位纳入公务卡改革,共发放公务卡 1082 张,通过公务卡刷卡消费的公务支出共有 208 笔 54.8 万元。公立医院改革成效显著。2012 年 11 月至 2013 年 12 月,两所县级医院药品收入 2631.09 万元,减幅达 15%,减轻群众就医负担 394.66 万元。

【补偿试点】全年共完成投资 2.96 亿元,占计划 109.5%。其中:试点项目 6 个,总投资 1947 万元,完成投资 1435 万元,占计划的 73.7%,完成 3 个,在建 3 个;其他综合治理项目 10 个,年计划投资 2.5 亿元,实际完成投资 2.81 亿元,完成 9 个,在建 1 个。

【支持“三农”】坚持把财力向农村倾斜、向基层倾斜,着力夯实农业基础地位。加速农业综合开发步伐。立项实施国家农业综合开发项目共 12 个,完成投资 2500 万元。不断增加惠农投入。通过“一卡通”发放涉农补贴资金 12685 万元。完善“一事一议”补偿试点。实施建设项目 309 个,总投入 1560 万元,其中财政奖补 1180 万元,通过一事一议的实施,农村基础设施建设得到强有力的保障。

【美好乡村建设】全年计划投资 2.25 亿元,全年累计完成投资完成 1.94 亿元,占计划投资 86.2%。县级配套足额到位。县级安排专项资金 1050万元,对 6 个重点示范村(盐铺、瑯斯、磻村、月华街、桃林、黄村)每村预拨 50 万元启动资金,其他村每村预拨 20 万元启动资金,用于全部 21 个中心村建设及 43 个自然村环境整治。科学整合涉农资金。整合环境整治、基础设施、公共服务、产业发展四大类涉农资金投入美好乡村建设,整合资金规模达 1.38 亿元。强化资金管理与拨付。全面实行县级报账制和国库集中支付制度,对没有专项规定的整合资金全部纳入美好乡村建设核算专户核算。

【资金监管】强化乡镇资金监管。先后出台《休宁县乡镇财政资金监督管理办法》和《休宁县乡镇财政资金监管工作绩效评价办法》,明确了资金监管原则、监管范围、监管目标和监管方式。加强“三公经费”监督管理。建立定点招待制度、招待“三单合一”制度和费用定额控制制度;编制内的车辆按定额纳入预算,新购置车辆必须有纪检、政府部门的批复,方可进行政府采购。开展专项资金检查。6 月份分别启动了全县涉农资金和涉企资金的专项检查工作。2010—2012 年涉及涉农补贴资金 2.99 亿元,25 大项,“一卡通”发放 1301829 户次;专项检查共涉及 15 个县级涉企部门,33 类专项资金及 85 家企业的 214 个扶持补助或奖励项目。涉及各级财政预算安排用于扶持企业发展的各项资金 1.93 亿元。

【政策扶持】积极贯彻落实省财政厅《关于下达 2013 年民营经济发展专项扶持资金的通知》精神,划拨 1830 万元资金至休宁县齐云融资担保有限公司用于增加公司注册资本,全年为全县71户企业提供担保贷款3.93亿元,同比增长13.6%,在保余额4.1亿元,同比增长22.1%。配合省担保集团派驻审计人员完成“参股县域担保机构”参股前的专题审计工作。加大政策扶持力度。县级财政对小微企业缴纳的担保费率1.5%以内部分给予全额贴费。对依法合规经营、年化担保费率不高于同期贷款机准利率50%且放大倍数达到3倍以上的融资性担保机构,县财政按其季末在保贷款平均余额增加额的0.5%,给予最高不超过150万元的奖励。

【队伍建设】认真落实党风廉政责任制。县财政局按照业务管理职能梳理出57项主要工作任务,逐项进行细化分解,按照“四书两报告”工作要求,签订2013年度目标管理责任书,层层落实到各分管领导、责任股室和乡镇财政所。发挥反腐倡廉“大宣教”作用。组织开展了学习宣传贯彻党的十八大精神和廉政建设专题,廉政公开承诺,观看廉政电教片,聆听预防职务犯罪的廉政讲座、旁听经济违法违纪案件的庭审等“十个一”廉政教育活动。推进财政廉政文化建设。全面落实中央八项规定和《廉政准则》。出台《关于改进工作作风、厉行勤俭节约、密切联系群众的实施意见》,并加强监督检查,切实落实纪律、作风集中专项整治工作。

(休宁县财政局供稿 余星源)

祁门县财政工作概述

2013年,全县财政收入完成5.52亿元,同比增长12.6%。其中,税收收入完成4.31亿元,占财政收入的比重为78%,同比提高7.4个百分点。全县财政支出完成12.23亿元,增支8615万元,增长7.6%。

【强化财政收支管理】加强财税库协调,密切关注收入进度,督促收入均衡入库;按月召开收入调度分析会,及时掌握财政收入形势。不断强化非税收入征管,6—8月在全县开展非税待查收入清理工作,78个部门单位进行了自查清理。通过两个多月的清理,确认待查资金257万元,入库无主资金124万元,确保非税收入的实现和入库。根据省财政厅、市财政局关于非税收入占地方财政收入比重控制在30%以下的要求,于2013年12月31日调减已入库非税收入2500万元。在财政收支矛盾十分突出的情况下,严格执行厉行节约的有关规定,切实加强预算支出管理,统筹兼顾,合理安排,努力做到保基本、保运转、保民生、保稳定、促发展。

【民生工程快速实施】2013年,全县财政民生支出9.95亿元,同比增长8.2%,占财政总支出的81.4%,同比提高0.4个百分点。实施省市35项民生工程(其中乡镇中心公办幼儿园建设、公共交通提升工程无建设任务),计划总投资3.24亿元,县级配套资金0.52亿元,累计拨付资金3.51亿元,资金到位率为108.3%,完成投资3.52亿元,投资完成率为108.6%,共惠及全县18.3万群众。

【支持发展成效明显】一是全力支持民营经济发展。全面落实省市县一系列促进工业经济、民营经济发展文件精神,在财力十分紧张的情况下积极筹措资金1300万元,支持鼓励企业发展壮大;同时积极向上级财政部门争取促进企业各项发展资金,2013年共落实各项资金2300万元。二是在为中小企业提供融资担保和为小额贷款提供担保方面,2013年已累计办理109笔企业融资担保业务,累计担保额度2.3亿元;办理小额担保贷款181笔,担保额905万元,均比上年同期增长。三是自新安江生态补偿机制工作启动以来,累计争取补偿专项资金1515.2万元,着力实施新安江率水河段综合治理、凫峰镇村庄环境综合整治以及养殖污染治理等项目,加强新安江率水河水环境保护。

【“三农”投入力度加大】一是加强乡镇财政管理,规范财政补贴农民资金“一卡通”发放管理工作,全年共发放财政补贴农民资金7460万元,资金项目23项。二是美好乡村项目建设扎实推进。安排美好乡村建设财政专项资金2748.7万元(其中省级1008.7万元,市级740万元,县级1000万元),整合资金6000万元,用于全县19个中心村和50个自然村美好乡村建设。同时,将美好乡村建设与实施“百村千幢”工程、民生工程、绿色质量提升等资金捆绑整合,全年完成投资10357.6万元。三是加大“三农”资金投入力度,县本级财政安排200万元现代农业项目配套资金、200万元村级集体经济扶持发展专项资金、100万元茶业富民工程专项资金、100万元油茶产业发展专项资金以及200万元一事一议县级配套资金,全部用于支持农村经济发展和公益事业建设。四是一事一议财政奖补项目扎实推进。全年县18个乡(镇)152个行政村批复一事一议项目126个,涉及村组道路、农田水利设施、安全饮水、环卫文化体育设施等,项目总投资达891万元,其中财政奖补资金551万元。

【财政改革不断深化】将教育、卫生等部门二级机构全部纳入国库集中支付,使纳入国库集中支付单位由上年77个增加到88个。制定《乡镇国库集中支付改革方案》,将国库集中支付向乡镇延伸和推进。公务卡改革逐步深化,要求代理银行加大POS机布置密度,方便公务卡使用。非税收入征管改革力度加大。开展对户外广告、河流、矿产等特许经营收入如何规范管理的调研,开展利用政府职能取得的经营服务性收费等收入如何进行规范和管理的调研,并将非税收入管理改革延伸到乡镇,提高乡镇非税收入管理水平。积极推进预决算信息公开。

【财政监督不断强化】一是完善财政监督管理机制。按照财政大监督机制建设总体要求,明晰财政监督专职机构与业务管理机构的监督职责,切实将财政监督贯穿于财政管理运行全过程之中。二是完善财政监督制度建设。制定《祁门县财政局县级部门预算管理财政监督办法》,进一步加强县级部门预算管理。三是开展行政事业单位工程发票使用情况专项检查。县财政局联合县地税局、审计局对全县行政事业单位、社会团体2010—2012年工程发票使用情况开展专项检查,由财政、地税、审计人员组成的三个检查组对20个单位开展重点检查。检查出违规发票2000多万元,下达处理决定,由相关单位协助补交税款100余万元。陆续开展涉企资金、涉农资金的监督检查,发现一些管理方面问题并作出整改安排。四是组织开展会计信息质量检查。按照财政部和省财政厅的统一部署,选择8家单位,组织开展会计信息质量检查。对检查中发现的会计违法违规问题严格依法进行处理处罚,并跟踪回访督促落实整改,扩大检查成效。

(祁门县财政局供稿　黄群飞)

黟县财政工作概述

2013年,黟县公共财政预算收入完成3.3亿元,同比增长10%。其中,税收占公共财政收入的比重达到80.6%,比上年提高4个百分点。

【提高财政保障能力】密切与国、地税部门协作,认真分析经济和收入形势,合理调配收入进度,完善财税联席会议制度和收入征缴机制。立足全年目标,量化阶段目标,强化收入考核调度,细化征管措施,深入开展重点税源、潜在税源调研。加强重点企业、工程项目等税收的跟踪管理,狠抓缓、欠税款汇算清缴工作,实现财政收入总量增长、质量提高的双目标。

【全力服务县域经济】一是积极向上争取资金。认真研究上级有关文件精神,积极谋划对接资金项目,全年争取各类补助资金突破7亿元,比上年增长13.7%。二是加强融资和信贷投放。整合县域有效资产,积极落实融资担保,全年争取到漳河流域(中段)综合治理和宏村印象项目融资贷款及地方政府债券等资金2.26亿元,有效解决政府投资项目资金缺口;加强政策引导,强化银企对接,创新金融服务,有效支持县域经济发展,全年县域金融机构年末贷款余额27.44亿元,比年初增加8.01亿元,增长41.3%。三是加大企业帮扶力度。认真贯彻落实省、市、县政府关于促进经济持续健康发展相关意见,建立县级民营经济发展专项基金,通过增加注资、奖励、贴息、补助、担保贴费等方式,提高融资担保能力,鼓励民营经济发展。全年支持企业发展支出3877万元,提供担保贷款8863万元,减轻企业融资费用15万元。四是统筹资金支持发展。预算安排1000万元,配套投入美好乡村建设;预算安排和整合专项资金700万元,扶持蚕桑、茶叶、香榧产业发展,带动农民增收;整合财政资金1.1亿元,支持漳河综合整治、文体中心、碧阳小学等重点项目建设。

【营造和谐发展环境】一是加大民生投入保障。全县财政投入涉及民生的十三大类支出6.59亿元,占公共财政预算支出的比重达到80%;33项民生工程累计投入资金2.81亿元,其中县级配套资金3516万元,9.6万城乡居民受益,受益面达100%。二是创新宣传方式。通过设立公交站牌宣传栏、印发有奖政策解读、举办文艺晚会、打造渔亭镇宣传一条街、利用节庆活动和送文艺下乡等多种方式,大力宣传民生政策,营造全社会关心、支持、参与、监督民生工程的良好氛围。三是全力推进美好乡村建设。统筹财政资金、引导社会资金,集中支持省、市级美好乡村中心村建设及自然村的整治提升,累计完成投资2.4亿元,全面建成西递、宏村、屏山、深冲4个省级重点示范村,提升农村基础设施水平,改善农民生产生活条件。四是深入实施新安江流域综合治理项目15个,完成投资3.2亿元,精心实施“九大任务”,突出抓好“五项工程”,实现“五个全面覆盖”、“四个强力推进”目标。

【提高财政管理水平】一是继续深化预算、国库管理制度改革。建立以综合预算为主要内容的预算编制体系,全县106个预算单位全面实现部门预算;国库管理制度改革纵深推进到所有乡镇,县乡全面实现国库集中支付;实施黟县预算单位公务卡强制结算目录,规范部门单位现金使用管理,提高公务结算效率和公务支出透明度;继续巩固财政专户清理整顿成果,总结完善各项制度,建立长效规范管理机制。二是稳步推进“营改增”试点。认真研究政策,积极应对工作变化,统筹“营改增”工作部署,确保税收征管系统及征管工作正常运行,税制转换平稳有序,8月份成功扩大试点范围。三是全面加强财政资金监管。扎实开展教育、基建、支农、社保、民生等涉农涉企资金专项检查,制定绩效评价制度,规范、安全使用专项资金,提高资金使用效益;建立健全相关制度,稳步推进财政资金日常监管工作,全年共抽查巡查财政资金300余次,涉及资金2.16亿元,提出并采用监管建议40多条。

【提高财政机关形象】一是加强调研力度。深入乡镇财政所等基层和部门调研,真正做到“下基层、亲百姓、听民意”,并将收集的第一手资料整理出来,结合县财政实际,从现状、存在的问题、建议三方面撰写七篇调研报告,向县委、县政府及相关部门反映,充分发挥好参谋助手作用。二是落实会商制度。制定《黟县财政局会商工作暂行办法》,下发《关于贯彻落实省厅建立财政预算部门会商和乡财资金监管工作帮联制度两项重要工作的实施意见》,局领导带领相关股室主动上门与邦联乡镇、县直部门、企业进行会商,征求各方意见,切实改变工作作风,提高资金使用效益。三是创新整治方式。从办公细节入手,门前悬挂便民去向牌,桌前摆放岗位廉政风险防控告知卡,人人亮身份、亮去向、亮风险,强化财政干部责任意识、服务意识和风险意识;制定《黟县财政系统作风巡查工作制度》,不定期开展巡查,巡查检查反映的情况纳入年度工作考核内容,作为评先评优考评的依据。

(黟县财政局供稿 徐颖玲)

歙县财政工作概述

2013年,歙县公共预算收入累计完成11.86亿元,首跨11亿元新台阶,占预算的100%,同比增长11.5%;一般预算支出完成24.9亿元,占预算的107.7%,比上年增支3.77亿元,同比增长17.9%。

【财政运行稳中向好】2013年,立足全县实际,制定出台《加强交通运输业和商贸企业税收征管意见》,努力挖掘新增财源,弥补税源不足,促进服务业发展。完善激励约束机制,努力提高乡镇和部门增收积极性,狠抓税源分析监控,确保收入及时足额入库。正确处理收入增长与收入质量的关系,按照实事求是的原则,大力压缩非税收入虚量,全年税收占公共预算收入比重达79.9%,同比增长2.8个百分点。精心编制预算、积极调整支出结构,调度资金确保人员经费、机关运转、社会保障和重点支出需要。认真贯彻落实中央八项规定和上级关于厉行节约的各项措施精神,大力压缩一般性经费支出,将更多财力向社会民生倾斜,全年财政民生支出20.6亿元,占公共预算总支出的84.2%,同比增支3亿元。

【千方百计服务发展】持续加大有效投入,全年累计筹集调度各类重点项目建设资金7.15亿元,利用财政信用争取到位银行贷款1.78亿元,超额完成县政府下达8亿元筹资任务。拨付产业扶持和科技创新等各类支持企业发展资金1.04亿元,做好县中小企业融资担保公司的增资扩股工作,将担保公司的注册资本金由1亿元增至1.56亿元,全年累计为民营企业贷款提供担保6.8亿元,放大倍数达4.8倍。争取并落实新安江生态补偿到位资金1.1亿元,拨付招商引资等各项政府中心工作考核奖励资金1374万元,支持招商引资工作、企业发展和园区城建等县域经济发展重点工作。2013年,相继荣获全县“重点项目建设优秀单位”、“对上争取和招商引资先进单位”等荣誉称号。

【持之以恒改善民生】按照“落实项目计划、强化项目推进、完善资金保障、落实建后管养、加强绩效管理、健全民主参与”六大工作机制的要求,扎实实施省、市政府确定的37项民生工程,全年投入民生工程资金7.49亿元,比上年增长46.3%,其中,县财政配套到位1.04亿元,同比增长35.2%;完成投资

7.63亿元,比上年增长40.1%。加大社会事业发展投入。新增教育投入4000余万元,新增卫生支出2600余万元,新增社会保障和就业支出3200余万元,兑现发放养老金、医疗保险金、再就业资金4.6亿元;安排拨付保障性住房建设资金7935万元,社会事业协调发展,社保体系进一步完善。

【全心合力服务“三农”】全面启动网络版“一卡通”发放软件,全年共计发放各项涉农补贴资金2.15亿元。拨付和调度乡镇超收分成等资金4000余万元,加快城乡统筹发展。扎实实施农村综合改革,完成一事一议项目191个,项目总投资2773万元(其中财政奖补2076万元),涉及163个行政村,惠及40余万农户。投资2168万元大力实施农业综合开发项目,进一步夯实农业基础。认真做好家电下乡政策收官工作,据清算,全县执行家电下乡政策4年来,累计销售家电下乡产品199859台(件),补贴金额6823.85万元,拉动全县农村居民消费,扩大农村家电普及率,受到财政部驻天津专员办家电下乡补贴清算及政策落实情况专项核查组的充分肯定。2013年,县财政局连续第4年被评为“全省县级财政支农资金整合绩效考评A类资金整合县”。

【加快推进生态文明建设】围绕“生态宜居村庄美、兴业富民生活美、文明和谐乡风美”的目标,整合投入财政资金1.86亿元,全年完成美好乡村建设投资1.56亿元,各创建中心村基础设施、公共服务设施和人居环境等得到改善和提升。投入资金6002万元用于村容风貌整治、农村危房改造和农村清洁工程,提升群众幸福指数。扎实实施新安江流域生态治理。按照“六个全覆盖、四个强力推进”的要求,扎实推进新安江流域生态补偿机制试点和综合治理工作,国开行贷款融资有效对接。全年实施项目25个,完成投资1.36亿元,村庄保洁、江面清洁打捞、网箱退养、企业搬迁循环经济园、污水处理、中小河流治理等一大批项目有效实施,促进环境保护和生态建设。

【深化预算管理制度改革】按照公共财政的要求,不断深化预算管理制度改革,健全预算体系,编制部门综合预算,细化基金预算的编制。坚持预算编制与预算执行并重、资金分配与资金监管并举、机制创新与绩效评价并行,硬化预算约束,减少预算追加,不断提升促进财政管理水平。加强部门决算管理,强化部门决算报表编制工作,实行部门决算批复制度,切实扭转重预算、轻决算的理念。积极推进预算决算信息公开工作,不断提高财政科学化、精细化管理水平,自觉接受人大、审计以及社会各界的监督,努力让财政资金使用更规范、更透明、更有效、更阳光。全面推进预算绩效管理,按照上级有关厉行节约的规定精神,配套出台“三公”经费支出统计报表制度,严控“三公”经费管理,县全年“三公”经费支出比上年同期下降24%,实现“三公”经费只减不增目标,提高财政资金使用效益。

【完善国库管理制度改革】完善国库单一账户体系建设,扎实推进县级国库集中支付改革。全年通过财政平台一体化系统,共办理直接支付业务41155笔15.24亿元,授权支付2489笔2411.3万元,财政直接支付占总支付金额的98.4%。加快推行公务卡制度改革试点,全县176个县直预算单位(含二级机构)全部纳入公务卡改革范围,累计发放公务卡900余张。开展国库动态监控管理,利用科技力量构筑预防腐败的监督机制,全年共智能预警资金22243笔,其中一般预警20994笔,严重预警1249笔,从源头上保障平台一体化系统的安全运转,促进财政资金的安全、规范使用。全面启动乡镇国库集中支付改革和政府采购信息系统的建设。

【完善财政监督机制】牵头制定《歙县党政机关财务监督管理办法》,进一步规范党政机关特别是“一把手”的用权行为,保障财政资金安全、规范使用。组织开展2012年度乡镇财政业务互查互审工作,对先进单位进行表彰,对存在的问题进行通报批评,并督促整改,进一步提高乡镇财政业务水平。组织开展以乡镇财政为重点的内部监督检查,加强以会计信息质量检查为重点的会计监管工作,进一步严肃财经纪律。同时,会同相关部门认真组织开展全县涉农、涉企和美好乡村建设专项资金检查,对发现的问题及时落实整改,确保财政资金安全高效运行。全面启动实施行政事业单位内控规范工作,加强廉政风险防控机制建设。

【加强政风行风建设】结合县实际,制定出台《歙县财政局行风巡查工作暂行办法》和《会商工作暂行办法》,促进全县财政系统政风行风建设。全年共组织开展会商590次,其中对内会商219次,对外会商305次。同时,加强乡镇财政资金监管帮联,全面推进县乡财政一体化建设,全年县乡两级共开展巡查1982次,纳入监管资金总计6.74亿元。按照全县统一部署,扎实开展机关作风专项整治和"正风肃纪突击月"活动,深化财政系统廉政风险防控工作,认真组织开展会员卡专项清退和党员领导干部违规办企业问题专项清理及办公用房清理自纠整改等工作,营造风清气正的良好氛围。2013 年,县财政局相继荣获"县直机关效能、政风评议满意单位"、"党风廉政建设责任制工作先进单位"和"目标管理考核优秀单位",受到县委、县政府的通报表彰。

(歙县财政局供稿　徐跃腾)

广德县财政工作概况

广德县财政工作综述

2013年,广德县财政收入完成26亿元,同比增长13%,其中:地方一般收入完成16.55亿元,同比增长23.9%,地方一般收入中非税收入占比为21%;财政支出完成31.73亿元,同比增长19.3%,教育、医疗卫生、社会保障和民生工程等各项重点支出得到有效保障。

【支持发展显成效】与企业建立结对帮扶制度,开展企业帮扶调研;参与制定一系列财政扶持政策,对困难企业继续实行"五缓四降三补贴"政策,对劳务中介机构引进和介绍劳动力给予职业介绍补助,加大企业职业技能提升培训力度,提高企业竞争能力。2013年,财政局共引进内资1.31亿元,新签约项目3个,新投产项目2个,新开工项目2个,荣获全县招商引资工作三等奖。全年共拨付企业财政扶持资金3.43亿元,同比增长24.1%,兑现企业贴息485万元,发放成品油价格改革财政补贴资金1720万元,配套913万元支持担保公司做大做强,缓解中小企业融资难问题。全年共向上争取各类项目资金11.2亿元,同比增长19.1%,为县域经济发展注入强劲动力。

【保障民生创业绩】全县各类民生支出完成24.27亿元,占财政总支出的77%,比上年增长19.2%。地方新增可支配财力中,92%用于民生事业,财政保障和改善民生能力进一步加强。足额落实配套资金,全年共投入33项民生工程资金5.43万元。牢牢把握城乡居民收入倍增年均目标任务,切实推进居民收入倍增工作,全县城乡居民收入倍增相关指标完成情况良好。努力建设覆盖城乡的社会保障体系,全年共征收社保基金3.22亿元,同比增长33%,确保了全县基本养老保险基金等"五项基金"支出的需要。全力做好保障性住房补贴发放工作,全年共发放廉租住房补贴资金357万元,拨付公租房建设资金4787万元、城市棚户改造资金1004万元,群众住房条件不断改善。

【支持三农添亮点】全面落实强农、惠农、富农政策,全年涉农支出达42560万元,同比增长13.6%。全年整合支农项目46个,整合支农资金1.93亿元。实施农业综合开发项目23个,投入财政资金4400万元。全年投入美好乡村建设资金2.46亿元,其中:美好乡村建设财政专项资金2328.6万元。农村综合改革力度进一步加大,全年投入832万元专项资金,着力支持全县9个美好乡村中心村建设;拨付"一事一议"财政奖补资金2452万元,建成农村公益事业项目138个。通过"一卡通"发放财政补贴农民资金20021万元,同比增长40.6%。开展政策性农业保险试点和特色农业保险工作,赔付各类款项567万元,有效化解农业生产风险。

【财政改革出成果】推进营改增试点改革,及时兑现相关财政扶持政策。强化财力保障,力推公立医院改革稳步实施。全面推进和完善县乡国库集中支付改革;启动预算执行动态监控系统;实施公务卡强制结算目录。制定广德县经济开发区财政管理体制,促进开发区加快发展。对全县政府性债务情况进行全面梳理,成立政府债务管理办公室,做好政府债务日常管理工作。探索政府购买服务,在城市绿化养护、环卫保洁、清洁工程、城市公交等方面实施政府对外购买服务,取得一定成效。全面建立会商机制,全年累计会商400余次,实现会商工作常态化、制度化。建立财政帮联制度,局领导每人帮联 1—2 个乡镇财政分局(所),财政所帮联到村,建立村级惠农资金信息员制度,上下联动,强化财政资金监管。扎实推进创建乡镇财政规范化管理示范县工作，全县 9 个财政分局(所)中有 6 个成功创建省级先进单位,6 个成功创建市级先进单位，并全部获得机关档案工作目标管理省一级单位称号。

【队伍建设上台阶】在全县开展涉企、涉农资金检查,加强财政资金监管。积极开展财政预算支出绩效考评工作,促进财政管理更加科学高效。加强财政业务知识及法律、法规的培训,积极参加省财政厅组织的各类业务培训班及知识测试活动，邀请省委党校、市党史办、县委党校等多名专家、学者授课,拓展职工知识面。加大廉政建设,签订《党风廉政暨作风建设责任书》，召开党风廉政建设专题辅导报告会，积极申报市级廉政文化示范点。参与全县省级文明县城创建活动，成立创建服务队伍；开设“道德讲堂”,积极开展“诵经典”、“献爱心”及“身边人讲身边事”等系列活动。严格执行中央八项规定,聘请行风监督员,广泛接受社会监督;积极开展党组织结对共建及“三进三解三推动”等活动,让机关干部深入基层、深入群众,以实际行动推进作风转变。

（广德县财政局供稿）

宿松县财政工作概况

宿松县财政工作综述

2013年，宿松县财政一般预算收入完成7.7亿元,同比增长22.8%。其中:地方一般预算收入完成5.5亿元,同比增长23.9%。全县财政一般预算支出完成30亿元,增长16.6%。实现收支平衡。

【提高收入质量】克服各种减收因素的不利影响,加强全县经济运行和宏观经济政策研究,通过采取强化目标责任考核、狠抓税费征管和重点税源监控等一系列工作措施，全县财政收入保持持续增长态势。分结构来看，税收收入完成3.4亿元，增长26.8%。主体税种中,增值税5037万元,增长53%;营业税1.4亿元,增长6.5%;企业所得税1792万元,增长48.6%;个人所得税950万元,增长16.6%;契税7451万元,增长102.3%。全县纳入一般预算管理的非税收入完成2.1亿元,增长19.4%,非税收入占比与去年比下降1.5%,收入质量进一步提升。

【优化支出结构】全县支农、教育、医疗卫生、社会保障和就业等直接用于民生的支出24.4亿元,比上年增长18.3%,占财政支出的81.6%。全县农林水事务支出完成4.6亿元，增长15%；教育支出完成8.2亿元,增长16.8%;投入2871.9万元用于十大重点工程,投入1000万元用于十件惠民实事。

【支持经济发展】统筹整合各种调节手段,促进全县经济稳定增长、提质增效。一是尽力确保重大在建工程投资需求。为缓解经济开发区、东北新城和临江产业园等建设的融资困难，县财政局在加大预算投入、加快资金调度的基础上,创新财政金融联动机制,规范优化政府融资平台,充分运用担保等工具,尽力筹措建设资金。整合专项资金3200万元支持经济开发区、东北新城、临江产业园和“两城八镇”的基础设施建设;调度间隙资金1.5亿元支持交投公司、临江建投公司组建,1.26亿元用于经开区资金周转,3亿元用于建投公司置换抵押物。二是通过财政配存、奖励等手段,促进金融机构新增贷款12.6亿元,支持县域经济发展。三是扶持中小企业发展。安排453万元重点扶持安徽省信诺捷科机电信息科技有限公司等50余家企业,主要用于规模工业贷款贴息补助、人才队伍建设奖励、企业技术改造升级、品牌建设等;争取省企业发展专项资金471.7万元,用于技术改造、研究和开发等。帮助安徽锦绣经纬编有限公司等4家企业争取省特色产业中小企业发展资金120万元。安排劳动密集型企业贷款贴息和担保费补贴100万元用于支持企业发展,推动工业强县;新增小额担保贷款担保基金300万元，撬动金融部门发放贷款3033万元，新增就业岗位1810个,606户失业人员享受政策的扶持。

【积极争取资金】充分发挥省直管县体制优势,在向上争资方面取得明显成效。全年共争取项目资金9.25亿元,其中,新型城镇化试点基础设施建设债券资金1亿元、交通基础设施建设债券资金6083万元、公路建设资金1.5亿元;中小河流治理、病险水库除险加固、农田水利建设资金9638万元;湖泊生态环境保护专项资金2200万元;城镇污水处理设施配套管网(集中支持)专项资金1027万元;农业综合开发存量资金土地治理项目1545万;公共租赁住房专项资金4871万元。

【完善民生工作】按照“政府主导、财政协调、部门牵头、群众参与”的民生工作机制,全县33项民生工程实施成效显著,群众对民生工程政策的知晓度、满意度逐年提升。全年投入 7.6 亿元,其中,县级配套 8072 万元,比上年增长 14 个百分点。82132 名中小学生享受免费义务教育政策,1970 名贫困寄宿生、1866 名中职学生、3655 名普高学生享受政府资助;7076 户五保对象和 9327 名贫困重度残疾人生活得到有效保障;51000 户参保农户因灾损失获得理赔;城乡居民医保、养老保险基本实现全覆盖;22 个乡镇综合文化站、210 个农家书屋全面建成并实现免费开放;1600 套保障性住房顺利实施;3 万余人农村安全饮水、2800 户农村危房改造、1500 口农村户用沼气、2000 座无害化公厕、24 座农村公路危桥加固改造、213 个一事一议财政奖补项目,为农民生产生活带来看得见、摸得着的实惠。积极实施城乡居民收入倍增规划工作,围绕促进创业和就业带动居民收入倍增,积极落实《宿松县创建创业型城市实施方案》,以工商、税收、财政、金融等八大类优惠政策为重点,将有利于促进创业的政策、有利于服务创业的资源整合集中,凝聚工作合力,发挥政策叠加效应。当年全县城乡居民收入继续保持较快增长态势,农民人均纯收入增长 17.5%。

【深化财政改革】一是完成县乡财政体制改革。按照“科学理财,激励发展;明晰事权,匹配财权;均等服务,促进和谐”的原则出台新一轮县乡财政体制,进一步明晰政府间财权与事权,公共财力进一步向乡镇倾斜,同时建立约束机制,让乡镇与县始终保持同频共振,有效调动乡镇发展经济和增收节支的积极性,推动县乡财政经济协调发展。新体制实施后,县本级对乡镇财力支持净增 1606 万元,乡镇超收增加财力 3647 万元,6 个乡镇一般预算收入超千万元。二是深化国库管理制度改革。国库集中支付改革自 2009 年 4 月份试点以来,按照“先试点、后推开”原则稳步推进,至当年 9 月份全面完成全县 22 个乡镇财政国库集中支付改革,实现国库集中支付全覆盖。公务卡使用步入正轨,全县 277 个预算单位累计发放公务卡 1251 张,实现公务卡改革在县直所有预算单位的全覆盖,各预算单位发生的差旅费、招待费和会议费开始使用公务卡消费。三是“营改增”改革顺利推进。交通运输业和部分现代服务业“营改增”试点顺利推进,全年共为企业减轻税负约 500 万元,促进服务业发展和产业结构优化。

【规范财政管理】一是提高财政直接支付率。完善资金支付方式,划分标准和程序,国库支付方式由单一授权支付向以直接支付为主转变。对工资性支出、个人补助性支出、商品服务支出中具备直接支付条件的实行直接支付,对专项资金、政府采购及固定资产购建支出一律实行直接支付。自当年 10 月实施至年底,共实现财政直接支付 10176 笔,支付金额 7.2 亿元,直接支付比例达 84.8%。二是切实加强现金管理。实行预算单位库存现金限额管理制,预算单位提取现金由预算单位申报、财政部门审定、代理银行控制;预算单位年度使用现金量原则上不超过基本预算支出的 10%,且自当年 10 月 1 日起,预算单位单笔现金提取不得超过 8000 元。三是完善财政投资评审。加强对县政府投资项目的管理,出台投资评审工作细则、考评办法和付费办法,规范计费、付费行为。全年共完成预、决算评审项目 86 个,报审投资总额 14.8 亿元,审定投资 12.6 亿元,其中审增 2458.8 万元,审减 24808.9 万元,净审减 22350.1 万元,平均综合审减率 15.1%。四是开展全县会计信息质量检查,对查出问题限期进行整改,规范会计核算行为,健全完善单位财务管理制度。五是完成全县涉农资金检查工作,通过下乡入户核查,对违规发放的资金及时进行纠正处理,切实保障涉农资金安全。

(宿松县财政局供稿　王烨红)

财政工作大事篇

省财政分项工作大事记

财政综合管理工作大事记

3月18日　省财政厅公布2012年安徽省政府性基金项目目录。

3月27—29日　财政部举办全国财政系统彩票管理培训班,综合处主要负责同志参加培训。

4月19日　省物价局、省教育厅、省财政厅印发《安徽省幼儿园收费管理暂行办法实施细则》。

4月22日　省财政厅印发《关于停止继续使用土地出让金专用票据的通知》,要求各市县停止继续使用《土地出让金专用票据》。

6月4日　省财政厅转发财政部文件,进一步加强行政事业单位资金往来结算票据管理。

6月26日　省财政厅转发财政部文件，公布财政票据电子化改革方案。

6月28日　省民政厅、省财政厅印发《安徽省农村幸福院项目申报评审办法》,规范本省农村幸福院项目申报、评审和审批工作。

6月28日　省财政厅向市县发文清算2012年中央和省级财政统筹从土地出让收益中计提农田水利建设资金。

6月28日　省财政厅发出通知，自7月1日起启动我省市级财政部门票据电子化管理系统实施工作。

7月11日　省财政厅、省物价局转发财政部、国家发改委文件，自8月1日起，取消和免征33项行政事业性收费。

7月15日　省财政厅副厅长陈军参加省政府专题会议,研究收费公路治超问题。

7月31日　省财政厅开展全省国民经济和社会发展“十二五”规划纲要涉及财政事项实施情况中期评估,报送财政分报告。

8月2日　省政府办公厅印发《关于进一步规范涉企收费的通知》,取消、调整、下放、缓征28项行政事业性收费,缓征3项政府性基金。

8月6日　综合处牵头组织召开非税收入管理征求意见座谈会,省财政厅副巡视员李友兰、综合处主要负责人等参加座谈。

8月13日　省物价局、省财政厅转发国家发改委、财政部文件,自10月1日起,降低20项行政事业性收费标准。

8月26日　省财政厅转发财政部文件，规范非税收入票据发放管理，单位按照财务隶属关系向同级财政部门领用票据。

10月23—28日　省财政厅会同省文明办开展全省乡村少年宫项目专项检查，对部分青少年校外活动场所经费使用管理和运转情况进行抽查。

10月29日　综合处主要负责同志赴淮北市开展财政预算部门会商和乡镇财政资金监管工作巡查。

11月1日　省财政厅、省物价局转发财政部、国家发改委文件,自11月1日起,取消本省省级设立的10项行政事业性收费。

11月8日　省财政厅副厅长陈军赴淮南开展财政重点工作调研。

11月11日　财政部综合司召开全国公共财政建设与政府购买服务研讨会，综合处主要负责同志参加会议。

11月28日　财政部举办财政部门推进事业

单位分类改革培训班，省财政厅副厅长陈军及综合处主要负责同志参加会议。

11月29日　省政府召开专题会议,研究落实经济体制改革任务,省财政厅厅长罗建国、综合处负责同志参加会议。

12月3日　省财政厅副厅长陈军赴淮南市开展财政重点工作调研。

12月7日　综合处主要负责同志赴淮北市开展加快支出进度工作帮联，共商加快支出进度措施。

12月6—11日　省财政厅抽调专人全程参与省编办组织的省属单位分类约谈工作。

12月13日　省财政厅、省卫生厅印发《关于安徽省医疗收费票据使用管理有关问题的通知》。

12月16—17日　财政部综合司副司长汪义达赴合肥市调研彩票市场开展情况。

12月17日　省财政厅牵头制定的财政有关政策、转企改制若干规定、资产管理实施意见等三个办法，与分类推进事业单位改革其他配套政策一并以省政府办公厅名义印发执行。

12月19日　综合处召开全省财政票据管理工作座谈会，传达全国财政票据管理工作会议精神,布置全省新版医疗收费票据实施工作。

12月25日　省财政厅印发《关于进一步加强政府非税收入征收管理的意见》,指导市县加强非税收入征管工作。

12月29日　省财政厅代拟的《关于政府向社会力量购买服务的实施意见》,以省政府办公厅名义印发执行。

（厅综合处供稿　刘海）

预算管理工作大事记

1月28日　省政府办公厅印发《关于省级部门预决算及“三公”经费信息公开工作方案的通知》,决定从2013年起,除涉密部门外,省政府42家部门、单位,公开部门预决算及“三公”经费信息。

1月21日　省委书记、省人大常委会主任张宝顺,省委副书记、省长李斌,省人大常委会副主任臧世凯、郭万清、陈先森,省委常委、常务副省长詹夏来等省领导视察“两会”期间省级部门预算查询室。

1月22日　向省十二届人大一次会议报告《关于安徽省2012年预算执行情况和2013年预算草案的报告》。根据会议日程安排,各代表团对财政报告进行了分组审议,普遍高度评价。

1月27日　中央电视台《新闻联播》对省财政厅“两会”期间预算查询服务进行专题报导,认为财政“两会”服务更加务实,有助于人大代表认识预算、了解预算、审查预算,充分履行人大代表权利。

2月5日　2013年度省级124个部门（单位）的预算批复工作完成,比法定时间提前22天。在预算批复中，要求省直单位要认真贯彻中央八项规定,牢固树立过紧日子的思想,厉行勤俭节约,反对铺张浪费,健全规章制度,强化制度执行,细化节支措施,降低行政成本,切实提高财政财务收支管理水平。

4月2日　省财政厅印发《关于印发＜省与市县财政结算管理暂行办法＞的通知》,规范省与市县财政结算工作,填补制度建设空白。

4月21日　省财政厅响应省委、省政府决策部署，紧急办理向四川省雅安市地震灾区捐赠款500万元,积极支持灾区抗震救灾。

4月26日　省财政厅印发《关于印发省补助市县转移支付指标管理暂行办法的通知》,明确省补助市县转移支付指标管理要求，提高预算执行效率,确保资金拨付安全高效。

5月3日　邀请省农科院农业工程研究所专家,深入结对共建的金寨县花石乡千坪村,召开座谈会,讨论研究千坪村规划和发展。

5月28日　省十二届人大常委会第二次会议在肥召开，会议听取并审议省财政厅厅长罗建国受省政府委托所作的《2013年安徽省本级预算调整方案(草案)的说明》,审查批准2013年省本级预算调整方案。

6月17日　省财政厅印发《关于印发＜安徽省省级预算公开评审暂行办法＞的通知》,进一步增强预算编制的透明度,提高财政依法理财、民主理财、科学理财水平。

6月20日　省长王学军对财政预算管理工作作出重要批示。

6月21日　召开2014年省级部门预算编制

工作会议，表彰2013年度省级部门预算编制工作先进单位，布置2014年省级部门预算编制工作。省财政厅厅长罗建国，省人大财经委主任委员、省人大常委会预算工委主任庄立权，省审计厅厅长戴克柱等出席会议并讲话。

7月6—7日　赴黟县宏村镇雉山村开展结对共建活动，并与宏村镇、黟县财政局及雉山村有关同志召开座谈会，详细了解基层情况，征集民生工程项目意见和建议。

7月28日　省财政厅厅长罗建国赴金寨县走访调研，广泛听取对省财政厅联系基层和群众、推进安徽财政工作的意见和建议。

7月29日　省财政厅印发《关于压减省直部门2013年一般性支出预算的通知》，比照中央做法，对省直部门2013年一般性支出压减5%。

7月31日　向省十二届人大常委会第四次会议报告《关于安徽省2012年财政决算的报告》。

8月3日　省财政厅印发《关于加强预算执行管理激活财政存量资金的通知》，要求市、县通过加快预算执行、严格结余结转资金管理、优化财政支出结构、盘活政府资产资源资金等举措，在保障财政资金安全前提下，进一步提高财政资金使用效益。

8月8日　省长王学军对本省2012年度县级财政支出管理绩效取得全国第3名的成绩做重要批示：“此成绩来之不易。是财政系统广大干部职工牢记责任，不辱使命，恪尽职守，努力工作的结果，请向同志们表示感谢，并望再接再厉、再创佳绩。”

8月9日　根据省政府工作方案，省财政厅会同省政务公开办，推进省政府42家部门、单位集中公开2013年“三公”经费预算，公开后舆情反映总体正面积极。

8月20日　省政府办公厅出台《关于进一步加强省级预算管理的意见》，进一步硬化预算约束，要求一般不办理预算追加，确需追加、金额在500万元以上的，提交省政府常务会议研究决定；进一步规范专项资金二次分配管理，提高财政资金使用效益。

8月22日　省财政厅印发《关于推进市县预决算公开工作的通知》，决定2013年选择合肥、铜陵、六安和滁州4市和所辖28个县(市、区)公开“三公”经费预算；2014年全省县级以上全面公开政府预决算、部门预决算、“三公”经费预决算和汇总“三公”经费预决算。

9月25日　省十二届人大常委会第五次会议在肥召开，会议听取并审议通过了省财政厅厅长罗建国受省人民政府委托所作的《关于安徽省今年以来预算执行情况的报告》。

11月8日　省财政厅召开预算执行工作座谈会，加强对收入预算执行情况的分析和监控，及时掌握财政收入形势，研究布置年内预算执行和2014年预算编制工作。

11月11日　省财政厅转发《财政部关于进一步加强地方财政结余结转资金管理的通知》，要求市、县进一步科学编制预算，清理压缩结余结转，强化国库资金管理，建立健全激励约束机制，确保2013年和2014年底财政结余结转资金分别较上年压缩15%以上。

11月29—30日　首次召开2014年省级预算公开评审会，邀请人大代表、政协委员和相关专家学者，对16个重点支出项目进行公开评审。安徽电视台、安徽日报等新闻媒体进行了报道，社会反响积极热烈。

12月1日　按照省长王学军“要算好账，把算账作为一切工作的立足点”的指示精神，省财政厅对2014年财政总收入及地方财政收入盘子，从税源、行业、市县、中部省份、国地税及非税收入方面进行详细测算，并向省领导作了汇报。

12月4日　省财政厅制定印发《关于做好2014年度预算编制工作的通知》，贯彻落实国务院和省政府关于预算编制工作文件精神，明确2014年度新增重点支出需市县财政配套项目，提高2014年预算编制水平。

12月4日　省财政厅召开加快支出进度调度会，通报有关情况，并提出就抓好年内支出工作要求。

12月7日　深入合肥市财政局开展帮联，就加快支出进度、加强预算管理等重点工作充分交换意见，并就进一步做好年内预算执行工作提出了要求。

12月25日　省财政厅对2013年省级预算超收情况作出预计，并提出初步安排意见，经省政府批准后，向省人大进行通报，并于省十二届人大常委会第八次会议审议通过。

12月30日　经省政府同意,省财政厅会同人行合肥中心支行、省国税局、省地税局印发《关于调整省对合肥马鞍山芜湖三市所辖县财政体制的通知》(财预〔2013〕2585号),要求从2014年1月1日起,对合肥、马鞍山、芜湖3市所辖县(市)实行市管县财政体制。

(厅预算处供稿　周剑峰)

财政国库管理工作大事记

1月11日　国库处党支部赴结对共建村开展结对共建活动,走访慰问困难群众,了解结对共建项目完成情况。

1月14日　联合人民银行合肥中心支行,下发《安徽省省级财政国库集中支付会计对账办法》,规范省级财政资金国库集中支付会计对账行为,确保财政资金支付安全。

2月1日　省财政厅厅长罗建国组织召开会议,研究省级行政单位基本账户资金清理问题;下发《关于进一步从严控制现金提取的通知》,充分发挥国库集中支付在加强廉政建设、源头防治腐败的重要作用。

2月24日　与支付中心赴金安区财政局、三十铺镇财政分局调研乡镇国库集中支付改革情况。

2月28日　省财政厅副厅长吴天宏主持召开国库集中支付电子支付改革领导小组会议,研究改革相关事宜。

3月11日　下发《关于全面推动乡镇国库集中支付制度改革的通知》,明确改革时间和目标,推动改革顺利开展。

3月13—15日　全省财政总决算会议在合肥召开,全省各市国库科长、财政总决算经办人员40多人参加会议。会议组织人员对各市上报的总决算报表进行认真审核,并召集国库科长对财政总决算报表体系、对外借款核查等方面的内容进行了交流和讨论。

3月19—21日　全省部门决算会议在合肥召开,全省各市部门决算经办人员共20多人参加会议。

3月25日　省级财政国库集中支付电子化管理试点工作领导小组正式成立。

3月26日　印发省本级2012年度权责发生制政府综合财务报告实施方案和关于开展权责发生制政府综合财务报告试编工作的通知,标志着试编工作正式开始。

3月28日　省财政厅副厅长吴天宏到国库处检查指导工作,对预算单位账户清理,国库集中支付电子化改革,总预算会计纳入平台一体化等工作提出明确要求。

4月1日　下发简化项目支出用款计划审批环节的通知,优化支付环节,提高支付效率。

4月2日　组织召开人行、信息中心、支付中心工作会商会,商讨国库集中支付电子化改革方案。

4月27日　印发《关于规范省级行政单位基本存款账户管理的通知》,进一步加强财政资金和预算单位银行账户管理,防范财政资金管理风险。

5月7日　省财政厅厅长罗建国主持召开相关处室负责人会议,研究行政单位基本户规范管理有关问题。

5月10日　省财政厅副厅长吴天宏、省财政厅副巡视员陈传文主持召开座谈会,光大银行、龙图公司、信息中心、支付中心、国库处等参加,研究解决集中支付有关问题。

5月23日　新疆财政厅国库处来安徽省考察财政国库管理工作,国库处、支付中心负责同志及有关业务人员与来访人员进行了座谈交流。

6月9日　下发关于进一步深化财政国库管理制度改革的通知,明确新时期财政国库管理制度改革的目标和要求。

6月14日　本省152亿元地方政府债券由财政部成功代理发行,债券招标发行票面利率分别为3年期3.53%,5年期3.66%。

6月20日　国库处党支部赴颍东区正午镇田楼村开展“迎七一”结对共建活动。

7月15日　本省财政对外借款清查工作报告上报财政部。

8月8日　省财政厅副厅长吴天宏带领国库处负责同志,深入建设银行安徽省分行进行工作会商,就省级财政专户资金存放商业银行管理改革以来的有关情况进行广泛沟通和交流,充分征求意见。

8月16日　财政部国库司信息处人员来皖检查指导电子化支付相关工作。

8月26日　联合省监察厅、省审计厅、人行合肥中心支行下发关于进一步加强公务卡使用与管理的通知。

9月2日　下发关于2012年省级部门决算公开的通知，对省级42家单位部门决算公开时间和内容提出明确要求。

9月27日　财政部召开国库集中支付电子化管理全国推广视频会议，省财政厅厅长罗建国、副厅长吴天宏参加会议。

10月16—17日　全国财政决算工作会议在四川成都召开。会议对全国财政决算工作先进单位进行了表彰，本省总决算和部门决算工作连续三年获得一等奖。

10月27—30日　财政部检查组对本省财政对外借款和财政专户管理工作进行检查，对本省工作开展情况给予充分肯定。

11月19日　召开部分省属高校、预算处、国库处、支付中心、非税局、信息中心有关负责人会议，研究高校专户资金集中支付问题。

11月27—28日　全省决算会议在合肥召开，16个市国库科长及决算经办人员参加会议。

12月20日　省财政厅副厅长吴天宏主持召开会议，研究省属高校财政专户资金纳入集中支付问题。

12月31日　下发《关于省属院校纳入专户管理的非税收入实行国库集中支付的通知》，进一步扩大集中支付的资金范围。

（厅国库处供稿　马锐）

政府性债务管理工作大事记

7月17日　省长王学军在省财政厅报送的《关于债务率、偿债率等预警指标口径的请示》上批示："请夏来同志专题研究一次，确定后全省通用并与国家接轨。"

7月22日，安徽省机构编制委员会办公室批复设立省财政厅政府债务管理办公室（正处级），设办公室主任(由副厅长兼任)、常务副主任(正处级)、副主任(副处级)各1名，所需行政编制从厅机关内部调剂解决。

7月22日　根据省机构编制委员会的批复意见，省财政厅组建成立机构，抽调5名人员，开展各项工作。

7月22日　安徽省人民政府印发《关于进一步加强政府性债务管理的意见》从规范资金投向、核定债务规模、控制融资成本、规范举债审批程序、拓宽偿债资金来源等十个方面进一步规范政府性债务管理。

7月24日　省财政厅印发《关于加强政府债务管理办公室工作联系的通知》，公布厅债务办工作职责、联系方式、办公地点，要求市县财政部门和省直有关单位报送联络员，建立联系制度。

7月25日　省长王学军在省财政厅报送的《关于政府债务管理近期拟开展的几项重点工作情况的汇报》上批示："很好！要以强烈的责任感和使命感，切实把这项关乎全局的事情抓实抓好。"

7月26日　国务院办公厅发电《关于做好全国政府性债务审计工作的通知》，常务副省长詹夏来、省政府秘书长邵国荷分别批示要求抓好落实。

7月27日　常务副省长詹夏来在省财政厅报送的《关于债务率、偿债率等预警指标口径的请示》上批示："请建国同志注意与财政部的衔接，这次全国政府性债务审计中又增加了'负债率'这一概念。配套文件要收这一重要指标纳入。"

7月29日　省政府召开政府性债务审计和债务管理专题会议，常务副省长詹夏来出席会议并作讲话。省财政厅厅长罗建国参加会议。

7月29日　常务副省长詹夏来在省财政厅债务办报送的《关于政府债务管理近期拟开展的几项重点工作情况的汇报》上批示："赞成近期工作安排，要全过程参与即将开展的政府性债务审计，这次审计数据可作为全省政府性债务管理的最重要的基础性数据。"

8月1日　安徽省人民政府办公厅召开全省政府性债务审计进点电视电话会议，省长王学军出席会议并讲话，省财政厅副厅长吴天宏参加会议。

8月1日　审计署郑州特派办正式进驻本省开展政府性债务审计工作。

8月13—17日　债务办分三个调研组，赴蚌埠、芜湖、马鞍山及所辖县区开展调研,广泛征求市县对省政府48号文件系列配套办法的意见建议,共征集10个方面内容。

8月14日　常务副省长詹夏来在省财政厅报送的《关于当前政府性债务审计工作有关情况的汇报》上批示:“请建国、天宏同志高度重视,全力做好省本级的协调配合工作,同时指导各市县财政部门做好协调配合工作。”

9月13日　审计署驻郑州特派办向省政府提交《安徽省本级政府性债务审计报告(征求意见稿)》,省政府召开专题会议,深入研究讨论,逐条梳理反馈意见。

9月23日　省政府向审计署驻郑州特派办反馈《安徽省人民政府关于省本级政府性债务审计报告(征求意见稿)的意见》。

9月29日　省财政厅联合省发改委、省教育厅、省监察厅、省审计厅印发《关于进一步加强省属高校和大中专学校举债融资管理的通知》,进一步加强各院校债务管理,防止变相融资。

9月29日　省审计厅向财政厅发来感谢信,对在政府性债务审计工作期间财政厅高度重视,各相关处室密切配合,为及时完成政府性债务审计工作所做的大量工作表示衷心感谢,对政府性债务审计工作取得的成效给予充分肯定。

12月18日　印发《关于试编2014年政府性债务收支计划的通知》,指导全省各级财政部门按照“统一政策,分级编制;审慎稳妥,规模控制;真实可靠,收支平衡;统筹借还,防范风险”的原则编制债务收支计划,未纳入政府性债务收支计划的项目,一律不得举借政府性债务。

12月24—26日　印发政府性债务审批管理、政府融资平台公司名录管理、核定土地储备融资规模、加强政府性债务统计、政府融资平台公司月报、界定政府性债务有关指标统计口径等6个配套办法,初步形成以省政府48号文件为主,6个配套文件为辅的“1+6”政府性债务管理制度框架。

(厅债务办供稿　韩晓峰)

行政财政财务管理工作大事记

1月12日　行政处党支部赴颍上县刘集乡甘罗村开展结对共建活动,落实回族清真寺大殿修缮、甘罗智慧文化园建设等项目,看望村里部分老党员、五保户和残疾困难群众,并向四位帮扶对象捐助慰问金。

3月1日　印发《安徽省省直单位接待经费管理暂行办法》,进一步加强省级接待经费管理,本省成为全国首个研究制定接待经费管理办法的省份。

3月15日　行政处党支部赴颍上县耿棚镇耿棚村开展结对共建走访活动,召开结对共建联席会议。

4月26日　召开财政财务工作管理暨《行政单位财务规则》培训会议,省财政厅厅长罗建国出席会议并讲话,财政部行政政法司司长耿虹莅临会议并讲话,龚世良处长作了《行政单位财务规则》专题培训讲座。

5月10日　印发《关于建立“三公经费”支出统计报表制度的通知》,按季统计分析并通报全省“三公经费”支出情况。

5月14日　会同省旅游局修订印发《安徽省旅游包机、专列、游轮奖励专项资金管理办法》,进一步明确奖励标准和范围。

6月30日　行政处党支部赴颍上县耿棚镇耿棚村开展结对共建活动,了解利民路项目开展及资金安排情况,认真践行党的群众路线、扎实推进结对共建工作。

7月4日　行政处召开对口联系部门上半年预算执行分析会,通报1—6月份部门预算执行进度和政府采购执行情况,布置2013年省直部门绩效评价、2014年预算编制和“三公”经费支出情况统计工作。

7月31日　印发重新修订的《安徽省省直机关差旅费管理办法》,进一步体现勤俭节约精神,贯彻廉政建设要求,强化财政监督管理。

8月7日　行政处党支部召开群众路线教育实践活动征求意见座谈会,省财政厅副厅长朱长才主持,省政府办公厅等省直单位参会。

9月10日　行政处党支部和省直工委办公室党支部赴省特教中专学校开展党支部结对共建活动。

9月　省财政厅会同省纪委、省审计厅等部门,开展"三公"经费预算执行监督检查,督促检查部分省直单位"三公"经费预算执行情况。

10月10日　全国财政行政政法暨资产管理工作会议在云南昆明召开，行政处主要负责同志参加会议。

10月15日　出台《安徽省省直机关会议 培训 活动经费管理办法》，进一步规范省直机关会议、培训、活动经费管理。

10月18日　经省政府同意,省财政厅、省管局、省外办联合出台《关于建立三公经费监管长效机制的通知》,从预算约束、支出控制、通报预警、信息公开、监督检查、责任追究等六个方面,构建全方位、规范性、常态化的监管机制,着力加强三公经费管理,降低行政成本。

10月24—28日　行政处分赴马鞍山、当涂、含山、和县等地开展对口帮联工作。

12月26日　行政处委托政府采购中心采购确定2014—2015年省直机关公务用车定点加油供应商,同时印发《安徽省财政厅关于2014年-2015年省直机关公务用车定点加油有关事项的通知》。

（厅行政处供稿　卓帅）

政法财政财务管理工作大事记

1月16日　省财政厅副厅长朱长才率政法处有关同志赴省交警总队会商全省高速公路交警经费管理体制改革工作。

2月4日　省财政厅副厅长朱长才率政法处有关同志赴省人民检察院会商财政支付管理改革、现金管理等有关问题。

3月1日　省直政法、执法部门财务管理工作座谈会在合肥召开，省财政厅副厅长朱长才参会并讲话。

3月13日　省财政厅政法处党支部赴固镇县连城镇澥河村开展结对共建活动。

4月12日　省财政厅副厅长朱长才率政法处有关同志赴省人民检察院会商办公楼基建、装修及装备建设和检察官学院建设等有关事宜。

4月17—18日　财政部举办政法经费保障情况统计报表培训班,省财政厅政法处派员参加。

5月7日　省财政厅副厅长朱长才率政法处有关同志赴省工商行政管理局、省地方税务局会商全省工商系统财务管理和地税系统基本户管理相关工作。

5月13日　省财政厅厅长罗建国率政法处负责同志赴省武警总队会商经费保障等相关事宜。

6月4日　省财政厅副厅长朱长才与省人民防空办公室领导会商人防331工程建设资金问题。

6月29日　省财政厅政法处全体党员赴固镇县连成镇澥河村开展庆祝党的生日、慰问困难党员活动。

7月23日　省财政厅副厅长朱长才率政法处有关同志赴省高级人民法院会商省法院审判法庭建设等相关事宜。

8月11日　省财政厅副厅长朱长才率政法处有关同志赴省财政厅社会管理综合治理联系点郎溪县走访调研。

8月14日　省财政厅副厅长朱长才率政法处有关同志赴省武警总队会商直属支队反恐装备经费等有关事宜。

8月28日　省财政厅副厅长朱长才率政法处有关同志赴省司法厅会商合肥监狱资产处置和市属监狱上划有关事宜。

10月17日　省财政厅副厅长朱长才率政法处有关同志赴省监狱管理局会商合肥监狱资产处置有关事宜。

10月22日　省财政厅政法处赴池州市开展帮联工作。

11月1日　省政府召开市属监狱上划协调会,省财政厅副厅长朱长才参加会议。

12月6—7日　省财政厅政法处赴池州市开展帮联工作,并召开司法体制改革工作座谈会。

12月9日　省财政厅会同省高级人民法院、省编办印发《关于政府向社会购买审判辅助服务的指导意见》,推进政府购买辅助审判力量服务机制。

（厅政法处供稿　陈晋）

教科文财政财务管理工作大事记

1月20日　编制《省直教科文部门预算执行工作手册》全面反映各部门全年项目预算月度执行计划,进一步健全预算执行监控机制,加强预算执行管理。

2月18日　开展财政专户系统集中培训,全面学习掌握财政专户系统流程、管理模块、管理流程等,进一步推进财政教科文专户资金规范管理,提升信息化管理水平。

3月9日　教科文处赴霍邱县乌龙镇陡岗村开展结对共建活动,通过召开座谈会,实地走访调研,共商结对共建实施方案和工作推进计划。

4月20日　制定《科技项目资金管理工作流程》,加大对科技项目资金的监督力度,从科技项目的布置到验收,主动全程参与。

6月22日　省财政厅厅长罗建国赴安徽省科普产品工程研究中心,专题调研科普产业发展及"科普云"建设启动工作。

7月27日　省财政厅副厅长吴天宏深入教科文处支部结对共建村霍邱县乌龙镇陡岗村走访调研,贯彻落实党的群众路线教育实践活动。

7月31日　教科文处赴合肥市三十五中深入调研财政教科文政策落实情况,并实地了解西藏班教学、教辅设施、经费需求等情况。

8月6日　教科文处召开财政支持教科文事业发展征求意见座谈会,相关省直教科文部门、政府债务管理办公室有关同志参加会议,省财政厅副厅长吴天宏到会并讲话。

9月10日　省财政厅会同教育厅、人社厅出台《安徽省中等职业学校免学费补助资金管理实施细则》,规范本省中等职业学校免学费补助资金管理,确保免学费政策顺利实施。

12月　对2011—2013年中科大985工程省级配套资金开展绩效评价,进一步加强财政资金的监督管理,提高财政资金使用效益。

(厅教科文处供稿)

经济建设财政财务管理工作大事记

1月24日　截至当日,通过"一卡通"系统累计拨付2013年粮食补贴资金72.22亿元,支持农民春耕生产。

2月4日　省财政厅副厅长吴天宏参加经建处"学习党章与财政作风"主题组织生活会并讲话。

3月9日　先后赴石台县七都镇高路亭村和歙县富堨镇承狮村,通过实地走访、座谈等方式开展结对共建活动。

4月22日　省加快皖北发展领导小组会议召开,会议要求加大对皖北地区转移支付力度、加大对皖北农业投入、加大对皖北工业园区支持和加大对皖北地区社会发展扶持,省财政厅厅长罗建国出席会议并讲话。

5月8日　常务副省长詹夏来在省财政厅报送的《关于推荐新型城镇化建设政府融资平台有关情况的报告》作重要批示:"这个调研报告很好,对情况分析很透,几条建议针对性、操作性都很强,望深入落实。"

7月25日　本省获中央产粮油奖励资金25.49亿元。

9月27日　省财政厅厅长罗建国赴铜陵市调研节能减排财政政策综合改革情况。

11月11日　本省新型显示和机器人产业的区域集聚发展进入国家首批试点,获试点补助资金3亿元。

11月15—19日　省财政厅副厅长左俊率经济建设处负责同志前往省发改委、省交通厅、省住建厅、省国土厅、省环保厅、省供销社、省粮食局等部门,集中开展上门会商。

11月22日　安徽省中小河流治理近期规划2011-2012年项目实施情况获得财政部核查组绩效考评优秀等次。

12月6日　省财政厅厅长罗建国赴省投资集

团就铁路投资绩效和棚户区改造融资等进行专题会商调研。

（厅经建处供稿 贾振东）

社会保障财政财务管理工作大事记

1月9日 社会保障处组织召开全省市财政局社会保障科长座谈会，省财政厅副厅长陈军出席会议并讲话。

1月10日 省财政厅牵头会同省人社厅、省工商联在合肥市召开支持民营经济就业创业政策座谈会，省财政厅副厅长陈军就支持民营经济就业创业提出相关要求。

1月11日 社会保障处组织召开省直联系部门财务处长座谈会，省财政厅副厅长陈军出席会议并讲话。

1月15日 国务院医改办副主任徐善长来皖调研村医待遇及村卫生室运行情况。副厅长陈军出席座谈会并发言。

2月5—7日 省财政厅副厅长陈军率社会保障处负责同志，走访省人社厅、民政厅、卫生厅、药监局、残联等部门，座谈交流新一年财政社保工作，慰问财务干部职工。

3月1日 省财政厅副厅长陈军在省人社厅、省工商联有关人员陪同下深入省工商联人力资源市场走访调研。

3月6—7日 省财政厅副厅长陈军率社会保障处等处室负责同志，深入颍东区正午镇及田楼村、梦城乡王集乡开展乡村财政、社会保障、民生工程情况调研，并向两乡镇财政派送挂职干部。

4月9日 省财政厅副厅长陈军实地考察省残疾人康复中心和特教学校，开展残疾儿童康复及残疾人职业教育、技能培训工作调研。

5月14—15日 省财政厅副厅长陈军率医改第四指导组成员赴合肥、滁州、蚌埠等地开展县级公立医院综合改革情况督查。

5月17日 省政府召开全省高校毕业生就业工作电视电话会议，省财政厅副厅长陈军参加会议并发言。

5月22日 副省长杨振超在省财政厅《关于财政支持民营经济就业创业有关情况的调研报告》上批示：“财政、人社、工商联同志们深入企业，反映实情、方法科学、对症施策，很及时、很重要。在比较中选择，在选择中决策，是科学理政的好办法。”

6月14日 省长王学军赴人力资源保障厅调研就业工作，省财政厅厅长罗建国陪同调研。

6月29日 省财政厅副厅长陈军率社会保障处全体人员赴岳西县毛尖山乡板舍村开展“七一”结对共建活动。

7月19日 省财政厅副厅长陈军赴省立医院调研全省医保异地结算系统建设情况。

8月15日 省财政厅副厅长陈军赴马鞍山市调研就业技能培训工作。

8月26日 财政部社保司宋其超副司长一行来皖调研就业创业工作，先后深入常青高校毕业生创业园、曙光社区等了解就业创业情况。

10月18日 财政部投资评审中心来皖调研就业创业工作。

12月17日 省财政厅厅长罗建国赴人力资源社会保障厅调研就业和人力资源保障工作，商讨研究健全积极促进就业创业体制机制，支持建立更加公平可持续的社会保障制度。

（厅社保处供稿 陈中楼）

企业财政财务管理工作大事记

1月17日 省财政厅、省商务厅联合徽商银行等有关银行推出的“中小进出口企业专项担保贷款”产品荣获中国银行业协会“2012年服务小微企业及三农十佳特优金融产品奖”。

1月17日 企业处党支部一行赴阜南县平安村开展走访慰问活动，慰问特困户、困难党员，深入结对共建帮扶项目现场了解项目使用、管护等情况。

2月3日 印发2013年企业处工作要点，部署“促进经济持续健康较快发展、支持企业自主创新、扶持中小企业发展、推动内外贸协调发展、改善库区移民生产生活、加强基础工作”六个方面25项具体工作。

2月21日　邀请省商务厅有关处室前来商讨研究2013年内外贸政策。

2月21日　省财政厅和省发改委联合印发《关于进一步加强和完善大中型水库移民后期扶持项目资金报账制管理的通知》,对全省大中型水库移民后期扶持项目资金报账制管理等给予明确、规范。

2月22日　省委、省政府在肥隆重召开全省发展民营经济大会，省委书记张宝顺发表重要讲话。省财政厅厅长罗建国参加会议。

2月22日　邀请省委对外宣传办公室及省商务厅财务处有关负责同志来企业处商讨2013年皖港经贸文化交流活动宣传经费预算事宜。

2月28日　省财政厅副厅长左俊率企业处相关负责同志赴省经信委会商工业专项资金政策及加快支出进度等问题。

3月6日　副省长花建慧召集2013皖港经贸交流活动调度会,通报省直有关部门、部分市筹备工作进展情况。省财政厅副厅长左俊带队参加会议。

3月12日　企业处党支部赴阜南县黄岗镇黄岗村开展结对共建工作。

3月22日　受省财政厅厅长罗建国委托,副厅长左俊率企业处负责同志赴商务厅上门会商,商讨促进商务事业发展事宜。

4月10日　企业处与结对共建黄岗村村两委班子及阜南县财政局、黄岗镇主要负责同志在企业处会议室共商下一步结对帮扶发展大计。

4月16—17日　2012年度全省企业财务会计决算会计报表汇审会在巢湖市召开。

4月26—27日　省财政厅副厅长左俊陪同省委组织部赴合肥、蚌埠两市,调研实施国家支持合芜蚌自主创新试验区建设中关村拓展政策落实情况。

5月14日　省财政厅副厅长左俊率企业处负责同志赴省商务厅会商外贸工作。

5月15—16日　财政部企业司在太原市召开2012年度地方企业财务会计决算汇审会，省财政厅企业处有关同志参加会议。

5月22—24日　省财政厅副厅长左俊率厅税政处、企业处负责同志赴亳州市、阜阳市开展财政工作调研。

5月29日　省财政厅副厅长左俊陪同副省长杨振超赴叉车集团调研。

5月29日　省政协副主席王秀芳率省政协经济委、省政协办公厅有关负责同志到省财政厅调研财政支持民营经济发展工作。

6月7日　全省财政涉企资金检查工作会议在省财政厅召开,省财政厅厅长罗建国出席会议并讲话。

6月13—14日　企业处派员陪同监察室赴宣城市等市开展系统巡查工作。

6月24日　副省长杨振超主持召开省发展民营经济领导小组会议,省财政厅副厅长左俊参加会议。

7月2日　全省企业股权和分红激励试点工作会议在合肥市召开。

7月3—4日　省财政厅副厅长左俊带队赴淮南市、蚌埠市开展7号文件贯彻落实督查工作。

7月6日　企业处党支部赴阜南县黄岗镇黄岗村开展“七一”结对共建活动。

7月12—13日　根据厅领导指示精神，企业处负责同志带队分三组赴6市20县区开展民营经济发展资金配套督导工作。

8月9日　全省民营企业发展征求意见座谈会在省财政厅四楼会议室召开,省财政厅副厅长左俊参会并讲话。

8月10—14日　省财政厅副厅长左俊带队赴合肥市、亳州市、淮北市、宿州市开展民营经济发展专项扶持资金中期绩效评估调研。

8月22日　省财政厅副厅长左俊率企业处有关同志赴省经信委上门开展会商,重点研究经济报社改制、企业发展专项资金预留等事宜。

9月12日　制定《企业处联系部门省属高等职业院校发展项目资金管理暂行办法》,规范省属高等职业院校发展项目资金管理。

9月23日　对民营经济发展专项扶持资金落实情况开展摸底调研。

10月10日　省财政厅召开“加强担保体系建设 服务民营经济发展”工作电视电话会议,省财政厅厅长罗建国出席会议并讲话。

10月15日　省政府召开“加强担保体系建设服务民营经济发展”新闻发布会,省财政厅厅长罗建国就加强担保体系建设服务民营经济发展财政政策进行解读。

10月28日 企业处赴亳州市开展对口帮联会商工作。

10月30—11月2日 省财政厅副厅长左俊率税政条法处、企业处相关人员赴六安市、马鞍山市开展财政工作调研。

10月7—8日 财政部企业司在昆明举办2013年度全国地方企业财务会计报告布置培训班,省财政厅企业处派员参加培训。

11月12日 省财政厅厅长罗建国率企业处、金融处有关同志赴巢湖市调研担保机构发展工作。

11月13日 省财政厅厅长罗建国带队赴省担保集团调研对下注资参股工作。

12月6日 企业处赴亳州市、涡阳县开展对口帮联会商工作。

12月7日 企业处赴阜南县黄岗镇黄岗村开展结对共建活动，实地走访结对共建项目建设情况。

12月19日 工信部、财政部在北京召开中小企业信用担保资金管理办法座谈会，安徽省受邀参会,省财政厅企业处及省担保集团派员参加。

12月28—30日 省财政厅、省政府金融办联合组成5个调研组，分赴全省16个市开展民营经济发展专项扶持资金调研工作。

（厅企业处供稿 关勇）

地方财政金融监管及外国政府贷款管理工作大事记

1月28—31日 德国复兴信贷银行代表团、财政部金融司实地检查评估安徽森林可持续经营项目,期间与项目单位进行会谈并签署会谈纪要,并查看安徽六安污水处理项目。

1月31日 会同省监察厅、省审计厅印发《安徽省省属金融企业负责人职务消费管理实施办法(暂行)》。

2月4日 常务副省长詹夏来在省财政厅报送的农业保险报告上做出重要批示，充分肯定本省政策性农业保险取得的成效。

2月4日 经省政府同意,省财政厅印发育肥猪保险和森林保险试点办法，正式启动两项保险试点工作。

3月29日 出台《安徽省外国政府贷款项目采购公司招标管理规定》，推动招标工作公平、公正、公开。

4月8—18日 日本国际协力机构委派早濑史麻女士及中方专家对本省日元贷款天然气管网工程项目进行后评估,并给予好评。

5月23日 省财政厅副厅长左俊带队赴阜阳对小额贷款公司发展调研。

6月4日 会同省政府金融办、省统计局、人行合肥中心支行、安徽银监局及安徽证监局印发改善金融服务财政奖补实施办法。

7月1—4日 会同省政府督查室、省农村信用联社及省政府金融办赴六安、阜阳、亳州、宿州对农村合作金融机构深化改革进行督查。

7月9日 省政府参事室白国祥一行来省财政厅开展县域和经济强镇加快建立村镇银行调研,省财政厅副厅长左俊出席调研座谈。

7月15—24日 德国复兴信贷银行代表团对安徽省天柱山生物多样性保护项目进行前期评估。

7月16日 中央农村工作领导小组办公室副巡视员陈剑波率中投公司、中国人民银行及国务院发展研究中心一行，来安徽省调研农村合作金融发展情况。

8月10—14日 省财政厅副厅长左俊带队赴合肥、亳州、宿州、淮北市开展民营经济及担保发展情况专题调研。

8月15日 省财政厅厅长罗建国、副厅长左俊赴省担保集团征求党的群众路线教育实践活动意见建议。

8月16日 省政府召开银担对接会，常务副省长詹夏来出席会议并要求省财政厅、省经信委、省政府金融办研究制定加强担保体系建设支持小微企业发展政策意见。

9月16日 省财政厅印发《徽商银行负责人薪酬审核管理办法》。

9月30日 省政府办公厅印发《安徽省人民政府办公厅关于加强融资性担保体系建设支持小微企业发展的意见》。

10月23日　批复徽商银行、省农村信用联社2012年度负责人薪酬,建立健全激励与约束机制,规范收入分配秩序，促进地方金融企业持续健康发展。

10月29日　全省小额贷款公司监管工作会议在合肥召开,省政府金融办、省财政厅等相关部门负责人出席会议。

10月30日　《安徽省外国政府贷款管理软件》投入运行,本省对外贷项目实现全流程、全方位的实时管理和监督。

10月31—11月13日　德国复兴信贷银行代表团对本省中德医疗领域一期赠款项目和中德医疗领域三期农村医疗项目(合肥市第一人民医院、定远县人民医院、枞阳县人民医院、蒙城县人民医院、霍山县人民医院)进行后评估,对淮南市公安局引进城市职能交通系统项目进行前期评估。

11月7—16日　日本国际协力机构委派原口孝子女士及中方专家对安徽省日元贷款人才培养项目进行后评估，并与项目院校赴日进修生代表座谈。

11月11日　中国人民银行副行长刘士余率国务院督查组来安徽省督查小微企业金融服务工作,省财政厅副厅长左俊出席会议并发言。

(厅金融处供稿　李红波)

国际金融组织及国家开发银行贷款管理工作大事记

1月10日　国际债务处赴舒城县了解结对共建村帮扶项目实施情况，并走访慰问困难党员和群众。

1月25日　省财政厅组织召开亚行技术援助“农村环境保护与治理”项目终期报告评审会。亚洲开发银行驻中国代表处首席代表哈米德·谢里夫先生出席会议并致开幕词，省财政厅副厅长张广寿、财政部国际司调研员王莹出席会议并讲话,省政府发展研究中心、省发改委、省农委、省环保厅、省住建厅、省卫生厅等部门相关单位负责同志参加会议并发表评审意见。

4月　经国务院批准,财政部组织安徽省财政厅、发改委,宣城市财政局、发改委和宣城市经济技术开发区在世界银行驻北京代表处与世界银行完成宣城承接东部地区产业转移基地基础设施示范项目贷款谈判，财政部代表中方与世界银行草签《贷款协定》、《项目协议》和《谈判备忘录》,该项目总投资21.65亿元人民币,其中利用世行贷款1亿美元,计划2018年竣工建成。

5月14—17日　世界银行东亚与太平洋地区可持续发展局局长卢安强一行来安徽考察世行贷款项目,并与省、市、县财政部门和项目单位的管理人员进行座谈。

6月21日　国际债务处赴舒城县高峰乡普明村开展党的群众路线教育实践活动，参观新四军四支队驻舒旧址,纪念建党92周年。

9月25日　省财政厅和省巢湖管理局在合肥联合召开亚行贷款安徽巢湖流域水环境综合治理项目启动会，该项目总投资约为26.30亿元人民币,其中利用亚行贷款2.5亿美元,主要建设内容为污水收集与处理、河道整治、湿地开发等。

9月25日　亚行对华技术援助项目“农村环境保护与治理”总结暨成果发布会在合肥市召开,会议对“农村环境保护与治理”项目终期报告进行总体评审和鉴定,正式对外发布项目研究成果。

12月12日　省财政厅组织省交通运输厅、省港航投资集团等项目单位与亚行在北京亚行驻华代表处完成“安徽省综合交通基础设施项目”的贷款谈判,双方草签《贷款协定》、《项目协议》、《采购计划》和《贷款谈判纪要》,项目总投资36.47亿元,其中利用亚行贷款2亿美元。

(厅国际处供稿　余禹)

农村财政管理工作大事记

3月—4月初　省财政厅组织16个市及部分县,分成7个组,对申报规范化创建省级先进单位的乡镇财政所(分局)进行考评验收,211个乡镇财政所(分局)获得省财政厅表彰奖励。

5月19日　省财政厅召开全省涉农资金检查工作会议,全面部署涉农资金检查工作,省财政厅厅长罗建国出席会议并讲话,14个省直部门财务处负责人、各市财政局及相关科室(局)负责人参加会议。

5月20—22日 财政部检查组来安徽检查省级、含山、怀宁县及所属各2个乡镇的乡镇财政资金监管工作情况,并给予高度评价,安徽评分位次和奖励金额均居全国前列。

(厅农村局供稿 姚瑶)

会计管理工作大事记

1月17日 转发《事业单位会计准则》、《行政事业单位内部控制规范》等规章制度文件。

1月24日 联合省工商、税务等四部门下发《关于规范全省代理记账机构管理的通知》。

2—4月 开展全省省属企业执行企业会计准则2012年年报分析工作,形成分析报告上报财政部。

3月20日 安徽省会计从业资格无纸化考试领导小组成立。

4月1日 全省首场会计从业资格考试在合肥考区开考,省财政厅副厅长、考试领导小组组长左俊赴合肥考区巡视,检查考试组织实施情况。

4月28日 开展全省第三批会计领军人才选拔。全省会计领军人才考试报名人数为24人(企业类21人,学术类3人),出考17人,其中:企业类14人,学术类3人,出考率70.8%。

5月15日 印发《关于实施全省大中型企事业单位总会计师素质提升工程的通知》,分两类五批,组织省市大中型企业和事业单位总会计师或会计骨干人才共240人参加培训。

5月 全省245家会计师事务所和450家代理记账机构完成业务报备。

6月26日 转发《财政部关于加强和改进基层会计管理工作指导意见的通知》。

7月11日 顺利完成2013年度实施会计从业资格无纸化考试,并首次实现现场亮分。全省报名考生达17.3万人,为历史之最,出考人数127341人,合格人数47924人,合格率37.6%。

7月16日 省财政厅会同人社部门出台《安徽省正高级会计师专业技术资格评审标准条件(试行)》,决定在省属大型企业、全省各类会计中介服务机构、合芜蚌人才特区的企事业单位中开展正高级会计师专业技术资格评审试点工作。

7月19日 召开全省行政事业内部控制规范实施动员视频会。

7月24日 扩大通用分类标准(XBRL)实施范围,确定徽商、江淮汽车等五家单位为今年企业会计准则通用分类标准试点企业,新增3家。

8月5日 全省首批会计领军学员顺利毕业。

8月22日 根据财政部73号令,修订《安徽省会计从业资格管理实施办法》。

8月13—26日 委托安徽工业大学举办全省会计领军后备人才企业类(含学术类)第一期培训班,共有84名学员参加。

8月28日 下发《安徽省财政厅关于加强和改进基层会计管理工作实施方案的通知》。

9月18日 财政部首次在全国范围内进行初级无纸化考试试点。本省共设14个考区、19个考点、125个考场、6618台考试机,5.7万考生持续开考5天,圆满完成全省首次初级会计专业无纸化考试工作。

9月23日 联合省国资委召开企业会计准则通用分类标准(XBRL)实施工作座谈会,组织XBRL现场校验。试点企业的XBRL扩展分类标准和实例文档均顺利通过财政部验收。

10月1日 新版会计从业资格证书启用。

10月14—16日 全省行政事业单位内部控制规范培训班举办,两期参训人员计620余人。

10月24日 全省会计专业技术资格考试考务工作会议在合肥召开,省财政厅副厅长左俊出席会议并讲话。

10月26—27日 全国会计专业技术资格考试安徽考区考试举行,全省报名考生8.98万人,其中:初级6.55万人、中级2.31万人、高级1090人;初级综合出考率70.35%,中级综合出考率41%,高级出考率56.2%。

10月31日 协同省气象局成功举办全省气象系统首届财会知识竞赛。

11月4日 印发《安徽省贯彻实施〈行政事业单位内部控制规范〉工作方案》。

11月28日 联合省国资委举办《企业产品成本核算制度(试行)》培训,34家省属企业共计100多位财务人员参加。

11月29日 引入竞争机制,通过政府采购方式确定2014年全省网络继续教育机构。

11月下旬—12月上旬　全省高级会计人才继续教育培训班在安徽大学举办，两期培训班学员共计600余人。

12月13—15日　召开2013年度全省正高级会计师任职资格评审及答辩会议，省财政厅厅长、评审会主任罗建国出席会议并讲话。经评审答辩等程序，共6人获得评委会投票表决通过。

（厅会计处供稿　童兵）

行政事业单位国有资产管理工作大事记

1月15日　代省政府办公厅起草的《关于进一步规范和加强省级行政事业单位资产管理工作的意见》正式出台。

1月19日　省财政厅资产处党支部一行赴怀远县陈集乡陈二村开展走访慰问活动。

3月5日　省财政厅联合省直机关事务管理局印发《关于移交国有房屋和土地权证的通知》。

3月6日　省财政厅资产处党支部赴结对共建村谋划2013年结对共建工作。

3月19日　省财政厅印发《关于省级行政事业单位房产出租实行公开拍租的通知》，规范省直单位房产出租行为，提高国有资产使用效益。

3月25日　省财政厅印发《安徽省省级行政事业单位国有房屋租赁合同(式样)》的通知。

4月24日　省财政厅印发《安徽省省级行政事业单位国有资产使用管理暂行办法》的通知，进一步规范省直单位国有资产使用管理。

5月2日　省财政厅会同省直机关事务管理局联合下发《安徽省省级行政单位通用办公设备家具配置标准(试行)》的通知，进一步规范国有资产配置管理。

5月13日　省财政厅印发《关于加强省级行政事业单位资产集中处置管理工作的通知》，实行国有资产集中统一处置。

5月27日　省财政厅下发《关于进一步加强全省行政事业单位国有资产管理工作的意见》，促进国有资产管理规范化、科学化、法制化、信息化。

6月28日　省财政厅下发《关于进一步明确行政事业单位资产管理内部有关工作程序的通知》(财资函〔2013〕317号)，进一步明晰职责分工、落实工作责任、形成监管合力。

7月17日　省财政厅资产处党支部制定党的群众路线教育实践活动工作计划，谋划教育实践活动具体举措。

7月24日　省财政厅副厅长陈军参加资产处和资产中心党支部教育实践活动座谈会，并对加强学习和强化工作责任提出具体要求。

7月26日　省财政厅副厅长陈军赴怀远县鲍集镇王圩村开展走访调研活动，召开“两代表一委员”和基层干部群众参加的座谈会，听取对财政政策、民生工程、美好乡村建设、财政作风建设等方面的意见和建议。

8月13日　省财政厅与省直机关事务管理局联合印发《安徽省省级行政事业单位国有房屋和土地权证集中管理暂行办法》的通知，规范权证的移交、保管和借阅等行为。

9月23—24日　省财政厅资产处负责同志参加财政部在山东威海举办的事业单位国有资产管理培训班。

9月25日　省财政厅印发《关于全面核查省级行政事业单位资产出租等情况的通知》，重点核查单位资产出租、收益上缴、合同备案、权证移交等情况。

9月26—27日　省财政厅资产处负责同志参加财政部在云南昆明召开的全国财政行政政法暨资产管理工作会议。

10月30日　省财政厅资产处会同资产管理中心召开省级行政事业单位资产出租全面核查工作培训会，对核查方案进行全面解读，并对聘请的中介机构提出核查工作具体要求。

11—12月　省财政厅组织对220家在肥行政单位、参公管理事业单位和主管部门机关服务中心或后勤服务机构的资产出租等情况进行全面核查。

11月18日　省财政厅资产处会同资产管理中心召开省直单位资产出租全面核查工作会商会，对核查中遇到的有关情况进行研究，并提出具体处理意见。

12月20日　上海市财政局来安徽省财政厅

调研国有资产管理工作。

12月24日　省财政厅完成年度资产统计报表编报工作,并将《2012年全省行政事业单位资产统计报表》上报财政部。

（厅资产处供稿　王合武）

国有资本经营预算工作大事记

2月6日　省财政厅正式批复2013年省级国有资本经营预算。

3月25日　财政部通报表扬安徽省财政厅2013年地方国有资本经营预算编报工作。

5月27日　省财政厅下发《关于规范全省国有资本经营预算执行工作的通知》。

7月29日　省财政厅组织收缴2013年省级国有资本经营预算收入。

9月11日　省政府同意扩大省级国有资本经营预算实施范围和提高资本收益上交比例。

9月13日　省财政厅启动2014年省级国有资本经营预算编制工作。

11月5日　省财政厅开始拨付2013年省级国有资本经营预算支出项目资金。

12月24日　省财政厅向财政部报送2014年全省国有资本经营预算草案。

（厅国有资本经营预算处供稿　谢勇）

财政监督检查工作大事记

1月4—7日　协同厅办公室对部分厅属单位的预算执行、财务收支、资产管理及内控制度等情况开展内部监督检查。

1月16日　财政部在上海召开全国会计监督工作总结交流会,总结通报2012年全国会计监督工作考评结果，省财政厅监督局负责同志在会上作交流发言。

1月28日　省财政厅在门户网站公告2012年度会计监督检查结果。

1月30日—2月5日　选取提现金额较大的10家省直预算单位,对2012年零余额账户提现使用情况进行专项检查。

2月6日　根据省纪委统一部署，联合省纪委、省审计厅,开展落实中央“八项规定”、省委“三十条规定”和省纪委“十个严禁”的情况检查,抽查15家省直单位。

3—9月　以教育、交通等行业为重点,采取统一部署、上下联动的方式,组织开展会计信息质量检查,全省检查1128户行政企事业单位。

3月6—7日　监督检查局党支部先后赴绩溪县孔灵村、宿松县迎宾村开展结对共建活动。

4月1—15日　组织开展省级财政支出绩效自评工作,对2012年省直预算部门的135个项目自评情况进行了汇总分析，并选取7个自评项目进行了抽查验证。

4月11日　召开部分市财政监督机构负责人会议,部署以政府采购方式“花钱买服务”,选聘会计师事务所对事业单位年度财务报告进行审计鉴证工作,选择合肥、芜湖、淮南等五市开展试点工作。

4月19—24日　开展对合肥市部分企业2012年度出口增量资金申报情况专项检查。

5月16—7日　根据省纪委统一部署,联合省监察厅、省审计厅开展接待经费进行专项检查,抽查12家省直单位。

5月28日　举办2013年全省会计信息质量检查业务培训班,全省各市、县(区)130余名会计监督业务骨干参加培训。

6—9月　联合厅会计处和省注册会计师协会,组织会计师事务所执业质量检查,对59家会计师事务所开展检查。

6—7月　跟踪实施农村公路危桥加固改造项目检查,历时近2个月,检查34个县(市、区)606座桥梁,涉及资金3.36亿元。

6月27日　《安徽省财政监督条例(草案)》财政系统调研座谈会在合肥召开。省政府法制办、厅税政条法处，以及部分市县财政局及监督检查局负责同志参加调研座谈。

7月2日　《安徽省财政监督条例(草案)》省直部门调研座谈会在省政府法制办召开。省直监察、审计、发改、人社、国税、地税、人民银行、编办等部门人员参加调研座谈。

7月4—5日　协同省政府法制办,赴芜湖市、潜山县开展立法调研,听取政府部门,以及部分乡镇、行政村(居委会)、会计师事务所对《安徽省财政监督条例(草案)》的意见和建议。

7月8—9日 深入绩溪县孔灵村、宿松县迎宾村,开展结对共建活动,征集民生工程意见建议,走访慰问困难党员群众,并实地察看帮扶项目。

8月21日 厅党组书记、厅长罗建国结合群众路线教育实践活动,深入监督检查局开展调研。

9月 跟踪实施皖北三市四县现代产业园区资金项目的绩效评价工作,形成绩效评价报告。

9—12月 省财政厅联合省纪委、省监察厅、省审计厅,组织开展省直160家单位"小金库"清理检查工作,会同省纪委、省委组织部、省监察厅、省审计厅、省人力资源和社会保障厅、人民银行合肥中心支行印发《关于进一步加强防治"小金库"长效机制建设的通知》,建立健全防治"小金库"长效机制。

10月28日 监督检查局赴宿州市开展财政预算部门会商和乡镇财政资金监管工作帮联工作。

11月4—5日 协同省人大法制委员会赴池州市、宿松县开展立法调研工作。

11月22日 《安徽省财政监督条例》经省十二届人大常委会第七次会议审议通过,成为本省财政第一部综合性法规。

12月 完成财政涉企项目资金管理信息系统数据资源调研与数据库设计、工作需求梳理与软件流程图设计工作,拟定财政涉企项目资金管理信息系统建设方案,全面启动系统开发建设工作。

(厅监督局供稿 汪永飞)

政府采购管理工作大事记

3月7日 政府采购处党支部赴含山县清溪镇横龙村,召开结对共建第一次联席会议,正式启动结对共建活动。

3月8日 印发《安徽省财政厅关于印发进一步加强省级政府采购预算执行工作有关具体问题的通知》,细化省级政府采购预算执行工作。

5月17日 组织召开全省电子化政府采购管理应用系统推广建设工作视频会议。

8月12日 牵头组成两个督查小组,分赴第一、第二批次电子化政府采购管理交易系统推广建设的市、县(区),对推广建设工作进行全面督查。

9月24日 出台《安徽省政府采购信用融资及融资担保试点工作方案》,发挥政府采购政策功能作用,帮助中小企业融资。

9月24日 省政府法制办针对省财政厅的一起政府采购行政复议,作出维持省财政厅作出的具体行政行为的决定。

10月 向财政部提交经省政府同意的"安徽省加入GPA谈判2013年出价意见的报告",首次向财政部提交本省初步出价清单,包括门槛价、实体清单、备注等。

10月30日 省财政厅召开"政府采购预算执行工作协调会",通报政府采购预算执行进度,研究下年政府采购预算工作。

11月22日 印发《安徽省省级政府采购特邀监察员管理暂行办法》,充分发挥社会监督监察作用,促进廉政建设。

11月26日 组织省政府采购中心、省教育装备中心科级以上干部参加财政部"全国政府采购工作网络视频会议"。

12月3—4日 举办"政府采购代理机构业务培训班",全省甲、乙级资格代理机构共计有160余人参加培训并经考试取得合格证书。

12月 出台《安徽省政府采购评审专家管理暂行办法》、《安徽省政府采购代理机构考核暂行办法》、《安徽省省级政府采购涉密项目管理暂行办法》等规范性文件。

12月31日 全省政府采购全年实现采购合同金额711.1亿元,因工程采购项目减少,采购规模比上年下降74.7亿元,降幅9.5%。

(厅采购处供稿 侯洪玮)

农村综合改革工作大事记

1月6日　省农村综合改革领导小组办公室下发《关于开展2011—2012年农村综合改革专项资金检查的通知》，对全省一事一议财政奖补资金、村级组织补助资金、国有农场税费改革资金等农村综合改革专项资金进行全面检查。

1月14日　省财政厅下发《关于做好2013年村级公益事业建设一事一议财政奖补工作的通知》，对全年工作进行部署。

3月6日　省农村综合改革领导小组办公室下发《关于印发2013年农村综合改革工作要点的通知》，明确全年7个方面主要任务。

3月28日　省财政厅下发《关于建立村级组织运转经费保障机制年报制度的通知》，明确从当年开始建立村级组织运转经费保障机制年报制度。

4月13—17日　国务院农村改革工作小组办公室副主任李桂春率考评组一行对本省2012年度一事一议财政奖补工作开展情况进行考评。

5月16日　省农村综合改革领导小组办公室下发《关于开展一事一议财政奖补资金管理使用情况专项检查的通知》，由综改处和会计事务所组成的检查组对颍上县、天长市2010—2012年村级公益事业建设一事一议财政奖补资金使用和项目管理情况进行重点检查。

5月31日　全国一事一议财政奖补工作现场会在贵州省贵阳市召开，省财政厅副厅长张广寿参加会议。

7月1日　财政部下发《关于发挥一事一议财政奖补作用推动美丽乡村建设试点的通知》，决定从当年起在全国开展美丽乡村建设试点，本省成功列入全国首批7个试点省之一。

8月14日　国务院农村综合改革工作小组办公室和国家标准化管理委员会领导来本省调研美丽乡村建设试点、农业社会化服务体系、农村基本公共服务标准化建设等工作。

8月29日　省农村综合改革领导小组办公室下发《关于国有农场公益事业发展项目资金管理有关问题的通知》，决定从当年起将国有农场公益事业发展项目资金审批权下放到市、县及省直有关部门，由市、县和省直有关部门负责项目审批。

9月10日　省财政厅厅长罗建国赴怀远县新城区何巷社区、荆芡乡涡南村、河溜镇罗新庄村，就农村为民服务全程代理、美好乡村建设、一事一议财政奖补以及村级组织运转经费保障机制建设等工作进行调研。

10月10—11日　国务院农村综合改革工作小组办公室王卫星主任和中央农村工作领导小组办公室谢德新局长来本省调研指导农村综合改革工作。

10月28日　省政府制定下发《安徽省人民政府关于深化农村综合改革示范试点工作的指导意见》(皖政〔2013〕69号)，明确从当年开始，继续选择在涡阳等20个县(区)开展农村综合改革示范试点。

10月28—31日　国务院农村综合改革工作小组办公室副主任李桂春率国务院减轻农民负担检查组来皖检查指导工作。

10月31日　省委办公厅 省政府办公厅下发《关于进一步完善农村为民服务全程代理制的意见》，进一步明确农村为民服务全程代理制的牵头部门，明确部门职责、服务范围、服务流程等，为农民群众提供均等化的服务。

10月31日　国家标准化管理委员会 财政部下发《关于开展农村综合改革标准化试点工作的通知》，本省被列入全国7个美丽乡村建设标准化试点省之一。

11月1日　省财政厅、省农村综合改革领导小组办公室下发《关于印发安徽省发挥一事一议财政奖补作用推动美好乡村建设试点方案的通知》，在全省选择27个县(区)开展国家美丽乡村建设试点工作。

12月2日　省财政厅会同省委组织部、省民政厅、省人社厅制定下发《关于认真做好离任村干部生活补助工作的实施意见》，明确从下年起，对任职三年以上年满60周岁的离任村干部，按照任职年限分十一个档次给予生活补助，第一档最低每人每月30元，第十一档最低每人每月330元。

12月2—3日　全省农村综合改革试点暨财政“三农”工作座谈会在庐江县召开。

12月10—12日　全国农村综合改革政策培

训在云南省昆明市举行，省综改办有关负责同志参加会议。

12月18—19日 全国农村综合改革示范试点经验交流会江苏省镇江市召开，省综改办有关负责同志参加会议。

(厅综改处供稿 杨作华)

民生工程和居民收入倍增规划实施工作大事记

1月1日 省财政厅和安徽广播电视台联办节目《民生财政》正式开播，省财政厅厅长罗建国为节目开播致辞。

1月14日 常务副省长詹夏来在省委督查室《全省民生工程督查报告》上作出批示：请财政厅认真吸纳建议。

1月15日 省政府印发《安徽省人民政府关于2013年实施33项民生工程的通知》，明确2013年33项民生工程实施政策。

1月31日 省民生办印发《2013年33项民生工程实施办法的通知》，对每项民生工程的实施内容、标准、资金来源做出明确规定。

1月31日 省民生办印发《2013年全省民生工程工作要点》，要求各级各部门进一步做好强化责任落实、资金保障、建后管养、民主管理、绩效评估、政策宣传六个方面工作。

2月3日 省民生办印发《关于进一步健全完善民生工程长效机制的通知》，推动民生工程政府主导、财政补助、市县负责、群众参与的长效机制健全完善。

2月5日 省民生办印发《关于进一步加强民生工程绩效评价的通知》，进一步推进民生工程决策科学化、管理规范化、实施高效化。

2月5日 省民生办印发《关于建立民生工程建后管养工作机制的通知》(民生办〔2013〕5号)，提升民生工程管养工作科学化、精细化水平。

2月19日 省财政厅向省政府专题报送《关于我省"居民收入赶上全国"有关情况的汇报》，得到省政府领导肯定。

2月26日 常务副省长詹夏来在省政协委员汪潇溪提出的《关于加强民生工程后续管理的意见和建议》上批示：汪潇溪委员"关于加强民生工程后续管理的意见和建议"很好、很有针对性，请财政厅认真吸纳，通过完善长效机制，巩固民生工程成果，确保持续发挥民生工程项目效益。

3月1日 省推进城乡居民收入倍增规划领导小组办公室印发《2013年全省居民收入倍增规划实施工作要点》和《2012年全省居民收入倍增规划实施监测评估报告》。

3月12日 省财政厅厅长罗建国做客人民网强国论坛，围绕"话民生工程，说财政管理"主题与网友在线交流。

4月12日 省民生办印发《关于建立民生工程特邀监督员制度的通知》，邀请部分在皖全国政协委员、省人大代表、省政协委员担任民生工程特邀监督员。

5月24日 省民生办印发《2013年33项民生工程绩效目标及绩效评价办法》，全面做好民生工程绩效评价工作。

6月14日 召开全省民生工程工作座谈会和完善居民收入倍增评价指标体系座谈会。

6月17日 省民生办对2013年1—5月份全省33项民生工程进展情况进行通报。

7月3日 省财政厅印发《安徽省居民收入倍增规划实施评价办法》，评价体系分居民收入、经济发展、就业促进、创业推动、农业经营和工作推动等六个部分，29个项，新设立指标16项。

7月11日 民生办赴省人社厅、省统计局和国家统计局安徽调查总队就居民收入倍增工作开展会商。

7月24日 民生办赴省农委、省教育厅、省工商局，就居民收入倍增规划实施工作开展会商。

7月26日 召开上半年全省居民收入倍增规划实施执行分析会。

7月29日 省财政厅"安徽民生工程"专栏(网页)改版运行。

7月30日 常务副省长詹夏来主持召开民生工程工作座谈会，听取民生工程进展情况汇报，研究部署下一阶段工作。

8月6—10日 省政协副主席李修松率巡视组，赴六安、淮南、亳州市开展民生工程和收入倍增规划工作巡视。

8 月 14 日　省财政厅召开民生工程“两代表一委员”座谈会,10 位省党代表、全国和省人大代表、省政协委员参会。

8 月 19—21 日　省政协副主席赵韩率巡视组赴安庆、黄山市开展民生工程和收入倍增规划工作巡视。

9 月 3 日　省民生办部署 2013 年基础数据库填报工作。

9 月 23—26 日　省政协副主席李修松率调研组赴池州市、宣城市调研民生工程。

10 月 8 日　省民生办在全省推广应用民生工程形象标识。

10 月 9—12 日　省政协常委、副秘书长杨玉华率调研组赴宿州市、淮北市调研民生工程。

10 月 30 日　省财政厅民生办组织召开 2013 年民生工程社情民意调查座谈会。

11 月 4 日　省人大常委会副主任沈卫国主持召开民生工程实施情况汇报会，省财政厅厅长罗建国作专题汇报。

11 月 12 日　安徽广播电视台《政风行风热线》播出特别节目《民生工程在基层》。

11 月 12—13 日　省人大常委会副主任陈先森率队赴马鞍山、铜陵市视察民生工程实施和“十二五”规划中期评估情况。

11 月 17—19 日　省人大常委会副主任沈卫国率队视察淮北市、阜阳市民生工程实施和“十二五”规划中期评估情况。

11 月 27 日　省政协召开推进民生工程专题座谈会，省财政厅副厅长陈军就民生工程实施工作作专题汇报。

12 月 4—10 日　省民生办面向社会开展 2014 年民生工程项目公开征集活动,近万人参与,累计收集民生工程意见建议 3500 余条。

12 月 19 日　省长王学军主持召开省政府第 17 次常务会议,研究 2014 年民生工程项目安排等工作。

（厅民生办供稿　谢峰）

财政人事教育管理工作大事记

2 月 28 日　省编办《关于省财政厅行政审批权相对集中改革方案的批复》(皖编办〔2013〕34 号)文件核定,省财政厅办公室增挂行政审批办公室牌子，承担有关行政审批事项的办理与组织协调工作,增加 1 名副处级领导职数。

6 月 27 日　省财政厅党组书记、厅长罗建国以一名普通党员身份参加人教处与预算处联合开展的“财政干部的幸福观”研讨组织生活会。

7 月 9 日,人教处党支部与庐江县汤池镇凤凰村党总支开展结对共建活动。

7 月 22 日　省编办《关于设立省财政厅政府债务管理办公室的批复》(皖编办〔2013〕71 号)文件核定,省财政厅设立政府债务管理办公室(正处级),所需行政编制从厅机关调剂解决;政府债务管理办公室设主任 1 名(由副厅长兼任),常务副主任 1 名(正处级)、副主任 1 名(副处级)。

8 月 4 日　省财政厅党组书记、厅长罗建国参加预算处、债务办党支部联合开展的教育实践活动学习交流会。

8 月 9 日　召开厅赴乡镇财政所挂职干部座谈会。

9 月　省财政厅 2013 年事业单位人员招录工作全部完成,共招录事业单位工作人员 9 名。

10 月　省财政厅 2013 年公务员招录工作全部结束,共招录公务员 14 名。

10 月 29 日　参加省军转干部安置双选会,接收安置 5 名军转干部。

11—12 月　开展宿松县财政预算部门会商和乡镇财政资金监管集中帮联活动。

11 月 29 日—12 月 2 日　2013 年全省市县财政局长培训班成功举办。

12 月　厅机关、厅属事业单位工勤人员技师考评和技术等级考核工作全部完成。

12 月下旬　举办 2013 年新进人员培训班。

（厅人教处供稿　孙春美）

机关党建工作大事记

1月　省直机关工委印发《关于表彰“首届安徽省直机关道德模范”的通报》(直工[2012]62号),对52名“首届安徽省直机关道德模范”予以通报表彰,省财政厅国库支付中心李红娟同志荣获“孝老爱亲模范”称号。

1月7日　省直机关工委印发《关于中共安徽省财政厅直属机关党委换届选举结果的批复》(直工组〔2013〕2号),同意刘浩、江永泓、徐光耀、孟照红、孙学鹏、李朝友、刘小兵、季必英、管立新9名同志为省财政厅新一届机关党委委员,并同意刘浩同志任机关党委书记,江永泓同志任机关党委专职副书记,李朝友同志任纪检委员,孙学鹏同志任组织委员,徐光耀同志任宣传委员,孟照红同志任学习委员,管立新同志任生活委员,刘小兵同志任文体委员,季必英同志任妇女委员。

1月11日　机关党委党支部赴泾县黄村镇九峰村开展结对共建活动,了解帮扶项目实施情况,走访慰问困难群众。

1月15日　省财政厅妇委会组织开展“献爱心、送温暖、情系儿童”公益捐赠活动,共收到675件棉被衣物。

1月29日　组织慰问厅直机关生活困难职工、困难党员(生大病、重病人员)及沈浩同志亲属。

2月　牵头印发《中共安徽省财政厅党组关于进一步深化城乡基层党组织结对共建工作的通知》,继续组织厅直各党支部与省内贫困地区村级党组织开展结对共建。

3月6日　机关党委党支部派党员代表赴泾县茂林镇溪口村开展结对共建走访调研工作。

4月20日　组织参加第六届省直机关万佛湖踏青环湖健身走活动。

4月22日　组织参加第四届省直机关“读书月·书香伴我行”游园活动,省财政厅获省直机关“十佳图书阅览室”称号。

4月26日　第二届省直机关五一表彰大会在稻香楼宾馆隆重召开,省财政厅国库支付中心荣获“省直机关五一劳动奖状”,省财政厅办公室徐韬同志、省信用担保集团担保四部李真同志荣获“省直机关五一劳动奖章”。

5月3日　省直团工委表彰省直机关共青团系统先进集体和优秀个人,省财政厅厅直机关团委刘恒同志获得省直机关“优秀共青团干部”称号,省信用担保集团担保五部陈雅洁同志荣获省直机关“优秀共青团员”称号。

5月8日　组织召开“青春助力中国梦 立足财政勇担当”——省财政厅“我的中国梦”暨青年工作座谈会,省财政厅党组书记、厅长罗建国同志出席会议并提出具体要求。

5月25—26日　组队参加“省直机关第三届钓鱼比赛”,获普通组团体第三名,朱晓平获个人混合鱼总重第四名。

5月28—30日　组队参加2013年“华东”杯省直机关乒乓球比赛,省财政厅获团体冠军,张谦、姚继斌同时获得男子单打并列第五名。

6月13日　省财政厅党组成员、机关党委书记刘浩主持召开厅直机关党委全体委员会议,讨论通过党务公开工作有关规定,研究有关党建活动安排事宜。

6月28日　省直机关召开纪念建党92周年暨“一先两优”表彰大会。省财政厅直属机关党委荣获“省直机关先进基层党组织”表彰,省财政厅办公室尹立祥同志获评“省直机关优秀共产党员”。

7月24日　省财政厅召开全厅干部职工大会,部署进一步推进文明创建工作。会议邀请省委宣传部副部长、省文明办主任贺懋燮作文明创建工作专题讲座,省财政厅党组书记、厅长罗建国就推进全厅文明创建工作提出具体要求。

7月29—31日,组队参加省直机关“春然杯”象棋比赛,获团体第五名,刘明刚同志获个人第二名。

7—8月　在全省财政系统组织开展“财政干部幸福观”主题征文活动。

7—8月　省财政厅足球队参加2013年首届省直机关足球邀请赛,获小组第四名。

8月　省财政厅文明办在全厅组织开展省文明单位、省直机关文明单位和省直机关文明处室评选申报工作。

8月3日　省财政厅党组书记、厅长罗建国带领厅军转干部代表赴省武警总队开展军民共建。

9月24—27日　组队参加“同庆楼”杯省直机关第三届羽毛球比赛。省财政厅代表队获得男双B组第二名，女双A组第三名，女子团体第八名，女单A组第五名、B组第五名，男单B组两个第五名。

11月　省直机关妇工委印发《关于省直机关妇女干部“我与中国梦”主题征文评选结果的通报》，省财政厅张力的征文《梦的颜色》、方芳的征文《做勇敢的追梦人》荣获三等奖，张婉莹、贾凤丽、陶颖、夏波、叶明珠、叶凡青、钟翠、沈歆、童艳等9名女干部的征文荣获优秀奖。

12月　省直机关党建研究会印发《2013年度机关党建优秀研究成果评选情况的通报》，机关党委报送的《深化财政部门基层党组织结对共建工作的实践与探索》调研报告获得一等奖。

（厅机关党委供稿　刘恒）

农业综合开发工作大事记

4月6日　财政厅印发《安徽省财政厅关于财政引导社会资金参与美好乡村建设的意见》。

7月2日　财政厅印发《安徽省财政厅关于印发〈财政支持美好乡村建设绩效评价办法〉的通知》。

7月24日　省财政厅厅长罗建国深入农发局调研，省财政厅副厅长张广寿、孟照红及相关处室负责同志陪同调研。

8月8日　省委副书记李锦斌在省财政厅《关于美好乡村建设试点工作有关情况的报告》上批示：“此项试点财政厅争取力度大，应予表扬。”

8月21日　财政部下文《关于安徽省发挥一事一议财政奖补作用推动美好乡村建设试点方案的批复》，批复本省试点方案。

10月16—25日　省财政厅组成6个督查组，对全省16个市及广德县、宿松县美好乡村建设专项资金管理使用情况进行督查。

11月1日　全省美好乡村建设推进会召开，省财政厅厅长罗建国厅作交流发言。

9月6—10月16日　2012年农业综合开发项目省级验收工作全面开展。

10月15日　省财政厅副厅长张广寿参加农发局专题组织生活会。

10月17日　安徽省十二届人大常委会主任会议专门听取财政支持现代农业综合开发示范区建设情况的报告。

11月26日　利用亚洲开发银行贷款农业综合开发项目启动暨培训会议在阜阳市召开，省财政厅副厅长张广寿到会讲话。

12月3—15日　国家农发办副处长吴洪伟带队到本省开展2012年度国家农业综合开发项目综合性检查。

12月19—20日　国家农发办副主任黄家玉带队到省农发局和庐江县双福粮油公司开展调研。

（省农发局供稿　陈杰）

非税收入征管工作大事记

1月24日　印发《安徽省财政厅关于报送2012年度省级政府非税收入征收管理情况的通知》，全面了解省级执收单位非税收入征管情况，进一步规范征收管理。

1月25日　省非税局在2012年度财政厅效能建设考评中荣获先进单位。

1月28日　根据《厅党组会议纪要》(2013年第3号)精神，省直单位财政票据(社会团体会费票据、资金往来结算票据、公益事业捐赠票据)购领核销等业务管理工作调整到省非税局办理。

2月20日　会同人行合肥中心支行印发《安徽省财政厅中国人民银行合肥中心支行关于表彰2012年度省级政府非税收入代理银行获奖单位和先进个人的通报》。

3月8日　省非税局女职工赴合肥市社会福利中心开展慰问活动。

3月12日　印发《关于报送2013年非税收入收缴执行情况分析工作的通知》。

3月30日　印发《2012年非税收入统计手册》。

3月29日　召开省级非税收入代收银行座谈会，会商省级非税收入收缴工作，省财政厅副巡视员、省非税局局长李友兰出席会议并讲话。

4月9日　召开省直非税收入执收单位座谈

会,省财政厅副巡视员、省非税局局长李友兰出席会议并讲话。

4月16日　召开一季度全省非税收入收缴执行情况座谈会。

4月27日　省财政厅副巡视员、省非税局局长李友兰赴省交通厅会商非税收入管理工作。

5月　印发《关于加强涉企规费收缴情况分析的通知》,广泛调研、深入分析全省涉企收费情况,为制定清理涉企收费政策提供第一手材料。

5月14日　印发《安徽省财政厅关于切实加强非税收入票据管理的通知》,从票据购领核销、使用保管、销毁管理、健全制度、监督检查等六个方面强化全省非税收入票据使用管理。

5月15日　印发《安徽省省级财政票据销毁管理办法》,首次细化省级财政票据销毁的要求、范围、程序等环节,进一步规范省级财政票据管理。

5月20日　会同徽商银行完成非税收入专用POS的开发实施工作。

5月26日　省财政厅副巡视员、省非税局局长李友兰率省财政厅第八调研组赴黄山市调研财政工作。

6月3日　印发《安徽省财政厅关于进一步加强国有资源(资产)有偿使用收入收缴情况分析的通知》,深入分析全省"国字头"收入情况。

6月5—8日　会同厅教科文处赴阜阳师范学院、安徽工业大学、蚌埠学院等高校开展调研会商工作。

6—8月　分赴马鞍山、阜阳、安庆、铜陵、淮北、宣城等地开展非税收入运行质量检查调研工作。

6月14—19日　与6家省级非税收入收缴代理银行续签《安徽省省级政府非税收入收缴委托代理协议书》。

6月17日　会同人行合肥中心支行启动非税收入电子化缴库工作。

6月20日　赴淮南市财政局开展全省非税信息化调研工作。

7月　省非税局党支部被评为"先进党支部"。

7月1日　省级财政票据业务正式纳入省政务服务中心财政厅窗口现场办理,业务包括首次购领申请、再次购领核销、销毁、年检等内容,涉及用票单位1174家,实现省非税局票据业务在财政窗口全覆盖。

7月19日　赴芜湖市财政局开展全省非税信息化调研工作。

8月　开展海事船检收费收缴情况调研工作。

8月19—20日　赴六安市、霍山县财政局开展全省非税信息化调研工作。

8月26日　召开非税收入电子缴库应用座谈会。

9月　积极配合省财政厅综合处开展非税收入征管重点检查。

9月3日　省财政厅党组书记、厅长罗建国到省非税局调研走访,听取意见建议。

9月2—13日　组织开展"青年干部下基层学习锻炼"活动,选派4名青年干部赴泗县屏山镇财政所、大李村联系点进行为期半个月的驻点学习。

9月20日　配合省公安厅交警总队开发"交管业务E点通"平台。

10月8—11日　赴河北省调研非税信息化工作。

10月30日　配合厅办公室、厅信息中心,完成了省级非税收入票据管理系统与省政务审批系统对接任务。

11月7日　会同人行合肥中心支行开展非税收入电子化缴库试点工作。

11月14—15日　会同省财政厅财政干部教育中心在合肥举办非税收入管理与改革培训班。

11月20—26日　与4家省级非税收入收缴代理银行续签《安徽省省级政府非税收入收缴委托代理协议书》。

12月　积极推进非税立法进程,在开展立法调研论证的基础上,形成《安徽省政府非税收入管理条例》(讨论稿)。

12月5日　联合人行合肥中心支行、厅国库处、信息中心召开全省非税收入电子化缴库工作布置会。

12月31日　全年完成省级非税收入192.5亿元,为预算的120.4%,比上年增长10.1%。其中,纳入公共财政预算管理的非税收入完成77.9亿元,占省级非税收入的40.5%。

12月31日　积极开展与泗县屏山镇大李村党支部结对共建活动,全年走访调研7次,召开联席会议5次，共过组织生活5次，征求对财政工作的意见和建议11条，帮助确定发展村级集体经济措施3条，宣讲民生工程等各项财政惠民政策5次；到位财政帮扶资金35万元，建成路桥3座，打井20眼；局党支部和干部职工捐款5500元，帮扶困难党员群众11人次，其中资助贫困学生2人，捐赠电脑4台。

12月31日　完成对省直591家单位进行票据年检，并对部分垂管部门、大中专院校进行重点年度检查，对省直长期无非税收入、票据又没有正常核销的28家单位有针对性地进行票据年检。

12月31日　全年对省地税局、工商局、质监局、水利厅、交通厅、公路管理局、海事局、交警总队、制证中心等单位票据库存进行清理，票据库存由年初2.14亿份降为0.4亿份。

12月31日　政务中心窗口现场全年发放非税票据18.2万份，核销票据14.4万份。

（省非税局供稿　张小龙）

国库支付工作大事记

1月4日　支付中心会同信息中心，成功开发省级国库集中支付项目支出现金使用网上申报审批系统，并正式上线运行。

1月10日　“省级财政直接支付无纸化改革”工作组第一次联席会议在支付中心召开，安徽省级国库集中支付电子化管理工作正式启动。会议研究并原则通过《“省级财政直接支付无纸化改革”责任分工》和《“省级财政直接支付无纸化改革”工作制度》。

1月　支付中心牵头印发《关于2013年省级国库集中支付工作有关事项的通知》，进一步加强预算指标执行管理，提高财政直接支付比重。

2月　支付中心牵头印发《关于进一步从严控制现金提取的通知》，严格现金申报审批管理，建立现金、公务卡使用情况定期通报制度。当年省级预算单位现金提取较上年下降95.5%。

3月6日　省财政厅召开省级公务卡改革工作会商会，与省级预算单位、代理银行、中国银联公司安徽分公司就推进省级公务卡改革、加强省级代理银行公务卡业务服务保障措施进行会商。

3月25日　支付中心党支部赴灵璧县虞姬村和虞姬乡财政所，正式启动与基层村组织和财政所的结对共建工作，双方共同签订《城乡基层党组织结对共建工作实施方案》。

4月11日　支付中心与厅行政处等9个业务处召开省级国库集中支付执行情况会商会。

4月　支付中心荣获第二届省直机关五一劳动奖状。

4月　牵头制发《安徽省财政厅关于规范省级行政单位基本存款账户资金管理的通知》和《安徽省财政厅关于省级行政单位基本存款账户资金规范管理后有关事项的通知》，自2013年5月1日起，省级行政单位基本存款账户资金按照“统一账户设置、统一资金划转、统一直接支付”的原则，实行规范化管理。

4—5月　支付中心先后赴合肥、芜湖等32个市、县财政局开展集中支付工作调研。

5月　支付中心会同国库处、信息中心，对省级5家代理银行和5家承办行的代理业务情况、账户管理情况和服务保障情况开展为期1个月的专项检查。

5月　省财政国库支付中心往来资金户和116个省级行政单位分账户开设工作、行政单位分账户资金划转工作顺利完成。全年累计办理分账户资金支付4500笔，涉及金额2.3亿元。

5月27日　支付中心会同信息中心，对首批20家省级财政直接支付申请电子化管理试点单位开展集中业务培训，

6月3日　首批20家省级财政直接支付申请电子化管理试点单位正式上线财政直接支付申请电子化管理。

6月13—14日　支付中心分4批组织开展省级预算单位往来资金规范管理业务培训班。

6月　支付中心配合预算处制发《关于加强省级项目支出预算细化工作的通知》（财预〔2013〕790号），对年初待细化、年中追加和上年结余的省级项目支出，全部细化执行到经济分类款级科目。全年省级累计执行细化项目274个。

6月27日　省委副书记、省长王学军，省委常委、常务副省长詹夏来，省政府秘书长邵国荷一行视察支付中心工作。

6月30日　支付中心党支部与共建村党总支

联合开展“结对共建、先锋同行”主题党日活动。

7月　支付中心党支部荣获厅直机关创先争优先进党支部称号。

7月22—24日　支付中心、干部教育中心举办两期省级预算单位国库集中支付业务培训班，省级605家预算单位700多名财务人员参加培训。

8月12日　第二批财政直接支付申请电子化管理试点工作启动,省级201家试点单位上线。

8月　支付中心配合厅预算处完成压减一般性预算支出2842.2万元。

9月　整理编印《安徽省省级国库集中支付业务问答》,通过财政一体化平台和厅门户网站进行发布。

9月16日　支付中心党支部开展“走基层、听民声、话共建”主题活动,赴结对共建村和财政所发放教育实践活动调查问卷,“面对面”听取民意。

9月29日　第三批财政直接支付申请电子化管理试点工作启动,省级345家试点单位上线。

9月27日　支付中心赴省经信委开展上门会商,就集中支付审核、预算执行细化管理和规范管理、银行对账等工作进行专题会商。

10月12日　支付中心与行政处等9个业务处召开1—9月省级国库集中支付执行情况会商会。

11月15日　支付中心组织召开一体化系统预算指标支出经济分类科目执行管理演示会。

11月17日　支付中心赴结对共建村查看省财政厅帮扶项目建设情况，走访慰问3户结对帮扶困难家庭。

12月3日　省委第五督导组来支付中心检查督导教育实践活动开展情况。

12月9日　第四批财政直接支付申请电子化管理试点工作启动,省级407家单位上线,省级财政直接支付电子化管理实现了预算单位全覆盖。

12月　支付中心牵头制发《关于推进全省国库集中支付工作一体化有关文件的通知》(财办〔2013〕2110号),对全省国库集中支付工作一体化做出统一部署。

12月　支付中心配合国库处印发《关于将省级国库集中支付代理业务考评结果纳入省级财政专户资金存放商业银行考评范围的通知》(财库函〔2013〕609号)。

12月　支付中心扎实推进党的群众路线教育实践活动，累计开展理论学习、交流研讨活动31次,广泛征求意见40余条,上门回访5次,深入查摆“四风”问题12项。

(厅国库支付中心供稿　童艳)

政府采购执行工作大事记

1月15日　中心党支部赴结对共建村太湖县方洲村开展走访慰问。

3月　中心党支部和太湖县小池镇百鸣村党支部建立结对共建关系。

6月　中心成立阳光采购工作小组,建立每周一集中学习日制度。

7月　经厅党组研究决定,廖晓虹同志任采购中心主任。

7月24日　采购中心连续第7年组织实施全省小麦优势产区良种补贴采购项目，项目预算12.72亿元,实际成交金额12.069亿元,为项目区农民节约购种成本0.651亿元。

7月26日　以省政府参事、省社科联原主席程必定为组长的课题调研组一行5人来中心专题调研省公共资源交易系统建设。

8月15日　省财政厅党组成员、纪检组长刘浩赴省政务服务中心财政窗口坐班，中心负责同志陪同，并协调供应商注册审核管理移交财政窗口工作。

8月16日　召开供应商座谈会，征求对政府采购工作意见建议。

8月　中心党支部积极开展党的群众路线教育实践活动自选动作，开展职业道德主题教育学习交流、“我为中心献一策”和“我与中心共成长”征文献策等活动。

9月13日　省财政厅信息化小组协调会研究决定开发供应商网上报名系统。

9月22日　中心认真部署开展“四零”服务竞赛活动。

9月24日　中心举办首个“政府采购开放日”活动。

10月12日　省财政厅党组成员、纪检组长刘浩参加中心党支部组织召开的党的群众路线教育实践活动专题组织生活会，省财政厅教育实践活动督导小组成员到会指导并进行评议。

10月　中心积极开展政府采购信用融资和融资担保工作宣传。

11月4日　开展反腐倡廉专题学习，邀请厅副厅纪检员、监察专员李朝友同志作《做好新形势下政府采购领域反腐倡廉建设》专题报告。

11月5日　中心党支部组织部分青年干部赴太湖县小池镇百鸣村开展结对共建活动，并捐赠图书千余册。

12月4日　省委党的群众路线教育实践活动督导组来中心督导教育实践活动开展情况，查看活动记录、笔记等相关材料。

12月14日　在"中国政府采购高峰论坛2013"上，中心荣获"新闻宣传贡献奖"，周启安同志荣获"实战精英奖"。

12月15日　在"第九届全国政府采购集采年会"上，中心连续第四年被评为"全国十佳集采机构"，"安徽中医学院第一附属医院国家中医药临床研究基地采购项目"被评为"政府采购精品项目"，范晓玲同志被评为"全国十佳集采业务标兵"。

12月23日　中心举办供应商网上报名专题业务培训，积极稳妥推进供应商网上报名和保证金电子化改革。

12月27日　中心党支部赴结对共建村太湖县百鸣村开展走访慰问活动。

12月31日　全年共完成采购项目1155个，比上年增加128个，同比增长12.46%；完成项目预算44.41亿元，比上年增加2.33亿元，同比增长5.53%；合同金额40.03亿元，比上年增加2.83亿元，同比增长7.62%；节约资金4.38亿元，资金综合节约率为9.85%。

12月31日　中心严格执行公务车采购规定，全年采购江淮、奇瑞等自主品牌汽车701台、合同金额8823万元，占公务车采购总量、总金额的98%以上。

12月31日　中心主动接受监督，专家抽取、开评标全程录音录像，开放开标现场监控端口，主动接受纪检监察部门远端实时监控，全年邀请政府采购特邀监察员384次428人、公证员147次294人。

12月31日　采购中心全年先后到40余个采购单位开展上门会商服务，加快推进项目执行；注重规范采购行为，发布各类采购信息2280条，整理归档1100余项目档案、8946卷，通过专家系统自动抽取专家3290人次，新审核入库供应商2173家、入库供应商总数达8968家。

12月31日　采购中心扩大政府采购宣传，《中国财经报》、《安徽财会》、《中国政府采购报》、《政府采购信息报》等媒体全年刊发宣传稿件36篇。

（省政府采购中心供稿　李成名）

财政科研工作大事记

4月　省财政学会以通讯方式完成理事会换届选举工作，成立第七届理事会，并审议通过修改后的《安徽省财政学会章程》。

4月15日　组织召开《安徽省志·财政志》稿评议会，省财政厅副巡视员陈传文主持会议，省地方志办公室副主任刘成典、吴静出席会议并评议志稿。

5月　省财政学会完成的《资源税、房产税改革及对地方财政影响分析》课题荣获省社科联"学界兴皖"优秀调研三等奖。

6月　荣获财政部科研所颁发的2013年度全国财经科研成果宣传特等奖。

6月　《安徽财政年鉴》在省地方志办公室、省年鉴研究会联合举办的第二届安徽省年鉴编纂出版质量评比活动中，荣获综合一等奖。

9月　《安徽省级财政科技支出项目绩效评价研究》课题获得省软科学研究计划立项。

9月　被财政部中国财政杂志社评为2013年度"三刊两鉴"宣传工作先进单位。

10月28日　组织召开全省财政宣传工作座谈会，省财政厅副厅长朱长才出席会议并对财政宣传工作提出要求。

11月6日　省财政学会举办的"政府向社会力量购买服务"课题研究座谈会在合肥召开，省财政厅副厅长、省财政学会常务副会长朱长才出席会议并讲话。

11月19日 《安徽省志·财政志》送审稿修改完成,并报送省地方志办公室审定出版。

12月 2013年全省46项财政重点调研课题全面完成,汇编印成《安徽财政调研工作手册》一书。

(省财政科学研究所供稿 万勇)

注册会计师和资产评估师管理工作大事记

1月15日 省财政厅副厅长左俊到六安市调研事务所诚信文化建设。

3月1日 组织开展《安徽省事业单位审计工作底稿指引(试行)》研究和编写工作。

4月20日 省注册会计师行业团工委荣获省直机关"五四红旗团委"称号。

4月25日 行业团工委以《"三抓三促"助推行业团建工作》为题,在团省委召开的全省推进非公有制企业团建工作电视电话会议上作交流发言。

5月9—10日 举办2013年资产评估机构执业质量自查专题培训班,来自全省80家评估机构的90余名资产评估师参加培训。

5月13日 印发《全省注册会计师"诚信文化建设年"活动实施方案》和任务分解表,全面署推进行业"诚信文化建设年"活动。

5月30日 行业党委召开"诚信文化建设年"活动推进会,省财政厅副厅长左俊发表讲话。

6月5日 注册会计师、资产评估行业积极为四川芦山地震灾区捐款献爱心。全省执业机构共捐献爱心款39.66万元。其中,现金35.03万元、物资4.63万元。

6月10日 根据《安徽省注册会计师(资产评估)行业领军人才培养方案》,启动2013年度我省行业领军人才培养选拔工作。

6月30日 举办"践行诚信精神,放飞青春梦想"主题演讲活动,来自会计师事务所的14名青年党员、团员参加演讲。

7月4—7日 举办以"恪守诚实信用职业操守 弘扬注册会计师职业精神"为主题的2013年度新注册人员继续教育培训班,来自全省67家会计师事务所的100余名新批注册会计师参加活动。

7月6日 组织开展"注册会计师职业精神"专题研讨、提炼、演讲活动。

7月23日 联合省高院司法鉴定处深入天职国际会计师事务所安徽分所调研,并邀请省内16家执业机构共同就司法鉴定业务展开座谈。

7月27—28日 省财政厅副厅长左俊赴注协结对共建村—萧县费村开展结对共建活动。

8月15日 与省国资委产权局、财务监督与评价处及省属企业财务负责人、会计师事务所和评估机构代表座谈,深入交流共同关心的话题。

8月28日 印发《关于促进安徽省会计师事务所加快发展的若干措施》,从14个方面支持事务所加快发展。

9月16日 举办以"诚信 自觉 自信"为主题的行业诚信文化建设交流活动。

9月28日 省财政厅副厅长左俊巡视注册会计师综合阶段考试和英语测试。

10月19—20日 安徽省2013年度注册会计师全国统一考试专业阶段考试举行。

12月16—17日 举办2013年度会计师事务所执业质量检查案例暨风险警示教育专题培训班。

12月27日 协会召开六届一次自律委员会会议。

(注册会计师管理处供稿 王克法)

省级行政事业单位资产管理工作大事记

3月25日 省政府驻海南办事处到中心上缴房屋、土地产权证,并完成交接手续。本省省级行政事业单位权证集中管理工作正式启动。

4月23日 本省省级资产评估机构、拍卖机构招募招标项目在省政府采购中心开标,确定5家评估机构和5家拍卖机构。

5月22日 省财政厅机关大楼电梯采购项目

在省政府采购中心开标。

7月10日 中心和资产处组织开展资产管理专项核查,内容包括权证移交、合同备案、公开拍租和收入上缴等情况。

7月25日 省财政厅厅长罗建国深入中心结对共建单位杏花社区走访慰问征求意见,中心负责同志陪同走访。

8月7日 中心首次组织并完成安徽建筑大学一批报废资产公开拍卖,实现溢价率126%。

8月29日 中心与省产权交易网签订安徽省级行政事业单位国有资产进场交易合作协议。

11月4日 资产中心、省财政厅机关工会组织召开机关食堂改革座谈会。

11月15日 中心牵头启动省财政厅存量房清理工作。

12月2日 省财政厅机关大楼4部改造电梯通过省特种设备检测院验收,机关大楼电梯改造工程顺利结束。

12月13日 中心党支部到休宁县黄村开展结对共建活动,走访慰问困难户,实地查看自来水人饮工程项目建设情况。

12月31日 中心全年完成381家单位2974本“两证”的移交工作,完成182家单位1542份房屋租赁合同备案工作。

12月31日 中心全年完成37家省直单位账面原值合计5609.64万元的资产集中处置,出售资产评估价值578.28万元,资产出售收入730.7万元,溢价率达26.36%,

12月31日 中心全年受理10家主管部门54处房产的公开拍租业务,成功拍租房产租金累计976.14万元/年,较原合同租金收益增长75.2%。其中,26处门面房(商铺)较原合同租金收益增长188.1%;17处非门面房(办公、饭店、宾馆等)较原合同租金收益增长39.7%。

(厅资产中心供稿 陈瑞)

市县财政工作大事记

合肥市财政工作大事记

2月16—21日 全市财政系统干部集中开展一年一度的“春训”活动,共同总结交流、学习提升,部署全年各项财政工作。

2月21日 市财政局召开党组中心组理论学习(扩大)会议,深入学习贯彻市委中心组理论学习会议精神,提出以政策引导、税源管理、民生工程、生态文明、科学管理、改进作风为抓手,开创工作新局面,为打造“大湖名城、创新高地”做出新贡献。

3月27日 市财政局召开民生工程绩效评价培训会,正式启动合肥市2007—2012年民生工程绩效评价工作。

4月9日 市财政局召开党组中心组学习(扩大)会议和2013年度第一次局务会,推进党风廉政建设和财政干部队伍建设。

4月11日 合肥市市辖区平台一体化系统推广现场会及信息化工作座谈会在经开区召开。

4月18日 市人大常委会主任熊建辉率市人大常委会视察组视察国库集中收付工作。

4月19日 市财政局局长吴利林,副局长陈伟、黄永强,就民生工程政策接听12345政府服务直通车。

4月26日 省人才办主任王益灵、省财政厅副厅长左俊、省知识产权局局长周宏、省人才办副主任罗太忠来肥调研股权和分红激励试点工作。

5月2日 市财政局组织召开围绕《如何更好地融入打造“大湖名城 创新高地”的建设中》及《年轻干部如何找准自身定位、提升素质,切实履行工作职责》为主题的青年干部座谈会。

5月8—9日 省财政厅副厅长陈军来肥开展县级公立医院综合改革、村医政策落实督查及财政工作调研。

5月12日 市财政局党组书记、局长吴利林带队赴肥西县山南镇调研美好乡村建设及选派工作。

5月16日 省财政厅副厅长左俊来肥开展涉企收费调研。

5月15日 国家开发银行总行党委副书记、监事长姚中民来肥调研新型城镇化建设情况,并举行座谈会。省委常委、常务副省长詹夏来,省委常委、市委书记吴存荣出席座谈会并讲话。

5月27日 市财政局组织召开机关和支付中心科级职位竞争上岗工作动员暨民主测评大会,公开公平公正选拔优秀干部。

5月31日 市财政局组织召开全市涉农资金检查工作会议,启动全市涉农资金检查工作。

6月19日 合肥市召开全市民生工程进度督查汇报会,市委常委、常务副市长韩冰出席会议,推动民生工程建设全面提速。

6月19日 市财政局组织召开全市涉企资金检查工作会议,全面启动全市涉企资金检查工作。

6月24日 市财政局召开四大政策新闻发布会,新修订出台的支持经济发展四大政策正式实施。

6月27日 省委书记张宝顺对合肥市股权和分红激励试点工作做出批示:“积极推进,落实政策,总结成效,扎实推进自主创新工作”。

7月1日　合肥市财政局召开党员代表大会，选举产生市财政局新一届机关党委。

7月2日　全省企业股权和分红激励试点会议在合肥市财政局召开，省委组织部部务委员、省人才办主任王益宁、省财政厅副厅长左俊出席会议。

7月5—6日　市财政局召开2013年度第二次局务会，传达学习王学军省长对预算编制工作和财政工作批示以及在财政工作专题会上的讲话精神，部署年内工作。

7月15日　市财政局组织召开合肥市2014年市本级部门预算编制工作会议，正式启动2014年市本级部门预算编制工作。

7月25日　省财政厅党组书记、厅长罗建国来肥走访调研，深入基层一线，听取基层干部群众代表对财政及民生工作的意见和建议。

7月26日　市财政局局长吴利林、副局长黄永强率政府采购处相关人员赴市招管局会商政府采购等工作。

7月26日　市委常委、常务副市长韩冰到市财政局调研财政投融资工作，听取市财政局、投融资办的工作汇报。

8月1日　省营改增办公室副主任、省财政厅副厅长左俊一行来合肥市了解广播影视业营改增试点上线运行情况，并召开营改增试点专题调研座谈会。

8月1日　财政部预算司副司长夏先德一行，来肥调研基层财政预算管理工作，省财政厅副厅长陈军陪同调研。

8月9日　市政府召开1—7月财政预算执行分析暨财税工作座谈会，市委常委、常务副市长韩冰出席会议并讲话。

8月11日　省财政厅副厅长左俊来肥调研合肥综合保税区申报工作。

8月17日　省财政厅党组书记、厅长罗建国来肥调研基层财政工作，征求对做好基层财政工作和对省财政厅党组加强作风建设的意见建议。

8月27日下午　国家财政部社保司副司长宋其超一行来肥调研就业创业工作，并与安徽省财政厅社保处、包河区财政局、芜湖路曙光社区签订为期三年的党组织“四方共建”协议，共同推进和提升基层党建工作。

9月25日，市财政局组织召开2013年市级预决算公开工作布置会。

10月12日　市财政局召开全市财政系统工作务虚会，各县(市)区财政局长和市财政局机关中层及以上干部共同谋划2014年财政工作思路。

10月29日　省财政厅副巡视员李友兰一行来肥检查指导财政系统部门会商和帮联工作。

11月14日　合肥市政协主席、副主席带队各专门委员会一行120人集中视察民生工程。

11月18日　省财政厅党组成员、纪检组长刘浩一行来肥调研财政工作。

12月7日　市财政局召开党组中心组学习(扩大)会议，学习宣传贯彻党的十八届三中全会、习近平总书记系列讲话精神，推进财政改革与发展。

12月18—19日　省营改增办公室副主任、省财政厅副厅长左俊一行来合肥市调研铁路运输和邮政服务业营改增试点准备工作情况，实地走访企业，并召开专题调研座谈会。

12月24日　市财政局印发《关于市级财政预算执行支出经济分类科目有关事项的通知》。

12月31日　全市公共财政收入完成768.3亿元，同比增长10.6%。其中：地方财政收入438.6亿元，同比增长12.6%。税收收入占财政收入比重达89.3%，增长0.6个百分点，收入质量持续向好。

(合肥市财政局供稿)

淮北市财政工作大事记

1月9日　省财政厅农发局局长王建培来淮北调研农业综合开发工作。

1月22日　淮北市农业综合开发工作座谈会在市财政局召开。

1月　市国库支付中心制定《关于进一步加强国库集中支付管理的通知》。

3月　姜颖任市财政局党组书记、局长。

3月　市财政局被市委授予党风廉政建设优秀单位。

3月　市国库支付中心与人民银行淮北市中心支行国库科实现对账业务电子化。

4月　经过地市自评申报、16个地市相互评价和省财政厅综合考评,淮北市荣获“2012年度全省农村财政管理工作综合考评一等奖”,位列全省第一名。

4月　淮北市渠沟镇财政所等4个乡镇财政所荣获“2012年度创建规范化乡镇财政所(分局)省级先进单位”,全市23个乡镇财政所(分局)共有10个乡镇财政所荣获省级先进单位,超额完成省财政厅下达的“三年省级先进单位达到30%”的创建目标。

4月　市财政局下发《关于开展2013年预算支出绩效考评工作的通知》,启动2013年度绩效考评工作。

5月28日　制定《淮北市融资管理委员会议事规则》。

5月　市财政局被市委、市政府授予民主考评机关先进单位。

5月　市政府成立融资管理委员会,由市财政局国际债务科(债务办)承担市政府本级地方债务管理工作。

5月　按照省财政厅统一部署,开展为期4个月的全市涉农资金专项检查。

6月　2014年淮北市直部门预算编制工作启动。

7月15日　河北省藁城市党政领导一行17人来淮北参观百善现代农业示范区。

7月　市财政局被市政府授予纠风治乱工作先进单位。

8月13日　市财政局、市金融办联合制定并发布《淮北市本级政府财政性资金存放商业银行考核评价激励暂行办法》。

8月14日　省财政厅副厅长左俊等一行3人调研淮北市民营经济发展专项扶持资金绩效评估。

9月9日　省审计组驻淮北为期一个多月的全省地方政府性债务审计工作全面结束。

10月16日　淮北市社保基金管理以定期存款比例81%、综合收益率3.4%,荣获全省一等奖。

10月22日　省财政厅农发局来淮北检查美好乡村建设资金管理情况。

10月　淮北市综合治税平台开始建设。

10月　省财政厅对淮北市乡镇公办幼儿园、公共文化服务信息化建设、农村文化建设专项补助等教科文类民生工程进行绩效考评。

10月　淮北市烈山区被省政府列为农村综合改革示范试点。试点地区围绕市场主体培育、土地市场建设、集体“三资”管理、公共基础设施建管、信息和金融服务等6个方面,进一步培育市场主体,优化资源配置,促进农业和农村持续健康较快发展。

11月　经财政部批准,淮北市杜集区试点开展一事一议财政奖补作用推进美丽乡村建设全国试点工作。

12月　市政府办下发《淮北市市本级财政结转结余资金管理办法》。

12月　市财政局农发局荣获省财厅2012年度农业综合开发资金决算编报工作先进单位。

12月31日　市营改增试点纳税人达到1578户,较2012年增加619户。

(淮北市财政局供稿　乔林)

亳州市财政工作大事记

1月7日　市政府下发《关于对市财政局进行表彰的通报》(亳政秘〔2013〕7号),对市财政局予以通报表彰。

1月8日　受市政府委托,市财政局向市三届人大第三次会议提交《关于亳州市2012年预算执行情况和2013年预算草案的报告》,会议批准市本级预算。

1月24日　市财政局召开全市财政系统廉政风险防控工作交流会议,各县区财政局分管领导和经办人员相互交流工作开展情况。

1月30日　市编委亳编〔2013〕1号文件批复,市财政局财政监督科更名为“财政监督局”。

2月20日　市政府召开民生工程工作调度会,市民生工程协调小组各成员单位主要负责人市委副书记、市长沈强,市委常委、常务副市长汪一光出席会议并讲话。

3月11日　市财政局印发《亳州市突发事件财政应急保障预案》(财预〔2013〕58号),保证突发事件后及时提供财政政策和资金保障。

3月18日　市纪委副书记、监察局局长廉保军带队对市财政局和局领导班子2012年度党风廉政建设责任制落实情况进行考核，市直20家单位代表参加测评。

3月22日　市委书记、市人大常委会主任杨敬农到市财政局调研，听取工作汇报，看望财政干部职工。市委常委、常务副市长汪一光，市委副秘书长、办公室主任靳家海，市委办公室副主任万瑞年陪同调研。

4月12日　市财政局、市监察局、市审计局、市机关事务局印发《关于建设资源节约型机关的实施意见》(财公〔2013〕133号)。

4月12日　市财政局、市委宣传部印发《亳州市宣传文化发展专项资金绩效评价暂行办法》(财公〔2013〕360号)，规范和加强宣传文化发展专项资金管理。

4月17日　市财政局印发《亳州市市级财政预算支出指标管理暂行办法》(财预〔2013〕136号)，加强市本级预算支出指标管理。

4月18日　亳州市制定出台《亳州市人民政府关于实施2013年民生工程的通知》(亳政〔2013〕15号)，实施31项民生工程，其中新增6项，提标扩面5项，扩充整合1项，退出6项，继续实施19项。

4月18日　市委办、市政办印发《亳州市市级行政事业单位资金、资产和土地清理工作方案》(亳政秘〔2013〕23号)，布置"三清"工作。截至年底，市本级撤并账户66个，清理资金18.4亿元、房产157.8万平方米、土地5268亩，将40多亿元优质资产注入建投集团，盘活政府资产，堵塞资金资产管理漏洞。

4月19日　全市民生工程暨市级行政事业单位资金资产土地清理工作动员会议召开。市委副书记、市长沈强参加会议并讲话。

5月14—31日　根据省财政厅统一部署，市财政局组织全体机关干部参加依法行政、依法理财知识测试。

5月23日　市三届人大常委会第59次主任会议，听取市本级政府债务资金及2011年以来市本级土地出让金收缴和使用情况报告。

6月2日　市财政局获市直机关效能建设优秀单位，受到市委、市政府表彰。

6月4日　市财政局在魏武广场参加2013年"江淮普法行"大型法律咨询服务活动。

6月19日　省财政厅副厅长朱长才率经建处负责人来亳州市征求加强政府债务管理工作的意见。

6月20日　市委办、市政办印发《亳州市开展在编不在岗和违规领取财政资金人员专项清理工作方案》(亳办〔2013〕46号)，部署开展专项清理工作。

6月20日　市政府印发《关于市级政府性资金存放商业银行管理有关问题的通知》(亳政秘〔2013〕85号)，明确考核评价指标和实施步骤。

6月20日　市政府办公室印发《亳州市市级预决算管理办法》和《亳州市市级财政结转结余资金管理办法》(亳政办〔2013〕23号)，规范市级预决算管理，加强结转结余资金管理工作。

6—12月　市财政局组织开展"清权力、查漏洞、订流程、建制度"工作，共清理权力141项，完善制度132个，绘制办事流程图108个，制定岗位操作规范43项，加强了财政管理制度建设，完善了廉政风险防控管理。

7月19日　市财政局部署开展全市涉企资金专项检查工作。此次检查采用县区互查、市级督查的方式，成立4个检查组，深入到每个项目单位，对前期清理、自查情况及涉及企业资金使用情况进行全面检查，检查范围涵盖全市2010年到2012年期间5亿多元的涉企资金。

7月22日　市财政局印发《亳州市市级预算公开评审暂行办法》(财预〔2013〕270号)，规范预算评审工作。

7月30日　市委常委、常务副市长刘辉来市财政局调研指导，听取工作汇报。市政府副秘书长张东亚陪同调研。

8月9—10日　省政协副主席李修松率省政协巡视组，在省财政厅副厅长陈军及省民生办领导陪同下，对亳州市民生工程和居民收入赶超工作进行巡视。

8月1—12日　省财政厅副厅长左俊率调研组来利辛县，就民营经济发展专项扶持资金绩效评估工作进行调研。

8月13日　市财政局印发《亳州市商贸发展专项资金管理暂行办法》(财企〔2013〕296号)、《亳州市工业发展专项资金使用管理暂行办法》(财企〔2013〕297号)、《亳州市规模工业企业培育发展奖励资金使用管理暂行办法》(财企〔2013〕298号)、

《亳州市乡镇工业功能区建设考核奖励资金使用管理暂行办法》(财企〔2013〕299号)。

8月14日　市财政局、市文明办印发《亳州市精神文明建设专项资金管理暂行办法》(财公〔2013〕300号),规范精神文明建设专项资金使用与管理,提高资金使用效益。

8月14日　市财政局、市外事办印发《亳州市外事专项资金管理暂行办法》(财公〔2013〕303号),规范市级财政外事专项资金使用与管理,提高资金使用效益。

8月14日　市财政局、市药监局印发《亳州市中药材抽验专项资金管理暂行办法》(财社〔2013〕304号)、《亳州市中药材抽验专项资金绩效考评办法》(财社〔2013〕305号)。

8月14日　市财政局、市卫生局印发《亳州市中医药发展专项资金管理暂行办法》(财社〔2013〕314号)、《亳州市中医药发展专项资金绩效考评暂行办法》(财社〔2013〕315号)。

8月14日　市财政局印发《关于加强市级预算绩效管理的通知》(财预〔2013〕316号)、《亳州市旅游发展专项资金管理暂行办法》(财公〔2013〕319号)。

8月14日　市财政局、市信访局印发《亳州市信访维稳基金管理使用暂行办法》(财公〔2013〕326号),加强信访救助资金的管理使用。

8月20日　市财政局、市科技局印发《亳州市应用技术研究与开发资金管理暂行办法》(财公〔2013〕301号),加强对应用技术研究与开发资金的管理,提高资金使用效益。

8月20日　市财政局、市委宣传部印发《亳州市新闻宣传专项资金使用管理暂行办法》(财公〔2013〕335号),规范新闻宣传资金使用与管理,提高资金使用效益。

8月21日　市财政局、市发改委印发《亳州市服务业发展引导项目资金管理暂行办法》(财建〔2013〕343号),规范资金使用程序,提高资金使用效益,确保资金使用安全。

8月23日　市财政局印发《亳州市工业发展专项资金绩效评价管理暂行办法》(财企〔2013〕345号)、《亳州市规划工业企业培育发展奖励资金绩效评价管理暂行办法》(财企〔2013〕346号)、《亳州市乡镇工业功能区建设考核奖励资金绩效评价管理暂行办法》(财企〔2013〕347号)、《亳州市商贸发展资金绩效评价管理暂行办法》(财企〔2013〕348号)。

8月27日　市政府召开民生工程调度视频会,市委常委、常务副市长刘辉参加会议并讲话。

8月30日　市财政局、市妇联印发《亳州市妇女专项资金绩效评价暂行办法》(财公〔2013〕357号),规范和加强妇女专项资金管理。

8月30日　市财政局、市文旅局印发《亳州市旅游发展专项资金绩效评价管理暂行办法》(财企〔2013〕359号),规范旅游发展专项资金管理。

9月2日　市财政局、市发改委印发《亳州市市级服务业发展引导资金绩效评价管理办法》(财建〔2013〕364号),加强市级服务业发展引导资金管理。

9月3日　市财政局、市科技局印发《亳州市应用技术研究与开发资金绩效评价暂行办法》(财公〔2013〕356号),规范和加强应用技术与开发专项资金管理。

9月8日,市委书记、市人大常委会主任杨敬农在《市民生工程牵头单位致各县区负责同志"一封信"》上作出重要批示:请分管市领导和各县区党政一把手阅研。既要知晓工作进度和取得的成绩,更要强化问题意识,明晓自身不足,针对存在的问题,加大工作力度,确保年度目标任务的完成。今后"一封信"直接发县区及相关单位一把手,并抄报我和沈市长及相关分管市领导。

9月10日　财政部经建司副司长李方旺一行来亳州市调研重点项目建设情况,省财政厅副厅长吴天宏,市委书记、市人大常委会主任杨敬农,市委副书记、市长沈强,市委常委、市纪委书记汤涌,市委常委、常务副市长刘辉,市委常委、谯城区委书记胡朝荣分别陪同调研。

9月13日　省财政厅税政条法处检查组来亳州市开展财政系统"六五"普法中期检查调研。

9月18日　市政府办公室印发《亳州市市级部门预决算及"三公"经费信息公开工作方案》(亳政办秘〔2013〕86号),部署部门预决算及"三公"经费信息公开工作。

8月19日　市财政局、市文旅局印发《亳州市农村文化建设专项资金管理暂行办法》(财公〔2013〕336号),加强和规范专项资金管理。

9月29日　市政府办公室印发《亳州市市级预算单位银行账户管理暂行办法》(亳政办秘〔2013〕91号),规范市级预算单位银行账户管理。

10月31日　市政协领导班子组成视察团到蒙城县视察2013年民生工程建设情况。

11月12日　由省民生办、省广播电视台共同主办的“民生工程在基层”直播宣传活动启动仪式在涡阳县举行。

12月13日　市人大常委会组织对“加强民生工程建后管理 确保项目发挥长期效益”等议案办理情况进行视察。

12月17日　市政府印发《关于调整市区财政收入征管范围的意见》(亳政秘〔2013〕176号)、《关于调整亳州市与亳州经济开发区财政体制的意见》(亳政秘〔2013〕177号),两份文件均从2014年1月1日起执行。

12月18日　亳州市民生办印发《关于2013年度民生工程实施情况考核有关问题的通知》(民生办〔2013〕55号),组织市直各牵头部门对县区民生工程工作进行考核。

(亳州市财政局供稿　邓昊)

宿州市财政工作大事记

1月6日　省财政厅副厅长朱长才到宿州市萧县慰问沈浩同志母亲。

1月14日　省注协到淮北市萧县酒店乡杨楼村开展城乡结对共建,慰问困难党员、群众。

2月　市三届人大第四次会议批准宿州市2012年本级财政预算。

2月　市财政局对2012年度财政国库集中支付代理银行进行业务综合考评，并首次支付国库集中支付代理手续费。

3月　全市各级财政部门开展地方财政对外借款清查工作。

3月19日　省财政厅农村财政管理局到宿州市泗县开展规范化财政所验收工作。

3月20日　召开2013年市直非税收入征管检查工作会议,部署市直非税收入征管检查工作,从3月20日到7月底,共检查执收34单位、政府非税收入47531万元,发现问题资金1100余万元。

3月28日　开展财政票据年检工作，共年检用票单位122家、年检财政票据849640份。

3月20日　省国税局副局长曹剑带领省营改增试点调研组到宿州市调研营改增试点工作相关情况。

4月　组织县区财政局认真编制《宿州市财政支持现代农业生产发展项目实施方案》,上报省财政厅。

5月15日　省人大常委会副主任臧世凯、财政厅厅长罗建国到宿州市萧县调研扶贫开发工作。

5月15—16日　省财政厅副巡视员陈传文到宿州市开展财政工作调研。

5月24日　市财政局召开全市财政涉农资金检查工作会议。

5月　代市政府起草的《宿州市人民政府关于试行国有资本经营预算的意见》(宿政发〔2013〕11号)先后经市政府常务会、市委常委会通过下发。

5月　宿州市灵璧县被列为全省三个政策性育肥猪保险首批试点县之一，为全县32家500头以上规模养殖场承保育肥猪10.2万头，提供了6100万元风险保障。

6月14—18日　市农发局完成2012年度农业综合开发产业化经营项目市级验收。

6月30日　省财政厅国库支付中心到宿州市灵璧县虞姬村开展“结对共建、先锋同行”主题党日活动。

7月18日　市财政局在灵璧县组织召开加快推进乡镇国库集中支付改革现场会议。

7月27日　省财政厅副厅长左俊来宿州市萧县考察特色产业基地建设情况。

7月27日　省财政厅副巡视员、省非税局局长李友兰到宿州市泗县调研财政工作。

7月29日　财政部现代种业基金会陈颖杰副总经理一行四人,到宿州市考察种业发展情况。

8月1日　省审计厅派出审计组,对宿州市截至2012年底和2013年6月底政府性债务情况进行审计。

8月6日　省财政厅在宿州市召开全省农业生产全程社会化服务试点调研座谈会。

8月8日　市本级启动财政票据电子化管理系统改革，全面梳理市直单位财政票据使用管理信息。

8月19日 市财政局召开效能建设工作动员部署会议。

8月 宿州市2013年农业综合开发农业部专项项目获省批复。

9月 省农发局分批对宿州市2012年度农业综合开发项目进行省级验收。

10月 全市四县一区113个乡镇全部实现国库集中支付改革,并同步推行乡镇公务卡制度改革。

10月 全市停运地方横向联网“一票多税”系统,通过POS机刷银行卡方式办理电子缴税业务,财税库银横向联网上线率不断提高。

10月 宿州市2013年农业综合开发产业化经营项目获省批复。

10月9日 省政协常委、副秘书长杨玉华一行到宿州市开展民生工程专题调研活动。

10月28日 省财政厅财政监督检查局局长汪学越到市财政局召开财政预算部门会商和乡镇资金监管帮联工作座谈会。

11月8—10日 中国农村财政研究会副秘书长袁中良、财政部农开办监督检查处调研员李建民一行四人,到宿州市调研家庭农场创办及经营情况。

11月14日 省财政厅副厅长吴天宏到宿州调研财政工作。

12月 市财政局与行管局、外事办联合下发《关于建立“三公”经费监管长效机制的通知》,建立“三公”经费支出统计报表制度。

(宿州市财政局供稿 许磊、年福翔)

蚌埠市财政工作大事记

1月7日 全面启动城市家政服务体系建设试点,10户企业被确定为第一批家政服务体系试点项目建设单位。

1月24日 市委常委、常务副市长张孝成来市财政局调研指导工作。

2月19日 将市区义务教育阶段公办学校“班班通”建设纳入市级民生工程,为市区全部151所学校的2166个班级配备多媒体教学设备,搭建全市教育公共服务平台。

3月1日 市财政局召开财政工作暨民生工程、居民收入倍增工作会议,市财政局全体干部职工、县区财政主要负责人及民生工程市级牵头实施部门财务负责人等参加会议。

3月18日 市财政局开展为期一周的春季财政业务培训,财政局全体干部职工参加。

4月12日 市财政局被财政部国库司、《中国政府采购报》授予“中国政府采购十年实践创新奖”称号。

4月15日 市财政局荣获2012年度全市双拥工作模范单位,自2010年蚌埠市开展双拥模范单位评比活动以来,连续第3年获此殊荣。

5月13日 省财政厅副厅长陈军来蚌埠市调研指导工作。

5月20日 蚌埠市召开企业股权和分红激励试点工作推进会,市委常委、组织部长周勇出席会议并作讲话,市财政局党组书记、局长王莉敏作专题工作报告。市委组织部、市人才办、市试点办成员单位、各县区(管委会)政府主要负责人及县区财政局局长参加会议。

6月16日 市财政局局长、市营改增试点领导小组副组长兼办公室主任王莉敏赴市公交集团公司、玻璃设计研究院、八一化工公司调研营改增试点运行情况。

6月24日 市财政局召开全市民生工程工作座谈会,副局长唐忠利出席会议,各县区财政分管负责人、民生办主任参加会议。

7月20日 正式启动2014年度预算编制工作,较上年编制时间提前一个半月。

7月31日 市委常委、市纪委书记倪建胜一行来市财政局调研指导工作,财政局党组书记、局长王莉敏作财政工作汇报。

8月9日 市级民生工程暨金秋助学贫困大学生救助仪式启动,首批100名贫困大学生获得每人3000元的资助。

8月10日 市财政局召开上半年全市居民收入倍增规划实施分析会,市直相关成员单位牵头科室负责人、各县区财政局分管局长和倍增办主任参加会议。

8月12日 市财政局全面开展2013年度市级会计监督检查工作。

8月13日 市珠算协会组队参加省第十六届少儿珠心算比赛,获得全省学前组团体二等奖和学生组团体二等奖，其中1人获得学前组个人二等奖、1人获学生组个人二等奖。

8月15日　市财政局首次“道德讲堂”开讲，全年累计开讲15课时。

8月20日　市财政局分别邀请10名市人大代表、10名市政协委员担任民生工程特邀监督员，检查督促民生工程实施工作。

9月10日　省财政厅厅长罗建国来蚌埠市调研指导农村综合改革工作，市长白金明和市政协副主席、市政府秘书长吴中尧参加座谈，市财政局局长王莉敏作专题工作报告。

9月25日　市民生办主任、财政局局长王莉敏接受安徽广播电台政风行风热线栏目专访，重点介绍全市民生工程实施成效、资金保障、建成管养等情况及民生工作下一步方向。

9月29日　市财政局局长王莉敏一行深入淮上区梅桥镇淝北村调研，召开帮扶对接座谈会。

11月12日　省财政厅巡视员张广寿来蚌埠市调研农村工作。

12月31日　全市完成财政收入182.8亿元，增收18.1亿元，同比增长11%，收入总量位居全省16市第5位，较上年排名前移一位。全年地方财政收入92.8亿元，同比增长18.4%，财政增收近八成来自于地方财政收入增长。

（蚌埠市财政局供稿　张永颜）

阜阳市财政工作大事记

1月　市财政局召开2013年度推进整治和预防腐败体系检查，党风廉政建设责任制考核暨市管干部年度考核工作汇报会。

1月　市财政局开展道德讲堂活动。

1月　市财政局局长虞建斌到五级书记大走访联系点——阜南新建村开展慰问调研活动。

1月　市财政局开展冬季安全大检查活动。

1月　全市2013年财政收入实现开门红。

2月　市财政局组织收看全省财政工作视频会。

2月　市财政局召开全局职工大会。

2月　市财政局组织收看全省财政业务培训会。

3月　市财政局召开全市民生工程工作会议。

3月　市财政局召开效能建设工作动员会议。

4月　市财政局召开廉政风险防控暨岗位廉政教育工作动员会。

4月　市财政局召开党组中心组学习会。

4月　市政府召开全市财政工作第一季度调度会。

5月　开展2013年33项民生工程政策集中宣传日活动。

5月　省财政厅副厅长左俊来阜调研财政工作。

5月　市财政局组织收看全省营改增视频会。

5月　市财政局组织参加在线访谈活动。

6月　市财政局召开全市财政系统信息工作会议。

6月　省财政厅科研所来阜开展财政工作调研。

6月　市财政局组织开展2013年会计从业资格考试工作。

6月　市财政局开展安全生产、节能减排宣传活动。

7月　市委常委、纪委书记汤春和来市财政局调研。

7月　市财政局开展效能工作大检查活动。

8月　市财政局开展八一慰问活动。

8月　市财政局组织参加效能连线活动。

8月　省财政厅社保处来市财政局检查工作。

9月　市财政局邀请市直工委书记高魁来市财政局讲课。

10月　市效能检查组来财政局检查效能工作。

11月　市财政局党组中心组学习会学习十八届三中全会精神。

11月　市优化经济发展环境检查组来财政局检查。

12月　省财政厅经建处来市财政局调研。

12月　省财政厅社保处来市财政局调研。

12月　省财政厅副厅长孟照红来阜调研。

（阜阳市财政局供稿）

淮南市财政工作大事记

1月4日　市财政局开发制作“2013年市级部门预算草案信息查询系统”,在市第十五届人大一次会议期间设立“部门预算查询台”,供人大代表进行查询。

1月6日　市财政局制发《淮南市市级参与式预算项目绩效跟踪管理暂行办法》,进一步加强预算管理,提升市级参与式预算项目绩效。

1月6日　市财政局制发《淮南市市级财政竞争性项目评审暂行办法》,进一步加强财政资金绩效管理,规范财政项目支出程序,完善财政资金分配机制,提高财政资金使用效益,

1月10日　市地方政府债务管理工作会议在市财政局召开。市经信委、审计局、金融办、人民银行、银监局及各县区(园区)、金融机构和各政府债务有关单位相关同志参加了会议。

1月16日　2013年民生工程实施动员会议在市财政局召开。会议通报《淮南市人民政府关于2013年实施35项民生工程的通知(代拟稿)》,广泛征求各县区意见和建议。

1月18日　市美好乡村建设工作领导小组办公室公布全市美好乡村建设第一批83个中心村名单,其中:省级建设中心村57个、市建设中心村26个。

1月22日　市财政局召开美好乡村建设资金整合组联络员工作会议,市农委、市建委、市国土局、市水利局等21家涉农资金主管部门的联络员和局对口科室有关人员参加了会议。

1月24日　市财政局制定出台《关于改进工作作风密切联系群众的规定》,内容共七个方面三十条。

1月　市财政局报送的《煤炭资源税改革对淮南影响分析》得到市长曹勇、市委常委、常务副市长王诚、副市长钱力的批示。批示要求加强与财政部、省财政厅联络,掌握信息,适时上报。

2月6日　全市财政反腐倡廉建设工作会议在市财政局召开。

2月26日　淮南市2013年度市级财政竞争性项目评审布置会议在市财政局会议室召开,纳入2013年度市级财政竞争性项目的市直预算单位财务负责人和项目负责人等共40余人参加会议。

2月　市财政局印发文件对内设科室职能进行调整,进一步理顺与省厅对应处室工作关系,实现上下对口。

3月11日　市委副书记、代市长王宏在市政务中心听取财政工作专题汇报,市委常委、常务副市长王诚,市财政局班子成员参加汇报会。

3月8日　全市财政、税务、金融暨民生工程工作会议召开,市委常委、常务副市长王诚出席会议并讲话。

3月29日　市财政局在大通区沿河村召开扶贫工作点座谈会。

4月1日　市财政局制发《淮南市市级预备费管理办法》,进一步规范市级预备费管理。

4月2日　市人大常委会主任王玉成率队赴田家庵区专题调研民生工程。

4月16日　市财政局印发《关于进一步开展财政“八清”工作的通知》,进一步开展“清政策、清项目、清资金、清财力、清资产、清债务、清股权、清基本保障需求”工作。

4月18日　《淮南市财政志》(1978—2011)出版,全书共12篇65万字,真实完整地记录1978年至2011年改革开放后淮南财政的发展历程。

4月27日　市财政局与淮南建行助保金贷款合作签约仪式在淮南建行举行。市委常委、市政府常务副市长王诚,副市长钱力,安徽省建行副行长刘兴华,市人行、银监局、金融办、经信委、市担保公司及部分企业代表参加了签约仪式。

4月　市财政局被省纪委、省监察厅授予全省第四批廉政文化建设示范点称号。

4月　市政府授予市财政局2012年度政风建设标兵单位称号。

5月10日　全市财政系统“清正廉洁 爱岗敬业 为民理财”演讲比赛在市财政局举行,各县区财政局、局机关各党支部和局属单位推荐的16名选手参加了比赛。

5月22日　全市涉农等专项资金检查工作部署会议在市财政局召开,市财政局班子成员、涉农科室负责人,县区财政局班子成员,乡镇财政所长,市直有关部门财务负责人参加会议。

5月25日　淮南市财政文学会成立暨首届代表会在淮南市财政局召开。市财政局、市文联领导以及来自全市财政系统和其他部门的30多名会员代表参加会议。

5月28日　市财政局制定并印发《2013年市级预算支出重点项目绩效考评方案》。

6月1日　淮南市基本建设和投资项目涉及的政府性基金、行政事业及经费性收费实行"一费制"管理工作正式启动。

6月7日　印发《淮南市财政局关于建立"三公"经费支出统计报表制度的通知》,建立"三公"经费支出统计报表制度。

6月9日　市财政局召开全市涉企资金检查工作会议。

6月18—20日　市财政局举办事业单位会计人员培训班,共计160人参加培训。

6月25日　市财政局局长陈永多率市非税局负责人前往市政务服务中心了解"一费制"改革运行情况。

6月28日　市财政局纪念建党92周年暨七一表彰大会隆重举行。

6月28日　印发《淮南市财政局行风巡查工作暂行办法》,进一步加强全市财政系统行风建设。

6月28日　市财政局与市科技局联合制定并印发《淮南市自主创新专项资金管理暂行办法》,进一步规范和加强本市自主创新专项资金管理。

6月,全国妇联授予淮南市财政局全国维护妇女儿童权益先进集体称号。

7月2日　全市民生工程调度会在市政务中心会议室召开,市长王宏出席会议并讲话。

7月9日　市财政局印发《关于建立财政会商机制的通知》,进一步加强部门之间沟通交流和协调配合。

7月10日　印发《淮南市财政局"美好淮南·圆梦中国"主题教育活动实施方案》。

7月10日　市财政局和市国土资源局联合制定印发《淮南市土地储备资金管理暂行办法》,进一步加强土地储备资金管理。

7月10日　市财政局、经信委和招投标局联合制定印发《淮南市政府采购促进中小企业发展暂行办法》,鼓励和支持中小企业积极参加本市政府采购活动。

7月11日　市民生办邀请部分政协委员召开现场交流会。

7月24日　市财政局组织召开2013年度市级财政支出项目绩效考评工作布置会议。

8月6日　市财政局制定并印发《关于进一步加强行政事业单位银行账户管理实施方案》。

8月6日　市财政局开展以"关爱贫困女生,共建和谐校园"为主题的结对共建活动。

8月7日　省审计厅副厅长杨寿桃来淮巡察政府债务性审计工作。

8月8日　省政协副主席李修松率省政协巡视组赴凤台,巡视凤台县民生工程和收入倍增规划实施情况。

8月23日　市财政局印发《关于进一步明确市级财政资金审批程序的通知》。

8月27日　市财政局局长陈永多做客安徽广播电视台政风行风热线栏目,介绍民生工程经验做法。

8月31日　省财政厅厅长罗建国一行来淮调研指导凤台县农村金融综合改革和财政工作。

8月　市政府出台《淮南市市级部门预决算及"三公"经费信息公开工作方案》。

9月3日,市财政局召开"转变作风见行动,我为'四争'作贡献"主题实践活动动员会,财政局党组书记、局长陈永多作动员讲话。

9月12日　市人大常委会预算工委召开专题会议,听取财政绩效工作汇报。

9月22日　淮南市非税POS业务系统在全省首次启用。

9月23—24日　省财政厅对潘集区、凤台县涉农资金进行重点检查。

9月24日　市财政局召开党的群众路线教育实践活动上下联动工作动员会。

10月10—11日　省财政厅副厅长张广寿率农业处负责同志来淮调研农业生产全程社会化服务试点工作开展情况。

10月22日　市目标办督查组,来市财政局督查前三季度财政各项指标任务完成情况。

10月29日　财政部国库司副巡视员邹平率队来淮开展财政对借款和财政专户管理工作调研。

11月15日　市财政局举办廉政教育主题道

德讲堂。

11月26日　市民生办走访在淮省人大代表，听取省民生工程特邀监督员意见建议。

11月27日　市财政局、外商投资服务局联合制定并印发《淮南市招商引资考核奖励专项资金管理暂行办法》，进一步加大招商引资工作力度，全面加强招商引资专项资金监督管理。

11月25日　市财政局、监察局和审计局联合制定并印发《淮南市市级预算单位银行账户管理暂行办法》,进一步加强资金管理。

11月27日　市财政局制定并印发《淮南市市级财政涉企专项资金绩效管理暂行办法》,促进财政绩效管理与预算编制、预算执行、预算监督的有机结合。

12月2日　市财政局制定并印发《淮南市财政支出绩效考评办法》。

12月5日　市财政局制定并印发《淮南市市本级财政对外借款管理办法》

12月　在市直机关工委双月评选(9至10月份)的"十佳好人好事实事"活动中,市财政局与四所农村中学长期坚持开展的"关爱贫困女生、共建和谐校园"志愿服务活动,被评为市"十佳好人好事实事"活动。

(淮南市财政局供稿　吴波)

滁州市财政工作大事记

1月6—10日　滁州市召开五届人大一次会议,会议审查《滁州市2012年预算执行情况的报告与2013年预算草案》,批准《2012年市直预算执行情况的报告与2013年市直预算》。

1月15日　滁州市国库集中支付动态监控系统正式启用并上线工作。

1月28日　经社会公开投票和评选,《"33项民生工程"温暖百姓》入选2012年度滁州十大新闻。

2月7日　市财政局机关党委荣获市直单位"全优机关党委"称号。

2月16日　市财政局获得省财政厅2012年度安徽省非税收入收缴执行情况分析工作先进单位的通报表彰。

2月21日　市财政局举办2013年度财政干部春训班。

2月25日—3月1日　市财政局领导干部带头深入基层开展"走基层转作风促发展"调研活动。

3月7日　全市民生工程实施工作会议在滁召开。

3月21日　市财政局出台全市首个巡查工作制度。

4月10日　省财政厅副厅长左俊率调研组一行对滁州市"营改增"试点工作进行调研指导,并检查高新技术企业认定管理工作。

4月13日　中央电视台7套《聚焦三农》栏目,专题报道定远县县级民生工程项目"农村计划生育家庭子女先天性心脏病救助"。

4月25日　市财政局召开服务"三个一千"行动动员大会。

5月2日　经团市委批准,共青团滁州市财政局支部委员会召开成立大会。

5月8日　市财政局荣获"'三个一千'行动工作突出单位"称号。

5月9—10日　省财政厅副巡视员李友兰一行来滁调研财政工作。

5月20日　省财政厅副厅长陈军率领省政府县级公立医院综合改革督查组来滁开展县级公立医院综合改革情况督查调研，副市长杨寿桃陪同调研。

5月27—29日　市人大常委会副主任傅厚华带领市人大民生工程调研组对全市民生工程实施情况展开调研。

5月31日　市财政局荣获"2012年度市直部门依法行政考核一等奖"。

6月7日　市人大主任李耀才到定远县池河镇岱山新村示范点开展美好乡村建设结对帮扶活动。

6月13日　邀请市人大代表、市政协委员各16名,担任滁州市民生工程特邀监督员。

6月14日　市财政局荣获"2012年度市直部门帮扶工作先进集体二等奖"、"2012年度市直部门帮办工作先进单位二等奖",企业科刘文斌同志获"2012年度市直部门帮扶工作先进工作者"。

6月15日　市财政局局长张志华带领局民生办、办公室赴凤阳县和明光市开展民生工程和财政重点工作检查调研。

6月24日　市财政局召开“四个什么”大讨论活动动员大会。

6月27日　市财政局召开建党92周年先进集体和优秀个人表彰大会。

7月7日　市财政局党组成员、副局长凌文东一行赴凤阳县大溪河镇石塘村开展走访帮扶工作。

7月12日　市财政局黄群荣获财政部“2012年企业所得税税源调查工作先进个人”荣誉称号。

7月18日　市政府出台《滁州市市级部门预决算及“三公”经费信息公开工作方案》。

7月20日　省财政厅厅长罗建国一行深入凤阳县小岗村走访调研。

7月22日　市财政局召开全体干部职工大会，贯彻学习市委五届六次全体（扩大）会议精神，总结财政上半年工作，部署下半年工作。

8月1日　滁州市广播影视业“营改增”试点正式运行。

8月1日—9月5日　六安市审计局赴滁州市政府性债务审计组对滁州市本级截至2012年底和2013年6月底政府负有偿还责任的债务、政府负有担保责任的债务和政府可能承担一定救助责任的其他相关债务情况进行审计。

8月10日　省财政厅厅长罗建国一行深入滁州市南谯区、来安县调研指导中小企业融资担保工作。

8月11日　省长王学军深入定远县实地察看旱情，检查指导抗旱工作，省财政厅厅长罗建国陪同检查指导抗旱工作。

8月23日　滁州市五届人大常委会第四次会议批准2012年市级财政决算。

8月26日　滁州市财政社保基金保值增值补息工作全面完成。

9月6日　市财政局道德讲堂开讲。

9月20日　市财政局印发《关于压减市直部门2013年一般性支出预算的通知》，对滁州市市直部门2013年一般性支出统一压减6%。

9月23日　市政协副主席李庆宁率领部分政协委员到市财政局开展政协提案办理情况调研。

10月1日　滁州市城镇居民基本医疗保险待遇再次提高。

10月16日　市财政局出台《滁州市市直机关会议费管理办法》和《滁州市市直单位接待经费管理暂行办法》。

10月20日　滁州市社保基金预、决算年度考评再入全省第一方阵。

10月27日　省人民广播电台《政风行风热线》采访报道我市民生工程。

10月31日　全市2013年2126个“一事一议”财政奖补审批项目全面完成。

11月2日　市财政局荣获2013年度财政部“六刊两鉴”宣传工作先进单位。

11月4日　滁州市市直单位国有资产清查工作全面完成。

11月10日　滁州市财政总决算荣获省财政厅评比“三等奖”，部门决算荣获“二等奖”。

11月13—14日　省财政厅巡视员张广寿一行来滁调研指导财政工作。

11月20日　滁州市出台《滁州市政府采购信用融资及融资担保工作试点工作方案》服务中小企业。

11月30日　滁州市建设培训类民生工程全部完成。

12月20日　滁州市2012年度农业综合开发资金决算考评荣获全省第一名。

12月25日　市财政局召开党员领导干部民主生活会，常务副市长章义到会做现场指导。

（滁州市财政局供稿　魏震生）

六安市财政工作大事记

1月4日　市财政局启动市直行政事业单位资产处置网上同步申报审批工作，对市直各部门、单位凡涉及无偿调出、置换、出售、报废、报损、捐赠以及货币性资产损失核销等资产处置业务进行明确。

1月8日　召开全市非税收入收缴执行情况报告考评暨年度工作会议。

1月9日　副市长陈辉率市财政局局长王琢、市综改办专职副主任杨庆法到金寨县槐树湾乡万冲村和杨桥村慰问。

1月10日　省农业综合开发局局长王建培一行到叶集区调研国家农业综合开发项目。

1月16日　市财政局召开市直行政事业单位

国有资产管理改革专题会议。

1月22日　市委常委、常务副市长王胜一行到市财政局走访调研。

1月23日　市财政局副局长、市注册会计师行业·杨桥村联合党委书记涂成富和市财政局调研员、市注册会计行业党委书记徐维武一行到结对共建村金寨县槐树湾乡杨桥村开展慰问送温暖活动。

1月24日　市财政局召开改进作风、推进反腐倡廉大会，局长王琢分别与处级干部和科室负责人代表签订廉洁从政承诺书。

1月31日　市财政局党组书记、局长王琢率机关和局属单位18名党员到金寨县槐树湾乡万冲村走访14名群众党员、贫困户，并开展节日慰问和座谈交流活动。

2月2日　市财政局党组召开以“改进机关作风，加强绩效管理”为主题的专题民主生活会。

2月25日　市财政局召开2012年度表彰大会。

2月28日　全市民生工程暨财税工作会议召开。

3月1日　市综合治税联络员会议召开，全市31个综合治税成员单位信息联络员参加会议。

3月2日　六安市财政局、六安市文广新局联合制定下发《六安市整合农村文化建设专项资金推进美好乡村建设实施方案》，加大农村文化专项资金整合力度，支持美好乡村建设。

3月3日和3月14日　市长毕小彬率市财政局和金寨县政府负责同志赴财政部分别就落实全国人大帮扶金寨“5+1”项目、创投基金和六安火车站建设项目进行对接。

3月5日　市政府召开营改增扩围改革试点工作协调会。

3月7日　市财政局召开市直行政事业单位国有资产管理改革工作推进会，安排部署2013年国有资产管理改革工作。

3月12日　六安市2013年村干部财政支农培训顺利开班。来自霍山县共计94名村干部在市财税干校参加培训。

3月14日　市财政局赴企业、农户等开展“四走遍四推动”活动。

3月19日　市财政局副局长汪斌率行政政法科、非税局、综合科等科室负责人赴结对共帮扶村——寿县陶店乡桃园村开展主题实践活动。

3月21日　市委书记、市人大常委会主任孙云飞在市财政局局长王琢等陪同下调研农业综合开发项目。

3月25日　市本级政府性资金存储管理改革第一次调配资金全部到位，共涉及市工、农、中、建、徽、交等六家商业银行。

3月26日　市财政局召开招商引资工作会。

3月27日　市委常委、常务副市长王胜赴舒城县调研民生工程和美好乡村建设。

4月8—9日　代省长王学军来六安市调研扶贫开发工作并召开座谈会，省委常委、常务副省长詹夏来，省财政厅厅长罗建国陪同调研。

4月11日　市财政局局长王琢一行到舒城县高峰乡高阳村调研美好乡村建设情况，督查省财政厅“9+2”项目进展情况。

4月15日　市政府召开一季度财税形势分析会。

4月16日—17日，财政部中国农业产业发展基金董事长吴文军率考察团来六安市考察农业产业化龙头企业。

4月6—12日　在武汉举办市财政系统第五期财政干部能力素质提升培训班，共有55名财政干部参加，完成16个课题的培训任务。

4月22日　市财政局局长王琢、市国资委副主任刘玉飞到市融资担保公司调研公司运营情况。

4月27日　市政府召开会议布置推进市本级部门预决算及“三公”经费信息公开工作，确定39个市本级部门和单位进行信息公开。

4月27日　市政府召开市直国库集中支付改革重点工作推进会。

5月3日　共青团市财政局(国资委)第一次代表大会召开。

5月17日　中国财经报社、中国政府采购杂志社等专业主流媒体来六安市和金寨县就“建设以市带县的电子化政府采购管理应用系统”主题进行实地考察、采访。

5月20日　市直机关党建工作第一片组“改进工作作风、密切联系群众”演讲预赛在市财政局会议室举行。

5月19—21日　省财政厅副厅长朱长才率省

厅政法处、民生办、办公室负责同志来六安市开展财政工作调研。

5月27日 市财政局召开全市涉农资金检查工作布置会。

6月1日 六安市民生工程协调小组发文要求，从今年起对新建的建设类民生工程统一设置永久性标识牌。

6月4日 2012年度市级决算审查布置会议在市财政局召开。

6月13日 市财政局召开全市财政系统党风廉政建设暨涉企资金检查工作会议。

6月17日 省财政厅第二行风巡查组到市财政局开展行风巡查工作。

6月21日 市政府召开综合治税工作会议，市财政局通报综合治税工作进展情况。

6月26日 六安市注册会计师行业党委一班人率各事务所所长、党员和建党积极分子赴霍山开展迎"七一"党建集体活动。

6月28日 市财政局举行"庆祝建党92周年党课报告会"。局党组书记、局长王琢作《浅谈做人和做事》主题报告。

7月10日 市委常委、市纪委书记陈家本一行7人到市财政局调研。

7月17日 市财政局制定出台《六安市市级节庆、研讨会、论坛活动经费管理暂行办法》。

7月18日 市财政局召开县区财政局长座谈会，通报上半年重点工作进展情况，安排部署下半年财政工作重点任务。

7月18日 市政府在行政中心召开全市推进与中央企业合作发展项目工作会议。

7月18日 市财政局出台《关于印发〈预算绩效评价共性指标体系框架〉的通知》，建立绩效评价共性指标体系，精选31个项目进行考评。

7月31日 受安徽省政务公开领导小组委托，市政务公开办主任、政务服务中心管委办主任吴福祥一行到市财政局举行全省第二批政务公开示范点授牌仪式。

8月1日 财政部公布2012年度县级财政支出管理绩效综合评价情况，六安市寿县、金寨县、舒城县荣获"2012年度县级财政支出管理绩效综合评价前200名县"称号。

8月6—7日 省政协副主席李修松率省政协巡视组来六安市巡视民生工程和收入倍增规划工作，省财政厅副厅长陈军及省民生办有关同志参加。

8月9日 市财政局召开全市行政事业单位资产管理座谈会。

7月15日—8月10日 市农发局抽调县区农发业务骨干组成市级验收组，积极开展2012年度国家农业综合开发项目市级验收工作。

8月21日 市政府召开市直行政事业和企业国有资产清查(改革)领导小组会议。

8月21日 全市农业综合开发和美好乡村建设资金整合工作座谈会召开。

8月26日 市政府召开全市政府性债务审计工作会议。

8月15日 市政府召开"2012年市本级财政同级审整改交办会"，对审计整改工作进行安排、布置。

9月4日 市财政局负责同志一行到市交通局就城市公交体制改革等工作开展部门会商。

9月8日 市财政局学雷锋志愿者在党组成员、纪检组长常前松带领下来到金寨县槐树湾乡杨桥、万冲两村开展结对共建帮扶、文明创建"圆梦行动"。

9月9日 市财政局举办第二期道德讲堂活动，市文明办主任郑保华受邀到会指导。

9月12日 市政府召开市本级2014年综合部门预算编制工作会议。市委常委、常务副市长王胜出席并讲话。

9月12日 省财政厅政府采购处来六安市督查电子化政府采购管理应用系统建设工作。

9月13日 市财政局举办第四期农村财政研究工作调研骨干培训班。参加培训人员包括各县区农研会联络员、特约通讯员、调研骨干等40余人。

9月26日 市财政局学雷锋志愿者一行10人参加市文明办组织的第十一个"公民道德宣传日"主题宣传活动。

9月27日 全市乡镇财政监督现场会在霍邱县召开。

10月12日 市财政局组织市直6个单位在局十三楼会议室开展"法律进单位"主题活动。

10月17—18日 全市农业综合开发工作现

场观摩会在金寨县召开。

10月19—21日 在市财税干校举办2013年第十七期财政支农惠农政策培训班。

10月21日 省财政厅教科文处来六安市开展部门会商和乡镇财政资金监管工作帮联制度情况调研,并督查"两项"制度落实。

10月24日 以省政府督查室副主任章道劲为组长的政务公开政务服务检查组来市财政局检查指导政务公开工作。

10月25日 市财政局和金寨县财政局联合举办第四期"道德讲堂"。

10月25日 市财政局召开全体职工大会,动员部署财政管理工作"六查六看"活动。

10月28日 市财政局党组书记、局长王琢带领预算科负责同志赴霍邱县就部门会商和乡镇财政资金监管帮联工作开展调研。

10月31日 市财政局牵头的市直第一片区现场捐赠仪式在市政府会议室召开。

10月30日 省财政厅副厅长左俊来六安开展财政工作调研。

11月4日 全国部分省市城乡建设用地增减挂钩收支管理及收益分配座谈会在六安市霍山县召开。

11月12—13日 市财政局在市财税干校举办"全市乡镇财政监督业务培训班"。

11月15日 市财政局、市国税局、市地税局联合召开县区财政局长会议,正式启动"千名财税干部进千家企业"活动。

11月8日 根据《六安市会计学会章程》和《六安市珠算协会章程》,选举产生会计学会第五届、珠算协会第四届理事会及其领导成员。

11月22日 第六届会计文化节(六安站)隆重开幕。

11月27日 市依法行政工作第二考核组来市财政局检查2013年度依法行政工作开展情况。

12月3日 市财政局志愿者积极参加由市委、市政府和市文明办组织开展的"三线三边"环境治理志愿服务活动启动仪式。

12月4日 省财政厅综改处一行来六安市考评2013年度一事一议财政奖补工作。

12月6日 省国资委党委常务副书记、副主任高伟,江汽集团董事、党委委员、常务副总裁王志远等一行5人来六安市开展国资监管工作调研。

12月6日 省财政厅教科文处一行来六安市督查开展部门预算会商和预算执行调度工作。

12月10日 2014年市级部门预算专项评审专家聘任会召开。

12月12日 市长毕小彬专门听取市财政局关于2013年市本级预算执行和2014年市本级部门预算编制情况的汇报。

12月14日 市财政局与武警六安支队共同开展军民共建和续签共建协议活动。

12月16—18日 市财政局开展11个预算项目公开评审工作。

12月25日 市政府副市长张效武赴金寨县槐树湾乡万冲村和杨桥村慰问。

12月24—30日 市财政局和市农委分管领导带队分别对全市5县4区农村土地流转面积和奖补资金进行核查。

(六安市财政局供稿 丁明虎)

马鞍山市财政工作大事记

1月1日 根据财政年终决算,2012年度全市财政收入首次突破200亿元,完成210.6亿元,比上年增长13%。

2月6日 市财政局党组召开民生生活会,市委常委、市纪委书记沈天鹰同志到会指导。

3月8日 市财政局召开干部大会,宣布刘宇辉同志任市财政局党组书记、局长,丁济民同志调任市人大农业与农村工委主任。

3月11日 市财政局加大工作会商力度,班子成员集体走访市人行、地税局、国税局、马鞍山海关等。

3月13日 市财政局召开新一届领导班子会议,对领导分工进行调整,确定2013年14项重点工作。

3月25日 市财政局全面启动《每周工作》报告制度。

4月11日 省财政厅副厅长左俊调研马鞍山市"营改增"试点情况。

4月27日 市财政局召开全体党员会议,机关党委换届选举。

5月5日 市财政局召开首次局务会,同时确定局务会例会制度,每月固定在第一个周六上午召开。

5月5日 市财政局全面加强干部职工能力建设,号召大家“内练硬功、外树形象”,努力争当“业精于勤的多面手,畅行无阻的自由人,科学理财的当家人”。

5月7日 市财政局《每周工作》制度得到市长张晓麟同志批示,给予高度肯定,要求在全市机关部门进行推广。

5月7日 市人大龙李海副主任调研财政工作。

5月8日 省国资委楚建平副主任调研马鞍山市国资工作。

5月23日 省财政厅副厅长朱长才调研马鞍山市财政工作并给予充分肯定。

5月31日 召开马鞍山市各商业银行行长会议,全面启动存贷比考核工作。

6月8日 市财政局召开工会全体会员大会,局工会和妇委会换届选举。

6月14日 市长张晓麟赴财政局调研,在肯定财政工作的同时,指出要进一步提升财政“收、支、管、改”能力。

6月19日 省财政厅副厅长吴天宏调研马鞍山市债务管理工作,并征求对省政府加强债务管理的意见。

7月6日 召开全市财政工作会议,总结上半年财政工作,部署安排下半年财政工作。

7月19日 2014年度全市预算编制工作会议召开,市委常委、常务副市长魏尧到会讲话。

8月13日 省财政厅副厅长陈军来马鞍山市调研财政工作。

9月5日 省财政厅副厅长左俊督查马鞍山市“六五”普法工作,并调研上海自贸区对马鞍山市的辐射和影响情况。

9月2日 市财政局主要领导带队,对3县3区财政工作开始全面调研。

9月8日 召开财政、国资、投融资、城投联系会议,全面建立“四位一体”的互通共融机制。

9月16日 经市政府批准,市财政对市区国有建设用地使用权出让收入分配体制进行调整。

9月29日 经市政府批准,市财政对市经济技术开发区和慈湖高新技术产业开发区财政管理体制进行调整。

9月29日 根据马机编〔2013〕23号文,成立市债务管理办公室,与市投融资办合署办公。

10月10日 市财政局开展为期一周的“开门办预算”工作。

10月15日 市财政局以“科学理财惠民生”为主题,开展为期一个月的“财政宣传月”活动,社会各界给予好评。

10月18日 根据省厅统一部署,市财政局全面启动部门预算会商和乡镇财政资金监管帮联工作。

10月31日 省财政厅副厅长左俊分10个专题,对马鞍山市2013年财政工作进行全面调研,并给予高度评价。

11月7日 市财政局建立财政收支工作对口联系制度,进一步加强收支管理。

12月2日 市财政局全面开展“走亲戚”活动,财政局100名党员职工与雨山区映翠社区、佳山乡三联村100户困难群众结成亲戚。

12月7日 市财政局新一届领导班子以“为民、务实、清廉”为主题,以“反对四风、服务群众”为重点,召开民生生活会。

(马鞍山市财政局供稿 尹昌元)

芜湖市财政工作大事记

1月6日 芜湖市第十五届人民代表大会第一次会议召开,市财政局局长胡锡萍作《关于芜湖市2012年预算执行情况和2013年预算草案的报告》,会议批准市本级预算。

1月31日 经市政府批准,2013年全市实施40项民生工程。

3月5日 市财政局党组书记徐茂环带领部分科室负责人参加全市“政风行风热线”直播活动。

5—8月 市财政局对51户单位开展会计信息质量检查。

5月22日 省财政厅副厅长张广寿带队来芜调研财政工作。

6月13日 荣获财政部财政科学研究所授予

的2013年度全国财经科研成果宣传工作特别奖。

6月24日　市财政局经建科、国库科获得第一批市直机关“共产党员示范岗标兵”称号，财务服务中心获得第五批市直机关“共产党员示范岗”称号。

6月28日　市财政局举办警示教育专题讲座。

7月1日　市财政局获得市委市政府授予的第十一届芜湖市文明单位标兵称号。

7月1日　开展“迎七一·千名书记讲党课”活动。

7月　市财政局会同市人社局、市卫生局与代理银行鉴定社保基金存款执行优惠利率四方协议，全市统一利率政策。

7月4日　由省政府法制办、省财政厅税政条法处、监督检查局领导组成的《安徽省财政监督条例(草案)》立法调研组在芜湖市开展立法调研。

8月19日　市民生办牵头组织，邀请市人大、市政协领导带队，开展民生工程中期督查。

9月17日　成立政府债务专职管理机构。

10月18日　芜马合机器人产业获国家发改委、财政部批准列入国家区域战略性新兴产业集聚发展试点。

11月1日　开展“我为财政发展献一策”活动。

11月1日　完成惠民直达管理信息系统升级改造。

11月　开展“涉农资金”与“涉企资金”专项检查。

11月7日　省财政厅吴天宏副厅长来芜调研督导财政工作。

11月9日　召开全市县区财政局长座谈会。

11月21日　芜湖市列入全国新一轮第一批新能源汽车推广应用试点城市。

11月22日　市第十五届人大常委会第5次主任会议审议民生工程是和收入倍增规划推进情况，并高度肯定全市民生工程及收入倍增所取得成效。

12月18日　开展“市民心声”在线访谈活动。

12月11日　市财政局会同市监察局印发《关于对违反财经法规行为追究相关责任的通知》，严肃财经纪律，保障政府资金安全规范有效使用。

（芜湖市财政局供稿）

宣城市财政工作大事记

1月8日　市财政局局长陈先平受市政府委托，向市三届人大四次会议书面作《关于宣城市2012年预算执行情况和2013年预算草案的报告》，得到会议审议通过。

2月22日　市财政局举办学习十八大精神专题辅导讲座，邀请市委统战部常务副部长、市学习宣传贯彻党的十八大精神宣讲团成员杨邦孝作专题辅导。

2月27日　市委书记姚玉舟听取市财政局工作汇报。市委常委、常务副市长韩永生，市委秘书长牛传勇，市财政局领导班子成员参加汇报会。

3月27日　宣城市召开民生工程协调小组扩大会议，市委常委、市政府常务副市长韩永生出席会议并讲话，市政府副秘书长盛浩主持会议。

4月17日　市财政局在市十二中报告厅举办事业单位会计准则制度培训班，市区两级事业单位会计人员300多人参加培训。

4月18日　财政部中国农业产业发展基金董事长吴文军一行来宣考察农副产品批发市场项目。市委常委、副市长黄东升陪同。

5月8日　市政策性农业保险领导小组在宣召开全市森林保险试点工作会议。副市长齐新出席会议并做指导讲话。

5月20—21日　省财政厅副厅长张广寿来宣开展财政工作调研。

5月21日　市编委会批复增加市财政信息中心副科级领导职数1名，增加后领导职数为主任1名、副主任1名。

6月18日　省财政厅副厅长左俊来宣，就《关于进一步加强政府性债务管理的意见》初稿征求意见。市长韩军，市委常委、常务副市长韩永生代表市政府作反馈。

6月28日　市财政局党总支赴郎溪县飞鲤镇三溪村开展“七一”困难党员慰问活动。

7月3日　宣城日报社、市广播电台、宣城新闻网等三家媒体记者来市财政局开展民主考评百名科长集中采访活动。

7月11日　省财政厅党组书记、厅长罗建国赴旌德县调研财政支持抗洪救灾工作。

7月25日 市三届人大常委会召开第17次会议，市财政局局长陈先平应邀在会上作财政专题讲座。

8月1日 营改增改革试点扩围工作在宣城市正式启动。

8月15日 市财政局组织开展廉政风险防控工作知识测试活动。

8月22日 市财政局召开干部职工大会，全面部署"三进三解三推动"和在职党员"进社区、亮身份、尽职责"活动。

9月18日 市本级电子化政府采购管理应用系统内网成功上线运行。

9月19日 市财政局局长陈先平与市供销社主任林静等一起，到"市两代表一委员"联系点宣州区鳌峰街道锦城社区开展慰问活动。

9月25—26日 省政协副主席李修松来宣调研民生工程落实情况。市委常委、常务副市长韩永生，市政协副主席刘顺道，市政协秘书长汤坚毅等分别陪同调研或出席座谈会。

10月21日 省财政厅张广寿副厅长来宣召开帮联布置会，就建立财政预算部门会商和乡镇财政资金监管工作进行指导。

11月1日 省财政厅副巡视员、省非税局局长李友兰一行来宣开展财政工作调研。

11月5日 市财政局局长陈先平应邀做客省广播电台《民生财政》栏目直播间，就宣城市民生工程建设情况与全省听众进行在线交流。

11月13日 市财政局、宣城职业技术学院合作建设考试机房项目签约仪式在职院行政楼举行。宣城职院院长邓一丁、市财政局局长陈先平参加。

11月29日 人大常委会研究决定，任命陈先平为市人力资源和社会保障局局长、免去市财政局局长职务。

12月4日 市财政局组织开展"大力弘扬法治精神 共筑伟大中国梦"为主题的系列普法宣传活动。

12月30日 市政府与省财政厅（代表省政府）签订"安徽宣城承接东部地区产业转移基地基础设施示范项目"转贷协议，贷款额1.5亿美元。

（宣城市财政局供稿）

铜陵市财政工作大事记

1月6日 市财政局局长孔健在铜陵市十五届人大第一次会议上作《关于铜陵市2012年财政预算执行情况及2013年财政预算(草案)报告》。

2月22日 市财政局举办全市财政系统2013年春训会议。

3月11日 黄宝林同志任铜陵市财政局党组书记、局长。

4月 市财政局全面启动"预算绩效提升年"活动。

6月21日 省政府信息公开办来市财政局调研政府信息公开工作。

7月9日 市财政局开展上半年工作"回头看活动，并研究部署下半年工作。

8月21日 市财政局局长黄宝林在市十五届人大常委会第五次会议上作《关于铜陵市本级2012年财政决算暨2013年上半年预算执行情况的报告》。

9月27日 省财政厅罗建国厅长率队来铜调研指导工作。

11月13日 省人大常委会副主任陈先森率队来铜视察民生工程实施和"十二五"规划中期评估情况。

11月20日 财政部、发改委批复第二批10个国家节能减排财政政策综合示范市实施方案，铜陵市作为安徽省唯一城市入选。

11月30日 省财政厅副厅长朱长才率队来铜调研指导财政工作。

12月6日 市政府召开第23次常务会议，研究并原则通过《铜陵市人民政府关于试行市级国有资本经营预算的意见(送审稿)》。

12月31日 全年实现财政收入130.1亿元，增长2.2%；财政支出首破"百亿"元大关，实现100.1亿元，增长4%。

（铜陵市财政局供稿 方园）

池州市财政工作大事记

1月14日 市委书记陈强、市长赵馨群在市财政局局长李建华陪同下，赴省财政厅联系工作。

1月　市财政局被授予“全省财政系统先进集体”荣誉称号。

2月5日　市委书记陈强在《全省民生工程督查报告》上批示:“我市民生工程工作扎实而卓有成效,在全省督查报告中多处予以肯定,成绩来之不易。还望新的一年,继续努力,保持先进。”

3月　市财政局成立4个调研组,围绕“项目到哪里去、资金从哪里来”对各县(区)财政支持美好乡村建设情况开展专题调研。

4月8日　全市民生工程、收入倍增暨财政、国资管理会议召开,市委常委、常务副市长张夏林出席会议并讲话。

4月8日　市财政局举办国库支付中心荣获全国青年文明号授牌仪式。

4月12日　市财政局召开全市财政工作座谈会,各县区财政局长及部分科室负责人参加会议。

4月16—17日　市人大常委会督查民生工程审议意见办理情况。

5月23日　市财政局邀请市人民检察院领导就预防职务犯罪活动开展专题讲座。

5月27日　市财政局举办行政单位财务规则暨事业单位会计准则制度培训班。

5月30日　省财政厅纪检组长刘浩率厅采购处、监督局等处室负责人来池调研指导财政工作。

5月份　市金融办开展防范打击非法集资宣传月活动。

6月13日　市财政局召开“三查三评”活动动员会。

6月17日　市财政局部署全市财政涉企资金检查工作。

6月20日　市政府召开民生工程推进会,传达贯彻落实全省民生工程座谈会精神,认真谋划下步民生工程工作。

6月份　市财政局启动市直财政管理资金存储管理方式改革。

7月4日　市委书记陈强专题听取民生工程工作汇报。

7月16日　市政府召开全市民生工程、惠民实事推进会,市长赵馨群出席会议并讲话。

7月30日　市财政局赴池州军分区慰问。

7月　市财政局开展涉农资金大检查。

8月7日　市财政局举办“道德讲堂”首课开讲活动。

9月17日　市财政局举办“百善孝为先”专题讲座。

9月12日　市财政局开展“党在我心中、最美财政人”征文评比活动。

11月6日　市长赵馨群来市财政局调研指导工作。

12月1日　省财政厅副厅长朱长才率政法处、民生办等处室负责人来池调研指导工作。

(池州市财政局供稿　张明)

安庆市财政工作大事记

1月1日　市本级开始实行预算管理主管部门负责制。

1月　省人力资源和社会保障厅、省财政厅表彰市财政局为“2008—2012年全省财政系统先进集体”。

1—12月　市本级预算单位全面推行公务卡结算制度,全年公务卡结算金额3373万元,较上年增长7倍。

1—12月　全面启动美好乡村建设,全年安排3.6亿元专项资金用于村庄建设、环境整治和土地整治等,整合涉农资金11.5亿元推动207个中心村建设。

2月　在市三中、九中和纺织技校开展学校收费银行批量代扣代划试点工作。

3月　市财政局荣获“2012年度市直机关争先创优目标绩效考核”优秀等次,自2010年以来连续三年获得目标绩效考核第一名。

4月　市非税局与市国库支付中心联手建立非税收入资金和财政特设资金管理工作协调机制。

4月　被省农险办列为森林保险试点市,相继出台森林保险试点工作方案及操作规程。

4月　安庆市投融资办公室成立。

5月28日　市财政局通过政府采购程序公开招标选择参与市本级国有资产评估、审计、拍卖事务的12家中介服务机构,服务期限3年。

5—8月　在全市范围内组织开展涉农资金大检查工作。

6—8月　组织开展全市涉企资金专项清理检查工作。

6月14日　市政府组织召开以“实施民生工程 建设美好安庆”为主题的民生工程形势政策报告会。

6月25日　市政府召开全市民生工程和居民收入倍增暨财政工作会议。

7月　启动市本级电子化政府采购管理应用系统建设工作。

7月19日　市长魏晓明到市财政局调研财政工作。

7月31日　制定下发安庆市2013年33项民生工程绩效目标,促进民生工程工作提质提效。

8月　市政府出台《安庆市人民政府关于进一步加强全市地方政府性债务管理的通知》,明确在举债、融资和土地管理等方面执行“六不准”。

8月1日起　市港口局与市地方海事局合并下划地方,经测算并由省财政核定年度下划基数为2920万元。

8月1日　全市26户广播影视业企业成功纳入“营改增”改革试点范围,纳税申报有序进行。

8月16日　市财政局召开2014年市级部门预算编制工作会议,决定从编制2014年部门预算起,推行“开门办预算”。

8月19日　省政协副主席赵韩率省政协巡视组来安庆市,就民生工程和收入倍增规划实施情况进行巡视。

9月　何家虎同志任市财政局党组书记、局长,王赵春同志不再担任市财政局党组书记、局长。

9月　市政府出台《安庆市推进自主创新若干政策(试行)》,市财政安排5000万元设立“安庆市自主创新专项资金”。

9月　市政府出台《安庆市市本级政府性资金银行存款管理暂行办法》,引导和激励各商业银行加大对我市经济发展的支持力度。

9月　市财政局在市政务服务中心设立基本建设项目收费管理窗口,实行“一表制”财政直接征收。

9月24日　市委常委、政法委书记陈冰冰在市财政局主持召开协税护税工作专题会议。

10月1日　市区学校体育场馆节假日期间免费向社会开放,市财政投入专项经费予以保障。

10月　市财政局印发《安庆市市直机关差旅费管理办法》。

10月21日　全市财税工作会议召开,市委常委、政法委书记陈冰冰出席会议并讲话。

10月　省政府确定20个县(区)开展深化农村综合改革示范试点,安庆市潜山、宿松两县名列其中。

11月　经笔试、面试,选拔20名会计人员成为首批会计领军人才培养对象。

11月　出台《安庆市加强和改进基层会计管理工作实施方案》。

12月12—14日　省财政厅厅长罗建国来安庆市调研财政经济工作。

12月　市政府采购中心划入市招投标管理局,市财政局不再设政府采购中心。

12月　安庆市小额担保贷款累计发放金额突破10亿元。

12月　全市预算执行动态监控机制建设全面完成,全年累计退回预算单位违规申请3299笔,涉及金额1.91亿元。

12月　市财政局被市委市政府评为“第四届文明行业(系统)”。

(安庆市财政局供稿　叶武乐)

黄山市财政工作大事记

1月5日　《中国财经报》刊登《安徽黄山市创新机制推进财政大监督》,报道黄山市财政局在全市范围内实行横向到边、纵向到底的监督联动机制。

1月13日　《人民日报》政策聚焦专栏刊登文章“新安江有收获也困惑”,肯定新安江保护所取得阶段性成效。

2月　出台《关于市直党政机关出差和会议实行定点管理的通知》(黄财行〔2013〕39号),完善了会议费综合定额制度,从严控制差旅费和会议费管理。

3月20日　全国人大环资委副主任委员王鸿举、黄献中率调研组来皖就生态补偿建设情况进行专题调研,詹夏来常务副省长、省发改委、省财政厅、省环保厅及黄山市领导参加座谈。

3月24日 市委书记王福宏在市委常委会上就进一步做好2013年全市民生工程工作做出重要指示,强调指出:要强化责任落实、强化资金保障、强化建后管养、强化民主管理、强化绩效评估、强化政策宣传。

4月16日 国务院综改办副主任李桂春一行来黄山市歙县考评2012年度一事一议财政奖补工作,并对农村综合改革工作开展调研。

4月 黄山市建立“三公”经费统计分析制度,按月统计分析“三公”经费支出及变化情况,强化“三公”经费管理。

4月 在全省率先通过公开招投标方式确定市级财政收支总户代理行,将市级财政专户资金全部纳入国库集中支付管理系统运行。改革后财政存量资金效益较之前翻了三番。

5月7日 黄山市与浙江省淳安县在交界水域联合开展“同饮一江水·共护母亲河”打捞行动,建立皖浙两省联合打捞、联合治污,树立推进上下游生态保护合作共建机制。

5月12日 组织参加第22届海峡两岸珠心算通信比赛,被省珠协评为组织推广特等奖。

5月21日 全市启动2010—2012年财政涉农资金使用情况大检查活动。

6月18日 全市开展涉农资金领域预防职务犯罪专项行动。

7月12日 组织参加安徽省第16届少儿珠心算比赛,荣获学生组团体2个一等奖,学前组团体1个一等奖,1个三等奖。

7月 市财政局赶赴“6·30”洪灾重灾区了解灾情,统计上报灾情损失,争取上级资金支持,并配合市纪委出台《黄山市防汛救灾和灾后恢复重建资金物资管理使用监督暂行办法》。

7月 全市县级财政支农资金整合绩效考核在全省县级考核中取得A等,获得中央级奖励资金1000万元。

8月1日 安徽广电信息股份有限公司黄山市公司成功开具首张增值税专用发票,标志着全市广播影视业营改增试点工作成功上线运行。

8月1日 市级单位实现财政平台一体化政府采购系统与市招标采购交易中心平台联动。

8月2日 财政部预算司副司长夏先德来黄山市调研预算管理体制改革工作。

8月 黄山市被列入全省中央财政支持农民专业合作组织发展创新试点,获得项目补助资金480万元。

9月 黄山市出台《关于进一步加强彩票公益金使用管理的通知》,进一步规范彩票公益金管理,提高彩票公益金的使用效益。

10月21日 《省国资委关于谢裕大茶叶股份有限公司国有股权管理方案的批复》(皖国资产权函〔2013〕760号)下达,助力谢裕大茶叶股份有限公司顺利通过全国中小企业股份转让系统(新三板)股票挂牌申请。

11月 市财政局会同市人社局出台《关于实施黄山市城镇基本医疗保险总额预算付费管理的意见》。

11月 黄山市出台《黄山市市级财政对外借款管理办法》,加强财政资金对外借款风险管控,受到省财政厅肯定和推广,全年清理回收对外借款3亿元以上。

12月 国家农业综合开发综合检查组对黄山市2012年度国家农业综合开发项目进行综合检查。

12月 黄山市在省民生办组织的社情民意调查中,成绩名列全省第四,创历史最好成绩。

12月28日 市政府出台《黄山市政府性债务管理暂行办法》。

12月31日 2013年度全市政府采购规模突破20亿元大关。

12月31日 市行政服务中心非税窗口2013年度基本建设项目“一表制”收费6961万元,比上年增收1259万元,增长22.1%。

(黄山市财政局供稿)

广德县财政工作大事记

1月11日 召开2013年财政工作务虚会。

1月15日 县财政局被安徽省人民政府授予“全省‘两基’工作先进单位”荣誉称号。

1月16日 财政补贴农民资金网络版“一卡通”上线运行。

1月14日 荣获宣城市2012年度“关心和支持妇女儿童工作先进集体”称号。

1月23日　县人大常委会党组书记、代理主任程利、副主任邓晓峰、钟群携县人大财经工委等一行对2013年本级财政预算编制情况进行会前调研。

2月23日　省财政厅农发局局长王建培等一行来广德调研现代农业综合开发示范区和美好乡村建设工作。县委书记吴爱国,县长葛建荣,常务副县长施怀中及财政局负责人等陪同调研。

3月1日　组织开展全县会计从业资格岗前培训工作。

3月7日　全县2013年度革命老区项目建设工作正式启动。

3月7日　民生工程一事一议电视剧——《山里的那条路》首映式在财政局会议室举行,县委常委、县委宣传部部长刘群出席首映式并讲话。

3月15日　县委考核组对财政局领导班子进行年度考核。

3月15日　召开人大代表建议和政协委员提案交办工作会议。

3月18日　召开财政信息化工作部署会议。

3月19日　省财政厅农村局来广德调研乡镇财政信息化、乡镇国库集中支付改革工作。

3月19日　县财政局被评为2012年度县长热线工作先进单位。

3月21日　《广德县财政志》正式对外出版发行。

4月23日　县财政局举行"团队建设"学习报告会,中国人民大学博士、省委党校副教授、副县长徐鸣应邀就"团队建设"主题授课。

4月28日　召开全体机关干部会议,全面部署文明创建工作。

5月7日　财政总预算账务管理系统成功上线运行。

5月15日　全县乡镇财政档案规范化管理达标工作动员会召开。

5月23日—24日　省财政厅党组成员、副巡视员陈传文率省农村局、厅信息中心等到广德县调研财政工作。

5月28日　县财政局青年志愿者开展志愿活动。

5月28日　县财政局党组书记、局长吴宗萍一行深入结对共建村高庙村看望慰问困难群众。

5月31日　县关工委主任谭运秀、副主任王照国、袁传哲等一行7人来财政局调研关心下一代工作情况。

6月6日　省财政科学研究所来广德县开展"加强生态环境保护的财税政策研究"、"财政支持开发区转型发展研究"两项课题调研。

6月6日　广德县乡镇财政国库集中支付制度改革动员大会召开。会议由财政局党组书记、局长吴宗萍主持,县委常委、副县长夏仕福出席会议。

6月6日　召开全县涉农资金检查工作会议,县财政局、农委、监察局等21个涉农部门参会。

6月10日　省财政厅农发局、省林业厅发展规划和资金管理处来广德调研农业综合开发项目实施情况。

6月18日　全县乡镇国库集中支付制度改革成功启动。

6月25日　县财政局组织召开全县涉企资金检查工作会议。

6月26日　2013年全县农业综合开发土地治理项目招投标工作顺利举行。

6月27日　宣城市党史研究室主任陈虎山来财政局开展"道德讲堂"系列巡讲活动——《从党的历史看时代大潮中的广德人》党史报告会。

7月1日　全县完成财政总收入13.36亿元,占年度预算的50.1%,同比增长15.8%,增收1.82亿元,实现"时间过半,任务过半"的预定目标。

7月8日　全县财税库银横向联网协调会召开。

7月10日　举办财政平台一体化系统业务培训会。

7月18日　2012年度财政决算草案和2013年1—6月份财政预算执行情况汇报会召开。

7月22日　县财政局召开2014年度县级部门预算编制工作领导小组会议。

7月26日　召开2013年行风监督员座谈会。

7月30日　县财政局前往驻扎在誓节镇的某一师装甲团警卫侦查连,看望慰问部队指战员,共同庆祝八一建军节。

8月1日　财政一体化工资统发系统正式上线运行。

8月7—9日　省考核组来广德县对2012年

度党政领导干部教育工作进行督导考核。

8月12日 省财政厅副厅长吴天宏率队来广德开展民营经济发展专项扶持资金绩效评估调研工作。

8月19日 县财政局党组书记、局长吴宗萍深入基层党组织结对共建村实地了解群众抗旱受灾情况,指导抗灾减灾工作,并走访调研村级经济发展状况,帮助群众解决实际困难。

8月26日 举办“道德讲堂”系列活动。

8月30日 召开以“学用结合,依法理财,推动财政依法治理工作深入开展”为主题的“六五”普法中期检查汇报会,省财政厅税政条法处相关人员出席会议。

9月4日 县财政局召开“三进三解三推动”活动动员大会。

9月11日 县财政局党组书记、局长吴宗萍率县“两代表一委员”第六活动小组深入升平社区便民服务中心参加“两代表一委员”联系社区活动。

9月18日 顺利完成该项全国性审计工作的全部迎检任务。

10月10日 全县乡镇财政档案规范化管理现场会召开。

10月10日 县财政局会同县住建委对全县农村清洁工程进行竣工验收。

10月12日 召开财政系统文明创建工作会议

10月15日 省教科文民生工程检查组一行对广德县进行2012年度乡镇公办幼儿园等3项民生工程进行绩效评级。

10月16日 县财政局参加“县长热线”直播,介绍我县财政工作情况,并就群众关心的城乡居民养老保险政策等方面的问题,与听众在线沟通交流。

10月21日 举办“道德讲堂”系列活动。

10月24日 省财政厅副厅级纪检员、监察专员、监察室主任李朝友一行来财政局,督查指导部门会商和乡镇财政资金监管工作帮联情况。

10月28日 全县2013年财政支农政策培训班开班,150余名学员参加培训。

10月30日 省财政厅副巡视员李友兰一行来广德开展财政工作调研。

11月12日 县财政局党组书记、局长吴宗萍率综合预算科及民生办相关人员深入邱村镇开展财政工作实地调研。

11月15日 财政系统信息宣传工作会议召开。

11月16日 县财政局关工委举行大手牵小手结对关爱仪式,县关工委名誉主任王照国、主任谭运秀、财政局领导班子成员、五老队员及结对青少年出席仪式。

11月20日 县人大常委会主任程利率领视察组,对全县民生工程建设情况进行了视察,局党组书记、局长吴宗萍陪同视察。

11月21日 由县民生办、财政局与县住建委组成的联合验收组对全县2013年度农村危房改造工作进行全面验收。

11月25日 省财政厅农村综合改革处来广德县考核一事一议财政奖补工作。

12月4日 县财政局参加主题为“大力弘扬法制精神,共铸伟大中国梦”的大型“全国法制宣传日”活动。

12月5日 县财政局召开年终关门业务布置会。

12月6日 县财政局召开“为民务实清廉”专题民主生活会。

12月17日 省财政厅监察室来县财政局帮联指导。

12月21日 召开2014年财政工作务虚会,局领导班子全体成员,各科室、二级机构及乡镇财政分局(所)主要负责人参加会议。

12月25日 组织全体干部职工参加公务员法律知识考试。

12月31日 全县共完成财政收入26亿元,同比增长13%,净增3亿元,圆满完成县十六届人大常委会第十五次会议通过的调整后收入目标。

(广德县财政局供稿 赵吉安)

宿松县财政工作大事记

3月18日 召开全县财政系统工作会议。

5月29日 开展第二期全县行政事业单位财务规则培训。

6月1日　出台新一轮县乡财政体制。

6月9日　召开全县涉农资金检查工作会议。

6月26日　积极部署文明创建工作。

7月14—22日　举办财政干部综合能力提升培训班。

7月30日　启动全县乡镇财政部门内部监督检查。

8月23日　成功举办“感念财政情·扬帆中国梦”主题演讲比赛。

8月31日　成功举办财政系统羽毛球、乒乓球赛。

9月12日　召开全县深化国库管理制度改革动员大会。

10月29—11月1日　组织乡镇财政干部参加黄山第一期培训班。

11月5—7日　举办2013年财政支农政策培训班。

11月12—15日　组织乡镇财政干部参加黄山第二期培训。

11月27—28日　举办新聘村级会计代理中心工作人员培训班。

12月31日　完成一般预算收入77161万元，为年初预算的106.7%，同比增长22.8%。

12月31日　共完成预、决算评审项目86个，报审投资总额147994.3万元，审定投资125644.2万元，其中审增2458.8万元，审减24808.9万元，净审减22350.1万元，平均综合审减率15.1%。

（宿松县财政局供稿　王烨红）

财经规章篇

地方性法规

安徽省财政监督条例

（2013 年 11 月 22 日安徽省第十二届人民代表大会常务委员会第 7 次会议通过）

第一章 总 则

第一条 为了加强财政监督，维护财经秩序，保障政府性资金安全规范有效使用，根据《中华人民共和国预算法》、《中华人民共和国会计法》、国务院《财政违法行为处罚处分条例》和有关法律、行政法规，结合本省实际，制定本条例。

第二条 本条例适用于本省行政区域内的财政监督活动。

本条例所称财政监督，是指县级以上人民政府财政部门（以下简称财政部门）依法对单位和个人（以下简称监督对象）涉及财政、财务、会计事项实施的监督检查和处理活动。

第三条 实施财政监督，应当遵循合法、客观、公开、公正的原则。

第四条 县级以上人民政府应当加强对财政监督工作的领导，建立健全事前、事中和事后监督相结合、覆盖所有政府性资金和财政运行全过程的财政监督机制，支持财政部门依法履行财政监督职责，配备专职监督检查人员。

财政部门应当依托财政、会计管理信息平台，建立健全财政监督网络系统，逐步实现监管数据采集、分析、预警信息化。

第五条 财政部门按照行政区域对会计事项实施监督；按照财政管理体制和财务隶属关系对财政、财务等事项实施监督。

经省人民政府批准设立的财政部门派出机构，按照其职责依法实施财政监督。

乡镇财政机构按照其职责或者受上级人民政府财政部门委托，依法实施财政监督。

第六条 财政部门的监督职责由其业务管理机构和专职监督机构共同履行，采取日常监督和专项监督相结合的方式，统一组织实施。

日常监督，一般由财政部门业务管理机构结合履行财政、财务、会计等管理职责，按照规定程序对监督事项进行事前审核、动态监控、及时核查、跟踪问效等。

专项监督，一般由财政部门专职监督机构围绕经济社会发展和财政管理的重大事项，或者对举报等发现的问题，按照规定程序组织监督检查。

第七条 县级以上人民代表大会及其常务委员会对本级财政依法实施监督。

县级以上人民政府应当向本级人民代表大会常务委员会报告财政监督情况，并接受其监督。

第八条 任何单位和个人有权举报财政、财务、会计违法行为和监督检查人员的违法违纪行为。财政部门应当公布举报电话和电子邮箱，为举报人保密，并对举报的违法违纪行为进行调查、处理。

第二章 监督范围与监督权限

第九条 财政部门依法对下列事项实施财政监督：

（一）财税法律、法规、规章或者国家和省人民政府其他规范性文件的执行情况；

（二）公共财政、政府性基金、国有资本经营和社会保障等预算的编制、执行、调整和决算情况；

(三)税收收入、非税收入等政府性资金的征收、管理情况；

(四)国库集中收付、财政专户、预算单位银行账户的管理情况；

(五)政府采购法律、法规、规章或者国家和省人民政府其他规范性文件的执行情况；

(六)行政、事业单位和地方金融、文化企业等国有资产管理情况；

(七)政府性债务规模及其举借、使用、偿还情况；

(八)外国政府、国际金融组织贷款和赠款的管理情况；

(九)会计人员从业资格、财务会计制度执行和会计信息质量等情况；

(十)重大财政收支过程中风险防范和控制情况；

(十一)法律、法规规定的其他财政监督事项。

省人民政府财政部门依法对会计师事务所和资产评估机构的设立及执业情况进行监督。

第十条 各级政府应当加强预算编制的管理，完善预算编制方法，编制全口径预算；健全支出定额标准体系，严格项目支出预算管理。

财政部门、预算单位应当提高政府性资金支付对象、支付时间、支付金额的准确性，预防、制止和纠正浪费、滥用、欺骗等不当支付行为。

第十一条 财政部门应当加强预算绩效监督，对绩效目标设置的科学性合理性、绩效目标实现程度、绩效评价工作质量、绩效评价结果与预算安排结合情况进行跟踪监督检查。

财政部门应当将绩效监督结果反馈预算执行单位。预算执行单位应当根据绩效监督结果，改进管理措施，完善管理制度，提高预算资金使用效益。

第十二条 财政部门实施财政监督，可以依法采取下列措施：

(一)调取、查阅、复制与监督事项有关的文件资料、会计资料、电子数据等；

(二)核查与监督事项有关的现金、有价证券、实物资产等；

(三)核实与监督事项有关的生产经营活动及其会计核算情况；

(四)经财政部门负责人批准，可以向与被监督单位有经济业务往来的单位查询有关情况，可以向金融机构查询被监督单位的存款，有关单位和金融机构应当配合；

(五)对可能灭失或者以后难以取得的证据，经财政部门负责人批准，可以先行登记保存；

(六)法律、法规规定的其他措施。

第十三条 上级财政部门可以将其管辖范围内的财政监督事项，委托下级财政部门实施监督检查；上级财政部门可以对下级财政部门管辖范围内的重大财政监督事项，直接实施监督检查。

财政部门按照公开透明、公平竞争、客观公正的原则，可以委托具备相应资质的社会中介机构，对使用政府性资金的部门、单位的年度财务会计报告、决算报表和其他会计事项进行鉴证。鉴证报告作为财政管理的参考。

接受委托的社会中介机构及其人员应当恪守独立、客观、公正的原则，严格依照相关法律、法规的规定，从事鉴证工作，不得制作、出具虚假鉴证报告。

第十四条 财政部门应当按照注重预防和规范管理的原则，对下列事项进行监督检查：

(一)本部门内部各业务管理机构和派出机构履行财政管理职责；

(二)本部门及其所属单位预算、财务与资产管理；

(三)本部门内部控制情况；

(四)其他需要监督检查的事项。

第十五条 财政部门发现监督对象制定或者执行的规定与国家和省有关规定相抵触的，应当依法纠正或者建议有权机关纠正。

财政部门对监督对象正在进行的财政违法行为，应当责令改正；对拒不改正的，可以暂停拨款或者停止拨付与财政违法行为直接有关的款项，已经拨付的，责令其暂停使用。

第十六条 监督检查人员实施财政监督，不得有下列行为：

(一)超越或者滥用监督职权；

(二)对知悉的财政、财务和会计违法行为未及时处置；

（三）违反规定程序实施监督检查；

（四）泄露监督检查中知悉的国家秘密、商业秘密和个人隐私；

（五）索贿、受贿、利用监督检查工作之便谋取私利；

（六）法律、法规禁止的其他行为。

第三章 监督检查程序

第十七条 财政部门开展监督检查，可以组成检查组。检查组成员不得少于二人。根据工作需要，还可以聘请具备相应资格的专业人员，协助检查组工作。

监督检查人员应当向有关单位和个人出示行政执法证件。监督检查人员与监督对象有直接利害关系的，应当回避。

第十八条 财政部门应当在实施监督检查三个工作日前向监督对象送达财政监督检查通知书。

对涉嫌重大财政、财务、会计违法行为的，经财政部门主要负责人批准，送达财政监督检查通知书的期限可以少于三个工作日。

第十九条 监督检查人员进行监督检查时，应当收集相关证明材料，编制监督检查工作底稿。证明材料和工作底稿应当分别经提供者、监督对象核实后签字或者盖章。因拒绝或者特殊原因未签字或者盖章的，监督检查人员应当在证明材料或者工作底稿上注明原因。

第二十条 财政部门进行监督检查时，监督对象应当配合，如实回答询问，提供与监督事项有关的文件资料、会计资料、电子数据等，不得拒绝、阻挠、拖延。

第二十一条 检查组应当在检查工作结束后十个工作日内，向财政部门提交书面监督检查报告。

财政部门收到监督检查报告后，应当依法进行审查，并在收到监督检查报告之日起三十日内依照法定权限作出处理决定或者检查意见，并将处理决定或者检查意见送达监督对象。

第二十二条 财政部门在作出处理决定之前，应当告知监督对象作出处理决定的事实、理由及依据，并告知监督对象依法享有的权利。

监督对象的陈述和申辩，财政部门应当充分听取。对监督对象提出的事实、理由和证据，应当进行复核；监督对象提出的事实、理由或者证据成立的，财政部门应当采纳。

第二十三条 财政部门作出的处理决定或者检查意见，监督对象应当执行，并于送达之日起三十日内将执行情况书面报告财政部门。

监督对象不服财政部门处理决定的，可以依法申请行政复议或者提起行政诉讼。

第二十四条 财政部门实施财政监督，应当加强与监察、审计等部门的沟通和协作。监察、审计等部门已经作出的调查、检查、审计结论能够满足财政部门履行职责需要的，应当加以利用，避免重复检查。

第四章 监督结果运用

第二十五条 财政部门应当将监督检查发现的重大财政、财务、会计违法行为，及时向本级人民政府报告，并向有关部门通报。

对不属于财政部门处理的违法行为，依法移送有关机关处理。

第二十六条 财政部门对监督对象作出的处理决定及其执行情况，除涉及国家秘密、商业秘密和个人隐私外，应当向社会公开。

第二十七条 财政部门应当依法纠正监督检查中发现的问题，将处理决定、检查意见作为完善相关政策制度和预算安排、调整的重要参考。

涉及违反国家有关投资建设项目规定，截留、挪用、骗取国家建设资金，超概算投资，虚列投资完成额的，财政部门应当责令改正，追回被截留、挪用、骗取的国家建设资金，没收违法所得，核减或者停止拨付工程投资。

第五章 法律责任

第二十八条 财政部门、预算单位违反本条例第十条规定，造成政府性资金被骗取、滥用、浪费的，县级以上人民政府及其有关部门或者财政部门应当责令其改正，追回被骗取的政府性资金；有违法所得的，没收违法所得；对直接负责的主管人员和其他直接责任人员，依照《财政违法行为处罚处分条例》的有关规定进行处分。

第二十九条 社会中介机构及其工作人员违反本条例第十三条第三款规定，制作、出具虚假鉴证报告的，财政部门应当责令其改正；情节严重的，省人民政府财政部门依法对社会中介机构暂停其经营业务或者予以撤销，对相关人员暂停其执行业务或者吊销其资格证书。

第三十条　财政监督检查人员违反本条例第十六条规定行为之一的,依法给予警告、记过或者记大过处分;情节较重的,依法给予降级或者撤职处分;情节严重的,依法给予开除处分;有违法所得的,没收违法所得;构成犯罪的,依法追究刑事责任。

第三十一条　违反本条例第二十条规定,监督对象拒绝、阻挠、拖延财政部门依法实施监督检查,由财政或者有关部门依法给予处罚、处分;构成犯罪的,依法追究刑事责任。

第六章 附 则

第三十二条　本条例自 2014 年 3 月 1 日起施行。

规范性文件

安徽省财政厅　安徽省国防科学技术工业办公室关于印发《安徽省军民结合高技术产业发展专项资金使用管理办法》的通知

财企〔2013〕279 号

各市、县(区)财政局、船舶行业、民爆行业主管部门,各军工及民口配套单位:

为进一步促进我省军民结合高技术产业发展,规范和加强省军民结合高技术产业发展专项资金的使用和管理,提高资金使用绩效,根据国家军民融合式发展战略和现行财政财务管理相关规定,省财政厅和省国防科工办对《安徽省军民结合高技术产业发展专项资金使用管理暂行办法》(财企〔2008〕423 号)进行了修订。

现将修订后的《安徽省军民结合高技术产业发展专项资金使用管理办法》印发给你们,请遵照执行。

安徽省军民结合高技术产业发展专项资金使用管理办法

第一章　总　则

第一条　为进一步规范和加强军民结合高技术产业发展专项资金(以下简称专项资金)的管理,提高资金使用效益,根据军民融合式发展战略和《安徽省人民政府关于加快推进军民结合产业发展的意见》(皖政〔2012〕31 号)及财政财务的相关规定,特制定本办法。

第二条　本办法所称专项资金,是指由省财政预算安排,专项用于支持全省军民结合产业发展项目的资金。

第三条　专项资金由省财政厅会同省国防科工办根据职责分工共同管理，各司其职、各负其责。 省财政厅会同省国防科工办负责专项资金预算管理与分配,加强监督检查和绩效评价。省国防科工办会同省财政厅负责业务指导和项目管理。

第二章　资金管理

第四条　专项资金的管理和使用，坚持公开、公正、科学、规范的原则。

第五条　专项资金支持方式分投资补助和贷款贴息两种方式。采取补助方式的,对单个项目补助额最高不超过项目总投资的 30%;采取贴息方式的,对实际发生的银行贷款利息予以补贴,贴息率不超过同期中国人民银行发布的一年期贷款基准利率,贴息额不超过同期实际发生的利息,贴息年限不超过二年。申请专项资金的项目可选择其中一种支持方式,不得同时以两种方式申请补助。

第六条　对当年度已通过其他渠道获得中央财政或省财政资金支持的项目,原则上不予重复支持。

第三章　条件及范围

第七条　申报专项资金的项目单位必须是安

徽省境内的军工及民口配套、民爆、船舶行业、军民融合式发展体系建设的单位，同时应具备以下条件：

（一）具有独立的法人资格，法人治理结构规范；

（二）企业发展战略明确，专业特色明显，市场定位清晰；

（三）财务管理制度健全，会计核算真实、完整，并按照《企业财务通则》等规定及时向有关部门报送会计报表；

（四）近年来有较好的经营业绩，生产经营正常，资产负债率一般不超过70%；

（五）申报的项目应符合节能降耗、保护环境的要求；

（六）项目资金落实；

（七）其他应具备的相关条件。

第八条　专项资金重点支持公共安全、航天航空、船舶制造、电子信息、汽车及零部件、民爆物品、特种化工和军民两用新材料等领域军民结合产业的项目以及军民融合式发展体系建设。专项资金项目的评审、监督检查、验收和绩效评价等项目管理工作所需经费，按不高于省财政安排的专项资金2%的比例提取。

第九条　申请专项资金的单位应报送下列资料

（一）项目资金申请报告；

（二）军民结合高技术产业发展专项资金申请表；

（三）法人营业执照副本复印件；

（四）项目审批、核准或备案文件；

（五）企业生产经营情况或业务开展情况；

（六）经会计师事务所审计的上一年度会计报表和审计报告（复印件）；

（七）项目法人出具提供的申请材料及有关数据真实性承诺书；

（八）其他与项目有关的证明材料（专利证书、新产品证书等）。

第十条　申请投资补助方式的，除提供第九条所要求的资料外，还需提供已落实或已投入项目建设的自有资金有效凭证复印件。

申请贷款贴息方式的，除提供第九条所要求的资料外，还需提供项目贷款合同和已发生的银行贷款凭证、结息单复印件。

第四章　申报时间与程序

第十一条　每年年初省国防科工办会同省财政厅根据本办法的规定组织开展本年度专项资金的申报工作。专项资金申报原则上在每年3月底前进行。

第十二条　各市县船舶修造、民爆行业主管部门和财政部门负责本地区专项资金项目的初审工作，并在规定的时间内统一汇总联合行文分别上报省国防科工办和省财政厅。

第十三条　各市县军工及民口配套单位，将申请文件和项目申报书（包括军民结合高技术产业发展专项资金申请表及项目资料）经同级财政部门签署意见后，报送省国防科工办和省财政厅。省直企事业单位申报文件资料分别直接报送省国防科工办和省财政厅。

第十四条　省国防科工办会同省财政厅按照公开、公正、公平的原则，组织技术、管理、财务等方面的专家，对申报项目进行论证评审。

第十五条　对拟扶持项目，省国防科工办会同省财政厅以适当方式进行公示。

第十六条　省财政厅会同省国防科工办根据项目计划，确定项目资金支持方式和额度。省财政厅对市县项目下达预算指标，由市、县财政部门根据有关规定及时拨付专项资金；省级项目由省财政厅通过国库集中支付直接拨付到相关项目单位。

第十七条　项目单位收到补助资金后，按照现行财务制度规定及时进行财务处理。

第五章　监督与绩效评价

第十八条　省财政厅会同省国防科工办对专项资金使用情况依法实施监督检查，项目单位应严格遵守财务会计制度以及相关文件规定，并自觉接受监督检查。

第十九条　省财政厅、省国防科工办建立专项资金项目绩效评价制度，对专项资金使用实施绩效评价，年度专项资金绩效评价结果作为下一年度专项资金预算及项目安排的重要依据。

第二十条　专项资金应当专款专用,任何单位和个人不得截留、挤占或挪用。对弄虚作假骗取专项资金以及违反本办法规定的,一经发现,省财政厅将收回补助资金,并按照《财政违法行为处罚处分条例》(国务院令第427号)规定予以处理。

第六章　附　则

第二十一条　本办法由省财政厅、省国防科工办负责解释。

第二十二条　本办法自发布之日起执行。省财政厅、省国防科工办印发的《安徽省军民结合高技术产业发展专项资金使用管理暂行办法》(财企〔2008〕423号)同时废止。

安徽省财政厅关于印发《安徽省省级行政事业单位国有资产使用管理暂行办法》的通知

财资〔2013〕501号

省直各单位:

为进一步加强省级行政事业单位国有资产使用管理,提高国有资产的使用效益,根据《安徽省行政事业单位国有资产管理暂行办法》(省政府令第214号)、《安徽省人民政府办公厅关于进一步规范和加强省级行政事业单位资产管理工作的意见》(皖政办〔2013〕3号)有关规定,我们制定了《安徽省省级行政事业单位国有资产使用管理暂行办法》。现印发给你们,请遵照执行。

安徽省省级行政事业单位国有资产使用管理暂行办法

第一章　总　则

第一条　为规范和加强省级行政事业单位国有资产管理,提高资产使用效益,防止国有资产流失,根据《安徽省行政事业单位国有资产管理暂行办法》(省政府令第214号)、《安徽省人民政府办公厅关于进一步规范和加强省级行政事业单位资产管理工作的意见》(皖政办〔2013〕3号)等有关规定,制定本办法。

第二条　本办法适用于省级党的机关、人大机关、行政机关、政协机关、审判机关、检察机关、各民主党派机关(以下简称行政单位)和各类事业单位(以下简称事业单位)。

第三条　本办法所称的国有资产使用包括行政事业单位国有资产的自用和有偿使用,国有资产有偿使用是指行政事业单位在确保本单位职能正常履行和事业发展的前提下,以获取经济利益为目的,按照有关规定,将其占有的国有资产出租、出借和对外投资等行为。

第四条　行政事业单位国有资产使用应遵循权属清晰、安全完整、风险控制、注重绩效的原则。权属关系不明确或者存在权属纠纷的资产不得申请有偿使用。

第五条　省财政厅、省级行政事业单位主管部门(以下简称主管部门)按照规定权限对行政事业单位国有资产有偿使用事项进行审批(审核)或备案。行政事业单位负责本单位国有资产使用的具体管理。

第六条　省财政厅、主管部门对行政事业单位国有资产有偿使用事项的批复文件,是单位订立资产出租、出借、对外投资合同(协议)以及办理产权登记、账务处理等重要依据。账务处理按照现行行政、事业单位财务和会计制度的有关规定执行。

第七条　行政事业单位应对本单位国有资产有偿使用事项实行专项管理,并在单位财务会计报告、国有资产统计报告中对相关信息进行披露。

第八条　行政事业单位国有资产使用应按照资产信息化管理的要求,及时将资产使用情况及变动信息录入资产管理信息系统,对本单位国有资产实行动态管理,并按要求定期向主管部门和省财政厅报送资产统计报告。

第二章　资产自用

第九条 行政事业单位应建立健全自用资产的验收、领用、保管和维护等内部管理制度,规范资产使用管理流程,并加强审计监督和绩效考评。

第十条 行政事业单位应当建立资产登记、资产与财务有效衔接制度。对单位购置、接受捐赠、无偿划拨等方式获得的资产,资产管理部门应及时办理验收登记手续,严把数量、质量关;自建资产应及时办理竣工验收、竣工财务决算编报以及按相关规定办理资产移交和登记手续。行政事业单位财务管理部门应根据资产的相关凭证或文件及时进行账务处理。

第十一条 行政事业单位应建立资产领用交回制度,落实资产使用管理责任,明确资产具体使用部门和责任人,确保资产安全完整。

第十二条 行政事业单位资产自用管理应本着实物量和价值量并重的原则,对实物资产进行定期清查,完善资产管理账表及有关资料,做到账账、账卡、账实相符,并对资产丢失、毁损等情况实行责任追究制度。

第十三条 行政事业单位应认真做好自用资产使用管理,经常检查并改善资产使用状况,减少资产的非正常损耗,做到高效节约、物尽其用,充分发挥国有资产使用效益,防止国有资产使用过程中的损失和浪费。

第十四条 省财政厅、主管部门应积极引导和鼓励行政事业单位实行国有资产共享共用,建立资产共享共用与资产绩效、资产配置、单位预算挂钩的联动机制。行政事业单位应积极推进本单位国有资产的共享共用工作,提高国有资产使用效益。

第三章 出租、出借

第十五条 行政单位原则上不得出租、出借办公用房或改变办公用房使用功能,确需出租、出借资产的,必须经批准后实行公开拍租。

第十六条 行政事业单位国有资产出租、出借,资产价值在50万元以上(含50万元)且资产出租出借期限在6个月以上的,经主管部门审核后报省财政厅审批;资产价值在50万元以下的或出租出借期限在6个月以内(含6个月)的,由主管部门按照有关规定进行审批,并于批复之日起15个工作日内将审批结果(一式两份)报省财政厅备案。

产权在行政单位、由事业单位管理的资产出租、出租事项,按照行政单位国有资产出租、出借事项程序进行办理。

实行省以下垂直管理的部门,省辖市及省辖市以下单位国有资产出租、出借事项,由其省级主管部门审批,并应于批复之日起30个工作日内将审批结果(一式两份)报省财政厅备案。

第十七条 行政事业单位国有资产出租、出借,应在严格论证的基础上提出申请,附相关材料,报主管部门审核或审批。主管部门对单位申报资料的完整性、决策过程的合规性等进行审查,并按本办法第十六条规定的权限报省财政厅审批或备案。

第十八条 行政事业单位申请办理资产出租、出借事项时,应提交如下材料,并对材料的真实性、有效性、准确性负责:

(一)拟出租、出借资产事项的书面申请及《安徽省省级行政事业单位资产出租出借申请表》(见附表);

(二)拟出租、出借资产的价值凭证及权属证明,如购货发票或收据、工程决算副本、记账凭证、固定资产卡片、国有土地使用权证、房屋所有权证等复印件(加盖单位公章);

(三)单位同意出租、出借国有资产的内部决议或会议纪要复印件;

(四)其他有关资料(包括单位法人证书复印件、其他产权共有人同意出租出借的书面证明,采用非公开方式招租的承租方法人或企业营业执照复印件、个人身份证复印件等)。

第十九条 行政事业单位国有资产有下列情形之一的,不得出租、出借:

(一)已被依法查封、冻结的;

(二)未取得其他产权共有人同意的;

(三)权属不清或产权有争议的;

(四)其他违反法律、法规规定的。

第二十条 行政事业单位资产出租应按照公开、公平、公正原则,委托合法的产权交易机构实行公开拍租。因特殊情况无法公开拍租的,须在申请文件中详细说明理由，经省财政厅审批同意后方可以其他方式出租。

第二十一条　行政事业单位资产出租的价格，原则上应采取公开拍租的形式确定，必要时可采取评审或者资产评估的方法确定。

第二十二条　行政事业单位资产出租在确定承租方后，应当签订省财政厅统一制定的合同，并于签订合同后15个工作日内将合同报省财政厅备案。资产出租期限一般不得超过五年，期间若需变更资产出租合同或者协议，应当重新办理报批手续；若需提前终止资产出租合同或者协议，应当办理备案手续；合同期满后继续出租的，应当重新办理报批手续。

第二十三条　行政单位事业单位国有资产出租、出借取得的收入，应按照预算管理的有关规定纳入单位预算，统一管理，审批使用。

第四章　对外投资

第二十四条　行政单位、承担行政职能的事业单位以及公益一类事业单位不得以任何形式利用占有、使用的国有资产兴办经济实体或对外投资，公益二类事业单位对外投资必须严格履行审批程序。

第二十五条　事业单位对外投资的方式包括：

(一)投资设立具有独立法人资格的经济实体；

(二)与其他出资人共同设立具有独立法人资格的经济实体；

(三)对所出资企业追加投资；

(四)法律、法规、规章规定的其他方式。

第二十六条　事业单位对外投资必须严格履行相关审批程序，严格控制货币性资金对外投资。不得利用财政拨款和财政拨款结余对外投资。

第二十七条　严格控制事业单位非主业投资，除国家另有规定外，事业单位不得从事以下投资事项：

(一)买卖期货、股票；

(二)购买各种企业(公司)债券、各类投资基金和其他任何形式的金融衍生品或进行任何形式的金融风险投资；

(三)利用国外贷款的事业单位，在国外债务尚未清偿前利用该贷款形成的资产对外投资；

(四)其他违反法律、行政法规规定的。

第二十八条　事业单位应在科学论证、公开决策的基础上提出对外投资申请，附相关材料报主管部门审核。主管部门在对单位申报材料的完整性、决策过程的合规性、拟投资项目资金来源的合理性等进行审核后，报省财政厅审批。

事业单位对外投资效益情况是审核审批对外投资事项的参考依据，严格控制资产负债率过高的事业单位对外投资行为。

第二十九条　事业单位申请利用国有资产对外投资的，应提供如下材料，并对材料的真实性、有效性、准确性负责：

(一)对外投资事项的书面申请；

(二)拟投资资产的价值凭证及权属证明，如购货发票、工程决算副本、记账凭证、固定资产卡片、国有土地使用权证、房屋所有权证、股权证等凭据的复印件(加盖单位公章)；

(三)对外投资的可行性论证报告；

(四)事业单位拟同意对外投资的会议决议或会议纪要复印件；

(五)事业单位法人证书复印件，其他拟出资人法人证书或营业执照、个人身份证复印件；

(六)拟创办经济实体章程和企业名称预先核准通知书；

(七)事业单位与其他拟出资人签订的投资意向书、协议或合同草案；

(八)事业单位上年度财务报表，经中介机构审计的其他拟出资人上年度财务报表；

(九)其他材料。

第三十条　事业单位以实物、无形资产等非货币性资产对外投资的，应聘请具有相应资质的中介机构，对拟投资资产进行资产评估，合理确定资产价值。资产评估结果按相关规定履行备案或核准手续。

第三十一条　事业单位利用国有资产进行境外投资的，应遵循国家境外投资项目核准和外汇管理等相关规定。

第三十二条　事业单位利用国有资产对外投资取得的收益，应当按照预算管理及事业单位财务和会计制度的有关规定纳入单位预算，统一核算，统一管理。

第三十三条　事业单位应加强对外投资形成

的股权管理,依法履行出资人的职能。事业单位应依照《中华人民共和国企业国有资产法》、《中华人民共和国公司法》、《企业财务通则》和《企业国有产权转让管理暂行办法》等企业国有资产监管的有关规定,加强对所出资企业的监督管理。

第三十四条 省财政厅、主管部门应加强对事业单位国有资产对外投资的考核。事业单位应建立和完善国有资产内控机制和保值增值机制,确保国有资产的安全完整,实现国有资产的保值增值。

第三十五条 事业单位转让(减持)对外投资股权或核销对外投资损失,按照《安徽省省级行政事业单位国有资产处置管理暂行办法》(财资〔2009〕392 号)的有关规定办理。

第五章 监督管理

第三十六条 省财政厅、主管部门应加强对行政事业单位国有资产使用行为及其收入的日常监督和专项检查。

第三十七条 主管部门、行政事业单位在国有资产使用过程中不得有下列行为:

(一)未按规定申报,擅自对国有资产进行对外投资和出租、出借;

(二)串通作弊,暗箱操作,违规利用国有资产对外投资和出租、出借;

(三)其他违反国家有关规定造成单位资产损失的行为。

第三十八条 主管部门、行政事业单位违反本办法规定的,依照《财政违法行为处罚处分条例》(国务院令第 427 号)等国家有关规定追究法律责任。

第三十九条 行政事业单位应于每个会计年度终了后,按照省财政厅规定的部门决算报表格式、内容、要求,对其国有资产使用情况做出报告,报主管部门,由主管部门汇总后报省财政厅。

第六章 附则

第四十条 执行《民间非营利组织会计制度》的社会团体及民办非企业单位国有资产使用管理,参照本办法执行。实行企业化管理并执行企业财务会计制度的事业单位,以及事业单位创办的具有法人资格的企业,其国有资产使用按照企业国有资产监督管理的有关规定实施监督管理。

第四十一条 对涉及国家安全的行政事业单位国有资产使用管理活动,应按照国家有关保密制度的规定,做好保密工作,防止失密和泄密。

第四十二条 本办法由省财政厅负责解释。省级主管部门、各市县财政局可参照本办法,制定本部门、本地区的具体实施办法,并报省财政厅备案。

第四十三条 本办法自发布之日起施行。此前相关规定与本办法不一致的,以本办法为准。

安徽省财政厅 安徽省住房和城乡建设厅关于印发《安徽省小城镇建设专项资金管理办法》的通知

财建〔2013〕613 号

各市、县(区)财政局、住房城乡建设委,广德县、宿松县财政局、住房城乡建设委:

为规范和加强小城镇专项资金(以下简称“专项资金”)管理,提高资金使用效益,根据《安徽省省级预算管理办法》、《安徽省人民政府关于全面推进预算绩效管理意见》(皖政〔2011〕115 号)以及财政财务管理的有关规定,省财政厅、省住房城乡建设厅联合制定了《安徽省小城镇建设专项资金管理办法》,现印发给你们,请遵照执行。

安徽省小城镇建设专项资金管理办法

第一条 为规范和加强小城镇专项资金(以下简称“专项资金”)管理,提高资金使用效益,根据《安徽省省级预算管理办法》、《安徽省人民政府关于全面推进预算绩效管理意见》(皖政〔2011〕115 号)以及财政财务管理的有关规定,制定本办法。

第二条 本办法所称专项资金，是指由省级财政预算安排的，支持我省小城镇建设的专项资金。

第三条 专项资金使用范围主要包括：小城镇镇区给排水、环境绿化、公共照明、市容环卫，小城镇污水和垃圾处理，以及其他基础设施建设等。

第四条 专项资金实行竞争性分配，遵循“规划先行、突出重点、激励约束、公开公正”的原则。

(一)规划先行。支持项目必须符合小城镇建设规划。

(二)突出重点。体现集中财力办大事原则，择优选择省级重点中心镇项目予以支持，兼顾其他具有示范效应的小城镇项目。

(三)激励约束。优先支持出台政策支持小城镇建设发展的地区，以及已通过多渠道落实建设资金的项目。

(四)公开公正。专项资金的申报审核、分配拨付、使用管理等，坚持公开透明、公平公正，确保专项资金使用安全。

第五条 专项资金申报。(1)省住房和城乡建设、省财政厅根据我省小城镇建设总体要求，分年度确定支持重点，于每年12月底前联合发布次年的项目申报指南。(2)有关市住房和城乡建设主管部门、财政部门，根据申报指南，组织本地区项目申报和预审，提出预审意见，联合行文上报省住房城乡建设厅、省财政厅。

第六条 专项资金分配。省住房和城乡建设厅、省财政厅联合组织专家对申报项目进行评审，评审通过的项目进行公示。公示无异议后，省财政厅会同省住房城乡建设厅研究专项资金分配方案。

第七条 专项资金拨付。按照财政省管县体制，县(市)项目资金直接下达到同级财政部门，市辖区项目资金下达到市级财政部门，由市级财政部门分配下达到区。项目所在地财政部门要按照国库集中支付和基本建设程序等有关财务管理规定拨付专项资金，并会同当地住房城乡建设部门监督专项资金的使用。

第八条 专项资金必须专款专用，专项用于批准的小城镇基础设施建设，不得用于归垫以前年度借款，严禁用于人员经费支出、日常办公设备购置以及弥补办公经费不足等与小城镇建设无关的支出。

第九条 项目承担单位必须按批准的内容实施建设，随意调整建设内容，或挤占、截留、挪用项目建设资金的，一经发现，将按有关规定予以处理，情节严重的，除收回项目补助资金外，以后年度原则上不再安排该县（区）小城镇建设补助资金。

第十条 项目完成后，各县(区)住房城乡建设部门要会同有关部门对项目进行竣工验收，对照申报批复的建设内容和建设任务进行核查，形成验收报告存档备查。

第十一条 省住房城乡建设厅会同省财政厅每年组织开展项目绩效评价，绩效评价结果作为安排后续项目重要参考依据。

第十二条 本办法由省财政厅商省住房和城乡建设厅负责解释。

第十三条 本管理暂行办法自印发之日起执行，原制定的《安徽省小城镇建设专项资金管理办法》(财建〔2008〕303号)同时废止。

安徽省财政厅 安徽省住房和城乡建设厅关于印发《安徽省徽派建筑保护专项资金管理暂行办法》的通知

财建〔2013〕623号

各市、县(区)财政局，住房城乡建设委员会(规划局)：

为了规范和加强安徽省徽派建筑保护专项资金(以下简称“专项资金”)管理，提高资金使用效益，根据《安徽省省级预算管理办法》和《安徽省人民政府办公厅关于加强徽派建筑特色保护与传承工作的意见》(皖政办〔2012〕70号)规定，省财政厅、省住房和城乡建设厅联合制定了《安徽省徽派建筑保护专项资金管理暂行办法》，现印发给你们，请遵照执行。

安徽省徽派建筑保护专项资金管理暂行办法

第一条 为了规范和加强安徽省徽派建筑保护专项资金(以下简称“专项资金”)管理,提高资金使用效益,根据《安徽省省级预算管理办法》和《安徽省人民政府办公厅关于加强徽派建筑特色保护与传承工作的意见》(皖政办〔2012〕70号)规定,制定本暂行办法。

第二条 专项资金由省级财政安排,专项用于引导我省徽派建筑保护与传承等。

第三条 专项资金分配和使用遵循公开公平、公正透明,突出重点、注重实效,竞争选择、择优扶持的原则,接受群众和社会监督。

第四条 支持范围

(一)单体徽派建筑的保护与传承项目;

(二)徽派建筑的保护与传承相关研究。

第五条 专项资金注重激励约束,优先支持出台政策支持徽派建筑保护和传承的地区以及历史文化名镇名村内的项目。

第六条 专项资金申报。(1)省住房和城乡建设厅、省财政厅根据我省徽派建筑保护目标任务和工作要求,以及支持重点,于每年3月底前联合发布申报指南。(2)有关市、县住房和城乡建设主管部门、财政部门,根据申报指南,组织本地区项目申报和预审,提出预审意见,联合行文上报省住房和城乡建设厅、省财政厅。

第七条 专项资金分配。省住房和城乡建设厅、省财政厅联合组织专家对申报项目进行评审,评审通过的项目进行公示。公示无异议后,省住房和城乡建设厅会同省财政厅研究专项资金分配方案。

第八条 专项资金拨付。按照财政省管县体制,县(市)项目资金直接下达到同级财政部门,市辖区项目资金下达到市级财政部门,由市级财政部门分配下达到区。项目所在地财政部门要按照国库集中支付和有关财务管理的规定拨付专项资金。

第九条 市、县(区)住房和城乡建设部门要加强项目实施过程管理和监督。市、县(区)财政部门要加强资金使用监管,确保资金专款专用。

第十条 项目完成后,各地住房城乡建设部门要督促项目单位对项目实施进行竣工验收,并对照申报批复的建设内容和建设任务进行核查,形成验收核查报告存档备查。

第十一条 省住房和城乡建设厅会同省财政厅适时组织开展项目绩效评价,绩效评价结果作为安排后续项目重要参考依据。

第十二条 项目承担单位应加强专项资金管理并专款专用,自觉接受财政、审计部门的监督检查。

第十三条 擅自改变专项资金用途,或者骗取、挪用专项资金等,查实后,除收回全部资金外,将按照《财政违法行为处罚处分条例》(国务院令第427号)的规定进行处理,并依法追究有关责任人的责任。

第十四条 本办法由省财政厅商省住房和城乡建设厅负责解释。

第十五条 本办法自印发之日起执行。

安徽省财政厅 安徽省旅游局关于印发《安徽省旅游包机、专列、游轮、大巴奖励专项资金管理办法》的通知

财行〔2013〕632号

各市、县(区)财政局、旅游局:

现将《安徽省旅游包机、专列、游轮、大巴奖励专项资金管理办法》印发给你们,请遵照执行。

安徽省旅游包机、专列、游轮、大巴奖励专项资金管理办法

第一条 为规范旅游包机、专列、游轮、大巴奖励资金(以下简称“奖励资金”)管理,进一步加

强旅游客源市场开拓和培育，充分发挥财政资金效益，根据省级预算管理规定制定本办法。

第二条 奖励资金的来源

奖励资金是省旅游发展资金中切块安排的资金。

第三条 奖励资金的使用原则

奖励资金的使用遵循注重绩效、公开透明、专款专用的原则。

第四条 奖励对象

以包机(非定期航线)、专列、游轮、大巴形式组织旅游者来皖旅游的国内旅游企业。

第五条 奖励条件和标准

(一)组织境外旅游者以包机(非定期航线航班)形式来皖旅游，停留时间累计达2晚3天(含)以上，每架次达100人(含)以上，奖励7万元；200人(含)以上，奖励10万元。我省已开通航线的亚洲国家和地区的旅游包机每架次达100人(含)以上，停留时间累计达2晚3天(含)以上，每架次奖励5万元。

(二)组织境内旅游者以包机形式来皖旅游，停留时间累计达2晚3天(含)以上，每架次达到100人(含)以上，奖励4万元；200人(含)以上，奖励8万元。

(三)组织境内、外旅游者以火车专列形式来皖旅游，停留时间累计达2晚2天(含)以上，每趟专列300人(含)以上，奖励5万元；500人(含)以上，奖励8万元。

(四)组织境内、外旅游者以游轮形式来皖旅游，停留时间累计达1晚2天或2晚1天(含)以上，每航次100人(含)以上，奖励1万元；200人(含)以上，奖励3万元；300人(含)以上，奖励4万元。

(五)组织省外旅游者以大巴形式来皖旅游，停留时间累计达2晚3天(含)以上，每批次300人(含)以上，奖励3万元；400人(含)以上，奖励5万元。

与我省已开通航线重复的境内外非定期旅游包机，不予奖励。

第六条 奖励资金的申请、审核、拨付

奖励资金每半年申请一次，由旅游企业分别于5月10日和10月31日前将已成行的包机、专列、游轮、大巴奖励材料汇集成册(A4纸规格)，分正、副本一式三册盖章后，向省旅游局申报，经省旅游局、省财政厅共同审核后，省财政厅、省旅游局办理相关资金拨付手续。

第七条 奖励资金的申报材料

(一)奖励资金申请书、奖励资金申请表、组织包机、专列、游轮、大巴的协议。

(二)旅游者名单、行程单、组团确认(计划)书，境外包机游客名单、人数需边防检查站确认。

(三)住宿、景点费用结算单。

(四)其他需要提供的材料。

申报材料不完整、不规范的，省旅游局、省财政厅不予受理。

第八条 旅游企业应按照诚信申请、及时申请的原则，向省旅游局提供申报材料。对弄虚作假的旅游企业，省财政厅、省旅游局将收回奖励资金，并禁止其五年内不得申报奖励资金。

第九条 本办法自发文之日起实行，由省财政厅、省旅游局共同负责解释。财行〔2012〕123号文同时废止。

安徽省财政厅关于印发《安徽省省级预算公开评审暂行办法》的通知

财预〔2013〕792号

省直各部门：

为增强预算编制的透明度，提高财政依法理财、民主理财、科学理财水平，我厅制定了《安徽省省级预算公开评审暂行办法》，现印发给你们，请遵照执行。

安徽省省级预算公开评审暂行办法

第一条 为增强预算编制的透明度，提高财政依法理财、民主理财、科学理财水平，根据《中华人民共和国预算法》、《中华人民共和国预算法实施条例》、《安徽省预算审查监督条例》等法律法规，制定本办法。

第二条 本办法所称预算公开评审，是指在部门预算编制过程中，财政部门邀请人大代表、政协委员和相关领域专家，对部门申报的支出项目进行评审论证、提出意见和建议的预算管理活动。

第三条　预算公开评审由省财政厅负责组织,并根据部门预算编制情况,制订预算公开评审具体实施方案。

第四条　预算公开评审坚持“科学、公开、民主、公正”的原则。邀请纪检监察部门全程参与,现场监督。

第五条　预算公开评审范围主要是部门新增支出项目,重点是经济社会影响面较广、专业技术性较强、预算数额较大且不易确定的项目。

第六条　民生工程项目按照选择征集公开化、程序规范化、决策民主化的要求,单独组织实施。

第七条　预算公开评审的内容是对部门申报项目的立项依据、执行条件、预期效益、经费预算等因素,按照规范的程序和标准,在项目立项决策前进行审议和评价,提出评审意见和建议。

一、立项依据主要包括:(1)项目是否符合中央宏观政策导向，省委省政府发展战略和相关政策要求。(2)项目是否是政府应该承担的责任,能否交由市场来办。(3)项目是否属于省级政府支出责任。(4)项目是否与该部门职能密切相关,属于部门支出责任。

二、执行条件主要包括:项目申报前,部门是否经过充分论证;项目准备工作是否充分;现有条件能否达到项目实施要求；是否充分考虑政策等客观因素影响；是否全面分析制约项目目标实现的技术、市场等风险因素。

三、预期效益主要包括:项目实施达到的预期目标;预期目标是否能在现有条件下,通过一定努力可以达到;是否与相应的财政支出范围、方向、效益和效果相关。

四、经费预算主要包括:项目的支出方式是政府直接组织实施,还是通过购买第三方服务实现;项目支出的数额及支出结构是否科学、合理;项目预算编制是否具体细化,一经批复能否执行。

第八条　预算公开评审采取专家独立评审和专家组评议相结合的方式。评审专家和专家组对评审结论负责。

第九条　省财政厅根据评审项目特点，分类组建评审专家组,召开预算公开评审会,项目单位负责人向评审专家组陈述项目相关情况。评审专家对照预算公开评审相关规定，独立对项目进行评价,提出评审意见;评审专家组对项目进行讨论和评议,汇总形成预算公开评审报告。预算公开评审报告为预算公开评审的最终结论。

第十条　预算公开评审的结论作为预算安排的重要参考依据。

第十一条　评审专家是预算公开评审工作的重要支撑。省财政厅加强评审专家队伍建设,完善评审专家库。做好对评审专家的培训,使专家掌握有关预算编制的政策、要求和我省与预算公开评审相关的规定、方法、标准等。

第十二条　参与预算公开评审的专家应当遵守评审行为准则,独立自主开展评审工作。对于专家所在单位报送的项目,专家本人应回避。省财政厅为专家评审提供必要的条件和保障。

第十三条　预算公开评审应符合法律法规和其他相关规章制度规定。

第十四条　本办法自发布之日起施行。

安徽省财政厅　安徽省交通运输厅关于印发《安徽省普通国省干线公路大中修工程省级补助资金管理办法》的通知

财建〔2013〕1031号

各市财政局,交通运输管理局:

为加强普通国省干线公路大中修工程省级补助资金管理,提高资金使用效益,根据《安徽省人民政府关于加快交通运输基础设施建设的意见》(皖政〔2010〕44号)、《安徽省人民政府办公厅转发省财政厅关于规范财政资金管理若干意见的通知》(皖政办〔2009〕18号)和财政财务管理有关规定,省财政厅、省交通运输厅联合制定了《安徽省普通国省干线公路大中修工程省级补助资金管理办法》。现印发给你们,请遵照执行。

安徽省普通国省干线公路大中修工程省级补助资金管理办法

第一章 总 则

第一条 为加强普通国省干线公路大中修工程省级补助资金管理，提高资金使用效益，根据《安徽省人民政府关于加快交通运输基础设施建设的意见》(皖政〔2010〕44号)、《安徽省人民政府办公厅转发省财政厅关于规范财政资金管理若干意见的通知》(皖政办〔2009〕18号)和财政财务管理有关规定，制定本办法。

第二条 本办法所称国省干线公路大中修工程省级补助资金(以下简称省级补助资金)，是指省财政预算安排的，专项用于普通国省干线公路路面、桥梁和隧道大中修工程的补助资金。收费公路和城市管养路段不属于省级补助资金支持范围。

第三条 普通国省干线公路大中修工程资金筹措，采取“属地为主，省级补助”的方式。

第二章 专项资金分配

第四条 省交通运输厅会同省财政厅，根据各市(省直管县，以下简称“各市”)所管理公路的当量里程数、车辆行驶量、路况水平、治超考核、上年度补助资金使用绩效考核等因素和相应权重（分别为50%、20%、10%、10%、10%），以及省级补助资金规模总量，提出分配各市年度省级补助资金预算额度，通过预算指标直接下达各市财政局。2013年度按照前四项因素和相应权重（50%、30%、10%、10%)，分配年度资金预算。

第五条 普通国省干线公路大中修工程，由市级负责统筹落实项目，明确资金筹集渠道。省级补助原则上一级公路不高于100万/当量公里，二级公路不高于60万/当量公里。除省级补助资金外，其余资金由地方政府负责筹措。

第三章 项目申报审核

第六条 各市交通运输局、财政局，根据下达的省级补助资金额度，按照统筹安排、轻重缓急的原则，提出本市普通国省干线公路大中修工程安排计划，联合行文报送至省交通厅、省财政厅，同时抄送省公路管理局。

第七条 省公路管理局对各市（省直管县)上报的年度大中修工程项目进行技术性合规审核后，报省交通运输厅、省财政厅审定后，由省交通运输厅、省财政厅联合下达项目计划。

第八条 各市上报的大中修工程项目须满足以下条件：路面使用性能指数(PQI)须小于70、桥梁检测评定等级须为三类及以上、隧道检测评定等级须为B级以上，且要有专业检测机构出具的检测评价养护需求报告；项目方案设计或一阶段施工图设计须通过审批，并已经落实地方建设资金。

第九条 已列入公路新改建和路面改善工程的项目，省级不再安排大中修补助。大修工程间隔年限一般不得低于8年、中修工程间隔年限一般不得低于5年，对特殊情况确需提前实施大中修工程的，要按程序报批。桥梁大中修工程项目优先安排。

第四章 绩效评价和工程验收

第十条 项目完成后，省公路管理局组织开展专项资金使用绩效评价，并于每年2月底前将上一年度的绩效评价报告报送省交通运输厅、省财政厅。省交通运输厅、省财政厅采取第三方机构等方式，不定期对绩效评价结果开展抽查，并将最终绩效评价结果作为安排下年度补助资金的重要因素。绩效评价具体指标和实施细则，由省交通运输厅会同省财政厅另行制定。

第十一条 项目建设完工后，按照国家有关基本建设管理规定，组织项目竣工验收。

第十二条 各市财政、交通部门要严格按照《国有建设单位会计制度》、《基本建设财务管理规定》及补充规定，对国省干线公路大中修工程项目进行财务核算和会计核算。项目法人单位要及时编制竣工财务决算报表，经同级交通部门审核后，由同级财政部门办理竣工财务决算批复。

第五章　监督管理

第十三条　各市应加强对大中修工程项目资金使用监管,建立健全监管制度,确保资金使用安全和投资效益。

第十四条　各市财政、交通部门要自觉接受审计机关、监察机关,以及财政监督机构等单位对资金使用情况及使用效果进行监督检查。

第十五条　对检查中发现有下列行为的,将停止安排该市下年度公路大中修预算:

(一)挤占、挪用大中修工程项目省级补助资金的;

(二)未按计划组织实施,减少工程规模、降低技术标准的;

(三)未落实地方建设资金,影响工程质量、建设工期以及造成其他恶劣影响的;

(四)未按照规定及时更新路面和桥梁管理系统、上报大中修工程进度报表等相关信息;

(五)其他违反国家法律、法规规定的。

第十六条　专项资金专款专用,任何单位和个人不得截留、挤占、挪用。对于违反规定,一经查实,将按照《财政违法行为处罚处分条例》(国务院令第427号)的规定进行处理,并依法追究有关责任人的责任。

第六章　附　则

第十七条　本办法由省财政厅、省交通运输厅负责解释。

第十八条　本办法自发布之日起执行。

安徽省财政厅 安徽省教育厅 安徽省人力资源和社会保障厅关于印发《安徽省中等职业学校免学费补助资金管理实施细则》的通知

财教〔2013〕1257号

各市、县(区)财政局、教育局、人力资源和社会保障局,各省属中职学校,有关高职院校:

按照《财政部 教育部 人力资源社会保障部关于印发中等职业学校免学费补助资金管理办法的通知》(财教〔2013〕84号)和《安徽省财政厅 安徽省发展和改革委员会 安徽省教育厅 安徽省人力资源和社会保障厅关于扩大中等职业教育免学费政策范围进一步完善国家助学金制度实施意见》(财教〔2012〕2667号)文件精神,为进一步规范我省中等职业学校免学费补助资金管理,确保免学费政策顺利实施,结合我省实际,我们制定了《安徽省中等职业学校免学费补助资金管理实施细则》,现印发给你们,请遵照执行。我省之前出台的文件规定与本通知要求不一致之处,以本通知精神为准。

安徽省中等职业学校免学费补助资金管理实施细则

第一条　为了规范我省中等职业学校免学费补助资金管理,确保免学费政策顺利实施,根据《财政部 教育部 人力资源社会保障部关于印发中等职业学校免学费补助资金管理办法的通知》(财教〔2013〕84号)和《安徽省财政厅 安徽省发展和改革委员会 安徽省教育厅 安徽省人力资源和社会保障厅关于扩大中等职业教育免学费政策范围进一步完善国家助学金制度实施意见》(财教〔2012〕2667号)等有关规定,制定本细则。

第二条　本细则所称中等职业学校是指经政府有关部门依法批准设立,实施全日制中等学历教育的各类职业学校,包括公办和民办的普通中专、成人中专、职业高中、技工学校和高等院校附属的中专部、中等职业学校等。

第三条 中等职业学校免学费补助资金是指中等职业学校学生享受免学费政策后，为弥补学校运转出现的经费缺口，财政核拨的补助资金。

第四条 公办中等职业学校免学费标准按照省人民政府及其价格主管部门批准的学费标准确定。

第五条 我省中职学校免学费补助资金由中央和地方政府按比例分担，生源地为西部地区的，中央与地方分担比例为8:2，生源地为其他地区的，中央与地方分担比例为6:4。地方应分担的部分，根据财政供给渠道实行分级分担，即省级财政供给的中等职业学校由省级财政分担，市级财政供给的中等职业学校由市级财政分担，县(市、区)级财政供给的中等职业学校由省级与县(市、区)级财政按8:2比例分担；民办中等职业学校由省级与所在地市、县(市、区)级财政按7:3比例分担。

第六条 对公办中等职业学校免学费资金的补助方式为：第一、二学年因免除学费导致学校运转出现的经费缺口，由财政按照享受免学费政策学生人数和免学费标准补助学校；第三学年原则上由学校通过校企合作和顶岗实习等方式获取的收入予以弥补，不足部分由财政按照不高于三年级享受免学费政策学生人数50%的比例和免学费标准，适当补助学校。

第七条 对民办中等职业学校学生的补助方式为：对一、二年级符合免学费政策条件的学生，按照当地同类型同专业公办中等职业学校免学费标准给予补助。经批准的学费标准高出公办学校免学费标准部分由学生家庭负担；低于公办学校免学费标准的，按照民办学校实际学费标准予以补助。

第八条 省财政根据中央财政提前通知转移支付指标的有关规定，以及省教育厅、省人力资源和社会保障厅核定的享受资助学生数和生源结构，按照一定比例提前下达下一年度应承担的免学费补助资金预算，确保下一年度春季学期学校正常运转。

第九条 各中等职业学校应根据免学费实施细则，受理学生申请，组织初审，并及时通过全国中等职业学校学生管理信息系统和技工院校电子注册与统计信息管理系统完成分专业收费标准、受助学生名单等相关数据的系统填报工作；

各级教育、人力资源和社会保障行政部门负责对所辖中等职业学校填报的分专业收费标准、受助学生名单等数据进行系统审核，并将审核结果在相关学校内进行不少于5个工作日的公示。

省教育厅、省人力资源和社会保障厅负责审核相关统计数据。

第十条 省财政根据中央财政核定我省当年应当承担免学费补助资金预算，以及省教育厅、省人力资源和社会保障厅审核的学生数和专业收费标准，重新核定当年应承担的免学费补助资金预算并下拨。各市、县(区)级财政部门应当足额安排应承担的免学费补助配套资金预算，按时拨付免学费补助配套资金，保证中等职业学校教育教学活动的正常开展。

第十一条 中等职业学校免学费工作实行学校法人代表负责制，校长是第一责任人，对学校免学费工作负主要责任。中等职业学校应当加强财务管理，建立规范的预决算制度，按照预算管理的要求，编制综合预算，收支全部纳入学校预算管理，年终应当编制决算。

第十二条 各地职业教育行政管理部门应当加强学生学籍管理，建立健全学生信息档案，保证享受免学费政策的学生信息完整和准确。

第十三条 各级财政、教育、人力资源和社会保障部门应当加强对中等职业学校免学费补助资金使用情况的监督检查。对虚报学生人数，骗取财政补助资金或挤占、挪用、截留免学费补助资金等违规行为，按照《财政违法行为处罚处分条例》有关规定追究法律责任。涉嫌犯罪的，依法移送司法机关。

第十四条 每年春季学期开学前，各地职业教育行政管理部门应当对中等职业学校办学资质进行全面清查并公示。对年检不合格的学校，取消其享受免学费补助资金的资格。各地职业教育行政管理部门应当根据《民办教育促进法》的规定，加强对民办中等职业学校的监管，纳入免学费补助范围的民办学校名单由省级教育、人力资源和社会保障部门负责审定。

第十五条 本实施细则由省财政厅、省教育

厅、省人力资源和社会保障厅负责解释。本细则自发布之日起施行。

安徽省财政厅关于印发《安徽省革命老区转移支付资金管理办法》的通知

有关县财政局:

根据财政部《革命老区转移支付资金管理办法》(财预〔2012〕293号),为进一步促进革命老区经济和社会事业发展,确保将党中央、国务院对革命老区人民的关怀及时落到实处,结合我省实际,我们修订了《安徽省革命老区转移支付资金管理办法》,现印发给你们,请认真遵照执行。

安徽省革命老区转移支付资金管理办法

第一章 总 则

第一条 为促进革命老区各项社会事业发展,支持革命老区改善民生,进一步规范革命老区转移支付资金管理,提高资金使用效益,根据财政部《革命老区转移支付资金管理办法》(财预〔2012〕293号),结合我省实际,制定本办法。

第二条 本办法所称革命老区转移支付资金,是指中央财政设立,省财政根据有关要求统筹安排,主要用于加强革命老区专门事务工作和改善革命老区民生的一般性转移支付。

第三条 革命老区转移支付资金分配对象为对中国革命做出较大贡献、经济社会发展相对落后、财政较为困难的革命老区县(市、区,以下简称老区县)。我省享受中央财政革命老区转移支付的县(区)范围由省财政厅根据财政部有关规定和本省实际情况确定。

第四条 革命老区转移支付资金的管理应当遵循突出重点、公开透明、注重实效、强化监督的原则。

第二章 资金分配和下达

第五条 革命老区转移支付资金分配遵循以下原则:

(一)公平公正。选取革命老区总人口、面积等客观因素,进行公式化分配。

(二)公开透明。转移支付测算办法和分配结果公开。

(三)注重绩效。省财政厅每年对县级财政部门管理使用转移支付资金和项目实施情况组织开展绩效评价,并安排奖励资金对绩效管理较好的地区予以奖励。

第六条 革命老区转移支付资金不要求县级财政配套,也不得为其他专项资金进行配套。

第七条 省财政厅负责制定本省革命老区转移支付政策,分配下达转移支付资金,于财政部下达年度革命老区新增转移支付资金后一个月内,将当年新增资金及上一年度绩效考评奖励资金分配下达老区县;10月底,提前向县级财政部门通知下一年度革命老区转移支付预算。

第八条 县级财政部门应当将省级财政部门提前通知的革命老区转移支付预算,全额列入下一年度预算。

第三章 资金管理和使用

第九条 革命老区转移支付资金主要用于以下方面:

(一)革命老区专门事务。包括革命遗址保护、革命纪念场馆的建设和改造、烈士陵园的维护和改造、老红军及军烈属活动场所的建设和维护等。

(二)革命老区民生事务。主要是指改善革命老区人民群众生产生活条件的有关事务,包括教育、文化、卫生等社会公益事业方面的事项和乡村道路、饮水安全等设施的建设维护。

第十条 革命老区转移支付资金不得有偿使用,不得用于行政事业单位人员支出和公用支出,不得用于投资经商办企业,不得用于购置交通工具(专用车船等除外)、通讯设备,不得用于能够通过市场化行为筹资的项目以及不符合革命老区转移支付资金使用原则及范围的其他开支。

第十一条 革命老区转移支付资金实行县级报账制,资金拨付实行县级财政国库集中支付,转账结算。项目单位向县财政部门报账时须提供项目承包合同、中标通知书、阶段性工程结算单、竣工验收报告、报账申请书、税务发票和经审核认定的农民工工资单等。县级财政部门要建立专账,分项目核算,专款专用,严格控制现金支出,严禁大额现金支付,严禁白条入账。

第四章 项目管理

第十二条 老区县承担革命老区转移支付项目及资金管理和风险防控主体责任。

第十三条 老区县财政部门根据省分配下达的革命老区转移支付资金额度,组织年度革命老区转移支付项目的申报、评审,形成年度项目安排计划,经县级人民政府批准后,向项目实施单位批复实施。

第十四条 老区县原则上应在每年省下达资金 2 个月内,完成当年本地区项目的立项、评审及计划批复工作,并以项目建议书形式上报省财政厅备案,项目建议书的主要内容包括:项目背景及必要性,建设条件,建设内容及工程量,建设单位基本情况,投资估算及资金筹措计划,效益预测。详见附表:革命老区转移支付项目建议书(备案使用)格式。革命老区转移支付项目建设期一般为 1 年,若需分年实施的项目,应分年度填报项目建议书,并明确各年度的建设内容。单个项目革命老区转移支付资金原则上不得低于 50 万元。

第十五条 向省财政厅备案后的项目不得随意调整。如因特殊情况,变更或终止的,须及时重新报备,省财政厅根据备案项目组织开展绩效考评。

第十六条 县级财政部门应与项目单位签订实施责任书,并根据进度或合同及时拨付资金,加强对项目单位资金使用的日常监管。项目单位根据批复的项目预算,组织项目实施,基本建设类项目应当按照基建管理要求,实行项目法人制、招投标制、监理制、合同制;依法应当实行政府采购的项目,应当按照政府采购法及相关规定执行。

第十七条 使用革命老区转移支付资金实施的项目,应当设立革命老区转移支付资金项目标志。革命老区转移支付资金项目标志的具体样式由财政部统一制定。

第十八条 根据革命老区转移支付资金管理的需要,省财政在本级年度预算中,按照中央补助额的 2%—5%安排项目管理费,用于本级财政部门和补助有关老区县财政部门委托、聘请有关单位或评审机构进行项目评估、评审、监理、检查验收、绩效评价等开支。

第十九条 实行革命老区转移支付项目建设公示制。在当地政府网站和项目所在地乡镇政府、行政村公示牌上全面公开革命老区转移支付资金管理相关政策,项目建设内容、资金使用、承建单位、监理单位、管护责任等,接受群众和社会监督。

第二十条 项目完工后,项目单位应提供有资质的机构出具的项目竣工验收报告。县级财政部门应积极配合审计和财政监督机构等部门的审计和监督检查工作,并认真建立工程管护制度,确保工程发挥长久效益。

第二十一条 县级财政部门要在年度终了后二个月内将年度项目实施报告上报省财政厅。年度项目实施报告应包括项目完成的质量、结果、及时性和耗费的成本及产出效益等绩效目标完成情况,资金的使用及财务管理情况,为完成绩效目标而采取的管理措施和风险控制措施等。

第五章 监督检查

第二十二条 省财政厅根据工作需要,组织对革命老区转移支付资金和项目管理情况进行监督检查。

第二十三条 对革命老区转移支付资金管理和使用中的违法行为,依照《财政违法行为处罚处分条例》(国务院令第 427 号) 等有关规定追究法律责任。

第六章 附则

第二十四条 老区县财政部门依据本办法,结合本地区实际情况,制定革命老区转移支付资金和项目管理的具体办法,并报财政厅备案。

第二十五条 本办法自发文之日起施行。《安徽省革命老区转移支付资金管理办法》(财预〔2009〕1488 号)同时废止。

安徽省财政厅 安徽省教育厅 安徽省人力资源和社会保障厅 关于印发《安徽省中等职业学校国家助学金管理实施细则》的通知

财教〔2013〕1435 号

各市、县(区)财政局、教育局、人力资源和社会保障局,各省属中等职业学校,有关高职院校:

按照《财政部 教育部 人力资源社会保障部关于印发中等职业学校国家助学金管理办法的通知》(财教〔2013〕110 号)和《安徽省财政厅 安徽省发展和改革委员会 安徽省教育厅 安徽省人力资源和社会保障厅关于扩大中等职业教育免学费政策范围进一步完善国家助学金制度实施意见》(财教〔2012〕2667 号)文件精神,为进一步加强中等职业学校国家助学金的管理,确保助学金政策顺利实施,结合我省实际,我们制定了《安徽省中等职业学校国家助学金管理实施细则》,现印发给你们,请遵照执行。

安徽省中等职业学校国家助学金管理实施细则

第一章 总 则

第一条 为了规范我省中等职业学校国家助学金管理(以下简称国家助学金),确保资助工作顺利实施,根据《财政部 教育部 人力资源社会保障部关于印发中等职业学校国家助学金管理办法的通知》(财教〔2013〕110 号)和《安徽省财政厅 安徽省发展和改革委员会 安徽省教育厅 安徽省人力资源和社会保障厅关于扩大中等职业教育免学费政策范围进一步完善国家助学金制度实施意见》(财教〔2012〕2667 号)文件精神,结合我省实际,制定本细则。

第二条 本细则所称中等职业学校是指经政府有关部门依法批准设立,实施全日制中等学历教育的各类职业学校,包括公办和民办的普通中专、成人中专、职业高中、技工学校和高等院校附属的中专部、中等职业学校等。

第三条 鼓励地方政府、行业企业和社会团体设立中等职业学校助学金、奖学金,鼓励和引导金融机构为接受中等职业教育的学生提供助学贷款。

中等职业学校应当建立“绿色通道”制度,对携有能证明其家庭经济困难材料的新生,可先办理入学手续,根据核实后的家庭经济情况予以不同方式的资助,再办理学籍注册。

中等职业学校每年安排不低于事业收入 5%的经费,用于学费减免、勤工助学、校内奖学金和特殊困难补助等。

第二章 资助范围

第四条 国家助学金资助对象是具有中等职业学校全日制学历教育正式学籍的一、二年级在校涉农专业学生和非涉农专业家庭经济困难学生。我省非涉农家庭经济困难学生比例按在校生的 15%确定。

第五条 为切实减轻贫困地区中等职业学校学生家庭经济负担,根据《中国农村扶贫开发纲要(2011—2020 年)》有关精神,我省大别山区连片特困区中等职业学校农村学生(不含县城)全部纳入享受国家助学金范围。

第三章 资助资金

第六条 国家助学金由中央和地方政府共同出资设立,主要资助受助学生的生活费开支,资助标准每生每年 1500 元。以后年度,将根据经济发展水平和财力状况适时调整资助标准。

第七条 我省中职学校国家助学金所需经费由中央和地方政府按 6∶4 的比例分担。地方政府分担的部分,根据财政供给渠道实行分级分担,即省级财政供给的中等职业学校由省级财政分担,市级财政供给的中等职业学校由市级财政分担;县(市、区)级财政供给的中等职业学校由省级与县(市、区)级财政按 8∶2 比例分担;民办中等职业学校由省级与所在地市、县(市、区)级财政按 7∶3 比例分担。

第八条 省财政根据中央财政提前通知转移

支付指标的有关规定,以及省教育厅、省人力资源和社会保障厅核定的享受资助学生数和生源结构,按照一定比例提前下达下一年度应承担的国家助学金预算,确保下一年度春季学期国家助学金按时发放到受助学生手中。

第九条　各中等职业学校应及时通过全国中等职业学校学生管理信息系统和技工院校电子注册与统计信息管理系统完成受助学生名单等相关数据的系统填报工作。

各级教育、人力资源和社会保障行政部门负责对所辖中等职业学校填报受助学生名单等数据进行系统审核。并将审核意见报同级财政部门备案。

省教育厅、省人力资源和社会保障厅负责审核相关统计数据。

第十条　省财政根据中央财政核定我省当年应承担的国家助学金预算,以及省教育厅、人力资源和社会保障厅审核的受助学生数,重新核定当年应承担的国家助学金预算并下拨。各市、县(区)级财政部门应当足额安排应承担的国家助学金配套资金预算,按时拨付国家助学金。

第四章　评审认定程序

第十一条　国家助学金按学期申请和评定,按月发放。学校应将《安徽省中等职业学校国家助学金申请表》(附件1)及《安徽省中等职业学校国家助学金申请指南》(附件2)随同入学通知书一并寄发给录取的新生。新生和二年级学生在新学期开学一周内向就读学校提出申请,并递交相关证明材料。

非涉农专业家庭经济困难学生,还需提供家庭所在地村(居)委会或乡镇(街道)民政等部门出具的家庭经济困难证明等材料。

中等职业学校应成立班级、学生资助管理部门、学生资助工作领导小组三级评审机构,受理学生申请,对照省教育厅、省人力资源和社会保障厅确定的认定标准,并结合学生日常消费行为等情况进行评议,组织初审,确定符合助学金条件的学生名单。并通过全国中职学校学生管理信息系统和技工院校电子注册与统计信息管理系统录入资助名单,报送至同级学生资助管理机构审核、汇总,技工学校中的省属院校由所在地的市级人力资源和社会保障部门审核、汇总。并将审核结果在相关学校内进行不少于5个工作日的公示。

国家助学金通过中职学生资助卡发放给受助学生,中等职业学校或学生资助管理机构为每位受助学生办理"中职资助专用卡",学生本人持身份证原件和学生证,到发卡银行网点柜台激活资助卡后方可使用。任何单位不得向学生收取卡费或押金等费用,也不得以实物或服务等形式,抵顶或扣减国家助学金。

第十四条　中等职业学校要建立专门档案,将学生申请表、受理结果、资金发放、决算表等有关凭证和工作情况分年度建档备查。

第五章　监督检查

第十五条　中等职业学校国家助学金实行学校法人代表负责制,校长是第一责任人,对学校助学工作负主要责任。学校要制定本校国家助学金具体实施办法,设立专门机构和配备专职人员具体负责助学工作。

第十六条　各级教育、人力资源和社会保障、财政部门根据实际情况,按照中央有关文件精神,对中等职业学校在校生规模、办学条件、办学经费保证、学费标准、招生就业、涉农专业设置、资助家庭经济困难学生措施等方面做出规定,督促中等职业学校依法办学,规范收费。

省教育、人力资源和社会保障部门负责加强对省属中等职业学校办学资质的核查。审定各市上报享受国家资助政策的民办中职学校名单,定期公布合格和不合格学校名单。

市、县(区)教育、人力资源和社会保障部门要按照　谁审批、谁负责　和属地原则,对所辖中等职业学校特别是民办中等职业学校办学资质进行定期核查,对享受国家资助政策的民办中职学校,由各市审核后报省教育、人力资源社会保障部门审定。并按审批权限及时对外公布纳入国家资助政策的学校名单。发现违法违规行为的,要及时责令整改或依法处理。

第十七条　各级财政、教育、人力资源和社会保障部门应加强对国家助学金的管理,及时足额落实配套的资助资金,对资助资金实行专款专用、专账核算,并接受审计、监察部门的检查和社会的监督。对弄虚作假、套取财政专项资金或挤占、挪用、滞留国家助学金的行为，将追究直接责任人和相关领导的责任。

第十八条　本细则由省财政厅、教育厅、人力资源和社会保障厅负责解释。

第六章　附则

第十九条　本细则自发布之日起施行。原安徽省财政厅 安徽省教育厅转发《财政部 教育部关于印发 < 中等职业学校国家助学金管理暂行办法 > 的通知》(财教〔2007〕873 号) 和安徽省财政厅 安徽省劳动和社会保障厅转发《财政部 劳动保障部关于印发 < 中等职业学校国家助学金管理暂行办法 > 的通知》(财教〔2007〕874 号)同时废止。

安徽省财政厅关于印发《安徽省省直机关会议 培训 活动经费管理办法》的通知

财行〔2013〕1607 号

省直各部门：

为贯彻中央关于改进工作作风、密切联系群众八项规定和省委 30 项规定，进一步加强省直机关会议、培训、活动经费管理，节约费用开支，降低行政成本，我们制定了《安徽省省直机关会议 培训活动经费管理办法》。经省政府同意，现印发给你们，请遵照执行。

安徽省省直机关会议 培训 活动经费管理办法

第一章　总　则

第一条　为贯彻中央关于改进工作作风、密切联系群众八项规定和省委 30 项规定，进一步加强省直机关会议、培训、活动经费管理，节约费用开支，降低行政成本，制定本办法。

第二条　本办法适用于省直党政机关、人大机关、政协机关、审判机关、检察机关、民主党派机关、人民团体，垂直管理的省级机关(不含省以下垂直管理单位)，以及驻合肥市城区以外的省直单位(以下统称省直机关)。

第三条　会议、培训、活动实行计划管理。省直机关年初应编制会议、培训、活动计划，并按程序报批。

第四条　会议、培训、活动实行预算管理。省直机关事前应当编制预算，并按程序报批。

第五条　会议、培训、活动遵循务实、高效、节俭原则。从严控制会议、培训、活动数量、时间、规模。

第六条　会议、培训、活动应当充分利用现代通讯手段。全省性会议、培训应当优先采用电视电话或网络视频等形式举办。

第二章　会　议

第七条 本办法所称会议是指省直机关召开的、由省财政预算安排经费的各类会议（含表彰会、报告会、研讨会、论坛等)。

第八条　会议分类

一类会议：省党代会、省人代会、省政协全体会议、省委全委会、省纪检委全委会、省政府全体会议和劳模表彰会。

二类会议：省人大常委会、省政协常委会；省委、省政府召开的，要求市、县负责同志参加的会议；各民主党派、工商联、工青妇群团代表大会、全委会；以省委、省政府名义主办的报告会、研讨会、论坛、表彰会等(省委省政府名义主办的劳模表彰会除外)。

三类会议：省直机关召开的工作会议以及省直机关主办的报告会、研讨会、论坛、表彰会等。

四类会议：除上述一、二、三类会议以外的其他业务性会议，包括小型研讨会、座谈会、评审会等。

第九条　会议实行分类管理、分级审批制度。以省委、省政府名义召开的全省性会议，须相应报省委常委会议、省政府常务会议批准。省直机关召开的全省性工作会议应经厅长(局长、主任)办公会议审批。

第十条　不能够采用电视电话、网络视频召开的会议实行定点管理。省直机关会议应当到定点饭店召开，按照协议价格结算费用。未纳入定点范围，价格低于会议综合定额标准的机关内部会议室、礼堂、宾馆、招待所、培训中心,可优先作为本机关会议场所。定点饭店由省财政厅政府采购确定。

三、四类会议应在四星级以下定点饭店召开。

参会人员在 50 人以内且无外地代表的会议,原则上在单位内部会议室召开,不安排住宿。

第十一条 会议时间。除重要法定会议外,以省委、省政府名义召开的全省性会议时间不超过 2 天;部门召开的全省性会议时间不超过 1 天。电视电话会议或视频会议时间不超过 90 分钟。

第十二条 会议规模。严格控制会议人数。省委、省政府召开的全省性会议,除少数重要会议及电视电话会议外,原则上开到市级。召开电视电话会议,一般不请外地同志到主会场参会。

第十三条 会议工作人员。一类会议工作人员控制在会议代表的 15%以内;二类会议工作人员控制在会议代表的 10%以内;三、四类会议工作人员控制在会议代表的 8%以内。

第十四条 会议经费开支范围。会议经费开支范围包括住宿费、伙食费以及会议室租金、交通费、文件印刷费等。

第十五条 会议经费开支标准。会议实行综合定额管理,在综合定额控制内据实开支。各类会议综合定额标准是:

一类会议 500 元/人.天;二类会议 400 元/人.天;三、四类会议 300 元/人.天。

第十六条 会议住宿。会议用房原则上安排标准间。会议所在地的代表(一类会议除外)一律不安排住宿。

第十七条 会议用餐。会议用餐本着实事求是、厉行节约原则安排,一律不安排宴请。

第十八条 会议费开支渠道。会议费由召开会议单位在部门预算安排的会议经费中解决,不得向参会人员收取,不得以任何形式向下属机构、企事业单位或市县转嫁、摊派。

第十九条 会议费报销。省直机关在会议结束后应当及时办理报销手续。会议费报销时须附会议审批文件、会议通知及实际参会人员签到表、定点饭店等会议服务单位提供的费用原始明细单据等凭证。

财务部门要严格按规定审核会议费开支,对未履行审批程序的会议,以及超范围、超标准开支的经费不予报销。

第三章 培 训

第二十条 本办法所称培训是指省直机关主办的、由省级财政预算安排经费的各类培训(含讲座等),不含调学培训。

第二十一条 培训审批管理。以省委、省政府、省人大、省政协名义主办的培训,分别由省委常委会、省政府常务会议、省人大主任会议、省政协主席会议批准;厅(局、委、办)主办的全省性(含系统外人员参加)的培训,报省级组织人事部门备案。省直机关系统内部培训经厅长(局长、主任)办公会议批准。

第二十二条 严格控制培训数量、时间、规模,严禁以培训名义召开会议。

第二十三条 严格控制在省外举办培训。培训应当充分利用省内党校、行政学院、大专院校等教学资源。

严禁委托赢利性社会机构举办培训。

第二十四条 培训经费开支范围包括住宿费、餐费、交通费、印刷费、教材费、场租费、讲课费等。

第二十五条 开支标准。各类培训参照三、四类会议,按每人每天综合定额不高于 300 元标准执行。超过 15 天(含 15 天)的培训,按照不高于综合定额标准的 80%执行。

第二十六条 开支渠道。省直机关培训费在本单位部门预算安排的会议费定额、公用经费综合定额及相关经费中列支,省财政不再另行安排。

第二十七条 省直机关主办培训班不得向学员收取培训费,不得以任何形式向下属机构、企事业单位或市县转嫁、摊派培训费。

第二十八条 境外培训应纳入年度因公出国(境)计划,按照因公出国(境)管理有关规定和标准执行。

第二十九条 培训费报销。省直机关在培训结束后应当及时办理报销手续。培训费报销时须附培训审批文件、培训通知及实际参加培训人员签到表、讲课费签收单、培训服务单位提供的费用原始明细单据等凭证。

财务部门要严格按规定审核培训费开支,对未履行审批程序的培训,以及超范围、超标准开支的经费不予报销。

第四章 活 动

第三十条 本办法所称活动主要是指省政府主办或组织参加，由省财政安排经费的会展招商和节庆等活动。

会展招商活动是指以产品、技术、服务展示为平台，以招商引资、合作交流、宣传推广为目的的境内外活动。

节庆活动是指以公祭、旅游、节日、历史文化、特色物产、机关单位成立、行政区划变更、工程奠基或者竣工等名义主办的各类节会、庆典活动，以及各类博览会等。

第三十一条 活动报批程序。以省政府名义主办或组织参加的各类会展招商、节庆活动，须报省政府常务会议批准。

第三十二条 活动实行预算制、评审制、政府采购制、报账制、直接支付制“五制”管理。

第三十三条 活动牵头单位是活动的责任主体，负责按照务实、节俭、高效的原则编制活动方案及经费预算。

第三十四条 活动经费包括项目经费、人员经费和其他经费。

第三十五条 项目经费，包括特装布展、租用场地、广告宣传、印刷、租车、展品资料运输等经费。

第三十六条 人员经费，包括餐饮、住宿以及往返交通费等，实行定额管理，按以下标准编制预算：

参加活动的代表团及工作团，除省领导及相关单位组成的代表团外，其他人员的经费由各单位自理。境内餐饮、住宿及往返交通经费参照执行省直机关差旅费有关标准；境外活动年初应列入年度出国计划，按照因公出国(境)管理有关规定和标准执行。

受邀嘉宾餐饮、住宿等经费，按对等接待原则，需我方承担费用的，参照二类会议标准执行。省部级以上领导执行相关接待标准，受邀的境外嘉宾执行外事接待标准。

其他参会客商费用自理。

第三十七条 活动应当从严控制规模和经费支出，从严掌握参与范围、参加人数、活动期限、接待标准，活动不赠送礼品、不安排宴请和演出等。

第三十八条 活动应严格遵守政府采购规定，纳入政府采购目录范围内的货物、工程和服务项目，一律实行政府采购。

第三十九条 活动应当充分利用牵头单位自身办公设施。确需配置办公用品的，优先从省直“公物仓”调剂；调剂不能满足需要的，按程序申请并实行政府采购。

第四十条 活动经费预算。牵头单位在向省政府报送活动方案时，同步向省财政厅报送活动经费预算。

第四十一条 省财政厅根据省级预算管理有关规定，按程序报批活动经费预算；确需预拨经费的，经批准后预拨。

第四十二条 活动牵头单位应严格执行经费预算和各项支出标准。因确需调整活动方案而增加经费预算的，由牵头单位提出预算调整方案，经省财政厅审核后按程序办理。

第五章 监督管理

第四十三条 会议、培训、活动应当严格执行国库集中支付制度和公务卡结算目录制度。除按规定实行财政直接支付外，应当优先使用公务卡结算，不得以现金方式支付(讲课费除外)。

省财政厅严格审核会议、培训、活动资金支付申请。

第四十四条 会议、培训、活动结束后，应当将名称、主要内容、人数、经费开支等在单位内部公示，具备条件的应当向社会公示。

第四十五条 活动结束后，牵头单位应当及时开展绩效自评。

第四十六条 省财政厅会同有关部门对会议、培训、活动经费进行抽查审计和绩效评价，审计和绩效评价情况作为以后年度会议、培训、活动计划和预算安排的依据。

第四十七条 会议、培训、活动经费中存在违规违纪行为的，将按照《财政违法行为处罚处分条例》规定处理。

第六章 附 则

第四十八条 省垂直管理单位可根据本办法

制定省以下垂直管理单位的具体实施办法。

财政供给的省直事业单位参照执行。

第四十九条 本办法由省财政厅负责解释。

第五十条 本办法自发文之日起实行。省财政厅《安徽省省直机关会议费管理办法》(财行〔2010〕1760号)、《安徽省省级会展招商经费管理暂行办法》(财行〔2013〕798号)《安徽省省级节庆、研讨会、论坛活动经费管理暂行办法》(财行〔2013〕210号)同时废止。

安徽省财政厅 安徽省卫生厅关于印发《安徽省省级医院预算管理暂行办法》的通知

财社〔2013〕1842号

各省级医院:

为加强医院财务管理和监督,促进医院完善内控机制及预算评价管理,提高资金使用效益,现印发《安徽省省级医院预算管理暂行办法》,请遵照执行。

安徽省省级医院预算管理暂行办法

第一条 省级医院预算管理是指财务由省卫生厅统一管理的省级公立医院(包括综合医院、中医院和专科医院,以下简称医院)根据事业发展计划和目标编制的年度财务收支计划,并对其实施监督管理。

第二条 医院坚持"以收定支、收支平衡、统筹兼顾、保证重点"的原则,实行全面预算管理制度,所有收支纳入预算管理,全面、准确、完整地反映医院各项收支活动。医院不得编制赤字预算。

第三条 医院实行"核定收支、定项补助、超支不补、结余按规定使用"的预算管理原则,应建立健全预算编制、审批、执行、调整、决算、分析和绩效考核等管理制度。

第四条 医院要根据年度事业发展计划以及预算年度收入的增减,业务活动需求等因素,测算编制收支预算。收入预算包括医疗收入、财政补助收入、科教项目收入和其他收入;支出预算包括医疗支出、财政项目补助支出、科教项目支出、管理费用和其他支出。

第五条 医院年度预算编制严格按照省级部门预算编制程序,实行"二上二下"程序。

1.医院财务部门应在科室成本核算的基础上,编制医院预算草案并经医院决策机构审议后,上报省卫生厅;省卫生厅根据事业发展规划,对医院预算的合法性、真实性、完整性、科学性、稳妥性等认真审核,汇总报送省财政厅。

2.省财政厅根据宏观经济政策、预算管理及相关财务政策要求,对医院预算进行全面审核并提出审核意见,反馈省卫生厅。省卫生厅根据审核意见,及时对各医院预算进行修改、完善,在10工作日内上报省财政厅。

3.省财政厅按预算编制的相关政策,在"二上"后及时对医院预算进行审核,并批复省卫生厅;省卫生厅在15工作日内批复到各医院。

第六条 医院要严格执行批复的预算,在预算执行过程中实行半年分析报告制度,每年7月下旬对上半年预算执行情况进行对比分析,出具预算执行分析报告,并报省卫生厅和省财政厅备案。

第七条 经省财政厅批复的收支预算在执行中原则上不予调整。确需调整的,医院应当参照一般预算资金的调整程序提出调增或调减预算建议,经省卫生厅审核、确认后报省财政厅核准、调整。

有下列情况的可以申请调整预算:1. 事业发展计划有较大调整的;2. 国家政策调整对医院收支产生较大影响的;3. 经医院决策机构认定并通过省卫生厅审批的其他特殊情况。

第八条 医院要切实加强预算执行,对省财政厅一般预算安排的补助资金,当年未执行或未全部执行的,资金收回省级预算,其中采购项目完成后的资金结余,按规定收回省级预算。

医院收支结余资金,按照国家有关规定提取专用基金,剩余部分转入事业基金。

第九条 年度终了,医院应对财产物资、债权、债务进行全面清查盘点,并编制盘存表,对盘盈、盘亏、报废、毁损等按《医院财务制度》处理,并据实编制医院决算。医院决算包括收支决算及决算说明书。

第十条 医院决算编制与部门决算编制程序相一致、时间相衔接、数据相对应。医院应真实、完整、准确、及时编制决算,并经医院决策机构审议通过后上报省卫生厅;省卫生厅汇总医院年度决算并报省财政厅审核批复。对省财政厅批复调整事项,省卫生厅应及时调整。

第十一条 省卫生厅、省财政厅对医院预算执行情况进行绩效评价,并将评价结果作为安排财政补助资金、批复医院贷款、评审重点学科等事项的重要依据。医院要加强预算执行的绩效评价,将评价结果作为内部业务综合考核的重要内容,并与年终评比、内部收入分配挂钩。

第十二条 本办法由省财政厅、省卫生厅负责解释,自印发之日起执行。

安徽省财政厅 安徽省人力资源和社会保障厅关于印发《安徽省高校毕业生、退役士兵创业引导专项资金管理暂行办法》的通知

财社〔2013〕1869 号

各市、县(区)财政局、人力资源和社会保障局:

为全面落实省委、省政府《关于大力发展民营经济的意见》(皖发〔2013〕7 号),鼓励和引导金融机构支持高校毕业生、退役士兵创业带动就业,根据《就业促进法》和《安徽省实施就业促进法办法》有关规定,省财政厅、省人力资源和社会保障厅结合我省实际,制定了《安徽省高校毕业生、退役士兵创业引导专项资金管理暂行办法》,现印发给你们,请遵照执行。

安徽省高校毕业生、退役士兵创业引导专项资金管理暂行办法

第一章 总 则

第一条 为全面落实省委、省政府《关于大力发展民营经济的意见》(皖发〔2013〕7 号),鼓励和引导金融机构支持高校毕业生、退役士兵创业带动就业,根据《就业促进法》和《安徽省实施就业促进法办法》有关规定,结合我省实际,制定本办法。

第二条 创业引导资金由省财政预算安排,分为初始创业引导资金、创业发展引导资金。通过省级委托合作银行和市级委托国有担保公司对初始创业阶段、创业发展阶段高校毕业生、退役士兵开展贷款融资服务。

第三条 初始创业引导资金主要推动省级合作银行和市级委托的国有担保公司向高校毕业生、退役士兵初始创业提供免反担保、免抵押的信用贷款融资模式。创业发展引导资金主要推动省级合作银行、市级委托的国有担保公司对高校毕业生、退役士兵创办的小型微型企业开展资产抵押放大 2 倍的贷款融资服务。

第二章 扶持范围和条件

第四条 扶持范围如下:

(一)初始创业引导资金。主要扶持在安徽省境内初始创业且毕业 3 年以内的普通高校毕业生(含专科和本科毕业生、硕士研究生、博士研究生、归国留学人员)和在校高校学生(含毕业年度本科专科生、硕士研究生、博士研究生),以及退役 3 年以内的退役士兵(含自主择业的军队转业干部)。

(二)创业发展引导资金。主要扶持在安徽省境内已创办小型微型企业且毕业 5 年以内的国家承认学历的普通高校毕业生(含专科和本科毕业生、硕士研究生、博士研究生、归国留学人员),以及退役 5 年以内的退役士兵(含自主择业的军队转业干部)。

第五条 扶持条件如下:

(一)申请初始创业引导资金贷款项目的高校毕业生、退役士兵应同时具备以下基本条件。

1. 在安徽省境内办理了工商注册和税务登记,并担任创办企业的法人代表且为企业主要出资人;

2. 有明确的创业领域、创业项目、详细的创业计划项目方案并有一定的自有资金(须出具自筹资金证明);

3. 在人民银行征信系统中无不良记录的;

4. 在校高校毕业生必须提供学校推荐书。

成功申请小额担保贷款且在还贷期的不在扶持范围。

以上对有高校(或部队)出具创业推荐书以及在校(或部队)表现情况证明的初始创业高校毕业生、退役士兵在同等条件下将优先考虑。

(二)申请创业发展引导资金贷款项目的高校毕业生、退役士兵应同时具备以下基本条件。

1. 创办的小型微型企业在安徽省境内办理了工商注册和税务登记,担任创办企业法人代表,持有企业股权不低于30%(团队形式创办的,主要成员必须为高校毕业生或退役士兵,主要成员持有企业股权合计不低于50%);

2. 有固定的经营场所,经营管理规范,员工队伍稳定,组织架构较为完善。主营业务突出,产品具有良好的市场前景,企业生产经营符合国家产业政策;

3. 企业有一定的固定资产,财务制度健全,财务资料真实可信,企业资产负债率低于70%。企业、企业法人代表人、控股股东及主要经营者在人民银行征信系统均无不良信用记录;

4. 企业健康持续经营2年以上,营业收入和从业人数符合《中小企业划型标准规定》(工信部联企业〔2011〕300号)小型企业要求。

第三章 运作方式

第六条 省财政厅、省人力资源和社会保障厅与确定的省级合作银行签署约定协议,明确相关责任和义务。省财政厅在合作银行分别设立初始创业和创业发展引导资金专户,并按约定协议向专户存入引导资金。

第七条 初始创业引导资金自设立起,前2年省级合作银行按照引导资金规模的2-3倍进行放贷,第3年开始逐步放大到5倍。创业发展引导资金自设立起,省级合作银行按照引导资金规模的10倍进行放贷,形成引导资金规模效应和杠杆放大效应。

第八条 市级财政、人力资源和社会保障部门自行委托当地国有担保公司对符合条件且优秀的高校毕业生创业项目贷款进行担保。省级合作银行向初始创业阶段高校毕业生、退役士兵发放贷款额度不超过30万元,贷款期限不超过2年;向创业发展阶段高校毕业生、退役士兵创办的小型微型企业发放贷款额度原则上不超过300万元,贷款期限不超过2年。

第九条 省级合作银行向初始创业阶段高校毕业生、退役士兵的贷款利率上限为中国人民银行公布的同期贷款基准利率。向创业发展阶段高校毕业生、退役士兵创办的小型微型企业的贷款利率可按照中国人民银行公布的同期贷款基准利率执行,如上浮利率,其上浮幅度控制在20%以内。

第十条 省级合作银行、市级委托的国有担保公司在向初始创业阶段高校毕业生、退役士兵提供担保和发放贷款中不得要求高校毕业生、退役士兵提供贷款反担保和资产抵押措施,以及收取担保费、评估费、手续费等。省财政根据市级委托的国有担保公司为高校毕业生、退役士兵初始创业贷款担保额的2%给予一次性担保费补助。

第十一条 创业发展阶段高校毕业生、退役士兵创办的小型微型企业申请贷款按贷款额提供不少于50%的资产抵押给市级委托的国有担保公司。市级委托的国有担保公司在为贷款企业提供贷款担保过程中收取担保费不超过担保额的1%。省财政根据市级委托的国有担保公司为高校毕业生、退役士兵创业发展贷款担保额的1%再给予一次性担保费补助。

第十二条 担保费补助由省级合作银行按各市委托的国有担保公司实际贷款担保额,每半年统计一次报省财政厅、省人力资源和社会保障厅审核后,由省财政从就业资金中列支担保费补助并下达到市级财政,市级财政在7个工作日内将担保费补助资金拨付给担保公司。

第四章 贷款申报发放

第十三条 符合条件的高校毕业生、退役士兵到创业所在地市级人力资源和社会保障部门申报并填写《安徽省高校毕业生、退役士兵初始创业信用贷款申请表》(附件1)或《安徽省高校毕业生、退役士兵创办小型微型企业贷款申请表》(附件2)。

第十四条 市级人力资源和社会保障、财政部门对申报贷款项目的资格和真实性进行审核,并在相关网站进行公示无异议后,通过组织担保公司、金融机构等相关人员对项目进行评审遴选优秀的创业项目。市级委托的国有担保公司对创业贷款项目进行调查、审核,对符合条件的签订贷款担保合同,并出具担保意向函,确定担保额度、担保期限等。对审核没有通过的,要及时向高校毕业生、退役士兵反馈。

市级委托的国有担保公司出具担保函后,由市级人力资源和社会保障、财政部门于每月月末前5个工作日，集中向省级合作银行申报并提交申请表以及担保公司出具的担保函等资料。

第十五条　省级合作银行在收到市级申报的材料和担保公司出具的担保意向函后，对贷款人及项目进行风险评估,并在10个工作日内按信贷相关规定和程序自行放贷。

第十六条　省级合作银行每季度末向省财政厅、省人力资源和社会保障厅、各市财政局、人力资源和社会保障局以及委托的国有担保公司通报贷款申报及发放情况。

第五章　风险分担

第十七条　创业引导资金贷款遵循风险共担的原则,贷款出现代偿的按以下具体执行。

(一)初始创业阶段贷款项目出现代偿的,按实际代偿本金金额,由省级引导资金、市级委托的国有担保公司和省级合作银行按照4∶3∶3比例分担,即:省级引导资金承担40%、市级委托的国有担保公司承担30%、省级合作银行承担30%(省级引导资金累计承担代偿上限为在合作银行设立的初始创业引导资金专户中的余额，超过部分由省级合作银行承担)。

(二)创业发展阶段贷款项目出现代偿的,按实际代偿本金金额,先由企业抵押的资产偿还,仍不足以弥补的由市级委托的国有担保公司、省级合作银行按9∶1承担,即:市级委托的国有担保公司承担90%、省级合作银行承担10%。

第六章　代偿程序

第十八条　对获得贷款的创业高校毕业生或退役士兵如不能按期还款的，省级合作银行应及时启动追偿程序。贷款逾期超过2个月,省级合作银行及时采取各种追偿措施仍无法收回的，由省级合作银行向省财政厅、省人力资源和社会保障厅、市级委托的国有担保公司申请代偿。

第十九条　代偿资金由省级合作银行于每季度末集中向省财政厅、省人力资源和社会保障厅、市级委托的国有担保公司提交《安徽省高校毕业生、退役士兵创业贷款代偿通知书》(附件3)和《安徽省高校毕业生、退役士兵创业贷款代偿金额汇总表》(附件4)，省财政厅、省人力资源和社会保障厅、市级委托的国有担保公司根据实际发生的代偿资金,按本办法规定的分担比例在10个工作日内将各自代偿资金拨付给省级合作银行。

第二十条　贷款代偿后，省级合作银行按照合同及相关法律法规继续进行追偿，追偿收回的资金在扣抵追偿费用后，根据风险分担比例返还省级引导资金、市级委托的国有担保公司、省级合作银行。

第七章　监督管理

第二十一条　引导资金实行专户管理，除需代偿资金等支出外,不得用于其他任何支出。

第二十二条　省财政厅负责引导资金的使用支出监督管理,确保资金安全运行,协调督促各市财政部门委托国有担保公司；省人力资源和社会保障厅负责贷款项目协调和进展情况的跟踪管理，协调各级人力资源和社会保障部门配合省级合作银行、市级委托的国有担保公司对代偿项目进行追偿；市级委托的国有担保公司负责对项目贷款的前期调查、审核,并配合省级合作银行对项目执行的情况检查以及对不良贷款追偿；省级合作银行负责对项目贷款合同执行情况和资信情况的检查,加强对项目贷款的共同监管,承担不良贷款的追偿责任,减少资金损失。

第二十三条　获得贷款的高校毕业生、退役士兵应每半年向省级合作银行和市级委托的国有担保公司报告项目运行、经济效益、完整财务报表等情况。高校毕业生、退役士兵若有违反财经纪律、弄虚作假或不按要求提供完整财务报表、项目进展报告等材料的，省级合作银行和市级委托的国有担保公司共同研究并达成一致意见后，可提前中止和追讨项目承担单位的贷款，并保留追究其法律责任的权力。

第二十四条 对发生贷款逾期的高校毕业生、退役士兵，在未还清贷款本息之前，各级人力资源和社会保障、财政部门可不受理其创业扶持资金和相关扶持政策项目申报；对到期不还款的高校毕业生、退役士兵，省级合作银行将根据有关规定记录其个人的不良信用，并按合同通过法律程序追偿其欠款。

第二十五条 各级人力资源和社会保障、财政部门会同科技、团委、高校、民政等部门广泛征集创业项目，积极为委托的国有担保公司、省级合作银行推荐适合的创业项目。

第八章 附 则

第二十六条 本办法由省财政厅、省人力资源和社会保障厅按职责负责解释。

第二十七条 本办法自印发之日起执行，并根据实施情况进行适时调整。

安徽省财政厅 安徽省发改委 安徽省商务厅 安徽省科技厅 安徽省工商局关于印发《安徽省促进服务业发展专项资金实施细则》的通知

财企〔2013〕1888 号

各市、县财政、发改、商务、科技、工商主管部门：

为加强促进服务业发展专项资金管理，提高资金使用效益，根据《财政部、发展改革委、商务部、科技部、工商总局关于修订〈中央财政促进服务业发展专项资金管理办法〉的通知》（财建〔2013〕469 号）文件，结合我省实际，我们制定了《安徽省促进服务业发展专项资金实施细则》，现印发给你们，请遵照执行。

安徽省促进服务业发展专项资金实施细则

第一章 总 则

第一条 为贯彻落实《国务院关于加快发展服务业的若干意见》（国发〔2007〕7 号）、《国务院关于搞活流通扩大消费的意见》（国办发〔2008〕134 号）、《国务院关于深化流通体制改革加快流通产业发展的意见》（国发〔2012〕39 号）文件，根据《财政部 发展改革委 商务部 科技部 工商总局关于修订〈中央财政促进服务业发展专项资金管理办法〉的通知》（财建〔2013〕169 号）要求，结合我省实际，制定本细则。

第二条 本细则所称促进服务业发展专项资金（以下简称专项资金）是指中央财政预算安排用于我省支持服务业项目建设和发展的资金以及省级财政预算安排的促进服务业发展的专项资金。

第三条 专项资金由财政部门会同商务主管部门、发展改革部门、科技主管部门、工商行政主管部门等有关部门管理。省财政厅会同有关部门负责专项资金分配，监督检查和绩效评价；有关部门会同省财政厅负责业务指导和项目管理，对项目建设实施情况进行绩效评价。

第四条 专项资金实行项目申报评审制，通过竞争性分配等方式合理安排使用。省财政厅会同有关部门在中央专项资金管理办法规定范围内，确定专项资金支持重点，根据各市县实际情况安排到具体项目。各地要按照国家有关部门发布的业务指导文件加强项目管理，同时接受国家有关部门以及省级有关主管单位的监督检查和绩效评价。

第五条 专项资金支持方向：以商贸流通服务业为重点，突出现代化、体系化、惠民化战略，通过集成政策、搭建平台、创新机制，集聚各方政策优势和各类要素资源，发挥骨干企业主体作用，建设辐射城乡、便捷高效的现代商贸流通体系，实现试点区域现代服务业率先加快发展，不断探索推动服务业发展的有效途径和方法，进而带动全省服务业做大做强，促进经济社会持续、快速、健康发展。

第六条 专项资金管理遵循公平、公开、公正、规范、高效的原则,资金分配和使用情况通过主管部门和财政部门门户网站向社会公示，接受有关部门和社会监督。

第二章 资金支持范围

第七条 专项资金用于支持“现代服务业综合试点”和“促进一般服务业发展”两方面工作。

现代服务业综合试点实行区域试点与产业试点同步推进。区域试点以现代服务业发展优势区域为重点、培育区域增长极;产业试点以广告业、电子商务业和城市共同配送业以及其他国家部署的新兴服务业态为重点,培育产业增长极。现代服务业综合试点专项资金由财政部门会同商务主管部门、发展改革部门、科技主管部门、工商行政管理部门等有关部门管理。

促进一般服务业发展专项资金按照项目法管理,结合我省实际,支持重点和范围包括:

(一)民生商贸服务业项目,主要支持大众化早餐企业建设主食加工配送中心、连锁门店等;支持家政企业建设连锁门店、信息服务平台、家政人员培训等;

(二)生产流通服务业项目,主要支持生产生活资料商贸物流、酒类流通追溯、品牌促进、电子商务等。

(三)节能减排、环境保护服务业项目,主要支持再生资源回收利用、报废汽车回收拆解、流通领域节能减排和绿色低碳流通体系建设等。

(四)公共服务业项目,主要支持市场监管、市场监测、商贸服务行业统计、应急调控等。

(五)健康、养老服务业项目。

(六)其他经省财政厅、省商务厅确认的商贸流通领域服务业项目。

促进一般服务业发展专项资金由财政部门会同商务主管部门管理。

第三章 资金支持方式

第八条 专项资金采取以奖代补、贷款贴息和财政补助等方式安排到具体项目。其中:

(一)以奖代补。对于能够制定具体量化标准的项目,在项目竣工验收后,通过申报程序,对符合条件的项目予以补助，单个项目补助额不超过项目总投资的30%。

(二)贷款贴息。对于投资规模大且获取银行贷款的项目，可对上年实际发生的银行贷款利息予以补贴。贴息率不得超过同期中国人民银行发布的一年期贷款基准利率，贴息额不超过同期实际发生的利息额,贴息年限最长不超过3年。

(三)财政补助。对于使用自有资金建设的项目采取补助方式，一般对单个项目补助额不超过项目总投资的30%。

第九条 专项资金主要用于项目建设、设备购置安装、信息系统开发、品牌展览推介、家政服务及公共服务岗位培训、应急调运运费、市场监测统计费用等与项目建设实施直接相关的支出,不得用于征地拆迁、车辆购置以及人员经费、设施维护等经常性开支。不符合规定支出范围的,不得纳入项目总投资。采取以奖代补方式的,可用于上述支出归垫。采取贴息方式的,主要用于补偿与上述支出相关的银行贷款利息。

第四章 资金使用管理

第十条 促进一般服务业发展专项资金项目实施程序。

(一)申报条件。除另有规定外,省商务厅会同省财政厅每年制定具体项目申报通知，确定项目具体范围、申报条件、申报程序、支持标准和时间要求等;各地根据通知要求,结合本地的发展规划和产业布局,合理组织项目申报。对中央和省级其他财政资金已支持的项目，专项资金原则上不再安排。

(二)申报程序。企业按隶属关系分别向所在地商务、财政部门申报,经所在地商务、财政部门初审后,由市级商务、财政部门审核汇总后,联合行文分别报省商务厅和省财政厅。省属企业直接报省商务厅、财政厅。

(三)项目评审及资金拨付。省商务厅、财政厅联合对各市上报的项目进行审核、评审,研究确定支持的项目和标准,在省商务厅、财政厅门户网站公示7个工作日无异议后，按有关规定及时拨付资金。

第十一条 综合试点项目的申报，由省辖市政府专文申请，并提供现代服务业综合试点实施方案。省商务厅、省财政厅、省发改委、省科技厅联合组成专家组，对实施方案进行评审。

第十二条 专项资金实行专款专用，专账核算。省财政在收到中央财政下达专项资金 2 个月内将专项资金分解下达到具体项目。市、县财政部门在收到省级下达的专项资金 1 个月内（以预算文件印发日为准），按照项目进度和实施情况，将资金及时拨付到具体项目。县级财政部门会同商务部门应及时将项目执行情况报送市级财政、商务部门备案，市级财政部门会同商务部门及时汇总有关情况报省财政厅、省商务厅备案。备案内容包括：具体项目清单、项目总投资、项目投资资金来源（包括专项资金、地方资金、项目单位及社会资金）、主要建设内容、建设地点、项目开竣工期限等。

第十三条 具体项目和专项资金安排上报备案后不得随意调整。确需调整的，应按照第十二条规定内容将项目调整情况及调整原因报省财政厅、商务厅备案，省财政厅、商务厅及时将相关情况报财政部、商务部备案。

第十四条 各地财政部门要切实加快资金支出进度，及时拨付专项资金。采取财政补助方式的，原则上按预算、合同和项目实施进度支付资金，并预留 10%尾款，待项目完成验收且批复决算后支付；为确保项目实施资金需求，也可在确保资金安全情况下，在项目开工后预拨资金，并预留 10%尾款，待项目完成验收且批复决算后支付。采取以奖代补和贴息方式的，应在专项资金安排到具体项目后，及时支付专项资金。

资金支付按照财政国库管理制度有关规定执行。

第五章 监督检查与绩效评价

第十五条 省财政厅会同省有关部门对专项资金安排使用情况进行监督检查和绩效评价。市、县财政部门会同同级商务等有关部门加强对本地区专项资金安排使用情况进行监督检查和绩效评价。

专项资金分配与绩效评价结果挂钩，对绩效评价不合格的市、县，在下年度安排项目资金时将予以扣减。

第十六条 现代服务业综合试点绩效评价按照《现代服务业绩效评价办法》（财建〔2012〕863 号）执行。

第十七条 促进一般服务业专项资金绩效评价重点是预算执行进度、项目建设实施情况、地方资金投入及项目资金管理报备情况等。其中：

预算执行进度评价项目实施是否达到预算执行序时进度要求。

项目建设实施情况评价项目安排是否符合规定的范围、项目建设实施是否符合国家有关部委业务指导文件要求、是否履行基本建设等相关程序、项目资金预算下达后是否随意调整、项目实施是否按照进度要求实现相关效益目标、各地商务部门是否按要求及时报送市场监测和行业统计数据、是否切实履行行业监管职责等。

地方资金投入评价专项资金带动地方及社会资金投入情况。

项目资金管理报备情况评价各地财政和商务部门是否及时、完整报送项目和资金安排情况以及季报、工作总结等。

第十八条 各市财政部门会同商务等有关部门应于每季度结束后 6 个工作日内向省财政、商务等有关部门报送专项资金预算执行及项目建设进展情况季报，并于每年 1 月 31 日前报送上年专项资金项目建设实施情况总结。季、年报格式另行制定下发。

第十九条 对于截留、挤占、挪用、骗取专项资金等违法行为，一经查实，省财政将收回已安排的专项资金，并按《财政违法行为处罚处分条例》（国务院令第 427 号）的相关规定进行处理。涉嫌犯罪的，移送司法机关处理。

第六章 附 则

第二十条 各市财政部门会同有关部门应结合本细则和当地实际制定各地的资金管理办法。

第二十一条 本实施细则由省财政厅会同省商务厅、省发改委、省科技厅、省工商局负责解释。

第二十二条 本实施细则自印发之日起执

行。《安徽省中央财政促进服务业发展专项资金实施细则》(财企〔2013〕239号)同时废止。

安徽省财政厅关于印发《安徽省省级政府采购特邀监察员管理暂行办法》的通知

财购〔2013〕2037号

各市、县(区)财政局、集中采购机构,省政府采购中心、省教育技术装备中心、各政府采购代理机构:

为进一步规范政府采购行为,保证政府采购"公开、公平、公正",充分发挥社会监督监察作用,促进廉政建设,现将《安徽省省级政府采购特邀监察员管理暂行办法》印发给你们,请遵照执行。

安徽省省级政府采购特邀监察员管理暂行办法

第一条 为进一步规范政府采购行为,保证政府采购"公开、公平、公正",充分发挥社会监督监察作用,促进廉政建设,依据《中华人民共和国政府采购法》、《中共安徽省纪委党风党纪监督员、安徽省监察厅特邀监察员工作暂行办法》等法律法规,特制定本管理办法。

第二条 政府采购特邀监察员(以下称特邀监察员)是指接受财政厅聘请,在政府采购活动中按规定专门从事监督检查、见证、反映问题、提出意见和建议等工作的人员。

第三条 特邀监察员的条件

特邀监察员应具备以下条件:

(一)思想政治素质好,关心政府采购,热心政府采购监察工作,有工作责任心和较丰富的工作经验;

(二)熟悉政府采购相关的法律法规、制度,有较高的政策水平、较强的分析解决问题的能力;

(三)坚持原则,实事求是,秉公办事,不徇私情,作风正派、廉洁自律,能自觉抵制不正之风;

(四)身体健康,年龄一般不超过65岁,能适应政府采购监察工作需要,自主安排监察时间,随时参与政府采购项目监察。

第四条 特邀监察员的聘请范围和方式

(一)特邀监察员一般应从以下范围聘请:

省级以上(含省级)人大代表、党代表、政协委员、纪检机关、群团组织、监察审计部门、质检信访部门、预算单位、经济工商界、资深媒体人、专家学者及其相关方面在职或退休人员。

(二)特邀监察员聘请的方式:

1.拟聘人员由所在主管单位组织人事部门推荐或经本人申请由所在主管单位组织人事部门认定,填写《安徽省省级政府采购特邀监察员登记表》;

2. 拟聘人员经省财政厅遴选并经公示无异议后,向其颁发《安徽省省级政府采购特邀监察员聘书》和《省级政府采购特邀监察员证》;

3.经审核确认的特邀监察员名单在安徽省政府采购网等媒体上公布。

第五条 特邀监察员的聘请、人数和任期

(一)特邀监察员的聘请:

省级政府采购特邀监察员由省财政厅聘请。

(二)特邀监察员的人数:

省级政府采购特邀监察员每两年选聘一次,总人数不超过30人。

(三)特邀监察员的任期:

1.经聘任的省级政府采购特邀监察员每届任期二年,根据工作需要或本人情况可以续聘,但一般不超过两届;

2.省级政府采购特邀监察员因工作调动或本人原因要求在任期内辞聘的,由本人提出书面申请,经省财政厅批准,可提前辞聘,并在安徽省政府采购网上公布辞聘;

3.省级政府采购特邀监察员不适宜履行职责的,由省财政厅决定,可提前解聘,并在安徽省政府采购网上公布解聘。

第六条 特邀监察员的职责

省级政府采购特邀监察员接受省财政厅委托,其职责是:

(一)对省级政府采购项目的开标、评审及评审项目的复查等相关活动进行现场监督,并提出监察意见;

(二)对省级政府采购项目中标、成交供应商选取、评审委员会专家评审等活动进行现场监督，并提出监察意见；

（三）监督检查采购人、供应商的签约、履约情况，向省级财政部门反映签约、履约中存在的违法违规行为；

（四）监督监察政府采购从业人员的执业行为；

（五）监察采购代理机构执行“公开、公平、公正”的原则情况，检举、反映违反政府采购相关规定、廉政制度的违法违规行为；

（六）对采购代理机构工作提出监察意见和改进建议。

第七条　特邀监察员的权利和义务

（一）省级政府采购特邀监察员享有以下权利：

1. 应邀参加政府采购监督检查、巡视和有关工作会议，了解政府采购工作部署和安排，听取政府采购工作情况通报；

2. 根据工作需要查阅有关政府采购法规、政策、文件和资料；

3. 参加政府采购业务学习、培训、研讨和交流活动；

4. 参与政府采购监察时，享有规定的检查权、调查权和建议权；

5. 由采购代理机构支付相应的劳动报酬。

（二）特邀监察员承担以下义务：

1. 依据政府采购法律、法规和政策、向省级财政部门反映政府采购执行中存在的问题；

2. 反映和转递采购人、供应商、采购代理机构、评审专家等对政府采购工作的意见、建议以及对政府采购中违法违纪行为的举报和申诉；

3. 巡视采购执行人员的行为规范情况，参与对政府采购绩效的评价；

4. 协助省级财政部门调查处理有关政府采购投诉事件及违法违规案件；

5. 遵守政府采购监察工作纪律和有关政府采购相关制度和程序规定；

6. 严守政府采购工作过程中的秘密。

第八条　特邀监察员的工作要求

省级政府采购特邀监察员在进行政府采购监察工作中：

（一）不得以政府采购特邀监察员名义从事有损于政府采购形象的活动；

（二）监察中应本着实事求是，遵纪守法，廉洁奉公，依法办事的原则进行监察活动；

（三）进行监察时，应主动出示《安徽省省级政府采购特邀监察员证》；

（四）进行监察时不得发表不公正或有倾向于采购人、供应商、采购代理机构、评审专家的意见；

（五）履行省级财政部门委托的监察活动时，不得接受采购人、采购代理机构、供应商等的宴请、礼品和其他馈赠；

（六）加强对政府采购有关法律、法规、规章制度的学习，不断提高政府采购监察工作水平。

第九条　特邀监察员的工作纪律

省级政府采购特邀监察员在政府采购监察工作时应遵守以下工作纪律：

（一）应邀积极参加政府采购有关活动；

（二）遵纪守法，依法监察，秉公办事；

（三）实事求是，坚持原则，客观公正。

第十条　特邀监察员在进行政府采购监察活动时，被监察单位和人员应积极配合，给予工作方便，如实反映情况，提供有关材料。

第十一条　省级财政部门对特邀监察员工作出色、成绩突出的，应当给予通报表彰等精神鼓励。

第十二条　特邀监察员有下列情形之一的，应取消其特邀监察员资格，收回所发聘书和特邀监察证，情节严重的，建议相关部门按规定进行处理：

（一）无正当理由拒不参加政府采购监察活动的；

（二）违反规定向他人透露政府采购相关工作秘密的；

（三）以特邀监察员名义从事有损于政府采购形象活动的；

（四）被投诉并经调查核实存在违法违纪行为的；

（五）其它不适宜再继续担任特邀监察员的。

第十三条　各市、县（区）可参照本办法，制定本市、县（区）政府采购特邀监察员管理办法。

第十四条　特邀监察员政府采购项目现场监察细则由采购代理机构依据本办法另行制定。

第十五条　本办法由安徽省财政厅负责解

释。

第十六条　本办法自发布之日起施行。

安徽省财政厅 安徽省人民政府金融工作办公室关于印发《安徽省融资性担保机构财政奖补实施办法》的通知

财金〔2013〕2321 号

各市、县(区)财政局、金融办,有关融资性担保机构:

为进一步发挥财政引导作用,促进全省融资性担保体系建设,根据《安徽省人民政府办公厅关于进一步加强融资性担保体系建设支持小微企业发展的意见》(皖政办〔2013〕38 号),经研究,我们制定了《安徽省融资性担保机构财政奖补实施办法》,现印发给你们,请遵照执行。

安徽省融资性担保机构财政奖补实施办法

一、财政奖补对象

融资性担保机构。

二、财政奖补条件、标准、资金来源和用途

(一)小微企业融资性担保风险补偿基金

省、市、县(市、区)三级财政建立小微企业融资性担保风险补偿基金,对加入省担保体系实行比例再担保的融资性担保机构发生的小微企业融资性担保代偿损失,省财政给予省再担保机构分担部分的 20%风险补偿,市、县(市、区)财政给予本级融资性担保机构分担部分的 20%风险补偿。同级财政补偿资金可从当地风险补偿资金中列支,不足的由各级财政列入每年财政预算,专项用于融资性担保机构小微企业融资性担保风险补偿。

(二)担保贷款增量奖励

2013—2017 年期间,对依法合规经营、年化担保费率不高于同期基准利率 25%且放大倍数达到 4 倍以上的融资性担保机构,省和同级财政按其全年平均在保贷款余额增加额的 0.5%,分别给予最高不超过 150 万元的奖励。同级财政奖励资金可从当地风险补偿资金中列支,不足的由各级财政列入每年财政预算,用于对融资性担保机构的风险补偿和业务拓展经费补助等。

三、奖补条件的认定和指标口径

(一)奖补条件认定

1. 经行业监管部门认定监管合格,并出具相关意见;

2. 年化担保费率及放大倍数符合要求;

3. 严格执行财政部门制定的财务会计制度,及时向财政部门报送财务报表及日常财务监管所需的其他相关材料。

(二)指标口径

1. 融资性担保是指《安徽省融资性担保公司管理暂行办法》规定的直接融资性担保和间接融资性担保,但不包括为小额贷款公司、典当和融资性担保机构自身发放委托贷款提供的担保;

2. 年化担保费率是指与融资性担保项目直接相关的担保费率;

年化担保费率=(ΣA÷ΣB)×100%。A 是指换算成一年期融资性担保项目对应的担保费,A=□当年承保的单个项目担保费÷担保月数□×12,B=当年承保的单个项目担保额;

3. 全年平均在保贷款余额=Σ四个季度末在保贷款余额÷4;

4. 融资性担保放大倍数=全年平均在保贷款余额÷〔(年初净资产+年末净资产)÷2〕;

5. 小微企业的认定标准按照工信部、统计局、发改委、财政部《关于印发中小企业划型标准规定的通知》(工信部联企业〔2011〕300 号)规定执行,不包括地方政府融资平台公司。

四、奖补资金的申报、审核和拨付

1. 小微企业融资性担保风险补偿基金,须提供下列材料,并按顺序装订成册:

(1)《安徽省融资性担保机构小微企业融资性担保风险补偿基金申请表》,并附中介机构出具的专项鉴证报告;

(2)中介机构与注册会计师资质证明材料(中介机构营业执照与注册会计师执业证书复印件);

(3)加入再担保体系协议、比例再担保协议、小微企业贷款担保合同;

(4)小微企业担保代偿损失应提供财产清偿证明等外部法律依据。因特殊原因法院不能出具财产清偿证明等相关文件的，应提供相关政府部门出具的证明及内部清收报告、法律意见书等。

(5)财政部门要求的其他材料。

2. 融资性担保机构申请担保贷款增量奖励，须提供下列材料，并按顺序装订成册：

(1)《安徽省融资性担保机构担保贷款增量奖励资金申请表》，并附中介机构出具的专项鉴证报告；

(2)《安徽省融资性担保机构年化担保费率计算表》，由中介机构编制并签章；

(3)中介机构与注册会计师资质证明材料(中介机构营业执照与注册会计师执业证书复印件)；

(4)财政部门要求的其他材料。

相关材料复印件，需由申请单位加盖公章证实与原件一致。

融资性担保机构满足上述多项奖补政策条件的，可由中介机构出具一份合并的专项鉴证报告。

3. 每年1月10日前，符合条件的融资性担保机构根据本办法规定，将上年度奖补资金申请书和相关资料报送同级财政部门；

4. 同级财政会同行业监管部门对本级管理融资性担保机构奖补资金申请材料进行审核并出具意见，于每年1月31日前报省财政厅复核。报送材料为《安徽省融资性担保机构申请奖补资金汇总表》和汇总整理后的分户申报材料。其中，市、县(市、区)融资性担保机构申请本级小微企业融资性担保风险补偿基金的，相关资料无需报送省财政厅，由同级财政部门会同行业监管部门审核、奖补。

5. 省财政厅按照《安徽省财政厅关于印发省级财政金融专项资金审核管理暂行规定的通知》(财金〔2012〕1316号)规定，对各地申报材料进行复核，确定专项资金支持对象和安排额度。复核确定后，省财政厅按规定办理报批程序，将省级承担的奖补资金转移支付到市、县(市、区)财政。市、县(市、区)财政在收到奖补资金10个工作日内，连同本级应承担的奖补资金，拨付给有关融资性担保机构。

五、管理与监督

1. 各融资性担保机构应当如实统计和上报奖补资金申请材料。各级财政部门应加强对申报单位奖补资金申请工作的指导，切实做好奖补资金的审核、拨付和监督工作。省财政厅将组织对各地奖补资金的申请、审核和拨付情况进行监督检查，保证各项奖补政策落实到位。

2. 融资性担保机构虚报材料、骗取奖补资金的，财政部门将追回奖补资金，取消其以后年度的奖补资格，会同监管部门在全省范围内通报，并按照《财政违法行为处罚处分条例》(国务院令第427号)等规定处理；对市县金融办未认真履行审核职责，导致融资性担保机构虚报材料骗取奖补资金的，由省政府金融办责令其改正，并依照有关规定处理；对市县财政部门未认真履行审核职责，导致申报单位虚报材料骗取奖补资金，或者挪用奖补资金的，省财政厅将责令其改正，追回已拨奖补资金，并按照《财政违法行为处罚处分条例》(国务院令第427号)等规定，对有关单位和责任人员进行处罚。

3. 接受委托的中介机构不得制作、出具虚假鉴证报告。如有违反，将按照有关规定给予处理。

六、附则

1. 本实施办法执行期限暂定5年，自2013年1月1日至2017年12月31日。

2. 本实施办法由省财政厅负责解释。《安徽省融资性担保机构奖补实施办法》(财金〔2013〕440号附件2)同时废止。

安徽省财政厅关于印发《安徽省政府采购评审专家管理暂行办法》的通知

财购〔2013〕2369号

各市、县(区)财政局、集中采购机构，省直各部门、单位，省政府采购中心，省教育技术装备中心：

为加强全省政府采购评审专家管理，规范评审专家行为，现将《安徽省政府采购评审专家管理暂行办法》印发给你们，请遵照执行。执行中有关建议和意见，请及时向省财政厅政府采购处反馈。联系电话：0551-65195043。

安徽省政府采购评审专家管理暂行办法

第一章　总　则

第一条　为加强全省政府采购评审专家管理,规范评审专家行为,提高政府采购工作质量,根据《中华人民共和国政府采购法》、财政部《政府采购货物和服务招标投标管理办法》和财政部、监察部《政府采购评审专家管理办法》等有关规定,制定本办法。

第二条　本办法所称政府采购评审专家(以下简称评审专家),是指符合本办法规定条件,以独立身份从事和参加政府采购有关评审工作的人员。

第三条　评审专家参加政府采购业务评审活动适用本办法。

第四条　安徽省政府采购公共资源服务平台专家库建立、管理和使用应遵循统一建库、分级管理、资源共享、管用分离、随机抽取的原则。

第五条　各级财政部门监管的政府采购活动使用评审专家要按照本规定先从本地专家库中随机抽取,在本地专家不能满足需要的情况下,可向省政府采购公共资源服务平台专家库申请专家。

第二章　监督管理部门职责

第六条　省财政厅主要职责:

(一)负责全省评审专家管理系统的开发和建设;

(二)负责全省政府采购评审专家资格标准的制定;

(三)管理省政府采购公共资源服务平台专家库;

(四)省级评审专家库的维护、管理和监督;

(五)协调跨地区抽取评审专家赴异地评标事宜;

(六)对本级政府采购项目评审专家进行培训考核,对评审专家违规行为进行处理处罚;

(七)其他监管事项。

第七条　市县(区)财政部门主要职责:

(一)征集本地区的评审专家,进行资格审查、入库;

(二)本级评审专家库的维护、管理和监督;

(三)对本级政府采购项目评审专家进行培训考核,对评审专家违规行为进行处理处罚;

(四)省财政厅规定的市县(区)财政部门应承担的其他监管事项。

第三章　评审专家资格管理

第八条　财政部门采取本人申请的方式向社会公开征集评审专家。

第九条　评审专家认定过程包括本人申请、各级财政部门审核、入库等环节。

第十条　评审专家应当具备以下条件:

(一)具有较高的业务素质和良好的职业道德,在政府采购的评审过程中能以客观公正、廉洁自律、遵纪守法为行为准则;

(二)从事相关领域工作满8年,具有本科(含本科)以上文化程度,高级专业技术资格或者具有同等专业水平,精通专业业务,熟悉产品情况,在其专业领域享有一定声誉;

(三)熟悉政府采购、招标投标的相关政策法规和业务理论知识,能胜任政府采购评审工作;

(四)本人愿意以独立身份参加政府采购评审工作,并接受财政部门的监督管理;

(五)没有违纪违法等不良记录;

(六)年龄不超过65周岁;

(七)财政部门要求的其他条件。

第十一条　对达不到第十条(二)所列条件,但在相关工作领域有突出的专业特长并熟悉商品市场销售行情,且符合专家其他资格条件的,可以经财政部门审核后,认定为评审专家。

第十二条　符合本办法第十条和第十一条规定的人员,均可向所属县级以上财政部门提出申请。在“安徽省政府采购网”或者各市、县(区)分网站填写下载打印《安徽省政府采购评审专家申报表》并提供有关申报材料:

(一)本人身份的有效证件、毕业证书及专业资格证书(原件及复印件);

(二)学习及专业简历;

(三)个人研究成果或工作成就简况(包括学

术论文、科研成果、发明创造等证书复印件)；

(四)近期免冠1寸照2张。

第十三条 各级财政部门要及时对申请材料进行审核。对申请材料不齐全的,应一次性告知申请人需提交的补充材料。对审核合格的,当日退回各类证书原件。

第十四条 评审专家在年龄超过65周岁时,专家资格自动失效。如有特殊情况,须经注册地财政部门批准后才能保留专家资格。

第十五条 取得评审专家资格后,工作单位、联系方式、职称、职务、评审品目等信息发生变化,本人应及时在注册地财政部门专家库系统中修改相关信息进行变更申请，并携带相关资料及复印件到注册地财政部门进行资料复核。

第十六条 各级专家库必须及时将录入的专家信息上传到安徽省政府采购公共资源服务平台。

第四章 评审专家的权利义务

第十七条 评审专家在政府采购活动中享有以下权利：

(一)对政府采购制度及相关情况的知情权；

(二)对供应商所供货物、工程和服务质量的评审权，要求投标供应商对投标文件有关事项作出解释或澄清；

(三)按照评标规定推荐中标(成交)候选供应商；

(四)按规定获得评审劳务报酬；

(五)法律、法规和规章规定的其他权利。

第十八条 评审专家在政府采购活动中承担以下义务：

(一)严格遵守政府采购评审工作纪律,不得向外界泄露评审情况；

(二)按照采购文件规定进行打分和评审,提出公正的评审意见,并签字确认；

(三)发现供应商在政府采购活动中有不正当竞争、恶意串通等违规行为以及其他非法干预评标的行为，应及时向政府采购评审工作组织者或财政部门报告；

(四)配合有关方面解答政府采购评审工作中的质疑,配合财政部门处理供应商的投诉、复议和诉讼等事项；

(五)法律、法规和规章规定的其他义务。

第十九条 财政部门、采购人和采购代理机构的有关工作人员应对评审专家的私人情况予以保密。

第五章 评审专家的使用与管理

第二十条 评审专家的管理和使用要相对分离，即政府采购专家库的维护管理与使用抽取工作分离。评审专家的抽取地点及监管抽取的办法,由财政部门确定。

评审专家的抽取时间原则上应当在开标前半天或前一天进行,特殊情况不得超过两天。

各市县(区)在专家不足的情况下,应当在开标前一天在省政府采购公共资源服务平台专家库中抽取评审专家,特殊情况不得超过两天,省专家库下发抽取结果后,由各市县(区)通知专家。

第二十一条 公开招标、邀请招标的政府采购项目评标委员会由有关技术、经济方面专家和采购人代表组成,成员人数应为5人以上单数。其中,技术、经济方面的评审专家不得少于成员总数的三分之二。采购数额在300万元以上、技术复杂的项目,评标委员会中技术、经济方面的专家人数应当为5人以上单数。

竞争性谈判、询价、单一来源政府采购项目由评审专家及采购人代表3人以上单数组成采购小组，其中评审专家人数不得少于成员总数的三分之二。

第二十二条 每一政府采购项目要按照政府采购品目分类目录，从规定的区域范围内抽取相应数量的评审专家，每次抽取后要告知并落实参加人员,不足时,可按照上述范围和专业再次随机抽取。

遇有行业和产品特殊，政府采购专家库不能满足需求时,可以由采购人或者采购代理机构按1∶3比例确定评审专家人选，书面报经财政部门监督管理机构批准后,从中随机抽取。

第二十三条 同一政府采购项目随机抽取到同一单位的专家原则上不得超过1名。因专家人数不足等原因需要超过的，应事先报财政部门监督管理机构同意。

第二十四条　评审专家抽取要由专人管理，确定评审专家后，要及时告知评标的时间和地点，但不得告知拟评标项目的有关情况。负责抽取的人员要当场填写或下载打印《安徽省政府采购项目评审专家需求申请表》(附件2)，并于事后存档，对确定的专家姓名、单位和联系方式等信息严格保密。

第二十五条　每次抽取所需评审专家时，应当根据实际情况抽取候补评审专家，并按抽取先后顺序递补。

第二十六条　评审专家参加政府采购项目评审要持本人有效身份证件，政府采购评审工作组织者、特邀监察员要现场核对评审专家本人身份证件。

第二十七条　评审专家不得参加与本人有利害关系的政府采购项目的评审活动。因事先不知情而参与的，获悉与评审项目有利害关系后应立即告知回避。

有利害关系是指，近三年内曾在参加该政府采购项目的供应商或者采购人中任职（包括一般工作）或担任顾问，配偶或直系亲属在参加该政府采购项目的供应商或者采购人中任职或担任顾问，与参加该政府采购项目供应商发生过法律纠纷，以及其他可能影响公正评标的情况。

参加前期采购方案论证的评审专家不得担任该政府采购项目的评审专家。

第二十八条　评审专家一天只能参与一个项目评审，如同一天被多次抽中，评审专家应该主动回避。

第六章　考核与处罚

第二十九条　评审专家采用“一标一评”的考核办法。采购代理机构要及时对评审专家的业务水平、工作纪律、职业道德、廉洁自律作出评价，采购代理机构应在评审活动结束后7个工作日内，向同级财政部门监督管理机构报送《安徽省政府采购评审专家工作情况反馈表》(附件3)，财政部门监督管理机构根据反馈情况通过全省政府采购专家库系统对评审专家进行日常工作考评。

第三十条　考评结果分为“好”、“中”、“差”三个等次。评审专家日常工作考评采用计分制，考评内容及计分标准如下：

（一）评审专家有下列行为之一的，将作为不良行为予以记录，在“差”栏中记5分：

1. 无故不参加培训、相关会议，或培训考核不合格的；

2. 连续三次被抽中拒绝参加评审活动，且未递交书面说明的；

3. 确认参加评标却无故不到，无正当理由迟到、早退或到场后拒绝参加评标活动的；

4. 不主动封锁通讯工具，擅自离开评标室的；

5. 在评标过程中擅离职守，不遵守评审现场纪律的，不听政府采购评审工作组织者劝阻的；

6. 酒后参加评标并造成不良影响的；

7. 委托或代替他人评标的；

8. 不配合质疑、投诉、复议、诉讼等政府采购事项调查的；

9. 应当回避而未主动回避的；

10. 评审过程中对投标文件及供应商发表倾向性、歧视性言论的；

11. 征询或者接受采购人代表的倾向性意见的；

12. 以澄清、说明或补充为借口要求参加政府采购项目的投标供应商表达与投标文件原意不同的意见的；

13. 超出采购文件规定的方法和标准进行评分的，对不同投标供应商相同情况打不同分数的；

14. 拒绝对评审意见签字确认且无正当书面理由的；

15. 由于专业水平或身体素质等原因不能胜任评审工作的。

（二）评审专家有下列行为之一的，在“好”栏中记5分：

1. 发现围标串标线索及时上报并经确认的；

2. 业务水平过硬、工作纪律性强、有良好职业道德的。

（三）评审专家有下列情形之一的，一次性在“差”栏中记15分，并由同级财政部门监督管理机构在“安徽省政府采购网”上公告：

1. 故意并且严重损害采购人、供应商等正当权益的；

2. 违反国家有关廉洁自律规定，私下接触或收受参与政府采购活动的供应商及有关业务单位的财物或者好处的；

3.违反政府采购规定向外界透露有关评审情况及其他信息，给招标结果带来实质影响的；

4.评审专家之间私下达成一致意见，违背公正、公开原则，影响和干预评标结果的；

5.以政府采购名义从事有损政府采购形象的其他活动的；

6.弄虚作假骗取评审专家资格的；

7.评审意见严重违反政府采购有关政策规定的。

第三十一条 评审专家在一年内发生"差"分累计达到10分的，一到三年内不得从事政府采购评审工作；"差"分累计达到15分的，不得再从事评审工作。评审专家"好"分累计达到15分的，且"差"分为0的，可晋升为优秀评审专家，评审劳务报酬可上浮25%，根据本人要求财政部门可适当放宽评审年龄限制。

第三十二条 由于评审专家个人的违规行为给有关单位造成经济损失的，相关评审专家应当承担经济赔偿责任；构成犯罪的，将移送司法机关追究其刑事责任。

第三十三条 财政部门、采购人或采购代理机构的相关人员，违反本办法规定抽取确定评审专家，或未经批准采取选择性确定评审专家，或故意对外泄露被抽取评审专家姓名、单位、联系方式等内容的，由其上级部门或者监察机关给予相应的行政处分。

第三十四条 财政部门及其工作人员在对评审专家的管理工作中，有失职、渎职、徇私舞弊等行为，不正确履行职责，或借管理行为不正当干预政府采购工作的，予以通报批评；情节严重的，由其上级部门或监察机关给予相应的行政处分。

第七章 附则

第三十五条 本办法由安徽省财政厅负责解释。

第三十六条 本办法自2014年1月1日起施行。

安徽省财政厅关于印发《安徽省政府采购代理机构考核暂行办法》的通知

财购〔2013〕2372号

各市、县（区）财政局，省直各部门、单位，各政府采购代理机构：

为加强政府采购代理机构监督管理，规范政府采购代理机构执业行为，现将《安徽省政府采购代理机构考核暂行办法》印发给你们，请遵照执行。执行中有关建议和意见，请及时向省财政厅政府采购处反馈。联系电话：0551-65195043。

安徽省政府采购代理机构考核暂行办法

总 则

第一条 为加强政府采购代理机构监督管理，规范政府采购代理机构执业行为，提高政府采购代理机构工作效率和服务质量，根据《中华人民共和国政府采购法》、《政府采购代理机构资格认定办法》（财政部令第61号）等有关规定，制定本办法。

第二条 本办法所称政府采购代理机构（以下简称代理机构），是指经省级以上人民政府财政部门认定资格，依法接受采购人委托，从事政府采购货物、工程和服务采购代理业务的社会中介机构。

第三条 工商注册地在安徽省行政区域内的代理机构及其分支机构，应按照本办法规定参加考核。

省内注册的甲级政府采购代理机构在财政部认定资格后，应及时到省财政厅备案。

省外注册的代理机构及其分支机构在安徽省行政区域内从事政府采购代理业务，应事先向省财政厅备案，并按照本办法规定参加考核。

第四条 考核工作由省市两级财政部门共同

负责组织实施。省财政厅承担制定考核方案、部署督查指导、确定考核等次等职责;市级财政部门受省财政厅委托，具体负责住所在本行政区域内的代理机构或分支机构的考核工作。

第五条　代理机构考核原则上每两年进行一次。考核结果分为“优秀”、“合格”、“不合格”三个等次。

第六条　代理机构考核工作坚持“考核与检查”相结合。通过考核,对代理机构队伍建设和执业质量等情况进行评价;通过检查,依法对代理机构违法违规行为进行处理处罚。

第二章　考核内容

第七条　考核内容包括营业场所、内部管理、队伍建设、制度执行、采购文件、信息公告、专家使用、持证上岗、采购业绩、采购效率、质疑答复、信息报送、廉洁自律等。

第八条　营业场所情况。包括是否拥有固定的营业场所和开标评标场所；是否配备开展代理业务所需的电子监控录音录像设施和办公设备；是否拥有政府采购资料档案室等。

第九条　内部管理情况。包括是否制定操作规程、岗位职责、廉洁纪律;是否制定质疑受理、人员培训、考核奖惩、财务管理、档案管理等内部管理制度,及其落实执行情况等。

第十条　队伍建设情况。包括政府采购专职人员数量、专业技术职称人员比例,参加财政部门组织的政府采购培训及通过考试人员数量等。

第十一条　制度执行情况。包括是否按照财政部门批准的政府采购计划及分包方案组织招标采购；政府采购方式是否按照财政部门核准的方式执行；采购进口产品是否依据财政部门核准文件；优先或强制采购节能环保产品政府采购政策是否落实执行等。

第十二条　采购文件情况。包括招标采购文件编制是否规范、完整;是否因含有倾向性或者排斥潜在供应商的内容被供应商质疑后多次修改；招标采购文件售价是否合理等。

第十三条　信息公告情况。包括采购公告、中标(成交)公告和更正公告是否在财政部门指定的政府采购信息发布媒体上按照要求发布等。

第十四条　专家使用情况。包括是否按照规定抽取告知评审专家并保密；是否有评审专家抽取告知录音或记录；评审委员会中评审专家是否符合规定人数和比例；选择性方式确定使用的评审专家是否经财政部门批准；专家评审费用是否符合规定等。

第十五条　持证上岗情况。包括进入现场组织采购活动的持证上岗人员是否达到规定人数；是否有违规上岗组织开展政府采购活动的行为等。

第十六条　采购业绩情况。包括代理省内政府采购项目数量、中标(成交)金额、资金节约率等采购规模和效益情况等。

第十七条　采购效率情况。包括财政部门批复采购计划后的采购文件编制时间、采购公告时间、中标(成交)公告时间等。

第十八条　质疑答复情况。包括对代理项目的质疑是否有答复；财政部门对质疑答复是否予以支持等。

第十九条　信息报送情况。包括政府采购项目信息是否按照规定渠道和方式及时向财政部门报送；采购合同是否在规定时间内报财政部门备案等。

第二十条　廉洁自律情况。包括是否收受与政府采购项目有利害关系人的财物或其他不正当利益；是否在承揽代理业务中给予采购人财物或其他不正当利益等。

第三章　考核程序

第二十一条　省财政厅制定考核具体方案，明确考核时间、考核步骤、考核项目及分值等。

第二十二条　考核工作开始1个月前，考核方案将通过“安徽省政府采购网”予以公布。

第二十三条　代理机构应根据考核方案要求进行自查自评,如实填写考核自查表,装订成册相关证明材料,并按时向财政部门提交。

代理机构未按照要求进行自查或未按时向负责考核的财政部门提交考核自查表和相关证明材料的,视同放弃考核。

第二十四条　市级财政部门应成立代理机构考核工作组,每个工作组成员不得少于2名,考核工作组成员要在有关考核表上签字确认。

考核工作组成员与代理机构有利害关系的，应主动回避。

第二十五条 市级财政部门对代理机构的考核工作采取现场核查和书面审查相结合的方式。

考核工作组应现场核查营业场所、开标评标场所、电子监控设备、档案管理、专家告知录音或记录、持证上岗等情况；对其他考核内容，可以采取现场核查或书面审查方式进行。

第二十六条 市级财政部门考核工作组进行现场核查时，应提前2日以书面或电话、传真等形式通知被考核代理机构。

第二十七条 市级财政部门应对考核工作写出书面考核报告，于考核结束后15日内连同考核材料一并报送省财政厅。

第二十八条 省财政厅会同市级财政部门现场核查部分代理机构。

第二十九条 省财政厅对省内注册代理机构及其分支机构统一计算考核分数，确定代理机构考核等次。

省财政厅对省外注册代理机构在安徽省的所有分支机构合并计算考核分数，确定代理机构考核等次。

第三十条 省财政厅将通过“安徽省政府采购网”对代理机构考核结果予以公示、公告。

第四章 考核处理

第三十一条 考核中发现代理机构有下列情形之一的，一律考核为“不合格”：

（一）在安徽省行政区域内无固定营业场所的；

（二）代理机构政府采购专职人员人数、或具有中级以上技术职称人数、或参加省级以上财政部门政府采购培训人数达不到资格认定规定人数80%的；

（三）违反评审专家管理规定抽取使用评审专家，或采取选择性方式确定评审专家未经财政部门批准的，或故意泄露被抽取评审专家姓名、单位、联系方式等内容的；

（四）财政部门支持投诉供应商对代理机构投诉事项两次以上的。

第三十二条 代理机构在考核年度内因违规执业被县级以上财政部门通报两次以上或行政处罚的，一律考核为“不合格”。

第三十三条 省内注册代理机构及其分支机构未参加考核的，视为考核“不合格”；省外注册代理机构在安徽省的分支机构未参加考核的，视为考核“不合格”。

第三十四条 代理机构政府采购专职人员人数、或具有中级以上技术职称人数、或参加省级以上财政部门政府采购培训人数达到资格认定规定人数80%，但不符合资格认定规定的，考核不得确定为“优秀”等次。

第五章 考核应用

第三十五条 考核结果作为省内各级政府采购项目采购人选择使用代理机构的依据。考核结果在“安徽省政府采购网”上公布。

第三十六条 县级以上财政部门和省直部门通过公开招标等形式选定一定数量的代理机构承担政府采购代理业务的，要优先从考核等次为“优秀”的代理机构中选择。

第三十七条 采购人应优先委托考核等次为“优秀”的代理机构代理采购计划在200万以上的政府采购业务。

第三十八条 采购人不得委托考核等次为“不合格”的代理机构代理政府采购业务。

第三十九条 采购人违反本办法规定委托考核“不合格”代理机构代理政府采购业务的，一经发现，由同级财政部门予以通报。

第六章 违规处罚

第四十条 考核中发现代理机构提供虚假材料或者拒绝监督检查的，责令限期改正，给予警告；情节严重的，依法暂停或取消其政府采购代理资格。

第四十一条 考核中发现代理机构有下列情形之一的，责令限期改正，给予警告；情节严重或者逾期不改的，依法暂停或取消其政府采购代理资格；涉嫌犯罪的，移送司法机关处理：

（一）出借、出租、转让或者涂改《政府采购代理机构资格证书》的；

（二）超出授予资格的业务范围承揽或者以不正当手段承揽政府采购代理业务的；

(三)代理其本身或者与其有股权关系的自然人、法人或者其他组织作为直接或者间接供应商参加的政府采购项目的;

(四)违反委托代理协议泄露与采购代理业务有关的情况和资料的;

(五)擅自修改采购文件或者评标(审)结果的。

第四十二条　考核中发现代理机构及其从业人员在代理政府采购业务中有下列违法违规行为之一的,依法给予警告、暂停或取消政府采购代理资格;构成犯罪的,移送司法机关处理:

(一)擅自变更采购方式的;

(二)擅自提高采购标准的;

(三)与供应商恶意串通的;

(四)在招标采购过程中与投标人协商谈判的;

(五)以不合理条件对供应商实行差别待遇或歧视待遇的;

(六)应在"安徽省政府采购网"上公告信息而未公告的;

(七)违反规定隐匿、销毁应保存的采购文件或伪造、变造采购文件的;

(八)在采购过程中接受贿赂或者其他不正当利益的。

第四十三条　县级以上财政部门应按照政府采购监管权限依法处理处罚代理机构的违法违规行为,并将处理处罚结果书面报送省财政厅备案。

附　则

第四十四条　本办法由安徽省财政厅负责解释。

第四十五条　本办法自2014年1月1日起执行。

安徽省财政厅关于印发安徽省省级公立医院债务管理办法(试行)的通知

财社〔2013〕2563号

省卫生厅及直属公立医院:

为深化医药卫生体制改革,巩固省级公立医院的公益性,规范和加强省级公立医院债务的监督和管理,防范和化解省级医院债务风险,根据有关规定,我们制定了《安徽省省级公立医院债务管理办法(试行)》,现印发给你们,请遵照执行。如执行中发现问题,请及时向我们反馈。

安徽省省级公立医院债务管理办法(试行)

第一章　总　则

第一条　为深化医药卫生体制改革,巩固省级公立医院(以下简称"省级医院")的公益性,规范和加强省级医院债务的监督和管理,防范和化解省级医院债务风险,根据《预算法》、《医院财务制度》和《安徽省人民政府关于进一步加强政府性债务管理的意见》(皖政〔2013〕48号)等有关法律法规和规章制度规定,制定本办法。

第二条　本办法所称省级医院,指由省卫生厅直属预算管理的公立医疗机构。

第三条　本办法所称医院债务,是指由省级医院举借的非流动负债,具体包括:

(一)政府作为借款人或担保人并出具承诺书承担偿债责任的外国政府贷款、国际金融组织贷款;

(二)国债转贷资金或专项借款;

(三)国内金融机构贷款;

(四)融资租赁及等其他非流动性负债借款。

第四条　原则上省级医院不得借入非流动负债,只能借入流动性负债;确需借入或融资租赁或融资租赁非流动性负债的,应按本办法规定申报审批。

省级医院非流动负债是指偿还期在1年以上(不含1年)的长期借款、长期应付款等。包括:基本建设投资和大型医疗设备购置(含融资租赁)借款。

省级医院借入流动性负债,仍按现行办法举借。

第五条 省级医院举借建设性债务按照“谁批准、谁筹资”和“谁举债、谁负责”的原则落实责任制,严禁医院未经批准举债进行建设。

第六条 省级医院不得向机关、事业单位、非银行企业或个人举借债务。

第七条 本办法适用于省级医院债务的举借、审批、使用、偿还以及债务监管。

第二章 举债条件

第八条 省级医院举借债务应当符合以下条件:

(一)省级医院上年度业务活动现金流入量≥举借债务总额;

(二)省级医院上年度业务活动现金流入流出净额≥举借债务的分年度本息偿还总额;

(三)省级医院年度业务收支结余率不得低于省级医院上年度业务收支结余不得赤字;

(四)省级医院逾期债务率不得超过30%;

(五)省级医院融资债务利率原则上不得超过银行贷款基准利率的1.3倍;

(六)偿债资金有稳定可靠的来源渠道。

第九条 省级医院举借债务应当提供下列资料:

(一)省级医院举借债务申请报告(省卫生厅转报)。包括:举债数量及周期、债务资金使用范围、偿还资金来源、还款承诺函、举债金融机构(金融机构出具医院的信用等级评定和贷款限额等正式文件资料)等;可行性报告、环评报告及环保部门的批复文件;医院债务存量规模、债务均衡性等结构及近三年还款情况说明,有逾期未偿还的债务应单独说明等。

(二)省级医院举债项目相关审批文件。其中:基本建设项目报送省发改委审批计划,大型医疗设备购置项目报送卫生部或省卫生厅审批计划;对于省级医院利用外国政府贷款进行设备购置的项目,仍按现行规定执行。

(三)省级医院年度财务报告。包括:资产负债表、收入支出总表、业务收支明细表、基本建设收支表、现金流量表、净资产变动表以及财务情况说明书。

第三章 债务担保

第十条 省级医院举借债务需提供担保的,应严格按照《担保法》及国家有关法律、法规规定提供担保。

(一)严禁违规担保,除经国务院批准的政府转贷债务外,各级政府及所属机关事业单位、社会团体,不得出具担保函、承诺函、安慰函等直接或变相担保协议,不得以机关事业单位及社会团体国有资产等为其他单位和企业融资进行抵押或质押,不得为其他单位或企业融资承诺承担偿还责任,不得为其他单位和企业的回购(BT)协议提供担保,不得从事其他违法违规担保承诺行为。

(二)需要担保的,应当提供以下资料:担保申请书;担保项目建议书和可行性报告;担保人及债务人财务报表;是否存在医院之间互担保情况,以及其他相关文件资料。

第四章 债务审批

第十一条 省级医院符合举债条件且需要举债的,应按规定向省级卫生主管部门提出申请报告及相关资料。

第十二条 省级卫生主管部门根据医院申请报告及其财务收支情况,结合区域卫生规划和医疗机构设置要求,提出审核意见及其依据,并附医院申请报告及相关资料报送有关部门审批。

第十三条 省级财政等有关部门对医疗设备或基本建设举借债务的批复,作为省级医院向相关金融机构申请贷款的依据。

第十四条 省级医院与商业银行签订贷款等合同后,在30个工作日内将合同副本报省级财政部门备案。

第五章 债务资金管理使用

第十五条 省级医院借款申请经批准后,应严格按照批准的用途合理使用债务资金,不得挪作他用。确需变更用途的,应按照原程序重新报批。

第十六条　按照《中华人民共和国招标投标法》、《中华人民共和国政府采购法》和国家的有关规定,省级医院债务项目需要进行招标和政府采购的,严格按照规定执行。

第十七条　使用债务资金实施的项目应实行项目法人责任制,并按照财政部门的有关规定,省级医院对债务资金进行财务管理和会计核算。

第六章　债务偿还

第十八条　省级医院对本单位所欠债务负有偿还责任,省级卫生主管部门负责及时督促省级医院按规定偿还债务。

第十九条　省级部门安排的医院偿债资金,医院应计入"其他收入"会计科目,并在该科目下设置明细科目进行核算。

第二十条　省级医院可以将下列资金作为债务偿还资金:

(一)省级医院事业基金和当年计提的固定资产折旧;

(二)出售省级医院国有资产或股权取得的收入;

(三)处置省级医院资产的收入;

(四)省级部门安排的医院偿债专项资金;

(五)其他非财政性资金。

第二十一条　省级医院要按规定及时做好还本付息资金准备工作,在拟申请举债的金融机构设立偿债资金专用账户。

省级医院应在还本付息日到达前的2个工作日内,将应支付的本期本金和利息转入专用账户。偿债资金专用账户由举债医院和省财政厅社会保障处共同管理账户印鉴。

第二十二条　建立债务偿还定期报告制度。每年底,举债医院应将举债的资金管理、还本付息、资金使用、次年还本付息计划等情况,向省级财政部门书面报告。

第七章　债务监管

第二十三条　省级财政、审计等部门应当对省级医院债务项目执行情况实施监督检查。

第二十四条　省级医院债务项目完工后,应按规定接受省级审计部门审计。基本建设项目完工后,还应按照基本建设管理的有关规定编报竣工财务决算,经省财政厅审核批复后,办理固定资产移交等相关手续。

第二十五条　省级医院举借、使用和偿还债务应列入医院院长绩效考核内容。对违反国家法律法规和本办法规定举借债务或提供担保,以及使用和管理政府债务不当造成重大经济损失的,应按有关法律法规及《财政违法行为处罚处分条例》追究责任。

第八章　附　则

第二十六条　省级医院融资租赁实行财政案制省级医院融资租赁适用本办法,其融资租赁费用纳入医院年度收支预算统筹安排。

第二十七条　本办法由省财政厅负责解释。

第二十八条　本办法自印发之日起开始执行,原《安徽省财政厅 安徽省卫生厅关于印发安徽省省级公立医院债务管理暂行办法的通知》(财社〔2012〕1378号)文件同时废止。

安徽省财政厅关于印发《安徽省省级政府采购涉密项目管理暂行办法》的通知

财购〔2013〕2576号

省直各部门、单位:

为加强省级政府采购涉密项目管理,规范涉密项目采购行为,现将《安徽省省级政府采购涉密项目管理暂行办法》印发给你们,请遵照执行。

安徽省省级政府采购涉密项目管理暂行办法

第一条　为规范省级政府采购涉密项目管理,保证政府采购涉密项目的顺利进行,依据《中华人民共和国政府采购法》、《中华人民共和国保守国家秘密法》及相关法律法规的规定，特制定本办法。

第二条 本办法涉密项目，是指采购人使用财政性资金采购省级集中采购目录以内的或者采购限额标准以上的货物、工程和服务，涉及到密级的政府采购项目或项目中涉及到密级的部分。

第三条 本办法涉密密级，是指按国家保密法及省有关保密规定设立的秘密、机密、绝密等级的政府采购项目或项目中涉及到密级的部分。

第四条 预算单位在编制政府采购预算前，国家或省有关保密规定确定的涉密项目不能列入政府采购预算的，预算单位要将涉及国家或省规定定为密级的项目相关依据报财政厅业务处室审核、政府采购处审定，未提供依据的一律列入政府采购预算。

第五条 国家或省定为密级的货物、工程、服务项目，要求实行政府采购的，一律按规定实施政府采购。有特定方式要求的，由采购代理机构按特定方式采购。

第六条 采购项目中未列明涉密部分的，采购人需要涉密采购的，应首先向省国家保密局报告，具体说明该项目涉密部分的内容，并由省国家保密局出具书面公函证明。

第七条 国家或省有关规定定为密级的项目，不宜政府采购的，采购人应及时报财政厅业务处室审定并按规定办理相关调整手续，调为非政府采购预算。

第八条 采购代理机构在执行采购前，发现项目有涉密内容的，应及时告知采购人分包采购，采购人未分包的，应将该项目退回财政厅政府采购处。政府采购处退回采购人，采购人按要求重新申报。

第九条 在政府采购预算项目执行中，项目中有部分涉密的，应将该项目涉密的部分进行分包。涉及密级的分包在采购前，应获得财政厅相关业务处室的审核和政府采购处的批准后，由采购人按保密规定委托具有保密资质的采购代理机构采购或自行组织采购，不涉及密级的分包按正常政府采购程序进行。

第十条 涉密的采购项目经财政厅业务处室审核和政府采购处批准，由采购代理机构采购或自行组织采购的，国库支付中心准予支付，反之不予支付。

第十一条 采购涉密项目要按照政府采购规定的程序和方式，遵守规范、高效、节约的原则，不得突破项目预算。

第十二条 本办法由安徽省财政厅负责解释。

第十三条 本办法自发布之日起施行。

财经调研篇

财经论文及调研报告

加快我省经济转型发展的财政政策研究

党的十八大指出"以加快转变经济发展方式为主线是关系我国发展全局的战略抉择",十八届三中全会提出"加快转变经济发展方式,加快建设创新型国家,推动经济更有效率、更加公平、更可持续发展",为我省加快经济转型发展指明了方向。本课题立足我省经济发展实际,认真梳理支持经济转型发展的财政政策实践,分析归纳经济转型发展存在的主要问题,研究提出财政支持加快经济转型发展的政策措施和建议。

一、支持经济转型发展的财政实践

近年来,我省各级财政部门认真实施积极的财政政策,充分发挥财政政策作用直接、运用灵活、定点调控的优势,大力推动经济转型发展。

1.促进经济平稳增长。一是通过争取中央资金,争取财政部代理发行地方政府债券,协议利用国际金融组织和外国政府贷款,加大财政投入带动投资,支持我省公路、水运、民航、水利等基础设施项目建设。二是认真落实扩大内需一系列决策部署,认真实施家电下乡和以旧换新政策,打造扩大消费的政策平台。积极争取中央万村千乡、农产品流通体系建设等资金,省级安排内贸发展促进资金,重点支持促进消费转型升级、农村流通体系建设等。三是制定七大外贸促进政策,安排外经贸政策促进资金等,鼓励企业对外承包工程、对外投资以及外派劳务,促进外贸进出口平稳较快增长和内外需平衡发展。

2.支持实体经济发展。一是做"加法"。加大政策资金扶持,2011—2015年,省财政每年安排5亿元支持战略性新兴产业、省主导产业和各市首位产业发展。支持合芜蚌试验区及国家技术创新工程试点省建设,促进企业技术创新及农业产业化龙头企业发展。二是做"减法"。实施结构性减税政策,严格执行国家对小微企业税收优惠政策,扎实推进"营改增"改革试点;取消、调整、下放和缓征行政事业性收费和政府性基金,下调行政事业性收费项目收费标准,减轻企业负担。三是做"乘法"。加强担保体系建设,省财政从2013年起连续5年,每年安排11亿元设立民营经济发展专项扶持资金,2013年省财政又安排20亿元充实省担保集团国有资本金,进一步缓解小微企业融资难。同时,积极灵活运用注资、奖补、贴息和风险补偿等财政政策工具,引导和撬动金融资源服务实体经济。

3.统筹城乡协调发展。认真落实强农惠农富农政策,加大"三农"投入力度,2013年省级预算安排"三农"方面项目支出127.8亿元,占省级项目支出31.9%,比上年增长12%。统筹资金支持现代农业生产发展、现代农业综合开发示范区建设以及农业产业化和农民专业合作组织发展。加强农业农村基础设施建设,严格落实土地出让收益提取资金政策,抓好农田水利建设。大力支持美好乡村建设,从2013年开始,省财政每年安排10亿元连续投入5年,并逐年增加,主要采取以奖代补方式,重点支持中心村规划建设。创新财政支农机制,激活农业新型经营主体,稳步推进支农项目管

注:本篇收录均为2013年论文及报告。

理改革,完善惠农补贴“一卡通”发放机制。支持深化农村综合改革，成功争取将我省列入全国首批美丽乡村建设试点省范围,在20个县(区)推进农村综合改革示范试点。

4.促进区域协调发展。一是支持皖江示范区建设。从2010年起连续6年,省财政每年安排10亿元专项资金,用于示范园区投融资平台建设。二是加大对皖北和大别山地区的一般性转移支付力度。2013年省财政通过一般性转移支付,安排5.4亿元支持皖北三市七县基础设施建设；安排2.2亿元支持大别山区11个县、区基础设施建设。三是引导壮大园区经济。省财政通过一般性转移支付和专项转移支付相结合的方式，引导地方政府做大做强政府融资平台,撬动金融资本、社会资金投入,解决园区建设资金的筹集难题。

5.支持生态文明建设。一是深入推进生态环保。安排转移支付资金支持生态功能区建设和资源枯竭城市转型。安排5亿元推进新安江流域生态补偿试点。支持“三河三湖”水污染防治和湖泊综合治理。二是做好节能产品推广。积极争取中央节能汽车、节能家电及其他节能产品补贴资金,从终端领域推进节能减排。三是加强林业生态建设和保护。统筹安排资金支持造林绿化、退耕还林、森林生态效益补偿以及林木良种、造林、森林抚育补贴试点。从2013年起连续5年,省财政每年安排5亿元支持“千万亩森林增长工程”。

6.持续保障改善民生。一是精心实施民生工程。坚持将财力向民生领域倾斜,2008—2012年累计实施40项民生工程,全省财政投入1809亿元,惠及全省6000多万群众,人均受益近3000元。二是完善社会保障体系。加大养老保险补助并提高城乡居民基本医疗等社会保险财政补助标准。稳步提高城乡低保、农村五保、残疾人救助等社会救助与福利水平。三是推动社会事业均衡发展。加大财政教育支出，统筹安排资金实施义务教育经费保障机制改革,落实高校、中职等助学金和免学费政策,促进薄弱地区和学校均衡发展。深化医药卫生体制改革,支持基层医药卫生机制综合改革、县级公立医院综合改革,完善村医待遇补偿政策。出台财政进一步支持文化强省建设的若干意见,统筹资金支持广播电视“村村通”、公共文化场馆免费开放等重点文化民生工程建设。

二、加快经济转型发展面临的主要问题

1.经济结构调整取得重要进展,但与国内发达地区甚至中部一些省份相比，我省产业层次与结构仍有待进一步提升。在产业结构方面,2011年，安徽一产比重高于全国3.2%，比中部地区的山西(5.7%)、江西(11.9%)、湖北(13.1%)、河南(13.0%)分别高7.5%、1.3%、0.1%和0.2%;三产比重低于全国10.9%,比江西、山西、湖北、湖南分别低1%、2.7%、4.4%和5.8%。在工业结构方面,传统工业所占比重仍然较高,煤炭、钢铁、建材、化工、家电等主导产业发挥着重要作用，目前这些行业受产能过剩矛盾影响,增速明显放缓,生产经营面临较大困难。2013年前两个月总量居前的十大行业增加值增长12.5%,低于全部工业增幅3个百分点，占规模以上工业比重由2011年同期的65.7%回落到59.9%。从需求结构看,2011年,我省消费率为49.7%,比2005年下降6.5个百分点;投资率(50.5%)比全国高2.2个百分点,明显高于国际正常水平（投资与消费比例大体是25：75)。“十一五”时期我省消费对经济增长的贡献率为45.7%,比投资贡献率低8.7个百分点。此外,对外贸易依存度也偏低,2011年为13.2%，低于全国36.8个百分点,且出口商品附加值不高,层次较低等。

2.节能减排和生态建设成效明显,但资源节约型和环境友好型社会建设任务仍然艰巨。一是能源消耗水平高、环境容量小的矛盾较为突出。2011年,我省万元GDP能耗(0.754吨标准煤),高出浙江等发达地区近30%,也高于江西(0.651吨标准煤）等省。万元工业增加值用水量129立方米,是全国平均水平(2010年为82立方米)的1.4倍。我省陆地面积仅占全国1.6%，但承受着占全国2.4%的二氧化硫排放量、3.8%的化学需氧量排放量和3.7%的废水排放量。全国污染严重的“三河三湖”中,安徽省占了两个(淮河和巢湖)。二是国家先后出台《促进产业结构调整暂行规定》、《关于加快推进产能过剩行业结构调整的通知》和《产业结构调整指导目录》等文件,加大对“两高一剩”产业的调控力度。2011年《国务院关于印发节能减排综合性工作方案的通知》,进一步强化节能减排目标责任。三是随着人民生活水平的不断提高,对废气、烟尘粉尘、噪声等比较突出的污染问题反映强烈,对清洁水、清新空气、绿色空间等期望不断

提高。继续走先污染后治理的老路,不符合科学发展要求,必将严重影响我省的形象,损害发展环境。

3.创新驱动发展战略稳步实施,但自主创新能力以及科技进步对全省经济贡献程度有待进一步提高。一是政府对企业研发活动的直接投入仍需加强。近年来我省各级政府一直在努力加大对企业,特别是高新技术企业研发活动的资金扶持,但政府引导资金投入力度仍需进一步加大。2012年,我省高新企业研发经费中使用政府资金的比重仅为7.2%,远低于发达国家和地区10-25%的水平。二是有关创新政策的实施效果不明显。高新技术企业减免税和企业研发费用加计扣除政策是激励企业自主创新最直接和最有力的政策措施之一。但从2012年我省"两税"政策实施情况看,政策实施面小,超过6成以上有研发企业未能从中受益。2012年,在有研发活动的规模以上高新技术工业企业中,享受减免税的346家,占38.1%,享受加计扣除的240家,占26.4%。三是技术消化吸收再创新能力不强。对引进技术进行消化吸收实现再创新是企业自主创新的重要形式。2012年我省高新企业用于引进技术的消化吸收经费支出3.1亿元,比上年下降35%,而当期购买国内技术经费和引进国外技术经费支出分别达到4.0亿和7.8亿元,比上年同期大幅增长93%和49%,反映出我省高新企业消化吸收再创新能力有待加强。

4.人民生活进一步改善,但不同社会群体之间的收入差距,呈现出不断扩大的趋势,收入分配调节力度仍待加强。一是城乡居民收入差距仍然偏大。城乡居民绝对收入差距由1985年的265元扩大到2011年的12374元,相对收入差距(城乡收入比,以农民人均纯收入为1)由1985年的1.72扩大到2011年的2.99。在中部省份,我省城乡差距仅低于山西的3.2,高于湖南的2.9、河南的2.8、湖北的2.7、江西的2.5,收入差距居于中部第2位。二是城乡内部居民差距逐步拉大。以城镇居民为例,1990-2011年城镇居民占总数10%的最低收入群体与占总数10%的最高收入群体收入差距由1990年的1∶3.39扩大到2008年的1∶6.69,2009年以后,两者差距有所缩小,但差距倍数仍处于高位,2011年,差距倍数为6.32。与此同时,农村居民基尼系数也由2000年0.23扩大到2011年0.32。三是地区发展不平衡拉大区域收入差距。从城镇居民人均可支配收入看,全省最高市与最低市之比,由2000年的1.54倍扩大到2011年的1.64倍,绝对收入差距由2409.5元扩大到10643.4元;农民人均纯收入最高市与最低市之比,由2000年的1.71倍扩大到2011年1.86倍,绝对收入差距由1111.3元扩大到4404.3元;城镇非私营单位在岗职工年平均工资差距虽有缩小,由2000年的1.73倍缩小到2011年的1.62倍,但绝对收入差距由4009元扩大到19861元。

5.区域经济呈现竞争发展态势,但受区域地理和区位资源禀赋差异等影响,区域经济发展水平参差不齐。在地区生产总值、固定资产投资、社会消费品零售总额、人民币存款余额等指标方面,与江浙省份相比差距较大,与中部六省相比也处在中等位次(详见下图)。在城镇化方面,2011年安徽城镇常住人口城镇化率为44.8%,而同期全国、江苏、浙江、湖北、江西、湖南、河南和山西的城镇化率分别为51.2%、61.9%、62.3%、51.3%、45.70%、45.1%、40.6%和49.68%,我省城镇化率在中部地区倒数第二,低于全国平均水平,更低于江浙地区。同时,从省内地区之间发展来看,我省已经拥有皖江示范区、中原经济圈、皖南国际文化旅游示范区、合芜蚌自主创新试验区、大别山片区扶贫规划、国家老工业基地调整改造规划、皖北振兴、合肥经济圈等多个国家级战略平台,目前经济发展水平较高的是沿江地区,比较落后的是皖北及沿淮地区,打造区域发展增长极的任务仍然迫切而繁重。

三、加快经济转型发展的财政政策建议

十八届三中全会指出,"财政是国家治理的基础和重要支柱,科学的财税体制是优化资源配置、维护市场统一、促进社会公平、实现国家长治久安的制度保障",赋予了财政更崇高的使命、更重大的责任。财政部门应充分发挥职能作用,全面深化财政改革,建立现代财政制度,加快构建有利于科学发展的政策体系和财税体制,为推动我省经济转型发展提供更加坚实有力的财政保障。

1.围绕市场决定性作用,提高财政资源配置效率。积极构建科学完整、公开透明的预算体制以及推动市场经济发展、维护市场统一、促进社会公平的财政分配体系,积极支持实体经济、民营及小微企业发展,采用担保、贴息、后补助等方式,放大

财政资金杠杆效应。积极引导社会资本兴办教育、文化、卫生等社会事业,形成多元发展的格局。完善财政绩效评价机制,做到宽领域、全过程、广覆盖;建立财政对企业、社会事业的政策扶持与资金支持绩效评估机制,坚持对企业的支持与税收贡献、就业带动和新增可用财力挂钩,对社会事业的支持与效率优先和公共效益最大化挂钩。

2. 围绕实体经济发展,深化国有资本经营预算管理。探索编制中长期国有资本经营预算,并根据行业分类逐步提高国有资本收益上缴比例,保证国有资本经营预算收入的稳定增长。完善和规范国有资本经营预算的支出范围,划转部分国有资本充实社会保障基金。盘活国有资产存量,积极支持国有企业改制重组、资源整合和科技创新,支持股权多元化改革。支持和培育混合所有制经济发展,引导民营资本积极参与国有企业改革,提高国有资本放大功能,支持国有资产保值增值,增强国有企业持续发展活力。

3. 围绕经济结构调整,认真贯彻落实税收政策。按照国家部署,做好邮电通信和铁路运输等行业纳入"营改增"改革范围工作,落实消费税制度改革,制定鼓励企业年金和职业年金发展的具体措施,加快推进房产税改革,适时实施煤炭等品目资源税从价计征改革。按照统一税制、公平税负、促进公平竞争的原则,清理规范区域税收优惠政策,清理整顿越权减免税收或通过财政列支方式变相减免税收行为。清理取消不合理、不合法的收费项目。

4. 围绕产业转型升级,支持落实创新驱动发展战略。转变以无偿资助为主的科技资金扶持方式,加大股权、债权、创业(风险)投资引导基金、担保、贴息等方式的支持力度,探索以政府采购的方式购买关键技术。集中财力支持合芜蚌试验区、国家技术创新工程试点省建设、研发及创新平台建设、人才培养及引进等工作。加快省属科研机构分类改革,推进技术开发类科研机构转企改制。加强科研项目经费管理,清理整合各类科技计划(专项、基金)等,积极推进财政后补贴方式,建立中期绩效评估机制。支持构建以企业为主体、市场为导向、产学研结合的技术创新体系。

5. 围绕农业可持续发展,创新农村集体"三资"管理改革。支持实施清理核实农村集体所有的资金、资产、资源的存量、结构和分布,将投向村里的财政资金形成的资产计入集体合作经济组织,归全体村民所有。建立健全农村集体"三资"登记管理、村级会计委托代理等制度,加强集体经营管理核算和财务监督。支持引导和鼓励村集体盘活村级集体"三资",激活存量,优化增量。支持探索家庭经营、集体经营、合作经营、企业经营等多种经营方式,引入市场机制,鼓励金融下乡,采取股份、联营、租赁等形式,促进村级集体经济保值增值、做大做强,助力美好乡村建设,支持人居环境和生态修复保护,持续强农惠农富农。

6. 围绕城乡发展一体化,支持加快新型城镇化建设。建立多元可持续的资金保障机制,研究通过完善地方政府债券制度、发挥政策性金融机构作用、以一定比例国有资产融资等方式,拓宽融资渠道。积极运用公私合作(PPP)模式,引导和鼓励民间资本参与城镇化建设。进一步完善财政转移支付体系,探索建立财政转移支付同农业转移人口市民化挂钩机制。支持深化户籍制度改革,支持推行居住证制度,逐步将进城务工人员纳入流入地的就业、住房、教育、医疗和社会保障体系,大力实施农民工职业技能提升计划,财政部代理发行地方政府债券优先用于保障性安居工程建设。

7. 围绕社会事业发展,坚持财政保障改善民生机制改革。遵循财政取之于民、用之于民的原则,按照保基本、补短板、兜底线、可持续的要求,创新财政民生工作机制。支持社会体制机制创新,优化教育科技投入机制,完善经济社会发展与就业创业联动机制,改进收入分配制度,完善多层次、全覆盖、相衔接的社会保障体系。按照政府主导、分类指导、区别对待、因地制宜、分级负责、预算管理、人事分离的原则,在公共服务领域,改革财政资金传统供给模式,促进资金向优质公共服务资源流动。建立健全政府向社会力量购买服务机制,培育和发展社会服务组织,发挥社会代理机构作用,做到"花钱养事"。

8. 围绕生态文明建设,优化财政投入体制机制。支持落实大气污染防治行动计划,在加大投入的同时,强化企业减排治污的主体责任,建立健全防治大气污染的激励约束机制。巩固新安江流域生态补偿机制,鼓励和引导如大别山流域的省内水环境治理补偿机制,探索建立"政府鼓励引导、金融资本投入、社会广泛参与”的生态补偿资金筹措模式，并充分发挥市场价格机制在流域生态补偿中的作用，实现区域发展和生态保护双提高。支持实施“千万亩森林增长工程”，充分运用财政贴息、担保、投资参股、信贷融资等手段，激活林业新型经营主体的内在活力和动力，撬动社会资本投入林业产业发展。整合住房城乡建设、交通运输、农业综合开发、水土保持、扶贫、江淮分水岭综合治理等相关资金，投入造林绿化。

课题组组长：罗建国

课题组成员：徐光耀　左自智　尹立祥

汪文志

皖北地区财税发展研究

一、皖北地区财税发展历史和现状

(一)财政体制情况

为理顺省与地市的财政分配关系，我省从1994年开始对地市实行分税制财政体制。近年来，按照“财力下移，困难上移”的原则，通过明确省与市县收入划分，减少财政管理层级，调整体制补助(上解)和税收返还基数，完善转移支付制度等措施，不断加大对皖北地区支持力度，为皖北地区加快发展、全面振兴做出了积极贡献。

(1)收入划分。1994年分税制改革时，除省属企业所得税作为省级固定收入外，增值税25%部分以及地方税种全部按属地原则划归市县；2004年又将中央下划所得税和省属企业所得税全部按属地原则划归市县。目前除所得税省级分享15%以外，省以下没有再层层划分和分享其他税种，其他主体税种都按照隶属关系下划市县。

(2)管理层级。2004年以后，我省实施省直管县财政体制。目前，省管16个市、58个直管县，市管43个市辖区、4个非直管县。其中，皖北地区6市22县，除淮北的濉溪县、淮南的凤台县，因所在市只辖一个县，且市级财力状况较好，而未纳入省直管县范围外，其余全部由省直管。实施省直管县财政体制，促进了财力分配向县级倾斜，缓解了县乡财政困难状况，激励与约束并举的公共财政分配新机制初步构建。

(3)体制补助(上解)。为保证省和地市的既得利益，从1994年开始，省对各市以1993年应补助(上解)的数额作为体制上解(补助)基数，对上解市实行逐年递增5%。2002年，将相对固定的省对下农村税改转移支付、调资转移支付、结算补助等并入体制补助基数，同时取消县级5%递增上交。对皖北地区三市七县(包括亳州、宿州、阜阳、五河、固镇、怀远、凤阳、寿县、霍邱、濉溪，下同)现有财政体制递增上解，以2009年为基数，财政体制增量5%上缴部分，2010年起5年内不再上缴。

(4)税收返还。对于上划“两税”，省对各市、县按基数加增长返还，其中增长返还为上划“两税”增长率的1:0.15，对于所得税，省按基数返还。对皖北地区，实行企业所得税增收奖励，三市七县企业所得税省级分成部分，以2009年为基数，2010年起5年内增量全部返还市县使用。

(5)转移支付。加快建立县级基本财力保障机制，在资金分配上重点向皖北地区倾斜。加大均衡性转移支付力度，制定《省对下均衡性转移支付办法》，充分考虑了皖北人口多、基础差、财力弱的实际，完善专项转移支付分配办法，强化专项转移支付分配中人口等客观因素所占权重，资金分配尽力向皖北地区倾斜，增强皖北地区财政基本公共服务保障能力。

(二)财政收支情况

近年来，皖北地区加快发展，财政收支规模不断扩大，财力保障水平逐步提高。

收入方面：2012年，皖北地区六市五县实现财政总收入797.3亿元，占全省26.3%，其中，地方财政收入442.7亿元，占全省24.7%，较上年增长32.8%，高于全省平均水平10.3个百分点。2001—2011年，皖北地区地方财政收入十年增长4.8倍，年均增速达到19.2%，总体呈现逐年攀升态势。2005年以前增速保持在10%以下，2005—2009年，增速维持在20—30%之间，2009年以来，增速达到30%以上，超过全省平均水平，占全省的份额逐年扩大，皖北财政进入新的发展阶段。

支出方面：2012年，皖北地区六市五县财政总支出1234.4亿元，较上年增长245.5亿元，增速达24.8%，超过全省平均水平4.9个百分点。2001—2011年，皖北地区财政支出十年增长9.4倍，年均增速达到26.4%，增速随着国家宏观经济形势变化呈现波浪形走势，除2001年、2002年、2009年外，其余年份增速均超过全省平均水平，财政支出占全省的比重逐年上升，从2001年的23.5%提高到2011年的30%，皖北财政支出规模持续扩大，有力地支撑了当地经济社会事业的快速发展。

（三）财税政策情况

近年来，省财政厅认真贯彻落实省委、省政府的决策部署，采取有效措施，加大皖北支持力度，促进皖北加快振兴。

（1）制定扶持政策。为贯彻落实省委办公厅《关于赴江苏学习考察座谈会纪要》（皖办发〔2010〕26号）精神，积极发挥财政职能，省财政厅深入调研，积极谋划，在省直部门中率先制定并印发了《关于省财政支持皖北加快振兴的实施意见》。文件从完善财政政策、加大资金投入、强化要素支持三大方面，提出了十四条具体政策措施，力促皖北跨越发展。

（2）加大转移支付。2012年，全省下达一般性转移支付813.3亿元，分配皖北六市五县421.7亿元，占全省总额51.9%。其中，新增均衡性转移支付30亿元，分配皖北六市五县19.8亿元，占全省总额66%。加大对产粮产油大县奖励力度，下达皖北六市五县奖励资金13.6亿元，占全省的72.7%。围绕主体功能区建设，加大农产品主产区转移支付支持力度，下达皖北行蓄洪区等重点生态功能区转移支付资金3.5亿元，促进皖北加强生态环境保护。

（3）实施税收优惠。从2010年开始，皖北地区高新技术企业和省级以上创新型企业比照执行合芜蚌自主创新综合试验区相关政策，对省外高新技术企业和省级以上创新型（试点）企业，以及海内外重要研发机构、中试基地等落户皖北地区的，享受转出地同等优惠政策待遇。在皖北煤矿瓦斯开采、资源能源节约、支持高新技术企业等方面实施40项国税优惠政策，在皖北自主创新、壮大产业集群、激发创业活力等方面出台22条地税优惠措施，为皖北地区加快发展创造了良好的政策环境。

（4）支持园区建设。从2008年起连续五年，省财政每年安排专项资金2.6亿元补助皖北三市及沿淮六县，用于工业园区基础设施建设或重大项目贷款贴息，并从2010年起，补助范围扩大了1个县，补助资金也提升到每年5.4亿元。积极支持皖北现代产业园区建设，2011—2015年，省财政每年安排6亿元对阜阳合肥、亳州芜湖、宿州马鞍山等三个现代产业园区投融资公司各注资2亿元，2012—2016年，省财政每年安排1.2亿元对蚌埠市（固镇县）与铜陵市、寿县与合肥市蜀山区、濉溪县与芜湖县、凤阳县与宁国市合作共建四个县域现代产业园区投融资公司各注资3000万元，用于征地拆迁、基础设施及公共服务设施建设。同时，加大对皖北地区农民工产业园支持力度，截至2011年，皖北六市五县总数达到139个，占全省39.7%，累计投入资金2.1亿元。

（5）支持农业发展。2009—2012年，省农业综合开发资金20.3亿元用于六市五县，重点支持中低产田改造。在现代农业生产发展资金分配中，向皖北粮食主产区倾斜，2011年下达皖北现代农业生产发展资金1.7亿元，占全省的45.8%。加大农业综合开发支持力度，土地治理增量资金38.5%以上用于皖北，比全省项目县平均数高出11.9%，高标准农田建设工程项目55.1%以上安排皖北。整合现代农业生产发展资金、小型农田水利建设资金和农业综合开发资金3.9亿元，支持皖北13个小麦主产县（市、区）开展“高产高效万亩吨良田示范县”创建活动。安排皖北六市五县农田水利建设项目资金19690万元，占全省农田水利项目建设和防汛抗旱资金33.7%。积极支持皖北扶贫开发工作，2000年以来共安排皖北6市5县扶贫资金26亿元。

（6）改善金融服务。2008—2012年，中央和省累计安排14.3亿元支持皖北六市五县开展大宗农作物和畜禽产品保险试点，2011年制定并由省政府办公厅印发《关于进一步加强政策性农业保险管理促进政策性农业保险规范发展的意见》（皖政办〔2011〕52号），对皖北三市七县种植业保费补贴差异化管理，提高了省级补贴比例。制定并由省政府办公厅印发《关于发挥财政引导作用支持中小企业和“三农”发展的意见》（皖政办〔2011〕56号），除全省统一政策外，针对皖北地区发展实际，采取奖励、补助和税收返还等措施，重点支持金融服务皖北地区发展。

（7）推进民生工程。2012年，我省深入推进33项民生工程建设，省财政统筹考虑皖北发展的现实，关注皖北群众的期待，着力提高广大人民的幸福指数。省财政在民生投入上进一步向皖北倾斜，全省民生支出 3173.6 亿元，其中皖北六市五县支出 1073.3 亿元，占 33.8%。同时，努力降低皖北配套比例，减轻困难地区配套压力。对确需皖北地区配套的，省财政把配套资金需求纳入省对下均衡性转移支付测算因素，通过规范的转移支付加以调节和补偿，促进皖北民生工程建设的顺利实施。

(8)强化人才支持。2008 年开始，省就业专项资金中用于实训补助的部分，支持皖北六市五县的比例不低于 40%，重点扶持县级技能实训基地建设。2010 年开始，调整并提高六市五县公务员津贴补贴标准，逐步缩小其与全省其他地区间收入差距。省干教经费和人才开发专项资金向皖北地区倾斜，支持皖北地区引进、培养经济社会发展急需的紧缺人才。选派 4 名正处级干部和 3 名副处级干部分别皖北地区挂职，加强沟通联系，推进政策落实。

二、面临的机遇和挑战

当前正是皖北地区发挥优势、实现突破、加快发展的关键时期，面临着前所未有的机遇。首先，已有发展基础及其独特自身优势为皖北加快发展奠定了坚实的基础。近年来，皖北地区经济增长不断加快，基础设施明显改善，后发优势明显。同时，随着国内产业调整和跨区域重组不断深化，皖北地区的资源、能源优势将进一步凸显，有利于皖北地区发挥比较优势，加速经济发展。其次，省内外经济发展形势为皖北加快发展创造了良好的外部环境。从国内环境看，当前国内物价涨幅继续回稳，就业形势总体良好，经济运行处于合理区间；从省内环境看，全省经济仍处于较快增长区间，主要指标增速均高于全国平均水平，科学发展、加速崛起的态势持续巩固，这些都为皖北地区加快发展创造了良好的外部环境。最后，社会各界对皖北地区发展的重视为其加快发展提供了难得的政策机遇。省委、省政府历来高度重视加快皖北地区发展工作，先后出台多份文件支持皖北地区加快发展，从 2001 年加快皖北地区发展的决定，到 2006 年的“两个大局之一”和 2008 年“三大战略任务之一”，再到 2012 年“三化”协调发展示范区，支持皖北发展的战略不断深化，措施逐步完善，政策叠加效益十分明显，皖北地区加快发展的政策机遇极为难得。

同时，由于历史的、自然的多种原因，加快皖北地区加快发展仍然存在着一些挑战，主要表现为：一是基础薄弱。皖北地区一直是我省经济发展的滞后区域，工业化、城镇化不发达，发展起点较低，基础较为薄弱。土地、资源、劳动力等传统要素虽然丰富，但缺乏有效的嫁接载体无法转化为经济优势，传统要素优势不断弱化。二是负担沉重。皖北地区经济发展落后，人口众多，窘迫的财力和沉重的欠债，严重束缚了政策的宏观调控能力，基础教育、公共医疗、社会保障等基本公共服务与全省存在很大差距。此外，淮北地区生态环境较为脆弱，淮河治理、沿淮低洼地、采煤沉陷区治理任务十分艰巨，负担较为沉重。三是竞争加剧。皖北六市五县经济总量较小，中心城市的辐射带动能力普遍不强，而周边的苏北、鲁南地区经济发展都强于皖北，同时随着省内的合肥经济圈、沿江城市群迅速壮大，在有限的要素资源和市场空间条件下，周边区域围绕资源、技术、市场、人才的竞争将更加激烈，而在这方面皖北地区恰恰是处于弱势地位。

三、存在的问题

近年来，皖北地区财政改革发展取得了一定的成绩，但还存在诸多制约发展的因素，突出表现为以下几个方面：

一是财政实力仍然较弱。皖北地区是主要的农业地区。由于农业产业的弱质性和我国特殊的小规模生产方式，使农业产业效益较低，农业地区政府财政收入较少。2011 年，皖北六市五县人均地方财政收入仅 1031.5 元，占全省平均水平的 44.3%；人均财政支出仅 3065.4 元，占全省平均水平的 58.2%，财政实力过弱影响了皖北地区的社会经济发展。

二是财政供养压力较大。截至 2011 年，皖北六市五县财政供养人口 71.5 万人，占全省市县财政供养人口的 45.5%，财政供给系数为 38，高于全省财政供给系数 34 的平均水平。在全省 76 个县(市、区)中，财政供养人口最多的 10 个县(市、区)有 9 个(埇桥区、临泉县、霍邱县、太和县、颍上县、萧县、蒙城县、阜南县、利辛县)都在皖北地区。我省 76 个县(市、区)，财政供养人口超过 2 万人的有 21 个，其中有 16 个属于皖北地区。

三是收支矛盾十分突出。皖北地区财政供养

人员多、企业改制负担重,社会发展薄弱环节多,改善民生资金需求大,大部分县市区支出扩张主要依赖上级转移支付的增加,不仅发展资金严重不足,而且对一些项目资金配套也捉襟见肘,严重制约了皖北地区可持续发展的能力。

四是政府债务负担沉重。近年来,随着皖北地区发展进程加快,各地通过举借债务进行公共投资,加速基础设施建设,截至2011年底,皖北六市五县政府债务余额合计648.3亿元,占全省市县债务总额的23.1%,债务负担沉重。随着偿债高峰期的陆续到来,同时地方政府融资已非常困难,各地偿债风险增加,给当地财政支出带来较大压力。

四、下一步工作思路

加快皖北地区发展对实现安徽全面转型、加速崛起具有十分重要的意义。下一步,省财政继续充分发挥职能作用,通过进一步理顺省以下财政体制,加大转移支付力度,深化财政改革与管理等,促进皖北六市五县加快发展。

一是积极争取中央财政支持。国务院出台的加快建设中原经济区指导意见,明确了建设中原经济区的6大发展战略,皖北地区对照定位均符合条件,特别在粮食生产和现代农业基地、工业化城镇化农业现代化协调发展示范区、区域协调发展战略支点和重要现代综合交通枢纽方面具有比较优势。恳请国家将皖北六市五县列入国家中原经济区规划,进一步加大中央财政转移支付力度,支持皖北粮食主产区提高财政保障能力,扩大对种粮农民直接补贴、农资综合补贴规模,加大水利基础设施建设、中低产田改造、高标准基本农田建设、土地整理和复垦开发项目中央补贴力度,扩大良种补贴范围,加大农机购置补贴力度,提高对产粮大县奖励标准,优先在粮食主产区安排重大农业发展项目,加大农业保险支持力度,研究设立农村金融改革试验区。

二是继续深化财政体制改革。进一步完善省对下均衡性转移支付分配办法,充分考虑皖北地区人口多、基础差、历史包袱重等实际情况,合理选择标准财政收支客观因素,加大均衡性转移支付力度,促进基本公共服务均等化。健全完善县级基本财力保障机制,逐步实现保工资、保运转、保民生。进一步清理整合省对下专项转移支付,在专项转移支付资金的分配,特别是在三农、文化、教育、公共卫生、社会保障、政法等资金的分配上,继续大力向皖北地区倾斜。

三是促进工业结构调整升级。用足用活各项财税扶持政策,通过本地投融资平台,充分放大财政资金使用效益,推进皖北现代产业园建设。进一步改善财政投资结构,理顺财政投资资金管理体制,集中扶持高成长性项目,积极支持和促进重点、骨干企业技术改造。充分利用国家给地方政府的税收调控权力,有针对性地对鼓励和支持的特定行业和重点企业实施减免税、税收抵扣或税收返还等税收优惠,对产能过剩和污染严重的行业和企业限产和转型提供支持。

四是积极扶持现代农业发展。巩固和强化促进现代农业发展的财税政策,促进农村社会全面进步,推进农村综合改革。大力实施土地综合开发治理,积极推进土地连片开发,引导各地发展现代农业,提高农业综合生产能力。重点推进“现代农业综合开发示范区”建设,积极探索财政支持现代农业发展的新方式。继续加大县级财政整合支农资金力度,围绕现代农业发展和农业服务体系建设,支持皖北地区依托农副产品资源优势,发展农副产品深加工和精加工。支持农业产业化龙头企业发展。进一步加大对皖北地区就业培训的支持力度,努力把人口资源优势转变为人力资源优势。积极开展政策性农业保险试点,促进农村经济平稳发展。

五是着力提升群众幸福指数。不断创新工作机制,调整优化支出结构,优先保障和改善民生。继续加大对皖北地区民生领域的资金投入,推进社会事业加快发展。把实施民生工程与统筹城乡发展,建设社会主义新农村以及建立公共财政体系有机结合起来,进一步充实和完善各项民生政策,逐步减少市县对新增民生工程项目的资金配套,建立健全保障和改善民生的长效机制。加快皖北地区中小学标准化建设,支持高等教育和职业教育加快发展。

六是加快推进基础设施建设。积极抢抓中央实行积极财政政策的机遇,扎实做好项目对接工作,帮助皖北地区争取基础设施建设投入,加大农村沼气、饮水、通路、通电、通邮等建设力度,加快治淮水利工程、境内河道治理和航道建设以及病险水库除险加固,加强大型灌区节水改造和中小流域综合治理。大力支持皖北地区污水处理厂建设，加大对皖北地区污水处理厂配套管网资金补助。加大对节能减排和环境治理的投入，优化投资和人居环境。加大对皖北地区保障性住房建设的支持力度。加大对皖北地区国道和省道路网改造的省级投入。全面开展村级公益事业"一事一议"财政奖补试点，支持农村通过迁村并点、整村迁建、村庄整治整体推进项目，加快推进农村基础设施建设，加速实现城乡一体化。

七是不断提高财政管理水平。省财政厅将深入皖北地区开展调查研究，建立上下互动机制，进一步增强财政预算管理工作指导的针对性和有效性。皖北地区财政部门要进一步加强财政管理，不断提高财政管理的科学化、精细化水平。要坚持依法理财治税，规范收入管理，确保财政收入质量。要优化财政支出结构，确保重点支出需要，促进经济社会又好又快发展。要推进部门预算、国库集中收付、政府采购等改革，健全公共财政管理制度。要创新财政支出方式，推进绩效管理，提高财政资金使用效益。要加强政府性债务管理，防范政府债务风险。

课题组组长：罗建国

课题组成员：孟照红　尹祥领　黄栋栋

财政帮扶困难弱势群体机制研究

随着我国改革逐步进入深水区，社会关系发生了深刻的变化，社会成员处于不断地分化、定位、整合过程中，困难弱势群体已成为我国当前的一个普遍性社会问题。妥善解决好困难弱势群体面临的基本问题，已成为构建和谐社会的关键，也是践行党的群众路线、密切联系群众的迫切需要。随着我国经济总量的不断扩大和财政实力的持续增强，亟须正确处理公平与效率的关系，在最大限度激发社会创造活力的同时，充分发挥财政资金的主导作用，建立健全帮扶困难弱势群体的长效机制，切实解决困难弱势群体的实际困难和问题，帮助他们安居乐业，共享改革发展成果。

一、科学准确界定困难弱势群体

困难弱势群体是指由于自然、经济、社会和文化方面的低下状态而难以有效化解社会问题造成的压力，导致其基本生存、生活陷入困境的人群或阶层。困难弱势群体是根据人的社会地位、生存状况而非生理特征和体能状态来界定，它在形式上是一个虚拟群体，是社会中一些生活困难、能力不足或被边缘化的人群概称。

（一）困难弱势群体的特征

困难弱势群体一般具有以下特征：

1.经济上的低收入性。社会困难弱势群体通常都是经济上的低收入者，其经济收入低于社会人均收入水平，甚至徘徊于贫困线边缘。造成一部分社会成员在经济上的低收入性的原因是多方面的。其中，既有自身的原因，也有社会的原因，如：下岗失业，身体残疾，年老退休等等，都会造成经济上的低收入。经济上的低收入也造成了困难弱势群体的生活脆弱性，一旦遭遇疾病或遭遇到其他灾害，他们很难具有足够的承受能力。

2.生活上的贫困性。经济上的低收入性决定了困难弱势群体在社会生活中的贫困性，既表现为生活水平的低下，也表现为生活质量的低层次性。在其消费结构中，绝大部分或全部的收入用于食品，即恩格尔系数高达80%～100%，入不敷出；日常生活中使用廉价商品、穿破旧衣服、没有文化与娱乐消费，并有失学等后果。生活上的贫困性也是困难弱势群体的外部典型特征。

3.政治上的低影响力。困难弱势群体在社会分层体系中处于底层，自身话语权较弱，政治参与机会少，对于政治生活的影响力低。困难弱势群体由于"远离社会权力中心"，较少参与社会政治活动，难以影响公共政策的制定。同时，困难弱势群体仅仅依靠自身的力量很难摆脱或者很难迅速摆脱自身的困境，解决自己的问题。困难弱势群体问题的解决必须依靠社会的力量，制定更加公正的社会政策，保护困难弱势群体的权利和利益。

4.心理上的高度敏感性。由于困难弱势群体在经济上的低收入性和社会生活中的贫困性，有的缺乏职业技能，有的缺乏年龄优势，有的身体残疾等等，没有职业安全感，使得他们在社会中的心理压力高于一般社会群体。这些都造成了困难弱势群体在心理上的高度敏感性，使他们觉得自己是市场竞争中的失败者，或者感到自己被社会所抛弃。在心理上容易产生不满、苦闷、焦虑、急躁情绪,难以自我调适。

(二)困难弱势群体的分类

现阶段中国社会困难弱势群体的构成状况比较复杂,但是,概括起来主要分为以下几类:

1.老年困难弱势群体。老年人属于社会人口中的困难弱势群体。由于生理的自然衰老及社会变迁中生产关系的重新调整等原因，不但使老年人满足自身需求的能力受到限制，而且他们的利益和需求也比较容易受到忽视。其中,留守或独居的高龄老人、无自理能力的老人更是成为明显的困难弱势群体。老年人退休之后经济收入的减少，使他们抵御市场风险的能力减弱，大部分人生活质量不高。

2.残疾困难弱势群体。由于自身的生理缺陷，残疾人群体在社会竞争中处于不利地位，就业困难,生活贫困。在残疾人群体中,有劳动能力或部分劳动能力的残疾人在福利企业就业，但是收入较低；而没有劳动能力或者丧失劳动能力的残疾人则只能依靠国家救济或家人抚养。据统计,我国目前 70%的残疾人是靠国家救济或家人来抚养。

3.失业者群体。失业者群体是一种就业困难弱势群体，在我国现阶段主要由失业人员和未重新就业的下岗职工组成。90 年代中期以后,我国的下岗失业问题日益凸现出来，城镇的登记失业与职工下岗率在一段时期内逐年上升。随着中国经济体制转轨进程的深入和劳动力市场的不断发展,计划经济条件下的“充分就业”政策逐渐被“有效就业”政策所取代,过去在“充分就业”政策下形成的隐性失业日益公开化，失业问题的深层矛盾暴露愈加充分。

4.贫困农民群体。中国农村经济发展极不平衡，尽管大部分地区和农民基本上解决了温饱问题,但一些老、少、边、穷地区尚未摆脱贫困。即使在沿海发达地区，已经脱贫的部分农村的返贫现象也相当突出,一部分农民仍然处于贫困状态,这些贫困农民是农村的主要困难弱势群体。中国科学院《2012 中国可持续发展战略报告》指出,按每年 2300 元人均纯收入标准,2012 年底，全国还有 1.28 亿贫困人口。

5.城市农民工群体。农民工虽然居住在城市，但僵硬的户籍制度将他们排斥在城市之外。由于“边际人”的身份,农民工经常遭受到就业岗位上的歧视、执法上的歧视、劳动报酬上的歧视、社会交往上的歧视。与城市劳动者相比,农民工存在五方面的相对弱势：相对于劳动力需求不足而供给过剩的竞争弱势；相对于城市劳动力竞争中的体制性歧视弱势；相对于城市经济发展中的风险增大而社会保障不足的弱势；相对于城市生活质量的提高而社会福利不健全的弱势；相对于城市经济生活的迅速变化而存在的不稳定性弱势。

6.贫困生和失学儿童群体。贫困生和失学儿童是一个特殊的群体， 在我国存在一定的数量，这类群体产生的原因是多方面的,既有家庭、社会和学校的原因,也有贫困生自身性格的原因,而因家庭经济困难无力支付学费则是最主要、最直接的原因。经济上的困难使他们容易在学习上、生活上自我否定，认为自己是困难弱势群体而感到自卑。随着社会竞争日趋激烈,家庭经济困难学生需要面对的一个重要问题便是就业，在职业选择和人生规划时他们不但要考虑自己的发展，而且还要想到家庭的经济问题，这给他们带来了现实的压力。加之有些学生对社会的认识片面,对社会感到不满、失望,这进一步加剧了他们的心理负担。

二、财政政策帮扶困难弱势群体的作用与意义

(一)困难弱势群体帮扶中财政政策的主要作用

从我国帮扶困难弱势群体的政府性质出发，帮扶困难弱势群体的经济政策工具包括财政、金融、投资、计划等各种宏观政策以及相应的微观政策，其中财政政策作为一种政府宏观调控政策的重要组成部分，在调整社会收入分配上具有独特的作用，从而对帮扶困难弱势群体发挥着重要作用。

1.预算政策的作用。预算政策作为一种财政政策工具，其在帮扶困难弱势群体上的作用主要体现在两个方面：一是通过财政收支规模的合理安排,保证政府帮扶困难弱势群体所需要的资金；二是通过财政收支差额的合理安排，调节社会供求,拓宽困难弱势群体的生存空间。

2.税收政策的作用。税收是政府调控收入分配的一个重要手段。税收政策作为一种财政政策

工具，其在帮扶困难弱势群体上的主要作用是通过收入再分配，缩小社会的收入分配差距，其最终目标是“抑强”。税收政策对收入分配的调节主要体现在：通过累进所得税和财产税的征收，可以把高收入者的一部分收入集中到政府手中，从而减少高收入者的实际可支配收入，缩小社会的收入分配差距。

3.转移支付政策的作用。就财政帮扶弱势困难群体的意义上讲，此类转移支付是指政府把以税收形式筹集上来的一部分财政资金转移到社会福利和财政补贴等费用的支付上。转移支付政策作为一种财政政策工具，其在帮扶困难弱势群体上的主要作用是：通过财政支出的安排，将高收入阶层的一部分收入转移给困难弱势群体，使他们能够得到基本的生活质量保障，以促进社会公平分配，其最终目标是“扶弱”。

（二）财政政策在帮扶困难弱势群体中的重要意义

1.有利于扩大就业，改善困难弱势群体的经济状况。就业问题的解决与财政政策有着紧密的联系。相对其他政策工具而言，财政政策解决就业问题的作用比较直接和明显。从就业总量来看，由于我国国民经济保持强劲增长态势，再加上实施积极的就业政策，2012 年全国城镇新增就业 1266 万人，完成全年 900 万人目标的 141%。城镇失业人员再就业完成 552 万人，完成全年 500 万人目标的 110%。就业困难人员实现就业 182 万人，完成全年 120 万人目标的 152%。年末城镇登记失业率为 4.1%，与上年年末持平。

2.对社会收入分配差距的调节起到了一定作用。近年来，通过税收和转移支付政策，对调节社会收入分配差距起到了积极作用。利息税开征之初，国家即规定该项收入专款有于扶贫济困，这对帮扶困难弱势群体的作用是不言而喻的。而农业税的减免，又对减轻农民负担起到了积极作用。特别是在目前农民增收难度很大的情况下，减负就是增收，这会给农民带来直接的收益。

3.促进了社会保障框架的基本建立，对缓解城乡贫困起到了重要作用。社会保障制度是政府行使社会管理职能，通过对国民收入的分配和再分配，确保社会成员基本生活和医疗水平以维护社会稳定，推动社会发展，促进改革深化的社会制度。社会保障支出是公共财政支出的一个重要组成部分，加强社会保障的财政管理，管好用好各项社会保障资金，从而积极推动社会保障事业的健康发展。1998 年底，我国参加基本养老保险人员是 11203 万人，截至 2012 年底，我国参加城镇职工基本养老保险人数为 30427 万人，是 1998 年的 2.7 倍。

三、我省财政帮扶困难弱势群体基本情况

我省是中部地区农业人口较多、贫困人口较为集中的省份，属于欠发达地区，具有集革命老区、环境脆弱地区、粮食主产区、生态保护地区于一体的特殊省情。这些地区，或地域偏僻、交通闭塞，或资源匮乏、环境恶劣，或生态脆弱、灾害频繁，或人口稠密、负荷超度，是安徽省困难弱势群体帮扶工作的重点地区。

根据统计，2012 年全省城镇居民最低生活保障人数 81.85 万人，城镇登记失业人数 36.4 万人，城镇登记失业率 3.7%，下岗失业人员分布地区差异、行业差异较大，城镇中年人群失业下岗现象比较突出，失业或下岗人员家庭实际收入水平不同程度下降，造成生活拮据而引发贫困。2012 年全省农村居民最低生活保障人数 214.61 万人；农村定期救济户数 50.19 万户。农村贫困线为农民人均纯收入 2300 元，在此标准下全省共有农村贫困家庭 227.17 万户，贫困人口（含五保户、低保户）679.05 万人，贫困发生率为 12.6%。其中，五保户 34.1 万人，低保人口 183 万人。贫困人口分布地区差异较大，淮北和皖南及大别山地区农村贫困现象比较严重。绝大多数贫困人口受教育程度低，从致贫原因上看，因病、因残和劳动力素质低是致贫的主要原因。

我省在全国较早地由“建设财政”迈向“民生财政”。省委、省政府非常重视困难弱势群体的帮扶救助工作，为了帮助困难弱势群体增加收入、实现就业、摆脱困境，决定从 2007 年起实施推进民生工程，以此为抓手推动民生问题的解决，不断满足困难弱势群体最直接最现实的需求。通过推进民生工程，力求实现四个全覆盖：困难群众最低生活保障制度实现城乡全覆盖，义务教育制度实现城乡全覆盖，医疗保险和合作医疗制度实现城乡全覆盖，困难群众医疗救助制度实现城乡全覆盖。同时，建立一系列配套政策制度，不断加大财政补

贴力度，鼓励社会资本参与困难弱势群体帮扶工作。对养老、医疗、失业保险等提供资金补助，建立完善了针对困难弱势群体的一系列养老、医疗、就业保障和帮扶体系，出台了针对残疾人、城镇生活无着的流浪乞讨人员、流浪未成年人、孤儿的一系列救助政策。

1. 生活保障方面。巩固发展企业、个人和政府共同参与的，以养老保险、医疗保险、失业保险等为主的社会保险体系；城镇廉租住房、公共租赁房、经济适用房等工程的不断推进，有效改善了城镇低收入困难弱势群体的居住条件；推进农村居民最低生活保障、农村“五保户”供养、城镇未参保集体企业退休人员基本生活费保障、计划生育家庭特别扶助、大中型水库移民后期扶持、城市低收入家庭住房困难保障、重度残疾人生活救助、城市生活无着的流浪乞讨人员保障等制度不断完善，提高政府对弱势困难群体救助的覆盖面和力度。

2. 教育培训就业方面。通过社会保险补贴、公益性岗位补贴、培训补贴、职业介绍补贴、组织起来就业、小额担保贷款和贴息政策、税收优惠及收费减免等政策支持，促进失业人员及就业困难人员自谋职业、自主创业和各类用人单位吸纳城乡失业人员就业；城乡义务教育经费保障，高校和中职学校家庭经济困难学生资助等制度，有效解决了全省家庭经济困难学生的就业问题；通过新型农民培训、农民工技能培训等形式，提升农民工的技能水平和就业能力。

3. 医疗卫生方面。由职工基本医疗保险、新型农村合作医疗保险、城镇居民基本医疗保险、城乡医疗救助组成的医疗保障体系的不断完善，以及重大传染病人医疗救治和生活补助、城乡卫生服务体系建设、贫困白内障患者复明工程等专项工程的实施，不断推进公共卫生服务均等化，提高了困难弱势群体抵御疾病的能力，提升了全省妇女儿童的健康水平。

4. 农业和农村建设方面。扩大政策性农业保险的覆盖面，提高农民抵御风险的能力，减少因灾返贫；通过农村饮水安全工程、农村公路村村通工程、农村公路危桥加固改造工程、农村五保供养服务机构建设、农村沼气工程、病险水库除险加固工程等一系列涉农基础建设工程的实施，有效改善农村人居环境。通过广播电视村村通工程、农家书屋工程、乡镇综合文化站建设、农民体育健身工程、家电下乡和家电以旧换新等一系列政策的出台实施，提高农村困难弱势群体知识文化水平，使广大农民共享社会主义文化发展的成果。

5. 扶贫开发方面。近十年来，我省扶贫开发工作取得阶段性胜利，一是贫困人口数量大幅减少。按照原扶贫标准统计，全省农村贫困人口从2000年底的500万人减少到2010年的209.3万人，10年减少近300万人，农村居民生存和温饱问题基本解决。二是贫困地区民生明显改善。广大贫困地区面貌发生显著变化，水、电、路、通讯等基础设施逐步完善，教育、医疗、文化等社会事业加快发展，基本公共服务水平不断提高。三是贫困地区综合实力显著增强。全省19个国家扶贫开发工作重点县农民人均纯收入，从2000年的1570元增加到2010年的4269元，增长1.7倍，12个重点县(区)实现脱贫目标。

四、现行财政帮扶困难弱势群体机制中存在的问题

在充分肯定财政帮扶困难弱势群体发挥积极作用的同时，还必须注意到在体制、机制和管理中存在的问题。

(一)制度建设仍不全面，政策标准滞后

我省社会救助体系框架只是初步形成，但还存在诸多不全面、不完善的地方。有些救助制度需进一步完善，帮扶困难弱势群体的相关政策和标准缺乏变化浮动机制，滞后于社会经济的发展，导致政府救助标准过低、政府救助的对象覆盖面窄、政府救助的内容方式单一等问题。例如：由于整个宏观经济形势迅速变化，以及政策的时效性等方面的制约，相关就业补贴、培训补贴、小额贷款担保及贴息、税费优惠等政策不够完善，监管不到位，导致财政在帮扶困难弱势群体就业方面收效不明显。

(二)管理滞后，各职能部门间沟通协调不畅

我省城乡社会救助工作机构设置仍不完备，人员配置少。工作人员往往身兼数职，精力有限，信息掌握不及时，严重影响管理和服务效率，致使工作存在一些漏洞，造成不利影响。对弱势群体的帮扶，涉及多个职能部门和社会组织，实际运行中，不同部门和组织各自为政，相互间协调沟通不够，整体工作运行不畅，造成社会资源利用不合理，影响帮扶整体效果。

（三）补偿性帮扶较多，发展性帮扶不足

对社会弱势群体的帮扶，可分为补偿性帮扶和发展性帮扶两大类。前者是针对弱势群体最基本的生存保护，旨在补偿及保障其基本生活需求，属“输血式”帮扶。后者则为“造血式”帮扶，旨在促进弱势群体自立、自强，提升其社会参与机会和能力。从现实情况看，目前我省对弱势群体的帮扶，主要是补偿性帮扶，发展性帮扶明显不足。长期通过常规补偿性方式帮扶，加之企业不景气，居民收入不均，就业矛盾突出等问题，财政社会保障费用支出压力不断加大，负担过重。

（四）财政资金使用效益需进一步增强

近年来我省财政安排的帮扶困难弱势群体的资金总量不断增加，但资金名目多，各科目资金在使用对象和范围上各不相同，涉及的管理部门也较多，给各级财政分配和管理资金增加了难度。既有财政对有关部门的横向拨款，也有财政和部门各自的垂直运行，资金管理容易脱离监督，甚至还出现了挤占、挪用、贪污等现象。财政帮扶困难弱势群体制度建设需要不断创新，一些行之有效又比较科学的制度，如小额信贷制度、养老机构信贷支持推广力度还不够大，创新激励机制不多，没有有效地调动贫困地区脱贫的积极性，一些贫困地区也还存在着进取意识不强和等、靠、要的思想，造成“越扶越贫”。

（五）社会捐赠渠道不通畅，激励机制短缺

对弱势群体的帮扶，应充分调动社会力量，实现政府有效引导，社会充分参与的良好局面。在发达国家和地区，通常社会慈善也很发达，慈善方式多种多样，包括人、财、物各方面的支持。目前我省社会捐赠情况不理想，与经济社会发展不相协调，人力支持更是匮乏。原因是多方面的，捐赠及参与渠道不畅，群众慈善意识不高以及信任危机等是主要因素。

五、财政帮扶困难弱势群体对策建议

困难弱势群体结构复杂、分布广泛，要改变改善他们的生存生活状况，除了其自身自立自强、努力奋斗外，外力的帮助和支持是主要力量，政府更是处于举足轻重的地位，具有不可替代的作用。政府应承担主要责任、发挥主导作用，分层分类、积极稳妥地解决好困难弱势群体问题。要加大财政对帮扶困难弱势群体的有效投入，不断调整和完善支出结构，进一步提高支出比重，建立规范、健全、有序的困难救助体制。

（一）建立科学有效的领导机制

提升政府救助的立法层次，建立联席会议制度，明确各部门，各级政府的职责分工，及时沟通交流、研究部署，以有效解决帮扶困难弱势群体工作中遇到的新情况、新问题，做到随时抓、经常抓，形成齐抓共管、上下联动的帮扶机制。同时，应发挥财政部门在我省民生工程建设中的牵头组织作用，制定科学有效的政策制度，克服工作中的随意性，让政府各部门各司其职，互相配合，实现政府救助制度的规范化，更好保障困难弱势群体的基本权利。

（二）建立动态调整的政府救助机制

社会发展日新月异，困难弱势群体救助帮扶政策也不能一成不变，帮扶困难弱势群体的过程，实质上就是调节利益关系、促进社会公平的过程。政府救助对象的政策和机制应该随着客观经济社会条件的变化而调整，救助对象覆盖面和帮扶标准应当随经济形势、国家财政收入、劳动者收入水平、物价指数、救助对象具体情况的变化而变化，以完善配套的政策作支撑，与时俱进的机制作保障，形成了一套比较完善的制度体系，使帮扶对象更加明确，工作标准更加具体，落实措施更加切实可行，为各类困难弱势群体得到长期有效救助提供制度保证，不断加强对困难弱势群体的帮扶力度。

（三）建立精准有效的财政保障机制

财政帮扶困难弱势群体，既要尽力而为，又要量力而行，更要突出重点。要全力以赴，尽最大努力做好民生工作，抓紧解决群众关心的突出问题；同时从实际出发，充分考虑现实条件和承受能力，科学稳妥地加以推进。按照保重点、先起步、全覆盖、再提高的思路，处理好尽力和量力的关系，既要注重普惠，又要突出重点，把有限的资金用到刀刃上，用在最关键的地方，用在最需要的人群身上，真正发挥资金使用效益，提升资金帮扶救助意义，强化资金重点保障功能。基层政府是帮扶困难弱势群体的主体，基层政府的资金投入对困难弱势群体的贫困状况的缓解将起到举足轻重的作用。目前，在基层政府财力有限、社会扶助资金分散的情况下，上级政府转移支付的规模将直接影响困难弱势群体帮扶的效果。因此,省财政应根据相关因素,进一步加大对财政困难地区的专项转移支付力度,解决重点贫困地区的贫困人口问题。

(四)建立多元持续的资金筹措机制

帮扶困难弱势群体离不开足够的资金作保证。应积极探索、大胆尝试,通过财政投入、社会捐助、金融杠杆调节等方式,形成了多元化筹资、多渠道投入的良性循环。一方面要充分发挥财政资金主导作用,财政要每年安排专项资金,最大限度满足帮扶困难弱势群体需求。应继续抓好民生工程,建立常态化的帮扶救助机制。要按照中央"五有"要求,努力解决好就业、教育、社保、医疗、住房等重点民生问题,让改革发展成果惠及全体人民。把公共资源配置向困难群体倾斜、向基层倾斜、向"三农"倾斜。另一方面,进一步完善小额贷款担保和贴息政策,加强与银行和金融机构的协调,放大资金能量,扩大覆盖面,变"输血"为"造血",帮助困难弱势群体创业就业,走出困境。

(五)建立严格约束的财政资金管控机制

应建立严格的资金管控机制,注重把好帮扶入口关,防止财政资金浪费,严格救助对象的申请和审批程序,防止主观随意性,增加社会透明度;把好资金管理关,严格落实资金管理制度,切实做到专项预算、专户管理、专款专用,确保救助资金足额、及时、顺畅地发放到困难群众手中;把好动态管理关,根据救助对象的家庭和收入变化情况,及时调整帮扶范围和标准,做到有进有出、有升有降;把好过程监督关,对救助对象、标准和资金使用情况全部公开,自觉接受有关部门检查和全社会监督。

(六)建立各方参与的社会帮扶机制

坚持立足自我、眼睛向内,在政府的大力支持下,坚持集体、个人、社会齐努力,充分发挥基层社区(村)、机关团体、当地驻军、厂矿企业、志愿者等多方面的力量,多渠道、多方式地建立社会帮扶机制。充分调动社会参与热情,积极鼓励民间资本、社会力量投入到帮扶困难弱势群体的工作中来。要以各类慈善组织和慈善活动为载体,不断完善社会捐助的接收、管理、发放和监督制度,加快社会捐助工作的经常化、制度化步伐。创造性的尝试建立资金筹措的激励机制,对贡献突出的单位、企业和个人及时进行政府表彰,调动各方面的积极性。完善帮扶政策措施,把政府资助与社会志愿服务结合起来,实行单位、志愿者与困难户结对、富裕户与贫困户互助、亲戚邻里互帮等多种途径,因户因人因时施策,输血和造血并举,建立长效机制,不断提高帮扶实效。

课题组组长:罗建国
课题组成员:朱士昂　朱艾勇　徐光耀
江永泓　余　潇

乡镇财政信息化建设与应用课题研究

财政信息化是指将信息技术应用于财政管理工作,以规范财政管理行为、提高公共财政服务水平,实现财政管理科学化精细化。推进财政科学化精细化管理是一项系统工程,覆盖财政管理的方方面面,但重点在基础,关键在基层。乡镇财政是我国整个财政体系的基础层级,直接面向农村公共产品的消费者,是推进农村公共财政体系建设、促进农村公共服务均等化、落实强农惠农富农和民生财政政策的直接组织者和实施者。因此,加强乡镇财政信息化建设与应用,既是推进财政科学化精细化管理的内在要求,也是建立规范有序的公共财政运行机制的客观要求,更是信息化时代基层财政工作改革与发展的必然选择。本文通过考察学习江苏省乡镇财政信息化建设经验,以及在颍泉、五河、金安、含山、广德和怀宁等县区开展调研的基础上,总结回顾了全省乡镇财政信息化建设与应用的基本现状,针对当前存在的一些问题,提出了进一步加强乡镇财政信息化建设与应用的总体要求和对策举措。

一、乡镇财政信息化建设与应用的基本现状

1984年,安徽省乡镇财政建立以来,收支规模不断扩大,分配关系逐步理顺,财政管理日趋规范,对加强农村基层政权建设,促进乡镇经济和社会事业发展起到了积极作用。随着我国财政改革与发展的逐步深入,面临着新的形势:一方面,财政收支规模迅速扩大,业务工作量快速增长,财政工作的繁重性、复杂性和艰巨性大大增加;另一方面,社会各方

面对如何更好地发挥财政职能作用的要求也越来越高。仅靠模拟手工操作和部分财政工作计算机化等传统的工作方式和方法，显然不能满足财政改革与发展的现实和长远需要。为此，2006年，财政部党组提出了"金财工程"建设的总体思路，以加快"金财工程"建设步伐，依托信息化手段进一步提高财政资金使用管理的安全性、规范性和有效性，保障和推动财政改革与发展。近年来，全省各级财政部门以"金财工程"建设为契机，结合推进乡镇财政科学化精细化管理和开展创建规范化乡镇财政所（分局）工作，将信息化建设作为乡镇财政管理的一项重要工作来抓，信息技术已全面融入乡镇财政业务，有力支撑和促进了基层财政改革与发展。

（一）县乡财政应用网络基本联通

2000年，我省开始推行县级公共财政支出改革，县级财政部门陆续建设和应用了会计集中核算业务局域网。2004年，我省全面推行"乡财县管"，对乡镇财政支出实行网络化"报账制"管理，有力促进了县级财政部门将网络建设与应用工作向乡镇财政所延伸。2008年以来，我省按照"金财工程"建设规划，组织对全省财政局域网、广域网进行了升级改造，依托电子政务专网建成了纵向连接省、市、县三级的财政专网。目前，通过租用中国电信、中国移动的数字线路或"VPN拨号"方式，全省近95%的乡镇财政所（分局）与县财政局实现了联网，16个市74个县（市、区）实现了全覆盖。县乡财政网络带宽基本达到4～10兆，基本满足目前的县乡联网业务需要。据统计，目前全省每年用于县乡财政联网专线的租赁支出突破150万元，平均每个乡镇网络专线支出1100多元。

近年来，围绕财政科学化精细化的管理目标和要求，各类财政管理信息系统的应用不断向乡镇延伸，并逐步覆盖了乡镇财政管理的方方面面，凸显了信息系统在乡镇财政业务管理方面的重要性，有效地促进了乡镇财政业务管理水平的提升。如：县对乡镇的涉农补贴和工资补助等发放到户到人的资金已全部实行县级网络化审核；2005—2012年全省通过"一卡通"发放涉农补贴资金883.3亿元，实现了27大类涉农补贴项目、近4000万乡村人口和1424万补贴农户全覆盖；乡镇财政资金监管信息系统2012年纳入的项目总数达5017个、资金总额38.8亿元。总体来看，乡镇财政核心业务基本实现了网络化、信息化管理，极大地推进了乡镇财政管理工作的科学化精细化，优化了管理模式，提高了工作效率，有力地促进了预算管理、国库集中收付和政府采购等各项财政改革的深入开展。

（二）信息化硬件建设不断完善

2007年以来，省财政厅组织市、县（区）财政部门开展机房达标建设工作。经过几年的努力，除个别县财政局因办公场地不符合机房建设条件外，县级财政机房基本实现了装修规范、配套设施齐全，使用面积不小于35平米，达到了国标B级机房标准。目前，有11个县（市、区）170余个乡镇财政所（分局）建立了局域网小机房，配备了空调和不间断电源。2009年以来，省财政投入33640万元，各地累计投入配套资金48095.6万元，通过新建、改扩建、维修等方式支持1282个乡镇财政所基础设施建设，覆盖全省所有乡镇，其中：新建940个、改扩建336个，每个乡镇财政所配置和更新了办公设备，打印机、复印机、触摸屏、电子显示屏等一应俱全，乡镇财政干部基本上人手一台计算机。乡镇财政办公环境全面改观，现代化和信息化办公手段普及运用，为推进乡镇财政信息化建设与应用工作提供了硬件支撑。

（三）财政业务系统应用和管理水平全面提升

从2000年起，为规范农业税征管业务，省财政厅结合农业税征管软件推广应用，开始为乡镇财政所配备计算机，我省乡镇财政信息化工作由此起步。2003年，省厅又通过开发推广粮补软件，统一规范全省种粮补贴资金发放到户工作。2005年，我省开始免征农业税，并实施涉农补贴"一卡通"发放改革，各乡镇原有的农业税征管系统全部改造为涉农补贴"一卡通"发放系统，规范了涉农补贴资金发放管理。2004年，我省全面推行"乡财县管"改革，县级财政对乡镇财政实行"预算共编、帐户统设、集中收付、采购统办、票据统管"的网络化集中管理，强化对乡镇财政收支行为的有效监管，促进了县域经济和社会事业的持续、健康、稳定发展。随着财政改革的深入推进和网络化应用的拓展，涉农补贴"一卡通"管理系统也从当初的单机版升级为网络版，全面实行财政补贴资金发放网上申报、审批、传递和信息发布，确保了党的惠农补贴政策的落实。

近年来，围绕财政科学化精细化的管理目标和要求，各类财政管理信息系统的应用不断向乡镇延伸，并逐步覆盖了乡镇财政管理的方方面面，凸显了信息系统在乡镇财政业务管理方面的重要性，有效地促进了乡镇财政业务管理水平的提升。如：县对乡镇的涉农补贴和工资补助等发放到户到人的资金已全部实行县级网络化审核；2005-2012年全省通过“一卡通”发放涉农补贴资金883.3亿元，实现了27大类涉农补贴项目、近4000万乡村人口和1424万补贴农户全覆盖；乡镇财政资金监管信息系统2012年纳入的项目总数达5017个、资金总额38.8亿元。总体来看，乡镇财政核心业务基本实现了网络化、信息化管理，极大地推进了乡镇财政管理工作的科学化精细化，优化了管理模式，提高了工作效率，有力地促进了预算管理、国库集中收付和政府采购等各项财政改革的深入开展。

(四)人员业务水平和计算机操作技能逐步提高

近几年，全省深入开展创建规范化乡镇财政所(分局)工作，将队伍建设情况作为创建工作的重要内容，干部没有达到计算机等级资格要求的乡镇财政所(分局)不得评为省级、市级先进单位。各地以此为动力，以计算机操作技能和财政业务系统学习为重点，为乡镇财政干部扩充“内存”、升级“软件”。2010—2012年，全省累计开展乡镇财政业务培训2121班次、45534人次，培训主题涉及计算机网络知识、财税政策和“乡财县管”系统、“一卡通”管理和发放系统、地方性政府债务管理系统、非税征管系统等软件系统的操作；三年累计开展乡镇财政人员计算机证书培训854班次、14632人次，2012年底获得计算机等级证书4979人、占人员总数的54%，其中：中级及以上证书1404人。通过培训和指导，乡镇财政干部的业务管理水平和计算机操作技能有了很大提高，为推进乡镇财政信息化应用工作提供了必要的人才基础和智力支持。

(五)财政信息化制度和网络安全建设得到加强

各地陆续建立了乡镇财政信息化建设有关制度，涵盖网络管理、机房维护、数据安全、信息发布、保密制度等多个范围，如：金安区制定了计算机及信息系统安全保密管理制度、机房硬件设备安全使用制度、计算机病毒防范制度、国库集中支付系统安全运行管理暂行办法等；含山县制定了财政信息化建设管理办法、财政网站信息发布管理办法等。目前，乡镇财政所(分局)使用的业务管理信息系统大多为县级集中部署模式，即系统软件和数据库安装在县财政局，各乡镇以客户端方式通过县乡网络进行访问操作。针对部分乡镇财政所通过VPN传输链路远程访问网络信息服务器存在的安全隐患，部分县(市、区)财政局加强了机房管理，部署了趋势网络防病毒软件，安装了网络防火墙和VPN设备，配备了双机和热备服务器，同时还定期备份应用系统业务数据，在一定程度上保证了县乡网络通道的安全和信息网络应用安全。

二、乡镇财政信息化建设与应用存在的问题

安徽省乡镇财政信息化建设从无到有，不断尝试，逐步发展，初步形成了基层财政改革和信息化建设良性互动、共同发展的良好局面，为支持基层财政改革发挥了重要作用。但是乡镇财政信息化在网络系统建设、业务系统应用、安全保障体系等方面，离“金财工程”的建设目标，离全面实现财政科学化精细化管理的要求还有较大差距。

(一)县乡财政网络系统仍需健全

虽然全省县乡财政网络基本联通，但部分县乡财政网络建设不够完善，乡镇财政所(分局)登录访问县财政局的网络不够顺畅，有42个县(市、区)只能通过VPN虚拟专用网络访问县局服务器。部分县财政局不重视办公信息系统建设与应用，除桐城市、无为县、广德县等少数地方推行了OA办公系统外，县乡财政之间的公文传递、信息交流、通知公告等仍采用电话、文件等传统方式，不仅工作效率低、信息共享度差，也不利于机关业务和事务管理工作的公开和透明。乡镇财政与属地部门、预算单位和行政村之间的未实现网络资源共享，使乡镇国库集中支付和乡镇财政资金监管工作受到一定程度的制约。

(二)财政业务系统应用有待深化

上级部门由于改革的需要，各自开发了强化某项业务管理的信息系统向下推广，从而形成了乡镇信息系统数多于乡镇工作人员数的现象；由于各信息系统关注的业务数据既有重复又不共享，导致乡镇人员经常要做数据重复录入、重复报送操作，不仅效率低下且枯燥乏味。部分县(市、区)的乡镇财政软件应用推广工作不到位，不同程

度地存在着核心业务软件系统未及时部署，已部署的业务系统应用程度不够，甚至不符合财政核心业务信息化的基本要求，因而各地乡镇财政业务软件应用存在不均衡、不同步等现象，肥东、肥西、金寨、岳西等县(市、区)乡镇财政业务系统多达十几个，其他地区普遍在7—8个。由于业务基础数据不规范，编码不统一，各业务软件又是由不同开发商开发的，制约了乡镇在规范统一基础数据编码方面的努力。

(三)乡镇财政队伍建设需要加强

从整体上看，乡镇财政所人员存在着年龄与知识结构老化，干部职工的计算机操作应用水平参差不齐，特别是缺乏既精通财政业务工作、又熟悉计算机信息技术的复合型人才，既不利于乡镇财政信息化建设与应用的深入推进，又增加了技术人员日常运维保障的工作量。2012年，全省乡镇财政人员9133人，其中:46岁以上占44%，大专及以下学历占68%。2001年以后，全省参加工作的乡镇财政人员只有839 人，平均2个所摊到1人左右，十多年几乎没有进人，加剧了人员老化和人才断层现象。

年龄老化相应地带来了乡镇财政人员知识更新缓慢，特别是近几年财政改革任务多，新政策密集出台，业务要求高、更新快，信息化手段推广应用，部分乡镇财政人员的知识结构已不能适应工作需要。

(四)信息系统应用风险有待防范

部分县(市、区)财政部门对乡镇财政业务系统应用中的安全问题没有引起足够重视，缺乏相应的管理制度约束，缺少专职技术人员对机房的路由器、交换机、防火墙等网络设备的管理。一方面，存在数据安全风险。财政业务系统运行时，数据不断更新和变化，如果管理人员没有按要求对数据进行有效备份，那么当遇到供电、硬件、软件等故障时，系统当天产生的应用数据将会丢失。另一方面，存在网络安全风险。目前，少数县乡将一些业务系统直接部署在互联网环境中，且缺乏必要的防范措施，有可能导致业务数据丢失或被恶意攻击篡改的后果。

(五)信息化制度和管理维护体系不够健全

乡镇财政信息化建设与应用工作涉及面广，应有一套比较完善的管理制度作保障。虽然我省已经制定出台了一些管理制度，比如机房监控管理制度、网络与信息安全管理制度等，部分县(市、区)也陆续建立和完善了相关制度，但乡镇财政在信息化建设的管理、信息系统应用、维护维修管理等方面，还需要建立完善的制度体系。随着乡镇财政业务系统的深入应用，与之配套的信息化基础设施也日趋复杂，面临的系统应用风险和运维难度日益加大。目前，我省乡镇财政信息化运维管理还处于初级阶段，基本属于分散、人工、被动和低效的应急模式，难以满足财政信息化不断发展的要求和实际工作需要，特别要针对乡镇财政网络和业务系统特点，建设相应的运行维护管理体系，及时响应和快速解决运行中出现的技术故障和问题，保障设备运行、网络通畅、系统安全。

三、乡镇财政信息化建设与应用的总体要求

(一)工作目标

围绕全省财政信息化建设与应用总体部署，结合乡镇财政管理工作实际，把乡镇财政信息化作为推进乡镇财政科学化精细化管理的技术支撑、加强“两基”建设的重要手段，以乡镇财政信息化基础建设、信息共享和信息系统整合应用、运维保障体系建设为重点，将信息技术融入乡镇财政业务管理全过程，力争通过2-3年的时间，逐步建立起网络通畅、运行高效、信息共享、数据安全的县乡财政一体的信息化应用机制，实现乡镇财政业务与信息技术相互融合、协调发展，全面提高乡镇财政管理水平。

(二)基本原则

一是统筹规划。将乡镇财政信息化建设与应用纳入财政信息化建设与应用总体规划，按照“金财工程”建设的要求，统筹实施，共同推进。二是试点先行。选择基础较好的颍泉区、五河县、含山县、金安区、怀宁县和广德县等6个县区的12个乡镇进行试点，按照网络畅通、系统应用和信息共享的顺序，分步实施推进。三是因地制宜。由于全省乡镇财政信息化建设与应用工作地区间差异大，信息化建设与应用工作重点和要求各不相同，应在统一规范的前提下，结合当地实际，加强在信息化建设与应用推进的措施、要求、时间和方式等方面分类指导。四是确保安全。把信息安全作为乡镇财政信息化建设与应用的重点，加强应用操作管理，确保乡镇财政信息网络安全高效运行。

(三)主要内容

一是建立县乡财政信息共享平台，实现县乡财政网络互连、财政信息互通、业务数据共享。二是实现县乡财政预算执行一体化，推进县级财政平台一体化系统应用向乡镇延伸，实现县乡财政预算指标管理、国库集中支付、公务卡管理、非税收入征管、政府采购管理等预算执行工作的一体化。三是深化乡镇财政业务软件应用，根据乡镇财政业务工作需要，加大涉农资金“一卡通”系统、乡镇财政资金监管系统、“三资”代理系统、一事一议财政奖补、财政供养人员信息管理等系统的应用力度，提高乡镇财政信息化应用水平。四是完善乡镇财政信息网络建设，乡镇财政与属地部门、预算单位和村级涉及财政资金拨付、使用等信息网络联通，支撑集中支付、强化资金监管。五是在开展网络和系统建设过程中高度重视安全建设，切实加强对物理设备、网络、操作系统、应用系统和数据等安全防护。

四、乡镇财政信息化建设与应用的对策和举措

乡镇财政信息化建设与应用工作要与财政业务同部署、同推进，加强组织领导和责任落实，明确县级财政部门的主体责任，发挥省、市财政部门的督促和指导作用，确保取得实效。针对当前全省乡镇财政信息化建设与应用情况，借鉴江苏省在县乡财政内网建设、乡镇财政局域网建设、主要管理系统应用和数据集中等方面的做法和先进经验，结合我省实际和乡镇财政信息化建设要求，对策和举措如下。

(一)进一步完善县乡财政应用网络体系

1.完善县乡财政网络连接建设。总体要求是：县乡财政通过省电子政务专网和租用中国电信、中国联通、中国移动等运营商专线组建县乡财政专网，实现内部网络连接，并确保财政专网纵向贯通。目前，我省尚有部分地区没有实现县乡内网连接，有些已经建立县乡专网的地区也需要进行改造。为此，各地要迅速采取措施，确保实现乡镇财政与财政专网全面连通。有条件的县(市、区)要逐步建设县乡财政视频会议系统，保证声音和视频图像清晰，以适应财政信息化应用能力提升和县乡财政视频会议、会商、培训和其他业务需求。

2.完善乡镇财政局域网建设。总体要求是：乡镇财政局域网建设要与县乡内网连接建设同步考虑，建立乡镇财政内部网络，实现乡镇财政所有工作人员通过交换机连接，并与县财政局域网实现连通，建立县乡一体的乡镇财政信息系统网络。乡镇财政与属地部门、预算单位和村级涉及财政资金拨付、使用等信息网络连通列入长远规划。现阶段，乡镇财政建立局域网并连接县财政局域网的主要形式及基本配置是乡镇财政的核心应用采用县集中部署模式，每个乡镇财政需配置一台多功能安全设备、一台端口数量满足工作需要的交换机和计算机，乡镇财政经防火墙通过运营商数字电路连接到县财政局域网。

(二)加强县乡财政管理信息系统的整合应用

总体要求：按照“金财工程”要求，并顺应财政信息化发展趋势，进一步提高乡镇财政信息系统应用水平，实现乡镇财政应用系统和数据集中统管到县。各地要适应乡镇财政业务工作的实际需要，加大信息系统应用力度，提高应用水平，通过应用预算管理系统、国库集中收付系统(或“乡财县管”系统)、“一卡通”系统、办公自动化系统等，实现各项财政业务工作的信息化管理。要以县级财政为单位加强系统整合，统一信息系统，建立流程规范、业务协同、数据共享的一体化管理信息系统，实现预算编制、预算执行、绩效管理、财政监督全方位科学规范化管理。要结合县乡财政信息一体化建设，逐步统一乡镇财政业务软件平台。要加强对财政经济数据的分析利用，为财政管理和改革提供数据支持。省财政厅要积极鼓励和支持乡镇财政应用系统和数据集中到县，以提高工作效率、节约财政资金、加强系统维护、强化技术支撑、保障财政信息系统安全。

(三)加强农村集体“三资”信息化管理

近年来，我省全面开展“三资”清理和委托代理服务工作，农村集体资产资源资金常态化监管得到加强，规范化、网络化建设取得明显进展。目前，全省已有14个市建立市级“三资”监督管理网络系统，但省市之间还没有互联互通，全省数据无法共享，省级监管手段受限。下一步，要支持省农委建设省级农村集体“三资”网络监管平台，全面实现全省农村集体“三资”管理信息采集、处理、监督、预警的网络化，全面提升我省农村集体“三资”的监管和运营水平。该平台要重点突出农村会计核算操作系统、农村集体“三资”监管系统、农村集体产权交易系统等工作系统，具备业务处理、审核监督、预警防范、查询公开、决策分析等应用功能，特别要满足省财政厅省级“三资”管理数据库报表模板定义功能和基础数据查询分析功能，实现省、市、县、乡四级“三资”管理信息系统的互联互通，并积极向村级延伸服务。根据现有条件，可采取“省市共建、互联互通”的方式进行，省市二级分别建立数据处理和监管平台，省、市、县三级平台主要功能为信息查询和预警监测，乡镇一级负责各项信息录入工作。

（四）加强乡镇财政干部队伍建设

首先，要充实乡镇财政人员，制定岗位职责体系，健全竞争上岗、激励考核等制度，建立人员流动机制，保证乡镇财政人员合理的年龄结构和知识结构，继续开展计算机基础技能培训，不断提高乡镇财政业务人员的信息化应用水平。其次，要制定乡镇财政信息化人才培养规划，加强对乡镇财政信息化人员的技术培训，重点内容包括财政信息化总体规划、网络技术、数据库管理、安全技术等。第三，要通过引进人才、培训现有人员、聘请专业人员、技术交流互动等形式，走技术和业务相结合的路子，努力培养出既掌握信息技术又懂财政业务专业技术人才，每个乡镇财政所要有一名熟练掌握计算机技术和信息化技术的兼职人员，为乡镇财政信息化建设提供优质的服务和有力保障。

（五）加强信息安全保障，着力提高风险防范能力

1. 提高风险防范意识。随着网络技术的发展和使用人员的增多，信息安全情况会越来越复杂，防范难度也会相应增加，所以对信息安全问题要始终警钟长鸣，增强风险防范意识。乡镇财政管理信息系统建设，要采用当今比较先进计算机技术进行立体防范，通过认真梳理信息安全存在的漏洞，进一步加强机房监控管理，积极做好财政业务系统的等级评测和防护，完善工作人员定岗定责等基础建设，确保财政信息系统应用安全。

2. 注重网络运行管理。对通过互联网使用VPN连接方式访问县级业务平台系统的乡镇财政所，要采用强制身份认证的方式登录，以确保登录用户的真实性。同时，县财政局还应加强信息安全防范措施，定期对所管理的服务器进行漏洞扫描和入侵检测，防范黑客攻击，保障信息安全。

3. 建立应急处置机制。为了提高突发信息安全事件的应急处置能力，按照“积极预防、严格控制、防控并重”的原则，县乡财政部门应制定信息系统安全事故应急预案，建立信息化管理应急机制，明确岗位、人员、任务和责任，每年定期进行应急演练，发现不足之处及时加以整改，同时还要取得专业技术部门的指导，切实提高应急处置能力和水平。

（六）加强管理制度建设，建立运行维护保障体系

1. 完善信息化管理制度。随着我省乡镇财政信息化建设与应用的逐步深入，特别是县乡财政核心业务一体化信息系统的应用，不仅涉及财政系统内部，还涉及预算单位、人民银行和商业银行等，因此，加强管理显得尤为重要。要在原有制度的基础上不断完善网络信息安全管理制度、财政业务系统应用管理制度、运行维护管理制度等，构建较为完备的信息化管理制度体系。

2. 建设实时监控管理系统。为确保应用系统、网络和信息化基础设施等安全稳定运行，必须做好相应的运行维护工作，建立以技术为支撑，以流程管理为手段的县级集中监控管理平台，对系统运行状态自动监控和管理，维护人员通过巡检监控模块，及时发现故障并快速进行处理，实现由事后被动处理到事前主动服务防范的转变，提高运行维护的效率和质量。

3. 建立和完善社会化服务保障机制。从当前和长远来看，解决因基层财政信息技术人员配备不足而出现的多种问题，要努力探索“虚拟人才”建设的方法和途径，充分运用社会力量，通过专业公司指定的专门技术人员，定时定点解决乡镇财政信息化办公设备的维护维修以及计算机技术支持等基础工作，逐步建立一种可依托、可购买和可雇用的技术服务体系，建立健全乡镇财政信息化项目服务外包和运行维护保障机制。

课题指导：罗建国
课题组组长：张广寿
课题组成员：鲍习生 方山恩 张 玲
连发玉 达小敏 马 锐
孙耀辉 姚 瑶 周 健

财政支持美好乡村建设探索与思考

省委、省政府作出全面推进美好乡村建设决定以来,全省各级财政部门高度重视,充分发挥职能作用,主动服务大局,工作卓有成效。为总结经验,查找问题,更好地推进财政支持美好乡村建设工作,我们认真开展专题调研,现将有关情况总结如下。

一、财政支持美好乡村建设工作措施有力,成效显著,亮点纷呈

各级财政部门开拓思路,丰富举措,切实发挥服务和支持美好乡村建设职能作用,突出抓好以下工作:

(一)建立推进机制,凝聚力量,确保美好乡村建设财政保障工作有力推进

把机制建设作为重要手段,着力构建科学合理、运转有效的工作推进机制。

一是健全组织保障体系。各级财政部门成立了财政支持美好乡村建设领导小组及办公室,抽调专人集中办公,负责美好乡村建设具体工作落实;主动与相关职能部门会商,牵头成立美好乡村建设资金整合指导组,明确各成员单位工作职责。从全省来看,财政部门已构建了一级抓一级、层层抓落实的组织保障体系。

二是构建合力推进机制。在各级党委政府领导下,财政部门主动服务,加强部门间会商和上下联动,合力推进资金整合工作。淮北市财政局定期与市直有关部门会商,与县区财政部门对接,分析查找整合资金存在的困难和问题,共同做好资金整合工作。宿州市财政局一月一调度,在县区轮流召开现场观摩调度会,加强工作交流,督促县区加快落实财政支持美好乡村建设措施。

三是建立工作联系制度。各级财政部门建立了工作月报和形式多样的工作联系制度,通过联系互动掌握情况、发现问题、推动工作。铜陵市财政局深入美好乡村示范点调研,总结做法经验,分析研究问题,谋划工作思路。广德县财政局开展与美好乡村创星村联系点、创建村联系点结对共建,有针对性地指导开展美好乡村建设。

(二)创新路径方式,统筹资金,确保美好乡村建设财政保障措施有效落实

为应对当前经济下行压力较大、财政资金供需矛盾突出的问题,全省各级财政部门开动脑筋,多措并举,千方百计筹措美好乡村建设资金。

一是创新思路,落实好专项资金。着力优化支出结构,努力增加美好乡村建设专项资金预算安排。据统计,2013 年全省各级财政预算共安排美好乡村建设专项资金 37.6 亿元,其中省级 10 亿元、市级 10.9 亿元、县级 16.7 亿元。有的市、县还自我加压,超额安排专项资金。合肥市市级财政预算安排 10000 万元,县级预算共安排 19300 万元,各县均不少于 3000 万元,其中肥西县安排 6000 万元;凤阳、全椒、定远县各安排美好乡村专项资金 3000 万元。

二是创新路径,整合好涉农资金。主动会同相关部门,对现有涉农项目进行全面梳理排查,研究制定涉农资金整合方案,采取行之有效的办法,积极整合涉农资金支持美好乡村建设。今年 1—6 月,全省实际整合到位资金 63 亿元。肥东县陈集镇陈集社区整合土地治理、农业综合开发和环保资金 2000 多万元,将分散居住的 758 户农民集中到集镇安置,促进人口和产业集聚,带动了小城镇建设。利辛县财政局全面梳理涉农项目资金,提出可用于美好乡村建设的项目资金计划,报县委县政府,由县委县政府统一调度、统一分配。

三是创新方式,引导好社会资金。坚持政府主导、农民主体和社会各方参与,创新财政支农投入与管理方式,发挥农民主体作用、市场配置资源基础性作用、财政政策导向作用和财政资金“四两拨千斤”的撬动作用,积极引导农民、金融、产业等社会资本参与美好乡村建设。据统计,今年 1—6 月全省共引导社会资金 22.55 亿元投入美好乡村建设,有 7 个市设立各类美好乡村建设投融资公司,融资 12.3 亿元。宣城市开展“村企共建”活动,引导 500 多家企业投入资金 1 亿多元支持美好乡村建设。合肥市设立 1.7 亿元的现代农业发展资金,采取专项奖补、贴息等方式,引导产业资本参与美好乡村建设。宿州市实施“酵母”工程,安排专项资金 360 万元,在 18 个重点示范中心村各建设 20 亩蔬菜大棚,按照“财政投入建棚,大户租赁经营,

租金归村使用”的思路,培育特色产业。

(三)强化监督管理,提升绩效,确保美好乡村建设财政保障工作高效运行

把加强资金管理作为美好乡村建设的重要内容,推进机制创新,努力提高财政资金使用效益。

一是加强制度建设。省财政厅及时研究制定了《整合涉农资金支持美好乡村建设意见》、《安徽省财政支持美好乡村建设专项资金使用管理办法》和《财政引导社会资金参与美好乡村建设意见》,报经省美好乡村建设工作领导小组审定后,分别以“两办”或财政厅文件印发。同时,积极会同省直相关厅局,制定了20项涉农资金整合制度办法,初步构建了“资金分配规范、适用范围明晰、管理监督严格、职责效能统一”的管理制度体系。各地财政部门根据省里出台的制度办法,结合实际,制定了具体实施办法。

二是强化督查指导。各级财政部门深入美好乡村建设第一线,加强调查研究和工作督导。主动与纪检监察、审计等部门会商,构建监察、审计、财政以及群众、社会中介机构等多主体参与,日常监督和专项检查相结合,事前、事中检查和竣工验收检查等环节全覆盖的监督检查体系,对资金使用管理实行全过程监督。潜山县财政局根据全县“三区一园”(农业综合示范区、乡村旅游示范区、乡镇生态工业聚集区和农业特色产业园)规划和“四类村”(农业特色产业村、旅游休闲产业村、工业特色村和文化特色村)规划,编制了财政支持美好乡村建设方案,科学确定财政支持的方式和重点。滁州市财政局成立督查组,制定督查考评办法,实行定期督查、定期通报。

三是规范资金运行。各地在资金分配上坚持“三结合、一公开”,即与美好乡村建设任务相结合、与中心村规划相结合、与绩效评价相结合,对资金分配和项目安排实行公开公示,确保资金分配公开、公平、公正;在资金使用管理上坚持“三专、两制”,即对统筹整合用于美好乡村建设的资金全面实行专人管理、专账核算、专款专用和县级报账制、国库集中支付制,严格村和乡镇初审、县资金整合指导组审核、领导小组审批、财政拨款的报账支付程序,确保资金运行安全、管理规范;在资金使用绩效上实行全程跟踪评价,评价结果与下年度资金安排挂钩,促进各级各部门增强绩效管理意识,确保资金使用高效、群众满意。

在各级党委、政府的正确领导下,在各职能部门的通力协作下,在广大农民群众的积极参与和社会各界的支持下,通过近一年的探索实践,财政支持美好乡村建设取得了明显成效。据不完全统计,全省共完成1710个中心村规划编制,全面启动586个重点示范村建设,已基本建成256个。

二、财政支持美好乡村建设工作处在探索阶段,问题不容忽视

调研发现,我省财政支持美好乡村建设工作总体情况良好,但也存在一些亟须研究解决的问题。

(一)工作推进难度大

一是思想认识有偏差。美好乡村建设财政保障工作,既要筹集好资金,更要分配好、管理好、使用好资金,是一项长期艰巨的任务。一些地方财政部门对此认识不够全面,思想不够统一。有的片面强调资金统筹,忽视科学安排;有的只注重统筹与分配,忽视监督与管理;有的地方过分强调工作上的困难、压力、矛盾,服务大局、改革创新、主动作为的意识不强。这些思想认识上的偏差,不利于财政支持美好乡村建设工作全面协调高效推进。

二是工作主动性不够。总体看,各地财政部门都把美好乡村建设摆上了重要位置,做了不少工作,但由于受思想认识、经济条件等因素约束,有的地方创新性举措少,工作不够主动;有的地方满足于一般性的发文件布置、开会提要求、报材料评比等“老套路”,没有做到结合实际,与时俱进;有的地方习惯于争取上级的补助,忽视涉农资金整合和社会资金引导;有的地方对支持服务美好乡村建设有畏难情绪和等靠要思想,主动克服困难的劲头和毅力不足。

三是项目后续管护机制不完善。财政扶持项目重建轻管问题较为突出,公共基础设施“有人建、没人管”、“前面建、后面坏”,公共环境卫生“边治理、边污染”等问题依然困扰一些地方。一方面是管理机制不配套、不完善,另一方面各级财政安排的项目运行管护费用少,而乡村两级集体经济薄弱,财力有限,没有能力承担管护责任。此外,对一些具有经营性质的建设内容,如何通过财政资金的投入,引导社会资本参与建设和管护,做得还不够。

（二）资金筹措任务重

一是资金供需矛盾突出。完成美好乡村建设目标任务，需要投入的资金数额巨大。我们在皖北、皖中、皖南各选择一个中心村进行测算，仅村庄水、电、路、环境卫生和农田改造等硬件建设，每个中心村约需投资600万～2000万元。据此匡算，如果全省每年建设1500个左右中心村，需要投资90亿到300亿元，再加上软件建设和每年10000个左右自然村的环境综合整治，每年的资金需求量要超过400亿元，这还不包括产业发展和项目后续管护等方面所需要的投资。目前省市县三级财政安排的专项资金不到40亿元，能够整合用于美好乡村建设的涉农项目资金也只有100亿元左右，与实际需求差距很大。

二是涉农资金整合难度大。这既有地方党委政府重视程度不高、推进力度不够、工作合力不强的原因，也有部门过多强调项目管理特殊性，不想整、不愿整的认识问题，更多的是客观方面存在“两难”。即:制度障碍难逾越。整合资金支持美好乡村建设不是简单地“拼盘”，而是按规划统一安排、统一实施、统一管理，但现行涉农项目资金都有各自的特定用途和管理规定，在一定程度上限制了整合资金的统筹安排使用;点面统筹难兼顾。在涉农项目资金总额既定的情况下，通过整合资金、集中投入，能够建设一批示范中心村，打造一些亮点，但由此也会减少面上投入，在一定程度上偏离公共财政投入促进公共服务均等化的初衷。此外，政府支持农业农村工作并非仅有美好乡村建设一项任务，许多方面都对整合资金有要求，造成涉农资金整合平台多，从而分散了资金。

三是政府资金撬动作用较弱。从政府层面看，存在着鼓励引导办法不多、宣传发动不够、工作力度不大等问题。从农民角度看，收入水平低、筹资能力有限，加之有“等、靠、要”等依赖思想，农民参与美好乡村建设受到很大制约。此外，受农村基础设施薄弱、投资环境不尽如人意和农业投资大、风险高、周期长、回报率低等因素的影响，社会资本投入的动力不足。

（三）绩效提升困难多

一是资金报账支付尚需进一步提速。从调研统计情况来看，至6月底，全省实际报账支付专项资金3.76亿元，占计划安排数的10%，整合涉农项目资金报账支付9.19亿元，占计划整合数的7.15%。资金支付进度慢的主要原因在于项目实施缺乏统筹协调，项目多头管理，职责不清。有些村干部向我们反映，现在建设美好乡村，只听说上面有钱，但不知道资金下达渠道，也不知道项目由谁来组织实施，资金什么时候报账、拨付。由此造成一些基层干部群众误认为项目没人管、资金难落实。

二是资金投向尚需进一步优化。美好乡村建设必须全面协调推进才能实现预期目标。在当前资金供求矛盾突出的情况下，如何统筹兼顾、突出重点尤为重要。调研中我们发现，一些地方财政部门主动参与不够，情况掌握不全，工作比较被动，项目资金安排不尽科学、扶持重点不够突出。有的地方把大量资金投入美化亮化工程，对产业发展支持不够;有的地方由于规划不科学、公共基础设施布点不合理等，现有资源没有得到很好的整合利用，造成不必要的浪费，影响了资金使用绩效。

三是资金监督管理尚需进一步加强。从调研情况看，大多数地方都建立了较为完善的资金管理制度体系，但也有一些地方管理不到位。在会计核算上，少数地方没有实行专户存储、专账核算，存在多头管理的现象，基层用款单位会计账目不健全、核算不规范，存在包包账等问题。在资金使用上，个别地方往往资金一拨了之，财政部门不主动参与组织项目实施，对资金使用缺乏有效监督，不仅出现资金挤占、截留、挪用等问题，而且造成工程建设质量不达标。在资金绩效管理上，有的地方尚未建立科学合理的绩效评价体系，对资金使用的跟踪问效工作不深入。

三、财政支持美好乡村建设提质增效要有新思路新举措

针对财政支持美好乡村建设中出现的新情况、新问题，通过广泛征求意见、全面分析、深入思考，提出以下建议。

（一）提高站位，着力构建美好乡村建设财政保障机制

美好乡村建设，是省委、省政府推进科学发展、加快全面转型的重大决策，是建设“三个强省”的重要举措。财政部门必须着眼全局谋发展、服务大局求作为，按照“政府主导、农民主体和社会各方参与”的思路，加快构建以财政资金为引导，农

民群众和社会各方面广泛参与的多元化、多层次、多渠道、多形式、高效率的投入保障机制。

一要持续增加专项资金投入。认真贯彻中央关于“着力构建‘三农’投入稳定增长长效机制,确保总量持续增加、比例稳步提高”的要求,落实省委、省政府关于设立美好乡村建设专项资金的决定,把美好乡村建设作为财政支出安排的重点,进一步调整优化财政支出结构,做到存量提高比重、增量重点倾斜;抓住国家关于发挥一事一议财政奖补作用,推动美丽乡村建设试点的机遇,积极争取国家专项投入,加大地方财政一事一议支持美好乡村建设投入;进一步拓宽美好乡村建设资金来源渠道,积极探索建立土地出让金纯收益城乡统筹使用和分享机制,研究制定美好乡村建设经批准调剂给城镇使用的农村建设用地指标,其土地增值收益全部用于美好乡村建设的办法,确保财政专项资金投入持续增加。

二要完善涉农资金整合机制。加强美好乡村建设规划编制,引导带动涉农资金整合,聚焦美好乡村建设,通过以规划定项目,按项目筹集资金,以资金整合保证规划的全面实施。强化以县级为主涉农资金整合责任。省、市政府和财政部门要加快财政涉农专项资金清理,凡是县级能自主负责实施、通过事后监管能够达到预期效果等适合地方管理的财政项目和资金审批权,一律下放县级管理;资金能够改列一般性转移支付下达的,全部改为一般性转移支付下达,由县级按照统一规划、统一审核、统一申报、统一下达、分工负责、相互配合的要求,制定美好乡村建设涉农资金整合实施方案。积极推进以预算为源头的涉农资金整合工作,从预算编制环节入手,编制整合涉农资金支持美好乡村建设项目预算,通过存量调整、增量集中等方式进行整合。

三要积极引导社会资金参与。坚持农民主体、政府主导的方针和农民自愿、政府支持的原则,采取民办公助、以奖代补、先建后补和奖补结合等方式,大力扶持专业大户、家庭农场、农民合作社等新型农业生产经营主体发展,鼓励和调动农民自主投身于美好乡村建设的积极性和主动性。加强财政支农政策与金融支农政策的有效对接,继续实施中央财政县域金融机构涉农贷款增量奖励和新型农村金融机构定向费用补贴等政策,落实县域新设金融机构奖励和担保费补贴等政策,支持符合条件的农业产业化龙头企业、民营企业等通过资本市场筹集发展资金,引导和支持金融机构加强金融服务,为美好乡村建设提供强力金融支撑。鼓励吸引产业资本等参与美好乡村建设,坚持财政资金打基础、工商资本兴产业、金融资本助发展的思路,充分发挥挥财政政策导向作用和财政资金“四两拨千斤”作用,财政、税收、信贷、保险、担保等多种政策手段协调联动,鼓励金融资源、工商资本、民间资本等投入农村创业、兴业,带动农业农村发展。

四要有效落实运行管护资金。制定美好乡村运行管护资金筹资使用办法,按照专项资金安排一点、项目资金拿出一点、村集体自筹一点和社会赞助一点的“四个一点”思路,筹集美好乡村运行管护资金。开展农村集体“三资”清理工作,建立农村集体“三资”年度报告制度和使用管理制度,盘活集体“三资”,确保农村集体“三资”保值增值,增强村级集体经济能力。积极探索推广农村社区物业管理,成立专业化养护公司或通过购买服务的方式建立村庄基础设施、公共服务设施和环境卫生保洁的长效管理机制,确保美好乡村持续发展。鼓励采取承包、租赁、拍卖、股份合作或委托管理等方式,建立公益设施长效运行管理机制。

(二)厘清思路,准确把握美好乡村建设财政支持重点

美好乡村建设涉及经济、政治、文化、社会、生态文明建设多个方面,是一项长期艰巨的任务。财政支持美好乡村建设,必须围绕“三大目标” 厘清工作思路,围绕“五大工程”把握支持重点。

一要突出美好乡村建设的阶段性。根据美好乡村建设进程,确定不同阶段的支持重点。在美好乡村建设的起步阶段,要重点支持农民急切盼望解决的公益性基础设施建设、环境整治等,让广大农民见到成效、享受实惠;在美好乡村建设的巩固阶段,要重点支持美化亮化工程提升、社会事业发展、产业发展等,特别要支持村级集体经济发展,增强美好乡村持续发展动力;在美好乡村建设的提升阶段,要重点支持管理创新,构建美好乡村管理运行的长效机制。要妥善处理好长期利益与短期利益的关系,将当前工作的着力点放在已规划中心村的建设上,确保建一处成一处。对其他面上

中心村建设,根据财政财力状况给予支持。

二要突出美好乡村建设的区域性。财政支持美好乡村建设,必须因地制宜,充分考虑地理环境、历史文化、自然生态、产业基础等因素,实行分类指导,着力彰显乡村特色。在城镇郊区,发挥交通便利、配套齐全的优势,重点支持与城市需求相匹配的产品和服务,加快由传统单一型农业向现代复合型农业转变,着力打造城郊服务型美好乡村。在平原和丘陵地区,发挥地势平坦、土地条件较好的优势,重点支持发展特色农业,着力打造田园风光型美好乡村。在偏远山区,发挥资源丰富、环境优美的优势,重点支持生态综合治理和特色农业,突出青山碧水,着力打造生态旅游型美好乡村。基于上述考虑,对美好乡村建设的规划要按照"大稳定、小调整"的原则,进行修编完善,财政扶持要彰显特色,避免千村一面。

三要突出美好乡村建设的公益性。美好乡村建设既包括基础设施、公共服务等硬件建设,也包括乡村文明、社会管理创新等软件建设,具有投资强度大、建设内容多、建设周期长等特点,按照现有的财力状况,财政支持美好乡村建设,既要积极作为,又要避免大包大揽。要区分美好乡村建设的公益性和竞争性,做到有所为有所不为,着重做一些打基础、立根本、管长远的公益性工作。在五大工程中,兴业富民是基础、是根本,失去了它,美好乡村将难以持续。在省级层面要研究制定支持美好乡村建设兴业富民工程政策措施,把产业发展摆到更加突出的位置,夯实美好乡村建设发展基础。要突出培育新型农业经营主体,促进农业发展方式转变,重点支持家庭农场、合作社、龙头企业加快发展,促进规模经营和农业产业化发展。

四要突出美好乡村建设的持续性。美好乡村建设要处理好"建与管"的关系,既要注重建设,更要注重管理和维护,建立推进美好乡村建设长效机制。研究制定推进农村公益事业管护长效机制建设办法,探索建立农村公益事业服务项目标准体系和公益设施运行维护标准化体系。从当前情况看,应允许县级财政从美好乡村建设专项资金(包括上级补助的专项资金)中,按一定比例安排项目管护资金,专项用于公共基础设施的管护。同时,引入市场机制,对部分能够取得收益的建设项目,采取租赁、承包等方式确定管护责任主体。要大力支持村级集体经济发展,不断壮大村级财力,拓宽项目管护资金来源渠道,增强村组织为群众服务能力。

(三)科学推进,持续提升财政支持美好乡村建设绩效

推进美好乡村建设,财政部门负有重要职责,只有突出提升绩效,积极作为,才能不辱使命。

一要注重发挥规划的引领作用。科学编制规划是美好乡村建设的基础性工作。美好乡村建设总体规划和中心村建设具体规划,财政部门要主动参与,坚持项目安排与资金筹措统筹谋划,在积极参与规划可行性论证工作的基础上,制定资金筹措方案,努力提高规划的科学性和可操作性。规划一旦确定,要严格按规划组织项目申报、资金整合和项目实施工作,确保规划目标任务落到实处,切实防止项目安排、资金分配使用与规划"两张皮"。

二要主动参与组织项目实施。实施项目是推进美好乡村建设的关键环节。财政部门尤其是县乡财政部门要积极参与项目实施的组织管理,把好项目建设质量关。在基础设施建设上,要支持乡村采取招投标的方式,择优确定工程实施单位,把好工程建设单位的资质关。有条件的地方,要积极尝试农民自主建设、自主管理项目;要积极会同有关部门做好竣工工程决算和验收工作,督促整改工程质量不达标的项目。在公共设备购买上,要积极推进政府采购制,保证产品质量。在公共服务上,要积极推行"以钱养事",通过社会化服务的方式,提高公共服务的质量和效益。在产业发展上,要支持乡村发展市场前景好、附加值高的的特色产业,确保建成一个项目,致富一方百姓。

三要强化资金监督管理。加强监督管理,保障资金安全有效使用,是财政部门的重要职责。要进一步加强制度建设,规范资金分配使用,做到项目推进到哪里,制度建设跟进到哪里,监督管理就延伸覆盖到哪里,确保各项管理工作有章可循。要进一步强化监督检查,积极构建监察、财政、审计以及社会中介机构等多主体参与,日常监督和专项检查等多方式并行,事前、事中、事后等多环节监管的监督检查体系,对违规违纪行为,发现一起严肃查处一起,着力保障资金安全。要加强绩效考评工作,健全绩效评价指标体系,建立以绩效为导向

的资金分配使用机制，促进各方面增强绩效观念，为美好乡村建设注入持久动力。

课题组组长：张广寿
课题组副组长：王建培
课题组成员：王茂胜　程巍东　马传喜
　　　　　　夏　鹏

关于我省国有林场改革与发展有关情况的调研报告

近年来，国家高度重视国有林场改革与发展问题。2010年，国家发改委和国家林业局联合下发《关于印发开展国有林场改革试点的指导意见及组织申报国有林场改革试点工作的通知》。根据《通知》要求，2012年2月，安徽省上报了《国有林场改革试点实施方案》，2013年8月5日，国家发改委、国家林业局正式批复我省改革试点方案。为全面掌握我省国有林场的现状，进一步研究支持国有林场改革和发展的相关政策，为深入推进国有林场改革打好基础，我厅联合省林业厅开展了深化国有林场改革和推进国有林场发展的专题调研。

一、基本情况

全省现有国有林场141个，分布15个市55个县、区，其中市属国有林场20个，县（市区）属国有林场120个，现有职工总数17699人，其中在职职工11306人，离退休职工6393人。目前，国有林场在保护生态环境和发展林业产业方面，发挥着重要的示范作用。

（一）基本概况。全省国有林场现有经营总面积418.79万亩，林业用地面积395.23万亩，其中公益林面积296.19万亩（其中重点公益林面积254.61万亩），公益林面积占林地面积的74.9%，活立木总蓄积量1500多万立方米，全省国有林场森林资源的总量呈现逐年增长的态势。

近年来，国有林场积极调整经济结构和经营领域，促进经济收入多元化，着力开展增收节支，林场经济呈现出恢复性增长态势。2012年，全省国有林场共实现总收入42836.9万元，其中木材销售收入18484.2万元，绿化苗木销售收入3066万元，财政供给人员经费4045.8万元，其他收入17240.7万元（包括财政项目建设资金）。2012年全省国有林场支出48313.9亿元，结余-3259.6万元。

在社会保障方面，全省国有林场参加社会养老保险的达到81个，以企业标准参加养老保险职工总数已达9252人，占职工总数的52.3%，其中在职职工6216人，退休职工3036人；参加医疗保险6004人，占职工总数的33.9%。其中在职职工3650人，离退休职工2354人；参加失业保险的在职职工1450人；参加工伤保险的在职职工1120人；参加生育保险的在职职工654人。

在林场办社会方面，全省国有林场场办学校17所，在职教职工399人；场办医院14所，在职医护人员87人；场带行政村、组34个，农村人口61875人。

（二）各级财政支持情况

近年来，中央、省、市、县财政对国有林场支持力度不断加大。据统计，2010—2012年，中央和省级财政财政支持国有林场发展资金达到68899万元，其中中央财政支持资金52655万元，包括国有贫困林场扶贫资金3600万元，国有林场危旧房改造资金19819万元，国有林场实施森林抚育资金11840万元，国有林场林区通畅工程建设资金2000万元，国有林场燃油补贴资金9739万元，农工减负资金2030万元，国家级生态公益林补助3627万元；省级财政支持资金16244万元，包括国有林场扶持发展资金1170万元，省级生态公益林补偿728万元，国有林场危旧房改造省级配套资金14356万元。此外，各有关市县财政安排国有林场事业费10251.8万元。各级财政资金的支持，有力促进了国有林场的建设与发展。

二、存在的困难和问题

长期以来，全省国有林场改革严重滞后，积累了相当多的困难和问题，制约和影响了全省国有林场的持续发展。主要表现在：

1.单位性质模糊。国有林场是事业性质、企业管理的事业单位，既得不到事业性质的财政供给，又享受不到国企优惠政策。既不能像农民一样有收益权，也不能像企业一样自主经营，还不能与其他社会公益事业单位一样得到公共财政的支持，如新农村建设的各项政策不包含国有林场，致使国有林场处于“城不城、乡不乡”、“工不工,农不农”的尴尬局面。

2.管理体制不顺。由于国有林场长期实行分级管理,责任主体不明,各级政府对国有林场没有明确的资金政策支持,被政策边缘化,成为政策的孤岛,林区道路、供水、供电、通讯等基础设施缺乏投资渠道,发展林场经济缺乏政策和资金支持,整个国有林场缺乏发展的活力。

3.债务负担沉重。目前,全省国有林场债务总额达到65490万元,其中营造林债务26824万元,二、三产业及其他债务38666万元。应缴纳社会保障费118744万元,累计欠发职工工资145799万元。截至2012年底,全省国有贫困林场达119个,国有林场普遍处于贫困状况。

4.职工生活贫困。2010年,全省国有林场平均工资仅有7354元。如石台县黄沙坑林场,2012年,管理人员月实发工资为700元,一线生产人员月实发工资为800元,其他人员月实发生活费500元。砀山县、界首市等国有林场职工,一线工人没有工资,只能承包林场果树或一些土地从事农业生产。由于工资低,部分国有林场职工被迫外出打工维系家庭生活。

5.人员老化素质偏低。国有林场的困境,导致文化程度高的不愿来,稍有能力的设法跳槽走人。在年龄结构上,全省国有林场40岁以下498人,占在职职工总数的4.4%,41—50岁的5696人,占在职职工总数的50.4%,50岁以上5112人,占在职职工总数的55.2%。在学历结构上,大专以上文化程度的职工仅有1167人,占在职总人数的10.3%;在职职工中专和高中文化程度的职工3612人,占在职总人数31.9%,在职职工中专和高中以下占57.7%。多年来,国有林场接收不到大中专毕业生进场,致使国有林场技术力量后继无人。

6.基础设施严重滞后。全省国有林场目前尚有168个作业区不通公路,里程达3665公里;118个作业区不通电,线路里程达1597公里;8个国有林场场部和231个作业区不通电话,国有林区饮水不安全人口4.5万人。即使与周边乡村相比,国有林场基础设施建设也存在较大差距。

7.经营管理机制僵化。国有林场普遍存在有人无事干或有事无人做的现象。主要表现为职工身份界限没有打破;平等竞争、择优上岗的新机制没有建立;分配制度上的平均主义没有破除;各项生产制度、管理制度和岗位责任制没有改进和完善。多数国有林场,出现“工人干部化、干部机关化”现象。

8.可利用资源相对匮乏。国有林场处于生态保护区,74.9%被划为生态公益林,商品林只占25.1%。当前,国有林场经营性收入,主要依赖木材销售。部分国有林场可采伐利用森林资源匮乏,有的到了无树可伐的地步,林场生产经营和职工生活难以为继。

三、部分地区改革实践

面对国有林场发展中存在的诸多问题,我省部分地区不等不靠、主动改革,在解决现实困难、理顺管理体制、创新经营机制等方面作出了有益探索,尤其以黄山区为代表的国有林场综合改革,成为全省的典型和示范,取得一定成效。

(一)改革情况

黄山区共有黄山、洋湖、芦山、游山、贤村五个国有林场,承担着黄山风景区生态保护和山区绿色生态屏障、青弋江源头保护等重要生态建设任务。经营总面积20.8万亩,其中公益林面积13万亩,占62.5%。近年来,黄山生态保护力度逐步加大,辖区国有林场木材收入锐减,经营和发展陷入困境。

从2004年开始,黄山区以“双置换”(职工身份置换、产权制度置换)为核心,用近2年时间对国有林场进行“分类、分制、分流”改革,初步完成了林场的分类界定、经营权分制和安置富余职工等工作,改革平稳过渡,林场得到快速发展。

一是分类界定。全区国有林场公益林面积比重均超过60%,全部界定为生态公益型林场。

二是经营权分制。在不改变林场管理范围、不改变林地所有权属性和林地用途的前提下,按照经营性质将林场划为三部分,即公益林场留用一部分、富余职工安置一部分和面向社会流转一部分。

三是多渠道安置富余职工。考核考试录用一部分(49名),协保退养(简称“4050”)和提前病退安置一部分(80名),森林抚育形式和货币化形式安置一部分(271名)。

四是逐步理顺管理体制。先期将国有公益林场全部核定为事业单位,按照5～7名/万亩公益林标准核定事业编制,核定每个林场领导职数2~3名和内设三科一室。按照上报的《国有林场改革方案》,黄山区计划将林场核定为公益性事业单位,副科建制,实行收支两条线管理,同时把国有林场纳入新农村建设规划,统筹解决林场水、电、路、房等基础设施问题

目前,除黄山区外,我省泾县马头林场、休宁县西田林场也比照黄山区模式进行探索改革。另外,全省国有林场积极推进经营机制改革,破除分配上的平均主义,推行国有林场商品林采伐销售招投标制,着力激发林场发展经济活力。

(二)改革成效

一是经营机制得以激活。改革后,林场推行岗位责任制,一人多岗、各司其职,管理成本大幅降低,劳动强度较大的生产性工作,如采伐、整地、抚育、护林、道路维修等,全部实行购买劳务,效率明显提高。

二是生态保护得到加强。改革后,国有林场的主要任务实现了由生产木材向森林生态建设和保护的转变。7年来,林场更新造林和补植补造达15000多亩、中幼林龄抚育近70000亩,森林资源明显增加,森林质量明显提升。

三是经济效益逐步提升。加大争取项目和招商引资力度,四年来引资额超3000多万元,带动和促进了林场经济发展。2012年林场年总收入1503.6万元,扭转了长期以来的亏损局面,实现年度收支平衡。

四是基础设施有效改善。基础设施建设明显加快,仅2012年基础设施投资就达297.5万元,累计完成隔离带造林42.8公里、新建防火道143.3公里、林区道路(含防火通道)网密度由2004年的1.23米/亩增加到1.89米/亩。

五是债务社保逐步解决。改革期间,黄山区政府承担林场所有债务,解决了林场的后顾之忧。同时,养老、医疗、"场带队"、场办社会等问题也得到了妥善解决。

四、推进国有林场改革发展的目标和思路

(一)目标定位

林业具有公益事业的部分属性,呈现出较强的正外部性。即使是商品林,在采伐之前的漫长经营期内,一直发挥着重要的生态和社会效益。森林是介于私人产品和公共产品之间的特殊产品。其发挥的保持水土、涵养水源、调节气候、美化环境等社会及生态效益,均无法通过收费得到补偿,社会成员从中受益而不必为此付费,具有典型的公共产品非排他性的特征。

因此,国有林场改革的目标,可以概括为"1+3",即核心目标是加强生态林保护。其次,一是创新林场管理和监管的体制机制,二是改善职工生产生活条件,三是增强林场发展活力。总体上说,就是要根本解决当前国有林场存在的非工非农,非城非乡问题,通过实现对国有林场的事业化管理模式,制定合理的政策和制度,确保国有林场发挥培育和保护森林资源的重要职能,促进国有林场的可持续发展。

(二)总体思路

按照公益型事业单位属性,本着精简、效能原则,核定管理机构和事业编制。按照事业单位财务管理要求,将国有林场收支统一纳入财政预算,实行财政收支两条线管理。在充分了解国有林场面临困难和问题的基础上,多渠道多方式解决国有林场存在的历史欠账。

(三)基本原则

一是谁受益谁付费原则。无论是解决历史欠账问题,还是推进国有林场可持续发展,均应本着谁受益谁付费的原则,界定各级政府的事权范围,明确各级政府在国有林场改革发展方面的财政支出责任。

二是属地管理原则。按照提升管理效率的要求,本着就近和属地管理的原则,明确国有林场所属地区政府的综合管理及专业管理权限。

三是保障民生原则。通过制度及政策安排,提高国有林场职工的收入和生活水平,让国有林场职工共享改革发展成果,推动国有林场可持续发展。

四是稳步推进原则。国有林场改革,不仅涉及单位性质的转换以及事权的划分,而且涉及人财物的重新配置以及社会的稳定。既要考虑历史遗留问题,又要考虑国有林场未来的发展问题,所以,该项改革应在充分考虑政府财力的前提下,区别公益生态林和商品林林场的改革路径,稳步推进改革。

(四)改革内容

1.理顺管理体制。一是核定机构编制。明确国

有林场承担公益林保护的管理职能，将国有林场定性为社会公益型事业单位，从严核定人员和机构编制，核定后的人员和机构经费纳入同级财政预算供给，实行收支两条线管理。

二是改革人事制度。国有林场实行聘任制为基础的用人制度。根据核定的事业编制数，科学设置内部机构和工作岗位，采取竞聘上岗。

三是改革工资制度。国有林场执行公益事业单位工作人员的收入分配制度，建立健全责任风险、岗位工资和绩效工资相统一的分级分类收入分配制度。

2. 创新经营机制。国有林场创办的实体以及主要用于经营的林地，按照股份合作、合资、承包、租赁等方式进行资源优化配置。在不破坏森林资源和改变林地用途的前提下，鼓励从事综合开发，实行立体经营，提高经营水平和经营效益，增强林场发展的活力。

3. 加强基础设施建设。各级政府加大国有林场基础设施投入，着力改善国有林场条件。将国有林场道路、电力、广播电视、安全饮水等各类基础设施，纳入国家和地方统筹建设规划，拓宽融资渠道，增加建设投入；加大对营造林、森林防火、有害生物防治、资源监测等建设投入；改善国有林场困难职工住房条件，将国有林场职工住房纳入当地住房发展规划，把国有林场危旧房改造同产业结构调整、国有林场布局调整和区域小城镇建设结合起来。

4. 化解国有林场债务。国有林场营林生产形成的债务、二三产债务和其他债务由林场在改革中自行消化。拖欠职工工资和社保欠账，由各级政府共同承担。

5. 剥离林场办社会职能。将国有林场举办的义务教育学校、医疗单位等社会管理职能全部分离出来，实行属地管理。场带村(组)整体移交给所在县(市、区)人民政府管理。

五、推进国有林场改革的政策建议

1. 明确各级政府责任。按照国家批复中“中央指导、地方负责”的要求，中央应在资金和政策上出台具体的配套文件，对改革的思路和原则作出明确规定；省级需结合林场实际和财力水平制定具体改革方案，对国有林场性质、核定编制的标准、目标、范围、内容、资金筹集及分配等进行统一规定，对改革步骤和保障措施进行明确安排，切实担负起省级负总责的责任；市县是国有林场改革的执行主体，在摸清区域国有林场情况的基础上，制定详细的针对每个林场的分类改革实施方案，并切实承担起改革后的长期性政策及资金保障任务，将国有林场的机构经费和人员经费纳入同级财政预算。

2. 合理分流安置人员。要体现花钱买机制的思路，通过改革实现机制创新，按照 5～7 人／万亩的标准，从严核定事业编制。通过提前离岗、分流安置、承包经营等多种方式，妥善安置富余人员。可按照老人老办法、新人新办法的思路，核定的编制暂不明确到具体个人，采取过渡措施，待富余人员逐步减少后，再明确落实到管理人员和技术等人员。

3. 着力解决职工社会保障问题。完善国有林场社会保障是关乎国有林场改革能否取得成效的关键所在。各级政府要出台相关政策，给予国有林场职工一定的优惠条件进入社会保障，鼓励职工积极参保，实现国有林场职工应保尽保，切实解决国有林场职工的后顾之忧。财政改革投入，关键是要基本解决国有林场的社会保障问题。

4. 妥善化解目前债务。全省国有林场负债 65490 万元，建议将欠银行以及国外政府和金融组织贷款等的债务 11808 万元，暂时实行挂账处理；拖欠的农业税、育林基金等债务 4471 万元，实行豁免处理；拖欠财政及主管部门周转金债务 6709 万元，实行豁免处理；其他用于发展二三产业形成的债务 42504 万元，由林场从今后的收入中逐步偿还。

5. 妥善剥离林场办社会职能。按照国有林场隶属关系，由政府统一协调相关部门，本着稳妥、有序原则，把国有林场所办学校、医院的资产、人员等整体移交当地政府，把国有林场所带行政村(组)农民承包的经营林地、耕地和宅基地等成建制移交当地乡镇政府。

6. 稳步加大对国有林场发展的投入。一是建议省财政在对市县一般性转移支付中，充分考虑国有林场发展因素，依据国有林场公益林面积、职工人数等，安排国有林场发展经费，由市县财政通过综合预算保障国有林场的人员和机构运转经费需要，保障森林资源保护、森林病虫害防治、森林防火等森林生态监护管理的基本支出需要。二是建议省财政整合建立国有林场发展专项资金，用于国有林场发展特色产业，林下经济、森林旅游、特色养殖、生态食品、林区养殖，包括利用林区资源养老等，支持国有林场发挥资源优势，促进特色经济发展，切实提高林场职工收入水平。三是建议财政对国有林场实行收支两条线管理，通过编制国有林场综合预算，明确资金用途和内容，支持国有林场加快发展和可持续发展。

7. 统筹林场基础设施建设。一是将国有林场的基础设施建设纳入当地市县的整体发展规划，加大国有林场的基础设施建设投入，尽快改变国有林场基础设施落后于当地农村的状况。二是以棚户区改造工程为契机，安排专项资金解决国有林场道路、供电、管护用房等基础设施落后问题。三是农业综合开发、扶贫开发、以工代赈等工程项目优先安排国有林场，向国有林场倾斜，促进国有林场尽快改变落后面貌。

8. 理顺林场管理体制。国有林场改革后，要根据谁受益谁负责的原则，进一步合理界定各级政府的职责。省级政府林业主管部门主要负责国有林场的机构性质、人员编制、森林资源培育与监督管理、森林生态建设等宏观管理职责。所辖县(市、区)政府负责国有林场日常的安全生产、基础设施建设、财务、资产、分配、人员经费安排等微观管理职责。

9. 创新林场经营机制。对非林业项目的经营，按照股份合作、合资、承包、租赁、拍卖、出售等方式，盘活资产，发挥效益。积极创新公益林经营模式，鼓励国有林场在确保生态和社会功能发挥前提下，采取多种经营方式，如大力发展林下特色经济，增加经营收入。要创新管理方法，完善各项管理和生产制度，建立适应现代国有林场建设的人事、劳动和分配新机制，探索政府定向购买服务机制，充分调动林场职工的积极性。

课题组组长：张广寿
课题组成员：孔少林　李　霞　叶翠青
　　　　　　刑　炜　钱海燕　吴小林
　　　　　　赵　华　程丹润　沈　飞
课题执笔：程丹润

促进我省民营经济加快发展政策研究

民营经济是社会主义市场经济的重要组成部分，在扩大经济总量、优化资源配置、增加社会就业、提高人民生活水平、促进改革开放和发展社会生产力等方面发挥着重要作用。对于安徽推进科学发展、转型发展以及三个强省建设都具有十分重要的意义。党的十八大提出：毫不动摇鼓励、支持、引导非公有制经济发展，牢牢把握发展实体经济这一坚实基础，实行更加有利于实体经济发展的政策措施，支持小微企业特别是科技型小微企业发展。2013 年 2 月 22 日上午，省委、省政府在合肥隆重召开全省发展民营经济大会，印发了《中共安徽省委 安徽省人民政府关于大力发展民营经济的意见》(皖发〔2013〕7 号)，对进一步加快民营经济发展，作出新的部署。如何贯彻落实各项方针政策，推进我省民营经济又好又快发展，是一个现实而重要的课题。

一、我省民营经济发展现状

(一)民营经济定义

从所有制性质看，民营经济是属于非国有经济的范畴，是以非国有经济为基本构成的经济，是公有与私有混合的经济，包括除国有经济外的其他一切经济成分，即城乡集体经济、个体私营经济以及其他经济。其他经济中主要包括联营经济、股份制经济、外商投资经济和港澳台投资经济等。换言之，民营经济是非国有直属机构的法人组织或自然人以自有资本、租赁资本、借贷资本为主从事自主经营自负盈亏并享有相对独立的收益权和投资权的经济活动的总和。

从经营主体看，民营经济就是以民为主体的经济，是利用民间的资金、民间办法、民间的力量，由民间人士办的经济。它大体上相当于非国有经济，但比非国有还要宽，因为国有经济也可以实行民营，例如把国有企业承包租赁、委托给民间人士经营。这样，民营经济就包括个体、私营经济，乡镇企业，民营科技企业，股份合作制和“三资”企业中的外资经济，股份制企业中国家不控股企业，国有民营、公有私营企业等。

简而言之，民营经济是指除了国有和国有控股企业以外的各种所有制经济的统称，广义上，包括集体所有制经济、个体经济、私营经济、外商经济和港澳台经济、混合所有民营经济等类型；狭义上，仅指私营经济和个体经济。目前，主要是指剔除外商经济以外的广义的民营经济。

(二)我省民营经济发展现状

近年来，我省民营经济发展势头良好，呈现出总量迅速扩大、结构逐步优化、创新能力不断增强、贡献稳步提高的特点。一是规模增大。2012 年民营企业的户数和增加值分别是 2006 年 2.8 倍和 3.1 倍，企业营业收入超 10 亿元 120 余户，超百亿元 3 户。二是速度加快。“十一五”以来，全省民营经济增加值年均增速高于同期 GDP 增速 3.1 个百分点，民营经济的比重较 2006 年提高 5.2 个百分点。三是结构优化。民营经济正在向规模化、集群式方向发展，一大批“专、精、特、新”创新型企业迅速崛起，全省高新技术企业中民营企业占到 85%以上。四是贡献提升。2012 年，民营经济对全省经济增长贡献率 61.8%。截至 2012 年末，我省私营企业 30.4 万户，个体工商户 152.3 万户，平均每年分别增加 4 万户和 10 万户；2012 年全省民营经济实现增加值 9980 亿元，较 2008 年翻了一番。占全省 GDP 的比重约 58%，较 2008 年提高 1.7 个百分点；提供税收占国地税税收征收数 60.9%；提供了城镇 75%以上的就业岗位。可以看出，经过这些年的发展，我省民营经济无论从速度上、结构上，还是质量上，都有了长足发展。

(三)我省民营经济存在问题

在肯定我省民营经济发展的同时，应该看到，与发达省份比还有较大差距。一是发展严重不足。我省 2011 年民营企业 26.9 万户、个体工商户 143.7 万户，只分别相当于江苏的 22.5%、43.5%，浙江的 37.4%、62.5%，温州市民营企业高达 30 多万户，一个市比我们一个省还要多。我省每万人拥有企业数为 39 户，而江苏为 199 户，浙江为 153 户。二是发展层次偏低。总体上规模较小，层次偏低，主要集中在建筑业、住宿餐饮、服务业及一般加工制造业领域，新兴产业和现代服务业仅占 8%，总体上处于产业链的低端。目前，我省进入全国民营企业 500 强的仅有 4 家，而江苏有 142 户、浙江有 108 户。三是面临诸多困难。目前民营经济普遍存在着融资难、用地难、用工难和生产成本高的问题，企业生产经营压力加大，传统发展模式受到严重冲击。当前支持民营经济发展的政策很多，但在具体执行和落实时，却存在“玻璃门”、“弹簧门”等问题。四是区域发展不平衡。受区位、经济基础、文化等方面的影响，我省民营经济发展很不平衡。从 2012 年新增规上工业企业户数看，皖江示范区新增 1407 户，占全省 56.8%，而皖北 6 市新增 847 户，仅占 34.2%。

同时，民营经济在发展过程中普遍存在着融资难、用地难、用工难和生产成本高“三难一高”的问题，在不同行业、不同企业，有着不同的表现形式，民营经济生产经营外部压力加大。一是企业资金紧张。融资难是大多数企业存在的常态性问题，民营经济表现得更为突出。随着国家实施宏观调控、收紧银根，民营企业的资金困难进一步加剧。民营企业缺少抵押物，银行贷款门槛高、手续繁、利率高，民营经济自身规模小、财务欠规范、信用度不够，应收账款和产成品库存增加，银行信贷资源大多用于国有大型企业，担保体系作用发挥不够充分等，都是民营经济资金困难的重要原因。二是用地难。随着承接产业转移，一大批招商引资项目急待落地，工业用地紧缺。用地的手续繁琐冗长，指标缺和价格高也导致用地难。早期审批的用地闲置现象多，各工业园区中有大量土地处于批而未供，或供而未用的闲置状况。三是用工难。目前我省的用工难，主要还是用工结构性的矛盾，但随着经济的发展，用工难的问题将呈逐步扩大趋势。民营企业出现用工难，缺科技人才、高层管理人才和熟练技工。在劳动密集型企业用工难尤为突出，不但缺技术熟练工人，部分企业也缺一线普通操作工。究其原因：由于民营经济发展较快，一批项目竣工投产，生产规模扩大，用工需求上升导致用工紧张；部分民营企业由于工资偏低导致招人难和留不住人；一些特殊工种，如夜班和脏累的岗位招不到人；一些民营企业由于位置较为偏远，商业服务配套设施不完善，交通不便利而使企业难以招人；部分民营企业由于条件所限，无法解决管理和技术人才落户、子女入学、未来发展等问题，难以留住人。四是生产成本压力大。企业原材料、能源、交通、用工、融资等成本持续上升。用工成本上升。民营企业用工成本普遍上涨了10～35%。融资成本上升较快。商业银行以利率上浮和"商务费用"等形式抬高了民营企业贷款成本,一年期贷款利率普遍达10%以上,一些民间借贷高达30%以上。能源、交通、原材料价格上涨幅度较大,导致成本上升。经营性服务性收费偏高。如企业产品在计量、安全、许可证方面的费用支出较大。

二、现有国家和我省发展民营经济政策分析

(一)国家高度重视民营经济发展

改革开放以来,党和国家积极提倡和鼓励民营经济发展,民营经济的地位和作用不断提升,从"对国民经济有益的补充"上升为"国民经济的重要组成部分"。1997年党的十五大提出坚持公有制为主体,多种所有制经济共同发展的基本经济制度,同时提出个体私营经济是社会主义市场经济的重要组成部分。党的十八大继续提出毫不动摇鼓励、支持、引导非公有制经济发展,保证各种所有制经济依法平等使用生产要素、公平参与市场竞争、同等受到法律保护。

随着对民营经济认识的提高,国家制订了很多政策鼓励支持和引导民营经济发展。2005年,出台了《国务院关于鼓励支持和引导个体私营等非公有制经济发展的若干意见》(非公36条),规定只要是政府没有禁止的领域,民营资本都可以进入,放宽股权比例限制。内容涉及非公经济的市场准入、财政金融支持、完善服务、维护企业权益和改进政府监管等。2010年,《国务院关于鼓励和引导民间投资健康发展的若干意见》(即新36条)出台,进一步拓宽民间投资的领域和范围,鼓励和引导民间资本进入基础产业和基础设施、市政公用事业和政策性住房建设、社会事业、金融服务、商贸流通、国防科技工业等领域,国务院各部委相继出台42个实施细则。2012年,国务院又出台《关于进一步支持小型微型企业健康发展的意见》,明确国家中小企业专项资金规模逐年增加;首次提出设立国家中小企业发展基金,中央财政分5年安排150亿元,用于引导地方、创业投资机构及其他社会资金支持处于初创期的小型微型企业等。

(二)我省历来大力支持民营经济发展

从我省来看,省委、省政府始终高度重视民营经济发展,早在2003年省委、省政府就制定出台了《关于加快民营经济发展的决定》,进一步解放思想,促进我省民营经济发展、提高,明确从2004年起把发展民营经济纳入政府工作考核指标体系。2006年,省十届人大第二十五次会议通过《安徽省中小企业促进条例》,规定从积极扶持、加强引导、完善服务、依法依规、保障权益等方面促进中小企业,为中小企业创立和发展创造有利的环境。2008年,省委、省政府出台《关于进一步推动个体私营等非公有制经济又好又快发展的意见》,全面落实国家关于鼓励、支持和引导非公经济发展的各项方针政策,进一步推动我省非公经济又好又快发展,内容主要涉及放宽准入领域、激发创业活力、提高创新能力、改进金融服务、承接产业转移、转变发展方式等方面。2010年,省政府《关于鼓励和引导民间投资健康发展的实施意见》对引导民间资本进入农业农村、基础设施、基础产业、社会事业、金融业等各个领域提出了明确意见。2013年,省委、省政府又出台《关于大力发展民营经济的意见》(皖发〔2013〕7号),从激发主体活力,拓展发展空间,加大财税支持,改善金融服务,加强用地保障,强化人才支撑,优化发展环境等方面提出了进一步推进民营经济又好又快发展的20条政策措施。

目前,中央和省财政每年用于支持我省民营经济发展的专项资金投入近20亿元,主要包括:我省新设立的民营经济发展专项资金、中小企业发展专项资金、企业技术改造和创新专项资金、科技型中小企业创新基金、国际市场开拓资金、特色产业专项资金等。另外,国家对小微企业实行结构性减税政策和扶持创业就业政策以及发展担保机构等措施,都对促进民营经济发展发挥了积极作用。

(三)财政支持民营经济发展情况

按照中央的精神和省委省政府的要求,近些年来,全省各级财政部门积极发挥职能作用,从六个方面着力扶持民营经济发展。一是支持企业融资。融资难一直是民营企业反映强烈的问题之一,也是制约民营企业发展的瓶颈之一,财政部门创新财政金融结合方式,注重发挥资金放大效应。2008年为应对国际金融危机,省财政安排25亿元用于支持各市县建立中小企业担保基金、风险补偿金,大力推进全省担保体系建设,2012年当年完成担保再担保564亿元。安排财政奖补资金5.4

亿元,引导金融机构支持中小企业和“三农”融资发展。整合有关财政资金约3亿元,设立中小企业专项贷款风险准备金,与商业银行合作,为中小进出口企业、产业集群镇中小企业和特色产业基地内中小企业向银行贷款提供代偿,合作银行按5~10倍放贷,发挥财政资金放大效应和杠杆作用。在财力有限、民生保障任务十分繁重的情况下,省财政从2013年起连续5年,每年挤出11亿元设立民营经济发展专项扶持资金,变直接支持为间接支持企业,县(市区)也等额进行配套,资金全部用于充实县(市、区)担保机构国有资本金。为进一步加快融资性担保体系建设,切实解决小微企业融资难、融资贵问题,省财政安排20亿元专项资金,增加省担保集团注册资本金,省担保集团按照参股但不控股以股权投入的方式,对全省符合条件的县(市、区)国有及国有控股担保机构进行现金注册。省担保集团参股后,对担保机构建立现代企业制度,规范法人治理结构,提高放大倍数,建立全省统一的信息管理平台,强化担保机构的业务及风险管理将起到积极的促进作用。二是支持企业减负。积极落实国家结构性减税政策和清理各项涉企收费,2006年以来我省共取消和调整各类行政事业性收费256项,其中涉企收费55项,累计减免涉企收费106亿元。会同有关部门分四批对重点帮扶企业进行认定,对其实行社保费缓降。据统计,2012年全省通过减、免、缓、抵等措施,各项税费优惠达350亿元。目前,我省经国家审核保留的省级设立的涉企行政事业性收费仅3项,明显少于其他省份,且对其中两项继续已暂缓征收。根据省领导批示精神,今年我厅又会同省物价局、省经信委、省监察厅对全省涉企收费进行了全面梳理,并经安徽省人民政府办公厅印发《关于进一步规范涉企收费的通知》,自主取消、调整、下放和缓征28项行政事业性收费和3项政府性基金,初步测算每年减轻企业负担8.2亿元。三是支持创业就业。大力推动全民创业,是夯实民营经济发展的基础,财政部门注重发挥市场的主体作用,通过财政贴息、就业补助等方式支持创业就业。2011年以来,特定就业政策补助资金由过去的大型工业等国有困难企业向从事装备制造业、轻工业、纺织业等小微企业给予倾斜。2012年统筹安排就业补助资金26亿元,鼓励退役士兵和大中专毕业生投身创业、支持科技人员以技创业、感召外出务工人员返乡创业、引导广大农民转产创业、扶持下岗职工自强创业。通过补贴方式支持我省辅导平台和中小企业服务中心为中小企业提供创业辅导和培训。近三年来,省财政安排6亿元,支持全省350个农民工创业园和40个大学生创业园建设。四是支持市场开拓。积极支持企业开拓国际国内两个市场、两种资源,通过搭建平台、资金补助等方式帮助企业扩大销售,开拓市场。一方面支持各类产销对接会、交易会、博览会等展会活动,政府搭台,企业唱戏;扩大政府采购范围,同等条件下优先采购中小企业产品,特别是本地产品。另一方安排专项资金支持企业“走出去”,开拓国际市场,扩大出口规模。同时,近三年安排专项资金1.5亿元,支持中小企业服务平台和外贸公共服务平台建设,促进形成政府扶持中介、中介服务企业的新格局。五是支持创新转型。引导企业创新转型是财政支持的重要职责,是加快转变经济发展方式的必然要求。为支持企业创新转型,省财政每年统筹安排资金27亿元,着力推进合芜蚌综合试验区和国家技术创新工程试点省、战略性新兴产业、省主导产业和各市首位产业发展以及新能源汽车和科技型中小企业发展,同时,深入推进合芜蚌自主创新综合试验区企业股权和分红激励试点,2012年18家企业正式实施,今年将会超过30家,到年底将累计实施超过50家。统筹安排6亿元资金,用于支持企业技改、节能节水、新能源以及可再生能源产品开发、资源综合利用,大力支持新型墙体材料和散装水泥发展,推动关闭“五小”企业及年产9万吨以下的小煤矿,加快淘汰落后产能。

(四)支持民营经济发展政策分析

从长远看,随着我国市场化改革不断深化,政府扶持民营经济的方式也要不断调整,其基本方向应从选择性政策为主向普惠性政策为主转变,从直接扶持为主向间接扶持为主转变,从行政性操作为主向市场化操作为主转变。目前,各级政府已出台不少支持民营经济发展的政策,关键是在用好用足政策的基础上,消除政策的盲区和短板,注重把握支持的重点、节点和着力点,通过体制机制创新提高政策的实效。一是坚持市场化原则。充分发挥民营经济产权制度明晰、经营机制灵活和分配机制富有效率的优势,利用政策引导民营经济到市场寻找存在和发展的空间。二是创新支持方式。更多地采用贴租、贴息、贴费、担保、补偿等方式,发挥资金放大效应和"酵母"及杠杆作用,资金扶持政策应坚持普惠式原则,尽量发挥基础性和引导性作用。三是营造公平的市场环境。规范法规政策,完善法制规定,保护民营经济的合法利益,保障各种所有制企业的平等,切实消除行政管理中存在的歧视现象,使民营经济享受平等待遇,积极参与市场竞争。建立有效的企业维权机制,强化信息公开和社会监督,在政府部门设立民营经济便捷申诉通道,发挥行业协会在维权方面的作用,为民营经济提供免费法律服务等。四是继续加大对民营经济的减税力度。对民营经济特别是微型企业减税可促进就业,减少社会管理成本,培养长期税源,减税的长期效果反而是减轻政府负担。根据中央提出的"继续完善结构性减税政策,加大民生领域投入"的要求,应进一步提高增值税和营业税的起征点,同时扩大所得税的优惠面,争取将所有微型企业和部分中小型企业纳入结构性减税的覆盖范围。

三、进一步促进民营经济发展的政策建议

大力发展民营经济对我省具有重大的战略意义,是实现经济总量争先进位、人均水平进入中等、居民收入赶上全国,确保与全国同步全面建成小康社会的重大举措。针对我省民营经济发展现状及存在的体制机制障碍,要从解放思想,减少干预,减负轻税,大力扶持等方面,全力促进我省民营经济发展。

(一)进一步加强政策执行

加大政策宣传,强化政策执行的督查,防止出现"玻璃门"、"弹簧门"现象,着力提升政策知晓度和覆盖面,提高政策操作性,保持政策连续性,推动各项政策措施贯彻落实。同时,改进作风主动深入走访民营企业,了解企业运行现状和发展情况,加强调研,送政策上门,帮助和促进民营企业管理创新和技术创新。

(二)进一步优化发展环境

各级政府要营造亲商、敬商、安商的社会氛围和政策环境,提高民营经济的政治地位,把小微企业主和个体工商户吸纳到基层党组织和各级工商联。定期召开座谈会,认真听取他们的意见建议,解决其在生产经营中遇到的实际困难,贯彻落实群众路线。严肃处理吃拿卡要行为,保持严禁向企业伸手的"高压线"和严罚重处的高压态势。建议省政府或有关社会机构每年开展对市县投资创业环境的问卷调查、民主测评,形成对市县政府搞好服务和营造环境的约束激励机制。

(三)进一步加大资金投入

民营经济市场化程度高,但涉及就业、民生和社会稳定,随着财力增长,应整合现有资金,扩大资金规模,继续加大财政投入。同时,着力转变支持方式,更多地采用贴租、贴息、贴费、担保、补偿等方式,提高资金放大效应。坚持上下联动,发挥市县在土地、园区等方面的积极作用,扩大招商引资成果,引导市、县加大对企业发展的支持,发挥倍增效应。

(四)进一步减轻企业负担

认真落实国家结构性减税政策,继续清理规范行政事业性收费,取消不合理涉企收费;鼓励和支持有条件的地区实行"零收费"和"一费制";严禁机关、事业单位和各类协会、学会等向企业摊派费用,减少审批、检查、评比,放手企业发展,减轻企业负担。

(五)进一步缓解融资困难

民营企业一般规模小、担保条件有限、缺乏有效抵押,普遍存在融资困难问题。因此,需进一步健全地方金融服务体系,支持民营资本进入金融领域,鼓励引导规范民间融资,大力发展为中小微企业服务的小微银行、村镇银行、专业性银行,以市场手段缓解融资难,降低融资成本。同时,运用财政手段,引导金融机构加大对民营经济的放贷。商业银行、担保机构、投资公司等金融单位要落实给予民营经济的优惠政策。

(六)进一步促进转型升级

继续支持企业节能、节水、节电、清洁生产,节能减排降耗,促进循环经济。鼓励民营企业向微笑曲线两端发展,由传统代工、加工制造向注重创意、研发、设计、营销、品牌等延伸,提高产品附加值和市场竞争力。鼓励企业做大做强,支持企业兼并重组,着力打造一批自主创新能力强、市场影响力大的骨干企业。充分利用两个市场两种资源提升品质和创新能力,坚定不移推动民营企业"走出去"。 民营经济要引进先进科学技术,积极优化投资结构,吸引域外直接投资,参与市场竞争合

作。鼓励和支持民营企业开展对外经济技术合作，突破本地发展限制，更多地利用国外资源和市场。鼓励支持民营经济发展高科技产业、出口创汇产业、环保产业以及基础设施建设，提高产业结构层次。同时，引导民营企业处理积累和消费关系，鼓励科技创新，加快技术改造，合理开发资源，发展循环经济。

（七）进一步支持平台建设

继续支持各类中小企业公共服务平台建设，着力形成政府扶持中介，中介支持企业的局面，形成放大辐射效应。按照“就近就地就企业”原则和市场规则，着力扶持龙头企业利用现有资源和优势建立平台，为中小企业提供研发、检测、设计、认证等公共服务。推进建设大学生创业园、农民工创业园、科技企业孵化园等，为中小企业、部分初创型企业提供办公生产场所、培训和信息服务等，加快企业孵化和成长。支持各地建立特色商业街区、综合性或专业化大市场，为个体工商户就业创业提供场所。

课题组组长：左　俊
课题组成员：于华伟　刘志毅　李志斌
　　　　　　关　勇　张　铭
课题执笔：李志斌

财政支持小微企业发展研究

企业是市场经济的主体，是经济发展的基石，也是财政收入的源泉，为数众多的小微企业更是在稳定增长、扩大就业、促进创新、繁荣市场和满足人民群众需求等方面发挥着重要作用。由于小微企业自身和外部环境的制约，小微企业发展过程中面临着生产经营压力加大、成本上升、融资困难等种种困难，为此，如何发挥财政职能作用，促进小微企业茁壮成长，需要我们认真思考。

一、我省小微企业发展现状

小微企业目前主要指产权和经营权高度统一、产品成本服务种类单一、规模和产值较小、从业人员较少的经济组织，包括小型企业、微型企业、家庭作坊式企业和个体工商户，是我国国民经济重要的组成部分，是市场经济中最活跃的细胞，占我国企业总数的95%，广泛分布于各行各业和各地区。工信部、国家统计局、发展改革委、财政部制定的《中小企业划型标准规定》，根据企业从业人员、营业收入、资产总额等指标，将中小企业划为中型、小型和微型三类，不同的行业其划分标准各不相同。如农林牧渔业小型企业的标准为营业收入500万元及以下，微型企业为营业收入50万元以下；工业小型企业从业人员20人以上300人以下，且营业收入在300万元至2000万元之间，微型企业从业人员20人以下或营业收入300万元以下。

近年来，在省委、省政府的坚强领导下，我省支持小微企业及创业就业的政策体系不断完善，全民创业的氛围逐步形成，小微企业发展迅速，取得明显成效。一是从规模上看，据不完全统计，我省中小企业约30万余户，全省小型、微型企业以及家庭作坊、个体工商户等小微企业“阵营”更是庞大，已超过150万户，主要集中在制造业、批发零售业、居民服务修理和其他服务业、住宿和餐饮业、农林牧渔业等行业，基本上全部为民营企业，可以说小微企业是民营企业的代名词。二是从贡献上看，截至2012年底，小微企业已占全省GDP的半壁江山，60%以上的税收来自小微企业，固定资产投资的59.9%来自民间投资。今年以来，在经济下行压力比较大的情况下，小微企业对稳定全省经济增长的作用进一步显现。三是从吸纳就业上看，小微企业创造了75%以上的城镇就业岗位，城乡居民收入的构成中，也有相当比例来自小微企业。

尽管我省小微企业发展取得一定的成效，但目前也存在一些亟待解决的问题。一是从横向比较看，全省小微企业数量少、规模小、实力弱，与沿海省市和中部兄弟省份相比还有明显差距。我省百万人群中创办中小企业的仅为浙江的十六分之一、江苏的四分之一、广东的三分之一和湖北的四分之三。百万人群中自主创业的个体工商户仅为浙江的二分之一、江苏的五分之三、广东的五分之三和湖北的五分之四。二是我省创业农民少、就业渠道也比较单一，大部分农民还停留在通过劳务输出进入城市打工的阶段，且主要集中在建筑业和低端制造业。以创业带动就业的意识淡薄，全民创业的良好氛围以及追随创业、带动创业、竞相创业的格局尚未真正形成。三是小微企业融资困难和人才匮乏现象尚未根本改变。资金缺口大、融资成本高仍然是小企业发展过程中难以逾越的“瓶颈”。人才分布不均、人才合理流动渠道不畅和自身人才外流使得小微企业员工整体素质难以提高。原材料价格上涨、劳动力成本上升也使得小微企业生存压力加大。四是小微企业集聚度低。由于在前期招商引资过程中缺乏规划，引进的小微企业未能形成抱团发展的格局，集群集聚度低，相互配套能力差，竞争力弱。五是目前支持小微企业政策比较零散，没有形成合力。我省虽然制定了相当一部分扶持小微企业政策，但分散在相关职能部门，在具体执行和落实时，还存在“玻璃门”、“弹簧门”等问题。

二、支持小微企业发展的财政政策

改革开放以来，党和国家积极提倡和鼓励小微企业发展，小微企业的地位和作用不断提升，1997年党的十五大提出坚持公有制为主体，多种所有制经济共同发展的基本经济制度，同时提出个体私营经济是社会主义市场经济的重要组成部分。党的十八大明确提出“毫不动摇鼓励、支持、引导非公有制经济发展，保证各种所有制经济依法平等使用生产要素、公平参与市场竞争、同等受到法律保护”和“支持小微企业特别是科技型小微企业发展”。财政部门更是积极发挥宏观调控职能，制定出台税收优惠、资金支持、鼓励就业、减负治乱等政策，不断加大支持力度，对促进小微企业健康成长发挥了积极作用。

从国家层面看，党和国家积极提倡和鼓励民营经济发展。2005年，出台了《国务院关于鼓励支持和引导个体私营等非公有制经济发展的若干意见》(非公36条)，规定只要是政府没有禁止的领域，民营资本都可以进入，放宽股权比例限制。内容涉及非公经济的市场准入、财政金融支持、完善服务、维护企业权益和改进政府监管等。2010年，《国务院关于鼓励和引导民间投资健康发展的若干意见》(即新36条)出台，进一步拓宽民间投资的领域和范围，鼓励和引导民间资本进入基础产业和基础设施、市政公用事业和政策性住房建设、社会事业、金融服务、商贸流通、国防科技工业等领域，国务院各部委相继出台42个实施细则。2011年，根据小微企业发展过程中遇到的新情况、新问题，国家及时完善了相关税收政策，主要包括大幅提高增值税、营业税起征点，将小微企业减半征收企业所得税政策延长并扩大范围(自2012年1月1日起到2015年12月31日，对年应纳税所得额6万元及以下的小微企业，其所得减半计入应税所得额，按20%税率缴纳企业所得部)，免征金融机构对小微企业贷款印花税等政策。2012年，国务院又出台《关于进一步支持小型微型企业健康发展的意见》，明确国家中小企业专项资金规模逐年增加；首次提出设立国家中小企业发展基金，中央财政分5年安排150亿元，用于引导地方、创业投资机构及其他社会资金支持处于初创期的小型微型企业等。今年，国务院《关于金融支持经济结构调整和转型升级的指导意见》(国十条)中明确提出“整合金融资源支持小微企业发展”，随后国务院出台了《关于金融支持小微企业发展的实施意见》(国八条)，意见从八个方面提出支持措施，包括确保实现小微企业贷款增速和增量“两个不低于”目标、加快丰富和创新小微企业金融服务方式、着力强化对小微企业的增信服务和信息服务、积极发展小型金融机构、大力拓展小微企业直接融资渠道、切实降低小微企业融资成本、加大对小微企业金融服务的政策支持力度、全面营造良好的小微金融发展环境。从8月1日起，对小微企业月销售额不超过2万元的增值税小规模纳税人和营业税纳税人，暂免征收增值税和营业税。

从我省来看，省委、省政府始终高度重视民营经济发展，早在2003年省委、省政府就制定出台了《关于加快民营经济发展的决定》，进一步解放思想，促进我省民营经济发展、提高，明确从2004年起把发展民营经济纳入政府工作考核指标体系。2006年，省十届人大第二十五次会议通过《安徽省中小企业促进条例》，规定从积极扶持、加强引导、完善服务、依法依规、保障权益等方面促进中小企业，为中小企业创立和发展创造有利的环境。2008年，省委、省政府出台《关于进一步推动个体私营等非公有制经济又好又快发展的意见》，全面落实国家关于鼓励、支持和引导非公经济发展的各项方针政策，进一步推动我省非公经济又好又快发展，内容主要涉及放宽准入领域、激发创业活力、提高创新能力、改进金融服务、承接产业转移、转变发展方式等方面。2010年，省政府《关于鼓励和引导民间投资健康发展的实施意见》对引导民间资本进入农业农村、基础设施、基础产业、社会事业、金融业等各个领域提出了明确意见。今年,省委、省政府将印发《关于大力发展民营经济的意见》,进一步激发主体活力,拓展发展空间,改善金融服务,优化发展环境。9月份,省财政厅、省经信委、省人社厅、省国土厅、省地税局等8部门联合出台《关于进一步支持中小微企业发展的意见》,从七大方面提出了20条具体意见。另外,省政府近期出台了《关于进一步加强融资担保体系建设支持小微企业发展的意见》,强化我省融资担保体系建设,全力促进小微企业发展。

三、我省支持小微企业发展的具体措施

为加快我省小微企业发展,全省各级财政部门深入贯彻落实国家和省里的决策部署,针对发展中遇到的矛盾和困难,我们多渠道筹集资金支持小微企业发展,归纳起来主要体现在以下几个方面。

1.帮助企业融资。"融资难"一直是制约小微企业发展的瓶颈,也是企业反映最为强烈的问题,省财政厅站在全局高度,转变思路,积极探索,通过支持担保机构做大做强,发挥财政资金"酵母"作用,帮助小微企业解困渡难。根据省委、省政府决策,从今年起连续5年,省财政每年安排11亿元扶持民营经济发展专项资金,用于充实县(市、区)担保公司国有资本金,各市及各县(市、区)原则上按省财政安排的资金等比例配套,全省今年投入近37亿元,按平均4倍放大比例测算,每年可带动新增贷款约150亿元。同时,制定了资金分配管理办法和资金绩效评价办法,确保资金分配管理科学、规范、公平、公正,对各地资金使用情况进行中期评估和绩效评价,督促各地足额配套资金,足额拨付资金,提高放大担保倍数。据中期绩效评估,今年获得资金扶持的87户县域担保机构,今年以来共向5773户中小微企业担保贷款227.2亿元,同比增加53.5亿元,增长30.7%,平均放大倍数3.6倍,高于社会平均水平(2.68倍)。

2.减轻企业负担。今年上半年,省财政厅会同省物价局、省经信委、省监察厅对我省涉企收费情况进行了全面的梳理、分析和研究,联合向省政府提交了有关规范涉企收费的意见,省政府办公厅据此出台了《关于进一步规范涉企收费的通知》,在国家近期减免33项行政事业性收费的基础上,我省从8月1日起自主取消、调整、下放和缓征28项行政事业性收费和3项政府性基金,预计每年减轻企业负担8亿元,并且对经营性服务收费和学会、协会、研究会等收费实行严格管理。同时,积极落实国家结构性减税政策,全面开展"营改增"试点,截止今年9月底,全省营改增试点纳税户数5.8万户,累计减轻企业负担33.7亿元;对因新老税制转换税负增加的企业,落实好过渡期财政扶持政策,累计拨付扶持资金10.9亿元。严格执行国家对小微企业税收优惠政策,自8月1日起,对月销售额不超过2万元的企业或非企业性单位,暂免征收增值税或营业税,全年预计减轻小微企业税负7亿元。对按程序申报并符合土地使用税减免条件的企业,在规定期限内为企业办理减免税手续;认真做好企业增值税、营业税、企业所得税起征点提高等工作,确保各项税收优惠政策落实到位。

3.增加有效投入。今年以来,省财政共拨付支持企业资金202亿元,已基本拨付到位,进度明显快于往年,其中9成以上用于支持民营企业和小微企业,实现了早拨快拨实拨,及时发挥了财政资金效益。继续发挥好合芜蚌自主创新、战略性新兴产业、企业技术改造以及科技型中小企业等专项资金作用,向中小企业倾斜,解决企业初创期、成长期资金不足问题,提升企业自主创新能力。同时,针对今年严峻的外贸形势,充分利用两种资源两个市场,积极支持民营企业"走出去",统筹安排6400万元财政专项资金,支持中小企业开拓国际市场,注重培育外向型企业。

4.推动创新转型。引导企业创新转型是财政支持的重要职责,是加快转变经济发展方式的必然要求。为支持企业创新转型,省财政每年统筹安排资金27亿元,着力推进合芜蚌综合试验区和国家技术创新工程试点省、战略性新兴产业、省主导产业和各市首位产业发展以及新能源汽车和科技型中小企业发展,同时,深入推进合芜蚌自主创新综合试验区企业股权和分红激励试点,2012年18家企业正式实施,预计到今年底将突破50家;统筹安排6亿元资金,用于支持企业技改、节能节水、新能源以及可再生能源产品开发、资源综合利用,大力支持新型墙体材料和散装水泥发展,推动关闭"五小"企业及年产9万吨以下的小煤矿,加快淘汰落后产能。

5.促进全民创业。财政部门注重发挥市场的主体作用，通过财政贴息、就业补助等方式支持创业就业。2011 年以来，特定就业政策补助资金由过去的大型工业等国有困难企业向从事装备制造业、轻工业、纺织业等小微企业倾斜。2012 年统筹安排就业补助资金 26 亿元，鼓励退役士兵和大中专毕业生投身创业、支持科技人员以技创业、感召外出务工人员返乡创业、引导广大农民转产创业、扶持下岗职工自强创业。通过补贴方式支持我省辅导平台和中小企业服务中心为中小企业提供创业辅导和培训。近三年来，省财政安排 5.7 亿元，支持全省 350 个农民工创业园和 40 个大学生创业园建设。

6. 切实服务企业。省财政厅积极开展全省涉企资金大检查工作，专门召开动员大会，制定工作方案，布置专项检查工作，从 6 月中旬开始至 9 月底，重点检查 2010—2012 年各级财政预算安排用于扶持企业发展的各项资金的使用管理情况，确保资金落实到企业。同时，结合党的群众路线教育实践活动，开展涉企资金调查，切实改进作风，深入走访企业，召开民营企业座谈会，问需于企，问计于企，了解企业所思所想所盼，提高政策的针对性和有效性，全心全意服务企业发展。

四、进一步促进小微企业发展的思考

针对我省小微企业发展现状及存在的体制机制障碍，总体上要“解放思想，减少干预，减负轻税，大力扶持”。财政部门应充分发挥职能作用，运用财政政策，提高财政资金的引导和放大效用，全力促进我省小微企业发展。

一是创新扶持方式。小微企业市场化程度高，但涉及就业、民生和社会稳定，随着财力增长，应整合现有资金，创新支持方式，更多地采用贴租、贴息、贴费、担保、补偿等方式，提高资金放大效应。坚持上下联动，发挥市县在土地、园区等方面的积极作用，扩大招商引资成果，引导市、县加大对企业发展的支持，发挥倍增效应。

二是减轻企业负担。认真落实国家结构性减税政策，继续清理规范行政事业性收费，取消不合理涉企收费；鼓励和支持有条件的地区实行“零收费”和“一费制”；严禁机关、事业单位和各类协会、学会等向企业摊派费用，减少审批、检查、评比，放手企业发展，减轻小微企业负担。

三是缓解融资困难。小微企业一般规模小、担保条件有限、缺乏有效抵押，普遍存在融资困难问题。因此，需进一步健全地方金融服务体系，支持民营资本进入金融领域，鼓励引导规范民间融资，大力发展为中小微企业服务的小微银行、村镇银行、专业性银行，以市场手段缓解融资难，降低融资成本。同时，运用财政手段，引导金融机构加大对小微的放贷。

四是促进转型升级。继续争取国家关闭小企业专项资金，对“五小”企业实施“安乐死”，为优质小微企业发展腾出空间。继续支持企业节能、节水、节电、清洁生产，节能减排降耗，促进循环经济。鼓励中小微企业向微笑曲线两端发展，由传统代工、加工制造向注重创意、研发、设计、营销、品牌等延伸，提高产品附加值和市场竞争力。鼓励小微企业做大做强，支持企业兼并重组，着力打造一批自主创新能力强、市场影响力大的骨干企业。充分利用两个市场两种资源提升品质和创新能力，坚定不移推动民营企业“走出去”。

五是支持平台建设。继续支持各类中小企业公共服务平台建设，着力形成政府扶持中介，中介支持企业的局面，形成放大辐射效应。按照“就近就地就企业”原则和市场规则，着力扶持龙头企业利用现有资源和优势建立平台，为中小企业提供研发、检测、设计、认证等公共服务。推进建设大学生创业园、农民工创业园、科技企业孵化园等，为中小企业、部分初创型企业提供办公生产场所、培训和信息服务等，加快企业孵化和成长。支持各地建立特色商业街区、综合性或专业化大市场，为个体工商户就业创业提供场所。

六是加强政策执行。加大政策宣传，强化政策执行的督查，防止出现“玻璃门”、“弹簧门”现象，着力提升政策知晓度和覆盖面，提高政策操作性，保持政策连续性，推动各项政策措施贯彻落实。同时，改进作风主动深入走访企业，了解企业运行现状和发展情况，加强调研，送政策上门，帮助和促进小微企业管理创新和技术创新。

课题组组长：左　俊
课题组成员：于华伟　刘志毅　李志斌
　　　　　　张　铭
课题执笔：张　铭

关于加强融资性担保体系建设问题的研究

近年来，我省小微企业蓬勃发展，在解决就业、维护社会稳定、实现居民收入增加和财政增收等方面发挥了极其重要的作用，但由于小微企业的“小、散、弱”，造成了融资难始终是制约小微企业发展的突出问题。而加强融资性担保体系建设，既是解决资本、资金和企业这一矛盾的“桥”和“船”，也是市场经济条件下地方政府扶持小微企业发展的主要抓手。虽然我省融资性担保体系建设取得了长足进步，融资性担保服务能力明显增强，但无论从宏观的行业发展，还是微观的企业管理角度来看，仍存在一些亟待解决的问题。本文在对我省融资性担保机构进行全面调研的基础上，就其发展状况及存在问题进行了深入分析，并就下一步融资性担保体系建设提出了意见建议。

一、全省融资性担保体系建设状况

近年来，我省融资性担保行业发展迅速，一大批融资性担保机构步入良性发展轨道，已形成政府引导、民资参与的多层次融资性担保体系，对提高社会资金融通效率、促进小微企业和“三农”发展起到了积极作用。

1.担保再担保体系初步构建。十多年来，我省融资性担保机构经历了高速发展与规范整顿两个阶段，全省担保体系从无到有、由点到面、由弱到强，初步建立了以省担保集团为龙头、市级融资性担保机构为主体、县(区)级融资性担保机构为基础的担保体系。高速发展阶段(1999-2010年)，我省融资性担保机构最高峰时达577家，各市都建立了1家以上融资性担保机构，大多数县域也建立了融资性担保机构，基本实现了全覆盖。规范整顿阶段(2010年至今)，清退了197家实力弱、管理差、不专注主业的融资性担保机构，全省融资性担保机构户数降至380家（不含7家分支机构)，其中：国有担保机构129家，民营担保机构251家。并且经过积极引导和培育，建立了以省担保集团为依托的再担保，再担保体系成员单位已达79家，覆盖全省16个市及75%以上的县域。

2.融资性担保机构实力逐步增加。截至2013年6月末，全省380家融资性担保机构注册资本共443.14亿元，全部为实缴货币资本，户均注册资本1.17亿元，比规范整顿前的户均3900万元翻了3番。据统计，按所有制结构来看，国有担保资本金223.3亿元，民营担保机构资本金219.84亿元；按资本金规模来看，注册资本在10亿元以上的3家，占全部机构的0.79%；5亿元以上的2家，占全部机构的0.53%。亿元以上融资性担保机构达242家，占全部机构的63.7%。经过十多年来的发展，已逐渐涌现出一批单体规模较大、带动性较强的融资性担保机构，如省担保集团，注册资本42.2亿元，放大倍数达4倍；合肥中小担保机构，注册资本2.51亿元，放大倍数近10倍。这些业绩突出、实力较强的融资性担保机构，既为整个行业起到了较好的引领示范作用，也有效带动了我省融资性担保行业整体实力趋强、规范、有序发展。

3.服务中小微企业成效逐渐显现。全省融资性担保机构紧紧围绕服务中小微企业、服务经济发展的宗旨，致力于为中小微企业发展服务，为实体经济持续健康较快发展助力。截至2012年底，全省融资性担保机构在保企业户数为4.17万户，在保余额为1135.57亿元，其中：中小企业在保余额1071.7亿元，“三农”在保余额203.4亿元，分别占94.38%、17.91%。特别是2012年，在全国多数省份融资性担保业务出现下滑的情况下，我省在保余额和户数仍然实现了9.76%、6%的增长，在保余额连续两年在全国位居第5、中部第1、东部第2。一大批融资性担保机构在自身不断发展的同时，实现了服务企业、贡献社会的多赢局面。如国有独资的省担保集团，8年来累计为13471家中小微企业提供担保649.89亿元，促进企业增加产值735亿元，新增税金11.47亿元，创造8.66万个就业机会，公司自身纳税1.75亿元；国有参股的中盈盛达担保4年来累计为400多家中小微企业提供担保24.27亿元，促进企业增加产值74亿元，新增税金5亿元，创造3万个就业机会，公司自身纳税2470万元；民营独资的合肥中诚担保5年来累计为300多户中小微企业提供担保30多亿元，促进企业增加产值100多亿元，新增税收约3亿元，公司自身纳税840万元。

二、全省融资性担保体系建设中存在的问题

尽管全省融资性担保机构近年来取得了较好

的成绩,但是离社会期盼、企业需求和自身发展相差甚远,仍然存在一些亟待解决的突出问题。

1.担保效率问题。一方面,担保行业整体效率不高,国有担保效率两极分化,撬动银行信贷杠杆作用有限。一是全省融资性担保行业平均放大倍数不高。全省平均放大倍数2.73倍,虽在中部地区位居第一,但离国家规定的10倍上限差距较大。特别是全省还有40多家融资性担保机构从未与银行合作开展业务(未经营或利用自有资金经营),更凸显了这一问题。二是担保机构效率差异明显。国有融资性担保机构中,担保能力较强的市级机构绝大多数处于业务饱和或接近饱和,急需补充担保资金,如合肥中小担保、宿州市中小担保等放大倍数达7倍以上,急需担保资金支持。而效率不高的县区国有担保放大倍数偏低,多数民营担保的融性资担保功能不断削弱。全省14家国有及国有控股担保机构甚至1倍都达不到,亟待进一步提高。另一方面,担保覆盖率不均衡,担保贷款比率及服务覆盖率仍有待提高。一是机构覆盖率不均衡。皖南及江淮地区担保机构户数达325家,皖北地区仅55家,呈现南多北少的地域不平衡特点。全省仍有20个县区无国有及国有控股担保机构。二是担保贷款比率不高。如徽商银行担保贷款余额占该行全部贷款余额10.86%、合肥科农行担保贷款余额占该行全部贷款余额的13.6%。三是服务覆盖率不高。2012年末,全省融资性担保在保企业户数为4.17万户,占全省25.56万户企业的16.31%。当前情况下,仍需不断提高担保放大倍数,进一步提高担保覆盖率,充分发挥担保资金使用效益。

2.再担保体系问题。十年前,我省依托省担保集团构建全省再担保体系,其模式为一般保证责任模式,即在体系内国有融资性担保机构破产后才由省担保集团承担兜底责任。起初,由于市县国有融资性担保机构实力较弱,银行与之合作意愿不强,该模式起到了积极的增信作用,帮助它们跨过银行准入门槛,在全国来说也比较领先。然而,随着市县国有融资性担保机构逐渐壮大,银担合作门槛已不是其面临的主要矛盾;延续下来的再担保模式既不能帮助体系成员增加与银行的谈判筹码、又与之存在同质竞争、更增加了其成本费用,目前已处于停滞不前状态;在制约全省融资性担保行业发展的同时,也局限了省担保集团的自身发展。

3.可持续发展问题。要想使融资性担保机构真正起到撬动银行信贷支持实体经济特别是中小微企业的杠杆作用,必须正视内外部各种因素对可持续发展能力的限制。从内部看,无论是民营还是国有性质,大部分融资性担保机构都没有建立起规范的法人治理结构,为业务拓展、做优做强设下体制障碍;加之人员素质参差、管理粗放、合规运作意识差,都不利于长期健康发展。譬如,不少设立时间较长的国有融资性担保机构仍为事业性质的担保中心,既无压力、又无动力,基本处于被动应付状态。从外部看,首先是缺乏风险分散和转移机制。融资性担保行业的高风险、低收益特征,决定了其需要银行、政府共同构架的风险分担与补偿机制作为后盾。否则,既影响银行与之深入合作的信心、又影响融资性担保机构专注主业的决心。目前,银行与融资性担保机构之间风险分担机制尚未建立,风险补偿机制也不健全。其次是相关政策不完善。譬如银监会等七部委2010年3号令要求计提未到期责任准备金和担保贷款赔偿准备金(简称"两金"),并予以税前扣除。但财税〔2012〕25号调整了此项政策,规定"两金"只能按差额计提,上年度计提"两金"余额转为当期收入纳税。部委文件规定不统一,额外增加了融资性担保机构负担。此外,各地在调研中也提出,基于国有融资性担保机构运营两极分化的现实,民营经济发展专项资金平均化、且直接到县区的分配原则,其以增量激活存量的出发点虽好,但拘于各地理念、人才、环境的差异,在实际操作中反而会限制增量财政资金效用的发挥,如灵璧中小担保中心,注册资本5247万(其中省拨付民营经济发展专项资金1287万元),在保余额1810万元,放大倍数连1倍都达不到;长丰中小担保中心,注册资本1亿元(省民营经济发展专项资金925万元),在保余额仅350万元,放大倍数也远小于1倍。

三、推进全省融资性担保体系建设的意见建议

根据马凯副总理关于加强融资性担保体系建设的讲话精神和国办发〔2013〕87号文件要求,结合我省实际,我们认为应按照"政府主导、市场运作、政策支持、规范监管、上下联动、共同发展"的

总体要求,逐步构建以省信用担保集团为龙头、以市、县(市、区)为主体、以政策性国有及国有控股担保机构为骨干、以商业性和互助性担保机构为补充、以再担保为纽带、以信息化为支撑、以服务小微企业为宗旨的多层次、差别化的融资性担保体系。具体建议如下:

1.做大做强市县担保公司,提升国有资本金担保效率。积极支持融资性担保机构进行合并重组、增资扩股,做实基础,做大主业,走科学化、精细化、专业化发展之路。对国有融资性担保机构,一是积极促进改制。尽快将担保中心由事业性质改制为企业,坚持企业化管理,市场化运作,不断完善法人治理结构;进一步解放思想,打破固化思维模式,逐步建立健全购买服务、年薪制、绩效评价等一系列的激励约束机制。二是按照“政府引导、市场主导”的原则,省、市、县(市、区)集中财力,持续加大对国有融资性担保机构资本金注入,支持各市县区做强国有融资性担保机构,充分发挥国有融资性担保主渠道作用。三是鼓励法人资本、社会资本、民间资本投资设立商业性融资性担保机构;积极引进省外融资性担保机构进入,充分调动社会各界发展融资性担保机构的积极性。力争到2017年,全省平均放大倍数达到5倍,省、市级融资性担保机构放大倍数达到7倍以上,县(市、区)级融资性担保机构放大倍数达到5倍以上。

2.完善再担保体系,发挥再担保分险增信功能。一是强化省信用担保集团再担保功能,大力发展再担保业务,对符合条件的市、县(市、区)国有及国有控股融资性担保机构,积极提供连带责任和比例责任再担保,为商业性融资性担保机构提供一般保证责任再担保,进一步增强分险、增信能力。二是鼓励各地建立“担保+保险”等多种方式的风险分散机制,加快形成多层次的再担保体系。三是鼓励融资性担保机构之间开展联保、分保、反担保等多种方式合作。

3.建立完善政策,加大财政支持力度。盘活存量,用好增量。一是建立风险补偿机制。其一,建立省、市、县(市、区)三级小微企业担保风险补偿基金,省级对省再担保分担的小微企业担保代偿损失,给予一定比例的风险补偿;市、县(市、区)对本级融资性担保机构的小微企业担保代偿损失,给予相应风险补偿。其二,在再担保体系内建立“担保风险补偿合作基金”,由再担保体系成员缴存一部分(包括计提“两金”的一部分)、基金运作增值一部分、金融机构分担一部分(贷损后承担),建立“担保、再担保、金融机构”三者按比例分担风险机制。二是落实好现行财政奖补政策。贯彻落实好皖政〔2013〕5号文件提出的担保贴费、担保增量奖励、合并重组及扩大资本规模奖励等政策。三是整合创新财政资金使用方式。整合一部分直接补贴给企业的资金,安排一部分作为专项扶持中小企业融资性担保的贴费,支持融资性担保机构降低收费标准,进而减轻企业融资负担。按照效率优先、兼顾公平的原则,从民营经济发展专项资金中拿出一部分,通过省担保集团对经营管理好、放大倍数高的国有及国有控股融资性担保机构进行参股,以股权或业务为纽带,进一步增强担保实力。四是加强银担互利合作。探索建立银担合作风险分担机制,引导地方金融机构根据合作情况按比例承担风险。地方财政将银担风险分担机制与财政性资金存款及金融机构考核激励等挂钩。五是优化担保发展环境,国土、房产等有关部门不得指定评估机构对抵(质)押物进行强制性评估,并减半收取代偿、清偿、过户等手续的费用。限定国有担保机构担保费率,对低于全省平均担保费率的,由同级财政给予适当补贴。

4.夯实发展基础,推动担保可持续发展。加快建立健全现代企业管理制度,完善公司治理结构。建设信息化系统和数据平台,加强从业人员业务培训。创新担保业务模式、品种,创新反担保方式。深化银担合作,率先从省属金融机构推动银担风险分担试点。加强小微企业综合征信体系建设,搭建小微企业综合信息共享平台,建立融资性担保机构信用评级、发布制度。加快建立相关产权管理和交易中心,强化担保行业自律。加强行业监管,强化风险管控,不断夯实发展基础,推动融资性担保行业可持续发展。

课题组组长:左　俊
课题组成员:黎学东　张先虹　李红波

财政支持我省新型城镇化相关政策研究

城镇化是经济社会发展的必然趋势，也是未来经济发展的最大动力、最大的内需。推进新型城镇化是加速安徽崛起的必由之路，是统筹区域城乡发展的重要途径，是提高人民生活水平的战略举措。本课题简要回顾我省城镇化发展历程与财政支持政策措施等，并根据当前推进新型城镇化的总体要求和主要目标等，提出进一步支持我省新型城镇化发展的财政政策建议。

一、我省城镇化发展历程

城镇化，就是指农村人口不断向城镇转移，第二、三产业不断向城镇聚集。建国初期，我国对城镇化实行控制政策，此间我省城镇化率长期徘徊在10%左右。改革开放之后，全省经济逐步走上了健康发展的轨道，城镇人口增长较快，城镇化率逐年提高，大致经历三个发展时期：一是复苏时期(1978—1984年)，由1978年的10.69%提高到1984年的12.87%，年均提高0.36个百分点。二是稳步增长时期(1985—2002年)。随着经济体制改革的深化，城市经济和城市建设得到较快发展。由1985年的14.04%提高到2002年的30.7%，年均提高近1个百分点。三是加速发展时期（2002年至今)。随着国家中部崛起战略及安徽省工业强省、东向发展战略的实施，全省工业化快速发展，推动了城镇化的加速发展。城镇化率由2002年的30.7%提高到2012年46.5%，年均提高1.6个百分点。

二、近年来省财政支持城镇化发展的主要措施

近年来，省财政以科学发展观为指导，加大支持力度，坚持以城镇化带动区域协调发展、统筹城乡发展、促进新型工业化、深化各项改革，完善城镇功能，重点加快壮大中心城市，发展中小城镇和重点镇，统筹城乡一体化发展，简要如下：

1.支持中心城市加快发展。城市化发展实践证明，大城市规模效益要高于小城镇，具有优先发展的规律。省财政在研究落实我省区域经济发展政策时，加大了对中心城市及开发园区有针对性的扶持，促进中心城市加快发展，增强辐射能力，如：支持皖北合作共建园区建设。省财政每年安排专项资金，注入阜阳合肥、亳州芜湖、宿州马鞍山等合作共建现代产业园融资平台，增强融资能力。支持皖江示范区发展，从2010年，连续6年至2015年，省财政每年安排10亿元注入融资平台，撬动社会资本投入，提升园区承载能力。支持合芜蚌自主创新示范区建设。从2008年起，省级财政每年安排专项资金7亿元，支持合芜蚌自主创新综合配套改革试验区建设，并辅之以必要的税费减免、财政补助、财政奖励等政策，支持试验区的城市发展。支持合肥经济圈发展，以支持合肥现代化大建设为核心，推动合肥建设国家科技创新型试点城市，支持淮南、六安、巢湖等市发展。顺应加快“两山一湖”发展的需要，省财政统筹服务业发展专项资金、旅游发展资金，推进皖南国际文化旅游区发展和黄山服务业综合改革试点。

2.支持中小城市和县城加快发展。中小城市和县城发展是推进城镇化进程的骨干力量，是城镇化发展最具潜力的区域，省财政以支持县域经济发展为切入点，完善了一批县城和中小城市的基础设施，加快了产业发展，增强吸纳能力。经省政府同意，2008年省财政厅印发《关于省财政支持县域经济发展的若干意见》，出台一系列政策措施，支持县域经济加快发展。如：加大省对县一般性转移支付力度，进一步规范省市与县的分配关系。继续实施财政强县奖励政策。同时不断加大对城市基础设施的投入力度，重点支持城市污水设施、保障性安居工程、城市供水、重大交通基础设施等，增强城市功能，完善城市承接力，增强持续发展能力。

3.支持重点小城镇加快发展。重点小城镇是县域经济发展的重要载体，是加快推进城镇化和统筹城乡发展的重要纽带和节点，近年来，省财政不断加大投入，支持小城镇基础设施建设，统筹推进美好乡村建设。一是支持扩权强镇试点。如：加大税费政策支持，在试点镇辖区内征收的矿业权价款县级留成部分，以及县级发证所征收的采矿权价款，县级财政按不低于50%的比例返还试点镇。鼓励设立金融机构，在试点镇设立分支机构或网点，省财政给予一定奖励。二是支持小城镇基础设施建设。每年安排小城镇建设专项资金3000万

元，重点支持我省确定的200个中心镇规划编制和基础设施建设。连续五年，统筹投入15亿元，建立健全乡镇生活垃圾收集、转运设施，带动和辐射农村生活垃圾的处理，强化小城镇的载体功能，改善农村生活环境。同时，积极争取中央资金，支持小城镇供水、污水处理设施建设。三是支持美好乡村建设。省政府决定每年重点培育建设1500个左右中心村，治理10000个左右自然村，推进美好乡村建设。目前，省财政每年安排专项资金10亿元，要求市级财政每年安排不少于5000万元，县(市、区)财政安排不少于1000万元。2013年，全省各级财政预算共安排专项资金40亿元，整合涉农资金156.9亿元，全力推进美好乡村建设。

4. 支持城镇功能完善和制度创新。一是城镇化建设过程中，通过整合各类基础设施、产业发展、社会事业等专项资金，优先支持民生工程和公共设施建设，提升综合承载力和服务功能。二是省内部分城市积极探索，不断创新，以土地整治为抓手，推动基础设施和公共服务向农村延伸，促进城镇化和新农村建设良性互动、协调发展。三是统筹推进城乡一体化试验区建设。支持合肥、芜湖、马鞍山、铜陵、淮北和淮南六市城乡一体化综合配套改革，通过推进城乡规划布局、产业发展、基础设施、公共服务、就业和社会保障、社会管理等“六个一体化”，着力破除阻碍城镇化的体制改革障碍。

三、我省新型城镇化总体思路

1. 总体要求。以提高城镇化质量为中心，以促进农业转移人口市民化为核心，以开发区产城一体化为突破口，构建人口资源环境相匹配的城镇化格局，发挥城市产业发展、公共服务、吸纳就业、聚集人口功能，促进工业化、信息化、城镇化、农业现代化同步发展，走出一条具有安徽特色的新型城镇化道路。

2. 主要目标。坚持以人为本、产城融合、城乡统筹、绿色集约、彰显特色的基本原则，扎实有效推进新型城镇化建设，到2015年，全省城镇化率超过50%，2020年接近60%，2030年接近70%；布局合理、功能完善、分工有序的城镇体系基本形成，中心城市集聚力和辐射力进一步增强，中小城市综合承载能力显著提升，人口聚集型、交通枢纽型、历史文化型和特色产业型“四型”中心镇功能充分发挥，美好乡村建设全面完成；具有核心竞争力的现代产业体系基本形成，“两型社会”建设取得重大进展，人居环境明显改善；城乡居民收入和生活水平稳步提高，覆盖城乡居民的社会保障体系全面建成；市场配置资源、城乡发展一体化、城镇住房保障等制度体系比较完善。

3. 今年以来财政创新融资支持的实践。今年以来，省财政以支持开发区产城一体化为突破口，创新投融资体制，积极推进产城一体项目融资试点。一是及时摸清开发区和融资需求情况。开展专题调研，对试点市县80个融资平台、74个开发区进行全面调查摸底，基本理清了试点地区开发区基本情况、融资平台状况、产城一体建设融资需求。二是科学确定试点范围。按照“国家级优先、发展基本好优先、紧邻中心城区优先、规模大优先”的基本原则，确定了“9+23+1”共33个开发区作为首批试点园区，开展新型城镇化建设试点。三是积极落实资金加快项目融资。基本明确了“推动市场化融资主体以“市带县”模式开展开发区产城一体化项目融资试点”，提出项目建设资金由省补助资金、市(县)自筹资金、开发银行贷款组成(其中市级按照省、市、开行2∶2∶6的比例每年投入10亿元；县级按照省、县、开行1∶1∶3的比例每年投入5亿元)。同时，提出以市或市带县方式设立市场化运作的新型城镇化建设投资公司，政府将资金、土地和经营性资产等注入融资主体，推动其做实做强、市场化运作，推动股权结构多元化。目前，省级财政已安排落实40亿元，用于今年新型城镇化建设试点配套。省开行已启动了首批50亿元贷款项目评审，累计发放贷款34亿元支持保障房、土地收储、道路等项目建设。同时，按照盘活资源、统借统还的思路，牵头拟定我省棚户区改造项目融资方案，提出省级融资平台组建实施方案。省级融资平台拟注册资本60亿元，通过省财政补助资金注入、国有经营性资产(股权、矿权)划转注入、有合作意向的市县参股投资等多渠道筹集。受市县自愿委托，省级平台帮助市县统借统还，争取国开行中长期贷款支持市县棚户区改造项目等城市基础设施建设。

四、新型城镇化财政政策建议

1. 完善公共财政和投融资机制。一是完善转移支付制度。继续规范和整合专项转移支付，加大一般性转移支付力度，按照“人的城镇化”的本质要求，分配一般性转移支付和基本公共服务专项转移支付时，逐步将常住人员作为重要因素，引导地方政府提高基本公共服务覆盖面。同时，结合中央事权与支出责任的调整，进一步完善省与市县的事权与支出责任，建立财力与事权动态匹配的机制。二是创新基础设施投融资体制改革。逐步扩大地方政府发债试点，允许地方政府通过发债等多种方式拓宽城市建设融资渠道。建立政府与市场合理分工的城市基础设施投融资体制，政府集中财力建设非经营性基础设施项目，并通过特许经营、投资补助、政府购买服务等多种形式，吸引包括民间资本在内的社会资金，参与投资、建设和运营可经营性城市基础设施项目。同时，完善城市公用事业服务价格形成、调整和补偿机制。

2. 锁定风险做实做强政府融资平台。按照《安徽省人民政府关于进一步加强政府性债务管理的意见》，锁定风险，规范管理，切实做实做强政府融资平台，提高融资能力。一是加快推进“9+23+1”新型城镇化试点。足额安排落实省级补助资金和市县配套资金，积极谋划储备一批项目，加快项目融资，推进开发区“产城一体”基础设施建设，促进开发区转型升级。二是加快棚户区改造项目融资。盘活省级经营性资产（股权、矿山），充实省级融资平台资本金，帮助市县集中融资支持棚户区改造等基础设施建设，促进老城区改造升级，改善困难群众住房条件，解决城市内部二元体制。三是有序推进小城镇和美好乡村建设项目融资。支持市级政府组建小城镇和美好乡村建设融资平台，以市带县的模式，将基础设施项目进行打捆融资，推进小城镇和美好乡村项目建设。四是支持市县做实融资平台。支持市县加强政府性资金、资源、资产的统管力度，全面清理分类政府“三资”，统管政府资金，实行政府全口径预算管理，增加融资平台公司资本金；统管政府资产，注入融资平台公司；统筹政府资源，尽量交由融资平台公司运营。同时，加强与金融机构的相互合作和政府性债务管理，建立新型的政府资产负债管理机制，有效防范财政金融风险，做实做强政府融资平台公司。此外，注重财政政策和金融政策融合，积极创新金融产品和业务，建立完善多层次、多元化的城市基础设施投融资体系。

3. 突出重点协同推进新型城镇化。一是以产城一体为突破口，加快开发区转型升级。把开发区作为新型城镇化进程的重要载体和主要突破口，突出规划龙头，支持开发区发展规划、控制性详细规划、产业发展规划等规划体系修编衔接；突出产城融合，统筹中心城区与开发区重大基础设施建设，基本实现“布局一张图”，同步考虑供水、供气、供电、公共交通、保障性住房，实现基础设施共建共享。二是以棚户区改造和城市基础设施建设为重点，提高老城区综合承载能力。认真贯彻落实国发 25 号、国发 36 号文件，大规模推进实施棚户区改造，有效改善困难群众住房条件，缓解城市内部二元矛盾，促进社会和谐。同时，针对当前城市基础设施仍存在总量不足、标准不高、运行管理粗放等问题，加强城市基础设施建设，提高基础设施综合承载能力。三是以支持产业发展为重点，增强产业支撑能力。继续集中资金支持主导产业发展，统筹合芜蚌综合试验区、国家技术创新工程试点省、战略性新兴产业等专项资金，积极争取中央新能源汽车、节能减排、科技创新等专项资金，集中支持省主导产业和各市首位产业发展。继续发挥财政金融协同放大作用，省市同步安排民营经济发展专项扶持资，充实县区担保机构国有资本金，大力推进担保再担保体系建设，着力解决中小企业融资难问题；继续创新资金支持方式，积极探索财政资金与金融结合、与市场结合、与社会资本结合的机制，通过以存引贷、竞争分配、以奖代补、风险补偿、贷款贴息、财政担保再担保、委托贷款等，用较少的财政资金，撬动更多的社会资本，大力扶持产业发展。

4. 努力提高城镇化发展质量。一是重视规划融合。加大投入力度，按照城市总体规划、土地利用规划、国民经济发展规划等“多规融合”的要求，支持规划修编完善。二是推进城镇绿色发展。支持低碳城市建设，将“紧凑城市”的理念贯彻到城市规划中去，优化空间布局，增强城市的可持续发展能力。支持城市生态环境保护，充分利用本地的自然条件，打造优质的公共空间。注重完善城市绿地系统，建设多层次、功能复合的城市生态网络。支持绿色建筑发展，以政府投资类公共建筑、保障性住房示范工程和绿色生态城区为重点，积极开展既有建筑的绿色生态化改造，推动绿色建筑规模化应用。支持城市绿道建设，着力提升园林绿化水平,改善人居环境。同时,支持智慧城市建设,提升城市网络宽带化和应用智能化水平。三是提升城镇文化内涵。按照建设文化强省的要求,推进城镇与经济文化的融合,不断提升城镇的内涵和品味。统筹徽派建筑保护、文物保护和风景名胜区等专项资金,在尊重和顺应自然条件下,支持历史文化遗存保护,建设具有浓郁徽风皖韵的新型城镇。

5.大力推进基本公共服务提升。重点支持完善五项公共政策,即:加快完善以人为本的劳动就业、教育、医疗卫生、社会保障和保障性住房五项公共政策,促进基本公共服务水平提升。一是推动城乡劳动者同工同酬,构建城乡统一的劳动力市场。二是实现教育政策的城乡统一,促进教育机会均等。三是加快推进医疗卫生政策及医疗保障政策的城乡统一。四是推进基本养老等社会保障政策城乡统筹,尽快提高社保基金的统筹层次,改进转移接续制度。五是将农民工纳入城市住房保障体系,建立以公租房为主体、以货币化补贴为主要形式的保障性住房制度。

6.积极配合支持关键领域改革。重点配合支持两项重大制度改革,即:土地制度和户籍制度改革。一是支持户籍制度改革。全面放开建制镇和小城市落户限制,有序放开中等城市落户限制,合理确定大城市落户条件,严格控制特大城市人口规模。稳步推进城镇基本公共服务常住人口全覆盖,把进城落户农民完全纳入城镇住房和社会保障体系,在农村参加的养老保险和医疗保险规范接入城镇社保体系。建立财政转移支付同农业转移人口市民化挂钩机制,从严合理供给城市建设用地,提高城市土地利用率。二是支持土地制度改革。逐步打破目前单一的城市建设用地征用模式,深入研究推进征地制度改革,探索集体建设用地入市的方式和途径,实现同地同权同价;完善各类用地标准,提高土地利用效率;注重发挥市场机制作用,使农民可以公平转让土地承包经营权和宅基地使用权,提高农民进城能力。

课题组组长:吴天宏

课题组成员:王召远　陈维光　唐　兵

我省政府性债务管理信息化建设研究

近年来,地方政府性债务规模逐年增长,债务数据越来越多,数据结构复杂多样。截至目前,我省债务数量已超76000条,涉及机关、事业单位、融资平台公司、国有企业等共计5901家债务单位。单纯依靠手工记账、算盘汇总的方式已无法满足财政科学化精细化管理的需要。加强政府性债务管理信息化建设,既是加强政府性债务管理的题中之义,也是为党委、政府决策提供科学参考依据的基础性工作。本文旨在结合我省实际,深入分析当前政府性债务管理信息化建设的现状和问题,探索下一步信息化建设的路径与方向。

一、政府性债务管理信息化建设背景

(一)加强政府性债务管理首先要加快信息化建设

自2008年国际金融危机以来,我国各级地方政府融资规模迅速膨胀,财政金融风险逐渐增大,逐渐引起了中央及各级地方政府的重视,特别是2010年爆发的欧洲主权债务危机,使我们充分认识到了地方政府性债务风险的紧迫性。2010年6月10日,国务院发布了《国务院关于加强地方政府融资平台公司管理有关问题的通知》(国发〔2010〕19号),提出了对地方投融资平台进行清理、规范的要求。同年8月19日,国家财政部、发改委、央行、银监会共同下发《关于贯彻〈国务院加强地方政府融资平台公司管理有关问题的通知〉相关事项的通知》(财预〔2010〕412号),对国发19号文相关事项作了进一步说明。

以上述文件发布为契机,国家财政部、审计署及各级地方政府财政部门迅速行动,将政府性债务的清理核实作为一项重要工作,并在此基础上,推出一系列政策措施控制债务风险,除了财政部会同中央有关部门制定的债务风险控制、土地融资规模控制、债权人定期对账等措施外,部分地方省市也根据本地区的实际情况,在债务预算管理、债务资金管理、偿债准备金、融资平台管理等方面进行了大量的探索,摸索出了很多有益的经验,正在逐步形成以信息网络技术为依托的政府性债务全口径、精细化的管理模式。

近年来，我省各级政府积极采取多种方式为经济社会发展举债融资，加快发展步伐，在应对金融危机和支持经济持续健康较快发展中发挥了重要作用。但是，部分地区政府性债务规模大、融资成本高、融资主体分散、债务资金使用效益较低、债务管理不透明不规范，债务偿还压力较大，风险隐患较为突出。省委、省政府高度重视政府性债务管理工作，省委书记张宝顺、省长王学军多次提出要严密防范地方政府债务风险，牢固树立底线思维，强化风险意识，切实抓好政府性债务管理，确保不发生区域性的金融和财政风险；常务副省长詹夏来亲自指导省财政厅研究政府债务管理工作，同时要求加强政府性债务管理信息化建设，夯实债务数据基础，依托平台随时查询数据，为主要领导决策提供参考依据。当前，省财政厅已将加快政府性债务管理信息化建设列入重要工作日程，本着“高效、快捷、准确、实用”的原则，设计开发债务管理软件，着力夯实政府性债务管理基础。

(二)财政部政府性债务管理信息化建设现状

财政部从 2009 年开始清理核实全国地方政府性债务，最初使用手工 EXCEL 报表的方式进行填报和汇总，由于涉及省、市、县、乡四级 10 万多个债务单位，工作量大，效率较低。2010 年开始招标建设地方政府性债务管理系统，并于 2011 年完成了单机版系统的开发，下发到全国各省市，并在当年 9 月份完成了第一次基于信息系统的全国债务数据统计汇总，之后不断加快系统建设步伐，2012 年 9 月份下发了网络版系统，实现了从省到中央的财政部门联网上报，大大提高了全国债务统计上报的效率。

十八大以来，新一届政府领导班子更加重视政府债务的风险，财政部及相关部门正在紧锣密鼓的研究制定规范地方政府债务管理、防范金融风险的政策措施，主要包括三个方面：一是研究将地方政府性债务纳入预算管理的相关办法，并完善相关的制度；二是建立地方政府债务风险预警机制，对于高风险地区严格控制新增债务，并研究落实存量债务化解办法；三是研究建立政府资产登记及评估机制，形成初步的政府资产负债模型，建立地方政府债务的可持续框架。

在信息系统建设方面，财政部今年拟开发建设地方政府性债务管理系统二期，在一期系统的基础上，主要升级完善风险预警、土地融资、债权人对账、债务预算填报等功能，以支撑债务管理新的业务要求。但财政部的系统建设主要目标还是以全国性的数据统计、信息填报为主，对于地方财政部门的内部精细化管理尚无明确的要求和计划。

(三)部分省政府性债务管理及信息化建设经验

1. 湖南省政府性债务管理及信息化建设经验。湖南省政府于 2013 年初发布了《关于加强和规范政府性债务管理的意见》文件，明确提出了本省的政府债务管理目标和办法，湖南省财政厅拟立项开发建设全省的政府性债务业务管理系统，主要实现债务预算及收支计划管理、新增债务举借管理、还本付息管理、土地融资管理、风险预警、决策分析、统计上报等功能，预计今年年底上线。总体上要求对于政府债务采取全口径、信息化的管理方式，拟实现以下四个目标：

一是实现总量控制，审批管理。在合理的债务风险范围内，对财政性债务实现预算管理，对融资性债务实现收支计划管理，规范举借行为。利用系统实现债务资金运营的科学化，管理流程的制度化。

二是实现“统一化、自动化、全口径、全方位”管理模式。采用网络方式，全省债务基础数据统一口径，挂接必要的合同、票证等附件作为审核依据，所有基础信息一经录入，就可以实现债务的全方位动态管理，同时便于查询和向领导定期汇报，也使得债务工作底稿实现电子化和程序化。

三是债务管理实现信息化、精细化、高效率。通过一个统一的债务管理系统，对每个债务口径及各种汇报台账是实现全方位的信息化管理，通过系统可以获取各种形式的台账数据，并且动态掌握还本付息的金额，不仅效率高而且更加精确。

四是偿债资金的规范化管理。通过债务资金管理系统，在利率、期限、利息调整方式等基础数据录入后，系统能自动计算出还本付息的金额，并通过将偿债资金直接付给债权人的方式，减少偿债资金流转的环节,防止资金的挪用,提高资金的安全性。

2. 河北省政府性债务管理及信息化建设经验。河北省财政厅债务处按照《河北省财政厅关于进一步加强政府性债务管理的意见》(冀财预〔2012〕190号)文件要求,自2012年开始由各级市县各级财政部门试编债务预算,并上报省厅债务处进行汇总审批,以此掌握各级市县全年的政府债务的举借、偿还、债务资金收支情况,已经取得了初步效果,今年将继续推广完善债务预算管理办法。

一是建立增量债务与存量债务的联系机制。通过建立反映债务增量及其使用情况的当年收支预算总表系统、建立反映偿债资金来源及存量债务偿还情况的当年偿债收支总表系统,实现对政府债务年度余额变化情况的整体反映。

二是归拢政府债务管理渠道。落实财政部门的归口管理职责,并重推进增量债务与存量债务的管理,逐步实现政府债务由多渠道举借向以政府债券的使用管理为主要方式的转变。

三是推进政府债务良性循环。围绕进一步发挥政府债务的积极作用,建立政府债务举借约束机制与预算执行分析反馈体系,形成债务项目实施绩效与债务举借的联系机制,努力实现政府债务举借规范、使用高效、偿还有方的良性循环。

二、我省政府性债务管理信息化建设现状

2009年,安徽省财政厅组织人员力量,率先在全国开发应用政府债务管理信息系统,先行一步积累了丰富的债务管理经验。2011年,财政部组织开发地方政府性债务管理系统后,省财政积极对接两套系统,确保数据准确、及时、无误,为党委、政府决策提供了科学的依据。

(一)我省政府性债务管理信息化建设历程

我省政府性债务管理信息化的工作起步较早,早在2009年就建设了全省的政府性债务上报管理系统,积累了大量的政府性债务基础数据。从2011年至今,使用财政部统一下发的《地方政府性债务管理系统V1.0》网络版(省财政厅使用网络版,市县财政部门、省直部门单位、政府融资平台公司使用单位版),实现了全省债务的按月上报和汇总统计。

2013年7月19日,安徽在全国率先以省政府名义印发了《关于进一步加强政府性债务管理的意见》(皖政〔2013〕48号),针对市、县政府在投融资过程中存在的突出问题,“对着病根开药方”,从界定债务边界和投向、加强风险管控、核定债务规模、规范举债审批程序、控制融资成本等十个方面,进一步完善政府性债务管理,其中特别提出要建立信息报告制度。一是建立债务信息月报制度。凡有政府性债务余额的举债单位每月向同级财政部门报送政府性债务信息,政府融资平台公司每月向同级财政部门报送会计、债务报表。从2013年8月起,各地要按规定口径将债务信息报省财政厅。二是建立政府综合财务报告年报制度。财务报告要真实完整地反映各级政府资产负债等情况,经同级政府审定后,报省财政厅备案。三是及时沟通债务信息。各级财政、发展改革部门和银监、人行分支机构要加强政府性债务信息交流,建立定期对账和信息沟通机制,确保相关债务信息及时、全面、准确。这对目前我省政府性债务管理系统提出了新的更高要求。

(二)当前我省政府性债务管理系统建设进展

今年以来,省领导和厅领导对加强政府性债务管理信息化建设提出了新的更高要求,即依托平台随时查询数据,为主要领导决策提供参考依据,同时要求,操作简单、界面美观、反应快速。围绕这一思路,省财政厅及时组织人员开发了“安徽省政府债务决策分析系统”,利用数据仓库及电子地图技术,形成面向管理决策层的债务风险预警及决策分析系统。同时,由于财政部统一下发的政府性债务管理系统无法满足地方个性需求,如不能实现对退出类融资平台的动态监管和对应付利息等的管理等,省财政厅在广泛征求意见建议的基础上,提出了开发“地方政府性债务管理系统安徽专版”的想法和需求。

1. 安徽省政府性债务决策分析系统:分别设计债务余额、变动趋势、风险预警、当年举借、当年偿还、债务逾期、未到期债务、债务用途、融资平台、融资成本等十个模块,重点在债务数据的价值挖掘和综合利用方面寻求突破,灵活运用图表等工具,直观反映我省地方政府性债务状况,加强债务数据分析,设立债务率、偿债率、逾期债务率等预警指标，动态反映地方政府性债务变化情况。目前十个模块已开发完毕，系统正在测试中，待审计结束更新债务数据后可为领导决策服务。

2. 地方政府性债务管理系统安徽专版：将退出类政府融资平台债务纳入系统管理；定制开发安徽省债务统计套表，包括《单位在建项目情况表》、《融资平台资产负债情况表》、《债务信息明细总表》等；结合安徽省实际情况，对目前财政部标准版系统中的部分功能进行修改完善。目前，已完成政府融资平台公司属性功能、直接债务功能、债务审核功能、建设项目功能、新增债务功能、统计分析功能等需求研发，部署后即可上线运行。

（三）我省政府性债务管理系统存在的问题

尽管我省政府性债务管理信息化建设取得了一定成绩，但也存在一些问题。一是债务数据基础有待进一步夯实。如财政部门和审计部门对政府性债务数据统计口径不一致，部分单位填报数据时没有参考依据，填报数据前后不一，有待进一步明确报送口径，以夯实数据基础。二是债务系统部分功能有待进一步完善。一些使用单位反映每月上报数据下级机关审核通过，而上级机关审核时却通不过，审核公式有待调整。三是债务系统网络版有待全面推进。由于目前省直部门和市县均使用单机版管理系统，每月上报数据需先形成数据包，上级机关再接收，单机版数据包容量有限，经常导致数据丢失。同时，单机版也给上级机关每月催要数据带来不小的工作量，如网络版全面推开，按月上报将由软件技术制约。四是用户使用界面有待进一步简化。部分使用单位反映，录入债务系统时，界面不够直观，自定义查询报表功能不好用，查询数据不方便。同时，由于债务软件本身较为复杂，迄今没有一本简便易懂上手快的操作指南。五是软件操作人员有待进一步培训。软件使用单位，特别是市县基层债务软件操作人员更换频繁，操作使用不熟练，错报现象时有发生。如结合政府性债务审计，我们发现某县已偿还债务未及时更新、合同还款期限登记错误导致发生逾期债务、县乡两级债务重复统计等，人员力量配备不齐，业务水平亟待提升。

三、我省政府性债务管理信息化建设方向

1. 政府性债务管理信息化建设的总体目标

我省政府性债务管理的总体业务目标应包括两方面，一方面是通过对本地区政府资产及负债情况的动态分析，客观评估并有效控制财政金融风险；另一方面是在相关政策允许的范围内，借助市场化的金融工具和平台，为本级政府的重点项目建设提供低成本、高效率的融资方案，促进地区经济发展。在系统建设方面，依托现有的覆盖到乡镇的财政业务专网，建设覆盖全省债务单位的网络化应用平台，充分利用信息网络技术的优势，将省本级及各市县政府债务的举借、资金使用、偿还的全过程纳入统一监控，实现政府债务全流程的有效管理。依据以上的目标，政府性债务管理的业务系统功能可以划分为十二大模块。

2. 实现全省债务系统网络全覆盖。根据财政部和省委省政府的部署要求，我省加强政府性债务管理当务之急是夯实债务统计数据的准确性、提高数据报送的及时性。目前我省财政业务专网已将16个市、74个县（市、区）以及95%的乡镇联通，网络带宽基本可达到4～10兆，硬件设施也较完善，可以先基于现有的财政部统计上报的网络版系统，结合我省需要进行部分功能改进后，实现省、市、县、乡四级财政部门联网的统计报送网络平台，缩短上报周期到月、旬甚至周，明确统计范围和口径，对债务进行逐笔核实，将所有融资平台公司（含退出类）纳入统计范围，从而实现全口径、网络化、及时准确的政府性债务数据报送，初步建立全省统一的债务信息统计预警平台。

3. 全面反映债务状况。一是开发债务预算及收支计划管理系统。根据财政部对于债务收支纳入预算管理的相关工作部署，对于财政性资金偿还的政府性债务将会分步骤、分批次纳入预算管理范围，与公共预算、基金预算等构成财政部门的整体预算。债务预算管理系统实现财政性债务项目的预算管理，对债务举借、使用、还本付息通过预算统一安排，按预算申报、审批、下达、执行等各环节全程管理，并实现偿债计划等中长期预算管理。系统采集部门、单位举借债务申报相关信息，包括申请举借金额、还本资金来源、借款期限、资金用途等；财政部门对各部门（部门对所属单位）举借债务相关信息进行审核。各部门（部门对所属单位）按照审核意见修改后再次上报；本级财政部门按照新增债务余额控制数下达的相关信息;各部门、单位调整年度新增债务项目部门预算,汇总编制本部门、单位债务预算,报送本级财政部门。二是加强政府投资项目库管理。政府投资项目管理是债务预算及年度计划编制的基础,也是计划执行过程中的审核依据。通过建立政府投资的项目基本信息库,可以把项目的投资计划、建设进度、拨款进度、资金缺口、融资情况完整的掌握,便于财政部门在预算审批、资金拨付、缺口分析等方面进行有效的管理和监控,也是政府投融资平台管理的核心。三是加强新增债务审批管理。对于新增政府债务,债务单位在债务预算和年度收支计划的范围内,于新举借债务前向本级财政部门提出书面申请,说明新增债务的规模、用途、来源(债权人)、期限、还款计划、融资成本等信息,审批通过后可向金融机构举借债务。单位与债权人签订债务合同后,在系统中进行合同登记备案。合同登记采用卡片式录入方式,并形成可按用户自定义格式债务项目概览、项目信息、还本付息执行情况、支出情况等的综合查询页签。

4.服务领导决策分析。在确保数据的完整性和准确性的基础上,为方便各级政府债务主管部门全面分析债务风险,动态监控债务变动,科学预测债务趋势,对现有的统计数据,进行综合分析和数据挖掘,对债务余额、用途、融资平台债务情况、逾期债务、融资成本等各方面进行动态分析,结合各地区的综合财力、GDP等经济指标,建立以负债率、债务率、偿债率、债务逾期率等四个指标为主要标准的风险预警模型,建立政府性债务决策分析系统。系统通过对政府债务统计系统产生的数据进行采集、展现、分析和管理应用,从而提升财政管理决策水平,主要面向省、市级政府主管领导、财政厅、局级领导等决策层用户。系统包括:数据收集和抽取(清洗、汇总)、灵活报表(包括动态报表和固定报表)展现,分为“数据源”、“数据仓库层”、“服务应用层”、“数据展现层”等四个层次;报表包括:地图式分析、债务总体分析、月度快报、债务风险预警、融资平台债务状况、融资成本分析等。

5.实时监控债务资金和融资成本。为保障预算及收支计划的严格执行,需要对债务资金,包括债务本金及利息费用等收支过程进行流程化管理,将债务资金的收支纳入财政监控范围,建立规范的资金收支审批流程,将涉及的各类资金账户纳入信息化监管平台,确保债务资金安全、高效使用,形成规范、透明、可控的债务资金监控系统。一是加强债务资金监控管理。举借债务资金到位后,应严格按照批准的用途进行资金使用,账户可以由单位和财政部门共同监管,单位如需使用债务资金,应向财政主管处室提出申请,财政审批通过后,银行才能按照单位要求将资金拨付给供应商或施工方。二是加强债务还本付息管理。系统按照设置的提前期,对于到期债务本金和利息进行自动提醒,并提供利息测算功能,实现债务利息的精确预测。模块可以提供按月、按季度、按年的偿债本金和利息预测,便于财政部门动态监控偿债压力,并准确测算融资成本。三是加强土地储备机构融资管理。实现土地储备融资的计划编制和执行控制工作,对融资规模控制卡按照机构信息、土地信息和融资信息进行登记,审核后对相关新增债务进行控制。

课题组组长:吴天宏

课题组成员:尹祥领　韩晓峰

财政建设类资金绩效评价信息化建设研究

近年来,随着我省经济社会的持续快速发展,城市化进程的不断加快,各级政府为改善投资环境,不断加大各类工程建设项目投入,财政建设类资金和项目的管理难度日益加大,管理任务异常繁重,如何有效的对财政建设类资金和项目进行全过程、动态管理和监控、规范管理流程、加强控制,已成为财政部门乃至政府共同关注的重要课题。

当前,财政建设类资金和项目管理中主要存在以下难点:一是难以有效了解、掌握整体或单个工程项目的立项、完工、进度、付款、成本、决算等情况;二是难以对不同来源资金的筹集、使用情况进行及时、准确的统计和分析;三是难以根据项目的进度、完工等情况科学计划项目资金的筹集和使用;四是难以实现“按进度、按合同、按计划”控制项目资金。因此,推进财政建设类资金绩效评价信息化建设迫在眉睫,本文从财政建设类资金现状出发,指出绩效评价信息化建设的必要性,并深入探讨绩效评价指标体系设置和信息化建设的路径。

一、我省财政建设类资金现状

财政建设类资金是指通过政府预算(含中央转移支付)、各类融资等筹集用于项目建设的资金。据统计,2012年我省财政建设类资金规模达777.3亿元,其中,中央安排486.0亿元,省级安排资金151.9亿元,市县安排资金139.4亿元。从资金来源看,中央预算内基建投资(含省、市、县配套)233.9亿元,省级预算内基建投资(含市、县配套)12.1亿元,各部门专项362.6亿元,民生工程等其他专项168.8亿元。从资金用途看,全省财政建设类资金主要用于培育和发展战略性新兴产业、构建区域发展平台、发展循环经济、建立生态补偿试点、推进节能技术和新能源应用战略、实施国土空间高效发展战略、治理淮河巢湖流域和湖泊、实施农村环境连片整治、推进骨干水利工程建设、完善交通领域投资模式、加大保障性安居工程建设力度等。

二、财政建设类资金绩效评价信息化建设的必要性

财政建设类资金规模大、涉及项目多,管理难度大;同时财政建设类资金的社会关注度高、惠及面广,管理需求也大。管理难度大和管理需求大的矛盾凸显出加快财政建设类资金绩效评价信息化建设的必要性,主要表现为:

1.财政建设类资金投资项目周期长,程序严格,过程控制要求高。若按照跑现场、查资料、对数据、编报表的传统管理模式,难以准确、及时地掌握各建设项目的投资、进度、决算等情况,也无法给各级领导决策提供快速、有效的数据支撑。

2.财政建设类资金投资项目多具有公益性强的特点,受益群众多。因此,建立和固化管理流程,并在一定范围内公开建设类资金和项目的使用管理情况,符合转变政府职能、服务群众的要求。

3.财政建设类资金来源渠道较多,资金监管要求高。财政建设类项目资金来源包括财政资金、银行贷款、债券资金、融资等,依靠传统方式难以及时、准确地了解、掌握不同来源资金的使用情况及各融资平台的债务情况。

4.财政建设类资金投资项目的现场不确定因素多,变更、签证等情况较为普遍,概算超估算、预算超概算、决算超预算的现象时有发生,只有通过建立一套科学、统一、针对性强的评价体系,才能对变更事项的合理性做出正确判断,从而实现资金、物资、业务的有效管理。

5.财政建设类资金规模庞大,涉及的项目成千上万,只有依托信息化手段,实现多单位、部门的信息共享,才可能满足管理的需要。

6.财政建设类资金投资项目管理过程中会产生大量文档,如立项资料、预算、合同、工程量清单、发票、收据等,传统管理方式下,这些文档的保管、查询、使用等都存在难度,迫切需要信息化建设来改善。

三、财政建设类资金绩效评价指标体系

指标体系是评价财政建设类资金绩效的载体,是衡量绩效评价目标实现程度的考核工具。建立一套科学完整的评价指标体系是提升绩效评价质量、推进绩效评价信息化建设的核心工作。

指标体系可分为共性指标和个性指标两大类:共性指标是指适用于所有财政建设类资金投资项目的评价指标,是确保项目建成投产后实现绩效目标的前置性控制条件,具有普适性。主要反映项目决策和项目实施两个阶段,具体可包括项目目标、决策过程、资金分配、组织管理、资金管理和项目管控等内容。

个性指标是针对不同部门或行业不同类型项目特点设定的个性化指标,主要包括项目的产出数量、产出质量、产出时效、产出成本以及项目效果等。不同主体使用财政建设类资金的目标不同,例如农业类与教育类项目存在很大差异;同属于基本建设类的城市污水处理项目与道路交通项目在绩效目标上也有很大差别:前者侧重于环境效益(清洁、低污染、环境友好),后者侧重于社会效益(安全、高效率、交通便捷)。因此,项目的绩效既要考查项目设定的绩效目标是否合理,又要考查项目实际完成的绩效目标相对于预定绩效目标完成程度，同时还要考虑该项目与同类项目绩效目标的相对比较。

财政建设类资金绩效评价指标体系应依据各类资金以及项目自身特点量身设置，突出绩效特色，细化、量化，指标体系量化过程中应遵循以下记分准则：对于能够通过数学公式或比较法则准确计算出得分的子指标，采用计算结果作为这一项子指标得分；对于不能依据准确的表达公式计算出得分的子指标，由财政部门或评估专家根据实地考察情况进行主观认知评分，涉及多人打分的，把各人对单项指标的评价结论经过转换汇总后除以总人数，得到这一项子指标的分数。

四、财政建设类资金绩效评价信息化建设路径

财政建设类资金绩效评价信息化系统涉及面广，横向涉及财政部门、主管部门和建设单位，纵向涉及省、市、县；资金构成复杂，包括中央、省、市、县各级财政资金，单位自筹资金，举债筹集的资金等，财政资金又涉及预算内基建投资和各类财政专项资金；包含的内容多，不同行业的建设内容大相径庭，绩效目标的结果各不相同，定量定性的指标设置有较大差异。鉴于以上原因，该系统的建设应加强组织协调，有计划、分阶段地推进，试点运行后逐步全面推广。具体实施中可由省财政厅牵头，相关主管部门和建设单位参与，并做到以下几点：

1. 成立绩效评价信息化系统开发工作小组。省财政厅信息中心牵头，相关业务处（预算、行政、政法、教科文、经建、农业、企业、农业综合开发）参加，选派业务骨干组成开发工作小组，负责制订执行工作计划，汇总论证用户需求，提出系统开发应用投入和资金筹集方案，组织软件开发招投标前期相关工作，配合软件开发单位做好相关工作，研究系统上线试运行和推广应用工作方案等。

2. 明确阶段性任务。省财政厅有关业务处对财政建设类资金投资的项目，会同行业主管部门研究提出具体用户需求；财政投资的基本建设项目，具体用户需求由经济建设处会同有关部门研究提出。系统软件开发先从基本建设项目入手，然后再扩展到财政专项资金的公共基础设施项目。分步完成以下阶段性任务：(1)完成对财政投资的基本建设项目需求研究论证；(2)完成绩效管理信息系统软件开发招标，确定软件开发承担单位；(3)完成软件开发任务；(4)完成系统运行省级中心数据库所需硬件设备采购任务；(5)系统上线试运行；(6)系统应用在全省全面推开。

3. 绩效评价信息化系统软件开发完成后，分别选择2～3个市和2～3个省直主管部门试点运行，发现问题和遗漏，及时修正和补充完善，在确保系统运行稳定、各项功能完善的基础上再全面推开。

从兄弟省（市）的经验看，财政建设类资金绩效评价信息化建设的应用模式可分为集中式、分散式、网络式、平台式、综合式等多种方式。

我们认为，我省绩效评价信息化系统可采用网络模式应用推广：即系统主要应用于各级财政部门、城建部门、项目指挥部、城投中心等单位。项目总数据库存放于各级财政部门，各应用单位通过网络采集、上载项目各类数据，主管部门负责数据的审核、汇总等工作。

该种模式的主要优势是：建设单位对财政建设类资金和项目分账套进行管理，随着工期的进行把资金来源、项目概（预）算、结（决）算、合同、付款情况、审计及工程立项、招投标、开工、进度情况、完工情况、供材等信息纳入系统统一管理，主管部门可据此对工程组织实施的全过程实施动态实时掌控，实现工程项目信息的充分共享，进一步规范各建设单位建设资金和项目管理流程。

课题组组长：吴天宏
课题组成员：王召远　张恒景　高　剑

加强政府性债务管理初探

随着经济社会的发展，特别是应对国际金融危机、推进城镇化建设，我国政府连续数年实施了积极的财政政策，地方政府在经济建设、改善民生方面承担了大量的支出责任，从而对资金的需求也不断增长。各级政府通过变向融资的方式进行举债，筹集了大量资金，有效弥补了地方财力不足，这种“借明天的钱办今天的事，通过办好今天的事，为明天创造更多的钱”的举债方式，促进了城乡基础设施建设，有效地保障和改善了民生，对经济社会发展、城镇化建设和应对金融危机起到十分积极的作用。与此同时，也不可避免地形成了大量政府性债务，随着政府性债务规模的不断扩大，债务管理上的问题逐步显现，特别是地方政府普遍存在的“重举借、轻管理”、“无规划、不计成本”现象，严重影响着债务融资的可持续性，隐藏着较大的风险隐患，如不及时采取措施防患于未然，很有可能带来金融风险，进而引发财政风险。

一、政府性债务的概念

关于政府性债务的概念，无论在理论界还是实务界都没有统一的定义。在我国地方债务管理的实际工作中，财政部门和审计部门对政府性债务的内涵和外延也有不同的界定。财政部门把地方政府(含政府部门和机构，下同)、经费补助事业单位、融资平台公司等直接借入、拖欠或因提供担保、回购等信用支持，以及因公益性项目(含公益性基础设施项目)建设形成的债务界定为政府性债务。其中，因直接借入、拖欠形成的债务为直接债务；因提供担保形成的债务为担保债务。而审计部门则把政府性债务分为三类：一类为地方政府负有偿还责任的债务，是指地方政府、经费补助事业单位、公用事业单位、政府融资平台公司和其他相关单位举借，确定由财政资金偿还，政府负有直接偿债责任的债务；二类为地方政府负有担保责任的债务，是指因地方政府提供直接或间接担保，当债务人无法偿还债务时，政府负有连带偿债责任的债务；三类为政府可能需要承担救助责任的债务，是指政府融资平台公司、经费补助事业单位和公用事业单位为公益性项目举借，由非财政资金偿还，且地方政府未提供担保的债务。

二、政府性债务需要关注的几个问题

(一)多头管理家底不清。一是地方政府举债主体分散。举债单位不仅包括政府融资平台公司，还包括政府所属职能部门、企事业单位、公益性单位等。二是没有规范的举债审批制度。举债审批权分散在政府分管领导手里，甚至各投融资机构和部门、单位都拥有独立融资权，没有统一的债务规划和预算，各举债主体擅自举借债务，没有做到归口管理。债务资金的多头管理极易造成无口管理和管理失控。三是债务统计缺乏有效的审核手段。由于前述原因，财政部门在统计政府性债务时，只能依靠各举债单位自己填报的数据，没有有效手段对数据进行审核，数据的真实性、完整性、准确性得不到保证。加上目前尚没有明确的统计口径、预警指标体系、分析评价指标体系，政府性债务没有一份高质量的统计报表，也无法进行高质量的分析、评价、预警等。家底不清使得政府举债融资处于混沌状态，无法进行有针对性的管理，这是政府性债务管理最大的风险。

(二)债务规模增长缺乏有效控制。从财政体制角度看，由于分税制财政体制改革不彻底，形成“财力向上集中”和“事权向下转移”的局面，庞大事权与有限财权之间的高度不对称，有限的地方财政资金难以支撑经济社会快速发展所需要的社会公共设施和公共服务，加上转移支付制度不完善，上级对下级特别是省以下政府的财政转移支付力度不能满足地方正常运转的需要，迫使地方政府负债运营。从现行政绩考核制度看，GDP 魔杖影响过大，地方政府为了追求 GDP 增长，举债欲望不断膨胀，举债形式不断翻新，脱离了当地实际需要，追求超前的、高标准的建设项目，建了一些形象工程、政绩工程，忽视了债务结构和当地财政的承受能力，导致债务规模越来越大，政府负债越来越重，债务增长与当地经济社会发展水平、地方财力状况发生了偏差。

(三)债务隐性化趋势明显。从正式制度安排看，地方政府缺乏法定的规范的直接融资渠道，迫使或诱导其“没有正门、走旁门”，把债务分散在各部门、机构、平台公司，变通违规操作，使得原本应该是显性的政府性债务隐性化。政府性债务形成初期，绝大部分债务是以银行贷款的形式存在，还有一些政策性挂账、各种原因形成的拖欠等，这些基本构成了债务的全部。随着各级政府债务的不断增加，不能按时偿还现象逐渐增多，风险逐渐暴露，国家层面开始重视地方政府债务问题，银监会对政府融资平台实行名录管理，对融资平台贷款出台了一系列控制措施，融资平台通过银行系统获得的贷款金额被限制。地方政府为了获得持续的资金支持经济发展，在国家推进多层次资本市场建设、大力发展直接融资、金融产品和服务不断创新的大背景下，政信合作、政担合作、政企合作得到空前发展，政府通过融资平台公司发行企业债、中期票据、信托、委托贷款等多种方式直接融资，直接或者通过部门、国有企业为融资项目提供担保、变相担保等方式间接融资，其直接后果就是增加了地方政府债务的隐蔽性，不利于对债务风险进行管控。

（四）潜在的偿债风险不可忽视。从官方公布的数据看，我国政府性债务总量适度，风险总体可控，但不排除部分地区存在潜在的风险隐患，偿债风险一旦爆发，可能波及区域金融机构和金融秩序，引发地方政府的财政危机和信用危机，最终影响民生和社会稳定。因此，一方面要发展地方阳光融资制度，另一方面要重视防范潜在的偿债风险。一是防范卖地还款的风险。地方政府在融资时，主要依靠土地担保从银行获得贷款，而这些担保又大多是建立在地价上涨预期基础之上，政府投入的公益事业和民生工程不能直接带来收益，而这部分债务的偿债资金大部分也来源于卖地收入，因此，政府偿债能力对土地及未来的升值预期依赖较大。随着国家对房地产市场调控力度不断加大，若土地出让不顺或土地出让不能达到预期增值收益，依赖土地收入还款的风险则越来越大。二是防范还款高峰资金链断裂的风险。金融危机爆发后的两至三年，是政府性债务快速增长的时期，未来三年，大部分地方进入还债高峰期。目前，审计署正在对全国政府性债务进行全面审计，以摸清家底、反映情况，揭示风险、提出建议，预计审计结束后在国家层面会出台进一步规范政府举债融资的制度办法，而在此期间，不少地方政府已经出台了加强管理的措施，因此，要防范规范债务管理后偿债高峰期还债资金来源问题和在建项目的后续资金问题，特别是要防范平台公司资金链断裂的风险。三是防范融资平台风险。通过平台公司融资是近些年政府举债的主要途径，作为政府融资平台主要债权人的银行，很难及时掌握各级政府总体负债规模，无法准确评估地方政府的偿债能力。但是银行始终坚信“借给政府的钱不会出问题”，只要融资平台敢借，银行就敢贷，造成地方政府过度融资和负债率过高。而融资平台本身资本金不足、抵押担保不规范、法人治理结构不完善、职业经理人缺失等导致平台运作不规范，在很大程度上增加了到期债务无法完全支付的风险。

三、加强政府性债务管理需要把握的几个关键环节

杜绝地方政府盲目举债，根本在于合理界定中央与地方的财权与事权、从立法层面建立地方政府发债制度、完善政绩考核机制，引导地方政府去GDP化，经济增长走绿色、环保、可持续发展道路。在现行制度框架范围内，加强政府债务管理要抓住以下几个关键环节：

（一）加强预算管理，注重源头控制。举债无约束一直是债务管理中的一个顽疾。地方政府举债额度往往是根据当年政府需要建设的项目而定，在“需要”与“可能”之间，更侧重于前者，导致举债无度，带来债务风险隐患。财政部门应将政府性债务纳入预算管理，根据建设需要和承受能力，在编制年度财政收支预算的同时，编制统一的地方政府性债务收支计划，明确政府性负债建设项目、投资规模和偿还本息等计划，做到债务管理规范、有序。通过收支计划的前瞻性，发挥预算的控制力，约束项目决策的随意性，从而加强预算控制，从源头上控制政府性债务。

（二）控制融资成本，提高资金使用效益。“借得来”是考量政府融资能力的标尺，如何有效控制融资成本、实施低成本融资更体现了一届政府的责任与担当。一些地方片面追求政绩，片面强调GDP的数量和增速，不计成本融资，从银行贷款、发行企业债券，到发行信托产品、委托贷款、融资租赁、BT等，融资成本不断攀升，有的甚至超过20%，对以后还款造成了沉重负担。各级政府应审慎选择融资方式，以银行信贷、企业债券、中期票据、中央代理发行地方政府债券、国际金融组织和外国政府贷款等方式为政府性债务融资主渠道，严格控制委托代建承诺以地补偿或其他变相回购方式举债。对依靠财政性资金偿债的建设项目，应严控融资成本，把利率控制在同期银行贷款基准利率的1.3倍以内，降低偿债负担。政府还应按照项目建设进度、还款时间节点等因素统筹调度资金，改变部分项目高息向银行融资、部分项目资金低息

存放银行的"里外里"两面受损的局面,在保证工程进度和按时还款的前提下,尽可能地避免资金沉淀,提高资金使用效益。

(三)拓宽资金来源,确保按时还款。"还得上"是债务管理链条中的一个重要环节,是举债融资行为可持续的前提,也是政府维持自身信誉的要求。政府首先应大力发展地方经济,加快财源建设步伐,提高财政收入质量,壮大地方财力,为按时还款提供保障,能通过经营产生收益的项目,要加强建设、运营、维护一体化管理,监控财务收支,合理安排收益资金,项目收益优先用于还款,做实还款资金的主渠道。其次,要清理整合政府资金、资产、资源,向融资平台公司注入优质资源、经营性资产,完善公司法人治理结构,加强运营管理,把融资平台打造成有稳定业务收入、有充足现金流、有盈利能力的产业实体,做强第二还款资金来源;此外,要合理开发、节约集约使用土地,增加土地储备,用好用活土地储备资源,拓展还款资金的补充来源。

(四)纳入目标考核,建立责任政府。要努力树立科学的政绩观,摒弃唯 GDP 论的扭曲考核体系,将绩效考核与成本考核结合起来,以成本和绩效观念来检验政绩,引导干部在创造政绩时树立效益意识、质量意识和可持续发展的意识,注重把考核"显绩"与考核"潜绩"结合起来,彻底改变过去"前任政绩后任债"、"一任政绩几任包袱"、"超量挥霍资源,竭泽而渔"的现象。科学设置成本考核指标,对其取得政绩的成本、方式、资金来源、债务以及对资源、环境造成的影响等情况进行全方位的分析评估;科学设立绩效考核指标,合理设定资金投向、公益性项目占比、基础设施改善程度、社会事业发展成果等指标体系,加强对政府性债务绩效考核,考核结果纳入省政府对市县政府目标管理考核范畴。

四、加强政府性债务管理的举措

(一)明确政府性债务概念边界,做到管理有的放矢。"债务"与"偿还责任"相对应,政府性债务的界定应该以"政府是否直接或间接承担偿还责任"为原则,救助责任也是一种间接偿还责任,因此笔者倾向审计部门对政府性债务概念的界定。从审慎管理的角度,凡政府直接或间接承担还款责任的债务,都应该纳入政府性债务管理,而不应区分是否为公益性项目举债。政府性债务包括地方各级政府部门、经费补助事业单位、政府融资平台公司、公用事业单位(简称举债单位)直接借入、拖欠,或因提供担保、回购等信用支持,或可能需要承担救助责任而形成的债务。但是上述单位举借的不需政府偿还、不需政府担保、政府不需承担救助责任的债务不应包括在内。从融资方式看,政府性债务不仅包括银行贷款、国际金融组织贷款、发行债券,还应包括信托、金融租赁、发行理财产品、委托贷款、委托代建等。

(二)建立政府性债务归口管理制度。应建立健全政府统一决策、财政统一管理、人大加强监督的政府性债务管理制度,明确财政部门在政府性债务管理中的主体地位,地方政府及其部门、所属单位举债,必须在政府统筹安排下,由同级财政部门实行统一归口管理,彻底扭转权责不明、多头举债、分散使用、财政兜底的被动局面。地方政府要从促进地方经济发展、培植地方财源这一根本出发,通过理顺体制,健全制度,完善机构,规范职能等多方面入手,将政府性债务控制在地方财力可承受范围之内,建立起"举债有度、用债有方、偿债有钱、管债有规"的科学规范合理的债务管理模式。

(三)合理控制债务规模。各级地方政府要增强对政府债务的风险意识,从思想上高度重视政府债务管理。政府及部门要按照"举债适度,讲求效益,加强管理,规避风险"的原则,从全局、长远、战略的高度,通盘研究发展的要求与可能,合理确定政府负债规模。一是加强对政府举债中长期发展规划的研究,根据经济发展状况、财政收支形势、可用财力增量、政府债务状况等,合理控制债务总规模;二是举债前要进行充分的科学论证,建立项目评审制度,对建设项目的举债规模、还款期限、资金来源、成本、偿债资金来源、建设项目效益等进行评审论证,避免举债的盲目性和随意性。

(四)规范举债审批,落实还款责任。举借新债的单位要向同级财政部门提出举债申请,财政部门负责初审,审核后报同级人民政府审定,债务数额较大的举债项目要报请同级人大及其常委会审议。未经财政部门审核同意的,各级投资审批主管部门不得批准政府性举债建设项目。按照“谁举债、谁偿还”的原则，严格确定偿债责任单位，确保落实偿债资金来源。

(五)规范土地储备融资。加强政府性债务管理，应将土地储备贷款纳入其中统一管理，执行地方政府性债务管理的统一政策。实行土地储备融资规模控制卡制度，根据年度土地储备计划和上年度单位面积土地储备的平均费用测算出土地储备所需资金，扣除财政已安排的土地储备资金，缺口部分为核定的年度土地储备融资规模，由省级财政部门统一核发年度融资规模控制卡，土地储备机构向银行业金融机构申请融资时，融资规模控制卡作为必备要件之一，银行业金融机构对已达到年度可融资规模的土地储备机构，不再批准新的项目融资，从而在源头上控制住土地融资贷款规模，将其纳入政府性债务有效监管范围之内。

(六)还款纳入预算管理，设立相应的偿债准备金。各级政府应提前测算年度还本付息额，按照经批复的可研报告确定的偿债资金来源落实还款资金，需要财政预算安排资金偿还的，要在本级预算中足额安排，可在技术改造、基本建设以及有关部门的专项资金中集中一部分，也可从预算中单独安排，不留硬缺口。为保证及时足额还款，还应建立政府偿债准备金制度，每年按政府性债务余额的一定比例安排偿债准备金，因特殊情况不能按时还款时，动用偿债准备金予以垫付，以维护政府信誉，因垫付而减少的偿债准备金应及时补足，始终将偿债准备金保持在一个合理的水平。

(七)建立政府债务风险评估制度，监测和防范地方财政风险。建立定期债务信息报送制度，实时掌握政府性债务的规模、结构、使用、偿还及新增债务等相关内容，进行专题分析，对债务增长情况、贷款资金使用情况、宏观调控政策对政府性债务的影响等问题进行重点研究分析，提出措施和建议，为领导决策提供依据。探索建立地方政府资产负债表，对地方政府性债务的可持续性进行分析，保证地方政府债务与当地经济发展水平和财政承受能力相适应，科学确定债务监控指标体系，用负债率、债务率、偿债率、债务依存度等指标对政府性债务运行情况进行分析、评估、预警，及时发现问题，解决问题，把潜在的债务危机化解在萌芽状态，防范债务风险，保障财政安全。

(八)建立责任追究制度。地方政府在使用、管理贷款资金时，要建立严格的债务投资决策责任制，以规范的形式明确项目负责人应承担的管理和偿债的责任。研究将政府性债务管理纳入省政府对市政府目标管理绩效考核和县域分类考核，将债务的借、用、还纳入领导干部任期经济责任审计范围，作为评价、考核、任用干部的一项指标，对盲目举债，搞低水平重复建设造成损失浪费，或因工作失职，造成债务拖欠、出现严重债务偿还问题的单位和负责人，要严肃追究责任。

课题组组长：吴天宏

课题组成员：尹祥领　王　坤

安徽省财政绩效监督实践路径研究

2013年，我省预算绩效管理工作深入推进。省财政厅印发了《安徽省财政厅关于进一步加强和改进省级预算绩效管理的通知》，进一步明确了省财政厅、预算部门、第三方专业机构间的职责分工；制定了《省财政厅预算绩效管理工作内部规程》，明确了财政厅内部各处室在预算绩效全过程中的职责分工，将预算绩效执行工作职责划至厅监督检查局，绩效监督在绩效执行的更高平台上开始了新的探索，取得了创造性开端。但如何保证这种机制的有效运行，如何优化绩效监督程序，如何将省级绩效监督模式形成范式并推广至全省，这是关乎绩效监督未来发展的课题。本课题组总结了2013年新机制运行以来的财政监督实践，分析了当前环境下绩效监督工作的瓶颈，并对未来以绩效执行为核心的财政绩效监督路径进行对策研究。

一、我省财政绩效监督实践

我省财政绩效监督模式起源于财政“大监督”理念，结合预算绩效管理总体要求，形成了绩效预算、绩效执行、绩效评价三位一体的监督模式。其特点是：以绩效执行为核心，以绩效预算为主线，以绩效评价为手段,以绩效提升为目标。将绩效监督与绩效管理融为一体,寓监督于管理之中。

(一)绩效监督分工机制初步建立

《省财政厅预算绩效管理工作内部规程》明确了厅内绩效管理分工,预算处牵头组织协调省级预算绩效管理,制定全省预算绩效管理规划、政策和规章制度,拟定年度工作任务等。监督检查局牵头组织省级预算绩效管理执行工作。业务处牵头组织实施重点项目绩效评价,指导和督促归口预算部门开展项目自评和整体支出绩效评价,财政投资评审中心负责对有关项目实施绩效评价,形成了全厅齐抓共管的绩效“大监督”格局。

(二)全过程绩效监督初具雏形

1.源头把关绩效目标审核。2013年,部门预算草案建议(“一上”)时,填报《项目支出预算绩效目标表》,业务处对归口预算部门编报的绩效目标提出初审意见,预算处复审后,将审核后的绩效目标与“一下”控制数同步下达到预算部门,批复部门预算(“二下”)时,同步批复预算绩效目标。业务处督促归口预算部门在批复所属单位预算时一并批复绩效目标。

2.事中开展绩效运行监控。厅监督检查局会同相关业务处室负责实施省本级财政支出的绩效运行监控。业务处将归口预算部门的绩效目标实现程度纳入日常监管范围,指导归口预算部门开展项目绩效中期评估,督促归口预算部门加强对预算执行过程中绩效目标实现情况、项目实施进程和资金支出进度的监督和控制。发现归口预算部门绩效运行情况与预期绩效目标发生偏离时,下达整改意见书,并督促预算部门及时采取措施予以纠正。

3.事后强化绩效评价应用。一是对绩效自评报告的应用。预算部门撰写绩效评价报告后,送厅对口业务处签署审核意见后,交监督检查局汇总分析,监督检查局根据汇总分析结果,选择部分项目进行绩效监督检查。二是对财政重点评价报告的审核。厅业务处根据绩效评价情况,撰写绩效评价报告,征求主管部门意见后送监督局审核。监督检查局审核后,报厅领导审定。

(三)绩效执行监督取得初步成效

1.建立了项目支出绩效监督指标体系。为实施绩效评价情况的量化考核,厅监督检查局从绩效执行工作实际出发,针对项目支出绩效评价情况,初步建立了项目支出绩效监督指标体系。指标体系共分为三级,一级指标分别为绩效评价工作开展情况、绩效目标完成程度、绩效评价工作质量;二级指标具体细化为组织实施、绩效评价指标设定、项目管理、资金管理、项目产出、项目效益、评价资料收集、评价结果的真实性、评价报告的规范性等九项;三级指标是对二级指标的进一步细化。

2.首次开展绩效自评的抽查验证。2013年,厅监督检查局根据2012年确定的重点跟踪项目,开展抽查验证工作,重点查验项目绩效目标实现程度、绩效自评工作程序和绩效自评报告质量等。一是通过现场查看和统计,查验项目实际完成工作量是否与年初批复目标工作量相符;二是通过对项目绩效自评方案、绩效自评指标和绩效自评报告进行对比分析,查验预算部门是否按规范程序实施了绩效自评工作;三是通过绩效自评报告与项目实际的对比,查验绩效自评报告是否真实反映了项目实施的绩效结果。

3.首次出具绩效监督报告。2013年,厅监督检查局根据重点跟踪项目的抽查验证结果,结合对其他项目绩效自评报告的形式性审查,对2012年省直预算部门的135个项目自评情况进行了汇总分析。检查发现,多数单位自评程序不够规范、自评报告质量不够高,部分项目绩效评价指标不科学,甚至少数单位自评工作存在走过场现象。厅监督检查局对存在的问题进行了系统分析和深入研究,提出了相关意见建议,形成了监督检查报告。一是报告绩效自评总体情况。二是报告重点跟踪项目抽查验证结果,并对其原因进行分析。三是根据问题原因举一反三,对下一步工作提出建议。绩效监督报告得到了厅领导的充分肯定。

(四)绩效执行监督操作模式初步形成

根据新的分工机制,2013年,厅监督检查局制定了跨年度绩效监督实施方案,将财政绩效监督的重点由事后检查转为过程控制。其着力点分别为:一是绩效自评方案及绩效评价指标审核。通过表格化审核,规范了预算部门、业务处、监督检查局的审核流程。二是重点跟踪项目绩效运行监控、今年将重点跟踪项目从去年的7个增加到12个，改变以外单单事后检查的形式，在项目执行过程中开展监控，及时警示风险，纠正偏差。三是重点跟踪项目绩效监督检查。今年检查的核心是跟踪对比，对比项目在绩效运行监控中发现的问题是否得到了有效整改。将绩效监督的着力点放在项目效益的提升，而不是事后评价项目效益的优劣。

二、当前我省绩效监督存在的问题

(一)运行机制尚需完善

1.绩效目标审核未有效衔接。绩效目标是绩效管理的起点，它主要确定项目实施内容、金额、预计产出和效益，是绩效监督的参照物。绩效目标由预算部门根据项目特点和预期效益制定，厅预算处在审核项目预算时一并审核，厅监督检查局根据批复后的目标开展绩效监督。由于厅监督检查局不参与绩效目标的审核，难以掌握绩效目标确定的依据，对其合理性及制定依据无从把握，也就难以对绩效结果发表实质性的整改意见。

2.评价指标审核未各尽其责。绩效评价指标制定的科学与否，直接决定着绩效评价报告的质量高低，因此在绩效评价指标是绩效管理的主线。在新机制中强化了绩效评价指标的审核，规定由预算部门初审，厅业务处复审，厅监督检查局审定。但在今年的审核过程中，预算部门对不按要求设置的指标未提出审核意见，厅业务处也未对内容进行实质性审核，除个别业务处对指标进行了修改外，大部分业务处在审核意见中均签署“同意”，而厅监督检查局在审定过程中，发现在指标制定过程中仍存在不够细化，不反映绩效目标，不考核资金管理，没有效益和产出指标等突出问题。

3.绩效监督结果仍未得到运用。绩效评价也好，绩效监督也罢，其最终目的都是为了规范财政资金使用，提高财政资金效益。去年的绩效监督无论是对绩效自评的面上分析，还是对重点跟踪项目的点上检查，其结果虽然得到了领导的重视和肯定，但由于缺乏应用模式，提出的建议未能得到有效落实。在今年的绩效自评指标审核中，去年所提出的问题依然存在，形成为了评价而评价，为了监督而监督的误区。

(二)全省模式尚不成熟

当前，以绩效执行为核心的绩效监督模式在省级初步形成，这种模式的核心是协作配合，需要强有力的协调机制，省级财政在实施过程中，厅党组高度重视，首先对内设处室职能进行调整，后续辅以规范性文件，沟通机制较为顺畅。而市、县财政部门绩效管理工作刚刚推开，基本由个别科室单独管理，着眼点尚处于绩效评价阶段，基础尚不成熟，难以形成绩效监督合力。

(三)相关专业人才匮乏

绩效监督工作涉及面广，具有较强的技术性，相关工作人员既要熟悉财政支出方面法规，有较强的综合分析判断能力，又要非常深入地掌握一定的宏观经济决策、经济管理、法律法规、工程评估、社会心理以及与财政支出相关行业等方面的专业知识。而现有的财政监督人员的知识结构、专业素质、工作能力等方面与开展绩效监督的要求还有很大差距。不少市县财政监督机构，基本上除了会计专业或者向会计师方向发展的人员外，缺乏其他专业人员。这些直接影响到绩效监督的效果和科学性，增加绩效监督风险，影响绩效监督质量。

(四)信息技术手段落后

绩效监督要发挥其过程控制作用，其核心在于掌握信息的及时性和完整性，当前由于财政信息采集系统仅仅停留在资金层面，未能包含项目地图定位、图像数据资料采集等手段，也未能与项目实施单位数据实现联网，导致在绩效监控过程中掌握的信息量严重不足。如要了解项目的完整信息，必须到项目现场进行实地核查，这既需要大量的人力物力，也由于项目的点多面广而难以全覆盖。

(五)第三方监督模式缺失

《安徽省财政厅关于进一步加强和改进省级预算绩效管理的通知》明确第三方评价机构职责为：受财政部门或预算部门委托，对部门基本支出、项目支出和财政整体支出等开展绩效评价。但由于第三方机构独立开展绩效评价的经验尚不成熟，行使调查权难以保证“独立”性，因此当前的第三方评价基本还是以部门主导、第三方实施，其评价报告的最终结果由委托方确定。绩效评价是绩效监督的基础，由于第三方评价目前尚处于起步阶段，因此第三方监督更是难以操作。

三、我省财政绩效监督路径研究

(一)运行机制的"完善"路径

1. 完善以绩效目标为核心的源头审核。绩效目标是绩效监督的基础,因此,在绩效目标编制阶段,绩效监督就应积极介入,在预算部门提交绩效目标后,对绩效目标进行审核,与项目预算形成有效对接。一是审核绩效目标与预算资金的相关性。可以量化的尽量量化,不可以量化的应有明确的定性标准,不能含糊辞,其核心是审核完成绩效目标所需的资金量。二是审核绩效目标指向的明确性。不能笼统的以部门的年度工作目标代替绩效目标,应根据具体项目细化绩效目标。三是审核绩效目标的合理性。各个预算部门的职责中可能存在交叉,不同的项目资金可能对应着同样或类似的绩效目标。绩效监督可以通过绩效目标的审核,延伸预算安排的合理性,调整有重复绩效目标项目的预算安排。

2. 完善以绩效执行为核心的过程控制。"过程控制"是绩效监督的主要内容,其核心就是绩效执行。在绩效执行过程中,一要建立与预算部门的定期沟通机制。分工负责,将每个项目的跟踪职责落实到人,及时掌握项目实施和资金支出进度,当项目运行情况与预期绩效目标发生偏离时,及时预警。二要建立与资金运行的比对模式。通过国库集中支付一体化查询平台,查询资金支付进度,与绩效目标形象进度进行比较,对偏差过大的项目进行关注。三是抽取部分项目开展绩效中期评估。选择一部分资金量大,社会影响广的项目开展绩效中期评估,督促项目进度、规范资金管理,确保年度绩效目标的实现。

3. 完善以结果应用为核心的反馈机制。开展绩效监督的目标就是要改进预算管理、提高公共服务水平、增强支出责任。因此,绩效监督结果的应用直接决定着绩效监督的开展,如果绩效监督做完了简单汇报一下就完了,那么这项工作可能永远也搞不好。一是强化绩效监督结果与预算的挂钩机制。绩效监督结果应成为下一年度预算的重要参考依据,在预算安排中明确体现绩效监督结果的影响因素。二是借助监督检查的经验开展绩效问责。把资金"绩效"与"人"联系起来,提高各级预算部门及其责任人员的责任意识,绩效未达标要"问责",行为有违法要"问刑"。依法对财政绩效监督中发现的各种违规违法问题进行处理,严肃财经纪律,以增强绩效监督工作的权威性。三是借助会计信息质量检查结果公开的经验,积极推行绩效监督结果公开。

(二)操作流程的"规范"路径

1. 规范绩效监督共性指标体系。绩效监督既有对绩效目标的审核,也有对绩效运行环节的事中监控,还有对绩效评价结果的再评价,在绩效监督的各个环节中,都要形成一套规范化的指标,实现对各环节的量化考核,从而比较不同部门不同项目的绩效执行水平。在绩效目标审核中,共性指标主要体现在绩效目标的相关性、明晰性、可衡量性等;在绩效事中监控中,共性指标主要体现在绩效运行的进度、合规度、绩效偏离度等,在绩效评价结果审核中,共性指标主要体现在绩效评价结果的客观性、完整性、效益型等。

2. 规范绩效监督操作规程。绩效监督贯穿于绩效管理全过程,其在各个环节如何操作,采取哪些必要步骤,运用哪些方法,要通过几年的操作实践,逐步形成一套操作手册,既便于在省级层面规范化操作,更有利于在市县财政部门的推广。操作手册应主要包括工作职责,内部分工、实施内容、时间安排、具体步骤、监督成果、成果应用、绩效提升等方面。

3. 规范绩效监督报告格式。绩效监督报告是绩效监督工作的成果反映,既可以对单个项目出具绩效监督报告,也可以对一个部门或者某级财政出具绩效监督报告,无论是哪种类型的,都要形成规范的格式,既便于报告成果的对比,又利于报告使用者阅读。报告应具有封面、正文、参与人员等部分,而正文部分应包括项目(部门、某级财政)概况、绩效监督工作程序、绩效监督结果(一般采用分项量化评分形式)、绩效提升建议、整改或处理处罚决定等内容。

(三)专业人才的"引入"路径

1. 引入绩效监督专业人才。当前,财政监督主要以合规性检查为主,而绩效评价主要以评分为主,绩效监督既要熟悉财政监督法规,又要掌握绩效评价流程,因此,要形成绩效监督专业人才队伍,需要将这两个方面进行有效结合。由于目前财经院校中尚未开设独立的绩效监督专业，这方面的人才主要靠加大现有财政监督和绩效评价人员的培训，找差补缺，交错提升，同时加大对市县财政部门人员定期培训和交流，经过几年的实践积累和培训提升，形成一支较为专业的绩效监督队伍。

2.引入项目管理类专业人才。无论是目前的项目绩效监督，还是以后的部门和各级政府预算绩效监督，都绕不开项目管理，这其中既有工程类项目的管理，也有事务类项目的管理，项目管理包罗万象，既包括招投标管理、造价管理、质量控制、工程监理等大的模块，也包括工程量定额、项目合同、操作规范等小的细节，因此要在对现有人员进行面上培训的基础上，逐步引进项目管理专业人员，带动现有人员在实践中逐步熟悉项目管理相关知识。

3.引入"外脑"型专业人才。绩效监督是未来财政监督的发展方向，随着财政绩效管理的逐步深入，未来财政管理的发力点也在于财政资金使用效益的提升，绩效监督将逐步成为财政管理的重要手段，它将牵涉经济生活的各个方面，单独依靠现有的财政监督力量是难以完成的，因此，财政绩效监督的专家库建设已成为当务之急。在未来的绩效监督过程中，需要充分借助社会力量，既要借助高等财经院校的力量，也要借助一些专业研究机构的力量，通过"课题研究 -> 实践应用 -> 再研究 -> 再应用"的循环提升模式，逐步提高绩效监督的广度和深度。

(四)技术手段的"提升"路径

要提升现有的技术手段，核心在于财政信息系统的建设，它应是一个拥有海量数据、实现部门联网、实时动态调整的综合应用系统。通过建立集聚的公共财政动态数据仓库，采用云计算、商业智能、地理空间平台、大数据等手段，进行管理和服务模式的创新，实现跨部门、跨层级的信息共享，并对数据实行共享以及深度开发利用，从而建立新的财政管理与服务模式。这种财政数据大平台的建设，将为财政绩效监督提供强有力的技术手段和数据支撑。

(五)第三方监督的"试点"路径

目前，绩效监督的主体是财政部门，虽然在部分项目中从第三方机构聘用一些人员，但主要是辅助调查的作用，以会计师事务所为主体的第三方机构尚未介入绩效监督领域，在绩效评价方面也未形成独立意见。随着绩效监督规模的扩大，单独依靠财政部门已难以完成，这就需要逐步建立第三方监督的操作模式，引导第三方机构参与绩效监督。采取政府采购方式，选择部分实力较强的第三方机构作为入围单位，对部分项目开展第三方监督试点，试点从绩效监督中的绩效再评价入手，逐步扩展到中期绩效评估、出具绩效评价报告，从参与式的部分委托逐步发展到报告式的全面委托。

课题组组长：刘　浩

课题组副组长：汪学越

课题组成员：李汪祥　聂孝林

深化财政部门基层党组织结对共建工作的实践与探索

深入开展城乡基层党组织结对共建工作是贯彻科学发展观、推动城乡一体化发展的新要求，也是提升党员干部服务群众能力、锻炼工作作风的有效载体。近两年来，省财政厅抓机关、带系统，秉持主动服务、为民理财理念，深入开展城乡基层党组织结对共建工作。此项工作取得了较好的成效，受到人民群众的欢迎，也得到了上级领导和有关部门的好评。为贯彻落实党的十八大提出"加强城乡基层党建资源整合"的要求，进一步构建"以城带乡、城乡互促、资源共享、功能互补、共同提高"的基层党建工作新格局，近期，结合省财政厅正在开展的党的群众路线教育实践活动，我们深入结对共建村，进行了广泛调研，对两年来的共建工作进行了总结梳理和分析研究，并据此提出了几点工作对策。

一、工作开展情况及成效

(一)厅党组重视，精心谋划，结对共建的认识呈现新高度。2012年初，省财政厅新一届党组进一步转变理财思路，切实加强机关作风建设，将深化城乡基层党组织结对共建工作摆上重要议事日程。财政厅党组群策群力，努力把结对共建工作打造成党员干部受教育的课堂，科学理财上水平的台阶和人民群众得实惠的途径，多次召开专题会议进行研究部署，先后制定印发结对共建工作方案、建立健全联络员制度、定期分析报告制度和工作台账制度,并召开全厅大会进行动员部署,多次组织工作交流、推动工作落实。厅领导班子结合“五级书记大走访”、党的群众路线教育实践等活动,根据各自职责分工,建立基层联系点制度,带头深入共建村参加共建活动。

(二)建立支部全覆盖的组织体系,结对共建的主体呈现双向延伸。自2009年起,省财政厅机关党委与凤阳县小岗村党委、合肥市庐阳区安庆路街道杏花社居委党总支两个基层党组织开展结对共建工作。2012年,采取“1+1”或“1+2”模式(即一个厅直党支部与一两个村级党组织结对共建),将共建主体延伸到厅直所有党支部,共建对象扩大到全省国家和省级扶贫工作重点县(区)的村级基层党组织,全厅38个党支部与省内贫困地区共计42个村级党组织进行结对共建。在结对共建对象的选择上,财政厅确定共建村需同时具备四个方面的条件,即:国家和省级贫困县、不是城关镇所辖村、与市县财政局结对共建的村不重复、属于全省美好乡村建设第一批中心村。从结对对象地区分布情况可以看出大多数是欠发达的皖北地区和资源相对贫瘠的皖南(西)山区,还有部分是红色革命老区,充分体现支持加快皖北地区发展步伐、支持革命老区协调发展的思路。

(三)把服务群众和改善民生作为出发点和落脚点,结对共建内容和形式呈现新拓展。各党支部在充分调研的基础上,针对当地实际,因地制宜帮助共建村理清发展思路,制定发展规划。省财政厅坚持把服务群众和改善民生作为共建工作的重中之重,重点帮助困难群众解决实际问题,多为群众办实事办好事。创新结对共建方式和丰富共建内容,采取“结对到中心村、帮扶到困难户、联系到财政所”三位一体的结对共建方式,将结对共建与学习宣传贯彻党的十八大精神相结合、与推动美好乡村建设相结合、与推进财政工作相结合、与党的群众路线教育实践活动相结合,通过厅机关党员干部走村挂县带乡,进一步推动省、县、乡三级财政工作整体互动。

在共建过程中,抓住重大节庆等时机,通过党员干部交“特殊党费”、“一日捐”等办法筹集资金,与结对共建村党组织携手走访慰问生活困难的党员和群众。深入践行社会主义核心价值体系,组织开展主题鲜明的学雷锋志愿服务活动,通过送医送药、科技讲座、便民服务等多种为民服务活动,体现关爱他人、关爱社会、关爱自然的价值取向,推动志愿服务活动常态化。充分尊重当地群众意愿,积极筹集落实资金,帮助共建村加强水利、道路、供电、卫生和村级组织活动场所等公益性基础设施建设,大大改善村民的生产和生活条件。

(四)从机关到基层,党员干部的工作作风呈现新变化。通过城乡基层党组织结对共建这个载体,财政厅广大党员干部深入基层、深入群众,严格执行中央、省委和厅党组关于密切联系群众、改进工作作风的有关规定,将学习宣传贯彻党的十八大精神、中国梦、财政干部幸福观等主题教育活动带到共建村,共同开展了一系列活动,促进党员干部树立群众观念,切实转变工作作风。结对双方通过召开联席会议,共同探讨加强城乡基层党组织建设、党员干部作风建设等问题,共谋结对共建村经济和社会发展思路,进一步提升财政干部解决实际问题的能力。根据双方党组织的实际情况,通过共同过组织生活、开展教育实践活动等多种形式,进一步增强了共建双方党员干部的宗旨意识和强化实现中国梦、财政梦的责任意识。一些党支部还精心设计特色做法,如组织共建村代表去先进地区考察学习、组织党员干部轮流驻村蹲点等。

结合财政各项重点工作,深入共建村开展走访调研,广纳基层干部群众意见建议,推进财政政策科学地制定和有效地落实。在党的群众路线教育实践活动中,省财政厅坚持开门搞活动,把结对共建村作为教育实践活动听取意见建议的重要渠道之一。活动期间,征求市县财政部门、“两代表一委员”、基层干部群众等对财政政策、民生工程、美好乡村建设、财政作风建设等方面的意见和建议。

二、实践中的认识及体会

省财政厅在深化结对共建工作中始终坚持党的群众路线要求,注重创新工作机制,统筹各方力量,接地气、转作风、办实事、解民忧,推进联系和服务群众工作常态化、长效化。

一要坚持为民务实。将“组织共建、队伍共管、人才共育、发展共赢、资源共享”作为结对共建的基本落脚点和出发点，牢固树立群众观点，认真践行群众路线，突出联系基层、服务群众，始终把人民群众的利益放在第一位。通过与全省美好乡村建设等重点工作对接，将结对共建工作重心放在省内发展水平相对较低、贫困人口和区域相对较多、全面建成小康社会任务相对较重的困难地区，推动困难地区加快发展。

二要坚持机制创新。通过建立畅通的日常工作联络机制，努力实现厅机关党委、厅直党支部、市县财政局、共建村“四级”无缝对接，调动各方力量，协力推进结对共建工作。结合财政实际，健全结对共建工作推进机制，完善各项日常工作制度，“结对到中心村、帮扶到困难户、联系到财政所”，组织党员干部深入基层、走访群众，加强机关干部与基层干部和农民群众的联系，加强与基层财政部门的沟通交流。

三要坚持统筹兼顾。将结对共建与推进财政业务工作、机关作风建设有机结合起来，统筹谋划，协调推进。通过结对共建活动开展，问政于民、问需于民、问计于民，及时获取改进财政工作的第一手信息和建议。同时，在结对共建工作中，严格执行中央、省委及财政厅关于改进工作作风、密切联系群众的有关规定，轻车简从，杜绝一切形式主义，切实在结对共建中树立财政部门和财政党员干部为民、务实、清廉的良好形象。

在工作实践中，我们感到目前的结对共建工作虽然取得了阶段性成效，但有些方面仍有待于进一步深化，如结对共建延伸拓展、工作互动、载体创新、机制保障等方面，仍然存在一些有待解决的问题。

一是结对共建的参与度有待延伸。囿于“条块分割”的行政管理模式，省财政部门对市县财政部门主要为业务指导职能，对党建、行政工作等方面缺乏直接管理手段，省以下财政部门本身直接参与当地党委、政府组织开展的结对共建活动，参与财政系统结对共建活动内容较少，据统计，截至 2013 年 7 月底，省财政厅厅直各党支部先后与 84 个城乡基层党组织开展结对共建，全省 16 个市级财政局及所辖县(区)财政部门党组织累计与 380 个城乡基层党组织开展结对共建活动，基层结对共建对象均不相互涵盖。数据表明，一方面全省财政系统开展结对共建活动覆盖面较广，另一方面，也表明财政系统结对共建存在“两头热、中间冷”现象，即财政厅直党支部与直接结对共建的村级党组织参与热情高，市县及乡镇财政部门虽参与其中结对共建有关工作，但未能直接纳入全省财政系统结对共建工作体系，财政系统内部在结对共建工作中未真正实现“同频共振”。在深化财政部门城乡基层党组织结对共建工作中，需要在结对方式上进一步完善，打破“条块分割”局面，深入研究城乡、系统党建工作内在联系，按照推动经济社会发展要求，找准党建工作结合点，实现财政系统党建工作“抓机关、带系统”，促进全面发展。

二是结对共建的互动性有待增强。城乡基层组织各有优势与特色，开展结对共建旨在建立健全城乡党的基层党组织互帮互助机制，实现优势互补、相互促进。实践中，有些党组织和党员对结对共建的认识不高，机关或是农村基层党组织都存在没有把构建城乡统筹基层党建新格局当作发展的良好机遇，内在积极性和主动性明显不足。有些机关党组织自身存在优越感，认为结对共建就是城市帮助农村，对互帮互助认同感不强，在结对共建中去基层“跑马观花”开展活动多，学习基层、学习群众、借鉴经验、提高认识的少。有些农村基层党组织自身基础条件较差，认为结对共建就是单纯的扶贫帮困，没有跳出“帮扶”的老思路，等、靠、要依赖意识较强，没有认识到自身优势，在结对共建中处于被动，在帮助机关党组织上不敢说话、缺少举措。以至于机关帮扶基层多、基层了解机关少，制约了城乡基层党组织之间的共同提高，也无法真正达到城乡基层党组织统筹各方主体、实现双向受益的目标。

三是结对共建工作载体有待创新。一些机关党组织将开展结对共建片面认为就是由结对单位向结对村帮钱帮物以及提供经济扶助、困难救助等。将结对共建工作主要局限于资金、物资上的帮扶，没有围绕加强基层组织建设、谋划发展、培育人才、发展社会事业等重点展开，结对共建工作中“党建”的分量较轻，组织、队伍建设等关乎基层党的根本性、基础性、长远性建设的内容关注较少，造成形式和内容的单一，不能实现从“输血式”帮扶向“造血式”帮扶的转变，不利于城乡基层党组织全面互动和可持续发展格局形成。

四是结对共建工作机制有待完善。一是评价机制不健全。考核结对共建成效的标准、评价手段还不成熟，工作中存在着“有部署、无检查”，或“有检查、无落实”的现象。二是激励机制不健全。虽然文件上规定基层党组织负责人是结对共建第一责任人,但结对共建工作实际中对相关责任人缺乏有效的跟踪问责手段,结对共建工作成效未能纳入相关工作评价体系,存在“干好干坏一个样”,工作持续推进力度不足。三是工作保障机制不健全。对结对共建村给予物资、资金等方面的帮扶是结对共建工作常态化开展的一项重要内容。由于缺乏相关配套工作保障机制,机关党支部往往通过党员干部交“特殊党费”、“一日捐”等办法筹集资金,既不规范,也难以持续,使得结对帮扶工作未能建立长效机制。

三、几点思考与对策

党的群众路线教育实践活动开展以来,省委部署开展了五个专项行动和建立五项重点制度工作,进一步将党员干部走访基层工作摆在重要位置,也为进一步探索构建城乡统筹基层党建新格局明确了方向。深化财政部门结对共建是加强基层组织建设的重要载体,也是推动财政党员干部深入基层、服务群众的有效手段。下一步,可探索从以下几个方面进一步改进。

(一)完善结对方式,努力实现结对共建拓展延伸。加强财政部门城乡基层党组织结对共建,必须探索新思路、新机制、新办法、新模式,坚持统筹各方力量,消除城乡党建“两张皮”现象,进一步树立群众观念,践行党的群众路线,切实增强服务群众、服务基层的意识和能力。完善“结对到中心村、帮扶到困难户、联系到财政所”的工作模式,组织厅直机关党支部与结对共建村党支部所在乡镇财政所、所在县(区)财政局对口科、股室开展共建共学活动。通过推进会商帮联工作,以财政预算部门会商和乡镇财政资金监管工作为重点,加强对市、县(市、区)财政部门的工作联系和指导,巩固全省财政系统各项工作上下联动、协调一致、整体推进的良好格局。

(二)推进协调互动,努力实现结对共建双向受益。按照“互动共建、平等互助、双向受益、共同提高”的原则,进一步优化组合结对共建双方党建资源,实现优势互补、有效对接。发挥城市机关党支部自身优势,坚持以城带乡,促进各种资源向农村倾斜,将机关成熟有效的党建经验和措施因地制宜地引向农村。同时,充分利用农村广阔平台锻炼干部,引导机关党员进入社区、深入农村、融入群众,促进党员干部在基层磨炼能力、积累经验、提升素质。

(三)创新工作载体,努力实现结对共建实效增强。按照省委组织部统一要求,在开展好“六个一”活动的基础上,重点围绕提升结对共建村自主发展能力与结对共建村党组织共同总结发展经验,找准制约因素,理清发展思路,整合各种资源,从政策、人才、技术、物资、信息、资金等方面给予帮扶,着力增强共建效果。在帮扶的形式上要改变单纯的“输血”机制,转变结对帮扶就是给钱给物的观念,把“扶贫”与“扶智”,“输血”与“造血”结合起来,把结对共建与实施民生工程、推进美好乡村建设等重点工作有机结合起来,调动一切积极因素,形成帮扶合力。要充分尊重群众意愿,发挥群众智慧,精心设计结对共建活动载体,同时,把有限的帮扶力量集中起来,解决制约当地经济发展最关键、基层最急需、群众最期盼的基础设施建设不足等困难,使结对共建工作深入人心。

(四)强化推进举措,努力构建结对共建长效机制。建立健全城乡互动的党建工作领导机制、责任机制、考评机制和经费保障机制,形成构建基层党建工作强大合力。一是健全党建工作领导机制。主动融入市、县(区)结对共建工作体系,探索建立城乡党建联席会议制度,健全城乡党建工作协调联动机制,推动统筹城乡党建工作向纵深推进。二是健全党建工作责任考核机制。建立健全党建工作责任制,结合党的群众路线教育实践活动,进一步完善领导干部联系基层制度,完善财政部门城乡党组织结对共建考核办法,把结对共建工作业绩纳入效能建设考核内容。三是完善保障体系。多渠道筹集机关党建工作经费,确保结对共建工作有相对稳定的经费来源,同时,注重统筹整合各方资源,将结对共建工作有效融入财政相关重点工作,实现相互助力,同步推进。

课题组组长:刘　浩
课题组成员:江永泓　刘　恒　花传泉

建立我省财政系统会商工作机制研究

会商工作是加强行政机关效能和政风行风建设的重要手段，是财政部门转变理财观念和工作作风,提高财政管理和服务水平,推动财政科学化精细化管理重要途径,是一种有效的工作方法,体现着财政部门主动服务、为民理财的良好风貌。

一、会商的定义

会商就是双方或者多方共同商量，有的也称“聚集磋商”。

会商还是体操比赛的术语。是指在体操比赛中,裁判组对评分问题进行的磋商。通常表现为:两效分差或裁判员与裁判长之间的分差超过规则许可范围时,为统一观点,调整评分,由裁判长召集裁判员进行的磋商双方或多方共同商量。

其实,从古到今,会商的形式在现实工作和生活中都是存在和实施的，早在清代思想家、政治家、文学家魏源(1794—1857年)的《圣武记》中记载着“会商”一词,在现代剧作家曹禺的《胆剑篇》和著名作家沙汀《困兽记》中也出现过会商一词的记录。

在日常工作中,通常我们说的会审、商量、商定、商榷、商议和医院对复杂病情的会诊等等,都或多或少地与会商相同或者相近。

综合有关会商的表述和工作形式，我们对会商的定义有了更深一步的理解，会商就是针对事物发展规律、存在的问题或者可能产生的分歧,利用会面、会议或者现代媒介形式,双方或者多方在一起商议或者磋商，力求达成共识和实现既定目标的目的。

二、会商的现实意义

财政部门通过会商加强与预算部门单位会商交流，是转变理财观念、科学精细管理的内在要求,是优化服务方式、增进部门共识的必要途径,是转变干部作风的重要体现,是财政服务大局、提高理财水平的重要举措。应该坚持以政策法规为依据,坚持科学决策和民主决策,把会商工作作为加强沟通协调、发现问题、解决问题的一种重要手段和形式,当作完成财政工作任务的“润滑剂”和“加速器”,将财政工作和会商工作融为一体,相得益彰。对财政政策法规制定和“三重一大”等重大事项的调查研究、集中商议、分析研判,提出科学合理的建议,为财政厅和会商部门、单位及领导决策提供依据。通过会商,把财政政策、财政支持和管理服务送到部门、单位,全面加强和改进财政服务、管理和监督,促进部门、单位进一步树立成本意识、节约意识、绩效意识,提高财政财务管理水平。

三、会商的范围和形式

会商的范围应当是所有的服务对象。会商工作形式分为定期会商和不定期会商，定期会商是每月定期进行会商,研讨相关事项;不定期会商是遇重大事宜或临时专项工作应及时召开会议进行会商。会商工作一般采取座谈会方式进行,通常应走出去,也可以请进来进行会商。异地会商时,可通过电话、网络等现代手段进行。

会商坚持全面会商、上下会商和内外会商的工作方法,应当形成会商工作制度定期开展,也可以根据财政工作任务和财政政策宣传等工作情况适时开展会商，遇重大事项或临时专项工作应及时召开会议进行会商,并通报会商工作情况。

对一些事关经济社会发展以及财政重点难点问题,还应邀请有关专家、人大代表、政协委员等参与会商,形成了对外、对内、对下三个层级和有关专家、群众代表参与的会商工作格局。

四、会商的内容

会商的内容应该包涵财政工作的全部，特别紧紧围绕财政政策措施制定、财政资金安排执行、财政资金管理监督和其他相关工作等方面开展会商。一是财政政策措施制定。研究落实国家和党委、政府关于促进财政各项事业发展的政策和具体措施;研究会商单位上报的有关事项;研究会商有关完善项目及资金管理、业务工作考核办法和财政内部管理等各项制度事项。二是财政收入征管。分析收支执行情况,商讨增收节支措施;协商收入征管中存在的问题,提出解决问题的办法。三是财政资金安排执行。研究会商单位年度预算编制、执行、决算等事项;研究会商单位提交党委、政府有关会议中涉及财政资金安排的相关内容；研究会商向上级争取中央资金支持，以及重点项目推进、加快支出进度等工作。四是财政管理改革。会商实施或推进财政改革的措施；会商加强国有资产管理、会计管理和政府采购监管工作；会商加强乡镇财政资金监管工作；会商民生工程、居民收入倍增和农村综合改革等政策落实及推进实施工作；五是财政资金管理监督。会商研究重大财政、财务、国有资本和行政事业资产监督管理政策和规章；预算支出重点项目监督检查和绩效评价等工作。六是财政文明创建。会商强化财政宣传工作；会商推进党务政务公开和政风行风建设和文明创建工作；会商加强效能建设和廉政建设工作；会商人大代表建议和政协委员提案、人民来信来访答复办理工作；会商财政各种主题教育实践活动开展工作。七是会商其他相关工作。商讨会商部门、单位中涉及财政的重要事项和重点工作；会商政府重点项目融资、债务管理和投资等工作。

五、会商的流程

在会商准备阶段，财政部门相关处（科、股）室和单位着力做到议题准备先行、通气准备先行、政策准备先行。相关处（科、股）室和单位需要与部门单位进行会商的，将会商事项提前告知相关部门单位，协调部门单位前提提出需要会商的事项。双方确定会商议题后，明确牵头处室单位，并提前与预算单位财务部门通气，征求部门意见建议和工作需求、把握其基本态度，做到知己知彼。同时，进一步了解议题背景成因，梳理政策依据，加强调研和政策研究，变被动理财为主动理财。在此基础上，牵头相关处（科、股）室和单位发出会商工作通知，对于重大事项或重要议题，应向厅（局）领导报告或请分管厅（局）领导主持会商，必要时，邀请相关厅局人员、有关专家参加。

在会商中，相关处（科、股）室和单位注重加强与部门单位的沟通交流，在平等交流的同时坚持公道正派，并认真做好会商记录。一方面，主动介绍财政基本情况、会商事项背景、需要会商的主要内容以及当前财政管理工作要求等。另一方面，认真听取会商部门单位情况介绍，并与部门单位充分交流会商事项。对于重点内容、需要重点解决或有争议的问题，双方充分交换意见，力求达成共识。对意见分歧较大的问题，在用心、用情、用意做好解释工作的同时，除紧急情况外，一般暂缓决定，待会后作进一步研究和沟通协调，重新进行会商或报厅（局）领导决定。

对于会商结果，财政部门相关处（科、股）室、单位要和部门单位全面抓好落实，进一步做到通报到位、执行到位和反馈到位。及时形成《会商纪要》，对于涉及重要内容和重大事项的，在会商结束3个工作日内报厅（局）领导审定。《会商纪要》经厅（局）领导审定后，由相关牵头处（科、股）室、单位印送相关部门。相关部门单位要将《会商纪要》作为推进工作的重要依据，并按照职责分工，列入工作计划，切实抓好工作落实。

六、加强责任落实

财政部门的党组和相关处（科、股）室、单位主要负责人为会商工作的第一责任人，要高度重视会商机制建设，切实摆上重要工作日程，把会商工作作为加强沟通协调、发现问题、解决问题的一种重要方法和手段，力戒形式主义，避免走过场，务求取得实效。

在会商工作中，要切实遵守党风廉政建设和廉洁自律的各项规定，落实《廉政准则》和廉政风险防控工作要求，树立财政干部的良好形象。

建立会商定期通报制度，各处（科、股）室和部门单位按月总结与部门单位会商工作，建立会商工作台账，认真填写会商情况反馈表报送牵头处（科、股）室，要认真分析总结会商工作情况，分类统计汇总并呈厅（局）领导审定后进行通报，并将处室单位的会商工作情况列入年终效能绩效考评中，推进会商工作持续开展。

课题组组长：刘　浩
课题组成员：李朝友　苏朝存

完善居民收入倍增规划指标体系研究

党的十八大召开以来，对居民收入翻番和收入分配制度改革提出了新任务、新要求。如何科学合理地分析评价居民收入倍增规划实施成效，更好地促进城乡居民增收，成为推进居民收入倍增工作的重要课题。对此，我们在原有监测评估办法的基础上，对收入倍增规划实施指标的设置原则、主要依据、数据来源、反映意义等作了深入探讨和研究，以期解决现有指标体系的缺陷，使收入倍增评价工作更加符合工作实际，更加科学合理的反映各地居民收入状况，推动我省城乡居民收入较快增长。

一、现行收入倍增指标体系

2012年，按照"激励、可行、精简"的原则，坚持与省委14号文件、省政府2012年目标管理绩效考核工作导向一致，在综合当时我省区划调整、政策变动等条件下，研究设立了居民收入倍增规划实施21项指标，分为核心指标：1.城镇居民人均可支配收入；2.农村居民人均纯收入。发展指标：3.GDP年均增长10%以上；4.非公经济占经济总量比重。增收性指标：5.实现城镇新增就业人数；6.新型农民培训人数；7.城镇非私营单位在岗职工工资年均增长10%以上；8.农产品加工业总值；9.畜禽规模养殖比重；10.农业信息化覆盖率；11.农村专业合作经济组织；12.50亩以上农业规模化经营面积；13. 新增年产值50亿元省级农业产业化示范区；14.城镇低保标准年均增长10%以上；15.农村低保标准年均增长10%以上；16.五保供养标准年均增长10%以上；17. 城镇职工政策范围内住院医疗费用支付比例；18.居民医保政策范围内住院医疗费用支付比例；19."新农合"政策范围内住院医疗费用支付比例。工作评估指标：20.工作创新；21.工作落实。核心指标主要反映我省城乡居民收入实际水平；发展指标主要反映我省经济增长情况；增收性指标主要反映就业培训、职工工资、农业发展、社会保障等情况，从而促进居民增收；工作指标反映收入倍增规划实施日常工作情况。

2012年指标体系的设置，进一步推动了全省居民收入倍增规划实施，收入倍增分析评价工作逐步完善，通过一年来的工作实践，结合执行中发生的情况变化，仍存在以下几个问题。

1.指标设置没有完整体现收入倍增块面。居民收入倍增规划分为就业提升、创业富民、民生普惠、财富增值四大工程，就业、创业、农业、社保等是规划实施的几个重要方面，也是政策实施的重点领域。指标体系没有完整地划分指标层次，增收性15项指标涉及各种工作层面，层次不够清晰。

2.部分指标与促进居民增收关联较小。现行指标体系中，部分指标对促进居民增收或者是反映居民增收实际来说，关联度不高，如"农业信息化覆盖率"、"50亩以上农业规模化经营面积"等。还有部分指标已经在民生工程考核体系中反映，或者成为部门日常工作，如低保五保供养标准年均增长10%以上、医保政策范围内支付比例等。

3.部分指标不能满足工作需要。如"GDP年均增长10%以上"不符合当前经济发展形势和政策导向，"非公经济占经济总量比重"统计结果要到次年8月才能公布，无法满足评价工作需要。

为此，收入倍增规划指标体系应根据工作需要、政策变化等情况进行动态调整，针对现行指标体系存在的不足，必须进一步修改完善，从而发挥推动工作、促进增收的重要作用。

二、完善指标体系的主要依据

1.十八大提出居民收入翻番目标。党的十八大报告提出："必须深化收入分配制度改革，努力实现居民收入增长和经济发展同步、劳动报酬增长和劳动生产率提高同步，提高居民收入在国民收入分配中的比重，提高劳动报酬在初次分配中的比重。"到2020年"城乡居民人均收入比2010年翻一番"。居民收入翻番目标被正式提出，实现居民收入增长被提升到和经济发展同等重要的高度，千方百计促进居民增收成为党和政府的重要工作内容和目标，为我省居民收入倍增规划的实施创造了更加有力地氛围。

2.收入分配制度改革意见出台。今年年初，国务院批转了深化收入分配制度改革若干意见，把落实收入分配政策、增加城乡居民收入、缩小收入分配差距、规范收入分配秩序作为重要任务。"提低、扩中、调高”的政策导向以及从就业、农业、社会保障等方面调节收入分配的政策内容与我省实施的居民收入倍增规划基本一致，同时也为我省促进居民增收，深化收入分配提出了更高要求。

3.我省设定居民增收新目标。“十二五”以来，我省工业化、城镇化的加速发展和皖江城市带产业转移示范区建设的快速推进，以及国家推进收入分配制度改革、提升国内消费能力等政策措施的实施，使我省提高城乡居民收入具备有力的经济支撑和体制政策保障。今年，省十二届人大一次会议提出，在本届政府任期内力争实现2017年比2012年居民收入翻一番，到2020年努力实现居民收入赶上全国奋斗目标，进一步拓展和延伸了居民收入倍增规划的内容。

完善居民收入倍增规划指标体系，必须贯彻党的十八大奋斗目标、收入分配制度改革精神和我省居民收入赶上全国的新目标、新要求。要以中央和省委省政府的指导精神为依据，把推动居民增收、反映增收实际为评价基础，设置科学性强、关联度大、可行性高的评价指标，以求更好地反映规划实施实效，推动各级各部门抓实抓好收入倍增工作。

三、指标设置的基础和原则

1.指标设置的基础。一是规划基础。我省“十二五”居民收入倍增规划明确了以实施就业提升、创业富民、民生普惠、财富增值四大工程为主要内容，促进居民加快增收。规划强调，要强化目标考核，建立健全统计和评价体系。此次修改完善，仍遵循规划内容，突出就业、创业、农业等几个块面，着力健全收入倍增评价体系。二是政策基础。党的十八大、国务院收入分配制度改革以及省十二届人大一次会议，都对提高居民收入从指导思想、目标任务、政策内容等方面作了明确部署。三是工作基础。原有指标体系存在部分指标与促进居民增收关联不大、统计汇总无法满足评价需要等情况，此次修改完善，我们提前与部门会商，请各部门结合工作实际，提出与居民收入联系紧密且数据统计能够满足评价需要的指标，在此基础上我们再进行修改完善，确保了指标的科学性、可行性。

2.指标设置的原则。此次完善居民收入倍增规划指标体系主要坚持三点原则：一是突出典型性，针对居民收入倍增涵盖内容广泛而又复杂，设置能够重点反映规划实施情况、具有代表性的指标；二是突出引导性，针对收入倍增工作点多面广、没有抓手，设置具有引导性的评价指标，带动各级各部门在指标侧重评价的内容上开展工作；三是突出可行性，针对以往部分指标在实际评价操作过程中的问题，设置数据统计、分析考评更加可行的指标。

四、完善居民收入倍增规划指标

1.方案提出。在综合分析情况、深入会商调研过程中，认真回顾总结现有指标体系的不足之处，明确需要修改完善的主要范围。认真学习领会中央和省关于收入分配制度改革和居民收入倍增方面的顶层设计，吃透精神，在修改完善指标体系中贯彻落实。提前与部门、市县及厅内处室会商联系，结合多方情况进行修改完善。4月份，我们草拟出收入倍增规划指标体系，包括居民收入指标6项：1.城镇居民人均可支配收入；2.农民人均纯收入；3.城乡居民收入比；4.居民人均可支配收入增长；5.劳动者报酬总额；6.劳动报酬占GDP比重。综合发展指标9项：7.国内生产总值；8.财政收入；9.民生支出占财政支出的比重；10.城镇化率；11.战略性新兴产业产值；12.农产品加工总值；13.服务业产值增加值；14.小微产业产值增加值；15.城乡居民年底储蓄存款余款。促进增收指标11项：16.城镇新增就业人数；17.扶持重点群体就业人数；18.就业技能培训；19.企业工资集体协商集体合同签订率；20.接受免费中等职业教育人数；21.新型农民培训人数；22.土地承包经营权流转面积；23.农村专业合作社；24.减少扶贫对象人数；25.万村千乡市场工程；26.农村产权（三权）确权登记人数。工作推动指标2项：27.工作创新；28.工作落实。共28项。

居民收入指标：居民收入倍增规划实施情况的评价首先就是要评价居民收入，反映城乡居民收入实际状况。从反映城乡居民收入水平、城乡收入差距，城乡居民收入统计调查改革后的居民收入状况以及十八大提出的居民收入“两个提高”、“两个同步”，设置“城镇居民人均可支配收入”、“农民人均纯收入”、“城乡居民收入比”、“居民人均可支配收入增长”、“劳动者报酬总额”、“劳动者报酬占GDP比重”6项指标，反映城乡居民收入水平和差距变动情况。

综合发展指标:经济发展、产业发展、财政投入等能够深刻影响居民收入水平，经济保持平稳较快增长，与居民增收关联密切的个体小微经济发展，政府在民生领域增加投入等均会对居民增收起到正向促进作用,因此设置“国内生产总值”、“财政收入”、“民生支出占财政支出的比重”、“小微企业产值增加值”等 9 项指标,主要考评综合发展、民生投入、城镇化、农产品加工业、服务业、小微企业等各个方面发展情况。

促进增收指标:就业创业、技能培训、工资协商、农业合作经济、土地流转、农村产权改革等既是居民收入倍增规划的重要内容，也是促进居民增收的重要抓手,因此设置“扶持重点群体就业人数”、“企业工资集体协商集体合同签订率”、“土地承包经营权流转面积”、“减少扶贫对象人数”等 11 项指标,紧紧扣住城乡居民增收要素,有利于各级各部门在实施倍增规划中找准抓手，确保促进增收实效。

1. 工作推动指标:包括“工作创新”和“工作落实”2 项指标，鼓励各地在实施居民收入倍增规划中摸索探索、创新举措、典型示范、政策推动等方面经验做法,同时考评日常工作落实情况。

2. 研究完善。初稿草拟后,我们深入会商调研,广泛征求省直相关部门、市县及厅相关处室意见建议,先后召开省直部门座谈会、市县座谈会,面对面进行讨论研究,结合各方的修改意见,如指标数据无法及时提供、指标内容部分重复、未来政策方向可能调整以及促进增收的作用大小等情况，对初稿进行修改完善。一是调整删除部分指标。因目前我省市级未开展收入法 GDP 核算,且该指标一年统计一次,统计部门无法提供季度数据,取消“劳动者报酬总额”和“劳动者报酬占 GDP 比重”指标。重点群体人员大部分涵盖在城镇新增就业人数之中,因此删除“扶持重点群体就业人数”指标,并将权重分别加到城镇新增就业人数、就业技能培训和企业工资集体协商集体合同签订率之中。万村千乡市场工程建设该项工作主要是解决农村消费不安全、不方便、不实惠的问题,且国家已着手调整具体政策,因此删除该指标。农村产权(三权)确权登记工作已完成大部分任务,因此剔除该指标。居民存款是增收结果的体现,对促进居民增收作用不大，删除该指标。二是增加部分指标。增加评价创业方面的指标,如增加“个体工商户数”,“新增创业人数指标”。三是替换或者调整相关内容。“农产品加工总值”指标名称改为“农产品加工业总产值”。“小微企业产值增加值”指标换为“民营企业户数”,由省工商局提供数据。

五、初步形成收入倍增规划评价指标体系

经过修改完善,删除“劳动者报酬总额”、“劳动者报酬占 GDP 比重”、“扶持重点群体就业人数”、“万村千乡市场工程建设”、“农村产权(三权)确权登记人数”等指标,增加了就业、创业、农业等方面的评价指标，并将指标体系按照收入倍增规划实施的块面,划分为“居民收入”、“经济发展”、“就业促进”、“创业推动”、“农业经营”和“工作推动”6 个部分,共 29 项评价指标。

居民收入指标 4 项，主要对各市城乡居民收入情况进行对比分析和评价，包括城镇居民人均可支配收入、农民人均纯收入、城乡居民收入比、居民人均可支配收入增长。

经济发展指标 6 项,主要对各市经济发展、产业调整、民生改善等综合发展情况进行对比分析和评价,包括地区生产总值、地方公共财政收入、民生支出占财政支出比重、城镇化率、战略性新兴产业产值、服务业增加值。

就业促进指标 6 项，主要对各市促进就业情况进行对比分析和评价，主要包括城镇新增就业人数、城镇登记失业率、城镇就业困难人员就业人数、就业技能培训人数、中等职业教育人数比普通高中生、每万元就业资金促进就业人数。

创业推动指标 5 项，主要对各市推动创业情况进行对比分析和评价,主要包括创业培训人数、地方城镇就业创业资金配套投入、新发放小额担保贷款金额、每万人拥有私营企业户数、每万人个体工商户户数。

农业经营指标 6 项，主要对各市农业经营发展情况进行对比分析和评价，主要包括每万户农业新型经营组织、农业产业化龙头企业、农产品加工业总产值、农林水事务支出、转移农业劳动力人数、新型农民培训人数。

工作推动指标 2 项，主要评价各地工作创新和工作落实情况。

年度评价总分为100分，其中：居民收入指标占25分，经济发展指标占15分，就业促进指标占20分，创业推动指标占15分，农业经营指标占19分，工作推动指标占6分。

六、健全收入倍增规划实施评价工作体系

1.建立季度分析、年度评价制度。除居民人均可支配收入增长、城镇化率、中等职业教育人数比普通高中生、每万元就业资金促进就业人数以及工作推动指标按年度统计评价外，其他23项指标均按季度统计。省直相关成员单位根据各自工作职责，报送相关指标完成情况。各市和省直相关成员单位按季度报送规划实施情况报告，省倍增办按季度汇总分析各项指标完成和规划实施情况，编写季度分析报告。年度评价由省倍增办对各市评价指标的年度评分结果进行审核、汇总和评价，结合各地创新举措和工作落实情况，分市编制年度评价报告。

2.形成上下联动、横向互动工作机制。评价办法强调省直部门之间、省和市之间加强协作配合，共同做好收入倍增规划评价工作。省直相关部门确定联络员具体负责收入倍增规划评价指标的统计分析工作，及时报送评价指标数据和实施情况报告。各地各部门应及时、准确提供收入倍增规划实施评价指标数据和实施情况报告，围绕评价指标建立健全统计评价制度，认真做好指标数据统计、分析研究等基础性工作，及时掌握规划实施情况，梳理分析存在困难和问题，适时提出对策建议。

3.更加突出收入倍增工作重点。指标体系设置居民收入、经济发展、就业促进、创业推动、农业经营、工作推动六个块面，其中居民收入类指标突出对居民收入的统计监测，反映实际水平，工作推动类指标强调日常工作创新和落实，其他四大类指标均是收入倍增规划政策实施重点范围，具体指标对促进居民增收关联性强，能够较好地引导和评价收入倍增规划实施。

收入倍增规划实施是一个动态过程。收入倍增规划指标体系根据规划实施、政策调整、居民收入水平等情况的变动而不断调整完善。此次指标体系的完善，基本解决了原有指标体系存在的不足，科学性关联性进一步增强，更加符合规划实施实际，数据的统计评价更加可行。今后，在收入倍增规划实施评价工作中还将不断验证、不断完善，使其更有效地评价规划实施情况，促进居民收入较快增长。

课题组组长：陈　军

课题组副组长：姜　毅　潘　琦

课题组成员：张绍德　刘旭东　朱旭东

关于进一步加强基本民生建设的研究

国计民生，民生国计。保障和改善民生是我们当前和今后一段时期的重点工作任务。准确把握公共财政、民生财政、基本民生、民生工程等概念的内涵、外延及相互关系，对进一步做好民生工作，增强民生工作的针对性和实效性，有重要意义。

一、公共财政与民生财政

公共财政是指国家(政府)集中一部分社会资源，用于为市场提供公共物品和服务，满足社会公共需要的分配活动或经济行为。公共财政与民生财政息息相关，民生财政是公共财政发展的初级阶段，公共财政是民生财政发展的最终目标。民生财政是指在教育、医疗卫生、社保、就业、环保、公共安全等民生支出占财政较大比例或主导地位的财政，本质在于一切财政支出都直接或间接地以保障改善民生为出发点、落脚点。我国民生财政体制尚处于起步构建阶段，是与社会主义初级阶段目标匹配提出的，具有普惠性、公平性、公共选择性和“人本”属性。民生财政的重点在于帮贫扶弱，以提供人民群众生存所必需的公共服务为己任，对社会财富实行二次分配，帮助各阶层群体共享发展成果，是实现基本公共服务均等化的根本路径，是发展成果由人民共享的最直接体现。

财政民生支出占财政支出的比重，是当前民生财政的主要衡量指标。根据财政部规定的统计口径，财政民生支出包括：教育、科学技术、文化体育与传媒、社会保障和就业、医疗卫生、节能环保、城乡社区事务、农林水事务、交通运输、商业服务业等事务、国土资源气象等事务、住房保障支出、粮油物资储备管理事务等13个大类的支出。据此口径,“十一五”期间,安徽省财政用于民生方面的支出达6170亿元,2011年财政民生支出2600.7亿元,2012年支出3161.2亿元,今年上半年支出1553亿元,财政支出的80%以上用于民生。

随着经济社会转型升级,民生财政保障民生的内涵和外延也在不断发生变化。美国社会心理学家马斯洛在著名的需求层次理论中,将人的需求分成生理需求、安全需求、社交需求、尊重需求和自我实现需求五类,依次由较低层次到较高层次。结合当前的民生现状,我们也可以将民生由低到高、逐步递进分为三种形态和层次。

底线民生。是指保障民众最基本生存所需要的条件,保证每一个社会成员“能够有尊严地生存下去”。包括:社会救济,最低生活保障,基础性养老、失业、医疗等社会险,等等。

——基本民生。是指在满足了基本生存条件后,解决每一个社会成员“要有能力和机会活下去”的问题。包括人们生存和发展所需要的基本条件,既包括社会事业和社会保障,实现“学有所教、劳有所得、老有所养、病有所医、住有所居”;也包括发展机会和发展能力,实现权利公平、机会公平、规则公平和自由迁徙、平等参与。比如:保障义务教育、促进充分就业,进行基本的职业培训,提供公平合理的社会流动渠道,推进基本公共服务均等化,等等。

——小康民生。是指基本生存线以上的社会福利状况,侧重解决民众的“体面舒适有质量地生活”问题。包括:未来高中、高校学生免费教育,城乡二元结构基本消除,住房保障和生态环境有较大改善,精神文明较快发展,实现公平正义、民主法制、自我价值等等。目前,我们尚没有能力全面解决这些问题,但应将其作为建成小康社会的重要目标。

三个不同层次民生有递进关系,较高层次的民生状态包含和满足较低层次的民生需求,底线民生和基本民生是民生发展的初级阶段,小康民生是民生发展的高级阶段。在满足较低层次的民生需要之后,根据经济社会发展状况,逐步实现较高层次的民生需求。当前和今后一段时期,我们应该以织好网、补短板、保基本、守底线为原则,以“五有”为目标,积极而为,量力而行,重点解决好基本民生问题。

二、我省民生建设的现状

将“民生”与“工程”组合成词组,并作为全省社会建设的主要抓手,则首见于安徽。民生工程是党委政府坚持以人为本,贯彻落实科学发展观,切实保障公民基本权利,提高生活水平,重点关心弱势群体,采取的一系列积极政策举措。实施民生工程是我省民生事业发展的重要工作创举,党委政府负责,财政牵头抓总,部门合力推进,社会广泛参与,形成了一整套完整的制度体系和政策框架,每年每一项民生工程都有明确的实施目标和政策规定,有清晰的责任主体和实施程序,有创新的民主管理和分类管养办法,有严格的监督考核和绩效评价机制,项目化、工程化特色明显,构建了目标能量化、实施有抓手、结果可考核的工作平台。通过民生工程的带动,社会事业取得长足进步,基本公共服务更加均等,农村生产生活条件更加改善,打造出一块工作品牌,探索出一条以项目化手段发展社会事业、用工程化措施解决民生问题的新路。通过全省上下共同努力,几年来民生工程深入推进,民生热点难点问题得到有效缓解,困难弱势群体的生活质量有了明显改善,人民群众的幸福指数逐步提高。

在底线民生方面:农村居民最低生活保障人数增加到215万人,确认计生奖扶对象15.9万人,扶持86万水库移民,救助41.9万名贫困重度残疾人,保障6万名城镇未参保退休人员基本生活,向自然灾害受灾人员、流浪乞讨人员提供救助,为孤儿保障对象分别按分散供养600元/月,集中供养1000元/月发放生活费。城乡居民养老保险制度全覆盖,农村五保供养老人44.9万人。建成农村养老服务机构1992个,收养16万人。新农合参合率为99.5%。新农合和城镇居民医保政策范围内支付比例提高到70%左右,建设1.9万个卫生服务机构,对重大传染病进行医疗救治,城乡医疗救助1521万人次。除险加固病险水库2881座,完成6264处饮水安全工程、解决1921万人的饮水安全问题。

在基本民生方面：对农民、进城务工人员、未就业毕业生等进行培训，就业技能培训人数达到157.4万人，培训合格率达到98%，新型农民培训人数达到206.3万人。2012年城镇新增就业65.8万人，失业人员再就业25万人，城镇登记失业率3.68%。义务教育经费保障惠及全省800多万城乡学生，帮助700多万人次经济困难学生完成从义务教育到高中(中职)、高等教育各层次学业；建成乡镇公办幼儿园461个、农村留守儿童之家1.9万个、留守儿童活动室1308所，完成2760万平方米校舍安全工程和304万平方米农村中小学D级危房改造。建成廉租房、公租房31.5万套，保障性住房覆盖面提高到14.8%。完成30万户农村危房改造任务。完成农村公路村村通6万公里、农村危桥改造2128个。在734个乡镇实施清洁工程、政策性农业保险理赔32.1亿元，完成一事一议财政奖补项目94417个。

在小康民生方面：通过实施民生工程，带动解决了其他一些更高阶段的民生问题。如开展了50余万户农民沼气综合利用，积极发展清洁能源，完成45976个广播电视村村通、15847个农家书屋以及1305个乡镇文化站建设任务，家电下乡和以旧换新1855.7万台，促进了农村文化的发展。

从总体上看，我省基本民生建设逐步加强，人民群众上学、就业、就医、社会保障等难点问题得到有效缓解。城乡免费义务教育全面实施，初步建立起面向全体劳动者的公共就业服务体系。社会保险制度逐步由城镇向农村、由职工向居民扩展，城乡社会救助体系和社会福利体系基本形成。医药卫生体制改革深入推进，城乡基层医疗卫生服务体系逐步健全，以廉租住房、公共租赁住房和农村危房改造等为主要内容的基本住房保障制度初步形成。但与中央要求、人民群众的期盼、基本民生建设的内涵相比，我们在基本民生建设方面还有不少差距。

一是民生保障水平偏低。通过比较发现，虽然我省民生投入在全国列第七位，也超过中部六省平均水平，但部分民生指标仍有一定差距。比如，2012年，我省城镇居民人均可支配收入和农民人均纯收入在全国排第15位和第20位，相对差距逐渐缩小、绝对差距有所扩大；城镇登记失业率为3.68%，高于中部六省平均值0.1个百分点。按照我省2013—2015年公共服务体系三年行动计划，到2012年底九年义务教育巩固率、高中阶段毛入学率分别达90.8%、86%，还需提高2.2个、1个百分点；城市社区养老服务设施覆盖率40%，还需提高30个百分点；城镇保障性安居工程建成136万套，还需建成64万套。

二是存在体制机制障碍。受制于城乡二元结构、各级财力现状，我省基本公共服务供给不足、区域发展不平衡的矛盾仍然较为突出。如城乡区域间制度设计不衔接，管理条块分割，新农合与城居医保、职工医保并轨难度大，不同人群待遇标准有待统筹；城乡居民养老保险与职工养老保险待遇仍有较大差距；文化类项目的整合归并困难，亟须统筹部门合力；推进基层资金、资源、资产的整合，发挥民生工程规模效益需要加大力度；民生工程已实施七年，部门市县存在松懈情绪，需要完善推进机制，进一步增强民生工作的针对性和有效性，等等。

三是群众的一些迫切期盼难以实现。我们在群众路线教育实践活动、走访调研、城乡基层党组织结对共建、人大代表政协委员巡视评估、项目公开征集活动、特邀监督员座谈等活动中，共收集到有关民生的意见建议2000多条。如：我省虽然实施了农村公路村村通、农村危桥加固改造等项目，但群众对村组道路建设的愿望较为迫切；希望提升就业公共服务能力，为高校毕业生、农村转移劳动力、城镇就业困难人员和零就业家庭创造就业机会；面对今年的重大旱情，群众希望加强农田水利建设，提高排涝抗旱能力；希望加强农村电网改造，保障农村生产生活用电；希望加大养老服务体系建设力度，鼓励居家养老，拓展社区养老服务功能；还有许多群众提出将校车安全、秸秆焚烧、教育均衡发展等列入民生工程，等等。

三、加强基本民生建设的思考

加强基本民生建设需要把握以下几项原则：

一是守住底线，突出重点。既要积极进取，尽最大的努力抓紧解决群众最关心的突出问题，又要从实际出发，树立“底线思维”，充分考虑各方面的条件和承受能力，进行分类排队，区分轻重缓急,应根据十八大和“十二五”规划部署,从维护广大人民基本生存权和发展权考虑,围绕“五有”目标,提供基本民生领域的公共产品和公共服务。

二是积极而为,量力而行。一方面,世情国情决定,我们仍然处于发展的初级阶段,改善民生必须与经济社会发展水平相适应,不能超越经济发展阶段设定目标,现阶段的着力点仍然是底线民生和基本民生;另一方面,教育、就业、社会保障、医疗卫生等基本民生领域存在着福利刚性增长、水平“易升不易降”的内生发展规律,推进保障和改善民生的工作只能稳步进行。

三是统筹规划,分步实施。基本民生具有托底作用,必须注重顶层设计,规划长远蓝图,搭建制度框架。同时要结合不同阶段发展特点,根据现实财力状况,制定切合实际的改善民生目标,采取有效措施,有计划、分步骤的推进保障和改善民生。四是厘清责任,多方共担。一方面,加大政府对改善民生的投入;另一方面,引导广大群众通过勤劳致富改善生活,使改善民生既是党和政府工作的方向,也是人民群众自身奋斗的目标。把政府、社会和个人三者有机结合,充分调动部门市县的积极性,形成解决民生问题的强大合力。

教育是民生之基,就业是民生之本,分配是民生之源,社保是民生之依,住房是民生之需,医保是民生之要,稳定是民生之盾,加强基本民生建设需要突出以下几项重点:

一是扩大就业,改善就业结构拓宽就业渠道。加大支持基础设施建设、经济发展的力度,创造更多就业岗位。提供免费就业政策咨询、就业信息、职业指导服务,扶持各种形式的灵活就业,大力开发公益性岗位,对就业困难人员和零就业家庭提供援助。对普通高校毕业生,给予就业见习补贴,提供基层特定岗位。对符合条件的创业个人和企业,提供财政贴息小额担保贷款。提升农民工和农民技能培训的针对性。全面推进劳动合同制度,建立用人单位薪酬信息发布制度,推进工资集体协商。

二是加强基础教育,保障教育起点公平。继续免除城乡义务教育阶段学生学杂费,并向农村学生免费提供国家课程教科书,对义务教育阶段家庭经济困难寄宿生实行生活补助,到2015年全省80%的县(市、区)基本实现县域内义务教育均衡发展,九年义务教育巩固率达到93%以上。新建、改扩建一批达到基本办园条件的幼儿园和托幼机构,到2015年全省学前教育在园幼儿规模达到150万人,学前一年教育毛入园率达到85%。实施高校、中职学校和普通高中家庭经济困难学生资助,基本解决家庭经济困难学生的就学问题。

三是加快社会保障体系建设,编织社会保障“安全网”。城镇基本医疗保险参保率达到99%,新农合参保率每年稳定在95%以上,推进新农合和城镇居民医保大病医疗保险。到2015年基本养老保险参保人数达到4100万人左右,对失地农民、农民工、新经济和各类养老保险未覆盖人员做到应保尽保。落实好工伤、失业和生育保险各项制度。健全完善社会救助和社会福利体系,城乡最低生活保障标准年均增长10%以上,完善城乡医疗救助制度,加强孤儿、流浪乞讨人员机构救助能力建设。提升基本养老服务水平,加强农村五保服务机构建设,推进居家养老和社区养老服务,城市社区养老服务设施覆盖率达70%,农村社区达50%以上。

四是深化基层医改,撑起人民健康保护伞。不断深化基层医疗卫生机构人事、分配、补偿机制改革,科学配置医疗卫生资源,健全以县级医院为龙头、乡镇卫生院和社区卫生服务中心为核心、村卫生室和社区卫生服务站为基础、城乡一体的基层医疗卫生服务体系。推进基本公共卫生服务,适龄儿童免疫规划疫苗接种率稳定在90%以上,发现重性精神病患者规范管理率达80%以上。健全基本药物供应保障体系,在县以下公立医疗机构实行零差率销售。

五是增加保障性住房供给,努力让群众住有所居。多渠道增加保障性住房供给,加快解决城镇低收入和中等偏下收入住房困难家庭、新就业无房职工和城镇稳定就业的外来务工人员的基本住房。重点发展公共租赁住房,逐步实现与廉租住房统筹建设、并轨运行。加快推进集中成片棚户区改造,稳步推进非成片棚户区和零星危旧房改造。实施农村危房改造,重点补助居住在危房中的五保户、低保户、贫困残疾人家庭和其他贫困户,解决最基本安全住房需求。

与此同时，在既有成果的基础上，还要进一步加大基本公共文化服务供给，推进美术馆、公共图书馆、文化馆(站)、博物馆免费开放，实现全省20户以下已通电自然村“盲村”广播电视村村通，支持展具有鲜明地方特色的群众文体活动，满足群众的基本精神文化需求。

四、加强我省基本民生建设的政策建议

一是提标扩面，提高基本民生保障水平。建议2014年，对涉及困难弱势群体生活的项目进行扩面提标，保障基本民生，发挥社会政策的托底作用。如将农村低保、贫困重度残疾人、农村五保供养补助标准提高10%。贫困残疾人康复工程精神病药费补助由每人每年500元提高到1000元。根据国家政策，将新农合、城镇居民医保财政补助标准由280元/人·年提高到320元/人·年。顺应老龄化社会趋势，将五保供养床位增加到3.5万张，床均补助提高到11000元。

二是突出重点，强化民生工程保基本功能。围绕“五有”，突出保基本、守底线、提质效，推进民生工程有进有退，滚动发展。2014年建议从就业、医疗、基础设施等基本民生问题入手，新增就业促进工程、城乡居民大病保险、小型农田水利设施改造提升工程3个项目。改进民生工程管理，将实施难度较大、需要重点推进的项目作为考核类民生工程，将机制健全、任务即将完成的项目作为督导类民生工程。要求各地不增或少增民生项目，避免不顾财力层层加码。

三是健全基本民生公共财政投入机制。整合各种政府资源，加大对教育、就业、医疗卫生、社会保障、住房及文化等基本公共服务领域的财政投入力度。建立公共财政保障基本民生动态调整机制，逐步扩大基本公共服务范围并提高标准。进一步健全县级基本财力保障机制，增强基层保障基本民生能力。建议适当安排建后管养以奖代补资金，确保建成项目发挥功效。完善促进基本民生和公共服务供给的财税政策，扩大营业税改征增值税试点范围，减免涉企行政事业性收费，促进小微企业发展，提高企业吸纳就业能力。

四是加强基本民生制度建设。合理划分各级政府间基本民生事权和支出责任，对市县事权和支出责任范围内的基本民生事项，给予一般性转移支付支持。进一步完善养老保险制度、医疗保险制度、住房保障制度、最低生活保障制度等，加强政策衔接和制度体制融合。赋予市县项目安排自主权，将农村基础设施类项目向美好乡村重点村和中心村倾斜，更好地发挥资金、资源和资产的集聚效应。

五是提高基本民生供给绩效。科学界定政府与市场边界，发挥市场在资源配置领域的主导作用，扩大政府购买基本公共服务范围，引导社会资金参与教育、医疗卫生、文化等事业发展。完善绩效管理机制，构建特邀监督员、监察审计、巡视评估、第三方评价等多层次绩效监督体系，最大限度发挥基本民生供给绩效。

课题组组长：陈　军
课题组成员：宋先贵　孟　骞　吴　巍
　　　　　　朱旭东

农民市民化进程中的基本公共服务财政政策研究

城镇化是经济社会发展的必然趋势，已经成为我国经济社会发展的战略举措。城镇化进程应该是人的城镇化而不仅仅是城镇规模的扩大，城镇化实质是农民的市民化过程，其核心是市民化的农民获得与市民同等的基本公共服务，并作为城市居民融入社会，成为真正意义上的“市民”。党的十八大提出，要有序推进农业转移人口市民化，努力实现城镇基本公共服务常住人口全覆盖。我省“十二五”时期加速城镇化发展的总体要求，就是以农民市民化为核心，促进人的全面发展。因此要充分认识基本公共服务对促进农民市民化的重要作用，剖析我省农民市民化过程中基本公共服务存在的问题，理清财政支持的原则和对策，为支持农民市民化提供新的思路。

一、具有安徽特色的农民市民化道路

农民市民化是农民进入城市、城镇及农村中心社区(以下简称城镇)就业、生活，成为城镇新市民和逐步融入城镇的过程，要求在就业、住房、养老、医疗、教育等方面与原城镇居民享有同等的待遇。我国农民市民化的主要方式有:一是就地市民化,即通过城市扩张、区域调整、城镇扩容和农村中心村建设等方式,使农民在原住地一定空间半径内,通过人口适度集聚,实现一、二、三产业联动,并以二、三产业为主的市民化途径;二是异地市民化,主要是指农民进入异地城镇,通过身份、职业、社会权利等全面向城镇市民转变,实现"居者有其权"的市民化。二者共同特点是:生产生活方式发生较大转变,在城镇有相对稳定的职业和收入,享有较好或与原市民同等的基本公共服务。

"十五"以来,我省结合区域发展战略,加快发展中心城市,积极构建大中小城市和小城镇协调发展的城镇格局,城乡向统筹协调发展,城镇发展空间进一步扩大,综合承载能力显著增强,成为我省农民市民化的重要载体。通过促进农民就地市民化和异地市民化的方式,促进我省农民市民化进程加速和提升,形成了具有我省特色的农民市民化道路。一是打造改革试验区推进市民化。以合肥市、芜湖市、马鞍山市、铜陵市、淮南市、淮北市和郎溪县6市1县为城乡一体化综合配套改革试验区,以财政、土地、户籍等为突破口,加大推进义务教育、医疗卫生、就业社保等基本公共服务并轨,5年间农村劳动力向非农产业转移就业超过1000万人。二是推进区域战略提升市民化。完善合肥经济圈、皖江城市带、皖北城市群的"一圈一带一群"的省域城镇空间格局,结合皖江城市带承接产业转移示范区、合芜蚌自主创新综合试验区、加快皖北发展三大战略平台建设,着力发展安徽特色新型城镇化,提升农民市民化程度。皖江区提升基本公共服务质量,扩展城镇容居量,推进本地人口充分就地城镇化,同时吸纳皖北皖西等其他地区人口及周边省份的转移人口市民化,成为我省农民市民化的主要载体;皖北区采用增长培育和县城突破策略,鼓励人口的就地市民化和异地市民化并重;皖南山区及皖西大别山区以特色城镇化为核心,通过保护生态和文化环境,促进人口的适度城镇化,实行就地市民化。三是大力发展小城镇促进市民化。按照市政标准改造与完善小城镇基础设施,重点发展200个左右特色小城镇,成为统筹城乡发展的重要节点,基础设施日趋完善,基本公共服务水平不断提高,对农民市民化的吸引力和聚集功能不断增强,成为皖南和皖西促进农民市民化的核心。四是着力推进新农村建设引导市民化。通过推进城镇基础设施向农村延伸、公共服务向农村覆盖、现代文明向农村辐射,逐步实现城乡基本公共服务均等化,促进城乡一体化发展。以中心镇、中心村为载体,大力实施农村危房改造、村庄整治和美好乡村建设,引导农民适度集中居住,强化基础设施和公共服务建设,打造10000个左右新型农村社区,引导和吸引农民就地市民化。

2000年以来,我省城镇化进入持续快速发展阶段,城镇化率由2000年的28%提高到2011年的44.8%,年均提高1.55个百分点,城镇人口由2001年的1795万人增加到2011年的2673万人。据预测,到2015年全省城镇化率将超过50%,2012—2015年间全省约有350万农民实现市民化;2020年达到全国平均水平,农民市民化人口约850万人;2030年我省城镇化率将接近70%,农民市民化人口将达到1700万人。

二、农民市民化与基本公共服务关系实质

农民市民化不仅是"土地城镇化"和"农村城镇化",更重要的是"人"的城镇化,要让农民进得来,留得下,过得好,核心就是能够平等享受城镇居民的基本公共服务。因此,基本公共服务均等化是得到"物"与"人"和谐融合,实现市民化的根本保证。党的十八大报告首次提出了基本公共服务均等化要求,标志着基本公共服务均等化成为了社会建设的重要目标。基本公共服务是指国家根据经济社会发展水平,为公民提供基本的民生需求服务,并实现服务均等化,具体包括教育、就业、社会保障、医疗卫生、住房保障等公共服务。在促进农民市民化过程中,如何把握基本公共服务方向,促进基本公共服务均等化,将对加速我省农民市民化进程产生重要影响。

农民市民化和基本公共服务之间主要存在着相互促进和相互制约关系,即市民化促进基本公共服务的进一步发展,基本公共服务的发展加快了农民市民化的进程,反之亦然。一方面,市民化促进基本公共服务的全面推进。农民市民化已经成为我国城镇化的重要推动力量,也是未来新市民的主体。在加快转变经济发展方式,维护社会和

谐稳定的背景下，就要求改变目前存在的市民和农民的基本公共服务二元结构，实行新老市民基本公共服务均等化。同时，农民市民化浪潮也对进一步强化中小城镇基本公共服务提出更高、更现实的要求，促进政府调整和完善基本公共服务政策，提高基本公共服务能力，以实现基本公共服务常住人口的全覆盖，实行基本公共服务的均等化。另一方面，基本公共服务的推进加速了农民市民化的进程。农民市民化实质是追求基本公共服务均等化。近年来，我省逐步建立城乡一体化的基本公共服务制度，加大公共资源向城镇、农村、贫困地区和社会弱势群体倾斜力度，把更多的财力、物力投向基层，提高了基层的服务能力，缩小基本公共服务水平差距。基本公共服务均等化政策的实施，既避免了大规模出现“城市病”，更为加快农民市民化的进程提供了条件。近年来，我省城镇化率以每年近 1.55 个百分点提高，每年近 100 万农民进城入镇实现市民化，充分说明了基本公共服务均等化对农民市民化的促进作用。

三、市民化进程中基本公共服务存在的问题

基本公共服务均等化要求公共服务在城乡之间、公民之间达到均衡，使全体公民平等享有公共服务的机会和享有大致相等的服务。但是，由于我国社会长期存在城乡二元结构，经济发展水平不一，在推进农民市民化进程中，从财政的角度看，我省和全国一样，基本公共服务在财政体制、资金投入及绩效等方面均存在一些突出问题。

1. 财政体制不健全。目前，财力与事权相匹配的财政体制尚未形成，财力与事权不匹配，难以调动地方政府投入和提升基本公共服务积极性，现行转移支付中专项转移支付繁杂、规模过大，转移支付资金分配上也未充分考虑市民化导致的人口流动因素，不利于实现基本公共服务均等化。同时，政府间事权划分不清，基本公共服务投入过度依靠省及省以上财政，地方财政特别是县级财政实际投入较少。如 2012 年我省城乡居民医疗保险基金财政补贴 144.17 亿元，其中省及省以上财政补贴 126.25 亿元，占财政补贴的 87.5%；全省筹集公共就业服务资金 26.4 亿元，其中省及省以上投入 20.5 亿，占资金的 77.65%，市县财政投入分别为 12.5%和 22.35%，城乡居民养老财政补贴、基本公共卫生服务、城乡低保、残疾人福利等项目地方财政投入情况也与以上两项目大致相当，市县财政对省及省以上财政依赖性较强。

2. 财政投入压力大。农民市民化的成本支出是一个长期的过程，短期看主要支出是义务教育、保障性住房和基础服务设施，远期看主要支出是养老保险和养老服务。实现基本公共服务均等化需巨大的财力支撑。据测算，合肥市市民化成本约人均 15.49 万元，包括义务教育、保障性住房、医疗和养老、各种民政救助和社会管理、基础设施等方面。如按照每年 20 万农民进城市民化计算，合肥市农民市民化年度新增加成本约 300 亿元，到 2020 年约 2400 亿元，2030 年达到 5400 亿元。按同口径计算，2012 年合肥用于义务教育、保障性住房、医疗和养老、各种民政救助和社会管理、基础设施等方面财政支出为 113 亿元左右，如按年增长 20%计，每年增加 22.6 亿元，与市民化每年所需的实际成本相比，财政投入捉襟见肘，地方现有财力难以保障农民市民化进程的资金需求，各级政府都面临着巨大的财政压力。

3. 投入结构严重失衡。长期以来，我省基本公共服务供给也呈现二元化的特征，政府基本公共服务支出主要集中在城市。城市基本公共服务主要由政府供给，而农村基本公共服务则从农村税费改革前主要依靠“三提五统”由农民自我负担，到现在主要采取“一事一议”等方式筹集。政府投入的“城市偏好”，导致城乡投入失衡，各类社会资源主要集中在城市，特别是集中在大中城市和中心城市，城乡居民在享受基本公共服务方面存在严重的不均等现象，如城乡居民人均医疗卫生费用差异为 4.1∶1，中、小学生均公用经费分别为 3.39∶1 和 3.24∶1。大、中、小城市、城镇之间基本公共服务能力差距大，小城镇公共服务基础薄弱，政府在公共卫生、教育文化、就业服务、基本社会保障等方面投入有限，服务能力和容纳能力极有待提高。

4. 资金绩效不明显。基本公共服务具有鲜明的区域特征和阶段性特征，不同地区、不同阶段公众的基本公共服务需求都有所侧重与不同。现行的财政投入方式未能有效体现在我省区域发展战略中，不同区域促进农民市民化基本公共服务的重点领域和重点环节,支持的重点不突出,效果不明显;同时支持市民化的资金管理分散,资金和项目分散在多个部门、形成多个环节,没有形成合理的投入机制、管理机制和问责机制,资金效率不明显,难以有效发挥财政资金的引导和带动作用。

5.综合改革不到位。农民市民化的基本公共服务问题是一个系统工程,涉及社会各个方面,由于综合改革不到位,也影响了财政推进基本公共服务均等的进程和效果。当前,制约基本公共服务均等化的主要问题:一是户籍制度限制了基本公共服务均等化的有效实施。目前,基本公共服务体系是与户籍制度捆绑在一起的,导致城乡之间和不同地区户籍在公共服务方面存在明显差别。一方面,户籍制度抬高了农民市民化的门槛,户籍制度的福利化倾向,导致城镇居民产生了新的二元结构和二元制度,使城镇常住居民形成身份不同的阶层,进城入镇的农民往往沦为城市的边缘人群。另一方面,户籍制度导致市民化了的农民不能同等享有基本公共服务,难以实现机会均等、结果均等,影响了市民化了的农民真正成为新市民。由于不能同等享有基本公共服务,在我国2.6亿农民工中,举家外出的仅3000万,仅占11.5%,绝大多数人周而复始地在城镇和农村流动,成为"两栖人"。二是社保体系制约了基本公共服务均等化的进一步推进。社保制度"碎片化"现象严重,城乡间、群体间分割突出,各项政策不相衔接,社会保险关系缺乏流动性,难以转移接续;农民工的社会保障项目少、待遇差,实际参保率低。据统计,农民工参加职工养老保险、工伤保险、医疗保险、失业保险和生育保险的比例分别为14.3%、24%、16.9%、8.4%和6.1%。社保制度"碎片化"已经成为制约农民市民化以及平等享受基本公共服务的重要因素之一。同时,农民工住房保障、子女教育服务等方面存在诸多障碍和不足。三是土地流转制度不完善。当前,我国农村实行土地承包责任制,其着眼于维护农村生产和稳定,随着城镇化进程加速和农村人口的流动,直接从事农业人口不断减少。目前,由于土地流动性和经营权转让机制不完善,对转让土地使用权农民缺乏合理的经济补偿,导致土地流转不畅,难以将土地资源有效转化为农民市民化的成本,让农民获得合理的稳定土地收益。土地在成为农民"命根子"的同时,也成为农民市民化的又一制度障碍。

四、支持市民化基本公共服务的基本原则

实现基本公共服务均等化,让公民享有平等的基本公共服务是公共财政支出的最终目标。基于基本公共服务需求不断增长和我省现阶段经济社会发展状况,我省在推行基本公共服务均等化时,应当坚持以下基本原则。

1.统筹规划原则。加快城乡基本公共服务制度一体化建设,大力推进区域间制度统筹衔接,将公共资源向促进农民市民化进程倾斜,逐步实现基本公共服务全覆盖。同时,要根据我省区域发展战略,处理好统筹兼顾与突出重点的关系,因地制宜、分类指导,在不同地区选择不同的支持重点,适当集中财力,解决突出问题,把更多的财力、物力投向基层公共服务机构设施和能力建设,促进资源共建共享,全面提高公共服务水平。

2.量力而行原则。公共服务的提供要与经济发展阶段相适应。鉴于当前我省经济社会发展水平和财政现状,财政支持市民化公共服务均等化方面只能量力而行,稳步推进,分步实施。正确处理基本公共服务长期目标和现实目标的关系,逐步增加基本公共服务的供给总量。要集中财力优先安排最急需、受益面广、公共性强的公共产品和服务,并根据财力的增长,逐步增加服务项目、提高服务标准,最终建立城乡统一的公共服务体系,满足农民市民化过程中对公共服务不断增长的需求。

3.多方筹资原则。扩大有效供给是基本公共服务均等化的前提。基本公共服务均等化的矛盾实质是政府供给不足与大众日益提高的需求之间的矛盾。因此要创新基本公共服务供给模式,在财政投入有限的情况下,对产品和服务的提供可以运用市场机制,通过政府、市场、社会力量等多元主体通过多种途径来提供,形成多元参与、公平竞争的格局。同时,要厘清政府与市场的分工界限,避免基本公共服务的"泛市场化"。

4.注重绩效原则。整合资金资源,在公共财政投入数量不变前提下,通过整合各类各项支持农民市民化的资金资源,分清轻重缓急,结合基本公共服务的近期目标与长远目标,以解决农民市民化过程中最关心、最直接、最现实的问题为重点，真正把资源优先配置到提升公共服务水平上来，确保把钱花在刀刃上。同时，完善财政保障、管理运行和监督问责机制，形成保障基本公共服务体系有效运行的长效机制。

五、支持市民化基本公共服务的财政政策

政府是通过公共财政政策来实现基本公共服务，支持市民化基本公共服务从根本上要取决于经济发展的水平和公共财政制度的安排。我们要按照省委、省政府关于加速城镇化发展的总体要求，以农民市民化为核心，围绕我省区域发展战略和农民市民化的特点，遵循财政支持基本公共服务的基本原则，发挥财政职能，履行财政职责，不断完善政策设计，促进制度创新和体制创新，努力实现基本公共服务均等化，通过财政政策的优化，有效增强和提升农民市民化进程。

1. 完善财政体制，促进有效投入。一要明确财政支出责任。合理界定各级财政在市民化过程中的基本公共服务支出责任，着重围绕义务教育、基本医疗卫生、社会保障等领域的基本公共服务项目，将支出责任重心向县乡级以上转移。厘清政府和市场的关系，市民化过程中的社会事务，市场不能有效解解决的，财政就必须逐步到位；可以通过市场机制解决的，应由市场解决；介于二者之间的，财政要发挥资金和政策作用，积极引导社会资金投入，实行政府购买服务。二要理顺政府间财政分配关系。完善省与市县政府间收入的划分，建立县级政府稳定收入来源，切实增强县以下基层地方政府在农民市民化过程中提供基本公共服务的保障能力。逐步取消专项拨款配套资金制度，探索省或省以上对重点贫困县市民化基本公共服务的直接供给。同时，促进生产型税收向消费型税收的转变，增强流入城市吸引人口定居的动力。三要完善财政转移支付制度。逐步建立以实现基本公共服务均等化为目标的财政转移支付制度，健全转移支付体系，清理整合并压缩专项转移支付，扩大一般性转移支付规模。通过一般转移支付实现市县财力的均等化，通过专项转移支付保障基本公共服务的均等化，改革以户籍人口为依据的政府间财政转移支付制度，根据事权属性综合考虑户籍人口、常住人口和农民市民化程度对基本公共服务的影响，及时调整资金配备，满足农民市民化在基础建设、公共设施、社会保障等方面的需求，提升基本公共服务能力。四要优化和整合财政支出结构。建立基本公共服务经费保障机制，逐步提高农民市民化基本公共服务支出比重，以基本公共服务项目标准为基础，确保用于市民化基本公共服务预算的刚性增长。同时，要整合基本公共服务资金，对现有财政支持市民化公共服务资金来源渠道、规模、期限等进行全面的调查摸底、清理归类；对已经到期，绩效不明显的专项资金原则上予以取消；对资金用途和扶持对象基本相同或相近的专项资金，进行归并整合，形成支持合力。同时，积极探索整合中央财政补助资金和跨部门市民化公共服务资金，加大以存量带增量整合力度，解决整合资金重点投向问题。

2. 拓宽投资渠道，合理分担成本。一要积极引导社会资金。发挥财政资金的引导和调控作用，鼓励社会资金参与市民化基本公共服务设施建设和运营管理；大力推行政府购买、特许经营、合同委托、服务外包、土地出让协议配建等方式提供基本公共服务；合理利用财政补贴供给方和补贴需求方的调节手段，探索财政资金对社会办基本公共服务机构的扶持，采取财政直接补贴需求方的方式，增加公民享受服务的选择权和灵活性，促进基本公共服务机构公平竞争。二要稳步推进农民原有农村资产的转化。赋予农民对承包土地、宅基地、农房和集体资产股权更大的处置权，通过市场化手段，将农民在农村占有和支配的各种资源转变为资产，并将这种资产变现为可交易、能抵押的资本，让农民带着资产进城，从而跨越市民化的成本门槛，更好地享受基本公共服务。

3. 支持小城镇发展，完善服务功能。坚持统筹城乡，走安徽特色的城镇化、市民化道路。通过优惠的财政金融及土地政策，吸引社会资本参与小城镇建设，优先发展和完善提供基本公共服务的基本功能，提升农民就近就地市民化的容纳率。一是加强政策引导，根据中小城镇特点，充分利用农业综合开发等涉农资金，大力发展以农业产业化经营为主体的主导产业和各类服务业；二是加大就业资金投入，加强职业技能培训和职业服务能力建设，鼓励农民就近就地创业，以创业带动就业,增加居民收益;三是有重点地支持公用设施和公益事业建设,逐步完善基本公共服务功能,提高基本公共服务水平,使就地就近市民化成员享受与大中城市基本相当的公共服务水平,提高小城镇对农民的吸引力。四是着力推进新农村建设,通过实施农村危房改造、村庄整治和美好乡村建设,推进城镇基础设施向农村延伸、公共服务向农村覆盖。以农村中心镇、中心村为载体,强化基础设施和公共服务建设,大力引导农民适度集中居住,逐步实现城乡基本公共服务均等化,促进农民就近就地市民化。

4.分类分项投入,提高资金绩效。根据我省不同区域经济发展水平和农民市民化的特点,遵照提供市民化公共服务项目需求程度,对基本公共服务实施分类指导、分项投入,以提高资金的绩效,彰显财政资金用急、用需和引导作用,提高资金的使用绩效。皖江示范区承接东部地区产业转移,是我省农民市民化的重要承载区,应发挥基本公共服务在产业转移中的基本保障作用,突出人才培养和人力资源开发,突出就业创业,加快公共就业服务体系建设;突出社会保险关系转移接续,提高基本公共服务的质量,扩大农民市民化容载量,为市民化提供便捷的基本公共服务。皖北区基本公共服务投入以保障和改善民生为重点,提升保障能力,一是突出农村社会保障制度体系建设,逐步提高保障水平;二是推动职工基本养老保险重点向农民工和灵活就业人员覆盖。通过完善公共服务体系建设,提高均等化服务水平,提高城镇的吸引力。同时,为农民异地市民化提供条件。皖南区围绕“旅游”“文化”核心,大力推进公共就业服务体系建设,促进灵活就业和自主创业;有重点地将城乡居民、农民工、灵活就业人员各类群体纳入相应的社会保障制度;发展徽州特色文化,完善应急救助体系,着力培育“两新”组织,提升基本公共服务能力,促进农民就地市民化。

5.促进综合改革,推进政策实施。一要促进户籍制度改革。完善落实户口迁移政策,逐步剥离附加在户籍中的基本公共服务权益及福利待遇,将享受基本公共服务政策及福利待遇与户籍管理相脱钩,使户籍管理制度回归原有的户籍管理功能,突破户籍与福利合一的社会管理制度,逐步实行新老市民享受同等或大致相当的基本公共服务。二要促进社保制度完善。要按照实施城镇化战略和有效促进农民市民化的要求,进一步完善社会制度。首先完善统筹城乡的社保制度,逐步做到制度统一,项目统一,程序统一,标准的逐步衔接,实现社保制度城乡一体化;扩大社会保障覆盖面,从制度全覆盖,发展到项目全覆盖,人员全覆盖,提高农民市民化人口的参保率。其次以增强流动性,促进农民市民化为目标,整合社保制度,加强制度间的耦合与衔接,逐步实现城乡之间、区域之间社会保险关系的有效转移,城乡社保之间合理转换与有序衔接,实现制度间平稳接续,促进人员流动。三要加大土地制度改革。在保障农民能够真正行使对其承包土地占有、使用、收益和处分权利的前提下,大力培育完善农村土地市场,采取具体措施鼓励、优先扶持愿意而且有离农能力的那部分农村人口退出耕地,让土地收益返还成为农民财产性收入和持久性收入的一部分,并使之逐步向常规的社会保障转移。四要促进社会组织培育。界定公共服务的基本属性,理顺政府与市场的关系,充分利用市场机制,发挥各类社会组织在基本公共服务需求表达、服务供给与监督评价等方面的作用,把适合由社会承担的基本公共服务事项,以购买服务等方式交由社会组织承担。同时大力培育社会组织,灵活运用公共就业政策,加快社会工作专业人才培养;建立专业人员引领志愿者服务的机制,积极发展慈善事业,充分发挥慈善在农民市民化公共服务提供和筹资等方面的作用。

课题组组长:陈　军
课题组成员:朱艾勇　解亚平　汪文志

行政事业单位资产管理与预算管理相结合问题研究

资产管理与预算管理相结合是行政事业单位国有资产管理的基本内容之一,也是新形势下深化部门预算改革,实现财政科学化精细化管理的客观需要,更是提高资金、资产使用效益,建设节约型政府的必然要求。近年来,我省坚持从制度创新着手,探索资产管理与预算管理相结合的有效方式,取得了一定的成效,但还存在不相适应、结合不够紧密等问题。为推进资产管理与预算管理有机结合,我们在调研的基础上,对此项工作进行了深入研究,期望形成对实际工作有所帮助的研究成果,进一步推动行政事业单位资产管理工作的改革创新。

一、资产管理与预算管理相结合的重要意义

(一)资产管理与预算管理相结合是完善资产管理体制,贯彻国家经济政策的重要举措。

党的十八大明确指出要“完善各类国有资产管理体制”,财政部令第35号指出“行政单位国有资产管理活动,应遵循资产管理与预算管理相结合的原则”,财政部令第36号指出“事业单位国有资产管理活动应坚持资产管理与预算管理相结合的原则,推行实物费用定额制度,促进事业资产整合与共享共用,实现资产管理与预算管理的紧密统一”,省政府令第214号指出“行政事业单位国有资产管理实行国家统一所有,政府分级监管,单位占有、使用的管理体制,并遵循资产管理与预算管理相结合原则”,加强资产管理与预算管理相结合是党和国家的明确要求,是贯彻中央及我省有关财政政策方针的重要举措。

(二)资产管理与预算管理相结合是科学编制部门预算,深化公共财政改革的必然要求

行政事业单位国有资产是政府履行职能的物质基础,是公共财政管理职能的重要组成部分。资产管理与预算管理相结合,是推进公共财政改革,健全财政职能的必然要求,是继部门预算改革、国库集中收付等财政改革后的又一重大改革。行政事业单位国有资产主要由财政预算资金形成,财政预算资金安排的科学性、规范性,直接决定了资产配置的合理性、公平性。预算管理是资产管理的前提,资产管理是预算管理的延伸。一方面,财政预算是资产形成的主渠道,预算管理水平的高低决定着资产配置的合理性,行政事业单位资产的日常维护运转和价值补偿主要依靠预算安排来实现,预算安排得不合理,将造成资产配置的不公平,导致资产的闲置浪费,降低资产使用效益;另一方面,资产存量是核定单位预算的重要基础,资产管理水平影响着预算资金分配的科学性和有效性,只有在全面规范、科学管理、准确掌握单位资产存量、建立科学的资产配置标准体系的基础上,才能结合单位履行职能的需要,准确核定单位资产收益、资产配置等预算。因此,加强资产管理与预算管理相结合,科学编制资产配置预算,制定科学完善的资产配置标准体系,不仅有利于维护国有资产配置的公平与效率,推动部门资产占有均等化,而且有利于准确安排与资产相关的各项支出,提高部门预算编制的科学性,真正实现财政管理的科学化、精细化。

(三)资产管理与预算管理相结合是提高财政资金效益,建设节约型政府的客观需要

资产管理与预算管理相结合体现在两个方面:一是将预算管理看成一个管理过程,资产管理应贯穿预算管理全过程;二是将预算管理当成一种管理方法,资产管理应遵循预算管理的理念。行政事业单位资产是历年财政预算资金“物化”的外在表现,预算安排的资金额度直接决定资产配置数量的多寡。因此,预算管理是增量调节和存量控制最有效的手段,也是资产收益管理和调控最有效的方式;同时有效开展资产管理工作,能为预算编制提供准确完整的资产基础信息和财务管理数据,也能最大限度发挥资产使用功能,提高预算资金使用效益。实行“二者的结合”,按标准科学合理配置国有资产并安排相应运行费用,既是行政事业单位发展的需要,也是贯彻中央八项规定、厉行节约等规定的体现,有利于节约财力、减少浪费,提高资金使用效率,避免“盲目攀比”、“贪大求洋”等问题。

二、我省资产管理与预算管理相结合工作开展情况

(一)主要做法

1.制度框架基本搭建。制度建设是推进资产管理与预算管理相结合的重要保障。我省在学习借鉴外地经验做法的基础上,以省政府第214号令为指导,结合实际,本着先易后难、循序渐进的原则,重点围绕“配置”和“收益”两个环节,先后研究出台了《关于推行资产管理与预算管理相结合的通知》、《省级行政事业单位国有资产配置管理暂行办法》、《关于全面推行资产管理与预算管理

相结合的通知》、《安徽省省级行政单位通用办公设备家具配置标准（试行）》、《安徽省省级行政事业单位国有资产收入管理暂行办法》等一系列规章制度，逐步规范省直单位资产配置预算编审范围、编审程序和资产收益上缴、使用等行为。2013年初，省政府又出台了《关于进一步规范和加强省级行政事业单位资产管理工作的意见》(皖政办〔2013〕3号)，对进一步深化部门预算改革，加强资产配置管理提出了具体措施和工作要求，资产管理与预算管理相结合的制度框架初步搭建。

2. 内部流程逐步优化。为理顺内部关系，提高工作效率，2009年省财政厅下发《关于明确行政事业单位国有资产管理厅内有关工作程序的通知》。按照财政预算管理“一个口子对外”的要求，2013年又下发了《关于进一步明确行政事业单位资产管理内部有关工作程序的通知》，及时对厅内资产管理工作流程进行了调整，进一步落实工作职责，形成监管合力。资产配置环节，结合“二上二下”预算编制程序，在编制资产预算时，支出处室根据单位人员编制、资产存量、资产配置标准、资金来源等情况提出初审意见，资产处再根据有关资产配置原则提出审核意见，最后由预算处按预算编制政策，结合财力情况，对新增资产配置提出预算安排建议。预算执行环节，对使用追加预算、年初待细化项目资金以及其他财政性资金购置固定资产的，支出处征求资产处意见后，再按规定程序报批。资产收益环节，行政事业单位取得的资产性收入全部上缴财政，纳入预算管理，对当年缴入国库但未编入预算的资产收益，原则上纳入下年度预算管理。厅内工作流程的进一步优化，对理顺工作关系、提高工作效率、促进资产管理与预算管理相结合提供了良好的内部环境。

3. 资产配置与预算编审相结合初步实现。2008年，我省开始在省直一级预算单位和部分二级预算单位开展增量资产计划申报试点工作。在总结试点工作基础上，2009年正式将所有省级预算单位新增房屋建筑物、机动车、单位价值20万元以上的大型设备列入预算编审，2010年开始将批量价值50万元以上资产配置一并纳入预算编审。2013年，进一步扩大资产配置预算编审范围，将纳入固定资产核算的房屋建筑物、通用设备、专用设备、家具、车辆、信息网络及软件等全部纳入编审，固定资产配置与预算编制结合面进一步扩大。同时，出台了《省级行政单位通用办公设备家具配置标准(试行)》，对日常办公设备、家具等资产规定了单位价格标准和数量标准最高限额，配置标准体系进一步健全，有力地促进了资产配置预算编审的科学化。

4. 资产收益与预算管理相结合迈出步伐。行政事业单位资产收益是财政收入的重要组成部分，为防止资产收益流失，规范收益使用，2010年省财政厅制定了《省级行政事业单位资产收入管理暂行办法》，本着区别对待、分类管理的原则，严格“收支两条线”管理。行政事业单位国有资产处置收入和行政单位国有资产出租出借收入上缴国库，纳入预算管理；事业单位国有资产出租出借收入和对外投资收益上缴财政专户，纳入单位预算，统一管理，审批使用。国有资产收入原则上用于收入上缴单位的固定资产更新改造、新增资产配置等。为进一步加强非税收入管理，促进收入公平分配，增强政府调控能力，2014年部门预算编制要求，资产收益实行分类管理，对省级行政单位国有资产处置收入和出租资产取得的收入，由财政按30%比例集中调控，统筹安排使用，确保资产收益真正纳入财政预算管理范围之内。

(二)主要成效

1. 资产管理与预算管理相结合理念初步树立。经过几年资产管理与预算管理相结合的工作实践，行政事业单位初步树立了以推进基本公共服务均等化、资产管理与预算管理有机结合的工作理念，预算编制更加科学合理。初步树立了以存量资产为基础，以配置标准为上限，结合单位履行职能需要，编制资产配置预算的理念，增强了预算编制工作的计划性和科学性。

2. 预算管理内涵进一步丰富。在部门预算编制、审核、执行等环节探索建立了与资产管理各项业务有效结合的工作机制，不仅逐步解决了资产管理与预算管理相脱离、“两张皮”的问题，也丰富和完善了部门预算的内涵和外延。在预算编审过程中，坚持增量与存量相结合，既充分发挥了存量资产的作用，又可以从源头上解决或减少不必要的重复或超标准购置，节省了财政资金。在预算执行过程中，坚持资产预算执行与资产管理相结合，有利于完善资产预算的执行机制，及时跟踪资产预算的执行结果，增强资产预算的导向和约束功能，提高财政资金的使用效率和资产配置效率，把有限的财政资金投入到更广泛的公共服务领域。

3.资产配置均等化进一步强化。通过尝试建立国有资产配置标准，科学编审国有资产配置预算，保证了预算分配有据可依，逐步改变长期以来存在的资产配置苦乐不均、盲目攀比的现象。同时，建立资产共享共用工作机制，鼓励单位对办公用房、大型设备等闲置资产进行调剂共享，对尚有使用价值的报废资产积极引导单位采取内部调剂等形式进行处理，提高资产使用效益，逐步实现通用资产配置均等化。

4.财政管理职能进一步健全。预算分配是资金分配与资产配置相结合、存量管理与增量管理相结合的有机过程。通过推进资产管理与预算管理相结合，改变了长期以来存在的预算编审与存量资产占用联系不紧、预算执行和调整与资产使用和变动联系不紧的状况，资产管理工作得到了规范和加强，预算管理工作得到了拓展和延伸，财政的资产资源配置、收入分配和宏观调控等职能进一步健全。

（三）存在问题

我省在资产管理与预算管理相结合方面，虽取得了一定进展和成效，但仍存在一些问题和不足，主要表现在：

1.思想认识不够到位。很多单位没有充分认识资产管理与预算管理相结合的必要性和重要性，重项目、重资金、轻资产，对编制资产配置预算、规范资产收益使用等方面重视不够，资产管理与预算管理相脱节、“两张皮”现象依然存在；少数部门和单位仍然习惯于争资金、争项目，一些单位账务登记混乱，没有定期对财务账与实物账进行核对，不重视甚至不愿意推进资产管理与预算管理相结合工作，对资产管理与预算管理相结合尚未全面形成共识。

2.资产配置标准体系不够健全。目前仅针对省本级公务用车、执法用车、办公用房、行政单位通用办公设备家具等资产制定了统一标准，还有相当大一部分国有资产缺乏配置标准，与公共财政相适应的资产配置标准体系尚未完全建立，资产配置预算编审缺乏科学依据。同时有些资产的配置标准，由于脱离实际或过于原则，可操作性和约束力不强，客观上加大了资产配置预算审核的难度，财政资产管理部门对该不该购置、该购置多少等情况难以有效地审核把关，影响了财政资金和资产的综合使用效益。

3.资产配置预算编报质量不够高。部分单位在编报资产配置预算时，既缺乏对单位资产家底的掌握，也缺乏对已有资产配置制度的学习。在编报资产配置预算时，没有充分研究单位存量资产现状、履行职能需要和资产共享调剂水平，有些资产配置意义不大、理由不足；部分单位申请配置资产标准过高，远超实际工作需要；部门内部调剂共享不积极，重复配置资产现象严重；一些单位资产编报内容不具体、说明不翔实，资产配置预算编报质量不高。

4.资产配置预算执行不够严格。在预算执行阶段，一些待细化项目、追加预算及非税收入支出中涉及资产购置的，尚未完全纳入资产配置审核的范围，审核范围不够完整；部分单位在资产购置中，不按资产配置预算购买，随意调整配置标准和采购计划等，资产配置预算执行纪律意识淡薄。同时，厅内支出处室、政府采购处和资产管理处之间沟通不畅，信息共享尚未实现，资产管理处很难及时掌握资产配置预算实际执行情况，缺乏对执行环节的有效监督，影响了资产配置与预算管理相结合的实际成效。

5.资产管理信息系统数据不够精准。推进资产信息化，及时提供准确、完整的资产数据，是编制新增资产配置预算，实现资产管理与预算管理相结合的重要支撑。目前资产管理信息系统作为资产管理新的技术工具已投入应用，但还没能完全实现从“人口”到“出口”全程动态监管，有待进一步完善。另外，单位信息系统数据更新不及时、填报不准确，导致财政部门、主管部门和单位之间资产信息渠道不畅通，数据不完整、不准确，致使预算安排缺乏翔实的基础数据和资料，影响了预算编审的科学性、合理性。

6.资产收益管理薄弱。部分行政事业单位的资产出租、出借和处置行为不规范，低价出租、擅自转让等现象时有发生。一些部门、单位的资产出租出借收入和处置收入管理缺乏有效的制约措施,未按规定上缴财政,对已上缴的资产收益尚未全部实现财政统筹,资产收益的使用方向欠缺约束,资金使用效益有待提高。

7. 监督管理机制不够健全。资产管理绩效评价体系尚未建立,缺乏针对行政事业单位资产管理的绩效考评指标体系及配套的绩效考评制度,存在管与不管、管好管坏一个样的现象;激励约束机制未能形成,资产管理工作缺少有力抓手,导致资产配置执行不严、资产处置事后申报、资产收益"坐收坐支"等现象时有发生,国有资产配置和使用效益难以提升。

三、中央及外省的经验借鉴

(一)主要做法

1. 中央的主要做法。根据 2007 年全国财政工作会议对资产管理工作提出地要求,财政部从理论和实践两方面积极探索资产管理与预算管理相结合工作。在《关于编制 2009 年中央部门预算的通知》中,财政部明确要求,从 2009 年开始资产配置预算纳入中央部门预算,对新增车辆、房屋、土地和大型设备等资产进行专项编审。根据编制资产配置预算的具体要求,界定新增资产的审核范围,明确审核原则、依据和流程,并在 2009 年中央部门预算报表中新增四张报表。当年中央财政审核了除涉密部门以外的 160 多个中央部门的资产配置预算,审核资金来源既包括财政拨款,也包括预算外资金、财政拨款结余资金等其他资金。根据党中央、国务院关于厉行节约、压缩车辆经费、严禁新建楼堂馆所等指示精神,结合行政事业单位的特点,对新增资产配置严格审核、批复。主要流程是:在资产配置环节,各中央预算单位按照有关要求,填制新增资产配置表,连同相关说明材料随部门"一上"预算一同报财政部;由财政部行政政法司行政资产处和教科文司事业资产处先行审核,提出审核意见后,征求各司同意,将各司意见汇总后会签预算司后报部领导审定;在资产购置环节,规范新增资产配置预算执行管理,注重新增资产配置与政府采购等环节的衔接,未经财政部批准的资产配置事项,不得进行政府采购;在资产收益环节,规范资产收益管理,出台《关于加强中央行政单位国有资产收入管理的通知》,严格按照非税收入有关规定,将资产收益纳入预算管理,上缴中央财政。

2. 广东的主要做法。广东省财政厅在 2004 年成立行政事业资产管理机构之后,就明确提出"以预算管理为中心,加强行政事业资产管理,推进预算管理与资产管理相结合"。在充分调查研究,广泛征求意见的基础上,广东省财政厅于 2005 年 10 月 18 日印发了《关于推进行政事业单位预算管理与资产管理相结合有关问题的通知》(粤财预〔2005〕145 号),该文件对如何推进预算管理与资产管理相结合的工作作了初步的安排。2006 年广东省率先开展资产管理与预算管理相结合工作,从增量资产的预算审核入手,明确资产处、业务处、预算处之工作机制和流程,按照"先试点、后推开、再总结提高"的原则,在省级部门预算编制报表中,设计了资产存量情况表、增量预算表和资产经营收入情况表,把增量管理与存量管理有机结合起来,以办公用房、公务用车、大型设备为突破口,编审资产配置预算,同时对办公用房、公车、办公家具和设备等规定了配置标准,省直部门和部分市县按照标准审核预算,并在网上公开信息,提高了工作效率,增强了预算编制和审核的科学性。

3. 海南的主要做法。海南省把资产管理与预算管理相结合作为财政部门的一次改革,在厅内统一认识、形成合力,注重制度先行,率先在全国出台《海南省省直行政事业单位国有资产配置管理暂行办法》、《海南省省直行政单位国有资产配置标准》,对办公家具、办公设备、办公用房装修等规定了价格和数量的最高限额标准,并分别会同省交通运输厅、省教育厅出台了交通类专业设备配置标准和省直学校、教育培训类事业单位通用的专业资产配备标准。将资产配置与预算编制管理紧密结合起来,单位在预算执行年度前申请用财政性资金购置资产的,按照预算编制程序同步进行,为确保单位在编报部门预算时如实填报《资产配置计划表》,财政厅对部门预算管理软件进行了完善,将《资产配置计划表》增加到部门预算管理软件中,对单位申请使用财政预算资金购置资产的,必须填报《资产配置计划表》,与资金申请一并报经主管部门审核同意后报财政厅审批,具体由财政厅资产处审核单位资产购置计划，提出资产审核意见，送部门预算管理处、预算处进行购置资金审核，财政厅在下达财政资金时，一并批复资产购置计划。对未填报资产购置计划的，财政厅不予安排购置资金，不予安排政府采购。同时，有针对性地对资产管理信息系统进行了二次开发，实现了资产管理业务网上审批、查询以及资产管理信息系统与部门预算软件的对接，提升了资产管理水平，强化了资产管理和预算管理相结合。

4.辽宁的主要做法。2008年以来，辽宁省先后下发了《辽宁省省级行政事业资产配置使用及处置实施办法》、《省本级部门预算编制管理厅内规程》、《省直单位资产配置等项目预算编制参考标准》等文件，从2009年开始编审资产配置预算。对轿车、计算机、办公家具等16项资产从金额和数量两方面分类制定了资产配置标准，同时积极探索实物费用定额工作，分别确定了取暖费、维修费、物业费和电话费等支出标准。。省直行政事业单位房屋维修和公务车辆购置2个专项资金统一由资产处管理。房屋维修专项资金管理具体流程是：单位提出房屋修缮申请，报相关部门预算管理处审核，相关部门预算审核后送资产处，资产处委托厅投资评审中心审核预算额度，并根据年度省直行政事业单位房屋维修专项资金预算和该单位房屋状况履行审批程序，由资产处下达指标文件。公务用车购置专项资金管理具体流程是：省单位报送配置公务用车申请报告，厅内相关部门预算管理处初审后，报资产处审核，经厅领导审定报省政府秘书长，由政府秘书长组织召开省级四大家秘书长联席会议，审定后报主管财政常务副省长审批，由资产处下达指标文件。对省直行政事业单位腾退下来的车辆，一律实行交旧换新并统一上缴财政分类集中处置，对车况较好车辆调剂缺车单位日常使用，对车况不好车辆组织向社会公开拍卖转让。

5.广西的主要做法。广西十分注重制度建设，以自治区党委办公厅、政府办公厅的名义出台了《自治区本级行政单位常用办公设施配置标准(试行)》(桂办发〔2009〕83号)、《自治区本级党政机关和参照管理事业单位经营性国有资产整合运营改革实施方案》(桂办发〔2009〕38号)等文件，在此基础上，2011年以第68号区政府令的形式颁布实施了《广西壮族自治区行政事业单位国有资产管理办法》，全面规范从资产配置、使用到处置等各个环节的管理。2010年，该省财政厅开始对省直单位编制部门预算中新增资产实行专项审核，重点审核新增办公用房、公务车辆、10万元以上的大型设备等三大类资产。具体工作流程是：单位在上报“一上”审核时，由预算处将单位上报的《“三项资产”增量预算表》等数据转给资产处，资产处提出审核建议数后会部门预算管理处，两处室达成一致意见后，由预算处进行汇总审核报厅领导同意，作为“一下”控制数。“二上”审核流程与“一上”审核流程相同，重点对单位“二上”申报数与部门“一下”预算控制数的差异进行审核。广西在推进资产配置与预算管理相结合同时，注重做好资产调剂使用，建立政府公物仓，充分发挥资产使用效益。广西将临时性会议(活动)资产纳入公物仓管理，临时性会议(活动)的资产购置，优先从公物仓调剂，对仓内无法调剂的予以购置，会议(活动)结束后，按照领用、交接、退回内部管控制度予以收回，统一调配使用，实现资产有效循环使用。同时对经营性资产进行整合，将本级党政机关或参公单位经营性资产，通过政府授权，统一变更至广西宏桂资产经营有限责任公司名下，委托该公司实行集中管理、集约经营，实现资产效益最大化。

(二)启示

总结上述地区在推进资产管理与预算管理相结合方面的做法，主要有以下几点启示：

1.领导重视是前提。中央和上述省份对资产管理与预算管理相结合工作认识深刻，领导重视。如：财政部从2006年就提出资产管理与预算管理相结合理念，并在2007年政府收支科目分类中首次提出“资本性支出”科目，隐含了预算管理与资产管理的内在联系，部里历届领导都高度重视此项工作，时常组织全国性研讨交流会，在积极做好中央预算单位资产管理与预算管理相结合工作同时，积极支持指导地方开展相关工作。各级领导的高度重视，为开展资产管理工作创造了良好条件。

2.制度建设是保障。构筑完善的制度体系是建立资产管理与预算管理相结合长效机制的基础。中央及上述省份把制度建设作为资产管理与预算管理相结合的重点。如:广西以区委办公厅和区政府办公厅名义出台资产配置标准，以政府令的形式出台资产管理办法；海南对资产配置标准建立了两年调整一次的动态机制。各省都对资产配置预算编制内部流程进行了细化和规范，制度的制定和有效执行解决了制度建设不到位、管理行为不规范、管理效果不明显等问题,促进了资产管理与预算管理有机结合。

3.突出重点是手段。各地在资产管理与预算管理相结合上，首先选择了资产配置与预算编审相结合这一关键环节，并在围绕如何实现配置与预算相结合上找方法、寻突破，基本遵循抓大放小、循序渐进的原则,首先从重大资产纳入预算编审开始,总结工作经验,逐步将所有固定资产纳入预算配置编审。在做好预算配置编审工作后,逐步将预算执行环节资产采购和决算环节资产统计报告纳入工作重点，努力探索全方位资产管理与预算管理相结合工作机制。

4.开拓创新是关键。实践证明,开拓创新是推动资产管理工作的不竭动力，是资产管理工作不断取得突破的最活跃因素。各地通过把握资产存量和增量的相互关系，推进资产管理与预算管理相结合,提高了资产配置的科学性。如:广西通过经营性资产的统一管理,建立政府“公物仓”,提高了行政事业单位资产的使用效率和效益；海南通过信息系统二次开发,实现了资产数据动态监管,夯实了预算管理与资产管理工作基础；辽宁通过公务车配置和房屋维修专项资金管理，拓宽资产管理工作内涵和外延。

四、推进我省资产管理与预算管理相结合的建议

(一)完善资产配置标准体系,促进资产公平合理配置

资产管理与预算管理相结合的核心在于加强资产的配置管理，而配置管理的关键点就是制定资产的配置标准。健全的资产配置标准体系,是实现资产配置公平公正、科学合理的重要基础。一是明确资产配置标准制定责任主体。行政事业单位资产千差万别、种类繁多、结构复杂,应按照“先一般后特殊、先点后面”的原则,分步、分类制定和完善行政事业单位资产配置标准。因此,制定资产配置标准的责任主体应首先予以确定，明确职责分工。通用资产配置标准、资产运行费用定额标准等涉及全局性的配置标准可由省财政厅牵头制定,医疗仪器、教学设备、科研设备等专用资产配置标准制定由配置量较大的主管部门牵头、省财政厅等相关单位配合共同制定。二是健全事业单位通用资产配置标准。《省级行政单位通用办公设备家具配置标准(试行)》出台之后,应根据实际执行情况、政府工作要求和物价水平变化等因素,对不适应的标准进行及时调整；同时研究制定财政拨款事业单位通用办公设备家具配置标准，明确实物量标准和价格上限标准，为事业单位通用资产预算编制审核提供依据。三是制定专用资产配置标准。加强与教育、卫生、质检、交通、科技等专用资产较多的行业主管部门联系,充分发挥协同效应,推动主管部门结合部门、行业特点和要求,与财政部门共同针对一些大型科研设备、医疗卫生设备、检验检疫设备等制定和完善相应标准，前期可以选取一家单位作为试点，研究专用资产配置标准建设,待总结经验后,根据试点成效,研究下一步专用资产配置标准建设。四是完善资产运行费用定额标准。资产配置运行费用定额标准是资产配置标准的组成部分，应重点针对房屋建筑物、车辆、大型仪器设备等资产,研究制定国有资产运行费用定额标准，包括初始购建费用定额和日常运行费用定额。运行费用定额标准的测算,应从单位占有国有资产的数量、标准和特点等方面考虑,将制定科学的定额测算公式作为重中之重，准确测算出单位大型资产运行费用，从总量上控制单位资产配置后的运行、维护费用。前期可以先从办公楼及公务车等定额管理实践经验较为丰富的运行费用定额标准制定开始探索。

(二)规范资产配置审核流程,完善资产配置工作机制

建立资产管理与预算管理相结合的新型管理模式,关键是要建立科学合理的资产预算管理制度,从资产形成、使用到处置等各个环节上与预算管理建立结合点，在实现资产管理与预算管理在业务上有效对接。从实际情况看,做好这项工作的难点还是财政内部资产预算审核的职责分工和工作流程的设

计。应在明确财政内部预算管理部门、资产管理部门之间职责分工的基础上,加强协调配合,严格执行资产购置相关规定，努力将资产配置与预算管理结合工作落到实处。 一是优化资产配置工作流程。资产配置应与部门预算编制同步进行,按照“二上二下”预算编制程序,编制资产购置预算。在“一上”时,单位应提供资产购置申请,填报资产配置申请表,经主管部门同意后报财政预算管理部门审核，预算管理部门审核后送资产管理部门，资产管理部门根据单位资产存量、配置标准等提出审核意见,送预算管理部门;预算管理部门应按照“只能调减不能调增”的原则,对新增资产配置进行审核调整,如确因特殊情况需增加的，预算管理部门应就调增理由会签资产管理部门。在“二上”时,预算管理部门将部门调整建议中与资产管理部门意见不一致的配置项目征求资产管理部门意见,对确因特殊情况需增加的,与资产管理部门协商一致后再作调整。对预算执行中,预算管理部门在办理项目细化批复以及使用追加预算涉及固定资产购置的,需经资产管理部门审核后办理。明确对单位未按程序申请报购置预算的资产，不得安排经费。按照上述流程设计要求,完善《行政事业单位国有资产配置管理办法》,使预算编审流程科学化、制度化。同时,在预算管理信息系统中增加资产配置审核环节,提高资产配置效率。二是建立资产配置预算执行报告制度。资产配置预算批复后,各部门应严格按照财政部门批准的资产配置预算执行,未经批准,一律不得配备购置资产。新增资产配置过程中,资产管理部门与预算管理部门、政府采购部门应加强沟通联系,建立资产配置预算执行报告制度。预算管理部门应按季度将资产配置预算执行情况反馈资产管理部门，资产管理部门定期会同审计监督部门对单位资产配置预算执行情况进行检查，对存在的违规行为应及时反馈预算管理部门、采购部门,予以暂停采购或减少下年资产购置预算资金。三是提升资产购置效益。对纳入政府集中采购目录的配置资产,单位在规定时间内未申请进行政府采购的,由采购管理部门、预算管理部门、资产管理部门提出预算指标收回意见，提高资产配置预算执行的刚性约束。同时,在年度预算执行过程中,待细化预算、追加预算及专项中涉及资产的购置，也应按照年初资产配置预算流程进行办理。

(三)完善资产共享共用机制,提高财政资金使用效益

在控制增量资产的前提下，为保障单位继续履行好工作职能，最大限度实现存量资产的共享共用、效益最大化,是解决资产不足等问题的有力举措。资产调剂工作应注重舆论宣传,以转变单位资产所有权意识为基础，努力寻找破解资产调剂工作的突破口，真正做到资产物尽其用、物尽其效。一是完善办公用房统一调配制度。探索建立省直单位土地房产、大型设备等资产调剂和共享共用制度,充分提升国有资产的使用效益,节约财政资金。在单位土地、房屋产权实行集中管理的基础上,做好单位相关资产数据分析,以办公用房的调配作为推动资产调剂工作的突破口。会同发改委、机关事务管理等部门，建立健全机关办公用房调剂工作机制,实现办公用房统筹安排,逐步解决单位人均办公面积苦乐不均问题。二是探索公物仓管理模式。借鉴合肥、广西模式,将超标资产、闲置资产、更新后尚可使用资产、临时性活动购置资产纳入公物仓管理。当单位提出资产购置申请时,优先从仓内资产调剂配置。初期可考虑,将省直各单位年度预算中安排的用于举办重大会议、大型活动设立临时机构的资产购置，纳入公物仓统一管理，不再为临时性活动或工作专门安排资产购置经费,购置行为经资产管理部门、预算管理部门审批后,交由资产管理部门统一购置。临时性活动结束后,资产退回公物仓,实现仓内资产循环使用。为保障公物仓工作的顺利实施,先行研究出台《省级政府公物仓管理暂行办法》，明确入仓资产范围、仓内资产调剂回收流程及仓内资产保管处置要求,为公物仓工作顺利推出和实施提供指导。

(四)加大资产收益监缴力度,实现资产收益财政统筹

资产收益是财政收入的组成部分，资产收益与预算管理的紧密结合是防治“小金库”、提高财政资金使用效益的重要途径。加强资产收益管理的重点在于做好收益的全额及时上缴和安全有效使用,全面实现收益预算管理、财政统筹。一是统一资产收益上缴政策。为进一步加强行政事业单位资产收益上缴管理，应按照区别对待、逐步统一、预算管理的原则,统一行政单位、事业单位收

入上缴方式，适时将财政全额拨款和财政补助事业单位出租出借收入由缴入财政专户转为缴入国库管理,逐步实现行政单位、事业单位资产收益统一政策、统一管理。二是提高财政统筹调控比例。针对不同性质的行政事业单位,实行分类管理,并逐步提高财政统筹比例。按照“开前门、堵后门”的思路，对财政全额拨款单位的日常办公经费和人员经费财政予以全额保障，当年未纳入财政预算的资产收益,原则上当年不得使用,纳入下年预算统一安排。对实行统一福利待遇标准的行政单位和参公管理事业单位,其资产收益全额统筹;对财政拨款和财政补助事业单位的资产收益可按不同比例集中调控；与财政部门没有经费缴拨关系的自收自支事业单位，根据占有国有资产情况和年度收支结余,其资产收益实行结余上缴。实行资产收益按比例统筹后，为防止影响单位利用国有资产创收的积极性，在每年年底核定单位下年度资产收入上缴数额的基础上，对超收的可按一定比例奖励单位。强化财政对资产收入管理的监督检查,防止资产收益的“跑冒滴漏”和“坐收坐支”,将收益统筹分配作为推动单位资产占有均等化的重要举措。

(五)完善资产管理信息系统,提升资产管理技术手段

资产管理信息系统是集资产基础数据存储、应用及动态管理于一体的信息技术，应以完善资产管理信息系统作为夯实资产管理基础数据的重要手段，通过信息网络实现资产管理各环节与预算过程有效对接,努力提升资产管理信息化水平。一是完善资产管理信息系统功能。围绕财政部对系统升级的总体要求,进一步结合我省实际,从资产管理业务网络流程设计及与其他财政信息系统的对接等方面进行逐个梳理、统筹考虑,将资产配置、处置、使用业务流程融入资产信息系统中，行政事业单位在申请配置、使用、处置资产时,过渡期实行网上申报与纸质申报同步，后期逐渐全面实行网上申报,对未进行网络申报的不予审批,这样既有利于提高财政部门资产管理工作效率,也有利于促进单位财务部门与资产管理部门的协调配合。二是加强与其他财政管理软件的对接。在“金财工程”统一框架下,系统做到既相对独立又能与部门预算、政府采购、国库集中支付、财务核算等系统的有机联接,实现信息共享,逐步规范内部业务流程，这样既可减少单位在不同软件重复申报的工作量，也可为资产配置预算的编制提供审核依据，更便于对资产预算执行情况进行跟踪管理,从而提高资产配置预算的约束力,努力实现资产从部门预算编制、预算执行、政府采购到资产登记、使用、处置、收益收缴、资产账务处理的动态管理和全过程监控。初期可借鉴海南省的做法,加强资产管理系统与单位账务管理系统的对接,在资产管理系统完成资产增减变动等业务审批后,自动将数据提交给财务管理系统，会计人员根据资产管理人员提交的纸质单据，通过财务管理系统审核提交的电子单据信息，审核后自动生成资产会计记账凭证，不仅促进资产管理与财务管理相结合,确保资产管理账实相符,同时也减少在不同软件重复录入的工作量,提高工作效率。在此基础上,积累经验,再逐步探索实现资产管理系统与其他系统的有机衔接。

(六)建立资产绩效评价体系,提高国有资产使用效益

资产绩效管理是推动资产管理与预算管理有机结合的重要抓手，财政部第 35 号令、第 36 号令、皖政办〔2013〕3 号文件等都要求建立行政事业单位国有资产绩效评价体系。绩效评价体系的建立应以评价指标的设定和考评结果的运用作为重点。一是科学设定评价指标。在制定资产绩效评价体系过程中应将绩效目标和内容作为探索重点，在充分考虑本省实际基础上,借鉴河南、芜湖等地资产管理绩效评价的经验做法,制定科学有效、简便易行的绩效评价体系。评价指标制定应坚持全面覆盖与重点突出相结合、量化考核与定性考评相结合、符合实际与适度超前相结合的原则,评价内容主要应涵盖配置、使用、处置、收益等资产管理全程,评价方式应以定量评价为主,实行百分制考核,确保评价方式科学有效。二是强化考评结果运用。考评结果应作为单位资产管理工作成效的主要依据，将考评结果好坏直接与单位资产配置预算多寡相联系。对资产使用效率高,要在下年预算安排中给予适当的奖励,对考评不合格的单位,下年不予安排资产配置预算或压缩单位资产配置

预算资金，努力推动资产管理各项政策的贯彻落实,形成争先进位良好态势。

课题组组长:陈　军

课题组成员:虞明哲　焦玲仪　谢　勇

王　磊

财政办公网站提升建设研究

随着信息化技术的日益发展，办公自动化在政府部门广泛应用,已成为节俭办公、快捷办公和高效办公的首选载体。近年来,安徽省财政厅按照省委、省政府和财政部的部署和要求,不断加快财政信息化平台建设,建成运行的“安徽财政综合办公网”已基本实现电子公文流转、动态信息发布、资源系统共享、上下互动交流等功能,有效地保障了机关运行。本文将简要梳理政府办公自动化发展历程，探究比对全国及我省财政系统办公网站建设情况,深入剖析“安徽财政综合办公网”,总结发现不足,研究提升方案,不断推动我省财政办公网站规范化科学化发展。

一、政府办公自动化发展情况

(一)我国政府办公自动化发展历程。我国电子政务起步于上世纪80年代初,至今已发展三十多年,大致可以分为四个阶段

1. 起步阶段（20世纪80年代初—90年代初)。20世纪80年代初期,中央和地方部分党政机关率先开展办公自动化(简称“OA”)工程,建立了各种纵向和横向的内部信息办公网络。1992年,为了推进政府机关的自动化程度，在政府机关普及推广计算机的使用,国务院办公厅下发文件《国务院办公厅关于建设全国政府行政首脑机关办公决策服务系统的通知》。经过各地区、部门近十年的积极探索,政府系统信息化建设初见端倪。

2. 推进阶段（20世纪90年代初—90年代末)。1993年,国务院信息化工作领导小组拟定《国家信息化“九五”规划和2010年远景目标（纲要)》,要求当时的电子部与有关部委大力协调,抓好若干重大信息工程建设。1993年底,为适应全球建设信息高速度公路的潮流，我国正式启动国民经济信息化起步工程　金桥、金关、金卡等“三金工程”,这是中央政府主导的以政府信息化为特征的系统工程,是我国政府信息化的雏形。

3. 发展阶段(1999—2001年)。1999年1月,40多个部委(办、局)的信息主管部门共同倡议发起了“政府上网工程”,提供政府信息资源共享和应用项目,政府站点与政府办公自动化系统连通,政府站点逐渐转变为便民服务的窗口，人们足不出户实现了网上办事。在“政府上网工程”的推动下,部门局域网、地区城域网初具规模,为开展基于因特网的电子政务应用创造了良好的外部环境。

4. 加速阶段(2002年至今)。2001年12月26日,国家信息化领导小组第一次会议做出“中国建设信息化要政府先行”的重要决策。2002年7月,国家信息化领导小组审议通过了《中国电子政务建设指导意见》,明确“十五”期间我国电子政务建设目标以及发展战略框架。2006年5月,中办、国办转发《关于推进国家电子政务网络建设的意见》,提出用三年左右的时间,形成中央到地方统一的国家电子政务传输骨干网，建成基本满足各级政务部门业务应用需要的政务内网和政务外网。2007年9月30日,国家电子政务网络中央级传输骨干网网络正式开通，标志着统一的国家电子政务网络框架基本形成，为各部门各地区开展业务应用提供了安全可靠、资源丰富、管理规范、服务专业的公共平台。由此,我国政府机关电子政务系统步入快车道。

(二)财政系统办公自动化建设情况

财政系统普遍重视办公自动化建设，但省、市、县各级各地受多种因素影响,也还存在发展程度不均,建设水平参差不齐等现象。

1. 我省财政厅办公自动化发展情况。2000年,我省作为财政广域网建设试点省份之一,组织市、县(区)财政部门开展了办公局域网建设,通过租用X.25数据专线,组建了全省财政广域网。2003年11月,省财政厅依托党政专网主干线路,建设开通了连接各市财政部门的视频会议系统，而后又在拓宽财政广域网的基础上，延伸建设了连接57个财政直管县的视频会议系统，为工作部署和业务培训开辟了新途径。2003年12月,开通了依托安徽电子政务专网、面向省级党政部门的财政

厅政务网站。2004年,安徽财政广域网电子邮件系统升级改造工作完成,实现了与财政部、兄弟省市财政部门电子邮件系统的连通,满足了财政用户之间通过财政专网收发电子邮件的需求。2008年,省财政厅依托党政专网,搭建了“协同办公系统”,推进网上办公,建立财政信息共享平台,实现了能够上网的业务都网上办理。2011年,随着财政业务不断增加,信息处理量也日益增多,在保留各项功能基础上,加强整合,注重创新,将“协同办公系统”升级改造为“安徽财政综合办公网”,实现公文流转无纸化、资讯交流系统化、信息宣传一体化、上下互动信息化。

2. 我省市县财政部门办公自动化发展情况。由于各市经济总量和区位分布情况不同,对网络办公的需求也存在差异。据了解,目前大多数市都已由市政府统一建设基于因特网的电子办公系统,并覆盖到财政部门,如黄山市、芜湖市、安庆市财政局依托市政府办公系统可以收发公文、传递邮件,实现日常办公,也可向所属县区财政部门发送电子公文;淮南市、铜陵市财政局除利用市政府建设的办公平台外,还独立建设了局内电子办公系统,实现局内公文流转。县区、乡镇财政部门由于受网络分布和工作人员综合能力等因素制约,在网上办公的较少,多数借助已建平台接收文件,然后打印成纸质文件阅读、流转。一些经济条件较优、工作基础较好的县区,如宁国市财政局,依托政府电子公文平台实现公文流转。市县财政部门对开发财政综合办公系统,实现电子公文流转的积极性普遍较高。

3. 外省财政厅(局)办公自动化发展情况。近年来,网络基础设施建设水平大幅提升,各地财政厅(局)对办公自动化探索应用不断深入。据了解,在全国36个省市财政厅(局)、计划单列市中,超过85%的财政厅(局)搭建了财政办公网站,推行网上办公,但无纸化办公推进程度不一。如,浙江省、江苏省等省财政厅都搭建了独立财政办公网站,实行电子公文网上流转,但对市县财政局下发文件,采取“两条腿”走路,既发电子公文,也发纸质公文,并未真正实现无纸化。还有四川省、重庆市等省市财政厅(局),也有财政办公网站,他们的公文流转大多采取先走纸质程序面签,再安排专人进行网上流程操作,并且对市县财政局只发纸质文件,不发网上电子公文。另外如西藏、新疆等地区财政厅尚未搭建独立的财政办公网站,仍采取传统的纸质方式办公。

二、我省财政办公网站特点及不足

近年来,我省财政办公网站建设坚持学习、继承和创新“三位一体”理念,将财政办公自动化纳入财政信息化建设整体框架,着力推动财政办公网站实现“三个转变”,即办公方式由传统平面向立体网站式转变;办公平台由定向功能应用向复合网站集群转变;办公自动化覆盖面由单项业务系统向综合应用平台转变,建成了“安徽财政综合办公网”,机关办文、办事、办公效率大大提高。

(一)安徽财政综合办公网特点

1. 起步阶段(20世纪80年代初—90年代初)。20世纪80年代初期,中央和地方部分党政机关率先开展办公自动化(简称“OA”)工程,建立了各种纵向和横向的内部信息办公网络。1992年,为了推进政府机关的自动化程度,在政府机关普及推广计算机的使用,国务院办公厅下发文件《国务院办公厅关于建设全国政府行政首脑机关办公决策服务系统的通知》。经过各地区、部门近十年的积极探索,政府系统信息化建设初见端倪。

2. 推进阶段(20世纪90年代初—90年代末)。1993年,国务院信息化工作领导小组拟定《国家信息化“九五”规划和2010年远景目标(纲要)》,要求当时的电子部与有关部委大力协调,抓好若干重大信息工程建设。1993年底,为适应全球建设信息高速度公路的潮流,我国正式启动国民经济信息化起步工程—金桥、金关、金卡等“三金工程”,这是中央政府主导的以政府信息化为特征的系统工程,是我国政府信息化的雏形。

3. 发展阶段(1999—2001年)。1999年1月,40多个部委(办、局)的信息主管部门共同倡议发起了“政府上网工程”,提供政府信息资源共享和应用项目,政府站点与政府办公自动化系统连通,政府站点逐渐转变为便民服务的窗口,人们足不出户实现了网上办事。在“政府上网工程”的推动下,部门局域网、地区城域网初具规模,为开展基于因特网的电子政务应用创造了良好的外部环境。

4. 加速阶段(2002年至今)。2001年12月26

日,国家信息化领导小组第一次会议做出“中国建设信息化要政府先行”的重要决策。2002年7月,国家信息化领导小组审议通过了《中国电子政务建设指导意见》,明确“十五”期间我国电子政务建设目标以及发展战略框架。2006年5月,中办、国办转发《关于推进国家电子政务网络建设的意见》,提出用三年左右的时间,形成中央到地方统一的国家电子政务传输骨干网,建成基本满足各级政务部门业务应用需要的政务内网和政务外网。2007年9月30日,国家电子政务网络中央级传输骨干网网络正式开通,标志着统一的国家电子政务网络框架基本形成,为各部门各地区开展业务应用提供了安全可靠、资源丰富、管理规范、服务专业的公共平台。由此,我国政府机关电子政务系统步入快车道。

(二)电子公文要稳定灵活运转

目前,有的市县财政部门拥有自己独立的办公系统,有的在当地政府统一开发的办公系统办公,如何与“安徽财政综合办公网”无缝对接、实现数据交换是最大难题。可采取“工作流”和“数据交换平台”技术解决。“工作流”是目前OA广泛采用的技术,它可将办公网站中各个功能或业务活动集成为一个内容管理流程,实现灵活、规范、统一操作。“数据交换平台”可以让市县财政部门在整合自身多套业务系统基础上,实现与“安徽财政综合办公网”有效对接、交换数据、协同办公。在实际推广中,各市县可根据实际工作流程进行调整优化,最终实现全省财政系统公文流转无纸化。同时,考虑到公文处理环节可能存在的逆向处理(如公文的退回、收回功能)和重新定向(如重新确定承办人、补发文)等功能,在规划时要对复杂流程进行有效衔接、严格测试,确保升级后的办公网更加稳定,纠错性更强,公文运转更加流畅。

(三)干部职工要爱看爱学爱用

“安徽财政综合办公网”既是办公平台,同时也是系统内部交流平台。要广泛征求系统干部职工意见,激发大家共同建网、用网、护网热情。要进一步优化网站栏目设置,不断完善处室主页、工作动态、缤纷家园等深受干部喜爱的栏目,调整一些使用频率低的栏目,增加实用性更强的规章制度、财经数据、意见征集等栏目。要进一步发挥处室单位和市县财政部门作用,切实加强网站建设和维护力度,真正让财政业务知识、工作动态、经验交流等信息第一时间在办公网站上展示。要进一步加强网站管理培训,通过会议集中培训、上门服务演示、邀请征求意见等形式,提升网站管理员使用技能,凝聚网站维护力量,增强网站影响力。

(四)办公方式要快捷方便多元

随着电脑和手机的广泛应用并不断结合,移动信息化办公也成为未来政府机关办公重要方式,这打破了只能在固定办公室电脑上办公的局限,有效拓展办公空间,提高办公效率,节省办公成本,办公将变得更加多元、方便、快捷。下一步,我们可尝试通过建立VPN方式在安徽省财政厅门户网站开设专门通道,为系统干部提供便捷的办公平台登录方式,实现随时随地都能访问到办公平台,真正实现移动办公。同时,还可开辟手机访问通道,添加手机短信群发和待办公文信息提醒功能,促进公文及时、有效办理,确保工作业务不受耽误、快速推进。

(五)办公系统要安全有效运行

财政办公网站建要建立安全保障体系,保证财政信息资源不受侵犯。下一步,我们要采取分级分类的安全管理策略,重点做好办公平台、内外网络、数据库等方面的安全防护,构建财政电子政务安全防范体系。办公网站升级改造方案要充分考虑未来应用水平,尽可能采用成熟先进技术,使现有陈旧设备保持较好利用价值,服务器群要部署在防火墙DMZ区,内网通过策略通道,外网通过SSLVPN技术建立财政虚拟专网,既要保证正常办公,还要兼顾网站安全。同时,通过电子签章及CA技术,保证登陆及审批安全。随着后期系统数据接口和手机用户访问接口的开发、开放,对财政政策、资金指标、建议提案等敏感文件,要增加相应的加密手段。另外,还要合理配置硬件,加强技术保障水平,做好数据信息备份,提高安全防范意识,为财政办公网站提供安全、高速、稳定的外部环境。

课题组组长:朱长才
课题组成员:徐光耀　左自智　姚先飞
徐　韬　代云霄

加强我省“三公”经费管理研究

“三公”经费是对公职人员因公出国(境)经费、公务用车购置及运行费和公务接待费的简称。“三公”经费是维持行政事业单位正常运行的基本经费,是行政事业单位履行职能的必要保障。“三公”经费的使用管理情况关系到党政机关的清廉和效率,一直是全社会广泛关注的热点和焦点。近年来,“三公”经费的居高不下和由此造成的一些浪费、腐败现象,不仅损害了政府的形象和威信,也引发了广大群众的强烈不满。党中央、国务院对“三公”经费问题高度重视,采取了一系列强有力的改革措施严控严管“三公”经费。十八大以来,从中央“八项规定”、《党政机关厉行节约反对浪费条例》,到习近平总书记关于厉行勤俭节约反对铺张浪费的重要批示,再到李克强总理关于本届政府任期内“三公”经费只减不增的承诺,都对“三公”经费管理提出了明确要求。在这样的背景下,研究如何加强“三公”经费管理具有重要意义。

一、我省“三公”经费使用管理现状

(一)我省“三公”经费支出的总体情况

近年来,按照中央和省关于党政机关厉行节约的有关精神,我省连续压缩和控制“三公”经费支出,取得了明显实效,主要表现在以下几个方面。

1.“三公”经费支出总量有效控制。2008—2012年,全省“三公”经费支出总量呈先增后降趋势,从2008年的46.5亿元上升到2010年的最高值64.2亿元,随后经过压缩控制,连续两年下降,2012年全省“三公”经费支出下降到49亿元,其中,因公出国(境)费用0.96亿元,占2%;公务接待费21.3亿元,占43.5%;公务用车购置及运行维护费26.7亿元,占54.5%。从省级“三公”经费支出总量来看,2008年以来支出始终保持在9亿~10亿元规模,2012年下降较为明显,为5.9亿元,比2010年最高值10.1亿元下降了4.2亿元。

2.“三公”经费支出降幅逐步扩大。2008—2012年,全省“三公”经费支出增幅总体呈下降趋势。2011年,全省“三公”经费和省级“三公”经费支出双双实现“负增长”,其中,全省“三公”经费支出降幅为6.6%,省级“三公”经费支出降幅为9.8%。2012年,全省“三公”经费和省级“三公”经费支出继续大幅下降,其中,全省“三公”经费支出降幅为18.3%,省级“三公”经费支出降幅达到34.6%,分别比上年降幅高11.7和24.8个百分点。

3.“三公”经费占行政成本比重快速下降。2008—2012年,全省“三公”经费支出占全省行政经费支出比重除2010年略有上升外,基本上处于下降趋势,从2008年的19.9%下降到2012年的11.5%,平均每年下降1.68个百分点。其中,省级“三公”经费支出占省本级行政经费支出比重从2008年的17.7%下降到2012年的11%,年均下降1.34个百分点。

4.“三公”经费占财政总支出比重逐年走低。在我省严格控制行政运行成本,逐步优化支出结构的背景下,2008—2012年,我省“三公”经费占财政总支出的比重逐年降低,五年间占比分别为3%、2.5%、2.5%、1.8%和1.2%,累计下降1.8个百分点。其中,省级“三公”经费占省本级财政总支出的比重从2008年的2.8%下降到2012年的1%,累计下降1.8个百分点。

(二)加强“三公”经费管理采取的主要举措

近年来,我省按照党中央、国务院的有关部署要求,把严格控制“三公”经费作为加强财政管理的一项重要内容,着力建立健全严控“三公”经费的长效机制,为科学合理使用“三公”经费进行了一些有益的探索和尝试。

1.完善各项管理制度。把建立完善“三公”经费的各项管理制度作为源头管控的重要手段,结合我省实际,创新突破,出台制定了一系列严控“三公”经费的政策、制度,如制定了《安徽省省级干部公务用车配备使用管理实施办法》、《安徽省党政机关公务用车配备使用管理实施办法》、《省直机关公务用车编制管理实施办法》等办法,修订了《安徽省省直因公出国(境)经费管理办法》、《安徽省省级接待经费管理暂行办法》,《安徽省省直机关差旅费管理办法》、《安徽省省直机关会议培训活动经费管理办法》等制度,对“三公”经费的支出标准、支出范围、审核程序、监督检查等作了详尽规定,并严格控制压缩,为推动“三公”经费使用管理走上科学化、制度化、规范化轨道提供了制度保障。

2.深化“三公”领域改革。一是推动公务用车改革。2006年以来,对公务用车全面实施档案管理,启用公务用车“皖AW”专用号段,积极开展公务用车清理、定编工作,大力推行公务用车保险、维修、加油定点管理,并积极探索公务用车货币化改革试点工作,最大限度节约公务用车运行经费。二是强化因公出国(境)经费管理。将全省党政干部因公出国(境)经费纳入部门预算管理，建立任务审批和经费审核的联动机制,省外办、省纪委、省审计厅、省财政厅根据经费规模联合审批省直部门下年因公出国（境)计划，省财政厅根据审批的计划及定额标准编制年度出国(境)经费部门预算。省直部门原则上不得安排计划外出访,出国(境)经费支出不得超预算。因公出国(境)经费受到全方位监管。三是完善公务接待用餐制度。严格贯彻落实中央八项规定,重新制定省直单位接待经费管理办法，要求接待工作实行先审批后接待,实行“三单合一”制度和定点接待制度。2013年,省级先后两次组织开展了省级党政机关出差、会议定点服务供应商政府采购，明确了会议费和出差食宿标准,并在全省范围推开。

3.强化预算执行约束。在年初安排部门预算时,按照“厉行节约、过紧日子”的原则,细化“三公”经费预算编制，严格执行各项费用支出审批制度，确保“三公”经费零增长。进一步规范省直行政单位财务行为,强化省直单位财务管理与监督。加强预算执行管理,严格预算追加,建立预算追加听证制度,原则上不追加预算,硬化预算约束。严格国库集中收付管理制度,完善国库单一账户体系,强化预算单位现金使用管理,全面推行公务卡制度改革,省本级预算单位公务卡覆盖率100%,对公务人员出差产生的食宿、交通等费用,原则上一律实行公务卡结算。2012年,省本级累计提现较上年同期下降54%。

4.推进“三公”信息公开。按照国务院统一部署和财政部工作要求,在公开省级政府总预算、总决算的基础上,积极推进省级部门预算、决算和“三公”经费公开,主动接受各方面监督。2013年1月,省政府办公厅印发了《省级部门预决算及“三公”经费信息公开的工作方案》，决定从2013年起，包括省财政厅、省发改委在内的省政府42家部门、单位将公开2013年度省级“三公”经费预算信息;到2014年,实现省级“三公”经费预决算全部公开。目前,省直42家部门均按照“统一口径、统一时间、统一方式”的要求,对2013年预算及2012年决算“三公”经费信息,通过政府门户网站向社会公开,接受社会监督。

5.构建动态监控平台。推动建立全省“三公”经费支出分析报告制度，报告制度的主要内容包括行政支出统计表、“三公”经费支出统计表,分析报告制度覆盖全省,每季度对省直部门和各市“三公”经费支出情况进行分析,并对“三公”经费绝对值、“三公”经费占行政支出比重等情况进行分级通报，督促各地和各单位进一步加大管控“三公”经费的工作力度,确保工作落实到位。

二、当前“三公”经费管理中存在的问题

近年来,尽管各级政府部门在“三公”经费管理方面做了大量工作,积累了丰富的经验,并取得了重大进展,但由于长期以来对“三公”经费的管理的惯性支出,就目前加强“三公”经费管理的实践过程来看,仍然存在不少问题。

1.行政体制存在缺陷,行政成本居高不下。改革开放以来，我国经济体制改革实现了由计划经济向市场经济的根本性转变，但以中央高度集权的计划体制为母体，以大包统揽为特征的行政体制依然存在,体现在机构问题上则表现出在同一管理范围内,按照行政主体的地位、影响和权能的需要,不断进行简单的切割划分和调剂配置，为加强管理而设立新机构、增加新人员，从而导致政府机构改革始终在“精简　膨胀　再精简　再膨胀”的怪圈中徘徊,造成行政成本居高不下,成为“三公”经费治理的体制性障碍。另外,在现有行政体制下,上级主管单位掌握了大量行政资源和财政资金，下级为了获得这些资源和资金,将过多的精力放在争取资源和资金上,无形中大大抬高了“三公”经费支出。

2.部门主体职责不清,管控缺乏内在动力。加强“三公”经费管控,压缩行政成本,是各级政府及其部门的共同职责,需要形成“政府总体推进、财政积极促进、部门配合跟进”的良好局面。但受传统思维和部门利益的影响,一些部门往往认为加强“三公”经费管控主要是财政部门的职责,跟自身关系不大,在编制预算时“敞口”要钱,在支出上随意性较大,花钱大手大脚,对于参与“三公”领域相关改革的主动性和积极性不高,甚至消极被动应付,造成财政部门单方面难以顺利推动改革,无法对“三公”经费进行全面有效地管控。

3. 财政预算不够严谨,财务约束控制乏力。当前,行政事业单位的预算制度没有实行全面预算管理,部分资金没有纳入预算中,这就导致行政事业单位既有预算内资金,又有预算外资金,容易造成公务支出超出预算,“三公”经费增加,特别是有些财政资金来源渠道多的单位,“三公” 经费支出长期处于较高水平。从财政支出预算来看,由于现行财政支出预算不够细化,行政事业单位的“公用经费”是按人定额安排,没有细化到“项、目”级预算科目,造成预算约束力不强,政府部门及单位个人支配公共资源权力过大,加上少数单位领导干部法制观念淡薄,存在“有钱就花、没钱也变着花”的思想,对“三公”经费控制不严,导致“三公”消费挤占工作经费现象普遍。另外,在现行财务报销制度中,行政事业单位会计只能对 “三公”经费支出票据的合法性和票据本身的真假性进行审核,不能监督“三公”经费支出的过程,更无法控制 “三公”经费支出的结果,导致财务监督弱化,控制乏力。

4. 信息公开程度不够,缺乏有效监督制约。目前,各级政府和部门都在积极推进“三公”经费信息公开,但公开的范围还不够广,特别是细化程度不够,存在数字笼统、缺乏详尽解释的问题,信息的不公开、不透明使得“三公”消费的风险大大减低。另外,由于缺乏科学有效的监督机制,“三公”经费陷入了“上级监督不到、同级监督不了、内部监督难落实、社会监督不现实”的尴尬处境,普遍存在只要“三公”经费支出没流入私人腰包,制度就约束不到。即使查出问题,也是以罚款代监管,而且缺乏严格的“行政问责”,很少追究个人责任。监督的缺位客观上助长了“三公”消费的风气,导致难以从源头治理,消费数额有增无减。

三、国外“三公”经费管理经验借鉴

国外没有“三公”经费的专门概念,在西方发达国家,由于其行政成本占财政总支出的比例普遍较低,如日本是 2.38%、英国是 4.19%、韩国是 5.06%、法国是 6.5%、加拿大是 7.1%,美国是 9.9%,且政府运行费用均纳入预算,“三公” 消费存在着极为严格的监管,因此并不存在严重的“三公”消费问题。学习国外压缩行政成本、治理“三公”消费的有关做法和经验,对于我国管控“三公”经费有着很强的借鉴意义。

(一)公务接待管理

美国国会和地方议会严格控制公款吃喝,公职人员不得接受利益方的宴请,接受非利益方的宴请,只能是普通饮料、咖啡和点心,不得是正餐。美国各地政府宴请标准一般不超过每人 10 美元,超过标准就算行贿受贿,除此之外,宴请需要经过严格的程序逐项审批,包括在宴请地点、参加人员、餐费标准等,不能使用个人信用卡结账,必须用政府信用卡结算。

香港先后通过了《防止贿赂条例》和《公务员事务规例》等,将公务消费支出纳入法制化轨道,公务接待必须经过批准,并与公务相关,对开支范围和标准作出具体规定。加强公务接待财务管理,请客前要打报告,经过部门首长的批准,还要附上被请人的名单,请客后还要拿出收据或详细证明资料,等等。同时,强化监督机制,公务接待必须接受审计,审计署署长有权核查费用开支,每年必须向立法会提交审计报告书,接受立法会质询。

俄罗斯公务接待财务制度卡得很严,管理的非常严格,不仅有相关费用额度的限制,还需要多层报批,报销手续异常复杂。如单位请客吃饭,首先要在请客之前填写一张 “请客计划”,注明就餐地点、菜单、大致价格、请客的目等,之后再由领导签字,经批准后才能请客。餐后,要保留饭店提供的发票,在发票上需标明菜肴及每个菜的价格等,并向上级报告请客效果如何,是否达到了请客目的等等,整个报销过程往往需要耗时数个月。

日本政府机构举办活动时,除少数礼仪性场合外,大多都无公费宴请等内容,活动参与者多是吃食堂、套餐,即使有聚餐活动,与会者也采取 AA 制。

(二)公务用车管理

美国公车数量少,《联邦资产管理条例》规定了公车的配备、管理和使用。公车严格限制在用于公共服务之目的,除了法律列明的高级公务员外,任何级别的公务员不得把公车当作自己住宅和办公室之间的交通工具。禁止在公务活动中顺路用公车办私事,不得搭载陌生人,如果在公务活动的路线上有公共交通,则不得使用公车。为便于群众监督,美国公车牌照与普通民用车具有明显差别。正部级以上官员上下班可用公车,公车私用停职或开除。

日本采取削减公务用车措施,总务省在 2007 年就要求所有中央政府机关削减公务用车,目前,日本地方政府的公车多配给水务、教育、总务等实际用车需求较大的部门。

（三）因公出国（境）管理

美国政府工作人员公务出国，就是到国外出差，按照《联邦公务旅行条例》执行。美国政府有个临时公务出差费用标准查询网站，各地的住宿和餐费标准公开透明，一查便知。到国外出差的差旅费标准由美国国务院根据驻外使领馆搜集的数据整理发布，每个月调整一次，2013年7月1日公布的数据共列出了1085个国外城市的食宿标准。对于美国人出差的食宿标准是高还是低，这要比照该国民众的实际生活水平才能得知，例如：到北京出差，住宿标准是258美元，大致是美国普通百姓两天的收入；餐费标准是119美元，大致是美国普通百姓1天的收入。

香港公务员离港公干，可按规定标准（不同国家和地区标准不同）领取膳宿津贴。发放这项津贴，目的在于给有关人员支付适当水平的住宿和膳食费用、洗熨费用、一般招待费用、赏钱、市内交通费及一切小额的零用杂费。超标准支出，公务员事务局局长在考虑过有关人员的薪金及全部特殊情况后，如果认为有部分费用符合经济原则，可批准把该部分实际开支发还有关人员。公务员直接因离港公干而支付的防疫注射费用、批签护照及签证费用、公务长途电话及电报费用、入境证费用、机场旅客服务费、交通费（不包括市内交通费）、购买旅行支票的手续费以及离开公干地点当日的其他合理开支，部门首长也可以批准发还。申请需附上收据及其他有关文件。

四、进一步规范我省“三公”经费管理的对策建议

规范“三公”经费的使用管理，刹住奢侈浪费的不正之风，是各级党委、政府以及部门单位义不容辞的责任和义务，也是最大限度保证民生利益的前提。必须要立足省情，结合正在开展的党的群众路线教育实践活动和贯彻中央《党政机关厉行节约反对浪费条例》，进一步深化改革，完善制度，强化监督，下大力气从源头治理，建立健全严控“三公”经费的长效机制。

1. 完善“三公”经费管理工作机制。一是完善制度建设。在现有“三公”经费各项管理办法的基础上，针对实践中暴露出的一些不足，结合党政机关公务用车问题专项治理、小金库治理等工作，进一步完善制度标准、程序，推动建立厉行节约的长效机制。二是强化职责分工。应在政府统一领导下，强化各部门在“三公”经费管理工作中的职责，因公出国（境）、公务用车、公务接待主管部门要履职尽责，建立健全管理制度，严把审批关。各部门应当加强所属事业单位“三公”经费计划管理，严格审批计划。实行“三公”经费管理一把手负责制，强化部门“三公”经费管理主体责任。

2. 加强“三公”经费财政预算管理。一是严肃预算编制。根据省级预算管理要求和部门预算编制政策，科学合理编制“三公”经费预算，将“三公”经费纳入预算管理。因公出国（境）经费，按照经费规模审定省直机关因公出国（境）计划，根据省直机关因公出国（境）计划及开支标准，编制部门经费预算；公务用车更新购置费，按照只减不增的原则，根据车辆更新计划，编制经费预算；公务用车运行维护费，按照核定的编制数及定额标准，编制部门经费预算；公务接待费，按照只减不增的原则，参照上年实际支出数，编制部门经费预算。二是严格预算执行。全面贯彻落实中央和省关于“三公”经费管理的各项制度、规定，严格执行因公出国（境）计划，原则上不得安排计划外出访；全面落实公务用车编制管理制度，严禁超编制、超标准配备公务用车，公务用车实行统一保险、定点大修、定点加油；严格遵守公务接待定点管理制度，严禁超范围、超标准接待。严格执行“三公”经费预算，按照预算安排支出资金，只有列入预算的“三公”经费支出，才能进行支付，强化预算的约束作用。三是严控预算追加。强化资金使用的计划性、科学性和严肃性，严格控制预算调整，原则上预算不得追加“三公”经费。

3. 加大“三公”经费信息公开力度。一是完善预决算公开制度。在细化部门预算的基础上，主动向社会公众公开年度预决算情况，公开各部门各项资金安排情况，包括单位总体资金安排情况、公务费用安排情况等，公开各单位部门资金实际支出情况，是否和年初预算安排项目、资金保持一致，资金使用效果如何等。二是完善“三公”经费公开制度。进一步推动加快“三公”经费公开的进程，在推动省级实现“三公”经费公开全覆盖的基础上，加快推动市县乡三级政府“三公”经费公开。建立定时定点公开公示制度，要求各部门要在各自门户网站上公布，并统一公开内容,逐步公开到每笔支出的具体金额、使用用途等细化项目。三是完善“三公”经费支出分析报告制度。进一步做好“三公”经费数据的统计分析,并及时公开,细化对“三公”经费公开数据的解释说明,及时回应社会对部门“三公”经费有关问题的质疑。

4.建立健全“三公”经费监督机制。完善“三公”经费监督机制。一是健全部门内控机制。进一步规范财务报销手续,充分发挥部门内部监督作用,加强内部审计,确保“三公”经费支出符合财务规定。二是加强监督检查。财政部门会同审计、纪检委(监察)部门适时开展“三公”经费支出与管理情况的专项检查;审计、纪检委(监察)部门要把“三公”经费管理情况作为部门审计、监察的重要内容。三是推行行政问责制。加大对“三公”消费中有令不行、有禁不止的行为的责任追究力度,把“三公”经费消费情况作为领导干部履行经济责任的一个评价指标，作为单项内容在经济责任审计报告中反映,对违反“三公”经费管理规定的部门,按照党纪政纪规定追究主要领导、分管领导、直接责任人等责任。四是开展“三公”经费财政绩效评价。积极尝试将“三公”经费纳入财政资金绩效管理范围,制定统一的“三公”经费绩效评价标准和评价指标体系,重点评价“三公”经费开支项目与本部门工作职能关联性、必要性、合理性,及时将绩效评价结果向社会公开，评价结果应用于部门预算。

5.加快“三公”经费管理改革。一是全面启动公务用车货币化改革。中共中央、国务院《厉行节约反对浪费条例》明确提出,改革公务用车实物配给方式,取消一般公务用车。在总结铜陵经验和学习杭州等其他地方经验的基础上,按照社会化、市场化原则，在全省范围内启动公务用车货币化改革,创新公务交通分类提供方式。合理确定公务用车货币化补贴标准和补贴方式，杜绝以补贴的形式变相增加工资。按照国家有关法律规定合理分流、安排驾驶人员。二是公务接待与公务出差有效衔接。省外来人或省内人员到市、县出差,原则上不安排接待,确需安排的,其费用由接待对象按照差旅费管理规定回原单位报销。完善接待审批制度,按照节俭、礼貌原则做好接待工作,严格控制接待标准,实行定点接待管理。加大对公务人员超标准享受接待责任追究力度。三是完善公务出国制度。完善出国管理制度,细化出国具体要求,做到出国依据、出国条件法定。强化出国审批制度,按照总量控制原则,先行审批出国计划,出国计划确定后,非有法定依据,原则上不再进行调整。

6.积极推进行政管理体制改革。一是精简政府机构人员。积极稳妥推进政府机构改革，按照“定机构、定编制、定支出”的原则,精简行政机构人员,重点解决好机构重叠和职能交叉等问题,严格控制在编数量,防止机构和人员反弹,尽力压缩行政成本。二是加快政府购买服务步伐。尽快出台相关指导意见和具体实施办法，编制购买服务目录,打破“养人、花钱、办事”的惯性思维,通过市场购买相关服务，节约成本，提高财政资金使用效率。

课题组组长:朱长才
课题组成员:张　力　宋葛民　万　勇
　　　　　卓　帅
课题执笔:万　勇　卓　帅

探索推进我省政府购买服务的研究与思考

政府购买服务作为一种新生事物，近年来随着政府职能的不断转变和社会公共服务提供方式的改进,在各地得到了广泛探索和尝试。作为符合行政体制改革和公共财政发展要求的创新，政府购买服务越来越多地进入到公众视野当中，并已成为各类政策文件和社会舆论中频繁出现的热词。党的十八大强调,要加强和创新社会管理,改进政府提供公共服务方式。近期召开的几次国务院常务会议专门就推进政府向社会组织购买服务进行了研究部署,把这一问题提升至国家层面。对于各级政府来说,如何顺应这一趋势转变,积极稳妥推进政府购买服务步伐，成为当前必须面对和需要研究解决的课题。本课题通过厘清政府购买服务的相关概念，结合当前各地开展政府购买服务的一些具体实践,在借鉴国内外经验的基础上,提出加快推进我省政府购买服务的相关政策建议。

一、政府购买服务的基本内涵及必要性

(一)基本内涵

政府购买服务目前尚无统一的定义，一般是指政府将原来由自己直接举办的、为社会发展和人民生活提供服务的事项，通过购买服务等方式交由社会组织来承接，是一种“政府承担、定向委托、合同管理、评估兑现”的新型的公共服务提供方式。

1. 购买类型。政府购买服务可分为两大类。一类是政府购买为社会公众或特定消费者提供的服务。包括公共安全、劳动就业、社会事业、社会保障、环境保护等公共服务。另一类是政府购买满足自身运转所需的服务。主要包括政府机关物业管理、公务用车、会议代办、食堂服务、安全保卫、聘用人员第三方人事代理、信息化建设及系统维保、专家咨询及中介服务等。

2. 购买形式。从西方国家政府购买服务来看，公共服务提供的形式多样，但共同点是把市场机制引入到公共服务的领域中。主要包括以下几种:

(1)合同出租。政府与私营部门或非营利部门签订合同，将公共服务转包出去，并负责监督绩效。私营部门或非营利部门完成合同中规定的任务,并达到合同规定的标准,政府主管部门按照合同支付规定的报酬。这种形式在西方应用较为普遍,可以有效起到对政府“卸载”的作用。

(2)公私合作。公私合作是一种特殊形式的合同出租,与合同出租不同的是,政府不需要购买私营部门提供的服务，而是以政府特许或招标私营部门参与基础建设来提供某项公共服务，并允许承包商有投资收益权。这种形式主要适用于投入大、公益性强的基础设施建设领域,如交通设施建设、污水处理等。

(3)使用者付费。通过把价格机制引入到公共服务中，要求消费者在使用公共服务时必须向政府支付部分成本费用，从而克服免费供给公共服务所导致的资源不合理配置和浪费。在这种形式下,公共服务的提供者一般是政府,主要适用于能通过价格机制回收部分成本的半公共物品领域,或者对于使用者和公众可以自由选择服务项目的服务领域,如社区服务、文化娱乐等。

(4)补贴制度。主要是政府对需要鼓励的私营组织给予扶持,由两种方式实施。一种是直接对提供服务的私营组织给予资金支持、税收优惠、低息贷款等政府补助；另一种是向消费者发放购买凭证，消费者面向市场自行选择特定服务机构提供的服务。补贴制度可以有效降低私营组织的运营成本,从而使公众提高购买力,享受更多的公共服务,如农产品补贴、医疗补贴等。

(二)政府购买服务的必要性

政府购买服务符合“小政府、大社会”的社会转型趋势,是政府改革的重要内容,不仅有助于推动建立新型政社关系,加快培育民间组织发展,也能提高公共财政使用效率，增强公共服务供给效力,具有一举多得的效应。

1. 是推动政府职能转变的必然选择。长期以来,受计划经济影响,政府对社会经济事务进行大包大揽,既是公共服务的生产者,也是公共服务的提供者,由此造成政府职能庞杂,公共资源的配置效率不高,也很难在有限公共资源的条件下,最大限度满足广大群众的公共服务需求。通过政府购买服务,可以使政府从公共服务生产领域退出,将更多的时间和精力用于公共服务政策的决策和监管等方面,从而促进全能型政府向有限型政府、由发展型政府向服务型政府转变。

2. 是降低行政成本的重要途径。随着现代社会中公共事务和公众需求日益增多，各级政府承担的职能也越来越多，管理服务的领域也越来越广。传统行政服务模式下，政府往往通过增加编制、机构和人员,采取“花钱、养人、管事”的方式来满足工作需要，不仅效率低下，也抬高了行政成本。政府购买服务通过引入竞争性和约束性机制,将政府管不了、管不好的事情交给专业社会组织来完成,养事不养人,不仅有助于提高服务效率,也可以有效提高财政资金使用效率，大大降低行政成本。

3. 是改善公共服务水平的有效举措。随着经济快速发展,人民生活水平日益提高,社会对公共服务的需求多样性、差异性日益明显,而公共服务提供手段单一、保障不足、水平低下等问题日益突出。在政府集公共服务生产者和提供者于一身的情况下，容易导致公共资源的低效率利用和公共

服务的低水平提供。通过政府购买服务,可以有效利用社会组织的人才、技术、信息、服务等优势,让“专业的人做专业的事”,从而有效提升公共服务质量。更好地满足广大城乡居民日益增长的多样化、个性化服务需求。

4. 是推动社会管理创新的强大支撑。现阶段,在以政府为主导的高度一元化的社会管理体制下,社会组织参与社会管理和公共服务的渠道较窄,加上自身发展建设的滞后,社会管理主体的功能难以有效发挥。通过购买服务,政府对社会组织给予相应的政策和资金支持,为社会组织的发展壮大提供了广阔市场和发展空间,有助于理顺政社关系,促进政府与社会组织的良性互动,更好地发挥社会协同作用,进一步增强社会管理合力。

二、国内政府购买服务发展现状及我省的探索实践

(一)国内政府购买服务开展情况

我国政府购买服务起步于上世纪 90 年代。1995 年,上海浦东新区将新建的综合性市民社区活动中心　罗山市民会馆交由上海基督教青年会托管,为市民提供社区生活、文化、教育等服务,打破了以往依靠政府单方面投入和运作的机制,成为我国最早阶段政府向社会组织购买服务的探索。随后,深圳、北京、天津、南京、宁波、广州、杭州、无锡等城市纷纷开展了这方面的探索和实践,购买的领域逐步拓宽到教育、公共卫生、扶贫、养老、残疾人服务、社区发展、社区矫正、文化、城市规划、公民教育、环保、政策咨询等诸多方面。近几年,随着基层政府购买公共服务的探索初见成效,这项工作越来越多地进入到国家视野。财政部、民政部等部委先后出台了《关于开展政府购买社区公共卫生服务试点工作的指导意见》、《关于政府购买社会工作服务的指导意见》等文件,对居家养老、社区公共卫生等特定领域的政府购买服务进行规范。

目前,广东、辽宁等省已从省级层面制定了相关政策和配套措施,对政府购买服务进行大范围地推开。如广东省财政厅早在 2009 年就出台了《关于开展政府购买社会组织服务试点工作的意见》,2012 年,广东省政府办公厅又在全国率先出台《关于开展政府购买社会组织服务试点工作的意见》、《政府向社会组织购买服务暂行办法》,并向社会公开发布省级政府购买服务项目目录,将涉及基本公共服务、社会事务服务等 262 项服务项目统一纳入政府采购服务范围。近期,国务院办公厅正式印发了《关于政府向社会力量购买服务的指导意见》,对规范有序推进政府购买服务工作提出了明确要求,为各地开展提供了政策依据和目标方向。

(二)我省政府购买服务的具体实践

我省政府购买服务工作起步较晚,省级尚无出台专门的指导性文件或操作性政策,尽管各地多有零星的探索实践,但涉及的领域和范围较窄,多局限在车辆维护保障、物业管理等满足政府自身运转所需的服务上,在购买形式、操作方式等方面也没有统一的规范,并不能成为严格意义上的政府购买服务。近几年随着政府购买服务理念的引入和不断推广深入,我省政府购买服务开始有了较快发展。目前,我省已在社工、医疗卫生、居家养老等多个服务领域积极尝试推进政府购买服务,并出台了一些部门性质的指导意见或操作办法,购买项目正不断向社会保障、生活就业、社会管理、文化卫生、公共安全等公共服务拓展。2012 年,全省服务类项目政府采购规模达到 25 亿元,比 2010 年的 8.7 亿元提高了 2.9 倍。

相较于省级层面,市级政府购买服务的步伐走在了前面。目前,合肥、芜湖、铜陵、马鞍山等市已开始了大范围、多领域的改革试点。如合肥市出台《关于进一步加强和改进社会服务工作的意见》和 4 个相关暂行办法,就社会服务的主体、平台、队伍和政府购买服务的制度建设作出专门规定,建立了“1+4”的社会服务政策体系;铜陵市于 2012 年、2013 年分别出台《关于铜陵市政府购买社会组织服务试点工作的实施意见》、《关于铜陵市 2013 年度政府购买社会服务工作的实施意见》,积极开展政府购买社会组织服务试点,其“社区居民心理健康服务”项目得到了中央财政的资助。

从我省各地的实践情况来看,政府购买服务在推动政府职能转变、节约行政成本、提升公共服务质量、增强社会活力等方面都发挥了积极作用。如合肥市通过招标,将城市道路交通违法图片筛选外包给中国电信合肥分公司,极大提高了非现

场图片筛选的工作效率，年均采集量增长10%，有效提升了全市交通管理工作水平，2012年实际支付外包企业48.79万元，比采用聘用人员梳理方式节约近30万元；芜湖市从2010年起，采取政府购买服务的方式，在各县区、乡镇（街道）普遍建立起社会救助平台，各级平台工作人员全面承担起各项社会救助的审核工作，破解了基层民政部门人少事多的矛盾。各县区还大力购买“夕阳乐”等养老服务，积极创新居家养老服务模式，为老人提供生活照料、家政护理和精神慰藉等服务，每年用于购买居家养老服务的费用约1200万元。

三、国外政府购买服务经验借鉴

政府购买服务起源于西方，是发达国家对社会福利制度做出的一项重要变革。20世纪80年代以来，英国、美国、德国、法国、日本、新西兰、加拿大、澳大利亚等国家，逐步将公共服务市场化纳入政府改革的实践框架之中，取得了重大成效。随着西方公共服务理念和社会管理理念的纵深发展，政府购买服务已成为西方政府履行公共管理职能的一种主流模式，并逐步发展成为一种世界性的潮流。借鉴西方国家经验，可以为我们带来一些启示和有益参考。

（一）部分国家的政府购买服务概况

1.美国。美国联邦政府和各州政府购买公共服务项目非常普遍，涉及建设铁路、修筑运河、参与战争、成立大学、建立各种文化机构、社会保障、改革农业等，一向视为国家机器标志的监狱，在美国也可向市场购买。目前，美国已有100多万非营利组织，其雇佣的员工大约占总劳动力的7%，是安置劳动力的最大部分，每年非营利组织大约要花费3400亿美元的资金，其中相当一部分是通过购买服务的方式来实现，第三方已成为美国政府解决公共问题的一大特色。上世纪80年代以来，美国政府为了减轻财政负担，改善对公共部门补贴一直高居不下的局面，开始推动“公私竞争”，即通过立法形式保护和促进私营部门进入公共服务领域，以优胜劣汰的竞争机制调动全社会的力量参与到公共服务的供给中来，最终实现提高公共服务质量、降低公共服务成本、减轻财政负担的目标。

2.英国。英国政府公共部门引入竞争机制的主要方式是强制实行非垄断化，并极力推动公共部门与私营部门之间以及公共部门之间的竞争。非垄断化主要针对的是私有化后的公共部门，为了防止或公或私的垄断，加强竞争，英国政府对私有化后的公共部门的股份持有比例做出了明确规定。例如政府规定电力公司私有化后5年内单个持股者不得拥有15%以上的股份。对于成本巨大和风险较高的基础设施建设领域，为使潜在竞争者能够顺利进入市场并展开有效竞争，英国政府还以立法的形式要求在指定的领域必须实行公共部门与私营部门的公开竞标或合同出租。

3.澳大利亚。澳大利亚在公共服务改革实践中最为独特而又卓有成效的是其在公共就业服务购买方面的创新。从20世纪80年代开始，澳大利亚政府将原隶属于就业、教育、培训和青年事务部的全国400余家公共就业服务机构全部民营化，组建了全国就业服务有限公司，实行董事会负责制。同时，把原先属于公务员性质的9000余名工作人员全部转入劳动力市场，在尊重公司需要和劳动者个人意愿的基础上，由政府出资补贴劳动者自由选择就业培训服务。经过几年的实践，基本实现了改革的预期目标，有效改变了政府职能，节省了经费，提高了工作效率。

4.日本。1997年亚洲金融危机后，日本经济每况愈下，政府推行了多年的机构改革和结构调整进展不明朗。在此背景下，日本政府制定了《利用民间资金促进公共设施等整备相关法》（简称PFI促进法）及一系列政策措施，规定了适用PFI模式的对象领域、政府的职责和各种扶持措施等内容，在公共设施进行设计、建设、运行维护管理等方面，通过利用民间资金，以民间为主导，高效地提供公共服务。2006年，日本又颁布法律，实施了日本历史上规模最大的公共部门改革行动，由日本公共服务改革推进室将几乎所有的政府公共服务项目都通过竞争性招标，外包给专业公司，成为日本历史上规模最大的公共部门改革行动。

（二）经验启示

从国外政府购买服务的长期实践中，可以归纳出以下几点经验。

1.政府购买服务的领域十分广泛。西方国家政府购买服务的领域包括教育、文化、公共卫生、社会(区)服务、养老服务、残障服务、就业促进等社会的方方面面，只要在社会上有民间机构可以提供服务的,基本上都可以外包。

2.服务的提供主体主要是非营利组织。很多领域公共服务的公益性决定了它的非营利性,比如,就业困难人员再就业培训、困难无助人员的关怀、特殊群体帮扶、文化科普服务等,西方国家都把非营利组织作为政府购买服务的重要合作伙伴,并且其地位有日渐上升的趋势。

3. 公开竞标是最典型的政府购买服务方式。把引入市场竞争机制作为政府购买服务的核心内容之一，如英国政府明确规定中央政府拨付的特殊款项的85%必须以竞争招标的方式向私营或非政府组织购买。

4.建立了较为健全的立法规定。大多数西方国家都有国家层面上对购买公共服务的立法。如澳大利亚1997年颁布的《财政管理与责任法》和《联邦服务提供机构法》规定了政府购买公共服务细则。

5.设计了一套严格的操作程序。各国政府购买服务的流程虽然不尽相同，但都有着一套严格的程序，大致按照选定服务项目　社会公布　资质认定、招标管理　过程管理、监督　绩效考核　结算的一系列流程，实现政府对非营利组织和社会服务组织公共服务的购买。

6.建立了独立的事后调查评估机制。国外大多建立了独立、专业、多元化的外部监督机制,由会计师事务所、法律事务所、审计事务所、专业调查公司等专业机构参与政府购买公共服务监督。它们拥有专业人才、技术性更强,同时保持客观性和公正性。

四、推进政府购买服务面临的困难和不足

政府购买服务是一项新生事物，由于当前仍处于初期探索阶段,在社会基础、政府经验、制度准备等方面相对不足,我省各地在推进过程中,正面临着不少困难和挑战。

1.政府购买服务总体进展较为迟缓。政府购买服务是一项制度创新，由于各地尚没有对政府购买服务形成统一认识，往往囿于政府直接提供服务的传统观念的影响，政府购买服务总体进展缓慢,不少地方尚未起步。特别是在提供新的公共服务时，一些地方往往从部门利益和惯性做法出发，不是优先考虑向市场购买，而是要求增加机构,扩充编制,聘请人员,追加经费开支。2012年,全省服务类项目政府采购规模仅占政府采购总规模的3.2%,占GDP的比例仅为0.15%,全社会支持理解政府购买服务的良好氛围尚未形成。

2.政府购买服务制度顶层设计缺失。现阶段,我省各地虽然普遍开展了政府购买服务的实践,但由于缺乏指导性、全局性的制度规范,对哪些公共服务职责可以通过政府购买服务方式进行没有清晰、明确的界定,特别是在购买目录、项目内容、定价标准、资金供应、操作程序、考核评价、监督管理等方面，尚没有建立统一的标准，各地大多是“摸着石头过河”，上下之间、部门之间“各自为政”,操作方式各不相同。加上缺少专门的实施机构和建立稳定的资金来源，政府购买服务“规模小、范围窄、分布散、管理乱”,实施成效不明显。

3.社会组织发育程度较低。长期以来,受体制、政策、观念、社会环境等因素影响,我省社会组织发展较为迟缓，在政府购买服务中难以发挥应有的主体作用。2011年,我省每万人拥有社会组织数仅为2.83个,低于全国3.43的平均水平,只排在全国第25位,较之法国110个,日本97个,美国52个,阿根廷25个,新加坡14.5个,巴西13个,存在巨大差距。一方面,社会组织数量偏少、规模偏小,功能不齐全,受政策、资金、场地、人才等各方面的制约,运营能力和管理服务水平较低,特别是公益服务类社会组织严重匮乏，承接政府购买服务项目的能力不够。这也导致各地在不少公共服务领域内的购买实践中，往往难以找到多家符合条件的社会组织承接，无法采取公开招标的方式,导致竞争性大大下降。另一方面,社会组织普遍行政色彩较浓，在治理决策上缺少科学性和独立性,并不是真正意义上的市场主体,一定程度上容易滋生寻租行为，不利于公共服务水平和质量的持续提高。

4.监督评估等配套机制不完善。政府购买服务的高效实施需要建立一套完善的管理、评估、监督等配套机制。与货物采购相比,服务作一种特殊商品,大多具有无形、成本不确定、周期长、专业性强等特点,特别是公共服务项目,不仅要考虑服务项目本身的监管，还要涉及社会评价、社会效益，复杂程度较高，必须完善监督评价机制。目前，我省各级政府在向社会组织购买服务时，虽然也有考核、监督、评估等措施，但系统性、科学性、针对性不强，各地有限的监督主要体现在购买服务的部门内部监督上，基本上没有建立独立第三方的评估机制，特别是在一些关系民生的服务项目上，缺少以服务对象为主体的绩效评估，这也容易导致社会组织提供的公共服务水平品质下降，降低政府购买社会组织公共服务的公信力。

五、加快推进我省政府购买服务的政策建议

推进政府购买社会公共服务，是一项复杂系统工程和长期艰巨的重要任务，既是中央的要求，也是社会的期盼。为此，必须要创新思路、大胆实践，发挥好政府的主导作用，积极引导社会力量的广泛参与。同时，也要认真借鉴学习国内外先进经验，结合我省实际，做到稳妥操作、规范运行。

1. 尽快出台政府购买服务的相关制度办法。一是从省级层面出台政府购买服务的实施办法。按照国务院办公厅《关于政府向社会力量购买服务的指导意见》要求，借鉴广东、上海等外省市先期出台制度办法的有关做法，及早筹划制定我省政府购买服务的实施办法，对政府购买服务的原则、主体、范围、购买方式、资金安排、操作流程等进行细化研究，为下一步全面推进我省政府购买服务工作打下基础。二是研究制定我省政府购买服务目录。结合我省经济发展水平、政府转移职能要求、财政收支状况、社会群众服务需求等因素，对各级政府自身职能进行全面梳理，将政府的事务性管理工作和适合通过市场和社会组织提供的公共服务筛选出来，科学合理制定我省政府购买服务目录。三是推动各地建立完善相应的具体政策措施。鼓励各地按照国家和省里的政策要求，结合本地区经济社会发展实际，制定科学性、操作性强的配套政策措施，积极探索向社会组织购买服务的途径和方法，同时指导市县做好本级政府采购服务目录的编审工作。

2. 明确政府向社会组织购买服务的相关职责。一是加快政府职能的角色转换。要根据政府购买服务带来的职能转移变化，引导各级政府将工作重心逐步从生产服务领域转向购买服务的政策制定、合同管理、监督考评、绩效评价等方面，加强购买服务的专业化管理水平。二是建立部门协调配合机制。推动建立政府统一领导，财政、民政、审计等各相关职能部门共同参与的部门联动机制，明确牵头部门及各方职责，促进政府购买服务工作的顺利实施。三是严格审核政府购买服务计划。要按照公共财政的要求，摸清社会公共服务需求，立足部门现有职能和提高行政效能，严格审核购买服务计划，防止出现部门利用政府购买服务“放责不放权”。四是规范政府购买服务操作程序。规范政府采购行为，严格程序，坚持以公开招标方式为主，灵活采取定点采购、竞争性谈判、询价等方式，最大限度降低购买成本，防止寻租行为发生。五是加强舆论宣传。加大政府购买服务理念的宣传，提高政府部门、社会组织参与政府购买服务的主动性和积极性，为推进该项工作营造良好的舆论环境。

3. 加大政府购买服务的资金引导力度。一是强化资金预算管理。尝试在公共财政预算中增加购买公共服务专门预算，将购买服务资金纳入部门预算管理，设立政府购买服务专项资金，集中评审，政府采购，统一运作，统一管理，形成规范化、制度化的预算安排体系。二是积极引导社会资金进入。积极探索政府购买服务的多元化资金投入途径，借鉴外地将社会福利彩票收入用于购买公共服务的做法，研究制定捐赠免税等相关政策，鼓励民间成立各种福利基金会，促进社会捐赠的发展，以扩大社会公共服务投入，保障政府购买服务的可持续性。三是规范购买服务资金管理。将政府购买服务与国库集中支付等财政改革相结合，完善财政资金向社会组织拨付的途径方式，确保资金安全高效使用。

4. 加快对社会组织的扶持和培育。一是消除社会组织发展的制度性障碍。认真贯彻落实省委办公厅、省政府办公厅《关于加强和创新社会组织建设与管理的意见》提出的各项扶持政策，尽快出台具体细化的支持举措。二是支持社会组织发展壮大。综合运用政府贴息、以奖代补、信用担保等方式，对初创的社会组织予以扶持，在场地、用人等方面给予政策倾斜，对社会组织举办的规模较大、前景较好、市场急需的公共服务设施予以支持，提升社会组织自主发展和自我管理能力，促进社会服务的专业化发展。同时，积极引进跨国、跨省市的大型专业化社会组织，吸收先进的管理经验和运作模式,带动本地社会组织加快发展。三是加快社会工作专业人才培养。建立健全社会工作专业人才评价制度、薪酬保障机制、表彰奖励制度,不断提高基层社会工作专业人才的社会地位,广泛开展社会工作专业培训，引导相关社会组织吸纳社会工作专业人才。

5.强化政府购买服务行为的监管。一是建立严格的监督评价机制。建立政府购买社会服务的风险评估与预警机制，在购买服务的招标阶段即考虑好配套的监督与评估指标体系，预防可能出现的风险；加强对政府购买服务合同执行情况的监测和跟踪，对不按照合同规定提供服务的行为及时纠偏;引入第三方评价机制,全面公开购买服务的信息,建立由购买主体、服务对象及第三方组成的评审机制，将服务对象的满意度作为是否续约的首要因素,并将评价结果向社会公布,接受群众监督。二是加强购买服务项目的绩效评估。建立社会组织承接政府购买服务的优胜劣汰制度,明确购买服务的标准，重点从服务质量和公众收益成效等方面,对政府购买服务进行考核,对因服务质量不达标的服务提供者予以淘汰。三是动态调整政府购买服务项目。对实施的政府购买服务项目适时开展政策评估,分析制度实施成效及问题,及时调整完善购买服务项目，确保资金发挥最大的使用效益。

课题组组长:朱长才
课题组成员:张　力　宋葛民　万　勇
　　　　　刘儒之
课题执笔:万　勇　刘儒之

财政信息网站安全建设研究

本文所称的财政信息网站是指各级财政部门开办的互联网网站(简称“财政网站”)。财政网站是各级财政部门发布财政信息、宣传财政工作、方便公众在线办事、接受社会监督的重要窗口,对于加强财政廉政建设、提高财政工作效能、推动电子政务发展等具有重要作用。但由于财政网站所处的互联网安全环境复杂，网络攻击时刻威胁财政网站的安全运行。因此,如何加强财政网站安全建设,确保财政网站安全,是我们必须认真应对的严峻问题。

一、财政网站建设情况

2004年，省财政厅门户网站安徽财政信息网正式开通，在打造透明财政和服务型财政方面迈出了可喜一步。省财政厅秉持“政务公开、在线办事、公众参与”的网站建设理念,综合运用文字、图片、音视频等多媒体展现形式，及时发布财政新闻、宣传财政工作,公开财政收支和预决算信息,并通过厅长信箱、咨询反馈、投诉建议和政府信息公开等栏目，架起了财政部门与社会公众的沟通桥梁。随着政府采购、企业财务信息报送、会计人员考试报名等业务的在线办理，以及民生工程项目网上征集问计于民等活动的开展，财政厅门户网站的应用与覆盖范围不断拓宽，信息发布量成倍增长,访问群体日趋广泛。按照信息公开工作要求，我省各市县财政部门也都相继创建了本级财政网站或在政府网站上开设了财政专栏。

二、财政网站面临的安全问题

由于互联网环境的安全形势严峻，各级政府门户网站包括财政网站时刻面对着境内外不法分子和敌对势力的攻击破坏。而网站自身因技术局限而存在的安全隐患,很容易被非法入侵者利用。据国家互联网应急中心报告,2012年我国境内有16388个网站被入侵和篡改，其中政府网站1802个。近三年来,我省蚌埠、宿州等十几个市县政府网站，都曾因网络攻击发生过病毒感染、垃圾邮件、网页篡改等网络安全事件。近期,有关部门在对我省市县财政网站的技术检测中发现，各网站均不同程度地存在安全隐患。

(一)网站被攻击破坏的后果

1.网页被篡改。敌对势力攻击破坏政府网站行为得逞后,一是篡改网页内容,制造不良社会影响;二是在网页中植入恶意木马病毒,间接攻击破坏访问该网站的计算机系统。

2.在线业务瘫痪。一旦网站安全防线被攻破,所有在线办理的财政业务均不能使用，如会计人员考试报名、企业财务报送、采购信息发布、会计考试结果查分等财政网站在线业务将中断，容易造成不良社会影响。

3.网站信息被窃取。由于财政网站中存储着大量与在线业务关联的信息，如报名考试人员照片、手机号码等个人信息，企业财务数据等，一旦被非法窃取，将会造成个人或企业利益受损，给财政部门带来法律纠纷。

4.渗透入侵内网系统。若财政网站和内部办公网间的隔离措施不完备，将给不法分子渗透入侵内网系统以可乘之机，给内网业务系统带来毁灭性破坏。

（二）网站安全问题的原因分析

1.信息安全防范意识淡薄。由于对互联网环境的安全问题了解和重视程度不够，安全防范意识与自我保护意识缺失，网站安全防范措施薄弱、甚至安全隐患严重等，都会给非法入侵者留下可乘之机。

2.网站安全防范措施不到位。由于网站建设缺乏统一规划、技术架构不合理，以及网站、子网站间防范措施弱，甚至缺乏防火墙、防病毒和网页防篡改等网站安全必需的技防设备等，都是导致网站安全防范措施不严密的原因。

3.安全管理制度执行不到位。完善的信息安全管理制度，能为网站安全提供有力的制度保障。但如果制度执行不严，则会形成安全隐患。如“涉密不上网、上网不涉密”是最基本的保密守则，但有些单位或个人却置若罔闻，将涉密信息在网上传播。

4.重前期建设投入、轻后续维护保障。许多地方对网站系统前期建设高度重视，而对网站日常运维的功能升级、安全防护不够重视。特别是建设时间较早的网站，由于存在的安全漏洞比较多，如果缺乏必要的后续投入保障，漏洞修补和升级服务就会难以为继，网站安全将得不到基本保障。有的网站日常安全巡检不够，不能及时发现和堵塞网站安全漏洞。有的网站虽安装了防火墙、防病毒软件和网页防篡改系统，但由于配置和维护不善，导致安全防护能力大打折扣，使网站安全处于危险境地。

5.人员不稳定，责任不落实。一方面，由于财政网站的管理人员大多身兼数职，平时主要忙于财政业务，很少有精力去考虑网站安全问题。另一方面，信息技术人员的不稳定，对网站安全管理造成了负面影响。还有的地方靠临时外聘人员从事网站管理，信息安全责任难以落实。

三、加强财政网站安全的对策与措施

加强财政网站安全必须多管齐下。从加强信息化工作的组织领导、完善相关制度建设、提高信息安全风险防控能力、搞好日常巡查管理和增强全员信息安全意识等方面，全面加强信息安全工作。课题组成员今年上半年赴有关省直部门和部分市县区财政局进行专题调研，咨询了一些兄弟省市财政厅局的网站建设和安全管理情况，并查阅了相关技术资料。下面结合调研情况和我省财政的实际情况，探讨加强财政网站安全的对策与措施。

1.加强组织领导，明确工作责任。领导的重视是做好财政网站安全工作的保障。建议各级财政部门成立信息化工作领导小组、保密工作领导小组和重要信息系统等级保护工作领导小组，并由一把手兼任领导小组组长，分管领导兼任副组长、相关处（科）室及直属单位主要负责人为成员，由办公室与信息中心分工配合，牵头开展保密和信息安全工作。明确网站日常管理部门、主管领导和安全管理员，落实岗位责任制。同时要安排责任心强，精通网络安全知识的人员，负责网站安全技术防护和日常管理；并且要有专人负责网站栏目信息的组织、收集、审核与发布，确保网站发布信息的真实性、权威性和准确性。

2.建立健全信息安全管理制度。为使网络与信息安全工作有制度保障，应制定信息安全管理制度，落实相关处（科）室单位的职责分工，明确对违反保密规定、违反网络与信息安全管理规定者的责任追究。市县区财政部门可参照《安徽省财政厅网络与信息安全管理暂行办法》、《安徽省财政厅非涉密计算机及非涉密移动存储介质安全保密管理暂行规定》、《安徽省财政厅厅属网站安全管理暂行办法》和《关于进一步加强财政系统网站安全管理工作的通知》等，建立适合本单位实际的信息安全管理制度。

3.不断增强信息安全风险防控能力。一是精简整合各级财政网站。省厅已对原先分散建设的厅属网站进行归并整合，仅保留厅门户网站和政府采购、非税收入3个独立域名网站。同时,还对网站安全管理和信息发布审核进行了规范，加强了网站安全技术防护,提高了省厅网站的安全性。县(区)财政局由于信息专业人才有限,技术力量薄弱，网站安全防护能力弱。所以，不鼓励各县(区)财政局自建网站,而应提倡由县(区)政府实行网站统建、统管,财政部门积极参与,并在政府网站上建设财政专栏和财政频道，从而将主要精力投入到网站宣传内容和财政信息的组织与审核上,确保网站宣传质量,同样可以达到宣传财政工作,服务社会公众的目的和效果。二是按照国家和我省相关要求,对安徽省政府采购网站、省财政厅门户网站实施等级保护测评、安全隐患整改和安全加固，使网站的信息安全风险防控能力得到加强。三是为网站系统部署防火墙、入侵检测、漏洞扫描、防病毒和网页防篡改系统等安全防护设备,以及日志审计、数据库审计、网络安全运维系统和堡垒机设施，增强网站安全防范与抗攻击破坏能力。

4. 认真做好网络与信息系统的日常管理工作。网络与信息安全工作只依赖安全管理制度和技术装备是远远不够的，更重要的是增强风险防范意识,严格网络与信息系统的日常管理。一是严格系统访问权限设置。由系统管理员负责用户操作权限的严格划分,防止越权操作。二是自动扫描和定期查杀服务器病毒,确保数据文件无毒上传,服务器上保存的文件都经过防病毒扫描。三是定期更换服务器和系统管理员口令。四是定期进行系统安全检查,及时堵塞系统安全漏洞。五是加强机房设施的物理安全保护。除视频监控外,还每半个工作日人工巡查机房一次,检查机房温湿度,以及防火、防水和防盗设施是否工作正常。六是实行计算机IP地址和MAC地址绑定,限制用户上网行为。七是对网络访问实行流量控制和服务日志审计。

同时,还要建立网站巡查监测机制和人工“读网”制度,重点检查网站运行、页面显示和访问是否正常，网站提供的各项服务和互动功能是否正常,是否存在错链、断链、页面篡改、网站挂马、域名劫持等现象。对网站的异常问题要及时整改,确保网站正常,上网信息准确真实。

5. 加强宣传引导,提高全员信息安全意识。一是组织开展保密和信息安全教育。提高财政干部职工对网络与信息安全重要性的认识，按照岗位责任做好网络与信息安全相关工作。二是组织签订保密承诺书。提高机关工作人员和信息系统应用管理人员对信息安全的责任意识。三是组织开展保密和网络与信息安全工作检查。查找薄弱环节,整改落实信息安全防护措施,确保信息系统安全稳定运行。

课题组组长:朱长才
课题组副组长:李森林
课题组成员:傅　依　高祥生　吴沛然
朱瑞珍

加强安徽生态环境保护的财税政策研究

生态环境保护是我国的一项基本国策，是实现可持续发展战略的重要内容。党的十八大把生态文明建设提升到了前所未有的战略高度，生态环境保护越来越成为社会各方关注的焦点和热点。由于生态环境保护具有典型的公共性和外部性特征,发挥好财税政策的调控和导向作用,对于加强生态环境保护具有十分重要的意义。按照2013年全国财政协作课题研究任务的布置，本分报告立足安徽,着眼全国,梳理了近年来安徽生态环境保护方面财税政策的实施情况，就财税政策实施中存在的问题及其成因进行了分析，并提出有关政策建议。

一、支持安徽生态环境保护的财税政策实施情况

安徽历来重视生态环境保护工作，是全国第七个生态省试点省份。2004年以来,安徽先后出台了《安徽生态省建设总体规划纲要》和《生态强省建设实施纲要》,并确立了打造“经济强省、文化强省和生态强省”,建设美好安徽的奋斗目标。全省各级财政部门紧紧围绕这一目标，严格执行各项生态环境保护政策,积极发挥财政职能作用,在支持生态环境保护方面做了大量工作，并取得了一

定成效。

(一)加大环保资金投入。一是积极争取中央专项转移支付。"十一五"期间,共争取环保专项补助项目2996个,累计获得环保补助资金23.7亿元。同时,积极争取包括节能减排、新能源、资源综合利用等方面的相关资金。2012年,共争取中央财政经建系统有关环保方面资金45.9亿元。二是不断加大财政投入。从省级排污费收入中安排设立省级环境保护专项资金,资金规模由2004年的2000万元提高到2012年的1.1亿元。2006-2009年,全省环境保护投资达到504.3亿元,全省环境保护投入占同期全社会固定资产投资的2.56%,占GDP的1.5%。同时,建立省级生态省建设引导资金,采取补助、贴息和奖励方式,重点加强生态经济、资源保障、人居环境、生态文化体系等方面示范基地建设。三是积极利用其他资金。积极争取国际金融组织贷款,加大对环保基础设施的建设投入。截至2012年,全省利用国际金融组织贷款项目达60个,协议利用国际金融组织贷款约28.9亿美元,涉及水流域治理、煤炭塌陷区治理、城市垃圾处理等多个环保项目。同时,发挥市场机制作用,在皖江城市带承接产业转移示范区积极组建排污权交易管理中心,设立排污权储备专项资金,并尝试建立排污权交易平台,启动交易试点。

(二)推进工矿污染防治。一是控制污染物总量排放。制定安徽省"十二五"主要污染物减排综合性工作方案,加大排污费等征收力度,推进环保基础设施和环保工程建设,2012年全省化学需氧量、氨氮、二氧化硫、氮氧化物分别削减3.04%、3.33%、1.87%、3.95%,四项指标全面超额完成年度减排任务。二是全面推进合同能源管理。研究制定《安徽省合同能源管理项目财政奖励资金管理实施细则(暂行)》,对实施节能效益分享型合同能源管理项目的节能服务公司予以重点支持,2011年首批31个合同能源管理项目共实现节能量11.1万吨标准煤,获得财政节能奖励资金3332.7万元。三是加大矿山地质环境保护。按照企业所有、政府监管、专户储存、专款专用的原则,建立矿山地质环境治理恢复保证金制度,明确采矿企业要承担的环境治理责任。四是推进采煤塌陷区综合治理。从2009年开始实施两淮采煤塌陷区综合治理,将省属采煤企业缴纳的两权价款省内部分的95%,用于塌陷区村庄搬迁和综合治理项目,截至2012年底已累计下达资金34.8亿元。同时,塌陷区因地制宜,采用挖深垫浅、覆土造地、水产养殖等塌陷区综合治理模式,变废为宝,初步实现了塌陷区综合治理和经济创收双赢。

(三)促进绿色经济发展。一是加快淘汰落后产能。按照国家相关要求,积极鼓励采用国家产业政策鼓励的节能环保的工艺和设备,关停一批小火电机组,淘汰落后炼铁、炼钢产能,关闭小水泥厂,仅2012年就淘汰落后产能:焦炭20万吨、电石4.5万吨、炼铁25万吨、水泥(含粉磨)260万吨、造纸40万吨、印染4700万米等。二是大力发展循环经济。2010年起,省财政设立1000万元的省级循环经济专项资金,重点支持全省循环经济"百千万"示范工程建设。同时,认真落实资源综合利用政策,对循环经济试点示范单位技术先进、带动作用强的重大项目,将其纳入省"861"行动计划,优先争取中央预算内投资,优先安排省级循环经济专项资金。三是积极发展新能源。利用中央预算内补助资金和国债资金,支持符合条件的新能源企业、高校及科研院所申报国家重大科技专项、高技术产业化专项、重点行业结构调整专项、装备制造业发展专项及各类专项补助(补贴)资金。如2012年,合肥市已推广应用新能源汽车5000多辆,数量达到全国的五分之一。

(四)支持城乡环境整治。一是加大城乡环保基础设施建设。加大全社会污染治理资金的投入,建成一批环保基础设施工程。目前,污水处理厂和垃圾处理厂已在县级全覆盖,部分重点乡镇和工业园区也建起污水处理厂。在环境监测方面,全省已建成水质自动监测站39座,空气自动监测站74座。二是实施环保民生工程。从2007年开始实施民生工程,由最初的12项增加到2012年的33项,其中,涉及环保的包括一事一议财政奖补、农村清洁工程、建设美好乡村公共服务体系奖补等,从多个方面改善了人居环境。三是推进环境综合整治。大力实施百镇千村万户生态示范工程,已成功创建34个全国环境优美乡镇、13个国家生态示范区、5个国家级生态村,154个省级环境优美乡镇、445个省级生态村。2008—2011年,争取中央农村环保专项资金9975万元,用于128个镇村的环境综合整治,受益人口约30万人。省环保专项资金累计安排1.35亿元,用于540个农村治污项目,改善了农村生态环境质量。四是开展农村环境连片整治。我省被国家纳入第二批农村环境连片整治示范省,截至目前,全省农村环境连片整治示范区共整合各类涉农资金4.57亿元,通过各类项目的实施,改善了项目区村容村貌和环境状况。五是推进“美好乡村”建设。省财政积极整合涉农资金,加大多元投入力度,将省级新农村建设专项资金改为美好乡村建设专项资金,从每年2.65亿元增加到10亿元,2013年开始连续投入5年,并逐年增加,主要采取以奖代补方式,重点支持中心村规划建设。同时,大力整合土地整治整村推进、农业综合开发、危房改造和农村清洁工程等相关涉农项目资金。2013年,各市、县财政共安排专项资金30亿元,整合各类涉农资金117.9亿元。

(五)实施重点生态工程。一是加大重点流域水污染防治。制定重点流域水污染防治规划,推进巢湖淮河等重点流域水污染综合治理。截至“十一五”末,列入淮河、巢湖流域“十一五”水污染防治规划的153个项目,116个建成投运,8个调试运营,已累计完成投资87.1亿元。连续5年开展淮河流域枯水期和汛期污染联防,全面实施巢湖蓝藻防控。二是开展新安江流域生态补偿试点。截至2012年底,中央、安徽和浙江省已累计补助黄山市、绩溪县生态补偿试点资金7.5亿元。同时,为发挥好试点补偿资金的引导作用和放大效应,将生态补偿试点资金全部注入融资平台,加强市县两级融资平台建设,提高新安江流域综合治理融资能力。三是推进湖泊生态环境保护试点。利用中央专项资金,积极推进瓦埠湖、太平湖国家生态环境保护试点。建立水污染防治联席会议制度,加快瓦埠湖、太平湖生态环境保护试点项目建设,积极探索建立优质生态湖泊保护机制。

二、财税政策在生态环境保护中存在的问题和不足

近年来,各级政府实施了一系列生态环境保护的财税政策措施,积极探索引导社会资金投向环境保护的市场机制,有力推动了生态环境保护。但从安徽生态环境保护的预期目标和实际效果来看,现行财税政策在促进生态环境保护方面还存在一些问题和不足,主要表现在以下几个方面:

(一)缺乏科学完整的环境税制。目前,我国尚没有设立专门性环保税种,只存在与生态环境保护相关的税种,包括资源税、消费税、城建税、耕地占用税、车船使用税和土地使用税等。尽管这些税种的设置一定程度上起到了保护环境的作用,但并非以保护生态环境为目的,“绿色化”程度不够,限制了税收对环境污染的调控力度,也难以形成专门的用于环保的税收收入来源,弱化了税收在环保方面的作用。另外,现有涉及环保的税种中,有关环保的规定不健全,对环境保护的调节力度不够。例如,资源税税率过低,税档之间的差距过小,对资源的合理利用起不到明显的调节作用;环保税收优惠政策不完善,主要限于减税和免税,形式比较单一,过于笼统,力度不足,缺乏针对性和灵活性,措施效果不明显,还不足以对能源生产、消费以至大气污染控制产生应有的影响。

(二)环境收费制度不尽合理。现行的环境收费制度主要是20世纪80年代建立起来的排污费制度,由于存在不少缺陷,已经不能适应经济发展和生态环境保护的需要。一是收费标准过低。由于现行排污费收费标准远远低于排污单位治理设施运行的费用,使得大多数企业宁愿缴纳排污费而不愿意治理污染物,一定程度上造成排污合理化现象。另外,由于排污收费标准过低,加上征收成本过高,征收的排污费一部分又用于人员经费和办公经费支出,真正能够用于治污的部分很少,相对于高额的治污成本来说,无法弥补污染治理成本。二是排污收费领域不全面。目前的排污收费主要局限于城市的大气污染、水污染、工业固体废物和噪声污染等,在其他污染领域尚未开始征收。如目前城市生活垃圾处理费尚未全面开征,农村养殖业污染、农村生活污染、化肥农药农膜污染等易污染领域未纳入排污收费范围等。三是排污费难以足额征收。一方面,受监测手段落后、底数不清等技术因素影响,往往难以准确核定排放量,在排污费的收取上存在着困难。另一方面,一些地区在排污费的收取上,存在着讨价还价等情况,特别是一些经济发展较为落后的地区,招商引资的重点企业往往得到地方政府的庇护,在排污费的征收上存在着较大的人为因素,影响了污染治理资金的筹集和环保设施的建设。

(三)财政环保投入存在不足。一方面,投入总量存在巨大缺口。国际经验表明,当治理环境污染

的投资占 GDP 的比例达到 1%～1.5%时，可以控制环境污染恶化的趋势；当该比例达到 2%～3%时，环境质量可有所改善。尽管安徽近年来用于环境保护方面的财政投资越来越大，但用于生态环境保护方面的资金仍然短缺。目前，不少基层政府财政环保投入主要依赖中央的转移支付，县区一级预算安排的环境保护资金很少，特别是财力较为薄弱的县区，尚未摆脱“吃饭财政”的局面，环保项目配套压力巨大，财政很难在环境保护方面有所作为。另一方面，投入方式较为单一。长期以来，由于对外开放程度不高，财政渠道投融资一直是环保投入的主要方式，市场化运作方式尚未得到有效推广。尽管环保投资每年都有一定幅度增长，但相对于严峻的环境局面和巨大的资金缺口，单纯依赖财政拨款的融资方式仍显力不从心。同时，由于财政资金对环境保护领域的倾斜力度不大，并且财政资金本身存在效率较低和缺乏一定专业性的缺点，导致环保领域的投资机会和投资价值不能被有效的发现，削弱了财政资金投入的示范效应，降低了对其他资金投入的引导作用。

（四）环保资金使用效益有待提升。目前，随着各级环保资金投入的逐年增加，为加强生态环境保护、改善生活环境起到了重要作用。但受制于体制机制的局限，环保资金在使用上仍然存在着一些弊端。一是环保资金侧重于末端治理。目前，环保资金多用于污染后“点”上的治理，跨区域的“面”上防护不够，尚未完全从“头痛医头、脚痛医脚”转向“事前预防”为主，往往治标不治本。二是环保资金管理分散。涉及环保的资金分散在环保、发改、农业、水利、林业、建设、国土等多个部门，资金名目繁多，不少资金在使用范围存在着重复，未能形成资金的整体合力，影响了整体治理效果。三是环保资金使用范围受限制。一方面，环保资金多为规定用途的专项，由于各地自然地理情况、经济发展程度、生态资源禀赋条件等因素各不相同，生态环境保护的重点也不一样，在现行模式下，各地难以统筹资金用于当地生态环境保护最迫切需要改善的领域和方面；另一方面，目前环保项目资金普遍采用先申报项目资金补助再实施项目的模式。这种先拨钱、后开工的资金拨付方式往往造成企业把工作重点放在申报项目上，而资金到位后建设项目的积极性不高，给资金的监督管理增加了难度。另外，对于建成的环保项目究竟能带来多大的实际效益，还普遍缺乏科学有效的监督评估制度。四是环保资金投入区域不均。生态环境的变化具有牵一发而动一身的特点，当前环保资金用于城市、企业的较多，而投向农村的较少；经济发达地区投入的资金较多，落后地区投入的资金较少，难以从整体上对环境进行有效治理。五是环保资金持续性不够。一些环保工程项目在建成之后，由于缺乏后续管养维护资金或者必要的相关配套项目，导致难以发挥应有的作用。

三、财税政策存在问题和不足的成因分析

虽然现行财税政策在生态环境保护中发挥了积极作用，但由于在政策设计和执行中存在的一些问题，其宏观调控功能并没有充分发挥出来。究其成因，主要有以下几个方面：

（一）环保欠账太多和环保要求渐高的现实制约。长期以来，由于各方面的主客观因素影响，我国走过了一条高消耗高污染的粗放式发展模式道路，随着党中央、国务院对加强环境保护工作进行了一系列重要战略部署，环境保护工作开始由“先污染、后治理”的老路转向“边发展、边保护”的新路。在这样的转变当中，一方面，长期以来累积的巨大环保欠账难以消化；另一方面，国际和国内对环境保护的标准要求越来越高，环境保护的难度越来越大，这就导致环境保护始终处于“旧账未清，新账又欠”的局面中，生态保护的难度与日加大。

（二）经济发展和环境保护的内在矛盾影响。环境保护政策的一个重要作用，是通过经济方式补偿利益相关者为保护环境而放弃经济发展机会所受到的损失，实现人与自然的和谐发展。但在过去以 GDP 为主导的政府绩效考评机制下，环境保护政策带来的资金不足以推动地方政府为保护环境而放弃发展经济、实现 GDP 的目标，地方政府往往难以抑制以牺牲环境来发展经济的冲动，特别是经济发展越落后的地区，渴望发展的冲动就越强，两者之间的矛盾，无形中对环境保护造成了不利影响。

（三）环境保护中政府和市场的定位不够明晰。环境保护是公共性很强的活动，属于责任主体难以判别或责任主体太多、公益性很强、没有投资回报或投资回报率较小的领域，对社会资金缺乏

吸引力,客观上要求政府必须发挥主导作用。但在“经济发展靠市场,环境保护靠政府”的传统思维影响下,再加上特殊的国情,我国的环境法律体系基本上建立在以政府为导向的基础之上,政府对生态环境保护方面的事务大包统揽,忽视甚至排斥市场作用。这种过分依赖政府的模式不仅使得环境保护资金短缺,也容易造成政府在环境保护上的缺位,进而导致环境保护的低效率。

(四)安徽生态脆弱和财力薄弱的双重压力。安徽地处南北过渡、承东接西的特殊地理位置,生态脆弱是基本省情之一,特别是各类地质灾害和水旱灾害频繁发生,资源量亏损和生态功能减弱趋势有加快之势,随着人口增长以及新一轮的开发,生态环境将面临更为沉重的压力。与此同时,安徽财力薄弱,很多基层政府财力紧张,社会事业发展的资金不足,主要通过争取上级项目资金的方式来解决生态环境保护问题,生态环境保护面临着较大压力。

(五)中央和地方生态环境保护财力事权不对称。分税制改革后,在中央和地方财力和事权的划分上,没有考虑环境事权因素,致使环境保护投入重复和缺位并存。而地方可用财力增长与生态环境保护的投入需求不相适应,特别是国有大中型企业利润上缴中央,生态恢复和污染治理的包袱留给地方,许多历史遗留环境问题、企业破产后的生态环境恢复和污染治理问题都要由地方财政来承担,地方政府有限的财力无法满足生态环境建设和保护需要。

四、进一步完善生态环境保护的财税政策建议

“十二五”时期及未来较长一段时期,按照“四化同步”的战略部署,我国工业化、城镇化的步伐还将继续加快推进,加强生态环境保护已经到了刻不容缓的地步。为此,必须要按照“五位一体”总布局的要求,灵活运用好财税手段,不断加强生态环境保护,促进经济社会环境全面协调发展。

(一)合理划分各级政府环境保护事权财权关系。要按照公共财政体制,进一步深化分税制财政体制改革。一是合理界定中央与地方的事权。中央政府环境事权主要针对全国性公共物品性质的环境保护和外溢性很广的基础设施的环境保护投资等问题,地方政府主要是针对地方性公共物品的环境保护事务,可以根据当地所处的区位、流域、环境因素进行分类界定。二是完善财政转移支付体系。中央财政加大转移支付力度,通过政策和法律逐步规范地方各级政府财政责任,逐步建立起地方政府间财政转移支付制度,并进一步完善生态环境保护政府间横向支付制度。

(二)建立环境保护税制体系。一是开征环境保护税。环境保护税宜设立污染排放、污染产品、生态保护、碳排放等税目,分别以污染物排放数量、污染品生产量或消费量、矿产资源开采数量、自然保护区使用量、碳排放水平等为计税依据。二是调整消费税。消费税的税目设置应考虑环境保护的因素,在立法基础上适当的扩大消费税的征收范围,把对环境有危害的商品和排放量大的能源类产品纳入消费税的征收范围之内,如电池、塑料袋、天然气、液化气、煤炭等。三是改革资源税。将海洋、淡水、土地、草场等自然资源都列入资源税征收范围,从量征收改为从价征收,或者改为按占有资源量征收,并适当提高资源税税率和应税标准;完善森林资源的税收制度,使森林资源价格能够反映森林资源破坏和生态恢复成本;将资源课税的计税依据从销售数量改为开采量,使企业积压的资源产品也负担税收,避免过度开采,引导企业珍惜和节约国家资源。四是改进其他税种。如较大幅度提高耕地占用税的税率,将占用湿地的行为纳入征税范围,且使用高档税率,在进口税收中,实行差别进口关税政策,对某些不符合环保要求标准的国外产品禁止入境。另外,对城市建设维护税,城镇土地使用税,土地增值税等进行“绿色”改造。

(三)加快环境保护收费制度改革。要将环境治理与污染控制放在同等重要的位置,改变目前重治理轻控制的局面,当务之急是进行排污收费制度改革。一是改变目前的超标排污费制度,建立为达标排污收费制度、超标排放加倍收费并予以处罚的制度,由超标征收向总量征收转变,由单一浓度标准向浓度与总量相结合转变,由单因子标准向多因子标准转变,逐步提高收费标准,使之达到甚至超过污染物治理的投入,从而促使排污者从自身经济利益出发治理污染。二是扩大收费范围。如对排放大量固体废物污染地表环境征收垃圾费;对居民生活废水收费等。三是加强排

污费管理。各级财政应加强对排污收费制度的管理，改变环保收费机构自收自支的状况，实行收支两条线，列入各级财政预算综合管理，设立专门账户，实行专款专用，提高环保资金使用效率，避免收取的环保资金使用浪费和挪为他用。

（四）加大财政环保投入力度。要充分发挥财政在保护生态环境方面的主导作用，切实加大财政投入。一是逐步提高政府预算中环保投资的比重。各级政府要按照事权、财权的划分，对生态环境保护投入做出长期安排，并逐年加大投入，确保财政对环保支出的增幅高于经济增速。二是稳定长期建设国债用于环保支出。继续把生态环境保护作为国债资金的投资重点，在国债项目结构的选择上，采取倾斜扶持安排，确保政府环保财政投资保持相当规模。三是增加环保专项资金投入。各级政府要根据财力情况，逐步增加环保专项资金，调整使用结构，综合运用以奖代补、财政贴息等激励政策，加强环保基础建设，加大重点污染源治理，提升环境监控效能，实现污染末端控制治理与污染源头防范并重。四是积极争取外来资金。利用政府的信用资源，积极争取国际金融组织、国外政府的优惠贷款和各种援助。

（五）健全环境保护市场化运作机制。要逐步改变由政府单一买单的财政转移支付制度模式，探索建立地方、民间、企业和个人等多种渠道的融资体制。一是政府要发挥财政、信贷和证券三种融资方式的合力。利用财政融资的杠杆和基础性作用，调动更多的资金进入环保领域，增强信贷融资的支持力度和效率，积极为环境投融资走向资本市场创造条件。二是加大环保领域对外招商引资步伐。环保基础设施领域应该继续调整政策、改善投资环境，采取多种形式如合资、合作、项目转让、土地出让、股权转让等方式利用外资，吸引更多的国外投资者。三是积极利用商业银行、政策性银行和国外金融机构的信贷资金。支持商业银行独立审贷、独立评估、自主决策、自行承担风险和责任。积极争取国家政策性银行的信贷资金，充分利用世界银行、亚洲开发银行和国外政府的低息贷款及国内外民间组织的资助。四是积极利用各种新型的环保项目融资方式。通过制订和完善投融资、规费征收等方面的经济政策，鼓励和支持工商资本、民间资本、外来资本通过并购、项目融资、BOT、TOT等形式，逐步推进环保设施建设和运营的多元化、企业化、市场化，积极利用债券和证券市场，扩大融资渠道。五是可考虑将一部分土地出让金纳入环境保护的资金筹集范围，缓解地方政府的环境财政资金压力。六是建立排污权有偿分配使用制度。按照“排污者付费、治理者赚钱”的利益导向，建立建立环境产权和排污权交易制度，加快探索启动碳排放权交易试点。七是考虑尝试发行全国性的环保彩票，通过发行环保彩票募集公益环保资金，从而缓解环保资金的短缺问题，并创造条件让公众参与环保。

（六）完善政府间横向生态补偿制度。在积极推进新安江跨省流域生态补偿机制试点等基础上，加快建立完善各级政府间的横向生态补偿制度，从而实现环境保护正外部效应内在化。一是坚持正确的构建原则。坚持“谁开发谁保护、谁破坏谁恢复、谁受益谁补偿”的基本原则，合理确定流域生态补偿标准和计价办法，推动形成对生态供给者的长效激励机制和对生态受益者的约束机制，改变以往受益区普遍存在的公共消费“搭便车”心理，帮助其树立“谁受益，谁就必须付费”的生态消费观念。二是循序渐进、分时分区进行。可按照主体功能区的划分，对“禁止开发区域”和“限制开发区域”优先实施横向生态补偿，再逐步推广到与生态关系密切的区域、流域、行业之间全面开展。三是将横向生态补偿与扶贫工作相结合。贫困与生态环境恶化互为因果，因此，生态环境的改善必须与发展经济、摆脱贫困相结合。在建立横向生态补偿机制的同时，应当将扶贫工作有机地融合进来，使之成为一个综合战略来予以推进。

（七）加强环境保护项目资金绩效管理。要加强环保资金效益管理，提高投资决策和项目管理水平，更有效地利用财政资金为生态环境保护服务。一是完善环保专项资金的使用管理。改变先申报项目资金补助再实施项目的模式，采取“以奖代补”的支持方式，促使排污单位摒弃“等、靠、要”思想，把申报项目的积极性转到提升治污的积极性上来。二是明确资金支持重点。在项目审查时着重支持重点污染源防治、区域性污染防治、污染防治新技术、新工艺的开发、示范和应用。对象选择上要面向环保工作扎实的地区或企业，实现“集中财力办大事”的效果。而对环保意识差的地区或企业,应严格控制支持力度和规模。三是加强对环保专项资金项目的绩效评价和环境效益审计。严格资金申请、使用、审计程序,严格执行专项资金使用管理制度,建立多部门联合检查的机制,定期开展监督检查,开展项目环境效益评估审计,建立完善绩效评价机制,逐步实现从注重资金投入的管理转向注重支出效果的管理,提高资金整体使用效率。四是控制源头污染产生。在环保资金项目的实施过程中要结合环境情况分析,制止和减少有可能继续造成环境恶化的源头,达到环境治理预期效果,防止一边治理、一边继续排污现象,造成环保资金的浪费和低效率。

课题组长:朱长才
题组成员:叶翠青　鲍文前　万　勇
　　　　　刘　兴
课题执笔:万　勇

关于加快非税收入管理信息化建设的研究

2007年,财政部提出了财政信息系统一体化建设的总体思路,标志着财政信息化已经成为财政工作的管理目标和改革方向。本课题从安徽省非税收入管理信息化现状入手,通过对其面临问题的深入剖析,重点探讨下一步我省非税收入管理信息化建设的目标和思路。

非税收入是政府财政收入的重要组成部分。从预算管理角度看,非税收入预算涵盖“四大预算”中国有资本经营预算和政府性基金预算的全部收入,以及公共财政预算中除税收以外的部分收入;从收缴管理角度看,非税收入是一个综合体,涉及面广,情况复杂,如对行政事业性收费和罚没收入类非税收入的收缴管理均涉及广泛的群众个人和各类企业,而对国有资产、资源和资本类收入的收缴管理往往和各级党委政府开展的“小金库”治理有着密切的关系,因此非税收入已经成为社会管理创新、优化经济发展和惩治预防腐败的焦点;从管理内容角度看,非税收入涉及预算编制、账户管理、项目设立、票据核销和资金核算等多项财政业务,在全国既有以票据管理为核心的广西、福建模式,也有以资金账户管理为核心的黑龙江、辽宁模式,还有以全流程管理为核心的湖南、山东、河北以及安徽模式。综上所述,非税收入管理是现代公共财政管理中涉及群体最广泛、涉及情况最复杂、地区性差异最大的管理工作之一。因此,结合本地实际,通过信息化建设加强管理便成为各地开展非税收入管理信息化建设的初衷。对此,财政部《关于加强政府非税收入管理的通知》(财综〔2004〕53号)中明确提出:“要加快地方政府非税收入收缴改革步伐,按照‘金财工程’的要求建立健全本地区政府非税收入收缴系统。”

一、我省非税收入管理信息化建设现状

我省非税收入管理改革起始于2005年省政府颁布的《安徽省政府非税收入管理暂行办法》(184号令),省财政厅在此基础上先后配套出台4个管理办法,并将我省非税收入管理改革分为收缴管理改革、票据管理改革、预算管理改革和信息化管理改革四项重点内容。

2006年5月,按照“先省级、后市县,分层实施,分级管理”的信息化建设原则,省财政厅印发《关于全面推进政府非税收入管理改革的通知》(财综〔2006〕208号)文件,正式启动市、县(区)非税收入管理改革。我省非税收入管理信息化建设主要开展了以下几个方面的工作:

1.结合工作实际,开发非税信息系统。省非税局会同厅信息中心组织技术力量,紧扣安徽非税管理工作实际,开发了以非税收入汇缴结算户为基础,拥有财政管理、基础信息管理、票据管理、核算管理四大模块以及代理银行和执收单位子模块的非税系统,并由省非税局向市、县无偿提供,全省各级财政部门以此为核心构建了对外连接15家代理银行、7295个代收网点和9173个执收单位,对内与财政一体化平台共享数据的非税收入信息化管理体系,并通过系统延伸实现了为其他财政管理乃至诸多社会管理创新工作的有效支撑。

2.规范基础信息,界定非税征管范围。各级财政部门按照省政府第184号令规定的范围,全面开展非税清理界定,按照全省统一的编码规则,编制本级非税收入的执收单位和收入项目代码,建

立执收单位基础数据信息库，摸清执收单位的家底；以基础数据信息库动态管理为抓手，既主动做好“加法”，将新的执收单位、执收项目及时纳入数据库管理，又积极做好“减法”，严格进库把关，有效杜绝了不合规的非税项目入库。

3.搭建网络平台，提高非税征管效率。根据省财政厅非税信息化建设分层实施，分级管理原则，各地积极安排专项经费，及时购置相关软、硬件设备，分期分批开展业务培训，公开招标确定全省非税收入代理银行，签订非税收缴委托代理协议，指导督促代理银行开发非税系统银行子系统，加强银行代收业务管理，建立了财政与代理银行、执收单位之间的网络平台，使非税日常征管业务全部在网络系统上运行，实现了资金、信息的实时传输和对账核算，降低了征管成本，提高了征管效率。

4.紧扣要点，提升非税收入管理精度。为满足非税收入管理改革不断深化的需要，我省在交警罚款收缴、非税专用POS和高校专用票据电子化管理等方面进行了深入研究和大胆创新。

一是全省公安交警罚款收缴规范管理工作。2011年10月，省非税局和省公安厅交警总队，通过将财政部门的非税系统与公安交警部门的违法处理系统对接，在全国率先实现了交通违法全省异地联网处理，省内所有交通违法记录在全省任一交警处罚点的非税专用POS或任一代收银行柜面和自助设备缴款后，违章信息实时勾兑，不仅方便了缴款人，也杜绝交警罚款收入的跑冒滴漏。据统计，全面运行后的2012年比2011年增收3亿元，增长达30%。二是研发使用非税收入专用POS。省非税局在原有银行商用MISPOS的基础上，通过系统对接，将资金划解和信息比对同步实现。此外，省非税局还与厅会计处、省司法厅考试中心等单位密切配合，确保相关考试网上缴费工作的顺利开展。上述两项工作均在未单独开设任何过渡性账户，而是在现有非税系统功能的基础上实现的。三是高校专用票据电子化管理。省非税局在现有《非税收入一般缴款书》电子化管理的基础上，将非税系统与高校财务软件对接，采集高校专用票据使用电子信息，实现了高校非税收入专用票据的电子化管理，也为下阶段全面实现专用票据电子化管理探索了方式，积累了经验。

二、我省非税收入管理信息化面临的问题

在积极推进我省非税收入管理信息化建设的同时，随着财政管理信息化程度的不断提高和非税收入管理的不断深化，特别是党委政府对非税收入管理工作的不断重视，原有信息化建设中的一些系统性机制性障碍也逐步凸显。

（一）系统结构方面

我省非税收入信息化建设伊始，由于受客观条件限制，我们采取了分层实施、分级管理的建设模式，虽然可最大限度保留各级财政部门非税收入管理灵活度，有效规避全省集中建设模式的风险，但也存在以下问题：

一是缺乏必要全省数据汇总提取渠道。由于目前全省非税系统尚未互联，省级财政不能及时掌握市、县级财政部门的非税收入管理数据，无法统一管理全省非税收入各类基础信息，客观上对全省非税收入征管真实情况缺乏必要的实时管理手段。二是各级财政系统建设维护成本较高。由于数据库、网络接入的独立性，导致各级财政部门无论收入规模、单位数量，均需独自签订维护服务商，容易形成资源浪费，客观上在年末等关键时点，维护公司需逐级上门支持，服务响应较差。

（二）数据管理方面

1.基础数据管理方面。信息化建设的核心内容就是对各类基础数据进行标准的格式化规范，非税收入基础数据主要涉及执收单位信息和收入项目信息。

（1）执收单位信息。受预算编制口径影响，目前我省各级财政的非税收入单位管理口径均大于按预算管理口径，特别是对部分差额、自收自支事业单位的管理。从非税收入征收角度出发，凡是进行非税收入征缴或产生非税收入收益的行政事业单位或社团组织均可视作非税收入的执收单位。但在财政预算管理上，由于受历史沿革影响，差额的自收自支事业单位往往由其主管部门代编或以项目支出方式实行预算管理。两者管理上的差异，容易造成后期财政收入清算、非税收入安排支出时，特别在对国有资产出租、出借或处置收入纳入非税收入管理方面出现差错。

（2）收入项目信息。一个完整的非税收入项目信息，不仅要满足与政府收支分类科目的对应，还

应反映收入标准、管理方式、分成比例等相关信息，同时还需满足不同统计口径的数据汇总和分析工作。目前我省的非税收入项目库采用收入项目和执收单位挂接的二维编码组合方式，此类编码规则虽然具有使用方便、组合灵活的特点，但是由于数据结构的天生缺陷，以及采用了重部门轻类别的编码规则（部门编码+收入类别+项目顺序），不仅大量同类项目重复设置，也无法灵活按照项目各类属性进行有效查询。

2.收入数据管理方面。

(1)按照要求，我省各级财政部门均按期将非税收入汇缴结算户中的资金划解至国库或专户。受收入调度、清算、划解等因素影响，客观上造成非税收入实际征收和划解存在不一致性。由于目前我省涉及非税收入的各种统计和分析口径均采用划解金额，缺乏对非税收入汇缴结算户资金情况的信息采集，加之缺乏必要的数据上下互联机制，忽视了对非税收入全流程的数据分析。由于缺乏必要的监管机制，也客观上形成了各级财政部门可通过人为控制非税收入划解进度，从而调节财政收入的现象。

(2)受到财政部相关文件和项目管理历史沿革影响。目前，我省非税收入管理还存在保留单位过渡性账户和执收单位将收入直接缴库的现象。一方面在非税收入管理改革初期，考虑支持高校发展以及加强债务管理，经财政部门允许，各类高校基本保留了收入过渡性账户用于归集学费、住宿费等收入。但随着我省积极化解高校债务工作的开展，此类账户保留的意义值得商榷；另一方面，在我省全面开展非税收入管理改革后，仍有少数文件要求将部分非税收入做直接缴库处理，不仅不利于非税收入全口径管理，也加大了非税收入清算工作难度。

(三)流程规范方面

目前我省非税系统是按照“单位开票、银行代收、财政统管”的征管模式开发的，此流程一方面过度强调了财政票据的监管职能，忽视了信息化对业务流程的统领作用，特别在非银行柜面渠道缴款方式日益增加的情况下，传统的“先有票、后交款”的业务流程已经慢慢向“先有信息、再缴款、后取票”的模式转变；另一方面加大了以专用票据为征收主体票据的执收单位票据核销、管理难度，客观上形成了非税收入管理的空白区域。

(四)电子化支付方面

电子支付作为金融信息化发展的一个必然产物，目前已在商业行为中得到了广泛应用，但我国政府组织的公共服务采用电子支付仍属于起步阶段。对于非税收入管理，电子支付主要应用在两个方面：一是非税收入收缴的电子化支付。即通过非银行柜面渠道完成非税收入收缴，包括POS设备、自助设备和网上银行等。与前两种缴款方式仍需依赖相对固定的场所和设备不同，网上银行收缴打破了原有流程、范围、区域、时间的限制。目前，我省已经开发了非税收入专用POS，并在代理银行的自助设备中增加了公安交警罚款收入缴款业务，但在通过网上银行完成非税收入收缴方面仍相对滞后，缺乏统一的管理模式和结算方式。目前已经投入使用的网上银行缴款业务基本为业务单位自行建设，支付环节的系统开发和业务流程基本一致，缺乏财政部门的统一规划，客观形成网上缴款平台重复建设，账户管理不统一、手续费支付不统一、结算流程不统一等方面的问题，不利于非税收入网上缴款方式的推广。二是非税收入划解的电子支付。目前，我省正在开展全省财税库银横向联网工作，已基本完成税收收入的电子化缴库，省财政正积极开展财政支付业务的电子化改革。相对于上述两项工作，我省的非税收入划解工作却基本维持全手工状态，非税收入划解方向主要为人行金库、财政专户和上下级财政部门的非税收入汇缴结算户。由于缺乏必要的信息传递和资金划解电子渠道，划解人行金库时，财政部门需逐科目、逐银行开具《一般缴款书》。按照目前非税收入按旬划解测算，每次划解，全省各级财政部门需共计开具约5000张票据，全年共计开具约18万张票据，各级人行相关部门收到纸质票据后，还需手工录入相关信息确认收入；划解上下级财政部门时，商业银行间资金结算必须通过人行大小额支付系统，因人行已经取消同城票据清算业务，划款财政开具的票据无法传递，收入信息无法交换，导致收款财政在接收到资金后，还需通过电话等方式获取项目信息手工确认。

三、兄弟省份非税信息化建设情况暨先进经验

正如前文所述，全国各地受管理政策、思路、

职能等多重影响，目前全国尚未形成统一的非税收入信息化建设整体思路。目前各地系统中，一类是由多个软件、多个部门分段管理非税收入的票据、征管、账户、核算等工作。如中央级非税收入管理，财政的票据和政策管理由综合司和票据监管中心负责，采用福建博思开发的系统，项目、账户、核算管理以及非税收入收缴执行情况分析在国库司的收缴管理处负责，目前采用的系统为沈阳东软开发。在地方上，如福建省，票据管理由票据管理中心负责使用票据电子化管理系统、征收管理由非税局负责使用非税收入收缴管理系统、收入核算则由国库处负责；黑龙江省票据管理和征收管理由非税收入管理处负责使用福建博思开发的系统，收入核算由国库处负责使用沈阳东软开发的系统。另一类是由统一软件、专门机构全流程管理非税收入的票据、征管、账户、核算等工作。如山东省（综合处）、河北省（非税局）、湖南省（非税局）、江苏省（综合处和非税局合署办公）、湖北省（非税局）、广东省（综合处和票据管理中心）、上海市（国库处）和我省（非税局），此类软件中采用“全省数据大集中”架构的占多数，如河北、四川、山东、天津、上海、贵州等地；采取分级实施、分层管理模式的有陕西、湖南、湖北和安徽等，但陕西、湖南也正在进行相关大集中转换的调研论证。

山东、河北两省较早开展了非税系统全省“数据大集中”模式的建设，建立了覆盖省、市、县三级财政，具备网上对账、自动分成、异地缴费、票据管理和统计报表等多种功能，能支持所有商业银行联机代收的多功能、开放式、网络化征管系统。

主要特点表现在：一是项目库管理。根据财政部和省财政厅公布的收费项目，建立全省统一的非税收入项目数据库，对非税收入实行源头管理。以政府收支分类科目为基础对项目统一实行编码管理，按项目类别、资金管理形式、所属级次以及收费依据等进行编制，并实施数据库动态管理，确保了全省非税收入征收管理系统的规范化和时效性。二是票据管理。两省系统的票据管理功能覆盖票据的计划、印刷、发放、使用、核销等票据管理的各个环节，形成链条式管理，较好地实现了非税票据的电子化管理，其中山东省还建立了《政府非税收入稽查证》制度，非税收入稽查人员持证检查，并组织开展了全省性财政票据管理使用情况专项检查。三是资金监控。由于采用全省数据大集中管理，代收银行在做每一笔业务时，都需将业务交易发送到省财政厅的收费主机上，实现了非税收入流水数据在上级财政部门大集中，为各级财政部门提供了全面、翔实的非税收入数据，使事后监督和精确测算成为可能。四是系统维护。全省数据大集中模式在有效减轻市县区财政部门系统维护工作的同时，对省级系统维护提出了较高的要求，河北省信息中心除指定专人负责非税系统运维外，还组织三名维护公司人员负责提供 5*8 的全省非税系统电话、远程支撑。

此外，两省均建立了非税收入网上银行缴费平台。其中山东省的平台已投入使用，该平台通过将执收单位业务系统和非税收入征收管理系统网上支付平台对接，有效实现“网上收费、直达财政”的管理目标。网上交费完成后，缴费平台可自动生成“山东省非税收入缴款书”电子票据，缴款人凭该票据到当地指定单位换取财政纸质票据。

总体而言，以“大集中”模式开展非税收入信息化建设有以下几个方面的优点：一是促进财政管理业务的规范化和工作流程的统一。“大集中”后，全省“一套业务”使用“一套软件”，各市、县（区）的业务必然规范化。对于各地“本地化、个性化”做法和业务上的差异，逐步改进并走向规范。全省各地可借助大集中部署的平台，市县某些分析报表和数据的共享。二是大集中部署保证了数据的真实性、一致性和完整性。实施系统大集中后，各地发生的每一笔业务数据，都将全流程保留在省厅的集中存储上，各地原则上不保留任何业务数据，可实现对业务的实时监控，客观上为规范体系的构建提供了重要平台，数据的真实性、一致性、完整性也为财政决策分析系统的建设提供了基本的保证。三是大集中部署实现了资源的共享，大幅度节省了资金投资。全省各市、县（区）共享一套主机系统，共享一个数据库，共享一套业务软件，避免了各地硬件的重复投资和软件的重复开发，有效节省了各地的维护费用。据河北省测算，仅维护费一项，每年可节约资金达 60%。

“大集中”部署带来不少好处，但也有一定风险，如一旦大集中系统发生故障或瘫痪时，将影响全省非税业务的办理。为了提高“大集中”后系统的稳定性、必须有效确保省中心系统的可靠性、健壮性,并且采用各种备份机制。

四、我省非税收入管理信息化建设的总体思路

非税收入管理涉及面广、联系点多、牵动性大、情况复杂,信息化管理的难度较大。从非税收入管理的统一性角度来看,在与广大缴款人、执收单位和代理银行发生业务往来的同时,必须在国库单一账户体系内完成与预算编制、集中支付、财政总账、资产管理等财政内部其他业务系统的数据传递和共享任务;从非税收入管理的规范性角度来看,要考虑非税收入项目管理的特殊性和非税收入政策管理的统一性要求,在确保各级财政部门分级管理的同时,必须采取一定方式在全省范围内,建立统一的数据规范和基本业务操作流程;从非税收入管理的多样性角度来看,必须重视和解决各级财政在非税收入管理方面的个性化需求,保证非税收入管理规范性的同时促进当地改革的顺利推进。因此,我省下阶段非税收入管理信息化建设目标是:在金财工程建设的总体框架下,按照“三个统一管理”的要求,以非税收入汇缴结算户为基础,以票据电子化为载体,采用“集中式和分布式”相结合的信息化建设方式,实现我省非税收入管理“一个核心业务系统、两个业务网络、两个数据交换平台”的信息化建设目标。

“三个统一管理”是指统一非税收入信息化建设管理、统一非税收入口径管理和统一非税收入管理模式。统一非税收入信息化建设管理是指省非税局对全省各级非税收入系统建设的软硬件要求和网络架构进行统一的规划,这样既可以避免地市建设中的盲目投入,也可以有效整合现有资源,发挥其最大作用;统一非税收入口径管理是指利用对非税收入项目库统一设定,完成全省各级非税收入统计口径的一致性,避免全省业务数据汇总后的二次加工;统一非税收入管理模式是指利用核心业务系统和全省非税系统上下互联,进一步规范各级非税收入核心管理方式和体制,统一收缴流程,统一分成体系,统一划解机制。

“一个核心业务系统”是指一个全省统一的核心非税收入管理信息系统,由省里统一开发和维护,同时对各级财政共性的业务需求,进行全省统一梳理和开发。在核心非税系统的基础上,按照有关规定,适时开发相应的管理模块以满足各地实际工作需求。

“两个业务网络”是指,首先利用全省财政内部网络建设建立一个纵向连接全省各级财政非税系统的内部业务网络,利用该网络有效完成全省非税业务数据的提取;其次在全省统一规划下,以市级财政为核心建设一个横向连接本级财政、执收单位和代理银行的外部业务网络。

“两个数据交换平台”是指,为了有效满足外部系统对非税收入数据交换和信息共享的需求,避免重复开发和提高数据准确性、安全性,建立两个数据交换平台:一是外部数据交换平台。通过此平台能在保证核心非税系统安全正常运行的前提下,完成非税 POS、网上支付等其他收缴系统的接入,完成与各执收单位专业收缴系统的数据交换和业务监控,并利用互联网网站向社会公众提供非税收入信息查询服务;二是内部数据交换平台。通过此平台按照财政一体化平台数据规范性的要求,按照预算单位编码体系和收支分类科目进行非税系统与预算编制、集中支付、资产管理等财政业务系统的数据对接,既可以实现从非税收入预算编制、非税收入征收到非税收入划解入库(户)和非税收入安排支出的全过程信息化管理,也可以实现对国有资产(资源)收入全过程、可追溯信息化管理。

五、加强非税收入管理信息化建设若干建议

(一)开展非税收入系统上下互联

鉴于我省非税系统建设“分级实施、分层管理”的实际,应考虑采用节约、稳妥的方式开展非税系统全省上下互联,建议可考虑将业务分层管理和数据集中管理模式相结合,即将非税管理业务的“源头”(代理银行入账数据及基础信息库)和非税管理业务的“末端”(收入汇缴结算户划解数据)进行全省集中管理,从而在确保全省非税收入口径统一规范的基础上,真实反映全省非税收入征管全貌。在此基础上,整合现有各级财政非税系统维护商和财政平台一体化等相关财政信息化维护工作。

考虑此项工作涉及面广、业务影响程度高,建

议采取分功能、分模式的实施方式，通过系统功能的整合倒逼各地非税业务流程的规范，借助业务流程的规范加快全省系统功能的整合，争取利用2至3年时间，全面实现我省非税系统的上下互联，实现全省非税管理真正意义上的全省规范。

1.开发非税收入电子缴库系统。该系统作为上下互联的“末端”系统规范的主要内容，将基于现有财税库行横向联网系统和全省财政业务内网，实现全省各级财政部门征收的非税收入电子化缴库。该系统开发工作分为现有非税系统升级和接入人行国库信息处理系统(以下简称TIPS系统)两个模块，其中现有非税系统升级模块主要用于实现通过全省财政业务内网，将各级非税收入中缴入金库(纳入公共财政预算、基金预算和国有资本经营预算管理)的数据汇总整理后，发送人行TIPS系统，并根据相关反馈信息进行账务处理，同时将处理成功后的账务数据发送至金财大平台；接入人行TIPS系统模块主要用于利用现有财税库行横向联网系统中省财政节点，将全省各级缴入金库的非税收入数据，按照电子缴税信息规范整理后发送人行TIPS系统，进行扣款入账工作，并将人行反馈信息传递至非税系统升级模块，同时可将现有各级金库收入报表中非税收入部分(103类)传递至非税系统。

2.优化非税收入基础信息库结构。该工作作为上下互联的“源头”系统规范的主要内容，建议一方面应尽快全面重建非税收入基础项目库。我们认为如按照山东、河北模式，采用政府收支分类科目作为非税收入项目管理的基础依据过于单一，由于政府收支分类科目编码在行政事业性收费项目方面，仍采用部门编码(项级编码)先于收费编码(目级编码)的方式，导致很难有效直观体现“收费目录”概念(仍需采用对照方式进行比对)，在实现全省统一停征某项行费方面，存在一定结构性障碍，所以我们建议采用“收入类别+项目+管理方式”模式，将“政府收支分类科目”和“行政事业性收费目录”结合，即除行政事业性收费项目外，均以“政府收支分类科目”为依据，行政事业性收费项目部分则以目录为基础，进行重新整合。另一方面制定全省非税收入基础信息库统一管理机制。原则上各级财政部门对基础信息库(含非税收入基础项目库、代收银行编码、财政区划编码、执收部门编码等)只有使用权，如需新增、修改，需上报省级财政部门审核下发后使用，省级财政部门负责基础项目库、政府收支分类科目的维护工作。

3.构建全省代理银行数据集中交换模块。该工作作为上下互联的“源头”系统规范的主要内容，将基于全省非税收入基础信息库统一管理，实现全省各级非税收入代理银行与非税系统的一点接入(目前各代理银行需和所有存在代理业务的非税系统逐个进行数据交换)，即各代理银行省级分行从省级非税系统中统一提取全省各级非税代收业务的基础信息(项目信息、票据信息、单位信息)，并按照要求将代收业务的电子数据统一传递至省级非税系统，省级非税系统处理后，利用全省财政业务内网转发至各级非税系统，通过此项工作，可在确保现有各级非税业务处理主体不变的前提下，全面掌握各级非税系统真实收入数据。

(二)开通非税收入网上银行支付平台

建议通过代理银行选择合适的第三方支付平台，采取购买服务方式，建立与现有非税系统关联的非税收入网上银行收缴平台。对于交警罚款类的简易缴款业务，可直接通过省非税局网站直接进行在线缴费；对于需要通过执收单位业务系统进行缴费资格处理的业务，可将此平台视作银行网上支付网关，统一处理，确保在不开设过渡性账户的基础上，实现非税收入网上银行收缴，也可大大降低各执收单位各自开发网上缴款系统的技术门槛。此外，建议尽快实现非税收入电子化票据。随着非柜面缴款业务的不断拓展，特别是网上银行业务的开展，原有财政票据的支付结算功能不断削弱。我们建议，一方面，在通过非柜面渠道完成缴款的业务流程中，启用电子票据替代传统纸质票据的支付结算功能，实现缴款、入账和核算过程的电子化；另一方面，实时推出符合非柜面缴款业务流程的滚筒式空白非税票据，安装在POS机或自助出票机上使用，满足缴款人索取纸质票据的需求。

(三)提供非税收入公共信息查询服务

建议由省非税局在其互联网网站上开通非税收入公共查询服务，一是可向全省社会公布各级财政部门非税收入征收基础信息；二是利用全省非税系统上下互联，向社会提供全省非税收入票据信息查询和证伪校验；三是向经非柜面渠道完成缴款的当事人，提供打印电子化票据、查询缴费情况等信息服务。

(四)开发全省非税收入收缴情况分析系统

该系统开发工作分为数据统计和数据分析两个模块，其中，数据统计模块主要满足省、市、县(区)三级财政部门按相关口径完成非税收入收缴数据的填报、审核、汇总等需求，以及分级次提供同级金库非税收入(103类)报表展现，并可按要求灵活进行数据查询和报表定制。数据分析模块主要满足各级财政部门，特别是省级财政部门对全省非税收入收缴情况的分析，并结合历史数据实现对非税收入分类分级、收入预测和收入预警。

课题组组长：李友兰
课题组成员：张　黎　刘明刚　王　冶
胡晓宁　程晓岚　周先红
王曙光　汪振明

加快财政支出进度问题研究

一、近五年全省财政支出进度情况

(一)财政支出基本情况

2008—2012年，随着改革的不断深入，我省财政收入取得巨大进步的同时，财政支出规模和支出进度也都有大幅度提高。

1.财政支出规模高速增长。2008—2012年，无论是在较好的发展环境下还是面临复杂严峻的经济形势，我省财政支出增幅都基本保持在20%～30%左右的高位，支出规模不断扩大，五年间，财政支出总量从1647亿元扩大到3961亿元，增长了1.4倍。

2.财政支出水平不断提高。2008—2012年，我省人均财政支出规模从2689元增加到6615元，增长了1.5倍。全省财政支出总额占GDP的比重也由2008年的18.6%上升到23%，提高了4.4个百分点，人均支出水平和财政支出占比均明显提高。

3.财政支出进度总体加快。2008—2012年，我省财政支出决算数占全省财政支出调整预算数的比从94.5%提高到97.3%，上升了2.8个百分点，财政支出完成预算任务进度总体不断提高，支出管理水平不断进步。

(二)财政支出存在问题

财政支出进度包括两层含义：一是财政支出数占预算数的比重；二是财政支出数在年度内的分布程度。虽然近年来我省财政支出进度总体较好，支出决算数占调整预算数的比重逐年攀升，但支出数在年内的分布不均问题仍然存在，主要表现在两个方面：

1.支出占比结构有所优化，但仍不均衡。如下图表所示，2008-2012年，我省财政支出季度占比结构不断优化，经过五年时间的发展，一季度、二季度、三季度占全年支出比重分别比五年前提升了5.1个、3个和2.4个百分点，相应的四季度占比降幅高达10.5个百分点。但支出季度占比仍不均衡，尤其是12月当月支出总额在全年财政支出总额中的占比仍然较高，2008—2012年，五年间12月当月支出总额占比分别为26.3%、26.7%、20.5%、18.4%、17.7%，虽然呈总体下降趋势，但单月占比仍然较高。

2.支出序时进度有所改善，但仍“前慢后快”。2008、2009年，我省财政支出前三季度累计分别完成预算任务的68.4%和69.9%，均未能达到序时进度，第四季度明显加快，单季度完成支出进度超过40%，这一现象到2010年才有所改善。自2010年开始，我省财政支出前期速度不断加快，完成预算任务总体较好，尤其是上半年均能超过序时进度。但下半年明显不均，三季度普遍较慢，始终处于25%的单季度预算目标下，四季度完成预算较往年虽连续下降，但仍明显较快，上下两个半年仍是“前慢后快”。

二、影响财政支出进度的原因分析

影响财政支出进度的因素很多，较为复杂，既有预算单位管理基础薄弱等管理方面的因素，也存在工作决策机制和预算编制机制不相衔接等体制机制上的因素，加上预算执行效率低下、资金分配迟缓等人为因素，以及年中新政策出台多、调整追加预算情况频繁等不确定因素，都会造成财政支出进度偏慢，资金使用效益弱化。

(一)预算编制不够细化

造成预算编制不够细化有多方面的原因，一是与宏观经济形势不确定有关。经济是财政的基础，宏观经济形势的变化对财政影响十分明显。在编制年初预算时，由于对宏观经济形势难以准确判断和把握,考虑到预算执行中可能出现的减收和增支因素，各级财政部门年初支出预算一般编得较紧，有些支出项目只能在第四季度视超收财力情况做出安排。由于预算收入预测过低,通常年底超收较多,导致年底追加项目无法及时支出,从而形成结余。二是与预算编制和批复时间有关。目前一般是在上一年度的2月份左右开始着手编制下一年度的预算，而此时由于年度资金结余和下一年度工作任务、工作目标等尚未确定,目标任务都还不具体,所以预算编制难以做到全面把握和足够细化。加上年初预算需经人大批准，部门预算一般在每年的2、3月份才能批复下达到基层预算单位，预算单位上年结转和当年安排的项目支出,除部分支出特事特办外,一般的项目支出必须等部门预算批复之后才能正常办理，财政部门只能参照上年同期拨款情况安排支出，并且只安排维持单位正常运转的基本支出，容易造成前期支出进度缓慢,最终全年支出容易出现“前慢后快”的现象。三是与预算单位的管理有关。一些部门和单位在报送预算时未能将项目预算落实到具体项目和具体实施单位，一些有二次分配权的单位在设立预算项目时,往往过分追求向上争取更多资金,对项目的描述则较为笼统,倾向于简单列为专项经费等,财政部门对此又缺乏有效的监督制约机制，客观上也影响了财政支出进度。如宿州市丰原生化18万吨乙二醇扩建项目，由于2006年立项时缺乏充分的论证，导致项目迟迟不能实施,资金一直滞留市财政,直至2013年经国家发改委批准才调整到其他项目。

(二)预算执行效率不高

一是项目实施进度影响支出执行。财政预算的执行效率与项目实施进度的快慢直接相关。事实上，很多部门争取资金积极,“年初争盘子、年中找项目”,而对使用资金又往往是“单位层层报、部门慢慢审”,“重分配、轻执行”,有些项目在编制之初就比较粗糙,在实施过程中由于经验不足、管理不规范、准备不充分或者季节天气等自然原因影响，使得项目进展缓慢,资金下达无法正常进行,“资金等项目”的现象时有发生。如合肥某检察院技侦楼项目,预算安排1000万，市财政根据工程进度分别在9月、12月拨付建设资金509万元和30.6万元,大量资金形成结余。六安市2012年公共服务基础设施建设经费5000万元,上下半年支出比为1∶9,基建支出严重不均衡。二是资金拨付流程影响支出。目前,专项资金的来源渠道比较多样,按照现行的财政体制,一般是下级部门逐层向上申请，然后再自上而下逐层下达安排,通过一次性追加方式下达项目实施单位,且大量的专项支出有着严格的资金使用管理制度,甚至需要有相应的配套制度办法。部分资金会因为审批和下达流程较长或在某个环节出现耽搁而影响支出。如宣传部门对文化事业建设费安排项目的再分配,就需要再次履行报批手续,从而降低支出效率。民生工程类支出项目通常都是当年下达当年组织实施，计划—招标—施工—验收—决算审计一个完整的较长周期也会影响支出进度。三是采购项目程序严格影响进度。根据现行法律规定,政府采购项目从采购项目信息公告发布起,到中标、成交结果公告为止,需要经过采购文件的发布、发售、开标、评标、澄清、谈判、询价等多个环节,如货物和服务项目采用招标方式采购的,公告时间一般不得少于二十日;招标文件公开发售时间不得少于五个工作日等。上述规定在保证政府采购程序公正、结果公平的同时,必然会对资金支付效率产生一定影响，造成政府采购项目资金拨付时间集中在下半年甚至四季度。

(三)约束机制不够健全

一是执行中追加支出多。部分项目年初预算编制不够细化,加上投资计划下达较迟,项目在具体执行中又具有很大的不确定性,“资金跟着项目走”的现象较常见,直接导致财政追加现象较多,而预算追加又主要集中在下半年，尤以最后两个月份最多，财政部门如果不加强对预算追加的管理和约束,就会直接对财政支出进度带来冲击。二是约束反馈机制不健全。主要是部门预算的编制与执行之间还没有形成真正相互制约、互为作用的正反馈机制，也就是财政部门与项目的具体实施单位之间缺乏约束机制，使得作为预算执行主体的项目实施单位与作为支出进度考核部门的财政部门责任不明,一方面是资金等着项目走,一方面是希望项目带动资金走。而为了加快支出进度，压缩结转结余资金规模，部分财政部门往往到年底采取“以拨代支”的做法,将国库资金集中调入财政专户,实现理论上的支出,这种做法直接导致了财政支出的不均衡和失效。

(四)地方可用财力有限

我省尚属欠发达省份,人均收入、人均支出水平都居全国倒数,财政支出较大程度上依赖于中央对我省的转移支付,地方财力有限,使得许多支出事项年初预算难以打足,需待中央转移支付下达后再予以安排。而部分中央资金下达时间较晚,一般集中在下半年,有的甚至12月底才到达,造成资金当年无法分配。以2011、2012年财政部拨补我省财政款为例,上下半年补助款占比分别为34∶66,43∶57,下半年补助明显较高。同理,省对市县的一些转移支付资金也会延后,部门和市县收到项目资金指标后已经到年底,年终无法将资金安排到位,项目单位也来不及在当年使用完,形成资金结转。另外,部分县财政借款或财政担保借款的历史债务包袱沉重,给借款县带来资金调度压力,县级财政如果没有财力消化借款,一些支出预算就没有资金安排,只能结转。

(五)特殊项目形成结转

一是部分据实结算或以收定支项目。如专项收入的探矿权采矿权价款收入、矿产资源补偿费,行政事业性收费中质监、国土、交通等部门的收费等。这些项目资金每年超收较多,超收部分一般在年度执行中根据项目支出需求,先预安排一部分支出,在12月底再根据全年的实际入库数和项目单位要求进行清算。因此这类项目资金每年都有部分余款结转下年支出。二是奖补类项目。奖补类专项资金要根据项目推进情况拨付,如教育类奖补专项集中在下半年项目实施并审计后才能拨付,支持经济发展等奖补专项要待申报、审核、公示等程序履行后才能拨付等,对支出进度造成一定影响。

(六)集中支付改革影响

一方面,近年来财政部门陆续实施了一系列支出管理制度改革,如国库集中支付制度、政府采购制度等,在专项资金管理工作中,财政部门和有预算分配权的部门陆续推行了项目申报评审、考核验收、先建后补、目标任务奖励等制度,大大促进了管理的科学化规范化进程,但同时也不可避免的增加了支出环节,延长支出过程。从技术层面看,在没有实行国库集中支付改革前,财政资金拨付到预算单位账户即为财政列支,而改革后,财政资金拨付到供应商账户才列支出,从“以拨列支”到“按实列支”的转变使预算单位支出执行进度偏慢更加显性化。另一方面,目前我省国库集中支付改革基本实现了“横向到边、纵向到底”,年终集中支付结余资金的会计处理,通常采用权责发生制方式,改变原来财政拨款按月直接列支为年底一次性列支,影响了支出均衡性。

三、加快财政支出进度的几点建议

要实现财政支出的均衡化,从技术角度来讲,必须坚持预算编制和预算执行两手抓,可采取以下措施不断改进,以促进财政支出进度的加快。

(一)建立和完善预算编制规范机制

一是建立科学的预算编制体系。借助综合预算、零基预算、跨年度预算、中长期预算和项目库预算等多种预算编制方法,不断细化项目支出预算编制,提高预算编制的可行性。有预算分配权的部门,要以项目事前、事中、事后绩效评价为基础,加强项目评估和可行性论证,切实提高项目细化率,全面实现项目预算“立项有依据、计算有标准、执行有时间”,提高年初分配率。对于跨年度的支出项目要根据项目进度分年安排,推动项目的滚动管理。二是加大对政府采购预算编制的管理。各级预算单位在编制政府采购预算时,要把当年度所有需要政府采购预算的资金全部编入部门预算,使之具体细化,确保部门政府采购预算的完整真实,使之具有可操作性。三是严格控制预算追加。要增强预算的严肃性,避免预算执行全过程追加预算现象。各部门申请追加预算,除突发性事项外,应在规定时限前将追加预算的申请报财政部门,财政部门对于追加预算要区别对待,对于年初应编未编的项目原则上不予追加,其他确需追加的项目要限时办理完毕。四是推广预算稳定调节基金。结余结转比重大,对当年和次年财政支出进度和均衡性都有较大的负面影响。按照财政部模式,建立“预算稳定调节基金”,将结余结转划入该基金,可以调节预算平稳运行,减少年底虚列预算。由于可以调用该项基金来填补未来可能出现的收入缺口,因而在编制收入预算时,可以减少顾虑,适当提高收入增长幅度,逐步减少财政超收规模,提高预算准确性,形成良性循环。同时,通过建立基金将结余结转和超收收入暂时“储备”起来，可以防止产生年底突击花钱等行为。

(二)建立和完善预算执行管理机制

一是要落实部门和预算单位支出责任制。按照“政府主导、财政推动、部门为主、合力推进”的原则，把财政支出管理责任分解到部门，落实到基层，多措并举，形成协调互动、齐抓共管的局面。二是缩短资金拨付流程。进一步简化国库集中支付、政府采购业务流程等，全面提升预算各环节管理水平，各相关支出业务处室和预算单位要加快工作节奏，通过及时督促、明确责任等手段，确保各项资金分配按时到位，切实加快项目实施和资金拨付进度。三是建立保障重点支出的长效机制。进一步完善制度，加强管理，严格控制压缩一般性支出，优先保障民生工程和“三农”、教科文卫、社会保障等方面支出。同时，要强化资金统筹意识，注重调整优化支出结构，提高资金使用效益。四是加强结余结转资金的管理。一方面积极主动清理历年结余，明确结余结转资金使用方法。2012 年省厅下发了《安徽省省级财政结转结余资金管理办法》，办法对一般项目、中央专项补助项目、政府采购项目、基本建设项目以及政府性基金等项目的结余结转资金进行了具体规定。对于部门按规定年限未使用完的项目要及时收归财政，统筹用于安排民生等支出项目，提高资金使用效益。另一方面，加强对暂付款清理，盘活财政存量资金。2013 年，按照财政部《关于开展地方财政对外借款清查工作的通知》(财库【2012】174 号)要求，全省各市县不仅清理了财政对外借款，同时将多年沉淀在账务上包括暂存款、暂付款等的往来款项进行清理，督促市县继续加强对往来款项的清理，盘活财政存量资金，提高财政国库资金使用效率。五是完善资金预拨制度。对于财力性补助资金，应提前下达，便于下级部门尽早调增预算，安排支出。预算部门和单位应提前做好项目预算准备工作，避免年度中间申报，造成支出进度缓慢。同时，完善专项支出预拨制度。在年初省人大批准部门预算之前，在科学编制预算的基础上，不仅预拨基本支出，而且提前预拨一些专项经费，如新农合补助资金等，便于下级尽早安排支出。六是完善以收定支和据实结算项目支出方式。增强收入的均衡性有利于提高支出的均衡性，尤其是对于以收定支项目，积极协调收入均衡入库，可以及时安排支出，对于据实结算等特殊项目，采取先预拨后结算等方式加快资金的分配和拨付，避免年终集中列支，提高预算执行的进度和均衡性。

(三)建立和完善预算执行绩效考核机制

一是建立并完善预算支出绩效考核制度。结合财政支出各种相关因素，建立预算支出考核指标体系，完善预算支出绩效考核办法，对省级各部门和厅相关处室的支出预算执行进度进行全方位多角度考核，作为推动财政支出进度的依据。二是积极推进预算绩效考评试点。着力于经济社会发展的需要，重点选择教育、医疗卫生、社会保障和就业等一批重点项目和一些涉及面广、影响大、社会关注度高的项目实施绩效评价，并不断扩大预算绩效考评试点范围，将支出均衡性和支出效益作为绩效评价的重点参考指标，形成绩效评估报告，促进完善相关财政资金的分配和管理制度。三是建立绩效考核与预算安排有机联系的机制。将部门和单位考评结果作为确定以后年度项目和安排项目支出预算的重要依据，根据考评结果，相应调整和优化部门年度预算支出的方向、结构和总量。对于当年预算支出进度不足或未动用的项目预算，要相应扣减或调整取消下年度支出预算。四是建立绩效考核与年终综合考评相挂钩的机制。将支出绩效考核作为年终各市县、各部门和单位年度目标考评的一个重要部分，对于进度执行较好的，在年终结算时给予一定的奖励，对于支出进度低、资金使用效益差的部门和市县，在资金分配中予以惩罚。

(四)建立和完善预算执行监督机制

一是建立预算执行进度通报制度。以月或季度为时间节点，对各部门和单位的预算执行进度进行定期通报，并将结果同时报送各级领导部门。各支出处室也要定期分析本处室预算支出执行情况，对支出进度不快的项目或大类科目，要认真查找原因，主动及时采取有效措施加以解决。二是完善上门会商制度。近年来，我省主动作为，在上门会商做好服务方面做出了积极的努力，事实证明，主动上门会商对于协调解决部门间问题、间接督促部门加快问题的解决具有重要作用，今后，要继续完善这一制度,促进相互沟通,有助于推动部门加快支出进度。三是建立级次间督导制度。各处室要加强对市县对口科室的督导工作，针对市县支出进度偏慢的现状，各支出处室积极采取有效应对措施,加大对市县对口科室的督导力度,形成加快支出进度的合力。要结合预算支出进度通报等制度,对支出进度慢的,采取约谈、挂牌督办、调整预算、收回指标等相对比较硬的措施,推动部门做好预算执行工作。四是加大对重点单位、重点项目的执行监控力度。在预算执行过程中,对重点单位和重点项目采取上门服务，加强与部门和单位的沟通，配合部门和单位尽快制定下达资金分配方案和项目实施方案,通过及时督促、明确责任等手段,切实加快项目实施和资金拨付进度。五是加强对预算追加事项的监督。主动将重点项目和数额较大的预算追加事项向人大作专题报告，维护预算追加的严肃性，同时也对年底突击花钱现象起到一定的遏制作用。六是强化审计监督和社会监督。尤其是对科学技术、文化体育与传媒、社会保障和就业、医疗卫生等重点支出和涉及民生的项目进行审计监督，促进项目预算单位加强支出预算管理,切实加快支出进度。同时,财政部门对部门和单位的预算执行进度考核情况通过适当的途径向社会发布,强化社会外部监督效力,促进部门和单位转变“重分配、轻执行”的理财观念。

课题组组长:李友兰

课题组成员:解立卫　达小敏　田　丰

曾志娟　史承非　杨　洋

课题执笔:史承非

推进财政信息化建设与应用研究

党的十八大报告明确把“信息化水平大幅提升”纳入全面建成小康社会的目标之一,这充分反映了信息化在我国经济社会发展中的重要地位和独特作用。如何顺应新时期发展要求,加快财政信息化建设进程，更加充分地发挥信息技术在规范财政业务管理和财政资金使用方面的重要作用，是各级财政部门的重要工作。本文将从我省财政信息化建设和应用现状出发，分析探讨当前财政信息化工作面临的问题、挑战和对策。

一、我省财政信息化建设与应用现状

近年来,按照财政部统一部署和“金财工程”建设规划，我省大力推进财政信息化建设与应用工作,在信息化基础设施建设、财政管理信息系统开发与推广应用方面取得显著成效。特别是覆盖财政核心业务的平台一体化信息系统的广泛应用,在规范和统一全省财政支出业务,强化廉政风险防控措施，促进财政改革和管理创新方面发挥了重要作用。

(一)平台一体化系统应用成效显著

1.省级一体化系统全面应用。省财政厅按照管理一体化、业务一体化、技术一体化的要求,依托财政部推广的“金财工程应用支撑平台”,开发了涵盖预算指标管理、国库集中支付、工资统发、公务卡管理、政府采购管理、专户资金管理、单位往来资金管理、现金申报管理、总会计账务等业务功能，满足预算执行业务流程化处理需要的平台一体化管理系统。系统自2010年上线以来,由于系统内置了财政收支分类科目代码和年初下达的部门预算指标,共享了预算编制基础信息、项目信息、非税收入信息和财税库银联网信息,在应用中形成了由细化的预算指标控制的,预算单位、主管部门、支出处室、国库支付中心共同参与的预算支出业务流水线,达到了规范统一支出业务、方便单位及时办理支付用款和实时监控预算执行的应用效果,得到了省级预算单位财务人员的充分肯定。

2.平台一体化系统在市县(区)的推广应用。为了规范和统一全省财政支出业务,2011年以来,省财政厅组织市、县(区)财政部门开展了平台一体化系统推广应用工作。经过两年多的推广实施和应用磨合,现在,一体化系统已成为市县(区)财政支出业务不可或缺的信息系统。其中,预算指标管理、国库集中支付管理和公务卡管理等功能模块得到全面应用，财税库行联网和国库动态监控应用率已达90%,工资统发、总会计账务、政府采购管理模块的应用还需大力推进。

2013年初,省财政厅印发了“关于加强全省财政信息化工作的指导意见”,部署平台一体化系统

深化应用和向市辖区、向乡镇的延伸应用,目标是通过省市县(区)三级一体化系统的纵向贯通,实现省对下转移支付电子指标的下达, 以及自下而上的预算执行数据的自动采集汇总。目前,全省已有6个市共组织了30个市辖区开展了平台一体化系统推广应用工作。由于各市依托市财政局机房和城域网设施和统一部署、统一管理、统一运维的“大集中”建设模式,不仅充分发挥了资源共享和统一管理的技术优势, 也确保了各市辖区财政业务管理的规范统一。各县(区)财政部门按照乡镇国库集中收付制度改革和公务卡改革要求,大力推进县级平台一体化系统向乡镇的延伸应用。目前,大部分县(区)已实现了将乡镇支出纳入县级平台一体化系统管理, 规范统一了乡镇财政支出业务。

3. 平台一体化系统应用优势凸现。与以往各相互独立的单项财政业务管理系统相比, 平台一体化信息系统优势明显。一是系统功能模块贯穿和覆盖了财政核心业务的全流程, 提高了预算执行的约束性, 为电子化监督和审计奠定了技术基础。二是提高了财政业务工作效率,系统的数据共享机制较好地解决了原先各独立业务系统之间数据口径差异导致的对账难,方便了业务处室、主管部门和预算单位共享财政财务收支数据, 避免了重复劳动。三是提高了财政工作透明度,为财政预决算公开、“三公”经费公开提供了明细数据。四是能够动态监控预算执行情况, 及时统计中央和省对下转移支付资金的分配使用情况, 有效预警和防范财政资金违规支取。五是为全面推广公务卡结算制度和乡镇国库集中收付提供了技术支持保障。六是通过信息技术与财政业务的有机融合,有力地推进了财政管理的科学化精细化。

(二)财政网络纵横联通、延伸到乡镇

随着金财工程建设的推进, 我省依托省电子政务专网建成了纵向联接省、市、县三级财政,横向覆盖同级预算单位、国库、银行等部门单位,为财政管理信息系统的纵向贯通和数据交换共享奠定了坚实基础。为了满足县乡财政联网业务办理需要, 各县(区)财政网络早已延伸到了乡镇财政所。

(三)初步构建了内网安全防范体系

省、市、县(区)三级财政内网统一部署了综合安全网关、网络防病毒系统以及入侵检测和漏洞扫描设备,并通过虚网(VLAN)划分,规范了网络资源访问,完善了网络与信息安全防御策略,增强了各级网络系统的主动安全防御能力。同时,全省大部分市、县(区)平台一体化系统数据已实现定时自动备份到在合肥四里河备份中心保存。为进一步提高基层网络管理水平, 省厅通过每年举办信息技术应用培训班, 组织开展信息安全教育和安全技术管理培训,讲解制定信息安全策略、监测网站运行、查补系统漏洞、查杀病毒木马程序的方法和技巧。此外,省级平台一体化系统和内网系统按照信息系统等级保护三级要求, 完成了等级保护测评和安全隐患整改、系统加固工作,使省级系统整体信息安全风险防控能力得到了加强。

二、财政信息化建设和应用中存在的问题与挑战

(一)网络结构和带宽难以满足应用要求

因客观条件限制, 省财政厅连接市县的财政专网形成了2个纵向平行的网络通道。一个是依托已有的省政务专网主干及其市级节点连接各市财政局的通道, 另一个是通过租用电信2兆专线直连76个县区财政局的通道。因此,市与县区之间交换信息须绕道省厅。同时,各市县(区)财政局连接本级政务专网节点的“最后一公里”线路,也情况各异。其中,大部分县财政局以2兆专线连接县政务网节点,少数县(区)未与本级政务网联接。这样的网络结构和带宽, 不仅制约了网络资源共享,也不利于高清视频会议系统建设和应用。原有安徽财政业务专网连接图如下。

(二)平台一体化系统应用情况不够理想

1. 平台一体化系统功能模块应用情况不理想。目前,只有预算指标管理、国库集中支付和公务卡3个模块在各市县(区)得到了普遍应用,但其他模块的应用情况不够理想。如,只有近1/2市县(区)应用了工资统发模块和国库支付动态监控系统,近1/3市县(区)应用了总会计账务模块,近1/3市县(区)将专户资金纳入一体化系统管理,近1/4市县(区)将单位往来资金纳入一体化系统管理,近1/5市县(区)应用了政府采购管理模块。

2. 已经应用的模块存在应用不到位的问题。如一些市县(区),由于预算指标编制不细、支出管

理不严，以及不习惯一体化系统的支出管控约束等原因，导致通过一体化系统下达的指标数远小于预算支出数，集中支付数远大于指标下达数，未能形成正常的预算指标对预算支出的制约关系。一些市县(区)存在着未将统发人员基础信息纳入工资统发模块管理，动态监控规则设置不合理等问题。

(三)信息系统管理和运维保障能力不足

1.信息系统缺乏必要的监控管理手段。由于各市县财政网络和信息系统是不同时间、不同渠道、由不同供应商承建和组合而成的，不仅网络系统结构比较复杂，而且普遍缺少网络信息系统管理平台和统一有效的系统监控措施，导致不能及时发现网络系统、安全设备及服务器的运行状态异常情况，难以及时采取预防和应对措施。

2.信息系统故障排查恢复工作效率低。由于平台一体化信息系统结构复杂，涉及网络防火墙、多台服务器、共享存储、双机软件、数据库、一体化系统软件和多家硬件供应商、软件供应商、系统集成商等，导致系统运维保障工作难度大。一旦系统发生运行故障，需要协调多家供应商来查找分析原因，经常发生扯皮推诿、相互指责的情况，给信息系统应用造成不良影响。

3.懂业务有经验的系统应用服务人员不足。一方面是各市县财政部门普遍缺乏相对固定、技术全面的信息技术人员，承担协调软硬件服务商做好系统运维保障工作。另一方面，受就业观念、工作压力、薪酬待遇、人际关系、合同金额和公司管理等多种因素的影响，签约的软件企业面临着骨干员工少、人员流动性大、培养新人周期长和工作量大的问题。目前，软件公司在各市财政局的驻点服务人员，经常难以分出更多精力用于县区系统服务保障工作，给系统的深化应用带来负面影响。

(四)财政收支数据的分析利用工作还未开展

平台一体化系统的全面应用，不仅有效规范和统一了财政支出业务，解决了业务衔接、统计口径和数据共享等方面的问题，系统数据库也自然成为财政收支数据的汇聚点和共享中心，由于备份中心的汇聚作用，事实上形成了全省财政收支业务数据库，为汇总统计全省财政收支情况，服务财政管理决策提供了数据基础。但目前由于市县(区)一体化系统应用不到位而导致的业务数据不完整，全省性的财政数据库综合分析还难以开展。

三、推进财政信息化建设和应用的对策建议

(一)调整网络结构，拓展网络带宽

为了共享网络专线资源，满足财政高清视频会议系统建设与应用需要，必须改造调整原有财政专网结构，以充分共享安徽电子政务网租用的连接市县的10兆数字专线。同时，结合内网安全设备部署，对省、市、县(区)三级财政网络接入进行必要调整，实现财政专网架构优化和带宽拓展，使财政网络应用能力得到保障和提升。目前，内网安全设备部署、专网架构优化和网络带宽拓展的项目实施已完成。改造后安徽财政业务专网连接图如下：

(二)大力推进平台一体化系统深化应用

1.积极推进省级国库电子化支付系统的开发应用。我省作为财政部第二批国库集中支付电子化管理改革试点，于2012年12月启动了试点工作。通过引入数字签名、电子印章和电子凭证库等安全支付认证技术，改造省级国库集中支付系统，实现财政与预算单位，与人民银行、代理银行的电子支付数据认证与交换，以及财政支付业务的无纸化。目前，支付中心与人民银行间的实拨业务、部分省级预算单位直接支付申请业务已实现了无纸化运作；即将试点与代理银行直接支付业务的无纸化，为最终实现省级全部财政资金支付及银行清算业务的无纸化运转，提高财政资金支付效率打下了基础。

2.加强平台一体化系统的深化应用措施。(1)加强领导，合力推进。财政信息化工作是“一把手”工程，平台一体化系统应用的成功与否，有赖于各级领导的高度重视、精心组织，以及各业务与技术部门的分工配合、合力推进。各级财政部门应按照职责分工，落实责任、细化任务，共同推进平台一体化系统的推广应用任务。(2)加强信息化机构与服务保障体系建设。财政信息化建设与应用离不开稳定有力的技术服务保障，专职信息机构和技术人员队伍，是财政信息化建设长远发展和信息系统安全运行的重要保证。为了适应财政信息化发展的需要，一方面要有计划、分层次地来建设一支专职财政信息化技术队伍，另一方面要转变观

念，通过购买服务来构建社会化的服务保障机制，解决财政信息系统运维服务问题。(3)归并整合系统，拓展系统应用。全面应用平台一体化系统，是实现支出管理信息系统归并整合，形成高效业务平台的重要举措。以市级财政数据大集中模式，组织做好市辖区的平台一体化系统推广应用；以县(区)财政数据大集中模式，组织做好乡镇平台一体化系统推广应用；并以此为基础，完善全省财政收支数据中心建设，为财政收支数据统计分析和收支预测提供数据支撑。(4)健全和完善信息化工作制度保障。要在已有的信息化工作制度基础上，不断健全完善网络信息安全管理制度、信息系统运行维护管理制度，财政信息系统应用管理制度，以及财政信息化中、长期发展规划等，逐步形成较为完备的信息化应用与发展的制度保障。

(三)加强网络与信息安全防护体系建设

网络信息安全保障体系建设是一个系统工程，需要从以下方面开展建设与完善：

1.拓展电子身份认证系统建设与应用。电子身份认证是保证信息系统应用安全的基础，网络环境下信息交换的双方，只有身份得到可靠确认，系统操作授权和流程控制才能有的放矢。平台一体化系统应用成熟的市应试点建立CA审核受理中心，并在市级平台一体化系统中加入CA认证登录控制，保障财政业务信息的真实性和安全性。

2.建设应用系统安全管理平台。为了防范来自网络内部的安全威胁，必须对局域网信息终端进行管理。在现有的客户端安全管理系统中，开启监控管理功能，有效阻断内网专用机连接外网应用。通过建设安全管理平台，实现对服务器、存储、网络和应用程序运行状态的监控和设备异常状态提前预警，实时监控系统安全事件日志，有效防范和控制网络中存在的安全风险。

3.完善网络边界防护。通过建立和完善网络边界防护体系，并在与公共网络逻辑分离的状态下进行信息交换，从而使内部网络既能与外部网络进行必要的信息交换，并有效防范和抗击来自外部网络的恶意攻击。

(四)提高财政科学决策的数据支撑力度

1.建设财政预算执行数据中心。依托平台一体化系统和全省共用的数据备份中心，建设财政数据集成平台，实现全省平台一体化系统业务数据的自动采集，形成覆盖各级财政部门、全部财政性资金和财政收支全过程的财政预算执行数据中心。

2. 建设财政数据统计分析与决策支持系统。通过数据中心提取全省财政预算及执行数据，综合运用财政、经济、数学模型方法和数据仓库技术，研究建立财政综合分析指标体系，建设财政统计分析决策支持系统，满足对财政收入支出数据的结构分析、进度分析、趋势分析、区域排名分析、贡献度分析、预测预警分析等综合分析和深度利用，为财政科学决策提供辅助决策支持。

课题组组长：陈传文
课题组副组长：李森林
课题组成员：达小敏 傅 依 吴沛然
孙耀辉 田 飞 饶德海
秦新忠

新时期创新财政干部教育培训方式研究

中国特色社会主义，是前无古人的宏伟事业。当前，我国正处于全面建成小康社会决定性阶段，前进道路上遇到一系列新情况、新问题、新挑战，“四大考验”、“四大风险”更加尖锐地摆在全党面前。不断提高党的领导水平和执政水平，提高拒腐防变的能力和抵御风险能力，是党巩固执政地位，实现执政使命必须解决好的重大课题。党中央对干部教育培训工作非常重视，把教育培训作为应对各种挑战的先导性措施，把大力培养适应新形势、新任务要求的干部队伍摆在重要的战略地位。近年来，干部教育培训工作在财政改革与发展中担负着越来越重要的作用。为适应新时期财政改革发展的需要，干部教育培训工作必须进一步加强，特别是教育培训方式需要进一步改进。

一、财政干部教育培训工作的总体形势

财政干部教育培训工作在财政改革与发展中具有重要的地位与作用，加强财政干部教育培训

工作,首先要对面临的形势有一个清醒的认识,从当前形势看,财政干部教育培训工作的重要性、紧迫性更加突出,肩负着更加重大的历史使命。

(一)党和国家对干部教育培训工作提出了更高要求

党的十八大报告指出,要"加强和改进干部教育培训,提高干部素质和能力"。中共中央近日印发了《2013年—2017年全国干部教育培训规划》,明确提出,全面深化干部教育培训改革、全面提升干部教育培训质量等要求。习近平总书记在中央党校建校80周年庆祝大会上强调,我们的干部要上进,我们的党要上进,我们的国家要上进,我们的民族要上进,就必须大兴学习之风,坚持学习、学习、再学习,坚持实践、实践、再实践。2010年、2011年中共中央、财政部分别印发了《2010—2020年干部教育培训改革纲要》和《关于全国财政系统贯彻落实〈2010—2020年干部教育培训改革纲要〉的实施意见》,要求加大干部教育培训力度,建立更加开放、更具活力、更有实效的干部教育培训体系。2012年,新一届党组成立伊始,厅党组书记、厅长罗建国对财政干部教育培训工作提出明确要求,要求财政干部教育培训工作要围绕中心,服务财政改革发展,不断细化各项任务,注重创新,注重实效,努力提升财政干部队伍素质。

(二)经济形势的发展需要财政干部提高综合素质和工作能力

当前我国经济体制改革、政治体制改革、文化建设、社会建设、生态文明建设都在更高水平上深入推进,诸多热点、重点、难点工作需要取得新突破。在经济运行基本稳定的前提下,结构调整成为最近一系列政策的着力点。调整经济结构必须以改善需求结构、优化产业结构、促进区域协调发展、推进城镇化为重点。按照党的十八大报告确立的发展目标,我国未来新的经济增长格局为工业化、信息化、城镇化、农业现代化统筹推进的"四化同步"。在经济发展的同时,促进教育领域综合改革,建立健全覆盖城乡居民的基本医疗卫生制度,加大生态环境保护力度,严格治理环境污染问题,建设天蓝地绿水净的美好家园,成为政府工作的重中之重。新时期这一系列的新任务、新挑战需要财政干部在政策的执行与制定、资金的投入与引导、资源的优化与整合等方面,进行深入的学习、思考和探究。

(三)深化财政改革发展需要加强干部教育培训和提高干部队伍素质

1.推进财政改革需要加强培训。财政部门作为综合管理部门承担了更多的管理职能,工作任务更加繁重,同时对财政干部的要求也就越来越高,全面提升素质和能力就迫切地摆在我们面前,需要解决好如何进一步加强财政干部教育培训工作。近日,楼继伟部长在第五轮中美战略与经济对话专题会议上强调,财政改革总的方向是调整支出责任、完善税收制度,改革预算制度和养老、医疗体制等。王学军省长在财政工作专题会上要求,要千方百计促进财政增收、着力提高资金使用效益、严密防范地方债务风险。随着财政改革措施的推进,财政职能作用的充分发挥,财政干部教育培训任务将会更加艰巨。

2.财政干部队伍整体素质仍需不断提高。现代社会是知识经济时代,知识更新的速度十分迅猛,知识处于不断折旧的过程中,而学习培训则是防止知识折旧的最好方法。财政系统每年都从高等院校招录大量具有较高学历的优秀人才充实到工作岗位,干部的整体素质有了较大提升。但是,随着各项财政改革措施的推进,各级财政部门的领导都深深感到,对财政业务工作真正能独当一面的业务骨干力量仍然较少,掌握新知识、新技能的干部少之又少,迫切需要加强和改进教育培训,以提高工作能力和业务水平。

3.我省财政干部教育培训现状要求改进和创新培训工作。近年来,在厅党组的正确领导下,省财政厅按照"为财政科学发展服务、为财政干部健康成长服务"的宗旨,分类分层次举办了不同类型的培训班,培训取得了明显成效,但我省财政干部教育培训与全国财政干部教育培训的发展相比,依然存在着一定的差距。从横向看,湖北省树立了教育培训是"第一要务"的理念,河北省开展了网络专题培训、网络学习超市等特色培训,重庆市实现了系统青年人才重点培养示范引领等。从纵向看,省级机制体制建设较为健全,方式、方法、载体创新较为灵活,市县缺乏专职的培训机构,缺乏完善的机制制度,缺乏有力的协调机制,存在单兵作战和被动应付的现象,教育培训工作难能与财政中心工作无缝对接。从需求看,大家虽多次参加培训,但依然感到,在日益激烈的竞争环境中,不培训,不及时充电,现有的业务知识就跟不上时代发展的要求,许多人无形中产生了“知识恐慌”、“本领恐慌”,有着迫切的培训需求。

二、财政干部教育培训存在的问题及成因分析

近年来,我省各级财政部门高度重视财政干部教育培训工作,不断完善培训制度、健全培训机制、丰富培训内容、创新培训方式、加大培训力度,初步形成了全方位、宽领域、开放型的财政干部教育培训格局。但是由于受多种因素影响,目前在工作中还存在着诸多问题和困境,特别是培训的方式缺乏针对性、实效性和创新性,难以适应财政工作发展的新形势、新要求,需要我们引以重视。

(一)培训观念滞后,制约干部参与培训的主动性

对培训的重要性认识不足,观念滞后。目前,一些干部还没有把岗位培训工作看作是建设高素质财政干部队伍的先导性、基础性、战略性工程,不能从推动财政事业科学发展的战略高度来认识财政干部岗位培训的重要地位,认为培训是可有可无的事情,领导干部和业务骨干参训机会较少,抱有敷衍了事、交差应付的思想,对教育培训的认识不到位,对教育培训工作落实的不到位;有一些干部满足于已有的知识和经验,缺乏进一步学习培训的主动性和积极性;还有一些干部只看到培训的投入,看不到培训作为人力资本投资将产生巨大的社会效益,片面地认为干部岗位培训工作只是走形式、走过场,浪费时间、精力、财力和物力,对培训的效果持怀疑态度等等。缺乏接受新知识、新技能、新理论和新思想的积极心态,导致一些单位的干部不重视岗位培训工作,对岗位培训存在着消极情绪甚至抵触心理,在一定程度上影响着培训工作的有效开展。

(二)培训管理方式不完善,影响培训工作的活力

1.培训激励机制尚不健全。经过多年的观念转变,各级财政部门已经认识到培训与使用相结合的重要性,并在有关制度和文件中作出了明确规定,在培训与使用结合上也取得了一定的成效。但是,从整个系统来看,培训与使用脱节的问题还广泛存在,干部教育培训工作与人事管理工作脱节,学与不学一个样,对财政干部缺少必要的约束力,挫伤了财政干部参加培训的积极性,对参加培训没有明确的目的。

2.培训课程体系尚未形成。在培训内容上过于强调实效性,有的培训是根据每年的临时需求进行,偏重于财政业务知识的更新,法律法规、领导艺术、财政文化、财会、发展经济等方面的培训较少,没有系统、长远地考虑财政干部的能力结构和能力建设问题,没有设计适应不同层次、不同类型人才需要的培训方案,没有形成完善的常规培训课程菜单供学员选择,对财政干部的能力开发特别是创新能力培养不够。

3.优质师资队伍的积累和建设不够。从我省从事干部教育培训工作的师资队伍构成状况来看,财政院校或培训基地的专职教师以及财政系统各业务部门或职能部门的业务骨干是目前教育培训的主要力量,随着财政干部教育培训工作的不断发展,他们在个人知识结构、业务能力、培训能力方面也存在着一些不相适应的地方。以财政学校或培训基地为主的专职师资队伍虽有丰富的专业基础知识,但对财政的新知识、新政策、新做法缺乏深度的了解,对财政改革与发展缺乏前瞻性、专题性、可行性研究,课堂教学缺乏足够的说服力和指导性。以财政业务骨干为主的兼职师资队伍虽熟悉熟知财政业务工作,但缺乏热心参与培训工作的决心和热情,缺乏教育、培训方面知识和技能的储备。

4.培训评估机制不尽科学。目前在财政干部的岗位培训过程中,还存在培训的考核评价机制不科学、不完善等突出问题,制约着培训质量的提高。培训设计者与参训学员缺少足够的沟通交流,课程设置未能全面满足学员的现实需求,导致学员在实际评估中趋于表象化、公式化、程式化。培训评估局限于一张问卷、一组问题、一套表格,不能全面反映出培训效果和问题,缺乏应有的科学性和合理性,很大程度上制约了干部参加培训的积极性。

5.培训协调机制不够完善。目前,我省财政干部岗位培训已形成多方参与的培训体系,就其组

织者来说,主要有省财政厅、各市县(区)财政局干部教育机构以及组织和人力资源部门等,他们都组织开展不同类型的财政干部岗位培训活动。但在实际中,由于这几方主体在组织财政干部岗位培训中往往缺乏有效的沟通协调机制,使培训的对象、内容和手段不可避免地存在一定程度的交叉、重复,难以实现资源共享,在一定程度上降低了培训的效果和质量。

(三)培训的创新性不足,制约培训的质量和效果

1.培训的模式比较单一。为了全面掌握和了解教育培训情况,近期干教中心制定了培训需求调查表,将2011年以来所授课程分类、分层次征求意见,将教育培训的组织需求、工作需求、岗位需求,以及培训内容、形式、方式的改进、教育培训工作存在的问题和相关建议以问卷形式发放给学员,培训期间,发放教育培训需求调查表、问卷调查各170份和培训质量评估表250份,其中,需求调查表收回161份,培训问卷调查147份,培训质量评估表238份。从反映的情况看,我省教育培训工作总体贴近财政中心工作、贴近财政干部工作需要,但仍有45.96%的学员认为教学方式欠灵活,69.57%、66.46%、59.63%的学员分别喜欢现场观摩、交流研讨、案例教学。这反映,灌输式、传统式、固化式的教学方式在教育培训中还占较高比例,客观上制约了培训效果,影响了学员参训的积极性。

2.培训"周期律"不凸显。目前,我省干部教育培训存在"碎片"化的倾向,各地虽已树立了以需求为导向的培训理念,但仅仅是根据财政业务的需要安排培训内容,在把握财政干部心理变化规律上研究的不深,在把握财政干部思想变化规律上探究的不透,在把握财政干部成长规律上谋划的不全,在规划、计划的设计制定上没有更好地体现全覆盖,没有更好地体现干部教育培训的阶段性特征,没有更好地体现财政干部事业起步期、能力成长期、成熟稳定期、事业退出期的"周期律"。

3.培训内容针对性不强。根据对部分财政干部的调查,认为财政干部岗位培训在内容方面存在的问题主要表现为"三多"和" 三少":一是追求"共性"的内容多,体现"个性"的内容少,难以适应财政干部实际工作岗位的多样化、个性化、差别化需求。二是侧重于理论性和知识性的内容较多,实用性、操作性内容相对较少,缺乏应有的能力培训内容,与广大财政干部实际的岗位工作需求差距较大。三是"老面孔"课程多,课程内容变化少,缺乏应有的前瞻性和创新性。有一些课程内容长期不变,不能反映政治、经济和社会变化趋势对财政工作提出的新挑战和新要求。

三、创新财政干部教育培训方式的思路及对策

(一)着力推进教育培训理念创新

思路决定出路,我省财政干部教育培训要走出新路,创造佳绩,就必须加强教育培训理念的创新。一是树立"三种理念"。即:树立以人为本的理念,按照财政干部教育培训的内在规律,围绕财政工作实际,围绕本地实际,广调研、深谋划、问需求、定计划、抓质量,切实增强干部教育培训的科学性和有效性;树立能力转化的理念,把功夫下在如何使干部将培训成果转化为做好实际工作的能力上,促进各级干部向"创新型"、"专家型"和"管理型"转变;树立"大教育、大培训"理念,摒弃就财政论培训的固定思维,主动加强与主管部门、上级教育培训部门、各地各级教育培训机构的联络联系。有效地利用党校、高校的教育培训资源,有效地整合系统教育培训资源,切实做到经验共探、平台共建、资源共享,形成上下联动,左右互动的良好工作格局。二是坚持"三个覆盖"。坚持对重点理论、重点工作、重点对象三个方面全覆盖培训。广泛开展党的路线方针政策、能力素质、执行力、财政政策培训。三是实现"三个转变"。在干部调训上由指令性向实际需求相结合转变,在下达调训通知前注重征求调训单位领导和调训干部的意见。在培训内容上由命题式向点题式转变,课程设置时,注重与学员加强交流沟通,听取他们的意见,科学地设置教学内容。在培训方式上由单一培训向多元化培训转变,坚持请进来与走出去、请上来与走下去、个人自学与专家辅导、组织调训与自主选学、脱产培训与在职自学等相结合。

(二)着力推进教育培训形式创新

按照"按需培训、因人施教、学以致用"的原则,根据财政工作的实际需要和干部的岗位、职

务、知识结构等实际情况，有针对性地进行分层次、分岗位、分类型的培训，在培训项目、培训内容的安排上做到既体现普遍性，又突出个性化。完善复合型综合培训形式，重点开展党性修养、宏观政策理论、公共财政管理、财政政策落实、财政政策制度改革与创新等培训。完善知识储备型培训形式。重点开展经济、政治、文化、社会、生态文明建设培训，开展党史、国情、省情和财政经济发展远景培训。完善工作实用型培训形式，重点开展预算绩效、政府采购、国库集中支付、财政信息化运用，以及调查研究、沟通协调、创新思维、文字写作、语言表达和心理调适能力等短平快培训。完善专项培训形式，根据财政中心工作，就某项新出台的政策，某项单项改革，某项新任务及特殊需要进行专项培训。完善交流互动培训形式。推进教育培训扁平化，以网络大讲堂、专题讲座、岗位练兵等形式，组织开展全系统干部职工学习交流。譬如宁波市财政局组织开展“235”轮训，2”，即确保处级干部每2年能接受一次系统培训；“3”，即确保科级干部每3年能接受一次系统培训；“5”，即确保普通干部每5年能接受一次系统培训，培养以提高领导能力为导向，眼界宽、思路阔的处级干部队伍、以“一专多能、适应性强”为导向，高素质复合型的科级干部队伍、以“面向工作实际、面向岗位需求”为导向，综合素质和工作能力较高的财政干部队伍。

（三）着力推进教育培训管理方式创新

创新教育培训管理方式，对提高培训质量和效果具有重要的意义。一是完善财政干部教育教材体系。按照外购和自编并举的原则，完善财政干部教育教材体系。对组织宣传和人事部门统一要求的培训，财政部门统一购买。加强财政基础理论、财政基础知识、财政政策教材的编写，在全省开展精品课件评选活动，推荐推广优秀教学成果。二是构建科学的培训考核评估机制。建立内容全面的评估指标体系，一方面对培训项目的前期准备过程（培训需求调研、教学准备等）、培训项目的实施过程（授课内容、培训形式方法、师资情况、组织管理等）进行多角度、深层次、全过程评估，另一方面，对参训学员的学习效果进行综合评价，评价的内容主要应包括学员对培训项目涉及的知识、原理、技能、观念等的理解和掌握程度，经过培训后在实际工作中能力的改变，以及由此而带来的效益。三是健全长效的培训激励机制。坚持正确的用人导向，坚持把品德、知识、能力和业绩作为衡量干部的主要标准，努力营造有利于优秀干部脱颖而出的良好氛围，充分激发广大财政干部参加教育培训的内生动力。完善以学分制考核为基础的激励约束机制，把部门（单位）所属干部参训情况纳入厅（局）绩效考核，作为年终先进部门（单位）评选的重要依据；把个人学习和培训情况列入年度考核，作为个人评先评优、职务晋升的一项重要参考。

（四）着力推进教育培训教学方式创新

总结近年来我省财政干部教育培训经验，改进培训方式可作以下尝试。一是开放式+体验式+互动式。坚持开放办学、开门办学。既重视专职师资队伍建设，也重视兼职师资队伍建设；既请知名专家学者讲课，也推动财政干部上讲台；既重视开发系统内资源，也重视开发系统外资源。譬如，辽宁省财政厅注重发挥品牌效应，选择市场经济高度发达的香港高等学府作为财政干部的培训基地，在香港大学举办财政系统高级管理人才培训班；着眼于提高业务骨干的专业能力和素质，在上海、厦门两所国家会计学院举办全省财政系统业务骨干培训班。二是集中面授+教师点评+启发式+研讨式。树立以参训人员为主体的教学理念，积极推行案例教学。将财政工作者在实际工作中遇到的困惑编写成案例教材，培训中，在教师主持下，以小组为单位开展交流讨论，通过教师点评，学员交流，探求解决问题的思路和途径，增强学习的动力，培养学习的能力。三是专题讲座+分散学习+项目引领。开展以财政专业知识、财税改革知识、新政策业务等重点内容的专题讲座，根据参训人员的学习背景分层次、分系列、分岗位整合项目，每小组完成一个项目，使学员在学习活动中解决问题，促使参训学员深度参与到培训教学中。

（五）着力加强优质师资队伍储备和建设

一是加强师资库建设。建立动态筛选、更新培训人才的机制，面向财政、面向社会，整合师资资源，将熟悉熟知财政业务、培训规律、现代教学手段的高等院校、科研院所、行政机关的教师和财政业务骨干充实到师资队伍中来。二是积极引进良师名师。一方面与全国财政系统建立良师名师信息互换机制，逐步培育体现安徽特色的优质师资队伍，另一方面充分利用现代信息技术，组织开展“名师网”、“名师堂”建设，以现代教学手段弥补高层次师资的不足。三是强化师资考核考评。严格审核师资教学课件，全程跟踪课堂教学，周密、科学设置教学评估表，确保教师在培训中不走过场、不走形式。四是建立教育培训会商机制。加强与高等院校、科研机构的沟通协调，定期召开座谈会，分析培训形势、查找存在问题、明确努力方向，围绕财政中心工作和教育培训规划计划，研究制定符合学员需求的教育培训课题。

(六)着力探究财政干部教育培训的“周期律”

根据财政干部成长不同阶段的内容和特征，及时跟踪教育和管理，有针对性地开展教育培训。一是加强事业起步期财政干部的思想政治教育。这个时期重点是强化财政干部，特别是财政青年干部的理想信念和道德品行教育。通过培训引导财政年轻干部把学习理论的过程变成坚持真理，修正错误，加强党性修养的过程，变成自觉抵制和克服各种腐朽思想侵蚀的过程，坚定正确的政治立场。培训结束时，撰写心得体会或调研报告，优秀作品省财政厅给予表彰。二是加强能力成长期财政干部的能力素质培训。着力加强财政干部的执政能力和自我完善的能力的培训，促进财政领导干部和财政干部洞察力、决策力、组织力、开拓力等各种基本能力的发展，使干部原有的能力结构得到完善。结合培训内容，组织开展测试考试，测试考试不合格者不列入评先评优、职务晋升范围。三是加强成熟稳定期财政干部的创新能力教育。成熟稳定期，重点突出财政干部成长的实践性，教育财政干部认真履行岗位职责。有计划地把财政干部选派到矛盾多、困难大、任务重的基层一线，放到重点岗位、任务艰巨和条件艰苦的岗位上去磨炼，让他们在基层一线实际工作中增强党性、改进作风、磨炼意志、增长才干。加强单位内部的干部在不同岗位上交流，让他们熟悉和掌握整个单位的工作职能和业务工作，加强不同层级之间干部的交流，让他们既能从微观上做好具体工作，又能从宏观上把握大局。四是事业退出期干部的宗旨信仰教育。针对财政干部“到站”心理，开展有针对性的教育培训。通过教育培训使他们继续关心党和国家大事，关心单位的建设和发展，发挥余热，将毕生的经验积累提炼总结，传递给财政青年干部。

课题组组长：陈传文

课题组成员：董照军　张文超　金　沙

刘华昌

财经统计篇

全省财经统计资料

安徽省2013年国民经济和社会发展统计公报

安徽省统计局 国家统计局安徽调查总队
2014年2月19日

2013年，全省人民在省委、省政府的坚强领导下，深入贯彻落实党的十八大和十八届三中全会精神，坚持稳中求进的工作总基调，统筹稳增长、调结构、促改革、惠民生，攻坚克难，开拓奋进，保持了经济社会稳定健康较快发展，圆满完成年初确定的主要目标任务。

一、综合

初步核算，全年生产总值（GDP）[2] 19038.9亿元，按可比价格计算，比上年增长10.4%。分产业看，第一产业增加值2348.1亿元，增长3.5%；第二产业增加值10404亿元，增长12.4%；第三产业增加值6286.8亿元，增长9.5%。三次产业结构由上年的12.7:54.6:32.7调整为12.3:54.6:33.1，其中第三产业比重提高0.4个百分点、工业增加值占GDP比重由上年的46.6%提高到46.9%。全社会劳动生产率44889元／人，比上年增加3553元／人。人均GDP31684元(折合5116美元)，比上年增加2892元。全年民营经济 [3] 增加值10843亿元，比上年增长10.7%，占GDP比重由上年的56%提高到57%。

全年居民消费价格上涨2.4%，其中食品价格上涨4.7%。商品零售价格上涨1.3%。工业生产者出厂价格下降1.8%，工业生产者购进价格下降3.1%。固定资产投资价格上涨0.2%，农业生产资料价格上涨0.9%。

年末全省从业人员4275.9万人，比上年增加69.1万人。其中，第一产业1469.7万人，减少61.5万人；第二产业1169.2万人，增加61.9万人；第三产业1637万人，增加68.7万人；城乡私营企业从业人员和个体劳动者705.1万人，增加56.8万人。全年城镇实名制新增就业67.5万人，下岗失业人员再就业25.9万人。年末城镇登记失业率为3.41%，比上年下降0.27个百分点。全省农民工总量为1783万人，其中外出农民工1288万人。

二、农业

全年粮食作物种植面积6625.3千公顷，比上年扩大3.3千公顷，其中优质专用小麦面积2106.8千公顷，扩大27.1千公顷。油料种植面积802千公顷，减少41.6千公顷。棉花种植面积285.1千公顷，减少19.8千公顷。蔬菜种植面积836千公顷，扩大25.4千公顷。

全年粮食产量3279.6万吨，比上年减少9.5万吨，减产0.3%。其中，夏粮1338.5万吨，增加37万吨，增产2.8%；秋粮1810.3万吨，减少45.3万吨，减产2.4%。油料产量225.4万吨，下降1%。棉花产量25.1万吨，下降14.6%。

年末全省生猪存栏1612.6万头，比上年增长3.7%；全年生猪出栏2971.5万头，增长1.5%。肉类总产量403.8万吨，增长1.5%，其中猪牛羊肉产量286.6万吨，增长1.5%。禽蛋产量124.5万吨，增长1.5%。牛奶产量25.3万吨，增长5.2%。水产品产量215.5万吨，增长3.9%。

年末全省农业机械总动力6140.3万千瓦，比上年增长4%。农用拖拉机243万台，减少2.5%；农用运输车67.5万辆,减少0.2%。全年化肥施用量(折纯)338.4万吨,增长1.5%。农村用电量137.9亿千瓦小时,增长7%。有效灌溉面积4307.9千公顷,新增43.4千公顷;新增节水灌溉面积40.1千公顷。

三、工业和建筑业

年末全省规模以上工业企业[4]达15114户,比上年净增2144户。全年规模以上工业增加值增长13.7%,其中轻、重工业分别增长12.5%和14.3%;国有及国有控股企业增长9.2%,集体企业增长6.5%,股份制、外商及港澳台商投资企业分别增长13.4%和20.3%。

规模以上工业中,40个工业行业有38个增加值保持增长,其中计算机、通信和其他电子设备制造业增长34.7%,有色金属冶炼和压延加工业增长19.7%,通用设备制造业增长19.6%,非金属矿物制品业增长16.2%,化学原料和化学制品制造业增长14.5%,电气机械和器材制造业增长13.2%,农副食品加工业和汽车制造业均增长9.4%,黑色金属冶炼和压延加工业增长8.2%,电力、热力生产和供应业增长7.5%,煤炭开采和洗选业增长4.7%。六大工业主导产业增加值增长13.3%,装备制造业增长15.7%,高新技术产业增长15.7%;战略性新兴产业产值增长23.4%。

规模以上工业统计的主要产品产量中,原煤下降6.4%,发电量增长8.5%,粗钢、钢材分别增长13.1%和10.5%,水泥增长12.3%,家用电冰箱增长14.8%,家用洗衣机增长13.2%,房间空调器增长1.8%,彩色电视机下降8%,汽车下降5%。

全年规模以上工业企业主营业务收入33079.5亿元,增长16.1%;利税3046.4亿元,增长17.3%,其中利润1758.8亿元,增长16.9%。电气机械和器材制造业、非金属矿物制品业、化学原料和化学制品制造业、农副食品加工业、通用设备制造业、汽车制造业等14个利润超50亿元的行业,累计实现利润1410.8亿元,增长28.2%,占全部规模以上工业的比重为80.2%。

全年资质内建筑企业利税总额324.8亿元,增长16.7%。房屋建筑施工面积37117.2万平方米,比上年增加3781.6万平方米;房屋竣工面积14258.6万平方米,增加912.4万平方米。

四、固定资产投资

全年固定资产投资[5]18251.1亿元,比上年增长21.2%。其中,工业及信息化产业技术改造投资4316.6亿元,增长12.5%;民间投资12146亿元,增长25.6%。分区域看,皖江示范区投资12559亿元,增长20.4%;皖北六市投资4522亿元,增长23.9%;合肥经济圈投资7449.9亿元,增长20.7%。分产业看,第一产业投资增长28.9%,第二产业增长18.9%,第三产业增长23%。分行业看,工业投资增长18.6%,其中制造业增长20.4%,制造业中的装备制造业增长20.6%。六大高耗能行业投资增长16%。

全年房地产开发投资3946.2亿元,比上年增长25.2%。商品房销售面积6265.4万平方米,增长29.7%;商品房销售额3182.9亿元,增长36.6%。全年开工建设城镇保障性安居工程住房41.8万套,基本建成32万套。

全年共安排“861”行动计划项目3389个,当年完成投资8948.4亿元。开工建设合肥航嘉源家电、铜陵铜冠电子铜箔二期、华清(合肥)高科表面工程、马鞍山正崴科技园、中科院(宿州)云计算、奇瑞发动机升级扩产、淮南平圩电厂三期、合肥统一一分厂、广药集团亳州药业、含山昭关温泉文化产业项目、芜湖长江公路二桥、济祁高速永城至利辛至淮南至合肥段、宿扬高速天长段、合肥轨道交通2号线等项目;建成投产蚌埠日产150吨玻璃基板、江淮客车新基地、江汽年产20万台1.5T发动机、芜湖海创高新节能装备制造基地、马鞍山新联合压缩机配件、铜陵全威铜业二期铜加工、合肥电厂6号机组、合肥航空产业基地二期、江南文化园三期等项目。

全年新增煤炭产能900万吨,电力装机容量401万千瓦。

五、国内贸易

全年社会消费品零售总额6481.4亿元,比上年增长14%,扣除价格因素,实际增长12.5%。按经营地统计,城镇消费品零售额5283.3亿元,增长13.9%;乡村消费品零售额1198.1亿元,增长14.2%。按消费形态统计,商品零售5781.7亿元,增长14.2%;餐饮收入699.7亿元,增长12.1%。

在限额以上企业商品零售额中,吃、穿、用类商品零售额分别比上年增长21.7%、18.8%和18.3%,粮油类增长18.2%,肉禽蛋类增长27.6%,服装类增长20.1%,化妆品类增长20.2%,金银珠宝类增长28.9%,日用品类增长20.1%,中西药品类增长17.5%,家用电器和音像器材类增长16.7%,建筑及装潢材料类增长19.4%,家具类增长29.1%,汽车类增长19.9%,石油及制品类增长16.2%。

六、对外经济和旅游

全年进出口总额456.3亿美元，比上年增长16.2%。其中,出口282.5亿美元,增长5.6%;进口173.8亿美元,增长38.6%。从出口经营主体看,生产型企业出口增长18.7%，贸易型企业出口下降45%。从出口商品看,机电产品、高新技术产品出口分别增长11.9%和31.7%。

全年新批外商投资企业246家，比上年增长26.8%;合同利用外资26.9亿美元,增长6.1%;实际利用外商直接投资106.9亿美元，增长23.7%。到2013年底,来皖投资的境外世界500强企业增加到67家,其中当年新引进4家。

全年对外经济技术合作新签合同金额28.2亿美元,比上年增长15.8%;完成营业额31亿美元,增长3.1%;当年外派劳务人员12531人,下降6.3%。全年新批境外企业(机构)60个,实际对外投资6.9亿美元,增长26.6%。

全年入境旅游人数385.5万人次，比上年增长16.3%;国内游客3.36亿人次,增长15%。旅游总收入3010.4亿元,增长15.3%。其中,旅游外汇收入17.3亿美元,增长15.8%;国内旅游收入2903.2亿元，增长15.3%。年末全省有A级及以上旅游景点(区)461处。

七、交通和邮电

全年旅客运输量24.5亿人，货物运输量35.7亿吨,比上年分别增长15.4%和15.6%;旅客运输周转量2118.5亿人公里,货物运输周转量11136.5亿吨公里,分别增长14.2%和14.1%。全年港口货物吞吐量4亿吨,增长9.8%,其中外贸货物吞吐量331.5万吨,增长21.8%。全省民航机场旅客吞吐量671.3万人次，增长11.2%，其中合肥机场旅客吞吐量562.8万人次,增长8.4%。

年末全省民用汽车拥有量376万辆，比上年增长13.9%,其中私人汽车289.3万辆,增长17.3%。民用轿车拥有量186.5万辆,增长24.9%,其中私人轿车164.3万辆,增长28.2%。

全年新增高速公路311公里、一级公路783公里、铁路营业里程271公里。到2013年末,全省高速公路达3521公里、一级公路达2280公里、铁路营业里程达3443公里。

全年邮电业务总量466.2亿元，比上年增长10.8%。其中,电信业务总量408.7亿元,增长9.9%;邮政业务总量57.5亿元,增长25.4%。年末本地固定电话交换机总容量844.4万门，比上年减少424.7万门。本地固定电话用户976.7万户，减少114.7万户;移动电话用户3958.9万户,增加349.1万户。每百人拥有电话(含移动)82部,增加3部。年末基础电信运营企业计算机互联网宽带接入用户642.6万户,增加135.6万户。

八、财政、金融、证券和保险业

全年财政收入3365.1亿元，比上年增长11.2%，其中地方财政收入2075.1亿元，增长15.8%。全部财政收入中,增值税增长10.6%,营业税增长11.3%，企业所得税增长2.9%。财政支出4351.6 亿元,增长9.9%。其中,社会保障与就业支出增长15.4%,医疗卫生支出增长12.7%,城乡社区事务支出增长30.7%，文化体育与传媒支出增长11.3%,节能环保支出增长12%,科学技术支出增长13.6%。全年33项民生工程累计投入605.6亿元,惠及 6000多万城乡居民。

年末全省金融机构各项存款余额(人民币口径，下同)26739.3亿元,比上年末增加3762亿元,增长16.4%。其中，单位存款余额12374.1亿元，增长15.9%；居民储蓄存款余额12924.9亿元，增长15.6%。金融机构各项贷款余额19088.8亿元,比上年末增加2794.5亿元,增长17.2%。其中,短期贷款余额7343亿元,增长21.6%;中长期贷款余额10953亿元，增长16.1%，中长期贷款中个人贷款余额4200.4亿元,增长23.9%。

全年上市公司通过境内市场累计筹资244.6亿元,其中A股再筹资(包括配股、公开增发、非公开增发、认股权证)176.4亿元;上市公司通过发行可转债、可分离债、公司债筹资68.2亿元。到2013年末,全省有上市公司78家，上市公司市价总值5018.4亿元,比上年增长3.6%。

全年发行非上市企业(公司)债券101亿元。企业发行短期融资券262.5亿元。

全年我省境内证券经营机构证券交易量17461.5亿元，期货经营机构代理交易量106245.4亿元。

全年保险业保费收入483亿元，比上年增长6.5%。其中,财产险业务保费收入203.9亿元,增长

20.6%；人身险业务保费收入279.2亿元，下降1.9%。赔款和给付223亿元，增长46.1%。其中，财产险业务赔款支出115.3亿元，增长26%；人身险业务赔款和给付支出107.7亿元，增长76.1%。

九、教育和科学技术

年末全省有研究生培养单位21个，在学研究生46506人。普通高校106所，普通本专科在校生105.2万人，高等教育毛入学率35%，比上年上升4.4个百分点。各类中等职业教育(不含技工学校)463所，在校生96.8万人。普通高中698所，在校生125.5万人，高中阶段毛入学率90%，比上年上升4个百分点。初中2902所，在校生199.7万人，初中阶段适龄人口入学率为99.2%。小学11507所，在校生409.2万人，小学学龄儿童入学率为99.7%。各级各类成人学校毕业生101.8万人。

年末全省有各类专业技术人员194万人，比上年增长6.1%。科研机构3013个，其中大中型工业企业办机构978个。从事研发活动人员15.6万人。全年用于研究与试验发展(R&D)经费支出341.8亿元，增长21.3%；相当于全省生产总值的1.8%，比上年提高0.16个百分点。全省有国家大科学工程5个；有国家实验室2个，国家重点(工程)实验室19个，省级(含重点)实验室111个，部属(含院属)实验室51个；有省级以上工程(技术)研究中心468家，其中国家级23家。有高新技术产业开发区15个，其中国家级4个。有高新技术企业2018家，其中新认定441家。

全年取得省部级以上科技成果920项。主要科技成果有自主泊车系统产业化关键技术、露天矿边坡岩体操作与灾变智能控制技术研究等。全年受理申请专利93353件，授权专利48849件，比上年分别增长24.7%和12.8%。共签订各类技术合同6951项，成交金额130.8亿元，比上年增长51.7%。

年末全省有县以上产品质量检验机构830个，其中系统内110个，国家质量监督检验中心22个；有产品质量、体系认证机构1个，累计完成强制性产品认证的企业1954个；法定计量技术机构80个，全年强制检定计量器具110万台(件)；累计制定国际标准4项、国家标准677项，制定、修订地方标准2119项。有国家地理标志产品44个、安徽名牌产品1353个。

全年省测绘档案资料馆为社会各界提供各种比例尺地形图21832幅，测绘基准成果6732点(次)，航空航天遥感数据99.7万平方千米，数据量29307GB；完成国家基本比例尺地形图生产与更新36274幅、地理国情动态监测1980平方千米、“天地图 安徽”地图网站数据更新2310GB。

十、文化、卫生和体育

年末全省有文化馆121个，公共图书馆102个，博物馆154个(含民营博物馆)，乡镇街道综合文化站1433个。全国重点文物保护单位130处、合并国保项目4处，省级重点文物保护单位708处。国家级非物质文化遗产名录60项，省级名录273项。广播电台15座，中波发射台和转播台23座，广播综合人口覆盖率98.34%。电视台15座，有线电视用户708.26万户，电视综合人口覆盖率98.57%。全年出版报纸98种，总印数12.6亿份；期刊(杂志)180种，总印数0.63亿册；图书10514种，总印数2.52亿册。有各级国家档案馆142个，馆藏档案资料2291.3万卷(件、册)，库馆总建筑面积28.7万平方米。

年末全省有医疗卫生机构24643个，其中医院938个、基层医疗卫生机构21873个、专业公共卫生机构1734个，其他卫生机构98个。基层医疗卫生机构中，卫生院1388个，社区卫生服务中心(站)1942个，村卫生室15311个；专业公共卫生机构中，疾病预防控制中心120个，专科疾病防治院(所、站)43个，妇幼保健院(所、站)121个，卫生监督所(中心)113个。全省卫生技术人员25.3万人，其中执业(助理)医师9.8万人，注册护士10.3万人。乡村医生和卫生员5.2万人。医疗卫生机构床位24万张，其中医院、卫生院床位22.5万张。全年医疗卫生机构共诊疗2.6亿人次。参加新型农村合作医疗的农业人口5149.6万人，参合率为100.6%。

全年在国际国内重大比赛中，我省运动健儿共获得21.5枚金牌、31枚银牌、28枚铜牌。其中，在第十二届全国运动会上获得8.5枚金牌、9枚银牌、12枚铜牌。“全民健身、健康安徽”系列主题活动蓬勃开展，全年共举办百人以上的群众体育健身活动1722次，参加活动总人数236万人次。

十一、人口、人民生活和社会保障

全年人口出生率为12.88‰，比上年下降0.12个千分点；死亡率6.06‰，下降0.08个千分点；自然增长率为6.82‰，下降0.04个千分点。年末户籍人口6928.5万人，比上年增加26.5万人；常住人口

6029.8 万人，比上年增加 41.8 万人。城镇化率 47.9%,比上年提高 1.4 个百分点。

全年城镇居民人均可支配收入 23114 元，比上年增长 9.9%,扣除价格因素,实际增长 7.4%。人均消费性支出 16285 元,增长 8.5%。其中,食品支出增长 9.5%,衣着增长 9.5%,居住增长 19.1%,家庭设备用品及服务增长 10.8%,医疗保健下降 23.9%,交通和增长 33.2%,教育文化娱乐服务下降 1.5%。城镇居民家庭恩格尔系数[6]为 39.1%,比上年上升 0.4 个百分点。年末城镇居民人均住房建筑面积 34.9 平方米,比上年增加 2.5 平方米。

全年农村居民人均纯收入 8098 元,比上年增长 13.1%,扣除价格因素,实际增长 10.3%。人均生活消费支出 5725 元,增长 3%。其中,食品支出增长 4.1%,衣着增长 1%,居住下降 0.1%,家庭设备用品及服务增长 12.5%，医疗保健增长 8.2%，交通通讯增长 4.7%,文教娱乐用品及服务下降 2.4%。农村居民家庭恩格尔系数为 39.6%，比上年上升 0.4 个百分点。年末农村居民人均住房面积 32.2 平方米,比上年减少 3.7 平方米。

年末全省参加城镇基本养老、医疗保险人数分别为 811.3 万人和 1665.9 万人。参加失业保险的人数为 409 万人,全年为 11.8 万名失业人员发放了不同期限的失业保险金。全省参加工伤、生育保险人数分别为 473.2 万人和 458.9 万人。城乡居民养老保险参保人数 3308.7 万人。

年末 78.2 万城市居民享受政府最低生活保障,216.1 万农村居民享受政府最低生活保障,43.6 万农村五保户享受政府供养。全年救助城市医疗困难群众 49.9 万人次,救助农村医疗困难群众 266.8 万人次。

年末全省有各类提供住宿的社会服务机构 2465 个,床位 27.4 万张,收养各类人员 19.6 万人。有各类社区服务设施 5540 个，其中社区服务中心 1053 个,社区服务站 2578 个。全年销售社会福利彩票 59 亿元,筹集社会福利资金 16.7 亿元。

十二、资源、环境和安全生产

全省已发现的矿种为 158 种(含亚矿种)。查明资源储量的矿种 125 种（含普通建筑用石料矿种),其中能源矿种 6 种,金属矿种 22 种,非金属矿种 95 种,水气矿种 2 种。全年地质勘查部门开展各类地质(科研)项目(省级)429 项,其中新开展 97 项。新增查明资源储量的大中型矿产地 14 处。

年末全省有省、市、县级环境监测站 91 个。16 个省辖城市均开展了空气环境质量监测，其中 8 个城市空气质量达到二级标准。已建成自然保护区 39 个,其中国家级 7 个、省级 30 个、市级 2 个。当年人工造林面积 202.8 千公顷。年末森林面积 3804.2 千公顷,活立木总蓄积量 23868.2 万立方米,森林蓄积量 20987.9 万立方米。

淮河干流安徽段水质以Ⅲ类为主,总体水质优。长江干流安徽段以Ⅱ类水质为主,总体水质优;主要支流总体水质良好。巢湖湖区整体水质轻度污染,9 条主要环湖支流整体水质中度污染。新安江干、支流水质优。全省城市集中式饮用水水源地水质达标率为 97.6%。

全年亿元 GDP 生产安全事故死亡人数为 0.16 人,比上年下降 13.7%;工矿商贸从业人员十万人生产安全事故死亡人数为 1.07 人,下降 14.5%;煤矿百万吨死亡人数为 0.16 人,下降 24.8%;道路交通万车事故死亡人数为 2.19 人,下降 16.2%。全年发生道路交通事故 17610 起,发生火灾事故 11691 起。

注:

[1]本公报数据为初步统计数。

[2] 生产总值及各产业增加值绝对数按现价计算,增长速度按可比价格计算。

[3] 民营经济统计的范围为集体经济（不包括第一产业中的集体经济)、私营经济、港澳台经济和个体经济。

[4][5]2011 年国家统计制度改革，规模以上工业统计范围为年主营业务收入 2000 万元及以上的企业，固定资产投资统计范围为计划总投资 500 万元及以上项目和房地产。

[6] 恩格尔系数是指居民食品消费支出占全部消费性支出的比重。

全省财政收支统计表

(1979 年——2013 年)

单位:亿元、%

年度	财政收入		财政支出	
	数值	较上年增长	数值	较上年增长
1979	21.10	-6.6	20.35	11.9
1980	20.28	-3.4	16.66	-18.1
1981	20.66	1.8	15.40	-7.6
1982	21.98	6.4	16.87	9.5
1983	22.39	1.8	20.38	20.8
1984	24.38	8.9	23.56	15.6
1985	30.16	23.7	33.88	43.8
1986	35.45	17.5	46.18	36.3
1987	38.84	9.6	44.53	-3.6
1988	43.55	12.1	46.64	4.7
1989	52.42	20.4	55.25	18.5
1990	54.50	4.0	61.57	11.4
1991	54.53	0.1	84.97	38.0
1992	55.14	1.1	74.11	-12.8
1993	73.21	32.8	72.01	-2.8
1994	108.98	48.9	93.27	29.5
1995	147.52	35.4	135.88	45.7
1996	193.14	30.9	178.71	31.5
1997	235.04	21.7	207.24	16.0
1998	262.07	11.5	242.07	16.8
1999	280.85	7.2	288.60	19.2
2000	290.42	3.4	323.47	12.1
2001	309.55	6.6	403.80	24.8
2002	346.65	12.0	456.86	13.1
2003	412.29	18.9	507.44	11.1
2004	520.71	26.3	601.53	18.5
2005	656.55	26.1	713.06	18.5
2006	816.51	24.4	940.23	31.9
2007	1034.73	26.7	1243.83	32.3
2008	1326.05	28.2	1647.13	32.4
2009	1551.23	17.0	2141.92	30.0
2010	2063.82	33.0	2587.61	20.8
2011	2633.02	27.6	3302.99	27.6
2012	3025.99	14.9	3961.01	19.9
2013	3365.08	11.2	4349.69	9.9

2013 年度安徽省公共财政收支总表

单位:万元

预算科目	决算数	预算科目	决算数
一、税收收入	15202168	一、一般公共服务	4691511
增值税	2244996	二、外交	
营业税	5022636	三、国防	47974
企业所得税	1904639	四、公共安全	1637769
企业所得税退税		五、教育	7365882
个人所得税	434399	六、科学技术	1096698
资源税	197366	七、文件体育与传媒	795016
城市维护建设税	881277	八、社会保险和就业	5336402
房产税	315444	九、医疗卫生	3617987
印花税	188808	十、节能环保	1084246
城镇土地使用税	712238	十一、城乡社区事务	4597953
土地增值税	911505	十二、农林水事务	4781716
车船税	106991	十三、交通运输	2760124
耕地占用税	389848	十四、资源勘探电力信息等事务	1456292
契税	1878926	十五、商业服务业等事务	601053
烟叶税	13095	十六、金融监管等事务支出	36271
其他税收收入		十七、地震灾后恢复重建支出	0
二、非税收入	5548582	十八、援助其他地区支出	41500
专项收入	1032570	十九、国土资源气象等事务	412383
行政事业性收费收入	1567353	二十、住房保障支出	2257665
罚没收入	492318	二十一、粮油物资储备事务	341961
国有资本经营收入	356603	二十二、预备费	
国有资源(资产)有偿使用收入	1765539	二十三、国债还本付息支出	165763
其他收入	334199	二十四、其他支出	370705
本年合计	20750750	本年支出合计	43496871

各市县(区)财经统计资料

2013年度合肥市公共财政收支总表

单位:万元

预算科目	决算数	预算科目	决算数
一、税收收入	3564974	一、一般公共服务	768518
增值税	523980	二、外交	
营业税	1415166	三、国防	4281
企业所得税	349168	四、公共安全	206897
企业所得税退税		五、教育	1044694
个人所得税	94367	六、科学技术	260165
资源税	11042	七、文件体育与传媒	66055
城市维护建设税	228139	八、社会保险和就业	525085
房产税	88282	九、医疗卫生	371851
印花税	62950	十、节能环保	254727
城镇土地使用税	43590	十一、城乡社区事务	1269834
土地增值税	261447	十二、农林水事务	496045
车船税	27422	十三、交通运输	216821
耕地占用税	25025	十四、资源勘探电力信息等事务	393101
契税	434396	十五、商业服务业等事务	79268
烟叶税		十六、金融监管等事务支出	3786
其他税收收入		十七、地震灾后恢复重建支出	
二、非税收入	821252	十八、国土资源气象等事务	
专项收入	130024	十九、住房保险支出	44862
行政事业性收费收入	222975	二十、粮油物资管理事务	195016
罚没收入	60015	二十一、储备事务支出	20339
国有资本经营收入	48346	二十二、国债还本付息支出	6261
国有资源(资产)有偿使用收入	213762	二十三、其他支出	80903
其他收入	146130		
本年合计	4386226	本年支出合计	6308509

2013 年度淮北市公共财政收支总表

单位:万元

预算科目	决算数	预算科目	决算数
一、税收收入	431232	一、一般公共服务	121279
增值税	79975	二、外交	
营业税	115420	三、国防	486
企业所得税	46053	四、公共安全	46414
企业所得税退税		五、教育	164168
个人所得税	5711	六、科学技术	13406
资源税	8896	七、文件体育与传媒	9450
城市维护建设税	27137	八、社会保险和就业	121965
房产税	9805	九、医疗卫生	97550
印花税	6010	十、节能环保	14469
城镇土地使用税	34719	十一、城乡社区事务	234174
土地增值税	14521	十二、农林水事务	111610
车船税	3800	十三、交通运输	36279
耕地占用税	13418	十四、资源勘探电力信息等事务	23213
契税	65767	十五、商业服务业等事务	7815
烟叶税		十六、金融监管等事务支出	317
其他税收收入		十七、地震灾后恢复重建支出	
二、非税收入	75580	十八、国土资源气象等事务	
专项收入	19981	十九、住房保险支出	7088
行政事业性收费收入	35730	二十、粮油物资管理事务	69876
罚没收入	9964	二十一、储备事务支出	4746
国有资本经营收入	-6646	二十二、国债还本付息支出	1348
国有资源(资产)有偿使用收入	14730	二十三、其他支出	1562
其他收入	1821		
本年合计	506812	本年支出合计	1087215

2013年度亳州市公共财政收支总表

单位:万元

预算科目	决算数	预算科目	决算数
一、税收收入	499730	一、一般公共服务	222461
增值税	89603	二、外交	
营业税	168407	三、国防	2284
企业所得税	27729	四、公共安全	67485
企业所得税退税		五、教育	380724
个人所得税	5229	六、科学技术	15129
资源税	2528	七、文件体育与传媒	11967
城市维护建设税	29280	八、社会保险和就业	294089
房产税	5683	九、医疗卫生	268372
印花税	5234	十、节能环保	22048
城镇土地使用税	10707	十一、城乡社区事务	98699
土地增值税	22158	十二、农林水事务	277049
车船税	6366	十三、交通运输	106900
耕地占用税	15155	十四、资源勘探电力信息等事务	47130
契税	110032	十五、商业服务业等事务	23274
烟叶税	1619	十六、金融监管等事务支出	460
其他税收收入		十七、地震灾后恢复重建支出	
二、非税收入	144083	十八、国土资源气象等事务	
专项收入	17384	十九、住房保险支出	12832
行政事业性收费收入	71151	二十、粮油物资管理事务	189868
罚没收入	21142	二十一、储备事务支出	19730
国有资本经营收入	10083	二十二、国债还本付息支出	1700
国有资源(资产)有偿使用收入	22707	二十三、其他支出	2118
其他收入	1616		
本年合计	643813	本年支出合计	2064319

2013 年度宿州市公共财政收支总表

单位:万元

预算科目	决算数	预算科目	决算数
一、税收收入	466244	一、一般公共服务	261790
增值税	63823	二、外交	
营业税	166256	三、国防	952
企业所得税	31803	四、公共安全	92440
企业所得税退税		五、教育	431222
个人所得税	6733	六、科学技术	13649
资源税	9391	七、文件体育与传媒	29547
城市维护建设税	23037	八、社会保险和就业	205362
房产税	6138	九、医疗卫生	273541
印花税	4810	十、节能环保	41263
城镇土地使用税	17671	十一、城乡社区事务	120091
土地增值税	33162	十二、农林水事务	333209
车船税	5497	十三、交通运输	133623
耕地占用税	9264	十四、资源勘探电力信息等事务	61219
契税	88659	十五、商业服务业等事务	16599
烟叶税		十六、金融监管等事务支出	2391
其他税收收入		十七、地震灾后恢复重建支出	
二、非税收入	197268	十八、国土资源气象等事务	
专项收入	18822	十九、住房保险支出	13979
行政事业性收费收入	75694	二十、粮油物资管理事务	161366
罚没收入	46964	二十一、储备事务支出	17595
国有资本经营收入	6600	二十二、国债还本付息支出	14309
国有资源(资产)有偿使用收入	26484	二十三、其他支出	2476
其他收入	22704		
本年合计	663512	本年支出合计	2226623

2013年度蚌埠市公共财政收支总表

单位:万元

预算科目	决算数	预算科目	决算数
一、税收收入	679687	一、一般公共服务	183567
增值税	124366	二、外交	
营业税	247320	三、国防	2662
企业所得税	43755	四、公共安全	80019
企业所得税退税		五、教育	339008
个人所得税	8140	六、科学技术	72384
资源税	155	七、文件体育与传媒	20570
城市维护建设税	72801	八、社会保险和就业	198273
房产税	11444	九、医疗卫生	181485
印花税	8540	十、节能环保	55518
城镇土地使用税	23321	十一、城乡社区事务	250470
土地增值税	39170	十二、农林水事务	231756
车船税	5649	十三、交通运输	100084
耕地占用税	13280	十四、资源勘探电力信息等事务	9659
契税	81746	十五、商业服务业等事务	40249
烟叶税		十六、金融监管等事务支出	927
其他税收收入		十七、地震灾后恢复重建支出	
二、非税收入	248705	十八、国土资源气象等事务	
专项收入	40612	十九、住房保险支出	7677
行政事业性收费收入	79165	二十、粮油物资管理事务	127610
罚没收入	44141	二十一、储备事务支出	9990
国有资本经营收入	27932	二十二、国债还本付息支出	690
国有资源(资产)有偿使用收入	43628	二十三、其他支出	2393
其他收入	13227		
本年合计	928392	本年支出合计	1914991

2013年度阜阳市公共财政收支总表

单位:万元

预算科目	决算数	预算科目	决算数
一、税收收入	653559	一、一般公共服务	273203
增值税	116158	二、外交	
营业税	209631	三、国防	3885
企业所得税	41332	四、公共安全	124461
企业所得税退税		五、教育	601916
个人所得税	8752	六、科学技术	19028
资源税	4288	七、文件体育与传媒	18820
城市维护建设税	53410	八、社会保险和就业	495262
房产税	10301	九、医疗卫生	384771
印花税	7004	十、节能环保	36664
城镇土地使用税	34538	十一、城乡社区事务	156982
土地增值税	36661	十二、农林水事务	415343
车船税	10050	十三、交通运输	179048
耕地占用税	19510	十四、资源勘探电力信息等事务	73320
契税	101400	十五、商业服务业等事务	33780
烟叶税	524	十六、金融监管等事务支出	6009
其他税收收入		十七、地震灾后恢复重建支出	
二、非税收入	201007	十八、国土资源气象等事务	
专项收入	31201	十九、住房保险支出	19592
行政事业性收费收入	92435	二十、粮油物资管理事务	187003
罚没收入	29865	二十一、储备事务支出	18294
国有资本经营收入	4008	二十二、国债还本付息支出	48895
国有资源(资产)有偿使用收入	39853	二十三、其他支出	30220
其他收入	3645		
本年合计	854566	本年支出合计	3126496

2013年度淮南市公共财政收支总表

单位:万元

预算科目	决算数	预算科目	决算数
一、税收收入	686227	一、一般公共服务	189441
增值税	133585	二、外交	
营业税	214152	三、国防	2747
企业所得税	42932	四、公共安全	80919
企业所得税退税		五、教育	225132
个人所得税	19125	六、科学技术	32914
资源税	13920	七、文件体育与传媒	18790
城市维护建设税	45719	八、社会保险和就业	187317
房产税	17570	九、医疗卫生	129335
印花税	8323	十、节能环保	36701
城镇土地使用税	48787	十一、城乡社区事务	386193
土地增值税	52222	十二、农林水事务	133798
车船税	4129	十三、交通运输	56337
耕地占用税	8213	十四、资源勘探电力信息等事务	45246
契税	77550	十五、商业服务业等事务	32558
烟叶税		十六、金融监管等事务支出	1393
其他税收收入		十七、地震灾后恢复重建支出	
二、非税收入	421114	十八、国土资源气象等事务	
专项收入	38508	十九、住房保险支出	19009
行政事业性收费收入	45348	二十、粮油物资管理事务	82236
罚没收入	20951	二十一、储备事务支出	5504
国有资本经营收入	61162	二十二、国债还本付息支出	16856
国有资源(资产)有偿使用收入	227952	二十三、其他支出	3847
其他收入	27193		
本年合计	1107341	本年支出合计	1686273

2013年度滁州市公共财政收支总表

单位:万元

预算科目	决算数	预算科目	决算数
一、税收收入	817341	一、一般公共服务	289700
增值税	104422	二、外交	
营业税	307043	三、国防	3841
企业所得税	55996	四、公共安全	105175
企业所得税退税		五、教育	402383
个人所得税	12105	六、科学技术	34755
资源税	14588	七、文件体育与传媒	29389
城市维护建设税	50886	八、社会保险和就业	274471
房产税	20621	九、医疗卫生	276489
印花税	9030	十、节能环保	46553
城镇土地使用税	45289	十一、城乡社区事务	196614
土地增值税	65918	十二、农林水事务	448087
车船税	5595	十三、交通运输	134311
耕地占用税	14500	十四、资源勘探电力信息等事务	47828
契税	111348	十五、商业服务业等事务	14738
烟叶税		十六、金融监管等事务支出	970
其他税收收入		十七、地震灾后恢复重建支出	
二、非税收入	326890	十八、国土资源气象等事务	
专项收入	42839	十九、住房保险支出	21047
行政事业性收费收入	78743	二十、粮油物资管理事务	150674
罚没收入	36302	二十一、储备事务支出	22699
国有资本经营收入	2094	二十二、国债还本付息支出	3612
国有资源(资产)有偿使用收入	159461	二十三、其他支出	5397
其他收入	7451		
本年合计	1144231	本年支出合计	2508733

2013年度六安市公共财政收支总表

单位:万元

预算科目	决算数	预算科目	决算数
一、税收收入	594311	一、一般公共服务	304675
增值税	75002	二、外交	
营业税	236126	三、国防	1710
企业所得税	44280	四、公共安全	116404
企业所得税退税		五、教育	580469
个人所得税	8927	六、科学技术	26512
资源税	18685	七、文件体育与传媒	38078
城市维护建设税	29798	八、社会保险和就业	272348
房产税	13556	九、医疗卫生	324988
印花税	6697	十、节能环保	51281
城镇土地使用税	18701	十一、城乡社区事务	113664
土地增值税	34604	十二、农林水事务	491157
车船税	7172	十三、交通运输	230514
耕地占用税	23603	十四、资源勘探电力信息等事务	52112
契税	77160	十五、商业服务业等事务	26047
烟叶税		十六、金融监管等事务支出	2199
其他税收收入		十七、地震灾后恢复重建支出	
二、非税收入	224027	十八、国土资源气象等事务	
专项收入	32802	十九、住房保险支出	24027
行政事业性收费收入	127805	二十、粮油物资管理事务	152035
罚没收入	25230	二十一、储备事务支出	18259
国有资本经营收入		二十二、国债还本付息支出	17193
国有资源(资产)有偿使用收入	31729	二十三、其他支出	16328
其他收入	6461		
本年合计	818338	本年支出合计	2860000

2013 年度马鞍山市公共财政收支总表

单位:万元

预算科目	决算数	预算科目	决算数
一、税收收入	950434	一、一般公共服务	216394
增值税	162508	二、外交	
营业税	293432	三、国防	554
企业所得税	47864	四、公共安全	85354
企业所得税退税		五、教育	313134
个人所得税	16201	六、科学技术	60893
资源税	21585	七、文件体育与传媒	38187
城市维护建设税	55280	八、社会保险和就业	182419
房产税	30354	九、医疗卫生	143929
印花税	15062	十、节能环保	33224
城镇土地使用税	53285	十一、城乡社区事务	342994
土地增值税	95892	十二、农林水事务	172814
车船税	5141	十三、交通运输	76131
耕地占用税	16257	十四、资源勘探电力信息等事务	68215
契税	137573	十五、商业服务业等事务	36454
烟叶税		十六、金融监管等事务支出	1344
其他税收收入		十七、地震灾后恢复重建支出	
二、非税收入	511389	十八、国土资源气象等事务	
专项收入	42627	十九、住房保险支出	36012
行政事业性收费收入	114244	二十、粮油物资管理事务	194962
罚没收入	21015	二十一、储备事务支出	9397
国有资本经营收入	24995	二十二、国债还本付息支出	3473
国有资源(资产)有偿使用收入	298031	二十三、其他支出	10004
其他收入	10477		
本年合计	1461823	本年支出合计	2025888

2013年度芜湖市公共财政收支总表

单位:万元

预算科目	决算数	预算科目	决算数
一、税收收入	1700457	一、一般公共服务	222881
增值税	360711	二、外交	
营业税	488741	三、国防	3918
企业所得税	157587	四、公共安全	96388
企业所得税退税		五、教育	507446
个人所得税	33693	六、科学技术	263329
资源税	25870	七、文件体育与传媒	43121
城市维护建设税	120039	八、社会保险和就业	310883
房产税	41042	九、医疗卫生	216393
印花税	22214	十、节能环保	113703
城镇土地使用税	148698	十一、城乡社区事务	549245
土地增值税	67201	十二、农林水事务	254352
车船税	7944	十三、交通运输	181363
耕地占用税	37703	十四、资源勘探电力信息等事务	72049
契税	186509	十五、商业服务业等事务	76587
烟叶税	2505	十六、金融监管等事务支出	4106
其他税收收入		十七、地震灾后恢复重建支出	
二、非税收入	439460	十八、国土资源气象等事务	
专项收入	103490	十九、住房保险支出	34684
行政事业性收费收入	78664	二十、粮油物资管理事务	174568
罚没收入	28328	二十一、储备事务支出	8595
国有资本经营收入	92493	二十二、国债还本付息支出	26432
国有资源(资产)有偿使用收入	119896	二十三、其他支出	36274
其他收入	16589		
本年合计	2139917	本年支出合计	3196317

2013年度宣城市公共财政收支总表

单位:万元

预算科目	决算数	预算科目	决算数
一、税收收入	784277	一、一般公共服务	284145
增值税	125047	二、外交	
营业税	251703	三、国防	974
企业所得税	41657	四、公共安全	69638
企业所得税退税		五、教育	315749
个人所得税	12847	六、科学技术	68173
资源税	21176	七、文件体育与传媒	26290
城市维护建设税	40930	八、社会保险和就业	184455
房产税	11265	九、医疗卫生	224680
印花税	8063	十、节能环保	48317
城镇土地使用税	92042	十一、城乡社区事务	256095
土地增值税	37760	十二、农林水事务	260674
车船税	4859	十三、交通运输	145394
耕地占用税	14021	十四、资源勘探电力信息等事务	13729
契税	116640	十五、商业服务业等事务	23039
烟叶税	6267	十六、金融监管等事务支出	1996
其他税收收入		十七、地震灾后恢复重建支出	
二、非税收入	292405	十八、国土资源气象等事务	
专项收入	27119	十九、住房保险支出	11874
行政事业性收费收入	53565	二十、粮油物资管理事务	100700
罚没收入	40860	二十一、储备事务支出	8317
国有资本经营收入	24123	二十二、国债还本付息支出	5785
国有资源(资产)有偿使用收入	143583	二十三、其他支出	1779
其他收入	3155		
本年合计	1076682	本年支出合计	2051803

2013年度铜陵市公共财政收支总表

单位:万元

预算科目	决算数	预算科目	决算数
一、税收收入	430000	一、一般公共服务	100592
增值税	75698	二、外交	
营业税	141121	三、国防	287
企业所得税	39386	四、公共安全	40979
企业所得税退税		五、教育	140836
个人所得税	7410	六、科学技术	48551
资源税	17246	七、文件体育与传媒	11091
城市维护建设税	22800	八、社会保险和就业	89829
房产税	8312	九、医疗卫生	52399
印花税	6891	十、节能环保	50962
城镇土地使用税	37922	十一、城乡社区事务	146581
土地增值税	20825	十二、农林水事务	49829
车船税	2357	十三、交通运输	63715
耕地占用税	3861	十四、资源勘探电力信息等事务	45216
契税	46171	十五、商业服务业等事务	67721
烟叶税		十六、金融监管等事务支出	1683
其他税收收入		十七、地震灾后恢复重建支出	
二、非税收入	211758	十八、国土资源气象等事务	
专项收入	15469	十九、住房保险支出	13151
行政事业性收费收入	47576	二十、粮油物资管理事务	72813
罚没收入	8454	二十一、储备事务支出	3922
国有资本经营收入	6241	二十二、国债还本付息支出	897
国有资源(资产)有偿使用收入	129667	二十三、其他支出	4878
其他收入	4351		
本年合计	641758	本年支出合计	1005932

2013年度池州市公共财政收支总表

单位:万元

预算科目	决算数	预算科目	决算数
一、税收收入	463237	一、一般公共服务	188488
增值税	61583	二、外交	
营业税	130915	三、国防	2906
企业所得税	19945	四、公共安全	39581
企业所得税退税		五、教育	190923
个人所得税	5788	六、科学技术	17887
资源税	10661	七、文件体育与传媒	17823
城市维护建设税	16078	八、社会保险和就业	118240
房产税	8301	九、医疗卫生	120880
印花税	4045	十、节能环保	25655
城镇土地使用税	58863	十一、城乡社区事务	173158
土地增值税	34721	十二、农林水事务	145080
车船税	2035	十三、交通运输	80382
耕地占用税	10931	十四、资源勘探电力信息等事务	41419
契税	97619	十五、商业服务业等事务	16963
烟叶税	1752	十六、金融监管等事务支出	339
其他税收收入		十七、地震灾后恢复重建支出	
二、非税收入	188156	十八、国土资源气象等事务	
专项收入	15658	十九、住房保险支出	7683
行政事业性收费收入	94342	二十、粮油物资管理事务	88266
罚没收入	10019	二十一、储备事务支出	5889
国有资本经营收入	5176	二十二、国债还本付息支出	2622
国有资源(资产)有偿使用收入	62900	二十三、其他支出	22577
其他收入	61		
本年合计	651393	本年支出合计	1306761

2013年度安庆市公共财政收支总表

单位:万元

预算科目	决算数	预算科目	决算数
一、税收收入	696311	一、一般公共服务	367594
增值税	91851	二、外交	
营业税	280098	三、国防	1868
企业所得税	58415	四、公共安全	117039
企业所得税退税		五、教育	571349
个人所得税	14906	六、科学技术	55834
资源税	13482	七、文件体育与传媒	53967
城市维护建设税	37180	八、社会保险和就业	311162
房产税	15807	九、医疗卫生	322350
印花税	8555	十、节能环保	46569
城镇土地使用税	28025	十一、城乡社区事务	157472
土地增值税	47848	十二、农林水事务	390560
车船税	6452	十三、交通运输	175823
耕地占用税	14894	十四、资源勘探电力信息等事务	30824
契税	78798	十五、商业服务业等事务	24096
烟叶税		十六、金融监管等事务支出	6116
其他税收收入		十七、地震灾后恢复重建支出	
二、非税收入	288262	十八、国土资源气象等事务	
专项收入	30438	十九、住房保险支出	17010
行政事业性收费收入	94906	二十、粮油物资管理事务	118853
罚没收入	29642	二十一、储备事务支出	15822
国有资本经营收入	24894	二十二、国债还本付息支出	10289
国有资源(资产)有偿使用收入	89932	二十三、其他支出	2626
其他收入	18450		
本年合计	984573	本年支出合计	2797223

2013年度黄山市公共财政收支总表

单位:万元

预算科目	决算数	预算科目	决算数
一、税收收入	416277	一、一般公共服务	189750
增值税	54777	二、外交	
营业税	149348	三、国防	3354
企业所得税	24584	四、公共安全	57861
企业所得税退税		五、教育	128797
个人所得税	7087	六、科学技术	31778
资源税	3853	七、文件体育与传媒	41004
城市维护建设税	15657	八、社会保险和就业	150135
房产税	16194	九、医疗卫生	102273
印花税	4033	十、节能环保	84162
城镇土地使用税	15545	十一、城乡社区事务	140851
土地增值税	47386	十二、农林水事务	175459
车船税	2523	十三、交通运输	88507
耕地占用税	7304	十四、资源勘探电力信息等事务	27639
契税	67558	十五、商业服务业等事务	42717
烟叶税	428	十六、金融监管等事务支出	899
其他税收收入		十七、地震灾后恢复重建支出	
二、非税收入	177551	十八、国土资源气象等事务	
专项收入	11703	十九、住房保险支出	10048
行政事业性收费收入	31064	二十、粮油物资管理事务	64171
罚没收入	11036	二十一、储备事务支出	4401
国有资本经营收入	25102	二十二、国债还本付息支出	4261
国有资源(资产)有偿使用收入	74530	二十三、其他支出	19197
其他收入	24116		
本年合计	593828	本年支出合计	1367264

2013年度各市县(区)公共财政收支表

单位:万元

地区	收入合计	收入											非税收入						
		小计	增值税	营业税	企业所得税	个人所得税	资源税	城市维护建设税	耕地占用税	契税	烟叶税	其他各项税收收入	小计	专项收入	行政事业性收费收入	罚没收入	国有资本经营收入	国有资产(资源)有偿使用收入	其他收入
安徽省地市合计	18603205	13834298	2243089	4814879	1072486	267021	197366	868171	246939	1878926	13095	2232326	4768907	618677	1343407	443928	356603	1698845	307447
宣城市	1076682	784277	125047	251703	41657	12847	21176	40930	14021	116640	6267	153989	292405	27119	53565	40860	24123	143583	3155
宣城市本级	188027	135085	9166	53165	5951	2242	2345	7804	1829	16018		36565	52942	5108	18832	5646	15337	8019	
宣城市区县合计	888655	649192	115881	198538	35706	10605	18831	33126	12192	100622	6267	117424	239463	22011	34733	35214	8786	135564	3155
宣州区	206791	152339	25312	40835	5868	1241	5498	8429	2848	36532	4280	21496	54452	5820	2430	1270	2500	41872	560
郎溪县	133281	97256	16853	36138	3072	921	1165	4494	1755	18294	647	13917	36025	3290	6175	9532		17028	
广德县	164581	130049	26102	39793	8335	1927	7607	5460	984	15222	179	24440	34532	4678	9358	7255		13232	9
宁国市	199095	153782	27934	49185	13010	4794	2496	9884	1051	13585		31843	45313	4861	7674	4743		28035	
泾县	75390	52803	8595	16189	2776	958	1207	2414	1190	8834	397	10243	22587	1620	6003	6460	6176	2328	
旌德县	43750	29915	5581	8299	1479	381	478	1130	472	4872	610	6613	13835	893	1390	1731	110	8405	1306
绩溪县	65767	33048	5504	8099	1166	383	380	1315	3892	3283	154	8872	32719	849	1703	4223		24664	1280
宿州市	663512	466244	63823	166256	31803	6733	9391	23037	9264	88659		67278	197268	18822	75694	46964	6600	26484	22704
宿州市本级	263644	188058	20735	47365	16413	2021	1621	9122	5827	60260		24694	75586	7574	21768	20325	6600	9612	9707
宿州市区县合计	399868	278186	43088	118891	15390	4712	7770	13915	3437	28399		42584	121682	11248	53926	26639		16872	12997
□桥区	153048	120770	25800	47373	6764	3296	4162	8503	1061	3740		20071	32278	5656	9503	4481		1755	10883
砀山县	54624	37795	4629	17305	1744	307	18	1347	517	5515		6413	16829	1276	5474	4133		5463	483
萧县	83481	50774	6532	21168	3239	377	2460	1729	927	7779		6563	32707	1963	22078	6566		2082	18
灵璧县	51689	33308	2262	15716	1766	340	1072	1084	812	5854		4402	18381	1160	6039	7598		1971	1613
泗县	57026	35539	3865	17329	1877	392	58	1252	120	5511		5135	21487	1193	10832	3861		5601	
滁州市	1144231	817341	104422	307043	55996	12105	14588	50886	14500	111348		146453	326890	42839	78743	36302	2094	159461	7451
滁州市本级	255691	209641	27576	69326	19626	3100	156	22842	6483	31444		29088	46050	11007	19518	6915	1975	2745	3890
滁州市区县合计	888540	607700	76846	237717	36370	9005	14432	28044	8017	79904		117365	280840	31832	59225	29387	119	156716	3561
琅琊区	69981	49159	9250	19805	2586	892	16	2851	545	4263		8951	20822	1201	920	1399		17213	89
南谯区	93724	62642	7425	29258	3720	887	521	2738	348	5885		11860	31082	1924	5728	1086	119	22031	194
天长市	219226	138538	23441	43459	7530	1128	2971	8184	1922	21391		28512	80688	16210	19832	6871		37775	
来安县	107249	75331	9200	36217	4840	1242	448	3380	1233	6550		12221	31918	2547	2450	7340		19252	329
全椒县	109413	79647	7372	35669	5872	1432	2691	2931	443	8406		14831	29766	3345	4724	1532		19861	304
定远县	90521	69107	4345	29134	4478	903	2403	2149	474	14773		10448	21414	2087	10374	3418		5535	
凤阳县	124019	78270	11210	25455	5078	1338	4717	3319	1323	8131		17699	45749	3065	7129	4194		29052	2309
明光市	74407	55006	4603	18720	2266	1183	665	2492	1729	10505		12843	19401	1453	8068	3547		5997	336
池州市	651393	463237	61583	130915	19945	5788	10661	16078	10931	97619	1752	107965	188156	15658	94342	10019	5176	62900	61
池州市本级	263547	179413	8803	61967	10276	1801	5139	8507	6611	43465		32844	84134	6039	64269	3815	5176	4835	
池州市区县合计	387846	283824	52780	68948	9669	3987	5522	7571	4320	54154	1752	75121	104022	9619	30073	6204		58065	61
贵池区	175147	128514	23099	35261	4043	2326	1592	3585	653	17505	38	40412	46633	3961	22428	917		19327	
石台县	14177	9921	1113	3949	471	259	581	317	46	998	59	2128	4256	335	909	629		2322	61
青阳县	106259	76252	15649	14641	2349	579	2290	1841	2358	18762	124	17659	30007	3599	4462	1625		20321	
东至县	92263	69137	12919	15097	2806	823	1059	1828	1263	16889	1531	14922	23126	1724	2274	3033		16095	
阜阳市	854566	653559	116158	209631	41332	8752	4288	53410	19510	101400	524	98554	201007	31201	92435	29865	4008	39853	3645
阜阳市本级	262051	176068	28306	41554	7463	3003	453	25052	8433	40500		21304	85983	13816	35404	16287	4008	16408	60
阜阳市区县合计	592515	477491	87852	168077	33869	5749	3835	28358	11077	60900	524	77250	115024	17385	57031	13578		23445	3585
颍州区	98463	94753	7697	40476	6600	742	3	4275	11	23802		11147	3710	1868	1349	412		81	
颍泉区	63424	56480	5324	22214	7628	429		2603	118	7100		11064	6944	1117	3700	1151		976	
颍东区	34377	31050	3894	15917	1580	353	311	1658	475	3368		3494	3327	823	947	380		936	241
临泉县	57585	44302	5484	18487	1762	1277	198	2077	4113	4975		5929	13283	1787	6296	2042		3158	
太和县	80424	56506	11580	21062	2286	436	26	3719	633	6866	524	9374	23918	2344	16560	4126		888	

2013年度各市县(区)公共财政收支表

单位:万元

支出																				
支出合计	一般公共服务	国防	公共安全	教育	科学技术	文化体育与传媒	社会保障和就业	医疗卫生	节能环保	城乡社区事务	农林水事务	交通运输	资源勘探电力信息等事务	商业服务业等事务	金融监管等事务支出	国土资源气象等事务	住房保障支出	粮油物资储备事务	国债还本付息支出	其他支出
37534347	4184478	36709	1427054	6337950	1034387	474149	3921295	3491286	961816	4593117	4386822	2005232	1051919	561905	34935	300575	2130017	193499	164623	242579
2051803	284145	974	69638	315749	68173	26290	184455	224680	48317	256095	260674	145394	13729	23039	1996	11874	100700	8317	5785	1779
400993	36681	468	27785	23730	11580	4791	16779	11199	10299	113046	21923	76086	4210	7517	140	4263	24604	1140	4583	169
1650810	247464	506	41853	292019	56593	21499	167676	213481	38018	143049	238751	69308	9519	15522	1856	7611	76096	7177	1202	1610
360960	40209	173	4604	90060	8100	1503	44615	40093	2546	30394	71100	11009	415	445	75	905	13075	1639		
225666	28558		2115	37686	15797	2343	15928	34978	4917	19063	32247	13767	995	4195	158	431	11267	893	153	175
317265	56628	53	11395	52276	11492	3987	22175	36989	11529	24528	42842	19786	2028	4763	213	1283	11352	2675	322	949
316520	53839	160	9829	50709	9160	2309	33154	42923	3312	35835	36061	13571	2531	1919	673	1731	17607	519	232	446
192000	33770	120	3082	29326	4535	3936	26447	30713	3605	12676	23933	4294		1391	239	477	12580	503	373	1391
103723	13258	6021	10471	4217	2454	14527	10608	1765	9061	16931	4571	2148	-3	289	2076	4816	473		40	
134676	21202		4807	21491	3292	4967	10830	17177	10344	11492	15637	2310	1402	2812	209	708	5399	475	122	
2226623	261790	952	92440	431222	13649	29547	205362	273541	41263	120091	333209	133623	61219	16599	2391	13979	161366	17595	14309	2476
530561	43951	763	33315	27985	5081	16970	14772	13810	20075	78403	55485	88788	46756	7132	135	4479	65208	1066	5600	787
1696062	217839	189	59125	403237	8568	12577	190590	259731	21188	41688	277724	44835	14463	9467	2256	9500	96158	16529	8709	1689
441261	69793		9824	116537	3052	2310	52224	69097	1256	7925	70366	10130	674	749	105	1630	21233	3688	378	290
268603	32521	109	10569	64723	1033	2390	29796	41418	6745	3375	36807	8789	3261	1553	11	2196	20012	2223	187	885
368855	44245	12	13904	93915	1829	2805	44034	54977	3409	10269	49260	12069	4649	3562	2037	3956	21182	2436	305	
333398	36435		11594	73123	912	2658	34200	52358	3695	4821	65187	8850	3432	2514	103	1037	19836	5446	6683	514
283945	34845	68	13234	54939	1742	2414	30336	41881	6083	15298	56104	4997	2447	1089		681	13895	2736	1156	
2508733	289700	3841	105175	402383	34755	29389	274471	276489	46553	196614	448087	134311	47828	14738	970	21047	150674	22699	3612	5397
473653	56847	2340	33659	30889	7070	6952	33195	17497	13921	70780	47313	5594	24764	2903	444	4914	30083	992	1909	1587
2035080	232853	1501	71516	371494	27685	22437	241276	258992	32632	125834	400774	48717	23064	11835	526	16133	120591	21707	1703	3810
101292	11773		3355	32978	1566	464	14905	5446	765	13539	6292	268	3034	186	34	33	6161	414	79	
150529	15102		4502	31031	2249	1208	6154	12026	165	16449	41934	1250	1306	193	236	1399	3352	1673	95	205
390558	39999	186	12064	61292	8343	6904	34535	61415	8333	26185	73359	12340	4555	3827	34	998	30737	4177	274	1001
238827	26900	78	9805	36827	2469	2626	32402	23549	3002	25843	40262	6924	2776	2126	20	7291	12946	2753	213	15
239852	24154	948	9415	35319	4421	2252	28278	28845	4291	17886	46356	9675	3104	1591		692	19152	3225	248	
358105	34681	106	10757	72107	3735	2033	49048	49842	5899	10055	84668	7562	370	920	75	1032	19929	3574	404	1308
308288	46592	130	11722	63995	2199	5257	35181	43381	4663	5629	57800	5402	2537	1675	30	2542	16047	3197	229	80
247629	33652	53	9896	37945	2703	1693	30773	34488	5514	10248	50103	5296	5382	1317	97	2146	12267	2694	161	1201
1306761	188488	2906	39581	190923	17887	17823	118240	120880	25655	173158	145080	80382	41419	16963	339	7683	88266	5889	2622	22577
449154	47319	2551	18833	24413	6825	10147	21115	15291	13772	138873	32313	45573	33350	7442	160	3571	24652	494	1650	810
857607	141169	355	20748	166510	11062	7676	97125	105589	11883	34285	112767	34809	8069	9521	179	4112	63614	5395	972	21767
322564	48782	107	3849	58859	3458	1916	32256	44562	309	8911	40764	20305	1890	3833	100	902	28948	1081	385	21347
87013	12276		3881	11854	878	1364	10432	8115	3087	2163	16949	3332	2093	2575		976	6625	242	171	
197808	38546	248	5009	37028	4222	2595	20147	23262	3288	14532	23350	5481	2659	2178		1843	10246	2995	179	
250222	41565		8009	58769	2504	1801	34290	29650	5199	8679	31704	5691	1427	935	79	391	17795	1077	237	420
3126496	273203	3885	124461	601916	19028	18820	495262	384771	36664	156982	415343	179048	73320	33780	6009	19592	187003	18294	48895	30220
521381	61813	2562	43675	41758	4876	3790	33145	16905	5821	70668	39820	111176	13924	5008	538	2826	5175	875	33331	23695
2605115	211390	1323	80786	560158	14152	15030	462117	367866	30843	86314	375523	67872	59396	28772	5471	16766	181828	17419	15564	6525
204062	24789	125	6188	40094	1183	779	40482	24998	2461	4798	23635	5332	3254	1352	295	5538	15463	1054	1067	1175
194110	16461	87	4456	40508	2165	779	38165	25040	1684	3123	31399	2193	3465	12609	854	82	8675	2046	197	122
172734	17547	113	3214	40662	995	1002	31771	23768	701	5321	27815	1711	2826	1105	1589	97	8010	1292	195	
455751	35705	305	15673	108350	602	2714	87566	79832	4577	10810	67986	10766	4043	2464	176	875	19823	2903	561	20
476275	38494	182	14357	110648	2135	2243	75114	67282	4598	18791	56250	15464	15379	4785	1759	4666	39156	2876	289	1807

2013 年度各市县(区)公共财政收支表

单位:万元

地区		收入											非税收入						
	收入合计	小计	增值税	营业税	企业所得税	个人所得税	资源税	城市维护建设税	耕地占用税	契税	烟叶税	其他各项税收收入	小计	专项收入	行政事业性收费收入	罚没收入	国有资本经营收入	国有资产(资源)有偿使用收入	其他收入
颍上县	138223	108397	29197	23035	9821	1157	3177	6248	3137	6062		26563	29826	4793	15528	2970		6535	
阜南县	44107	32896	5086	15351	1513	450	120	1412	1619	3457		3888	11211	950	9189	688		365	19
界首市	75912	53107	19590	11535	2679	905		6366	971	5270		5791	22805	3703	3462	1809		10506	3325
六安市	818338	594311	75002	236126	44280	8927	18685	29798	23603	77160		80730	224027	32802	127805	25230		31729	6461
六安市本级	253743	178934	16046	73410	9183	2209	10	9433	6372	36666		25605	74809	6166	48141	8410		7241	4851
六安市区县合计	564595	415377	58956	162716	35097	6718	18675	20365	17231	40494		55125	149218	26636	79664	16820		24488	1610
金安区	73579	53470	7012	22268	5024	722	310	2041	1384	5467		9242	20109	1539	9714	1249		7602	5
裕安区	76571	59482	5530	29650	5089	1123	548	2489	881	6510		7662	17089	1580	10475	1540		2816	678
寿县	58429	47115	4862	23050	2565	877	209	1656	1546	7221		5129	11314	1172	5652	3989		501	
霍邱县	143324	99402	17736	27307	8080	1521	16996	4733	8432	6522		8075	43922	16135	17686	4963		4487	651
舒城县	75442	61791	6316	26042	5106	1103	55	2469	1086	7425		12189	13651	1496	7670	2070		2264	151
金寨县	43207	32312	4910	14532	1849	620	261	1417	2652	2233		3838	10895	1169	5461	924		3341	
霍山县	94043	61805	12590	19867	7384	752	296	5560	1250	5116		8990	32238	3545	23006	2085		3477	125
合肥市	4386226	3564974	523980	1415166	349168	94367	11042	228139	25025	434396		483691	821252	130024	222975	60015	48346	213762	146130
合肥市本级	2669500	2154444	328401	900025	235855	60388	818	158495	16053	333487		120922	515056	98936	99875	25358	48346	146406	96135
合肥市区县合计	1716726	1410530	195579	515141	113313	33979	10224	69644	8972	100909		362769	306196	31088	123100	34657		67356	49995
瑶海区	110132	84694	8149	29256	5435	1475	1	3712				36666	25438		3516	1547		5343	15032
庐阳区	151691	130869	12079	35508	23668	5888		5323				48403	20822		3718	1981		7597	7526
蜀山区	178653	159516	10208	51182	14462	4227	2	6653		-1		72783	19137		4349	9163		3125	2500
包河区	221056	199885	27508	50048	11079	5614	1	9973				95662	21171	24	4716	2212		7957	6262
肥东县	232962	176703	33914	81531	7305	2844	57	7304	3660	21038		19050	56259	5483	32650	3934		4589	9603
长丰县	214867	182059	29362	81283	13287	2287	12	8666	642	22314		24206	32808	5716	13659	2956		1778	8699
肥西县	277895	232747	40612	87191	18656	4778	6	14996	776	32062		33670	45148	9361	23577	5884		6086	240
庐江县	155975	102122	14902	43214	8067	3939	3621	4699	2505	8566		12609	53853	4117	17248	3972		28481	35
巢湖市	173495	141935	18845	55928	11354	2927	6524	8318	1389	16930		19720	31560	6387	19667	3008		2400	98
蚌埠市	928392	679687	124366	247320	43755	8140	155	72801	13280	81746		88124	248705	40612	79165	44141	27932	43628	13227
蚌埠市本级	387552	277779	45403	77393	18188	4225		49855	2866	57351		22498	109773	27644	27289	15528	16352	16857	6103
蚌埠市区县合计	540840	401908	78963	169927	25567	3915	155	22946	10414	24395		65626	138932	12968	51876	28613	11580	26771	7124
龙子湖区	54168	43526	7906	18242	2833	1021		2757	954			9813	10642	1179	7870	1578		15	
蚌山区	82346	66032	4805	38783	4571	525		3755	792			12801	16314	1596	1760	3894	4480	4584	
禹会区	65642	46199	13353	14466	5042	842	40	5165	365			6926	19443	2229	1574	15636		4	
淮上区	57719	50267	9700	25666	3580	122		2830	1344			7025	7452	1159	5755	529		9	
怀远县	126422	89018	27120	28056	5343	688	81	4231	516	7118		15865	37404	3345	18478	3304		6890	5387
固镇县	68174	45983	7584	12630	1558	258	13	1615	5745	11153		5427	22191	1607	10122	2013		8198	251
五河县	86369	60883	8495	32084	2640	459	21	2593	698	6124		7769	25486	1853	6317	1659	7100	7071	1486
淮南市	1107341	686227	133585	214152	42932	19125	13920	45719	8213	77550		131031	421114	38508	45348	20951	61162	227952	27193
淮南市本级	587765	305155	32090	74486	26654	12557	9488	17052	4040	58743		70045	282610	28266	31076	12989	61162	144906	4211
淮南市区县合计	519576	381072	101495	139666	16278	6568	4432	28667	4173	18807		60986	138504	10242	14272	7962		83046	22982
田家庵区	96226	86757	8721	49751	5879	2228		5233		22		14923	9469		1083	2749		17	5620
大通区	22859	19329	9769	4537	699	170	23	2143				1988	3530		542	444		1044	1500
谢家集区	65726	63918	6330	32971	3582	324	234	3432		9301		7744	1808		813	701		294	
八公山区	13458	9885	3637	3086	918	178	262	933				871	3573		328	442		2801	2
潘集区	52775	39626	12356	11328	2326	588	488	5479	2814			4247	13149	2205	3545	669		76	6654
凤台县	268532	161557	60682	37993	2874	3080	3425	11447	1359	9484		31213	106975	8037	7961	2957		78814	9206
铜陵市	641758	430000	75698	141121	39386	7410	17246	22800	3861	46171		76307	211758	15469	47576	8454	6241	129667	4351

2013年度各市县(区)公共财政收支表

单位:万元

支出																				
支出合计	一般公共服务	国防	公共安全	教育	科学技术	文化体育与传媒	社会保障和就业	医疗卫生	节能环保	城乡社区事务	农林水事务	交通运输	资源勘探电力信息等事务	商业服务业等事务	金融监管等事务支出	国土资源气象等事务	住房保障支出	粮油物资储备事务	国债还本付息支出	其他支出
440200	34411	285	12416	86343	2766	2439	76073	57192	3228	25612	72579	13526	7538	3321		3342	27616	3938	7449	126
416747	24543	176	13678	97637	972	3245	64162	60193	3804	10051	60989	14869	4494	2466		1164	43268	2174	5587	3275
245236	19440	50	10804	35916	3334	1829	45784	29561	9790	7808	34870	4011	18397	670	798	1002	19817	1136	219	
2860000	304675	1710	116404	580469	26512	38078	272348	324988	51281	113664	491157	230514	52112	26047	2199	24027	152035	18259	17193	16328
591455	43009	286	45929	45431	8846	8500	20741	19992	10709	48806	50924	165725	24393	4724	1000	2245	61247	1450	15669	11829
2268545	261666	1424	70475	535038	17666	29578	251607	304996	40572	64858	440233	64789	27719	21323	1199	21782	90788	16809	1524	4499
269613	39707	204	5073	73113	2016	3077	31832	38667	6097	2667	46927	5556	2208		2382	1850	5116	2840	246	35
293467	34139	256	4610	77752	1046	2678	37369	48440	7070	2865	49786	7559	720	2803		661	12107	3175	230	201
381658	36776	121	12959	89012	3666	4689	43099	54624	4889	6607	80052	13581	7119	3328	44	595	16762	3409	326	
491723	55674	354	14852	102648	3534	5637	52022	63090	4137	26400	108767	12603	6517	5759	503	14202	9561	3500		1963
305599	32682	106	14048	68987	2349	5006	37119	43065	4207	7748	58629	10065	4037	2003	480	1084	12014	1687	283	
303858	34333	150	9816	75076	2342	4859	29028	32688	9023	5421	57479	7771	5369	5029	112	1902	22151	1033	276	
222627	28355	233	9117	48450	2713	3632	21138	24422	5149	13150	38593	7654	1749	19	60	1488	13077	1165	163	2300
6308509	768518	4281	206897	1044694	260165	66055	525085	371851	254727	1269834	496045	216821	393101	79268	3786	44862	195016	20339	6261	80903
3512537	293070	2347	110207	440992	200986	43408	214230	115996	196003	1027491	122634	159819	325808	61370	1170	25261	122609	4986	4797	39353
2795972	475448	1934	96690	603702	59179	22647	310855	255855	58724	242343	373411	57002	67293	17898	2616	19601	72407	15353	1464	41550
149387	21560	106	4405	49726	370	1202	13459	7170	2578	27676	7387	18	5499	255		3	1905			6068
178090	35502	110	3829	52436	1672	605	11950	8300	3171	41950	12695	556	611	1381			2500			822
214996	47206	115	7291	46435	2624	1949	23165	6118	123	63409	10944	11	54	226	1000		2417			1909
232359	49772	91	7599	66824	3259	1121	18121	9797	4245	31061	13537	2140	5302	749			3535			15206
437233	76586		13539	87402	21326	4721	47974	51076	11073	19429	72714	9562	2680	4857	221	1813	9168	2460		632
387091	49940	286	11937	83565	2823	3285	37924	41494	7908	26695	58671	5862	26588	2367	100	9802	8857	3945	365	4677
457668	104914	286	19189	76432	20073	4467	42920	48709	10347	4549	66474	15886	4329	2963	385	2507	19210	2489		11539
402108	48691	342	11781	81954	2909	2607	53575	48271	9947	13878	80454	12396	10963	2304	621	3646	12519	4733	517	
337040	41277	598	17120	58928	4123	2690	61767	34920	9332	13696	50535	10571	11267	2796	289	1830	12296	1726	582	697
1914991	183567	2662	80019	339008	72384	20570	198273	181485	55518	250470	231756	100084	9659	40249	927	7677	127610	9990	690	2393
732716	40571	1159	39789	66516	44696	11558	76858	49969	31353	156424	35266	76658	4566	16789	658	2828	75557	1224		277
1182275	142996	1503	40230	272492	27688	9012	121415	131516	24165	94046	196490	23426	5093	23460	269	4849	52053	8766	690	2116
46863	10681	70	1916	9603	1173	183	5768	1952	342	5865	2115	303	620	1195			5077			
73434	8124	138	2585	14441	2170	815	4865	2777	9054	11238	2842		316	13619	8		347		95	
57475	6338	66	1885	14454	2208	265	7496	3007	4885	9585	4189	1084	261	1119		2	560		71	
67793	6857		1834	11389	726	235	4842	3398	2541	21038	11332	625	330	2046		20	580			
426362	43197	676	12959	117715	17258	3539	41124	59752	3258	16217	72165	7389	1938	2384	202	2811	18643	3736		1399
242929	33073	364	8921	47841	679	1625	26774	25760	2161	25862	44860	5182	1222	885		1405	12179	3223	196	717
267419	34726	189	10130	57049	3474	2350	30546	34870	1924	4241	58987	8843	406	2212	59	611	14667	1807	328	
1686273	189441	2747	80919	225132	32914	18790	187317	129335	36701	386193	133798	56337	45246	32558	1393	19009	82236	5504	16856	3847
873066	96501	2147	56491	71038	22854	10780	101343	48408	28090	275175	40173	40151	17202	15909	706	8237	15875	3137	15955	2894
813207	92940	600	24428	154094	10060	8010	85974	80927	8611	111018	93625	16186	28044	16649	687	10772	66361	2367	901	953
106817	16474	160	5408	27788	1372	620	12827	4054	101	12609	6067	291	13867	431			4748			
41273	5570		2715	5232	506	305	6291	2816		2238	5303		5784				3979			534
99436	7887		1641	15604	515	256	4044	2925	51	28277	2741	83	2009	1883		8286	23194			40
31979	3796	108	1344	6113	318	375	5534	1448	111	2014	1279	22	2759	459	1		6280			18
111559	16100	97	2940	30658	761	834	14910	10202	1521	1833	16451	918	170				8044			120
422143	43113	235	10380	68699	6588	5620	42368	53482	6827	64047	61784	14872	3455	13876	686	2486	20116	2367	901	241
1005932	100592	287	40979	140836	48551	11091	89829	52399	50962	146581	49829	63715	45216	67721	1683	13151	72813	3922	897	4878

2013年度各市县(区)公共财政收支表

单位:万元

地区	收入合计	收入											非税收入						
		小计	增值税	营业税	企业所得税	个人所得税	资源税	城市维护建设税	耕地占用税	契税	烟叶税	其他各项税收收入	小计	专项收入	行政事业性收费收入	罚没收入	国有资本经营收入	国有资产(资源)有偿使用收入	其他收入
铜陵市本级	369933	213676	25908	49401	24192	2775	10731	9383	1852	34256		55178	156257	12275	29514	6240	6241	97684	4303
铜陵市区县合计	271825	216324	49790	91720	15194	4635	6515	13417	2009	11915		21129	55501	3194	18062	2214		31983	48
铜官山区	59021	55440	13059	28855	4499	2094		3597				3336	3581		524	140		2879	38
狮子山区	34987	33287	6991	17684	4031	977		2268				1336	1700		87	461		1150	2
郊区	55914	38391	16184	13449	2200	530		4130				1898	17523		263	113		17139	8
铜陵县	121903	89206	13556	31732	4464	1034	6515	3422	2009	11915		14559	32697	3194	17188	1500		10815	
马鞍山市	1461823	950434	162508	293432	47864	16201	21585	55280	16257	137573		199734	511389	42627	114244	21015	24995	298031	10477
马鞍山市本级	527342	380125	70197	83598	13828	7121	6189	24865	10243	69799		94285	147217	19601	75625	7154	24995	19676	166
马鞍山市区县合计	934481	570309	92311	209834	34036	9080	15396	30415	6014	67774		105449	364172	23026	38619	13861		278355	10311
花山区	240804	115394	13064	57901	10405	2304	321	6458				24941	125410	2699	1596	422		120683	10
雨山区	140432	82893	15252	35279	6959	1418	2085	5967		11		15922	57539	2542	5491	440		39965	9101
当涂县	295511	184595	33800	56159	7227	2135	2538	9019	1705	27441		44571	110916	6141	15663	4228		84884	
含山县	94228	66040	10442	25036	3431	1040	3174	2750	1111	12271		6785	28188	5870	6073	3491		11808	946
和县	111269	84599	9242	23727	4714	1610	5252	2636	952	26805		9661	26670	3601	7210	4049		11585	225
博望区	52237	36788	10511	11732	1300	573	2026	3585	2246	1246		3569	15449	2173	2586	1231		9430	29
淮北市	506812	431232	79975	115420	46053	5711	8896	27137	13418	65767		68855	75580	19981	35730	9964	-6646	14730	1821
淮北市本级	273882	230447	48067	31249	34622	3547	5291	17683	12216	56960		20812	43435	14038	17707	6384	-7000	11255	1051
淮北市区县合计	232930	200785	31908	84171	11431	2164	3605	9454	1202	8807		48043	32145	5943	18023	3580	354	3475	770
相山区	48088	43523	3653	22778	2026	544	69	982			2505	13471	4565	555	1073	2453		253	231
杜集区	27760	25989	4562	12286	465	241	1297	542				6596	1771	329	1131	128		107	76
烈山区	26002	21431	2507	10956	1124	127	785	447			2505	5485	4571	372	694	389		2921	195
濉溪县	131080	109842	21186	38151	7816	1252	1454	7483	1202	8807		22491	21238	4687	15125	610	354	194	268
芜湖市	2139917	1700457	360711	488741	157587	33693	25870	120039	37703	186509		287099	439460	103490	78664	28328	92493	119896	16589
芜湖市本级	700735	505699	120704	107366	64171	14504	2	64786	2414	47557		84195	195036	52366	46327	11175	73430	5078	6660
芜湖市区县合计	1439182	1194758	240007	381375	93416	19189	25868	55253	35289	138952		202904	244424	51124	32337	17153	19063	114818	9929
镜湖区	282140	260912	29423	118240	19943	7276		12676	469	32652	1147 1342	40233	21228	5426	1311	452		14039	
弋江区	185077	156322	15072	45877	14435	3263	20	6064	6639	40999	16	23953	28755	2600	967	278	3000	20910	1000
鸠江区	160851	156799	20008	65267	12410	1793	1	9451	3165	7693		37011	4052	4026		6		20	
三山区	56350	54717	5309	18468	3564	595		3089	1350	10159		12183	1633	1323	105	168		37	
繁昌县	223508	168323	40973	21958	17804	1344	22964	6332	16267	9064		31617	55185	5260	7581	2828	12000	27237	279
南陵县	144210	97063	27042	33788	6329	825	460	3652	4135	8962		10723	47147	23506	7296	2376	4063	7903	2003
芜湖县	213361	162780	68748	29732	11125	1142	1187	6462	1262	16646		25134	50581	3915	4477	4296		37791	102
无为县	173685	137842	33432	48045	7806	2951	1236	7527	2002	12777		22050	35843	5068	10600	6749		6881	6545
安庆市	984573	696311	91851	280098	58415	14906	13482	37180	14894	78798		106687	288262	30438	94906	29642	24894	89932	18450
安庆市本级	233653	164498	29970	47635	17269	4171	167	12846	3477	31380		17583	69155	10378	19862	5368	24894	7319	1334
安庆市区县合计	750920	531813	61881	232463	41146	10735	13315	24334	11417	47418		89104	219107	20060	75044	24274		82613	17116
迎江区	76106	73314	4115	45853	6304	1086	2	3951				12003	2792	1667	493	359		181	92
大观区	36387	34837	3576	21062	2847	921	37	2561				3833	1550	1092	314	89		55	
宜秀区	47215	44259	4033	19161	5121	481	92	2402				12969	2956	1042	905	335		674	
怀宁县	125144	75302	10761	25163	5436	1562	4293	2737	5681	5805		13864	49842	6375	28501	2851		12115	
枞阳县	97175	58405	9226	18903	4574	362	6867	1672	366	8775		7660	38770	1617	8875	8059		14465	5754
桐城市	151027	94943	10919	34043	8618	3199	607	4874	899	11700		20084	56084	2809	10333	2013		38812	2117
潜山县	56568	39545	5751	16962	2151	481	203	1827	1116	5016		6038	17023	1214	3784	2333		8523	1169
太湖县	34325	24606	2647	11513	1342	756	237	1045	963	2737		3366	9719	1135	3492	2068		681	2343
宿松县	55298	33897	4778	13531	1792	950	358	1039	1392	7451		2606	21401	776	8405	3394		4145	4681

2013 年度各市县(区)公共财政收支表

单位:万元

支出																				
支出合计	一般公共服务	国防	公共安全	教育	科学技术	文化体育与传媒	社会保障和就业	医疗卫生	节能环保	城乡社区事务	农林水事务	交通运输	资源勘探电力信息等事务	商业服务业等事务	金融监管等事务支出	国土资源气象等事务	住房保障支出	粮油物资储备事务	国债还本付息支出	其他支出
643929	56176		26866	80425	40559	6431	57180	26901	48408	108098	12937	52699	40419	16765	894	2552	60797	3099	737	1986
362003	44416	287	14113	60411	7992	4660	32649	25498	2554	38483	36892	11016	4797	50956	789	10599	12016	823	160	2892
60249	8776		2718	12719	700	139	7282	2943	264	8687	201	5437	352	6349		44	3444			194
34097	5957		1625	5684	486	203	2376	1230	285	3563	1170		182	8704		1208	1025			399
61052	5819		1821	7293	430	636	4467	1468	391	14964	3613	198	1325	14755		1674	1940			258
206605	23864	287	7949	34715	6376	3682	18524	19857	1614	11269	31908	5381	2938	21148	789	7673	5607	823	160	2041
2025888	216394	554	85354	313134	60893	38187	182419	143929	33224	342994	172814	76131	68215	36454	1344	36012	194962	9397	3473	10004
726891	67373		29905	71752	35235	16171	55155	34995	11571	170829	30346	57922	58517	20718	533	11579	44008	2345	1727	6210
1298997	149021	554	55449	241382	25658	22016	127264	108934	21653	172165	142468	18209	9698	15736	811	24433	150954	7052	1746	3794
210352	22084		10480	39013	4342	367	16136	6982	1545	14762	2135		1172	822		2759	86198		1346	209
122906	9839		5930	28910	1568	411	14778	4548	5038	28515	3713		406	2161		12385	4434			270
428827	56360		14484	67750	10359	5587	42540	43909	4778	87230	43870	4676	4365	4305	142	3067	31087	1291		3027
212489	21830	463	9930	43779	4395	10814	20659	21171	4144	18777	36359	4187	976	2042	474	1896	7847	2445	238	63
251081	30562	91	11067	47500	3896	4544	25582	27536	5344	14089	49657	8422	478	5130	195	3848	9662	3316	162	
73342	8346		3558	14430	1098	293	7569	4788	804	8792	6734	924	2301	1276		478	11726			225
1087215	121279	486	46414	164168	13406	9450	121965	97550	14469	234174	111610	36279	23213	7815	317	7088	69876	4746	1348	1562
488975	51899	486	28005	44660	3315	5283	38713	37732	10947	161380	25219	28206	5616	1660	122	3972	38720	1967	892	181
598240	69380		18409	119508	10091	4167	83252	59818	3522	72794	86391	8073	17597	6155	195	3116	31156	2779	456	1381
85094	14629		3714	14101	2266	245	14064	4224	901	10733	7036	53	4100	845			7317		59	807
77892	8683		1859	17078	3011	324	14439	4625	410	9394	9869	591	4578	171		160	2486		59	155
73437	12871		1978	13242	1134	485	11473	5345	1281	4037	11156	350	5901	779			3177		59	169
361817	33197		10858	75087	3680	3113	43276	45624	930	48630	58330	7079	3018	4360	195	2956	18176	2779	279	250
3196317	222881	3918	96388	507446	263329	43121	310883	216393	113703	549245	254352	181363	72049	76587	4106	34684	174568	8595	26432	36274
1306060	51181	2448	47250	114176	214314	25273	94793	55483	86255	218288	75775	136106	28372	34119	1344	9575	61728	2893	16276	30411
1890257	171700	1470	49138	393270	49015	17848	216090	160910	27448	330957	178577	45257	43677	42468	2762	25109	112840	5702	10156	5863
216272	14870	310	4069	50741	2486	2780	18352	6422	16	42409	4564	1172	9268	23365		20	30295		4732	401
143236	13160	114	3240	33876	19646	961	12084	4033	460	29383	4244	856	362	270		116	15084		244	5103
167347	12776	167	3058	39381	4358	2046	13592	5133	3416	47355	9362	2174	4800	11978			4507		3244	
67926	9808	95	1523	20786	2310	353	5468	3015	1281	9054	4446	1641	252	494		58	7114		228	
300008	35571	94	7696	35552	5684	4889	29401	36002	8279	80486	26397	4560	1952	674	670	1870	19171	549	511	
261716	25653	199	9949	56290	3890	1568	33700	24220	629	10230	36476	21521	4654	2308	354	20545	6869	1880	422	359
297670	24262	231	8204	36502	5804	2055	29438	24050	5476	91159	34483	5723	15194	1698	25	202	12065	672	427	
436082	35600	260	11399	120142	4837	3196	74055	58035	7891	20881	58605	7610	7195	1681	1713	2298	17735	2601	348	
2797223	367594	1868	117039	571349	55834	53967	311162	322350	46569	157472	390560	175823	30824	24096	6116	17010	118853	15822	10289	2626
576665	42865	1052	40261	54256	10495	20034	64091	40783	14673	53983	34198	115873	16565	5829	4748	2186	45055	1561	7980	177
2220558	324729	816	76778	517093	45339	33933	247071	281567	31896	103489	356362	59950	14259	18267	1368	14824	73798	14261	2309	2449
68507	20915		2351	15265	1239	874	3773	3337	30	9270	8167	132	642	2471		29			12	
48239	7161		2943	14012	1071	265	3039	4433	640	1829	9503	397		1690		705	313	226	12	
58554	8686		2523	15265	1208	1343	2143	7231	408	3349	12903	70	230	301		40	1192	195	12	1455
272668	41449	418	10071	70750	4915	6414	26607	34828	4754	9626	35355	6249	1489	2956	148	3868	7283	4995	421	72
291946	46802	277	7817	65382	5255	3913	46557	45321	1892	2876	41851	5867	796	1089	30	1956	12443	1564	258	
335091	41365		9836	74666	10669	5913	28051	34011	3530	54179	45380	4683	4672	1972	209	968	11926	1897	313	851
228520	36089	59	8302	48558	4171	2515	29851	32412	5215	1765	36477	6973	1231	3161	201	2800	7519	989	213	19
219744	29850	2	8320	48773	3876	3001	26667	27497	4623	2569	45131	6543	1707	1313	60	781	7994	783	254	
299600	43491	60	9814	82131	5410	3386	23278	39331	6428	10891	45969	13631	687	1171	578	2451	9076	1520	245	52

2013年度各市县(区)公共财政收支表

单位:万元

地区	收入											非税收入						
	收入合计	小计	增值税	营业税	企业所得税	个人所得税	资源税	城市维护建设税	耕地占用税	契税	烟叶税	其他各项税收收入	小计	专项收入	行政事业性收费收入	罚没收入	国有资本经营收入	国有资产(资源)有偿使用收入	其他收入
望江县	39697	29815	2834	14379	1567	366	297	1229	627	4078		4438	9882	1359	5666	803		1942	112
岳西县	31978	22890	3241	11893	1394	571	322	997	373	1856		2243	9088	974	4276	1970		1020	848
黄山市	593828	416277	54777	149348	24584	7087	3853	15657	7304	67558	428	85681	177551	11703	31064	11036	25102	74530	24116
黄山市本级	168006	112432	7382	41171	5891	2640		4538	1272	26672		22866	55574	3456	14362	2606		28985	6165
黄山市区县合计	425822	303845	47395	108177	18693	4447	3853	11119	6032	40886	428	62815	121977	8247	16702	8430	25102	45545	17951
屯溪区	74115	50091	4315	21490	3379	760	11	2241				17895	24024	905	1975	615		16525	4004
黄山区	72241	50292	8616	17480	2441	697	589	1512	749	7716		10492	21949	1191	1989	1793	4196	11462	1318
徽州区	61997	45393	9413	10425	2697	560	762	1929	1221	11516	88	6782	16604	1396	1619	644	6354	5043	1548
祁门县	43198	31073	4920	11553	1232	374	1026	1000	1386	3402	49	6131	12125	983	1354	783	3556	2062	3387
黟县	24619	18233	3298	7256	948	261	207	606	284	1849	3	3521	6386	437	1712	510		501	3226
休宁县	64473	47435	7031	16664	2671	835	539	1665	773	8969	90	8198	17038	1268	1791	1598	10996	1019	366
歙县	85179	61328	9802	23309	5325	960	719	2166	1619	7434	198	9796	23851	2067	6262	2487		8933	4102
亳州市	643813	499730	89603	168407	27729	5229	2528	29280	15155	110032	1619	50148	144083	17384	71151	21142	10083	22707	1616
亳州市本级	167678	139303	19213	34162	9621	2145		11546	5702	45962		10952	28375	5709	16389	5562		573	142
亳州市区县合计	476135	360427	70390	134245	18108	3084	2528	17734	9453	64070	1619	39196	115708	11675	54762	15580	10083	22134	1474
谯城区	128351	102016	18368	46627	8339	965	45	6512	2778	7309	1619	9454	26335	3145	9220	2096		11874	
涡阳县	137171	100591	14020	32712	3010	1086	1933	4784	1885	27128		14033	36580	3962	15613	5105	10083	1361	456
蒙城县	121490	88732	21603	30521	3631	631	493	3864	3301	15427		9261	32758	2651	17959	4192		6938	1018
利辛县	89123	69088	16399	24385	3128	402	57	2574	1489	14206		6448	20035	1917	11970	4187		1961	

2013年度各市县(区)公共财政收支表

单位:万元

支出																					
支出合计	一般公共服务	国防	公共安全	教育	科学技术	文化体育与传媒	社会保障和就业	医疗卫生	节能环保	城乡社区事务	农林水事务	交通运输	资源勘探电力信息等事务	商业服务业等事务	金融监管等事务支出	国土资源气象等事务	住房保障支出	粮油物资储备事务	国债还本付息支出	其他支出
198981	26772		8006	38759	3877	2566	30523	29650	994	2363	37977	6647	932	571	142	387	7157	1444	214	
198708	22149		6795	43532	3648	3743	26582	23516	3382	4772	37649	8758	1873	1572		839	8895	648	355	
1367264	189750	3354	57861	128797	31778	41004	150135	102273	84162	140851	175459	88507	27639	42717	899	10048	64171	4401	4261	19197
363075	36851	2586	18349	15694	7565	6994	23093	10100	44668	57377	11358	65062	9765	29910	142	2678	6226	670	1122	12865
1004189	152899	768	39512	113103	24213	34010	127042	92173	39494	83474	164101	23445	17874	12807	757	7370	57945	3731	3139	6332
111377	23696		3507	5142	2232	1458	15309	7816	2506	25890	10538	2444	1242	815	6		7800	303	321	352
152533	32588	337	5819	17871	2924	2624	16025	11150	10441	7146	26802	4129	2531	2197	356	1322	6441	782	137	911
118216	17625		5935	9522	1755	5183	9446	6872	5493	14022	17551	1076	4805	4146	103	441	10782	257	1967	1235
122271	14946	60	4511	14409	3628	2549	17683	13002	2486	10956	23520	4931	2365	417		684	4841	410	143	730
82328	10951	361	3990	7412	1575	6790	10714	7000	3885	5336	13764	1764	910	557		634	5739	801	134	11
168440	28604		7088	20614	3545	8337	21169	15359	4691	8093	30808	3231	2636	2888	188	1837	6606	567	122	2057
249024	24489	10	8662	38133	8554	7069	36696	30974	9992	12031	41118	5870	3385	1787	104	2452	15736	611	315	1036
2064319	222461	2284	67485	380724	15129	11967	294089	268372	22048	98699	277049	106900	47130	23274	460	12832	189868	19730	1700	2118
332563	33306	1959	26597	28846	1583	2157	13305	13371	4906	65840	23303	69161	2951	1791	134	2274	39712	228	600	539
1731756	189155	325	40888	351878	13546	9810	280784	255001	17142	32859	253746	37739	44179	21483	326	10558	150156	19502	1100	1579
444227	37358		4649	69239	2964	1314	70669	56312	3640	15097	63112	12157	5835	17812		3104	76899	3698	365	3
455275	40882	102	11505	95865	3418	2449	73368	70544	5508	9457	63161	6853	22834	1246	256	5097	34492	6282	380	1576
398150	52027		11217	106030	4849	3571	57210	62815	3994	3449	57564	8934	1430	1620	19	1524	19508	2389		
434104	58888	223	13517	80744	2315	2476	79537	65330	4000	4856	69909	9795	14080	805	51	833	19257	7133	355	

财政机构人员篇

省财政厅机构人员

省财政厅机关及厅属单位处级以上干部名单

（2013年12月31日）

财政厅机关

厅领导

党组书记、厅　长:罗建国
党组成员、巡视员:张广寿
党组成员、副厅长:左　俊　吴天宏
党组成员、纪检组长:刘　浩
党组成员、副厅长:陈　军　朱长才　孟照红
副巡视员:李友兰　陈传文

办公室

副主任:左自智(主持工作)　姚先飞

综合处

处　长:王　玲
副处长:李运孝　金嘉岳
副调研员:姚　伟

税政条法处

处　长:周名桨
副处长:方旭华
副调研员:杨玉林　高　峰

预算处(省直预算编制办公室)

处　长:朱艾勇
副处长(副主任):段焕松　方山恩　汪公发
调研员:邵　军
副调研员:谢文革

国库处

处　长:解立卫
副处长:张　玲　达小敏
副调研员:王永力　田　丰

政府债务管理办公室

主　任:吴天宏(兼)
常务副主任:尹祥领(正处级)
副主任:王　坤

行政处

处　长:张　力
副处长:李　霞　宋葛民
副调研员:宋　频　陈　蕙

政法处

处　长:汪代启
副处长:徐玉明
调研员:刘建平

教科文处

处　长:方习利
副处长:孙春荣　吴祎明
副调研员:洪　军

经济建设处

处　长:王召远
副处长:张恒景　朱玉琴　陈维光
调研员:侯宇翔
副调研员:吴建辉

农业处

处　长:孔少林
副处长:左磊明　王定友
副调研员:储　敏　魏祥瑾

社会保障处

处　长:徐光耀
副处长:林晓明　解亚平　韩剑辉
副调研员:汪小俊

企业处

处　长:于华伟
副处长:杨前炉　刘志毅
调研员:殷路滨　周晓丽
副调研员:何　义　汪跃建

金融处

处　长:黎学东
副处长:张先虹
副调研员:张克敬

国际债务管理处

处　长:刘　华

副处长:余　禹
副调研员:刘　翔

农村财政管理局

局　长:鲍习生
副局长:连发玉　彭高俊
副调研员:杨　刚　周腾云

会计处

处　长:杨　春
副处长:郭安明

行政事业单位资产管理处

副处长:周　远

国有资本经营预算处

副处长:焦仪玲(主持工作)

监督检查局

局　长:汪学越(副厅级)
副局长:丁　俊(正处级)　张　进　陈文权　张克和
处长(副处级):高维国　徐　明　胡继龙
调研员:徐中洋

政府采购处

处　长:宋宝泉
副处长:孙友三
调研员:何沁沅
副调研员:陈东川

农村综合改革处

处　长:胡德林
副处长:徐向前　李　斌
副调研员:胥慰庆

民生工程工作办公室

主　任:姜　毅
副主任:潘　琦　宋先贵

人事教育处

处　长:朱士昂
副处长:张忠文

机关党委

专职副书记:江永泓
副调研员:李　云

纪检监察室

副厅级纪检员、监察专员、主任:李朝友
正处级纪检监察员:苏照存
副调研员:黄建和

离退休处

处　长:缪　青

厅属单位

省信用担保集团

总经理、党委副书记:钱　正
党委书记、副总经理:迟本能
副总经理、党委委员:邓寿安　范　强　叶　斌
纪委书记、党委委员:董建平
总经济师:王忠道
风险控制总监:刘建国
工会主席:丁守模
集团总助:刘小兵　李家川

省社会保障资金管理中心

省农业综合开发局

局　长:王建培(副厅级)
副局长:王茂胜(正处级)　陈　军
处　长(副处级):关文健　程巍东　傅应军
副调研员:朱庆法　王　丽　潘安明

省非税收入征收管理局

局　长:李友兰(兼)
副局长:张　黎(正处级)　刘明刚　王　冶

省财政厅国库支付中心

主　任:许先才
副主任:陈　欢　朱正余

省财政信息中心

主　任:李森林
副主任:傅　依

省财政投资评审中心

主　任:朱旭初
副主任:杨延彬　袁　圆　徐延俊
副调研员:钱志群

省政府采购中心

主　任:廖晓红
副主任:邓建成　马再兴　方虹慧
副调研员:宋　杰

省财政科学研究所

所　长:叶翠青
副所长:鲍文前　朱克俊

省注册会计师管理处(省注册会计师协会)

处　长(秘书长):季必英
党委专职副书记:叶德刚
副处长:张行宇　张顺建　胡正中

省财政干部教育中心

主　任:董照军
副主任:张文超　李　军

省行政事业单位资产管理中心

主　任:管立新
副主任:韩宪平　周　涛　董永权

招待所

所　长:周　涛(兼)

(厅人事教育处供稿)

各市财政系统机构人员

（2013年12月31日）

合肥市财政系统领导名单

合肥市财政局

党组书记、局　长:吴利林

党组成员、副局长:陈　刚　陈　伟　黄永强

总会计师:王成双

庐阳区财政局

局长、国资办主任:沈项林

副局长:周　莹　张士明

国资办副主任:邢志刚

蜀山区财政局

党组书记:陈　丽

党组副书记、局长:董士权

国资办主任:梁　波

副局长:王祖胜　葛本开　吕贤武

国资办副主任:赵浙兰

包河区财政局

局长、党组书记、国资办主任:岳　华

副局长:陈爱群　汪　云　霍锦秀

国资办副主任:龚　林

纪检组长:吴卫国

采购中心主任:罗艳丽

会计核算中心主任:蔡善俊

瑶海区财政局

局　长:程　曾

副局长:王　峰　赵　宁　许　辉　高　捷

经济技术开发区财政局

局　长、国资办主任:刘　岸

副局长:石　华　费红英

国资办副主任:郭华荣

财务中心副主任:黄全进

高新技术开发区财政局

局　长:李命山

副局长:路广军　许　永

财务管理中心主任:王安东

公共资源交易中心主任:程连环

新站综合开发试验区财政局

副局长(主持工作):唐风玲

副局长:孟祥瑞

巢湖市财政局

党组书记、局长:张年明

党组副书记、副局长:邓本宝

党组副书记:程庭浪

副局长:倪　青　毕早来　朱立平

肥东县财政局

局长、党组副书记:何长卫

党组书记:王志东

副局长、党组副书记:张东兵

副局长、党组成员:王　磊　吴晓东　孙维荣

主任科员、党组成员:王　远

国资办副主任、党组成员:曹邵花

总会计师、党组成员:许先翠

肥西县财政局

局长:徐治国

党组书记、副局长:余宏山

金融办主任:徐建生

国资办主任、副书记:颜德树

副局长:夏智新　吴善彬

纪检组长:袁家民

总会计师:何友才
财政监督局局长:陈先锋

长丰县财政局

党组书记、局长:童有柱
党组副书记、副局长:叶良传
党组成员、副局长、县金融办主任:荣 之
党组成员、副局长:杨华峰 李咏梅
党组成员、国库支付中心主任:许忠农
党组成员:余长龙

庐江县财政局

局 长:陈永久
党组成员:朱维生
总会计师:王丙生
副局长:袁建民 陶学顺 钱 俊 王文宏
党组副书记:殷礼生

巢湖经济开发区财政局

局 长:袁世武
副局长:黄丽虹

庐阳区

三十岗乡财政所 所 长:李春林
大杨镇财政所 所 长:钱志军

蜀山区

小庙镇财政所 所 长:杨伟明
井岗镇财政所 所 长:邓晓华
南岗镇财政所 所 长:陶应忠

包河区

常青街道财政所 所 长:彭大金
望湖街道财政所 所 长:沈业泉
大圩镇财政所 所 长:沈 岚
义城街道财政所 所 长:吴志力
包公街道财政所 所 长:陈 阵
芜湖路街道财政所 所 长:孙家财
烟墩街道财政所 所 长:许爱武
淝河镇财政所 所 长:郑善祥
包河工业区财政所 所 长:黄建树

瑶海区

龙岗开发区财政分局 局 长:韦礼红
大兴镇财政所 所 长:费文杰
城东街道财政所 所 长:凌 丽

经济技术开发区

高刘镇财政所 所 长:李诚然

巢湖市

柘皋镇财政分局 局 长:魏守稳
槐林镇财政分局 局 长:钱泽民
烔炀镇财政所 所 长:朱永胜
黄麓镇财政所 所 长:花业金
苏湾镇财政所 所 长:王诗松
栏杆集镇财政所 所 长:许瑞宏
庙岗乡财政所 所 长:方泽芒
夏阁镇财政所 所 长:孙荣海
中庙街道财政所 所 长:张更生
中垾镇财政所 所 长:周光斌
坝镇财政所 所 长:孙时中
散兵镇财政所 所 长:高树宏
银屏镇财政所 所 长:方先春
亚父街道财政所 所 长:刁杰富
天河街道财政所 所 长:张正亚
凤凰山街道财政所 所 长:李异年
卧牛山街道财政所 所 长:周仲香

巢湖经济开发区

半汤镇财政所 所 长:童新生

肥东县

肥东经济开发区财政分局 局 长:薛荣国
合肥循环经济示范园财政分局局长:刘振华
新市镇财政办事处 主 任:梁英江
店埠镇财政分局 局 长:黄 磊
撮镇镇财政分局 局 长:姚卫东
陈集镇财政所 所 长:杨 奎
古城镇财政分局 局 长:万兴平
马湖乡财政所 所 长:陈正邦
响导乡财政所 所 长:陈兆金
八斗镇财政分局 局 长:胡长明
杨店乡财政所 所 长:席玉龙
白龙镇财政分局 局 长:陈长胜
元疃镇财政所 所 长:宋海涛
张集乡财政分局 局 长:王 川
梁园镇财政分局 局 长:韩永立
包公镇财政所 所 长:周康应
石塘镇财政分局 局 长:丁腾渊
众兴乡财政所 所 长:何长亚
桥头集镇财政分局 局 长:杨盛林
牌坊乡财政所 所 长:张贤文
长临河镇财政分局 局 长:胡玉萍

肥西县

桃花工业园财政分局　局　长:王恒传
紫蓬山管委会财政分局　局　长:张永安
上派镇财政分局　局　长:李　祥
三河镇财政分局　局　长:余　刚
桃花镇财政所　所　长:王　超
紫蓬镇财政所　所　长:汤　杰
丰乐镇财政所　所　长:蔡丹元
严店乡财政所　所　长:张　波
花岗镇财政所　所　长:魏宏文
山南镇财政所　副所长:董光武
柿树岗乡财政所　所　长:郭少奇
官亭镇财政所　所　长:潘学军
铭传乡财政所　所　长:邵正年
高店乡财政所　所　长:吴　兵

长丰县

水湖镇财政分局　局　长:刘　胡
罗塘乡财政所　所　长:孟凡富
朱巷镇财政所　所　长:陆士贵
左店乡财政所　所　长:孔凡国
造甲乡财政所　所　长:杨良基
杜集乡财政所　所　长:许金忠
下塘镇财政分局　局　长:徐　军
陶楼乡财政所　所　长:韩　毕
双墩镇财政分局　副局长:李咏梅
岗集镇财政分局　局　长:杨德丰
杨庙镇财政所　所　长:董　梅
吴山镇财政分局　局　长:祝泽选
义井乡财政所　所　长:邵红霞
庄墓镇财政所　所　长:闫媛媛
双凤开发区财政分局　局　长:陈　斌

庐江县

开发区财政局　副局长:佘长法
庐城镇财政所　所　长:卢华东
冶父山镇财政所　所　长:龙力保
汤池镇财政所　所　长:苏建醒
万山镇财政所　所　长:钱明华
金牛镇财政所　所　长:韩　松
郭河镇财政所　所　长:束晓明
石头镇财政所　所　长:王言胜
同大镇财政所　所　长:张立华
白山镇财政所　所　长:张安稳
盛桥镇财政所　所　长:伍明能
白湖镇财政所　所　长:钱金龙
龙桥镇财政所　所　长:刘胜利
矾山镇财政所　所　长:刘保才
泥河镇财政所　所　长:张和平
罗河镇财政所　副所长:万玉柱
乐桥镇财政所　所　长:王宏国
柯坦镇财政所　副所长:吴启超

淮北市财政系统领导名单

淮北市财政局

党组书记、局长:姜　颖
副局长:任士新　仲　杰　项　珺
总会计师:叶卫平
纪检组长:龙保民

濉溪县财政局

党组书记、局长:关春燕
党组成员、副局长:蔡晓春　尤　毅
党组成员、纪检组长:张　坤
总会计师:汪炳臣

相山区财政局

局　长:林晓海
副局长:张　岭

杜集区财政局

局　长:杨登俊
副局长:王吉聪　张俊影

烈山区财政局

局　长:张应中
副局长、农发办主任:潘秀柱
副局长:朱　梅
核算中心主任:朱丽芳

开发区财政局

负责人:劭亚飞

濉溪县

濉溪开发区财政局　局　长:营劲松
濉溪镇财政所　所　长:蔡　奇
刘桥镇财政所　所　长:张少华
百善镇财政所　所　长:李怀红
韩村镇财政所　所　长:杨学森
铁佛镇财政所　所　长:刘广夫

临涣镇财政所　　所　长:谢士忠
南坪镇财政所　　所　长:刘洪斌
五沟镇财政所　　所　长:郭清海
孙疃镇财政所　　所　长:毕跃华
四铺镇财政所　　所　长:马洪源
双堆集镇财政所　　所　长:李从祥

杜集区

高岳街道办事处财政所　　所　长:许　生
矿山集街道办事处财政所　　所　长:丁　敏
朔里镇财政所　　所　长:徐敬卓
石台镇财政所　　所　长:徐　杰
段园镇财政所　　所　长:冯　岩

相山区

渠沟镇财政所　　所　长:丁　杰
任圩街道办事处财政所　　所　长:张　丽

烈山区

烈山镇财政所　　所　长:刘　庆
古饶镇财政所　　所　长:费佳音
宋疃镇财政所　　所　长:张士民
杨庄街道办事处财政所　　所　长:高　峰
园区管委会财税办　　主　任:张　伟

亳州市财政系统领导名单

亳州市财政局

局长、党组书记:蔡怀乾
副局长、党组成员:张传宾　王　锴
副局长:陈昭敏
总会计师、党组成员:周金钟
副局长、党组成员:马再兴

谯城区财政局

局长、党组书记:方平红
副局长:李　建　陈胜志

涡阳县财政局

局长、党组书记:王　瑞
副局长、党组成员:李书颂　侯言武　孙　杰
农发办主任、党组成员:孟　杰
党组成员:江　云
国资办主任、党组成员:胡德武
总会计师:刘　剑
党组成员:张　伟

蒙城县财政局

局　长:王旭东
副局长:熊景夏　陈保英　席汉斌　杨晓保　王继生
党组成员:吕桂芹

利辛县财政局

党组书记、局长:张贺武
党组成员、副局长:刘富修　都未来　张晓风
党组成员、财监局局长:刘寒松
党组成员、副局长、农发办主任:张国启
党组成员、工会主席、党组成员:王玉杰

开发区财税局

局　长:吕　锋

谯城区

十八里镇财政所　　所　长:支效林
十河镇财政所　　所　长:韩朝民
赵桥乡财政所　　所　长:李　鹤
双沟镇财政所　　所　长:李先林
淝河镇财政所　　所　长:南子富
古城镇财政所　　所　长:刘　芳
立德乡财政所　　所　长:王如玲
龙杨镇财政所　　所　长:薛怀玉
大杨镇财政所　　所　长:张　冲
古井镇财政所　　所　长:冯　莉
谯东镇财政所　　所　长:孙　琦
花戏楼街道财政所　　所　长:周　丽
汤陵街道财政所　　所　长:慕朝新
薛阁街道财政所　　所　长:杜丽娟
观堂镇财政所　　所　长:张玉兰
沙土镇财政所　　所　长:马德龙
五马镇财政所　　所　长:张玉琦
张店乡财政所　　所　长:张　峰
颜集镇财政所　　所　长:车振涛
芦庙镇财政所　　所　长:刘景林
华佗镇财政所　　所　长:黄　涛
魏岗镇财政所　　所　长:怀济田
城父镇财政所　　所　长:刘继周
十九里镇财政所　　所　长:陈广志
牛集镇财政所　　所　长:王自强

涡阳县

城关街道财政所　　副所长:马坤(主持工作)

城西街道财政所　所　长:罗　涛
闸北街道财政所　所　长:袁　辉
城东街道财政所　所　长:李继芳
西阳镇财政所　所　长:郭维勤
双庙镇财政所　所　长:郑　超
楚店镇财政所　所　长:刘　彬
高公镇财政所　所　长:吕文坤
义门镇财政所　所　长:赵良德
新兴镇财政所　所　长:李景田
龙山镇财政所　所　长:木成坤
青町镇财政所　所　长:陆　良
石弓镇财政所　所　长:张本云
曹市镇财政所　所　长:徐　超
高炉镇财政所　所　长:葛显平
公吉寺镇财政所　所　长:王全成
店集镇财政所　所　长:王贵云
临湖镇财政所　所　长:宋兴明
标里镇财政所　所　长:张　涛
花沟镇财政所　所　长:葛友峰
陈大镇财政所　所　长:张　伟
牌坊镇财政所　所　长:李铭华
马店集镇财政所　所　长:周廷知
丹城镇财政所　所　长:董　超
单集林场财政所　所　长:柴继云

利辛县

城关镇财政所　所　长:李　涛
望疃镇财政所　所　长:戴　利
中疃镇财政所　所　长:李　鹏
江集镇财政所　所　长:江雪峰
旧城镇财政所　所　长:聂　奎
西潘楼镇财政所　所　长:董炳银
刘家集乡财政所　所　长:关　军
孙集镇财政所　所　长:关　键
纪王场乡财政所　所　长:孙东风
张村镇财政所　所　长:何鹏飞
汝集镇财政所　所　长:高　翔
王人镇财政所　所　长:韩　敏
巩店镇财政所　所　长:王继中
孙庙乡财政所　所　长:秦　伟
马店孜镇财政所　所　长:李继强
永兴镇财政所　所　长:宫　琦
胡集镇财政所　所　长:解　茜
大李集镇财政所　所　长:姜之安
展沟镇财政所　所　长:张　林
新张集乡财政所　所　长:王　建
阚疃镇财政所　所　长:姜　勇
程家集乡财政所　所　长:王　辉

蒙城县

城关镇财政所　所　长:郑　武
庄周办事处财政所　所　长:丁佩跃
漆园办事处财政所　所　长:徐恒华
小辛集乡财政所　所　长:李　凯
乐土镇财政所　所　长:刘　芳
三义镇财政所　所　长:杨海涛
楚村镇财政所　所　长:耿云灵
力巴镇财政所　所　长:王丙良
王集乡财政所　所　长:赵廷法
白杨林场财政所　所　长:方兴旺
板桥集镇财政所　所　长:丁新社
范集工业园区财政所　所　长:李保金
立仓镇财政所　所　长:陈　铮
马集镇财政所　副所长:吕保贞(主持工作)
双涧镇财政所　所　长:刘西连
坛城镇财政所　所　长:唐殿军
小涧镇财政所　所　长:戴冠风(主持工作)
许町镇财政所　所　长:葛铁军
岳坊镇财政所　所　长:杨振良

宿州市财政系统领导名单

宿州市财政局

党组书记、局长:韩维礼
调研员:王　辉　刘文英　张建新
党组成员、副局长:欧亚东　张　民　潘相明
党组成员、纪检组长:陈　玮
副局长:谢　安

埇桥区财政局

党组书记、局长:武良坤
副局长:苏　航　黄庆健　吴　韶　何传莉　李景民
总会计师:王　军
纪检组长:周　俊
党组成员、政府采购中心主任:李东坡

党组成员、财监局局长:张亚东

灵璧县财政局

党组书记、局长:王　咏

党组成员、副局长、农发局局长:王兆春

党组成员、副局长:姜岭泉　陶双洁

党组成员、纪检组长:程跃武

党组成员、工会主席:冷亚飞

党组成员、总会计师:张　梅

党组成员:赵　卡

泗县财政局

党组书记、局长:窦贤君

党组副书记、副局长:孙志远

党组成员、副局长、农发办主任:张松陵

党组成员、副局长:王颖扬　蔡晨光

党组成员:余红良

党组成员、总会计师:赵明科

萧县财政局

党组书记、局长:刘善安

党组副书记、农发局局长:郝　新

党组成员、副局长、财政监督检查局局长:刘春晓

党组成员、主任科员、副局长:李天真

党组成员、副局长:李　冰

党组成员、纪检组长:徐卫东

砀山县财政局

党组书记、局长:杨文祥

党组成员、副局长:周咸东

党组成员、财税分工委书记:夏文浩

副局长:黄乔平

党组成员、主任科员:崔吉芳

党组成员、纪检组长:马　强

党组成员、财监局长:王　莉

党组成员(挂)、农发局长:崔玉平

经济技术开发区财政局

局　长:王淑云

副局长:文高冉

埇桥区

时村镇财政分局　局　长:周步敬

符离镇财政分局　局　长:付向阳

朱仙庄镇财政分局　局　长:丁家龙

芦岭镇财政分局　局　长:陈　超

北杨寨乡财政分局　局　长:王建军

祁县镇财政分局　局　长:纵少鹏

夹沟镇财政所　所　长:蒋守志

大店镇财政所　所　长:张　建

城东街道财政所　所　长:耿　勇

三八街道财政所　所　长:任启峰

二铺乡财政所　所　长:金正宇

三里街道财政所　所　长:魏　强

北关街道财政所　所　长:刘　勇

道东街道财政所　所　长:王成宏

东关街道财政所　所　长:马跃武

南关街道财政所　所　长:丁效亭

西关街道财政所　所　长:靳怀启

埇桥街道财政所　所　长:王申球

沱河街道财政所　所　长:郭晓龙

汴河街道财政所　所　长:腾团结

褚兰镇财政所　所　长:刘广森

杨庄乡财政所　所　长:郭　锐

曹村镇财政所　所　长:马　亮

支河乡财政所　所　长:潘启超

栏杆镇财政所　所　长:潘　超

解集乡财政所　所　长:梁太旺

桃沟乡财政所　所　长:李　林

永安镇财政所　所　长:万　彬

灰古镇财政所　所　长:孙礼会

顺河乡财政所　所　长:李　勇

蒿沟乡财政所　所　长:尹　松

苗安乡财政所　所　长:尹传杰

西寺坡镇财政所　所　长:李　侠

桃园镇财政所　所　长:孙　勇

大营镇财政所　所　长:陈　亮

永镇乡财政所　所　长:程　效

金海街道财政所　负责人:刘开成

东城财政办公室　主　任:李如山

灵璧县

韦集镇财政所　所　长:许　岩

向阳乡财政所　所　长:李　冰

黄湾镇财政所　所　长:侯　君

娄庄镇财政所　所　长:赵运输

杨疃镇财政所　所　长:闫兴跃

尹集镇财政所　所　长:付振明

浍沟镇财政所　所　长:王现理

朱集乡财政所　所　长:付廷宽

尤集镇财政所　所　长:王从山

下楼镇财政所　　所　长:王会礼
朝阳镇财政所　　所　长:陈益尚
渔沟镇财政所　　所　长:程仲超
大路乡财政所　　所　长:张持凤
高楼镇财政所　　所　长:李玉白
大庙乡财政所　　所　长:朱　杰
冯庙镇财政所　　所　长:张　超
禅堂乡财政所　　所　长:高存玖
虞姬乡财政所　　所　长:陈　浮
灵城镇财政所　　所　长:张　曦
开发区财政所　　所　长:王宗迎

泗　县

泗城镇财政分局　　局　长:余红良(兼)
大路口乡财政所　　所　长:张万里
墩集镇财政所　　所　长:高　磊
草庙镇财政所　　所　长:于庆标
瓦坊乡财政所　　所　长:许正华
黑塔镇财政所　　所　长:沈广忠
刘圩镇财政所　　所　长:尤墩跃
山头镇财政所　　所　长:周昌习
黄圩镇财政所　　所　长:李庆春
大庄镇财政所　　所　长:刘道胜
屏山镇财政所　　所　长:周长波
大杨乡财政所　　所　长:韩修余
长沟镇财政所　　所　长:陈　捷
草沟镇财政所　　所　长:赵明科(兼)
丁湖镇财政所　　所　长:郝　猛
开发区财政所　　所　长:刘传贤

萧　县

龙城镇财政所　　所　长:吴信瑞
黄口镇财政所　　所　长:高全军
杨楼镇财政所　　所　长:王信权
新庄镇财政所　　所　长:何　静
赵庄镇财政所　　所　长:杨兴民
张庄寨镇财政所　　所　长:马　健
大屯镇财政所　　所　长:梁　杰
青龙镇财政所　　所　长:蒋　杰
石林乡财政所　　副所长:纵兆学(主持工作)
孙圩孜乡财政所　　所　长:朱孝民
王寨镇财政所　　副所长:吴志强
祖楼镇财政所　　所　长:邰长彬
酒店乡财政所　　副所长:郝振超(主持工作)
丁里镇财政所　　所　长:许　磊
马井镇财政所　　所　长:郝允峰
闫集镇财政所　　所　长:萧春雷
圣泉乡财政所　　所　长:张颂荣
刘套镇财政所　　所　长:扈祥绪
白土镇财政所　　所　长:安孝民
庄里乡财政所　　副所长:袁龙连(主持工作)
官桥镇财政所　　副所长:王永平(主持工作)
永固镇财政所　　所　长:韩　华
杜楼镇财政所　　所　长:黄继明
开发区财政所　　所　长:盛　凯

砀山县

砀城镇财政所　　所　长:刘　瑾
玄庙镇财政所　　所　长:薛继秋
唐寨镇财政所　　所　长:刘火箭
周寨镇财政所　　所　长:唐怀堂
赵屯镇财政所　　所　长:付　浩
葛集镇财政所　　所　长:张春立
朱楼镇财政所　　所　长:卞　卡
官庄镇财政所　　所　长:张玉阁
良梨镇财政所　　所　长:周衍波
曹庄镇财政所　　所　长:陈晓宇
程庄镇财政所　　所　长:邵延强
李庄镇财政所　　所　长:郭进良
经济开发区财政所　　所　长:王安鲁
关帝庙镇财政所　　所　长:戚冠学
薛楼板材加工园区财政所所　长:邵　丽
高铁新区财政所　　所　长:汪　鹏

蚌埠市财政系统领导名单

蚌埠市财政局

党组书记、局长(国资委主任):王莉敏
党组成员、副局长:叶　斌
党组成员、纪检组长:翁美君
党组成员、副局长:林国立
党组成员、副局长、国资委副主任:马　飙
党组成员、副局长:唐忠利
党组成员、总会计师:沈明仕
党组成员、副局长:胡　云
调研员、机关党委书记:王爱林

龙子湖区财政局

局　长:陈传奇

副局长:李忠东　张利军

蚌山区财政局

局　长:卢佩彬

党组书记、副局长:孙　平

副局长:冯双全

禹会区财政局

局　长:周传奇

副局长:谢红雨　沈如强　沈明德

淮上区财政局

局　长:徐　杰

副局长:王守仁　刘闽莉

经济开发区财政局

局　长:朱大光

副局长:陈　迅

高新区财政局

局　长:张广际

副局长:周　亮　刘富国

怀远县财政局

局长、党组书记:王守本

副局长:石富勤　史桂芳　张　明

五河县财政局

党组副书记、局　长:杨晓武

党组书记:张耀武

党组成员、副局长:乔启昌　郭泽慧　陈尚标

党组成员、监察局局长:凌德宏

党组成员、纪检组长:梁　杉

党组成员、总会计师:王尊昌

农村财政管理局局长:乔　恒

国库集中支付中心主任:朱厚谋

政府非税收入征收管理局局长:王森功

国有资产监督管理局局长:张　威

民生办主任:林衍芝

开发办主任:刘心祥

固镇县财政局

党组书记、局长、国资办主任:左金培

党组成员、副局长:崔怀贵　郁　青　党献文

党组成员、开发区财政分局局长:徐其军

党组成员、农村财政管理局局长:仲　谋

党组成员、城关财政分局局长:陈福柱

党组成员、县国资办副主任:陶廷春

党组成员、农发办主任:陈　敏

总会计师:张店全

国库集中支付中心主任:朱文平

民生办副主任:李　军

非税局局长:崔华北

龙子湖区

李楼乡财政所　所　长:王至全

蚌山区

雪华乡(宏业村街道)财政所所　长:高　婷

燕山乡财政所　所　长:方同英

天桥街道财税服务所　所　长:路冬梅

青年街道财税服务所　所　长:韩道荣

纬二街道财税服务所　所　长:牛丽娟

黄庄街道财税服务所　所　长:赵　莉

禹会区

长青乡财政所　所　长:朱翠华

马城镇财政分局　局　长:李同新

涂山风景区财政所　所　长:胡守陆

淮上区

小蚌埠镇财政所　所　长:邱　峰(兼)

吴小街镇财政所　所　长:高乃全

曹老集镇财政所　所　长:王明珠

梅桥乡财政所　所　长:康　琴

高新区

秦集镇财政所　所　长:顾正修

怀远县

城关镇财政所　所　长:宋士乐

包集镇财政所　所　长:崔云峰

龙亢镇财政所　所　长:韩利清

河溜镇财政所　所　长:姚　昊

常坟镇财政所　所　长:魏守杭

马城镇财政分局　局　长:李同新

双桥集镇财政所　所　长:年福启

魏庄镇财政所　所　长:张立柱

万福镇财政所　所　长:邹德国

唐集镇财政所　所　长:张根祥

淝河乡财政所　所　长:赵　勇

褚集乡财政所　所　长:荣克轩

陈集乡财政所　所　长:张绍兴

古城乡财政所　所　长:赵　彬

徐圩乡财政所　所　长:姚玉春

淝南乡财政所　所　长:葛红斌

兰桥乡财政所　　所　长:王　琼
荆芡乡财政所　　所　长:赵秀峰
找郢乡财政所　　所　长:常　飞
新城区财政所　　所　长:孙敦忠
开发区财政所　　所　长:陆　恒

五河县

城关镇财政分局　　局　长:陈全意
开发区财政分局　　局　长:王　超
朱顶镇财政所　　所　长:朱全松
小溪镇财政所　　所　长:张　军
头铺镇财政所　　所　长:吴明海
新集镇财政所　　所　长:黄保举
大新镇财政所　　所　长:朱怀杰
临北回族乡财政所　　所　长:邓　超
浍南镇财政所　　所　长:彭思洋
东刘集财政所　　所　长:蒋光胜
申集镇财政所　　所　长:孙立群
小圩镇财政所　　所　长:张贤明
沱湖乡财政所　　所　长:陈先桥
武桥镇财政所　　所　长:庄思跃
双忠庙镇财政所　　所　长:蒋友虎

固镇县

仲兴乡财政所　　所　长:徐　亮
任桥镇财政所　　所　长:王道永
湖沟镇财政所　　所　长:谢　进
杨庙乡财政所　　所　长:李晓清
连城镇财政所　　所　长:欧阳瑞
新马桥镇财政所　　所　长:崔怀军
王庄镇财政所　　所　长:孙玉胜
石湖乡财政所　　所　长:王跃飞
濠城镇财政所　　所　长:孔祥云
刘集镇财政所　　所　长:王业鹏
县全民创业园财政分局副局长:任广廷

阜阳市财政系统领导名单

阜阳市财政局

党组书记、局长:虞建斌
党组成员、副局长:杨海涛　侯永贵
党组成员、纪检组长:刘　玉
党组成员、副局长:杨汇汇
党组成员、总会计师:夏全胜
副局长:宋葛民
调研员:史万美
副调研员:夏　河

颍东区财政局

党组书记:陈艳丽
党组副书记、局长:虢　磊
党组成员、副局长:邵爱华　仇　伟
党组成员、纪检组长:王继刚
党组成员、主任科员:蒋祥翠

颍泉区财政局

党组书记、局长:李程杰
党组成员、副局长:刘金明　张　炜
纪检组长:孙　全

颍州区财政局

党组书记、局长:刘建斌
党组成员、农发局局长:许　勇
副局长、财政监督局局长:王献斌
副局长:刘小东　应　坤
纪检组长:马　标

界首市财政局

局长、党组书记:王东升
农发局局长、党组副书记:田学军
财监局局长、党组成员:李艳梅
副局长、党组成员:卢　萍　田　飞
农村财政管理局局长、党组成员:独文杰
政府采购中心主任、党组成员:杨振发
国库支付中心主任、党组成员:于华兰

阜南县财政局

党组书记、局长:刘贺体
党组成员、副局长:冷大海　倪洪林　熊东田
党组成员、纪检组长:崔　林
党组成员、主任科员:张开雷
党组成员、国库支付中心主任:孙存龙
党组成员、财政监督检查局局长:于　伟

太和县财政局

党组书记:尚卫东
局　长:刘翔飞
副局长:于　海　邢　峻
纪检组长:张　科
党组成员:于　翔　李　岩　于　冰

颍上县财政局

党组书记、局长:陈德刚
副局长:王　跃　邓　颖　唐瑞坤
党组成员、纪检组长:江禄保
党组成员:张振亚

临泉县财政局

党组书记、局　长:尚虎林
党组成员、副局长:高　飞　孟　俊
党组成员、纪检组长:张冠军

开发区财政局

局　长:肖吟峰
副局长:李存志　王应康

颍东区

向阳办财政所　所　长:闫俊启
河东办财政所　所　长:董强龙
新华办财政所　所　长:王全杰
老庙镇财政所　所　长:张　涛
冉庙乡财政所　所　长:徐月林
插花镇财政所　所　长:高　伟
枣庄镇财政所　所　长:陈庆文
正午镇财政所　所　长:高兰义
口孜镇财政所　所　长:闫　磊
袁寨镇财政所　所　长:武学成
新乌江镇财政所　所　长:白怀玉
杨楼孜镇财政所　所　长:宋振东

颍泉区

中市办事处财政所　所　长:汪　涛
周棚办事处财政所　所　长:白　勇
宁老庄镇财政所　所　长:齐　伟
行流镇财政所　所　长:曹　军
闻集镇财政所　所　长:谭　震
伍明镇财政所　所　长:唐　伟
统筹试验区管委会财政所负责人:宁光启
循环经济园区管委会财政负责人:胡九云

颍州区

文峰办财政所　所　长:胡向明
鼓楼办财政所　所　长:何　涛
清河办财政所　所　长:付　涛
颍西办财政所　所　长:郭艳芳
王店镇财政所　所　长:郝秀彬
西湖镇财政所　所　长:刘庆宇
程集镇财政所　所　长:卢　峰
九龙镇财政所　所　长:龚九鹏
马寨乡财政所　所　长:刘　伟
袁集镇财政所　所　长:刘海彬
三合镇财政所　所　长:刘立国
西湖景区办财政所　所　长:张志民
三十里铺镇财政所　所　长:方　亮

界首市

西城街道财政所　所　长:刘颂阳
东城街道财政所　所　长:马新社
颍南街道财政所　所　长:胡光宇
光武镇财政所　所　长:夏永丽
靳寨乡财政所　所　长:岳　雷
芦村镇财政所　所　长:程　伟
邴集乡财政所　所　长:李　斌
大黄镇财政所　负责人:张　强
新马集镇财政所　所　长:张克勤
田营镇财政所　所　长:彭新华
陶庙镇财政所　所　长:朱爱敏
王集镇财政所　所　长:彭庆华
泉阳镇财政所　所　长:齐　影
代桥镇财政所　所　长:王传士
砖集镇财政所　所　长:陈志华
舒庄镇财政所　所　长:任　磊
顾集镇财政所　所　长:程德启
任寨乡财政所　所　长:陈俊荣

阜南县

园区财政分局　局　长:代洪德
鹿城镇财政所　所　长:翟　韧
田集镇财政所　所　长:李淑君
公桥乡财政所　所　长:耿朝程
方集镇财政所　所　长:乔恩成
段郢乡财政所　所　长:刘祥彬
王堰镇财政所　所　长:赵建涛
洪河桥镇财政所　所　长:李　芸
地城镇财政所　所　长:王玉林
于集乡财政所　所　长:乔印腾
龙王乡财政所　所　长:王同金
王化镇财政所　所　长:卢　峰
王家坝镇财政所　所　长:郎士元
老观乡财政所　所　长:徐　刚
曹集镇财政所　所　长:杨大国
郜台乡财政所　所　长:刘维建

中岗镇财政所 所 长:张子芳
苗集镇财政所 所 长:赵复林
柳沟乡财政所 所 长:王灼庆
黄岗镇财政所 所 长:马永群
张寨镇财政所 所 长:朱桂明
焦坡镇财政所 所 长:李华焰
朱寨镇财政所 所 长:王丽敏
三塔集镇财政所 所 长:孙玉昌
许堂乡财政所 所 长:韩坤峰
柴集镇财政所 所 长:刘成立
新村镇财政所 所 长:戎泽峰
王店孜乡财政所 所 长:王 辉
赵集镇财政所 所 长:王道侠
会龙乡财政所 所 长:李 刚

太和县

城关镇财政所 所 长:方 黎
旧县镇财政所 所 长:徐之坤
大新镇财政所 所 长:李新聚
肖口镇财政所 所 长:刘树军
胡总乡财政所 所 长:王丙玺
赵集乡财政所 所 长:余鸿鸣
关集镇财政所 所 长:刘书强
三塔镇财政所 所 长:韩纯东
郭庙乡财政所 所 长:李效宗
原墙镇财政所 所 长:张 鹏
三堂镇财政所 所 长:李 旭
苗集镇财政所 所 长:张 冲
宫集镇财政所 所 长:刘业任
二郎乡财政所 所 长:杨继华
阮桥镇财政所 所 长:刘朝锋
坟台镇财政所 所 长:陶克敏
双浮镇财政所 所 长:付金生
马集乡财政所 所 长:桑传法
五星镇财政所 所 长:李俊峰
倪邱镇财政所 所 长:刘维洗
洪山镇财政所 所 长:康 伟
桑营镇财政所 所 长:刘 磊
赵庙镇财政所 所 长:范兴建
李兴镇财政所 所 长:李 琳
清浅镇财政所 所 长:韩宝玉
双庙镇财政所 所 长:王 伟
税镇镇财政所 副所长:吴 标

皮条孙镇财政所 所 长:范兆生
大庙镇财政所 所 长:池 鹏
蔡庙镇财政所 所 长:石凤杰
高庙镇财政所 所 长:张秉如

颍上县

慎城镇财政所 所 长:朱 奎
十八里铺乡财政所 所 长:姜之友
西三十铺镇财政所 所 长:王 峰
新集镇财政所 所 长:吴天贵
建颍乡财政所 所 长:韩 俊
六十铺镇财政所 所 长:李少义
五十铺乡财政所 所 长:刘树俭
红星镇财政所 所 长:杨 明
耿棚镇财政所 所 长:刘 涛
盛堂乡财政所 所 长:强国清
润河镇财政所 所 长:吴均业
南照镇财政所 所 长:高 勇
关屯乡财政所 所 长:许传胜
半岗镇财政所 所 长:兰洪波
八里河镇财政所 所 长:汪喜春
垂岗镇财政所 所 长:杜学成
王岗镇财政所 所 长:李树刚
赛涧乡财政所 所 长:唐 坤
刘集乡财政所 所 长:余 琴
杨湖镇财政所 所 长:刘保方
鲁口镇财政所 所 长:尚立川
黄坝乡财政所 所 长:董凤军
江店镇财政所 所 长:蒋家骥
夏桥镇财政所 所 长:王佩刚
谢桥镇财政所 所 长:侯学成
迪沟镇财政所 所 长:毕兰富
陈桥镇财政所 所 长:官喜良
江口镇财政所 所 长:夏广良
古城乡财政所 所 长:张传军
黄桥镇财政所 所 长:刘 习

临泉县

城关镇财政所 副所长:陈 锐
工业园区财政所 副所长:张 雷
牛庄乡财政所 所 长:陈 玲
杨桥镇财政所 副所长:王 健
谭棚镇财政所 负责人:曹建民
高塘乡财政所 负责人:吴春堂

范兴集乡财政所　所　长:姚　勇
老集镇财政所　所　长:梁有生
滑集镇财政所　所　长:高　峰
土陂乡财政所　所　长:姜永明
吕寨镇财政所　所　长:王世洲
谢集乡财政所　所　长:陈宜荣
单桥镇财政所　所　长:曾　健
长官镇财政所　所　长:刘　伟
杨小街乡财政所　所　长:任　亮
宋集镇财政所　所　长:刘成年
张新镇财政所　所　长:闫成章
陈集镇财政所　所　长:陶维红
艾亭镇财政所　所　长:李仰德
陶老乡财政所　所　长:陶守恒
田桥乡财政所　所　长:王建军
韦寨镇财政所　所　长:常登科
迎仙镇财政所　副所长:魏　峰
瓦店镇财政所　所　长:洪庆中
庙岔镇财政所　所　长:范绍栋
姜寨镇财政所　所　长:张大飞
张营乡财政所　所　长:吴广森
黄岭镇财政所　所　长:王俊平
鲖城镇财政所　所　长:周建军
白庙镇财政所　所　长:赵　磊
庞营乡财政所　所　长:谷俊宝
关庙镇财政所　所　长:刘相春

淮南市财政系统领导名单

淮南市财政局

党组书记、局长:陈永多
党组副书记:杨勋敏
党组成员、副局长:管迎新　曹　宏
党组成员、纪检组长:宋建军
党组成员、副局长:张琳娜
党组成员、总会计师:陈彦臣
副调研员:芮长海　戴　冰

凤台县财政局

党组书记、局长:陈贵刚
党组副书记:王允虎
党组成员、副局长:周浍芳　田　辉　张志凯
党组成员、纪检组长:蒋亚鹏
总会计师:陈　永

大通区财政局

局　长:王本明
副局长:贾爱云　蒋振辉

田家庵区财政局

局　长:李勇强
副局长:胡滕昌　顾　玮

谢家集区财政局

局　长:于良珍
副局长:赵道平　王本军

八公山区财政局

局　长:管迎悦
书　记:吴　青
副局长:张　敢

潘集区财政局

局　长:计庆丰
书　记:段德昌
副局长:赵允龙　李传平

毛集实验区财政局

局　长:贾时洋
副局长:许士传　陈　鸿
纪检组长:王立勋

淮南经济经济开发区财政局

局　长:李　萍
副局长:柏　云

山南新区财政局

局　长:翟　明

淮南高新区财政局

局　长:彭树文

煤化工产业园区财政局

局　长:陈宏伟

凤台县

城关镇财政分局　局　长:谢家亮
凤凰镇财政所　所　长:康殿成
丁集乡财政所　所　长:宋道淑
尚塘乡财政所　所　长:蒋克友
杨村乡财政所　所　长:高勤贵
钱庙乡财政所　所　长:王业昶
古店乡财政所　所　长:王俊宣
顾桥镇财政所　所　长:张　琴
桂集镇财政所　所　长:樊春良

刘集乡财政所 所 长:陈佩辉
新集镇财政所 所 长:胡 云
大兴集乡财政所 所 长:吴永谱
朱马店镇财政所 所 长:孟献全
岳张集镇财政所 所 长:吕文林
关店乡财政所 所 长:邱金阔

大通区

九龙岗镇财政所 所 长:马凤琳
洛河镇财政所 所 长:梅 振
上窑镇财政所 所 长:宗升贵
孔店乡财政所 所 长:芮长芬

田家庵区

舜耕镇财政所 所 长:连西坦
安成镇财政所 所 长:王国庆

谢家集区

望峰岗镇财政所 所 长:邱文士
唐山镇财政所 所 长:应 娟
李郢孜镇财政所 所 长:周 伟
杨公镇财政所 所 长:王晓梅
孤堆回族乡财政所 所 长:王 霞
孙庙乡财政所 所 长:杨修旭
三和乡财政所 所 长:徐 勇
史院乡财政所 所 长:杨济生
曹庵镇财政所 所 长:吴庆周

八公山区

八公山镇财政所 所 长:陈 娟
山王镇财政所 所 长:孔德野
经济开发区财政所 所 长:郑克辉
李冲回族乡财政所 所 长:陈 良

潘集区

田集街道财政所 所 长:李炳军
芦集镇财政所 所 长:赵云四
贺疃乡财政所 所 长:任印清
潘集镇财政所 所 长:胡开国
泥河镇财政所 所 长:陈传厚
古沟回族乡财政所 所 长:刘 斌
平圩镇财政所 所 长:曹多军
架河乡财政所 所 长:孔 玲
高皇镇财政所 所 长:陈道喜
夹沟乡财政所 所 长:许瑞武
祁集乡财政所 所 长:吕永红

毛集实验区

毛集镇财政所 所 长:徐家秀
焦岗湖镇财政所 所 长:詹云萍
夏集镇财政所 所 长:刘文艳

滁州市财政系统领导名单

滁州市财政局

局 长:张志华
副局长:马有山 凌文东 钟来斌
党组成员、纪检组长:李正刚
党组成员、非税局局长:李德标

琅琊区财政局

局 长:聂 丽
副局长:谢永国 杨文浩
党组成员、预算科长:杨华军

南谯区财政局

局 长:赵永宾
副局长:徐友林 孙宝林 陈 芳
党组成员:谢秀生 徐玉彬

来安县财政局

局 长:秦 陶
副局长:詹晓平 彭保泰

全椒县财政局

局 长:姜志山
党组副书记:赵和平
副局长:张 雷 袁长海
党组成员、纪检组长:郭再传

天长市财政局

党组书记、局长:潘中勇
党组副书记、副局长:王晓春
党组副书记:黄 奎
党组成员、副局长:赵建中 欣金石
党组成员:潘桂来 纪福海 赵红旗 王德徐

定远县财政局

党组书记、局长:杨 燕
党组成员:袁 斌
党组成员、非税局局长:葛 明
党组成员、副局长:杜 峰

凤阳县财政局

局 长:王胜勤

副局长:徐传保　李锦柱

明光市财政局

局　长:朱　岚

党组成员、副局长:王根友　阚　斌　巴　霖

党组成员:熊正义　孙传芳　戴荣玲　季　敏

副局长:孟兆洋

琅琊区

清流街道财政所　所　长:汤立志

扬子街道财政所　副所长:李　壮

琅琊街道财政所　所　长:陈　召

东门街道财政所　所　长:贡　伟

南门街道财政所　副所长:蒋秋文

西门街道财政所　副所长:杨宏林

北门街道财政所　所　长:余　乐

西涧街道财政所　副所长:孙雪梅

南谯区

乌衣镇财政所　所　长:张天梅

沙河镇财政所　所　长:任道军

章广镇财政所　所　长:钟阳阳

龙蟠办财政所　所　长:江厚英

黄泥岗镇财政所　所　长:鄢　毅

珠龙镇财政所　所　长:王　军

施集镇财政所　所　长:宋　然

大柳镇财政所　所　长:张　伟

腰铺镇财政所　所　长:翟光明

来安县

县经济开发区财政分局局　长:王德武

汉河经济开发区财政分局局长:赵宝林

新安镇财政所　所　长:章宏斌

舜山镇财政所　所　长:朱　贵

三城乡财政所　副所长:朱和武

汊河镇财政所　所　长:许玉伟

独山乡财政所　所　长:湛承兵

施官镇财政所　所　长:时永前

半塔镇财政所　所　长:王金良

张山乡财政所　所　长:衡思勇

雷官镇财政所　所　长:李光武

杨郢乡财政所　副所长:章道勇

水口镇财政所　所　长:罗章铭

大英镇财政所　所　长:王玉春

全椒县

襄河镇财政所　所　长:杨义明

古河镇财政所　所　长:黄升维

马厂镇财政所　所　长:徐本春

二郎口镇财政所　所　长:刘树来

六镇镇财政所　所　长:李义龙

石沛镇财政所　所　长:许　敏

武岗镇财政所　所　长:蔡兴明

十字镇财政所　所　长:蔡传先

西王镇财政所　所　长:郑华平

大墅镇财政所　所　长:彭守立

开发区财政分局　副局长:李广玉

定远县

藕塘镇财政所　所　长:雍广生

界牌镇财政所　所　长:范铭和

仓镇财政所　所　长:谢从辉

大桥镇财政所　所　长:曹士跃

池河镇财政所　所　长:范祥平

桑涧镇财政所　所　长:赵顶升

拂晓乡财政所　副所长:柏传伍

三河集镇财政所　所　长:杨　刚

定城镇财政所　所　长:倪　刚

西卅店镇财政所　所　长:许茂玉

严桥乡财政所　所　长:潘　超

范岗乡财政所　所　长:桑文如

永康镇财政所　所　长:张本群

炉桥镇财政所　所　长:陆凤海

能仁乡财政所　所　长:陈学六

七里塘乡财政所　所　长:汪玉聪

张桥镇财政所　所　长:李如秀

连江镇财政所　所　长:唐开刚

二龙乡财政所　副所长:高恒龙

吴圩镇财政所　所　长:周恒民

蒋集乡财政所　负责人:王　振

朱湾镇财政所　副所长:杨　诚

凤阳县

武店镇财政所　所　长:代芝兰

官塘镇财政所　所　长:王　琨

西泉镇财政所　所　长:王保勤

殷涧镇财政所　所　长:程夕勇

红心镇财政所　所　长:詹绍军

板桥镇财政所　所　长:孙天雷

枣巷镇财政所　所　长:吴在建

大溪河镇财政所　所　长:叶　俊

府城镇财政所　所　长:刘　璋
临淮镇财政所　所　长:赵传胜
刘府镇财政所　所　长:刘文乐
大庙镇财政所　所　长:孙世礼
总铺镇财政所　所　长:代　伟
黄湾乡财政所　所　长:鲁善飞
小溪河镇财政所　所　长:徐　军
工业园区财政分局　局　长:朱道哲

明光市

柳巷镇财政所　所　长:丁　隆
明西街办财政所　所　长:申维西
泊岗乡财政所　所　长:张　智
桥头镇财政所　所　长:彭　兵
三界镇财政所　所　长:蒋道勇
明南街办财政所　所　长:吴　超
苏巷镇财政所　所　长:吴兆林
古沛镇财政所　所　长:魏形岭
涧溪镇财政所　所　长:赵光友
女山湖镇财政所　所　长:何善明
管店镇财政所　所　长:阚绪照
张八岭镇财政所　所　长:李长金
明东街办财政所　所　长:赵祥贤
石坝镇财政所　所　长:周继学
明光街办财政所　所　长:田　猛
自来桥镇财政所　所　长:丁良春
潘村镇财政所　所　长:石泽卫

天长市

天长办财政所　所　长:金有武
城东新区财政所　所　长:王学田
永丰镇财政所　所　长:王德华
杨村镇财政所　所　长:姚宪平
冶山镇财政所　所　长:康传月
郑集镇财政所　所　长:张殿清
铜城镇财政所　所　长:沈学官
大通镇财政所　副所长:王文兵
秦栏镇财政所　所　长:李　晔
仁和镇财政所　所　长:胡明余
万寿镇财政所　所　长:武世勇
金集镇财政所　副所长:林　杨
汊涧镇财政所　所　长:王国林
石梁镇财政所　所　长:周春和
新街镇财政所　所　长:翁延悦
张铺镇财政所　所　长:余文昌
开发区财政局　副局长:李华庭

六安市财政系统领导名单

六安市财政局

局　长、党组书记:王　琢
副局长:涂成富　汪英来
纪检组长:常前松
市综改办专职副主任:杨庆法
副局长:汪　斌
市国资委副主任:刘玉飞

金安区财政局

局长、党组副书记:司家祥
党组书记:汪国庆
副局长、党组副书记:朱建萍
副局长:丁　剑　余永生
总会计师:陈　章
纪检组长、监察室主任:刘学军
工会主任:刘春桃

裕安区财政局

局长:王化峰
党组副书记、副局长:刘　俊
党组成员、副局长:余道乔　杜成发　王利超
党组成员、工会主任:潘明础

叶集区财政局

党组书记、局长:周本慎
党组成员、副局长、区建投公司总经理:赵先林
党组成员、副局长、非税收入管理局局长:刘昌盛
党组成员、副局长:孟凡银
党组成员、副局长、农业开发办主任:胡明超
党组成员、纪检组长:台德炜
党组成员、国库支付中心主任:陶国庆

开发区财政局

副局长(主持工作):李　欣
副局长:翁良文　郝宗刚　王秀奇
财会管理中心主任:曹开芳

霍山县财政局

县政府党组成员、局党组书记、局长:翟恩恕
县财经系统党委书记、局党组副书记、副局长:程晓明

县城投公司总经理、局党组成员、副局长:刘朝东
县砂石管理局局长、副局长(挂):魏德明
党组成员、副局长:刘传保
党组成员:高宗敏
党组成员、农村财政管理局局长:谢家富
党组成员、总会计师:蒋　超
党组成员、纪检组长:郑子峰
县嘉利达担保公司董事长、党组成员(挂):戚如乔
工会主席:魏明友

霍邱县财政局

党委书记、局长:李　春
党委委员、国资局局长、财政局副局长:王树平
党委委员、副局长:王　惠　陈遵坤
党委委员、工会主席:刘维成
主任科员:常道友

寿县财政局

局　长:张国祥
党组书记:魏青云
副局长、国资委主任:江　洪
副局长:赵成凤　孙　宏
副局长、开发办主任:李家坤
党组成员、县新桥国际产业园财政局长:裴久成
党组成员、农村局局长:张世超
党组成员、总会计师:王　磊

金寨县财政局

局长、国资委主任:胡　浩
副局长、县现代产业园财政金融局局长:李　隆
副局长:漆学坤
国资委副主任:唐　宁
副局长、非税局局长:李述庆
农村局局长:陈　勇
总会计师:吴功安
农发局局长:冯　俊
县信用担保中心主任:汪德全

舒城县财政局

党组书记、局长:陶　才
财贸口党委书记、党组副书记:黄　萍
党组副书记、副局长:钟玉红
党组成员、副局长:韦　征　张俊柱　王大方　傅代智
党组成员、总会计师:张　旺
党组成员、农发办主任:汪守稳

金安区

东市街道财政所　所　长:彭能传
中市街道财政所　所　长:蔡　磊
三里桥街道财政所　所　长:李俊玲
清水河街道财政所　所　长:史　彬
望城街道财政分局　局　长:孙　超
城北乡财政分局　局　长:夏立峻
椿树镇财政所　所　长:李学秀
东河口镇财政所　所　长:谢　应
东桥镇财政所　所　长:何宏应
横塘岗乡财政所　所　长:梁德圣
马头镇财政所　所　长:吴昌东
毛坦厂镇财政分局　局　长:刘　炯
木厂镇财政分局　局　长:张修勤
淠东乡财政所　所　长:周　山
施桥镇财政所　所　长:金宗林
双河镇财政所　所　长:陈新和
孙岗镇财政分局　局　长:钟志满
翁墩乡财政所　所　长:唐兆刚
先生店乡财政所　所　长:赵庭保
张店镇财政分局　局　长:张涛元
中店乡财政所　所　长:姚　健
三十铺镇财政分局　局　长:杨瑞鹏

裕安区

小华山街道财政所　所　长:李敦品
鼓楼街道财政所　所　长:熊祖虎
西市街道财政所　所　长:程克平
石板冲乡财政所　所　长:朱家忠
平桥乡财政分局　所　长:吴　辉
青山乡财政所　所　长:管应发
城南镇财政分局　所　长:邬宗敏
韩摆渡镇财政所　所　长:张之权
丁集镇财政所　所　长:许友收
新安镇财政分局　所　长:赵以建
顺河镇财政所　所　长:田兴胜
单王乡财政所　所　长:张　晖
苏埠镇财政局　局　长:林元华
西河口乡财政所　副所长:黄文业
石婆店镇财政所　所　长:程业明
狮子岗乡财政所　所　长:李茂州
独山镇财政分局　局　长:赵本雨
分路口镇财政分局　所　长:马如邵

江家店镇财政所　所　长:郎道才
徐集镇财政所　所　长:金家吾
罗集乡财政所　所　长:刘家刚
固镇镇财政所　所　长:魏启凤

叶集区

三元乡财政所　所　长:黄成军
孙岗乡财政所　所　长:郑道杰
平岗办事处财政所　所　长:朱　洪
镇区办事处财政所　所　长:沈业菊

霍山县

衡山镇财政分局　局　长:唐家胜
但家庙镇财政所　所　长:张建中
下符桥镇财政所　所　长:彭　钧
与儿街镇财政分局　局　长:余良军
黑石渡镇财政所　所　长:罗来成
佛子岭镇财政所　所　长:余大权
落儿岭镇财政分局　局　长:蔡永银
诸佛庵镇财政分局　局　长:沈　云
大化坪镇财政所　所　长:刘作贞
漫水河镇财政所　所　长:汪辉群
上土市镇财政所　所　长:何祥田
太阳乡财政所　所　长:张　军
太平畈乡财政所　所　长:方红兵
磨子潭镇财政所　所　长:金先明
东西溪乡财政所　所　长:吴中胜
单龙寺乡财政所　所　长:陈家林
经济开发区财政分局　局　长:杜兴如

霍邱县

城关镇财政分局　局　长:牛金合
姚李镇财政分局　局　长:窦德山
河口镇财政所　所　长:李祖堂
长集镇财政分局　局　长:李炳广
户胡镇财政所　所　长:张玉和
石店镇财政所　所　长:王贤贵
马店镇财政所　所　长:唐兰英
周集镇财政分局　局　长:李绍明
临水镇财政分局　局　长:张习芝
孟集镇财政分局　局　长:卜春华
新店镇财政分局　局　长:吴成贵
洪集镇财政所　所　长:孙　莹
花园镇财政所　所　长:宗克诚
乌龙镇财政所　所　长:沈明乐
高塘镇财政分局　局　长:曾凡诚
岔路镇财政所　所　长:胡建友
龙潭镇财政所　所　长:李传炎
曹庙镇财政所　所　长:黄应旭
众兴镇财政所　所　长:冯浩然
夏店镇财政所　所　长:李传斌
白莲乡财政所　所　长:程学云
邵岗乡财政所　所　长:郭凤云
冯井镇财政分局　局　长:李友军
范桥镇财政分局　局　长:付　祥
王截流乡财政所　所　长:李立成
城西湖乡财政分局　局　长:董西保
临淮岗乡财政分局　局　长:田开军
宋店乡财政所　所　长:任　宏
三流乡财政所　所　长:王　宏
潘集镇财政所　所　长:赵本勇
冯瓴乡财政所　所　长:刘本玲
彭塔乡财政所　所　长:雷家杰

寿　县

寿春镇财政分局　局　长:吴承明
八公山乡财政所　所　长:涂　敏
双桥镇财政分局　所　长:祝　斌
丰庄镇财政所　所　长:吴宝山
涧沟镇财政分局　所　长:赵　奎
正阳关镇财政分局　局　长:李福成
迎河镇财政分局　所　长:史秀宝
张李乡财政分局　所　长:孙应时
板桥镇财政分局　所　长:田国洲
安丰镇财政分局　局　长:宋中考
隐贤镇财政所　副所长:孙　杰
众兴镇财政分局　所　长:许光开
保义镇财政所　所　长:张永祥
茶庵镇财政所　所　长:刘庆友
三觉镇财政所　所　长:李正明
堰口镇财政分局　局　长:王守前
窑口乡财政所　所　长:袁绪江
安丰塘镇财政所　所　长:丁传格
陶店乡财政所　所　长:杨秀根
炎刘镇财政分局　所　长:宋　瑾
刘岗镇财政所　所　长:王运辉
双庙集镇财政所　所　长:时英元
大顺镇财政所　所　长:马道龙

瓦埠镇财政所　所　长:张子好
小甸镇财政分局　所　长:洪　申
新桥国际产业园财政所　所　长:王业树

金寨县

梅山镇财政分局　局　长:吴为中
双河镇财政所　所　长:候守勇
桃岭乡财政所　所　长:胡少友
铁冲乡财政所　所　长:刘当根
全军乡财政所　所　长:张福海
南溪镇财政分局　局　长:张经喜
汤家汇镇财政分局　局　长:陶兴华
斑竹园镇财政分局　局　长:吴德清
吴家店镇财政所　所　长:田　耿
果子园乡财政所　所　长:徐炽明
沙河乡财政所　所　长:闵运平
关庙乡财政所　所　长:田家理
古碑镇财政分局　局　长:余正良
花石乡财政所　所　长:张经楼
槐树湾乡财政所　所　长:袁文刚
燕子河镇财政所　所　长:姜兴云
天堂寨镇财政分局　局　长:刘丛彬
长岭乡财政所　所　长:兰中义
青山镇财政所　所　长:祝学俊
油坊店乡财政所　所　长:余玉林
张冲乡财政所　所　长:张经奎
白塔畈乡财政分局　局　长:漆仲甫
麻埠镇财政所　所　长:陈勇军

舒城县

城关镇财政分局　负责人:夏纪政
开发区财政所　所　长:华兴圣
桃溪镇财政分局　负责人:丁阳圣
南港镇财政所　所　长:张功稳
舒茶镇财政所　所　长:黄玉宝
春秋乡财政所　所　长:程从越
千人桥镇财政分局　负责人:毛德琼
杭埠镇财政分局　负责人:孔令贵
百神庙镇财政所　所　长:孔令其
干汊河镇财政分局　负责人:许礼荣
柏林乡财政所　所　长:周　敏
张母桥镇财政所　所　长:谈儒文
棠树乡财政分局　负责人:盛吉富
万佛湖镇财政所　所　长:刘万奇
五显镇财政所　所　长:傅世昀
阙店乡财政所　所　长:葛贵余
晓天镇财政所　所　长:储德元
山七镇财政所　所　长:胡显月
高峰乡财政所　所　长:胡竞成
河棚镇财政所　所　长:谭永红
汤池镇财政所　所　长:常维爱
庐镇乡财政所　所　长:陈少俊

马鞍山市财政系统领导名单

马鞍山市财政局

党组书记、局长:刘宇辉
副局长:张亚莉
调研员:曾祥宝
党组成员:吴　斌
国资委专职副主任、党组成员:陈陆林
副局长:董清华　胡振华　张道祥
总会计师:吴长明
副调研员:何桂芳　曹明云　张邦彦

花山区财政局

局　长:钱德俭
副局长:许　珉

雨山区财政局

局　长:孟家新
副局长:王美华
国库集中支付中心主任:王秋红
非税收入管理局局长:夏冬梅

博望区财政局

局　长:徐业标

经济技术开发区财政局

局　长:杨庆新
副主任:牛翊华

慈湖高新区财政局

局　长:汤翠芳
副局长:张倩倩

承接产业转移示范园区财政局

局　长:万晓文
副局长:唐晓娣
核算中心主任:王婷婷

郑蒲港新区财政局

局　长:秦传明

含山县财政局

局长、党组书记:刁明山

副局长:裴小勇　杨永州

纪检组长:宫尚峰

副局长:乔能彬

总会计师:马　伟

党组成员:贾庆竺

和县财政局

局　长:李家洲

党组书记、副局长:李　莉

副局长:伋兴卫　范长淮

总会计师:王传标

工委主任:童文胜

当涂县财政局

局　长:陈　鹏

党组书记:谷明才

副局长:江　华　程立浦　苏　琴

党组成员、工会主席:王德宝

党组成员、纪检组长:王华国

国资办副主任:高自跃

花山区

霍里镇财政所　所　长:王　飞

雨山区

向山镇财政所　所　长:李晓斌

佳山乡财政所　所　长:王金枝

博望区

博望镇财政分局　局　长:耿基双

丹阳镇财政所　所　长:刘明忠

新市镇财政所　所　长:成之华

郑蒲港新区

白桥镇财政所　所　长:陈开义

姥桥镇财政所　所　长:许晓明

含山县

开发区财政分局　局　长:贺　明

褒禅山经济园区财政分局　局　长:童如成

环峰镇财政分局　局　长:贾斯文

林头镇财政分局　局　长:郭佩献

运漕镇财政分局　局　长:奚德兰

仙踪镇财政分局　局　长:李　娟

陶厂镇财政所　所　长:李伏森

铜闸镇财政所　所　长:马　胜

昭关镇财政所　所　长:李天清

清溪镇财政所　所　长:黄荣宗

和　县

历阳镇财政分局　负责人:陶昌华

香泉镇财政分局　负责人:吴祚明

乌江镇财政分局　局　长:沈守彪

石杨镇财政分局　局　长:戴进财

西埠镇财政所　所　长:张孟金

功桥镇财政所　所　长:何龙俊

善厚镇财政所　所　长:黄义龙

当涂县

姑孰镇财政分局　副局长:钟燕华

太白镇财政分局　局　长:吴开义

黄池镇财政分局　局　长:汤小芳

石桥镇财政分局　副局长:朱　翔

护河镇财政所　副所长:徐为红

乌溪镇财政所　所　长:诸金刚

塘南镇财政所　所　长:汤复金

大陇乡财政所　所　长:尹成鑫

江心乡财政所　所　长:江家文

湖阳乡财政所　所　长:魏元刚

芜湖市财政系统领导名单

芜湖市财政局

局长、党组书记、国资委主任:刘　杨

党组成员、调研员:蒋庆贵

党组成员、副局长:周庆华

党组成员、纪检组长:朱　武

党组成员、国资委副主任:邢　晖

党组成员、副局长:韩永强

副调研员:凌国栋

镜湖区财政局

党组书记:沈怀宝

局　长:戴　鸣

副局长:严兆清　宋兰兰

核算中心主任:倪　勤

鸠江区财政局

局　长:凌　菲

副局长:胡劲松　皱忠贵　徐　虎

核算中心主任:孙传槐

弋江区财政局

局　长:张　娟

副局长:龚树海　孙　辉　高　昆(挂职)

国资办副主任:郭玉峰

核算中心主任:吴　操

三山区财政局

局　长:俞　翔

副局长:郭炳生　黄蔚文

经济技术开发区财政局

局　长:陈效水

副局长:李翠萍　丁慧群

核算中心主任:刘迎松

长江大桥开发区财政局

局　长:吴祖满

江北产业集中区财金部

部　长:黄先龙

副部长:周维汉

芜湖县财政局

党组书记、局长:顾玉才

党组成员、副局长:王艳梅　范家仁　宋　文

繁昌县财政局

局　长:胡宗波

纪检组长:程四清

副局长:汤　斌　殷曙霞

南陵县财政局

局　长:朱　华

副局长:李立新

纪检组长:徐　文

副局长:张幼平

无为县财政局

党组书记、局长:李作果

党组副书记:胡春生

党组成员、副局长、农发办主任:陈先荣

党组成员、副局长:杨金玉

党组成员、纪检组长:潘潭渊

副局长:罗前英

鸠江区

沈巷镇财政分局　局　长:王庭玉

二坝镇财政分局　副局长:张礼庆(主持工作)

汤沟镇财政所　副局长:吴严山(主持工作)

官陡街道财政所　所　长:何　华

四褐山街道财政所　所　长:石相鹏

湾里街道财政所　所　长:许桂芳

裕溪口街道财政所　所　长:吴菊艳

三山区

峨桥镇财政所　所　长:夏治平

经济技术开发区

龙山办事处财政所　所　长:何纪生

万春办事处财政所　所　长:刘　蓉

芜湖县

湾沚镇财政所　所　长:陈其宣

六郎镇财政所　所　长:郭振兰

陶辛镇财政所　所　长:周赟三

红杨镇财政所　所　长:董思标

花桥镇财政所　所　长:王万田

繁昌县

繁阳镇财政分局　局　长:韩承良

荻港镇财政分局　局　长:张建华

孙村镇财政分局　局　长:尚显龙

新港镇财政分局　局　长:万帮斌

开发区财政分局　副局长:水从贵

平铺镇财政所　所　长:龚建国

峨山镇财政所　所　长:陈益胜

南陵县

籍山镇财政所　所　长:郑玲玲

弋江镇财政所　所　长:聂和根

许镇镇财政所　所　长:陈忠兵

三里镇财政所　所　长:马金标

何湾镇财政所　所　长:丁文全

工山镇财政所　所　长:吴海民

家发镇财政所　所　长:王祖文

烟墩镇财政所　所　长:廖必学

无为县

石涧镇财政分局　副局长:周根发(主持工作)

襄安镇财政分局　副局长:汪红兵(主持工作)

高沟镇财政分局　局　长:肖俊生

白茆镇财政分局　局　长:张春耕

无城镇财政分局　局　长:丁　军

陡沟镇财政所　所　长:叶正亮

福渡镇财政所　所　长:夏绿松

红庙镇财政所　所　长:刘先跃

严桥镇财政所　所　长:张良岩

开城镇财政所　所　长:刘启志

赫店镇财政所　　所　长:李继松
泉塘镇财政所　　所　长:焦　衡
蜀山镇财政所　　所　长:何尧舜
鹤毛乡财政所　　所　长:徐源明
牛埠镇财政所　　所　长:张志生
昆山乡财政所　　所　长:杨宣华
洪巷乡财政所　　所　长:乐　意
刘渡镇财政所　　所　长:夏业俊
十里墩乡财政所　　所　长:王荣平
姚沟镇财政所　　所　长:倪受平
泥汊镇财政所　　所　长:伍纪年

宣城市财政系统领导名单

宣城市财政局

党组书记:陈先平
党组副书记、副局长:施怀中
党组成员、副局长:刘富贵　罗少彬
党组成员、纪检组长:江　艳
党组成员、副局长:张　庆
党组成员、市综改办专职副主任:肖　锋
党组成员:胡轶群
党组成员、总会计师:刘先峰

宣州区财政局

党组书记、局长:沈明清
党组成员、总会计师:程小清
党组成员、副局长:翟德平
党组成员、纪检组长:花国平
党组成员、副局长:潘红旗
工会主席:章小红

郎溪县财政局

党委书记、局长:周道平
党委副书记:谢爱民
党委委员、副局长:孙宝昌
副局长:夏玉芳
党委委员、副局长:罗新满
纪委书记、党委委员:陈玉斌
党委委员、总会计师:杨茂喜
党委委员、县政府采购中心主任:刘德梅

宁国市财政局

党组书记、局长:余　平
党组副书记、纪检组长:谢洪文
党组成员、副局长:程嘉斌　洪观全　汪　廷　吕　波
党组成员:徐东晖
党组成员、系统工会主席:周文敏
党组成员、办公室主任:肖汉武

泾县财政局

党组书记、局长:王　勇
党组副书记、副局长:刘　辉
党组成员、副局长:翟永清　王富明
党组成员、纪检组长:张先俊
党组成员、非税局局长:许爱民

旌德县财政局

党组副书记、局长:倪彩文
党组书记:陈俊龙
党组副书记、副局长:程建华
党组成员、副局长:程建元　周小健
党组成员、总会计师:汪锦生
党组成员、纪检组长:夏为政

绩溪县财政局

党组书记、局长:夏庆玖
党组成员、副局长:洪华春　周振翼　方拥军　姚成云
党组成员、纪检组长:舒志明
党组成员:胡德永
总会计师:胡　中

宣州区

水阳镇财政分局　　局　长:王兴良
狸桥镇财政分局　　局　长:张小松
孙埠镇财政分局　　局　长:汪　超
水东镇财政分局　　局　长:杨庆民
鳌峰办事处财政所　　所　长:杨贵清
沈村镇财政所　　所　长:李孙林
敬亭山办事处财政所　　所　长:吴　严
古泉镇财政所　　所　长:张胜贵
西林办事处财政所　　所　长:贡海军
杨柳镇财政所　　副所长:赵玉明
双桥办事处财政所　　所　长:胡青松
新田镇财政所　　所　长:孙木松
周王镇财政所　　所　长:郑敏毅
溪口镇财政所　　所　长:胡怀金
五星乡财政所　　所　长:王海平

洪林镇财政所 所 长:方 虎
文昌镇财政所 所 长:高文喜
寒亭镇财政所 所 长:孙应富
向阳镇财政所 所 长:杨建东
朱桥乡财政所 所 长:唐 勇
养贤乡财政所 所 长:胡先根
黄渡乡财政所 所 长:王乾忠
济川办事处财政所 所 长:张建农
澄江办事处财政所 所 长:任晓辉

郎溪县

梅渚镇财政分局 局 长:张宏书
凌笪乡财政分局 局 长:潘学斌
涛城镇财政分局 局 长:赵 婷
十字镇财政分局 局 长:李官林
姚村乡财政分局 局 长:黄大勇
毕桥镇财政分局 局 长:任玲芝
飞鲤镇财政分局 局 长:岑国庆
新发镇财政分局 局 长:陈 萍
建平镇财政分局 局 长:赵慧兰
经济开发区财政分局 局 长:任志勇
十字镇经济开发区财政分局局长:王海兵

宁国市

港口生态园区财政分局 局 长:汪 辉
西津街道办事处财政所 所 长:欧阳美文
南山街道办事处财政所 所 长:何 平
河沥街道办事处财政所 所 长:刘国华
汪溪街道办事处财政所 所 长:程 林
竹峰街道办事处财政所 所 长:周雷震
云梯乡财政所 所 长:胡汉全
仙霞镇财政所 所 长:汪 虹
宁墩镇财政所 所 长:吴建军
南极镇财政所 所 长:周保权
万家乡财政所 所 长:余国斌
中溪镇财政分局 局 长:刘以宁
梅林镇财政所 所 长:王荣林
霞西镇财政所 所 长:黄兰兰
甲路镇财政所 所 长:冯银海
胡乐镇财政所 所 长:吕 钊
青龙乡财政所 所 长:陈 闽
方塘乡财政所 所 长:鲍金水

泾 县

泾川镇财政所 所 长:卫三荣
榔桥镇财政所 所 长:董先敏
茂林镇财政所 所 长:曹新成
桃花潭镇财政所 所 长:翟宏伟
云岭镇财政分局 局 长:徐志林
黄村镇财政所 所 长:周凌云
丁家桥镇财政所 所 长:汪 晋
昌桥乡财政所 所 长:卫幸梅
琴溪镇财政所 所 长:江荣福
蔡村镇财政所 所 长:汤正虎
汀溪乡财政所 所 长:胡道胜

旌德县

旌阳镇财政分局 局 长:吕有水
版书乡财政所 所 长:方家喜
俞村镇财政分局 局 长:吴国清
蔡家桥镇财政分局 局 长:陶太宏
云乐乡财政所 所 长:董根发
三溪镇财政分局 局 长:冯铜友
兴隆乡财政所 所 长:王家学
孙村乡财政所 所 长:潘 煜
庙首镇财政分局 局 长:赵 福
白地镇财政分局 局 长:陶如宝

绩溪县

华阳镇财政分局 局 长:曹向明
临溪镇财政分局 局 长:陈卫国
瀛洲镇财政所 所 长:程新光
长安镇财政所 所 长:黄梦利
上庄镇财政所 所 长:胡建兵
扬溪镇财政所 所 长:汪满鹏
板桥头乡财政所 所 长:汪国庆
金沙镇财政所 所 长:胡国军
伏岭镇财政所 所 长:叶正光
家朋乡财政所 所 长:张孝辉
荆州乡财政所 所 长:胡 斌

铜陵市财政系统领导名单

铜陵市财政局

党组书记、局长:黄宝林
纪检组长:姚从斌
副局长:刘 宏 金 芬 单 培

机关党委书记、副调研员:李桂珍
副调研员:钟　瑛

铜官山区财政局
局　长:王基宏
副局长:何振武　程小爱

狮子山区财政局
局　长:沈　斌
副局长:洪　云　张诚斌

郊区财政局
局　长:黄　海
副局长:夏付兵　陈良兵

开发区财金局
局　长:程　啸

铜陵县财政局
局长、国资委主任:梅柏林
常务副局长:何跃进
副局长:洪步胜　陈志双　刘朝晖　徐振亚
国资委副主任:郑宏辉
总会计师:侯东升
党组成员:姜　建

郊　区
桥南办财政所　所　长:郎　君
灰河乡财政所　所　长:查金霍
铜山镇财政所　所　长:李元龙
安铜办财政所　所　长:黄陆润
大通镇财政所　所　长:周固元

狮子山区
西湖镇财经管理所　所　长:朱立贵
东郊办事处财经管理所　所　长:陆承辉

铜陵县
五松镇财政分局　局　长:朱　萍
天门镇财政分局　局　长:戴恒友
顺安镇财政分局　局　长:陈正富
钟鸣镇财政分局　局　长:阮成俊
东联乡财政分局　局　长:曹利斌
西联乡财政分局　副局长:胡春红
胥坝乡财政分局　局　长:曹　强
老洲乡财政分局　局　长:李玉娥

池州市财政系统领导名单

池州市财政局

党组书记、局长:李建华
党组成员、金融办主任:何宏炳
党组成员、副局长、纪检组长:吴庆华
党组成员、副局长:莫助国　杨庆安
党组成员、总会计师兼国库支付中心主任:尹加旺
党组成员、金融办副主任:罗以强
党组成员、副调研员:唐曙明
党组成员、农发办主任:唐海洋
党组成员、民生办主任:程保东
党组成员、国资委副主任:金绪友
副调研员:章丹心
非税局局长:汪申成

江南集中区财金部
副部长:刘包进
主任:吴永福

贵池区财政局
党组书记、局长:刘贵阳
党组书记、副局长:钟茅丰
副局长:刘福来　许孝怀　何　杰
纪检组长:王新友
副局长:李国强
工会主席:张　雯

东至县财政局
党组书记、局长:周运开
党组副书记、副局长、纪检组长:汪正长
副局长:张增玲
党组成员、副局长:王炳华　朱开明
党组成员、总会计师:陈坤芳
党组成员:周胜良　汪　洋

石台县财政局
党组书记、局长:邬开政
党组成员、副局长:王诗祥　汪庆五　舒晓斌
党组成员、纪检组长:彭代强
党组成员、国资办主任:吴绿林

青阳县财政局
党组书记、局长:张益平
党组成员、副局长:汪来发　刘来胜

光　明　丁学军
党组成员、纪检组长:陈　镘
党组成员、总会计师:丁军辉

九华山风景区财政局

局　长:赵良贵
副局长:鲍玉生　刘卫胜
党组成员:余旭光

开发区财政局

局　长:盛文台
副局长:王　彬　汪赛琪　吴佩银

站前区财政局

局　长:王双应

贵池区

池阳街道财政分局　局　长:钱跃文
秋浦街道财政分局　局　长:汪　利
杏花村街道财政分局　局　长:周桃四
清风街道财政分局　局　长:包启友
清溪街道财政分局　局　长:刘冬青
江口街道财政分局　局　长:胡孔璋
里山街道财政分局　局　长:方　涛
涓桥镇财政分局　局　长:汪曙华
秋江街道财政分局　副局长:喻　松
乌沙镇财政分局　局　长:陈　敏
殷汇镇财政分局　局　长:卢志刚
牛头山镇财政分局　局　长:杨颜国
唐田镇财政分局　局　长:周　盾
牌楼镇财政分局　局　长:王来宝
梅街镇财政分局　局　长:胡秀清
棠溪镇财政分局　局　长:邱　毅
梅村镇财政分局　局　长:何腾飞
马衙街道财政分局　局　长:杨韶红
墩上街道财政分局　局　长:周迎义
梅龙街道财政分局　副局长:方继安

东至县

龙泉镇财政所　所　长:刘仁贵
昭潭镇财政所　所　长:左根水
青山乡财政所　所　长:徐国进
泥溪镇财政所　所　长:许成顺
官港镇财政所　副所长:汪根旺
木塔乡财政所　所　长:孔双乐
花园乡财政所　所　长:毕志宏
尧渡镇财政分局　局　长:王长福
香隅镇财政所　所　长:方胜昔
香隅化工园区财政局　局　长:王洪权
东流镇财政分局　局　长:朱国平
葛公镇财政所　所　长:王亦斌
洋湖镇财政所　所　长:吴维军
张溪镇财政所　所　长:刘国清
胜利镇财政所　所　长:檀曙明
大渡口镇财政分局　局　长:夏校生

石台县

仁里镇财政分局　副局长:徐华海
七都镇财政分局　副局长:李贵高
矶滩乡财政分局　局　长:查朝平
横渡镇财政分局　局　长:彭先果
大演乡财政分局　局　长:严纲文
仙寓镇财政分局　局　长:陈发根
小河镇财政分局　局　长:徐华久
丁香镇财政分局　局　长:张圣德

青阳县

蓉城镇财政分局　所　长:张　洁
杨田镇财政分局　局　长:王　频
朱备镇财政分局　局　长:胡满璋
新河镇财政分局　所　长:施国华
木镇镇财政分局　所　长:杨大宏
丁桥镇财政分局　所　长:方　勇
乔木乡财政分局　所　长:邓继涛
酉华乡财政分局　所　长:吴玉才
庙前镇财政分局　局　长:何建明
杜村乡财政分局　局　长:李强富
陵阳镇财政分局　所　长:熊晔宏

九华山风景区

九华乡财政所　所　长:孙华峰
九华镇财政所　所　长:陈　云

安庆市财政系统领导名单

安庆市财政局

局　长:何家虎
副局长:张志国　王思丰
纪检组长:邵显桥
总会计师:丁卫星
党组成员:杨利民

迎江区财政局

局　长:丁爱华

副局长:吴　军　杨晓克

国库支付中心主任:石　剑

农发办主任:凌先龙

大观区财政局

局　长:刘晓丽

纪检组长:杨远明

宜秀区财政局

党组书记、局长:陈启讲

党组副书记:鲁　燕

副局长:谢宏杰　杨宏生

纪检组长:严旭日

党组成员:潘　敏

开发区财政局

局　长:毕圣国

副局长:程皖生　龙其平　马　加

枞阳县财政局

局　长:马满华

副局长:郭　峰　陈旭升　何嗣进

党组成员、纪检组长:胡四新

综改办主任、财监局局长:左敏生

怀宁县财政局

局　长:陈业南

党组书记:丁丽华

副局长:柴绍来　杜可诚　郝金龙

总会计师:余世红

纪检组长:丁士敏

潜山县财政局

党组副书记、局长:汪为民

国资办主任、副局长:朱徐林

副局长:王生海　郑茯苓

财政监督检查局局长:王奇凌

纪检组长:汪　萍

工委主任:洪丽萍

太湖县财政局

党组书记:董笑苏

党组成员、局长:程林森

党组成员:吴立新

党组成员、副局长:朱和平

党组成员、工会主席:詹李生

党组成员、副局长:潘建华

党组成员、纪检组长:吴先桃

望江县财政局

党组副书记、局长:汪华良

党组书记:张松林

党组成员、民生办主任:徐苑生

党组成员、副局长:吴学明

党组成员、纪检组长:徐俊欣

党组成员、副局长、总会计师:蒋五毛

桐城市财政局

局长、国资中心主任:赵　斌

副局长:王忠生

国资中心副主任:井自顺

副局长:都宜建　张　伟　吴曙红

纪检组长:余宜庆

总会计师:张仲平

党组成员:严　平

岳西县财政局

局　长:李爱群

副局长:王文森　朱读文　储福枝

纪检组长、办公室主任:徐爱民

党组成员:孟宪忠

党组成员、总会计师:吴卫国

迎江区

龙狮桥乡财政所　所　长:方亚力

长风乡财政所　所　长:王铁汉

新洲乡财政所　所　长:鲍成联

大观区

十里铺乡财政分局　局　长:方真胜

海口镇财政分局　局　长:丁高云

山口乡财政所　所　长:谢江娅

宜秀区

大桥开发区财政局　局　长:鲁　燕(兼)

杨桥镇财政所　所　长:张　丽

白泽湖乡财政所　所　长:江代娣

大龙山镇财政所　所　长:刘华阳

罗岭镇财政所　所　长:周琳琳

五横乡财政所　所　长:方轶宏

开发区

老峰镇财政所　所　长:方　亚

菱北办事处财政所　所　长:许春香

枞阳县

开发区财政局　局　长:何嗣进

枞阳镇财政分局 副局长:汪晓华
汤沟镇财政分局 局 长:唐义长
横埠镇财政分局 局 长:姚信华
䒕山镇财政分局 局 长:许德红
老洲镇财政分局 局 长:汪桂林
陈瑶湖镇财政分局 局 长:周雄飞
钱桥镇财政分局 局 长:吴其龙
义津镇财政分局 局 长:姚大中
周潭镇财政所 所 长:王 平
其林镇财政所 所 长:吴福胜
白湖乡财政所 所 长:周柯云
浮山镇财政所 所 长:吴小发
项铺镇财政所 所 长:胡江春
白梅乡财政所 所 长:慈龙宝
会宫乡财政所 所 长:董松美
雨坛乡财政所 所 长:胡正春
官埠桥镇财政所 所 长:吴亚松
金社乡财政所 所 长:刘东苟
钱铺乡财政所 所 长:周志学
铁铜乡财政所 所 长:周笑天
长沙乡财政所 所 长:方习中
凤仪乡财政所 所 长:王况生

怀宁县

石牌镇财政分局 局 长:何宏亮
黄墩镇财政分局 局 长:王黄送
高河镇财政分局 副局长:夏明和
马庙镇财政分局 所 长:陈 进
茶岭镇财政分局 所 长:吴建民
月山镇财政分局 副局长:雍红卫
石境乡财政所 所 长:杨爱平
腊树镇财政所 所 长:潘结和
雷埠乡财政所 所 长:丁士彬
黄龙镇财政所 所 长:张宏斌
平山镇财政所 所 长:郭 梅
清河乡财政所 所 长:陈夏节
小市镇财政所 所 长:李志阳
三桥镇财政所 所 长:何 侃
秀山镇财政所 所 长:崔 奎
公岭镇财政所 所 长:丁旭东
金拱镇财政所 所 长:洪 志
凉亭乡财政所 副所长:朱 云
江镇镇财政所 所 长:余庆华
洪铺镇财政所 所 长:徐 瑛

潜山县

王河镇财政所 所 长:佘本江
黄泥镇财政所 所 长:徐立林
黄铺镇财政分局 负责人:凌江来
痘姆乡财政所 所 长:肖骈臻
梅城镇财政分局 负责人:林满立
油坝乡财政所 所 长:李有中
余井镇财政所 所 长:金旺庚
龙潭乡财政所 所 长:涂铁群
塔畈乡财政所 副所长:杨艳根
官庄镇财政所 所 长:张柏生
槎水镇财政所 所 长:郝其林
黄柏镇财政所 所 长:潘晓应
水吼镇财政所 所 长:葛彭旺
五庙乡财政所 所 长:陈 洪
天柱山镇财政所 所 长:黄德清
源潭镇财政分局 局 长:储焰根
开发区财政分局 局 长:贾华旭
旅游度假区财政分局 负责人:彭阳生

太湖县

开发区财政局分局 局 长:吴立新(兼)
晋熙镇财政分局 局 长:孙珍年
徐桥镇财政分局 局 长:何小平
大石乡财政所 所 长:胡龙江
城西乡财政所 所 长:王治宇
江塘乡财政所 所 长:周三应
新仓镇财政所 所 长:张华庚
小池镇财政所 所 长:马章德
寺前镇财政所 所 长:吴武林
天华镇财政所 所 长:陈韶华
牛镇镇财政所 所 长:潘继伟
汤泉乡财政所 所 长:祝 勤
刘畈乡财政所 所 长:潘礼革
弥陀镇财政所 所 长:潘先祺
北中镇财政所 所 长:王新华
百里镇财政所 所 长:查德红

望江县

开发区财政分局 局 长:耿成华
华阳镇财政分局 局 长:赵红霞
高士镇财政分局 局 长:徐先秉
鸦滩镇财政分局 局 长:汪 庆

长岭镇财政分局　　局　长:龙　彬
杨湾镇财政分局　　局　长:赵家武
漳湖镇财政分局　　局　长:王学明
太慈镇财政分局　　局　长:周龙贵
雷池乡财政分局　　局　长:程卫芳
凉泉乡财政分局　　局　长:王胜中
赛口镇财政分局　　局　长:游　勋

桐城市

新渡镇财政分局　　局　长:张国刚
青草镇财政分局　　局　长:江元苗
孔城镇财政分局　　局　长:胡家旺
文昌街道财政分局　　局　长:许建国
龙眠街道财政分局　　局　长:倪晋流
大关镇财政分局　　局　长:倪胜旺
金神镇财政分局　　局　长:张卫东
吕亭镇财政分局　　局　长:陈五九
范岗镇财政分局　　局　长:钟普查
双港镇财政分局　　局　长:吕张根
唐湾镇财政所　　所　长:钱　诚
黄甲镇财政所　　所　长:李红星
嬉子湖镇财政所　　所　长:张小四
鲟鱼镇财政所　　所　长:张国才

岳西县

开发区财政分局　　局　长:储文胜
天堂镇财政分局　　局　长:谢宏岳
温泉镇财政分局　　局　长:王　平
响肠镇财政所　　所　长:陈增益
莲云乡财政所　　所　长:刘建华
来榜镇财政所　　所　长:胡发达
青天乡财政所　　所　长:黄德国
和平乡财政所　　所　长:闻声学
包家乡财政所　　所　长:王国庆
白帽镇财政所　　所　长:徐声文
河图镇财政所　　所　长:徐自安
古坊乡财政所　　所　长:刘和炳
店前镇财政所　　所　长:刘文高
冶溪镇财政所　　所　长:李敬东
五河镇财政所　　所　长:徐声林
中关乡财政所　　所　长:蒋东贵
菖蒲镇财政所　　所　长:朱诗咏
田头乡财政所　　所　长:陈诗义
石关乡财政所　　所　长:秦启明
头陀镇财政所　　所　长:徐建华
主簿镇财政所　　所　长:胡瑞阳
黄尾镇财政所　　所　长:宛敏春
姚河乡财政所　　所　长:余凤云
巍岭乡财政所　　所　长:储德先
毛尖山乡财政所　　所　长:朱灿东

黄山市财政系统领导名单

黄山市财政局

党组书记、局长:汪德宝
党组成员、副局长:洪绍球　汪健明　冯家成
党组成员、新安江流域生态建设保护局局长:聂伟平
党组成员、总会计师:吴振东
调研员:许善秋
副调研员:郭志立　汪金渡

屯溪区财政局

党组书记、局长兼区民生办主任:高木火
党组成员、副局长:韩玲明　周　艳
党组成员:程敏行

黄山区财政局

党组书记、局长:陈佑隆
党组副书记:张明珠
纪检组长:袁俊杰
副局长:夏拥军　林安宁　徐　祥
党组成员:陈鸿新　刘　鲲　俞四清

徽州区财政局

局　长:周国兵
党组书记:汪明平
纪检组长:张秀丽
副局长:龙秋缨　洪　钟
党组成员:金强军

歙县财政局

局　长:胡寅辉
党组书记、副局长:潘世华
副局长:汪义元　王德跃　黄利华
纪检组长:汪　峰
党组成员、办公室主任:方　亮

休宁县财政局

局　长:汪　川
党组书记:吴清德

副局长:汪钧宝　余　平
党组成员、农发办主任:孙新万
党组成员、监督局局长:汪顺九

黟县财政局

局　长:李旭明
党组书记:汪松九
纪检组长:胡　林
副局长:汪继祖　常爱珍　余国富　汪建锋
党组成员、农发办主任:田先贵

祁门县财政局

局　长:李超群
副局长:郑　忠
纪检组长:汪文济

屯溪区

屯光镇财政分局　局　长:胡建民
黎阳镇财政分局　局　长:胡娟兰
阳湖镇财政分局　局　长:江丽红
新潭镇财政分局　局　长:张小勤
奕棋镇财政分局　副镇长兼局长:余海跃

黄山区

甘棠镇财政分局　局　长:黄文德
耿城镇财政分局　局　长:徐　冬
太平湖镇财政分局　局　长:王　斌
汤口镇财政分局　局　长:陈启龙
园区财政分局　副局长:程继安
谭家桥镇财政所　所　长:陈　罡
三口镇财政所　所　长:章震强
仙源镇财政所　所　长:金丽琴
新明乡财政所　所　长:胡　颖
龙门乡财政所　所　长:汪　剑
焦村镇财政所　所　长:王士哲
乌石乡财政所　所　长:严鹤民
新华乡财政所　所　长:方洪苑
新丰乡财政所　所　长:宁三九
永丰乡财政所　所　长:黄君辉

徽州区

岩寺镇财政分局　局　长:汪少娟
西溪南镇财政分局　负责人:王晓宁
潜堨镇财政分局　局　长:唐淑英
呈坎镇财政分局　局　长:蒋龙波
富溪乡财政所　所　长:戴四清
杨村乡财政所　所　长:曹海波
洽舍乡财政所　所　长:郑　婕

歙　县

徽城镇财政分局　局　长:吴光玉
桂林镇财政所　所　长:叶尚忠
郑村镇财政所　所　长:郑毅华
北岸镇财政分局　局　长:吴正忠
富堨镇财政所　所　长:程　虎
深渡镇财政分局　局　长:凌　晨
杞梓里镇财政所　所　长:方润日
王村镇财政所　所　长:姚兰芬
三阳乡财政所　所　长:洪绍发
霞坑镇财政所　所　长:吴红蓉
溪头镇财政所　负责人:徐有辉
武阳乡财政所　所　长:严建军
岔口镇财政所　所　长:方锡金
许村镇财政所　所　长:梅广良
坑口乡财政所　所　长:汪惠来
小川乡财政所　所　长:潘利群
昌溪乡财政所　所　长:郑　春
雄村乡财政所　所　长:张伟正
上丰乡财政所　所　长:潘四清
街口镇财政所　所　长:汪鹤年
璜田乡财政所　所　长:江岳年
森村乡财政所　所　长:汪晓军
长陔乡财政所　所　长:毕灶寿
新溪口乡财政所　所　长:余永忠
绍濂乡财政所　所　长:毕正利
金川乡财政所　所　长:潘政兆
石门乡财政所　所　长:项厚海
狮石乡财政所　所　长:鲍永忠

休宁县

海阳镇财政所　所　长:汪克盛
万安镇财政所　所　长:宋夏福
齐云山镇财政所　所　长:查显才
五城镇财政所　所　长:洪艳中
东临溪镇财政所　所　长:卢建国
蓝田镇财政所　所　长:胡秋生
溪口镇财政所　所　长:吴新宝
流口镇财政所　所　长:汪爱萍
汪村镇财政所　所　长:方林平
商山镇财政所　所　长:王玉明

岭南乡财政所 所 长:金十斤
龙田乡财政所 所 长:程年生
璜尖乡财政所 所 长:项振声
白际乡财政所 所 长:汪社文
榆村乡财政所 所 长:范欣端
渭桥乡财政所 所 长:陈建军
陈霞乡财政所 所 长:程伟平
板桥乡财政所 所 长:张荣贵
山斗乡财政所 所 长:詹光辉
鹤城乡财政所 所 长:方金根
源芳乡财政所 所 长:杨有华

黟 县

碧阳镇财政所 所 长:程春辉
渔亭镇财政所 所 长:柯光明
西递镇财政所 所 长:柯峙峰
宏村镇财政所 所 长:谢中平
洪星乡财政所 所 长:胡小青
美溪乡财政所 所 长:李永胜
宏潭乡财政所 所 长:胡建平
柯村乡财政所 所 长:王立祥

祁门县

祁山镇财政所 所 长:曹和平
金字牌镇财政所 所 长:陈松开
小路口镇财政所 所 长:李祁安
凫峰镇财政所 所 长:胡国胜
平里镇财政所 所 长:胡伯进
历口镇财政所 所 长:汪新锋
闪里镇财政所 所 长:汪敏政
安凌镇财政所 所 长:陈秋富
大坦乡财政所 所 长:张接军
柏溪乡财政所 所 长:詹长贵
溶口乡财政所 所 长:苏智敏
芦溪乡财政所 所 长:康明辉
祁红乡财政所 所 长:谢飞腾
塔坊乡财政所 所 长:林征红
渚口乡财政所 所 长:倪浩均
古溪乡财政所 所 长:谢民兴
新安乡财政所 所 长:倪国振
箬坑乡财政所 所 长:许跃飞

广德县财政系统领导名单

广德县财政局

党组书记、局长:吴宗萍
党组副书记、副局长:陆广文
党组成员、副局长:李忠宝 田宝奎
党组成员、纪检组长、监察室主任:陈绍国
副局长:周燕燕
党组成员、总会计师:朱 赟

广德县

桃州镇财政分局 局 长:王庆福
邱村镇财政分局 局 长:郑 兴
誓节镇财政分局 局 长:欧阳忠禄
柏垫镇财政分局 局 长:石传宏
新杭镇财政分局 局 长:李光义
东亭乡财政所 所 长:蒋 伟
卢村乡财政所 所 长:陈 林
四合乡财政所 所 长:甘恢立
杨滩乡财政所 所 长:吴万清

宿松县财政系统领导名单

宿松县财政局

局 长:李金星
党组书记:张火南
党组副书记、副局长:李朝阳
党组成员:高福荣
党组成员、副局长:桂松寿
党组成员、纪检组长:严实求
党组成员、副局长:张华国
党组成员、总会计师:何 泽

宿松县

复兴镇财政分局 局 长:朱来春
孚玉镇财政分局 局 长:项西会
洲头乡财政所 所 长:黎承林
汇口镇财政所 所 长:张晚元
千岭乡财政所 所 长:齐长贵
九姑乡财政所 所 长:吴松柏
许岭镇财政所 所 长:赵金牛

下仓镇财政所　所　长:石先武
五里乡财政所　所　长:贺行槐
长铺镇财政所　所　长:周国政
高岭乡财政所　所　长:黎德新
程岭乡财政所　所　长:徐文胜
佐坝乡财政所　所　长:徐文明
破凉镇财政所　所　长:胡颂保
凉亭镇财政所　所　长:梅兴祥
河塌乡财政所　所　长:段益民
二郎镇财政所　所　长:邓志海
隘口乡财政所　所　长:杨庆丰
北浴乡财政所　所　长:张青松
陈汉乡财政所　所　长:尹　睿
柳坪乡财政所　所　长:虞旺国
趾凤乡财政所　所　长:郭东亮

全省财政系统职工统计

2013年全省财政系统职工统计表

（2013年12月31日）

编制单位:厅人事教育处　　　　单位:人

项目		总计	性别		民族		政治面貌				学历				
			男	女	汉	其他	中共党员	共青团员	民主党派	其他	研究生	大学本科	大学专科	中专	高中及以下
总计	合计	18692	12573	6119	18525	167	14095	576	132	3889	455	8484	7680	1442	631
	厅(局)级	16	14	2	16		16				3	11	2		
	地市局(处)级	368	292	76	362	6	348		7	13	85	240	42	1	
	县局(科)级	2744	2043	701	2720	24	2368	2	64	310	215	1794	673	46	16
	一般干部	14553	9471	5082	14433	120	10772	561	59	3161	152	6282	6536	1210	373
	工勤人员	1011	753	258	994	17	591	13	2	405		157	427	185	242
省(区、市)厅局	合计	621	447	174	614	7	488		15	118	165	379	59	5	13
	厅(局)级及以上	16	14	2	16		16				3	11	2		
	处(局)级	146	108	38	145	1	135		4	7	52	76	18		
	科级	214	156	58	211	3	188		8	18	59	148	7		
	一般干部	212	146	66	209		131		3	78	51	136	20	3	2
	工勤人员	33	23	10	33		18			15		8	12	2	11
市(地、州)局	合计	2044	1260	784	2013	31	1377	58	58	551	132	1459	317	65	71
	局(处)级及以上	222	184	38	217	5	213		3	6	33	164	24	1	
	科级	1020	650	370	1009	11	776		39	205	78	768	152	21	1
	一般干部	643	307	336	631	12	307	57	15	264	21	495	82	28	17
	工勤人员	159	119	40	156	3	81	1	1	76		32	59	15	53
县(市、区)局	合计	7050	4492	2558	6978	72	5291	240	52	1467	132	3675	2709	333	201
	局(科)级及以上	1510	1237	273	1500	10	1404	2	17	87	78	878	514	25	15
	科级	1549	1099	450	1531	18	1300	11	12	226	9	832	625	54	29
	一般干部	3562	1835	1727	3526	36	2328	219	22	993	45	1887	1401	187	42
	工勤人员	429	321	108	421	8	259	8	1	161		78	169	67	115
乡(镇)所	合计	8977	6374	2603	8920	57	6939	278	7	1753	26	2971	4595	1039	346
	所(股)级及以上	2345	2049	296	2334	11	2177	8	3	157	8	835	1260	185	57
	一般干部	6242	4035	2207	6202	40	4529	266	4	1443	18	2097	3148	753	226
	工勤人员	390	290	100	384	6	233	4		153		39	187	101	63